हिन्दी साहित्य का इतिहास
और
उसकी समस्याएँ

हिन्दी साहित्य का इतिहास और उसकी समस्याएँ

योगेन्द्र प्रताप सिंह

पूर्व प्रोफेसर तथा अध्यक्ष
हिन्दी विभाग
इलाहाबाद विश्वविद्यालय

वाणी प्रकाशन

प्रकाशन के उत्कृष्टतम 60 वर्ष

पेपरबैक पहला संस्करण : 2016
पेपरबैक दूसरा संस्करण : 2023

vaniprakashan.com

वाणी प्रकाशन
4695, 21-ए, दरियागंज, नयी दिल्ली-110 002
फ़ोन : +91 11 23273167, 23275710
शाखाएँ
अशोक राजपथ, पटना-800 004, बिहार
कॉफी हाउस कैम्पस, महात्मा गांधी मार्ग, इलाहाबाद-211 001, उत्तर प्रदेश
महात्मा गांधी अन्तरराष्ट्रीय हिन्दी विश्वविद्यालय, वर्धा-442 001, महाराष्ट्र
36/ए, शेक्सपियर सरणी, रानी बिरला गर्ल्स कॉलेज के पास, कोलकाता-700 017, प. बंगाल
sales@vaniprakashan.in
vaniprakashan@gmail.com

Hindi Sahitya Ka Itihas Aur Uski Samasyayen
by Yogendra Pratap Singh

ISBN : 978-93-5000-501-9
Hindi Literature/History

मूल्य : ₹ 395

आर. टेक ऑफ़सेट प्रिंटर्स, दिल्ली-110 032 में मुद्रित

वाणी प्रकाशन का लोगो मक़बूल फ़िदा हुसेन की कूची से

स्मृतिशेष
आदरणीय गुरुदेव
(डॉ.) माताप्रसाद गुप्त
को
श्रद्धया समर्पित

भूमिका

हिन्दी साहित्य के इतिहास लेखन की एक नई परम्परा चल पड़ी है- वैज्ञानिक इतिहास, अधुनातन इतिहास, नवीन इतिहास न जाने क्या-क्या? साहित्य का इतिहास लेखन स्वयं में एक जटिल समस्या है। इतिहास लेखन को सर्वप्रथम इतिहास के प्रकाश में देखा जाना चाहिए- किन्तु हिन्दी साहित्य का प्रायः एक हजार वर्षों का इतिहास साक्ष्यों के अभाव में धुँधला रह जाता है। आदिकाल को कहाँ से प्रारम्भ करें, साहित्यिक धाराएँ कौन-कौन सी हैं, प्राचीन हिन्दी का रूप और समय कैसे निर्धारित करें- आदि-आदि कितनी समस्याएँ हैं, जिनका पूर्णतः आकलन करना अभी भी सम्भव नहीं है। प्रायः इतिहास ग्रंथों का आश्रय लेकर बिना सारी परिस्थितियों को समझे इतिहास लेखन का प्रयास अधूरा है। इधर प्रवृत्तिगत एवं संवेदना के विकासगत इतिहास भी लिखे गए हैं। आश्चर्य का विषय है, जब सामग्री ही अधूरी है तो प्रवृत्ति और संवेदना की सही जाँच कैसे होगी?

हिन्दी साहित्य के भक्तिकाल के विषय में तमाम प्रकार की ऐतिहासिक पुनरावृत्तियाँ हैं, भक्ति के उद्‌भव की समस्याएँ क्या थीं, कविता की प्रतिबद्धता किसके प्रति है, भक्तिकाल का साहित्यिक विश्लेषण हम कैसे करें और इन सबके साथ उससे सम्बद्ध ऐतिहासिक तथ्यों की छानबीन हम कैसे करें- उसकी रचनात्मक चेतना के मूल स्वरूप क्या हैं- साक्ष्य तथा विश्लेषण दोनों संदर्भों के द्वारा उसे प्रकाश में कैसे लाया जाए ?

हिन्दी साहित्य का रीतिकाल साहित्येतिहास के संदर्भ में हमेशा भ्रम का शिकार होता रहा है। लोकमंगलवादी इतिहासकारों के लिए यह कालखंड 'अजायबघर' जैसा है तो शास्त्रवादियों द्वारा यह परम्परा की पुनरावृत्ति माना गया है। कई इतिहाकारों द्वारा इसकी मौलिक उपलब्धियों की भी चर्चा की गई है किन्तु वह पर्याप्त नहीं है। इसकी पुनः जाँच अपेक्षित है।

हिन्दी साहित्य के आधुनिक काल की अपनी समस्याएँ हैं- नये भारत के परिवेश में बदलती हुई समाज रचना की आकांक्षाओं की अभिव्यक्ति तथा साहित्यिक परिदृश्यों की पहचान कराने की। यद्यपि ये पर्याप्त रूप से विवेचित हैं किन्तु अभी भी यहाँ पर्याप्त सम्भावनाएँ वर्तमान हैं।

सामाजिक बदलाव की परिस्थितियाँ, कला एवं साहित्य की नई रुचियों का उन्मेष, रचनाकारों की उनकी प्रस्तुतियों के प्रति तत्परता तथा परम्परा से साहित्य को जोड़े रहने तथा अनेकरूपों में उनसे मुक्ति की आकांक्षाओं के द्वन्द्वों के बीच साहित्य के सृजन की परम्पराएँ उभरती हैं। साहित्य के इतिहासकार का दायित्व है, इन सबकी छानबीन करते हुए उसकी गतिशीलता का विश्लेषण करके सम्बद्ध यथार्थ को प्रकाश में लाने की चेष्टा करना। साहित्य केवल समाज की संचित् चित्तवृत्ति का प्रतिबिम्ब मात्र नहीं है और इस सिद्धान्त के समर्थक इतिहासकार स्वयं के इतिहास में आदिकालीन तथा रीतिकालीन साहित्यिक धाराओं का समुचित विवेचन नहीं कर सके हैं। साहित्य के इतिहास का स्वरूप भिन्न है। यह स्वरूप है- साहित्यिक परम्परा और उसके परिदृश्यों के बदलाव तथा उनसे सम्बद्ध भावी साहित्यिक विकास की क्रमबद्धता को सामने रखकर अतीत तथा सामयिक वर्तमान का विश्लेषण करते हुए उनके बीच संगति स्थापित करने का। यह संगति स्वयं में नई परम्परा का बोध तथा भावी निर्माण की स्वयं विधायिका है। साहित्य के इतिहास में आकस्मिकता किसी अजनबीपन की देन नहीं, भविष्य की निर्मात्री परम्परा के बीच उत्पन्न होने वाली वह रचनात्मक चेतना है, जो लोक संगति के साथ जुड़कर पुनः नया इतिहास बनाने के लिए संकल्पबद्ध रहती है। हिन्दी साहित्य का इतिहास इस नई संकल्पबद्धता से प्रारम्भ होकर पुनः उसी के प्राचीन हो जाने के बाद उसी के बीच से उत्पन्न पुनर्नवता के विश्लेषण से प्रारम्भ-समापन एवं पुनः प्रारम्भ क्रम की निरन्तरता के साथ प्रतिबद्ध छानबीन है। हिन्दी साहित्य के अनेक इतिहासकार परस्पर कालखंडो को नवीन तथा आकस्मिक मानने की पक्षधरता और अडिग साहित्येतिहास की धारा के बीच उसे नया द्वीप जैसा मानते हैं, यह सर्वथा संगत नहीं है।

यहाँ साहित्येतिहास लेखन का कुछ ऐसा ही मन्तव्य है कि इस रचना के माध्यम से साहित्य के सामाजिक संदर्भों, सांस्कृतिक दृष्टियों, जनरुचि के विकास एवं कलात्मक चेतना के बदलते हुए मानदण्डों की प्रवाहमयी अखंडता के बीच उत्पन्न होने वाली काव्यधाराओं का समुचित विश्लेषण किया जा सके।

इसी अनुक्रम में प्रस्तुत इतिहास का यह प्रथम खंड आपके सामने है, आशा है, पाठकों का प्रोत्साहन दूसरे खण्ड के लिए मार्ग दर्शन का कार्य करेगा।

शारदीय नवरात्र : वर्ष-2009

योगेन्द्र प्रताप सिंह

संपर्क सूत्र : 15/6, स्टैनली रोड,
सिविल लाइन्स, इलाहाबाद

अनुक्रमणी

आदिकालीन साहित्य की सामग्री के मूल्यांकन की समस्याएँ

हिन्दी साहित्य के आदिकाल के अन्तर्गत साहित्येतिहास के विद्वानों ने साहित्यिक ग्रंथों की जो सूची उपलब्ध कराई है, उसका वर्गीकरण और उसके आधार पर उन ग्रंथों की परम्परा का इतिहास एवं स्वरूप निर्धारण दोनों जटिल कार्य हैं। आचार्य शुक्ल ने स्वयं विजयपाल रासो तथा हम्मीर रासो को अपभ्रंश के अन्तर्गत कीर्तिलता तथा कीर्तिपताका के साथ रखा है- जो उनकी दृष्टि में हिन्दी से भिन्न हैं। श्रीधर के रणमल्ल छन्द सहित कृतियों की इनकी सूची आठ की न होकर 'नौ' कवियों की है- जिसका उल्लेख अपनी भूमिका में उन्होंने नहीं किया है। वे 'खुमानरासो' का उल्लेख सर्वप्रथम करते हैं। शुक्ल जी खुमानरासो के इतिहास की घटना एवं काव्य रचनाकाल दोनों को एक मानते हैं और इसके लिए रचना के संदर्भ में कोई साक्ष्य नहीं देते। यही स्थिति बीसलदेव रासो (रास) की भी है। स्वयं बीसलदेव रास की एक प्रति परम्परा में 'बारह सौ बरहोत्तरा मझारि' शब्द का उल्लेख है जिसका अर्थ शुक्ल जी 1212 ई. लगाते हैं जबकि डॉ. माताप्रसाद गुप्त अनेक साक्ष्यों से इसका रचनाकाल 14वीं शती मानते हैं। शुक्ल जी ने पृथ्वीराज रासो के रचनाकार चन्दवरदाई का समय संवत् 1225 से 1249 माना है, किंतु प्रामाणिक पाठ सम्पादन के आधार पर डॉ. माता प्रसाद गुप्त ने इसका समय संवत् 1400 स्वीकार किया है। इसी प्रकार की स्थिति शुक्ल जी के अन्य भाषा काव्यों की भी है और उनकी उन कृतियों का रचनाकाल परवर्ती विद्वानों द्वारा तेरहवीं शती के बाद का तय किया गया है।

इस प्रकार, उनके द्वारा वीरगाथा काल के प्रारम्भ की जो तिथि, अर्थात् सं0 1050 दी गई है, सम्भव है, वह सच हो किंतु उनके द्वारा निर्दिष्ट कृतियों की रचना का प्रारम्भ यह निर्दिष्ट कालखण्ड नहीं तय कर पाता और न समापन काल ही। उनके द्वारा निर्दिष्ट नवों कृतियाँ आदिकाल की है किंतु उनका काल अनिश्चित है। उनके द्वारा दी गई इतिहास सामग्री उद्भव तथा विकास काल की दृष्टि से सम्यक् रूप से विवेचित नहीं है।

डॉ. रामकुमार वर्मा इस सम्पूर्ण इतिहास के आदिकाल को सन्धिकाल एवं चारण

काल की सीमा में बाँधते हैं। उनका सन्धिकाल संवत् 750 से 1200 तक है।

उनके अनुसार सिद्धों का समय सं. 817 से माना जाता है तथा नाथों में गोरखनाथ का (अर्थात् नाथ साहित्य) का प्रारम्भ संवत् 902 से स्वीकार्य है। जैन कवि स्वयंभू को इन्होंने अपभ्रंशमयी हिन्दी का कवि माना है और उनकी रचना का समय आठवीं शती बताया है। राहुल सांकृत्यायन ने इनका समय सं. 847 माना है।

इसी सन्धिकाल के अंतर्गत उन्होंने विविध सम्प्रदाय के रूप में नाथ कवियों का (गोरखनाथ से भिन्न नाथ कवि) विवेचन करते हुए 'शृंगार एवं मनोरंजक' साहित्य का एक अन्य संवर्ग रखा है। इसके अंतर्गत अब्दुर्रहमान (संदेश रासक) बब्बर कवि (कतिपय फुटकल छन्द) तथा अमीर खुसरो की कृतियाँ- ग़ज़ल, इतिहास, कोश, संगीत तथा पहेलियाँ हैं।

इसके बाद सन्धिकाल के कवियों का एक नया काल खंड डॉ. वर्मा ने निश्चित किया है, जिसका नाम 'प्रेम कथा साहित्य' है। इसके अंतर्गत मुल्ला दाऊद (चन्दायन) हैं। इसका समय संवत् 1400 के आसपास बताया है।

डॉ. रामकुमार वर्मा का सन्धिकाल 750 से 1200 तक है और बड़ी मुश्किल से जैन कवि स्वयंभू खींचतान कर इस समय सीमा के अंतर्गत आते हैं, जिसे राहुल सांकृत्यायन नहीं स्वीकार करते और डॉ. वर्मा यहाँ इस सन्धिकाल की कृतियों की सीमा संवत् 1200 के स्थान पर संवत् 1400 तक ले जाते हैं।

डॉ. वर्मा के आदिकाल से सम्बद्ध उनका चारणकाल है और यह संवत् 1000 से प्रारम्भ होकर 1375 तक रहा है। उनके अनुसार यह कालखंड 'पृथ्वीराज रासो' से शुरू होता है- जिसके रचनाकाल के विषय में वे मौन हैं। इनके अनुसार 'चारणकाल' की अन्य रचनाएँ इस प्रकार हैं-

दलपति विजय कृत- खुमान रासो, भुवाल रचित- 'भगवद्गीता' का हिन्दी अनुवाद, मोहनलाल द्विज- पत्तलि, नरपतिनाल्ह कृत बीसलदेव रासो, चंदवरदाई कृत पृथ्वीराज रासो, भट्टकेदार कृत जयचंद प्रकास, मधुकर कृत जयमंयक जस चंद्रिका, जगनिक कृत आल्हखंड, शारंगधर कृत हम्मीर रासो, नल्हसिंह भट्ट कृत विजयपाल रासो।

इसके बाद डॉ. रामकुमार वर्मा पन्द्रहवीं शती की रचनाओं का इस परम्परा में परिचय देने लगते हैं। ये कृतियाँ हैं-

1. अज्ञात कवि–जैतसी रानै पाबू जी रा छन्द, संवत् 1592
2. शिवदास कवि–अचलदास खीरी री वचनिका, संवत् 1615
3. क्रिसन रुक्मिणी री बेलि–प्रिथीराज, सवंत् 1637
4. माधवानल प्रबन्ध–गणपति, संवत् 1615

इसी प्रकार संवत् 1895 तक की उन्होंने इस परम्परा की अन्य अनेक रचनाओं की

सूचना दी है।

डॉ. रामकुमार वर्मा अपने **'हिन्दी साहित्य का आलोचनात्मक इतिहास'** में (संक्षिप्त में) चारणकाल का समय संवत् 1000 से 1375 तक रखते हैं। वे ग्रंथों की प्राप्त तालिका हिन्दी साहित्य के रीतिकाल तक ले जाते हैं, किन्तु अपने मूल इतिहास ग्रंथ में सन्धिकाल का काल निर्धारण 750 से 1200 तक करते हैं किन्तु चारणकाल या डिंगल साहित्य का काल इसी भय से निर्धारित नहीं करते क्योंकि सीमांकन कर देने पर वही सामग्रियाँ अवशिष्ट रह जाएँगी– जो आचार्य रामचन्द्र शुक्ल के इतिहास ग्रंथ में हैं। इतिहास लेखन की दो दृष्टियाँ हैं– या तो कालखंड का विभाजन करके उन काल खंडों के क्रम में इतिहास लिखा जाए, जैसा कि हिन्दी साहित्य के आचार्यों ने प्रायः किया है, या फिर किसी एक साहित्य परम्परा के प्रारंभ काल को लेकर उसका अन्त तक विवेचन किया जाए दोनों शैलियों को एक साथ आधार के रूप में स्वीकार करके इतिहास लेखन भ्रम उत्पन्न करता है। डॉ. रामकुमार वर्मा के द्वारा प्रस्तुत चारणकाल में यह भ्रम बरकरार है।

आचार्य हजारीप्रसाद द्विवेदी के प्रमुखतः तीन इतिहास ग्रंथ हैं- 'हिन्दी साहित्य का आदिकाल' (सन् 1956) जो प्रायः सन् 1000 से 1400 ई. तक की सीमा में है। 'हिन्दी साहित्य की भूमिका' सन् 1959 में प्रकाशित हुआ तथा 'हिन्दी साहित्य उद्‌भव और विकास' सन् 1952 में। इन तीनों इतिहास ग्रंथों में आदिकाल की सामग्री प्रायः एक जैसी है। ए

आचार्य द्विवेदी जी हिन्दी भाषा को केवल उत्तर प्रदेश, राजस्थान, मध्य प्रदेश तथा बिहार एवं दिल्ली, हरियाणा तक ही नहीं रखते। यह दृष्टि हिन्दी में उनके पूर्व या उनके समय में लिखे गए इतिहास ग्रंथों से हटकर है। वे अपनी टिप्पणी इस विषय पर देते हुए कहते हैं, "अभी तक मैंने अपभ्रंश, राजस्थानी, गुजराती और मैथिली रचनाओं की ओर संकेत किया है। जिन प्रदेशों में आगे चलकर अवधी और ब्रजभाषा का साहित्य लिखा गया, उनमें बसने वाले कवि इन दिनों किस प्रकार की रचना कर रहे थे, इस बात का कोई प्रामाणिक मूल हमारे पास नहीं है।"[1]

हिन्दी-आदि काव्यों के विषय में ऐसी ही चर्चा पण्डित जी अपनी कृति 'हिन्दी साहित्य की भूमिका' में भी करते हैं-

"असल में अपभ्रंश का अंतिम कवि अधिक है और हिन्दी का आदि कवि कम, क्योंकि उसका काव्य अब किस रूप में पाया जाता है, वह रूप मौलिक नहीं है।"[2]

हिन्दी आदिकालीन साहित्य की रचना के प्रार्दुभाव के विषय में आचार्य द्विवेदी जी का अभिमत इस प्रकार है-

1. हिन्दी साहित्य का आदिकाल, पृ0 21
2. हिन्दी साहित्य की भूमिका, पृ0 37

"अब ध्यान से देखिए तो हिन्दी में दो प्रकार की भिन्न-भिन्न जातियों की दो चींजे अपभ्रंश में विकसित हुईं-

(1) पश्चिमी अपभ्रंश से राजस्तुति, ऐहिकतापूर्वक शृंगारी काव्य, नीतिविषयक फुटकल रचनाएँ और लोक प्रचलित कथानक।

(2) पूर्वी अपभ्रंश से निर्गुणिया संतों की शास्त्र निरपेक्ष उग्र विचारधारा, झाड़-फटकार, अक्खड़पना, सहज शून्य की साधना, योग पद्धति और भक्ति-मूलक रचनाएँ।"[1]

आचार्य द्विवेदी स्पष्ट रूप से आदिकालीन काव्य ग्रंथों की सूची न बनाकर उसके लिए यहाँ सिद्धांतवाद तैयार कर रहे हैं, पश्चिमी राजस्थानी साहित्य जो रासो तथा रास काव्य परम्परा से सम्बद्ध है और पूर्वी नाथ तथा सिद्ध साहित्य, जो उनके अनुसार संत साहित्य की भूमिका में है और इस प्रकार वे आदिकाल की सामग्री का दो खण्डों में विभाजन करते हैं- पश्चिम में राजस्थान तथा गुजरात से सम्बद्ध आदिकालीन जैन तथा रासो काव्य तथा दूसरी ओर पूर्व का सिद्ध तथा नाथ साहित्य और इस प्रकार उनके अनुसार आदिकालीन हिन्दी साहित्य की सामग्रियों के दो विभाजन स्पष्ट रूप से सामने आते हैं और वे उनके आधार पर हिन्दी के आदिकाल की व्याख्या करते हैं।

यह कैसे कहा जा सकता है कि सन् 1000 से 1400 तक अर्थात् चार सौ वर्षो तक हिन्दी प्रदेश में साहित्य ही नहीं लिखा गया। यह स्वयं आज का प्रचलित हिन्दी प्रदेश शब्द 18वीं शती में पाश्चात्य भाषा सर्वेक्षणकर्त्ताओं का दिया गया शब्द है- जिसे हमारे आज के भारतीय भाषाविदों डॉ. धीरेन्द्र वर्मा, डॉ. सुनीति कुमार चटर्जी, डॉ. बाबूराम सक्सेना, डॉ. उदयनारायण तिवारी आदि ने स्वीकर किया है। इस 1000 से 1400 ई. की संक्रान्तिकालीन हिन्दी क्या यही है, जो आज प्रचलित है। क्या इसके चार रूप प्रचलित थे– (1) दक्षिणी-पश्चिमी हिन्दी (2) पूर्वी हिन्दी (3) उत्तरी पश्चिमी हिन्दी (4) मध्यदेशीय हिन्दी। जैसा कि आगे के अध्यायों में कहा गया है- जो हिन्दी साहित्यिक भाषा के रूप में इस 1000 से 1400 ई. तक प्रयुक्त रही है, वह गुजरात (गुर्जरी हिन्दी) महाराष्ट्र (नामदेव तथा ज्ञानदेव की संत वाणी) आसाम, बंगाल एवं उड़ीसा में (सिद्ध, नाथ, राजप्रशस्ति एवं गीति काव्य की ललित भाषा), टक्की पंजाबी (संतों की काव्यभाषा), मालवी (मध्यप्रदेश एवं उत्तर भारत की साहित्यिक भाषाएँ) आदि इसके लिए प्रमाण हैं। इस भाषा का सबसे बड़ा साक्ष्य रोडा कृत राउल बेलि काव्य है- जो शिलालेख के रूप में मालवा (उज्जयन) में मिला था और आज प्रिंस आव वेल्स म्युजियम बम्बई में रखा हुआ है। डॉ. माताप्रसाद गुप्त ने इसका 'प्रति अंकन' तथा उसकी टीका- डॉ. धीरेन्द्र वर्मा विशेषांक भारतीय हिन्दी परिषद् 'हिन्दी अनुशीलन' में प्रकाशित करायी है। इसको पढ़ने के बाद डॉ. हजारीप्रसाद

1. वही, पृ0 39

द्विवेदी की यह धारणा निर्मूल हो उठती है कि 'श्रृंगार-प्रधान' काव्य केवल राजस्थानी हिन्दी या गुर्जरी हिन्दी में ही लिखे जाते रहे हैं। इसमें अनेक प्रादेशिक नायिकाओं के सौन्दर्य का बड़ा ही प्रभावपूर्ण चित्रण है, यहाँ 'गौडीया नायिका' का सौन्दर्यपूर्ण चित्रण देखें -

'धवलर कापड़ ओड़ियल कइसे।
मुख ससि जोन्ह पसारेल जइसे॥
अइसउ वेसु जो गउड़िन केरउ
छाड़ि अनत दिसि अब सब छोड़ेउ
जेहर रूचइ तेहर बोल
तारे बेसह अधिक मोल
अइसी गउड़ी ज राउल पइसन
तो जनु लाक्षिमा येउ दीसइ।'

यह गौड़ीया नायिका का सौन्दर्य वर्णन आज की अवधी भाषा जैसा है और रचना उज्जयनी में की गई है। इसके अन्य कई रमणीक छन्द इसी प्रकार के हैं। अतः श्रृंगार के लिए द्विवेदी जी का यह भाषाकाल विभाजन ठीक नहीं है। केवल राजस्थानी में ही शौर्य प्रशस्ति के काव्य लिखे गए- इस प्रकार द्विवेदी जी का मत ठीक नहीं है, क्योंकि मगध प्रदेश के मागधों (चारणों) की शैली पूर्व में प्रचलित थी, जिसकी परम्परा में कीर्तिलता तथा कीर्तिपताका के ही साक्ष्य आज वर्तमान रह गए हैं।

विदेशी आक्रमण एवं लूटपाट के द्वारा व्याप्त अशांति से उत्तर भारत, दिल्ली प्रदेश, मध्य प्रदेश, बिहार, मिथिला, बंगाल आदि आक्रान्त रहे हैं और ऐसी स्थिति में साहित्य का लुप्त एवं नष्ट हो जाना कोई बहुत बड़ी घटना नहीं है। हमें आज अनेक श्रेष्ठतर आदिकालीन हिन्दी काव्यों एवं कथा साहित्य की रचनाओं के इतस्ततः संकेत मिलते हैं किंतु वे प्राप्त नहीं हैं। इनका विवरण इस प्रकार है –

आदिकाल के अज्ञात कवि एवं उनकी रचनाएँ

1. इस परम्परा में सर्वप्रथम नाम 'मुंजरासो' का है। इस कृति का सबसे पहले उल्लेख हेमचन्द्र के 'सिद्ध हैम' (संवत् 1197 वि0) में मिलता है अर्थात् यह कृति दसवीं शती के आसपास की होगी। इस प्रबन्ध कृति का पुनः उल्लेख मेरुतुंग के प्रबन्ध चिंतामणि में मिलता है– जिसकी रचना का समय संवत् 1361 है। इस कृति के रचनाकार स्पष्ट नहीं हैं।
2. 'बब्बर कवि' का भी नाम इसी प्रकार प्राकृत पैंगलम् में आया है। प्राकृत पैंगलम् में इनके पाँच छन्द हैं। ये कर्ण नामक किसी राजा के आश्रयदाता कवि रहे हैं। राहुल सांकृत्यायन ने बब्बर के नाम से कई छन्दों की सूचना दी है।

3. शार्ङ्गधर नामक एक अन्य कवि का भी उल्लेख 'प्राकृत पैंगलम्' में मिलता है। किंवदन्ति है कि इन्होंने किसी 'हम्मीर रासो' नामक काव्य ग्रंथ की रचना की थी जिसका उल्लेख प्रायः इतिहासकारों ने किया है, किंतु वह अप्राप्य है।
4. विद्याधर नामक एक कवि का उल्लेख इस 'प्राकृत पैंगलम्' ग्रंथ में मिलता है। सम्भवत : ये काशीश्वर जयचंद के आश्रित कवि रहे हों क्योंकि काशीश्वर की प्रशस्ति में सम्बन्धित प्राकृत पैंगलम् में इनके पाँच छन्द हैं।
5. राहुल सांकृत्यायन ने 'हिन्दी काव्यधारा' के अंतर्गत आमभट्ट नामक कवि का उल्लेख किया है। उनके अनुसार उपदेश तंरगिणी में दो छन्द इनके संकलित हैं। इन्होंने गुजरात के राजा जयसिंह तथा उनके पुत्र कुमार पाल से सम्बन्धित कोई काव्य लिखा था। इसका समय 12वीं शती स्वीकार किया गया है।
6. मुनि जिन विजय के पुरातन संग्रह में जल्ह नामक कवि का उल्लेख मिलता है- जिसमें जल्ह के प्रबन्ध काव्य के 3-4 छन्द हैं। जल्ह के दो छन्द जयचंद से सम्बद्ध हैं, अतः विद्वानों का ऐसा अनुमान है कि चंदवरदाई की भाँति 'जल्ह' कवि कृत कोई 'जयचंद रासो' या जयचंद प्रबन्ध शीर्षक काव्य रहा होगा।
7. भट्ट केदार कृत 'जयचंद प्रकाश' शीर्षक कृति का संदर्भ राठौरांणी ख्याति (सिंहायल दयाल दासकृत) में मिलता है, किंतु यह कृति अब भी अप्राप्त है।[1]

जैन धर्म की आदिकालीन अज्ञात कृतियों के लिए डॉ. हरीश द्वारा लिखित 'आदिकालीन हिन्दी साहित्य शोध' ग्रंथ का आधार लिया जा सकता है। उन्होंने इस संदर्भ में शीर्षक दिया है 'आदिकाल की कुछ अज्ञात कृतियाँ' और उनका परिचय इस प्रकार है- जिनवल्लभ सूरि कृत गुणवर्णन, कृपण नारी संवाद, कुलक, सोम कुंजर विरचित खरतर गच्छ पदावली, रेलुआ, जिनचंद सूरि कृत रेलुआ, शालिभद्र कृत रेलुआ, गुरावली रेलुआ, मंगल गाथा, आरात्रिक गाथा, कम्भभूमि गाथा, जिन प्रबोध सूरि कृत चन्द्रायण, जिनेश्वर सूरि कृत चन्द्रायण, जिनभद्र सूरि कृत अष्टक, जंबुस्वामी कृत सत्कवस्तु आदि।[2]

इसी प्रकार सिद्ध साहित्य की परम्परा में भी अनेक सिद्ध कवियों के छन्द या उनके चर्यागीत मात्र मिलते हैं, कृतियाँ नहीं। ये ग्रंथ दसवीं शती से चौदहवीं शती तक लिखे गये हैं। प्रायः आर्यभाषी क्षेत्रों का हिन्दी साहित्य अनेक विद्वानों के अकथ परिश्रम एवं प्रयास से भी अधूरा एवं अज्ञात पड़ा है। जब तक सम्पूर्ण साहित्यिक साक्ष्य एवं उन कृतियों में निहित केन्द्रीय संवेदना नहीं ज्ञात हो जाती तब तक इस कालखंड का न तो सम्यक् मूल्यांकन हो सकता है और न नामकरण ही। इसी अभाव के कारण प्रारम्भिक काल में

---

1. सूचना के लिए आधार ग्रंथ हैं- डॉ0 माताप्रसाद गुप्त कृत 'रासो साहित्य विमर्श' तथा डॉ0 किशोरीलाल द्वारा संपादित 'प्राकृत पैंगलम्' और डॉ0 रामकुमार वर्मा कृत 'हिन्दी साहित्य का आलोचनात्मक इतिहास' है।
2. आदिकालीन हिन्दी साहित्य शोध, डॉ0 हरीश, पृ0 311-333 तक

लिखे गए आचार्य रामचंद्र शुक्ल, डॉ. श्यामसुन्दर दास, अयोध्यासिंह उपाध्याय 'हरिऔध', रमाशंकर शुक्ल रसाल आदि के इतिहास ग्रंथों में स्थित आदिकाल के मूल्यांकन तथा नामकरण को विशेष महत्त्व नहीं दिया जाता है। नामकरण के संबंध में यह बात ठीक ही लगती है कि जब तक इस कालखंड की केन्द्रीय साहित्यिक वृत्ति का स्थिरीकरण न कर लिया जाए तब तक इसके 'आदिकाल' नाम को खारिज करना समीचीन नहीं होगा।

आदिकाल : आचार्य रामचन्द्र शुक्ल का इतिहास तथा उसके बाद

आचार्य रामचन्द्र शुक्ल के इतिहास लेखन के संदर्भ में सन् 1929 से लेकर आज तक अनेक प्रश्न उठते रहे हैं। इनमें से अधिकांश आदिकालीन हिन्दी साहित्य की समस्याओं के बारे में हैं और इन समस्याओं का मूलकारण इस काल खण्ड की साहित्यिक सामग्री की अनुपलब्धता ही रही है। सर जार्ज ग्रियर्सन तथा मिश्र बन्धुओं ने भी इस कालखंड की केन्द्रीय धुरी को राजस्थानी भाषा तथा प्रदेश ही स्वीकार किया है और इस प्रारम्भिक काल की सामग्रियों का संबंध चारणों से जोड़ा है। इसीलिए ग्रियर्सन साहब चारण कविता 'Bardic poetry' के नाम से इस कालखंड को अपने प्रसिद्ध इतिहास ग्रंथ 'माडर्न वर्नायुलर लिटरेचर आव हिन्दुस्तान' में उल्लिखित करते हैं। आचार्य रामचन्द्र शुक्ल द्वारा दिया गया 'वीरगाथा काल' शब्द मूलतः 'वीर कथात्मक काव्यों' से सम्बद्ध है जो चारण जाति की कृतियाँ हैं। उन्होंने इसे सीधे-सीधे चारण शब्द से अभिहित न करके 'वीरगाथा काव्य' जो चारणों की काव्य की परम्परागत सृजन प्रक्रिया थी, उससे सम्बद्ध किया है। डॉ. रामकुमार वर्मा ने नाथ, सिद्ध, जैन साहित्य से भिन्न इसे 'चारण काव्य' कहा और प्रवृत्ति चारण सृजन की ही निर्धारित की। नामकरण के ये दोनों संदर्भ सर जार्ज ग्रियर्सन से प्रभावित हैं।

इतिहास लेखन की इस युग की मूल सामग्री का विवेचन आचार्य हजारीप्रसाद द्विवेदी ने अपने इतिहास ग्रंथों तथा हिन्दी साहित्य के आदिकाल में कुछ भिन्न तरीके से किया है और उनका यह अध्ययन इस इतिहास परम्परा की प्राचीनता तथा चारण जैसी रूढ़िवादिता को समाप्त करने का आधार बना है। उन्होंने राजस्थान और उसकी तथाकथित डिंगल भाषा काव्य से हटकर इस युग के नए साहित्यक स्रोतों का परिचय दिया है जो शुक्ल जी के नौ चारण कवियों की साहित्यिक सामग्री से भिन्न है। उन्होंने इसके अतिरिक्त यह भी स्पष्ट करने की चेष्टा की है कि वीरगाथा काल के इस युग में लिखे जाने वाले साहित्य का केन्द्र मात्र राजस्थान ही नहीं है। इस प्रकरण में वे मैथिल कवि ज्योतिरीश्वर ठाकुर कृत वर्णरत्नाकर का उल्लेख करते हैं। यह वर्णरत्नाकर एक वर्णक ग्रंथ है और इसमें बताया

गया है कि कवि को काव्य सृजन के समय इन बातों की पूरी सावधानी बरतनी चाहिए कि काव्य वर्णन की परिपाटियाँ क्या हैं ? उनका अनुपालन उनके लिए अनिवार्य है। 'विद्यापति पदावली' की तो चर्चा आचार्य शुक्ल भी करते हैं। इसी प्रकार पं. सुनीति कुमार चटर्जी द्वारा संपादित कृति 'उक्ति व्यक्ति-प्रकरण' जो प्रायः अवधी तथा भोजपुरी का मिश्रित भाषारूप है, उसे वे हिन्दी का प्रथम ग्रंथ मानते हैं। इसी प्रकार हरिहर सुकवि हरिबंध कृत 'प्राकृत- पैंगलम्' की चर्चा की गई है जिसमें सर्जक ने स्वयं अपनी तथा अपने युग के अन्य कवियों की रचनाएँ यहाँ साक्ष्य के रूप में रखी हैं- आदि आदि।

इन तथ्यों को देखकर यह कहा जा सकता है कि इस युग की काव्य भाषा का केन्द्र केवल राजस्थान की डिंगल भाषा तथा साहित्य ही नहीं है। 'बौद्धगान ओ दूहा' की रचना आसाम और बंगाल के सीमावर्ती प्रदेशों में हुई है। इसी प्रकार, रोडा कृत राउल वेलि की चर्चा की जाती है– जिसकी रचना (मालवी) मालव प्रदेश (उज्जयन) की प्रचलित भाषा में हुई थी।

इन तमाम सर्जनात्मक भाषिक संकेतों से यह निश्चयपूर्वक कहा जा सकता है कि इस युग की लिखित काव्य सामग्रियाँ विशेष रूप में मध्यदेश की 'छिन्न-भिन्न' थीं और उनके अभाव में प्राप्त सामग्री के आधार पर आचार्य शुक्ल आदि ने हिन्दी साहित्य के इस प्रारम्भिक काल खण्ड को 'चारण या वीरगाथा' कहकर पुकारा और यह सर्वथा असंगत है।

इस काल की सामग्री का महापंडित राहुल सांकृत्यायन द्वारा सम्पादित 'हिन्दी काव्यधारा' (1945), आचार्य हजारीप्रसाद द्विवेदी द्वारा लिखित 'नाथ सम्प्रदाय', डॉ. माताप्रसाद गुप्त द्वारा लिखित 'रासो साहित्य विमर्श' (1962) आदि कृतियाँ इस साहित्य की मूल विचारधारा तथा स्वरूप को स्पष्ट करती हैं। इस दिशा में आचार्य हजारीप्रसाद द्विवेदी की कृति 'हिन्दी साहित्य का आदिकाल' का भी उल्लेख आवश्यक है। हिन्दी साहित्य के आदिकाल से सम्बद्ध सामग्रियों तथा वैचारिक स्पष्टता को इंगित करने के लिए अनेक शोधकार्य हुए और इन शोध कार्यों के द्वारा 'वीरगाथा काल' जैसा नामकरण जो सामग्रियों के अभाव में किया था, स्वतः ध्वस्त हो उठता है।

आदिकालीन हिन्दी साहित्य से संबंधित कतिपय शोधकार्य इस प्रकार हैं-

(1) आदिकाल का हिन्दी जैन साहित्य (सन् 950 से 1450 तक)- डॉ. कमल कुलश्रेष्ठ

(2) आदिकालीन हिन्दी शोध- डॉ. हरीश

(3) आदिकालीन हिन्दी साहित्य शोध – डॉ. हरीश

(4) हिन्दी के विकास में अपभ्रंश का योग – डॉ. नामवर सिंह

(5) सिद्ध साहित्य – डॉ. धर्मवीर भारती

(6) अपभ्रंश साहित्य – डॉ. हरिवंश कोछड़

(7) प्राकृत अपभ्रंश का साहित्य और हिन्दी साहित्य पर उसका प्रभाव– डॉ. रामसिंह तोमर

(8) अप्रभंश साहित्य- डॉ. डी0के0 जैन

(9) डिंगल पद्य साहित्य- डॉ. जगदीश प्रसाद श्रीवास्तव

इस प्रकार से, अनेक शोध कार्य आदिकाल और उसकी पूर्ववर्ती अपभ्रंश भाषा एवं उसके साहित्य पर किये गए हैं।

आदिकालीन काव्य परम्परा एवं उसके वैशिष्ट्य को स्पष्ट करने के संदर्भ में कतिपय और भी महत्त्वपूर्ण ग्रंथों के उल्लेख किये जा सकते हैं, जो इस प्रकार हैं–

(1) गुजराती एन्ड इट्स लिट्रेचर–श्री के0एम0 मुंशी

(2) दोहरा कोष – डॉ. प्रबोधचन्द्र बागची

(3) हिन्दी जैन ग्रंथमाला – (सम्पादित) श्री मुनिजिन विजय

(4) पुरातन प्रबन्ध संग्रह – श्री मुनिजिन विजय

(5) राजस्थान का पिंगल साहित्य - श्री मोतीलाल मेनारिया

(6) रासो साहित्य विमर्श - डॉ. माताप्रसाद गुप्त

इन ग्रंथों के प्रकाश में आने के कारण हिन्दी साहित्य के आदिकाल या वीरगाथा काल की तस्वीर अब वह नहीं रह गई है- जिसको आचार्य रामचन्द्र शुक्ल ने अपने इतिहास ग्रंथ में 9 कवियों को आधार बनाकर प्रस्तुत किया है।

हिन्दी साहित्य के इस प्रारम्भिक काल के विषय में एक भ्रम 'अपभ्रंश तथा हिन्दी भाषा' को लेकर भी है। प्राकृत के बाद अपभ्रंशों की उत्पत्ति हुई। यह कहा जाता है कि सांस्कृतिक एकता की दृष्टि से संस्कृत पूरे भारत की सर्वथा ग्राह्य भाषा थी। उसमें जो कुछ भी चिन्तन था, वह देश के सभी भाषा-भाषियों द्वारा श्रद्धा तथा सम्मान के साथ स्वीकार किया जाता था। 'प्राकृत' के बँटवारे पर भी सांस्कृतिक अखण्डता की रक्षा की गई थी और साहित्य के लिए तीन रीतियों की अवधारणा बनाई गई- गैड़ीया रीति (पूर्वी भाषाओं के लिए), पांचाली रीति (पश्चिमी भाषा शैली के लिए), वैदर्भी रीति (महाराष्ट्री प्राकृत शैली) या दक्षिणात्य आर्यभाषा शैली। वैदर्भीरीति को साहित्य में सर्वाधिक महत्त्व दिया गया है। कालिदास कृत शाकुन्तलम् में 'गायन' के लिए वैदर्भी भाषा और शैली है। शिष्ट नायिकाओं और स्त्रियों की भी यही भाषा है। दूसरा स्थान पांचाली को और अंतिम स्थान गौड़ीया को मिला है किन्तु साहित्य में इनका प्रयोग होता रहा है। गौडीया की स्थिति मागधी प्राकृत से सम्बद्ध है।

इस विकास के बाद लोक संस्कृति के प्रभाव से टूटी हुई भाषा अपभ्रंश के नाम से प्रकाश में आई और इसी से देसी भाषा, देसी बचना, षडभाषा, अष्ट भाषा का विकास हुआ। मालवा प्रदेश (धार) की मालवी भाषा, टक्क प्रदेश की पंजाबी, गुजरात की गूजरी

भाषा, गौड़ी (पूर्वी भाषाएँ) आदि प्राचीन हिन्दी भाषा के विविध रूप हैं। पृथ्वीराज रासो में छः भाषाओं के काव्य प्रचलन में थे- **'षड़- भाषा पुराणं च कुराणं च कथितम् मया'** कुरान की फारसी तथा पौराणिक संस्कृत कुल आठ भाषाएँ बनीं। रोडाकृत 'राउल वेलि' में आदिकाल की आठ काव्य भाषाओं का उल्लेख मिलता है-

तोडें राउल बेलि बरवानी
आठइ भासहं जइसी जानी।''

अतः यह कहना कि अपभ्रंश हिन्दी के प्राचीन रूप से सम्बद्ध नहीं है, ऐसा नहीं है। वही हमारी हिन्दी के लिए आधारभूमि है और उसे इससे पृथक् नहीं किया जा सकता। हिन्दी शब्द का प्रयोग तो भारत में विदेशियों के आने के बाद शुरू हुआ। भारतीय जन तो अपनी परम्परित भाषा के लिए 'भाषा' और 'देसी भाषा' जैसे शब्दों का प्रयोग करते थे। पं० दामोदर पंडित के 'उक्ति व्यक्ति प्रकरण' की भाषा काशी की भाषा है जो कन्नौज के राजकुमारों को देसी भाषा सिखाने के लिए लिखी गई थी। महापंडित राहुल सांकृत्यायन हिन्दी काव्यधारा में अपभ्रंश को ही हिन्दी मानते हुए कहते हैं, ''आपने सुन रखा होगा कि इस भाषा को अपभ्रंश कहते हैं। लेकिन नाम पर मत जाइये, इसका दूसरा नाम 'देसी भाषा' भी है। अपभ्रंश इसे इसीलिए कहते हैं कि इसमें संस्कृत शब्दों के रूपभ्रष्ट नहीं, अपभ्रष्ट बहुत ही शब्द हैं।''

एक अन्य स्थल पर वे इस देशीभाषा के संबंध में विस्तारपूर्वक चर्चा करते हुए कहते हैं कि-

''हम जब पुराने कवियों की भाषा को हिन्दी कहते हैं तो इस पर मराठी, उड़िया, बंगला, असामी, गोरखा, गुजराती तथा पंजाबी भाषा-भाषियों को आपत्ति हो सकती है, किन्तु यह सिद्ध सामन्त की रचनाएँ उपर्युक्त सारी भाषाओं की निधि हैं।[1]

इस प्रकार, जिस युग में यह आदिकालीन देशी भाषाओं का विकास हुआ, क्रियारूपों एवं परसर्गों के प्रयोग के सामान्य अलगाव के अतिरिक्त इनमें कोई गम्भीर भिन्नता दृष्टिगत नहीं होती। राजस्थानी के संदर्भ में सामान्य रूप से यह भी बात कही गयी है कि यहाँ दो प्रकार की भाषाएँ प्रचलित थीं- डिंगल तथा पिंगल। डिंगल भाषा तथा पिंगल भाषा का रूपात्मक अंतर बहुत कम है, सम्पूर्ण भिन्न काव्य रचना शैली और वस्तुविषय से सम्बद्ध है। अतः प्रारम्भ में 'वीरगाथा काल' का नाम देकर उसे केवल राजस्थान तक सीमित रखना सर्वथा असमीचीन है।

आदिकालीन परिवेश में लिखी गई भारत के अनेक प्रदेशों की देशी भाषा की कृतियों का परिवेश अब भी पूरी तरह से स्पष्ट नहीं हो पाया हैं किन्तु इन साक्ष्यों से तो इतना स्पष्ट

---

1. हिन्दी काव्यधारा- महापंडित राहुल सांकृत्यायन, अवतरणिका, पृ0 12

है कि बंगाल, आसाम, महाराष्ट्र, गुजरात, पंजाब, मिथला के साथ-साथ सम्पूर्ण मध्यदेश में हिन्दी का यह साहित्य लिखा जाता रहा है और उस सम्पूर्ण परिवेश को ही अब ध्यान में रखकर इसका मूल्यांकन किया जाना चाहिए।

अपभ्रंश और हिन्दी की इस संगम स्थिति को डॉ. उदय नारायण तिवारी ने संक्रान्तिकालीन हिन्दी के नाम से पुकार कर यहीं से हिन्दी की शुरुआत

बताई है।

अद्दहमाण (अब्दुर्रहमान) के **'संदेश रासक'** में एक वाक्य आता है कि- "जो न मूर्ख हो, न पंडित और जो मध्यम (बीच की) श्रेणी का हो, यह काव्य सदैव उसके सामने ही पढ़ा जाना चाहिए।"[1]

इस प्रकार यह प्रचलित भाषा सामान्य जन की है, जिसमें संदेश रासक लिखा गया है।

आचार्य रामचन्द्र शुक्ल ने भी इस भाषा की प्रवृत्ति यों अंकित की है- वे कहते हैं कि प्राकृताभास अपभ्रंश हिन्दी जिसका साहित्य में प्रचलन सौ वर्षों पूर्व था, बाद के कवि उस परम्परा के अनुपालन के लिए (सौ वर्षों बाद भी) पूर्वभाषा की पुनरावृत्ति करके उसके प्राचीन भाषा रूप को रखते हैं।

"ऐसे उदाहरणों से निश्चय हो जाता है कि उसका सन्निवेश पुरानी परम्परा का पालन मात्र है। इस परम्परा पालन का निश्चय शब्दों की परीक्षा से अच्छी तरह हो जाता है। जब हम अपभ्रंश के शब्दों में मिट्ठ और मीठी दोनों रूपों का प्रयोग पाते हैं तब उस काल में 'मीठी' शब्द के प्रचलित होने में क्यों संदेह हो सकता है।"

डॉ. रामस्वरूप चतुर्वेदी ने प्राकृताभास वाली अपभ्रंश तथा हिन्दी का अलगाव परसर्गीय प्रयोगों से किया है किन्तु इसे वे पूरी तरह से स्पष्ट नहीं कर पाए हैं।

कुल मिलाकर, आचार्य रामचन्द्र शुक्ल का मत इस संदर्भ में उचित जान पड़ता है। प्राचीनता के नाम पर प्राचीन हिन्दी काव्य के प्रचलित होने पर भी कविता की रूढ़ियों के रूप में प्राकृताभास का प्रयोग काफी दिनों तक होता रहा है।

---

1. संदेश रासक, पद संख्या-21

हिन्दी साहित्य का आदिकाल : अन्य विविध समस्याएँ

हिन्दी साहित्य के आदिकाल के विश्लेषण की कई समस्याएँ हैं और इनके निराकरण के बिना इस काल का सम्यक् विवेचन सम्भव नहीं है। ये समस्याएँ क्रमशः इस प्रकार हैं-

(क) इस काल खण्ड से सम्बद्ध प्रथम समस्या '**काल निर्धारण**' की है।

(ख) दूसरी समस्या '**नामकरण**' की है।

(ग) तीसरी समस्या इस **काल खण्ड के प्रथम ज्ञात कवि** के निर्धारण की है।

(घ) आदिकालीन हिन्दी के भाषिक स्वरूप के निर्धारण की समस्या सबसे महत्त्वपूर्ण है।

(ङ) आदिकालीन साहित्य के वर्गीकरण तथा विश्लेषण की भी एक महत्त्वपूर्ण समस्या है।

इन प्रश्नों पर बिना विचार किए बिना इस साहित्य की समस्याओं का एक सर्वमान्य हल सम्भव नहीं है।

काल निर्धारण की समस्या

(क) आचार्य रामचन्द्र शुक्ल के पूर्व, डॉ. सर जार्ज ग्रियर्सन ने, आदिकाल को चारणकाल कहते हुए उसका प्रारम्भ सन् 640 के आसपास स्वीकार किया है किन्तु इस प्रारम्भ काल को वे सन् 640 से क्यों कह रहे हैं, इसका वे कोई कारण नहीं बताते।

(ख) मिश्रबन्धु विनोद के अंतर्गत मिश्रबन्धुओं ने 'चंद-पूर्व की हिन्दी' का समय सन् 643 से 1290 ई. तक स्वीकार किया है- किन्तु इसके लिए वे कोई महत्त्वपूर्ण तर्क नहीं देते हैं। उन्होंने इस कालखण्ड को 'पूर्व प्रारम्भिक काल' भी कहा है किन्तु यह पूर्व प्रारम्भिक काल से आदिकालीन कविता के स्वरूप की निर्मिति कैसे हुई, इस पर उन्होंने कोई प्रकाश नहीं डाला।

(ग) आचार्य रामचन्द्र शुक्ल ने हिन्दी साहित्य के अंतर्गत इसे आदिकाल या वीरगाथा काल का नाम दिया है और संवत् 1050 से 1375 तक इसका

समय स्वीकार किया है। उन्होंने इसके पीछे कुछ तर्क दिए हैं जो इस प्रकार हैं- "**शिक्षित जनता की चित्तवृत्ति के प्रतिबिम्ब का स्पष्ट अंकन तथा किसी विशेष ढंग की रचना की प्रचुरता**" उनके अनुसार यही सूत्र काल विभाजन या निर्धारण से सम्बद्ध हैं। इसी के साथ उन्होंने नामकरण के पीछे ग्रंथों की प्रसिद्धि को भी कारण के रूप में स्वीकार किया है।

इन सब बातों के होते हुए भी सामग्री की अप्राप्ति उनकी एक महत्त्वपूर्ण समस्या थी और उन्होंने स्वयं इस प्रकार अपने निर्धारण के विषय में आवश्यकता नहीं प्रकट की है। वे कहते हैं कि "इस संदिग्ध सामग्री को लेकर जो थोड़ा बहुत विचार हो सकता है, उसी पर हमें संतोष करना पड़ता है।" आचार्य रामचन्द्र शुक्ल को संभवतः इसका अनुमान हो रहा था कि जिस काल खण्ड का नामकरण 'वीरगाथा' काल उनके द्वारा किया जा रहा है और उसका जो भी काल निर्धारित किया गया है, उसके लिए सामान्य जनता की चित्तवृत्ति का प्रतिबिम्ब, रचनाओं की प्रचुरता या किसी एकाधिक ख्याति प्राप्त कृति की लोकप्रियता- इनमें से कोई भी तत्त्व न वीरगाथा काल के साथ है और न काल निर्धारण के साथ। यही कारण है कि उनके समर्थक परवर्ती समीक्षक भी उनके इस मन्तव्य की पुष्टि के लिए कोई आधार नहीं दे सके हैं। आचार्य हजारीप्रसाद- द्विवेदी शुक्ल जी के इस वीरगाथा काल पर टिप्पणी देते हुए कहते हैं –

"स्वर्गीय पं0 रामचन्द्र शुक्ल ने इसका नाम 'वीरगाथा काल' दिया था, क्योंकि उनका विश्वास था कि इस काल की रचनाएँ साहित्यिक कोटि में आने योग्य हैं। उनमें अधिकांश वीरगाथाएँ हैं। हमारे पिछले विवेचन से स्पष्ट है कि यह नाम वर्तमान ज्ञान के आलोक में बहुत उचित नहीं प्रतीत होता।"[1] उनके अनुसार यह काल खंड 1000 से 1400 संवत् तक रहा है।

आचार्य शुक्ल ने एक और नाम दिया है, आदिकाल। यहाँ इसी तरह से इस काल के लिए आचार्य हजारीप्रसाद द्विवेदी ने भी 'आदिकाल' शब्द का प्रयोग किया है। वे इसे स्पष्ट करते हुए कहते हैं कि "कुछ आलोचकों को इस काल का नाम आदिकाल ही अधिक उपयुक्त जान पड़ता है। इस पुस्तक में भी इस काल को इसी नाम से कहा गया है।"[2] वैसे इस आदिकाल शब्द से स्वयं आचार्य हजारीप्रसाद द्विवेदी भी नहीं संतुष्ट हैं। वे कहते हैं कि–

"इस नाम से एक भ्रामक धारणा की सृष्टि होती है हमने ऊपर इस बात को दिखाया है।" इसे स्पष्ट करते हुए उनका विचार इस प्रकार है –

"क्योंकि साहित्य की दृष्टि से यह काल बहुत कुछ अपभ्रंश काल का बढ़ाव ही है

1. हिन्दी साहित्य : उद्‌भव और विकास, पृ0 56
2. हिन्दी साहित्य : उद्‌भव और विकास, पृ0 56

पर भाषा की दृष्टि से यह परिनिष्ठित अपभ्रंश से आगे बढ़ी हुई भाषा की सूचना लेकर आता है।'' यह काल वे 1000 से 1400 वि0 संवत् तक रहा है, ऐसा मानते हैं।

इस कथन से स्पष्ट है कि इसे साहित्य की दृष्टि से आगे का साहित्य (आदिकाल के बाद का साहित्य) कहना पड़ेगा और भाषा की दृष्टि से भी यह आगे की काव्य भाषिक व्यवस्था है। आदिकाल कहाँ से प्रारम्भ हो, यह स्वयं में एक समस्या है। आचार्य शुक्ल का 'आदिकाल' शब्द 'वीरगाथा काल' का पर्याय है, यह न आचार्य द्विवेदी को स्वीकार्य है और न किसी अन्य को ही।

(घ) अपने प्रसिद्ध काव्य संकलन 'हिन्दी काव्य धारा' के अंतर्गत महापंडित राहुल सांकृत्यायन ने इस काल का नामकरण 'सिद्ध सामन्त काल' रखा है। उनका तर्क है कि- उनके अनुसार सम्पूर्ण आदिकालीन रचनाएँ या तो सिद्धों की है या सामन्ती राज्याश्रय के अंतर्गत लिखी गई हैं। इस नामकरण के मूल में आदिकालीन साहित्य से जुड़ी सामग्रियों की प्राप्ति ही महत्त्वपूर्ण तत्त्व है। भारत के पूर्वी राज्यों में मागधी प्राकृत से सम्बद्ध गौड़ीय अपभ्रंश में लिखी गईं रचनाओं को राहुल जी ने हिन्दी की सीमा के अंतर्गत रखा है और उसी को हिन्दी-राजस्थानी साहित्य के रूप में वीरगाथात्मक काव्यों का जोड़ लिया। उनके अनुसार यह कालखंड सन् 760 से 1300 तक रहा है।

महापंडित राहुल सांकृत्यायन का नामकरण इस बात का संकेत है कि वे यह मानते हैं कि पर्याप्त नामकरण के न होते हुए भी जितना भी इस आदिकाल का साहित्य मिल सका है, उसके नामकरण और उसकी व्याख्या के आधार पर उस अध्ययन को आगे बढ़ाया जाए। सिद्धों की भाषा को अपभ्रंश के अंतर्गत रखा जाए या उसे हिन्दी माना जाए, इस प्रश्न को लेकर भी साहित्य में पर्याप्त विवाद है, इसीलिए इस नामकरण को आगे विशेष स्वीकृति नहीं मिल सकी है। उन्होंने इस काल खण्ड की सीमा सन् 760 से सन् 1300 ई. तय की है। सन् 760 का आधार सिद्धों का आदिकाल है और सन् 1300 का संबंध सामन्तवादी परम्परा से है तथा इस बीच अपभ्रंश तथा प्राचीन हिन्दी दोनों रूपों को एक में मिलाकर उन्होंने इसके काल के प्रारम्भ एवं समापन का जो ढाँचा तैयार किया है, उससे हिन्दी के अनेक विद्वान् सहमत नहीं हैं।

(ङ) डॉ. रामकुमार वर्मा ने अपने सन् 1938 में लिखे गए इतिहास के आदिकाल को दो भागों में विभक्त किया है, (1) सन्धिकाल (2) चारणकाल। उनका सन्धिकाल का समय संवत् 750 से संवत् 1200 तक है। 'सरहपा' का जन्म संवत् 797 है और उसके कुछ वर्षों पूर्व तक इस काल खण्ड को संगति

प्रदान करने के लिए यह समय निर्धारित किया होगा। यद्यपि राहुल सांकृत्यायन ने सिद्ध काल का समय उनसे 67 वर्ष के बाद का माना है। इसी प्रकार, चारण काल के अंतर्गत स्थित साहित्य को इन्होंने पिंगल साहित्य कहा है। डॉ. रामकुमार वर्मा ने इस चारण काल के समापन की बात तो अवश्य कही है- जो उनके अनुसार 14वीं शती के आस-पास है किन्तु प्रारम्भ की स्थिति कवि पुंड या पुष्य, दलपति विजय, भुवाल कवि आदि की है, जिनके काव्य नहीं मिलते। उन्होंने संवत् 770 को पुन्ड्र या पुष्य कवि का समय बताया है तो क्या उनके चारण काल का यही समय स्वीकार कर लिया जाए ? उनके मत से 'वीसलदेव रास' इस परम्परा की प्रथम कृति है, जिसका प्रामाणिक समय संवत् 1073 है, किन्तु इसके बाद भी डॉ. वर्मा यह नहीं तय कर पाते कि इस चारण या डिंगल साहित्य के इतिहास का प्रारम्भिक काल कब से स्वीकार किया जाए। सामान्यतया इस चारण काल के लिए उनका संकेत है कि यह संवत् 1000 से 1375 तक रहा है।

(च) डॉ. गणपति चन्द्र गुप्त अपने 'हिन्दी साहित्य का वैज्ञानिक इतिहास' के अंतर्गत सन् 857 के पूर्व एवं बाद के दो खण्डों में समग्र इतिहास को विभक्त करके उसकी एक मानक रेखा निर्मित करते हैं। इस प्रकार, वे समग्र हिन्दी साहित्य के इतिहास को इन भागों में रखकर पुनः उसका उपविभाग बनाते हैं। इस आदिकाल के कालविभाजन से सम्बन्धित उनका निष्कर्ष इस प्रकार है-

उनके अनुसार आदिकाल सन् 1184 से 1350 तक है तथा इसी प्रकार, उन्होंने अन्य काल खण्डों को क्रमशः निम्नलिखित भागों में विभक्त किया है-

पूर्व मध्यकाल (सन् 1350 से 1600 तक)

उत्तर मध्यकाल (सन् 1600 से 1857 तक)

आधुनिक काल (सन् 1857 से अब तक)

आदिकाल का यह काल विभाजन सन् 1184 से 1350 अर्थात् 166 वर्ष का है और यह कालखंड उनके अनुसार हिन्दी साहित्य की आधार भूमि के रूप में कार्य करता रहा है।

(छ) डॉ. हरीश ने इस आदिकाल का समय सन् 950 से सन् 1450 तक निश्चित किया है। उन्होंने आदिकालीन हिन्दी का नामकरण 'उत्तर अपभ्रंश' करके उस परम्परा में 'रोडा कृत राउल बेलि' तथा धनपाल द्वारा लिखित 'सत्यपुरीय महावीर उत्साह' कृतियों को प्राचीनतम माना है। इन प्राचीनतम कृतियों के आधार पर इस प्रकार इसके काल का प्रारम्भिक चरण निर्धारित

किया गया है।[1]

(ज) डॉ. माताप्रसाद गुप्त ने अपनी प्रसिद्ध कृति 'रासो काव्य विमर्श' के अंतर्गत हिन्दी की प्राचीन काव्य परम्परा 'रासो एवं रासक' साहित्य के इतिहास का विवेचन करते हुए इस आदिकाल की प्राचीनता की ओर संकेत किया है। 'रासो काव्य परम्परा' में उनके अनुसार सबसे प्राचीन कृति 'मुंज रासो' है और हेमचन्द्र के प्राकृत व्याकरण तथा मुनिजिन विजय कृत पुरातन प्रबन्ध संग्रह के साक्ष्यों के अनुसार इस रचना का आनुमानिक काल संवत् 1054 से 1190 है। इन दोनों परम्पराओं की कृतियाँ प्रायः संवत् 1400 तक चलती हैं। अतः उनके विवेचन को ध्यान में रखते हुए आदिकालीन साहित्य की 'रासो एवं रासक' परम्परा का कालखंड संवत् 1000 से 1400 तक स्वीकार किया जा सकता है।[2]

(झ) भारतीय भाषाओं पर कार्य करने वाले विदेशी विद्वानों में सर जार्ज ग्रियर्सन के बाद एम0 विंटरनीत्स का नाम विशेष उल्लेखनीय है। उन्होंने प्राप्त एवं प्रचलित साक्ष्यों को देखकर 12वीं शती से हिन्दी भाषा का प्रारम्भिक काल स्वीकार किया है-

We can notice from the Century onwords the third stage of development of the Indian, that is of Modern Indian languages and from the 12th Century onwords these Languages can show their Literatune that is partly independent and partly dependent on Sanskrit literature.

काल निर्धारण की जटिलता के कारण

संक्षेप में देखा जाए तो विभिन्न इतिहास लेखकों के आदिकाल के प्रारम्भ एवं समापन के विषय में इस प्रकार की धारणा रही है-

	प्रारम्भकाल	समापन काल
(क) सर जार्ज ग्रियर्सन	सन् 640	सन् 1300
(ख) मिश्र बन्धु	सन् 643	सन् 1343
(ग) आचार्य रामचन्द्र शुक्ल	सं0 1050	सं0 1375
(घ) आचार्य हजारीप्रसाद द्विवेदी	सन् 1000	सन् 1400
(ङ) महापंडित राहुल सांकृत्यायन	सन् 760	सन् 1300

1. आदिकालीन हिन्दी साहित्य शोध, डॉ0 हरीश, पृ0 51
2. रासो साहित्य विमर्श-रास और रासक काव्य परम्पराएँ, पृ0 8 से 29 तक

(च) डॉ. रामकुमार वर्मा (सन्धिकाल)	संवत् 750	सं0 1200
(चारणकाल)	संवत् 1000	सन् 1375
(छ) डॉ. हरीश	सन् 950	सन् 1450
(ज) डॉ. माताप्रसाद गुप्त	सन् 1000	सन् 1400
(झ) डॉ. रमाशंकर शुक्ल	बाल्यावस्था काल सं0 1000,	x
(ञ) हिन्दी साहित्य का वृहत् इतिहास	संक्रमणकाल (सन् 1000-1450 तक)	
(ट) डॉ. बच्चन सिंह	8वीं शती से 15वीं शती तक	
(ठ) डॉ. नगेन्द्र द्वारा संपादित हिन्दी साहित्य का इतिहास	7वीं शती से 14वीं शती के मध्य तक	

हिन्दी साहित्य के आदिकाल के काल निर्धारण की समस्या के संबंध में प्राप्त भिन्नताओं के कारण (क) प्राचीन साहित्यिक सामग्रियों की अनुपलब्धता, (ख) अपभ्रंश एवं हिन्दी के बीच भाषाओं के स्वरूप के निर्धारण की अस्पष्टता, (ग) साहित्य की किसी प्रतीतिगम्य धारा का अभाव आदि है। संक्षेप में इनकी स्थिति इस प्रकार विचारणीय है-

(क) प्राचीन साहित्यिक सामग्रियों की अनुपलब्धता

(1) ऐतिहासिक परम्परा के साक्ष्यों को प्रायः हम दो वर्गों में विभक्त करते हैं- अंतरंग साक्ष्य और वर्हिसाक्ष्य। इस संदर्भ में मूल ऐतिहासिक साहित्य के ग्रंथों की प्राप्ति एक प्रकार से अंतरंग साक्ष्य है और अन्य कृतियों में इतस्ततः उनके प्रसंगों, उद्धरणों आदि की प्राप्ति वाह्य साक्ष्य। जिस कालखण्ड का यह हमारा आदिकालीन साहित्य है, उस समय माँडपत्र, भोजपत्र, ताड़पत्र एवं प्रस्तर भित्तियों पर पुस्तकें लिखी जाती रही हैं। यद्यपि हमारे यहाँ प्राचीन पांडुलिपियों को काष्ठ बंधों में रखकर फिर उनको वेष्टनों में लपेट कर सुरक्षित रखने की परम्परा रही है किन्तु भौगोलिक अस्थिरता, राजनीतिक उथल-पुथल तथा उपद्रव आदि के कारण प्रतियों की रक्षा का कार्य बड़ा ही कष्टदायी माना जाता रहा है- इस संबंध में एक बड़ा ही प्रचलित श्लोक है-

भग्नपृष्ठकटिग्रीवा स्तब्धदृष्टि अधोमुखम्।
कष्टेन लिखितंग्रंथं यत्नेन परिपालयेत्॥

जितने कष्टों को सहकर पुस्तकें लिखी जाती हैं और उनकी रक्षा तो और भी कष्ट साध्य है।

(ख) अपभ्रंश भाषा एवं हिन्दी भाषा के स्वरूप की स्पष्टता

यही नहीं, आठवीं शती से लेकर चौदहवीं शती तक का समय भारतीय संस्कृति के

लिए सबसे बड़े उथल-पुथल का समय रहा है और इसी उथल-पुथल के बीच हमारी केन्द्रीय संवाहिका हिन्दी का जन्म हुआ। यह हिन्दी केवल राजस्थान एवं गुजरात की ही प्रचलित सामयिक साहित्यिक भाषा नहीं थी, इसका प्रयोग महाराष्ट्र, आसाम, उड़ीसा, बंगाल, मैथिल प्रदेश तथा समग्र बिहार, उत्तर प्रदेश, राजस्थान, मध्यप्रदेश, पंजाब आदि राज्यों में होता रहा है। इस राजनीतिक उथल-पुथल के कारण हमारा अधिकतम साहित्य नष्ट हो उठा है। प्राचीन हिन्दी भाषा का आज साक्ष्य निम्नलिखित रूपों में प्राप्त होता है-

(1) गुजरात	गुर्जरी हिन्दी-रास साहित्य या रासक साहित्य
(2) राजस्थान	रास, रासो, रासक तथा अन्य काव्यों की प्रभूत सामग्री डिंगल तथा पिंगल शैली में वर्तमान है
(3) महाराष्ट्र	संत ज्ञानदेव एवं नामदेव की वाणियाँ
(4) बंगाल, उड़ीसा एवं आसाम	सिद्ध साहित्य की प्राचीनतम सामग्री
(5) मध्य देश	रोडाकृत राउल बेलि
(6) पंजाब	टक्क भाषा (पुरानी पंजाबी) में लिखा गया काव्य

इस प्रकार समग्र आर्य भाषा प्रदेशों में हमारी सांस्कृतिकवाहिका बनकर संस्कृत तथा प्राकृत की यह अपभ्रंशमूलक हिन्दी प्रचलित रही है और इसकी सबसे बड़ी काव्य विशेषता यह रही है कि इसने संस्कृत काव्य साहित्य में प्रचलित काव्य रीतियों, गुणों (ओज, प्रसाद, माधुर्य) एवं परम्परित कवि शिक्षा के मानकों तथा वर्णकों की परम्परा का खुलकर अनुकरण किया है। इस प्रकार, इन कविताओं को हम भाषिक बनावट की दृष्टि से तो देख सकते हैं किन्तु इनकी काव्य सृजन की मूल परम्परित चेतना की ओर ध्यान ही नहीं देते। उदाहरण के लिए ओज गुण से सम्पन्न वीरभाव को व्यक्त करने वाली भाषा का रूप देखें– इसमें भाषा की द्वित्वप्रधान शब्दावली, अर्धसामासिक रूप तथा तुकान्तबहुला प्रकृति पृथ्वीराज रासो से लेकर गोस्वामी तुलसीदास एवं महाकवि भूषण से लेकर समग्र रीतिकाल तक दिखाई पड़ती है।

इस प्रकार, डिंगल कविता वीर रस को व्यंजित करने वाली गौड़ीया रीति से संयुक्त एक भाषा शैली बन गई और इस रूप में हिन्दी कविता में 19वीं शती तक द्वित्व प्रयोग की स्थिति यहाँ मिलती है। अतः यह डिंगल भाषा एक काव्य शैली बनकर हिन्दी में एक लम्बी परम्परा तक प्रचलन में रही है। आचार्य शुक्ल का भाषा विषयक मत इसका समर्थन करता है।

(ग) साहित्य की प्रतीतिगम्य धाराओं का अभाव

साहित्य के अंतर्गत काव्यरूढ़ियों, काव्य रूपों एवं परम्पराओं का प्रवाह निरंतर चलता रहता है। परवर्ती काल में जैन साहित्य में रास तथा फागु आदि काव्यों की परम्परा चली किन्तु रासो परम्परा की कृतियाँ काल के प्रवाह में नहीं मिलतीं। परमाल रासो अपूर्ण तथा खंडित है। इसी प्रकार मुंज रास नहीं प्राप्त है। पृथ्वीराज रासो का इतना विस्तार हो चुका है कि उसके मूल रूप की खोज एक समस्या है। आगे इंगित किया जा चुका है कि साहित्यिक कृतियों का इस काल-खंड में अनुपलब्धता स्वयं में एक समस्या है। राजस्थान एवं गुजरात के अतिरिक्त इस काल खंड की मैथिल साहित्य की विशुद्ध काव्य परम्पराएँ, मालवी के साहित्य रूप, प्राचीन कोसली की साहित्य परम्परा लुप्त सी है, अतः इस काल खण्ड को प्रतीतिगम्य साहित्यिक धाराओं के अभाव में पूरी तरह से स्पष्ट नहीं किया जा सकता है। साहित्य के विश्लेषण एवं प्रवृत्ति निरूपण की दृष्टि से प्रतीतिगम्य काव्यधाराओं के अभाव में उसकी सही पहचान नहीं हो पाती और इतने वर्षों के इतिहास लेखन के बावजूद भी आज यह समस्या कई रूपों में ज्यों-की-त्यों बनी हुई है।

आदिकाल का नामकरण

नामकरण का सामान्य आधार समग्र साहित्य की केन्द्रीय चेतना के वैशिष्ट्य को व्यंजित करने वाला शब्द विशेष है। आदिकाल नाम तो हिन्दी साहित्य के प्रारम्भकाल से सम्बद्ध है, यह प्रवृत्तिव्यंजक शब्द उस रूप में नहीं है, जैसे 'भक्तिकाल' या 'रीतिकाल' है। सामान्य रूप से इस कालखंड में प्राप्त सामग्री को विषयवस्तु की दृष्टि से कई रूपों में रखा जाता है। काल निर्धारण की ही भाँति आदिकाल के नामकरण के संबंध में भी मतैक्य नहीं हैं। संक्षेप में, विद्वानों द्वारा इसके 'नामकरण' के संदर्भ में इस प्रकार मत मिलते हैं–

(1) सर जार्ज ग्रियर्सन	चारण कविता
(2) मिश्र बन्धु	पूर्व प्रारम्भिक काल
(3) डॉ. रमाशंकर शुक्ल 'रसाल'	बाल्यावस्था काल
(4) आचार्य रामचन्द्र शुक्ल	आदिकाल या वीरगाथाकाल
(5) महापंडित राहुल सांकृत्यायन	सिद्ध-सामन्त काल
(5) डॉ. रामकुमार वर्मा	सन्धिकाल तथा चारणकाल
(7) आचार्य हजारीप्रसाद द्विवेदी	आदिकाल
(8) डॉ. गणपतिचन्द्र गुप्त	आदिकाल/शून्यकाल
(9) हिन्दी साहित्य का वृहत् इतिहास	संक्रमण काल
(10) डॉ. पृथ्वीनाथ कमल कुलश्रेष्ठ	अंधकारकाल
(11) डॉ. राकेश	उत्तर अपभ्रंशकाल या आविर्भावकाल या प्रारम्भिक काल

संक्षेप में विद्वान इतिहास लेखकों द्वारा इस आदिकाल के लिए यही नाम सुझाये गये हैं।

हिन्दी साहित्य के इतिहास ग्रंथों में इतिहासकारों ने इन नामों के विषय में अपने-अपने तर्क दिए हैं- जो एकांगी हैं। उदाहरण के लिए आचार्य शुक्ल जी 'नामकरण' के दो कारणों का उल्लेख करके इस काल खण्ड को वीरगाथा काल कहते हैं–

(1) किन्हीं विशेष प्रवृत्तिमूलक रचनाओं की प्रचुरता

(2) विशिष्ट ग्रंथों की प्रसिद्धि

प्रथम को स्पष्ट करते हुए उन्होंने हिन्दी साहित्य के इतिहास के अंतर्गत बताया है "यदि किसी काल में चार ढंग की 10 पुस्तकें प्राप्त हैं तो उनकी प्रचुरता कही जाएगी यद्यपि अन्य पुस्तकें संख्या में मिलकर 12 हैं।"

द्वितीय को स्पष्ट करते हुए उन्होंने कहा है कि इस युग के जिन ग्रंथों को विशेष प्रसिद्धि मिली है, वे वीरगाथात्मक हैं, अतः वीरगाथा काव्य नाम- उनके अनुसार इस युग के लिए सर्वथा उपयुक्त नाम है। विशिष्ट ग्रंथ विशेष की प्रवृत्ति भी उनके मत से नामकरण का कारण बन सकती हैं। आचार्य हजारीप्रसाद द्विवेदी ने वीरगाथा काल का विरोध किया है और इस संदर्भ में उनका वक्तव्य है-

"अब यह स्पष्ट है कि जिन ग्रंथों के आधार पर इस काल का नाम वीरगाथा काल रखा गया, उनमें से कुछ तो नोटिस मात्र से बहुत अधिक महत्त्वपूर्ण नहीं और कुछ या तो पीछे की रचनाएँ हैं या पहले की रचनाओं के विकृत रूप हैं। इन पुस्तकों को नवीन मान लिया गया है।"

डॉ. नगेन्द्र ने नामकरण के लिए एक दूसरा आधार दिया है वह है "काल विशेष की साहित्यिक चेतना का प्रतिफल जिसका माध्यम सामान्यतः उस युग की प्रमुख साहित्यिक प्रवृत्ति ही हो सकती है।"

डॉ. नगेन्द्र के इस मानदण्ड के आधार पर वीरगाथात्मक वृत्ति को आदि- काल विशेष की साहित्यिक चेतना का प्रतिफल नहीं माना जा सकता है क्योंकि समय-समय पर इस युग का जो साहित्य मिलता जा रहा है, उससे अभी भी इस कालखण्ड के नामकरण की अनिश्चितता बनी हुई है।

इन दोनों मानदण्डों के आधार पर आचार्य शुक्ल का वीरगाथा काल शब्द खरा नहीं उतरता।

डॉ. रामकुमार वर्मा इसे 'चारण काल' की संज्ञा देते हैं। चारणकाल के लिए उनका आधार इस प्रकार है–

"राजनीतिक क्षेत्र में विप्लव होने के कारण साहित्यिक क्षेत्र में भी शांति नहीं रही। राजस्थान राजनीति का प्रधान क्षेत्र होने के कारण अपने यहाँ के चारणों को मौन न रख सका। अपभ्रंश भाषा भी उसी समय पुराने संस्कारों को छोड़कर नवीन रूप धारण करने का प्रयास कर रही थी। उसी अपभ्रंश को डिंगल भाषा में चारणों की कविता प्रवाहित हो उठी।"[1]

चारणों के द्वारा लिखी जाने वाली कविता को उन्होंने 'चारणकाल' के साथ जोड़कर देखा और इसी तथ्य का समर्थन उन्होंने "हिन्दी साहित्य का आलोचनात्मक इतिहास" अपनी मूल इतिहास कृत्ति में भी किया है।

1. हिन्दी साहित्य का आलोचनात्मक इतिहास (संक्षिप्त), पृ0 48

आदिकाल के चारण साहित्य का एक दूसरा नाम उन्होंने 'सन्धिकाल' भी दिया है। संवत् 750 से 1200 तक लिखे गए सिद्ध साहित्य, जैन साहित्य, नाथ साहित्य तथा प्राचीन प्रेमकथा साहित्य, यथा- चंदायन, संदेश, रासक आदि रचनाओं को संधिकाल के अंतर्गत रखा है। यह **सन्धिकाल** नाम भाषा में जटिलता से सरलता की ओर प्रवाह तथा परम्परागत आभिजात्य तथा लोक शैलियों की सन्धि के लिए कहा गया है। वे इसे स्पष्ट करते हुए कहते हैं–

"जहाँ से भाषाओं या दो शैलियों की सन्धि होती है और साहित्य के इस काल को सन्धिकाल कहना ही समीचीन है।"[1]

डॉ. रामकुमार वर्मा द्वारा स्वीकृत दोनों ही नामकरण सर्वथा अनुपयुक्त हैं क्योंकि उन्होंने 'सन्धिकाल तथा चारणकाल' के लिए भाषा तथा शैली के समन्वय की जो शर्तें रखी हैं, वे दोनों में बराबर मिलती हैं और यह भाषिक समन्वय स्वयं में इस काल के नामकरण का कोई प्रवृत्तिगत आधार नहीं है। यही नहीं, चारणकाल की कौन-सी रचनाएँ कहाँ से शुरू होकर कहाँ समाप्त होती हैं इसका कोई लेखा जोखा नहीं है। इसके अतिरिक्त भी, उनके द्वारा दी गई पुस्तकों की सूची मात्र ही इस युग के लिखे गए साहित्य के मानक नहीं हैं, अतः उनका यह 'चारणकाल' नामकरण सर्वथा भ्रामक है।

'चारणकाल' शब्द के आसपास ही महापंडित राहुल सांकृत्यायन द्वारा 'हिन्दी काव्यधारा' शीर्षक ग्रंथ की भूमिका में कथित **सिद्ध सामन्त काल** भी इस युग के लिए उपयुक्त नहीं है। सिद्धों का काल 7वीं शती से शुरू होता है और प्राचीन अपभ्रंश को प्राचीन हिन्दी के रूप में स्वीकारना यह एक भ्रामक प्रश्न है, साथ ही, इसी युग में जैन, नाथ आदि कवियों की भी हमें वाणियाँ मिलती हैं– फिर सबको मिलाकर 'नाथ, सिद्ध, जैन तथा सामंत', काल क्यों न कहा जाए ? 'सामन्त' शब्द राजाश्रित काव्य के लिए एक कथित व्यजंना है जबकि राजाश्रय से भिन्न संदेश रासक आदि अनेक काव्य लिखे गए। इस युग की साहित्यिक कविता की सबसे बड़ी पहचान 'राजाश्रय' की न होकर काव्य वर्णकों एवं वर्णन रूढ़ियों के निस्तारण की है और धर्म, श्रृंगार एवं वीर तथा शौर्यभाव की समस्त कविताओं में कविता तत्त्व की संरक्षा के लिए काव्य वर्णन की परम्परागत वर्णन परिपाटियों की संरक्षा की वृत्ति सर्वत्र मिलती है। 'प्राकृत पैंगलम्', 'राउल वेलि' तथा 'वसंत विलास' जैसे काव्यग्रंथ इस तथ्य के प्रमाण हैं।

अतः चारण कविता या सिद्ध सामन्त कविता आदि नामकरण आदिकाल की लोकप्रचलित एवं साहित्यिक रचना की केन्द्रीय चेतना वृत्ति से बहुत दूर है।

इसी प्रकार, 'हिन्दी साहित्य के वृहत् इतिहास' के अंतर्गत इसे 'संक्रमण-काल' शब्द

1. वही, पृ0 46

से अभिहित किया गया है। यहाँ संक्रमण का अर्थ है, भाषा के दोनों रूपों– अपभ्रंश तथा प्राचीन हिन्दी का दिखाई पड़ना है, किन्तु भाषा से भिन्न साहित्य के अंतर्गत जिस 'संक्रमण' की बात यहाँ कही गई है, वह परम्परा से सम्बद्ध है, संक्रमण (Transition) से नहीं। नाथ, सिद्ध, रासो, रासक, जैन, प्रेमकथात्मक आदि काव्यों की प्राचीन परम्पराओं की यहाँ सशक्त अभिव्यक्ति मिलती है, उसे हम संक्रमण कैसे कहेंगे ? आचार्य हजारीप्रसाद द्विवेदी तो यहाँ परम्परा के सांस्कृतिक प्रवाह का अजस्त्र स्वरूप देखते हैं। इस प्रकार इस आदिकाल के लिए प्रारम्भिक काल, उद्‌भव काल आदि नामों की स्थिति हमें ठीक दिखाई पड़ती है किंतु इसका आदि, प्रारम्भ, उद्‌भव हम कहाँ से स्वीकार करें, यह निर्धारित करना सम्भव नहीं है।

डॉ. गणपतिचन्द्र गुप्त- 'हिन्दी साहित्य का वैज्ञानिक इतिहास', भाग 1, में इसे आदिकाल कहते हुए भी अपना मत इस प्रकार रखते हैं कि इस काल खण्ड को यदि शून्यकाल कहा जाए तो अधिक उपयुक्त है। उनका कथन इस प्रकार है–

"कुछ विद्वानों ने इस स्थिति को सुधारने के लिए इस काल के नये नामकरण 'आदिकाल' का सुझाव दिया, किंतु हमारे विचार से केवल नाम बदल देने मात्र से इस असंगति का निराकरण नहीं हो सकेगा। जिस वस्तु का अस्तित्व ही नहीं है, उसका नामकरण कैसा। यदि कोई नामकरण किया ही जाता है तो आदिकाल की अपेक्षा शून्यकाल नाम अधिक अच्छा रहेगा।"[1] इसी के समानान्तर डॉ. कुलश्रेष्ठ द्वारा प्रयुक्त 'अंधकार काल' शब्द भी इस कालखंड के लिए प्रयुक्त है। यह अंधकारकाल क्यों, इसलिए कि इस काल खंड में लिखे गए साहित्य, उसका सीमांकन, उनकी प्रवृत्तिगत केन्द्रीय चेतना आदि सबमें सर्वत्र अस्पष्टता है। डॉ. कमल कुलश्रेष्ठ ने अपने मन्तव्य को स्पष्ट करने के लिए जिन आधारों की चर्चा की है उनमें अनिश्चयता क्या अप्रामाणिकता दोनों ही इस युग की प्राप्त साहित्यिक सामग्रियों की मूलधुरी के रूप में दिखाई पड़ती हैं, फिर अधंकार काल के अतिरिक्त इस युग का अन्य कोई और नामकरण सम्भव नहीं है ? प्रार्दुभावकाल, पूर्व प्रारम्भिक काल आदि नाम भी ऐसी ही श्रेणी में आते हैं।

इस कालखंड के लिए इस समय सर्वाधिक प्रचलित नाम 'आदिकाल' है। यद्यपि आचार्य रामचन्द्र शुक्ल ने सन् 1929 में अपने इतिहास के अंतर्गत वीरगाथा काल के विकल्प के रूप में इस 'आदिकाल' शब्द को रखा है किंतु इस काल खंड का उन्होंने विवेचन 'वीरगाथा काल' के नाम से ही किया है। इस 'आदिकाल' शब्द को सही मायने में प्रयोग, प्रचलन तथा अर्थवत्ता में लाने का श्रेय आचार्य हजारीप्रसाद द्विवेदी को है। उनके पाँच व्याख्यान- 'बिहार राष्ट्र-भाषा परिषद' में इस कालखंड से सम्बद्ध हुए थे और फिर वे पुस्तकाकार के रूप में प्रकाशित हुये। उन्होंने 'आदिकाल' नाम के पीछे जो तर्क रखा है,

1. हिन्दी साहित्य का वैज्ञानिक इतिहास, पृ0 76

वह है 10वीं शती से 14 वीं शती तक की वह हिन्दी भाषा जो अपभ्रंश से थोड़ी भिन्न हुई और उसकी साहित्यिक परिष्कृति भी अपभ्रंश से अधिक रही है। इस पृथकता एवं समृद्धि के भाषाकाल को आदिकाल के नाम से पुकारने में उन्हें कोई आपत्ति नहीं हुई। इस संबंध में वे अपना अभिमत प्रकट करते हुए कहते हैं कि–

"इसीलिए दसवीं से चौदहवीं शताब्दी के उपलब्ध लोकभाषा साहित्य अपभ्रंश से थोड़ी भिन्न भाषा को साहित्य कहा जा सकता है। वह हिन्दी की आधुनिक बोलियों में से किसी किसी के पूर्व रूप में ही उपलब्ध होता है। यही कारण है कि हिन्दी साहित्य के इतिहास लेखक दसवीं शताब्दी के इस साहित्य का आरम्भ स्वीकार करते हैं। इसी समय से हिन्दी भाषा का आदिकाल माना जा सकता है।"[1]

इसी प्रकार, आचार्य द्विवेदी की साहित्येतिहास की तीनों कृतियाँ- 'हिन्दी साहित्य की भूमिका', 'हिन्दी साहित्य उद्भव और विकास' तथा 'हिन्दी साहित्य का आदिकाल' के अंतर्गत दसवीं शती से लेकर चौदहवीं शती तक के कालखंड को आदिकाल माना गया है और इसे मानने के पीछे अपभ्रंश के बाद भाषिक बदलाव, लोकचेतना द्वारा इसकी सर्वाधिक स्वीकृति तथा पूर्ववर्ती साहित्य से अधिक परिष्करण की चेतना, इसकी पहचान के प्रमुख तत्त्व हैं।

'आदिकाल' शब्द के प्रचलन के बाद हिन्दी साहित्य के इतिहास या शोध प्रबन्धों में उद्भवकाल, शून्यकाल, अंधकारकाल, प्रारम्भिक काल आदि शब्द प्रचलन में अवश्य आए किन्तु उन्हें स्वीकृति नहीं मिली।

सम्पूर्ण संदर्भों एवं प्रकरणों को ध्यान में रखते हुए अंत में डॉ. गणपति चन्द्र गुप्त का निष्कर्ष मान्य जैसा है- "उपर्युक्त प्राचीन काल में ही हिन्दी साहित्य का प्रारम्भ हुआ, अतः हम इसे 'प्रारम्भिककाल' भी कहें तो अनुचित नहीं होगा, किन्तु दूसरी ओर विभिन्न इतिहासकारों ने इसे 'आदिकाल' की संज्ञा दी है तथा यह नाम व्यापक रूप से प्रचलित है। वैसे- प्राचीनकाल, प्रारम्भिक काल, आदिकाल में तात्त्विक दृष्टि से विशेष अंतर नहीं है, अतः हम भी यदि इनमें 'आदिकाल' को ही स्वीकार कर लें तो इससे पाठकों को सुविधा होगी।"

इस प्रकार, आज 'इस कालखण्ड' के लिए 'आदिकाल' शब्द ही प्रचलन में अधिक है और यही स्वीकार करना भी हमारे सुधी पाठकों के लिए सर्वथा समुचित होगा, किंतु यह 'आदिकाल' नामकरण इस कालखंड का अंतिम स्वीकृत नाम नहीं है, आगे साक्ष्यों की प्राप्ति के बाद इसमें भी परिवर्तन सम्भव है।

1. हिन्दी साहित्य : उद्भव और विकास, पृ० 19

आदिकाल के काल निर्धारण तथा अन्य समस्याओं के प्रमुख कारण

हिन्दी साहित्य के आदिकाल के 'काल निर्धारण एवं नामकरण' की अनिश्चयता की स्थिति सर जार्ज ग्रियर्सन के समय से ही चली आ रही है और वह आज तक वर्तमान है। यह सत्य है कि वर्तमान परिवेश में साक्ष्यों के कुछ खुलासा होने के कारण यह अस्पष्टता पहले से कम रह गई है किंतु समस्याएँ आज भी बरकरार हैं। इस संदर्भ में आगे प्रमुख कठिनाइयाँ इस प्रकार की हैं-

(1) अपभ्रंश एवं प्राचीन हिन्दी के बीच काल तथा स्वरूप निर्धारण एवं उसके निराकरण की समस्या

(2) सामग्रियों की अनुपलब्धता

(3) साहित्य के भाषिक संदर्भ में प्रतीतिगम्य धाराओं की छिन्नता

(1)

हिन्दी साहित्य के इतिहास ग्रंथों में प्राकृत्नअपभ्रंशनवीन अपभ्रंश प्राचीन हिन्दीहिन्दी के विकास रूपों के सोपान क्रमों का निर्णय एक महत्त्वपूर्ण समस्या रही है। यह समस्या उस युग के लेखकों तथा सर्जकों, आज के आलोचकों तथा भाषा वैज्ञानिकों के सामने भी है। भाषाविदों ने हिन्दी के आदिकाल की भाषा को संक्रान्तिकाल की भाषा के नाम से पुकारा है। सामान्य रूप से 'संक्रान्तिकालीन भाषा' न पंडितों की थी और न अज्ञों की। डॉ. उदयनारायण तिवारी संदेश रासक के दृष्टांत के माध्यम से इसका साक्ष्य इस प्रकार देते हैं–

"जो न मूर्ख हो और न पंडित (अपितु जो) विचली श्रेणी का हो उसके सामने ही यह काव्य सदैव पढ़ा जाना चाहिए।"[1]

उच्च वर्ग के 'संस्कृत एवं प्राकृत' भाषा-काव्यों में रुचि रखने वाले पंडितों से भिन्न लोक प्रचलन की भाषा अब्दुर्रहमान के संदेश रासक की काव्यभाषा है और प्राचीन हिन्दी के लिए साक्ष्य भी। डॉ. उदयनारायण तिवारी ने अपभ्रंश के बाद विकसित साहित्यिक

---

1. हिन्दी भाषा का उद्‌भव और विकास, पृ0 145

हिन्दी के प्राचीनतम स्वरूप का विश्लेषण करने के लिए जिन ग्रंथों को आधार बनाया है– वे हैं अर्ब्दुरहमान कृत संदेश रासक, पुरातनप्रबन्ध संग्रह, दामोदरपण्डित कृत- उक्ति व्यक्ति प्रकरण, ज्योतिरीश्वर ठाकुर कृत वर्णरत्नाकर, विद्यापति कृत कीर्तिलता, सहजिया सम्प्रदाय के सिद्धों के चर्यापद, संत ज्ञानेश्वर की ज्ञानेश्वरी टीका आदि।

डॉ. उदयनारायण तिवारी के निष्कर्ष उस युग की साहित्यिक भाषा के लिए भाषा वैज्ञानिक आधार हैं। उनके कुछ निष्कर्ष इस प्रकार हैं –

(1) दामोदर पंडित ने जिसे अपभ्रष्ट या अपभ्रंश से विवेचित किया है, वह 'काव्यभाषा' ही है।

(2) बारहवीं शती तक लोकभाषा के व्रज, राजस्थानी, अवधी आदि भेद सुप्रतिष्ठित नहीं हुए थे अपितु समस्त उत्तर भारत की भाषा अपभ्रंश या अपभ्रष्ट कही जाती थी।

(3) इस युग में बंगला, मगही, भोजपुरी आदि के स्पष्ट रूप नहीं बन पाए थे। वर्णरत्नाकर की भाषा तक एक ओर प्राचीन बंगला से समानता रखती है तो दूसरी ओर अवधी से भी बहुत मिलती है।

(4) अरबी फारसी के भी शब्द स्थान-स्थान पर अपनाए गए हैं। इस प्रकार संक्रान्तिकालीन भाषाओं में प्रादेशिकता की प्रवृतियाँ विकसित हो रहीं थीं, किन्तु उनके प्रतीतिगम्य स्वरूप में विशिष्टता नहीं उत्पन्न हो पाई थी।

भाषा विज्ञान के साक्ष्यों से भिन्न प्रादेशिक भाषिक भिन्नताओं के साक्ष्यों की चर्चा हमें बाद में मिलती है और यह आश्चर्य का विषय है कि इस दिशा में आचार्य हजारीप्रसाद द्विवेदी एवं डॉ. माताप्रसाद गुप्त आदि के मत डॉ. उदयनारायण तिवारी की संक्रान्तिकालीन भाषा-स्वरूप से भिन्न है।

प्राचीन कवियों ने इस साहित्यिक अपभ्रंश के लिए 'ग्राम्यभाषा' या 'देसी-भाषा' शब्दों का प्रयोग किया है। संदेश रासक का एक उदाहरण आचार्य हजारीप्रसाद द्विवेदी ने दिया है–

"जइ भरहभावछंदे णच्चइ नवरंगचंगिमा तरुणी।
ता कि गाम गहिल्ली ताली सद्देण णच्चेई॥"

"यदि भरतमुनि के बताये रस, भाव छन्द के अनुसार नवरंग चंगिमा तरुणी नाचती है तो क्या गाँव गहेलरी ताली के शब्दों से ताल देकर न नाचें ?"[1]

जैसे नृत्यादि कलाएँ लोक जीवन में हल्लीस, विसालिका, रास, रासक आदि रूपों में दिखती हैं, ठीक इस युग की लोकसाहित्यिक भाषा भी अपने विशिष्ट रूप में परिवर्तित होकर सामने आईं। राजशेखर की 'काव्यमीमांसा' के अनुसार राजाओं के दरबार में

1. हिन्दी साहित्य का आदिकाल, पृ0 94, वाणी प्रकाशन, नई दिल्ली

संस्कृत, प्राकृत, अपभ्रंश, उत्तर अपभ्रंश आदि भाषा कवियों के पृथक्-पृथक् स्थान निर्धारित रहते थे और सबका काव्य पाठ भिन्न-भिन्न समयों में होता था। पृथ्वीराज रासो में उस काल खंड में प्रचलित आठ काव्य भाषाओं का उल्लेख मिलता है।

षड्भाषा पुराणं च कुराणं कथितं मया।

''छः देसी काव्य भाषाएँ, पुराण की संस्कृत भाषा एवं अरबी फारसी (कुरान की भाषा) इन आठ भाषाओं का प्रयोग मेरी कविता में है।''

रोडा कृत राउलवेलि में भी आठ लोककाव्य भाषाओं का उल्लेख मिलता है–

''रोडे राउल बेलि बषाणी
आठइ भाषह जैसी जानी॥''

''उसके द्वारा आठ भाषाएँ जैसी समझी गई हैं, उनमें वह अपनी कृति का सृजन कर रहा है।''

इनमें से कतिपय भाषाओं के नाम इस प्रकार मिलते हैं- जैसे गुर्जरी- यह गुजरात में प्रचलित प्राचीन हिन्दी का एक रूप है, टक्कणी- यह पंजाबी हिन्दी रूप में स्वीकार की जाती है, इसी प्रकार मालवी (कन्नौजी) यह प्राचीन हिन्दी का एक रूप है। इसी प्रकार मगही के प्राचीन रूप में बंगला, मैथिल, उड़िया एवं भोजपुरी में सम्मिलित है। 'अवहट्ठ' भाषा की भी यही स्थिति थी जिसकी ओर जयदेव ने संकेत किया है। विद्वानों का विचार है कि यह शौरसेनी अपभ्रंश का विकसित रूप है जिसे 'व्रजबुलि' के रूप में पुकारा गया। प्राकृत पैंगलम् की भाषा यही पश्चिमी शौरसेनी से सम्बद्ध हिन्दी की प्राचीन अवहट्ठ भाषा है। इस ग्रंथ की रचना मगध प्रदेश में हुई थी। विद्वानों का विचार है कि यह प्राचीन अवहट्ट (शौरसेनी) ही बंगला, असमिया, उड़िया के विकास के लिए आधार है। इसी प्रकार उत्तरी तथा पूर्वी राजस्थानी प्रदेश की भाषा अवन्तिका स्वीकार की गई है और यह भी काव्य रचना के लिए आधार बनी है किंतु 'मालवी' का महत्त्व अधिक रहा है। इस युग में मालवी का क्षेत्र अत्यन्त व्यापक है। इसके उदाहरण कालिदास के विक्रमोर्वशीय से प्रारम्भ होते हैं। आगे चलकर, देवसेन के सख्य धम्म दोहा, रामसिंह कृत पाहुड़ दोहा, जोइन्दु कृत परमात्म प्रकाश, अर्ब्दुरहमान कृत संदेस रासक, सोमप्रभ सूरि कृत कुमार पाल प्रतिबोध, मेरुतुंग कृत प्रबन्ध चिंतामणि, हेमचन्द कृत प्राकृत व्याकरण आदि आदि इसके साक्ष्य बनते हैं।[1] इसी प्रकार, 'गौडी' या 'गौडीया' भाषा का भी उल्लेख इस अपभ्रंश के संक्रमण काल में मिलता है। सामासिक भाषा रचना की प्रकृति गौडीया की है और अर्थ की दृष्टि से यह पूर्वी भाषाओं की प्रतिनिधि जान पड़ती है। संस्कृत साहित्य की भाषिक शैलियाँ वैदर्भी, पाँचाली एवं गौडीय रही है, जिनका प्रादेशिक सम्बन्ध महाराष्ट्र (विदर्भ), पाँचाल अर्थात् पश्चिमोत्तर

1. डॉ0 धीरेन्द्र वर्मा विशेषांक, मालवी का उद्भव और विकास, श्री चिन्तामणि उपाध्याय का लेख, पृ0 8 से 15 तक

प्रदेश एवं पंजाब आदि का क्षेत्र तथा गौडीया अर्थात् बंगाल, उड़ीसा, मगध आदि प्रदेशों से है। इन काव्य शैलियों का प्रभाव भाषा पर भी पड़ा है- अवन्तिका भी बाद में एक शैली बनी किन्तु अपभ्रंश के इस संक्रमण काल तक काव्य वर्णक रचनाओं में शैली से अधिक महत्त्वपूर्ण हो चुके थे। इतना अवश्य है कि काव्य रचना की भाषिक व्यवस्था में प्रादेशिक अलगाव के सांकेतिक लक्षण इस युग से मिलने लगते हैं। इसी प्रकरण में 'डिंगल भाषा' की भी चर्चा अपेक्षित है। डिंगल काव्यभाषा की एक रचना शैली है- जो शौर्य एवं यश के प्रशस्तिमूलक काव्य प्रकरण से सम्बद्ध है। इस यश, शौर्य एवं वीरता के वर्णन के निर्धारित वर्णक हैं, जो बार-बार यहाँ पुनरावृत्त होते है। इस कविता की भाषिक शैली को एक भाषा रूप में स्वीकार करना स्वयं में भ्रम है। यह तो वर्णनों की पुनरावृत्तियों की एक शैली मात्र है।

साहित्य की अनुपलब्धता के कारण आज यह निर्धारित करना मुश्किल हो रहा है कि इस प्रकार के परिवर्तन कब से आए तथा भाषा के एक स्थायी स्वरूप की रचना कब से हुई ? आनुमानिकता का आश्रय लेने पर 'दसवीं शती' का समय इसके लिए प्रारम्भ काल कहा जाता है और किसी केन्द्रीय काव्यभाषा के अभाव में, प्रवृत्ति की अनेक रूपताओं के कारण, किसी केन्द्रीय कवि या काव्य के सर्वाधिक प्रभाव के अभाव में नामकरण की भी अनिश्चयता बराबर बनी हुई है।

2. सामग्रियों की अनुपलब्धता या प्रादेशिक वैविध्य

दसवीं शती से लेकर बारहवीं तेरहवीं शती तक हिन्दी भाषा का सृजनात्मक क्षेत्र कितना व्यापक था- उसका अनुमान अब लग रहा है। सन् 1929 में आचार्य शुक्ल इतिहास लेखन को केवल राजस्थान प्रदेश से ही जोड़ते रहे हैं। हिन्दी साहित्य का इतिहास शीर्षक अपने ग्रंथ के प्रथम संस्करण की भूमिका में वे लिखते हैं –

"आदिकाल का नाम मैंने वीरगाथा काल रखा है। उक्त काल के भीतर दो प्रकार की रचनाएँ मिलती हैं, अपभ्रंश की और देशभाषा बोलचाल की। अपभ्रंश की पुस्तकों में कई तो जैनों के धर्मतत्त्व निरूपण संबंधी, जो साहित्य की कोटि में नही आती और जिनका उपयोग यह दिखाने के लिए ही किया गया है कि अपभ्रंश भाषा का व्यवहार कब से हो रहा था। साहित्य की कोटि में आने वाली रचनाओं में कुछ तो भिन्न-भिन्न विषयों पर फुटकल दोहे हैं, जिनके अनुसार उस काल की कोई विशेष प्रकृति निर्धारित नहीं की जा सकती। साहित्य पुस्तकें केवल चार हैं–

(1) विजयपाल रासो

(2) हम्मीर रासो

(3) कीर्तिलता

(4) कीर्ति पताका

देशभाषा काव्य की आठ पुस्तकें प्रसिद्ध हैं –

(1) खुमान रासो

(2) वीसलदेव रासो

(3) पृथ्वीराज रासो

(4) जयचंद प्रकाश

(5) जय मयंक जस चंद्रिका

(6) परमाल रासो (आल्हा का मूलरूप)

(7) खुसरो की पहेलियाँ आदि

(8) विद्यापति पदावली

मिश्र बंधुओं द्वारा आदिकाल के अंतर्गत जैन साहित्य आदि से संबंधित पुस्तकों का संदर्भ देते हुए शुक्ल जी का विचार है कि ये कृतियाँ धार्मिक हैं, साहित्य के अंतर्गत नहीं आती हैं और यदि ये साहित्यिक भी होतीं तो उनके नामकरण पर कोई प्रभाव नहीं डाल सकती हैं अपने नामकरण के निर्णय को सर्वथा त्रुटिहीन सिद्ध करते हुए वे कहते हैं कि–

''यदि ये भिन्न-भिन्न प्रकार की नौ पुस्तकें साहित्यिक भी होती हैं तो भी मेरे नामकरण में कोई बाधा नहीं डाल सकती थीं। क्योंकि मैंने नौ प्रसिद्ध वीरगाथात्मक पुस्तकों का उल्लेख किया है।''

आचार्य शुक्ल का मन्तव्य यहाँ बड़ा स्पष्ट है, वह यह कि उनके 'वीरगाथा काल' नामकरण के पीछे प्रसिद्ध वीरगाथात्मक पुस्तकों की प्रवृत्ति केन्द्रीय आधार है।

पुनः वे 'वीरगाथावृत्ति' को स्पष्ट करते हुए कहते हैं ''इस अनिर्दिष्ट लोक प्रवृत्ति के उपरान्त जब मुसलमानों की चढ़ाइयों का प्रारम्भ होता है तब से हम हिन्दी साहित्य की प्रवृत्ति एक विशेष रूप में बँधती हुई पाते हैं। राजाश्रित कवि उसी प्रकार अपने आश्रयदाता राजाओं के पराक्रमपूर्ण चरितों या गाथाओं का वर्णन भी किया करते थे। यही प्रबन्ध, परम्परा, रासो के नाम से पाई जाती है, जिसे लक्ष्य करके इस काल को हमने 'वीरगाथा काल' कहा है।[1]

इसी संदर्भ क्रम को आगे बढ़ाते हुए उन्होंने 'प्रकरण 2' के अंतर्गत-आदिकाल (अपभ्रंश काव्य) जैन कवियों तथा नाथों-सिद्धों के साहित्य का विवरण दिया है। इसी के अंतर्गत शार्ठधर के हम्मीर रासो का भी उल्लेख किया है। जैन आदि धार्मिक रचनाएँ उनके अनुसार साहित्यिक श्रेणी में नहीं आतीं।

उनका प्रकरण 3, 'वीरगाथा काल' का 'देशभाषा काव्य' का है। इनके आदिकाल का विवेचन यहीं से प्रारम्भ होता है। यद्यपि प्रथम संस्करण की भूमिका में 'साहित्यिक पुस्तकें

1. आदिकाल : प्रकरण-1, सामान्य परिचय, पृ0 1

तथा देशभाषा काव्य' को उन्होंने पृथक्-पृथक् रखा है, किंतु श्रीधर का 'रणमल्ल छन्द' काव्य केवल अलग से जोड़ दिया है और सूची आठ के स्थान पर नौ देसी भाषा कवियों की हो गई। यहाँ प्रश्न इस बात का है कि अपभ्रंश की चार कृतियाँ जिसे शुक्ल जी वीरगाथा काल से पृथक् करते हैं, वे इसके अंतर्गत क्यों नहीं हैं और उनका 'वीरगाथाकाल' मात्र नौ कृतियों पर आधारित है। इन नौ में 'विद्यापति पदावली' तथा 'वीसलदेव रासो' ये दोनों तथाकथित वीरगाथात्मक कृतियाँ नहीं हैं- केवल सात ग्रंथ बचते हैं जो सभी आश्रयदाताओं के पराक्रमपूर्ण शौर्य वर्णन से ही सम्बद्ध नहीं है, अतः शुक्ल जी का नामकरण सामग्रियों की अनुपलब्धता के कारण ही दोषपूर्ण है। इसी प्रकार 'सिद्ध सामन्त' नाम की 'सिद्धों एवं सामन्तों' की कृतियों तक ही सीमित है किन्तु आदिकालीन साहित्य मात्र इतना ही नहीं है। डॉ. रामकुमार वर्मा 'सन्धिकाल' तथा 'चारणकाल' जैसा भिन्न-भिन्न नामकरण रखकर आदिकालीन साहित्य को जान बूझकर दो भागों में विभक्त करते हैं। इस संदर्भ में डॉ. गणपतिचन्द्र गुप्त द्वारा दी गई टिप्पणी पर्याप्त होगी –

"डॉ. वर्मा के इस विभाजन के चार काल खण्ड तो आचार्य शुक्ल के ही अनुरूप हैं, केवल वीरगाथा काल के स्थान पर चारणकाल नाम अवश्य दे दिया गया है किन्तु इसमें एक विशेषता सन्धिकाल की है जो वस्तुतः गुणवृद्धि सूचक कम एवं दोषवृद्धि का द्योतक अधिक है। हिन्दी साहित्य का आरम्भ सातवीं-आठवीं शताब्दी से मानना एक विशेष भ्रान्ति का परिणाम है तथा डॉ. वर्मा का यह सन्धिकाल भी उसी भ्रान्ति से सम्बन्धित है।"[1]

आचार्य हजारीप्रसाद द्विवेदी ने हिन्दी साहित्य के आदिकाल की जो सामग्री दी है, उसमें उनके चिंतन की किंचित् व्यापकता वर्तमान अवश्य है किंतु सामग्री की अनुपलब्धता उनके विवेचन की अपनी सीमा है। इस कालखंड के अंतर्गत उन्होंने निम्नलिखित ग्रंथों की चर्चा की है-

(1) कुमार पाल चरित
(2) शार्ठधर कृत हम्मीर रासो
(3) प्रबन्ध चिंतामणि – के प्राचीन हिन्दी काव्यों के उद्धरण
(4) कुमारपाल प्रतिबोध के प्राचीन हिन्दी काव्यों के उद्धरण
(5) संदेश रासक (जैन काव्य से पृथक्)
(6) भविसयत्तकहा
(7) परमात्मा सार (आदि 12 जैन कृतियाँ।[2])

सन् 1950 में आमेर शास्त्र भंडार (जयपुर) से 50 अपभ्रंश पुस्तकों की सूचना- जिसमें कवि स्वयंभू तथा पुष्पदन्त आदि चौदह कवियों की रचनाएँ प्राप्त हुई हैं।

1. हिन्दी साहित्य का वैज्ञानिक इतिहास, भाग-1, पृ0 74
2. हिन्दी भाषा का आदिकाल, पृ0 14

बौद्ध साहित्य से सम्बद्ध ग्रंथों की सूची पृथक् है –

बौद्धगान ओ दोहा, राहुल सांकृत्यायन कृत काव्यधारा- जिसमें आठवीं शती से तेरहवीं शती तक के बौद्ध, जैन एवं धर्मेतर कुल तैंतालीस कवियों की सूची है। बौद्धधर्म के पन्द्रह सिद्ध कवियों की प्राचीन वाणी यहाँ संकलित मिलती है। इसी संदर्भ में उन्होंने जैन कवियों के 'फागु साहित्य परम्परा' का भी विवेचन किया है।

इस काल की साहित्यिक सामग्री के परिचय-प्राकृत पैंगलम्, वर्णरत्नाकर एवं उक्तिव्यक्तिप्रकरण इन विशिष्ट ग्रंथों के माध्यम से भी होते हैं। प्राकृत पैंगलम् के छन्द तीन भागों में विभक्त है– (1) भक्ति तथा धर्म विषयक पद (2) साहित्यिक काव्यरूढ़ियों तथा वर्णकों के कलात्मक प्रयोगों से सम्बद्ध रमणीक काव्य छन्द (3) वीरभाव एवं प्रशस्तिमूलक छन्द।

वर्णरत्नाकर कवि समयों, काव्य परिपाटियों एवं काव्य वर्णकों का लक्षण ग्रंथ है। कवि शिक्षा परम्परा के अंतर्गत संस्कृत, प्राकृत, अपभ्रंश एवं हिन्दी काव्यरचना के लिए रचना की रीतियों की शिक्षा दी जाती रही है कि प्रत्येक काव्य वर्णन के श्रेष्ठ मानक तथा उपादान है, उनकी अवहेलना करना काव्य-मर्यादा का उल्लंघन है।

पं0 दामोदर शर्मा रचित 'उक्ति व्यक्ति प्रकरण' एक व्यापक भाषा, धर्म, दर्शन, राजनीति, इतिहास एवं काव्य परम्परा की शिक्षा देने वाला ग्रंथ है और विशेषकर राजकुमारों को लोक एवं शास्त्र दोनों का ज्ञान कराने के लिए यह ग्रंथ लिखा गया था।

'चारण' तथा 'मागध' ये दो राजप्रशस्तियों से जुड़ी जातियाँ थीं– जिनमें राजस्थानी भाषा की डिंगल कविता शैली का संबंध चारणों से जोड़ा गया था। मिथिला, मगध आदि क्षेत्रों के सामन्तों तथा राजाओं के राजदरबार में मागध (चारण) आदि मागधी भाषा के प्रशस्ति काव्यों से जुड़े थे। कीर्तिलता एवं कीर्तिपताका जैसे काव्य मागधों की शैली के ही काव्य हैं।

डॉ. माताप्रसाद गुप्त ने इसी प्रकार रास एवं रासो परम्परा के काव्यों का विस्तृत विश्लेषण किया है। इस संदर्भ में उन्होंने यह लक्षण निर्धारित किया है कि रास, रासु आदि शीर्षक काव्य एक छन्दप्रधान जैन धार्मिक परम्परा के काव्य हैं, कुछ अपवादों को छोड़कर- जैसे वीसलदेव रास या मुंजरास आदि। 'रासो' शीर्षक काव्यछन्द वैविध्य परम्परा की कृतियाँ शुद्ध साहित्यिक परम्परा की हैं। उन्होंने 18 रास रचनाओं की सूची दी है और रासो तथा रासक रचनाओं की सूची में इस काल खंड की चौबीस रचनाएँ हैं। उन्होंने इस काल खण्ड की रचनाओं की इस लम्बी तालिका का विश्लेषण करते हुए उनकी काव्य दृष्टि पर नितान्त गम्भीरता पूर्वक विचार किया है।[1]

डॉ. गणपति चन्द्र गुप्त ने अपने इतिहास ग्रंथ में इस युग की 'फागु' काव्य परम्परा

1. रासो साहित्य विमर्श, डॉ0 माताप्रसाद गुप्त

का उल्लेख किया है। इस परम्परा के कतिपय प्रसिद्ध काव्य इस प्रकार हैं– जिनचंद सूरि फागु, सिरिथूलि भद्द फागु, श्री नेमिनाथ फागु, वसंत विलास फागु आदि।

इसी आदिकालीन परम्परा में मालवी (उज्जयनी भाषा) में लिखित भित्ति काव्य रोडा कृत 'राउल बेलि' भी है जो ऐतिहासिक दृष्टि से प्राचीन हिन्दी काव्यभाषा का महत्त्वपूर्ण साक्ष्य है।

सन् 1929 के पूर्व मिश्रबन्धुओं को अपभ्रंश, प्राचीन हिन्दी के 24 धार्मिक एवं लौकिक कवियों की सूची मिली थी, आचार्य शुक्ल को 1929 में 13 कवियों की सूची प्राप्त हुई क्योंकि धार्मिक परम्परा के कवियों को उन्होंने साहित्य सीमा में प्रवेश कराने के लिए वर्जित किया था। डॉ. रामकुमार वर्मा ने सन् 1938 में सिद्ध साहित्य, जैन कवियों, नाथ तथा चारण कवियों की कुल लगभग 80 कवियों की व्याख्या करके इसका विस्तार किया। उन्हीं के बाद आचार्य द्विवेदी जी ने डॉ. रामकुमार वर्मा की इस सूची में विस्तार किया तथा परवर्ती इतिहासकार डॉ. गणपति चन्द्र गुप्त ने भी जैन साहित्य की तालिका का साहित्यिक विधाओं के आधार पर वर्गीकृत किया। डॉ. माताप्रसाद गुप्त ने हिन्दी साहित्य के इस आदिकाल की तालिका में रासो एवं रास काव्य परम्परा से सम्बन्धित काव्यधारा एवं उसकी विस्तृत परम्पराओं का परिचय कराया है। यही नहीं, उन्होंने प्राकृत पैंगलम् तथा मेरुतुंगाचार्य कृत प्रबन्ध चिंतामणि से सम्बद्ध 'पुरातन प्रबन्ध संग्रह' का भी विश्लेषण किया जिसमें आदिकालीन परम्परा के प्रबन्ध काव्यों के छन्द संकलित हैं।

इतनी सामग्रियों की प्राप्ति के बाद भी सम्प्रति वर्तमान समय तक आदिकालीन हिन्दी साहित्य की केन्द्रीय रचनावृत्ति का निराकरण नहीं हो सका है और इसके अभाव में इसके लिए कोई सर्वसम्मत नाम दे पाना सम्भव नहीं है।

3. युगीनभाषिक संदर्भ : प्राचीन हिन्दी के क्षेत्र की समस्या

आचार्य शुक्ल वीरगाथा काल की हिन्दी की सीमा केवल राजस्थान मानते हैं। वे अपने इतिहास में स्पष्ट रूप से बताते हैं कि–

"कन्नौज, अजमेर, अन्हलवाड़ा आदि बड़ी-बड़ी राजधानियाँ उधर ही प्रतिष्ठित थी। उधर की ही भाषा शिष्ट भाषा मानी जाती थी और कवि चारण आदि उसी भाषा में रचना करते थे।"

आचार्य शुक्ल भारत के पश्चिमी भाग की चर्चा करते हैं किंतु ये है पश्चिमी और दक्षिणी भाग की भाषाएँ, जहाँ प्राचीन राजस्थानी भाषा की डिंगल शैली पद्धति में वीरभाव या प्रशस्तिपरक रचनाएँ लिखी गईं।

आचार्य शुक्ल के सामने प्राप्त सामग्री और उसकी भाषिक समस्या अपने संदर्भ के

साथ सामने खड़ी थीं। उन्होंने धार्मिक साहित्य को रचना की सीमा से मुक्त रखा, इसलिए भाषा की स्थिति उनके सामने केवल राजस्थानी तक ही दिखाई पड़ती रही।

आज जो भी काव्य भाषा के संदर्भ हैं, उनमें धार्मिक तथा लौकिक साहित्य दोनों को सम्मिलित कर लिया गया है। आचार्य द्विवेदी इस मत को स्पष्ट करते हुए कहते हैं कि–

"इधर कुछ ऐसी मनोभावना दिखाई पड़ने लगी है कि धार्मिक रचनाएँ साहित्य में विवेच्य नहीं हैं। कभी-कभी शुक्ल जी के मत को भी इस मत के समर्थन में उद्धृत किया जाता है। मुझे यह बात उचित नहीं मालूम होती। धार्मिक प्रेरणा या आध्यात्मिक उपदेश होना काव्यत्व का बाधक नहीं समझा जाना चाहिए।"

"इधर जैन, अपभ्रंश चरित काव्यों की जो विपुल सामग्री उपलब्ध हुई है, वह केवल धार्मिक सम्प्रदाय की मुहर लगाने मात्र से अलग कर दी जाने योग्य नहीं है।"[1]

इसी प्रकार का अभिमत हिन्दी में राहुल सांकृत्यायन, डॉ. रामकुमार वर्मा, डॉ. माताप्रसाद गुप्त आदि का है। बंगला साहित्य के विद्वानों में डॉ. सुकुमार सेन, भाषाविद् श्री सुनीति कुमार चटर्जी, डॉ. प्रबोध चन्द्र बागची आदि विद्वानों के भी यही मत हैं।

जिस भाषा को हम आज हिन्दी साहित्य से जोड़कर उसके आदिकालीन साहित्य सन् 1000 से 1400 ई. के बीच स्थित होने की चर्चा करते हैं वह केवल पश्चिमी भारत एवं राजस्थान के कतिपय राज्यों की भाषा मात्र नहीं थी। जैसा कि, ऊपर संकेत किया जा सका है, यह हिन्दी उस आदिकाल में निम्नलिखित राज्यों में काव्य की भाषा थी–

(1) गुजरात – गुर्जरी हिन्दी या जूनी गुजराती
(2) महाराष्ट्र - संतों की हिन्दी
(3) उड़ीसा - ब्रजबुलि
(4) आसाम – मागधी हिन्दी
(5) बंगला – गौड़ीया हिन्दी ब्रजबुलि
(6) राजस्थान – डिंगल एवं पिंगल शैली की हिन्दी मरुभाषा
(7) मध्यप्रदेश – मालवी
(8) पूर्वी उत्तर प्रदेश - प्राचीन कन्नौजी तथा अवधी हिन्दी (उक्ति व्यक्ति प्रकरण ग्रंथ जैसी भाषा)
(9) पंजाबी – टक्की हिन्दी
(10) पहाड़ी प्रदेश – प्राचीन हिन्दी

इस प्रकार सन् 1000 से सन् 1400 ई. के बीच सम्पूर्ण आर्यभाषा प्रदेश में साहित्यिक या धार्मिक काव्य परम्परा के लेखन के संदर्भ में हिन्दी भाषा का ही थोड़े बहुत प्रादेशिक भाषिक हेर फेर के साथ प्रयोग होता था। ज्योतिरीश्वर ठाकुर लिखित वर्णरत्नाकर,

1. हिन्दी साहित्य का आदिकाल, पृ0 23, वाणी प्रकाशन, द्वितीय संस्करण

प्राकृत पैंगलम्, पं0 दामोदर शर्मा लिखित उक्ति व्यक्ति प्रकरण, रोड़ा कृत राउलवेलि तथा संत नामदेव, ज्ञानदेव की वाणियाँ, कुवलयमाला कथा, प्रबन्ध चिंतामणि आदि-आदि अनेक साक्ष्य इस संदर्भ के उपलब्ध हैं।

सम्प्रति इन समस्त भाषिक तथ्यों के बावजूद प्राचीन हिन्दी काव्य को केवल उत्तर प्रदेश, मध्य प्रदेश, राजस्थान, बिहार राज्यों की मात्र भाषा कहना ठीक नहीं है। इसके साक्ष्य तो अब ऐसे भी मिल रहे हैं कि आन्ध्रप्रदेश तथा केरल में 14वीं शती में हिन्दी भाषा में काव्य रचना होने लगी थी। आज से अस्सी वर्ष पूर्व शुक्ल जी के लिखे गए हिन्दी साहित्य के इतिहास तथा आज के प्राप्त साक्ष्यों एवं चिंतन दृष्टि में पर्याप्त अंतर आ गया है। इस अंतर के कारण वर्तमान समय में विवेचित आदिकाल की सामाग्री चार भागों में विभक्त है–

(1) धार्मिक एवं भक्तिपरक साहित्य

(2) परम्परित श्रृंगारपरक साहित्य

(3) शौर्यभाव से सम्पन्न प्रशस्तिपरक काव्य

(4) अन्य विषयों से सम्बद्ध यथा- हास्यरस, नाट्य, धर्मोंपदेश आदि से सम्बद्ध साहित्य।

आदिकाल का प्रभूत साहित्य भंडार अभी तक अज्ञात है किन्तु धीरे-धीरे इस प्रारम्भिक, अज्ञात, उद्‌भव एवं अंधकार काल की गुत्थियाँ सुलझ रही हैं और जब तक ये गुत्थियाँ सुलझती नहीं हैं, इसे 'आदिकाल' के ही नाम से पुकारना समीचीन होगा, ऐसा अधिकांश इतिहास लेखकों का मत है।

आदिकाल का प्रथम ज्ञात हिन्दी कवि

हिन्दी साहित्य के आदिकाल की सम्प्रति प्राचीनतम रचना 'मुंज रास' को निर्दिष्ट किया गया है। डॉ. माताप्रसाद गुप्त ने इसका रचनाकाल संवत् 1007 से संवत् 1054 के बीच सिद्ध किया है। खेद का विषय है कि यह कृति इस समय उपलब्ध नहीं हो पाई है। डॉ. हरीश ने आदिकाल की प्राचीनतम रचना का नाम 'सत्पुरीय महावीर उत्साह' बताया है- जिसके रचनाकार धनपाल हैं तथा रचनाकाल संवत् 1081 है। 'भरतेश्वर बाहुबली रास' (रचनाकार 'मुनि जिन विजय') को डॉ. दशरथ ओझा एवं डॉ. हरीश ने देशीभाषा या हिन्दी के प्रथम रासक काव्य के रूप में स्वीकार किया है। ऐसी स्थिति में जैसा कि पीछे हिन्दी साहित्य के आविर्भाव पर विचार करते हुए स्पष्ट किया जा चुका है कि इस ग्रंथ को हिन्दी का आदिकाव्य होने का गौरव कैसे दिया जाना चाहिए'', इस कृति का रचनाकाल संवत् 1281 है।

हिन्दी साहित्य के आदिकाल का या हिन्दी साहित्य का प्रथम कवि कौन था इस विषय में प्रारम्भ से ही विवाद चल रहा है। प्रायः इस संबंध में तालिका इस प्रकार है-

1. मिश्रबन्धुओं ने हिन्दी साहित्य के इस प्रारम्भिक काल के प्रथम कवि पुंड्र या पुष्य के नाम की चर्चा की है, उन्होंने इस काल खंड के अन्य अनेकों कवियों के नाम गिनाए हैं, जिनका आजतक कहीं कोई उल्लेख नहीं मिलता। पुष्य के विषय में एक सामान्य चर्चा है कि वह जैन कवि पुष्पदंत हैं– किन्तु पुष्पदंत भी हिन्दी के प्रथम कवि नहीं है।
2. आचार्य शुक्ल हिन्दी भाषा के कवियों में दलपति विजय का नामोल्लेख अवश्य करते हैं किन्तु उनके साहित्य विवेचन में इस नाम की प्रथम कवि के रूप में संगति नहीं बन पाती है।
3. महापंडित राहुल सांकृत्यायन 'सरहपा' को हिन्दी का प्रथम कवि मानते हैं और डॉ. रामकुमार वर्मा भी इस अभिमत को स्वीकृति देते हैं किंतु आठवीं या नवीं शती के इस कवि की हिन्दी कविता का प्रारम्भ करने पर संक्रान्तिकालीन हिन्दी भाषा के स्वरूप निर्माण का एक महत्त्वपूर्ण प्रश्न सामने उठ खड़ा होता है।

4. डॉ. सुनीति कुमार चटर्जी, पं0 दामोदर शर्मा की कृति 'उक्ति व्यक्ति प्रकरण' को हिन्दी का प्रथम साक्ष्य ग्रंथ मानते हैं किंतु यह एक साहित्यिक काव्य न होकर राजपुत्रों को लोकजीवन की शिक्षा के लिए लिखा गया गद्य शैली का शिक्षा ग्रंथ है। हाँ, इस ग्रंथ से हिन्दी भाषा के स्वरूप रचना की प्रारम्भिक स्थिति की समझ सामने आती है।
5. डॉ. गणपति चन्द्र गुप्त ने 'भरतेश्वर बाहुबली रासो' को आदिकालीन हिन्दी साहित्य का प्रथम काव्य माना है और अपने समर्थन में डॉ. ओझा जी तथा डॉ. हरीश के मतों का भी उल्लेख किया है किंतु जैसा कि कहा जा चुका है डॉ. हरीश ने 'सत्यपुरीय महावीर उत्साह' को एक अन्य स्थल पर हिन्दी साहित्य का प्रथम काव्य स्वीकार किया है। इसका रचनाकाल उन्होंने संवत् 1081 बताया है किन्तु भरतेश्वर बाहुबली रास का रचनाकाल संवत् 1281 हैं। अतः यह भरतेश्वर बाहुबली रास पर्याप्त बाद की रचना है। आचार्य हजारीप्रसाद द्विवेदी ने अपने ग्रंथों में किसी भी कवि के विषय में इस प्रकार का संकेत नहीं दिया है।
6. रोडा कृत प्रस्तर लेख के रूप में प्राप्त कृति राउल बेलि 11वीं शती की है और इसका सम्पादन सर्वप्रथम भारतीय विद्या भवन, बम्बई के डॉ. हरिवल्लभ चुन्नीलाल भयाणी ने किया था जो भारतीय विद्या भवन की मुख पत्रिका– 'भारतीय विद्या के भाग 17, अंक 3-4, पृ0 130-146 में प्रकाशित हुआ। ततश्च डॉ. माताप्रसाद गुप्त द्वारा प्रकाशित पाठ डॉ. धीरेन्द्र वर्मा विशेषांक में पृ0 21 से 38 तक सन् 1960 में प्रकाशित हुआ। यह शिलांकित काव्य 11वीं शती का है तथा काव्यभाषा के रूप में विन्यास, सर्जन, कौशल तथा काव्य सौन्दर्य को देखकर इसे प्राप्त साक्ष्यों के आधार पर सम्प्रति इसे हिन्दी साहित्य का प्रथम काव्य मानना सर्वथा उपयुक्त होगा, वैसे, सम्प्रति इतिहास दृष्टि को ध्यान में रखकर हिन्दी साहित्य का प्रथम काव्य ग्रंथ 'मुंज रासो' है, किंतु वह आज तक अप्राप्त है किंतु उपलब्ध काव्यग्रंथों की सूची को ध्यान में रखकर रोडाकृत राउल-बेलि को सर्वाधिक प्राचीन एवं हिन्दी काव्यधारा की परम्परा की उत्कृष्टतम परिपाटी का काव्य स्वीकार करने में कोई आपत्ति नहीं हो सकती है। यह कृति नायिका वर्णन परम्परा के 'नख शिख' काव्याठ से सम्बद्ध है। सम्पूर्णतः इसमें आठ प्रदेशों की नायिकाओं के 'नखशिख' की चर्चा थी किंतु शिलालेख के खंडित हो जाने के कारण केवल छः प्रदेशों की नायिकाओं के वर्णन यहाँ शेष हैं- मालवी, गौडीया, टक्की (पंजाबी) हूण आदि ये राजकुल की नायिकाएँ हैं जो अपने सामंत नायक को एक-एक गीत

सुनाती हैं। इसमें पाँच नखशिख पद्य में हैं और छठाँ गद्य में- किन्तु वह गद्य का काव्य है।[1] डॉ. माताप्रसाद गुप्त के मत से इसकी भाषा पश्चिमी अवधी (उज्जयन की भाषा मालवी) है। डॉ. हरीश ने इसके संबंध में बताया है कि- "शिलालेख में नखशिख का जितना भी वर्णन मिलता है, वह अपने आप में कहीं भी उत्तान नहीं है। उसका कोई नखशिख किसी मर्यादा का उल्लंघन नहीं करता तथा कृतिकार रोडा किसी सामन्त का आश्रित या गायक कवि या प्रशस्ति गायक रहा होगा, पर उसका वर्णन किसी भी प्रकार की प्रतिबद्धता से मुक्त है तथा काव्य सृजन से यह तथ्य स्पष्ट हो जाता है कि वह (बड़ेरा) कवि है, अनुभव वृद्ध है और उसने जो कुछ भी लिखा है, वह पूर्ण तथा डूब कर लिखा है।"[2]

कवि की जीवन्त अभिव्यक्ति की सहृदयता, विविध प्रकार के कवि समयों, वर्णकों एवं श्रृंगार पूर्ण काव्यभाषा की सौन्दर्य परिपक्व शैली की दृष्टि से यह प्रस्तरांकित लघुकाव्य अद्वितीय है और 'मुंज रास' की प्राप्ति तक इसे हिन्दी साहित्य का प्राप्त प्रथम काव्य मानकर गौरव प्रदान करने में कोई भी आपत्ति नहीं होनी चाहिए।

1. देखिए- धीरेन्द्र वर्मा, विशेषांक, रोडा कृत- राउल वेलि, पृ0 23
2. आदिकालीन हिन्दी साहित्य शोध, राउल वेलि या राजकुल विलास, पृ0 69

आदिकालीन हिन्दी साहित्य का स्वरूप विवेचन

आदिकालीन हिन्दी साहित्य के स्वरूप विवेचन के संदर्भ में भी नामकरण तथा काल निर्धारण जैसी ही अनिश्चयात्मक स्थिति बनी रही है। आचार्य रामचन्द्र शुक्ल से लेकर अंतिम इतिहासकार डॉ. रामस्वरूप चतुर्वेदी के बीच प्रायः मतैक्य एवं एकरूपता का अभाव दृष्टिगत होता रहा है। आचार्य शुक्ल के साथ उनके संवर्ग के इतिहासकार आज भी इस युग की यशप्रशस्ति की कविता की वर्णनविधा को गाथा या वीरगाथा कहने के पक्षधर हैं। सिद्ध और नाथ साहित्य के उपलब्ध हो जाने पर सम्पूर्ण हिन्दी आदिकाल के विवेचन की दिशा में पर्याप्त परिवर्तन दिखाई पड़ा और राहुल सांकृत्यायन तथा आचार्य पण्डित हजारीप्रसाद द्विवेदी ने इन दोनों के मतों को हिन्दी साहित्य से जोड़ने का अथक प्रयास किया है।

इसी क्रम में एक उपलब्धि जैन साहित्य की रही है। गुजरात एवं राजस्थान में प्राप्त जैन साहित्य की विविध रूपात्मक परम्परा हिन्दी भाषा तथा साहित्य का कलेवर भिन्न-भिन्न रूपों में रखती है। जैन साहित्य की परम्परा में निम्नलिखित काव्य रूपों का व्यापक उल्लेख मिलता है –

(1) जैन प्रबन्धकाव्य – पउमचरित, भविस्यत्त कहा, आदि

(2) जैन गीतिकाव्य – चन्द्रायण अष्टक, चंदन बाला रास आदि

(3) जैन धर्मिककाव्य – पाहुड़ दोहा, कलिजुग रास आदि

(4) जैन फागु काव्यरूप – स्थूलभद्रि फागु, बसन्त विलास फागु आदि

(5) रास काव्यरूप – भरतेश्वर बाहुबली रास, गयसुकुमाल रास आदि

(6) चर्चरी काव्यरूप - समराइच कहा, अभिधान चिंतामणि आदि

(7) चरित काव्य परम्परा – पंचपांडवचरित, प्रद्युम्न चरित आदि

(8) बारहमासा शीर्षक काव्य – नेमिनाथ चतुष्पदिका, स्फूलभद्र बारह-मासा आदि

इन परम्पराओं की लगभग सैकड़ों कृतियाँ पश्चिमी राजस्थानी एवं गुजराती (गुर्जरी) हिन्दी में आदिकाल के अंतर्गत लिखी गईं हैं।

इसी संदर्भ में आदिकालीन हिन्दी साहित्य का एक और भी क्रम मैथिली भाषा से

जुड़ता है। आदिकालीन हिन्दी काव्य की सीमा में विद्यापति का स्थान अद्वितीय है। कृष्णभक्ति के राधाप्रेम की अनन्य गाथा के गायक विद्यापति के बिना यह आदिकाल अधूरा है। राधा-कृष्ण के प्रगाढ़ सौन्दर्यबोध की हिन्दी साहित्य के आदिकाल के अंतिम चरण में उन्होंने जो परम्परा चलाई, उस काव्यधारा को भानुकवि, गोविन्ददास, काशीनाथ, रामनाथ, श्रीधर आदि अनेकानेक कवियों ने अपने कृष्ण-राधा अनुराग से सम्पूर्ण मैथिल भक्ति साहित्य को मंडित कर दिया।[1] ज्योतिरीश्वर ठाकुर कृत वर्णरत्नाकर इसी भाषा तथा क्षेत्र में लिखा गया वर्णक ग्रंथ है। यह कवियों के लिए मार्ग दर्शक वर्णक काव्य है जो मागधों (चारणों) के लिए काव्यादर्श तथा कवि शिक्षा का कार्य करता है। सं0 900 से 1300 शती तक मैथिल साहित्य का आदिकाल है- जिसमें कान्ह पा और भुसुक आदि सिद्ध कवि भी मिलते हैं।

जैसा कि प्रारम्भ में सिद्धों और नाथों की भाषाओं के संदर्भ में कहा गया है कि यह वह हिन्दी है जो, उड़ीसा, बिहार, बंगाल, आसाम, मिथिला की भाषिक समवेतता से संयुक्त है। बौद्धगान और दोहाकोश की हिन्दी भाषा यही है।

इसी प्रकार, राजस्थान का डिंगल साहित्य 'रास काव्य' के रूप में हमारे सामने आता है, जिसका व्यापक विवेचन डॉ. माताप्रसाद गुप्त ने अपने 'रासो साहित्य विमर्श' में किया है।

डॉ. गणपति चन्द्र गुप्त ने महाराष्ट्री संत साहित्य के प्रारम्भ को हिन्दी के अंतर्गत रखा है और उनका यह मत किसी भी प्रकार से अनुचित नहीं है। उन्होंने बताया है कि (सन् 1194-1274 ई.) महात्मा चक्रधर का आविर्भाव हुआ था और उन्होंने 'महानुभाव' पंथ की स्थापना की थी और कवियों ने बासहरण (1278), रूक्मिणी स्वयम्बर (1292) शिशुपाल बध (1303) आदि–पौराणिक आधार पर श्रीकृष्ण लीलाओं का गुणगान किया है। इन्हीं की प्रेरणा से बाराकरी सम्प्रदाय की संत परम्परा की स्थापना 12वीं शती में हुई। नामदेव एवं ज्ञानदेव संत इसी से सम्बद्ध रहे, वैसे इस मत के प्रवर्तक संत पुण्डलीक माने जाते हैं। संत 'नामदेव की गाथा' के तीन हजार सभंग पदों में हिन्दी के 70 पद इस समय उपलब्ध हैं।[2]

हिन्दी साहित्य के सम्प्रति प्राप्त साहित्य के वर्गीकरण का यह आधार अभी बहुत ही सामान्य है। भविष्य में समग्र साहित्य की प्राप्ति के बाद इसका स्वरूप पाठकों के समक्ष आएगा। संक्षेप में, इस समग्र साहित्य को देखते हुए हिन्दी साहित्य के आदिकाल की केन्द्रीय चेतना के सूत्र इस प्रकार बनाए जा सकते हैं ।

---

1. देखिए- हिन्दी साहित्य भाग-2, मैथिल साहित्य, पृ0 539, डॉ0 उदयनारायण तिवारी एवं श्रीमन्नारायण द्विवेदी का शोध लेख
2. हिन्दी साहित्य का वैज्ञानिक इतिहास, पृ0 110-111

1. आदिकालीन साहित्य की केन्द्रीय चेतना काव्यसृजन की भारतीय क्लैसिक कवि समय एवं काव्य वर्णकों से जुड़ी दिखाई पड़ती है। प्रणय, नायिकाभेद, ऋतु वर्णन, नखशिख युद्ध, प्रस्थान, शौर्य आदि की रमणीक पारम्परिक प्रवृत्ति इस युग में देखी जाती है। ऋतु वर्णन परम्परा में बारहमासा तथा षड्-ऋतु वर्णन यहाँ दोनों रूप मिलते हैं। शौर्य वर्णन से सम्बद्ध काव्य वीरभाव की प्रशस्ति तथा शृंगार से सम्बद्ध रहे हैं। यहां शौर्य के साथ शृंगार से सम्बद्ध शास्त्रीय कवि समयों तथा वर्णकों का चित्रण मिलता है।
2. भक्ति साहित्य के मूल बीज इस युग में दिखाई पड़ने लगते हैं। कृष्णभक्ति रामभक्ति एवं संत काव्य की प्रवृत्तियों के लिए यह आदिकाल अंकुरण का काल है। वैसे जैन साहित्य अंशतः इस युग में वैष्णव भक्ति परम्परा से जुड़ता दिखाई पड़ता है।
3. चारणवृत्ति, मागधवृत्ति आदि के रूप में राजाश्रित काव्य की परम्परा की परिपाटी इस युग में दिखाई पड़ती है। राजाश्रित काव्य रचना की काव्य प्रौढ़ियाँ एवं वर्णक इस परम्परा में बराबर मिलते हैं।
4. जैन साहित्य के व्यापक काव्यरूप एवं उनकी वर्णन शैलियाँ इस युग की महत्त्वपूर्ण विधाएँ हैं और बिना जैनकाव्य को इस आदिकाल से जोड़े इसकी व्याख्या संभव नहीं है। जैन काव्य की यह परम्परा आठवीं शती से लेकर अट्ठारहवीं शती अर्थात् एक हजार वर्षों तक लगातार चलती रही है और हिन्दी काव्य भाषा तथा स्वरूप विकास में इस जैन काव्य का सबसे अधिक योगदान है।
5. शैली वैविध्य इस युग की अपनी विशेषता है। नवीन तथा प्राचीन शैलियों का समन्वय विशेष कर सौन्दर्य के रूपकगर्भित एवं सादृश्यमूलक विधानों का यहाँ प्राचुर्य है।
6. सृजन की भाषा समृद्ध है– भाषा में नयापन नहीं है। परम्परा के माधुर्य एवं प्रसादगुणों, कवि समयों तथा वर्णकों, सादृश्यमूलक के प्रचलित अलंकारो तथा परिपाटियों का बाहुल्य मिलता है। सम्प्रति, आदिकालीन समग्र साहित्य की प्रवृत्तियों का इसी क्रम में विवेचन अभीष्ट है।

आदिकालीन साहित्य की प्रमुख धाराएँ तथा उनकी प्रवृत्तियाँ

रासो काव्य परम्परा तथा प्रवृतियाँ

आदिकालीन काव्य की केन्द्रीय चेतना भारतीय काव्यशास्त्र एवं परम्परा के मानकों से सम्बद्ध है। ये मानक हमें आदिकाल साहित्य में ही नहीं मिलते, इनका उपयोग भक्तिकालीन तथा रीतिकालीन साहित्य तक बराबर होता रहा है। आदिकालीन परम्परा के दो प्रकार की काव्य शैलियों शौर्यपरक वीरगाथात्मक तथा प्रेमकाव्यों में यह परम्परा हमें केन्द्रीय संरचना आधार एवं भाव योजना दोनों रूपों में दिखाई पड़ती है। शौर्य एवं वीर गाथात्मक परम्परा में 'पृथ्वीराज रासो' को तथा दूसरी ओर 'श्रृंगार काव्य' की परम्परा में 'राउल बेलि' को साक्ष्य के रूप में रखकर इसे देखा जा सकता है।

1. 'पृथ्वीराज रासो' एक वृहत् प्रबन्ध काव्य है और यहाँ कृति में कवि का मूल उद्देश्य पृथ्वीराज के शौर्य तथा पराक्रम को चित्रित करते हुए वीरभाव को श्रृंगार भाव की भावात्मक गरिमा से अनेक रूपों में जोड़ देना है- जिसे देखने पर शौर्य के साथ श्रृंगार उसका एक अनिवार्य धर्म बन गया है। भारतीय कविता में राजा के यश, पराक्रम, युद्ध, विजय, दर्प आदि की प्रौढ़ियाँ मिलती हैं। पृथ्वीराज रासो के समापन के पूर्व चंदवरदाई कहते हैं कि –

रासो अलंभ नव रस सरस चंद छन्द किय अमिय सम
श्रृंगार वीर करुना वीमच्छ भय अद्भुत हसतं सम॥

इन रसों का आयोजन और उसकी परिपाटियों का प्रयोग रासो में कवि की मौलिक सर्जनाशक्ति के साथ सर्वत्र प्राप्त है। श्रृंगार का एक प्रसंग देखें- काव्य प्रौढ़ियों के सहारे प्रथमदर्शन के संदर्भ में नायिका का सौन्दर्य चित्रण रूपकातिशयोक्ति की प्रचलित प्रणाली में इस प्रकार है। पृथ्वीराज-संयोगिता का प्रथम दर्शन इस रूप में करते हैं–

कुंजर ऊपर सिंघ सिंघ उप्पर दो पव्वय।
पव्वय ऊपर भृंग भृंग ऊपर ससि सुभ्भय॥

ससि ऊपर एक कीर कीर ऊपर मृग दिसै।
मृग ऊपर कोदंड संप्य कन्द्रय बयष्ठौ।
अहि मयूर महि उप्परह हीर सरस हेमन जर्‌यो।
सुर भुवन छंडि कवि चंद कहि तिहि घोषै राजन पर्‌यो

सूरदास ने भी कवि प्रौढ़ियों से मंडित रूपकातिशयोक्ति में राधा का रूपवर्णन इसी प्रकार किया है–

अद्‌भुत एक अनूपम बाग।
जुगल कमल पर करिवर क्रीडत तापर सिंह करत अनुराग।
हरि पर गिरिवर गिरि पर सरवर तापर फूले कंज पराग।।

सीता के विरह प्रसंग में इन्हीं कवि वर्णकों के आधार पर तुलसी भी रूपकातिश्योक्ति गढ़ते हैं–

हे खग मृग हे मधुकर श्रेनी। तुम देखी सीता मृगनयनी।
खंजन सुक कपोत मृग मीना। मधुप निकर कोकिला प्रवीना।
आदि आदि।

हिन्दी की आदिकालीन कविता में शृंगार तथा वीर-प्रसंग में, लोकोच्चारण-जन्मोत्सव, विवाह, विदाई युद्ध प्रयाण आदि प्रसंग रुढ़ियों से भरे पड़े हैं। 'युद्ध प्रयाण' की एक विशेष काव्य रूढ़ि की परम्परा है, सेना प्रस्थान के समय युद्ध वर्णन की परम्पराएँ पूरे भारतीय साहित्य में देखी जा सकती है। इसका कारण जनचेतना पर सामन्ती प्रभाव है। इन अभिप्रायों से यह रासो साहित्य भरा पड़ा है। 'प्राकृत पैंगलम्' के एक छन्द में 'युद्ध प्रयाण' तथा युद्ध संदर्भ का एक दृश्य देखें –

अहि ललइ महि चलइ गिरि खसइ हर खलइ।
ससिय घुमइ अमिय बमइ मुअल जिवि उट्ठये।।
पुणु घसइ पुणु खसइ पुणु ललइ, पुणु घुमइ।
पुणु बसइ जिविअ विविह परि सार दिट्ठये।।
पुणु बसइ जिविय विविह परि समर दिट्ठये।।

सेना योद्धाओं के पदाघात से –

अहि शेष नाग डगमगा उठते हैं, जिससे पृथ्वी चंचल हो उठती है। (पृथ्वी के चलायमान होने से) गिरि (कैलास) खिसक उठता है। (कैलास के खिसकने से) शिव डगमगा जाते हैं, शशि घूम उठता है, शशि घूमने से अमृत चू पड़ता है और अमृत चूने से मृतक जी **उठते** हैं।

शेषनाग के धँसने तथा खिसकने से, कैलास के हिलने से, शिव डगमगाने, चंद्रमा के घूमने, अमृत के चूने और मृतक योद्धाओं के जीवित होने के दृश्य पुनः-पुनः दिखाई

देने लगते हैं।

सम्पूर्ण शौर्य, प्रशस्ति एवं वीरभावपरक रासो काव्यों में परम्परा की वर्णनरूढ़ियों का आश्रय लिया गया है किंतु कवि की सर्जक प्रतिभा की कल्पनाशक्ति ने उनका अपने ढंग से उपयोग किया है।

लोकात्मक रासो काव्यों की दूसरी परम्परा श्रृंगार वर्णन से सम्बद्ध है। मान, मिलन, प्रथम दर्शन, नखशिख सौन्दर्य वर्णन, रतिक्रीड़ा, विरह संयोग तथा वियोग दोनों अवस्थाओं में षट्ऋतु एवं बारहमासा वर्णन, नायिका के नखशिख वर्णन, नायिकाओं के विविधभेद तथा लक्षण आदि की व्यापक परिपाटियाँ मिलती हैं। संस्कृत साहित्य के अंतर्गत काव्यमीमांसा, कल्पलतावृत्ति आदि ग्रंथ इसी परिपाटी को कवि शिक्षा के संदर्भ में अनिवार्य बताते हैं। मैथिली गद्यभाषा में ज्योतिरीश्वर ठाकुर कृत 'वर्णरत्नाकर' इस विषय पर अमूल्य कृति है। यह हिन्दी साहित्य के आदिकाल की ही रचना है। वह कहता है कि-

यदि बसन्त ऋतु का वर्णन करना हो तो कवि- क्या-क्या करें- वर्णरत्नाकरकार कहते हैं- ''वृक्षों का नयापन, पल्लवों का उद्‌गम, कुमुदों का समूह, मलयानिल के झोंके, कोकिल कलरव, भ्रमर गुंजार, कन्दर्प प्रभाव, विरहणी की उत्कंठा, नायक का हर्ष, नायिका की अभिलाषा, सूर्य की रम्यता आदि-आदि संदर्भों का वर्णन करे।''

इनका वर्णन कैसे करे, उनकी भी वर्णन परिपाटियाँ हैं। उदाहरण के लिए इसके वर्णन का एक उदाहरण देखें –

कुलिय महु भ्रमर बहु रअण पहु किरण लहु अवसरु बसंत
मलअ गिरि कुहर धरि पवण बह सहब कह
सुण सहि, विअल नहिं कंत

''मधु (बसंत) फूल उठा है, बहुत से भ्रमर गूँज रहे हैं, रजनी पति (चन्द्रमा) ने किरणें पा ली हैं, बसंत अवतरित हो गया है, मलय गिरि की गुफाओं का स्पर्श करके पवन बह रहा है, हे सखी! सुनो! कान्त निकट नहीं है। बसंत में यह विरह वेदना कैसे सहूँगी।''[1]

प्रकृति वर्णन की परिपाटी से विरह का अधिक संबंध रहा है। आदिकाल की अब्दुर्रहमान रचित 'संदेश रासक' कृति सम्पूर्णतः षड़ऋतु वर्णन से जुड़ी प्रवासी विरहिणी की पीड़ा-कथा है और यह कथा समाप्त होते-होते सुखान्त में बदल जाती है। यहाँ की कथा ग्रीष्म ऋतु के वियोग से शुरू होकर वर्षातक चलती है। बीसलदेव रासो में बारहमासा है और वियोगिनी नागमती परम्परा के वर्णकों तथा कवि समयों को आधार बनाकर अपनी विरह वेदना व्यक्त करती है।

डॉ. रामस्वरूप चतुर्वेदी ने अपने इतिहास ग्रंथ 'हिन्दी साहित्य और संवेदना के विकास' में एक स्थान पर कहा है कि –

1. प्राकृत पैंगलम्, डॉ0 किशोरीलाल गुप्त, पृ0 155

"आदिकालीन कवि धार्मिकता तथा ऐहिकता, वीर और शृंगार, ईश्वरत्व और मनुष्यत्व द्वन्द्वों के समाहार में संलग्न दिखाई देता है।"[1]

इस वाक्य द्वारा वे धार्मिकता जैन काव्य, नाथ, सिद्ध साहित्य को एक तरफ तो उसी के सामान्तर राजस्थान के रासो साहित्य को भाषा एवं प्रवृत्ति के अलगाव की दृष्टि से पृथक् करते हैं, वीर और शृंगार भाव को रासो काव्य की परम्परा से सम्बद्ध करते हैं, ईश्वरत्व तथा मनुष्य के संदर्भ में सामन्तों की ऐश्वर्यशाली दैविक शक्ति तथा उनकी मानवीय भोग पर दुर्बलताओं को केन्द्र में रखकर वे सैद्धान्तिक विवेचन करते हैं।

इस द्वैतभाव के विवेचन में डॉ. चतुर्वेदी तीसरे पक्ष की परम्परा को भूल जाते हैं जो हमारे परम्परित काव्यों की प्रतिभा सम्पन्न काव्य रचना की परिपाटी थी। इन परिपाटियों से केवल 'नाथ और सिद्ध साहित्य' बचा है, उसके विपरीत समग्र साहित्यिक काव्य परम्परा जैन एवं भक्ति साहित्य इन परम्परित सृजन-प्रौढ़ियों, कविसमयों, वर्णकों, काव्य रूढ़ियों से सर्वथा मंडित है। अपनी भारतीय साहित्यिक विरासत को भूलना ऐसे साहित्यकार आलोचक के लिए सर्वथा अनुचित है।

आदिकाल की साहित्यिक धारा का विवेचन परम्परित काव्य मानकों के अभाव में सम्भव नहीं है। मूल्यबोध साहित्य का एक पक्ष है, किंतु साहित्य बोध की उपेक्षा साहित्य के इतिहास के लिए संगत नहीं है।

डॉ. रामस्वरूप चतुर्वेदी जी के कथन के ठीक प्रतिकूल हिन्दी साहित्य की रचनात्मक काव्य परम्परा का इतिहास काव्यशास्त्र एवं लोकानुभव के बीच द्वन्द्वात्मक प्रक्रिया के रूप में चलता है। हिन्दी कविता को यदि एक नदी समझ लें तो उसके दो किनारे हैं– काव्यशास्त्रीयसर्जन व्यवस्था तथा परम्परा एक तट है तो दूसरी ओर लोकानुभूति इसका दूसरा किनारा है। आदिकाल का साहित्य काव्य परम्परित सर्जन प्रक्रिया एवं लोकानुभूति के द्वन्द्व के बीच बहता है। हिन्दी के भक्ति काल में शास्त्रानुभव का तटबन्ध जब-जब गिरता है, तब-तब कविता लोकानुभूति के तटबन्ध से होकर बहने लगती है। रीतिकाल तक पहुँचते-पहुँचते यह हिन्दी कविता ने भक्ति के तट को तोड़कर भारतीय काव्यशास्त्र के तट को थाम्हकर बही। आदिकाल से लेकर रीतिकाल तक की कविता लोकवाद तथा शास्त्रवाद के द्वन्द्ववाद के बीच वाद-संवाद के रूप में बनती-बिगड़ती और आगे बढ़ती दिखाई पड़ती है। सन् 1000 से 1842 तक का यह लोक एवं शास्त्र का द्वन्द्वात्मक प्रवाह हिन्दी साहित्य की इतिहास धारा का प्रवाहपूर्ण क्रम है और आधुनिक काल तक पहुँचते-पहुँचते उसका स्वरूप बदल गया।

2. आदिकाल के अंतर्गत चारणवृत्ति एवं मागधवृत्ति की विशेष परम्पराएँ साहित्यिक धाराओं से सम्बद्ध हैं। साहित्यिक धारा का तात्पर्य है, धर्म एवं नैतिकता से

1. हिन्दी साहित्य और संवेदना का विकास, पृ0 23

हटकर सर्जनात्मक काव्यास्वादन के मानकों पर कविता को निर्मित करने की परिपाटी। काव्य की इस सर्जनात्मक उदात्तता के सामने सुखान्तकी तथा दुःखान्तकी सृजन व्यवस्था में किसी प्रकार का अलगाव नहीं है। रचनात्मक उदात्तता तथा भव्यता की सृष्टि सृजन का मूलाधार है। इस कालखंड में काव्यधारा की कई परम्पराएँ हैं– रासो काव्यधारा, विद्यापति पदावली, रोडा कृत राउलबेलि, हास्य एवं व्यंग्य-परक रचनाएँ– इसी संदर्भ से जुड़ी हैं। इनका विवेचन इस प्रकार है –

क. रासो काव्य की परम्परा इतिहास और कल्पनाश्रित साहित्यिक संदर्भों से सम्पृक्त है। 'पृथ्वीराज रासो' की कथावस्तु का कोई ऐतिहासिक साक्ष्य इस रूप में नहीं मिलता- जिस रूप में कथा है। गौरीशंकर ओझा, डॉ. भंडारकर, मोहनलाल विष्णु लाल पांड्या आदि कथा के मूलरूप एवं कवि द्वारा प्रस्तुत पृथ्वीराज रासो के बीच अलगाव करते हैं। इसी प्रकार रासो काव्यधारा के अंतर्गत परमाल रासो या आल्हखंड की स्थिति है। एक लघुकाव्य आल्हखंड के रूप को कवि कल्पना का आश्रय लेकर इतना विस्तृत कर दिया गया है कि उसे देखकर आश्चर्य होता है। साहित्यिक रासोधारा के अंतर्गत कल्पनामिश्रित कई काव्य आते हैं, जिनका मूल उद्देश्य वीर रस की कथा प्रौढ़ियों के आधार पर किसी नरेश, सामन्त का यशगान है। राणारासो, रतन रासो, शत्रुसाल रासो आदि कृतियाँ शौर्य प्रशस्ति परम्परा की कल्पनामिश्रित इतिहास संदर्भों पर आधारित है।

(ख) इस रासो परम्परा में कतिपय प्रेम काव्य भी लिखे गए जैसे- बुद्धि रासो, संदेश रासक, बीसलदेव रास आदि। इसी परम्परा से जोड़कर विद्यापति-पदावली को भी देखा जा सकता है– जहाँ राधाकृष्ण का परस्पर समर्पित अनन्य प्रेम चित्रित है। इन प्रेम संदर्भों में कवि-समयों एवं प्रौढ़ियों के अतिरिक्त ऊर्वर सृजनात्मक कल्पनासामर्थ्य के रमणीक दृश्य भी दिखाई पड़ते हैं, जो उनकी कवि प्रतिभा के साक्ष्य के रूप में हैं।

(ग) काव्य का संवेदनात्मक समापन या परिणति के संदर्भ में इन कवियों की दृष्टि सुखान्तकी समापन पर रही है। ऐतिहासिक पुरुषों के प्रति मानवीय संवदेना तथा सहानुभूति का सामाजिक परिवेश निर्मित करना इन कवियों का मुख्य लक्ष्य रहा है। मुंजरास के अंतर्गत मुंज नरेश की अंतिम परिणति हाथी के पैरों के नीचे कुचलाकर वध करा दिए जाने से होती है। कुत्ते की भाँति मुंज के गले में जंजीर बाँधकर उसे द्वार-द्वार घुमाया जाता है और फिर उसका वध कर दिया जाता है। ऐसी पीड़ान्तक घटना के बाद इस काव्य का समापन मात्र पाठक की

संवेदना तथा आत्मिक सहानुभूति के रूप में बची रहती है, शेष कुछ भी नहीं। इसी प्रकार की परिणति 'पृथ्वीराज रासो' के समापन की होती है। पृथ्वीराज की दोनों आखें फोड़कर शहाबुद्दीन गोरी ने कोठरी में बन्द कर दिया था- जिसे अपने कौशल द्वारा चन्दवरदाई मुक्त कराकर एक ही कटार से पृथ्वीराज की हत्या करके अपनी भी हत्या कर लेता है किन्तु पृथ्वीराज चौहान के शब्दवेधी वाणकौशल के बाद, गोरी के वध के बाद।

इन घटनाओं की ऐतिहासिक सत्यता के विषय में इतिहासकार मौन हैं किन्तु काव्य तथा कवि का साक्ष्य पाठकों के समक्ष एक ऐतिहासिक व्यक्तित्व की गरिमा को लोक संवदेना का विषय बनाता है।

(घ) रासो शीर्षक काव्यों में छन्द वैविध्य की परम्परा विशेष रूप में मिलती है। 'वीसलदेव रासो' जैसी एकाध कृति को छोड़कर बहु-छन्द परम्परा इन काव्यों की अपनी प्रवृत्ति है। इन रासो शीर्षक काव्यों के संदर्भ में इनके लक्षणों के साथ- अडिल्ला, ढोसा, दोहा, घत्ता, छप्पय, रड्डा, पद्धड़िया आदि अनेक छन्दों के होने की स्थिति है। इस युग में लिखी गई कृति 'प्राकृत पैंगलम्' में छन्दों की व्याप्ति देखी जा सकती है।

(ङ) ये रासो शीर्षक काव्य केवल शौर्य प्रधान वीरगाथा के रूप में नहीं हैं, इस परम्परा में काव्य विरह तथा प्रेम की परिपाटियों से भी सम्बद्ध है। यहाँ तीसरी परम्पराविनोद प्रधान कृतियों की है, जिसमें माकण (खटमल) रासो तथा कलिजुग रासो आती हैं। 'रामरासो' का इस परम्परा में उल्लेख अपने आप में एक महत्त्वपूर्ण संदर्भ है।

(च) सामान्य रूप से कथापरक रासो रचनाओं में परम्परा की आती हुई कथानक परिपाटियों की बराबर पुनरावृत्तियाँ मिलती हैं– किंतु कवि की मौलिकता उन पुनरावृत्तियों में कल्पना तथा प्रतिभा मंडित अर्थ-सृजन की विदग्धताभरी वाणी के रूप में दिखाई पड़ती है।

आदिकाल की जैनकाव्य परम्परा तथा प्रवृत्तियाँ

जैन काव्य परम्परा के काव्य भेदों तथा साहित्य रूपों की संख्या सर्वाधिक समृद्ध तथा विविध रूपों में दृष्टिगोचर होती है। प्रारम्भ में आचार्य शुक्ल ने इस काव्यधारा को साहित्य की सीमा से बाहर कर दिया था, किंतु आचार्य हजारीप्रसाद द्विवेदी तथा हिन्दी साहित्य के अन्यान्य विद्वानों ने इसे इस सीमा के अंतर्गत स्वीकृति प्रदान की। दक्षिण भारत में भक्ति के व्यापक प्रसार-प्रचार के साथ यह साहित्य तमिल, केरल, महाराष्ट्र से हटकर गुजरात एवं राजस्थान में स्थापित हुआ और एक सीमा के बाद इस जैन परम्परा ने भक्ति को भी अपने में समाविष्ट करने का प्रयास किया, किन्तु सफलता नहीं मिली। जैन काव्यपरम्परा के आदिकालीन साहित्य को निम्नलिखित रूपों में विभक्त किया जा सकता है-

1. जैन प्रबन्ध काव्य या चरित काव्य– पउमचरिउ, नेमिनाथ चरिउ, सोमिनाथ चरिउ, प्रद्युम्न चरित, पंचपांडव चरित आदि
2. जैन गीति काव्य – चन्द्रायण, अष्टक, चंदनबाला रास आदि
3. जैन धार्मिक काव्य – पाहुड़ दोहा, कलिजुग रास
4. रास काव्यरूप – भरतेश्वर बाहुवली रास, गयसुकुमाल रास
5. जैन फागुकाव्य – स्थूलभद्रि फागु, वसन्त विलास फागु आदि
6. चर्चरी काव्यरूप – समराइच कहा, अभिधान चिन्तामणि आदि
7. बारहमासा शीर्षक काव्य– नेमिनाथ चतुष्पदिका, स्थूलभद्र बारहमासा

अभी इन विभाजनों के बाद भी जैन साहित्य से सम्बद्ध काव्य रूपों की सरणि का अन्तिम रूप बताना सम्भव नहीं है और सम्भव है कि यहाँ भी कहीं छूटी हुई हो क्योंकि गुजरात तथा राजस्थान में आठवीं शती से जैन साहित्य का जो गुरुतर काव्य सृजित होता रहा है, उसकी सम्पूर्ण तालिका अभी तक नहीं बन पाई है।

आदिकालीन जैन साहित्य की प्रवृत्तियाँ

हिन्दी साहित्य के इतिहास लेखन के प्रारम्भ से ही रासो काव्य की शौर्य-प्रधान एवं शृंगाररसप्रधान काव्य चेतना का विश्लेषण किया जाता रहा है, ठीक उसी के समानान्तर

एवं उसी के समकक्ष वीरभाव तथा श्रृंगार से हटकर इन जैन कवियों ने 'शान्त एवं समत्वपूर्ण निर्वेद' की अपनी कविता में केन्द्रीय चेतना के रूप में स्थापना करते हुए हिन्दी के आचार्य शुक्ल जैसे आलोचकों का मुँह बन्द कर दिया कि राजस्थान केवल वीरभावना के कृतित्व सृजन की केन्द्रीय भूमि नहीं है, यहां इस वीर एवं श्रृंगार से पूर्व शमत्व भाव से मंडित शान्त रस का साहित्य तथाकथित वीरगाथात्मक कृतियों से पहले लिखा जाता रहा है। इसी दृष्टि को ध्यान में रखते हुए डॉ. गणपतिचन्द्र गुप्त की स्थापना में पर्याप्त बल है कि हिन्दी साहित्य का प्रथम काव्य 'भरतेश्वर बाहुबली रास' है। वैसे भी, गुजराती एवं राजस्थानी जैन काव्य की परम्परा में उस युग का प्राप्त रास साहित्य किसी भी प्रकार से रासो काव्य परम्परा से कम नहीं है। संक्षेप में, इस काल की जैन काव्यधारा की प्रवृत्तियाँ इस प्रकार हैं–

श्री अगरचन्द नाहटा जी के अनुसार जैन साहित्य की चार विशेषताएँ हैं –

(1) परवर्ती काल में जो छन्द, रचना शैली, काव्य शिल्प तथा अन्य साहित्यिक मान्यताएँ हिन्दी साहित्य को प्राप्त हुई उसकी परम्परा को स्पष्ट करने वाले अनेक सूत्र जैन भाषा साहित्य में मिल सकते हैं।''[1]

यहाँ यह स्पष्ट करना आवश्यक है कि परम्परा के जो प्रबन्ध या चरितकाव्य, जैन साहित्य परम्परा में मिलते हैं, वे प्राकृत एवं संस्कृत साहित्य की व्यवस्था से सम्बद्ध हैं। अष्टक आदिकाव्य भी पूर्व परम्परा में ही प्रचलित थे। दोहा परम्परा की रचनाएँ जैन साहित्य से पूर्व ही मिलती हैं और गीति काव्य की परम्परा भी जैन साहित्य से प्राचीन है। फागु काव्य, बारहमासा तथा रास-काव्य परम्परा जैन साहित्य की सामयिक परम्परा है, जो उस युग की राजस्थानी भाषा में बराबर पाई जाती है। इस प्रकार जैन काव्य ने किसी नई काव्य शैली की उद्भावना कम की है, किंतु इसका योगदान इस दृष्टि से महत्त्वपूर्ण है कि अपने समय तथा अपने पूर्व युग की साहित्यिक परम्पराओं का प्रयोग, प्रचार-प्रसार तथा परम्परा के निर्माण में यहाँ बहुत अधिक सक्रियता दिखाई पड़ती है।

2. इसकी दूसरी विशेषता की ओर उन्होंने संकेत किया है कि इनके काव्य धर्म, नीति तथा आध्यात्मिक प्रेरणा से ओतप्रोत हैं। परम्परा की अनेक लोक तथा पौराणिक कथाओं को जैन धर्म के ढाँचे में ढालना इनकी अपनी विशेषता है। निर्गुण संतपरम्परा का प्रतीकवाद एवं योग साधना के अष्टदलकमल आदि के संदर्भ जैन साहित्य में संतों के समन्वय से आए हैं। रामकथा, कृष्ण कथा, प्रद्युम्न कथा आदि वैष्णव धर्म के प्रकरणों से सम्बद्ध कथाओं का अपने काव्य निर्माण में इन्होंने उपयोग किया है किन्तु संदर्भ बदल दिया है। फागु आदि वर्णनों की सरसता इन्हें अपने युगीन काव्यों से मिली। साहित्य में प्रचलित

1. हिन्दी साहित्य, भाग-2, पृ0 511

> साहित्यिक रूढ़ियों, ऋतु वर्णन की काव्य प्रौढ़ियों एवं कवि समयों का इन जैन कवियों ने पर्याप्त रूप से उपयोग किया है। अपने युगीन 'रास' साहित्य की एक छन्दप्रधान गीतात्मक परम्परा को जैन साहित्य ने विशेष रूप से समृद्ध बनाया है और इस दिशा में अनेक कृतियाँ प्रकाश में आई हैं- स्तुति छन्दों के रूप में 'स्तवन' की भी परम्परा यहाँ बड़ी समृद्ध मिलती है। तीर्थंकरों, शुभ-तिथियों की परम्परा से जुड़े काव्य यहाँ देखे जा सकते हैं। इन्होंने बारहमासा तथा ऋड्ऋतु वर्णन दोनों परम्पराओं के काव्यों को समृद्ध किया किन्तु साहित्यिक एवं धार्मिक परम्परा के बीच इनका मूल्यांकन यह सिद्ध करता है कि इन्होंने नैतिक मूल्यों को प्राथमिकता दी है– साहित्यिक दृष्टि को नहीं। इसीलिए, जैन साहित्य पूरी तरह से प्रतिबद्ध साहित्य की परम्परा से सम्बद्ध है।

श्री अगरचन्द्र नाहटा ने इस काव्य परम्परा की अन्य दो विशेषताओं की ओर भी ध्यानाकर्षण किया है, वह यह कि हिन्दी ग्रंथों की राजस्थानी तथा संस्कृत में टीका लेखन तथा विशाल जैन साहित्य के गद्य-पद्य लेखन की ये प्रवृत्तियाँ, विशेष महत्त्वपूर्ण हैं।[1] निश्चित ही, इसमें कोई संदेह नहीं कि जैन साहित्य के अंतर्गत आठवीं शती से आजतक गुजरात तथा राजस्थान में जो अमूल्य साहित्य का भंडार है, वह भारत की अक्षय सांस्कृतिक धरोहर है। जैन साहित्य की प्रेमकथाएँ यद्यपि अपने समापन काल में शांत रस तथा निर्वेद भाव में परिणत हो उठती हैं– फिर भी, उनका श्रृंगार, शौर्य, वीरभाव निश्चित ही अपनी सीमा में धार्मिक परम्परा के साथ-साथ साहित्यिक परम्परा से सम्बद्ध है। डॉ. रामकुमार वर्मा अपने 'हिन्दी साहित्य के आलोचनात्मक इतिहास' में इस विषय पर टिप्पणी देते हुए कहते हैं कि–

"इन प्रेम कथाओं में श्रृंगार-चेष्टाएँ, रूप की आकर्षण शक्ति तथा अनेक प्रकार की हृदयाकर्षक क्रीडाएँ वर्णित हैं। इनका स्पष्टीकरण कवियों ने पूर्ण सौन्दर्यात्मक दृष्टिकोण से किया है। इसके अनन्तर लौकिक प्रेम में एकाएक प्रतिक्रिया होती है और अंत में मोक्ष का आदर्श प्रस्तुत किया जाता है।"[2]

डॉ. हरीश जैन साहित्य में 'रसराज' की चर्चा विस्तारपूर्वक करते हैं। वे इस रसराज के विषय में अपना मत प्रगट करते हुए कहते हैं कि –

"विशिष्ट रूप से यहाँ जैन कवियों के अपभ्रंश साहित्य को इसलिए महत्त्व प्रदान किया जा रहा है कि इसमें रसराज की पूर्व प्रचलित धारणाओं को परिवर्तित करके नये

1. हिन्दी साहित्य, भाग-2, (भारतीय हिन्दी परिषद) अगरचन्द नाहटा का अध्याय, जैन साहित्य, पृ0 511-512
2. हिन्दी साहित्य का आलोचनात्मक इतिहास, डॉ0 रामकुमार वर्मा, पृ0 94, सातवां संस्करण

मानदण्ड स्थापित किये है। श्रृंगार को जैन कवि रसराज नहीं स्वीकार करते। जीवन की असारता, संसार की नश्वरता तथा जीवन का स्वस्थ दृष्टिकोण हमें श्रृंगार की ओर उन्मुख नहीं करता। इन काव्यों में प्रतिनिधि रस एक ही माना गया है, वह रस श्रृंगार नहीं, शान्त रस है, रसराज शांत रस।।"[1] आचार्य अभिनव गुप्त ने शान्तरस को भारतीय सांस्कृतिक चेतना का मूल रस बताया है, उनके अनुसार सम्पूर्ण श्रृंगारादि रस, शान्त रस से ही उत्पन्न होते हैं और शान्त रस में विलीन हो जाते हैं। अतः शान्तरस को रसराज मानने में कोई आपत्ति नहीं हो सकती। महाभारत जैसे काव्य का केन्द्रीय मूल रस शान्त रस है। भारतीय आध्यात्मिकता का केन्द्रीय भावाधार 'शान्त रस' ही है और शौर्य तथा वीरभाव के रूप में विख्यात आदिकालीन साहित्य का दूसरा पक्ष उसके ठीक समानान्तर 'शान्त रस' है। यह एक विशेष स्पृहणीय संदर्भ है।

निर्वेद तथा शम इसके मूल में हैं। ये तृष्णाक्षयमूलक आनन्द या विश्रान्ति से सम्बद्ध शान्तिरस की बात न करके निर्वेद एवं शममूलक शान्तरस की चर्चा करते हैं और यही इनकी रचना की केन्द्रीय धुरी है।

---

1. आदिकालीन हिन्दी साहित्य शोध, पृ0 483-85

आदिकाल का सिद्ध साहित्य तथा उसकी प्रवृत्तियाँ

सिद्ध साहित्य, जैन साहित्य के ठीक प्रतिकूल भारत के पश्चिमी कोने से दूर पूर्वी कोने पर प्रतिष्ठित बौद्ध मत की ब्रजयान शाखा का वह रूप है जो आठवीं शती तक 'कमल कुलिश' साधना से सम्बद्ध वामाचार एवं कामाचार को सिद्धि का माध्यम मानता है। इन सिद्धों के कई साहित्य संकलन हैं किंतु उनमें दो विशेषप्रिय हैं- एक है- महामहोपाध्याय हरप्रसाद शास्त्री द्वारा सम्पादित 'बौद्धगान ओ दूहा' तथा दूसरा है, महापंडित राहुल सांकृत्यायन कृत 'हिन्दी काव्य धारा'। वैसे राहुल सांकृत्यायन ने सिद्धों के विषय में अपना एक विस्तृत आलेख पुरातत्त्व निबन्धावली में भी दिया है। आठवीं शती में वैष्णव भक्ति तथा धर्म का दक्षिण में प्रचार होने के बाद जैन तथा बौद्ध धर्म तमिल प्रदेश तथा केरल से हटकर गुजरात तथा राजस्थान में केन्द्रित हो उठा। भागवत पुराण में भक्ति युवती स्वयं अपने मुख से बताती है कि-

उत्पन्ना द्राविड़े चाहं कर्णाटेर्वृद्धिमापदा।
क्वचिद्-क्वचिद् महाराष्ट्रे गुर्जरे क्षीणतां गता।

जैनधर्म के प्रभाव के कारण ही भक्ति गुजरात में क्षीण-सी हो उठी थी, किंतु बंगाल, आसाम, उड़ीसा, मिथिला सहित बिहार की स्थिति कुछ भिन्न थी। यहाँ बारहवीं शती के बाद वैष्णव धर्म की पूर्णतः व्याप्ति हो चुकी थी किंतु बौद्ध धर्म का ह्रास कैसे हुआ, इसका स्पष्ट साक्ष्य नहीं मिलता। केवल इतना ही कहा जाता है कि कामाचार तथा तंत्राचार ये दो तत्त्व इस कालखंड में बौद्ध धर्म के पतन के कारण हैं। बौद्ध धर्म का समन्वय शैव धर्म के साथ पहले हुआ क्योंकि विश्वेश्वरी तारादेवी एवं महाबुद्ध की अर्चना का विधान शिव-पार्वती के साथ यहाँ मिलने लगता है। इस्लामी आक्रमण 12वीं शती में बंगक्षेत्र में सर्वप्रथम हुआ और बौद्धों के स्तूप, उनके विहारों तथा चैत्यों को नष्ट किया गया और लगता है, इसी तारा देवी एवं महाबुद्ध या शिव पार्वती के साथ वैष्णव कृष्णधर्म में 'राधा कृष्ण' की भी समवेत् उपासना शुरू हुई होगी। जो भी हो, किन्तु 12वीं शती तक इस क्षेत्र में सिद्ध साहित्य का पूर्ण प्रभाव मंत्रयान साधना के साथ सम्बद्ध मिलता है और सिद्धों द्वारा लिखित बज्रयानी साहित्य की लम्बी तालिका प्राप्त होती है।

इस परम्परा के प्रथम कवि सरहपा हैं। इनका जन्म आठवीं-नौवीं शती में प्रायः स्वीकार किया जाता है और इनके 32 ग्रंथों की सूची मिलती है। इनका 'दोहा कोष' सर्वाधिक प्रसिद्ध ग्रंथ है। आचरण एवं संयम से प्रारम्भ होकर सहज या महासुख प्राप्ति तक की साधना से संबंधित छन्द इनके साहित्य में प्राप्त हैं। सरहपाद कहते हैं कि–

चित्ताचित्त वि परिहरहु तिमि अच्छहु जिमि बालु।
गुरु वअणे दि भत्ति करु होइ जइ सहज, उलाल॥

"चित्त का वासनाओं का परित्याग करो और उस प्रकार अपनी वृत्ति बनाओ जैसी बालक की होती है। गुरु के वचनों में दृढ़ भक्ति करो जिससे सहज आनन्दोल्लास का उद्भव हो।"

इस परम्परा के चौरासी सिद्धों की वाणियाँ 'बौद्ध गान ओ दोहा' तथा 'हिन्दी काव्य धारा' में संकलित हैं। इस धारा के प्रमुख सिद्ध कवि इस प्रकार हैं– सरहपा, लुईपा, विरूपा, लीलापा, शबरपा, डोम्बिपा चौरंगिपा, नागार्जुन (शून्यवादी नागार्जुन से भिन्न) आदि इन चौरासी सिद्धों में अनेकों ने अपनी सिद्धांत एवं साधना परम्परा को काव्य में प्रस्तुत करके अपने विचारों को स्पष्ट किया है। इन सिद्ध कवियों के साहित्य में अभिव्यक्त विचारधारा का क्रम इस प्रकार है–

(1) इनके साहित्य में अभिव्यक्त विचारधारा योगमार्ग की जटिलता तथा प्रयत्नपूर्वक इन्द्रिय निग्रह से भिन्न मार्ग की है, जिसे हम सहज साधना मार्ग कह सकते हैं। कृत्रिमता से भिन्न प्रकृति के अनुरूप सहज निर्मल जीवन यापन एवं वासनाओं के त्याग से ही मुक्ति सम्भव है। यद्यपि बाद में कमल कुलिश की बज्रसाधना के साथ वामाचार एवं पंचमकार से जुड़ी विचारधाराओं से इनका साहित्य जुड़ गया और भोग से निवार्ण प्राप्ति की भी चर्चा यहाँ होने लगी। इनके साहित्य का केन्द्रीय तत्त्व है, 'महासुख' की प्राप्ति। ये अपने साहित्य में बराबर इसी संदर्भ में बताते हैं–

अधराति भर कमल विकसेउ। बत्तीस जोइगी (जोगिनी) अंग उल्हसिउ।
चलिअउ ससिहर मागे अवधुइ। रअणरू प्रह सहजे कहेइ।

इनके साहित्य में 'सदाचार' एवं 'संयम' के मार्ग का पूर्णतः खण्डन मिलता है।

2. सिद्ध साहित्य की एक प्रवृत्ति 'रहस्यवाद' की है– उस विलक्षण परम-आनंद तथा उसके साधनों को अभिव्यक्त करने की इनकी पद्धति प्रतीकात्मक एवं सांकेतिक है। इनकी रहस्यवादी अभिव्यक्ति का प्रभाव हिन्दी के परवर्ती संत साहित्य पर अधिक दिखाई पड़ता है। यही नहीं, एक सीमा तक इनसे सम्बद्ध योगमत सिद्धांत से प्रेरित संत साहित्य भी इनकी रहस्यवादी अभिव्यक्तियों से प्रभावित दिखाई पड़ा है। इस संदर्भ में एक उदाहरण इस रहस्यवाद से सम्बद्ध

देखें –

काआ तरुवर पंच विडाल। चंचल बीर पइठा काल।
दिठ करिअ महासुह परिमाण। लुइ भणइ गुरु पुच्छिअ जाण।।

(3) सिद्धों की भाषा 'संधा' भाषा के नाम से साहित्य में प्रसिद्ध है। इस भाषा में सामान्य प्रतीकात्मक अस्पष्टता के साथ स्पष्टता की बोधवृत्ति एक प्रवृत्ति है। इस 'संधा' भाषा के अर्थ के संदर्भ में डॉ. रामकुमार वर्मा ने अपने 'हिन्दी साहित्य के आलोचनात्मक इतिहास' में तीन सुझाव दिए हैं।

(1) 'अंधकार और प्रकाश के बीच की सन्ध्या अर्थात् जिसकी रचना स्पष्टता तथा अस्पष्टता के बीच हो।'

(2) 'जो रचना सन्धि स्थल की हो- दो भाषाओं की सन्धि में जो रूप बने उसी से जिसका निर्माण हो। बिहार और बंगाल की सीमा पर लिखी जाने के कारण यह नाम दिया गया।'

(3) 'जिसमें किसी प्रकार की अभिसन्धि, रहस्य या अभिप्राय हो। वज्रयान के सिद्धांतो में निहित गूढ़ार्थ या व्यंजना सम्पन्न किसी भाव को स्पष्ट करने की वह भाषा है।'[1]

सामान्य रूप से महापंडित राहुल सांकृत्यायन ने इस 'संधा' भाषा का अर्थ प्रतीकात्मक एवं रहस्यपूर्ण भाषा के रूप में लिया है। इस संबंध में आचार्य हजारीप्रसाद द्विवेदी का मत इस प्रकार है– ''विरुद्ध अर्थयुक्त उलटवासियों को ये लोग संध्या भाषा कहते थे।'' कुछ विद्वानों ने संध्याभाषा का अर्थ यह बताया है कि यह ऐसी भाषा है, जिसमें संध्या के समान प्रकाश तथा अंधकार का मिश्रण है। ज्ञान के आलोक में सारी बातें स्पष्ट हो जाती हैं परन्तु कुछ दूसरे विद्वान् इसका अर्थ अभिसंधि या अभिप्राययुक्त वाणी बताते हैं। पंडित विधुशेखर शास्त्री ने सुझाया है कि मूल शब्द संध्या भाषा नहीं, बल्कि संधा भाषा रहा होगा।''[2]

1. हिन्दी साहित्य का आलोचनात्मक इतिहास, पृ0 62
2. हिन्दी साहित्य उद्‌भव और विकास, पृ0 27

आदिकाल का नाथ साहित्य और उसकी प्रवृत्तियाँ

हिन्दी साहित्य की नाथ परम्परा के प्रथम गुरु मत्स्येन्द्र नाथ या मछन्दर नाथ हैं। गोरखनाथ (गोरक्षनाथ) इनके शिष्य थे। इस मत के प्रारंभ कर्त्ताओं में गोरखनाथ के साथ उनकी शिष्य परम्परा में क्रमशः जालंधर नाथ (जलंधर नाथ) और कृष्णवाद (कान्हपा) का नाम आता है। सिद्ध साहित्य में भी कान्हपा का नामोल्लेख है। अकेले कान्हपा ही नहीं, कई सिद्ध इस नाथ परम्परा से जुड़े हैं। सामान्य रूप से यह अभिमत है कि इस मत का जन्म शैव मत एवं योग दर्शन के समवेत् सम्मिलन से हुआ है।

प्रमुखतः नाथों की संख्या 'नौ' कही जाती है किंतु यह एक सामान्य मत है। यह नाथमत बंगाल, नेपाल, उड़ीसा, महाराष्ट्र, मारवाड़, पंजाब, उत्तर प्रदेश आदि राज्यों में रहा है और इस सम्प्रदाय के एक प्रमुख अंग फकीर योगी भी रहे हैं। नाथ साहित्य से सम्बद्ध कवियों तथा उनके ग्रंथों की सूची इस प्रकार है-

1. **मत्स्येन्द्रनाथ (मछंदर नाथ)-** इनके ग्रंथ संस्कृत भाषा में लिखे गये हैं। आचार्य अभिनव गुप्त ने इनके नाम का उल्लेख अपनी प्रसिद्ध कृति तंत्रालोक में किया है। ये ग्यारहवीं शती के नाथ साधक थे। इनकी प्रसिद्ध कृतियाँ कौलज्ञान निर्णय, अकुल तंत्र, कुलानंद और ज्ञानकारिका हैं। ये ग्रंथ संस्कृत में हैं, अतः हिन्दी साहित्य के आदि काल के लिए इनका ग्रंथ नहीं, इनकी परम्परा ही उल्लेखनीय है।
2. **जालंधर नाथ–** पुरातत्त्व निबंधनावली में राहुल जी ने इनके एक गीत का संकलन किया है। नाथ सिद्धों की वानियों में भी इनके हिन्दी पदों के संकलन हैं।
3. **गोरक्षनाथ (गोरखनाथ)-** इनका समय बारहवीं शती माना गया है और ये नाथ पंथ के श्रेष्ठतम साधक स्वीकार किये गये हैं। इनका प्रभाव सम्पूर्ण भारत में देखा जाता है। हिन्दी में गोरखनाथ की लगभग 38 पुस्तकें बताई जाती हैं। डॉ. पीताम्बरदत्त वर्थवाल ने गोरखबानी के नाम से इनकी वाणियों का संपादन करके 'हिन्दी साहित्य सम्मेलन, प्रयाग' से प्रकाशित कराया है। डॉ. वर्थवाल

जी का इस संबंध में एक महत्त्वपूर्ण ग्रंथ 'योग प्रवाह' है– जिसके अंतर्गत नाथों की साधना तथा वैचारिकता का उन्होंने विश्लेषण किया है। इनकी कई कृतियाँ संस्कृत साहित्य में भी हैं।

4. **चर्पटनाथ–** गोरखनाथ जी के प्रभाव के बाद यह सम्प्रदाय पर्याप्त रूप से विकसित हुआ और इस परम्परा के अंतर्गत अनेक योग चिंतक विद्वानों के नाम प्रकाश में आते हैं। इन विद्वानों में चर्पटनाथ का नामोल्लेख प्रथम होता है। योग प्रवाह ग्रंथ में इनके पद संकलित हैं। इनका समय तेरहवीं शती है।
5. **गाहिणीनाथ-** इनका समय तेरहवीं शती है। ये गोरखनाथ के शिष्य हैं। इनके भी पद नाथ वाणी संग्रहों में प्राप्त होते हैं।
6. **चौरंगीनाथ–** ये नाथ साहित्य के प्रसिद्ध कवि तथा योगी रहे हैं। इनका समय चौदहवीं शती है। इनकी रचना 'प्राण संकली' है। पूर्वी भाषा में इनका यह ग्रंथ पर्याप्त रूप से प्रसिद्ध रहा है और आज भी इस ग्रंथ की चर्चा की जाती है।
7. **ज्वालेन्द्रनाथ–** इनका समय भी चौदहवीं शती है। इनकी रचनाएँ नहीं मिलती हैं।
8. **भतृनाथ (भर्तृहरि, विचारनाथ)–** इनके पदों के कतिपय संकलन 'प्राण संकली' में हैं।
9. **गोपीचन्द नाथ–** 'प्राण संकली' में ही इनकी हिन्दी की कतिपय वाणियाँ मिलती हैं।

इस परम्परा के अंतर्गत इन नौ नाथों के अतिरिक्त अन्य नाम भी मिलते हैं, जैसे- देवलनाथ, चुणकरनाथ, प्राणनाथ आदि, किन्तु ये 'नव नाथ' ही सामान्यतः परम्परा में चर्चा के विषय रहे हैं।

हिन्दी नाथ साहित्य की प्रवृत्तिगत विशेषताएँ सिद्ध करती हैं कि साहित्यिक परम्परा के निर्माण में इनका विशेष योगदान नहीं रहा है। भागवत पुराण के प्रभाव से 'उद्धव गोपिका' संवाद हिन्दी कृष्णभक्ति काव्य का एक अंग बना है और सम्पूर्ण हिन्दी कृष्ण भक्ति साहित्य में इसी बहाने सामान्य लोक के लिए सहज भक्ति की तुलना में योग की जटिलताओं का काव्यपरक भावात्मक निषेध मिलता है। कविता में योगमार्ग का यह निषेध पक्ष स्वयं में साहित्य का एक अंग है और ऐसा लगता है कि बौद्ध, जैन परम्पराओं की ही भाँति बारहवीं-तेरहवीं शती में इसका भी वैष्णव भक्ति द्वारा निषेध किया गया था और यह इस साहित्य का एक प्रमुख विरोधी अंग बनकर अवतरित भी हुआ।

वैसे निर्गुण मत के अंतर्गत योग परम्परा के अनेक तत्त्वों का अनुपालन मिलता है। अष्टचक्र भेदन, सुषुम्ना तथा इड़ा पिंगला एवं अगम्य तत्त्व की चर्चा की आधारभूमि नाथ सम्प्रदाय की ही है। नाथ सम्प्रदाय की साधना को निर्गुण सन्त मत एक सीमा तक स्वीकार

करके फिर उससे वह अलग हो जाता है।

नाथ मत अपने नैतिक उपदेशों के लिए विशेष रूप से हिन्दी साहित्य में जाना जाता रहा है। रूढ़ियों, परम्परावाद, धर्माडम्बरों आदि के प्रति यहाँ जो भी उपदेश मिलते हैं, संत साधना ने उन्हें स्वीकार किया है। संत साहित्य का सत्गुरु महात्म्य नाथ साहित्य की देन है। निरंजन साधना, मध्यम मार्ग का आलम्बन, इन्द्रिय निग्रह, संयम आदि से जुड़े संत साहित्य की परम्पराओं के लिए नाथ साहित्य ही आधार है।

संकीर्ण धार्मिक चेतनाओं से मुक्त करने के लिए प्रचलित लोकभाषा तथा सहजतम प्रभाव रूपों का प्रयोग इस साहित्य का एक बहुत बड़ा योगदान है। इस रूप से यह योग मत निषेधात्मक रूप से कृष्णभक्ति साहित्य के संदर्भो से टकराता है तो दूसरी ओर भावात्मक रूप से हिन्दी के संत मत से इसका संबंध जुड़ता है।

आदिकाल की भक्तिधारा

हिन्दी साहित्य के आदिकाल में वैष्णव, शैव एवं निर्गुण भक्ति का पदार्पण भारत के उत्तरी तथा पश्चिमी क्षेत्रों में हो चुका था, इसके साक्ष्य हमें उस युग के संग्रह ग्रंथों तथा अन्य सूचनाओं से प्राप्त होते हैं। अभी तक तो यही ज्ञात था कि केवल जैन, नाथ एवं सिद्धों का धार्मिक साहित्य ही आदिकाल में मिलता है, लेकिन अब इस बात के साक्ष्य मिलने लगे हैं कि निर्गुण एवं सगुण भक्ति तथा उसके साथ समन्वित बौद्ध एवं शैवमत भी मिले जुले यहाँ दिखाई पड़ते हैं। विष्णु के दस सगुण अवतारों का वर्णन इस युग के किसी अज्ञात कवि द्वारा 'प्राकृत पैंगलम्' में मिलता है– वह इस प्रकार है–

जिण बेअ धरिज्जे महियल लिज्जे पिट्टिहि दंतहि ठाउ धरा।
रिउवच्छ विआरे छल तिणुधारे बंधिय सत्तु रज्जुहरा।
कुल खत्तिय तप्पे दहमुह कप्पे केसिअ कंस विणास करा।
करुणा पअले मेच्छह विअले सो देउ णरायण तुम्ह बरा॥

"जिन्होंने वेद धारण किया (मत्स्यावतार), जिन्होंने पीठ पर महितल लिया (कच्छपावतार), जिन्होंने दाँत पर पृथ्वी को रखा (वाराहावतार), जिन्होंने रिपु (हिरण्य कश्यप) वक्ष विदीर्ण किया (नृसिंहावतार), जिन्होंने छल शरीर धारण किया है और शत्रु (दैत्यराज) बलि को बाँधा तथा उसका राज्य हर लिया, जिन्होंने क्षत्रिय कुल को संतप्त किया (परशुरामावतार), जिन्होंने दशासन के दस मुख काटे (रामावतार), जिन्होंने करुणा प्रकट की (बुद्धावतार) और जिन्होंने म्लेच्छों को विदीर्ण किया (कल्कि अवतार) वह नारायण तुम्हें वर दे।"[1]

यहाँ विष्णु के भागवत पुराण के चौबीस अवतारों से भिन्न दस अवतारों की चर्चा की गई है- जिसमें गौतम बुद्ध को भी विष्णु मान लिया है। परवर्ती संतो यथा- नामदेव ने भी इन्हीं दस अवतारों की चर्चा की है और गोस्वामी तुलसीदास ने अपनी विनयपत्रिका के दो छन्दों में 'बोधावतार' अर्थात् बुद्ध के विष्णु अवतार की प्रार्थना की है- 'वन्दे बोधावतार' कहकर। इस छन्द की मूल भावना है- नारायण रूप विष्णु की कृपाप्राप्ति। यह 'कृपाप्राप्ति' भी भक्ति की अवधारणा का एक महत्त्वपूर्ण अंश है। ज्योतिरीश्वर ठाकुर अपने काव्य वर्णक

1. देखिए- प्राकृत पैंगलम्, पृ0 132, संपादक- किशोरीलाल गुप्त

में इन्हीं दस अवतारों को ही साहित्य का आधार मानते हैं- **अथदशावतार वर्णना-** मत्स्य, कूर्म, वाराह, नृसिंह, वामन, परशुराम, राम, हलीराम (बलराम) बुद्ध, कल्की, एवमवतार दस।[1]

प्राकृत भाषा के इस छन्द ग्रंथ में सरस्वती, विष्णु, कृष्ण, परशुराम, शिव, पार्वती, चंडी दुर्गा तथा विष्णु एवं शिव के समन्वित स्वरूप की प्रार्थना है। 'शैव एवं वैष्णव भक्ति' का समन्वय आठवीं शती से ही तमिलनाडु में नानियार एवं आलवार भक्तों की पारस्परिक एकता जैन तथा बौद्ध धर्म के प्रभाव को पूर्णतः समाप्त करने के लिए स्थापित हुई थी। 'शिव-विष्णु' की यह समन्वित एकता भागवत पुराण, सूरदास कृत सूरसागर, गोस्वामी तुलसीदास के रामचरितमानस एवं भगवान शिव द्वारा रचित अध्यात्म-रामायण में समान रूप में दिखाई पड़ती है। प्राकृत पैंगलम् छन्दों के रचयिता विविध कवि प्रभु की जयकार करते हुए उनसे आत्मरक्षा, प्रसन्नता, सुख, शांति, पापों के विनाश, भक्ति की प्राप्ति, मुक्ति, अभय की प्राप्ति आदि का वरदान माँगते हैं। हिन्दी भक्ति साहित्य में भक्ति की सिद्धि जैसी स्थितियाँ थोड़ी और बढ़ीं हैं किंतु सामान्यतः भक्ति की मान्यताएँ यही है। वन्दना और भक्ति से सम्बन्धित प्राकृत पैंगलम् में 43 छन्द हैं और यदि ये विविध कवियों के संकलन हैं तो बारहवीं-तेरहवीं शती में भक्ति की इस व्याप्ति के संबंध में आदिकालीन साहित्य का अन्वेषण अपेक्षित है और यदि 'प्राकृत पैंगलम्' के रचनाकार 'हरिवंभ' के छन्द हैं तो भी यह विचारणीय है कि प्राकृत पैंगलम् की तीन प्रमुख काव्य धाराएँ जो इस काल में प्रचलित थीं। ये छन्द उसका प्रतिनिधित्व करते हैं, ये काव्यधाराएँ हैं, भक्ति, शृंगार एवं शौर्य तथा वीरभाव की।

अभी तक यह समझा जाता रहा है कि आदिकालीन साहित्य साक्ष्यों की उपलब्धता के आधार पर शौर्य तथा वीरभावप्रधान काव्यधारा से सम्बद्ध है, किंतु मुंजरासो, बसंत विलास फागु, राउल वेलि, वीसलदेव रास एवं प्रबन्ध काव्यों में वर्णित षड्ऋतु वर्णन, वियोग शृंगार तथा रतिकेलि की सरस अभिव्यक्तियों में शृंगार रस की भावना के साक्ष्य आदिकाल के शृंगार रस की काव्यधारा के समर्थक रहे हैं। जैन काव्य परम्परा तथा वज्रयान साहित्य में कामाचार के अंतर्गत रति विलास की स्थिति से भी इस ओर संकेत मिलता है। अतः भक्ति तथा श्रृंगार कविताधारा को आदिकाल से पृथक् नहीं किया जा सकता। इसकी चर्चा बाद में भी की जाएगी। इस संदर्भ में, यह भी एक विचारणीय तथ्य है कि निर्गुण भक्ति के संदर्भ के लिए आदिकाल का साहित्य पर्याप्त साक्ष्य रखता है। निर्गुणभक्ति का प्रारम्भ भारतीय लोक के बीच सगुण भक्ति के बाद सम्भवतया महाराष्ट्र तथा गुजरात से हुआ। ज्ञानदेव के शिष्य नामदेव के पदों की स्थिति हिन्दी में 100 के लगभग है। नामदेव का जीवन काल हिन्दी साहित्य के आदिकाल के अंतर्गत (जन्म सं. 1326-1407) ही है।

1. वर्णरत्नाकार- ज्योतिरीश्वर ठ्ठाकुर, पृ0 58

इन्होंने प्रारम्भिक स्थिति में विष्णु तथा शिव का समन्वित रूप अपनी भक्ति में रखा है– धीरे-धीरे ये निर्गुण भक्ति की ओर उन्मुख हुए उनके एक पद का दृष्टान्त इस प्रकार है–

भाई रे इन नैनन हरि देखो।
हरि की भक्ति साधु की संगति सोई यह दिल लेखो।
चरन सोई जो नचत प्रेम से कर सोई जो पूजा।
सीस सोइ जो नवै साधु के रसना और न दूजा।।
यह संसार हाट को लेखा सबको बनिजहिं आया।
जिन जस लादा तिन तस पाया मूरख मूल गँवाया।
आत्मराम देह धरि आयो तामे हरि को देखौ।
कहत नामदेव बलि बलि जैहौं हरि भजि और न लेखौं।

इसमें भाषा की ग्राह्यता तथा सरलता का साक्ष्य इस आदिकाल की द्वित्वप्रधान अपभ्रंशात्मक भाषिक प्रवृत्ति से भिन्न है, जिसकी चर्चा ऊपर की गई है।

इसी प्रकार इस परम्परा के 'सदन' संत की चर्चा की जाती है, जो इन्हीं नामदेव के साथ ही रहे हैं। उनके छन्द का एक उदाहरण इस प्रकार है–

प्रान जो थाके थिर नहीं कैसे बिरमायो।
बूड़ि मुए नौका मिलै कछु काहि चढ़ायो।
मैं नांही कछु हौं नहीं कछु आहि न मोरा।
मौसर लज्जा राखि लेहु सदना जन तोरा।।

संतों की शरणागति एवं परमात्मा के प्रति समर्पण का यह भाव आगे चलकर निर्गुण संतमत के साथ विकसित हुआ और इसकी एक लम्बी परम्परा पूरे देश में हमें प्राप्त होती है।

आदिगुरु साहब की तालिका में पहला नाम जयदेव का आता है। इस परम्परा में ही नामदेव, त्रिलोचन, परमानंद तथा सदन के नाम आदिकालीन हिन्दी साहित्य की सीमा में आते हैं। अतः हिन्दी साहित्य के इतिहास लेखकों ने इन वैष्णव तथा संत कवियों को भक्ति साहित्य की भूमिका में रखा है। इन कवियों को भक्ति साहित्य की भूमिका में रखें, कोई आपत्ति नहीं होनी चाहिए, किन्तु ये सारे-के-सारे कवि हिन्दी साहित्य की आदिकाल की सीमा में आते हैं, अतः इस पर पुनर्विचार अपेक्षित है।

मैथिल कवि जयदेव के 'गीत गोविन्द' की भी यही स्थिति है। पूर्वी साहित्य में प्रचलित राधाकृष्ण के प्रणयागान की यह पदावली-परम्परा हिन्दी साहित्य में कैसे आई ? इस पदावली के स्वरूप पर इस बात को लेकर विवाद है कि यह भक्ति पदावली है या नहीं, किंतु इस विषय पर कोई विवाद नहीं है कि विद्यापति हिन्दी साहित्य की आदिकालीन

कालसीमा के कवि नहीं हैं। विद्यापति शिव तथा कृष्ण दोनों के भक्त हैं। श्री कृष्ण की भक्ति विषय के पदों में लौकिक शृंगार मात्र है, ऐसा नहीं कहा जा सकता। विद्यापति के पद तो 'राधा कृष्ण' के शृंगार भाव के सरस साक्ष्य हैं किन्तु भूमिका का छन्द काव्यकृति के अध्ययन के संदर्भ में स्मरण रखना चाहिए –

यदि हरि स्मरणे सरसो मनः यदि विलास कला सुकुतूहलम्।
सरस कोमल कांत पदावली श्रुणु तदा जयदेव सरस्वती॥

यदि हरि (विष्णु-श्रीकृष्ण) के स्मरण से मन को भक्तिरसमय बनाना चाहते हो तो इस पदावली का श्रवण करो। जयदेव की पदावली भी श्रीकृष्ण की लीला के स्मरण को भावसिक्त करती है। उनकी कविता तो विश्रान्ति दशा में पहुँचाती है; शृंगार वासना दशा में नहीं और 'श्रीकृष्ण तथा राधा' की कविता लोकवासनामयी कैसे होगी ? इसकी स्थापना करने वाले विद्वानों को इस विषय पर पुर्नविचार करना होगा। विद्यापति की इसी परम्परा से सम्बद्ध रूप गोस्वामी कृत 'उज्ज्वल नीलमणि' शीर्षक ग्रंथ नायिका भेद से सम्बद्ध है और आधार है– गोपिकाएँ एवं राधा। गोपीकाओं, राधा तथा कृष्ण के इस लोकात्मक शृंगारी नायक-नायिका रूप का वर्णन लोक शृंगार नहीं है। इसी प्रकार आचार्य केशवदास की 'रसिकप्रिया' को देखें- जहाँ सम्पूर्णतः श्रीकृष्ण ही आध्यात्मिक काव्य से भिन्न लोक काव्य के नायक हैं। श्रीकृष्ण का यह राधा-कृष्ण तथा गोपिकामंडित स्वरूप हिन्दी के रीतिकाल तक पहुँचते-पहुँचते शृंगारमय हो उठा, किंतु परम्परा में यह आध्यात्मिक उन्मेष से ही सम्बद्ध है। सूर के लीलापदों में सामान्य शृंगार तथा प्रेम कैसे, वह तो सर्वथा आध्यात्मिक ही है, उसके अनेक प्रसंग यहाँ भरे पड़े हैं। विद्यापति को हम उस परम्परा से पृथक् कैसे करें ? कृष्णभक्ति साहित्य का आध्यात्मिक संदर्भ प्रेम तथा लीला से सम्बद्ध है। गोपिकाएँ कृष्ण को ब्रह्म मानकर उनसे मुक्ति के लिए संसक्त नहीं हैं- यह उनकी संसक्ति लीलामयता की लोकात्मक वासनावृत्ति ही है और भागवत पुराण कहता है कि लीलामयता की वासनामयी अनुरक्ति ही उनकी कृष्णप्राप्ति का एकमात्र हेतु है। मिथिला की कृष्ण कथा तथा बंगाल का ब्रजबुलि साहित्य दोनों कृष्ण राधा के परकीयाप्रेम की चरम उन्मादमयता को अद्वैतसिद्धि का माध्यम मानते हैं। महाकवि चंडीदास, जयेदव एवं विद्यापति की वही परम्परा है। लोक शृंगार से राधा कृष्ण लीला के उन्मादमयी प्रेमाद्वैत को लोकात्मक वासना के साथ जोड़ना आलोचकों का भ्रम है। अद्वैत सिद्धि की तन्मयीभूतता का इससे बड़ा साक्ष्य और क्या हो सकता है ? राधा कृष्ण प्रेम के ही मिथक नहीं हैं, ब्रह्म तथा शक्ति के प्रतीक मात्र कुछ आगे शिवपार्वती की अद्वयमयता तथा एकरूपता के रूप में हैं- 'राधा' तो आधा ही हैं, आधा कृष्ण हैं और अर्धांग शिव की भाँति राधाकृष्णमय एवं कृष्ण राधामय हैं। शिव और शक्ति जैसा अपार्थक्य उनका आध्यात्मिक संदर्भ लोक तथा भक्तिजगत दोनों के लिए काम्य है।

आदिकाल का समग्र मूल्यांकन

सामान्यतया दसवीं शती से लेकर चौदहवीं शती तक के समग्र हिन्दी साहित्य के आदिकाल का सम्पूर्णतः मूल्याकंन आज एक महत्त्वपूर्ण समस्या है, कारण कि प्रारम्भिक इतिहासकारों यथा मिश्रबन्धुगण, सर जार्ज ग्रियर्सन, आचार्य रामचन्द्र शुक्ल, डॉ. रामकुमार वर्मा, डॉ. श्यामसुंदर दास आदि विद्वानों तथा संस्थागत लिखे गए नागरी प्रचारिणी सभा वाराणसी एवं भारतीय हिन्दी परिषद, प्रयाग आदि के इतिहास ग्रंथों के समक्ष सामग्री का सम्यक् संकलन तथा सन्तुलित विश्लेषण स्वयं में एक प्रमुख प्रश्न है। यह सत्य है कि जो भी सामग्रियाँ जिन्हें हम नई कहते हैं, उनका ब्यौरा इस इतिहास लेखन तक प्रायः प्राप्त हो चुका था, किंतु उनका सम्यक् विश्लेषण एवं परीक्षण इतिहास लेखन के सापेक्ष्य में नहीं हो पाया था। डॉ. रामस्वरूप चतुर्वेदी का इतिहास 'हिन्दी साहित्य की संवेदना का विकास' भी प्रायः उसी पूर्ववर्ती क्रम से जुड़ा रचनात्मक संवदेना के सूत्रों को लेकर आगे बढ़ता है। साहित्य के नये साक्ष्यों के समीकरण के बिना संवेदनासूत्र भी उन्हीं सामग्रियों से सम्बद्ध है, जो आचार्य शुक्ल आदि के इतिहासों में संकलित है। डॉ. रामस्वरूप चतुर्वेदी के हिन्दी साहित्य के इतिहास के आदिकाल, भक्तिकाल एवं रीतिकाल के लिए आधार शुक्ल जी के इतिहास की ही सामग्री है।

सम्प्रति, प्राप्त सामग्रियों के आधार पर हिन्दी भाषा में लिखित चौदहवीं शती तक के साहित्य को दो भागों में विभक्त किया जा सकता है-

1. आदिकाल की धार्मिक काव्यधारा
2. आदिकाल की साहित्यिक धारा

1. आदिकाल की धार्मिक काव्यधारा

धार्मिक परम्परा का साहित्य निम्नलिखित भागों में विभक्त किया जा सकता है –

(1) जैन साहित्य की परम्परा
(2) सिद्ध साहित्य की परम्परा
(3) नाथ साहित्य की परम्परा

(4) वैष्णव एवं शैव साहित्य की परम्परा

(5) संत साहित्य की परम्परा

धार्मिक साहित्य की परम्परा से भिन्न इस युग की साहित्यिक परम्परा स्वयं में सर्वाधिक महत्त्वपूर्ण रूप में दिखाई पड़ती है। इसके प्रमुख पक्ष इस प्रकार हैं –

(6) शृंगारप्रधान काव्य

(7) वीर एवं शौर्यप्रधान काव्य

अन्य के अंतर्गत नीति, सूक्ति आदि से सम्बद्ध साहित्य को भी रखा जा सकता है।

आदिकाल के धार्मिक साहित्य के अंतर्गत जैन काव्य की परम्परा सर्वाधिक समृद्ध दिखाई पड़ती है। ज्ञात तथा अज्ञात एवं अप्राप्त समस्त जैन परम्परा में लगभग एक हजार के आसपास कृतियाँ उपलब्ध होंगी और उनकी परम्परा तथा विशिष्टताओं की ओर संकेत किया जा चुका है। साहित्य के सम्यक् परिवेश में कुछ बातें यहाँ महत्त्वपूर्ण हैं –

(1) जैन साहित्य की परम्परा 'धर्म एवं साहित्य' को परस्पर समन्वित करने की रही है। यहाँ लिखे गये चरित काव्य की प्रबन्धात्मक परम्परा पूर्णतः साहित्यिक प्रतिबद्ध काव्य (Committed Poetry) की हैं और जैन धर्म के विशिष्ट मूल्यों की अवधारणा केन्द्रीयता के रूप में इन काव्यों में दिखाई पड़ती है। इसी प्रकार- इनके रीतिकाव्यों की भी स्थिति है- चर्चरी काव्य परम्परा इसी से सम्बद्ध है, बारहमासा, फागुकाव्य परम्परा तथा बसंत विलास फागु जैसी महत्त्वपूर्ण कृतियाँ इन सबका झुकाव जैन धर्म तथा साहित्य दोनों की ओर है और इस युग की साहित्यिक चेतना का आधार कवि समय तथा वर्णकविधान इन कृतियों में सर्वत्र देखा जा सकता है। इन गीतिकाव्यों की शृंगाररसपरक साहित्यिकभंगिमा के समक्ष धार्मिक मुद्रा कहीं-कहीं कमजोर दिखाई पड़ती है और ऐसा लगता है कि आदिकालीन साहित्य की शृंगार चेतना इन्हें अपनी ओर आकर्षित कर रही है। यद्यपि इस साहित्य की केन्द्रीय चेतना शान्त रस की ही है, किन्तु शृंगार रस के वर्णक साहित्यिक परम्पराओं से किसी भी प्रकार से कम नहीं हैं। बाहरमासा के अंतर्गत जैन साहित्य के विरह वर्णन का एक सुंदर दृश्य देखें-

कात्तिग क्षितिग उगइ संझ।
रजमति झिझह हुई अति झंझ।
राति दिवस अछइ विलवन्त।
बलि बलि दयकरि दयकरि कंत।।

"कातिक में क्षितिज पर उगती हुई साँझ कृतिकाएँ और राजमती का क्षीण होकर अत्यन्त व्याकुल हो जाना व दिनरात विलाप करना- हे प्रियतम फिर आओ, फिर आओ,

दया करो, दया करो।"[1] प्रतिदिन सुनाई पड़ता है।

इस साहित्य को आचार्य रामचन्द्र शुक्ल ने हिन्दी साहित्य के इतिहास में स्थान नहीं दिया था, यह निश्चित ही उनका असन्तुलित निर्णय है।

सिद्ध तथा नाथ साहित्य को भी साहित्यिक परम्परा से पृथक् रखा गया था, यद्यपि डॉ. रामकुमार वर्मा ने इसे 'सन्ध्याभाषा' काव्य के रूप में हिन्दी साहित्य के परिशिष्ट के रूप में विवेचित किया है। हिन्दी भाषा के निर्माण में आसाम, उड़ीसा, बंगाल मैथिल प्रदेश तथा बिहार जैसे राज्यों में जहाँ मागधी प्राकृत तथा संस्कृत काव्य-साहित्य की गौड़ीया रीति का विकास हुआ था, वहाँ हिन्दी भाषा की एक विशिष्ट शैली के निर्माण में इस भाषा का महत्त्वपूर्ण योगदान है। शृंगार-प्रेम एवं उसका वायवी रूप वामाचार तथा पंचमकार की साधना का प्रभाव परवर्ती हिन्दी साहित्य पर अवश्य पड़ा है। सहजयान के परकीया प्रेम का प्रभाव 'राधा कृष्णोपासना' पर पड़ा है और राधा को यहाँ स्वीकाया नायिका नहीं माना गया, इन कृष्णकाव्यों में वह सर्वत्र परकीया नायिका है। प्रेम लीला में लौकिकता और 'राधा कृष्ण' के प्रेम तथा शृंगार में ऐहिकता का प्रवेश चंडीदास, जयदेव तथा विद्यापति तीनों की राधा पर ऐसे ही प्रभावों का प्रतिफल है। यहाँ राजस्थानी एवं गुजराती साहित्य की भाँति 'ऋतु वर्णन' एवं 'वर्णक विलास' नहीं है- यहाँ प्रेम की वासनामयी उन्मुक्त तथा स्वच्छन्द भावनाएँ तरंगित होती हैं। पश्चिमी हिन्दी प्रदेश में जहाँ शास्त्रानुमोदित शृंगार एवं कामभाव है, यहाँ ठीक उसके विपरीत अपनी सिद्ध साधना की उन्मुक्त कामवासनाओं में अभिव्यक्त स्वछन्द कामभाव है। पश्चिमी तथा पूर्वी भाषासाहित्य की प्रेम व्यंजना की यह सबसे बड़ी विशेषता है।

नाथ साहित्य का प्रभाव यहाँ प्रतिलोम के रूप में है- गोपी-उद्धव संवाद प्रकारान्तर भाव से श्री कृष्ण के गोपी प्रेम की स्वछन्दता पर लगाए जाने वाले प्रतिबन्धों का उत्तर है। गोपियों द्वारा योग साधना की सारी जटिलताओं का विरोध प्रकारान्तर से नाथ साहित्य के प्रति वैष्णव धर्म की प्रतिक्रिया है।

आदिकाल में वैष्णव भक्ति साहित्य के साक्ष्य 'प्राकृत पैंगलम्' से प्राप्त होने लगते हैं किन्तु हिन्दी साहित्य के अंतर्गत अभी तक इसकी चर्चा नहीं हुई है। 'प्राकृत पैगलम्' के छन्द इसके उपलब्ध महत्त्वपूर्ण साक्ष्य हैं और सम्भव है, इस काव्यधारा का लिखा गया साहित्य आगे प्राप्त हो, किन्तु आदिकालीन वैष्णव, शैव एवं उनके परस्पर समन्वय के साक्ष्य हमें भक्तिकाल के पूर्व इसी कालखण्ड से मिलने लगते हैं। यह समय बारहवीं-तेरहवीं शती का है। जैन तथा बौद्ध धर्म के प्रति वैदिक मतावलम्बियों का आक्रोश हमें आठवीं शती से देखने को मिलता है जिसका उल्लेख भक्ति साहित्य के इतिहास के काल खण्ड में किया जा चुका है। शैव एवं वैष्णव समन्वय जो इस भक्ति का सार तत्त्व है,

1. आदिकालीन हिन्दी साहित्य शोध, डॉ0 हरीश, पृ0 274

इसका प्रारम्भ आठवीं शती के तमिल प्रदेश में हुआ था, इस संदर्भ को आदिकालीन भक्ति साहित्य में देखें –

जअइ जअइ हर बलअिय विसहर
तिलइअ सुंदर चंदं मुणिआणन्द सुहकंद।
बसह गमण कर तिसुल डमरु धर
णअणहि डाहु अडंगं रिउ भंगं गोरि अधंगं।
जअइ जअइ हरि भुज जुअ धरु गिरि
दसमुह कंस विणासा पिअ वासा सुंदर हासा।
मुंणि अण माणस हंसा सुह भासा उत्तम वंसा॥

"विषधर से बलयित, सुंदर चंद्र से तिलकित, मुनियों को आनंद देने वाले सुखकंद, बैल पर गमन करने वाले, त्रिशूल और डमरू को धारण करने वाले, नयन से ही अनंग को दग्ध करने वाले, रिपुओं को भंग करने वाले, हे शिव! आपकी जय हो-जय हो। अपनी दोनों भुजाओं पर गिरि (गोवर्धन) को धारण करने वाले, रावण और कंस का विनाश करने वाले, पीत वसन धारण करने वाले, सुंदर हास (मुसकान) वाले, असुरों का विनाश करने वाले, मुनि जनों के मानस हंस, शुभ कांति वाले, उत्तम वंश वाले हे विष्णु (हरि) आपकी जय हो, आपकी जय हो।"[1]

हिन्दी के भक्ति साहित्य के आलोचकों का मत है कि- 'हरिहरात्मक (वैष्णव शैव समन्वय) के पद हिन्दी साहित्य की देन है, यह गलत है। तमिल प्रदेश में आठवीं-नवीं शती के भक्ति के विकास का प्रारम्भ हरिहर (विष्णु-शिव) समन्वय से ही हुआ है तथा सूर एवं तुलसी में इस प्रकार के जो समन्वयात्मक पद मिलते हैं, वे भक्ति की उद्भवकालीन मान्यताओं से सम्बद्ध हैं और इसी परम्परा से सूर तथा तुलसी ने भी इसे प्राप्त किया है। यही नहीं, श्रीराम एवं श्रीकृष्ण को विष्णु के एक रूप की प्रतिकृति के रूप में स्वीकार करना भी, प्राचीन वैष्णव मान्यता का ही रूप है। बारहवीं-तेरहवीं शती के अपभ्रंश तथा प्राचीन हिन्दी भक्ति साहित्य के ये पद दक्षिण तथा उत्तर भारत में प्रचलित एवं स्थापित भक्ति मान्यताओं का समन्वय करते हैं। बौद्ध तथा जैन धर्म के विरुद्ध दक्षिण में शैव एवं वैष्णव मत दोनों ने मिलकर आंदोलन शुरू किया था और यह शैव तथा वैष्णव समन्वय इसी का प्रतिफल है।

ज्ञानदेव एवं नामदेव की भक्ति परम्परा में निर्गुण तत्त्वों की प्रचुरता मिलती है और निर्गुण भक्ति साहित्य के लिए आधार यही बताया जाता है। यही भक्ति एवं ज्ञानात्मक प्रखरता की परम्परा आगे चलकर महाराष्ट्र के संतों की भाँति कबीर आदि में भी विकसित हुई। उत्तरभारत में ही नहीं, गुजरात, राजस्थान, पंजाब आदि राज्यों में इस परम्परा का

1. प्राकृत पैंगलम्, पृ0 145, छंद सं. 44

विकास इस रूप में हुआ कि सामान्य-से-सामान्य जन इससे जुड़ने में कहीं किसी संकट का अनुभव नहीं करता था। संत तुकाराम, कबीर, दरिया साहब, नानकदेव जी सभी एक जैसी बातें इस भक्ति के माध्यम से करते हैं। संतकवि तुकाराम के पद को हम दृष्टांत के रूप में रखते हैं-

क्या गाऊँ कोई सुनने वाला। देखें तो सब ही जग भूला।
खेलहिं अपने रामहिं साथ। जैसी वैसी करिहौं मात।।
कहाँ से लाऊँ मधुरा बानी। रीझे देखी लोक विरानी।
गिरिधर लाल तो भाव का भूखा। राग कला नहिं जानत तुका।।

संत तुकाराम की इस वाणी को भक्ति पक्ष के सगुण तथा निर्गुण दोनों रूपों से जोड़ सकते हैं। देश के सभी आर्यभाषा प्रदेशों में हिन्दी कविता का प्रचलन हिन्दी साहित्य के इतिहास की उस अवधारणा का खंडन करता है कि भारत के पश्चिमी प्रदेशों की शांति के कारण वहाँ उस कालखंड में सर्वप्रथम हिन्दी भाषा तथा साहित्य का रूप विकसित हुआ था और उसी से हिन्दी साहित्य के प्रारम्भ होने की स्थिति बनती है।

2. आदिकालीन साहित्यिक परम्परा

आदिकालीन हिन्दी साहित्य की दसवीं शती से शुरू होने वाली साहित्यिक परम्परा को अनेक इतिहासकारों ने उल्टे ढंग से समझा है। भाषा की कविता किसी नवीन साहित्यिक अवधारणा से सम्बद्ध नहीं है। भाषा देसी है- सारा साहित्य का ठाट बाट पुराना तथा परम्परा के राजशेखर, कालिदास, भामह एवं दण्डी का है। कविता की इस देसी भाषा के सौन्दर्य को गढ़ने वाली हमारी साहित्यिक परम्परा की सैद्धांतिक तथा व्यवहारिक शास्त्रीयता परम्परा की ही है। वही नायक-नायिका भेद, वही हावभाव वर्णन, वही संचारी-भावों का समुच्चय, नायक-नायिकाओं के नखशिख के परम्परागत आधार, षड्ऋतुवर्णन, ऋतुओं की ही परम्परागत रूढ़ियाँ एवं विलासपूर्ण वर्णक, कवि समय, कविशिक्षा से मंडित मानदण्ड सारे-के-सारे संस्कृत काव्यशास्त्र के मानक देशीभाषा हिन्दी से जुड़े। गुर्जरी हिन्दी, राजस्थानी हिन्दी, मालवी, अवधी एवं पूर्वी हिन्दी, पंजाबी आदि लोकभाषाओं के साथ वर्णन सिद्ध विलासमयी उक्तियाँ परम्परागत शास्त्र एवं श्रृंगार रस वर्णन की रसमंडित परिपाटियों की है। यहाँ नयापन केवल भाषा का है, काव्य रचना तथा वर्णन की शैली संस्कृत की ही है।

ऐसी स्थिति में हिन्दी के आलोचकों को भाषा को केन्द्र में रखकर इस भ्रम को निकाल देना चाहिए कि नई भाषा के साथ शिल्पविधान भी नया है। भारतीय काव्य परम्परा के श्रृंगार तथा वीररसप्रधान वर्णन के वर्णकप्रयोग तथा चमत्कारपूर्ण सृजनदृष्टि इस आदिकालीन काव्य में सर्वत्र दिखाई पड़ती है। भारतीय जीवन दृष्टि एवं उसकी सांस्कारिक कलात्मक

चेतना के साहित्य रूपों की परम्परागत अभिव्यक्ति हमें आदिकाल हिन्दी साहित्य में बराबर मिलती है। भाषा के बदलाव से उत्पन्न नयापन इस परम्पराबोध को दबा नहीं पाता- जिसका उदाहरण वर्णक प्रयोग में इस काल खण्ड के अंतर्गत सर्वत्र मिलता है। जैसे विरह में षड्ऋतु की वर्णन परम्परा है। यह विरह की परिपाटी काव्य परम्परा के रूप में संस्कृत साहित्य में बराबर दिखाई पड़ती रही है। वही परिपाटी हिन्दी में भी आई। यह संस्कृत काव्य की परिपाटी हिन्दी रीतिकाल तक दिखाई देती है यथा- पृथ्वीराज रासो का वर्षा ऋतु से सम्बद्ध विरह, बीसलदेव रास का विरह वर्णन, संदेश रासक का विरह वर्णन, विद्यापति पदावली का विरह वर्णन, सूर का वर्षाऋतु से सम्बद्ध विरह वर्णन- सभी-के-सभी एक परम्परा एवं वर्णक अभिप्रायों से जुड़े हैं। प्राकृत पैंगलम् के छन्द इसी अनुक्रम में वर्षा के विरह के जुड़े वर्णकों की बराबर चर्चा करते हैं, यथा-

बरिस जल भमइ फण गअण सिअल पवण मण हरण।
कणअ पिअरि णचइ विजुरि फुल्लिआ नावा।
पत्थर वित्थर हिअला पिअला णिअलं न आवेइ।।

(जल बरस रहा है, गगन में घन घूम रहे हैं, मनहरण शीतल पवन बह रहा है, कनक के समान पीत वर्णा बिजली चमक रही है। कदम्ब फूल उठा है। पत्थर से सम्बद्ध (कठोर) हृदय वाला प्रिय नहीं आता।)[1] तेरहवीं शती में मैथिल भाषा में लिखित वर्ण रत्नाकर (ज्योतिरीश्वर ठाकुर) के अंतर्गत वर्षा ऋतु के वर्णक में नारी संताप की चर्चा आती है। यह एक काव्य रूढ़ि रही है-

अथ वर्षा वर्णना– मेघक गर्ज आकाशक मेचकता विद्युतलताक तरंगः यतीक चतुर्मास्या पथिककदुःसंचार विरहीक उत्कंठा युवतीक सौहृदय एव।[2]

वर्षा ऋतु की काव्य प्रौढ़ियाँ (वर्णक) प्रकृति चित्रण से सम्बद्ध विरहिणी के उत्ताप और प्रिय मिलन की दुर्लभता से उत्पन्न पीड़ा भी काव्यरूढ़ि है और विरहिणी की पीड़ा को व्यक्त करने वाली वर्षा ऋतु के उद्दीपनों से उत्पन्न होने का यह संदर्भ संदेश रासक, पृथ्वीराजरासो, बीसलदेव रास, पद्मावत एवं समग्र रीतिकालीन काव्यों में एक जैसा मिलता है। यह समस्त वर्णन काव्य रूढ़ियों से सम्बद्ध है। नई भाषा होने से इस प्राचीन साहित्य का संदर्भ बदलता नहीं।

'शौर्य एवं वीर रस भाव' से सम्बद्ध वर्णक संस्कृत काव्य परम्परा से इस कालखण्ड में आए हैं। पृथ्वीराज रासो, हम्मीर रासो, परमाल रासो जैसे काव्यों में इस प्रकार के वर्णक भरे पड़े हैं। युद्ध की तैयारी, अस्त्र-शस्त्रों का तीक्ष्ण किया जाना तथा उत्साहपूर्वक प्रदर्शन, रण प्रयाण, सेना की यात्रा, युद्ध प्रारम्भ, युद्ध काल का वर्णन ये सम्पूर्ण वर्णक संस्कृत

1. प्राकृत पैंगलम्, संपा0 डॉ0 किशोरीलाल गुप्त, पृ0 158
2. वर्णरत्नाकर, पृ0 19

साहित्य से प्रारम्भ होकर प्राकृत, अपभ्रंश एवं आधुनिक हिन्दी साहित्य तक बराबर चलते रहे हैं। भारतीय समान्तवादी परम्पराओं के युद्धभाव से सम्बद्ध ये वर्णक प्रायः एक जैसे रहे हैं। युद्ध प्रस्थान का एक वर्णकसिद्ध काव्य का उदाहरण देखें –

अहि ललइ महि चलइ गिरि खसइ हर खलइ।
ससि घुमइ अभिअ बसइ मुअल जिवि उट्ठए।
पुणु धसई पुणु खसई पुणु ललई पुणु घुमइ।
पुणु बसइ जिविअ विविह परि समर दिट्ठये।।

(योद्धाओं के पदाघात से) अहि (शेष नाग) डगमगा उठते हैं, जिससे पृथ्वी चंचल हो उठती है। (पृथ्वी के चलायमान होने से) गिरि (कैलास) खिसक उठता है, शिव डगमगा जाते हैं- (शिव के डगमगा उठने से) शशि घूम जाता है, (शशि के घूम उठने से) अमृत चू पड़ता है, अमृत चूने से रणभूमि में पड़े मृतक पुनः जी उठते हैं (जो पुनः युद्ध करने लगते हैं) जिससे शेष नाग के धसने, खिसकने से कैलास के हिलने (शिव के डगमगाने) चन्द्रमा के घूमने, अमृत के चूने और मृतक योद्धाओं के पुनः जीवित होने के दृश्य पुनः-पुनः दिखाई पड़ते हैं।''[1] युद्ध के ये वर्णक संस्कृत साहित्य से प्रारम्भ होकर प्राकृत, अपभ्रंश एवं हिन्दी साहित्य के काव्यों में बिना किसी अवरोध के बराबर चलते रहे हैं। वर्णक साहित्य से जुड़े शास्त्रीय ग्रंथों में युद्ध प्रयाण के ये मानक ज्यों-के-त्यों स्वीकार कर लिए गए और यही वर्णन की प्रामाणिकता के भी आधार बने हैं। आदिकालीन हिन्दी का वीरभाव एवं शौर्यप्रधानकाव्य युद्ध के प्रत्येक संदर्भो में वर्णकों से सम्बद्ध हैं। पृथ्वीराज रासो तथा परमाल रासो के वर्णक तो वीरता पूर्ण अतिशयोक्ति के मानक बनकर आज जन-जन में व्याप्त हैं। तुलसी जैसे कवि भी युद्ध के संदर्भ में इन प्राचीन वर्णकों का प्रयोग रामचरितमानस के लंकाकांड में करते हुए किसी भी प्रकार के संकोच का अनुभव नहीं करते।

शौर्य तथा वीरभावप्रधान इन कृतियों में श्रृंगार का अद्‌भुत समन्वय मिलता है। श्रृंगार एवं वीररस के परस्पर विरुद्ध भाव एक दूसरे सदर्भों से जुड़े हैं। सामन्त का शौर्य भाव भी यहाँ सौन्दर्य की भाँति नारी के लिए आकर्षण का कारण है 'प्राकृत पैंगलम् ग्रंथ', एक प्रकार से कलचुरि नरेश कर्ण, काशी नरेश, गहरवार राजा जयचंद, रणथम्भौर के नरेश वीर हम्मीर आदि के वीरतापूर्ण इस युग में लिखे गए काव्यों के उद्धरणों से भरे पड़े हैं और इसी प्रकार मुंजरास, पृथ्वीराज रासो, परमाल रासो जैसी कृतियों में भी वीरभाव तथा श्रृंगार के परम्परागत वर्णक रूढ़ियों के दृष्टान्त भरे पड़े हैं।

आदिकालीन साहित्य की तीन ही धाराएँ प्रमुख रही हैं- **धर्म एवं भक्तिपरक, प्रेम तथा श्रृंगारपरक एवं शौर्य तथा वीरभावपरक।** इन तीनों धाराओं को देखने से यह

1. प्राकृत पैंगलम्, डॉ0 किशोरीलाल गुप्त, पृ0 164

ज्ञात होता है कि शौर्य तथा वीरभावपरक एवं प्रेम तथा शृंगारपरक पूर्ववर्ती भारतीय काव्य परम्परा से सम्बद्ध हैं। इस युग में नई काव्यधारा के रूप में परम्परा से बदली हुई काव्य चेतना भक्ति काव्य में ही दिखाई पड़ती है और जैन एवं नाथ सिद्ध साहित्य के समानान्तर यह विष्णुभक्ति की भावधारा भी इस युग में हिन्दी साहित्य के अंतर्गत विकसित हो रही थी, किंतु आदिकालीन साहित्य की उससे सम्बद्ध सामग्रियाँ अभी सम्यक्रूपेण उपलब्ध नहीं है।

इस युग की 'हिन्दी भाषा' की कविता की लोकव्याप्ति विस्तृत थी। यह राजस्थान, गुजरात, महाराष्ट्र, बंगाल, आसाम, मिथला, मध्य प्रदेश, पंजाब, हिमांचल प्रदेश तथा समग्र उत्तर भारत की साहित्यिक भाषा के रूप में स्वीकृत है। लगता है, संस्कृत एवं शौरसेनी प्राकृत की भाँति हिन्दी अपने थोड़े परिवर्तनों के साथ (मालवी हिन्दी, मैथिल हिन्दी, महाराष्ट्री हिन्दी, पंजाबी हिन्दी, बजबुलि एवं ध्रुवपूर्वी हिन्दी, राजस्थानी हिन्दी) भारतीय परम्परा के सांस्कृतिक समन्वय से जुड़ी आर्यभाषा प्रदेश की जातीय तथा साहित्यिक प्रचलन की भाषा बनी थी, जो भक्तिकाल तक आते-आते सीमित हो उठी।

अतः हिन्दी साहित्य के प्रारम्भिक ग्रंथों में निर्दिष्ट हिन्दी भाषा को संकीर्ण दायरे से मुक्त करके इस प्रकार से पुनः विचार करना अब आवश्यक है और भविष्य में एतद्विषयक साक्ष्यों की प्राप्ति के बाद ये सम्पूर्ण समस्याएँ स्वतः स्पष्ट हो उठेंगी।

आदिकालीन साहित्य की ग्रन्थ सूची

(क) साहित्य के इतिहास ग्रंथ

1. द माडर्न वर्नाक्युलर लिट्रेचर आफ हिन्दुस्तान- सर जार्ज ए० ग्रियर्सन, सन् 1889
2. मिश्रबन्धु विनोद, भाग-1,2,3 मिश्रबन्धु गण, सन् 1913
3. हिन्दी साहित्य का इतिहास - आचार्य रामचन्द्र शुक्ल, 1929 (संशोधित सं० 1940)
4. हिन्दी साहित्य का आलोचनात्मक इतिहास- डॉ. रामकुमार वर्मा, सन् 1938
5. हिन्दी साहित्य की भूमिका- आचार्य हजारीप्रसाद द्विवेदी, सन् 1950
6. हिन्दी साहित्य का उद्भव और विकास- आचार्य हजारीप्रसाद द्विवेदी, सन् 1953
7. हिन्दी साहित्य का अतीत, भाग 1 तथा 2, पं० विश्वनाथप्रसाद मिश्र, संवत् 2023
8. हिन्दी साहित्य का वैज्ञानिक इतिहास, भाग 1 तथा 2- डॉ. गणपतिचंद्र गुप्त, सन् 1965

9. हिन्दी साहित्य का उद्‌भव- डॉ. वासुदेव सिंह, सन् 1973
10. हिन्दी साहित्य और संवेदना का विकास- डॉ. रामस्वरूप चतुर्वेदी, सन् 1986
11. हिन्दी साहित्य का दूसरा इतिहास- डॉ. बच्चन सिंह, सन् 1996
12. हिन्दी साहित्य की पृष्ठभूमि- डॉ. राममूर्ति त्रिपाठी
13. हिन्दी वीर काव्य- डॉ. टीकम सिंह तोमर

संस्थागत साहित्येतिहास

1.(क) हिन्दी साहित्य की ऐतिहासिक पीठिका- डॉ. राजबली पाण्डेय, नागरी प्रचारिणी सभा, सं0 2002

(ख) हिन्दी साहित्य का वृहत् इतिहास, भाग 2, डॉ. राजबली पाण्डेय, नागरी प्रचारिणी सभा, सं0 2022

2.(क) हिन्दी साहित्य : भारतीय हिन्दी परिषद्, संपा0 डॉ. धीरेन्द्र वर्मा, भाग-1, 2, 3

संपादित इतिहास

1. **हिन्दी साहित्य-** डॉ. नगेन्द्र, सन् 1951 (24 लेखकों के सहयोग से)

आदिकालीन विशिष्ट शोधपरक सामग्री

1. हिन्दी साहित्य का आदिकाल- आचार्य हजारीप्रसाद द्विवेदी, 1953
2. नाथ सम्प्रदाय- आचार्य हजारीप्रसाद द्विवेदी, 1950
3. अपभ्रंश साहित्य- डॉ. हरिवंश कोछड़
4. हिन्दी के विकास में अपभ्रंश का योगदान- डॉ. नामवर सिंह
5. आदिकालीन हिन्दी शोध- डॉ. हरीश
6. प्राकृत और अपभ्रंश साहित्य तथा उनका हिन्दी साहित्य पर प्रभाव- डॉ. रामसिंह तोमर
7. राजस्थानी भाषा और साहित्य- डॉ. मोतीलाल मेनारिया
8. पुरातत्त्व निबंधावली- महापंडित राहुल सांकृत्यायन
9. हिन्दी काव्यधारा- महापंडित राहुल सांकृत्यायन
10. राउल बेलि और उसकी भाषा- डॉ0 माताप्रसाद गुप्त
11. पुरानी हिन्दी- श्री चन्द्रधर शर्मा गुलेरी
12. रासो साहित्य विमर्श- डॉ. माताप्रसाद गुप्त

13. हिन्दी पुस्तक साहित्य- डॉ. माताप्रसाद गुप्त
14. हिन्दी जैन साहित्य का इतिहास- नाथूराम प्रेमी
15. हिन्दी मराठी का निर्गुण काव्य- डॉ. प्रभाकर माचवे
16. डिंगल पद्य साहित्य- डॉ. जगदीशप्रसाद श्रीवास्तव
17. भक्ति तत्त्व, सम्पादक- डॉ. कल्याणमल लोढ़ा
18. राजस्थान का पिंगल काव्य- डॉ. मोतीलाल मेनारिया

प्राचीन काव्यवर्णक तथा अन्य ग्रंथ

1. वर्णरत्नाकर- श्री ज्योतिरीश्वर ठाकुर
2. उक्ति व्यक्ति प्रकरण- पं0 दामोदर मिश्र
3. प्राकृत पैंगलम्- श्री हरिवंभ (डॉ. किशोरीलाल गुप्त संस्करण)
4. अलंकार शेखर (संस्कृत), आचार्य केशव मिश्र
5. कविप्रिया (हिन्दी)- आचार्य केशवदास

पत्रिकाएँ

1. नागरी प्रचारिणी पत्रिका, नागरी प्रचारिणी सभा, काशी
2. हिन्दी अनुशीलन, डॉ. धीरेन्द्र वर्मा विशेषांक, हिन्दी विभाग, इलाहाबाद-विश्वविद्यालय, इलाहाबाद
3. हिन्दी साहित्य कोश – भाग 1

भक्ति आंदोलन के उद्‌भव के कारण : मूल्यांकन-पुनर्मूल्यांकन

भक्ति का उद्‌भव

भक्ति आंदोलन की शुरुआत के विषय में पर्याप्त विवाद आज तक चल रहा है किन्तु धीरे-धीरे साक्ष्यों की प्राप्ति के बाद इन विवादों का स्वरूप हल्का होता जा रहा है। ऐसा लगता है कि इन ज्ञात परिस्थितियों के कारण अब यह विश्लेषण सामान्य निर्णय की ओर अग्रसर होने लगा है। इस सम्बन्ध में हमारे सामने चार मत आते हैं-

1. भारत में भक्ति का जन्म विदेशी धार्मिक प्रभावों से हुआ है और इस संदर्भ में ईसाईयत तथा सूफ़ी मतों के उल्लेख महत्त्वपूर्ण हैं।
2. हिन्दी साहित्य के भक्तिकाल में मुसलमानों के आतंक तथा दबाव के फलस्वरूप भक्ति का जन्म हुआ क्योंकि इस परिस्थिति में हिन्दुओं के पास ईश्वर की शरणागति में जाने के अतिरिक्त और अन्य कोई मार्ग शेष नहीं था।
3. दक्षिण भारत के तमिल प्रदेश से आलवार संतों (आलवार का अर्थ है, वह वैष्णव भक्त जो ईश्वर में निरन्तर प्रेमभाव से तन्मयीभूत रहता है) में भक्ति के विकास के बाद वह भक्ति उत्तर भारत में आई। आचार्य हजारीप्रसाद द्विवेदी कहते हैं कि-

   "स्पष्ट ही जान पड़ता है कि आलवारों का भक्तिमतवाद भी जनसाधारण की चीज थी जो क्रमशः शास्त्र का सहारा पाकर सारे भारतवर्ष भर में फैल गया।"[1]

उत्तर भारत ही नहीं, संपूर्ण भारत में भक्ति का प्रचार आलवारों ने किया और इस प्रकार उनके मतानुसार भक्ति उत्तर भारत में दक्षिण भारत के आलवार भक्तों द्वारा लाई गई किन्तु भक्ति का जन्म क्यों और कैसे हुआ, इसके विषय में आचार्य हजारीप्रसाद द्विवेदी मौन हैं।

---

1. हिन्दी साहित्य की भूमिका, पृ0 53

4. भक्ति वैदिक मान्यताओं का मध्यकालीन विकास है, जो जैन तथा बौद्धधर्म की प्रतिक्रिया के फलस्वरूप जागृत हुआ था। वैदिक यजन मार्ग, औपनिषदिक ज्ञानवाद, ब्राह्मणकालीन कर्मकांडवाद की प्रतिक्रिया से उत्पन्न 'प्रेमभाववाद' जो भक्ति से सम्पृक्त होकर तथा जन-जन से जुड़कर पूरे देश भर में 8वीं शती से 16वीं-17वीं शती तक फैला और अपने सूत्रों से उसने पूरे समाज को एकीभूत कर लिया, भक्ति के उद्‌भव तथा विकास का कारण है।

संक्षेप में, भक्ति के उद्‌भव के तीन कारण पुराने हैं, चौथा, नया प्रकरण है।

1. (क) : भारत में अंग्रेजी विद्या के प्रचार-प्रसार के साथ यहाँ से सम्बद्ध अनेक विचारधाराओं की खोज तथा छानबीन की चेष्टाएँ शुरू हुईं। इस प्रकाश में मिले साक्ष्यों को ध्यान से न समझने के स्थान पर अपनी निजी प्रेरणाओं से उस समय जो निष्कर्ष निकाले गए, उनमें गम्भीरता नहीं दिखाई पड़ती। इसी संदर्भ में दो तीन पुस्तकों की ओर ध्यान दिलाना आवश्यक है- इसमें प्रथम है, "इन्फ्लुयेंस आव इस्लाम आन इंडियन कल्चर"- लेखक- प्रो0 ताराचन्द, "वैश्नविज़्म, शैविज़्म एण्ड अदर रिलीजस सेक्ट्स इन इण्डिया"- आर0जी0 भंडारकर, "भक्ति मार्ग : इन इनसाइक्लोपीडिया आव रेलिजन्स एण्ड इथिक्टस भाग-2"- सर जार्ज ग्रियर्सन का लेख आदि। पश्चिमी योरोपीय ईसाईयत से भक्ति का जन्म हुआ या इस्लामी संस्कृति के प्रभाव से भारत में भक्ति आई- इसके लिए ये तर्क दिये जाते हैं-

(क) एकेश्वरवाद का भारतीय संस्कृति में अभाव और उसकी नई स्थापना

(ख) जातिवाद की संकीर्णता से मुक्ति दिलाने का कार्य

(ग) पूर्ण समर्पणवाद

आचार्य हजारीप्रसाद द्विवेदी ने ईसाई संतों की साधना के लिए निम्नलिखित तत्त्वों की चर्चा की है- जो भारतीय भक्ति साधना के समानान्तर प्रतीत होते हैं :-

1. आत्म समर्पण (Self surrender), 2. अपने में प्रभु के जीवन की अनुभूति (The feeling of lords life within us), 3. तीन दिशाएँ- पवित्रीकरण, उज्ज्वलीकरण और योग का एकात्मभाव, 4. प्रतीक भावना,

5. अन्तर्दृष्टि और पापबोध की कोमलता।

इस तथ्य को प्रस्तुत करते हुए वे स्वयं ईसाईयत और भारतीय भक्ति में अन्तर स्थापित करते हुए कहते हैं कि- "जब सूरदास आत्मसमर्पणमयी अभिव्यक्ति अपनी कविता में करते हैं तो पाप की कराल यातना से उद्धार पाने के लिए नहीं। अगर उनका मन अनुरागी हो जाएगा तो उन्हें यमराज के लेखों के दण्डों की बिल्कुल परवाह नहीं है। पर ईसाई भक्त ईश्वर की ओर इसलिए झुका कि वह पापमय है और ख्रीष्ट का क्रूश उन्हें पाप से मुक्त कर

देगा। दूसरा अन्तर जो इन दोनों भावनाओं में है, यह कि सूरदास आदि भक्त कवियों का पाप वाह्य एवं आगन्तुक वस्तु है परन्तु ईसाई भक्तों का पाप आन्तर और स्वाभाविक वस्तु है। तीसरा अन्तर यह है कि सूरदास या तुलसीदास की पाप भावना वैयक्तिक है और ईसाई भक्तिवाद इस वैयक्तिकता के एकदम विरुद्ध हैं।''[1]

यहाँ इन प्रश्नों को उठाने के पूर्व ईसाईयत तथा इस्लामी धर्मों की ऐतिहासिकता पर भी विचार कर लेना अपेक्षित है। भक्ति की उत्पत्ति ईसाईयत तथा इस्लामी धर्मों की स्थापना के पूर्व हो चुकी थी और भारत का एकेश्वरवाद तो उपनिषदकालीन चिन्तन की सबसे बड़ी उपलब्धि है- जो दोनों विदेशी धर्मों के पर्याप्त पूर्व चिन्तन के अन्तर्गत स्थापित हो चुका था। डॉ. ग्रियर्सन ने इस सम्बन्ध में एक कल्पना की है कि महाभारत में आए 'नारायणीयोपाख्यान' में नारद ने श्वेतद्वीप में आकर नारायण का उपदेश ग्रहण किया था। उन्होंने 'श्वेतद्वीप' का अर्थ योरोप लगाया है- अर्थात्, वैष्णवभक्ति का प्रारम्भिक स्वरूप भारत को योरोप से प्राप्त हुआ। डॉ. सर जार्ज ग्रियर्सन की यह कल्पना कोरी गप्प के अतिरिक्त और कुछ भी नहीं है क्योंकि महाभारत का रचनाकाल ईसा पूर्व पाँचवीं शती है और तब योरोप सम्भवतया अपने चारागाह युग में रहा होगा और एकेश्वरवाद एवं आत्मसमर्पणवाद जैसी मान्यताएँ तो ईसा के पश्चात् तीसरी शताब्दी से प्रारम्भ हुई थी और तब तक भारत में नारायण भक्ति एवं धर्म का पर्याप्त विकास हो चुका था। आचार्य द्विवेदी जी ने अपने इतिहास ग्रंथ 'हिन्दी साहित्य उद्भव और विकास' में इस संदर्भ में बड़ी स्पष्ट टिप्पणी दी है-

''ग्रियर्सन का अनुमान है कि वह (भक्ति) ईसाईयत की देन है। ईस्वी सन् की दूसरी या तीसरी शताब्दी में नेस्टोरियन ईसाई मद्रास प्रेसीडेंसी के कुछ हिस्सों में आ बसे थे और रामानुजाचार्य को इन्हीं ईसाई भक्तों से भाववेश एवं प्रेमोल्लास के धर्म का संदेश मिला था। यह बात एकदम गलत है। अब इस अटकल के सहारे स्थिर हुए मत पर कोई विश्वास नहीं करता।''[2]

(ख) : इस्लाम के सूफ़ी धर्म का प्रभाव भक्तों पर पड़ा और भक्ति में प्रेम के प्रति (ईश्वर के प्रति) सर्वात्मसमर्पण भाव सूफ़ी विचारधारा की देन है, ऐसा डॉ. ताराचन्द आदि विद्वानों का मत है। 11वीं शती में सूफ़ी सम्प्रदाय में सूफ़ी धर्म के प्रचार के लिए बारह गिरोह बनाए और उनको प्रचारार्थ भेजने का उपक्रम किया। बारहवीं शती में यह इस्लामी तसव्वुफ़ मत दृढ़ हुआ। भारत में सूफ़ियों के चिश्तिया सम्प्रदाय ने राजस्थान में प्रवेश किया और उसके अगुआ ख्वाजा मुईनुद्दीन थे। आज भी इनका मकबरा अजमेर में है। इन्हीं की शिष्य परम्परा में निजामुद्दीन औलिया साहब थे और उनके प्रशिष्य शेख सलीम चिश्ती थे,

---

1. सूरसाहित्य- हजारीप्रसाद द्विवेदी, पृ0 52, 53, 54, 55
2. हिन्दी साहित्य : उद्भव और विकास- हजारीप्रसाद द्विवेदी, पृ0 59

जिनका मकबरा आगरा में है और इसे अकबर ने बनवाया था। एक दूसरा सूफ़ी सम्प्रदाय सुहराबवर्दी था, जिसके प्रवर्तक बहारउद्दीन जकरिया थे। इनकी शिष्य परम्परा के सूफ़ी शेख रुक्कनुद्दीन दिल्ली में अलाउद्दीन के समय में आये थे। यह सूफ़ी परम्परा पंजाब में भी पहुँची और इस संदर्भ में निष्कर्ष निकालते हुए इसके विद्वान श्री ए0के0 निजामी साहब बताते हैं कि- ''हिन्दुस्तान में सामाजिक विचारों में एक शान्ति क्रान्ति लाने में सूफियों की भूमिका को छोड़कर सन्तों का उत्थान आश्चर्यजनक है।''[1]

सिन्ध, पंजाब, राजस्थान तथा उत्तर भारत के कुछ सूबों में फैले तसव्वुफ़ (सूफ़ी का इस्लाम धर्म) तक सीमित रहा है। इसका दक्षिण भारत विशेष कर महाराष्ट्र, गुजरात, आन्ध्र, कनार्टक, तमिल प्रदेश, केरल आदि से क्या सम्बन्ध रहा है- हाँ, यह सच है, कि कबीर आदि सन्तों में सूफ़ी प्रेमवाद की रहस्यवादी भावना का दर्शन होता है किन्तु इसका अर्थ यह नहीं है कि भारतीय चिन्ताधारा में भक्ति का विकास इस्लामी संस्कृति की देन है।

2. इस संबंध में सर्वप्रथम टिप्पणी साहित्येतिहास के अन्तर्गत आचार्य रामचन्द्र शुक्ल की है। पूर्वमध्यकाल : भक्तिकाल पर विचार कहते हुए उन्होंने अपना मत इस प्रकार रखा है-

''देश में मुसलमानों का राज्य प्रचलित हो जाने पर हिन्दू जनता के हृदय में गौरव, गर्व और उत्साह के लिए अवकाश न रह गया। उसके सामने ही उसके देव मंदिर गिराए जाते थे। देवमूर्तियाँ तोड़ी जाती थीं और पूज्य पुरुषों का अपमान होता था और कुछ भी नहीं कर सकते थे। ऐसी दशा में वे अपनी वीरता के न तो वे गीत गा सकते थे और न बिना लज्जित हुए सुन सकते थे। आगे चलकर, जब मुस्लिम साम्राज्य दूर तक स्थापित हो गया तब परस्पर लड़ने वाले स्वतंत्र राज्य ही नहीं रह गए। इतने भारी राजनीतिक उलटफेर के पीछे हिन्दू जनसमुदाय पर बहुत दिनों तक उदासी छायी रही। अपने पौरुष से हताश जाति के लिए भगवान की शक्ति और करुणा की ओर ध्यान ले जाने के अतिरिक्त दूसरा मार्ग ही क्या था ?'

आचार्य रामचन्द्र शुक्ल ने सन् 1940 के अपने संशोधित संस्करण में दक्षिण भारत से भक्ति की हलचल के आने तथा तेरहवीं-चौदहवीं शताब्दी तक ज्ञान, कर्म एवं धर्मदृष्टि की पूर्ण संपृक्ति तथा परिपक्वता की वृद्धि से भी भक्तिकाल के सम्पन्न होने की बात कही है, किन्तु उनके भक्ति विषयक प्रचार-प्रसार एवं साहित्य लेखन, उसके विकास के मूल कारण के रूप में निराश तथा हताश हिन्दूजाति के मन के प्रत्यावर्तन को ही स्वीकार किया गया है।

आचार्य शुक्ल जी का यह मत हिन्दी साहित्य के इतिहास के अन्तर्गत पर्याप्त रूप से

1. भक्तितत्व- इस्लामी तसव्वुफ़ (रहस्यवाद और भक्ति तत्त्व), श्री ए0के0 निजामी, पृ0 261

बराबर चर्चा का विषय रहा है- सन् 1938 में डॉ. रामकुमार वर्मा के हिन्दी साहित्य के आलोचनात्मक इतिहास से लेकर डॉ. रामस्वरूप चतुर्वेदी के 'हिन्दी साहित्य की संवेदना का विकास (1986)' तक यह शुक्ल मत बराबर चर्चा का विषय बना रहा। ठीक यही बात, डॉ. रामकुमार वर्मा भी कहते हैं-

"मुसलमानों के बढ़ते हुए आतंक ने जनता के साथ साहित्य को भी अस्थिर कर दिया। शक्ति और धर्म के विस्तार ने साहित्य का दृष्टिकोण ही

बदल दिया।

* * *

ऐसे अनिश्चित काल में हिन्दू जनता के हृदय में जिस भय और आतंक को स्थान मिल रहा था- वह उनके धर्म को जर्जरित कर रहा था। धर्म की रक्षा करने की शक्ति हिन्दुओं के पास रह ही नहीं गई थी।

"इस असहायावस्था में उनके पास ईश्वर से प्रार्थना करने के अतिरिक्त अन्य कोई साधन नहीं था।"[1]

भक्तिकाल की पूर्व पीठिका का यह मत डॉ. रामस्वरूप चतुर्वेदी तक देखा जाता है किन्तु इस मत का विरोध सर्वप्रथम आचार्य हजारीप्रसाद द्विवेदी ने अपनी प्रसिद्ध पुस्तक 'हिन्दी साहित्य का विकास' के अन्तर्गत सन् 1952 में किया था और यह इस प्रकार है-

"कुछ विद्वानों ने (आचार्य शुक्ल की ओर संकेत है) इस भक्ति आन्दोलन को हारी हुई हिन्दू जाति की असहाय चित्त की प्रतिक्रिया के रूप में बताया है- यह बात ठीक नहीं है।"[2]

"उनका तो स्पष्ट कथन है कि अगर इस्लाम नहीं आया होता तो भी इस साहित्य का बारह आना वैसा ही होता जैसा आज है।"

डॉ. बच्चन सिंह आचार्य शुक्ल के इस अभिमत पर टिप्पणी देते हुए कहते हैं कि-

"शुक्ल जी के कथन को पूर्णतः मान लेने पर भक्तिकाल खंडित हो जाएगा। संत काव्य और सूफ़ी काव्य उनके सैद्धान्तिक दायरे से बाहर हो जाएँगे।"[3]

इस प्रकार हिन्दी साहित्य के भक्तिकाल के उद्‌भव के कारणों पर आचार्य शुक्ल का अभिमत सर्वथा एकांगी दिखाई पड़ता है, किन्तु डॉ. रामस्वरूप चतुर्वेदी अपनी कृति 'हिन्दी साहित्य और संवेदना का विकास' के अन्तर्गत शुक्ल जी के ही मत का समर्थन इस प्रकार करते हैं-

"जिन-जिन लोगों में आत्म विश्वास नहीं था, उन्हें एक त्राणकारी की आवश्यकता

---

1. हिन्दी साहित्य का आलोचनात्मक इतिहास- डॉ0 रामकुमार वर्मा, पृ0 184 से 186 तक
2. हिन्दी साहित्य : उद्‌भव और विकास- आचार्य हजारीप्रसाद द्विवेदी, पृ0 66
3. हिन्दी साहित्य का दूसरा इतिहास- डॉ0 बच्चन सिंह, पृ0 77

हुई- यों रामचन्द्र शुक्ल की ऐतिहासिक संदर्भों की व्याख्या एवं प्रसाद के दार्शनिक संदर्भ की व्याख्या एक दूसरे की पूरक बन जाती है।''[1]

आचार्य शुक्ल के अनुसार- ''हतदर्प तथा आहत हिन्दू जाति के लिए भगवान की शक्ति और करुणा के अतिरिक्त अन्य कोई आधार सामान्य जनता के लिए नहीं था। आचार्य चतुर्वेदी प्रसाद की आधुनिकता के प्रकाश में इसका समर्थन करके आचार्य वल्लभ की कृति के श्लोक 'म्लेच्छाक्रान्तेषु देशेषु' के संदर्भ द्वारा पुनः शुक्ल मत को स्वीकृति प्रदान करते हैं।''

यद्यपि चतुर्वेदी शुक्ल जी के इस मत के आसपास भक्तिकाल की व्याख्या के संदर्भ में टकराते रहते हैं, फिर भी, आज शुक्ल जी का मत उपलब्ध साक्ष्यों को देखते हुए अधूरा प्रतीत होता है।

3. आचार्य हजारीप्रसाद द्विवेदी ने शुक्ल जी के मत का पूर्णतः खंडन करते हुए अपने मत की स्थापना के पूर्व कहते हैं कि- ''यह कि हिन्दी साहित्य एक हतदर्प पराजित जाति की सम्पत्ति है, इसलिए उसका महत्त्व इस जाति के साथ अठागि भाव के साथ सम्बद्ध है और दूसरा यह कि वह एक निरन्तर पतनशील जाति की चिन्ताओं का मूर्त प्रतीक है- जो अपने आप में कोई विशेष महत्त्व नहीं रखता- मैं इन दोनों बातों का प्रतिवाद करता हूँ।''[2] वे भक्ति काल को समझने के लिए भारतीय संस्कृति के गौरव बोध के संदर्भ को विशेष महत्त्व देते हैं- भारतीय जनता की 'निराशा एवं हताशा' में नहीं इसी गौरव बोध की परम्परा में भक्ति का जन्म उनके अनुसार दक्षिण भारत में हुआ। दक्षिण भारत में लगभग पाँचवीं शती से ही बौद्ध तथा जैन धर्म की सामाजिक सशक्तता के विरुद्ध खड़ा हुआ आलवार मत इसी की देन है। भागवत पुराण में भक्ति स्वयं कहती है कि द्रविड़ प्रदेश में उत्पन्न और कर्नाटक प्रदेश में पोषित होकर मैंने वृद्धि प्राप्त की। एक अन्य स्थल पर एक और भी उल्लेख भागवत पुराण में मिलता है कि भक्ति का जन्म कावेरी नदी के तट पर 'तिरुमाल' नामक स्थान पर हुआ था। कुल मिलाकर, आचार्य हजारीप्रसाद द्विवेदी इसी मत का समर्थन करते हैं कि भक्ति तमिल प्रदेश में उत्पन्न हुई और धीरे-धीरे वह उत्तर भारत की ओर आई। वे कहते हैं कि-

''स्पष्ट है कि आलवारों का भक्तिवाद भी जनसाधारण की वस्तु थी जो शास्त्र का सहारा पाकर सारे भारत में फैल गया।[3] उत्तर भारत की जनता में वर्तमान एवं पूर्व संचित् धर्म भावना को इस भक्ति ने ऐसी शक्ति प्रदान की कि समग्र भक्ति आन्दोलन का केन्द्र यही

---

1. हिन्दी साहित्य और संवेदना का विकास, रामस्वरूप चतुर्वेदी, पृ0 23, 30, 34
2. हिन्दी साहित्य की भूमिका, पृ0 15
3. हिन्दी साहित्य : उद्‌भव और विकास, पृ0 39

उत्तर भारत लगने लगा।''

4. भक्ति का जन्म आलवारों से हुआ और बारह आलवार इसके लिए द्विवेदी जी द्वारा आधार बताए गए। आलवारों के अस्तित्व में आने के पूर्व भारतीय आध्यात्मिक क्षेत्र में भक्ति का जन्म व्यवस्थित रूप से हो चुका था और वैदिक युग के यजनवाद, उपनिषद् युग के ज्ञानवाद, ब्राह्मण एवं स्मृति युग के कर्मवाद से ऊबकर जनमानस भक्ति मार्ग की ओर उन्मुख हो चुका था। इस संदर्भ में ईसा की तीसरी चौथी शती से लिखे जा रहे नारद पांचरात्र, अर्हिबुध्न्य संहिता, गीता (भक्ति योग), पद्मसंहिता, ईश्वर संहिता, भरद्वाज संहिता, नारदभक्ति सूत्र, शाण्डिल्य भक्ति सूत्र आदि ग्रंथों को देखा जा सकता है- जिनकी रचना आलवार प्रदेश या तमिल भाषा क्षेत्र में नहीं हुई है। आलवार संतों के पूर्व भक्ति यहाँ शैवधर्म से जुड़ी थी और बाद में वैष्णव एवं शैवभक्ति का विकास जैन एवं बौद्ध मतों के विरोध के कारण हुआ, इस तरह की चर्चा दक्षिण के विद्वान करते हैं-

''जैनों ने भावुक जीवन का विरोध किया परन्तु वैदिक सम्प्रदाय वालों ने भक्ति साहित्य में भक्ति रस द्वारा जन साधारण के दिलों को पिघलाने वाले भावुक गीत लिखे। जैनों ने संगीत का विरोध किया, पर भक्ति आन्दोलन के कर्त्ताधर्त्ता 'नायनआर' और अष(ल)वार लोगों ने संगीत सहित रागात्मक गीत दिये। इस संगीत ने भक्ति आदोलन को सदा जीवित रखने, लोगों को जमा करने में मदद की।''[1]

भक्तिकाल के उदय के संदर्भ में इन संपूर्ण विचारों को देखने के बाद यह प्रश्न उठता है कि क्या दक्षिण भारत में ही भक्ति का जन्म हुआ? भक्ति के उद्भव एवं उससे सम्बद्ध विविध राज्यों के प्रारम्भिक भक्त कवियों का जो विवरण रखा गया है, उससे यह नहीं लगता कि आलवार भक्ति तमिल प्रदेश से उत्पन्न होकर बंगाल, उड़ीसा, गुजरात, आन्ध्र, केरल एवं कर्नाटक में पहुँची। एक दूसरा प्रश्न इसी के साथ आचार्य शुक्ल जी का है कि भक्ति की उत्पत्ति क्यों और कैसे हुई। भक्ति के जन्म के सम्बन्ध में विदेशी आक्रमण के आतंक का जो कारण इन्होंने बताया है, वह परवर्ती काल में डॉ. रामस्वरूप चतुर्वेदी को छोड़कर अन्य किसी को मान्य नहीं है और उसके लिए उन्होंने दूसरा साक्ष्य आचार्य वल्लभ के एक श्लोक का साक्ष्य दिया है- ''देश म्लेच्छाक्रान्त है, गंगादि तीर्थ दुष्टों द्वारा भ्रष्ट हो रहे हैं, अशिक्षा तथा अज्ञान के कारण वैदिक धर्म नष्ट हो रहे हैं, ऐसी स्थिति में एक मात्र कृष्णाश्रय में ही जीवन का कल्याण है।'' उनके कृष्णाश्रय सम्बन्धी आठ श्लोकों

1. देखिए- भक्ति तत्त्व- संपा0 डॉ0 कल्याणमल लोढ़ा,
तमिल भक्ति साहित्य का उद्भव तथा उपयोग- लेखक- ए0ए0 मणबालन, पृ0 358

में केवल 'म्लेच्छाक्रान्तेषु देशेषु' को आधार बनाकर वे आचार्य शुक्ल के तर्कों का पुनर्समर्थन करते हैं, जबकि शुक्ल जी के मत को आचार्य हजारीप्रसाद द्विवेदी भलीभाँति स्पष्ट कर चुके हैं। उनका विचार है कि मुसलमानों के आतंक तथा दबाव की प्रतिक्रिया में भक्ति का यदि उदय होता तो वह सबसे पहले सिन्ध प्रदेश, फिर दिल्ली और उत्तर प्रदेश के आसपास उत्पन्न होती, क्योंकि उनका आक्रमण या दबाव तो यहीं से शुरू होता है। उस आठवीं शती में उत्पन्न होने वाली द्रविण प्रदेशी भक्ति से इस दबाव और आतंक का क्या सम्बन्ध ? यह सम्भव है कि तेरहवीं, चौदहवीं, पन्द्रहवीं शतियों में मुसलमानी दबाव से इसके तीव्र होने की सम्भावना बढ़ी हो- अकबर से लेकर औरंगजेब के युग तक भक्ति का प्रबल प्रवाह हिन्दी प्रदेश में रहा है- मध्यकालीन मुगल शासन के शान्तिप्रिय वातावरण ने इसके अबाध प्रवाह में कोई बाधा नहीं दी किन्तु यह कहना कि भक्ति का उदय मुसलमानों के आतंक और दबाव का प्रतिफल है, डॉ. चतुर्वेदी की इस पुनर्पुष्टि को कोई नहीं स्वीकार करता। आचार्य हजारीप्रसाद द्विवेदी जी यह तो कहते हैं कि भक्ति दक्षिण भारत से आई लेकिन उसके जन्मने की परिस्थितियाँ क्या हैं ? बहुत साफ-साफ नहीं बताते। एक स्थल पर वे कहते हैं कि-

"भक्ति का उदय हारी हुई हिन्दू जाति के असहाय चित्त की प्रतिक्रिया के रूप में बताया गया है। यह बात ठीक नहीं है। चौदहवीं शताब्दी के बाद हिन्दी साहित्य की मूल प्रेरणा भक्ति की रही है। इसके पूर्ववर्ती साहित्य में यह वस्तु नहीं है, इसीलिए इसमें न तो किसी प्रकार का स्पन्दन दिखाई देता है और न वक्तव्य वस्तु की ताजगी।"[1]

यहाँ तक पहुँचने के लिए वे सातवीं-आठवीं शती में आलवार सन्तों की भक्ति का उल्लेख करते हैं, किन्तु यह नहीं बताते कि उनके बीच भक्ति का अंकुरण एवं विकास कैसे और किन परिस्थितियों में हुआ। इस संदर्भ में एक स्थल पर हल्का-सा संकेत प्राप्त किया जा सकता है, वह यह है कि-

"सन् ईस्वी की सातवीं-आठवीं शताब्दी से और किसी के मत से तो और भी पूर्व दक्षिण में वैष्णव भक्ति ने बड़ा जोर पकड़ा। उसके पुरस्कर्त्ता आलवार भक्त कहे जाते हैं।"[2]

यहाँ द्विवेदी जी जोर पकड़ने की बात तो कहते हैं किन्तु क्यों जोर पकड़ा उसके कारणों की चर्चा नहीं करते। यह सत्य है कि रागानुगाभक्ति का जन्म दक्षिण भारत में आलवार प्रदेश में हुआ- किन्तु इसके क्या कारण हैं, साहित्येतिहासकार मौन हैं।

डॉ. रामस्वरूप चतुर्वेदी जी द्विवेदी की इस स्थिति पर टिप्पणी देते हुए बताते हैं कि-

"उल्लिखित पुस्तक का मूल विषय संपूर्ण भारतीय साहित्य का मध्यकाल है, जिसका विस्तार वे 9वीं से 18वीं शती तक मानते हैं। इस काल में समीक्षक परिलक्षित करता है

1. हिन्दी साहित्य : उद्भव और विकास, पृ० 77
2. हिन्दी साहित्य उद्भव और विकास, पृ० 59

कि भारतीय जनता विवेक के स्थान पर रूढ़ि का समर्थन करती है। इस अवधि के उत्तरार्ध यानी 13वीं शती से द्विवेदी हिन्दी साहित्य का मध्यकाल मानते हैं- जिसकी चर्चा भर छेड़कर वे प्रस्तुत व्याख्यानों का समापन करते हैं। इस तरह भक्ति काव्य के विकास के पीछे वे दो तत्त्व देख रहे हैं- एक तो बौद्ध चिन्तन प्रक्रिया का विकास और दूसरे प्राकृत अपभ्रंशों की शृंगारिकता के विरुद्ध प्रतिक्रिया।''[1]

आचार्य हजारीप्रसाद द्विवेदी बौद्ध धर्म के विकास एवं मध्यकालीन शृंगारिकता की प्रतिक्रिया को भक्ति के विकास का कारण मानते हैं और यही प्रकारान्तर भाव से डॉ. रामस्वरूप चतुर्वेदी जी भी स्वीकार करते हैं और दूसरे रूप में शुक्ल जी द्वारा प्रयुक्त प्रतिक्रिया के विरुद्ध विकास प्रक्रिया को भक्ति का कारण मानते हैं- किन्तु यह नहीं बताते कि भक्ति के विकास के क्या मूल कारण हैं- यदि उत्पत्ति के कारणों की सही जाँच नहीं की जाएगी तो विकास विश्लेषण सतही होगा।

मूलतः ऐसा प्रतीत होता है कि लोक के बीच बौद्ध एवं जैन धर्म के पूर्ण विकास के बाद भारतीय समाज में वैदिक धर्म के दब जाने से वैदिक मत के धर्मावलम्बियों में जो पीड़ा थी, उसी ने बौद्ध और जैन धर्म के तत्त्वों के बीच समन्वय स्थापित करके या फिर उन्हें समूल परिवर्तित या नष्ट करके इस वैदिक मान्यता द्वारा स्वीकृत भक्ति तत्त्व को प्रतिष्ठित किया है। इस वैदिक भक्ति तत्त्व से वेद, ज्ञानवाद, कर्मवाद से कोई विरोध नहीं, सबका समाहार ब्रह्मवाद (सगुण लीला ब्रह्म) में हुआ और शंकराचार्य से लेकर चैतन्य तक देशभर में घूम-घूम कर मठ-आश्रमों की स्थापना, कीर्तन, प्रवचन, शास्त्रार्थ आदि का प्रचार-प्रसार करते रहे। इस मत की पुष्टि के लिए अनेक प्रमाण इस प्रकार हैं-

बौद्ध एवं जैन मतों का भक्ति में समन्वय :

श्री उज्ज्वल कुमार मजूमदार बताते हैं कि- ''बौद्ध सहजिया एवं तांत्रिक साधक इस वैष्णव भक्ति आन्दोलन के ज्वार में अलग थलग पड़ गए लेकिन वैष्णव सहजियों के धर्माचरण की एक विशेषता थी परकीया प्रेम। अवैध प्रेम में तीव्रता और तीक्ष्णता अधिक होती है। इसीलिए उनका यह मानना है कि आध्यात्मिक संपर्क के मामले में प्रेम भाव का अधिक मूल्य है।

चैतन्य देव के सात्त्विक प्रेम भक्ति के भीतर वैष्णवों में यह सहजिया परकीया प्रेम प्रवेश कर गया।''[2]

समन्वय की यही स्थिति 13वीं-14वीं शती में उड़ीसा के उड़िया साहित्य में भी

1. हिन्दी साहित्य और संवेदना का विकास, पृ0 32-33
2. भक्ति तत्त्व, संपा0 कल्याणमल लोढ़ा, जयकिसनदास सादानी, पृ0 379

मिलती है। पन्द्रहवीं शती के सारलादास को उड़िया भाषा, साहित्य एवं वैष्णव धर्म का पिता माना जाता है। बौद्ध तथा जैन धर्म के साथ वैष्णव धर्म के समन्वय प्रकरण के संदर्भ में श्रीकृष्ण दास भुइयाँ कहते हैं कि- "पन्द्रहवीं शती में सारलादास जिन्हें समस्त उड़िया साहित्य का पिता माना जाता है- कि पहले उड़िया साहित्य अपभ्रंश में बुद्धमत, शैवमत, तंत्रमत और शाक्तमत का स्वरूप देखने को मिलता है। ...कवि सारलादास ने अपने महाभारत में जैन एवं बुद्धजीवन के आदर्शात्मक स्वरूप को दर्शाया है और विशेषतया कृष्ण के चरित्र को एक महान नायक के रूप में चित्रित करना औचित्यपूर्ण समझा है।"[1] उनकी यह प्रबल स्थापना रही है कि बुद्ध, धम्म एवं संग ये तीनों तत्त्व ब्राह्मणदर्शन पद्धति ही है जो भक्ति के विकसित होने पर उससे सम्बद्ध हो गई।

इस प्रकार बंगाल तथा उड़ीसा में भक्ति के प्रारम्भिक चरणों में जैन तथा बौद्ध धर्म का समन्वय दिखाई पड़ता है। यह समन्वय वैष्णवमत में उक्त दोनों मतों का है।

बौद्ध तथा जैन मतों का ध्वस्तीकरण और वैष्णवमत की स्थापना

दक्षिण भारत में विशेषकर तमिल, कन्नड़, मलयालम एवं तेलुगु प्रदेशों में भक्ति विस्तार की यही प्रवृत्ति दिखाई पड़ती है। इस स्थिति को हम तमिल प्रदेश में देख सकते हैं- भक्ति तत्त्व शीर्षक ग्रंथ में श्री ए0ए0 मणवालन का प्रसिद्ध लेख है- तमिष (ल) भक्ति साहित्य का उद्‌भव तथा उपयोग।[2]

इनका मत है कि चौथी शती में तमिल प्रदेश में बौद्ध एवं जैन सिद्धान्तों का विकास प्रारम्भ हुआ था और 350 वर्षों तक दोनों बौद्ध एवं जैन धर्म साहित्य और शासन पर आधिपत्य जमा चुके थे, किन्तु परवर्ती पल्लव काल में संघशक्ति के विकास के फलस्वरूप पुरातन तमिल चेतना जागृत हुई और इससे जैनधर्म के सिद्धान्तों एवं कार्य-कलापों से जनता में घृणा उत्पन्न होने लगी थी। इन पुरातन धर्म प्रेमियों को कलप्पिट्ट कहा गया है। बौद्ध तथा जैन प्रभावों को नष्ट करने के लिए इन्होंने तमिल भक्ति गीतों की पद रचना का प्रणयन और प्रचार शुरू किया। इनकी भावनाओं पर टिप्पणी करते हुए मणवालन जी का मत है कि-

"अतः अधिकांश लोग यह सोचने लगे कि उनके दुश्मन बौद्ध एवं जैन सम्प्रदाय ही हैं। उनका खंडन कर तमिल सम्प्रदाय की रक्षा करना इन्होंने अपना सर्वप्रथम कर्त्तव्य समझा।"[3]

इन्होंने बताया है कि-

"भक्ति साहित्य के सृजनकार साधु एवं भक्त लोग अपने इलाके के राजाओं को जैन

---

1. उड़िया साहित्य में भक्ति, कृष्णचन्द्र भुइयाँ, पृ0 320
2. भक्ति तत्व, श्री ए0ए0मणवालन, तमिष भक्ति साहित्य का उद्‌भव तथा उपयोग, पृ0 354 से 360 तक
3. भक्ति-तत्व, श्री ए0ए0मणवालन, तमिष भक्ति साहित्य का उद्‌भव तथा उपयोग, पृ0 355

सम्प्रदाय के पंजों से छुड़ाकर उन्हें वैदिक सम्प्रदाय के अनुवर्ती बनाने लगे।''[1]

"इस प्रकार, भक्तिकाल के प्रारम्भ में नायनमार (शैवमत) और आषवारगल (वैष्णवमत) एक ओर जैन धर्मियों के विरोध में खड़े हुए और दूसरी ओर राजाओं के विरोध में खड़े थे। इस लड़ाई में ईश्वर की कृपा से उन्होंने जीत हासिल की।''[2]

इसके परिणामों की वीभत्सता की ओर संकेत करते हुए श्री मणवालन जी कहते हैं-

"जैसे जैन धर्मियों को मदुरै में मृत्युदण्ड दिया जाना तथा मगेन्द्र वर्मन द्वारा जैन पाठशालाएँ तोड़ा जाना आदि।''[3]

वे अपने लेख का निष्कर्ष निकालते हुए कहते हैं कि-

"आखिर निष्कर्ष रूप में इतना कहना होगा कि इस छोटे से नुकसान के बावजूद भक्ति आन्दोलन से तमिष साहित्य एवं संसार के साहित्य की भलाई ही अधिक हुई।''[4]

जहाँ तक तेलुगु साहित्य का प्रश्न है, यहाँ बौद्ध धर्म एवं वैदिक धर्मों के समन्वय की स्थिति प्रारम्भ से दिखाई पड़ती है। श्री पी0सी0 राममूर्ति अपने प्रसिद्ध लेख "तेलुगु साहित्य में भक्ति भावना'' के अन्तर्गत अपने मन्तव्य को स्पष्ट करते हुए कहते हैं कि-

"ई.पू0 प्रारम्भिक शताब्दियों में बौद्ध धर्म की महायान शाखा और वैदिक धर्मों, सम्प्रदायों ने भक्ति तत्त्व को पर्याप्त मात्रा में पल्लवित पुष्पित कराने में भूमिका निभाई। कतिपय राजा जो शिव जी के परम आराधक थे, परम महेश्वर कहलाने लगे और विष्णु के उपासक परम भागवत।''

इस बौद्ध तथा वैष्णव धर्म के साथ भी यहाँ इस काल में भक्ति का काफी प्रचार-प्रसार रहा है। बौद्ध धर्म की भाँति जैन भी भागवत भक्ति के साथ समन्वय की भावना से ही प्रेरित था।[5]

समन्वय की यही स्थिति कर्नाटक प्रदेश की रही है। यहाँ जैन तथा लिंगायत शैव धर्म ने भक्ति के विकास में पूर्ण सहयोग दिया। इस विषय के विशेषज्ञ डॉ. ना0 नागप्पा इस सम्बन्ध में अपनी टिप्पणी देते हुए कहते हैं-

"जैन कवियों की विरचित विचारधारा में 'शान्ति रस' प्रधान है इससे कर्नाटक में सर्वधर्म सहिष्णुता का प्रसार होने में काफी सहायता मिली और कर्नाटक में प्रधान भक्ति पंथ है, शैव पंथ और वैष्णव (भागवत) पंथ।''[6]

इस प्रकार कर्नाटक में भक्ति के विकास में जैन धर्म ने पर्याप्त सहयोग दिया है।

---

1. वही, पृ0 356
2. वही, पृ0 357
3. भक्ति-तत्व, श्री ए0ए0मणवालन, तमिष भक्ति साहित्य का उद्भव तथा उपयोग, पृ0 357
4. वही, पृ0 360
5. देखिए, भक्तितत्त्व, पृ0 361
6. वही, पृ0 327

केरल, महाराष्ट्र तथा गुजरात राज्यों में बौद्ध या जैन धर्म का उतना प्रभाव नहीं था और ये राज्य प्रारम्भ से ही वैष्णव एवं शैवमतों से सम्बन्धित रहे हैं। यही स्थिति आसाम की भी थी। यहाँ मध्ययुगीन काल से ही वैष्णव धर्म वर्तमान था। भक्त कवि मानसी साधक शंकरदेव के पूर्व का काल पूर्व वैष्णववाद एवं बाद का काल परवर्ती वैष्णव काल के नाम से पुकारा गया है। महाकवि भक्त शंकरदेव यहाँ भक्ति के मध्य में स्थित दिखाई पड़ते हैं।

कुल मिलाकर, यदि हम 12वीं शती से विकसित इस भक्ति आन्दोलन के उद्‌भव एवं विकास पर विचार करें तो हमारे सामने पाँच विन्दु आते हैं-

1. बौद्ध धर्म एवं जैन धर्म की मान्यताओं के अनुसार सबके लिए धर्म, जाति-पाँति के भेदभाव रहित धर्म की मूल भावना वैदिक धर्म परम्परा में इन दोनों के प्रभाव से उपजी और 'भक्ति' को इस रूप में विकसित करने की प्रेरणा 'बौद्ध तथा जैन धर्म' की उदारता ने ही दी।
2. वैदिक ज्ञानमार्ग, यज्ञमार्ग एवं कर्मकाण्ड मार्ग की जटिलताओं से भिन्न भावमूलक इस भक्ति का विकास कहीं बौद्ध एवं जैन धर्मों से संघर्ष करके स्थापित हुआ और कहीं समन्वय और कहीं दोनों अवैष्णव मतों के सर्वात्मविलयन द्वारा। भक्ति के विकास की यह स्थिति वैदिक परम्परा की धार्मिक मान्यताओं की पुनर्स्थापना की बलवती भावना से सम्बद्ध है।
3. बौद्ध एवं जैन धर्म से वैष्णव एवं शैव धर्म तथा भक्ति दोनों ने साथ मिलकर परस्पर प्रतिस्पर्धा भी रखी। दक्षिणभारत में शैवमत प्राचीन है, वैदिक पंडितों के जाने के बाद यहाँ वैष्णव मत स्थापित हुआ और दोनों की एक साथ प्रतिस्पर्धा बौद्ध एवं जैन धर्मों से थी किन्तु 'शैव एवं वैष्णव धर्म' में समन्वय के सूत्र भक्ति के उदयकाल से ही यहाँ मिलने लगते है। 'शिव तथा राम' के पारस्परिक समन्वय की 'अध्यात्म रामायण' केरल में लिखी गई थी।
4. केरल, महाराष्ट्र, गुजरात एवं आसाम आदि में शैवमत, शाक्तमत, तंत्रवाद की मान्यताओं के साथ वैष्णव धर्म एवं भक्ति का समान वातावरण था और इन प्रदेशों में इन सबने मिलकर मध्यकाल में भक्ति के विकास में योगदान दिया।
5. दक्षिण भारत, गुजरात, महाराष्ट्र, उड़ीसा, आसाम, बंगाल आदि राज्यों में भक्ति के विकास के बाद यह भक्ति उत्तर भारत, पंजाब, राजस्थान, सिंध, मध्यप्रदेश तथा बिहार आदि राज्यों में फैली।

सत्रहवीं शती तक यह भक्ति वैदिक धर्म की संवाहिका बनकर संपूर्ण भारत भर में लोक जागरण की चेतना से समन्वित समस्त मानव समुदाय की भावसंवाहिका बन गई।

इस प्रकार न भक्ति ईसाईयत की देन है, न इस्लामी संस्कृति की उपज, न मुसलमानों के आतंक तथा दबाव का प्रतिफल है, न आदिकालीन राजाश्रय की श्रृंगार भावना की

प्रतिक्रिया है और न हिन्दी भक्ति युग की परिस्थिति का विकास है। यह जैन तथा बौद्ध धर्म की लोकवादी प्रतिक्रिया के विरुद्ध परम्परा से चली आती हुई वैदिक मान्यताओं की लोकचेतना द्वारा पुनर्प्रतिष्ठा है।

(ख) भक्ति का विकास और उसकी व्याप्ति :

मूलतः भक्ति के दो भेद हुए- प्रथम वैधीभक्ति एवं द्वितीय रागानुगाभक्ति। वैधी भक्ति का विकास उपर्युक्त ग्रंथों के माध्यम से नारायण धर्म, पांचरात्र, मूर्ति-सेवा आदि रूपों में प्रारम्भ से हुआ है, किन्तु उसका परवर्ती विकास 'रागानुगा' भक्ति के रूप में है- जिसकी स्थिति दक्षिणभारत में पाँचवीं शती के बाद शुरू होती है। वैधी भक्ति की शुरुआत ब्रजप्रदेश, राजस्थान, गुजरात पश्चिमी उत्तर प्रदेश आदि राज्यों में ईसा की दूसरी, तीसरी शती में हुई और जैन तथा बौद्ध मतों के व्यापक प्रचार प्रसार की प्रतिक्रिया के फलस्वरूप जनमानस के बीच वैष्णवी आस्थावादी भावनात्मक चेतना के प्रचार प्रसार से भक्ति समृद्ध हुई। इस संदर्भ में हमारे पांचरात्र एवं नारायणीय भक्ताचार्यों एवं सन्त ऋषियों ने निम्नलिखित कार्य प्रारम्भ किए थे-

1. **विष्णु के अवतारों से सम्बन्धित मन्दिरों का निर्माण-** जिसमें 'राम और कृष्ण' को प्रमुखता दी गई थी। इन मूर्तियों तथा मन्दिरों के साक्ष्य दूसरी शती से लेकर छठीं शती तक के मथुरा, राजस्थान एवं गुजरात में मिलते हैं। सम्भव है, आभीर, शक, हूण आदि बर्वर जातियों के दबाव के कारण गुजरात से भक्तिधारा दक्षिण भारत चली गई हो- भागवत पुराण में 'गुर्जरे क्षीणतां गता' वाक्य इसी ओर संकेत करता है। दक्षिण भारत से पुनः उत्तर भारत में विशेष रूप से ब्रजभूमि में लौटने के बाद वह मृतप्राय भक्ति पुनः 'नवयौवना' हो उठी। इसका प्रमाण भी है, आखिरकार, मध्व, निम्बार्क, विष्णु स्वामी, रामानन्द, वल्लभाचार्य आदि मतावलम्बियों को कृष्ण की जन्मभूमि एवं लीलाभूमि मथुरा एवं वृन्दावन में पुनः आकर स्थायी आश्रयस्थली बनाने की क्यों आवश्यकता पड़ी ?

ऐसी स्थिति में, आचार्य हजारीप्रसाद द्विवेदी का यह कथन कि भक्ति का जन्म दक्षिण भारत में हुआ और वह उत्तर भारत में आकर पुनः व्याप्त हुई। इसको संशोधित करके यह कहा जा सकता है कि- उत्तर भारत, राजस्थान, गुजरात एवं ब्रजभूमि से भक्ति दक्षिण भारत की ओर वैधीभक्ति के रूप में गई थी किन्तु, वहाँ से अपना स्वरूप परिवर्तित करके पुनः शेष भारत में 'रागानुगा-भक्ति' का कलेवर बदलकर लौटी। इस 'रामानुगा वृत्ति' का भक्ति में प्रवेश का मुख्य लक्ष्य जैन एवं बौद्ध धर्म के कठोर अनुशासन से जन समुदाय को मुक्त करके वैष्णवी आस्था से सहजतम रूप से समृद्ध करना था।

2. कीर्तन रचना, समयानुसार उसका गायन तथा पाठ, भजन, सेवा, भोग प्रसाद आदि का वितरण ताकि अधिकतम जनसमुदाय को आकर्षित करके भक्ति से जोड़ा जा सके।
3. पांचरात्र के अवसरों पर कथाओं का प्रवचन, गायन, पाठ एवं अखंड पाठ श्रवण, मनन उनकी लीलाओं का मंचन आदि माध्यमों से लोकाकर्षण का वातावरण उत्पन्न करना। भागवत आदि पुराणों के गेय मंचीय प्रवचन भक्ति के प्रचार-प्रसार एवं आकर्षण के प्रमुख कारण रहे हैं।
4. अयोध्या, ब्रजभूमि तथा अन्य धार्मिक स्थानों के लिए तीर्थाटन, अवतार स्थलों का प्रचार-प्रसार, प्रभु के विग्रहों की स्थापना तथा मंदिरों के निर्माण भक्ति एवं वैष्णवी आस्था के प्रचार-प्रसार के प्रमुख माध्यम रहे हैं।

इस व्यापक रुझान तथा वैदिक परम्परा के प्रति ग्राह्यता को पुनः स्थापित करने के संदर्भ के कारण भक्ति एक राष्ट्रीय जागरण के रूप में परिवर्तित

होने लगी और लगभग तीसरी शती से स्थापित इस परम्परा से हम भारतीय आज भी मुक्त नहीं हुए हैं। भारत के विविध प्रदेशों में इसकी स्थिति इस प्रकार रही है-

क्रम	प्रदेश	भक्ति के उद्भव का समय	प्रारम्भिक परम्परा या कवि-चिन्तक
1.	तमिल प्रदेश	पाँचवी शती	आलवार तथा नयनार मतावलम्बी
2	तेलुगु प्रदेश	दसवीं शती	नन्नय भट्ट
3	कन्नड़ प्रदेश	बारहवीं शती	पुरन्दर कवि
4	मलयालम प्रदेश	बारहवीं शती	तोट्टम पाटु (अवतार गीत)
5	हिन्दी प्रदेश	तेरहवीं शती	कबीरदास
6	महाराष्ट्र	बारहवीं शती	भगवान ज्ञानेश्वर
7	गुजरात	पन्द्रहवीं शती	नरसिंह मेहता
8	राजस्थान	चौदहवीं शती	रामानन्द मठ, तोताद्रि पीठ
9	उड़ीसा	पन्द्रहवीं शती	सारला दास
10	पंजाब	पन्द्रहवीं शती	गुरु नानक देव

11	बंगाल	दसवीं शती	पंच देवोपासना रूप
12	सिंध	सत्रहवीं शती	सामी कवि
13	आसाम	बारहवीं शती	नरसिंह मेहता
14	नेपाल	सोलहवीं शती	भानुभक्त
15	कश्मीर	अठारहवीं शती	स्वामी उत्पलाचार्य

16वीं शती तक भक्ति प्रायः समूचे भारत तक फैल चुकी थी और ज्ञानवाद के प्रबल समर्थक शंकराचार्य के अद्वैत वेदान्त की व्याख्या के साथ-साथ वैष्णव भक्ति के विवेचक आचार्य मध्व, विष्णु स्वामी, निम्बार्क, वल्लभ आदि ने उनकी प्रस्थान त्रयी (उपनिषद्, ब्रह्मसूत्र एवं गीता) को प्रस्थान चतुष्ट्य (उपनिषद्, ब्रह्मसूत्र, गीता एवं भागवत पुराण) का रूप दिया और भागवत् आश्रित भक्ति के विकास को इससे बल मिला।

इन आचार्यों ने शंकराचार्य के मत में भक्ति को ही केन्द्र में रखकर संशोधन किया। इन आचार्यों की इस मध्यकाल में साम्प्रदायिक स्थिति इस प्रकार थी-

1.	रामानुजाचार्य	ग्यारहवीं शती	श्रीसम्प्रदाय विशिष्टाद्वैत
2	मध्वाचार्य	बारहवीं शती	ब्रह्म सम्प्रदाय, द्वैताद्वैत विलक्षण
3	विष्णुस्वामी	तेरहवीं शती	रुद्र सम्प्रदाय द्वैतमत
4	निम्बार्काचार्य	तेरहवीं शती	सनक सम्प्रदाय, द्वैताद्वैत
5	वल्लभाचार्य	पन्द्रहवीं शती	पुष्टि मार्ग, शुद्धाद्वैत

इस प्रकार, भक्ति ने एक वैदिक धर्म के आन्दोलन के रूप में चौथी-पाँचवीं शती में जन्म लिया। इस आन्दोलन की शुरुआत 'नाथमुनि' ने की थी और रामानुजाचार्य उनकी शिष्य परम्परा की पाँचवीं पीढ़ी में आते हैं। मुक्ति, ईश्वर के अनुग्रह की प्राप्ति, ईश्वर से समीप्य एवं सायुज्य सम्बन्ध, जीवन की ब्रह्ममयता, शरणागति, प्रपत्ति, अतिशय अनन्यता, आत्मतत्त्व की प्रभु में तन्मयीभूतता, लीलामय प्रभु में परमप्रेममयी तन्मयता, जीव रूप मानव की ब्रह्म सन्निकटता के अनेक संदर्भों की परिकल्पनाएँ की गई। वैष्णव आचार्यों की प्रस्थान चतुष्टय की व्याख्याओं ने उस युग के पंडितों, विद्वानों एवं सामान्य जनों को पूरी तरह से प्रभावित किया और वह जैन तथा बौद्ध धर्मों का त्याग करके व्यापक जनसमूह भक्ति की ओर आकर्षित हुआ। इस आकर्षण का प्रभाव केवल साहित्य पर ही नहीं पड़ा- संगीत, नृत्य, वाद्य, चित्र, मूर्ति तथा स्थापत्य कलाओं को भी इसे वैष्णवी भक्ति की

प्रभावधारा ने एक झटके में आप्लावित कर दिया। भक्ति का यह वेगमय प्रवाह दक्षिण भारत से पूरे देश भर में फैला और उत्तर भारत में भी यह जन आन्दोलन के रूप में आया।

कर्म, भजन आदि के समन्वयवादी रूपों द्वारा संपूर्ण भारत के पुरुष, नारी, निर्धन, धनवान, ब्राह्मण, क्षत्रिय, वैश्य, शूद्र, कोल, किरात, आभीर, द्रविण, दलित, वन्य जातियों, यवन, निषाद, खस, शक, हूण, म्लेच्छ, राजा-रंक, पशु-पक्षी आदि को एक भावना तथा एकमयता से जोड़कर एक मंच पर बैठाना इन भक्ताचार्यों का मुख्य लक्ष्य था। इस युग की समस्त प्रचलित कलाओं यथा- नृत्य, वाद्य, संगीत, चित्रकला, मूर्तिकला, एवं कविता आदि पर वैष्णव भक्ति के व्यापक प्रभावों की स्थिति देखी जाती है। वैष्णव मंदिरों की अष्टकालिक सेवाओं का प्रभाव इतना व्यापक था कि समाज का अधिकांश वर्ग उससे जुड़कर अपने दैनन्दिन के समय-यापन को उनसे जोड़ने को तत्पर हो गया। तेरहवीं शती से लेकर लगभग सत्रहवीं शती तक, भारत का संपूर्ण जीवन भक्तिमय हो उठा था और संस्कृति, कला, चिन्तन, आध्यात्मिकचर्या एवं जीवन का समग्र व्यवहार पक्ष भक्ति का एक व्यापक रूप था, जो मूलतः भारतीय जनमानस को अपने से जोड़े हुए उनकी जीवन यात्रा का आधार बना हुआ था।[1]

निष्कर्ष रूप से कहा जा सकता है कि भक्ति न इस्लामी एकेश्वरवाद के प्रभाव का प्रतिफल है, न ईसाईयत की देन है और न मुसलमानी आतंक से व्याप्त हिन्दू जनमानस की हताशा तथा निराशा का प्रतिफल एवं प्रतिक्रिया है। यह भारतीय वैदिक आध्यात्मिक व्यवस्था का वह आन्दोलन है, जो जैन तथा बौद्ध धर्म के प्रभावों से दबकर क्षीण हो चुका था और उस क्षीण चेतना को आधार बनाकर तथा सूर्योपासना, वैष्णवभक्ति, पांचरात्र मत आदि संदर्भों से इसे जोड़कर ईसा की तृतीय शती से इसे हमारे ऋषि सन्तों ने आगे बढ़ाया और तेरहवीं शती तक आते-आते यह संपूर्ण भारत भर में व्याप्त हो चुका था और यह विविध रूपों में देश के जनमानस को आज तक प्रभावित किए हुए है। हिन्दी भाषा और साहित्य का एक बहुत बड़ा भाग इसी की धरोहर है और हिन्दी साहित्य से इसे पृथक् कर देने के बाद शायद आज वह पूरी तरह से श्रीहीन दिखने लगे, इसमें कोई संदेह नहीं है।

इसकी राष्ट्रीय व्यापकता को देखते हुए डॉ. रामविलास शर्मा ने उसकी साहित्यिक एवं सामाजिक प्रसार दृष्टि तथा ग्राह्यता को राष्ट्रीय लोक जागरण की संज्ञा दी है, जो सर्वथा उचित है। डॉ. राममूर्ति त्रिपाठी का भी यही अभिमत है। आधुनिक हिन्दी साहित्य के मनीषी चिन्तक डॉ. विश्वनाथ त्रिपाठी एवं मैनेजर पाण्डेय आदि भी इसे राष्ट्रव्यापी 'लोक आन्दोलन' के रूप में ही विवेचित करते हैं। तमिल विद्वान डॉ. एम0 शेषन भी भक्ति को सार्वजनिक लोक चेतना के प्रवाह का शक्तिशाली रूप मानते हैं। संपूर्ण देश की मध्यकालीन भाषाओं के वाह्य आवरण को हटा देने के बाद उनमें अन्तर्निहित भक्ति तत्त्व का आन्तरिक स्वरूप

1. धीरेन्द्र वर्मा विशेषांक, पृ0 247 से 260 तक

एक है और इस प्रकार, भक्ति मध्यकाल की समग्र भारतीय अखण्डता एवं रागात्मक समन्वय की मूल आधारशिला है और इस संदर्भ में उसके विश्लेषण की आज पुनः आवश्यकता है। यही नहीं, हिन्दी भक्ति साहित्य की सर्जनात्मक चेतना में बाहर से विविधता भले ही दिखाई पड़ती हो और उसे निर्गुण-सगुण रूपों में बाँटकर देखा जाता रहा हो, किन्तु उनकी आन्तरिक एकता के सूत्र एक हैं- आज उसे इस राष्ट्रीय लोक जागरण के संदर्भ में विश्लेषित करते हुए उसकी एकरूपता के सूत्रों को प्रकाश में ले आने की आवश्यकता है। हिन्दी साहित्य के प्रारम्भिक इतिहासकारों द्वारा उसे एक राज्य से जोड़कर देखना उसे संकीर्ण बना देता है। भक्ति चाहे दक्षिण भारत में हो, मध्य भारत या उत्तर भारत या पश्चिमी पूर्वी भारत में, उसके विकास की गति, उसकी आन्तरिक चेतना, सामाजिक स्वर, भक्ति तत्त्व के सूत्र तथा भक्ति साहित्य की रचनात्मक प्रवृत्तियाँ थोड़े हेर-फेर के बाद भी एक जैसी है और समग्र भारतवर्ष को अपने से जोड़े हुए है। यह भारतीय वैदिक निष्ठा का एक आध्यात्मिक सूत्र है- जो लगभग हजारों वर्षों से हम भारतीय को एक सूत्र में आज भी बाँधे हुए है।

डॉ. एम0 शेषन के मत का उद्धरण देते हुए डॉ. रामविलास शर्मा ने ठीक ही बताया है-

"पाँचवीं-छठीं शताब्दी से लेकर नौवीं शताब्दी तक के भक्तिकाल में वैष्णव भक्त आलवारों एवं शैव नायनवारों ने भक्ति का जो आन्दोलन चलाया उसके कारण वह जन आन्दोलन का रूप धारण कर विकसित हुआ।"[1] यह आन्दोलन 15वीं-16वीं शती तक पूरे भारत भर में छा गया।

सहायक ग्रंथों की सूची :

1. भक्ति का विकास- मुंशीराम शर्मा
2. भक्ति आंदोलन और सूरदास का काव्य- मैनेजर पाण्डेय
3. मध्यकालीन साहित्य विमर्श- संपा0 डॉ. सुधा सिंह
4. इतिहास और ओलाचना- डॉ. नामवर सिंह
5. भारतीय चिंतन परम्परा- के0 दामोदरन
6. हिन्दी साहित्य का उद्‌भव और विकास- हजारीप्रसाद द्विवेदी
7. मध्यकालीन भारत में इतिहास-धर्म और राज्य का स्वरूप- सतीशचन्द्र
8. इनफ्लुएंस ऑफ इस्लाम ऑन इंडियन कल्चर- डॉ. ताराचन्द
9. दि हिस्टोरिकल बैकग्राउंड ऑफ दि मोनोस्थीस्टिक मूवमेंट ऑफ दि फिफ्टींथ-

1. भारतीय साहित्य की भूमिका, पृ0 199

सेवनटींथ सेंचुरीज- इरफान हवीव
10. हिन्दी साहित्य का इतिहास- आचार्य रामचन्द्र शुक्ल
11. हिन्दी साहित्य और संवेदना का विकास- रामस्वरूप चतुर्वेदी
12. हिन्दी साहित्य का इतिहास- संपा० डॉ. नगेन्द्र
13. वैष्णव भक्ति आन्दोलन का अध्ययन- डॉ. मलिक मुहम्मद
14. भक्ति आन्दोलन का अध्ययन- डॉ. रतिभानु सिंह नाहर
15. हिन्दी साहित्य का आलोचात्मक इतिहास- डॉ. रामकुमार वर्मा
16. तमिल साहित्य : एक झाँकी- डॉ. एम० शेषन
17. द डांस आव शिवा- आनन्द कुमार स्वामी
18. आर्ट एण्ड कल्चर ऑव तमिलनाडु- नागस्वामी
19. नारद भक्ति दर्शन- स्वामी अखण्डानन्द
20. सम कान्ट्रीव्यूशन आव साउथ इंडिया टू इंडियन कल्चर- डॉ. एस० कृष्णमूर्ति आयंगार
21. वैष्णव, शैव एवं अन्य धार्मिक मत- डॉ. आर०जी० भण्डारकर
22. उत्तर भारत की सन्त परम्परा- श्री परशुराम चतुर्वेदी
23. हिन्दी कन्नड में भक्ति आन्दोलन- हिरण्यमय
24. भागवत सम्प्रदाय- पं० बलदेव उपाध्याय
25. भक्ति आन्दोलन के सामाजिक आधार- संपादक- डॉ. गोपेश्वर सिंह
26. भक्ति तत्त्व- सम्पादक- प्रो० कल्याणमण लोढ़ा

हिन्दी भक्तिकाल : नामकरण एवं काल विभाजन

नामकरण की समस्या

आचार्य रामचन्द्र शुक्ल ने 'भक्तिकाल' का नाम 'पूर्वमध्य काल या भक्तिकाल' रखा है। इस पूर्वमध्यकाल एवं भक्ति के पहले 'हिन्दी साहित्य' शब्द इसलिए लगाना आवश्यक नहीं है- क्योंकि पुस्तक का नामकरण 'हिन्दी साहित्य का इतिहास' कर रखा है और इस प्रकार इस 'पूर्व मध्यकाल या भक्ति काल' का तात्पर्य है, हिन्दी साहित्य का पूर्वमध्यकाल या हिन्दी साहित्य का भक्तिकाल। 'भक्ति काल' शब्द तो यहाँ सर्वथा उपयुक्त है किन्तु 'पूर्वमध्यकाल' विचारणीय है। पूर्वमध्यकाल के विषय में कोई भ्रम न हो इसलिए उसमें समय (काल) का भी निर्देश दे दिया गया है- अतः यह मध्यकाल भारतीय इतिहास का पूर्व मध्यकाल न होकर हिन्दी साहित्य के इतिहास का पूर्व मध्यकाल है- और इसके लिए जो समय सीमा रखी गई है, उसका आधार हिन्दी साहित्य की कृतियों के लेखन काल से सम्बद्ध है। यह एक प्रकार से 'प्री-मेडिवल पीरियड' का हिन्दी अनुवाद है। डॉ. लक्ष्मी सागर वार्ष्णेय ने अपनी पुस्तक 'हिन्दी साहित्य का इतिहास' के अन्तर्गत इस मध्यकाल को स्वीकृति दी है। उन्होंने यद्यपि संकेत किया है कि भक्तिकाल पूर्वमध्यकाल है किन्तु व्याख्या के स्तर पर वे केवल 'मध्यकाल' शब्द का प्रयोग करते हैं- जबकि आचार्य शुक्ल पूर्व मध्यकाल या भक्तिकाल कहकर विवेचन के स्तर पर भक्तिकाल शब्द की ही सार्थकता के विषय में स्वीकृति देते हैं। इसका समय वही सन् 1318-1643 अर्थात् शुक्ल जी द्वारा स्वीकृत संवत् 1375 से 1700 का ही है किन्तु इस काल खण्ड के अन्तर्गत प्रणामी साहित्य की पाँचवीं धारा (17वीं-18वीं शताब्दी) भी डाल देते हैं- जिससे यह स्पष्ट नहीं हो पाता कि यह पूर्वमध्यकाल है या उत्तर मध्यकाल। आचार्य शुक्ल की इस मध्यकाल के विषय में बड़ी स्पष्ट धारणा है- हिन्दी साहित्य का पूर्व मध्यकाल : भक्ति काल यदि इसे हम स्पष्ट नहीं करते तो यह भारतीय इतिहास का मध्यकाल हो जाएगा- जो एक सर्वथा भिन्न तथ्य है।

डॉ. गणपति चन्द्र गुप्त अपने इतिहास ग्रंथ "हिन्दी साहित्य का वैज्ञानिक इतिहास" के अन्तर्गत-भक्तिकाल के स्थान पर 'मध्यकाल' शब्द (पूर्व तथा उत्तर मध्यकाल) का ही समर्थन करते हैं। उनके अनुसार जहाँ तक पूर्व मध्यकाल एवं उत्तर मध्यकाल की बात है, इनके लिए भी क्रमशः भक्तिकाल एवं रीतिकाल नाम रुढ़ हो गए हैं किन्तु इनसे इस

कालखंड की एक-एक पद्धति को ही प्रमुखता मिलती है, शेष प्रवृत्तियाँ गौड़ हो जाती हैं- जिससे इन कालों के सम्यक् बोध में बाधा आती है; इस तथ्य को ध्यान में रखते हुए हम इन्हें भक्तिकाल-रीतिकाल नाम से सम्बोधित करने का अनुमोदन नहीं कर सकते, भले ही, इससे पाठकों को थोड़ी असुविधा ही क्यों न हो।[1] इस तर्क को केन्द्र में रखकर इसीलिए इस कालखण्ड (भक्तिकाल) का नाम मध्यकाल (सन् 1350 से 1857 अर्थात् संवत् सं0 1407 से 1914) तक रखा और फिर उसे पूर्वमध्यकाल के रूप में विभक्त करके स्वीकृति दी। इस पूर्वमध्यकाल को उन्होंने सात उपखण्डों में विभक्त किया-

1- सन्तकाव्य
2- पौराणिक प्रबन्ध काव्य परम्परा
3- पौराणिक गीति काव्य परम्परा
4- रोमांसिक कथा काव्य
5- ऐतिहासिक वीर काव्य
6- ऐतिहासिक मुक्तक काव्य
7- रसिक भक्ति काव्य परम्परा

प्रारम्भिक चार क्रमशः सन्तकाव्य, रामभक्ति शाखा, कृष्ण भक्ति शाखा एवं सूफ़ी काव्य परम्परा है, शेष उससे भिन्न।

सामान्यतया इतिहास के संदर्भ में यही तथ्य है कि नवीन साक्ष्यों की उपलब्धि से उसकी व्याप्ति तथा प्रामाणिकता की वृद्धि होती है ततश्च उसके प्रकाश में भिन्न नई ऐतिहासिक दृष्टि का विकास होता है। यह भिन्नता यहाँ देखी जा सकती है फिर भी, भक्ति साहित्य के भक्ति से इतर काव्यों को काव्यरूप विधान (प्रबन्ध, गीति, मुक्तक) में बाँधने से उनकी शाश्वतता खंडित हो उठती है। भक्तिधारा तथा लोककाव्य धाराएँ हमें भक्तिकाल में मिलती हैं। यही नहीं भक्तिधारा से भिन्न जैन तथा नीति काव्य संग्रह भी भक्तिकाल के अन्तर्गत लिखे गए हैं- लेकिन उनके विभाजन एवं मूल्यांकन के लिए स्पष्ट आधार बनाना आवश्यक है- जो यहाँ अप्राप्य है। भक्तिकाल के लिए मध्यकाल शब्द का प्रयोग डॉ. बच्चन सिंह अपने 'हिन्दी साहित्य का दूसरा इतिहास' में नहीं करते हैं। वे कहते हैं कि- भक्तिकाल भक्ति काल है, मध्यकाल नहीं, मध्यकाल सामान्यतः जकड़ी हुई मनोवृत्ति का परिचायक है। इसे हजारीप्रसाद द्विवेदी मनोवृत्ति कहते हैं। मध्यकालीन चित्तवृत्ति में अंग्रेज़ी की "मेडिवल सेंसिविल्टी' का अर्थ प्रविष्ट हो चुका है। अनेक अर्थों में यह नवजागरण काल है- प्रथम नवजागरण। डॉ. रामविलास शर्मा इसे आधुनिक काल कहना पसंद करते हैं। अपने अन्तर्विरोधों के बावजूद जिस 'सेक्यूलर' शब्द पर आज बहुत जोर दिया जा रहा है, वह अपनी मूल अर्थवत्ता में भक्त कवियों में मौजूद है। आज के अन्तर्राष्ट्रीय धर्मोन्वाद में जलते हुए लोगों को उस काल के भक्ति काल में सुकून मिलता है और इन उन्मादियों से जुड़ने की धार्मिक प्रेरणा।"[2]

1. हिन्दी साहित्य का वैज्ञानिक इतिहास- डॉ0 गणपतिचन्द्र गुप्त, पृ0 79
2. हिन्दी साहित्य का दूसरा इतिहास- डॉ0 बच्चन सिंह, भूमिका, पृ0 8

'हिन्दी साहित्य का इतिहास' सम्पा0 डॉ. नगेन्द्र ने स्वयं द्वारा लिखित पूर्वपीठिका में इस समस्या पर बहुत गम्भीरतापूर्वक विचार किया है। उनके अनुसार यह काल विभाजन (आदिकाल, मध्यकाल तथा आधुनिक काल) 'युगों की विवेक सम्मत कल्पना' है। भारतीय हिन्दी परिषद्, प्रयाग द्वारा प्रकाशित हिन्दी साहित्य, खण्ड-1, 2, 3 में इसी आदि काल, मध्यकाल तथा आधुनिक काल का समर्थन मिलता है।

डॉ. नगेन्द्र के अनुसार "हिन्दी साहित्य के रसज्ञ, प्रसिद्ध इतिहासकार डॉ. रामप्रसाद त्रिपाठी का आरम्भ से यही मत रहा है।"[1]

वे इन सब कालखण्डों के मूल में स्थित कारणों की व्यापक छानबीन करते हुए यह सिद्धान्त निर्धारित करते हैं कि "स्वाभाविक काल क्रम के अनुसार ही सामग्री का विभाजन करना ठीक है।" इस नामकरण के सम्बन्ध में इनके मत इस प्रकार हैं-

1. काल विभाजन साहित्यिक प्रवृत्तियों और रीति आदर्शों की समानता के आधार पर होना चाहिए।

1- युगों का नामकरण यथा सम्भव मूल साहित्य चेतना के अनुसार करना चाहिए।

2- युगों का सीमांकन मूल प्रवृत्तियों के आरम्भ और अवसान के अनुसार होना चाहिए।

अपने इन तर्कों को केन्द्र में रखकर उन्होंने इस काल खण्ड का नामकरण 'भक्तिकाल' किया है और इसका समय चौदहवीं शती के मध्य से सत्रहवीं शती के मध्य तक माना है। उनका इस प्रकार का विभाजन उनके तर्कों के आधार पर संगत प्रतीत होता है।

भक्तिकाल का काल विभाजन

भक्तिकाल के नामकरण के सम्बन्ध में उठने वाले विवादों की भाँति ही इसके काल विभाजन की समस्या भी विवादपूर्ण है। यह संदर्भ इस प्रकार है-

आचार्य रामचन्द्र शुक्ल ने हिन्दी साहित्य के इस भक्तिकाल को संवत् 1375 (सन् 1318) से संवत् 1700 (सन् 1643) तक माना है। यह काल निर्धारण भक्तिकाल से सम्बद्ध साहित्य की प्रवृत्तियों की प्रधानता से सम्बद्ध है और जिसे शुक्ल जी 'प्रवृत्ति प्राधान्य' शब्द से पुकारते हैं। सामान्य रूप से शुक्ल जी के इतिहास में भक्तिकाल के पूर्व वर्णित उनका वीरगाथा काल या आदिकाल सन् 1375 में समाप्त हो जाता है और इसी कारण उन्होंने परवर्ती भक्तिकाल के प्रारम्भ का समय संवत् 1375 तय किया है।

अब प्रश्न यहाँ यह उठता है कि क्या आदिकाल ठीक 1375 में समाप्त हो गया और ठीक उसके बाद भक्तिकाल का प्रारम्भ हो उठा और गम्भीरता- पूर्वक देखें तो हमें कोई ऐसा साक्ष्य नहीं मिलता कि भक्तिकाल सं0 1375 में प्रारम्भ हुआ और सं0 1700 को समाप्त

1. हिन्दी साहित्य का इतिहास- संपा0 डॉ0 नगेन्द्र, पृ0 38 से 45 तक

हो उठा। यह आचार्य शुक्ल की एक सम्भावित काल परिसीमन की मान्यता है और इसे अन्तिम नहीं माना जा सकता है। इसी से बचने के लिए डॉ. नगेन्द्र इसकी प्रारम्भिक समय सीमा- चौदहवीं शती का मध्य एवं सत्रहवीं शती का मध्य स्थापित करते हैं। इन्हीं तथ्यों को ध्यान में रखते हुए आचार्य शुक्ल के काल विभाजन से भिन्न डॉ. बच्चन सिंह भक्तिकाल का सीमांकन सन् 1400 से सन् 1650 तक करते हैं। उनके अनुसार भक्तिकाल का प्रारम्भ शुक्ल के निर्धारित समय के 72 वर्षों के बाद हुआ। उनके अनुसार "भक्ति कहीं 6-7वीं शती में शुरू हुई तो कहीं 12वीं, 13वीं में, तो कहीं 15वीं शती में आई। इसलिए भक्ति में निहित भिन्नता तथा एकसूत्रता को समझने के लिए उनके बीच के समय के अन्तराल तथा ऐतिहासिक परिप्रेक्ष्य का आकलन आवश्यक है।"[1] आचार्य शुक्ल के इस सं0 1375 से काल निर्धारण के पीछे क्या मन्तव्य रहा है, उन्होंने स्पष्ट रूप से कोई उल्लेख नहीं किया है, किन्तु लगता है, आदिकाल (वीरगाथा काल) का समापन (सं0 1375) को ही उन्होंने इसके प्रारम्भ के लिए आधार बनाया था। यदि स्पष्ट रूप से देखा जाए तो संवत् 1375 न आदिकाल के समापन की तिथि है, न भक्तिकाल के प्रारम्भ की।

इस विभाजन के पूर्व आचार्य शुक्ल का वाक्य इस प्रकार है- "इस दृष्टि से हिन्दी साहित्य का विवेचन करने में यह बात ध्यान में रखनी होगी कि किसी विशेष समय में लोगों में 'रुचि विशेष का संचार' कहाँ से और किस प्रकार से हुआ। उपर्युक्त व्यवस्था के अनुसार हम हिन्दी साहित्य के नौ सौ वर्षों के इतिहास को चार कालों में विभक्त कर सकते हैं।"[2] इस वाक्य को काल विभाजन का आधार मान लेने पर भक्ति विषयक रुचि का संचार दक्षिण भारत से उत्तर भारत की ओर हुआ, यह तथ्य स्पष्ट नहीं होता। रामानुजाचार्य का समय संवत् 1073 है, मध्वाचार्य का समय संवत् 1254 है। उत्तर भारत में रामानुजाचार्य के शिष्य रामानन्द का कालखंड कबीर के गुरु होने के कारण 14 वीं शती माना गया है। कबीर का जन्म संवत् 1456 स्वीकार किया जाता है, फिर ऐसी परिस्थिति में संवत् 1375 से भक्तिकाल का हिन्दी साहित्य में प्रारम्भ कैसे माना जा सकता है, इस दिशा में शुक्ल जी कोई तर्क नहीं देते।

इन तर्कों से सिद्ध होता है कि आचार्य रामचन्द्र शुक्ल के काल विभाजन का यह तर्क आनुमानिक है। काल विभाजन में समय का निर्देश वे निश्चिन्ततापूर्वक बिना किसी तर्क एवं प्रमाण के अनुमान के आधार पर रखते हैं इसी आधार पर डॉ. बच्चन सिंह चौदहवीं शती से हिन्दी साहित्य में भक्तिकाल के लिए स्वीकृति प्रदान करते हैं।

डॉ. गणपति चन्द्र गुप्त भक्तिकाल को हिन्दी साहित्य का पूर्व मध्यकाल बताते हुए

1. हिन्दी साहित्य का दूसरा इतिहास- पृ0 75
2. हिन्दी साहित्य का इतिहास, काल विभाग, पृ0 1

उसका समय सन् 1350 से 1600 तक मानते हैं।

इस विभाजन के पीछे क्या कारण है, डॉ. गुप्त स्पष्टतापूर्वक निर्दिष्ट नहीं कर पाते। फिर भी, संक्षेप में, इस सम्बन्ध में उनके तर्क इस प्रकार हैं। उन्होंने सम्पूर्ण मध्यकाल को सन् 1350 से सन् 1857 के बीच स्वीकार किया है और इस समग्रता के बीच तीन कारणों से भक्तिकाल को सन् 1350 से 1600 के मध्य रखते हैं-

1- धार्मिक दमन

2- राज्य विस्तार एवं युद्ध प्रवृत्ति

3- ऐश्वर्य की वृद्धि एवं विलासिता की प्रवृत्ति-

भक्तिकाल से सम्बद्ध दो ही बातें सामने आती हैं- धार्मिक दमन एवं युद्ध प्रवृत्ति। इन दोनों से परेशान हिन्दी प्रदेश की जनता भक्ति की ओर मुड़ी है। यह कथन तो शुक्लमत की ही स्वीकृति है, जो अस्वीकार कर दिया गया है। ऐश्वर्य की वृद्धि एवं विलासिता की प्रवृत्ति रीतिकाल के लिए प्रेरक हो सकती है। भक्तिकाल की उत्पत्ति के सम्बन्ध में तो इन्हीं तत्त्वों की ओर आचार्य शुक्ल जी भी ध्यानाकर्षित करते हैं, जिसे स्वीकार नहीं किया गया फिर डॉ. गणपतिचन्द्र गुप्त द्वारा इंगित कारणों को क्यों स्वीकार किया जाए, यह तर्क नहीं समझ में आता।

इस प्रकार, इन दोनों मतों से उपयुक्त डॉ. बच्चन सिंह का ही अभिमत उचित प्रतीत होता है कि भक्ति के काल विभाजन की सीमा सन् 1400 से सन् 1650 तक स्वीकार की जाए।

हिन्दी भक्तिसाहित्य की सामग्री का विश्लेषण

भक्ति प्रवृत्ति की प्रधानता के कारण इसे भक्तिकाल के नाम से पुकारा गया है, किन्तु इस काल खण्ड की साहित्यिक सामग्री का विश्लेषण करें तो उसकी विविधता, विपुलता तथा विस्तार तीनों का अपना विशिष्ट रूप है। भक्ति से सम्बद्ध साहित्य को ही देखें तो इस काल खण्ड को पूर्वभक्तिकाल एवं उत्तरभक्ति काल के नाम से पुकार सकते हैं। चौदहवीं शती से लेकर अट्ठारहवीं शती तक भक्ति का जो साहित्य लिखा गया है, उसकी चर्चा तो साहित्य एवं शोध के अन्तर्गत हुई है किन्तु उसका पूरी तरह से मूल्यांकन साहित्येतिहास में नहीं हुआ है। स्वयं आचार्य रामचन्द्र शुक्ल ने अपने इतिहास के छठे प्रकरण में 'भक्तिकाल की फुटकल रचनाएँ' शीर्षक के अन्तर्गत 22 कवियों एवं उनकी कृतियों का उल्लेख करते हुए 'सूफ़ी रचनाओं के अतिरिक्त 'भक्ति काल के अन्य आख्यानक काव्य' के अन्तर्गत ऐतिहासिक-पौराणिक आठ तथा कल्पित सात आख्यान काव्यों का विवरण दिया है। हिन्दी साहित्य की यह प्रबन्धात्मक सामग्री उसी काल खण्ड की है- जिसे हम भक्तिकाल कहते हैं किन्तु ये रचनाएँ भक्ति सीमा के बाहर की गई हैं। डॉ. गणपति चन्द्र गुप्त ने अपने वैज्ञानिक इतिहास में परम्परा तथा काव्यरूपों को आधार बनाकर इस युग के साहित्य का विवेचन किया है, जैसे- 'पौराणिक प्रबन्ध काव्य', 'पौराणिक गीति काव्य-परम्परा', 'रोमांसिक काव्य (प्रेमाख्यानक) परम्परा', 'ऐतिहासिक मुक्तक काव्य' आदि। काव्य रूपों की दृष्टि से काल विभाजन निश्चित ही एकांगी है, क्योंकि इनके विश्लेषण में काव्य दृष्टि प्रमुख हो जाती है तथा शेष सामाजिक प्रतिबद्धता से जुड़े काव्यसंदर्भ गौड़। इसी संदर्भ में यह भी महत्त्वपूर्ण दृष्टि है कि समग्र भक्ति आन्दोलन तथा काव्य रचना समूचे देश भर में रही है और उन सबके मूल में निहित मानवीय चिन्ताधारा प्रायः एक जैसी है, काव्यरूपों की दृष्टि से भक्ति साहित्य की सामग्री का विश्लेषण करने पर वे समग्र चिन्ताधाराएँ लुप्त सी होती प्रतीत होती हैं। अतः काव्यरूप की दृष्टि से भक्ति सामग्री का विवेचन सम्भव नहीं है।

एक सबसे महत्त्वपूर्ण प्रश्न यहाँ यह भी है कि क्या चौदहवीं शती अर्थात् भक्तिकाल के प्रारम्भ के पूर्व हिन्दी भाषा में साहित्य ही नहीं लिखा जाता रहा है, क्या हिन्दी में काव्य रचना केवल चौदहवीं शती की देन है, क्या उसके पूर्व वीरगाथा काल का हिन्दी में 'डिंगल

साहित्य' ही प्रचलन में था। ऐसी बात नहीं है, आदिकालीन कृतियाँ रोडा कृत 'राउल वेलि' तथा दामोदर पण्डित कृत 'उक्तिव्यक्तिप्रकरण' ये देशी भाषाओं में आदिकालीन कृतियाँ हैं। 'प्राकृत पैंगलम्' रचनाकार अपने उदाहरणों में देशी भाषाओं के अनेक काव्य दृष्टान्तों को सामने रखते हैं। स्वयं चंदवरदाई ने छः देशी भाषाओं सहित कुल आठ भाषाओं का स्वयं को रचनाकार बताया है– ''षड़भाषा पुराणं च कुरानं च लिखितंमया'' आदि-आदि साक्ष्यों से स्पष्ट है कि उस युग में भक्त कवियों के पूर्व अवधी, ब्रजभाषा, बघेली, भोजपुरी, मैथिली, मालवी, टक्किणी आदि लोक भाषाओं में सुन्दर काव्य रचना की परम्परा रही है। स्वयंभू ने 'पउमचरिउ' में बड़े गर्व के साथ कहा है कि-

''मेरी कामना है कि मैं सामान्य देशी भाषा (ग्राम्यभाषा) में जो कुछ लिखूँ, वह जो भी वचन हों, सुभाषित हो जाए।''

अतः इसमें कोई संदेह नहीं कि चौदहवीं शती के पूर्व या भक्ति से भिन्न साहित्य लोकभाषाओं में भी लिखा जाता रहा है, किन्तु राजनीतिक उथल-पुथल के कारण वह साहित्य आज हमें उपलब्ध नहीं है, अन्यथा चौदहवीं शती से प्रारम्भ होने वाले साहित्य का सही मूल्यांकन होता।

वैसे, इस युग के साहित्य को दो भागों में सरलतापूर्वक बाँटा जा सकता है।

1- भक्तिपरक, नैतिक, धार्मिक तथा सामाजिक मूल्यों के प्रति प्रतिबद्ध साहित्य

2- कलात्मक मूल्यों के प्रति प्रतिबद्ध साहित्य

1. भक्तिपरक, नैतिक, धार्मिक तथा सामाजिक मूल्यों के प्रति प्रतिबद्ध साहित्य

सामान्यतः हिन्दी साहित्य के इतिहास को चार भागों में विभक्त करते रहे हैं किन्तु यह विभाजन अधूरा रहा है। मूलतः भक्ति साहित्य के सभी सम्प्रदाय या साहित्य संदर्भ 19वीं शती तक चलते रहे हैं, यह सत्य है कि इनकी विचारधाराओं में क्रमशः परिवर्तन होते रहे हैं फिर भी, साहित्यिक धारा होने के कारण इनका मूल्यांकन हमारे हिन्दी विद्वानों ने किया है और वह होना भी चाहिए। आचार्य शुक्ल जिस साहित्य को संवत् 1700 तक स्वीकार करते हैं, वे सम्पूर्ण काव्यधाराएँ वैचारिक हेर-फेर के साथ सन् 1900 तक चलती रही हैं। सुविधा की दृष्टि से इन्हें क्रमशः हिन्दी का पूर्व भक्तिकाल तथा उत्तर भक्तिकाल इन दो भागों में विभक्त किया जा सकता है और इस क्रम में इसका स्वरूप इस प्रकार बनता है-

1. सन्त साहित्य -

(क)- पूर्वकालीनसन्त साहित्य - 14वीं शती से 17वीं शती तक

(ख)- उत्तरकालीन सन्त साहित्य - 17वीं शती से 19वीं शती तक

2. प्रेमकाव्य परम्परा -

(क)- पूर्वकालीन प्रेमकाव्य परम्परा – 14वीं शती से 17वीं शती तक

(ख)- उत्तरकालीन प्रेम काव्य परम्परा - 17वीं शती से 19वीं शती तक

3. कृष्ण भक्ति साहित्य -

(क)- पूर्वकालीन कृष्णभक्ति साहित्य – 14वीं शती से 17वीं शती तक

(ख)- उत्तरकालीन कृष्णभक्ति साहित्य – 17वीं शती से 19वीं शती तक

4. रामभक्ति साहित्य -

(क)- पूर्वकालीन रामभक्ति साहित्य - 14वीं शती से 17वीं शती तक

(ख)- उत्तरकालीन रामभक्ति साहित्य- 17वीं शती से 19वीं शती तक तथा धार्मिक तथा नीति काव्य परम्परा (समग्र) 14वीं शती से 19वीं शती तक।

भक्ति के समग्र साहित्य को देखने का अभ्यास हिन्दी साहित्य के अन्तर्गत होना आवश्यक है, जबकि अभी तक हम केवल सत्रहवीं शती की सीमा मानकर भक्ति साहित्य के इस प्रवेश द्वार को हिन्दी जगत के लिए बन्द कर देते रहे हैं- जो लोक जीवन की परम्परित चेतना से जुड़कर आज तक चलता दिखाई पड़ता है। आधुनिक हिन्दी साहित्य के कई कवि पं0 सूर्यकान्त त्रिपाठी निराला, नरेश मेहता आदि अनेक रूपों में उस परम्परा से अपने को जोड़े हुए दिखाई पड़ते हैं- हाँ, यह अवश्य है कि युगीन समस्याओं की सापेक्ष्य में भक्ति का यह स्वर बदला हुआ दिखाई पड़ता है।

2. इस युग के संदर्भ में यह भी विचारणीय है कि, साहित्य की दृष्टि से आध्यात्मिक भक्ति चेतना का स्वर्णिम विकास ही इस युग की उपलब्धि नहीं रही है। भारतीय परम्परा में 'कवि तथा राजाश्रय' की व्यवस्था का इस कालखंड में विशेष कर उत्तर भक्तिकाल में पूर्ण विकास हुआ। गोस्वामी तुलसीदास ने श्रीरामचरितमानस की रचना संवत् 1631 में की थी और आचार्य केशवदास जो राजा इन्द्रजीत के दरबारी कवि थे- उन्होंने सं0 1658 में रामचन्द्रिका लिखी थी। उनकी 'रसिक प्रिया' की रचना सं0 1648 तथा कविप्रिया की रचना 1658 में हुई। इस युग के निम्नलिखित कवि ऐसे हैं, जिनका सम्बन्ध भारतीय काव्यशास्त्रीय परम्परा से है- राजा बीरबल कविराय, राजा मनोहर दास, अब्दुर्रहीम खानखाना, तानसेन, करनेश नरहरि सहाय,[1] गंग कवि, बलभद्र मिश्र (आचार्य केशवदास के भाई) सुन्दर कवि, सेनापति, मतिराम त्रिपाठी आदि। इनका भी सम्बन्ध भक्तिकाल से है और उत्तरमध्य काल में राजाश्रय की प्रमुखता एवं काव्यशास्त्रीय उक्तिवक्रता तथा शृंगार और

1. देखिए- अकबरी दरबार के हिन्दी कवि, डॉ0 सरयू प्रसाद अग्रवाल

नायक-नायिका भेद के प्रति आकर्षण के कारण इसी परम्परा की एक नींव पड़ी जिसे आचार्य शुक्ल ने रीतिकाल या उत्तरमध्यकाल की संज्ञा दी। यह परम्परा रीतिकाल की पूर्वपीठिका के रूप में है, जिसका जन्म तथाकथित हिन्दी भक्ति काल के बीच हुआ और भक्तिकाल के प्रति अपनी विशिष्ट दृष्टि प्रमुखता के कारण आचार्य शुक्ल ने 'भक्तिकाल की फुटकल रचनाएँ'[1] कहकर इसी क्रम से इन्हें पृथक् स्थान दिया है जो ऐतिहासिक परम्परा के सम्यक् विवेचन का स्वरूप इंगित करतीं हैं।

इसी प्रकार, प्रेमकथाओं से सम्बद्ध चरित काव्यों के लेखन की एक परम्परा सूफ़ी साधकों की भी मिलती है- जिसको शुक्ल जी ने "सूफ़ी रचनाओं के अतिरिक्त भक्तिकाल के अन्य आख्यानक काव्य" शीर्षक दिया है।

भारतीय साहित्य में नीतिकाव्य परम्परा की एक भिन्न शाखा रही है। यह शाखा हमें संस्कृत साहित्य से ही चलती हुई हिन्दी में दिखाई पड़ती है। भारतीय संदर्भ में नीति को मुक्तक काव्य परम्परा में स्वीकार किया जाता रहा है किन्तु हिन्दी में इस काव्य परम्परा के साहित्य को भिन्न सरणि में रखकर देखने का प्रयास नहीं किया गया। तुलसी कृत दोहावली, रहीम के दोहे, नीति विधान (मान कवि- सत्रहवीं शती) आदि अनेक रचनाएँ परम्परा का निर्वाण करती हैं। इस नीति काव्य के साथ-साथ मुक्तक काव्य परम्परा का विकास भी 13वीं-14वीं शताब्दी से होना शुरू हो चुका था। दोहा, छप्पय, कविता एवं सवैये ये छन्द इसके लिए आधार रहे हैं। प्रायः सन्त साहित्य एवं रामभक्ति शाखा के अन्तर्गत दोहों के माध्यम से नीति तथा उपदेश देने की एक लम्बी परम्परा दिखाई पड़ती है। यह खेद का विषय का है कि अभी तक सभी को एक परम्परा क्रम में जोड़कर विवेचित करने का प्रयत्न नहीं किया गया है।

1. देखिए- पृ0 132, हिन्दी साहित्य का इतिहास, आचार्य रामचन्द्र शुक्ल, लोकभारती संस्करण

संत साहित्य : स्थापित स्वरूप

आचार्य रामचन्द्र शुक्ल ने इस परम्परा के कवियों को 'निर्गुण मत के सन्त' का नाम दिया और इस रचनाधारा को ज्ञानाश्रयी शाखा के नाम से पुकारा है। उनके अनुसार इन कवियों का लक्ष्य धर्म सुधार रहा है और पाश्चात्य विद्वानों ने इन्हें 'धर्म सुधारक' की उपाधि दी है- वह उपाधि शुक्ल जी को ठीक लगती है।[1] डॉ. पीताम्बर दत्त बर्थवाल ने इन्हें निर्गुण मतावलम्बी बताया है और डॉ. रामकुमार वर्मा 'निर्गुण' शब्द की स्वीकृति देकर इनके लिए 'सन्त सम्प्रदाय' का उल्लेख करते हैं। उन्होंने इन्हें 'सन्त' कवि बताया है। इनकी काव्य परम्परा को सन्त काव्य परम्परा के नाम से हिन्दी साहित्य के अन्तर्गत पुकारा गया और आज भी वही मान्य है।

आचार्य परशुराम चतुर्वेदी ने इस 'सन्त शब्द' की व्याख्या इन रूपों में की है।

1- बौद्ध साहित्य में यह सन्त शब्द शान्त के अर्थ में प्रयुक्त है और 'शान्ति प्रकृति के साधु जन' को इसीलिए सन्त कहा जाता है।

2- दूसरी व्युत्पत्ति के अनुसार विद्वान् 'सन्त' शब्द को प्रामाणिक मानकर "सनति सम्भवति लोकानुगृह्णाति इति सन्तः जैसी व्याख्या करके इसका अर्थ" लोकानुग्रहकारी करते हैं।

3- 'सदा एकरस एवं अविकृत रूप से विद्यमान' रहने वाला साधक सन्त है, यह सन्त शब्द की तीसरी व्याख्या है।

इसी प्रकार, अनेक व्युत्पत्तियाँ करते हुए आचार्य परशुराम चतुर्वेदी अन्त में निष्कर्ष निकालते हैं कि- "अतएव 'सन्त' शब्द इस विचार से उस व्यक्ति (साधक) की ओर संकेत करता है- जिसने सत् रूपी परमतत्त्व का अनुभव कर लिया हो और जो इस प्रकार अपने व्यक्तित्व से ऊपर उठकर उसके साथ तद्रूप हो गया हो-जो सत्य-स्वरूप नित्य वस्तु का साक्षात्कार कर चुका है अथवा उपरोक्त रूप की उपलब्धि के फलस्वरुप अखण्ड सत्य में प्रतिष्ठित हो गया है, वही सन्त है।"[2]

---

1. हिन्दी साहित्य का इतिहास, लोकभारती प्रकाशन, पृ0 46
2. उत्तरी भारत की संत परम्परा, श्री परशुराम चतुर्वेदी, पृ0 3, 4, 5

सन्तों के साहित्य को आचार्य हजारीप्रसाद द्विवेदी ने 'निर्गुण कवि साहित्य' के नाम से पुकारा है। डॉ. पीताम्बर दत्त बर्थवाल ने भी अपने प्रसिद्ध शोध प्रबन्ध में निर्गुण मत के अन्तर्गत "इन्हें निर्गुनिया या 'निर्गुण पंथी' कहना उचित माना है। यहाँ 'पंथ' शब्द साहित्य धारा का द्योतक नहीं है और सन्तों के इस मत में पंथ जैसा इनका विकास बहुत बाद में हुआ है तथा निर्गुणोपासक सन्तों के बारह पंथ मिलते हैं। आचार्य हजारीप्रसाद द्विवेदी के अनुसार ब्रह्म के निर्गुण रूप एवं उसकी निर्गुण भावसाधना के कारण यह निर्गुण भक्ति साहित्य है।"[1]

इस प्रकार, ज्ञानमार्गी शाखा के निर्गुण सन्त, निगुर्निया, निर्गुण भक्ति साहित्य के उपासक या सन्त इन प्रचलित नामों में से 'सन्त' शब्द अधिक प्रचलित हुआ- इसीलिए बाद के आलोचकों ने सन्त मत के साहित्य को 'संत साहित्य' के नाम से पुकारा और इन साधकों को 'संत' का नाम दिया।

हिन्दी साहित्य के परिप्रेक्ष्य में : सन्त मत का उद्भव एवं विकास

प्रायः यह मान्यता है कि कबीरदास की धार्मिक एवं साहित्यिक धारा के फलस्वरूप चौदहवीं शती में हिन्दी साहित्य के अन्तर्गत 'सन्त मत' का आविर्भाव हुआ। इस मान्यता को समझने और सन्त काव्यधारा के विषयवस्तुगत सन्दर्भों को स्पष्ट करने के लिए हमें उसकी ऐतिहासिक

पृष्ठभूमि पर विचार कर लेना आवश्यक है ताकि इसकी स्पष्ट व्याख्या की जा सके।

यह सन्तमत हिन्दी साहित्य के अन्तर्गत काफी देर से आया। इस संदर्भ में सर्वप्रथम नाम 'सन्त जयदेव' का बताया जाता है- इनके हिन्दी सन्तमत के दो पद "आदि ग्रंथ गुरु ग्रन्थसाहब" में संकलित हैं। इनका समय सं0 1236 से 1262 के बीच निश्चित किया जाता है। स्वामी रामानन्द- (जन्म संवत् 1356), पीपा, नामदेव, त्रिलोचन, परमानन्द, सदन, धना, सेन आदि ये सभी सन्त कबीरदास के पहले हुए थे। नामदेव महाराष्ट्री सन्त थे, स्वामी त्रिलोचन पंढरपुर के थे, सदन का जन्म 'सिन्ध' में हुआ था, धना राजस्थान के निवासी थे, पीपा तथा सेन का जन्म मध्य प्रदेश में हुआ था। यह सन्त मत इस प्रकार कबीरदास के पूर्व देश के विभिन्न भागों यथा महाराष्ट्र, राजस्थान, बंगाल, मध्य प्रदेश एवं पंजाब आदि राज्यों में फैल चुका था और इसके बाद वह वाराणसी एवं प्रयाग में आया तथा 'कबीर साहब' हिन्दी साहित्य में इस विचारधारा के प्रथम कवि के रूप में स्वीकार किये गए। इस 'सन्तमत' का विकास सर्वप्रथम 'उत्तरभारत' में हुआ, ऐसा मानना युक्ति संगत नहीं है। राजनीतिक उथल-पुथल एवं अशान्ति के कारण सम्पूर्ण मध्यकालीन भक्तिमत बाद में और विशेष रूप से मुगलकाल में प्रतिष्ठित हुए और इसकी अपेक्षा देश

1. देखिए- हिन्दी साहित्य : उद्भव और विकास, पृ0 72

के अन्यभागों में विशेषकर-दक्षिण भारत में इसके विकास एवं संवर्धन के लिए उपयुक्त अवसर था। यहाँ इतिहास के इस प्रकरण पर विचार न करके उसके विकास के मूल स्रोतों का विवेचन अभीष्ट है।

सन्त मत के मूलस्त्रोत

(1) **अद्वैतमत एवं शून्यवाद–** सन्त मत इस अर्थ में विलक्षण है कि उसमें समन्वय तथा निषेध दोनों प्रवृत्तियाँ सक्रिय हैं। शंकराचार्य जी के पूर्व बौद्धधर्म का हीनयान, महायान, सहजयान एवं मंत्रयान तक आ चुका था। इसी के बाद धर्मकीर्ति का विज्ञानवाद एवं नागार्जुन का शून्यवाद आया। शंकराचार्य ने इस शून्यवाद के संदर्भ को अद्वैत वेदान्त से जोड़कर उसे अव्याख्येय ब्रह्म से सम्बद्ध कर दिया। गौड़पाद की कारिकाओं एवं अद्वैत वेदान्त के सूत्रों में बहुत कम अन्तर है। सम्पूर्ण निर्गुण मत का आराध्य यही आचार्य शंकर का अज्ञेय, अव्याख्येय, अकथ्य ब्रह्म बना जो अनुभूति का विषय तो है किन्तु व्याख्या का नहीं। शंकराचार्य अर्थात् आठवीं-नवीं शताब्दी तक बौद्धधर्म अपनी विकृतियों के कारण वज्रयान में परिणत हो चुका था और उसके बाद के चौरासी सिद्धों की साधना तथा चर्यागीत के संदर्भ निर्गुण पंथियों को इसलिए भाये कि वहाँ वह अज्ञेय तत्त्व अध्यात्म योग साधना के संदर्भ में रहस्यानुभूति का विषय था। सन्तों का यह रहस्यवाद एक ओर ब्रह्म की अज्ञेयता से दीप्त है तो दूसरी ओर सहजयानी वज्रसाधना के साधकों की रहस्यमयी आध्यात्मिक अनुभूति से। संत साधना का रहस्यवादी निर्गुण पंथ एवं वज्रयानी सिद्धों की शून्य साधना का केन्द्र एक बिन्दु से जुड़कर वैष्णवी समन्वयवादी अवधारणा का अनन्यतम रूप बन गया, जिसका विश्लेषण आगे किया जाएगा।

(2) **योगमत एवं नाथमत के योग मार्ग का समन्वय-** नाथमत का सम्बन्ध स्पष्ट रूप से शैव मत से रहा है। जाति-पाँति, बाह्य आडम्बर, छुआछूत के स्थान पर षटचक्र भेदन, इड़ा एवं सुषुम्ना के संयोग से आज्ञाचक्र के बाद ब्रह्माण्ड (शून्य) में प्रवेश तक योगमत है किन्तु उसके बाद उस परम अरूप पुरुष की प्राप्ति और उससे तन्मयीभूतता, अगम्य तत्त्व के उस पार जीवन्मृत की समाधि तथा आनन्दमयी आत्मिक अनुभूति यह निर्गुण भक्ति का सन्दर्भ है। अनन्त सत्ता से आत्मतत्व की तन्मयीभूतता यही निर्गुणभक्ति है और शंकराचार्य ने आनन्दलहरी तथा सौन्दर्यलहरी की रचना इसी संदर्भ में की है। सन्त साहित्य की सबसे बड़ी विलक्षणता यही है कि बौद्धधर्म के समानान्तर ही योग एवं उससे सम्बद्ध नाथमत की सम्पूर्ण मान्यताओं को अपनी साधना के

अन्तर्गत आत्मसात् करके अपनी अद्वैत ब्रह्ममयी भक्ति में उसने समन्वित कर लिया और इस प्रकार नौवीं-दसवीं शती के योग तथा नाथमत निर्गुणोपासक सन्तों की साधना के अंग बनकर उसमें समन्वित हो उठे।

(3) **सदाचारवाद का प्रचार-** जैनधर्म सदाचारवाद की दृष्टि से बौद्ध धर्म से कहीं अधिक प्रखर था। आचार्य परशुराम चतुर्वेदी बौद्ध धर्म के पाँच सदाचार संदर्भों को इस दृष्टि से विशेष महत्त्व देते हैं। ये हैं- क्षमा, शील, प्रज्ञा, मैत्री तथा सत्य। भारतीय परम्परा में दान, दया, दम, अहिंसा, अस्तेय, शुचिता, इन्द्रिय निग्रह, ब्रह्मचर्य, तप, स्वाध्याय आदि ऐसे तत्वों का उल्लेख किया गया है जो सामाजिक व्यवस्था के प्राकृतिक कारण हैं। हमारे यहाँ धर्म वृषभ के चार पैर दान, दया, सत्य एवं अहिंसा को बताया गया है। वैदिक परम्परा के प्रचलित इन मूल मानवीय तत्वों को जिनसे समाज रचना व्यवस्थित हो सके और उनसे किसी भी प्रकार का अविहित आचरण न फैले, उसके प्रति ये सन्त निरन्तर सचेष्ट रहे हैं। जीव दया एवं मानवीय मूल्यों की संरक्षा के वैदिक दायित्व को इन सन्तों ने अपने से जोड़कर उन्हें लोक में प्रचारित किया।

(4) **वैदिक ब्राह्मणवाद एवं धर्माडम्बर के प्रति तीव्र प्रतिक्रिया-** उत्तर भारत में मुसलमानी सत्ता के आने के पूर्व सन्त मत भारत के विविध भागों में स्थापित हो चुका था। महाराष्ट्र, बंगाल, गुजरात, पंजाब आदि प्रदेशों के बाद वह उस उत्तर भारत में ऐसे स्थानों पर आया जहाँ धार्मिक तीर्थ स्थलों पर मोक्ष, मुक्ति, स्वर्गलोक की प्राप्ति के नाम पर अनेकानेक आडम्बर व्याप्त थे। पंडे, पुरोहित धर्मगुरु, मंत्रगुरु, पंथों के मठाधीशों ने उपासना, दान, कर्माडम्बर, पूजा, बलि, तंत्र, मंत्र, मूर्ति पूजा, विविध प्रकार के पाषंडपूर्ण कृत्यों द्वारा धनार्जन आदि प्रवृत्तियाँ स्थापित कर रखीं थी। इन आडम्बरों के प्रति तीव्र विरोध की भावना सन्त साहित्य में शुरू से ही दिखाई पड़ती है। परम्परित शास्त्रवादी प्रथा, आस्थावाद के विरुद्ध स्वानुभव एवं तर्कसिद्ध प्रमाणों को धर्माचरण और आध्यात्मिक निष्ठा का आधार बनाने वाले सन्त ऋषियों में 'रामानन्द' का उल्लेख प्रायः किया जाता है और यह भी बताया जाता है कि निर्गुण सन्त परम्परा के विकास एवं उसकी व्यवस्था में उनका महत्त्वपूर्ण योगदान है। परम्परित वर्ण व्यवस्था एवं आश्रम व्यवस्था के विरुद्ध तथा जाति-पाँति, छुआ-छूत, स्त्री-पुरुष आदि के भेदभाव के प्रति सम्पूर्ण भक्तिमार्ग प्रारम्भ से ही सजग दिखाई पड़ता है।

(5) **वैष्णव भक्तिमत तथा संतमत का समन्वय-** वैष्णव भक्ति के विषय में तो यह मत एक विशेष बताया जाता है कि 'प्रेमसाधनामूला' भक्ति या शास्त्रीय

भाषा में वैष्णवी भक्ति के ठीक समानान्तर 'रागानुगा' भक्ति का केन्द्र दक्षिण भारत रहा है। शैव एवं वैष्णव दोनों मतों के साधक (आलवार तथा नारियार) रागानुगा प्रेममार्गी रहे हैं और प्रेमाश्रित होकर प्रभु में रागमय समर्पण को अपनी साधना की अन्तिम निष्पत्ति मानते हैं। सगुण ब्रह्म के नाम, रूप, गुण, लीला (अवतरित चरित्रों की आधारपीठिका बना कर आत्मरंजन) एवं धाम (निजता की प्रेममयता में सर्वात्म समर्पण) में तन्मयीभूतता आलवार सन्तों की सबसे बड़ी उपलब्धि है। उनके प्रभाव से ही उत्तर भारत में प्रचलित वैधी भक्ति 'रागानुगाभक्ति' में परिवर्तित हुई और सन्त मत पर इस रागानुगा भक्ति का गहरा प्रभाव है। आचार्य परशुराम चतुर्वेदी स्वीकार करते हैं कि सूफ़ीमत का प्रेममार्ग संत मत में प्रविष्ट होकर उनकी प्रेमसमर्पणमूला 'आत्म ब्रह्म' की अद्वैतता की साधना का केन्द्र बना- यह मत उचित नहीं है।[1] सन्तों की आत्मतन्मयीभूत चिन्मयता- जिसे रहस्यवाद का नाम बाद में दिया गया है, वह सूफ़ीमत का प्रभाव नहीं, आलवार सन्तों की प्रेममयी साधना का प्रतिफल है किन्तु यह भी सच है कि सन्तों ने आलवार भक्तों के आराध्य के सगुण रूप को स्वीकार नहीं किया।

इस प्रकार हम सन्त मत की भक्ति एवं उनकी साधना के पाँच स्रोतों को आधाररूप में ग्रहण करके उसकी उत्पत्ति के समय एवं कारणों का स्पष्ट रूप से अनुमान लगा सकते हैं-

1- बौद्ध धर्म के शून्यवाद का वैदिक अद्वैतमत के ब्रह्मवाद से समन्वय
2- भारतीय योगमार्ग एवं नाथ मत का समन्वय
3- जैन धर्म के सदाचारवाद का संत मत में समन्वय
4- वैदिक ब्राह्मणवाद एवं धर्माडम्बर के प्रति विद्रोह
5- दक्षिण भारत की रागमयी आलवार भक्ति का समन्वय

आचार्य शंकर के अद्वैत मत के प्रचार एवं पीठ स्थापना के बाद भक्ति मार्ग से इस मत को जोड़ने की आवश्यकता महसूस हुई। आवश्यकता इसलिए महसूस हुई कि बौद्ध, जैन, योग एवं शैव मतों के बीच अपनी परम्परा को भक्ति के साथ स्थापित करके तथा लोकजीवन का अभिन्न अंग बना कर उसे अपनी आध्यात्मिक परम्परा से विचलित उस वैदिक भारतीय समुदाय को पुनः उस परम्परा से कैसे जोड़ा जाए ? इस महत्त्वपूर्ण कार्य को दक्षिण के भक्ति अन्दोलन एवं शंकराचार्य के अद्वैत वेदान्त इन दोनों को एक बिन्दु पर मिलाकर इन सन्तों द्वारा गुरुतर कार्य किया गया। ज्ञान के परमार्थ के परमतत्त्व पर प्रतिष्ठित करने वाले शंकराचार्य न 'भक्ति विरोधी' थे और न विष्णु के प्रति असंसक्त। किंवदन्ति है

1. उत्तरी भारत की संत परम्परा, पृ0 80

कि उनके द्वारा रचित 'विष्णु स्तोत्र' की रचना अपनी माता को मृत्यु के पूर्व सुनाकर उन्हें अन्तिम शान्ति प्रदान करने के लिए की गई थी। दक्षिण भारत की रागमयी आलवार भक्ति से अद्वैत ब्रह्म को मिलाकर उसके नाम तथा गुणों का कीर्तन करके महाराष्ट्र के सन्तों ने जो परम्परा स्थापित की थी, वह उत्तर भारत ही नहीं, सम्पूर्ण भारत वर्ष भर में फैली। इस प्रकार से यह सन्त मत पूरी तरह से वैदिक परम्परा से सम्बद्ध भक्ति आन्दोलन का ही एक रूप है।

हिन्दी साहित्य के अन्तर्गत यह भक्ति मार्ग सर्वप्रथम प्रविष्ट हुआ कबीर के माध्यम से, इसलिए साहित्य के इतिहास लेखकों ने इस अद्वैतमूलक भक्ति को सर्वप्रथम स्थान दिया, वैसे दक्षिण भारत में आलवार भक्ति (वैष्णव भक्ति) एवं शैवभक्ति के आन्दोलन इसके तीन सौ वर्षों पूर्व स्थापित हो चुके थे और यही इसके मूल प्रेरणा स्रोत भी थे।

सन्त साहित्य : परम्परा का विकास

सन्त साहित्य की परम्परा एवं उसके विकास का प्रकरण केवल एक प्रदेश या सम्पूर्ण हिन्दी प्रदेश से ही सम्बद्ध नहीं है। उसकी परम्परा क्रमशः महाराष्ट्र, उत्तर प्रदेश, पंजाब तथा राजस्थान आदि राज्यों से सम्बद्ध रही है। हिन्दी साहित्य के इतिहासकारों ने उसे अधिकतर महाराष्ट्र के सन्तों से ही जोड़कर देखने की चेष्टा की है। इस कमी के कारण, इस साहित्य की विविधताओं तथा इसके मूल बुनियादी सिद्धान्तों का पता नहीं चलता। यही नहीं, यह भी भलीभाँति ज्ञात नहीं हो पाता कि इसके उद्भव, विकास तथा प्रचार-प्रसार के रूप क्या थे ? यह सत्य है कि इस सन्त मत के ऐतिहासिक स्रोतों का पता अभी तक पूरी तरह से नहीं चल पाया है, और न इसके विकास की परिस्थितियाँ ही भलीभाँति स्पष्ट हो सकी हैं। संक्षेप में, सन्त साहित्य का सामान्य विकसित रूप इस प्रकार मिलता है-

1- महाराष्ट्र	-	(1)	चक्रधर – 13वीं शती
		(2)	नामदेव – संवत् 1327 से 1407 तक
		(3)	ज्ञानदेव
		(4)	त्रिलोचन
2- सिन्ध प्रदेश	-	(1)	सदन – (नामदेव के समकालीन)
3- उत्तर प्रदेश	-	(1)	रामानन्द - संवत् 1445
		(2)	कबीरदास – संवत् 1455
		(3)	रैदास – संवत् 1575
		(4)	धरमदास – संवत् 1490
		(5)	मलूक दास – संवत् 1631
		(6)	भीखा साहब – संवत् 1770
		(7)	गुलाल साहब – संवत् 1750
		(8)	तुलसी साहब – संवत् 1800

		(9)	पलटू साहब – संवत् 1800
4- राजस्थान	-	(1)	सेन – संवत् 1448
		(2)	पीपा – संवत् 1472
		(3)	धना – संवत् 1482
		(4)	सुन्दरदास – संवत् 1553
		(5)	दरिया साहब – संवत् 1733
		(6)	दयाबाई – संवत् 1750
		(7)	लालनाथ – संवत् 1800
5- पंजाब	-	(1)	गुरु नानकदेव – संवत् 1526
		(2)	गुरु अमरनाथ – संवत् 1536
		(3)	गुरु अंगद – संवत् 1561
		(4)	गुरु रामदास – संवत् 1597
		(5)	गुरु अर्जुनदेव – संवत् 1620
		(6)	गुरु तेग बहादुर – संवत् 1679
6- अहमदाबाद-गुजरात	-	(1)	रज्जब जी – संवत् 1626
		(2)	दादू दयाल – संवत् 1660
		(3)	बषनाजी – संवत् 1640
		(4)	वाजिद जी – संवत् 16वीं शती
7- बिहार	-	(1)	दरिया साहब – संवत् 1737
8- दिल्ली	-	(1)	यारी साहब – संवत् 1725
9- मिथिला	-	(1)	जयदेव – संवत् 14वीं शती

इस प्रकार कुल मिलाकर महाराष्ट्र, उत्तर प्रदेश, गुजरात, राजस्थान, पंजाब, बिहार, बंगाल एवं मिथिला, दिल्ली आदि राज्यों में इस सन्त मत भक्ति का व्यापक प्रचार प्रसार रहा है। साक्ष्यों के अभाव में, इसका समग्र साहित्य प्रकाश में नहीं आ सका है, फिर भी, इसके व्यापक फैलाव के ये साक्ष्य पर्याप्त हैं। दक्षिण भारत में वैष्णव सगुण मत से पूरी तरह से टकराकर यह सन्त मत भी लगता है, उसी के समानान्तर चला होगा किन्तु यह उससे कुछ पीछे प्रारम्भ हुआ होगा। कारण स्पष्ट है, यह सन्त मत आचार्य शंकर के अद्वैत वेदान्त से प्रभावित है- शंकराचार्य आठवीं शती में हुए थे, तब तक तमिल प्रदेश का भक्ति आन्दोलन सम्पूर्णतः जागृत हो उठा था। यही कारण है कि प्रस्थान त्रयी की व्याख्या में शंकराचार्य भक्ति का विरोध नहीं करते किन्तु विशुद्ध ज्ञानवाद से इसे कुछ हीन समझते हैं। उनके सामान्य समर्थक जो ज्ञानवाद तक नहीं पहुँच पा रह थे, भक्ति विषयक मान्यताओं के माध्यम से उनके ब्रह्म तत्व तक पहुँचे और कुल मिलाकर उन्होंने एक नए मार्ग की खोज

की जिसे उन्होंने निर्गुण सन्त भक्ति के नाम से पुकारा है। इस भक्ति का सम्पूर्ण साहित्य आज प्रकाश में नहीं आ पाया है किन्तु जितना भी प्रकाश में आया है उससे यह पता चलता है कि पूरे भारत में इस का अच्छा प्रचार-प्रसार था। परवर्ती काल में सन्त मत की व्याख्याएँ योगादि से जोड़कर उसे और भी विस्तृत बनाई गई- किन्तु अद्वैत वेदान्त के निर्गुण ब्रह्म के अतिरिक्त अन्य तत्वों का उपयोग इन्होंने साधन के रूप में ही किया है। अट्ठारहवीं शती तक यह संत मत अनेक पंथों में बँटा और सम्पूर्ण पूर्वी, पश्चिमी एवं उत्तरी भारत में इसका व्यापक प्रचार-प्रसार हुआ।

डॉ. रामकुमार वर्मा ने अपने 'हिन्दी साहित्य के आलोचनात्मक इतिहास' ग्रंथ में इसके बीस पंथों का उल्लेख इस प्रकार किया है-

1- कबीर पंथ - संवत् 1455 - बनारस – कबीर दास
2- सिख पंथ - संवत् 1526 - पंजाब – गुरुनानक
3- मलूकदासी पंथ - संवत् 1631 - कड़ा (उ0प्र0) - मलूकदास
4- दादू पंथ - संवत् 1658 - राजस्थान – दादूदयाल
5- सतनामी पंथ - संवत् 1600 - नरनोल (दिल्ली) वीरभान
6- लाल दासी - संवत् 1700 – अलगू (राम) लालदास
7- बाबा पंथी - संवत् 1700 – देहनपुर (सरहिंद) बाबालाल
8- नारायणी पंथ - संवत् 1700 – देहनपुर (सरहिंद) हरिदास
9- प्रणामी व धायी - संवत् 1731 – राजस्थान-प्राणनाथ
10- दरियापंथी (अ) - संवत् 1733 – बिहार – दरिया साहब
11- दरियापंथी (ब) - संवत् 1773 – मारवाड़ - दरिया साहब
12- दूलह दासी पंथ - संवत् 1780 – रायबरेली – दूलहदास
13- शिवनारायणी पंथ – संवत् 1781 – बलिया, स्वामी नारायण
14- चरनदास पंथ - संवत् 1760 - दिल्ली-चरनदास
15- भीखापंथी – संवत् 1770 - बलिया (भुरकुड़ा) भीखा साहब
16- गरीबदासी पंथ - संवत् 1774 - रोहतक - गरीबदास
17- राम सनेही पंथ - संवत् 1775- राजस्थान (शाहपुर) रामचरण
18-स्वामी नारायण पंथ - संवत् 1837 - गुजरात - सहजानन्द
19-साहिब पंथ या आवापंथ - संवत् 1845 - अलीगढ़ (हाथरस) तुलसी साहब[1]

---

1. हिन्दी साहित्य का आलोचनात्मक इतिहास- डॉ0 रामकुमार वर्मा, पृ0 279, 280

इन पंथों को कहीं-कहीं सम्प्रदाय भी कहा गया है। सन्त धर्म का लोक विकास होने के संदर्भ में इनकी उपशाखाएं भी बढ़ती गई। उदाहरण के लिए कबीर पंथ की बनारस (काशी) पंथ शाखा- कबीर चौरा मठ, लहरतारा मठ, मगहर मठ आदि स्थापित हुए। कबीर के शिष्य धरमदास ने छत्तीस गढ़ी शाखा स्थापित की और उनके शिष्य भगवान गुसाई ने घनौती शाखा स्थापित की। इनका विवरण हाथरस वाले तुलसी साहब के घट रामायण में मिलता है। आचार्य परशुराम चतुर्वेदी ने इस संत मत के अन्तर्गत (फुटकर सन्तो में) स्वामी रामतीर्थ एवं महात्मा गांधी को भी उसी सन्त परम्परा में रखा है।[1] श्री वियोगी हरि जी के सम्पादन 'संत सुधासार' की भूमिका लिखते हुए भी विनोबा भावे का मत भी सन्त मत से जुड़ा दिखाई पड़ता है।[2]

यह सन्त मत यद्यपि आलवार सम्प्रदाय से सम्बद्ध रागानुगाभक्ति एवं मध्यदेश (उत्तर प्रदेश) की वैधी वैष्णव एवं पांचरात्र मत के बाद का है- फिर भी, संवत् 1300 के आसपास कवि जयदेव को इस शाखा का प्रथम संत कवि मान लिया जाए तो 1200 शती (संवत) के बाद यह मत देश के प्रमुख हिस्सों में फैला और देश में व्याप्त धार्मिक परम्परावाद, जाति एवं वर्णवाद, आश्रम धर्म एवं आडम्बर पूर्ण प्रचलित ब्राह्मण पूजावाद को नष्ट करके हिन्दू-मुस्लिम तथा अन्य दलित और कर्मकार जातियों के भेदभाव से दूर मानववाद की भावमयी प्रतिष्ठा की, जिसे हम आज मानववादी समाजवाद कह सकते है।

हिन्दी का संत साहित्य

हिन्दी प्रदेश में सन्त साहित्यधारा की काव्य सामन्ती का स्पष्ट रूप कबीरदास जी से मिलना प्रारम्भ होता है किन्तु प्रारम्भिक सन्तों की वाणियाँ गुरु अर्जुन देव जी द्वारा संग्रहीत गुरु ग्रंथ साहब में ही है। नाभादास जी के भक्तमाल में इन प्रारम्भिक सन्तों का विवरण मिलता है किन्तु साहित्य अप्राप्त है। चौदहवीं शती से सत्रहवीं-अटठारहवीं शती तक का भारत विदेशी सत्ता एवं साम्राज्यवादी शक्तियों से इतना टूट चुका था कि अपनी हस्तलिखित सामग्रियों की संरक्षा दुर्लभ ही थी और मूल तथा साहित्यिक सामग्रियों की समग्रता के अभाव में आज इन प्राचीन संदर्भो के संग्रहों एवं सूचनाओं से हमें काम चलाना पड़ता है। इस सामग्री संग्रह का आधार इस समय आदि 'गुरु ग्रंथ साहब' ही है। सन्तों के संदर्भ में **गुरु ग्रन्थ साहब** की तालिका यहाँ इस प्रकार हैं-

1- जयदेव –जयदेव के छन्द और उनकी बानी

2- नामदेव – नामदेव की बानी – गुरुग्रंथ साहब

3- ज्ञानदेव – पदों की सूचना नहीं केवल भक्तमाल में उल्लेख

---

1. उत्तर भारत की संत परम्परा- श्री परशुराम चतुर्वेदी, पृ0 683 से 688 तक
2. सन्त सुधासार- वियोगी हरि, भूमिका, पृ0 10 से 14 तक

4- सदन - “ ” ” ” ”

5- बेनी ” ” ”

6- रामानन्द” ” ”

7- घना ” ” ”

8- पीपा – पदों की सूचना नहीं केवल भक्तमाल में उल्लेख

9- सेन – इनके छन्द गुरु ग्रंथ साहब में है।

10- रैदास - प्रकाशित रैदास की वाणी, इनके 40 छन्द गुरु ग्रन्थ साहब में है।

11- कबीरदास - 'बीजक' इसके तीन भाग हैं, साखी, सबद तथा रमैनी-

12- धर्मदास - शब्दावली – धरमदास के शब्द, वेलवेडियर प्रेस, इलाहाबाद से प्रकाशित

13- गुरु नानकदेव - गुरु ग्रंथ साहिब में वाणी संकलित है। श्री जपु जी, दरबार साहब, अमृतसर

14- दादू - स्वामी दादू दयाल की वाणी

15- मलूकदास

16- गुरु अंगद- गुरु ग्रंथ साहिब में संकलित

17- गुरु अर्जुन देव – गुरु ग्रंथ साहिब

18- स्वामी गरीबदास - श्री गरीबदास की वाणी - स्वामी मंगलदास

19- रज्जबदास - 'वाणी' और 'सर्वज्ञ' दो ग्रंथ हैं – प्रकाशित- रज्जब जी की वाणी, नारनौल पटियाला

20- सुंदरदास - सुंदरग्रंथावली- प्रथम तथा द्वितीय खंड, सं0 श्री हरिनारायण शर्मा-विद्याभूषण राजस्थान रिसर्च सोसायटी, कलकत्ता

21- मलूक दास - मलूकदास की बानी, बेलवेडियर प्रेस, इलाहाबाद

22- यारी साहब - रत्नावली-बेलवेडियर प्रेस, इलाहाबाद

23- दरिया साहब-दरियासागर— बेलवेडियर प्रेस

24- दरिया साहब के चुने हुए पद और साखी- बेलवेडियर प्रेस

25- भीखा साहब – भीखा साहब की बानी, बेलवेडियर प्रेस – इलाहाबाद

26- चरणदास – इनकी बारह रचनाएँ इस प्रकार हैं-

1- ब्रजचरित्र
2- पंचोपनिषद
3- भक्ति पदार्थ निर्णय
4- ब्रजचरित्र
5- धर्म जहाजवर्णन
6- अष्टांगयोग वर्णन
7- योग संदेह सागर
8- अमरलोक अखण्डधाम
9- शब्द
10- ज्ञान स्वरोदय

11- मनविकृतकरण गुटकासार 12- भक्तिसागर

26- सहजोबाई - सहजोबाई की बानी – वेलवेडियर प्रेस, इलाहाबाद

27- दयाबाई - दयाबाई की बानी - बेलवेडियर प्रेस , इलाहाबाद

28- पलटू साहब - पलटू साहब की बानी - पहला, दूसरा, तीसरा भाग- बेलवेडियर प्रेस, इलाहाबाद

29- तुलसीसाहब - 1-घट रामायण[1], दो भाग – बेलवेडियर प्रेस, इलाहाबाद
2- रत्न सागर - ''
3- शब्दावली - ''

संत साहित्य से सम्बन्धित कृतियाँ पूरे देश भर में व्याप्त है। आज विशिष्ट संतो में इस परम्परा के शीर्ष सन्त जयगुरुदेव स्वामी स्वीकार किए जाते हैं- वैसे, उत्तर प्रदेश, महाराष्ट्र, पंजाब, राजस्थान तथा बिहार में संतो के मत सम्प्रदाय एवं पंथ आज भी आस्था के साथ पूरी तरह से फैले हुए हैं।

---

1. देखिए- लेखक कृत, घट रामायण की टीका- वेलबेडियर प्रेस, इलाहाबाद

निर्गुण संत साहित्य का विश्लेषण

भारतीय आध्यात्मिक कविता स्वयं में लोक के प्रति प्रतिबद्ध कविता है और इस प्रतिबद्ध कविता की परम्परा भारतीय जन जीवन एवं समाज व्यवस्था से जुड़ी है। आज जैसे प्रगतिवादी या संविधानवादी लोक चिन्तन में शोषणविहीन समाज की स्थापना या समता, न्याय एवं अभिव्यक्ति की स्वतंत्रता का अधिकार उसकी सामाजिक प्रतिबद्धता है, ठीक उसी प्रकार से हमारी भारतीय भक्ति कविता अपने युग में आध्यात्मिक समाजवादी व्यवस्था की प्रतिबद्धता के प्रति संकल्पबद्ध है। सूर, तुलसी, कबीर, जायसी तथा उनके पूर्व रामानन्द, आचार्य वल्लभ, मध्व, निम्बार्क, विष्णुस्वामी तथा शंकराचार्य आदि ने भारतीय जनमानस के लिए आध्यात्मिक प्रतिबद्धता का आधार निर्मित

किया है और सम्पूर्ण भक्ति साहित्य इसी का सर्वाधिक महत्त्वपूर्ण साक्ष्य है।

भारतीय वर्ण व्यवस्थावाद, ब्राह्मणवादी कर्मकाण्ड एवं पूजावाद, बौद्धधर्म के विघटन तथा जैनधर्म में शुचिता के आडम्बर के फलस्वरूप इन आचार्यों एवं चिन्तकों ने मानववादी चिन्तन को सर्वथा नया आधार दिया। शंकराचार्य का अद्वैतवेदान्त बौद्ध तथा ब्राह्मणवादी व्यवस्था के विरुद्ध था। **'शुनिचैव स्वपाके च पंडिता समदर्शिनः'** अर्थात्, जातीय आधार पर स्थित भेदभाव के स्थान पर समदर्शिता की स्थापना शंकरमत की बहुत बड़ी विशेषता है। भागवत पुराण, नारदभक्ति एवं शांडिल्य भक्ति सूत्रों में भक्ति के आश्रय से उत्पन्न 'समदर्शिता' या समता समाज का एक अनिवार्य अंग बन चुकी थी। पहली बात यहाँ यह विशेष रूप से समझने योग्य है कि इस 'आध्यात्मिकता' का अर्थ क्या है, यहाँ आध्यात्मिकता का अर्थ रूढ, पुराणग्राही, वर्णाश्रम व्यवस्था की अंधास्था तथा ईश्वरवाद न होकर विवेकानुसार उन शुभ मूल्यों की पहचान तथा स्थापना है जिनसे मानवमात्र ही नहीं समग्र प्राणियों की संकट मुक्ति द्वारा उनके अस्तित्व की रक्षा की जा सके। इस दृष्टि से यदि भारतीय भक्ति कविता को देखें तो यह सामाजिकता से पलायन की कविता नहीं है। वह सामाजिक संगठन तथा प्राचीन व्यवस्थावाद से परेशान भारतीयों के टूटे हुए हृदय को जोड़ने वाली कविता है- यहाँ मानव अस्तित्व की रक्षा और उनके बीच परस्पर आत्मीयतापूर्ण मेलजोल से एक नई व्यवस्था उत्पन्न करना ही इस आध्यात्मिक कविता का मन्तव्य रहा है,

जिससे भेदभाव रहित समरस मानवीय समाज बन सके।

मानवीय अस्तित्व के संरक्षण के साथ लोक व्यवस्था को एकरूपता देकर उसमें समता स्थापित करना इस आध्यात्मिक समाजवादी भक्ति कविता का दूसरा लक्ष्य रहा है। भेदभाव रहित समतामूलक समाज रचना आज संविधानवादी लोकतंत्र का परम लक्ष्य है और भक्तिकालीन काव्य आज से हजारों वर्षों से इसके लिए संघर्ष कर रहा है। इस कविता मे वर्ग संघर्ष नहीं है, जाति-पाँति का भेद भाव भी नहीं, स्त्री-पुरुष की सर्वत्र समानता है, यहां ब्राह्मण एवं म्लेच्छ के बीच ऐक्य एवं समभाव है। विषमतारहित समाज की स्थापना के प्रति प्रतिबद्धता इनकी मूलदृष्टि रही है।

वृहत्संहिता जो आगम परम्परा का ग्रंथ है, एक स्थल पर उसमें कहा गया है-

म्लेच्छा हि यवनास्तेषु सम्यक् शास्त्रमिदं स्थितम्।
ऋषिवत् तेऽपि पूज्यन्ते किं पुनः देववद्विजः॥

इस बात को आगे बढाते हुए कबीर कहते हैं कि-

एक बूँद से सृष्टि रची है को बाभन को सूदा॥

× × ×

कहै कबीर राम रमि रहिये हिन्दू तुरक न कोई

समदर्शिता एवं समता द्वारा भक्ति के माध्यम से इन सन्तों ने टूटे हुए भारतीय समाज को किस प्रकार से सन्तुलित करने का प्रयास किया, वह महत्वपूर्ण है।

भक्तिकालीन इस निर्गुण कविता के विविध पक्षों का विश्लेषण अनिवार्य है क्योंकि इन्ही के माध्यम से इनके चिन्तन की सम्पूर्णता का विश्लेषण सम्भव है। ये इस प्रकार हैं-

निर्गुण साहित्य में प्राप्त सामाजिक, भक्तिपरक एवं साहित्यिक संदर्भों की स्थिति नितान्त स्पष्ट है। सामाजिक संदर्भ के प्रकरण में भक्ति मत ने जैन तथा बौद्ध मतों की भाँति समग्र विषमताओं के समापन की ओर सचेष्टता बरती है। वैदिक साहित्य के प्रति लोक की वितृष्णा का कारण भी यही था- जिससे महात्मा बुद्ध ने अपने मत को वेद सम्मत बताते हुए समग्र लोकजन को एक सूत्र में बाँधने की चेष्टा की है। ज्ञान और कर्मकाण्ड, ब्राह्मण तथा यवन सब के लिए और सभी की सहभागिता इस सन्दर्भ में आवश्यक है। वर्णाश्रम, जाति-पाँति, सक्षमता-अक्षमता का प्रश्न वहाँ पहले था। कई यज्ञ नरबलि और पशुबलियों से भी सम्बद्ध रहे हैं। किन्तु भक्ति का जहाँ तक सम्बन्ध है, वह सामाजिक प्रेम एवं पारस्परिक सौहार्द्र के साथ पनपी और समाज को धीरे-धीरे अपने में बाँधती चली गई। उसकी तीन प्रवृत्तियाँ बड़ी ही महत्त्वपूर्ण है-

(क) विषमताविहीन समाजरचना के प्रति प्रतिबद्धता

(ख) निषेधवादी मूल्यों द्वारा सामाजिक विसंगतियों की समाप्ति पर बल

(ग) समन्वयवाद

(क) विषमताविहीन समाजरचना के प्रति प्रतिबद्धता

जहां तक संत मत की भक्ति के स्वरूप का प्रश्न है, इन कवियों की आध्यात्मिक आस्था का मूल मन्तव्य इसी से सम्बद्ध है। इनकी भक्ति विषयक अवधारणा सगुण भक्ति के कई पक्षों के समीप है। केन्द्रीय चेतना, प्रेम, समर्पण, शरणागति एवं प्रपत्ति प्रायः थोड़े बहुत परिवर्तन के साथ सभी में एक हैं- वात्सल्य, दास्य, सख्य, कृपामयता, रति आदि के संदर्भ प्रभु और जीव के बीच सिद्धि के अपने संदर्भ रखते हैं। सगुणों की भाँति यहां लीला नहीं है किन्तु जीव तो अन्ततया अपने उस मूल से तादात्म्य सम्बन्ध के लिए निरन्तर व्याकुल है। इस प्रकरण में निम्नलिखित बिन्दु विचारणीय है-

(1) सन्त साहित्य की भक्ति विषयक अवधारणा

(2) भक्ति का स्वरूप

(3) सन्त कबीर तथा अन्य भक्त कवियों का रहस्यवादी पक्ष

(4) निर्गुण भक्तिःपरमप्रेममयता की अभिव्यक्ति

सामाजिकता तथा भक्ति के सन्दर्भो के साथ-ही-साथ जो मूल विचारणीय प्रश्न यहाँ रखा जाना चाहिए वह यह कि यह प्रकरण साहित्य का है। साहित्य की भावात्मक चेतना किस प्रकार भक्ति की आध्यात्मिकता को अपने से जोड़कर लोकजीवन से कैसे जुड़ती है और उन्हें किस प्रकार एक करती है ? आचार्य शुक्ल तथा उन्हीं की देखा देखी अन्य विद्वान् निर्गुण भक्ति साहित्य के साहित्य होने पर ही संदेह करते हैं। इस समसामयिक युग में डॉ. पारसनाथ तिवारी, डॉ. रामकुमार वर्मा, डॉ. रामस्वरूप चतुर्वेदी आदि इसे काव्य की सीमा में कैसे ले आते हैं, यह एक विचारणीय प्रश्न है। सन्त साहित्य के विषय में हमेशा दो पक्ष रहे हैं- साहित्यक मन्तव्य की दृष्टि से– नकार और स्वीकार के। इन पक्षों पर विचार करने के क्रम में अन्य साहित्यिक मूल्यों पर चर्चा इस प्रकरण में अपेक्षित है- जो इस प्रकार है-

(1) संत भक्ति कविता का साहित्यिक संदर्भ

(2) निर्गुण भक्ति कविता का विधानतंत्र

(क) रूपक तथा अन्योक्तियाँ

(ख) प्रतीकविधान

(ग) उलटवासियाँ

संक्षेप में यहाँ इन्हीं बिन्दुओं पर विचार अपेक्षित है।

गुरु नानकदेव ऐसी ही बातें अपने सामाजिक संदर्भो में बताते हैं-

असंख मूरख अंधघोर। असंख चोर हराम खोर।

असंख अमर करि जाहि जोर। असंख गलबढ़ हत्तिआ कमाहिं।

असंख पापी पाप करि जांहि। असंख कुडिआर कूड़े फिराहिं।
असंख म्लेच्छ मल भखि खाहि। असंख निदंक सिरि करहिं भारु,
नानक नीच कहै बीचारू। वारिआ न जावा एक बार
जो तुधु भावै साई भली सार। तू सदा सलामति निरंकार।

असंख्य लोग मूर्ख और घोर अंधे हैं, असंख्य चोर और पराया धन हरण करने वाले हैं। असंख्य लोग ऐसे हैं, जो बलात्कारपूर्वक राज्य स्थापित कर लते हैं और गला काटने वाले और हत्यारे भी असंख्य हैं। असंख्य पापी हैं और जिन्हें पाप करते हुए गर्व होता है। असंख्य असल बोलने वाले असत्य में ही पड़े-पड़े चक्कर काटते हैं। असंख्य गंदे लोग गंदी कमाई से ही अपने पेट भरते हैं और असंख्य निंदक पराई निन्दा करते और सिर पर पापों की गठरी लादते हैं।

गुरु नानकदेव का कहना है कि मैं तो तुझपर एक बार भी निछावर होने लायक नहीं। अच्छा भला वही है जो तुझे भावे। हे निरंकार! तू सदा सलामत रहता है।''[1]

एक अन्य स्थल पर समाज की तस्वीर खींचते हुए गुरुदेव नानक साहब कहते हैं-

कलि होई कुत्ते मुही खाजु होआ मुरदाकु।
कणु बोलि-बोलि भउकणा चूका धरम बीचारु।
जिन जीवंदिआ पति नही मुइया मंदी सोइ।
लिखिआ होवै नानका करता करै सु होइ॥

''कलियुग में लोगों के मुँह हैं, कुत्तों के जैसे और मुर्दार खाते हैं। वे झूँठ बोलकर मानो भौंकते हैं और सच्चाई का भी कुछ विचार नहीं रखते। जीते जी, उनकी कोई प्रतिष्ठा नहीं और मरने पर भी उनकी बदनामी होती है।''[2]

यहाँ हमारे सन्तगण एक ऐसे समाज की चर्चा कर रहे हैं, जो उन्ही के बीच का है-

''समाज में ऐसे लोग हो गए हैं- जिनके दस मन अनाज पैदा हो गया है या किसी तरह से टेंट में दस रूपए आ गए हैं- लगता है, उनके पास दस दिन की बादशाहियत आ गई है, उसी में पागल हैं। कोई सौ गाँव भेंट में पाकर राजा बन गया है- किन्तु इनका विनाश तो रावण की भाँति होता है।''

''विषमता की अंहकारभरी गति तो और भी विलक्षण है। एक निर्धन है, दूसरा सम्पत्तिवान और धनी है। निर्धन सम्पत्तिवान के पास जाता है तो वह उसका निरादर तथा अपमान करने के लिए अपनी पीठ उसके मुँह के सामने कर लेता है- निर्धन का मुँह तक देखना नहीं चाहता, किन्तु दूसरी ओर धनी जब निर्धन के घर जाता है तो निर्धन अगवानी करके उसे सलाम करके आदरपूर्वक आगे बैठाता है।''

1. संत सुधासार, वियोगी हरि, पृ0 219, 220, 221
2. संत सुधासार, वियोगी हरि, पृ0 249

अहंकारभरी विषमता की यह हृदयगत दूरी सत्ता से, शक्ति से, आतंक तथा दबाव से नहीं और न किसी अन्य प्रशासनिक माध्यमों से ही समाप्त की जा सकती है। समाज में समझ पैदा करके, नैतिक, धार्मिक एवं भक्ति विषयक मन्तव्यों के उदाहरण एवं संदर्भ देकर इसे समझाया जा सकता है। ये निर्गुण मत के सारे-के-सारे कवि ईश्वर की भक्ति के माध्यम से अहंकार, मद, ईर्ष्या, द्वेष, हिंसा, पाषंड, भ्रष्टाचार आदि से जनमानस को मुक्त करना चाहते थे, प्रशासनिक तेवर दिखाकर नहीं, समझ एवं विवेक द्वारा, ज्ञान द्वारा, प्रेम और बंधुत्वमूलक-भक्ति द्वारा, भाई-चारे तथा सौहार्द्र द्वारा नानकदेव की भाँति कि- "हे मनुष्यों? कुत्ते जैसे बनकर मनुष्यों को अपना भोजन न बनाओ, समाज के बीच झूँठ बोलकर उसकी स्थापना के लिए भूँको नहीं।"

निर्धनों का शोषण और उनमें आतंक उत्पन्न करने वाले केवल उत्तर प्रदेश में ही नहीं थे- पंजाब, बिहार, राजस्थान, बंगाल, गुजरात ही नहीं पूरे भारत में फैले हुए थे और सन्त सर्वत्र उसी एकता की बात करते हैं- जो सामाजिक प्रेम, लोक की मांगलिक भावनाओं, धर्म एवं ब्रह्म की अद्वैतता से सम्बद्ध है। राजस्थान के दादू साहब एक स्थान पर इसी प्रकार की एकता तथा समन्वय की बात करते हैं-

बाबा नांही दूजा कोई।
एक अनेक नाउ तुम्हारे मो पै और न होई।
अलख इलाही एक तू, तूं ही राम रहीम।
तू ही मालिक मोहना केसौ नाउँ करीम।
साई सिरजन हार तूं, तूं पावन तूं पाक।
तूं काइम करतार तूं, तूं हरी हाजरी आप।
रमिता राजिक एक तूं, तूं सारंग सुबहान।
कापिर करता एक तूं, तूं साहिब सुलतान।
अविगत अल्ल एक तूं, गनी गुसाई एक।
अजब अनूपम आप हैं, दादू नाउं अनेक॥

जातिभेद के अनुसार धर्मभेद और धर्मभेद के अनुसार ईश्वर भेद का प्रकारान्तर भाव से सबका खण्डन करते हुए अद्वैत ब्रह्म के साथ हिन्दू, मुसलमान, सिख आदि को जोड़कर ये कवि आध्यात्मिक एकेश्वरवाद द्वारा समाज के अन्दर जिस आध्यात्मिक समता की स्थापना करना चाहते हैं, आज के युग में सन्त महात्मा गाँधी के स्वराज्य या आध्यात्मिक समाजवाद के रूप में ही यह सन्दर्भ दिखाई पड़ता है।

आध्यात्मिक समन्वयवादी मूल्यों यथा-दया, प्रेम, समता, ममता, अहिंसा, त्याग, समर्पण, उदारता आदि ऐसे तत्व हैं जो परस्पर मनुष्यों को ही नहीं- सम्पूर्ण प्राणियों के साथ मानव समाज को जोड़ते हैं, उन्हें जोड़कर समाज में उन्हें साथ देखना इन कवियों का

सामाजिक लक्ष्य है और आज हम गणतंत्रात्मक समाजवाद में भी ऐसे ही समाज की स्थापना चाहते हैं, जो विषमताविहीन हो, भेदभाव रहित हो, समरस हो, जहाँ आचरण में समानता एवं समता हो।

सन्तों की यह साधना अन्त में मठवाद में बदल गई और उनमें आत्मप्रभुत्व का मोह धीरे-धीरे उत्पन्न होने लगा, किन्तु सन्तमत सिद्धान्ततः पंथ या मतवाद के विरुद्ध है।

(ख) निषेधवादी मूल्यों द्वारा सामाजिक विसंगतियों की समाप्ति पर बल

भारतीय धर्म एवं अध्यात्म की परम्परा में 'धर्म तथा अधर्म', ग्राह्य एवं त्याज्य, स्वीकृति एवं निषेध इन पक्षों पर उपनिषद् काल से ही प्रश्न उठते आए हैं। षड्दर्शन, जैन, बौद्ध एवं परवर्ती नाथ तथा सिद्ध, वैष्णवमत- सगुण एवं निर्गुण मतों में सर्वत्र आध्यात्मिक शाश्वतता को स्थापित करने के प्रति सचेष्टता दिखाई पड़ती है और निर्गुण सन्तों में यह अपनी मूल परम्परा अद्धैत वेदान्त तथा समकालिक चिन्तनों के फलस्वरूप विकसित हुई। निर्गुण सन्त परम्परा में सामाजिक तथा आध्यात्मिक निषेधवाद की यदि सूची बनाई जाए तो वह इस प्रकार होगी- बहुत सम्भव है, इससे भी तमाम बातें छूट गई हों –

1- मूर्तिपूजा का विरोध
2- कर्मकांड एवं आडम्बरों का विरोध
3- तीर्थयात्रा का विरोध
4- लौकिक तथा भौतिक अहंकारमयता का विरोध
5- सगुण देवोपासना का विरोध, निषेध एवं समन्वय
6- जाति-पाँति, लिंग भेद एवं छुआछूत का विरोध
7- जीव हिंसा का विरोध
8- हिन्दू तथा मुसलमानों की साम्प्रदायिकता का विरोध
9- शास्त्र एवं शास्त्रज्ञान के आडम्बर का विरोध
10- संसक्ति, मोह, मद, तृष्णादि का विरोध
11- शक्तिपूजा का विरोध
12- पितृ पूजा एवं श्राद्धकर्म का विरोध
13- मांस, मद्य एवं वामाचार का विरोध
14- युग की प्रचलित कष्टकारी साधनाओं का विरोध

इन निषेधवादी तत्त्वों के मूल में कौन सी भावनाएँ हैं, जिनकी सिद्धि ये निर्गुणवादी विरोध के माध्यम से स्थापित करना चाहते हैं। सामान्य रूप से इस निषेध के पीछे निम्नलिखित तत्त्व हैं, जिनकी ये संत सामाजिक स्थापना चाहते हैं-

1- जाति, धर्म, भौतिक अहंकार, सत्ता एवं राजमद, ज्ञान के मिथ्या अहंकार से

उत्पन्न सामाजिक भेदभाव को समाप्त करना

2- धर्म के सम्यक् बोध के लिए वातावरण उत्पन्न करना

3- हिंसा, कटुता, बैर, असत्य आदि मूल्यों से मुक्त मानवीय समाज रचना के प्रति तत्परता का भाव

4- कर्म तथा सदाचरण की श्रेष्ठता का एहसास कराने के लिए

5- समाज रचना तथा लोक व्यवहार के बीच आध्यात्मिक मूल्यों की प्रतिष्ठा

सन्त तुकाराम इस समस्या पर अपना मत इस प्रकार रखते हैं-

क्या द्विजाति क्या शूद्र ईश को वेश्या भी भज सकती है।
स्वपत्रों की भी भक्तिभाव में शुचिता कब तज सकती है।
अनुभव से कहता हूँ मैंने उसे कर लिया है, वश में
जो चाहे सो पिये प्रेम से अमृत भरा है इस रस में।

उस समय भारतीय समाज व्यवस्था में सबसे बड़ा द्वन्द्ववाद हिन्दू तथा मुसलमानों के बीच था। इस द्वन्द्ववाद की समाप्ति के कई-कई कारणों की चर्चा निर्गुण साहित्य में मिलती है- सन्त नामदेव दोनों को सुझाव देते हैं कि तुम मन्दिर-मूर्ति-पूजन त्यागो और तुम मस्जिद की नमाज छोड़कर उस अनाम ब्रह्म की शरण में जाकर एक हो-

हिन्दू पूजा देहुरा मुसलमान मसीत'
नामा सोई सेविया जहाँ देहुरा न मसीत।

नामदेव की यह साखी उनके लोक अनुभव से जुड़ी है। इस प्रकार, निर्गुणमत का संत चाहे पंजाब को हो, चाहे महाराष्ट्र का, चाहे राजस्थान या उत्तर प्रदेश का, समाज में आध्यात्मिक समभाव की स्थापना के प्रति सजग दिखाई पड़ता है।

इनका यह निषेध पक्ष मूलतः सामाजिक संकीर्णताओं के प्रति तीव्र विरोध से सम्बद्ध है। यदि इस विरोध की सूची बनाना चाहें तो वह इस प्रकार की होगी-

परम्परित जातिवाद के प्रति विरोध, कर्मवाद के प्रति विरोध, धर्मवाद के प्रति विरोध, सम्पत्तिवाद एवं साम्राज्यवाद के प्रति विरोध, आडम्बरपूर्ण धर्माचरण के प्रति विरोध, यज्ञवाद, कर्मकांडवाद आदि का विरोध, प्रदेशवाद एवं हिन्दू मुसलमानवाद का विरोध, नारी जाति के प्रति हीनता भाव के भाव का विरोध, दलित तथा कर्मकारों के प्रति हीनताभाव का विरोध- अर्थात् जो भी सामाजिक सहिष्णुता एवं कटुता का बाधक है, ये संतभक्त कवि एकभाव से पूरे देश में एक स्वर से उसका विरोध करते हैं। इनका भक्ति के आश्रय में पल्लवित यह विरोध उस युग में लोक आन्दोलन के रूप में दिखाई पड़ता है और यह आन्दोलन था पहली बार भारतीयों की समग्र तथा अखण्ड एकता को जागृत करके उन्हें एक मंच पर ले आने का। इन सारे विवेच्य संदर्भों को देखकर डॉ. रामविलास शर्मा ने ठीक ही टिप्पणी दी है-

"सन्त साहित्य में मानवमात्र की समानता की भावना एक मूल सूत्र की तरह विद्यमान है। विभिन्न धर्मों, विभिन्न जातियों और वर्गों में बँटे हुए समाज में निर्धन जनता पर विश्वास प्रकट किए बिना न रह सकी कि सभी मनुष्य भाई-भाई हैं। सन्त साहित्य शोषण से त्रस्त जनता की इस आकांक्षा को प्रकट करता है कि ऐसे समाज का निर्माण हो जिसमें ऊँच नीच का भेद न हो, जिसमें सताने वाले राजा न हों धर्म के ठेकेदार न हों, समाज व्यवस्था का आधार प्रेम हो। जहाँ स्त्री-पुरुषों के लिए एक से नियम हों, इस तरह से मध्यकालीन निर्धन किसानों जुलाहों, कारीगरों आदि की साम्य भावना प्रगट करते हैं- एक वर्गविहीन सुखी समाज का स्वप्न प्रगट करते हैं। ये चित्र सिद्ध करते हैं कि भारतीय जनता में वर्गविहीन समाज की स्थापना बहुत पुरानी है।"[1]

यद्यपि शर्मा जी ने सम्पूर्ण भक्ति आन्दोलन को केन्द्र में रखकर यह टिप्पणी दी है किन्तु इस टिप्पणी के मूल में निर्गुण सन्तों द्वारा विधिपक्ष एवं निषेध पक्ष दोनों द्वारा स्थापित समतामूलक तथा न्यायमूलक समाज रचना का समाजवादी आधार स्पष्ट रूप से समर्थित होता है।

(ग) समन्वयवाद

इस निषेध पक्ष का भावात्मक पक्ष समन्वय ही है। समाज व्यवस्था का सामाजिक आधार वर्ण व्यवस्था है। इस कविता में ब्राह्मण एवं क्षत्रिय धर्म का समय सापेक्ष्य अर्थ लगाया गया है। किसवी, कामगार, मजदूरों का दूसरा वर्ग, वणिक और व्यवसायियों का तीसरा वर्ग, चौथा वर्ग बना किसानों का है। कबीरदास सम्पूर्ण परित्यक्त व्यवस्था को एक साथ स्वीकृति देते हुए कहते हैं-

सहज समाधि न जम तैऽहूँ।
कम्हरा होई कै बासन धरिहूँ धोबी ह्वै मल धोऊँ।
चमरा ह्वै कै वासन रंगौं अघोरी जाति पाँति कुल खोऊँ।
तेली ह्वै तन कोल्हू करिहों पाप पुनि दोउ पेरूँ।
पंच बैल जब सूध चलाउँ पाँच जेवरी जोरुँ।
क्षत्री ह्वै कै खड्ग सम्हालूं जोग जुगुति दोइ साधूं।
अवधू ह्वै कै यह तन धूतों बधिक ह्वै मन मारूँ।
बनिजारा ह्वै जन कूँ बनिजूँ जुवारी ह्वै जग हारूँ।
तन करि नवका मन करि खेवट रसन करउँ बडारू।
कहि कबीर भवसागर तरिहूँ आप तिरूँ बपु तारूँ।

1. भक्ति आन्दोलन के सामाजिक आधार- डॉ0 गोपेश्वर सिंह, लेख- डॉ0 रामविलास शर्मा, सन्त साहित्य के अध्ययन की समस्याएँ, पृ0 105-106

आत्ममुक्ति अगम्य तत्त्व में तन्मयरूपता है किन्तु शरीर की मुक्ति सामाजिक प्रेम, समग्र समानता, पारस्परिक समन्वय है। यह ऋग्वेद के **'चन्द्रमा मनसोजातः अक्षो सूर्यो अजायतः'** से भिन्न सम्पूर्ण समाज को चाहे कर्मकार का हो, चाहे वर्ण व्यवस्था का हो, चाहे स्वतंत्र आजीविका से जुड़े मल्लाह एवं बनजारों का हो सबको अपने में समन्वित करते हैं- सामाजिक विषमता की समाप्ति के लिए।

धार्मिक स्तर पर जैन, बौद्ध, नाथ, योग, कर्मकांड तथा पूजन विधि से सम्बद्ध वैष्णव एवं शैव मतों को इन निर्गुण सन्तों ने दो साधनों से समाप्त किया- प्रथम समन्वय द्वारा और दूसरा उनकी उपासना पद्धति की कमियों का निर्देश करके या स्वयं में समाहार द्वारा। कबीरदास इन दोनों उपायों का प्रयोग करते हुए एक स्थल पर कहते हैं-

सब मदमाते कोइ न जाग।
ताते संग ही घर चोर मूसन लाग।
पंडित माते पढि पुरान। जोगी माते धरि धियान।
संन्यासी माते अहमेव। तपा जु माते तप के मेव।

मूलतः 'साधना' में अहंकार के उत्पन्न होने पर साधक समपर्ण तथा शरणागति का विरोधी बन जाता है और इस प्रकार अहंकार त्याग करके सभी धर्म राग में समर्पित हों- तभी शान्ति मिलेगी।

कबीर एक अन्य स्थल पर कहते हैं-

'कबीरा तालिब तोरा
जहाँ गोपी हरी गुरु मोरा'

'गोपी और कृष्ण' कबीर की भक्ति मार्ग के निर्देशक गुरु हैं। एक अन्य स्थल पर पुनः कहते हैं कि-

काम मिलावै राम कूँ जो कोइ जाणैं राखि।
कबीर बिचारा क्या करै सुखदेव बोलै साखि॥

वे पुनः कहते हैं-

ज्यों कामी को काम पियारा ज्यों लोभी को नीर रे।

X X X X

बैठे फोटक कलू मँधकारा। राम कहे ते दास नियारा।
भगति नारदी मगन सरीरा। यहि विधि भवनिधि तरै कबीरा।

राम, कृष्ण, अद्वैत ब्रह्म का समन्वय एवं उनकी भक्ति की भावात्मक एकता का यह निर्गुण संत मत इस भारतीय मध्ययुग के लिए आदर्श रहा है। भक्ति के प्रताप से उत्पन्न समन्वय की धारणा के प्रति व्यंजनाभाव से संकेत करता हुआ कवि कहता है-

जागे सुक ऊधव अक्रूर। हणवन्त जागे लै लंगूर।

संकर जागे चरण सेव। कलि जागे नामा जैदेव।
ये अभिमान सब मन के काम। ये अभिमान नहीं रही ठाम।
आत्माराम को मन विश्राम। कहि कबीर भजि राम नाम।।

शुकदेव, उद्धव, अक्रूर, हनुमान, शिव, नामदेव, जयदेव, आदि सभी अभिमान त्याग करके श्रीराम के प्रति सम्पूर्ण भाव से समर्पण द्वारा ज्ञानसिद्ध हो उठे। यहाँ कबीर संसार को अभिमान त्यागकर समर्पण की बात कहते हैं- जो उनके आध्यात्मिक समता का वातावरण निर्मित करता है।

शुरू में कहा जा चुका है कि सम्पूर्ण जातियों के साथ आत्मीयता, स्त्री-पुरुष के साथ समत्व, सभी धर्मों के साथ ऐक्य और इनके बीच एकता तथा समन्वय के द्वारा इस समाज की जातीय एकता तथा उनकी आध्यात्मिक परम्परा के बोध को सबल बनाना इन सन्तों का बहुत बड़ा सामाजिक दायित्व था। हिन्दी साहित्य में 'म्लेच्छाक्रान्तेषु देशेषु' को आधार बनाकर जिस वितंडावाद को तूल दिया गया है, वृहत्संहिता में उसका उत्तर सुनें, देखें– जो इस प्रकार है-

म्लेच्छा हि यवनास्तेषु सम्यक्शास्त्रमिदम् स्थितम्
ऋषिवत् तेऽपि पूज्यन्ते किं पुनः देववद्विजः।।

भक्ति की शरणागति में म्लेच्छ तथा यवन पूर्णतः आदर के साथ ऋषिवत् पूज्य हैं, क्या ब्राह्मण है, देवतुल्य पूज्य हो सकते हैं।

नामदेव जातिपाँति के विरोध द्वारा इस समन्वय की स्थापना के पक्षधर थे, वे कहते हैं-

कहा करउ जाती, कहा करउ पाती।
राम को नाम जपउ दिन राती।

'जाति पाँति' से मेरा कोई वास्ता नहीं है, मैं रात दिन राम का नाम जपता रहता हूँ, इसी से उनकी जाति बनती है।

इस प्रकार सामाजिक समानता तथा समन्वय इस निर्गुण भक्ति की मूल मानवीय चेतना है और ये भक्त आज तक (महात्मा गाँधी एवं विनोबा भावे) के रूप में इस दिशा में सचेष्ट रहे हैं। इसके दो संदर्भ विचारणीय है-

(क) विषमताविहीन समाज रचना के प्रति प्रतिबद्धता

भक्ति का उद्देश्य हमेशा विषमताविहीन समाज की रचना से सम्बद्ध रहा है। सामाजिक विषमता का सम्बन्ध, धन, जाति, वर्ण, नारी-पुरुष, राजा-प्रजा, ब्राह्मण एवं अब्राह्मण आदि के बीच भेद भाव, निम्नतम जातियों के प्रति अमानवीय असद्भाव के त्याग से रहा है। पश्चिमी समाज में यह विषमता धनी एवं व्यावसायिक उद्योगपतियों द्वारा गरीब मजदूरों

के शोषण के रूप में आता है। भारत में राजा एवं जमींदार वर्ग द्वारा खेतिहर कृषकों के शोषण तथा कर्मकारों से यह समस्या सम्बद्ध थी।

कबीरदास आदि निरन्तर दलित वर्ग, नारी वर्ग, किसवी वर्ग, (कर्मकार जातियों- कुम्हार, सुनार, लुहार आदि) कृषक वर्ग, प्रजा वर्ग के समर्थन में रहकर उनको समाज में समान सम्मानित स्थान दिलाकर उन्हें शोषणमुक्त देखना चाहते थे। कबीरदास उस युग के समान्तवाद (पूँजीवाद) पर व्यंग्य करते हुए कहते हैं-

कहा नर गरबसि थोरी बात
दस मन नाज टका दस गँठिया टेढौ-टेढौ जात।
दिवस चारि की है पतिसाही क्यूँ बनि हरियल पात।
राजा भये गाँव सौ पाए टका लाख दस भ्रात।
रावन होत लंक को छत्रपति पल में गई विहात।

एक अन्य स्थल पर वे अपने युग के गरीब अमीर के सम्बन्धों का वर्णन करते हुए कहते हैं-

निरधन आदर कोई न देई। लाख जतन करै ओहि चित्त न धरई॥
जौ निरधन सरधन के जाई। आगे बैठा पीठि किराई।
जौ सरधन निरधन के जाई। दीया आदर लिया बुलाई॥
निरधन सरधन दोनो भाई। प्रभु की कला न मेरी जाई।
कहै कबीर निरधन है सोई। जाके हिरदै नाम न होई।

(ख) सन्त साहित्य की भक्तिविषयक अवधारणाएँ

सन्त साहित्य की भक्तिविषयक मान्यताएँ परम्परा से पूरी तरह मेल नहीं खातीं। प्रथम यह कि यहाँ वैधी नवधाभक्ति के लिए कोई गुंजाइश नहीं है। रागानुगाभक्ति इसलिए कि इस भक्ति का जन्म तब हुआ जब आलवार भक्ति मत (रागानुगा एवं भावभक्ति) का पूरी तरह से प्रचार प्रसार हो चुका था। ये आलवार भक्तों से एक कदम आगे बढ़कर अपनी भक्ति के स्वरूप को स्पष्ट करते हैं। आलवार भक्ति के नारायण एवं कृष्ण या राम नाम, रूप, गुण, लीला एवं धाम से समन्वित थे। ये केवल नाम को- लेते हैं। उस नाम के साथ स्वीकारवाद के अद्वैत रूप को, जिसका न मुँह है, न माथा है, न रूप है, न कुरूप है- रूप को ये ग्रहण करते हैं, यह एक आश्चर्य का प्रश्न है। उनका रूप लोकासक्ति का है- जहाँ लोक रूप का बिम्ब है, वहीं यह बनता है और बनकर टूट भी जाता है- पिता का, माता का, गुरु का, पति का, सखा का, ये कौन से रूपात्मक सम्बन्ध हैं ? यह सम्बन्ध भावात्मक प्रतीति का है। ये सम्पूर्ण सन्त यद्यपि अद्वैत ब्रह्म के उपासक हैं, फिर भी रागात्मक सूत्र को बाँधने के लिए दो का होना अनिवार्य बताते हैं- ये दो बन जाते हैं, अद्वैत

ब्रह्म एवं आत्मरूप जीवतत्त्व- जो परस्पर अद्वैत हैं और यह द्वैतता इस लोक सम्बन्ध तथा मार्मिक संसक्ति के कारण बनी रहती है। आचार्य शंकर ज्ञानात्मक प्रक्रिया द्वारा इस द्वैत को तोड़ते हैं, एकमेव कैवल्य रूप ज्ञान द्वारा। समाधि भी इसके लिए उपाय है। सन्त कवि साधन के रूप में रागानुगा भावमयी तादात्म्य की साधना को स्वीकार करते हैं, वह समाधि जैसी है। 'रागानुगा भावात्मक भक्ति के तादाम्य क्षणों की अनुभूति तथा भाषा के माध्यम से उस अनुभूति की अभिव्यक्ति ही सन्तों की कविता है।' इस नई प्रक्रिया का अन्वेषण इन्हीं सन्तों ने किया है। नामदेव में प्रेमभक्ति की यह प्रक्रिया थोड़ी-सी कच्ची है, आगे चलकर पकती है।' अनुभूति के क्षणों की विविध प्रक्रियाएँ एवं विविध अवस्थाओं का वर्णन इस कविता से जुड़ता है। अब प्रश्न उठता है, सन्तों के उस अनुभव साक्ष्य का प्रमाण क्या है ? यह अनुभव साक्ष्य ही उनकी भक्ति का प्रमाण है, इस अनुभूति साक्ष्य के लिए अभिव्यक्त वाणी ही कविता (सन्त साहित्य) है- इसीलिए यहाँ पहले अनुभव के साक्ष्य रूप सन्त साहित्य की भक्ति का विश्लेषण करके फिर साहित्य की चर्चा करेंगे।

सन्त भक्ति का स्वरूप

जैसा कि कहा गया है, सन्त मत में नवधा भक्ति न होकर रागानुगा भक्ति है। आलोचकों ने इसी को 'माधुर्य भाव की अनुभूति'[1] का नाम दिया है। इस माधुर्यभाव का आलम्बन अज्ञेय तत्त्व है जो आत्मानुभूति के साथ ही केवल प्रतीति का विषय बनता है, अतः महाकवि रवीन्द्रनाथ ठाकुर की बंगाली परम्परा में इसे रहस्यवाद के नाम से पुकारा गया है। इसे हिन्दी के आलोचकों में

डॉ. रामकुमार वर्मा, आचार्य हजारीप्रसाद द्विवेदी आदि ने 'रहस्यवाद' ही स्वीकार किया और यह 'रहस्यवाद' शब्द आज तक प्रचलित है, किन्तु अब यह भी मान्य नहीं है। कई आलोचक इस भक्ति को देखकर 'इसे सगुण तथा निर्गुण का समन्वय' जैसा रूप देते हैं- किन्तु सगुण तत्त्व तो निर्गुण की सत्यता की प्रतिति के लिए एकमात्र आधार ही हैं, समन्वय नहीं है। वह तो सगुण एवं निर्गुण से भी परे है, उसकी अनुभूति साधक को होती है। उस अनुभूति का वह वर्णन करता है, केवल अनुभूति की प्रतीति के लिए। ब्रह्म और आत्मतत्त्व (आत्म ब्रह्म) का साक्षात्कार कैसे होता है, इसे कबीर के ही शब्दों में सुनें-

ज्यों जल में जल पैसि न निकसै यों ढुरि मिला जुलाहा।।

× × ×

लाली मेरे लाल की जित देखौ तित लाल।
लाली देखन मै गई मै भी हो गई लाल।।[2]

कबीर का आराध्य कैसा है, इसे साधक ही जानता है, वह स्वामी भी है, सखा भी है, पिता भी है, माता भी है, पति भी है और अन्त में, इन सबसे परे है। कबीर इस विषय में अपने आराध्य स्वचित्त के आलम्बन के विषय में बतलाते हैं, कि वह कैसा है-

गोब्यंदे तू निरंजन तू निरंजन तू निरंजन राया।
तेरे रूप नहीं, रेख नहीं, मुद्रा नहीं भाया।
समद नहीं सिखर नहीं धरती नहिं गगना।

---

1. हिन्दी साहित्य का वैज्ञानिक इतिहास- डॉ0 गणपतिचन्द्र गुप्त, पृ0 142
2. देखिए- लेखक कृत- कबीर की कविता

रवि ससि दोउ एकै नाहीं बहत नहीं पवना।
रुग न जुग न स्याम अर्थवन वेद नहीं व्याकरना।
तेरी गति तू ही जाने कबीरा तो सरना॥

यह कबीर न तो तुझे जानता है, न पहचानता है केवल आत्मानुभूति है, और वह सर्वथा और सर्वतोभावेन वह आपकी शरण में है।

यदि कबीर के साथ हम सन्त भक्ति को परिभाषित करना चाहें तो कह सकते हैं कि- 'अन्तस्थ ब्रह्म सत्ता से तन्मयीभवनवृत्ति ही सन्तों की भक्ति है।' सन्त साहित्य में जिस निर्गुण भक्ति की चर्चा की जाती है, इसके दो पक्ष हैं-

1. परम तन्यमता और 2. समाधिस्थ तन्मयीभवनवृत्ति। सामान्य रूप से तन्मयीभवनवृत्ति रागमयता के लिए आलम्बन है, यह है-आत्मस्थ सच्चिदानन्द स्वरूप स्वयं स्फूर्त अहम्‌बोध (मैं पन के बोध) से स्व की सम्पृक्ति।

अद्वैत वेदान्त में मध्यकालीन आचार्य मधुसूदन सरस्वती अपनी प्रसिद्ध सैद्धान्तिक कृति 'भगवत्भक्ति रसायन' के अन्तर्गत निर्गुण सन्तों के भक्तिरस को परिभाषित करते हुए बतलाते हैं कि-

"भक्तिविषयक, विभावानुभाव तथा संचारीभाव के संयोग से अन्तःकरण में स्थित आनन्द तत्त्व रूप स्थायीभाव परिपक्व होकर भक्तिरसमय हो उठता है।"

यहाँ स्थायी भाव 'सच्चिदानन्द' रूप ब्रह्म की आनन्दमयी सत्ता स्वयं रस रूप में व्यक्त होती है। 'सत् तथा चित्' तो आलम्बन है, रागात्मिक साधना अनुभाव है, प्रतिपल उसी की अनन्यता से उत्पन्न हर्ष, पुलक, उन्माद, मोह भरी अनन्यता आदि संचारी भाव हैं- चित्त की जैसी भी चैतन्यदशा बनती है, वह वैसा ही आलम्बन बन जाता है- इस भक्ति की अन्तिम दशा जीवन्मृत की दशा है-

थरहर थरहर काँपै जीव। न जानू का करि हैं पीव।
मंगलचार माँहि मन राखौं। राम रसाइण रसना चाखौ॥
कहै कबीर मैं कछु न कीन्हा। सखी सुहाग राम मोहिं दीन्हा॥

और इस तन्मयासक्तिरूप भक्ति का स्वरूप इंगित करते हुए कबीरदास जी स्वयं कहते हैं-

सब रग तात रबाब तन विरह बजावै नित्त।
और न कोई सुनि सकै कै साई कै चित्त॥

सन्त कबीर की भक्ति का रहस्यवादी पक्ष

'रहस्यवाद' शब्द अंग्रेजी के मिस्टीसिज़्म शब्द का हिन्दी अनुवाद है, जो पश्चिम से भारत में आया है। सामान्य रूप से पश्चिम में यह माना जाता है कि "रहस्यवाद में ज्ञाता तथा ज्ञान एक हो जाते हैं। वहाँ ज्ञान बुद्धि के विश्लेषण से नहीं वरन् तादात्म्य ज्ञेय तथा

ज्ञाता के तादात्म्य से होता है।''[1] कुमारी लेडी अन्डरहिल ने कबीर की सौ कविताओं का संग्रह 'रवीन्द्रनाथ ठाकुर द्वारा संग्रहीत- 'वन हन्ड्रेड पोएम्स आफ कबीर' की भूमिका में रहस्यवाद को इस प्रकार से परिभाषित किया है-

"Mysticism is tempral reactions of reality'

अर्थात्, परमसत्ता के प्रति रागात्मक अनुभूति भरी प्रतिक्रिया का नाम ही रहस्यवाद है।

इस विषय पर प्रो0 रानाडे ने अपनी प्रसिद्ध पुस्तक-'मिस्टीसिज़्म इन महाराष्ट्र' में रहस्यवाद को इस प्रकार परिभाषित किया है।

"Mysticism denotes that attitude of mind which haves a direct, unmedeiate first hand intutive apprehention of God".

''ईश्वर के प्रति साधक की सरल, सहज, सीधी तथा प्रत्यक्ष अन्तः-प्रज्ञात्मक अनुभूति का संवाद ही रहस्यवाद है।''

हिन्दी साहित्य में डॉ. रामकुमार वर्मा 'कबीर के रहस्यवाद' का विवेचन करते हुए उसे इस प्रकार परिभाषित करते हैं।

''रहस्यवाद आत्मा की उस अन्तर्निहित प्रवृत्ति का प्रकाशन है, जिसमें वह दिव्य तथा अलौकिक शक्ति से अपना शान्त और निश्चछल सम्बन्ध जोड़ना चाहती है, यह सम्बन्ध यहाँ तक बढ़ जाता है कि दोनों में कुछ भी अन्तर नहीं रह जाता।''

इसे स्पष्ट करते हुए वे पुनः कहते है कि–

''इस संयोग में एक प्रकार का उन्माद होता है, नशा रहता है, उस एकान्त सत्य से, उस दिव्य शक्ति से जीव का ऐसा प्रेम हो जाता है कि वह अपनी सत्ता परमात्मा की सत्ता में अन्तर्निहित कर देता है।''

आचार्य रामचन्द्र शुक्ल चिन्तामणि, भाग 2 में रहस्यवाद को समझाते हुए उसे इस प्रकार परिभाषित करते हैं-

''काव्य की वह प्रवृत्ति जिसमें परोक्ष सत्ता से रागात्मक सम्बन्ध करके उससे मिलन तथा वियोग की स्थितियों के काल्पनिक चित्र अंकित किये जाते हैं। उनके अनुसार इसके दो भेद हैं- साधनात्मक तथा भावात्मक। यही रहस्यवाद है।''

कबीर के रहस्यवाद की ओर संकेत करते हुए आचार्य रामचन्द्र शुक्ल अपनी टिप्पणी देते हैं कि-

''अतः कबीर में जो कुछ रहस्यवाद है, सर्वत्र एक भावुक कवि का रहस्यवाद नहीं है।''[2] रहस्यवादी परोक्ष सत्ता की ओर संकेत करने के लिए जिन दृश्यों को वे सामने करते हैं वे अधिकतर वेदान्त के हठयोग के रूपक मात्र होते हैं। अतः कबीर में जो कुछ

1. हिन्दी साहित्य कोश, पृ0 692

2. भावुक कवि के रहस्यवाद से उनका संकेत छायावादी कवियों की ओर है। - लेखक

रहस्यवाद है, वह सर्वत्र एक भावुक या कवि का रहस्यवाद नहीं है।

यहाँ पश्चिम से आए 'रहस्यवाद' शब्द का आरोप भक्ति के ऊपर कर दिया गया। इसके विपरीत निर्गुण और भक्ति-ब्रह्म के अज्ञेय, अकल्प्य, अनाम के प्रति भक्त की चित्तासक्ति को भारतीयों ने भक्ति कहा है और इसी भक्ति के रूप को पश्चिमी दार्शनिक चिन्तकों ने रहस्यवाद और यह रहस्यवाद रवीन्द्रनाथ टैगोर तथा उनके काव्य संकलन 'हन्ड्रेड पोएम्स आफ कबीर' के द्वारा रहस्यवाद ही बन गया। इस निर्गुण मिलन के कई सोपान हैं- अनुभव प्रत्यक्ष जैसा है, कोई पहेली एवं रहस्य नहीं है। यहाँ एक साधना है, पश्चिमी विद्वानों को यह साधना, साधना रूप, उसके अनुभव, अभिव्यक्तियाँ उसी प्रकार रहस्यमयी लगती हैं, जैसे एक लोकासक्त व्यक्ति के लिए पहेली। ध्यान देने की बात है, यह पहेली नहीं है, रहस्य भी नहीं, रहस्यवाद भी नहीं, यह भारतीय भक्त कवियों का आध्यात्मिक व्यवहारवाद है। हम दृश्य बनकर इस संसार को देखते हैं, हमारी लोक संसक्ति के लिए मन, बुद्धि, चित्त एवं अहंकार साधन हैं। एक संसार उनका है, जो दर्शक की भाँति इस संसार को देखते हैं- कभी दृश्य नहीं बनते। वे मति, धृति, आत्मबोध, विवेक एवं प्रज्ञा से शासित होते हैं, मन, बुद्धि, चित्त, अहंकार से नहीं। ये साधक दर्शक कहते हैं-

ऐसा कोई ना मिले अपना घर देइ जराई।
पंचू लरिका पटकि करि रहैं राम लौ लाइ।

सांसारिक जन पाँच इद्रियों, इन्द्रियजन्य पाँचों वासनाओं, काम, क्रोध, लोभ, मोह, मद में खोए रहते हैं। इन्हें मरने के बाद उस संसार में प्रवेश मिलता है, जिसमें ये संत प्रत्यक्षतः जीते हैं। मन बुद्धि-चित्त अहंकार में फँसे व्यक्ति उस पुत्र की भाँति हैं- जो संयोगवशात् उस पिता के द्वारा दिए गए न्यायिक प्रलोभनों को पाकर पुनः माया में फँस जाते हैं।

पूत पियारे पिता के गौहनि लग्गा धाई।
लोभ मिठाइ हाथ दै आपण गया भुलाइ।।

पिता ने पुत्र को माया की मिठाई हाथ में थम्हा दी और साधक पुत्र पिता (ब्रह्म) को भूलकर मिठाई में फँस गया, पिता को पूरी तरह से भूल गया।

भारत स्वतः आध्यात्मिक साधना का देश रहा है। यहाँ कभी भी काल्पनिक रहस्यवाद नहीं था, सर्वथा व्यावहारिक अद्वैतवाद था। पश्चिम के प्रभाव से जिसे हम आज 'रहस्यवाद' शब्द से पुकारते हैं, उसे हमारे साधक अर्न्तवृत्ति तादात्म्य, चेतना की अद्वयावस्था आदि नामों से पुकारते रहे हैं। भौतिकवादी पश्चिमी सभ्यता के लिए यह रहस्यभरी आध्यात्मिक वृत्ति है किन्तु भारत में यह आध्यात्मिक यथार्थ के रूप में स्वीकार किया जाता है। यह 'रहस्यवाद' शब्द भारतीय साधना के इस रूप के लिए भ्रमपूर्ण शब्द है। पश्चिमी चिन्तक

उसे पढ़कर केवल उसकी कल्पना करते हैं और भारतीय साधक उसे अपने जीवन में उतारते हैं और निरन्तर उस अनुभूति को भोगते हुए उसी में उन्मत्त रहते हैं-

अंतर कमल प्रकासिया ब्रह्म वास तहाँ होइ।
मन भौरा तहँ लुबधिया जानैगा जन कोइ।

रहस्यवादी कवि इसी जीवन में ही इस अनुभूति को भोगता है। यही उसके लिए अन्तिम सत्य है-

हौं तोहिं पूँछौ हे सखी जीवत क्यों न मराइ।
मूँवा पीछे सत करै जीवत क्यौं न कराइ॥

यह आध्यात्मिक भोग का यथार्थ रूप है। कल्पना नहीं, रहस्य नहीं, साधक का यथार्थ है। ये ही रसलीन कवि हैं, रहस्यमयी नहीं। आचार्य केशवदास इन्हें श्रेष्ठ कवि मानते हैं-

उत्तम मध्यम अधम कवि उत्तम हरिरसलीन।
मध्यम मानति मानुषनि दोषनि अधम प्रवीन॥

निर्गुण भक्ति : परम प्रेममयता की अभिव्यक्ति

निर्गुण भक्ति का स्वरूप क्या है ? क्या उस सत्ता के प्रति इन भक्तों के चित्त में परम प्रेमरूपता के साथ अभिव्यक्ति नहीं होती, क्या उस परम सत्ता में इनकी परानुरक्ति नहीं दिखाई पड़ती-यदि है, तो इसे कौन सी भक्ति मानें ? भागवत पुराण में उद्धव-गोपी संवाद में उस निर्विकार के प्रति परम संसक्ति के विरुद्ध एक तर्क खड़ा किया गया है किन्तु उस अवरोध को ये कवि नहीं मानते। वे अपने ब्रह्म के विषय में कहते हैं-

''पंडित होइ जु पदहिं विचारै मूरिख नाहिन बूझै।
बिन हाथन पाइन बिन कानन बिन लोचन जग सूझै।
बिन मुख खाइ चरन बिन चाले बिन जिभ्या गुण गावै॥''

तुलसी, सूरदास तथा जायसी तीनों अपने आराध्य के विषय में ऐसा ही बताते हैं। तीनों के ब्रह्म एक हैं। इस ब्रह्म के विषय में शुकदेव तथा शिव भी ऐसा ही कहते हैं-

कहत कबीर हूँ कहता डरौं। सुकदेव कहैं तो मैं का करौं।

× × ×

भगति नारदी मगन सरीरा। इहिं विधि भगति कहै कबीरा।

× × ×

संकर जागे चरन सेव। कलि जागे नामा जयदेव।

शुकदेव कृत भागवत पुराण में वर्णित उनकी आत्मकथा वही भक्ति की अनासक्तिमयीरूपावृत्ति है। नारदभक्ति सूत्र में भी वही भक्ति कही गई है। शिव ने शरणागति रूपी उसी दास्य भक्ति का सेवन किया है- जिसमें कबीर, जयदेव एवं नामदेव जैसे संत लगे हैं। भागवत पुराण

में एक स्थल पर कहा गया है-

न तपोभिः न वेदैश्च न ज्ञानेनापि कर्मणा।
हरिर्हि साध्यते भक्त्या प्रमाणं तत्र गोपिका॥

देह, गेह, पुत्र, पौत्र, पति, सम्पत्ति, लज्जा, लोक भाव सबका परित्याग करके मूढ़ गोपिकाओं ने कृष्ण को साध लिया था। कबीर को न गोपी से द्वेष है न कृष्ण से। वे खुले शब्दों में कहते हैं-

कबिरा तालिब तोरा। तहाँ गोपि हरी गुरु मोरा।
तहाँ हेत हरी चित लाऊँ। तौ मै बहुरि न भवजल आऊँ।

यही नहीं उस परमतत्त्व के सम्पर्क में आकर सभी बोधमय हो उठे हैं-

जागे सुक उद्धव अक्रूर। हणवन्त जागे लै लंगूर।
संकर जागे चरन सेव। कलि जागे नामा जयदेव॥

एक अन्य स्थल पर कबीर महाराष्ट्री सन्तों के स्वामी विट्ठल जी का स्मरण करते हैं-

गोकुल नायक बीठुला मेरा मन लागों तोहिं रे।
करम कोटि को ग्रेह रच्यो रे नेह गये की आस।
आपहिं आप बँधाइया द्वै लोचन मरै पियास॥

गोकुलनाथ विट्ठलनाथ (श्री कृष्ण) जी के प्रति प्रेमासक्ति भरी ऐसी निष्ठा तथा संसक्ति कबीर एवं अन्य निर्गुण सन्तों में देखी जाती है।

नामदेव की वाणी को पढ़ने से यही लगता है कि यहाँ निर्गुण तथा सगुण भक्ति का समन्वय है। वैसे सन्तों ने नाम एवं गुणासक्ति पर कहीं आपत्ति नहीं की है। राम, कृष्ण, नृसिंह आदि का उल्लेख प्रायः सन्तों की वाणियों में मिलता है, ऐसी स्थिति में सन्तों की इस प्रेमधारा को भक्ति का कौन-सा नाम दिया

जाए ? उनमें ब्रह्म के प्रति वही संसक्ति, कामना, समर्पण, त्याग, निष्ठा, अनुरक्ति, माया-मोह के त्याग की वही भावनाएँ हैं, जो सन्त जीवन की लक्ष्यार्थ हैं। वहाँ लोक नहीं है, लोकभाव की समग्र संसक्ति प्रभु के प्रति है। इसके साक्ष्य इन कवियों में देखे जा सकते हैं, यहाँ नामभेद तो केवल बहाना है। नामदेव जी बताते हैं-

अब जिय जानि ऐसी बानी आई।
मिलौ गुपाल निसान बजाई।
अस्तुति निंदा करै नर कोई।
नाये श्रीरंग भेटल होई॥

× × ×

मेरो बाप माधौ, तू धन केसौ सांवलियो बीचल राह।
कर धरे चक्र बैकुंठ ते आयो तू रे गज के प्राण उधार्‌यो।

दुस्सासन की सभा द्रौपदी अंबर लेत उबार्‌यो।
गोतम नारि अहल्या तारी पापिन कोटिक तार्‌यो।
ऐसो अधम अनाति नामदेव तव शरणागति आयो।।

निर्गुण भक्ति का स्वरूप शुद्ध आलवार भक्तों की ही भाँति रागानुगामूलक प्रेमासक्ति से ओतप्रोत है किन्तु वहाँ अकेले राम या कृष्ण मात्र नहीं हैं। वह केवल आराध्य इष्टदेव ही नहीं, वह माता-पिता गुरु, पति, मित्र सब कुछ हैं। उस समय की लोक सम्बन्धों की संसक्ति तथा आराध्य के विविध रूपों एवं अवतारों का समन्वय इस भक्ति का लक्ष्य था। इस समन्वय का तात्पर्य था, सबको ईश्वर से जोड़ना किन्तु जहाँ तक उस आराध्य के मूल स्वरूप का प्रश्न है- सर्वथा न्यारा तथा विलक्षण है। एक ओर उसकी अनुभूति विविध अवतारों एवं ज्ञानी पुरुषों द्वारा की जाती है तो दूसरी ओर वह उन सबसे विलक्षण है। उसका राम या कृष्ण या विट्ठल नाम तो अन्तिम नहीं, केवल उसकी प्रतीति के आधार के लिए है-

राम गुण न्यारो-न्यारो
अबुझा लोग कहाँ लौ बूझै बूझन हार विचारो।
केते रामचन्द्र तपसी से जिन जग यह बिरमाया।
केते कान्ह भये मुरलीधर तिन भी अन्त न पाया।
मृच्छ कच्छ बाराहस्वरूपी बामन नाम धराया।।
केते बोध भये निकलंकी तिन भी अंत न पाया।
केतिक सिध साधक संन्यासी जिन बनवास बसाया।।
कैसे मुनिजन गोरख कहिये तिन भी अंत न पाया।
जाकी गति ब्रह्मै नहिं पाये सिव सनकादि हारे।
ताके गुन नर कैसे पैहें कहैं कबीर पुकारे।।

निर्गुण सन्तों का उपास्य कितना विलक्षण है। भागवत पुराण के अवतारवाद में गौतम बुद्ध को भी अवतार मान लिया गया है। कबीर सबके साथ उनकी भी चर्चा करते हुए अपने आराध्य की पूर्ण प्रतीति की जटिलता का संकेत करते हैं। कल्पना करें, एक ओर निचले वर्णों के अशिक्षित जन और दूसरी ओर उनकी निर्गुण भक्ति, उस ब्रह्म की भक्ति जिसे ज्ञानी भक्त राम-कृष्ण, मत्स्य-कच्छप, बाराह, वामन आदि विष्णु के अवतार रूप में नहीं जान पाए। कलंकरहित महात्मा बुद्ध ने भी जिसे न समझा, सिद्ध, संन्यासी, साधक तो जंगल जंगल निरन्तर भटकते रहे, गोरख शिव सनकादि, नारद आदि की समझ के जो बाहर है, वही हमारा आराध्य है।

इस अज्ञेय, अनाम, अस्पर्श्य, अरूप मुक्ति का आलम्बन कैसे बने, सन्त कहते हैं कि वह सम्पूर्ण लोकभाव एवं लोकाभिव्यक्ति का प्रमाण है। सृष्टि में जो कुछ भी है, वह

ब्रह्ममय है। जो कुछ लोक सम्बन्ध है, वह उससे जुड़कर सार्थक है। वह तृण से वन तक, बिन्दु से सागर तक, कीट से मनुष्य तक सर्वत्र, सर्वकालिक, सर्वरूप एवं सर्वथा व्याप्त है, उसे कहीं खोजने की आवश्यकता नहीं है। जिस रूप में चाहो, जुड़कर इस अपने ब्रह्ममय स्वरूप को उस ब्रह्ममय स्वरूप में अर्पित कर दो। ये दो भिन्न रूप दिखावे के लिए हैं- अन्ततया यह सब वही है- 'तत् सर्व खल्विंद ब्रह्मम्', उसे ज्ञान से नहीं, समझ से नहीं पाया जा सकता क्योंकि हम मनुष्यों का अबोध मन वहाँ तक पहुँच नहीं सकता- वह केवल भावात्मक साक्षात्कार तथा प्रतीति का विषय– 'सा त्वस्मिन् परमप्रेमरूपा भक्तिः'' और इस भावमार्ग द्वारा ही उससे तादात्म्य सम्भव है-

हिरदा भीतर दौ बलै धुँवा न परगट होई।
जाके लागी सो लखै कै जिन लाई होइ॥

विरह तथा प्रेम के साथ ही अन्य सारे लोक सम्बन्ध है। इन सम्बन्धों का उपयोग भक्तों ने बराबर किया है, यहाँ भी इसका उपयोग किया जा सकता है- दास्य रूप, सख्य रूप, वात्सल्य रूप, प्रीति रूप, शरणागति-प्रपत्तिरूप और अन्तिम साधना है, जीवन्मृत दशा। इस लोक सम्बन्धों भरी सृष्टि में रहते हुए भी न रहने के बराबर-

सती बिचारी सत किया काटौं सेज बिछाइ।
ले सूती पिव आपणां चहुँ दिसि अगिनि लगाई॥

यह आग लोक संसक्तियों की है, आत्मतृष्णा की है, मात्रिक संसक्ति की है। इस दशा को सन्तों ने भक्ति के अन्तर्गत 'जीवन्मृत' साधक की दशा कहा है।

हौं तोहिं पूँछौ हे सखी जीवित क्यों न मराइ।
मूँवा पीछे सत करै जीवित क्यों न कराइ॥

इस प्रकार, निर्गुण संतों की भक्ति का स्वरूप बड़ा ही विलक्षण है। विद्वानों को कहीं-कहीं भ्रम हो उठता है कि इस निर्गुण भक्ति में लीला के प्रच्छन्न भाव अन्तर्निहित हैं। कबीर स्वयं इसका विरोध करते हैं।

सोचि बिचारि सबै जग देखा निरगुन कोइ न बतावै।
कहै कबीर गुनी अरु पंडित मिलि लीला जस गावैं॥

यह लीला भक्ति निर्गुण भक्ति नहीं है। यह गुनिया पंडितों की भक्ति है। हम तो उसे निरगुनियाँ मानते हैं, और वह है भी। न अपनी व्याख्या हो सकती है और न आत्मरूप ब्रह्म की। जिस भाव से उसमें संसक्त होना चाहें, रम जाएँ-लेकिन इस संसक्ति के पूर्व लोकभाव का विसर्जन अनिवार्य है- सभी निर्गुण संत कहते हैं कि-

जदि विषै पियारी प्रीति सूँ तब अंतरि हरि नांहि।
जब अंतर हरि जी बसैं तब विषया सूँ चित नाहिं॥

कुल मिलाकर, निर्गुण भक्ति का स्वरूप सगुण भक्ति से इस रूप में भिन्न है। वह

लीला भक्ति है। ब्रह्म अवतरित होकर, अपने ब्रह्मत्व को छिपाकर लोक मंच के अभिनेता की भाँति लोकमंच पर अभिनय करता है और लीला समर्थक भक्तों के लिए यही लीला लोकभाव से जुड़कर लोकभाव विलक्षण हो उठती है। राम, कृष्ण तथा अन्य अवतारों की लीला का गान भक्तगण उसी की तन्मयासक्ति के लिए करते हैं- इसी लीला के साथ द्वैत भरा उसका व्यक्तित्व अद्वैत भाव का व्यंजक बन जाता है। निर्गुण संतों का मन लीला में नहीं रमता उस आत्मरूप, सर्वात्म रूप, अज्ञेय सत्ता के साथ भावात्मक अद्वैत उनकी भक्ति है- यहाँ लोक सम्बन्ध है- लीला नहीं है। लोक इसलिए कि वह सर्वत्र और सभी रूपों में है- केवल हमारे मन में सर्वात्म समर्पण हो-परम तन्मयतापूर्वक सर्वात्म समर्पण ही निर्गुण सन्तों की भक्ति है। ब्रह्म से जुड़ने के लिए अन्य किसी माध्यम की आवश्यकता नहीं है केवल है, नाम की और यह नाम 'राम' केवल एक माध्यम के रूप में अपनाया गया है। इस राम में सम्पूर्ण लोकभावों का प्रत्यावर्तन भक्ति के लिए इसलिए महत्त्वपूर्ण है क्योंकि हम सांसारिक जन इन्हीं सम्बन्धों में जीवन व्यतीत करते हैं। हरि को पति मानकर समर्पण, स्वामी मानकर समर्पण, मित्र तथा पिता मानकर समर्पण लोक का सरल तथा उनकी सहज भावासक्ति का आधार है। कबीर ही नहीं, सभी संत यहाँ तक सगुण भक्ति के मतावलम्बी लोकसंसक्तियों का प्रभु में आरोपण भक्ति के लिए मूलाधार बताते हैं। आलवारों की रागानुगाभक्ति भी यही है और इसी कारण इन निर्गुणियों की इस ब्रह्मविषयक संसक्ति को हम हिन्दू या भारतीय भक्ति की सीमा में ले आते हैं।

इसे हम पश्चिमी चिन्तकों की दृष्टि से रहस्यवाद कह सकते हैं क्योंकि वहाँ प्रभु ब्रह्म की सत्ता का केवल आभासिक रूप है। भारत के संत परिवार जन के अति आत्मीय जन जैसे प्रभु ब्रह्म के साथ आत्मीयतापूर्वक रोते, हँसते, उलाहना करते, वाद-विवाद रचाते, क्रीड़ा एवं उल्लास आदि भावों में आनन्दित होते प्रतिपल प्रतिक्षण उनके साथ हैं, फिर यहाँ पश्चिमी रहस्यवाद कैसे है ? हम भारतीय यहाँ आध्यात्मिक आस्थावाद का जीवन जीते हैं, भौतिक उद्योगवादी अर्थवाद का नहीं।

संत काव्य का साहित्यिक संदर्भ

जैसा कि प्रारम्भ में कहा जा चुका है, भक्ति साहित्य पूरी तरह सामाजिकता के प्रति प्रतिबद्ध है। सामाजिकता से प्रतिबद्ध कविता का अर्थ है, भाषा एवं संरचानात्मक संदर्भ काव्य के सामाजिक पक्षों को व्यंजित करने के यहाँ माध्यम है। उस कविता की सम्पूर्ण कलात्मक प्रतिबद्धता मानवीय मूल्यों की स्पष्ट, बोधगम्य एवं समझने योग्य तथा आस्वादन सक्षम बनाती है, जबकि कलात्मक प्रतिबद्धता से लिखा गया साहित्य निरन्तर साहित्यिक रूढ़ियों तथा प्रौढ़ियों के बीच टकराता रहता है और उसका मन्तव्य कलात्मक मूल्यों की अभिव्यंजना से जुड़ा दिखाई पड़ता है। हिन्दी साहित्य के इतिहास में भक्तिकाल तथा

रीतिकाल परस्पर सामाजिक तथा कलात्मक प्रतिबद्धता के दो नितान्त स्पष्ट एवं आमने-सामने टकराने वाली काव्य परम्पराएँ है।

कविता एक प्रकार से भाषिक सृजन का ही कलात्मक रूप है- इस भाषिक सृजन के स्तर पर इन सन्त कवियों ने क्या अपनी भाषा को कलात्मकता से जोड़ा है, यह विचारणीय प्रश्न है। इस साहित्य को देखकर अनेक हिन्दी के आलोचकों ने इसे कविता भी नहीं माना है, यह सर्वथा अनुचित है।

हिन्दी के आलोचकों का एक वर्ग ऐसा है, जो सन्त साहित्य के भाषिक सृजन में कलात्मकता को अस्वीकृति प्रदान करता है। बाबू श्यामसुन्दर दास, आचार्य रामचन्द्र शुक्ल, डॉ. पीताम्बर दत्त वर्थवाल आदि सन्त साहित्य के आलोचकों को इसी श्रेणी में रखा जा सकता है। इनके विपरीत सन्त काव्य को काव्य मानने वालों की एक लम्बी तालिका है। आचार्य हजारीप्रसाद द्विवेदी, डॉ. रामकुमार वर्मा, स्वर्गीय डॉ. विष्णुकान्त शास्त्री, डॉ. रघुवंश, डॉ. रामस्वरूप चतुर्वेदी, डॉ. माताप्रसाद गुप्त, डॉ. युगेश्वर आदि के अनुसार संत कव्य का सन्दर्भ साहित्यिक है, इसके विपक्ष और पक्ष में आलोचकों ने निम्नलिखित तर्क दिये हैं-

इस शाखा (निर्गुण भक्ति मार्ग) की रचनाएँ साहित्यिक नहीं हैं- फुटकल दोहों या पदों के रूप में जिनकी भाषा और शैली अधिकतर अव्यवस्थित और ऊटपटाँग है। कबीर आदि एक दो सन्तों को छोड़कर औरों में ज्ञान मार्ग की सुनी सुनाई बातों का पिष्टपेषण तथा हठयोग की बातों के कुछ रूपक आदि भद्दी तुकबंदियों के रूप में हैं, भक्तिरस में मग्न करने वाली सरसता भी बहुत कम पायी जाती है।[1]

इस प्रकार काव्य की प्राजंल प्रवाहमयी सरस भाषा एवं हृदय को रससिक्त करने वाली सरसता के अभाव के कारण आचार्य शुक्ल को यहाँ साहित्य नहीं दिखाई पड़ता। बाबू श्यामसुन्दर दास 'कबीर ग्रंथावली' की भूमिका के प्रारम्भिक अंशों में सन्तों के साहित्यिक सामर्थ्य का विवेचन करते हुए कहते हैं कि-

"उनकी आधी से अधिक रचना दार्शनिक पद्य मात्र है- जिसको कविता नहीं कहना चाहिए।"

इनके विरुद्ध रवीन्द्रनाथ ठाकुर की एक उक्ति द्रष्टव्य है, जिसका उल्लेख डॉ. रामकुमार वर्मा ने 'हिन्दी साहित्य का आलोचनात्मक इतिहास' के अन्तर्गत इस प्रकरण में किया है। वे उक्त उद्धरण का रूपान्तरण इस प्रकार करते हैं-

"मध्ययुग के साधक तथा कवियों ने हिन्दी भाषा में जिस भाव और रस का विस्तार किया है, उसमें असामान्य विशेषता है। यह विशेषता है कि रचना में उच्च श्रेणी के साधक और उच्च श्रेणी के कवि का सम्मिलन है। इस प्रकार का मिलन सर्वत्र ही दुर्लभ है।[2]

1. हिन्दी साहित्य का इतिहास, आचार्य रामचन्द्र शुक्ल, पृ0 46, लोकभारती संस्करण
2. हिन्दी साहित्य का आलोचनात्मक इतिहास, पृ0 207, 208

वैसे, डॉ. रामकुमार वर्मा ने अपने इतिहास ग्रंथ में कई स्थलों पर कबीर का विश्लेषण करते हुए उनकी कविता की श्रेष्ठता की व्याख्या की है।

आचार्य हजारीप्रसाद द्विवेदी कबीर की भाषा का साक्ष्य देते हुए प्रकारान्तर भाव से निर्गुण सन्त काव्य के काव्यौचित्य का ही विश्लेषण करते हैं। वे कहते हैं कि-

"इस प्रकार, यद्यपि, कबीर ने काव्य लिखने की प्रतिज्ञा नहीं की तथापि उनकी आध्यात्मिक रस की गगरी से छलके हुए काव्य की कटोरी में भी कम रस इकट्ठा नहीं हुआ है।"[1] डॉ. युगेश्वर के अनुसार कबीर विषयक यह उक्ति सम्पूर्ण संत काव्य पर लागू होती है।

"लोग समझते हैं। ठीक ही समझते हैं, कविता का सम्बन्ध भाव से है, हृदय से है। किन्तु कबीर ज्ञान को कविता का विषय बनाते हैं। इसे बौद्धिक कविता कहना चाहिए। कबीर ने भाव को छोड़ा है- राग नहीं विराग में कविता है।"[2]

निर्गुण संत मत के उद्‌भव के साथ जो मूल प्रश्न उठाया गया है, वह रागात्मिका भक्ति का है। वह भक्ति जो भावात्मक तादात्म्य से सम्बद्ध है और भावात्मक तादात्म्य से सम्बद्ध निर्गुण संतो की भाषिक अभिव्यक्ति को हम क्या कहकर पुकारें, वह कविता ही है। भारतीय आध्यात्मिक कविता वह है- जहाँ कवि लोक अनुभव को माध्यम बनाकर जन समूह के रागात्मक तादात्म्य के लिए भाषिक सृजन करता है। संत कवि कबीर कविता को परिभाषित करते हुए कहते हैं-

सोई आखर सोई बयण जन जुजुवा चबंत।
कोई एक मेले लवनि अमिय रसायन हुन्त॥

वही वाणी है, वही अक्षर हैं, उसी वाणी तथा अक्षर को उसके प्रयोक्ता-गण भिन्न-भिन्न ढंग से कहते हैं। कोई एक विशिष्ट व्यक्ति उन्हीं अक्षरों तथा वाणियों में लावण्य का मेल कराकर उन अक्षरों तथा वाणियों को अमृत तुल्य सुस्वादु बना देता है। ऐसी ही बात तो संस्कृत के रसाचार्यों ने भी कही है कि- 'रसात्मकं वाक्यं काव्यम्' रसमयी वाक्य रचना ही कविता है। ललित कविता तथा सामाजिक प्रतिबद्ध कविता की रसमयता में थोड़ा सा अन्तर है- सामाजिक प्रतिबद्ध कविता में मूल्य बोध और सौन्दर्यमयता से तादात्म्य मूल्य बोध के साथ-साथ होता चलता है किन्तु कलात्मक कविता का तादात्म्य सौन्दर्य से ही होता है और यह सौन्दर्य शब्द के स्तर पर, अर्थ के स्तर पर, विधानतंत्र के स्तर पर, वैचित्र्य के स्तर पर रचना के साथ स्फूर्त होता है। आचार्य शुक्ल जैसे लोकमंगलवादी आलोचक तुलसी के लोकमंगल को प्रतिक्षण सराहते हैं किन्तु निर्गुण सन्त कवियों में उन्हें यह लोकमंगल आस्वादित क्यों नहीं होता, यह आश्यर्च का विषय है-

1. कबीर- पं0 हजारीप्रसाद द्विवेदी, पृ0 170
2. कबीर साहब, पृ0 82

गुरुनानक देव निरन्तर चिन्ता में पड़े रहते हैं कि मैं अपने प्रिय राम का प्यार कैसे और किन तरीकों से प्राप्त करुँ। वे कहते हैं-

''मुहीं की बोलण बोलिये जित सुण धरै पियार''

''मैं इस मुँह से कौन-सी वाणी बोलूँ कि मेरा प्रियतम उसे सुनकर मुझे प्यार करने पर विवश हो जाए।''

निर्गुण संत की कविता में अपने उस आराध्य को आकर्षित करने की कला है, यह कला 'सद्यः परिनिवृत्तये' की है क्योंकि वह रीझ गया तो उन्हें उसका प्यार मिलेगा और उसके स्नेह प्यार की प्राप्ति ही उसके लिए सब कुछ है। यही उनके द्वारा कही जाने वाली वाणी की सार्थकता है।

इस प्रकार की रसमयी वाणी को दार्शनिकता या ज्ञानवाणी का नाम देना हिन्दी के आलोचकों की भूल नहीं तो और क्या है ?

निर्गुण सन्त परम्परा के कवि सुन्दरदास कविता को परिभाषित करते हुए कहते हैं कि-

नख सिख सुद्ध कवित्त पढ़त अति नीको लागत।
अंगहीन जौ पढै सुनत कविजन उठि भागत॥
अक्षर घटि बढ़ि होइ घुड़ावत नर ज्यों चल्लै।
मात्र घटै बढि कोइ मनो मतवारे हल्लै।
औढेर काव्य सो तुक अमित अर्थहीन अंधों यथा।
कहिं सुंदर हरिजन जीव है हरिजस बिन मृत कहि तथा

''काव्य के अनेक दोष हैं, उसका लंगडा होना, मतवाला होना, पंगुल एवं काने व्यक्ति सा अंधा होना कवित्त के ये सारे दोष हरिकथा के साथ क्षम्य हो सकते हैं, किन्तु कविता 'हरि रस' तथा 'हरियश' के बिना मृतक की भाँति अग्राह्य है।''

इस प्रकार, निर्गुण सन्तों की भी कविता उन्हीं के शब्दों में 'हरियश' एवं 'हरिरस' की श्रेष्ठ कविता है।

अपनी कविता के लावण्य को इंगित करते हुए कबीरदास जी कहते हैं-

पाटँल मंजर मन भ्रमर अरथ अनुपम बास।
राम नाम सींचा अमी फल लागा बेसास॥

''मेरा यह शरीर जंगली गुलाब है, मेरा मन इस जंगली गुलाब के ऊपर गुंजरित भ्रमर है, मेरा आध्यात्मिक अर्थबोध अनुपम तथा विलक्षण (आध्यात्मिक गंध) है और प्रभु के प्रति लगा हुआ मेरा अक्षरित अनन्य विश्वास ही फल है।'' यह हमारी सारी-की-सारी कविता आध्यात्मिक अर्थबोध एवं अनन्य प्रभुमयीवासना की सुगंध है- यह मेरे लिए, पाठक के लिए है, श्रोता के लिए है- सबके लिए है।

'भागवत पुराण' भी इसी को प्रकारान्तर भाव से कहता है-

रसप्रवाह संस्थेन श्रीशुकेनेरिता कथा।
कण्ठे सम्बध्यते येन स बैकंठ प्रभुर्भवेत्।

निर्गुण सन्तों की कविता में 'ज्ञान तथा उपदेश' का पक्ष नीति काव्य परम्परा से सम्बद्ध है, उपासना तथा आराधना एवं आत्मासक्ति रूप प्रभु के प्रति तन्मयता की कविताएँ कविता की श्रेणी में आती हैं। नीति सन्दर्भों को नीति साहित्य के प्रकाश में देखें, उनकी प्रेमभाव की संसक्ति प्रभु की अनुरक्ति और आध्यात्मिकता को आध्यात्मिक कविता की दृष्टि से विवेचित करें- योग तथा अन्य प्रक्रिया से जुड़े अनुभवों को उनके आध्यात्मिक संदर्भो से जोड़ें- यहाँ उनकी परमसंसक्तिमयी रागमयता है। वह सर्वत्र और सर्वथा बेजोड़ है- उसे सूफ़ी काव्य की प्रेममयता भी नहीं छू सकती, लौकिक श्रृंगार भाव का तो कोई प्रश्न ही नहीं उठता। डॉ. रघुवंश जी की टिप्पणी इस प्रकरण में कितनी सार्थक है, वे कहते हैं कि-

"सृजन के द्वारा आध्यात्मिक एवं सामाजिक मूल्यों के एहसास से हटकर रचनाकार अपने ही मन में वर्तमान सत्य के विविध कोणों की संवेदनापूर्ण अभिव्यक्ति" करता है, यही अभिव्यक्ति ही उसकी कविता है।"[1]

कबीर की अर्न्तप्रज्ञा अपने अन्तर्बोध के लिए उस अज्ञेय ब्रह्म से कितनी बार टकराती है और जितनी बार टकराती है, सम्पूर्ण अनुभूति की भाषिक अभिव्यक्ति अर्थात् कविता बनकर उभरती है। कबीर की इस अनुभूति की गहनता को देखें-

जन की पीर हो राजाराम भल जानैं।
कहू काहि को मानै।
नैन का दुख बैन जानैं बैन का दुख श्रवना।
प्यंड का दुख प्रान जानै प्राण का दुख मरना॥
आस का दुख प्यास जानै प्यास का दुख नीर।
भगति का दुख राम जानै कहैं दास कबीर॥

रवीन्द्रनाथ ठाकुर ने ठीक कहा है- "कविता एवं अध्यात्म का अद्भुत सम्मिलन" इस कविता की विलक्षणता है। भारतीय अध्यात्म विद्या तथा कला के सर्वश्रेष्ठ विद्वान डॉ. आनन्द कुमार स्वामी ने अपनी प्रसिद्ध कृति 'डाँस आफ शिवा" में इस कविता की वास्तविकता को इन शब्दों में कहा है-

"And yet there remains philosophy firmly conceived that beauty exists just as other maintain the conceptions of the obsolute goodness and alsolute truth. The lovers of God identity there obsolutes with him."

प्रभु के साधक ये सन्त उन्हीं में 'परम सत्य', 'परम शुभ' एवं 'परमसौन्दर्य' का दर्शन करते हैं।

1. कबीर एक नई दृष्टि, पृ0 51 से 53 तथा प्रस्तुत लेखक कृत- 'कबीर की कविता'

इस प्रकार, निर्गुण सन्त काव्य उस अज्ञेय ब्रह्म सत्ता की रागात्मक अनुभूति से जुड़ी परम सौन्दर्य, परम सत्य तथा परम शुभ की कविता है। लोकानुभूति के द्वारा उसका सामान्य एहसास हो सकता है। तादात्म्य मूलक साक्षात्कार ही भक्ति कविता का अन्तिम तत्त्व है।

जगभव की गावना क्या गावै अनुभव गावै सो रागी है।
बन गेह की बासना नास करै कबीर सोइ बैरागी है॥

संत साहित्य का संरचनात्मक विधानतंत्र

निर्गुण सन्त साहित्य की काव्यमयी अनुभूति को व्यक्त करने के सहायक ये पाँच भाषिकविधान के माध्यम हैं-

1. अलंकार रचना
2. रूपक तथा अन्योक्तिविधान
3. प्रतीकविधान
4. कवि समय तथा काव्य प्रौढ़िक्ति
5. उलटवासियाँ

निर्गुण सन्त साहित्य के आध्यात्मिक अनुभव की कविता के यही पाँच संदर्भ हैं। इन सबका उपयोग यहाँ अपनी उन विलक्षण अनुभूतियों को समझाने के लिए, आत्मानुभूति एवं बोध को सम्प्रेषित तथा अपने अनुभव की स्पष्टता के लिए इन कवियों ने किया है। लोक कवि भी, इन्हीं सन्दर्भो में संरचना के इन विधानतंत्रों तथा तत्त्वों का उपयोग करते हैं। उपयोग दृष्टि एक-सी है- विलक्षणता केवल अनुभूति व्यापार के अभिव्यक्ति की है। लोक कवि की अनुभूति लोकभावनात्मक होती है किन्तु आध्यात्मिक कवियों की अनुभूति शुद्ध आध्यात्मिक है किन्तु लोक कविता में लोकात्मक अनुभूति अन्तिम सत्य है। यहाँ आध्यात्मिक कविता में लोकानुभूति उस आध्यात्मिक अनुभूति को एहसास कराने का माध्यम हैं। संक्षेप में, सन्त साहित्य के संरचनात्मक काव्य विधानतन्त्र का विश्लेषण इस प्रकार है-

1. अलंकार संरचना

आलंकारिक प्रयोग कविता की भाषा के अन्तर्गत कवि की सचेष्टता भी हो सकती है, लेकिन विवशता अधिक है। ज्ञान की भाषा में तर्क, प्रमाण, उद्धरण, निष्कर्ष आदि मन्तव्य को समझाने के माध्यम हैं, किन्तु कविता की भाषा की मूलप्रकृति भावात्मक है। इस भावात्मक अनुभव की भाषा को समझाने के लिए पद-पद पर कभी सादृश्य, विरोध, कल्पना, उदाहरण, दृष्टान्त देने पड़ते हैं और अलंकारविधान इसी विवशता का परिणाम है। किसी वस्तु के रूप, गुण, क्रिया, स्वभाव की भावात्मक निष्पत्तियों के लिए अलंकार

योजना कविता की भाषा में सदैव अनिवार्यता के रूप में स्वीकार की जाती रहेगी। निर्गुण भक्ति साहित्य में अलंकारों का प्रयोग प्रमुखतः चार संदर्भो में मिलता है, ये संदर्भ अधिक भी हो सकते हैं-

1. मन्तव्य के सन्दर्भ में वस्तुतत्त्व का ज्ञान कराना
2. मन्तव्य को प्रभावशाली बनाने के लिए उसे अर्थ चमत्कृति से जोड़ना
3. अर्थ की व्याप्ति के लिए अलंकारविधान की सहायता
4. आध्यात्मिक अनुभूतिपरक अर्थों की अभिव्यंजना के लिए लोकार्थ का सादृश्य आदि।

इसे एकाध दो उदाहरणों द्वारा स्पष्ट किया जा सकता है-

(क) सादृश्यविधान

रैनाईर बिछोहिया रहु रे संख म झूरि।
देवलि देवलि धाहड़ी देसी ऊगे सूरि॥

रत्नाकर (समुद्ररैनाईर) से बिछुड़ कर हे शंख! अब दुखी हो क्योंकि तुम सूर्य उगने पर दिखाई पड़ोगे-मंदिर-मंदिर, (या मकान-मकान के सामने) धाड़े मार कर चिल्लाते हुए। सांकेतिक अप्रस्तुत विधान के संदर्भ में रत्नाकर का अर्थ ईश्वर है और शंख का अर्थ है मनुष्य- हे मनुष्य! तुम ईश्वर से वियुक्त होने पर इस संसार में दरवाजे-दरवाजे भटकते फिरोगे। कवि अन्योक्ति तथा दृष्टान्त अलंकार के इस प्रयोग का उपयोग कितने सार्थक ढंग से करता है।

'काव्यलिंग' अलंकार का एक अन्य दृष्टान्त देखें-

आशा एक जू राम की दूजी आस निरास।
पाणी माहैं घर करै तो भी मरै पियास॥

केवल राम की आशा करो, अन्य कोई दूसरी आशा नहीं-पानी में घर बनाकर भी तुम प्यासे क्यों मर रहे हो, श्रीराम की शरण में रहकर क्यों दुखी हो, उन्हीं को समझो, उनकी सामर्थ्य को जानो-वहाँ तो सब कुछ उपलब्ध है। फिर क्यों ? आशा एवं कामना की पूर्ति के लिए घर-घर क्यों भटक रहे हो।

(ख) रूपक तथा अन्योक्तियाँ

रूपकविधान का सम्बन्ध अर्थ संश्लेष से है-जहाँ जटिलता के कारण अन्य भाषिक माध्यम या अलंकार कार्य नहीं कर पाते हैं, वहाँ रूपक का प्रयोग किया जाता है। ऐसी स्थिति में प्रस्तुत को अप्रस्तुत स्वयं अपना अनन्य तथा अखंडित रूप बना लेता है। अन्योक्ति भी ऐसा ही अलंकार है- फिर भी, यहाँ रूपक जैसी संश्लिष्टता नहीं रहती। अन्त में, कवि संकेत द्वारा अर्थ की चाभी लगाकर प्रस्तुत-अप्रस्तुत के दोनों दरवाजों को खोल देता है। रूपक का एक उदाहरण देखें-

कागज केरी नावड़ी पाणी केरी गंग।
कहै कबीर कैसे तरों पाँच कुसंगी संग॥

यदि कागज की नाव हो, गंगा की धारा का 'जल प्रवाह हो, पाँच दुर्व्यसनी उस नाव पर बैठकर उत्पात मचा रहे हैं तो नदी पार कैसे हुआ जा सकता है।

संसार अनित्य है (कागज की नाव है), क्षणभंगुरता (गंगा प्रवाह) है, पंचेन्द्रियों की वासनाएँ (कुसंगी) दबोचे हुए हैं तो इस भवसागर से मुक्ति कैसे हो सकती है।

प्रस्तुत पक्ष सांसारिक अनित्यता है, जिसके लिए कवि नाव का एक रूपक गढ़ता है।

अर्थ की प्रभावपूर्ण अभिव्यंजना ही कवि का यहाँ मन्तव्य है।

(ग) प्रतीकविधान

निर्गुण संत साहित्य में प्रतीकविधानों का प्रयोग अधिक मिलता है। क्योंकि आध्यात्मिक अनुभव को समझाने के लिए कवियों के पास लोकभाषा के अतिरिक्त अन्य माध्यम नहीं हैं, ऐसी स्थिति में ज्ञेय तत्त्वों द्वारा अज्ञेय तत्त्वों की ज्ञेयता को सम्पृक्त करने के लिए प्रतीकों का यहाँ प्रयोग किया गया है उदाहरण-

खंभा एक गयन्द दुइ क्यों करि बाँधसि बार।
मान करै तो पीव नहिं पीव तौ मानि निवारि॥

खम्भा एक है, हाथी दो हैं, दोनों को एक खम्भे में कैसे बाँधे, मुश्किल है। उसी प्रकार 'पति' एक है- चाहो तो नाराज रहो या उससे एक होकर रहो- यदि उससे आत्मीयता बरतो तो वह समीप होगा। यहाँ खम्भा प्रतीक है- जीवन यापन का– दो हाथी प्रतीक हैं- आध्यात्मिक जीवन जीने या सांसारिक जीवन जीने का, इनमें से कोई एक ही अपना सकते हैं। प्रभु एक है 'पति' की भाँति चाहे रुष्ट होकर दूर रहो, चाहे आत्मीयतापूर्वक उसके साथ रहो- यह विकल्प आपके ऊपर है।

(घ) कवि समय तथा अर्थ प्रौढ़ियाँ

काव्य का एक भिन्न लोक है, जहाँ नाना प्रकार के काल्पनिक विधान हैं। लोक दृष्टि से असत्य, मिथ्या का अव्यवहारिक रूप होते हुए भी कवियों की दृष्टि से ऐसे व्यवहार सच हैं, ऐसी सत्यता को कवि समय कहा जाता है। इसके एक कदम आगे काव्य प्रौढ़ियाँ हैं- काव्य लोक में तमाम ऐसे प्रचलन तथा संदर्भ हैं, जो काल्पनिक प्रतीत होते हैं, किन्तु कविजन उन्हें काव्य प्रौढ़ि एवं काव्यजगत की सत्यता के नाम से जानते हैं। यह सत्यता-असत्यता प्रायः निर्गुण सन्त साहित्य में इसलिए महत्त्वपूर्ण है कि वे जिस आध्यात्मिक लोक के अनुभव का वर्णन करते हैं, उनकी दृष्टि में यह सत्य है किन्तु लोक जगत उन्हें अनुभव स्वीकार करें या न करें फिर भी, एक सीमा के बाद इस लोक जगत को उसे स्वीकार करना ही पड़ता है क्योंकि उस आध्यात्मिक जगत के अनुभव से वे शून्य हैं। इसके कतिपय उदाहरण इस प्रकार हैं।

गोविंद के गुन बहुत हैं लिखे जु हिरदै माँहि।
डरता पानी न पियूँ मति वे धोये जाहिं॥

मैंने अपने हृदय रूपी कागज पर गोविन्द (ब्रह्म) के अनन्तगुणों को लिख रखा है। वह कागज कहीं पानी के स्पर्श से गल न जाएँ, मैं भयवश पानी नहीं पीता।।

'भयवश पानी न पीना क्योंकि पानी के स्पर्श से महत्त्वपूर्ण गुण संग्रहों का गल जाना, मेरे लिए भयप्रद है। यह मुग्धानायिका जैसा नासमझी भरा 'कवि समय' है। भय के इस कारण में जीव तथा गोविन्द के माहात्म्य की अनन्यता चित्रित है। यह कवि जगत की कविसमयमूलक मान्यता है।

कबीर मन मधुकर भया रह्या निरन्तर बास।
कँवल जू फूल्या जलहिं बिन को देखै निज दास॥

'बिना जल के कमल का खिलना' यह उक्ति निर्गुण सन्तों के संसार की सत्यता है- क्योंकि कमल के खिलने के लिए जल अनिवार्य है लेकिन आध्यात्मिक संदर्भ में नहीं। यह निर्गुण सन्त मत की मान्यता है।

निर्गुण सन्तों में कवि समय प्रचलित परम्परा के तो हैं ही-साथ ही, उनकी मान्यताओं से भी सम्बद्ध है। आध्यात्मिक प्रतीत उनकी कविता में निरन्तर प्रयुक्त होते रहते हैं।

(ङ) उलटवासियाँ

नाथों तथा सिद्धों की साधना के प्रभाव के फलस्वरूप यहाँ उलटवासियाँ आई हैं। गोरखवाणी में इसके लिए 'उल्टी चर्चा' का नाम दिया गया है। साधना की सत्यता जो लोक दृष्टि से विपरीत अर्थ रूप में दिखाई पड़ती है, उलटवाँसी है। यह उनकी रहस्यमयी साधना का विशिष्ट रूप है, जिसे सन्तों ने अपनी परम्परा में स्वीकृति दी है। ये उलटवाँसियाँ प्रायः सादृश्य, प्रतीक, रूपक तथा बिम्ब रूपों में हमें मिलती हैं। योग की अन्तिम अवस्था प्रत्याहार की है, ऐसा कहा जाता है। यहाँ योगी इन्द्रिय प्रभाव से मुक्त हो उठता है। इस परिवर्तन के कारण उसकी समस्त आन्तरिक एवं बाह्य दशाएँ एकदम विपरीत हो उठती हैं। इन्द्रियों की इसी विपरीत दशा या उनसे सम्बद्ध अनुभूतियों को स्पष्ट करने के लिए उलटवाँसियाँ का प्रयोग किया जाता है। उदाहरण इस प्रकार है :-

उलटे पवन चक्र षट बेधा मेरुदण्ड सरपूरा।
गगन गरजि मन सुन्न समाना बाजे अनहत तूरा॥

ये सम्पूर्ण क्रियाएँ शरीर के अन्दर हैं- जबकि इनका सन्दर्भ बाह्य जगत है। इनकी यही विपरीतता ही उलटवाँसी है। एक अन्य स्थल पर कबीरदास जी कहते हैं-

बोलौ भाई राम दुहाई।
इहिं रस सब सनकादिक माते पीवत अजहूँ न अपराई।
इड़ा पिंगला भाठी कीन्ही ब्रह्मा अगिनि परजाली।

ससिहर सूर द्वार रस मूँदे लगी जोग जुग ताली।
उलटी गंग नीर बहि आया अमृत धार चुवाई।
पंच जने सो संग करि लीन्हें चलत खुमारी लागी।

परवर्ती निर्गुण संत परम्परा में उलटवाँसियों की स्थिति अधिक दिखाई पड़ती है। इसके लिए तुलसी साहब कृत घट रामायण विशेष रूप से द्रष्टव्य है।

सहायक ग्रंथ सूची :

1- उत्तरी भारत की संत परम्परा- पं0 परशुराम चतुर्वेदी
2- हिन्दी काव्य के निर्गुण सम्प्रदाय- डॉ. पीताम्बर दत्त बड़थ्वाल
3- हिन्दी संत साहित्य- त्रिलोकी नाथ दीक्षित
4- मध्यकालीन धर्म साधना- हजारीप्रसाद द्विवेदी
5- संत साहित्य का अभिव्यंजनापरक अध्ययन- नजीर मुहम्मद
6- आधुनिक हिन्दी साहित्य- लक्ष्मीसागर वार्ष्णेय
7- हिन्दी साहित्य की भूमिका- हजारीप्रसाद द्विवेदी
8- कबीर- हजारीप्रसाद द्विवेदी
9- भक्तमाल- नाभादास
10- संत सुधासार- वियोगी हरि
11- मध्ययुगीन काव्यसाधना- रामचन्द्र तिवारी
12- मध्यकालीन हिन्दी संत विचार और साधना- केशनीप्रसाद चौरसिया
13- संत साहित्य की सामाजिक एवं सांस्कृतिक पृष्ठभूमि- सावित्री शुक्ल
14- मध्यकालीन संत साहित्य- रामखेलावन पाण्डेय
15- हिन्दी साहित्य और विचार- शिवपूजन सहाय
16- मध्यकालीन साहित्य विमर्श- सं0 सुधा सिंह
17- वैष्णवइज़्म शैवइज़्म एण्ड माईनर रिलिजस सैक्टस- डॉ. भंडारकर
18- हिन्दी साहित्य का इतिहास- आचार्य रामचन्द्र शुक्ल
19- हिन्दी साहित्य का इतिहास- संपा0 डॉ. नगेन्द्र
20- हिन्दी साहित्य और संवेदना का विकास- रामस्वरूप चतुर्वेदी
21- संत साहित्य और लौकिक पृष्ठभूमि- ओम प्रकाश शर्मा
22- भक्तिकालीन हिन्दी साहित्य पर मुस्लिम संस्कृति का प्रभाव- असद अली
23- कबीर का रहस्यवाद- डॉ. रामकुमार वर्मा
24- कबीर की कविता- योगेन्द्र प्रताप सिंह

वैष्णवभक्ति-आन्दोलन तथा श्रीकृष्णभक्ति का विकास

ईसा पूर्व पाँचवीं शती के बाद बौद्ध और जैन धर्म का विकास सम्पूर्ण भारत में इतनी तेजी से हुआ कि वैदिक परम्परावाद का उपनिषद, अरण्यक एवं ब्राह्मण धर्म पूरे समाज में दबने-सा लगा था। ज्ञानमार्ग, यज्ञमार्ग एवं कर्मकाण्ड की व्यवस्थाएँ पुरानी संकीर्णताओं के कारण समाज बौद्ध तथा जैन धर्म से जुड़ने लगा। लगभग दूसरी शती के आस-पास वैदिक धर्म-परम्परा अपनी दबी हुई व्यवस्था क्रम में आत्मीयभाव से जागृत हुई और नारायण, वासुदेव, वृष्णि, कृष्ण आदि ब्रह्म के नाम तथा रूप के साथ पांचरात्र मत के रूप में विकसित हुई।

प्रारम्भिक स्थिति में इस पांचरात्र मत की वही स्थिति थी जो बौद्ध एवं जैन मतों की थी। ब्रह्सूत्र जैसे ग्रंथ में, जिसकी रचना ई.पू0 की शती के सूत्रग्रंथ की परम्परा के हुई थी, इस पांचरात्र मत को बौद्ध, जैन मतों के साथ निषिद्ध घोषित किया गया था और कहा गया है कि ये मत वैदिक नहीं हैं। गौतम बुद्ध, भी बौद्ध मत को वैदिक मत कहते थे और पांचरात्र मत को 'बौद्ध जैन' मतों से भिन्न वैदिक परम्परा से जोड़ा जा रहा था। चूँकि यह मत निगम मत न होकर आगम मत था अतः इसे भी बौद्ध तथा जैन धर्म की श्रेणी में रखा था। ब्रह्मसूत्र के परवर्ती भाष्यकारों ने पाँचरात्र की भक्ति के लोक प्रचार के बाद इसे वैदिक परम्परा से सम्बद्ध किया और शंकराचार्य, रामानुजाचार्य, मध्वाचार्य, निम्बार्काचार्य, विष्णु स्वामी, वल्लभाचार्य आदि ने इस पांचरात्र धर्म की विस्तृत भक्तिमूलक व्याख्या ही नहीं कि अपितु भक्ति के लिए आधार सूत्र भी बनाया।

लोक में चौथी शती के पूर्व से उत्पन्न यज्ञ, वर्ण-व्यवस्था, कर्मकांडवाद, आश्रम व्यवस्था, द्विजत्व का संस्कार, उग्र तपवाद, संकीर्ण नैतिक आचरण, वेद प्रमाण, पशु बलि, दास प्रथा, नारी उत्पीड़न, यज्ञ फलवाद आदि के प्रति समाज में व्यापक विरोध दिखाई पड़ने लगा और यह विरोध पांचरात्र मत में ही था। इस युग में समाज के बदलते हुए स्वरूप को ध्यान में रखकर वैदिक मतवाद के संदर्भ में एक ऐसे धर्म तत्त्व की आवश्यकता अनुभव की जा रही थी जो निश्च्छल, भेदभाव रहित, सामाजिक व्यवस्था के लिए आधार का कार्य कर सके, आश्रम, वर्ण, यज्ञवाद, कर्मकाण्ड, तपवाद तथा

ज्ञानमार्ग, ज्ञानी-अज्ञानी सबको एक साथ लेकर चल सके- पांचरात्र मत से सम्बद्ध भक्ति को एक ऐसा ही स्वरूप देने की चेष्टा की गई थी और वह इसलिए की इन्हीं अवधारणाओं के कारण बौद्ध और जैन मत सामान्य जनता के बीच लोकप्रिय हुए थे। जहाँ तक श्रीकृष्ण भक्ति का प्रश्न है, इस विषय में प्रारम्भ में ही यह निर्दिष्ट किया जा चुका है कि इसका उद्‌भव कैसे और किन परिस्थितियों में हुआ था। हिन्दी साहित्य में मध्यकाल अर्थात् पन्द्रहवीं शती के आते-आते उड़ीसा, बंगाल, गुजरात, राजस्थान आदि राज्यों से होते हुए इस श्रीकृष्ण भक्ति धारा ने सम्पूर्ण उत्तर भारत को चारों ओर से अपने व्यापक प्रभाव द्वारा आप्लावित कर लिया और मथुरा तथा वृन्दावन इसका मूल केन्द्र बन गया। इस भक्ति आन्दोलन के इस काल खण्ड में अनेक सम्प्रदाय प्राप्त होते हैं। इन सम्प्रदायों में एक ओर आचार्य शंकर के अद्वैत वेदान्त का खण्डन मिलता है तो दूसरी ओर भक्ति की सुदृढ़ता का वातावरण निर्मित करने का प्रयास है। इनकी स्थिति इस प्रकार है-

1- निम्बार्क मत - द्वैताद्वैतवाद
2- मध्वाचार्य - द्वैतवाद
3- वल्लभाचार्य - विशिष्टाद्वैतवाद
4- विष्णु स्वामी - इनके मत को वल्लभाचार्य ने स्वीकार करके शुद्धाद्वैत में ही मिला लिया था।
5- महाप्रभु चैतन्य - गौड़ीय सम्प्रदाय – नित्य लीला और ब्रज प्रेमलीला
6- हित हरिवंश जी - राधावल्लभ सम्प्रदाय – राधा की प्रधानता
7- स्वामी हरिदास जी – सखी सम्प्रदाय राधा की स्वकीया रूप में स्वीकृति
8- शुक सम्प्रदाय – श्यामचरण दास ढूसर - चरणदासी साधना

लगभग तेरहवीं शती से लेकर अट्ठारहवीं शती तक कृष्ण भक्ति से सम्बद्ध सारे सम्प्रदाय प्रकाश में आए- इनमें केवल विष्णु स्वामी के विषय में यह अभी तक ज्ञात नहीं हो सका है कि इनका समय क्या था ? अनुमानतः इनका समय प्रायः 13वीं शती निर्धारित किया जाता है और कहा जाता है कि आचार्य वल्लभ इसी मत में दीक्षित हुए थे और अपने शुद्धाद्वैत मत के अन्तर्गत इनकी सम्पूर्ण मान्यताएँ आत्मसात् कर ली थीं।

भक्ति आन्दोलन के दबाव और शंकरमत के प्रचार-प्रसार के कारण द्वैत मतों की स्थापना भक्ति के सापेक्ष्य में आवश्यक हो गई थी। जीव तथा ब्रह्म के विच्छेद के बाद ब्रह्म से सम्मिलन की उसकी बलवती आकांक्षा के संदर्भ में दोनों के बीच अलगाव एवं संसक्तिवशात् तादात्म्य से सम्बद्ध भक्ति को मूलाधार तय किया गया है और भक्ति आन्दोलन के विकास के बाद आचार्यो को सैद्धान्तिक दृष्टि के लिए इसी प्रकार की आवश्यकता पड़ी। इस सैद्धान्तिक पृष्ठभूमि की आवश्यकता पंडित समाज के बीच मान्यता के लिए अधिक थी, साथ-ही-साथ यह लोक के लिए भी उतनी ही महत्वपूर्ण थी। भक्ति

का लोकाधार चौदहवीं शती के पूर्व ही नारदभक्ति सूत्र, शांडिल्य भक्ति सूत्र, भागवत तथा अन्य पुराणों, अहिर्वुध्न्य संहिता आदि के माध्यम से स्थापित हो चुका था। प्रस्थानत्रयी के संदर्भ में आचार्यत्व की स्थिति के लिए इन आचार्यो ने भागवत पुराण को भी मिला लिया- अतः अब उपनिषद्, गीता एवं ब्रह्मसूत्र के वैदिक समर्थक शास्त्रवाद के साथ भागवत पुराण के मिल जाने के बाद भक्ति की सैद्धान्तिकता को समाज में अद्वैत वेदान्त जैसा वैदुष्य मिला और इस आधार को प्रस्थान चतुष्टयी के नाम से पुकारा गया। विशिष्टाद्वैत, शुद्धाद्वैत, द्वैताद्वैत, द्वैत आदि मतों की शास्त्रीयता अद्वैत की है। भक्ति समाज में स्वीकृत हुई और शांकर मत का भक्ति से कोई विरोध न होने के कारण इन मतों को उनसे कोई संघर्ष नहीं करना पड़ा। इन सिद्धान्तों के माध्यम से परम्परित प्रपत्तिवाद, शरणागति तथा अन्त में रागानुगा भक्ति को स्वीकृति इन वेदान्त मतों ने दिलाई और फिर भक्ति आन्दोलन से अलग-थलग बुद्धिजीवी समाज भी उससे अनन्य भाव से जुड़ गया। आगे चलकर, आचार्य वल्लभ तथा रूप गोस्वामी ने भक्ति को मानव जीवन की सहजतम रागात्मिकावृत्ति का रूप दे डाला- जो इस प्रकार है-

आचार्य वल्लभ

कृष्ण के प्रति आत्मीयभाव>प्रेम>प्रणय>स्नेह>राग>अनुराग>व्यसन।

रूप गोस्वामी

कृष्ण के प्रति आत्मीयभाव>प्रेम>प्रणय>स्नेह>राग>मान>अनुराग>महाभाव।

भक्ति को एक ने मानवीय भावना का व्यसन रूप बना दिया तो दूसरे ने उसे महाभाव रूप। ब्रह्म के प्रति आत्ममयता ही महाभाव है और ब्रह्मवासना का अर्थ है-भूख, प्यास, निद्रा की ही भाँति ब्रह्म के प्रति मूलवासना (Instict) जैसी प्रवृत्ति। इन बिन्दुओं पर आकर लोकवाद तथा शास्त्रवाद दोनों एक हो उठे।

भक्ति की लोकप्रियता के लिए भक्तों ने 'भाय एवं कुभाय भक्ति' की भी कल्पना की। रावण और कंस जैसे लोक विरोधी तत्त्व भी राम-कृष्ण के सम्पर्क में आकर भक्तों की भाँति मुक्त हो गए। भक्ति का यह स्वरूप उन सम्पूर्ण दुष्ट प्रकृति के व्यक्तियों के लिए भी उसे स्वीकार कराने का एक आदर्श बना।

हिन्दी कृष्ण भक्ति काव्य : अध्ययन के स्त्रोत तथा परिचय

जैसा कि कहा जा चुका है, हिन्दी कृष्ण भक्ति का प्रादुर्भाव पन्द्रहवीं शती से माना जाता है और इस परम्परा में भागवत पुराण, आचार्य वल्लभ का मत एवं अष्टछाप सम्प्रदाय सबसे प्रमुख है।

जहाँ तक हिन्दी कृष्ण भक्ति कवियों के साक्ष्य का प्रश्न है, इनका सबसे पहले परिचय नाभादास कृत भक्तमाल में मिलता है। यह सूची सर्वाधिक प्रामाणिक है तथा इसमें चालीस

कृष्ण भक्त कवियों की सूचना मिलती है। भक्तमाल के बाद गोकुलनाथ कृत 'चौरासी वैष्णवन की वार्ता' है। यहां अष्टछाप तथा अन्य सम्प्रदायों के कवियों की सूचना मिलती है। इसी परम्परा के अन्तर्गत कृष्ण भक्त कवियों की एक विशाल सूची 'दो सौ बावन-वैष्णवन की वार्ता' में है, किन्तु इसके लिए आधार ग्रंथ चौरासी वैष्णवन की वार्ता ही है। इन कवियों की सूची के लिए एक और कृति महत्त्वपूर्ण मानी जाती है, वह है, ध्रुवदास कृत 'भक्त नामावली।' ध्रुवदास अट्ठारहवीं शती के कवि हैं, अतः इनकी तालिका लम्बी है।

सामान्य रूप से इस तालिका में विविध सम्प्रदायों एवं मतों से जुड़े भक्त कवि हमें दिखाई पड़ते हैं किन्तु यहाँ ऐसे भी कृष्णभक्ति कवियों का उल्लेख है- जिनका सम्बन्ध किसी समुदाय से नहीं है- जैसे- मीराबाई, मुरारीदास, वैष्णव-रसिक आदि। इन कृष्ण भक्त कवियों के मतों तथा सम्प्रदायों का विभाजन हो चुका है, अतः उसी क्रम से इन कवियों की सामान्य तालिका प्रस्तुत की जा रही है। इस तालिका की प्रस्तुति के पूर्व सामान्यतया यह प्रश्न विचारणीय है और इसका विवेचन निर्गुण सन्त साहित्य एवं सूफ़ी प्रेमाख्यानक साहित्य के भी संदर्भ में किया जा चुका है कि क्या हिन्दी का भक्ति साहित्य 1700 विक्रम शती के बाद मन्द पड़ जाता है या सामाजिक निष्ठा का पूर्णतः प्रतिबद्ध विषय नहीं रह जाता। हिन्दी का कृष्ण भक्ति साहित्य पन्द्रहवीं शती से प्रारम्भ होकर बीसवीं शती तक अनवरत उत्साह के साथ हिन्दी साहित्य से सम्बद्ध रहा है और यहॉ तक कि रीतिकालीन और आधुनिककालीन कवि कृष्णभक्ति के किसी-न-किसी मत या सम्प्रदाय से अपने को जोड़े रहे हैं और राधाकृष्ण की लीला का वर्णन करते रहे हैं। यही नहीं, बीसवीं शती तक कृष्णभक्ति परम्परा से जुड़े भक्त काव्यों का लेखन निरन्तर चलता रहा है और यह हिन्दी जगत का एक सबसे सशक्त और ऊर्जावान जनान्दोलन था जिसे हिन्दी साहित्य के इतिहासकारों ने कवियों की प्रमुखता और अप्रमुखता से सम्बद्ध करके 17वीं विक्रम शती तक समाप्त कर दिया था, जो उचित नहीं है। यद्यपि अन्य इतिहासकारों से भिन्न आचार्य रामचन्द्र शुक्ल ने प्रत्येक कालखण्ड के अन्त में (आधुनिक काल को छोड़कर) अपने इतिहास ग्रंथ के अन्तर्गत एक अतिरिक्त तालिका अवश्य दी है, जो पर्याप्त नहीं है- सम्भव है, उन्हें कुछ उसी प्रकार के साक्ष्य मिले हों। ठीक उसी प्रकार, हिन्दी भक्तिकाल को या तो पूर्व भक्ति काल और उत्तरभक्ति काल के रूप में रखें या फिर चौदहवीं शती से बीसवीं तक के इस प्रचुर साहित्य का व्यवस्थित परिचय दें और यह भी बताएँ– इसका उद्भव, विकास एवं समापन के संदर्भ में केन्द्रीय चिन्तन दृष्टि क्या है वैसे, कृष्णभक्ति साहित्य का लोक ग्राह्य रूप आज भी भारतीय समाज में स्वीकार्य है। संक्षेप में, हिन्दी कृष्ण भक्ति साहित्य के कवियों तथा उनकी कृतियों का विवरण इस प्रकार है-

(1) **वल्लभ सम्प्रदाय-** अष्टछाप की स्थापना स्वामी वल्लभाचार्या जी ने स्वयं की थी जिनमें परमानन्द दास, सूरदास, कुंभनदास एवं चतुर्भुज दास चार भक्त

कवि आचार्य वल्लभ द्वारा दीक्षित हुए थे और शेष चार गोविन्ददास, नन्ददास, छीतस्वामी एवं कृष्णदास श्री विट्ठलनाथ द्वारा दीक्षित थे। इन भक्ति कवियों का साहित्य इस प्रकार है-

(क) **परमानन्द दास**- परमानन्द सागर, दान लीला, ध्रुवचरित

(ख) **सूरदास**- सूरसागर, सूरसारावली तथा साहित्य लहरी

(ग) **कुंभनदास**- कुंभनदास के पद विद्या विभाग काँकरौली से प्रकाशित

(घ) **चतुर्भुजदास**– इनकी चार प्रसिद्ध रचनाए हैं- मधुमालती, भक्तिप्रताप, द्वादशयश, हितू को मंगल

(च) **गोविन्ददास**- गोविन्द स्वामी के पद-विद्याविभाग, काँकरौली से प्रकाशित

(छ) **नन्ददास**- इनकी चौदह रचनाएँ हैं, जिनमें प्रमुख हैं- रस मंजरी, अनेकार्थ मंजरी, मान मंजरी, रुक्मिणी मंगल, विरह मंजरी, रास-पंचाध्यायी, सिद्धान्तपंचाध्यायी, रूपमंजरी आदि

(ज) **छीतस्वामी**- छीतस्वामी के पद-विद्या विभाग, काँकरौली से प्रकाशित

(झ) **कृष्णदास**- भक्तिमाल की टीका, भ्रमरगीत, वैष्णव वन्दन आदि इनकी आठ रचनाएँ हैं।

अष्टछाप के इन कवियों के अंग गायक के रूप में अनेक कविगण सम्बद्ध हैं और इन कवियों के साथ कुछ गायक भी हैं। इनकी तालिका इस प्रकार है-

(1) **परमानन्द दास**- गोपालदास, आसकरन, गदाधर दास, सगुनदास हरिजीवन दास, मानिक चंद, रसिक बिहारी

(2) **सूरदास**- जानसेन, अलीखाँ, जगन्नाथ, कविराय, हरिनारायण, श्यामदास, मुरारिदास, मुकुन्ददास, कृष्णजीवन तथा लक्ष्मीदास

(3) **कुंभनदास**- हित हरिवंश, हरिदास, रसखान, किशोरीदास

(4) **चतुर्भुजदास**- व्यासदास, मानसदास, दामोदर, विचित्र बिहारी, श्रीभट्ट प्रेमप्रभु, जगजीवन, बिहारीदास

(5) **नन्ददास**- हरिदास, ताज, कटहरिया, रामदास, घोघी भगवानहित, रघुनाथ दास्०

(6) **गोविन्ददास**- हरिदास, काका वल्लभ जी दास, हरिकेश ब्रजाधीश, ब्रजपति, मंगाबाई, कृष्णदास, कल्याणप्रभु

(7) **कृष्णदास**- रामराय, गोपालदास, चतुर बिहारी

(8) **छीतस्वामी**- श्यामदास, सुधार राय, केश किशोरी, अग्रदास, हृषीकेश, माधुरीदास,. जन गिरिधर

जन त्रैलोक्य, दास माधौ, जगजीवन, रूप माधुरी, नागरी दास।[1] अंतिम कवि छीतस्वामी का जन्म संवत् 1567 तथा मृत्यु सं0 1642 के आसपास हुई थी।

छीतस्वामी के पश्चात् यह वल्लभमत या अष्टछाप समाप्त नहीं हुआ। वरन् इस परम्परा के कवियों की एक लम्बी सूची मिलती है।

(2) **निम्बार्क सम्प्रदाय-** हिन्दी में यह कृष्णभक्ति सम्प्रदाय दो भागों में विभक्त दिखाई पड़ता है, हरिदासी सम्प्रदाय एवं हरिव्यासी सम्प्रदाय।[2]

(अ) हरिदासी सम्प्रदाय

(अ) हरिदास स्वामी- इन्होंने स्वतंत्र ग्रंथ नहीं लिखा है। इनके कीर्तनों का संग्रह निम्बार्क माधुरी में है। इनके सात पदों का संकलन प्रभुदयाल मीतल ने 'स्वामी हरिदास तथा अष्टाचार्यों की वाणी, के रूप में किया है। इसे टट्टी सम्प्रदाय भी कहा जाता है। राधाकृष्ण की कुंज लीला इस सम्प्रदाय की महत्त्वपूर्ण उपलब्धि है।

(ख) विट्ठल विपुल- निम्बार्क माधुरी में इनके 39 पद संकलित हैं।

(ग) बिहारी दास- इनकी 700 साखियाँ, 200 सिद्धान्त पद तथा 400 श्रृंगार पद बताए गए हैं। निम्बार्क माधुरी में इनके 90 पद संकलित हैं। इस परम्परा के अन्य कवियों में बिहारनि देव, सरसदेव, रसिक देव, ललितकिशोरी जी, ठाकुरदास, सखीशरण आदि महत्त्वपूर्ण कवि हैं।

(घ) नागरी दास- इनके द्वारा कवित्त, सवैये तथा पद रचित हैं। निम्बार्क माधुरी के 20 सवैये, 6 कवित्त एवं 25 पदों का संकलन है। इस सम्प्रदाय के अन्य कवियों में सरसदेव नरहरि देव, पीताम्बर देव, भगवत रसिक आदि महत्त्वपूर्ण हैं। यह मत आज भी वर्तमान है।

2. (ब) हरिव्यासी सम्प्रदाय

(क) हरिव्यास देवाचार्य- इस सम्प्रदाय के संस्थापक हरिव्यास देवाचार्य से दीक्षा लेने वाले प्रथम कवि भक्त श्री भट्ट जी हैं। हरिव्यास देवाचार्य स्वयं में विद्वान तथा कवि रहे हैं। इनकी कृतियाँ इस प्रकार हैं- सिद्धान्त रत्नांजलि, अष्टधाम, पंचसंस्कार निरूपण, पंचवाणी, निम्बार्क माधुरी में इनके 10 स्तोत्र तथा 72

1. पोद्यार अभिनंदन ग्रंथ, संपा0 डॉ0 वासुदेवशरण अग्रवाल

2. (क) स्वामी हरिदास एवं अष्टाचार्यों की वाणी- प्रभुदयाल मीतल

(ख) निम्बार्क माधुरी- ब्रजबिहारी शरण

(ग) व्रजमाधुरीसार

पद संकलित हैं।

(ख) श्री रामदेव जी- आपकी रचनाएँ परशुराम सागर के नाम से प्रसिद्ध हैं। इसके अन्तर्गत 2200 दोहे, छप्पन छन्द तथा हजारों पद हैं।

(3) गौड़ीय मत

इस मत का साहित्य काफी दिनों तक अप्राप्त या बंगला साहित्य के अन्तर्गत विवेचित था। हिन्दी में इसे लाने का श्रेय श्री प्रभुदयाल मीतल जी को है- उनका इस विषय में प्रसिद्ध ग्रंथ है- 'चैतन्यमत और ब्रज साहित्य' महाप्रभु चैतन्य जी के द्वारा वृन्दावन आश्रम की स्थापना के बाद इस मत का हिन्दी कृष्ण भक्ति साहित्य पर अधिक प्रभाव पड़ा। इस सम्प्रदाय के प्रमुख हिन्दी कवि एवं उनकी कृतियाँ इस प्रकार हैं-

(क) माधवदास जगन्नाथी- नारायण लीला, ग्वालिन झगरों, परतीत परीक्षा इनके बड़े ग्रंथ हैं। छोटे ग्रन्थों में बाललीला, नागरी लीला, ध्यान लीला, रथ लीला इनकी प्रमुख रचनाएँ हैं।

(ख) आनन्द धन- (सुजान प्रेमी राधावल्लभ सम्प्रदाय के आनन्द धन से भिन्न) इनके द्वारा रचित कुछ फुटकर पद ही प्राप्त होते हैं।

(ग) सूरदास मदनमोहन- इनके पदों का संग्रह-साहित्य संस्थान, मथुरा से प्रकाशित है।

(घ) गदाधर भट्ट- 'गदाधर भट्ट की वाणी' के नाम से इनके 100 पदों का संकलन प्रकाशित है।

(ङ) चन्द्र गोपाल- इनका प्रसिद्ध ग्रंथ श्री राधामाधवाष्टक है। इसके अतिरिक्त इनकी अन्य कई रचनाएं हैं। यथा– गौरांग अष्टयाम, राधा विरह, चन्द्र चौरासी आदि।

चैतन्य मत की यह काव्य परम्परा 19वीं शती तक चलती रही और रामराय, चन्द्र गोपाल राय, गरीबदास, भगवान दास, विष्णुदास, युगल दास आदि एक सौ चौदह कवियों का उल्लेख मिलता है। गौड़ीय मत के कृष्णभक्ति काव्य ने हिन्दी साहित्य ही नहीं अपितु भक्ति साहित्य के काव्यशास्त्रीय चिन्तन को जो आधार दिया है, उसकी चर्चा साहित्य जगत में बराबर होती रहेगी।

4. राधावल्लभ सम्प्रदाय

(मध्वाचार्य मत) स्वामी राधावल्लभ द्वारा स्थापित यह सम्प्रदाय आचार्य वल्ल्भ एवं चैतन्य महाप्रभु के गौड़ीय मतों के समानान्तर महत्त्व रखता है। कृष्णभक्ति काव्य के स्वरूप विकास एवं उसकी राधामयी अनन्य प्रेमधारा के प्रवाह में सर्वाधिक योगदान प्रदान किया

है। उनके द्वारा प्रतिपादित 'हित' शब्द उनकी प्रेममयी साधना का अनन्य साक्ष्य है।

संवत् 1600 के आस-पास इन्होंने वृन्दावन में सेवा कुंज की स्थापना की थी और यहीं उन्होंने श्री राधाकृष्ण के विग्रह को भी स्थापित किया। स्वामी हित हरिवंश ने दो रचनाएँ संस्कृत में लिखीं- राधासुधानिधि और यमुनाष्टक।

हिन्दी में 'हित चतुरासी' उनकी प्रसिद्ध रचना है और उसमें चौरासी पद श्री राधा की कृष्णाप्रेमलीला के श्रेष्ठतम प्रतीक के रूप में हैं। इसके अतिरिक्त इनके अन्य फुटकल पद भी मिलते हैं।

श्री हित हरिवंश की साधना और कृष्ण काव्य परम्परा अत्यन्त समृद्ध रही है। संक्षेप में इसकी तालिका इस प्रकार है-

(क) हरीराम व्यास- इनकी कृति 'व्यास वाणी' है- जिसमें 758 पद तथा 158 दोहे हैं।

(ख) दामोदर दास सेवक- इनकी कृति 'सेवक वाणी' है।

(ग) स्वामी चतुर्भुजदास- इनकी रचना 'द्वादश यश' है। यह संस्कृत भाषा में लिखी गयी है।

(घ) ध्रुवदास-इनका ग्रंथ 'व्यालिस लीला' के नाम से प्रसिद्ध है, जिसमें छोटे-बड़े बयालीस ग्रंथ हैं।

(ङ) कल्याण पुजारी-200 पदों का संकलन प्राप्त है।

(च) 'नेही' नागरीदास- इनकी तीन रचनाएँ हैं- सिद्धान्त पदावली, पदावली तथा दस पदावली।

इस सम्प्रदाय के परवर्ती कवियों की एक लम्बी सूची इस प्रकार है-

लालस्वामी, कृष्णचन्द्र गोस्वामी, श्री दामोदरदास, सहचरि सुख, रसिकदास, कल्याणपुजारी, चन्द्रलाल, गोस्वामी आदि कवि इस परम्परा से सम्बद्ध हैं। कृष्णभक्ति की यह परम्परा आज भी विद्यमान है। डॉ. ब्रजेश्वर वर्मा का एक ही वाक्य इस सम्प्रदाय के लिए उपयुक्त प्रतीत होता है कि- "इन्होंने मध्ययुगीन भक्ति का पावन संदेश आधुनिक युग तक पहुँचाया है।"[1]

मीराबाई तथा अन्य कृष्ण भक्त कवि

कृष्ण भक्ति काव्य परम्परा की व्यापक लोक व्याप्ति का एक बहुत बड़ा प्रभाव जनमानस पर पड़ा फलस्वरूप सम्प्रदायों से भिन्न भक्ति का आश्रय जन समुदाय ने भी लेना प्रारम्भ किया। इस परम्परा में मीराबाई का नाम सर्वोपरि है। मीराबाई की समर्पित नारी

1. देखिए- राधावल्लभ सम्प्रदाय- सिद्धान्त और साहित्य, डॉ० विजयेन्द्र स्नातक

भावना का सीधा सम्बन्ध उनके इष्टदेव कृष्ण से जुड़ा और अपने प्रणयमूला दाम्पत्य माधुर्य भाव को पूरी निष्ठा तथा आत्मीयता से श्री कृष्ण के प्रति समर्पित किया। इनके चार ग्रंथ बताये जाते हैं- राग गोविन्द, राग सोरठ के पद, गीत गोविन्द की टीका तथा नरसी जी का मायरा।

इस परम्परा के दूसरे कवि 'रसखान' कहे जा सकते हैं। यद्यपि उनके विषय में जनश्रुति है कि रसखान ने गोकुल में आकर वल्लभाचार्य के पौत्र स्वामी विट्ठल नाथ जी से दीक्षा ली थी किन्तु 'दो सौ बावन वैष्णवन की वार्ता' के अतिरिक्त इसका अन्यत्र कहीं उल्लेख नहीं मिलता। श्री राधा-कृष्ण एवं गोपियों के प्रति प्रेम के अनन्य उद्‌गार वाले ये कवि कृष्ण भक्त कवियों की प्रशस्त श्रेणी में रखे जाते हैं। इनकी दो कृतियाँ ही अब तक प्राप्य हैं। सुजान रसखान और प्रेम बाटिका।[1]

उत्तरभक्तिकालीन परम्परामुक्त कृष्ण भक्त कवियों की तालिका विस्तृत है। इन कवियों में भी श्री कृष्ण के प्रति भक्ति अनुराग, प्रेम एवं सर्वस्व समर्पण का भाव दिखाई पड़ता है। घन आनन्द या घनानन्द आदि को इसी श्रेणी का परवर्ती कृष्ण भक्त कहा जा सकता है।

इस प्रकार सम्प्रदायविहीन कृष्ण भक्ति साहित्य का बीसवीं शती तक निरन्तर प्रवाह चलता रहा। बीसवीं शती के ललित किशोरी जी (मूल नाम- कुन्दन लाल शाह) जैसे कवि इसी सम्प्रदायमुक्त परम्परा से सम्बद्ध रहे हैं।

कुल मिलाकर, यदि व्यवस्थित रूप से देखा जाय तो श्री कृष्ण भक्ति साहित्य का हिन्दी प्रदेश से बड़ा गम्भीर एवं व्यापक सम्बन्ध रहा है और इसके कारण भक्ति के तीव्र और स्थायी फैलाव के कारण सामान्य जन-मानस पर संत साहित्य तथा सगुण राम भक्ति शाखा दोनों से कहीं अधिक व्यापक प्रभाव इस परम्परा का दिखाई पड़ता है।

1. हिन्दी साहित्य, खण्ड-2, पृ0 389-393 तक

कृष्णभक्ति साहित्य की विशेषताएँ

(क) कृष्ण साहित्य और मध्यकालीन लोकजीवन

भारतीय संस्कृति में सर्वाधिक प्राचीन भक्ति श्रीकृष्णभक्ति ही है, जैसा कि कहा जा चुका है- नारायण, वृष्णि, वासुदेव एवं कृष्ण के स्वरूप तथा लोक भक्ति का विकास ई.पू0 के शतियों से शुरू हुआ और मध्यदेश (आज का उत्तर प्रदेश), राजस्थान, गुजरात, महाराष्ट्र, उड़ीसा, बंगाल आदि प्रदेशों के साथ यह समूचे भारत में फैला। इसका जन्म दक्षिण भारत में ही अनेक विद्वानों द्वारा बताया जाता है- किन्तु यह रागानुगा भक्ति के विषय में है, वैधी भक्ति मध्य देश में ही विकसित हुई थी और यह रागानुगा भक्ति से लगभग दो-तीन सौ वर्षो पूर्व रही है। भागवत पुराण में भक्ति के सम्बन्ध में दो सन्दर्भ पाए जाते हैं। भागवत पुराण में एक स्थल कहा गया है-

उत्त्पन्नाद्राविणेचाहं वृद्धिं कर्णाटके गता।
क्वच्किचिन्महाराष्ट्रे गुर्जरे जीर्णता गता।।

"मैं द्रविड़ प्रदेश में उत्पन्न हुई, कर्णाटक में बढ़ी, कहीं-कहीं महाराष्ट्र में सम्मानित हुई किन्तु गुजरात में मुझे वृद्धावस्था ने आ घेरा। यह आठवीं शती की उक्ति है- भागवत पुराण की रचना इसी शती में हुई थी।

इसी भागवत पुराण की दूसरी उक्ति एकादश स्कन्ध की है। यहाँ कहा गया है कि-

दक्षिण भारत में मैं कहीं-कहीं हूँ किन्तु द्रविड़ प्रदेश (तमिल प्रदेश)में मैं सर्वाधिक व्याप्त हूँ। निम्नलिखित नदियों के तटवासी या अन्य व्यक्ति जब उनका जलपीते हैं तो भगवान वासुदेव के भक्त बन जाते हैं- ये नदियाँ हैं-

ताम्रपर्णी, कृतमाला (वैणई), पयस्विनी (पलर) परम पवित्र कावेरी, महानदी (पेरियार)। यह श्लोक इस प्रकार है-

क्वचित् क्वचिन्महाराज द्रविडेषु च भूरिशः।
ताम्रपर्णी नदी यत्र कृतमाला पयस्विनी।
कावेरी च महापुण्या प्रतीची च महानदी।

ये पिवन्ति जलं तासां मनुजा मनुजेश्वरः।
प्रायो भक्ता भगवति वासुदेव अमलाशयाः॥

"रागानुगाभक्ति का सर्वप्रथम उल्लेख विष्णु पुराण में मिलता है तथा कृष्ण के प्रति संसक्तिमूला भावना का विकास सर्वप्रथम 'हरिवंश' पुराण में दिखाई पड़ा। महाभारत के श्रीकृष्ण से रागानुगा भक्ति को जोड़ने के लिए हरिवंश को महाभारत का अंश (पूरक अंश) बनाया गया।

इस प्रकार यह रागानुगा भक्ति आलवार (प्रेममयी) भक्ति से जुड़ी और यह भक्ति, कहा जाता है कि नानयार (शैव भक्तों) के प्रभाव से विकसित हुई थी। यह भक्ति सम्पूर्ण दक्षिण भारत के कन्नड़ प्रदेश में व्याप्त होते हुए तेलुगु और मलयालम प्रदेशों में व्याप्त हुई। इसका सीधा प्रभाव महाराष्ट्र और ततश्च उत्तर भारत पर पड़ा।

कृष्ण भक्ति के आदि आचार्य 'मध्वस्वामी' का जन्म (12वीं शती) में हुआ था और इन्होंने श्रीकृष्ण से जुड़े आठ मठों की स्थापना की थी। यद्यपि यहां शैवधर्म का अधिक प्रचार था फिर भी, श्रीकृष्ण भक्ति धीरे-धीरे बढ़ी। 13वीं-14वीं शती में कृष्णभक्ति का यहां प्रभाव अधिक बढ़ा। तेलुगु प्रदेश में भी भक्ति ग्यारहवीं तथा बारहवीं शती में आगे आई। आदि कवि ननन्य भट्ट (सन् 1160) में प्रथम कृष्ण भक्ति कवि हैं। केरल में चौदहवीं तथा पन्द्रहवीं शती में कृष्णभक्ति का विकास हुआ और काणश्शपणिकर कृत भगवत्गीता का अनुवाद 'गीता' नाम से प्रसिद्ध है फिर चौदहवीं शती में भागवत के दशम स्कन्ध पर आधारित कृष्ण भक्ति काव्य की रचना चेरूनूशेरी नंपूतिरि ने लिखी थी, यह 'कृष्ण गाथा' के रूप में प्रचलित मलयालम की प्रथम भक्तिमयी रचना है। देश के अन्य प्रदेशों में भी कृष्णभक्ति का प्रचार-प्रसार इस क्रम में हुआ।

1- गुजरात- भक्त कवि नरसिंह जी- पन्द्रहवीं शती
2- महाराष्ट्र- स्वामी चक्रधर - श्री कृष्णोपासना- 12वीं शती
(चैतन्य सम्प्रदाय तथा प्रकाश सम्प्रदाय में कृष्णोपासना का स्वरूप मिलता है।)
3- राजस्थान-वल्लभाचार्य के पुत्र श्री विट्ठलनाथ जी- 16वीं शती
(श्री कृष्ण के सप्त पीठों की स्थापना सात स्थानों पर की)
5- सिन्धु प्रदेश- वेदान्त कवि सामी (श्री कृष्ण भक्ति का प्रचार) 18वीं शती
6- आसाम-शंकरदेव - 16वीं शती
7- उड़ीसा- पंचसखा (बलरामदास, जगन्नाथ दास, जसवंतदास, अच्युतनन्द दास, अनन्तदास) 14वीं शती
8- बंगाल - चैतन्य महाप्रभु - 16वीं शती
9- मध्यदेश (उत्तरभारत)- वल्लभाचार्य - 15वीं शती

इस प्रकार पंजाब को छोड़कर रागानुगा कृष्णभक्ति 8वीं शती से 16वीं शती तक सम्पूर्ण भारत में व्याप्त हो चुका थी। इस कृष्णभक्ति चेतना में आत्मसमर्पण की सम्पूर्णता सारे भक्तों में देखी जाती है।

(ख) समग्र कलाएँ और कृष्णभक्ति

कृष्ण भक्ति न केवल एक देशव्यापी आन्दोलन था और उसने जीवन, साहित्य तथा कला की विविधताओं में बड़ी गहराई से प्रवेश कर रखा था। 'राधा-कृष्ण' प्रेम एवं दाम्पत्य के लोकव्यापी प्रतीक बने, हिन्दी साहित्य के रीतिकाल में सम्पूर्ण नायक-नायिका भेद 'राधा-कृष्ण' से सम्बद्ध हो उठा। उज्ज्वलनीलमणि की परम्परा चैतन्यमत से सम्बद्ध है लेकिन आचार्य केशवदास की 'रसिक प्रिया' में नायक श्री कृष्ण तथा नायिका राधा हैं। उन्होंने सम्पूर्ण लोक शृंगार को नायक श्री कृष्ण एवं नायिका राधा में समाहित करके हिन्दी में एक नई परम्परा स्थापित की। संस्कृत साहित्य ने श्रीराधा-कृष्ण के स्वच्छन्द प्रेम को शास्त्रीय श्रृंगार में बाँधने की चेष्टा की थी और हिन्दी का सम्पूर्ण रीतिकाल श्रीकृष्ण और राधा के प्रेम का प्रतीक बनकर परम्परित नायक-नायिका भेद के अन्तर्गत उतरा और यह प्रवृत्ति भारतेन्दु हरिश्चन्द्र एवं जगन्नाथ दास रत्नाकर तथा आधुनिक काल में भी दिखाई पड़ती है। डॉ. धर्मवीर भारती की 'कनुप्रिया' की परमपरा **'राधाकृष्ण'** के प्रेम प्रतीकवाद से ही सम्बद्ध है।

बौद्ध मठों के प्रभाव के फलस्वरूप पाँचरात्र से सम्बद्ध वासुदेव कृष्ण के मंदिरों का निर्माण पूरे देश में शुरू हुआ। शूरसेन प्रदेश में ई. पूर्व दूसरी शती से ही स्तम्भ लेख, मंदिर, मूर्तियाँ मिलने लगती हैं और गुजरात तथा राजस्थान में यह परम्परा अक्षुण्ण रूप से दिखाई पड़ती है। प्रारम्भ में कटकार, पारशव, सात्वत् के सभी निचली जातियाँ वासुदेव की उपासक थीं। सात्त्वत् जाति का कार्य था, वासुदेव की मूर्तियों का निर्माण करना। यही उनका पेशा भी, यही उपासना भी थी। ये जातियाँ वासुदेव की मूर्तियाँ बनाती और उनका पूजन भी करती थीं। आलवार प्रदेश में श्रीकृष्ण की मूर्तिपूजा का श्रेय इन्हीं जातियों को है।

इनकी परम्परा संगीत, नृत्य, वाद्य आदि कलाओं से भी सम्बद्ध थी। सन्तों के सदृश इनके लीला-गायन एवं वासुदेव कृष्ण के विविध लीलाचरितों का अभिनय वासुदेव कृष्ण की भक्ति से सम्बद्ध थी। आलवार भक्तों का गायन विविध रागों से जुड़ा था और आगे चलकर यह एक ओर राग रागनियों के लिए आधार बना तो दूसरी ओर वाद्य कला का। नादवाद्य में वंशी स्वयं श्रीकृष्ण के साथ थी-आघातों से सम्बद्ध विविध लय एवं उनके वाद्य यंत्र भी कृष्ण से जुड़े। नृत्य और विशेष प्रकार के रास, लास्य एवं रासक नृत्य श्रीकृष्ण कथा के साथ जुड़कर लोक में अधिक प्रचलित हुए।

श्रीकृष्ण भक्तों ने श्रीकृष्ण भक्ति को लोक जीवन से सम्बद्ध करके 'रास लीलाओं' या

भागवतपुराणाश्रित श्रीकृष्णलीलाओं का प्रचार किया। इस रास एवं श्रीकृष्ण लीला के कारण कृष्ण भक्ति जन-जन के हृदय का कंठहार हो गई। वासुदेवोपासना का एक प्रकरण पाँचरात्र से भी जुड़ा था। सात्त्वत् एवं वृष्णि जातियाँ पाँच दिनों के लिए वासुदेव यज्ञ का आयोजन करती थी-जिनमें पाँच रात्रियों तक वासुदेव कथा का प्रवचन, भजन एवं लीला प्रकरण जुड़ा हुआ था। आठवीं शती से बारहवीं शती तक राधा कृष्ण से सम्बद्ध अनेक रासक काव्यों की रचनाएँ मिलती है। आचार्य भोज ने श्रृंगार प्रकाश में दण्ड रासक के उद्‌भावक के रूप भी श्रीकृष्ण की चर्चा की है।

कृष्णेन निर्मितं नृत्यं दण्ड रासक संज्ञितम्।
चारुवेणीधरा चन्द्रविम्बस्याः रम्यभूषणाः॥

शलिवाहन कृत गाथासप्तशती में राधा कृष्ण के लीला प्रणय का बड़ा ही सुन्दर छन्द है- जिसका संस्कृत रूपान्तरण इस प्रकार है-

यो लीलया गोकुल गोपनाय गोवर्धनम् भूधर मुद्दधार।
खिन्नः संकल्पः स वभूव राधा पयोधर क्षमाधर दर्शनेन॥

कुल मिलाकर, मध्यकाल का चाहे प्राकृत साहित्य हो, चाहे अपभ्रंश का साहित्य या संस्कृत-हिन्दी का साहित्य उसमें राधा कृष्ण की भक्ति लीला सर्वत्र व्याप्त है। नाट्य, नृत्य, वाद्य, मूर्ति एवं चित्रकलाओं में 'राधा-कृष्ण' का अवतरण भारतीय संस्कृति की एक ऐतिहासिक घटना है।

निष्कर्ष रूप से कहा जा सकता है, कि श्रीकृष्ण भक्ति का सम्पूर्ण प्रभाव भारतीय जीवन, सम्पूर्ण भारत की भाषाओं, सम्पूर्ण संगीत तथा वाद्य कलाओं सम्पूर्ण-नृत्य कला, सम्पूर्ण लोकनाट्य, रास एवं लीलाओं, सम्पूर्ण श्रृंगाररस तथा नायक-नायिका भेद, चित्रकला, मूर्तिकला, मन्दिर निर्माण की स्थापत्य कलाओं पर जितना अधिक प्रभाव पड़ा है, शायद वैसा व्यापक एवं गहन प्रभाव हमें अन्य भक्ति रूपों का नहीं दिखाई पड़ता। इसकी व्यापकता, विस्तार एवं स्वीकृति की सार्वजनीनता को देखते हुए कहा जा सकता है कि ईसा पूर्व की शतियों में प्रारम्भ इस भक्ति का प्रभाव आज तक भारतीय लोकचेतना में पूरी तरह से परिव्याप्त है।

(ग) प्रेमसाधना और कृष्णभक्ति

यह सत्य है कि भागवत भक्ति का मूलाधार प्रेम हैं। यह यज्ञवाद, कर्मकाण्डवाद, एवं ज्ञान मीमांसा के विरुद्ध लोकजीवन की वह आध्यात्मिक चेतना है-जिसका आधार भावना व्यापार है। इस भावना क्रम के विकास के तीन सोपान इस प्रकार हैं-

(1) ई. पू. प्रथम शती से तीसरी शती तक

भागवत श्रद्धा→वासुदेव संसक्ति→शरणागति→प्रपत्तिभाव

(2) चौथी शती से सातवीं शती तक-

श्रद्धा→रति→प्रेमभाव→समर्पण→महाभावमूला भक्ति

(3) आठवीं शती से सत्रहवीं शती तक

श्रद्धा→रतिभाव→भोगभाव→केलि (लीला) तथा रसमयता→अद्वैतमयी तन्मयीभूतता

इस इतिहास एवं भावना विकास का संकेत पाँचरात्र धर्म से शुरू होकर आलवार सन्तों के गोपीभाव की तन्मयासक्ति एवं पुनः उसके आगे पूरब के सहजिया मत के भक्ति पर पड़े प्रभाव अर्थात् ई.पू0 प्रथम शती से लेकर सोलहवीं शती तक इस भक्ति विकास की यात्रा का सन्दर्भ वर्तमान है। भक्ति के सन्दर्भ में वैधी भक्ति शरणागति एवं प्रभु के प्रति प्रपत्तिपूर्ण समर्पण से सम्बद्ध रही है। धीरे-धीरे भक्ति के अन्तर्गत रागानुगा भक्ति का विकास हुआ और इसके विकास में गोपीसमूह, राधा-कृष्ण एवं गोपसमूहों तथा रास एवं अन्य सम्बद्ध लीलाओं का योगदान रहा है। 'रागानुगा भक्ति' के विकास का एक दूसरा विकासक्रम 'तन्मयीभूतता' की दृष्टि का रहा है। राधा वल्लभ सम्प्रदाय, सखी एवं आदि सम्प्रदायों में राधा एवं कृष्णरूप धारण करके भक्तों ने निकुंज लीलाएँ प्रारम्भ कीं और कृष्ण साधना से सम्बद्ध प्रेम के विकास का यह अन्तिम चरण था। नारद को असमय वृद्धा दिखाई पड़ने वाली भक्ति युवती वृन्दावन में पहुँचकर पुनः नवयौवना हो उठी, इसके मूल का सन्दर्भ यही है कि शरणागति एवं प्रपत्ति रूपी भक्ति वृन्दावन के लीलाचार्यों पास पहुँच कर वृद्धा जैसी दिख रही, वह भक्ति कान्तारतिसमर्थ नवयौवना बनकर लीला कुंजों में राधा कृष्ण की प्रेम लीला की प्रतीक बन उठी। **कृष्ण भक्ति यात्रा के इस विकास में कौन सी ऐसी शक्तियाँ थीं, जिसने प्रपत्ति एवं परमशरणागति भाव को कान्तारति-उज्ज्वल रस की वासना के आवरण ने ढक दिया, यह एक विचारणीय प्रश्न है।**

डॉ. ब्रजेश्वर वर्मा का मत है कि– "वैष्णव धर्म भी कदाचित ईसा की सातवीं शती से बारहवीं शताब्दियों में तांत्रिक भोगवाद से प्रभावित हो गया था। पुराणों में वर्णित ऐश्वर्यशाली श्रीकृष्ण की भोगक्रीडाएँ तात्रिंक वामाचार के अत्यधिक निकट है" सम्भव है, यह इसी के प्रचार-प्रसार से यह हो।

वैष्णवधर्म पर तांत्रिक प्रभाव प्रायः आसाम, बिहार एवं बंगाल के क्षेत्र में डॉ.वर्मा के अनुसार ईसा की सातवीं शती से बारहवीं शती तक रहा है, किन्तु पाँचवीं शती में लिखे गए महाभारत के खिल (पूरक) अंश हरिवंश पुराण को क्या कहा जाएगा- जहाँ श्री कृष्ण ही गोपियों से रात्रि में आनन्द विनोद के लिए रासलीला का प्रथम ऐतिहासिक प्रस्ताव रखते हैं-

युवतीगोप कन्याश्च रात्रौ संकाल्य कालवित्।
कैशोरकं मानयन वै सह ताभिर्मुमोद ह॥

यह प्रकरण, बाद के सारे पुराणों में– यथा, विष्णु, भागवत आदि में बढ़ता गया तथा ब्रह्म वैवर्त पुराण में तो यह पराकाष्ठा पर पहुँच जाता है।

ठीक ऐसी ही स्थिति 'राधा-कृष्ण' प्रणयभाव की है। 'सिद्धान्त कौमुदी' नामक कोश में सर्वप्रथम 'राधा' का उल्लेख 'गोपी विशेषः' के रूप में होता है। परम्परा में शालि वाहन कृत 'गाहासत्तसई' (प्रथम शती), सदूक्तिकर्णामृत, चौथी शती पंचतंत्र की कथा, आनन्दवर्धन कृत ध्वन्यालोक (आठवीं शती), भोज कृत श्रृंगार प्रकाश (12वीं शती), भेज्जल कृत 'राधा विप्रलम्भ' सातवीं शती और आगे चलकर, रामचन्द्र, गुणचद्र, अभिनवगुप्तपादाचार्य, शारदातनय आदि रास लीलाओं एवं राधाकृष्ण प्रणय की बार-बार चर्चा करते हैं- इन सारे संदर्भों की राधा गीत गोविन्द आदि सहजिया प्रेम में रमी राधा से भिन्न है। श्रीकृष्ण के प्रेम में कान्तारति का प्रवेश और उसकी पूर्ति के लिए गोपियों एवं रास लीलाओं का आयोजन फिर कृष्ण की अनन्य प्रिया श्री राधा की उद्‌भावना, यह रागमयी श्री कृष्ण भक्ति के विकास का एक अनन्य संदर्भ है। देखा जाता है कि भागवत पुराण (आठवीं शती) तक राधा नहीं है किन्तु दसवीं शती में लिखित 'ब्रह्म वैवर्त पुराण' में राधा कृष्ण की परकीया प्रेमिका हैं। बंग साहित्य एवं चैतन्यमत में भी राधा स्वकीया (पत्नी जैसी) नहीं है, वह वहाँ परकीया नायिका हैं और उसके लिए तर्क दिया गया कि परकीया के प्रति प्रणय की प्रगाढ़ता अधिक होती है, अतः वहाँ राधा परकीया नायिका रही, हिन्दी साहित्य में वल्लभमत, निम्बार्क के हरिदास-हरिव्यासी एवं राधावल्लभ मतों में राधा श्री कृष्ण की प्रेयसी नहीं- स्वकीया नायिका हैं- शायद परकीया का विवाद रखकर ये भक्त साधक श्रीकृष्ण एवं राधा के पारस्परिक प्रेम पर कोई आँच नहीं उठने देना चाहते।

राधाकृष्ण प्रणय के संदर्भ में भी यही प्रश्न उठ खड़ा होता है कि इसका स्रोत क्या है ? ईसा की प्रथम शती (गाहा सत्तसई) के दोहे में सर्वप्रथम साक्ष्य से इस अंश के इतिहास का अन्वेषण कैसे किया जाए-यह एक बड़ा ही विवादपूर्ण प्रश्न है।

डॉ. ब्रजेश्वर वर्मा के मत के समानान्तर ही आनन्दकुमार स्वामी तथा आचार्य पंडित हजारीप्रसाद द्विवेदी के भी मत सामने आते हैं।

आचार्य हजारीप्रसाद द्विवेदी का मत है कि राधा कृष्ण का प्रणय लोक संस्कृति के बीच उत्पन्न हुआ और वह समय पाकर विकसित होता रहा। वे इसे स्पष्ट करते हुए अपने दो मतों को प्रस्तुत करते हैं[1]-

(1) राधा आभीर जाति की प्रेम देवी रही होंगी जिसका सम्बन्ध उस बाल रूप उपास्य देव से रहा होगा जो बाद में गोपाल कृष्ण बन गए होंगे। प्रारम्भ में केवल बाल कृष्ण का गोपाल से एकीकरण हुआ होगा तो उस आराध्य गोपाल की सारी बातें ले ली गई होंगी। 'राधा' प्रसंग बहुत संभव है, इसी प्रकार जुड़ा होगा।

---

1. सूर साहित्य, पृ0 28

(2) यह भी अनुमान है कि 'राधा' इसी देश की किसी आर्य पूर्व जाति की देवी रही होंगी। बाद में, आर्यों में उसकी प्रधानता हो गई होगी और कृष्ण के साथ इस प्रणय सम्बन्ध को जोड़ दिया होगा।

(घ) कृष्ण साहित्य और संसक्तिमूला भक्ति

कृष्ण भक्ति काव्य में रागमुक्ति का माध्यम वैराग्य न होकर राग के प्रति अनन्यमयी निष्ठा है। लोक वासनाएँ दो रूपों में हैं-

(1) काम, क्रोध, लोभ, मोह द्वेष आदि रूप में,

(2) शान्त रति, दास्य रति, वात्सल्य रति, सख्य रति, कान्तारति रूप में

यही लोक वासनाएँ सामान्य लोक संसक्तजन को पीड़ित करती रहती हैं- भक्ति इनकी मुक्ति के लिए मार्ग निकालती है, इन सबको प्रभु में समर्पित कर देना। यदि कामभावना है तो प्रभु के ही प्रति और यदि लोभ, मोह, द्वेष, क्रोधादि है तो भी वह प्रभु के प्रति ही है, यह भी स्वयं में एक भक्ति है- तन्मयासक्ति। नारदभक्ति सूत्र में इसकी पर्याप्त चर्चा मिलती है। दूसरी समस्या लोकसंसक्तियों की है- पुत्ररति, कामरति, दास्यरति, सख्यरति आदि वासनाएँ व्यक्ति को भाव तथा अभाव दोनों में बराबर डुबाती हुई सामाजिक असन्तुलन उत्पन्न करती हैं। इससे मुक्ति के लिए आवश्यक है- समस्त रति (वासनाओं) का कृष्ण के प्रति सम्पूर्ण भाव से समर्पण। संसक्तिमूलाभक्ति के लिए यही समर्पण सर्वोच्च है। 'रतिभावना' की प्रबलता को देखते हुए ये कृष्ण कवि इसके प्रति विशेष सचेष्ट हैं और पुराण काल से श्रीकृष्ण के प्रति अपनी वासनाओं को तत्पर करने के प्रति सचेष्ट दिखाई पड़ते हैं। विष्णु पुराण में नृसिंह विष्णु से भक्ति की याचना करते हुए प्रह्लाद कहते हैं कि-

युवतीनाम् यथा यूनि यूनां च युवती यथा।
मनोभिरमते तद्वत् यनो मे रमतां त्वयि॥

इसी तरह वें पुनः कहते हैं कि-

या प्रीतिरविवेकानां विषयेष्वनपामिनी॥
तामनुस्मरतः सा मे हृदयान् मापसर्पतु॥

"मेरा मन आपमें उसी प्रकार रमण करे जैसे परस्पर प्रेम संसक्त युवती का मन युवक में और युवक का मन युवती में रम उठता है, हे प्रभु! मेरा भी मन आपमें रम जाए।

× × ×

जैसे अविवेकी पुरुषों की अनन्य प्रीति विषयों के प्रति है, हे प्रभु! ठीक वैसी ही आपके प्रति मेरी हो।

वल्लभाचार्य जी ने इस व्यसनमूलक भक्ति की विकास यात्रा का क्रम इस प्रकार बताया है-

भाव→प्रेम→प्रणय→स्नेह→राग→अनुराग→कृष्ण के प्रति व्यसन

इस सन्दर्भ में भागवत पुराण में भक्तों के लिए एक आदर्श रखा गया है कि गोपिकाएँ जिस प्रकार अपनी संसक्तिमूलक वासना से कृष्ण को साध लेती हैं- उसी प्रकार भक्त को अपनी वासनाओं से प्रभु कृष्ण को साध लेना चाहिए- इस संदर्भ में व्रत, तीर्थ, योग, यज्ञ, ज्ञान कथाएँ आदि व्यर्थ हैं-

अलं व्रतैलंतीर्थरलंयोगरलंमखैः।
अलं ज्ञान कथालापैर्भक्तिरेकैव मुक्तिदा।
न तपोर्मि वेदैश्च न ज्ञानेनापि कर्मणा।
हरिर्हि साध्यते भक्तत्या प्रमाणं तत्र गोपिका।।

इस लोकवासनामूलक भक्ति के दो भाग इन कृष्ण भक्तों द्वारा किए गए हैं-

(1) कामानुगा रागात्मकभक्ति

(2) सम्बन्धानुगा रागात्मकभक्ति

प्रथम है रूप, गुण, क्रिया, स्वभाव, शील, सौन्दर्य, द्वारा प्रभु श्रीकृष्ण के प्रति नैसर्गिक भाव की संसक्ति एवं द्वितीय है, सामाजिक मूलप्रवृत्तियों या वासनाओं के आधार पर प्रभु के प्रति अनुरक्ति जैसे पुत्रासक्ति, कामासक्ति, वात्सल्यासक्ति, आदि।

इन दोनों अवस्थाओं में प्रभु के प्रति उठने वाले 'महाभाव' को आचार्य वल्लभ ने भक्ति का नाम दिया है।

राधावल्लभ, हरिदासी एवं चैतन्यमत के अन्तर्गत इस प्रेममयता को अधिक भावात्मक एवं प्रगाढ़ बनाने की चेष्टा की गई है।

चैतन्यमत में 'युगलभाव' की साधना स्वीकार की गई है- जैसे राधा कृष्ण को देखकर तन्मय होकर मूर्च्छित हो उठती थी-ठीक वही भावात्मक तदनुरूपता चैतन्य महाप्रभु की थी। 'राधावल्लभ सम्प्रदाय' में 'राधा' श्री कृष्ण की पत्नी हैं और वे नित्य श्रीकृष्ण के साथ हैं। ब्रह्म एकाकी रमण नहीं करता अतः लीला रूप के साथ उनकी अभिन्न सहचरी का होना आवश्यक है। राधा प्रतिपल, प्रतिक्षण उस श्री कृष्ण के साथ विहार करती हैं और यही विहार भक्तों के लिए ग्राह्य भक्ति है।

इस राधा वल्लभ सम्प्रदाय में विरह का प्रश्न ही नहीं है, नित्य और प्रतिक्षण मिलन इस श्रीकृष्ण साधना का प्रतिफल है। राधा-कृष्ण नित्य विहार से सम्बद्ध निरन्तर 'तत्सुखी भाव' में मग्न रहते हैं और यही 'तत्सुखी मिलन' ही इनके प्रेम मार्ग का मूल मन्तव्य है।

'हरिदास तथा हरिव्यासी' सम्प्रदाय भी स्वीकाया भाव से श्री कृष्ण के मिलन प्रेम की लीला से जुड़े हैं। इन दोनों सम्प्रदायों के प्रेम के संदर्भ में थोड़ा-थोड़ा अन्तर है। ज्ञान एवं कर्मकांड या यजन व्यक्ति को मुक्ति नहीं दे सकते–मुक्ति तो प्रेममयी भावना से ही सम्भव है और प्रेम का अर्थ है, प्रत्येक प्रकार के द्वैतभाव का परित्याग करके श्री कृष्ण में गोपीभाव

से सर्वात्म समर्पण। गोपीभाव की लीला ही पूर्णतः निकुंज लीला के रूप में प्रभु श्री कृष्ण के प्रति सर्वात्म समर्पण का अनन्यतम रूप है। इसीलिए यहाँ निकुंजलीला को विशेष महत्त्व मिला है। ये भक्त अपने मत को इच्छाद्वैत के नाम से पुकारते हैं-

हरिव्यासी सम्प्रदाय भी निम्बार्क मत की एक शाखा है। इनकी शाखा, कृष्णभक्ति के अन्तर्गत 'रसिक सम्प्रदाय' के नाम से पुकारी जाती है। इनका 'महाबानी ग्रंथ' इनके मतों की उद्‌भावना करता है।

इन सम्पूर्ण संदर्भों को देखकर एक महत्त्वपूर्ण प्रश्न उठता है, आखिर भक्ति और विशेष रूप में कृष्णभक्ति के सापेक्ष्य में 'प्रेम एवं माधुर्य' की आवश्यकता क्यों पड़ी। यही प्रश्न, सन्तों एवं सूफ़ियों के संदर्भ में भी उठाया गया है। कृष्ण भक्ति-प्रेम सूफियों एवं सन्तों के प्रेममार्ग से थोड़ा भिन्न है। भागवत पुराण की लीलादृष्टि एवं सगुण ब्रह्म के स्वरूप में तन्मयासक्ति के लिए प्रेम से बड़ा कोई आधार नहीं है। प्रभु के रूप, गुण, क्रिया, स्वभाव में सर्वथा साधक की तन्मयासक्ति उसकी अद्वैतता का सबसे बड़ा आधार है। लोक में प्रेम, कान्तारति और सम्भोग प्रेम से मुक्ति के लिए ठीक वैसी ही समर्पण वृत्ति प्रभु आराध्य के प्रति-और फिर उसके अतिरिक्त कोई भी नहीं, कुछ भी नहीं, वासनाएँ नहीं, वृत्तियाँ नहीं, भाव नहीं, सभी कुछ उसी में तन्मयीभूत हैं- उसी में तन्मयीभूत को तन्मय हो उठना-यही कृष्णभक्ति साधना का मूल तत्त्व है-जो ज्ञानवाद, कर्मकांडवाद, पूजा एवं यज्ञवाद की भाँति सम्पूर्ण जटिलताओं से मुक्त वर्ण-जाति, नारी-पुरुष, मनुष्य-पशु सबके लिए एकमय और एक रूप है और यह उस मध्यकाल के लिए शान्ति का बहुत बड़ा धार्मिक आधार बना, जहाँ हिन्दू जनमानस धार्मिक संकीर्णता एवं विदेशी दबावों से सर्वथा आक्रान्त था।

(ङ) कृष्ण साहित्य और लीला भक्ति

इस मध्यकालीन हिन्दी कृष्ण भक्ति साहित्य की पाँचवीं विशेषता 'लीलावृत्ति' की है। लीला का पक्ष यहाँ दुहरा है, एक ओर वह मानस को कृष्णभक्ति से तादात्म्य के लिए प्रेरित करती है तो दूसरी ओर भक्ति कविता को आध्यात्मिकता का कलेवर प्रदान करती है- ताकि वह भौतिक वासनाओं से सम्पृक्त लोकवादी काव्य एवं उससे सम्बद्ध शास्त्रचेतना से मुक्त हो सकें। लीला प्रभु (ब्रह्म) की सगुण मान्यता के फलस्वरूप उनकी स्वयं विलासेच्छा का नाम है। लीला से सम्बद्ध प्रभु की विलासेच्छा का न कोई प्रयोजन है और न कारण। केवल यह प्रेम की स्वयं की स्वयं द्वारा प्रेरित कामना है और स्वकामना से प्रेरित होकर वह ब्रह्म चौबीस रूपों में अवतरित हुआ। वह स्वेच्छा से अपना वेष सम्हालते हैं, आचरण करते हैं, निरन्तर आनन्दित रहते हैं और नाना प्रकार की लोक संसक्तियों में असंसक्त भाव से जल कमल की भाँति भक्तों को आनन्दित करते हैं। ज्ञानी जन उनकी इस लीला को देखकर

ज्ञानमय आनन्द प्राप्त करते हैं। भक्त संसक्त होकर उसका भोग करते हैं, अज्ञानी लोकभाव समझकर लीलाक्षणों में कौतुकमयी दृष्टि से उन्हें देखते हैं। अवतरण के फलस्वरूप सगुण भाव की इस लीला के साथ व्याख्याकारों ने उनसे सम्बद्ध दो प्रतिबद्धताओं की परिकल्पना कर ली। ये प्रतिबद्धताएँ लोकभाव से हैं, भिन्न-भिन्न रूपों में किन्तु प्रभु की दृष्टि से वह विलासेच्छा ही है। व्याख्याकर्ताओं ने प्रभु की इस निर्विकार विलासमयी लीला को दो भागों में विभक्त किया है-

'(1) लोक की काम, क्रोध, लोभ, मोह, विद्वेषमयी प्रवृत्ति से जुड़े प्रभु प्रेम के कारण मुक्तिदान का प्रकरण। इस मुक्तिदान में कंस जैसा आसुरी प्रवृत्ति का मनुष्य भी मुक्ति प्राप्त करता है किन्तु उसकी मुक्ति के बाद लोकमंगल जैसे मूल्य की समाज में स्थापना होती है।

'(2) 'शान्त, दास्य, सख्य, वात्सल्य एवं कान्तारति की लोक भावनाएँ जिनमें यह सारा जगत पागल होकर रात दिन बर्बरता एवं भौतिकता से जूझ रहा है, इन सबका इस लीलामयी रूप में समर्पण ताकि मानवीय समाज में भौतिकता को यह आध्यात्मिक वृति आत्मसात् सन्तुलन दे सके। इस लीला के समर्पण का फल केवल आनन्द है- यह आनन्द भौतिक आनन्द से पूर्णतया भिन्न है। इस आनन्द की व्याख्या कैसे की जाए- भौतिक दृष्टि से इसे सत्य चित् से भिन्न परमानन्दमयता से सम्बद्ध किया जाता है-जहाँ न इस भौतिक लोक का हर्ष पहुँचता है, न विषाद, न पीड़ा, न मात्सर्य, न हिंसा, न द्वेष आदि। लीलाभाव की संसक्ति एक ऐसे आनन्द की मानव जाति के लिए सृष्टि करती है जिसे हम ब्रह्मानन्द के नाम से पुकारते हैं। ईश्वर जहाँ सगुण रूप में अवतरित होकर स्वेच्छयया रूप में नाना रूपों, नाना वेषों, नाना कृत्यों, नाना विभावनाओं से प्रेरित विलास भाव से अभिनेता की भाँति स्वयं को मनुष्यों के बीच दृश्यांकित करता है, वही उससे जुड़कर मानव समाज नाना प्रकार की अर्थ सम्भावनाओं से उसे संपृक्त करता है। प्रभु की यह विलासमयी स्वेच्छाप्रेरित क्रिया एक ओर उसकी लीला है तो दूसरी ओर भक्तों के लिए भक्ति का महत्तम आदर्श। लोक की दृष्टि से यह लीला है तथा प्रभु की दृष्टि से यह विलासेच्छा। श्रीकृष्ण लीला का मन्तव्य सचराचर को मुक्ति प्रदान करना है 'लोकमुर्क्तिमयी लीला'।

श्रीकृष्ण के लीला के दोनों रूप हमें भागवतपुराण में मिलते हैं और 'भागवतपुराण' को 'प्रस्थान चतुष्ठयी' में जोड़ लेने के कारण वल्लभ मत के अन्तर्गत 'लीलागाान' का अर्थ उनकी उभय लीलाओं की अभिव्यक्ति एवं समाहार है। श्री कृष्ण की लीला को बाद में अष्टभाग प्रसंग एवं कुंज विहार आदि से जोड़कर केवल 'काम मुक्ति' की भावना के लिए माधुर्य प्रेम से सम्बद्ध कर दिया गया तथा असुरवध का सम्पूर्ण प्रसंग (जो क्रोध, लोभ,

मोह, द्वेष से जुड़ा था या दास्य, सख्य वात्सल्य से शान्त रति से कथा को विस्तार प्रदान करता था), समाप्त हो उठा और इस संदर्भ ने परवर्ती कृष्णभक्ति काव्य में मधुराभक्ति का दृष्टान्त सामने आया। 'कृष्ण तथा राधा' प्रेम का प्रभाव कृष्णभक्ति के ऊपर अधिक पड़ा और उसमें राधा से सम्बद्ध तीन प्रकरण सामने आए-

(1) स्वकीयाभाव से सम्बद्ध राधा

(2) परकीया भाव से सम्बद्ध राधा

(3) तत्सुखसुखी भाव से सम्बद्ध राधा-कृष्ण

अर्थात्, दोनों के व्यक्तित्व की समानता का भाव सर्वत्र है।

इन तीनों के मूल में श्रीकृष्ण-राधा की प्रेममयी मधुर लीला के उज्ज्वल रति का प्रसंग सर्वोपरि है। सहजिया सम्प्रदाय के विलासवाद एवं भारतीय काव्य चिन्तन का श्रृंगार रस एवं नायक-नायिका भेद से राधा कृष्ण की लीलाएँ यहाँ रम उठीं। भारतीय काव्यशास्त्र ने 'राधाकृष्ण' प्रेम को मुक्तक काव्य के लिए 'नायक-नायिका का रूप दिया- जो शालिबाहन, आनन्दवर्धन आदि में एक काव्य विषय बनने लगा तो दूसरी ओर सहजिया सम्प्रदाय के प्रभाव से बंगाल तथा उड़ीसा में जयदेव, विद्यापति आदि की पदावली में श्रृंगारिक गीतों का अलंकरण बना और ये दोनों परम्पराएँ भक्तिकालीन हिन्दी कृष्णभक्ति काव्य में बराबर दिखाई पड़ती हैं।

काव्य चिन्तन का नया आधार : कृष्णभक्तिरस तथा लीला

सम्पूर्ण कविता या साहित्य लोकवासनाओं (Instencts) की परिष्कृत, कल्पनाजन्य एवं सम्भावित अभिव्यक्ति है। 'मनुष्य और साहित्य' के जगत दोनों एक है किन्तु एक विधाता निर्मित है और दूसरा कवि निर्मित किन्तु भक्त कवि का जगत सत्य तथा असत्य दोनों की स्थिति से स्पष्ट रूप से समन्वित है- कवि का जगत इस दृष्टि से लोक यथार्थ का जगत है किन्तु भक्त कवि को एक तरफ से देखें तो उसका वस्तुविषय एक दृष्टि से अभिनेता का 'नट विलास' है और दूसरी ओर अभिनय के दर्शक की क्षमता से ही उसका आनन्द किया जा सकता है। आप कल्पना करें, अभिनय के मंच पर अमिताभ बच्चन श्री कृष्ण बन कर आते हैं, जितनी देर तक वह मंच पर 'श्री कृष्णा' की अभिनय करते हैं, वे श्रीकृष्ण समझे जाते हैं (यद्यपि वे श्री कृष्ण नहीं हैं, उनका अभिनय कर रहे हैं) ये तो दो तीन घंटों के लिए श्रीकृष्ण हैं किन्तु ब्रह्म श्रीकृष्ण का रूप धारण करके अभिनेता की भाँति सचेष्ट और स्व-परज्ञान से संयुक्त कृष्णनामक एक मनुष्य का सम्पूर्ण जीवन वर्षों-वर्षों तक भोगता है मूलतः वह ब्रह्म है, और अभिनेता की भाँति स्वप्रेरणा से अभिनय के लिए कृष्ण बना है, उसे अभिनेता की ही भाँति श्रीकृष्ण के सुख-दुख से कोई वास्ता व सरोकार नहीं है, हाँ, उसके भक्त या दर्शक उसे जिस रूप में समझें-वे-समझें। भागवतपुराण में श्रीकृष्ण जब कंस के यज्ञ में मंचस्थ होते हैं तो दर्शक अनेक रूपों में देखते हैं-

मल्लानामशनिनृणां नरवरः स्त्रीणां स्मरो मूर्तिमान।
गोपानां स्वजनोऽसतां क्षितिभुजां शास्ता स्वपुत्रोः शिशुः।
मृत्योभोजपर्ते विराट् विदुषां तत्त्वंपरं योगिनां।
वृष्णीनाम परदेवतेति विदितो रठगतः साग्रजः।।

रंगभूमि में पधारने के बाद वे मल्लयोद्धाओं को वज्र की तरह, साधारण मनुष्यों को नररत्न, स्त्रियों के लिए मूर्तिमान कामदेव, माता-पिता के समान, बड़े बूढ़ों को शिशु, गोपों को स्वजन, दुष्ट राजाओं को दण्ड देने वाले शासक, कंस को मृत्यु, विदुषों को विराट और योगियों को परमतत्त्व जान पड़े। सबने अपने भावानुकूल नव रसों के रूप में श्रीकृष्ण का

अनुभव किया।

ठीक ऐसी ही लीलामयी कल्पना श्रीराम के संदर्भ में तुलसीदास जी ने भी जनकपुर की रंगसभा में की है-

जाकी रही भावना जैसी। प्रभु मूरति देखी तिन तैसी।
देखहिं भूप महारनधीरा। मनहु वीर रस धरे सरीरा॥

लोक प्रकरण में यह सम्भव नहीं है क्योंकि विभावनुभावसंचयी के संयोग से यहाँ एक ही संदर्भ में एक रस की सम्भावना है- यदि अनेक रस एक साथ होंगे तो उनकी सत्ता संचारी भाव की होगी। लोक साहित्य की सबसे बड़ी विलक्षणता यह है कि यहाँ प्रसंगानुसार मुख्य रस या (अंगिन् रस) तथा उसके साथ अन्य रस सहायक होंगे। भक्ति काव्य की ठीक इससे भिन्न स्थिति होगी। लोक में प्रचलित हास्य, करुण, श्रृंगार, रौद्र, भयानक, वीर, अद्भुत, शान्त, वीभत्स-ये सभी के सभी वासनात्मक संदर्भ से जुड़े होने के कारण भक्ति रस के अंग रस होंगे। अंगिन रस भक्ति रस ही होगा। लीलाभाव के कारण श्रीकृष्ण में समाविष्ट होकर लोकभाव उस निस्पृह तथा निर्लेप को व्यक्त करते हैं, जो समस्त भावों का आयोजन लोक रंजन के लिए करता है। लोक का श्रृंगार-जिसे हम नायक-नायिका के लोक श्रृंगारभाव से जोड़ते हैं, श्रीकृष्ण लीला से जुड़कर वह आध्यात्मिक तत्त्व हो उठता है। श्रीकृष्ण के संदर्भ में लोक रस संचारी के रूप में लीला में व्यंजित कृष्णमयता की सम्पुष्टि करते हैं और इस दृष्टि से समस्त लोकभाव, संचारी आलम्बन, उद्दीपन, रस ये सभी के सभी भौतिक साहित्य के लिए आधार हो सकते हैं, किन्तु श्रीकृष्ण की लीला भक्ति के लिए है, इसीलिए यहाँ भक्ति रस को परिभाषित करते हुए आचार्य कहते हैं-

"भक्ति रस का स्थायी भाव कृष्ण रति है। इसी कृष्ण रति स्थायी भाव से परिपुष्ट होकर उत्पन्न होने वाला रस ही भक्ति रस है।" भक्ति रति श्रीकृष्ण की भक्ति विषयक विभाव-अनुभाव एवं संचारी भाव एक ओर कृष्णभक्ति से सम्बद्ध है तो दूसरी ओर भक्ति की श्रवण, पूजन, मन आदि सामग्रियों से इनसे सम्बद्ध-'दास्य, सख्य, वात्सल्य एवं कान्तारति' के कृष्णार्पित संसक्ति के भाव भक्ति रस की निष्पत्ति के कारण बनते हैं।

सम्पूर्ण लोकरस-हास्यभक्तिरस, करुणभक्तिरस, रौद्रभक्तिरस आदि नव रूपों में संचारी बनकर भक्तिरस की निष्पत्ति में साधक होते हैं। श्रीकृष्ण के लीलाभाव के प्रति सम्पूर्णतः समर्पित एवं राग, द्वेष, कामादि भावनाओं को उनके प्रति सम्पूर्णतः समर्पित कर देने वाला भक्त ही इस भक्ति रस का सहृदय रस भावक है। इस भक्ति साधना की भक्त जैसी तन्मयीभवन योग्यता प्राप्त करके यह पाठक कृष्ण लीला की कथाओं, अभिनवों एवं उनकी अष्टकालिक सेवा के संदर्भो का आस्वादन लेता है। इस प्रकार, भक्ति साहित्य के आस्वादन का स्वरूप एवं उसकी प्रक्रिया भौतिक साहित्य से भिन्न प्रकार की है। ऐसी स्थिति में भक्ति काव्य की काव्य चिन्तन विषयक दृष्टि भौतिक साहित्य से सर्वथा भिन्न है और उसके सौन्दर्य

शास्त्र के विश्लेषणात्मक मानक भी भिन्न है। यह सम्पूर्ण बदलाव श्री कृष्ण के लीला रूप के कारण है। इनके भावात्मक तथा साहित्यिक स्वरूप इस प्रकार हैं-

(1) भारतीय आध्यात्मिक कवि के इस संवर्ग (कृष्ण साहित्य) का विश्लेषण परम्परागत मानकों से पूर्णतः सम्भव नहीं है और प्रायः हिन्दी के आलोचकों ने उसका विवेचन रस, अलंकार आदि के माध्यमों से करने का प्रयास किया है। आध्यात्मिक कविता भारतीय काव्य परम्परा की एक महत्त्वपूर्ण धारा है किन्तु उसके सर्जनात्मक मानक थोड़े से अलग हैं। रस के सम्बन्ध में इस ओर ध्यान आकर्षित किया जा चुका है। वर्तमान सौन्दर्यशास्त्र को आज का समीक्षा चिन्तन भिन्न एवं स्वतंत्र रूप में रखता है और इसके स्वरूप तथा आस्वाद तत्त्व का अच्छा विवेचन इस सौन्दर्यशास्त्र के माध्यम से किया जा सकता है। भक्ति कविता का सबसे महत्त्वपूर्ण तत्त्व उदात्त (Sublime) है। विष्णु का अवतरण एवं असुरों एवं राक्षसों के विनाश की लीलाएँ इसी 'उदात्त तत्त्व' से जुड़ी हैं जो प्रतिक्षण पाठक को चमत्कृत एवं विश्रमित करती रहती हैं। कृष्णभक्ति काव्य का यह लीला प्रसंग चमत्कारी दृष्टि से श्रद्धाभाव, विस्मय, भय, आतंक, आश्चर्य, ब्रह्म के ब्रह्मत्व आदि-आदि कितने भावों का बोध कराता है। ये उदात्त के भाव भय, जिज्ञासा, संत्रास, अनुकम्पा, शक्ति, शौर्य आदि से मंडित तथा लोक के लिए जन रक्षणभाव से सम्बद्ध हैं।

(2) इस उदात्तता के बाद प्रियता (Affection) का चित्रण लीलाभाव से सर्वाधिक जुड़ा है। सख्य, वात्सल्य, दास्य ये सभी रति के रूप में प्रियता से जुड़कर अपनी भावनात्मक भव्यता से इस कृष्णा काव्य को निरन्तर सँवारते चलते हैं। परम्परा के साहित्य शास्त्र में इनका रस के रूप में विश्लेषण विशेषकर आध्यात्मिक कविता में तो यह और भी मुश्किल है। 'प्रियता' का भाव एक ओर लोकात्मक है तो दूसरी ओर वह उदात्तता से जुड़ जाता है और इस प्रकार लोकभाव का यह सहज रूप मैत्री, सख्य एवं वात्सल्य से जुड़कर आध्यात्मिक बन जाता है। लोक प्रतीति को आध्यात्मिक प्रतीति में पर्यवसित करना-लीला काव्य का धर्म है- जो सामान्य लोक पक्ष की कविता में सम्भव नहीं है। दोनों में एक प्रकार से कार्यकारण का सम्बद्ध है जबकि लोक में व्यवहृत साहित्य स्वयं में साध्य तथा साधन दोनों है।

(3) प्रेम एवं श्रृंगार- (Love) लोक शृंगार तथा आध्यात्मिक श्रृंगार की कविता में बहुत बड़ा अन्तर यह है कि प्रेम स्वयं में कारण एवं कार्य तथा कार्य की निष्पत्ति के प्रसंग में सब कुछ है किन्तु लीला विषयक प्रेम कविता उस आध्यात्मिकता को व्यंजित करने के लिए लीला का एक उपकरण मात्र है।

यहाँ एक पक्ष (गोपिका पक्ष) कृष्ण में तन्मयता एवं संसक्ति है तथा नायक कृष्ण उसे अनासक्त लीलाभाव से देख रहे हैं। सम्पूर्ण भक्ति साहित्य इस प्रेमोन्माद की श्रृंगार लीला से भरा पड़ा है और यह श्रृंगार लीला निष्कर्ष रूप में प्रेम व्यापार नहीं– स्वयं में आध्यात्मिकता से मण्डित भक्ति का दिव्य रूप है यहाँ कृष्ण काव्य में लोक दृष्टि से दिखने वाला शृंगार एवं कामभाव आध्यात्मिक दृष्टि से श्रेष्ठतम उज्ज्वल एवं पवित्र भक्ति भावना है, यह इसका दूसरा पक्ष है।

(4) आनन्द- (Bliss) लीला का अन्तिम तत्त्व आनन्द है। इस आनन्द में समग्र लोकप्रेम की चेतना, समग्र संसक्तिमयता है और अन्त में वह सब कुछ अनन्त आनन्दमयता में विलीन हो उठती है। यह आनन्द यहाँ सामान्य रूप से समझने के लिए तीन रूपों में दिखाई पड़ता है।

(1) भक्तिजनित आनन्द (2) लीलाजनित आनन्द (3) प्रेमजनित आनन्द। इन तीनों के उदाहरण इस प्रकार हैं-

(1) भक्तिजनित आनन्द- (Bliss)

जेहिं रस राज परीछित राचे बिसरि गए जलनाज।
जिहिं रस प्रेममगन भई गोपी तजि सुत पति गृह लाज।
सो रस व्यासदास को जीवन राधा मोहनि आज॥

(2) लीलाजनित आनन्द- (Bliss) इसका मुख्याधार श्रीकृष्ण लीला है।

(3) प्रेमजनित आनन्द- (Bliss) इसका मुख्याधारा राधा-कृष्ण एवं गोपियों का परस्पर प्रेमभाव है।

इन तीनों आनन्द रूपों का आस्वादन भक्ति, प्रेम एवं लीला प्रक्रिया द्वारा ही प्राप्त होता है किन्तु साहित्य का रसज्ञ पाठक तो उसे काव्य के माध्यम से भोगता है और इस आनन्दभोग के लिए अभी तक कोई शास्त्र नहीं बना है न भारत में और न अन्य किसी देश में भाषा की कविता में।

इस लीलानन्द की व्याख्या के लिए हमें भिन्न आलोचनाशास्त्र की आवश्यकता पड़ेगी। पाठक तो उसे आस्वादन चित्त से ही चखता है, विश्लेषण सामर्थ्य उसमें नहीं है।

कृष्ण साहित्य का संरचनात्मकविधान

कृष्णभक्ति साहित्य में संरचना-विधान के कई तत्त्व दृष्टिगत होते हैं-

1. अलंकारविधान बिम्ब, प्रतीक तथा मोटिफ

(क) **अलंकारविधान-** सगुण एवं निर्गुण कविता का रचनाविधान एवं उसकी प्रकृति भिन्न है। इस भिन्नता का कारण आलम्बन वस्तु विषय का (निर्गुण या सगुण ब्रह्म का अस्तित्व) होना है। निर्गुण ब्रह्म के पास रूप नहीं है, सगुण रूपवान है, श्री कृष्ण तो सगुण ब्रह्म के प्रेम एवं सौन्दर्य के प्रतीक हैं- जहाँ राम मर्यादा के। राम का मर्यादा रूप कृष्ण के ऐश्वर्य एवं सौन्दर्य के प्रभाव से परवर्ती काल में पर्याप्त रूप से टूटा-किन्तु उनका मर्यादारूप तुलसीदास द्वारा इतना सुदृढ़ कर दिया गया है कि उनका परवर्ती प्रेम एवं काम प्रभावित रूप प्रायः उपहास का विषय जैसा दिखाई पड़ने लगता है।

श्रीकृष्ण काव्य में सगुण लीला का आधार भी कृष्ण की रूपमाधुरी है और इस माधुरी को मिथकीय एवं प्रतीकात्मक रूप निर्गुणिया सन्तों की भाँति नहीं दिया जा सकता क्योंकि लीला की सार्थकता, रूप, गुण, क्रिया, स्वभाव से ही स्पष्ट होता है। आध्यात्मिक पुरुष होने के कारण उनका जो भी रूप है, वह अन्तिम नहीं है- वह निरन्तर बदलता रहता है और इस बदलाव के कारण ब्रह्म कृष्ण का अन्तिम रूप निर्धारित नहीं किया जा सकता। ब्रह्म के रूप की यह मिथकीय दृष्टि रूप तथा आकृति के बावजूद भी कृष्ण काव्य में सर्वत्र दृष्टिगत है। कृष्ण इतने ही हैं और यही हैं। उनका रूप सौन्दर्य केवल इसी रूप में ही आता है। यह कुछ कहा नहीं जा सकता क्योंकि उसको भाषिक संकेत तत्त्वों (अलंकार, बिम्ब, प्रतीक आदि) द्वारा यदि बता दिया जाए, तो ब्रह्मतत्त्व कैसा ? सूरसागर के एक दृष्टान्त द्वारा इसे समझाया जा सकता हैं। ग्रीष्म लीला के नाम से सूरसागर में एक बड़ा ही महत्त्वपूर्ण प्रश्न रखा गया है- वह यह कि सम्पूर्ण गोपिकाएँ राधा के साथ यमुना में खड़ी होकर आपस में बात कर रही हैं- समस्या यही है कि हम लोगों ने इतने दिनों से श्रीकृष्ण के साथ प्रणय लीला की है- इसलिए स्पष्ट है कि हम सभी ने श्रीकृष्ण को भली-भाँति देखा

है-उन गोपिकाओं एवं उनके बीच खड़ी राधा से कोई गोपिका प्रश्न करती है कि बताओ तो श्री कृष्ण कैसे हैं ? सभी गोपिकाएँ थोड़ी देर तक सोचती हैं और परस्पर उत्तर देती हैं कि मैं तो उनके प्रेम रस में उन्मत्त रही-उनको भली-भाँति देखा नहीं है, दूसरी कहती है कि मेरी दृष्टि तो निरन्तर उनके कुंडलों पर रही है- मैं तो केवल उनके कुंडलों के सौन्दर्य को देखा है और कुछ भी नहीं, तीसरी कहती है- मेरे नेत्र तो कृष्ण के नेत्रों में ही निरन्तर तन्मय रहे, मैंने तो केवल उनके नेत्रों को ही देखा है, चौथी कहती है- मैं उनके मुख कमल को देखकर उन्मत्त हो उठती हूँ, मैने उस सुन्दर मुख के अतिरिक्त कुछ भी नहीं देखा है, आदि-आदि और अन्त में सभी ने एक साथ मिलकर राधा से पूछा कि- तुम तो श्री कृष्ण के साथ नित्य विहार करती हो-कृष्ण कैसे हैं ? बताओ! किन्तु राधा कहती है- मैं तो उन्हें आधा ही जानती हूँ क्योंकि मेरे अर्धांग में ही उनका निवास है- गोपियां सन्तुष्ट होकर कहती हैं-

''तेरे नैन बस हरि कीन्हें राधा आधा जानि।''

गोपिकाओं के उत्तर सूर सागर में इस प्रकार है-

कुंडल झलक कपोलनि आभा मैं तो इतनेहिं मात्र बिवानौ।
इक टक रही नैन दोउ रुँधे सूरस्याम को नहिं पहिचानौ।

दूसरी का उत्तर सुनें-

हम देखे ऐसे यदुनन्दन।
सुभग स्याम तनु पीत गात जनु नील जलद पर तड़ित सुछंदन।
मंद मंद मुरली रव गरजनि सुधा दृष्टि बरसत आनंदनि॥

सूर की तीसरी गोपी का उत्तर सुनें-

अँखियां जान अजान गईं।
एक अंग अवलोकत हरि कौ और न कहूँ गई।
यों भूले ज्यों चोर भरे घर निधि नहिं जाइ लई॥

सगुण कृष्ण लीला की भक्ति का मर्म यही है- यहाँ भी अद्‌भुत रहस्यमयता है। सम्पूर्ण कविता का अलंकरण और बिम्बविधान फीका है, उस विषयवस्तु के साथ रूप, गुण, क्रिया, स्वभाव का जो भी सादृश्यविधानमूलक, मिथकीय तथा बिम्बात्मक चित्रण हो रहा है- वह तात्त्विक दृष्टि से कपोलकल्पना, एक असत्य मिथकीय अवधारणा है- क्योंकि ब्रह्म इतना ही है, यही है, 'इदमित्थम्' मात्र है- कौन कह सकता है। श्यामल वर्ण, वंशीवादन माल्यालंकरण, पीताम्बर आदि मिथकीय अवधारणाएँ हैं और इनके लिए रचे गए सादृश्यविधान लीला के लोकाचरण की भाँति ही दिखावे के लिए हैं- इन्हें सत्य इसलिए स्वीकार करना पड़ता है कि लीला काल तक (मंच पर नट के अभिनय काल तक) उसे सत्य मानना ही पड़ेगा। सत्य एवं असत्य के द्वंद्व के बीच निर्मित कृष्ण भक्त कवियों की लीला इसीलिए लोक रस न देकर भक्ति रस देती है और इसीलिए कृष्णभक्ति काव्य के समस्त सादृश्यविधान

पर अलंकरण केवल भक्तिरस की संपुष्टि के हेतु हैं। सम्पूर्ण अलंकारविधान का हेतु यहाँ आश्चर्यमयी प्रभुलीलाकौशल के चमत्कार के सृजन का हेतु है। अलंकारविधान काव्यभाषा की अभिव्यक्ति का अनिवार्य हेतु है और इस रूप में ये भक्तिकाव्य में प्रयुक्त हैं किन्तु भौतिक साहित्य से इनका यहाँ मन्तव्य भिन्न है।

2. बिम्बविधान

कहा जाता है कि सगुण भक्तों में सूरदास उत्प्रेक्षा के कवि हैं और तुलसीदास रूपकविधान के। उत्प्रेक्षा का सम्बन्ध कल्पनाविधान से है और इसकी अन्तिम परिणति बिम्बविधान के रूप में होती है। कृष्णभक्त कवि प्रभु श्रीकृष्ण के रूप, गुण, लीला, स्वभाव, क्रिया आदि के जिस प्रस्तुत रूप को उतारना चाहते हैं, उसे कल्पना की अन्तिम परिणति बिम्बमयता से ही पूरा करते हैं। श्रीकृष्ण इन लोक की आँखों से नहीं देखे जाते, पंच ज्ञानेन्द्रियों द्वारा स्पष्ट गोचर होकर अनुभूति के विषय नही बनते क्योंकि सगुण होते हुए भी हैं तो वे अद्वैत निराकार ब्रह्म ही हैं। इनके स्वरूप की एक मिथकीय अवधारणा है- उस मिथकीय अवधारणा के द्वारा एक बिम्बात्मक चित्र रचकर काव्यभाषा का माध्यम लेकर चित्रकार कवि उन श्रीकृष्ण को सामने रखता है, उसे आप चित्त और अनुभूति की अद्वैतता से देखते हैं- "चित्त और अनुभूति की सर्जनात्मक अद्वैतता के द्वारा देखा जाने वाला वस्तुविषय का रूप ही बिम्ब है और सम्पूर्ण कृष्ण काव्य इस विम्बात्मक चित्रण से भरा पड़ा है। यहाँ पहुँचकर संस्कृत के पंडितों तथा विदेशी आलोचकों के शास्त्रज्ञान की अग्नि लपटें बुझ जाती हैं। भागवत पुराणकार ठीक ही कहता है-

अत्यन्त मुक्ति मुक्तानां नैव शास्त्रं न च क्रमः॥

कालियनाग को नाथने वाले दृश्य का बिम्ब देखें-

गिरिधर ब्रजधर मुरलीधर धरनीधर माधव पीताम्बर धर।
शंख चक्रधर गदा पद्मधर सीस मुकुटधर अधर सुधाधर।
कंबु कंठधर कौस्तुभ मनिधर बनमालाधर मुक्तमालधर।
सूरदास प्रभु गोपवेशधर कालीफन पर चरन कमल धर'

उक्त उद्धृत रेखांकित पंक्ति के बिम्ब को कितने बिम्बों से कवि ने सजा दिया है जो अभी पूरे नहीं, अधूरे हैं।

उस सगुण लीलात्मक ब्रह्म श्रीकृष्ण को कल्पना की भाषा द्वारा सजाना ही, इन कवियों का लक्ष्य है ताकि साधना की अनुभूतिमयी अद्वैतता की भावमयता उस रूप की सत्यता से जुड़कर एकमेव हो उठे। कल्पना के द्वारा रचा गया, इन कृष्ण भक्त कवियों का कृष्णमय जगत प्रतिक्षण बिम्बात्मक है और ऐसी अनूठी बिम्बमयी कविता रचनाविधान की कल्पनामयता की दृष्टि हमारी संस्कृति की एक अमूल्य धरोहर है।

3. प्रतीकविधान

"वह अज्ञेय तत्त्व न प्रवचन से, न समझाने से, न शिक्षा देने से, न साधना से किसी तरह नहीं जाना जाता-मनुष्य की अन्तरात्मा को वह दिव्यता प्रदान करता है और तब उस दिव्यात्मा द्वारा वह देखा जाता है।" इसीलिए वैदिक काल का कवि ऋषि है, दिव्य शक्ति युक्त है, देवता है। किसी को होने के लिए अनुभूत उस तत्त्व को रूप, गुण, आकृति देना, उसकी क्रिया को अनुभव गम्य बनाने के लिए भाषा का प्रयोग करना आदि कार्य जटिता एवं जोखिम से भरे हुए प्रश्न हैं। उस अज्ञेय तत्त्व को इसीलिए प्रतीकविधानों द्वारा समझाने का निरन्तर प्रयास किया जाता रहा है। श्रीकृष्ण के दैवीयरूप एवं विविध पौराणिक कथाओं के मिथकीय प्रयोग के साथ प्रतीकों को जोड़कर इस कथा के रूपों को चमत्कारिक बनाया गया है। कविता की भावात्मक सान्द्रता या भाव योजना को गम्भीर एवं हृदयस्पर्शी बनाने के लिए अधिकांशतः प्रतीकों का प्रयोग यत्रतत्र मिलता है। भक्ति कविता में प्रतीकों की स्थिति निर्गुण सन्तकाव्य की रचना में अधिक मिलती है किन्तु कृष्णभक्ति में भी प्रतीकों की स्थिति बराबर मिलती दिखाई देती है। सूर तथा अन्य कवियों के प्रतीकों के कुछ उदाहरण देखे जा सकते हैं- जैसे

अब न सुहात विषय रस छीलर वा समुद्र की आस॥

यहाँ समुद्र प्रभु की कृपा की अनन्ता का प्रतीक है। इस तरह के कितने प्रतीक कृष्णभक्ति काव्य में भरे पड़े हैं।

कृष्ण भक्ति काव्य की सबसे बड़ी विशेषता पात्रों की प्रतीकात्मकता की है। श्री कृष्ण ब्रह्म के प्रतीक हैं और राधा प्रभु श्रीकृष्ण (ब्रह्म) की माया हैं। कंस आतंक और पीड़ा का प्रतीक बनकर रावण की भाँति सम्पूर्ण कथा को अपनी ओर आकर्षित करता है किन्तु गोपीभाव की भक्ति के कारण कृष्णलीला काव्य का समापन प्रेम की सर्वोच्चता में होती है, प्रतिनायक के वध में नहीं। कृष्ण भक्त कवियों ने भी उनके स्वरूप का ऐसा अंकन किया है कि उनमें योग तथा निर्गुण संदर्भ स्वयं समाहित हो उठता है। कृष्ण की भावात्मक प्रेम योग लीला में राधा उनकी आह्लादिनीशक्ति और गोपिकाएँ भी उसी पूर्ण आह्लादिनाशक्ति के अंश के रूप में हैं। सूरदास ने तो अपनी गोपिकाओं को 'श्रुति की ऋचा' के रूप में पुकारा है। परम पुरुष श्रीकृष्ण की आह्लादिनी शक्ति राधा अपनी समग्र शक्तियों (गोपिकाओं) के साथ अवतरित होकर लोक में आनन्द की वर्षा करके मनुष्य ही नहीं समस्त जीवों को तृप्त करती हैं। 'रास लीला' उनकी इसी आह्लादिनीशक्ति की प्रतीक है, जो ब्रह्म के आनन्दमय स्वभाव को व्यंजित करके सचराचर को विमुग्ध कर देती है। इस प्रकार कृष्ण कथा की प्रतीकबद्धता कई दृष्टियों से महत्त्वपूर्ण है, साहित्य, उपासना, भक्ति आराधना एवं लीला इन सबके प्रसंग कृष्ण कथा में व्यापक प्रतीकबद्धता के साथ जुड़कर यहाँ अवतरित

हैं। अनेक स्थलों पर आदि कृष्ण कवियों ने लीला के अद्वैतमूलक संदर्भ की व्यंजना के संदर्भ में 'कृष्ण और गोपियाँ' तथा राधा के बीच ब्रह्म, 'शक्ति एवं जीवात्मा' के सम्बद्धों को जोड़कर रास से उत्पन्न भावभूमि को अद्वैत वेदान्त की भावनाओं से मण्डित किया है। साहित्यिक दृष्टि से श्री कृष्ण लीला का वैचित्र्य, अलंकृतिभाव, बिम्ब एवं प्रतीक योजनाओं से सर्वथा सम्बद्ध है। स्थल-स्थल पर काव्यात्मक संदर्भ होने के साथ-साथ सम्पूर्ण कृष्ण को लीला के अन्तर्गत कथा काव्यमूलक अलंकृतियों, बिम्बों एवं प्रतीक रचनाओं की समवेत् अभिव्यक्ति दिखाई पड़ने लगती है।

4. भाषा और गीति संरचना

कृष्णभक्ति काव्य की भाषा प्रयोग के कई स्तर हैं। 'बाललीला तथा सख्य' के संदर्भ में भाषा नितान्त लोकजन के बीच की हो गई है। सूर की बाललीला के पद इसके साक्ष्य हैं, दास्यभक्ति की भाषा में आध्यात्मिकता का आवेग है भाषा में वह संरचना तथा शब्दावली है, जो दैन्य, पीड़ा, मुक्ति, ईश्वर दर्शन आदि संदर्भो से जुड़ी आध्यात्मिक व्यंजना की भाषा बन गई है। प्रेम तथा सम्मिलन की भाषा में उन्माद, रोमांच, पुलक एवं हर्ष है। अनेक स्थलों पर नायिकाओं की मनोदशाएँ व्यंजित हैं- बाद में, उज्ज्वल नीलमणि का नायिका विभाजन इसी संदर्भ से जुड़ा दिखाई पड़ती है। नन्ददास की विरह मंजरी की भाषा भी इसी दृष्टि से द्रष्टव्य है। श्रीकृष्ण की प्रेमलीला का प्रभाव भाषाओं पर अधिक पड़ा है। बंगाल में 'ब्रजबुलि' मैथिली तथा उत्तरभारत में ब्रजभाषा को जनजीवन की भाषा बनाने में कृष्ण कथा का ही सर्वाधिक महत्त्वपूर्ण योगदान है।

कृष्ण कवियों ने उत्तरभारत में मथुरा तथा वृन्दावन को कृष्ण की जन्मभूमि मानकर यहाँ की जनभाषा को ही अपनी भक्ति की भाषा स्वीकार की और उन्हीं के प्रयास के फलस्वरूप लगभग पन्द्रहवीं शती से बीसवीं शती तक खड़ी बोली गद्य के प्रचलन के बाद की हिन्दी कविता की भाषा वह बनी रही। बीसवीं शती का 'सुकवि समाज' प्रयाग में रमाशंकर शुक्ल 'रसाल' जी के प्रतिनिधित्व में बराबर ब्रजभाषा-काव्य रचना में संलग्न रहा है।

हिन्दी का सम्पूर्ण रीतिकालीन ब्रजभाषा गोपियों, राधा तथा श्रीकृष्ण की प्रेमलीला, श्रृंगारमयता तथा नायक-नायिका भेद से सम्पृक्त रही है। निम्नलिखित काव्य वाक्य आज भी ब्रजभाषा के आलोचकों के लिए आदर्श व्यंजना का वाक्य है-

अब के कवि रीक्तिहैं तो सुकविताई
राधा कन्हाई न तु नाम को बहानो है ?[1]

रचना शिल्प की दृष्टि से ब्रजभाषा को केवल यहाँ जनभाषा के व्यवहार के स्तर पर

1. देखिए- डॉ0 रामस्वरूप चतुर्वेदी की महत्त्वपूर्ण कृति- मध्यकालीन काव्यभाषा

ही नहीं रचा गया है, अपितु इसका इस प्रकार निर्माण किया गया है कि संस्कृत जैसी उत्कृष्ट भाषा के समानान्तर यह अर्थरचना, लाक्षणिक सामर्थ्य, व्यंजनाशक्ति, प्रतीकात्मकता तथा बिम्बात्मकता, अर्थसंश्लेष एवं जीवन के व्यापक अनुभव क्षेत्र के समस्त फलकों को यह सहज अभिव्यक्ति दे करके साहित्य की मनोहारी भाषा बन सके। इस ब्रजभाषा की काव्य रचना के प्रभाव का इतना असर पड़ा कि यह केवल ब्रज प्रदेश की ही भाषा न रहकर सम्पूर्ण उत्तर भारत साथ ही मध्य प्रदेश, राजस्थान, गुजरात, महाराष्ट्र, केरल आदि राज्यों में कृष्ण काव्य के प्रयोग की भाषा बनी और इस दृष्टि से कहें तो यह ब्रजभाषा कृष्णभक्ति के राष्ट्रीय स्तर पर प्रचार-प्रसार के कारण हिन्दू जाति की राष्ट्रीय संस्कृति की भाषा के रूप में सामने आई है।

जहाँ तक गीतियोजना का प्रश्न है, इसका जन्म कृष्णलीला के भावमय आवेग के गायक, 'आलवार' सन्तों के गायन से हुआ है। संस्कृत साहित्य में गीति रचना की यह पद्धति 'जयदेव' के पूर्व की है। संस्कृत नाटकों में गीति गायन की परम्परा 'वैदर्भी रीति' की माधुर्य योजना के रूप में मिलती है किन्तु वह तुकान्त गीत नहीं है। 'अभिज्ञान शाकुन्तलम्' में गीत गाने का प्रकरण है किन्तु वह गीत श्लोकबद्ध है। प्रतिपद में तुकान्तता और गीति टेक की पुनरावृत्तियां जिस गीति योजना से शुरू होती हैं, उसका योगदान कनार्टक प्रदेश में व्याप्त 'आलवार भक्तों' को ही है। इन आलवार भक्तों ने सम्पूर्ण संगीतमयता एवं राग तथा लयबद्धता के साथ इन कृष्ण गीतों को रचा ही नहीं, विविध आयोजनों, मंदिरों, उत्सवों में वाद्ययंत्रों के साथ उनका प्रचार किया। वृन्दावन की रास लीला में कृष्ण की वंशी और मृदंग तथा वीणा है- अष्टयाम सेवा में गाए जाने वाले पदों में मुख्य सेवक के साथ वाद्ययंत्रों के वादकों एवं संगीतज्ञों का एक अपना विशिष्ट दल है- गायन की सम्पूर्ण कलाओं के साथ राग से केन्द्रित अष्टकालिक सेवाओं के कालाधारित ये राग गीतियोजना के प्राण रहे हैं। कृष्ण भक्तिकाव्य के गीतों का जब हम अध्ययन करते हैं तो उन्हें केवल हम भाषिक अभिव्यक्ति मात्र ही मानते हैं- ये सब इसके अतिरिक्त काल की विभिन्नताओं, राग की विभिन्नताओं, वाद्य यंत्रों की लयात्मक स्वर रचनाओं से सर्वथा मंडित तथा भाव विधान की योजनाओं से संयुक्त हैं। मेघमल्हार, राग केदारा, आसावरी आदि रागों की स्वर योजना क्या है, किस काल में गाए जाते हैं, किन भावों तथा रसों से सम्बद्ध है, प्रकृति के किन नैसर्गिक परिवर्तनों के सूचक हैं इन सबसे सम्बद्ध कृष्ण भक्तिकाव्य के गीतों के अपने विशिष्ट संदर्भ हैं। हिन्दी छायावादी या हालावादी स्वच्छन्द प्रेम गीति काव्यों की भाँति ये केवल कवि की भाषिक अभिव्यक्ति नहीं है- कृष्णभक्ति काव्य के गीतों के गायक गीति कला के विशेषज्ञ, रागरागिनियों के परममर्मज्ञ, श्रीकृष्ण की प्रेमभक्ति में डूबे ये सर्वथा समर्थ कृष्ण भक्त हैं। ये कवि, संगीतज्ञ, गायक, भक्त, राग-रागनियों के विशेषज्ञ तथा समग्र श्रोताओं के मन को अपनी भावना के पाश में बाँध लेते हैं।

इस संदर्भ में, हिन्दी की आलोचना के अन्तर्गत कृष्ण भक्त कवियों की गीति

योजनाओं की सामान्य भाषिक संरचना की दृष्टि से जो आलोचना की जाती है, वह अभी भी अधूरी है। यह गीति योजना केवल भक्त कवियों की भावात्मक काव्याभिव्यक्तिमयी साधना ही नहीं है, अपने आप में यह उनकी कलायोजना की श्रेष्ठतम अभिव्यक्ति भी है।

श्रीकृष्णभक्ति का आलोचनात्मक साहित्य

1. सूरदास - ब्रजेश्वर वर्मा
2. अष्टछाप और वल्लभ सम्प्रदाय - दीनदयाल गुप्त
3. राधा वल्लभ सम्प्रदाय - विजयेन्द्र स्नातक
4. हिन्दी कृष्णकाव्य में माधुर्योपासना - कमल कुलश्रेष्ठ
5. भक्ति आन्दोलन और सूरदास का काव्य - मैनेजर पाण्डेय
6. हिन्दी साहित्य और संवेदना का विकास - रामस्वरूप चतुर्वेदी
7. सूर पूर्व ब्रजभाषा और उसका साहित्य - शिवप्रसाद सिंह
8. महाकवि सूरदास - नंददुलारे बाजपेयी
9. सूर और उनका साहित्य - हरिवंश लाल शर्मा
10. भारतीय वाङ्मय में श्री राधा - पं. बलदेव उपाध्याय
11. वैष्णवधर्म व सम्प्रदाय का क्रमिक विकास - परशुराम चतुर्वेदी
12. भागवत दर्शन - हरवंश लाल शर्मा
13. सूरदास - आचार्य रामचन्द्र शुक्ल
14. परवर्ती कृष्ण भक्तिकाव्य - राजेन्द्र कुमार
15. सूर साहित्य - हजारीप्रसाद द्विवेदी
16. भक्ति का विकास - मुंशीराम शर्मा
17. भक्तिकाव्य और लोकजीवन - शिवकुमार मिश्र
18. हिन्दी साहित्य का इतिहास - आचार्य रामचन्द्र शुक्ल
19. हिन्दी साहित्य का इतिहास - सं0 डॉ. नगेन्द्र
20. हिन्दी साहित्य का आलोचनात्मक इतिहास - डॉ. रामकुमार वर्मा
21. भक्तिकाव्य यात्रा - डॉ. रामस्वरूप चतुर्वेदी
22. हिन्दी वैष्णवभक्तिकाव्य : काव्यादर्श
23. एवं काव्यशास्त्रीय सिद्धान्त - डॉ. योगेन्द्र प्रताप सिंह
24. लीला और भक्तिरस - डॉ. योगेन्द्र प्रताप सिंह

हिन्दी साहित्य की सूफ़ीभक्ति काव्यधारा

सूफ़ी काव्य की पृष्ठभूमि

इस्लाम के 'तसव्वुफ़' दर्शन के साधकों को सूफ़ी नाम से पुकारा जाता है। तसव्वुफ़ दर्शन का मूल अभिप्राय है, प्रेम की गहन आत्मीयता द्वारा ईश्वर से तादात्म्य स्थापित कराने वाला सिद्धान्त। यद्यपि कुरान शरीफ़ के अन्तर्गत इस मत का विवेचन नहीं मिलता, इसीलिए कट्टरपंथी मुसलमान इसे स्वीकृति नहीं देते। सूफ़ी मत के समर्थक इस तथ्य से पूरी तरह से सहमत नहीं हैं। इस्लाम धर्म के अन्तर्गत वैसे, तीन प्रकार की साधनाएँ मान्य हैं- (1) हकीकत (ज्ञानमार्ग) (2) तरीकत (भक्तिमार्ग) (3) शरीअत (कर्ममार्ग) इन तीनों से भिन्न सूफ़ियों ने एक चौथी साधना पद्धति यहाँ बताई, वह है मार्फत भाव (मादन भाव) की साधना। इस साधना पर इस्लाम के सिद्धान्तों का पूरी तरह से प्रभाव है किन्तु प्रभु की प्राप्ति के सन्दर्भ में यह साधना आध्यात्मिक प्रेम के मादन उन्माद के भाव से परिपूर्ण है। यद्यपि इस मत का इस्लाम धर्मावलम्बियों द्वारा बराबर विरोध भी होता रहा लेकिन इस्लाम धर्म के प्रारम्भिक खलीफ़ाओं द्वारा इसका विरोध न होने पर यह मत आठवीं शती में स्वीकृत होता रहा है।

भारत में सूफ़ी सम्प्रदाय कब प्रविष्ट हुआ, इस विषय में मतभेद है। यह सम्भवतः दसवीं-ग्यारहवीं शती में सिन्ध तथा दक्षिण भारत में सबसे पहले आया किन्तु इसका विशेष प्रभाव वहाँ नहीं था।

इस सूफ़ी शब्द का प्रयोग सामान्य रूप से गहन प्रेमभाव के साधक रहस्यवादियों के लिए किया जाता रहा है, किन्तु इसकी व्युत्पत्ति के कई रूप बताए जाते हैं।

(1) 'सूफ़' शब्द का अर्थ उज्ज्वल तथा पवित्र है। उज्ज्वल एवं पवित्र आत्मा से सम्बद्ध प्रेमभाव के साधक को सूफ़ी के नाम से पुकारा गया।

(2) 'सूफ़' शब्द का अर्थ सफेद ऊन भी है। सफेद ऊनी चोंगे पहनकर साधना तथा उसका प्रचार करने वाले सूफ़ी साधकों को सूफ़ी नाम से पुकारा गया क्योंकि यह वस्त्र उनकी विशेष पहचान थी।

(3) कतिपय विद्वान बताते हैं कि यह सूफ़ी शब्द आठवीं-नवीं शती में सूफ़ी साधकों के साथ उनके विशेषण के रूप में जुड़ता था; बाद में, उनके ये विशेषण इस सम्प्रदाय के साधकों एवं सम्प्रदाय के लिए प्रयुक्त होने लगे।

सूफ़ी साधना के अन्तर्गत आत्म पवित्रता तथा ईश्वर के प्रति अनन्य प्रमोदन्माद भरी तन्मयता सर्वाधिक महत्त्वपूर्ण है। सामान्यतया सूफ़ी साधना की चार अवस्थाओं का साक्ष्य मिलता है-

(1) नासूत- कुरान शरीफ़ के अनुसार ही पूर्णतः जीवन व्यतीत करना

(2) मलकूत- भौतिक जीवन से मुक्त होकर पवित्र आध्यात्मिक जीवन में प्रवेश

(3) मारिफ़त- प्रभु के सम्मिलन में पड़ने वाले समस्त विघ्नों का समापन

(4) हकीकत- ईश्वर के प्रति फना होकर बका (साक्षात्कृत) होने के लिए सन्नद्ध होना

विघ्न डालने वाले शैतानों से रक्षा के लिए गुरू की आवश्यकता पड़ती है। सम्पूर्ण विघ्न बाधाओं को पार कर अपने प्रियतम परमेश्वर की प्रेमोन्माद की भावनामयी प्राप्ति ही इस प्रकार, सूफ़ी साधना है किन्तु ऐकेश्वरवाद इनकी साधना के मूल में है। सूफ़ी मतावलम्बियों के चार सम्प्रदाय हैं -

1- सुहरर्वदिया

2- चिश्तिया

3- कदिरिया

4- नक्शबन्दिया

भारत में, पन्द्रहवीं शती में मदारिया तथा अधमिया- ये दो अन्य शाखाएँ भी बनीं- किन्तु आगे ये चल न सकीं। इन सम्प्रदायों का संक्षिप्त परिचय इस प्रकार है। इनमें परस्पर सैद्धान्तिक मतभेद है।

1. **सुहरर्वदिया-** सामान्य रूप से कहा जाता है कि चिश्तिया सम्प्रदाय सबसे पहले होने के कारण महत्त्वपूर्ण है किन्तु अपनी धार्मिक साधना की प्रमुखता के कारण 'सुहरर्वदिया' का उल्लेख सर्वप्रथम किया जाता है। सुहरर्वदिया एवं चिश्तिया शाखाओं का जन्म हबीबिया से माना जाता है। विद्वानों का मत है कि इस सुहरर्वदिया शाखा के ही सूफ़ी भारत में सर्वप्रथम आए थे। इनके प्रथम धर्मोपदेशक तथा साधक अब्दुल नजीब माने जाते हैं, जिनका जन्म सुर्हवर्द नगर में हुआ था। यह मत बारहवीं-तेरहवीं शती में प्रचारित हुआ था तथा इसका भारत में प्रवेश चौदहवीं शती के प्रारम्भ में सिंध, गुजरात तथा पंजाब राज्यों में हुआ था। शेख तकी साहब (सं0 1377-1441) इसी सम्प्रदाय के अनुयायी थे।

इन्होंने अपना प्रचार केन्द्र झूँसी (प्रतिष्ठानपुर, प्रयाग) में बनाया था और आज

भी उनका गैर चिरागी मौजा (गाँव) तथा उनकी मजार यहाँ पर वर्तमान है।

2. **चिश्तिया सम्प्रदाय-** इस मत के मूल प्रवर्तक ख्वाजा अब्दू अब्दुल्ला चिश्ती थे और सन् (संवत् 1199-1269) के मुइनुद्दीन चिश्ती ने इसका भारतवर्ष में प्रचार किया। पंजाब तथा दिल्ली में रहकर इन्होंने अपना प्रचार केन्द्र अजमेर बनाया और यहीं ये परलोक वासी हुए। इन्हें सूफ़ियों ने 'आफ़तावे हिन्द' की पदवी दी। कहा जाता है कि इस सम्प्रदाय का प्रभाव मुगल सम्राट अकबर पर अधिक था और इन्हीं के दरगाह की मनौती के बाद इन्हें सलीम (संत) पुत्र के रूप में प्राप्त हुआ था। कहा जाता है कि इनका प्रभाव हिन्दुओं पर अधिक पड़ा है और आज भी इनकी दरगाह पर होने वाले मेले में हिन्दू-मुसलमान दोनों जाते हैं। शेख चिश्ती के अनुयायियों की संख्या बड़ी लम्बी है- शकरगंज, निजामुद्दीन औलिया, अमीर हसन आदि श्रेष्ठ सूफ़ी साधक इनकी शिष्य परम्परा से सम्बद्ध हैं। हिन्दी के महाकवि मलिक मुहम्मद जायसी भी इसी चिश्तिया सम्प्रदाय से सम्बद्ध हैं। इनकी शिष्य परम्परा आज तक वर्तमान है।
3. **कादरिया सम्प्रदाय-** इस सूफ़ी सम्प्रदाय की स्थापना बगदाद के निवासी शेख अब्दुल कादिर दीलानी ने की थी और पन्द्रहवीं शती में यह सम्प्रदाय सिन्ध तथा गुजरात में आया। कश्मीर में यह मत आज भी स्वीकार्य है। प्रसिद्ध सन्त बुल्लेशाह इसी मत से जुड़े थे। यह भी स्वीकार किया जाता है कि दाराशिकोह ने इसी मत में दीक्षा ली थी। भावुकतापूर्ण संगीत साधना को इस सम्प्रदाय में विशेष महत्त्व दिया जाता है।
4. **नक्शबंदिया सम्प्रदाय-** यह मत के प्रवर्तक ख्वाजा वहा अलदीन नक्शबंद थे और इस मत की स्थापना तुर्किस्तान में हुई थी। इन्होंने इस मत की अवधारणा आम जनता के लिए न करके शिक्षित जनता के लिए की थी, इसलिए इस मत का प्रचार जटिल दृष्टिकोण तथा मान्यताओं की गम्भीरता के कारण सामान्य जनता में कम हुआ।

सूफ़ी सम्प्रदाय का यह विकासक्रम इसलिए अपेक्षित है कि इनकी साधना ने एक विशेष स्तर पर भारतीय जनमानस को प्रभावित किया था एकेश्वरवाद एवं ईश्वर से प्रेम की अनन्यता के कारण ये सरल, उदार तथा पारस्परिक सौहार्द्र से युक्त बराबर भारतीय जनमानस को प्रभावित करते रहे हैं।

सूफ़ी मत और हिन्दू समाज

सूफ़ियों से हिन्दू समाज से किसी धार्मिक अलगाव की चर्चा नहीं मिलती है और न इनमें किसी प्रकार का धर्मोन्माद एवं साम्प्रदायिकता ही दिखाई

पड़ती है।

इस मत के अन्तर्गत नक्शबन्दिया सम्प्रदाय को छोड़कर शेष मतों में प्रेम, उदारता, आत्मीयता एवं आत्मिक भावमयी अनन्यता सर्वत्र वर्तमान है। संक्षेप में सूफ़ी मत के सिद्धान्त इस प्रकार हैं-

(1) ईश्वर के सन्दर्भ में यहां एकेश्वरवाद है। एकेश्वरवाद के अन्तर्गत सृष्टि में जो कुछ भी दृश्यमान एवं सक्रिय जड़ चेतन एवं प्रकृति तत्त्व हैं, सभी ईश्वरमय हैं और उन्हीं के सृष्टि विलास के अंग है। सम्पूर्ण दृश्यमान जगत का वह सर्जक ही नहीं है, उनसे वह आत्मिक रूप से सम्बद्ध है। इस सृष्टि में इस प्रकार परमात्मा ही एक मात्र सत्ता तथा शक्ति है और सब कुछ वही है।

(2) परमात्मा के सम्पूर्ण गुण ही सृष्टि के विविध तत्त्वों एवं प्रकृति के अनेक रूपों में प्रसरित हैं। इसी सृष्टि के गुणात्मक तत्त्वों के कारण ही वह परमात्मा जाना जाता है। सम्पूर्ण सृष्टि में परिलक्षित सम्पूर्ण वस्तु, धर्म तथा गुण उस परमसत्ता अर्थात् ईश्वर के प्रतिबिम्ब हैं और इस प्रकार वह सर्वदेश, सर्वकाल और सभी रूपों में अपने को निरन्तर प्रतिक्षण प्रगट करता रहता है।

(3) यह विविध लीलामयी सृष्टि प्रभु की इच्छा का ही प्रति काम है। हदीस की उस उक्ति के माध्यम से यह समझाया जाता है कि "उसने यह आकांक्षा की सभी मुझे समझें तथा मुझसे जुड़ें इसलिए मैंने अपने को अनेक रूपों में रचा है।"

(4) ईश्वर का अन्तिम रूप 'नारी' का है और पुरुष उस नारी को पाने के लिए विह्वल हो उठता है। एक मत के अनुसार प्रेमोन्माद रूप प्रभु में पुरुष का आत्मविलयन ही मुक्ति है और दूसरे मत के अनुसार यह आत्म विलयन मुक्ति का माध्यम है और उसके माध्यम से पूर्ण मुक्ति ही विलयन है। प्रेमोन्माद इस भक्ति साधना का मूल संदर्भ है।

(5) उस परमतत्त्व तक पहुँचने में अनेक असत् तत्त्व बाधक हैं। पद्मिनी तक रत्नसेन को पहुँचने में नागमती ही बाधक नहीं होती अनेक बाधक तत्त्व समय-समय पर मिलते हैं। ये सब बाधक तत्त्व समय एवं प्रेम की उत्कटता के समक्ष आकर स्वतः नष्ट हो उठते हैं।

जैसा कि प्रारम्भ में इंगित किया जा चुका है, प्रेमसिद्धि के संदर्भ में साधना की चार स्थितियाँ हैं। ये स्थितियाँ हैं-

(1) नासूत- साधनामय मार्ग की प्रशस्तता

(2) मलकूत- भौतिक जीवन की तुच्छताओं का त्याग

(3) मारिफत- पवित्र साधक आध्यात्मिक लक्ष्य की प्राप्ति पर चल पड़ता है।

(4) लाहूत- भौतिक राग-द्वेषों से मुक्त तथा उसके बाद परमात्मा से एकाकार होने

की दशा।

सूफ़ी सिद्धान्त इन चार मन्तव्यों से सम्बद्ध है। यह सत्य है कि सूफ़ी साधक जब अपनी काव्य रचना मे प्रवृत्त होते हैं, तब वे स्वंयं उस नायक के प्रतीक बद्ध रूप बनकर इन सिद्धान्तों के क्रम में आते हैं। हिन्दी साहित्य के अनेक आलोचकों ने बताया है कि यह कथा लौकिक प्रेम की कथा है किन्तु उनकी कथा की रचना प्रक्रिया को देखें तो ये चारों तत्त्व पूरी तरह से उनकी कृतियों में व्याप्त मिलेंगे। उसमें चित्रित लोक वह नहीं है- जो इतिहास या लोक विश्वासों से सिद्ध हो, उनकी सार्थकता इस बात में है कि क्या वे इन सूफ़ी शैली तत्त्वों पर निर्मित हैं या नहीं ? ये सूफ़ी सिद्धान्त उनकी साधना से जुड़े हैं और साधक निरन्तर उनके प्रभाव में रहकर निर्मल होते जाते है।

यहाँ एक इस विवाद को भी दृष्टि में रखकर आगे विचार करना आवश्यक हो जाता है कि सूफ़ी कविता अन्य कविताओं की तरह कविता पहले है। साहित्य के अन्तर्गत उसकी अभिव्यक्ति आवश्यक नहीं कि उसका क्रम बनाकर किया जाए क्योंकि कविता का सृजनसंसार सिद्धान्तवाद या सिद्धान्तों के व्यवहारवाद से भिन्न है। उसका अपना सृजन रूप है और वह सम्पूर्ण सृजन की सृजनधर्मिता को आगे रखकर चलता है न कि किसी सिद्धान्त को।

सूफ़ी कविता की भी यही स्थिति है। वे प्रेम को अपनी कविता का विषय बनाते हैं। लोक सम्भावनाओं के बीच और कोई दूरदर्शी आलोचक उनकी अर्थ संगति को किसी मतवाद से जोड़ दे और वह जोड़ा गया मतवाद उनके सिद्धान्त का सामान्य व्यंजक तत्त्व बन जाए, यह आवश्यक नहीं है।

हिन्दी की सूफ़ी प्रेमकाव्य परम्परा

हिन्दी सूफ़ीकाव्य के सम्बन्ध में पद्मावत के अन्तर्गत एक सांकेतिक सूचना मिलती है और इस सूचना के माध्यम से महाकवि जायसी ने अपनी पूर्ववर्ती काव्य परम्परा की एक तालिका इस प्रकार दी है-

विक्रम धँसा प्रेम कै वारा। सपनावति कहँ गयेउ पतारा।
मधुपाल मुगधावति लागी। गगन पूर होइगा बैरागी।
राजकुँवर कंचनपुर गयऊ। मिरगावती कहँ जोगी भयऊ।
साधु कुवँर खंडावत जोगी। मधुमालति कर कीन्ह वियोगू।
प्रेमावति कहँ सुरसरि साधा। उषा लगि अनिरुध वर बाधा ।

इस प्रकार इस संदर्भ में निम्नलिखित प्रेम काव्यों की सूचना मिलती है-स्वप्नावती, मुग्धावती, मृगावती, खंडरावती, मधुमालती तथा प्रेमावती।

इसके अतिरिक्त एक अन्य प्रेमकाव्य की चर्चा की जाती है, वह है लक्ष्मण सेन कृत

पद्मावती।

हिन्दी के सूफ़ी प्रेमाख्यानक काव्यों की एक लम्बी तालिका आचार्य परशुराम चतुर्वेदी ने दी है।[1] यह तालिका इस प्रकार है-

(1) मुल्ला दाऊद-चंदायन-	हिज़री संवत् 779 (1377 ई.) अप्रकशित (नूरक चंदा) 781 (1379 ई.)
(2) शेख कुतबन-मृगावती-	"909 (1503 ई.)
(3) मलिक मुहम्मद जायसी-पद्मावत-	927 (1520 ई.)
(4) मंझन – मधुमालती	952 (1545 ई.)
(5) शेख उस्मान – चित्रावली -	1022 (1613 ई.)
(6) जानकवि – कनकावती –	सं0 1675 (1618 ई.)
(7) शेखनवी - ज्ञानदीप –	हि0सं0 1026 (1619 ई.)
(8) जानकवि - कामलता –	सं. 1678 (1621 ई.)
(9) " - मधुमालती –	1691 (1634 ई.)
(10) " - रतनावली –	1691 (1634 ई.)
(11) " - छीता -	1693 (1636)
(12) हुसैन अली - पुहुपावती –	हि.सं. 1138 (1725)
(13) कासिम शाह – हंस जवाहर –	हि. सं. 1149 (सन् 1736)
(14) नूर मुहम्मद – इन्द्रावती –	हि. सं. 1157 (सन् 1736)
(15) नूर मुहम्मद - अनुराग बाँसुरी –	हि. सं. 1178 (सन् 1764 ई.)
(16) शेख निसार – युसुफ जुलेखा –	हि. सं. 1205 (सन् 1790 ई.)
(17) ख्वाजा अहमद – नूरजहाँ	हि. सं. 1312 (1905 ई.)
(18) शेख रहीम – भाषा प्रेम रस-	(1915 ई.)
(19) कवि नसीर – प्रेमदर्पण –	हि0 सं. 1335 (1917)
(20) अली मुराद – कथा कुँवरावत – अज्ञात, अप्रकाशित	

भारतीय परम्परा की प्रेमकथाएँ

सूफ़ियों की प्रेम कथाओं के अतिरिक्त भारतीय परम्परा की कुछ महत्त्वपूर्ण प्रेमकथाएँ इस प्रकार हैं।

सूफ़ी प्रेमाख्यानक परम्परा के अतिरिक्त आदिकाल से लेकर 19वीं शती या बीसवीं शती के प्रारम्भ तक हिन्दी भाषा एवं गद्य में अनेक प्रेम कथाओं का प्रणयन किया गया है।

1. देखें– हिन्दी साहित्य, पृ0 298, प्रकाशक- भारतीय हिन्दी परिषद, इलाहाबाद विश्वविद्यालय, इलाहाबाद

इन कथाओं का केन्द्रीय आधार प्रेम है किन्तु यह प्रेम अलौकिक विलक्षणता एवं सूफ़ी साधनावाद से सर्वथा भिन्न दिखाई पड़ता है। इस परम्परा के काव्यों की सूची आचार्य पंडित रामचन्द्र शुक्ल ने अपने इतिहास में इस प्रकार दी है-

1- ढोला मारू रा दूहा (प्राचीन)

2- लक्ष्मणसेन पद्मावती कथा- दामो कवि

3- सत्यवती कथा- ईश्वरदास

4- माधवानल काम कन्दला- आलम

5- रसरतन – पुहकर कवि

6- पद्मिनी चरित्र-लालचंद

7- कनक मंजरी-काशीराम

इस अलगाव का विकास डॉ. गणपति चन्द्र गुप्त की इतिहास कृति "हिन्दी साहित्य का वैज्ञानिक इतिहास" में देखा जाता है। उन्होंने इस परम्परा के अन्तर्गत सूफ़ी एवं गैर सूफ़ी रूपों से जुड़ी कृतियों को एक मानकर उसे "रोमांसिक कथा काव्य परम्परा" का नाम दिया है। उन्होंने इस नामकरण को केन्द्र में रखते हुए टिप्पणी दी है- "प्रस्तुत काव्य परम्परा को अब तक विभिन्न नामों से पुकारा जाता रहा है। यथा- प्रेममार्गी (सूफ़ी शाखा, प्रेमकाव्य, प्रेम गाथा, प्रेम कथानक काव्य, प्रेम काव्य, प्रेमाख्यान, आदि)। यह आश्चर्य की बात है कि हिन्दी के विभिन्न विद्वानों ने इस विभिन्न नामों का प्रयोग करते समय इनके कार्य का स्पष्टीकरण करने का प्रयास नहीं किया है"।

उन्होंने रोमांसिक कथा काव्य की दो श्रेणियां की हैं-

(1) पूर्व मध्यकाल की रचनाएँ (2) उत्तर मध्यकाल की रचनाएँ।

1. पूर्व मध्यकाल के अन्तर्गत डॉ. गणपति चन्द्र गुप्त ने निम्नलिखित काव्यों को रखा है-

(क) असाइत – हंसावली – सन् 1370

(ख) मुल्ला दाऊद कृत चंदायन सन् 1379, लोरकहा- डॉ. माताप्रसाद गुप्त

(ग) लखमन सेन – पद्मावती सन् 1559

(घ) ईश्वरदास - सत्यवती –सन् 1501

(ड) कुतबन – मृगावती - सन् 1503

(च) गणपति – माधवानल कान कन्दला – 1527

(छ) जायसी – पद्मावत - 1520

(झ) नन्ददास - रूपमंजरी - 1568

यहाँ इस पूर्व मध्यकाल में यही आठ रचनाएँ हैं।

उत्तर मध्यकाल की स्थिति इस प्रकार है-

क. उसमान – चित्रावली - सन् 1615
ख. पुहकर – रसरतन - सन् 1618
ग. शेख नवी - ज्ञानदीप सन् 1619
घ. जानकवि – कथा रतनावती,
कनकावती आदि 29 प्रेमकथाएँ - सन् 1618-1663
ङ सूरदास लखनवी – नलदमन - सन् 1657
च. दुःखहरण दास – पुहपावती - सन् 1669
छ. दामोदर – माधवानल रामकन्दला - सन्1680
ज. नूर मुहम्मद – इन्द्रावती - सन् 1687
- अनुराग बांसुरी - सन् 1707

और इस प्रकार सन् 1917 तक लिखी जाने वाली प्रेमकथाओं का उल्लेख इस प्रकार किया गया है।

इनके अनुसार सम्पूर्ण सूफ़ी-असूफ़ी कवि परम्परा से जुड़ी प्रेम कथाओं को एक श्रेणी के अन्तर्गत रखना चाहिए।

इन दोनों परम्पराओं को ध्यान से देखने पर यह प्रश्न स्वाभाविक रूप से उठता है कि क्या सूफ़ी एवं भारतीय प्रेमाख्यान काव्य की परम्पराएँ एक ही हैं। हिन्दी साहित्य के कुछ विद्वान इस एकता पर सहमत हैं और कुछ नहीं ।

आचार्य रामचन्द्र शुक्ल, आचार्य हजारीप्रसाद द्विवेदी, वासुदेव शरण- अग्रवाल, डॉ. रामकुमार वर्मा, डॉ. माताप्रसाद गुप्त ने इन्हें प्रेमप्रधान जीवन- गाथा के रूप में स्वीकृति दी है। इसी प्रकार, विजयदेव नारायण साही ने जायसी को कवि माना है, सूफ़ी साधक नहीं। डॉ. बच्चन सिंह ने जायसी आदि कवियों को ध्यान में रखते हुए इस सन्दर्भ में उन्होंने तीन पद्धतियों का उल्लेख अपने '**हिन्दी साहित्य का दूसरा इतिहास**' में किया है।

(1) कुछ लोग इसे भारतीय प्रेमाख्यानक परम्परा का काव्य कहते हैं।
(2) दूसरे इसे फारसी परम्परा का काव्य कहते हैं।
(3) इसे फारसी पद्धति से प्रभावित भारतीय परम्परा का काव्य कहते हैं।[1]

पहले वर्ग के अन्तर्गत आने वाले डॉ. गणपतिचन्द्र गुप्त का उल्लेख किया जा चुका है। इसी परम्परा के श्री विजयदेव नारायण साही भी हैं। डॉ. बच्चन सिंह के अनुसार डॉ. चन्द्रबली पाण्डेय एवं डॉ. रामखेलावन पाण्डेय इन्हें दूसरी परम्परा का कवि मानते हैं और उनका मत है कि समस्त सफ़ी कवि इस्लाम परम्परा के प्रचारक रहे हैं। आचार्य रामचन्द्र शुक्ल एवं आचार्य हजारीप्रसाद द्विवेदी जैसे विद्वान सूफ़ी साहित्य को फारसी रचना शैली

1. हिन्दी साहित्य का दूसरा इतिहास, डॉ0 बच्चन सिंह, पृ0 108

से प्रभावित भारतीय परम्परा का काव्य कहते हैं।

इस सन्दर्भ में सूफ़ी प्रेमाख्यान परम्परा को इस तीसरी सरणि में रखना उचित होगा। हाँ, यह सत्य अवश्य है कि जो प्रेम काव्य भारतीय शैली में लिखे गये हैं, उन्हें भारतीय प्रेमाख्यानक काव्य परम्परा में रखने या स्वीकार करने में कोई संकोच नहीं होना चाहिए। इसी सन्दर्भ में मध्यकालीन प्रेमाख्यानक काव्यों को दो श्रेणियों में रखा जा सकता है।

1. सूफ़ी प्रेमाख़्यानक काव्य परम्परा
2. भारतीय प्रेमाख्यानक काव्य परम्परा

इन दोनों पद्धतियों के प्रेमाख्यान काव्यों में पर्याप्त रूप से अलगाव दिखाई पड़ता है। श्री विजयदेव नारायण साही-जायसी को केवल कवि मानते हैं प्रतिबद्ध कवि भी कवि ही है और यह प्रतिबद्धता सर्जक की रचनात्मक प्रक्रिया का अभिन्न अंग हो जाने के कारण उसे कवि के रूप में न पहचानना या जानना-हमारी हठधर्मिता के अतिरिक्त और क्या है?

अतः डॉ. गणपतिचन्द्र गुप्त का यह मत स्वीकार नहीं किया जा सकता कि जायसी आदि सूफ़ी परम्परा के काव्यों को भी भारतीय रोमांसिक कथा काव्य (प्रेमाख्यानक) परम्परा के एक प्रवाह के रूप में स्वीकार किया जाना चाहिए। मूलतः सूफ़ी परम्परा एवं असूफ़ी परम्परा के काव्यों में कई दृष्टियों से अन्तर वर्तमान है, जिनकी चर्चा उनकी विशेषताओं के संदर्भ में अपेक्षित है।

भारतीय प्रेमाख्यानक परम्परा और सूफ़ी प्रेमाख्यानक परम्परा को स्पष्ट करने के लिए एक ओर संदेश रासक, ढोला मारु रा दूहा या बीसदलेव रास जैसी काव्य कृतियाँ हैं, तो दूसरी ओर सूफ़ी प्रेम परम्परा से सम्बद्ध काव्य पद्मावत आदि।

भारतीय प्रेम काव्य के अन्तर्गत 'वियोग' को प्रेम की कसौटी माना गया है और उस वियोग की पीड़ा के योग बाद मिलन ही सर्वोच्च सुख या आनन्द है- यह काव्य एक नायिकावाद का है और सूफ़ियों में एक नायिका के त्याग के बाद दूसरी नायिका के प्रति समर्पित प्रेम की प्रतिबद्धता तथा उसकी उत्कृष्टता का स्वरूप स्वीकार्य है। यहाँ विरह वर्णन की भारतीय काव्य रुढ़ियां हैं-और उनके कवि समय, शास्त्र वर्णन किन्तु फारसी काव्यों में फारसी काव्य रूढ़ियां अधिक है। विरह की पीड़ा में मृत्यु (मरण दशा) भारतीय परम्परा में वर्णित नहीं है, किन्तु फारसी परम्परा में सब कुछ वर्णित है।

भारतीय परम्परा में वियोग पक्ष का वर्णन पूरी आत्मीयता एवं सघनता से वर्णित है। मेघदूत भी प्रेमकाव्य ही है। सूर का प्रेम वर्णन देखें- आदि से अन्त तक विरह वर्णन ही है। संदेश रासक का विरह वर्णन भारतीय प्रेम परम्परा के काव्य का सबसे बड़ा साक्ष्य है और विरह के संदर्भ के समाप्त हो उठते ही नायक का आगमन हो उठता है किन्तु उस आगमन के बाद संयोग वर्णन क्रम नहीं हैं। सूफ़ी साहित्य में ऐसा नहीं है, पद्मावत का नागमती वियोग वर्णन है किन्तु आगे नायक की अन्य नायिका (पद्मावती) की प्राप्ति की

उन्मादग्रस्तता में नागमती का विरह वर्णन खो जाता है।

सूफ़ी काव्य में सर्वथा नए प्रेम, नवीन उन्माद, नई संसक्ति का वर्णन अधिक है किन्तु भारतीय प्रेम काव्य में प्रायः स्वकीया के प्रति नायक का या अपने स्वपति (उत्तम नायक) के प्रति नायिका के तीक्ष्ण प्रवाह विरह की दश दशाओं के बीच वर्णित दिखाई पड़ता है। सीता के अपहरण पर राम का सीता के प्रति एवं सीता का राम के प्रति वियोग एक नायकवाद से ही सम्बद्ध है जो रूढ़ि बन गया है।

सूफ़ी परम्परा के प्रेम काव्यों की विशेषताएँ

सूफ़ी परम्परा की काव्य शैली फारसी, मसनवी से जुड़ी है और इसकी भी अनेक प्रकार की वर्णन रूढ़ियां हैं। प्रेमोन्माद तो लौकिक प्रेमाख्यानक में भी मिल सकता है किन्तु विशेष प्रकार की रूढ़ियाँ कोई आवश्यक नहीं है कि लोकात्मक प्रेम कथाओं में भी हो। इसका अच्छा खासा दृष्टान्त डॉ. श्याममनोहर पाण्डेय ने 'चन्दायन एवं लोरिकायन' की तुलना करके दी है। लोरिकायन या चनैनी (चंदायनी) लोक प्रेम काव्य है और उसी कथा के सन्दर्भों को लेकर मुल्ला दाऊद ने सन् 1379 ई. में चंदायन सूफ़ी काव्य की रचना की। इस लोरिकायन या चनैनी कृति को सूफ़ी काव्य बनाने के लिए उसमें अनेक वर्णन रूढ़ियों को जोड़ा है जो चनैनी या लोरिकायन में नहीं है। लोरिकायन प्रेमगाथा से संयुक्त वीरगाथा काव्य है, चंदायन को मुल्ला दाऊद ने प्रेम गाथात्मक काव्य बनाया और यह प्रेमगाथात्मक काव्य पूरी तरह से चंदायन की रचना योजना से भिन्न सूफ़ी काव्य परम्परा का ग्रन्थ बन गया है। इस चन्दायन काव्य में मुल्ला दाऊद ने सूफ़ी मसनवी शैली के उन सारे तत्वों को जोड़ा है जो लोरिकायन में नहीं है और इससे सिद्ध होता है कि कवि ने एक प्रेममूलक वीरगाथात्मक काव्य को किस तरह से प्रेमाख्यानक में बदला है। यदि गम्भीरतापूर्वक इस परिवर्तन के सन्दर्भों पर विचार किया जाए तो इसका निष्कर्ष यही निकलेगा कि सूफ़ी काव्य परम्परा की अपनी कतिपय मान्यताएँ हैं और ये मान्यताएँ उनकी काव्य रूढ़ि एवं उनकी धार्मिक या साधनात्मक प्रक्रिया के अनिवार्य रूप हैं।[1] सूफ़ी फारसी रूढ़ वर्णन तत्त्व के संदर्भ इस प्रकार हैं-

(1) सृजनहार पैगम्बर के चार मित्रों का उल्लेख फारसी मसनवी परम्परा के अनुकूल है।
(2) समसामयिक बादशाह का उल्लेख
(3) गुरु का उल्लेख
(4) वजीर का उल्लेख
(5) लखनऊ के प्रशासक मलिक मुबारक का उल्लेख

1. देखिए- हिन्दी फ़ारसी सूफ़ी काव्य, डॉ0 श्याममनोहर पाण्डेय, पृ0 31-45 तक

(1) लोरिकायन लोक गाथा में इन छन्दों एवं परम्पराओं का कोई उल्लेख नहीं है। शाहेवख्त एवं आश्रयदाता की प्रशंसा, लेखन की जन्मतिथि, कवि का आत्म परिचय, देवभक्ति, गुरु वंदना आदि का वर्णन मसनवी शैली की विशेषताएँ है। ये प्रायः हिन्दी सूफ़ी काव्यों में सर्वत्र देखी जाती हैं।

(2) मसनवी शैली में सर्गो का विभाजन काव्यकथा के अन्तर्गत नहीं होता, प्रारम्भिक सूफ़ी काव्यों में यह स्थिति दिखाई पड़ती है।

(3) नायक-नायिका के पारस्परिक रूप दर्शन के पूर्व प्रेमोन्माद की जागृति के लिए चित्रदर्शन, किसी सखी द्वारा रूपवर्णन, तोते आदि पक्षियों द्वारा नायक के समक्ष सौन्दर्य वर्णन, अप्सराओं द्वारा नायक नायिका को चित्रसारी में पहुँचाकर प्रथम दर्शन कराना, फिर गायब करा देना, स्वप्न में सौन्दर्यमयी नायिका का दर्शन- ये भी वर्णन रूढ़ियाँ हैं।

(4) इस प्रक्रिया के बाद नायक में नायिका के प्रति प्रेमोन्माद की जागृति और उसके द्वारा घर द्वार त्यागकर प्राप्ति के लिए योगी का रूप धारण करना तथा सौन्दर्याकर्षण की कड़ी परीक्षा देना।

(5) नायिका की प्राप्ति के लिए प्रतिनायक, प्रतिनायिकाओं, अप्सराओं एवं सुन्दरियों द्वारा परीक्षा और उसमें सिद्धि के बाद प्रेम की अनन्यता का निरूपण।

(6) प्रियतम की प्राप्ति के लिए नाना प्रकार के संकटों को झेलना भी इस परम्परा की काव्य रूढ़ियाँ हैं और उनका यथेष्ट अवरोध यहाँ इन काव्यों में मिलता है।

(7) बारहमासे का विरह वर्णन और मृत्यु एवं वर्णन की वीभत्सता का बराबर वर्णनक्रम देखा जाता है।

इसी प्रकार की कई अनेक रूढ़ियाँ सूफ़ी काव्य के अन्तर्गत और भी हैं, जिनको शुद्ध प्रेमाख्यानकों में संभव है, मिला लिया गया हो, किन्तु उनका मूल स्रोत सूफ़ी प्रेमाख्यानक परम्परा ही है।

इन सूफ़ी कवियों की सबसे बड़ी विशेषता यही है कि उन्हें अपनी वाणी, कथा के आदर्श स्वरूप तथा उनसे उत्पन्न होने वाले प्रभावों के प्रति गर्व बना रहता है। इस गर्व के मूल में उनका अपना आध्यात्मिक चिन्तन है। जायसी भी पद्मावत की समाप्ति पर इसी तरह की पंक्तियाँ कहते हैं।

मुहमद यहिं कवि जोर सुनावा। सुना सों प्रेम पीर गा पावा।
जोरी लाइ रकत कै लेई। गाढ़ी प्रीति नयन जल भेई।
और मन जानि कवित अस कीन्हा। मकु यह रहै जगत महँ चीन्हा।
कहाँ सो रतनसेन अस राजा। कहाँ सुवा अस बुधि उपराजा।
कहाँ अलाउद्दीन सुलतानू। कहाँ राघौ केहि कीन्ह बखानू।

कहँ सुरुप पदमावति रानी। कोइ न रहा जग रही कहानी।
धनि सो पुरुष जस कीरति जासू। फूल मरै पै मरै न बासू।
कोई न जगत जस बचा केइ न लीन्ह जस मोल।
जो यह पढ़ै कहानी हम सँवरइ दुई बोल॥

सूफ़ी काव्य की विशेषताओं के प्रकरण में हिन्दी के आलोचकों ने एक स्थिति में पहुँचकर जायसी कृत पद्मावत को आधार बनाया है। पद्मावत के प्रकाश में इस मन्तव्य पर इस प्रकार प्रकाश पड़ता है और उन निष्कर्षों से समग्र सूफ़ी साहित्य सम्बद्ध होकर भारतीय प्रेमाख्यानक काव्य से भिन्न दिशा की ओर मुड़ जाता है।

पद्मावत और जायसी का विश्लेषण

सर्वप्रथम जायसी को तुलसी के बाद का श्रेष्ठ कवि स्थापित करने का श्रेय आचार्य रामचन्द्र शुक्ल को है- और इसका आधार है, पद्मावत का कृतित्त्व। इस कृतित्त्व पर निष्कर्ष निकालते हुए आचार्य रामचन्द्र शुक्ल जायसी ग्रंथावली की भूमिका में लिखते हैं।

"प्रबन्ध क्षेत्र के भीतर हम कह चुके हैं- दो काव्य सर्वश्रेष्ठ हैं, 'रामचरितमानस' और 'पद्मावत'।

× × ×

अतः समग्र प्रबन्ध क्षेत्र के विचार से हम कह सकते हैं कि प्रबन्ध क्षेत्र में जायसी का स्थान तुलसी से दूसरा है।"[1] इस प्रबन्धात्मकता के संदर्भ में आचार्य शुक्ल ने पद्मावत को एक प्रतिबद्ध कविता मानी है और उसका आधार बनाया उस रूपकविधान को जिसकी चर्चा इस कृति में विश्लेषण के रूप में लगभग पचास वर्षो तक अनवरत विवाद का विषय बना रहा है। यह रूपकविधान शुक्ल जी के शब्दों में अन्योक्तिविधान या समसोक्तिविधान है जो इस प्रकार है-

तन चितउर मन राजा कीन्हा। हिय सिंघल बुधि पदमिनि चीन्हा॥
गुरु सुवा जेहिं पथ देखावा। बिन गुरु जगत को निरगुन पावा॥
नागमती यह दुनिया धंधा। बाँचा सोइ न एहि चित बन्धा॥
राघव दूत सोइ सैतानू। माया अलादीन सुलतानू॥

इस समासोक्तिविधान पर आचार्य रामचन्द्र शुक्ल की टिप्पणी है-

"पद्मावत के सारे वाक्यों में दोहरे अर्थ नहीं है। सर्वत्र अन्य पक्ष के आरोप का व्यवहार नहीं है। केवल बीच-बीच में कहीं–कहीं, दुहरे अर्थ की व्यंजना होती है।" इसीलिए आचार्य शुक्ल ने इस व्यंजना को शास्त्रीय दृष्टि से न रूपकविधान माना, न

1. जायसी ग्रन्थावली, आचार्य रामचन्द्र शुक्ल, पृ0 155, प्रथम संस्करण, सन् 1929

पश्चिमी दृष्टि से प्रतीकविधान कहा और समानार्थ अर्थ व्यंजना की सम्पोषक भारतीय काव्यशैली-अन्योक्तिविधान भी नहीं स्वीकारा, उनके अनुसार स्थल-स्थल की व्यंजनाएं समासोक्तिविधान के रूप में स्वीकार की जा सकती है।

सूफ़ी काव्यों की यह एक शैली है कि कथा प्रवाह के साथ प्रसंगों को देखकर बीच-बीच में सिद्धान्त कथनों का पैबन्द लगाकर अर्थ तथा भावविधान का स्मरण कराते चलते हैं। पद्मावत में अनेक स्थलों पर इस प्रकार के कथन भरे पड़े हैं। आचार्य रामचन्द्र शुक्ल ने ऐसे कई दृष्टान्तों का उल्लेख अपने सम्पादन की भूमिका में किया है- जैसे

जो यहि खीर समुद महँ परै। जीव गवाँइ हंस होइ तरै।

(यहाँ हंस पक्षी और शुद्ध आत्मा का समान अर्थसंदर्भ है।)

हौ रे पथिक पखेरू, जेहिं बन मोर निवाहु।
खेलि चला तेहिं बन कहै, तुम अपने घर जाहु॥

साधना के फल के निकट पहुँचकर साधक की आत्मा दिव्य हो उठती है- और लोकमुक्ति का भाव आने लगता है। यह दशा रत्नसेन की है। यहाँ साधक और रत्नसेन दोनों एक बिन्दु पर आ जाते हैं।

× × ×

''ओहिं मिलान जो पहुँचे कोई। तब हम कहब पुरुष है सोई।
है आगे परबत कै बाटा। विषम प्रहार अगम सुठि घाटा
बिच-बिच नदी खोह औ नारा। ठाँवहिं ठाँव बैठ बटपारा''

प्रियतमा का मिलन ही ईश्वर मिलन है- अनेक प्रकार के विघ्न उस मिलन में बाधक हैं किन्तु निश्चल चित्त का साधक वहाँ पहुँच ही जाता है।

सिंहल दीप का वर्णन हठयोग के अन्तर्गत योग द्वारा कायाप्रवेश से सम्बद्ध प्रतीक है-

नौ पौरी तहँ गढ़ मझियारा। औ तहँ फिरहिं पंच कोतवारा
दसहुँ दुवार गुपुत एक ताका। अगम चढ़ाव बार सुति बाँका

इस तरह के उदाहरणों से स्पष्ट है कि सूफ़ी कवि स्थल-स्थल पर अप्रस्तुतविधानों के प्रयोगों द्वारा अपनी साधना पद्धति का निरन्तर पाठकों को स्मरण कराते चलते हैं और यह उनकी शैली उनकी सूफ़ी रचना शैली की विशिष्टता है।

आचार्य रामचन्द्र शुक्ल के द्वारा निर्दिष्ट इस समासोक्ति शैली को लेकर हिन्दी साहित्य में एक विवाद का प्रारम्भ हुआ और उसका समापन भी विजयदेव नारायण साही की पुस्तक- **जायसी** (प्रकाशित, सन् 1983 – हिन्दुस्तानी एकेडमी) से हुआ।

आचार्य शुक्ल के बाद यह विवाद डॉ. माताप्रसाद गुप्त ने जायसी (सटीक प्रकाशित सन् 1963 हिन्दुस्तानी एकेडमी) के अन्तर्गत पाठ की प्रामाणिकता के संदर्भ में उठाया- उन्होंने बताया कि 'तन चितउर मन राजा कीन्हा' की समासोक्ति का चार अर्धालियो

वाला अंश प्रक्षिप्त और किसी के द्वारा बाद में जोड़ा गया है, किन्तु उसके बावजूद भी उन्होंने स्वीकार किया है कि 'समासोक्ति' से सम्बद्ध आध्यात्मिक कथन के अंश पद्मावत में सर्वत्र मिलते हैं। जिन अन्य सैद्धान्तिक या आध्यात्मिक मन्तव्यों के प्रसंग जुड़े हुए हैं, वे पद्मावत में बराबर चलते

रहते हैं, हाँ, यह अवश्य है कि "तन चितउर' का अन्योक्तिविधान का अंश प्रक्षिप्त है।

डॉ. माताप्रसाद गुप्त ने पद्मावत की भूमिका में स्वीकार किया है कि पद्मावत में इस प्रकार के संदर्भ सूफ़ी काव्य परम्परा के कारण है। उदाहरण के लिए 'रतनसेन और पद्मावती' का प्रेम प्रसंग और पत्नी के रूप में उसकी प्राप्ति पर डॉ. गुप्त यह टिप्पणी करते हैं कि-

"हिन्दी के अन्य सूफ़ी कवि भी प्रायः इन विचारधाराओं के पोषक हैं। हमारी (हिन्दुओं की) सबसे बड़ी कठिनाई है कि हम स्त्री-पुरुष के सम्बन्ध को किसी भी आध्यात्मिक स्तर पर स्थित नहीं देख पाते हैं। ऐसा हमारे संस्कारों के कारण है- इन संस्कारों के ऊपर उठे बिना सूफियों के प्रेमतत्त्व को हम भलीभाति न समझ सकेंगे।"[1]

यद्यपि समासोक्तिविधान को डॉ. गुप्त ने अप्रमाणिक एवं प्रक्षिप्त माना है किन्तु पद्मावत में स्थल-स्थल पर जो कथन हमें मिलते हैं, उनको डॉ. गुप्त सूफ़ी-संदर्भ के साथ जोड़कर उसकी प्रतीकात्मकता की सार्थकता की व्याख्या करते हुए उन्हें सूफ़ी कवि के रूप में स्वीकृति प्रदान करते हैं। नारी के माध्यम से प्रेमोन्माद और उसकी अद्वितीयतामयी संसक्ति तथा नाना विघ्नों को झेलकर उसकी प्राप्ति सूफ़ी साधना का मुख्य विषय स्वीकार किया गया है। यहाँ सबसे महत्त्वपूर्ण बात यह है कि "तन चितउर" वाले अंश से सम्बद्ध विधानतंत्र के विषय में आचार्य शुक्ल ने यह स्पष्टीकरण कर दिया था कि यह रूपकविधान नहीं है- और सम्पूर्ण कृति में उनकी अन्योक्तिपरक दृष्टि दुहरे अर्थ के रूप में व्याप्त नहीं है किन्तु सूफ़ी कवि होने के नाते अपनी रचनाशैली के विधान की परम्परा से जुड़े जायसी सम्पूर्ण पद्मावत में उससे मुक्त नहीं हो पाते।

श्री विजयदेवनारायण साही की प्रसिद्ध आलोचनात्मक कृति 'जायसी' इसी प्रश्न से जुड़ी है। इस कृति के अतंर्गत तीन समस्याएँ महत्त्वपूर्ण हैं और ये समस्याएँ हैं, जायसी का **समासोक्तिविधान, सूफ़ीवाद** तथा **कवि समार्थ्य।** ये तीनों समस्याएँ एक साथ जुड़ी दिखाई पड़ती हैं। अपनी आलोचनात्मक कृति जायसी के अध्याय तीन में 'जायसी और सूफ़ी सम्प्रदाय' के अन्तर्गत उन्होंने जायसी के सूफ़ीवाद और आचार्य शुक्ल द्वारा विवेचित तथा डॉ. माताप्रसाद गुप्त द्वारा बताए गए प्रक्षिप्त अंशों का बड़ा ही गम्भीर एवं

1. पद्मावत- डॉ0 माताप्रसाद गुप्त, भूमिका, पृ0 63-64

तार्किक विवेचन किया है। पद्मावत के सूफ़ीवाद के अब तक चार कारण गिनाए गए हैं। **प्रथम-** सूफ़ीकाव्य की परम्परागत प्रौढ़ियां, **द्वितीय-** कवि की स्थल-स्थल पर प्रेमोन्माद की आध्यात्मिक व्यंजनाएँ, **तृतीय-** समासोक्तिविधान तथा **चतुर्थ-** कवि के स्वयं की आध्यात्मिक निष्ठा- इन सभी पक्षों पर उन्होंने गम्भीरतापूर्वक विचार किया है- जो इस प्रकार है।

जायसी सिद्धान्ततः सूफ़ी हो सकते हैं किन्तु उनके द्वारा सृजित पद्मावत क्या सूफ़ी ग्रंथ है ? यही उनका विवेच्य विषय है। इस समस्या को ध्यान में रखकर उन्होंने इस विषय पर बड़ी स्पष्ट टिप्पणी इस प्रकार दी है।

"यह कहना कि पद्मावत सूफ़ी ग्रंथ है, एक बात है, यह कहना कि पद्मावत में सूफ़ी मत या सूफ़ी मतों के तत्त्व हैं और ये तत्त्व कथा के प्रधान अंश हैं, यह दूसरी बात है। यह कहना कि पद्मावत में सूफ़ी तत्त्व हैं किन्तु वे कथा के प्रधान अंश नहीं हैं, तीसरी बात है। पद्मावत के बारे में अधिकांश आलोचकों और विद्वानों की राय पहले प्रकार की है। इस राय के प्रमुख प्रारम्भ-कर्ता ग्रियर्सन थे और आचार्य शुक्ल ने भी कुल मिलाकर इस राय पर मुहर लगाई है।

व्याख्या के लिए पद्मावत के विश्लेषण से पहले मैं अपने निष्कर्ष का उल्लेख करना चाहूँगा। पद्मावत का बार बार पाठ करने के उपरान्त मेरी धारणा तीसरी राय के आस-पास परिपुष्ट होती गई है।"[1] अर्थात्, पद्मावत में सूफ़ी तत्त्व हैं, लेकिन वे कथा के प्रधान अंश नहीं है।

श्री विजयदेवनारायण साही की व्याख्या का 'पद्मावत का विश्लेषण' और उसके पूर्व का अंश 'कवि के बोल सरग हिरवानी' या इसी के साथ 'जायसी और सूफ़ी सम्प्रदाय' इन अंशों को पढ़ें तो जायसी को वे एक निर्भीक, स्पष्ट तथा पूर्णतः कवि की संज्ञा देते हैं। उनके काव्य तत्त्व की व्याख्या से वे सूफ़ी शब्द को भी हटा लेंगे। "जायसी केवल कवि ही नहीं हैं, वे आत्मसजग कवि हैं। अपने कवि होने का गुणी होने का, उन्हें पूरा भरोसा, बल्कि गर्व है। अपने कवि और गुणी होने का जिक्र पद्मावत में जायसी ने प्रारम्भ, मध्य और अन्त में बार-बार प्रत्यक्षतः या परोक्षतः किया है।"[2]

इस प्रकार, विश्लेषण एवं आलोचनात्मक व्याख्या के संदर्भ में जायसी केवल कवि हैं किन्तु भूमिका के रूप में जब जायसी के विवेचन के तीसरे पक्ष की वे बात करते हैं तो उनका समर्थित यह कथन बताता है कि जायसी में सूफ़ी तत्त्व है, लेकिन वे प्रधान अंश नहीं हैं। अर्थात्, जायसी के पद्मावत में सूफ़ी तत्त्व है किन्तु वह गौण अंश है और यदि गौण अंश है तो किस रूप में व्यक्त होते हैं, उन्हें इसका उल्लेख भी करना चाहिए।

1. जायसी- विजयदेवनारायण साही, पृ0 51
2. वही, पृ0 31

यह प्रकरण जायसी से सम्बद्ध न होकर हिन्दी सूफ़ी प्रेमाख्यानक काव्य से सम्बद्ध है और जैसा कि प्रारम्भ में बताया जा चुका है- हिन्दी में प्रेमाख्यानक काव्य परम्परा के दो रूप हैं और इन दोनों रूपों की वर्णन विधाएँ भिन्न-भिन्न रूपों में हैं- ये हैं, सूफ़ी प्रेमाख्यान काव्य और सूफ़ी परम्परा से भिन्न भारतीय प्रेमाख्यानक काव्य परम्परा। कभी-कभी कई रूढ़ियों को वे परस्पर आदान-प्रदान भी करते हैं, किन्तु दोनों प्रेम कथाओं की प्रकृति भिन्न-भिन्न रूपों में है। दुःखान्तकी भारतीय प्रेम कथात्मक काव्यों की प्रकृति नहीं रही है किन्तु सूफ़ी प्रेमाख्यानक काव्य का प्रायः समापन दुःखान्तकी से ही होता है। मृगावली का नायक आखेट के समय अन्त में हाथी द्वारा मारा जाता है। हंसजवाहर में नायक का वध अन्त समय में होता है। यही स्थिति पद्मावत के रतनसेन की होती है। वह अन्त में पराजित होकर अलाउद्दीन के हाथों से मृत्यु प्राप्त करता है।

इस प्रकार, सूफ़ी काव्य परम्परा और भारतीय प्रेमाख्यान काव्य परम्पराओं की तमाम परिपाटियाँ अलग हो गई हैं और उन्हें अलग करके देखना ही उचित होगा। 'साही जी' ने सूफ़ी कविता पद्मावत की जिस कविता शक्ति एवं विलक्षण काव्य सामर्थ्य का विवेचन किया है, उसके होते हुए भी जायसी को सूफ़ी परम्परा के कवियों की तालिका से अलग नहीं किया जा सकता है।

प्रेमाख्यानक काव्य और प्रेमतत्त्व

जैसा कि कहा जा चुका है, प्रेम सूफ़ीसाधना का प्राण तत्त्व है और सम्पूर्ण सूफ़ी काव्यों की कथासृष्टि इसी प्रेम तत्त्व पर ही आधारित है। सूफ़ी कवियों में साधनात्मक प्रेम तथा स्वानुभूत तन्मयता आवश्यक नहीं कि उनकी कविता में सूफ़ी साधना का रूप बनकर उतरे। उनकी यह प्रेममयी साधना जब किसी कृति या कथा में अवतरित होती है तो वह कथा या उस कविता के मर्म के रूप में है और कहीं नहीं लगता कि यह प्रसंग उनकी सूफ़ी साधना का कोई साधनात्मक रूप है। वह दृष्टान्त के रूप में समझने-समझाने का कारण बन सकता है-जिसे निरपेक्षभाव से जीवन तथा कथा प्रसंगों मे देखा जा सकता है और वह अंश व्यंग्य रूप में कवि की प्रेमसाधना का भी लाक्षणिक पर्याय हो उठता है। जायसी पद्मावत के अन्त में प्रेमपीड़ा के इस संदर्भ में बताते हैं कि-

मुहमद अस कवि जोरि सुनावा। सुना सो प्रेम पीर गा पावा।
जोरी लाइ रकत कै लेई। गाढ़ी प्रीति नयन जल भेई।।
औ मन जानि कवित अस कीन्हा। मकु यह रहै जगत मँह चीन्हा।

कथा से, कृतित्व से, सर्जन की अभिव्यक्त आत्मीयता भरी चेतना से जुड़कर पाठक समझें तो 'प्रेम की पीर' क्या है ? इस प्रकार सूफ़ी कवियों की कृतियाँ 'प्रेमपीर' की कृतियाँ हैं और यह प्रेम की पीड़ा का काव्य और प्रकारान्तर भाव से साधना तत्त्व की भी अभिव्यक्ति

हैं। यह सत्य है कि सूफ़ी कवि अपनी रचनाओं में केवल कोरी प्रेम कहानी ही नहीं रचते वरन् उनके द्वारा वर्णित कथावस्तु तथा प्रेम की गहनता में उनकी साधनात्मक दृष्टि जो पूरी तरह से अन्तर्मुख है, देखी जा सकती है। प्रेम का यह स्वरूप लौकिक सूफ़ीतर प्रेमकाव्यों में नहीं मिलती। जायसी के उद्धरणों को देखने पर यह बात स्पष्ट हो उठती है कि कथात्मक संदर्भ के होते हुए भी अन्य साहित्यिक या आलंकारिकविधानों के कारण उनका प्रेम उनकी सूफ़ीसाधना से भी व्यंजित करने लगता है-

प्रेम पहार कठिन विधि गढ़ा। सो पै चढ़ै जो सिर सौ चढ़ा।
पंथ सूरि कर उठा अंकुरु। चोर चढै कि चढै मंसूरू॥

इस प्रकार के पद्मावत के कथन सूफ़ी प्रेम साधना की विलक्षणता की ओर संकेत करते हैं।

इस प्रेम कथा के संदर्भ में नारी पात्रों की अलौकिकता अपने में विशेष महत्त्वपूर्ण है। इनमें वह स्वप्न दर्शन, चित्र दर्शन, अभिसार कक्ष में प्रत्यक्ष दर्शन, गुण श्रवण आदि माध्यमों से वर्णित होता है और वह अलौकिकता इतनी विलक्षण होती है कि जब अपनी आध्यात्मिक प्रियतमा का प्रथम प्रत्यक्ष दर्शन करते हैं तो प्रायः नायक मूर्च्छित हो उठते हैं।

नयन चकोर प्रेम मद भरे। भई सुदृष्टि जोगी सहुँ ढरे।
जोगी दिस्टि दिस्टि सौं लीन्हा। नैन रोपि नैंनहिं जिउ दीन्हा।
तेहि मद चढ़ा पर तेहि पाले। सुधि न रहा आहि एक पियाले।
परा माति गोरख कर चेला। जिउ तन छाँड़ि सरग कहँ खेला।

मूर्च्छा की यह स्थिति सूफ़ी प्रेमकाव्यों की एक परिपाटी है और इस परिपाटी का प्रयोग प्रायः ये सभी कवि करते हैं।

सूफी कविता के प्रेम का संदर्भ साधना के मन्तव्य को जुड़ा दिखाई पड़ता है। साधक द्वारा प्रियतमा की प्राप्ति के लिए संन्यासी हो उठना, गृह त्यागकर प्राप्ति के लिए दुर्गम जल, स्थल एवं गहन वन तथा पहाड़ों की कन्दराओं, गुफाओं एवं पथरीले मार्गों का संकट झेलना आदि आदि जटिलताएँ वैसी ही हैं- जैसे साधना पथ के पथिक को होती है। सारे संकटों को झेलकर जब वह सिद्धि के मार्ग तक पहुँचता है तो प्राप्ति के और अनेक संकट सामने आते हैं। कभी-कभी उसे मार्ग दर्शकों की आवश्यकता पड़ती है। सूफ़ी कवियों के ये सारे वर्णन इतने सहज तथा स्वाभाविक होते हैं कि इन काव्यस्थलों के व्यंजित अभिप्रायों से वंचित होकर हम इसे केवल कविता का सहजविधान मानने लगते हैं किन्तु ये विधान अपनी लाक्षणिकता के द्वारा सिद्धि के अनुक्रम में साधकों द्वारा भोगे गए संकटों के पर्याय हैं।

सूफ़ी प्रेमाख्यानकों के प्रेमसंदर्भ भारतीय प्रेमाख्यानक परम्परा से सर्वथा भिन्न है, इस दिशा में प्रारम्भ में ही संकेत किया जा चुका है।

प्रेमाख्यान काव्य और वर्णन रुढ़ियाँ

पद्मावत की कथा शैलियाँ तथा प्रसंगविधानों में पश्चिम की फारसी सूफ़ी मसनवी तथा भारतीय प्रेमाख्यानकों का स्थल स्थल पर मेल दिखाई पड़ता है। वर्णन का प्रारम्भ 'ईश्वर वन्दना' से होता है, उसी क्रम में शाहे वक्त, गुरु वर्णन, आत्मवर्णन आदि का चित्रण करके फिर कवि कथा की ओर ध्यान आकर्षित कराता है। नायक तथा नायिका के जन्म की अतिशयोक्तिपूर्ण काव्यरूढ़ियों के यथास्थान चित्रण मिलते हैं फिर अनेक माध्यमों से कथानायकों तथा कथानायिकाओं का सौन्दर्य चित्रण मिलता है। नायक में नायिका के प्रेमोन्माद जागृति के अनेक विधान तंत्र हैं- जैसे तोता द्वारा नायिका का रूप वर्णन, किसी संदेशवाहक या राहगीर या अनजान व्यक्ति का आकस्मिक रूप चित्रण, स्वप्न में नायिका का रूपदर्शन, चित्र दर्शन आदि प्रेमोन्माद की जागृति के लिए रूढ़ियाँ हैं। कहीं-कहीं अप्सराएँ और कहीं कहीं कोई देव नायक को रात्रि में नायिका की चित्रशाला में रख आता है और प्रातः होने के पूर्व उन्हें फिर यथास्थान पहुँचा देता है ताकि आकस्मिक सौन्दर्य दर्शन से उत्पन्न पीड़ा प्रेमोन्माद का कारण बन सके। काव्य-वर्णन की प्रेम रूढ़ि नायक को नायिका प्राप्ति के लिए किस तरह विह्वल बनाती है और कैसे वह नायिका की प्राप्ति के लिए गृहत्याग करता हैं इसके यहाँ विविध वर्णन हैं। मार्ग में सुख-दुख भोग की जटिलतम अवस्थाएँ सम्पूर्ण सूफ़ी काव्यों में वर्णित हैं और उन अकल्पनीय संकटों को झेलने की रुढ़ियों में प्रियतमा तथा परमात्मा दोनों की प्राप्ति के लिए साधना की जटिलताएँ इन रुढ़ियों से व्यंजित होती हैं। प्रेम की सिद्धि के लिए अगाध आस्था को चित्रित करके इन कवियों ने निरन्तर उसकी जटिलता तथा उसकी प्राप्ति की दुर्लभता को इंगित किया है। भारतीय प्रेम के संदर्भ में विरह वर्णन की मरण अवस्था का वर्णन प्रायः सूफ़ी काव्य में ही मिलता है। इसके यत्रतत्र अनेक उदाहरण देखे जा सकते हैं। रत्नसेन के प्रेम का वर्णन करता हुआ वह कहता है कि-

रावै रोवै वै बान जो फूटै। सूतहिं सूत रुहिर मुख फूटै॥
नैननि चली रकत कै धारा। कंथा भीगि भयेउ रतनारा॥

नागमती के वियोग वर्णन का उदाहरण देखें।

कुहुकि कुहुकि जस कोईल रोई। रकत आँसु घंघुची बन तेई।
तेहिं दुख भये परास निपाते। लोहू बूड़ि उठे होई राते॥

यद्यपि पद्मावती की एकादश विरहदशा के पूर्व की यह रक्तमयी वर्णन-दशा अतिशयता के रुढ़ि के रूप में मिलती है, किन्तु अन्य प्रेमकाव्यों में हाड़-मांस आदि के जलने तथा गलने तक पहुँच कर उसे वीभत्स बना देता है।

भारतीय प्रेमाख्यानकों में विरह वर्णन की दशा का यह रूप नहीं मिलता। यद्यपि यहाँ

अतिशयता तो मिलती है किन्तु वह धुएँ एवं आग तक ही सीमित है।

इस प्रकार, सूफ़ी काव्य में प्रेमवर्णन की रूढ़ियाँ भारतीय एवं फारसी काव्य परम्पराओं के संयोग से बनती हैं और यहाँ बार-बार कोशिश यही की गई है कि प्रेम की लौकिकता की व्यंजना को अध्यात्मिक तथा ईश्वरीय संदर्भों से मंडित करके इस काव्य का श्रेष्ठतर तत्त्व बनाया जाए। इनका विश्वास है कि इस प्रेम की प्रांजलता से ही लौकिक प्रेम ईश्वरीय तथा दैवी रूप ले लेता है।

सहायक ग्रंथ सूची :

1. मध्ययुगीन प्रेमाख्यान– डॉ. श्याममनोहर पाण्डेय
2. जायसी ग्रन्थावली– रामचन्द्र शुक्ल
3. भारतीय प्रेमाख्यान की परम्परा- परशुराम चतुर्वेदी
4. हिन्दी प्रेमाख्यान काव्य- कमल कुलश्रेष्ठ
5. सूफ़ीमत और हिन्दी साहित्य- विमल कुमार जैन
6. जायसी के परवर्ती हिन्दी सूफ़ी कवि और काव्य- सरला शुक्ल
7. उर्दू साहित्य का इतिहास- सैयद एहतिशाम हुसैन
8. हिन्दी सूफ़ी कवि और काव्य– सरला शुक्ल
9. सूफ़ीमत – साधना और साहित्य- रामपूजन तिवारी
10. मध्ययुगीन काव्य साधना– रामचन्द्र तिवारी
11. इस्लाम के सूफ़ी साधक- अनु0 नर्मदेश्वर चतुर्वेदी
12. मध्ययुगीन प्रेमसाधना- परशुराम चतुर्वेदी
13. मलिक मुहम्मद जायसी और उनका काव्य- शिवसहाय पाठक
14. हिस्ट्री ऑफ सूफिज़्म इन इंडिया- अतहर अब्बास रिजवी
15. हिन्दी साहित्य का इतिहास- आचार्य रामचन्द्र शुक्ल
16. हिन्दी साहित्य का इतिहास- सं0 डॉ. नगेन्द्र
17. हिन्दी साहित्य और संवदेना का विकास- रामस्वरूप चतुर्वेदी
18. रूमी पोएट एण्ड मिस्टिक- ए0 निकलसन
19. हिन्दी साहित्य का आलोचनात्मक इतिहास : रामकुमार वर्मा
20. जायसी- विजयदेव नारायण साही

रामभक्ति साहित्य की परम्परा

रामकाव्य की पृष्ठभूमि

'राम' समग्र भारतीय संस्कृति के प्रतीक पुरुष हैं। यदि इस भारतीय संस्कृतिचेता उदार रामकथा को देखा जाए तो यह ईसा पूर्व पाँचवी शताब्दी से आज तक निरन्तर वर्तमान दिखाई पड़ती है और आगे भी, यह रामसंस्कृति हम भारतीयों का मार्ग दर्शन करती रहेगी।

ईसा पूर्व पाँचवी शती में वाल्मीकि के समक्ष मूल समस्या थी, आर्य संस्कृति की रक्षा की। अनार्य एवं आर्य संस्कृति के संयोग से उत्पन्न होने वाले रावण, कुंभकर्ण, मेघनाद जैसे व्यक्तित्व जिन आर्षमूल्यों को विनष्ट कर रहे थे, उसकी संरक्षा के लिए 'राम' जैसे एक आदर्श पुरुष की उन्हें आवश्यकता थी। उनके पूर्व 'पौलस्त्यवध' जैसी रामकाव्यकथा लिखी जा चुकी थी- दैवी प्रेरणा एवं उनकी प्रतिभाशक्ति से वाल्मीकि द्वारा **रामकथा** लिखी गई, जिसमें बालकाण्ड, अयोध्याकांड, अरण्यकांड उनके द्वारा विशेष रूप से परिवर्धित किए गए तथा राम को वह विशिष्ट रूप दिया गया जो आज भी हमारे लिए प्रेरणा स्रोत है। यह उस अर्थ में आध्यात्मिक काव्य नहीं है, जिस अर्थ में रामचरितमानस आदि हैं और ठीक इसी के प्रतिकूल उस प्रकार की काव्यशास्त्रीय निष्ठा से भी सम्बद्ध नहीं है, जैसे आचार्य केशवदास कृत रामचन्द्रिका। यह भारतीय काव्य परम्परा का प्रथम प्रतिबद्ध काव्य (committed poetry) है- जो श्रेष्ठतम सामाजिक मूल्यों की संरचना के लिए निरन्तर संकल्पबद्ध दिखाई पड़ता है। यह एक ऋषि कवि की कृति है। वैदिक परम्परा, समस्त आर्य चिन्तन के मूलतत्त्व एवं मानवीय संरक्षा के केन्द्रीय सूत्र इस काव्य की चेतना के प्राणवान् अंग हैं।

रामकथा की साहित्यिक परम्परा

वाल्मीकि रामायण का प्रचार-प्रसार जितना हुआ इसे सहज ही देखा जा सकता है, वाल्मीकि की यह रामकथा इतनी लोक विश्रुत हुई कि संस्कृत साहित्य के अन्तर्गत महाकाव्य, नाट्यकाव्य, खण्डकाव्य आदि प्रायः समस्त काव्य रूपों के क्रम में रामकथा हमें दिखाई पड़ती

है। इस प्रकार के राम काव्यों की एक लम्बी सूची है- भास ने सर्वप्रथम रामकथा से सम्बद्ध प्रतिमा तथा अभिषेक नाटक लिखे। इसी परम्परा में भवभूति के महावीर चरित तथा उत्तररामचरितम् दो महत्त्वपूर्ण नाटक हैं। इसी नाट्य परम्परा में दिङ्नाथ कृत कुन्दमाला, मुरारि कृत अनर्घराघव, राजशेखर कृत बालरामायण एवं हनुमान कृत हनुमन्नाटक या महानाटक आदि आते हैं। इस परम्परा में जयदेव कृत प्रसन्न राघव का भी उल्लेख आवश्यक है।

रामकथा से सम्बद्ध महाकाव्यों की एक बड़ी तालिका है। रघुवंश (कालिदासकृत), रावणवध (प्रवर सेन), भट्टि काव्य, जानकी हरण, रामचरित आदि महाकाव्यों की एक लम्बी परम्परा हमें संस्कृत साहित्य में मिलती है।

रामकथा की बौद्ध और जैन परम्परा

बौद्ध और जैन साहित्य में भी रामकथा की अपनी विशिष्ट परम्परा है। 'दसरथ जातक' की कथा इस परम्परा में महत्त्वपूर्ण है। इसके अतिरिक्त रामकथा से जुड़ी परवर्ती बौद्ध कथाएँ- अनामक जातक, साम जातक आदि हैं। इन सम्पूर्ण जातक कथाओं में दशरथ जातक ही महत्त्वपूर्ण है।

इसी प्रकार, जैनधर्म से जुड़े हुए रामकथा के अनेक काव्य हैं- पउमचरिउ (विमल सूरि), पउमचरिउ (स्वयंभू), दिट्ठणेमिचरिउ (पुष्पदन्त) आदि। स्वयंभू कृत पउमचरित के रामचरितमानस पर पड़ने वाले प्रभावों की राहुल सांकृत्यायन ने विशेष विस्तारपूर्वक चर्चा की है।

राम कथा की धार्मिक परम्परा

(क) रामकथा की धार्मिक परम्परा बहुत विशाल है। यह परम्परा इस प्रकार है- राघवीय संहिता, वृहत्राघव (रामानुजाचार्य द्वारा उल्लेख), रामतापनीय उपनिषद, सीतोपनिषद, रामार्चन पद्धति आदि।

(ख) इस धार्मिक परम्परा में अनेक रामायणों का उल्लेख हुआ है, जो इस प्रकार हैं- अध्यात्म रामायण, आनन्द रामायण, अद्भुत रामायण, भुशुंडि-रामायण, याज्ञवल्क्य रामायण आदि।

(ग) पुराणों में प्रारम्भ से ही रामकथा का उल्लेख मिल रहा है। विष्णु पुराण, वायु पुराण, भागवत पुराण, कूर्म पुराण, अग्नि पुराण, ब्रह्म पुराण, भविष्य पुराण आदि में रामकथाएँ मिलती हैं।

(घ) महाभारत की रामकथा वाल्मीकि रामायण तथा कतिपय विद्वानों के अनुसार उसके पूर्व की है।[1]

1. देखिए- रामकथा- फादर कामिल बुल्के तथा **'भारतीय भाषाओं में रामकथा'**, विशेषांक, अयोध्या शोध संस्थान अयोध्या, फैजाबाद, अतिथि संपादक, प्रस्तुत लेखक

इन सम्पूर्ण तथ्यों के अतिरिक्त जो सबसे महत्वपूर्ण बात है, वह यह कि रामकथा 12वीं शती से देश की सम्पूर्ण भाषाओं में ही अपना अस्तित्व पा चुकी थी। इसका सूचनात्मक क्रम इस प्रकार है-

1. तमिल-	कम्ब रामायण-	12 वीं शती
2. तेलुगु	निर्वचनोत्तर रामायण	13 वीं शती
3. मलयालम	ईराम चरितम	14 वीं शती
4. कन्नड़	तोरवे रामायण	16 वीं शती
5. गुजराती	रामलीला ना पद-आशाएत	14 वीं शती
6. मराठी	भावार्थ रामायण -एकनाथ	16 वीं शती
7. उड़िया	महाभारत (राम कथा) सारला दास	
8. असमिया	माधव कंदली रामायण	14 वीं शती
9. बंगला	कृतिवास	15 वीं शती
10. पहाड़ी भाषाएँ		
11. सिन्धी		
12. कश्मीरी	रामावतार चरित	18 वीं शती
13. पंजाबी		
14. नेपाली	भानुभक्त की रामायण-भानुभक्त	16 वीं शती
15. उर्दू रामायण	रामायण मसीही-मुल्ला मसीह	16 वीं शती
16. फारसी भाषा में 23 रामायणें लिखी गई हैं।		

भारत में रामकथा केवल धार्मिक, साहित्यिक एवं विविध भारतीय भाषाओं में ही नहीं लिखी गई। भारत के समीपवर्ती देशों में भी 10वीं शती से इसका पर्याप्त प्रचार-प्रसार हुआ है। यह नेपाल, लंका, तिब्बत, खोतान, हिन्देशिया, जावा, मलाया, वर्मा, हिन्दी, चीन आदि देशों में पुष्पित पल्लवित होती रही है और आज भी इसकी सत्ता यहाँ वर्तमान है। कई देशों में आज भी रामलीला की परम्पराएँ चल रही है।

देश की विविध भाषाओं में रामकथा 12वीं शती से शुरू हुई। सर्वप्रथम, तमिल भाषा में। यहाँ भक्ति का प्रभाव रामकथा के साथ स्पष्ट रूप से दिखाई पड़ता है। चौदहवीं से लेकर सोलहवीं शती तक रामकथा पूरे भारत में व्याप्त हो चुकी थी। केवल कश्मीरी भाषा में रामकथा 18वीं शती में लिखी गई।

इन समस्त तथ्यों को देखकर ज्ञात होता है कि हिन्दी प्रदेश में रामकथा पन्द्रहवीं शती में आई। संवत् 1400 में रामानन्द ने सर्वप्रथम हिन्दी में राम से सम्बद्ध 'रामरक्षा स्तोत्र' की रचना की तब तक कुछ स्थानों को छोड़कर हिन्दी भाषाओं में रामकथा व्याप्त हो चली थी। संवत 1492 विष्णुदास ने वाल्मीकि-रामायण का हिन्दी में रूपान्तरण किया था। इस

राम काव्य का सम्बन्ध भक्ति से नहीं है। रामकाव्य परम्परा के तीसरे कवि ईश्वरदास हैं, जिन्होंने **भरत मिलाप** तथा **अंगद पैज** नामक रचनाएँ लिखी हैं। इनका समय विक्रम संवत 16वीं शती है, तुलसी के पूर्व। इसी तरह मुनि लावण्य द्वारा रचित 1500 शती विक्रम की रचना : **'रावण मंदोदरी संवाद'** तथा **ब्रह्मजिनदास जैनी** कवि की रचनाएँ **'राम रास'** और **'हनुमंत रास'** का उल्लेख मिलता है। तुलसी के पूर्व राम कथा से सम्बद्ध तीन काव्यों का उल्लेख है, ब्रह्मराय मल्ल कृत **हनुमंतगामी कथा,** सुन्दरलाल कृत **हनुमान चरित** तथा महाकवि सूरदास की **सूरसागर की रामकथा**। सूरसागर की यह रामकथा अवतार चरित्र कथा के मूल रूप भागवत पुराण से जुड़ी है लेकिन रचना में पौराणिकता नहीं, स्वच्छंदता अधिक है। सूरदास की यह कथा शरणागति या प्रपत्तिगति को ही व्यंजित करती है और पूरी तरह से यह राम कथा भक्ति परम्परा से जुड़ती है। यह भी रामकथा 16वीं शती से ही सम्बद्ध है।

इन सम्पूर्ण प्रकरणों में एक महत्त्वपूर्ण प्रश्न यह उठता है कि पूरे देश भर में प्रायः बारहवीं शती से लेकर पन्द्रहवीं शती तक रामकथा व्याप्त हो चुकी थी। इस रामकथा के द्वारा भक्ति, योग, ज्ञानमार्ग, वैष्णव-शैव समन्वय तथा नैतिक उदात्तवाद जैसी दृष्टि का समग्रतः पूरे देश में प्रचार हो रहा था किन्तु हिन्दी जाति की सीमा में इसका पदार्पण इतनी देर में क्यों हुआ, यह एक आश्चर्य का विषय है, शायद इसका कारण है, विदेशी आक्रमणों एवं शासनों के दबाव के कारण उत्तर प्रदेश में अस्थिरता का वातावरण। अलाउद्दीन खिलजी के शासनकाल से लेकर अकबर के पूर्व तक मध्यदेश की डाँवाडोल तथा विषम स्थिति ने इस प्रदेश पर बड़ा गहरा दबाव डाला था और इसीलिए शायद हिन्दी भक्ति साहित्य के संत, सूफ़ी, कृष्ण तथा रामभक्ति काव्य परम्पराओं के सभी मत पन्द्रहवीं शती से शुरू हुए तथा इसका प्रभाव रामभक्ति साहित्य पर सर्वाधिक पड़ा है और सत्रहवीं शताब्दी में गोस्वामी तुलसीदास जैसे महाकवि ने इस परम्परा के अवशेषों को जोड़कर ऐसा सुदढ़ रामभक्ति का दुर्ग निर्मित किया, जिसमें आज तक हमारी भारतीय प्रज्ञा विश्राम करती हुई शान्ति का अनुभव करती है। नाभादास जी ने इनके विषय में ठीक ही लिखा है-

"कलि कुटिल जीव निस्तार हित वाल्मीकि तुलसी भयो "

गोस्वामी तुलसीदास की कृतियाँ इस प्रकार हैं

(1) प्रारम्भिक कृतियाँ -रामलला नेहछू, पार्वती मंगल, रामाज्ञा प्रश्न, जानकी मंगल

(2) जीवन की मध्यकालीन कृतियाँ- श्रीरामचरितमानस, गीतावली, कृष्णगीतावली, बरवै रामायण

(3) जीवनकाल की अन्तिम कृतियाँ- विनय पत्रिका, दोहावली, कवितावली, हुनमान बाहुक

उनकी यही 12 कृतियाँ तुलसी विशेषज्ञ डॉ. माताप्रसाद गुप्त द्वारा प्रमाणित सिद्ध की जाती हैं- वैसे उनके नाम से अनेक काव्य कृतियों का उल्लेख किया जाता है। जैसे सतसई, कुंडलिया रामायण, हनुमान चालीसा, हनुमान पंचक आदि।

गोस्वामी तुलसीदास की रामकथा पर भागवत पुराण की लीलाभक्ति का सर्वाधिक प्रभाव है और उनकी गीतावली तथा कृष्णगीतावली एवं कवितावली के द्वन्द इस तथ्य के प्रमाण हैं। उन्हें श्रीकृष्ण भक्तिधारा की रागानुगाभक्ति में स्वीकृत प्रेम समर्पणमूलक कृष्णाभक्ति से कोई दुराव नहीं है। श्रीकृष्ण कथा के अतिरिक्त रामकथा में भी मर्यादा पुरुषोत्तम राम अयोध्या की गलियों में गोपियों जैसी लीलारचना करने में तत्पर हैं और यह प्रसंग इनकी गीतावली जैसी कृति में वर्णित देखा जा सकता है। आगे चलकर, हिन्दी की परवर्ती राम काव्यधारा को श्रीकृष्ण की इस लीला भक्ति ने पूरी तरह से प्रभावित किया, फलस्वरूप 'रामभक्ति काव्य में रसिक सम्प्रदाय' जैसा एक मत सामने आया। इसने परवर्ती राम काव्यधारा को कृष्णलीला से सम्बद्ध परम्परा जैसा रूप दिया-जिसके प्रमुख कवि एवं उनकी रचनाएँ इस प्रकार हैं-

इस परम्परा के अर्न्तगत मलूकदास कृत राम अवतार लीला (17वीं शती) लालदास-कृत अवध विलास (17वीं शती), भरत जी की बारहमासी, बालकृष्ण नायक-बाल अली-ध्यानमंजरी, नेह प्रकाशिका –(18वीं शताब्दी), रामप्रिया शरण-सीतायन (अट्ठारहवीं वि0 शती) जानकी रसिक शरण-अवधीसागर (18 वि0 शती), प्रेमसखी-सीतानख शिख (18वीं वि0 शती) आदि इस परम्परा के लगभग पचासों काव्य प्राप्त होते हैं। रामभक्ति के इस रसिक सम्प्रदाय के साहित्य का डॉ. भगवती प्रसाद सिंह पूर्व अध्यक्ष, हिन्दी विभाग, गोरखपुर विश्वविद्यालय द्वारा सम्यक् अध्ययन किया जा चुका है।

इन सम्पूर्ण परम्पराओं के अतिरिक्त रामकाव्य की हिन्दी में एक साहित्यिक परम्परा भी है। इस परम्परा पर संस्कृत साहित्य में रचित रामकाव्यों का प्रभाव अधिक है। इन कृतियों में भारतीय काव्यशास्त्र की परम्पराओं का भी प्रभाव परिलक्षित होता है। इस परम्परा के रामकाव्य इस प्रकार हैं-

आचार्य केशवदास कृत रामचन्द्रिका (रचनाकाल संवत 1658) संस्कृत काव्य परम्परा से सम्बद्ध है। यद्यपि इस पर वाल्मीकि रामायण का अत्यधिक प्रभाव है, किन्तु यह छन्दों का अजायबघर बन गया है और इसी के साथ-साथ अलंकार वर्णन का सर्वत्र बाहुल्य है। इनके संवादों पर 'हनुमन्नाटक तथा प्रसन्न राघव' का यथेष्ट प्रभाव है।

इसी परम्परा में सेनापति कृत कवित्त रत्नाकर (रीतिकाव्य की मुक्त शैली रचना) का एक अध्याय रामकथा से सम्बद्ध है। महाराज कवि पृथ्वीराज द्वारा रचित 'दशरावयुत', प्राणचन्द चौहान रचित रामायण महानाटक, हृदयराम रचित हनुमान नाटक, नरहरिदास चारण रचित अवतार चरित्र आदि महत्त्वपूर्ण रचनाएँ हैं, जो 16वीं तथा सत्रहवीं शती

विक्रमी तक हिन्दी साहित्य में लिखी गई।

हिन्दी साहित्य के रीतिकाल तथा आधुनिक काल में लिखे गए रामकाव्य की तालिका बहुत लम्बी है। आधुनिक युग में भारतेन्दु हरिश्चन्द्र से लेकर नई कविता तक रामकथा के विविध आयामों से सम्बद्ध काव्य मिलते हैं।

कुल मिलाकर, हिन्दी की रामकाव्य परम्परा का यदि वर्गीकरण किया जाए तो उसके निम्नलिखित रूप बनकर सामने आता है-

(1) वाल्मीकि रामायण से प्रभावित रामकाव्य

(2) बौद्ध और जैन धर्म से प्रभावित राम काव्य

(3) समन्वयवादी राम काव्य या तुलसी कृत रामकथा

(4) रसिक सम्प्रदाय के रामकाव्य

(5) संस्कृत की शुद्ध साहित्यिक परम्परा के रामकाव्य

रीतिकाल तथा आधुनिक काल में लिखे गए राम काव्यों में युग की नवचेतना के अनुरूप अनेक परिवर्तन किए गए। जैसे- मैथिलीशरण गुप्त कृत **साकेत**, डॉ. रामकुमार वर्मा कृत बालि वध या ओ अहल्या, निराला कृत राम की शक्ति पूजा, नरेश मेहता कृत संशय की एक रात आदि। सामान्यतया ऊपर अंकित पाँच बिन्दुओं का ही यहाँ विश्लेषण अपेक्षित है, क्योंकि हिन्दी रामकाव्य परम्परा के मूलसूत्र इन्हीं से सम्बद्ध हैं।

रामसाहित्य का प्रवृत्तिगत विश्लेषण

हिन्दी रामकाव्य की साहित्यिक धारा इस दिशा में संकेत करती है कि रामकाव्य का प्रणयन हिन्दी में 13वीं तथा 14वीं शती में न होने पर भी यह कथा हिन्दीभाषी जनों के हृदय के बीच पूर्ण आस्था के साथ स्थित थी। पुराण-काव्य परम्पराओं, भक्ति, वाल्मीकि रामायण, योगवासिष्ठ्य, अध्यात्म रामायण, हनुमन्नाटक, रघुवंश आदि माध्यमों से यह रामकथा हम भारतीयों से पृथक् नहीं हुई थी, भले ही इस युग में रामकथा पर कोई सर्जनात्मक कृति हिन्दी में न लिखी गई हो या लिखी जाने के बाद भी आज अप्राप्त हो किन्तु हिन्दी प्रदेश के अंतर्गत तेरहवीं, चौदहवीं एवं पन्द्रहवीं शती के रामकथा से सम्बद्ध अनेक काव्य लिखे गए जिनकी चर्चा यहाँ बखूबी होती रही है। हिन्दी रामकाव्य परम्परा की निर्दिष्ट सूचनाओं के संदर्भ में उनकी विशेषताएँ इस प्रकार हैं। पृथ्वीराज रासो के अवतार प्रकरण में रामावतार की चर्चा मिलती है। हिन्दी में रामकथा की परम्परा निम्नवत् है-

1. वाल्मीकि रामायण से प्रभावित रामकाव्य

इस परम्परा में विष्णुदास कृत वाल्मीकि रामायण का रूपान्तर, हृदयराम का हनुमन्नाटक, प्राणचन्द चौहान कृत हनुमन्नाटक आदि को लिया जा सकता है। युग के प्रभाव के फलस्वरूप इनमें राम के प्रति वैष्णवी श्रद्धा तथा आस्था के भाव अवश्य मिलते हैं, किन्तु कथा रचनाक्रम पर वाल्मीकि रामायण का प्रभाव ही दृष्टिगत होता है। राज्यनगर वर्णन, साम्राज्य ऐश्वर्य, स्वयम्वर, रावण वध आदि के प्रसंग यहाँ पूरी तरह से वाल्मीकि रामायण की पूर्व परम्परा से ही सम्बद्ध हैं। कुल मिलाकर, श्रीराम के प्रति दास्यभक्तिभाव से प्रेरित वाल्मीकि रामायण के ये अनुवाद मध्यकाल में व्याप्त भक्ति आस्था के ही प्रमाण हैं।

2. जैन धर्म से प्रभावित रामकथाएँ

हिन्दी में जैन धर्म से प्रभावित रामकथाएँ भी लिखी गई हैं। सत्रहवीं शती रायमल की हनुमंत कथा, भगवती दास कृत लघुसीता सेतु (17वीं शती) परशुराम देवकृत रघुनाथ

चरित (17 वीं शती) जिनदास सूरि- सीता हरण (16वीं शती) इसी परम्परा से सम्बद्ध हैं। जैन धर्म से प्रभावित इन रामकथाओं में चारित्रिक उन्नयन एवं नैतिकता का सर्वत्र वर्णन दिखाई पड़ता है और इन दृष्टियों से हनुमान, सीता तथा राम के चारित्रिक गुणों का सर्वत्र आदर्श के रूप में वर्णन किया गया है। ये रचनाएँ वाल्मीकि रामायण आदि की परम्परा से सम्बद्ध न होकर अधिकांशतया कवि द्वारा लोकश्रुत कथानकों को आधार बनाकर लिखी गई हैं। इन कथाओं का सूत्रपात स्वंयभू कृत पउम रामायण से ही मिलने लगता है। रामकथा की दृष्टि से जैन साहित्य सर्वथा सम्पन्न दिखाई पड़ता है।

3. समन्वयवादी रामकथा या तुलसीदास कृत रामकथा

यह सत्य है कि पन्द्रहवीं शती से लेकर आधुनिक काल तक अनेकानेक रामकथाएँ लिखी गईं किन्तु मध्यकालीन हिन्दी रामकथा के पर्यायवाची व्यक्तित्व केवल गोस्वामी तुलसीदासजी ही हैं। उन्होंने जिस निष्ठा, जिस त्याग, जिस उदारता, जिस समन्वय वृत्ति, जिस पांडित्य, जिस रचना सामर्थ्य, जिस समर्पण भाव द्वारा राम कथा की प्रस्तुति की है, व्रह हिन्दी काव्य क्षेत्र में एक सर्वथा उनका अमिट योगदान है। हिन्दी साहित्य की सर्वाधिक प्राचीन कविता की प्रतिबद्ध परम्परा राम से जुड़ी है और वह कवि के व्यापक वैदुष्य के कारण ऋषि कवि की परम्परा से सम्बद्ध है। इस प्रतिबद्ध रामकाव्य परम्परा में ऋषि कवि वाल्मीकि के बाद यदि कोई दूसरे महनीय कवि हुए हैं तो वह हैं, गोस्वामी तुलसीदास। अंग्रेजी तथा हिन्दी साहित्य के अलोचकों ने गोस्वामी तुलसीदास। की रामकथा में निहित उनके निम्नलिखित विशिष्टताओं की ओर संकेत किया है।

सर जार्ज ग्रियर्सन ने उन्हें महात्मा गौतम बुद्ध के बाद सबसे बड़ा समन्वयवादी लोकनायक कवि माना है। आचार्य रामचन्द्र शुक्ल ने अपनी कृति गोस्वामी तुलसीदास एवं हिन्दी साहित्य के इतिहास में उनके निम्नलिखित गुणों की चर्चा की है-

(1) रामचरितमानस की रचना करते समय अधिकतर अयोध्या एवं चित्रकूट के आसपास की भाषा का प्रयोग किया गया है।

(2) भाषा पद्य के स्वरूप के अंतर्गत (क) वीरगाथाकाल की छप्पय पद्धति (ख) विद्यापति और सूरदास की गीत पद्धति (ग) गंग आदि भाटों की सवैया कवित्त पद्धति (घ) कबीरदास की नीति सम्बन्धी बानी की दोहा पद्धति जो अपभ्रंश से चली आती थी (ङ) ईश्वरदास के दोहे चौपाई वाली प्रबन्ध पद्धति। ये पाँच शैलियाँ गोस्वामी जी की परम्परा से मिलीं और उन्होंने उनका प्रयोग किया उनके विषय में यह आचार्य रामचन्द्र शुक्ल का मत है।

उनके रचना विधान के वैशिष्ट्य पर प्रकाश डालते हुए वे कहते हैं कि –

"तुलसीदास जी के रचनाविधान की सबसे बड़ी विशेषता यह है कि वे अपनी सर्वतोन्मुखी प्रतिभा के बल से सबके सौन्दर्य की पराकाष्ठा अपनी दिव्य वाणी में दिखाकर साहित्य क्षेत्र में प्रथम पद के अधिकारी हुए।"

आचार्य शुक्ल जी पुनः तुलसीदास पर विस्तारपूर्वक चर्चा करते हुए अपने इतिहास में (क) मानव जीवन की अधिक दशाओं के सन्निवेश (ख) लोकधर्म की प्रतिष्ठा (ग) भक्तिपद्धति की सर्वांगपूर्णता (घ) कथा के मार्मिक स्थलों की पहचान (ङ) कवि के साथ-साथ उपदेशक रूप (च) रचनात्मक नैपुण्य (अर्थात् सृजन के भद्दे प्रदर्शन का अभाव) आदि का कवि उन्हें सिद्ध करते हैं।

आचार्य शुक्ल ने अपने इतिहास ग्रंथ में उनके इन संदर्भो की व्याख्या करके उन्हें समग्र भक्तिकाल का श्रेष्ठतम कवि माना है।

डॉ. रामकुमार वर्मा ने अपने आलोचनात्मक इतिहास में 'रामकाव्य' के परिप्रेक्ष्य में तुलसीदास की श्रेष्ठता के निम्नलिखित बिन्दुओं की चर्चा की है-

(क) राजनीतिक व्यवस्था तथा लोक शिक्षा का व्यापक रूप (ख) सामाजिक मर्यादा की संरक्षा के प्रति प्रतिबद्धता (ग) मध्यकालीन भारतीय दार्शनिक समस्याओं की सहजतम एवं सरलतम अभिव्यक्ति (घ) वैष्णवधर्म की व्यापकता की संकल्पित प्रतिष्ठा और (ङ) अंत में साहित्य के संदर्भ में उनकी भाषा, अलंकार रचना, गुण आदि तत्वों का विश्लेषण। डॉ. रामकुमार वर्मा अपने साहित्येतिहास में तुलसीदास का वैशिष्ट्य इन्हीं संदर्भो में निरूपित करते हैं।

डॉ. माताप्रसाद गुप्त अपनी 'तुलसीदास' शीर्षक पुस्तक में छोटे-छोटे अनेकों बिन्दुओं द्वारा तुलसी के वैशिष्ट्य का इतने विस्तार से विवेचन किया हैं कि उन्हें संकलित कर बिन्दुवार विश्लेषित करना जटिल है। भारतीय हिन्दी परिषद, इलाहाबाद विश्वविद्यालय से प्रकाशित हिन्दी साहित्यः खण्ड 2 में उनका अध्याय है, 'रामकाव्य' और वे तुलसीदास के वैशिष्ट्य के सम्बन्ध में निम्नलिखित बिन्दु उठाते हैं– (क) तुलसी की कला मूलाधार अध्यात्म-रामायण का और नाना पुराण निगमागम का समन्वय है। (ख) मानवता और पशुता के बीच विभेद करके मानवता का विविध रूपों में संस्थापन, (ग) शब्द-चयन, भावानुबन्ध, कथा-प्रबन्ध, उक्ति-योजना, छन्दविधान, अलंकारविधान आदि के बीच समानुपातिक संतुलन, (घ) पात्रों में शीलदशा का निर्माण (इस संदर्भ को आचार्य शुक्ल भी कह चुके हैं।), (ङ) सम्पूर्ण द्वैत एवं अद्वैतमतों का समन्वय, (च) शिवभक्ति एवं रामभक्ति की स्वतंत्र भूमिकाएँ देकर उनमें ऐक्य स्थापना या संदर्भ, (छ) मानवता की महानतम परिकल्पना पर आधारित तुलसी की भक्ति भावना।[1]

डॉ. हजारीप्रसाद द्विवेदी अपने हिन्दी साहित्य की भूमिका और हिन्दी-साहित्य के अंतर्गत तुलसी के निम्नलिखित वैशिष्ट्यों का उल्लेख करते हैं -

1. हिन्दी साहित्य भाग-2, रामकाव्य, पृ0 318

(क) समन्वय बुद्धि (2) पूर्व प्रचलित काव्य की समग्र शैलियों का प्रयोग (3) कथा पात्रों की जीवन्तता (4) भाषा की प्रभुत्व शक्ति (5) सार ग्राहिणी दृष्टि।[1] इनमें से दो बातों का समर्थन समन्वयवादी लोकनायकत्व तथा चरित्र विन्यास की क्षमता की पुनरावृत्ति अपनी इसी दूसरी कृति 'हिन्दी साहित्य की भूमिका' में भी की है।[2]

डॉ. बच्चन सिंह 'हिन्दी साहित्य का दूसरा इतिहास' शीर्षक अपने साहित्येतिहास ग्रंथ में कहते हैं कि गोस्वामी तुलसीदास जी सर्जक रूप में सर्वश्रेष्ठता के आधार निम्नलिखित हैं-

(1) देश में प्रचलित सम्पूर्ण अन्तर्विरोधों को समेटे हुए काव्य रचना में प्रवृत्त होना (क) लोकवेद की मर्यादाओं का समन्वय, (ख) लीला तथा शरणागति का समन्वय, (ग) वर्णाश्रम धर्म एवं भक्ति के हृदय पक्ष का समन्वय, (घ) ग्रामीण गृहस्थ जीवन का निर्माण, (ङ) शील, विनय, धर्म, भक्ति, दर्शन का (चित्रकूट प्रसंग में) समन्वय, (त्र) दो काव्यभाषाओं (अवधी और ब्रजभाषाओं) के प्रचलित काव्य छन्दों, शैलियों तथा रूपों का प्रयोग।[3]

(2) डॉ. रामस्वरूप चतुर्वेदी कृत उनका इतिहास ग्रंथ "हिन्दी साहित्य और संवदेना का विकास" इधर चर्चा में है और गोस्वामी तुलसीदास के सम्बन्ध में उनकी अवधारणाएँ इस प्रकार हैं- (क) शास्त्रीयता को लोकग्राह्यता का स्वरूप देना, (ख) वर्णाश्रम व्यवस्था के प्रति सम्मान, (ग) काव्यभाषा के अवधी और ब्रज के दोनों आधारों की स्वीकृति तथा संस्कृत को सम्मान, (घ) अहम से संघर्ष और विलीनीकारण, (ङ) ईश्वर और मनुष्य दोनों के प्रति आस्था तथा सम्मान, (च) गृहस्थ जीवन और आत्म निवेदन के कवि।[4]

हिन्दी साहित्य के विभिन्न आलोचकों के इन संदर्भो को ध्यान में रखकर तुलसी के रचनात्मक साहित्य के प्रकाश में उनके कवि व्यक्तित्व का विन्दुवार विश्लेषण अपेक्षित है-

1. गोस्वामी तुलसीदास की लोकधर्म की निष्ठा और मानव जीवन तथा समाज के प्रति अतिशय विश्वसनीयता-

गोस्वामी तुलसीदास इस अर्थ में लोकनायक थे कि उन्होंने उस युग या परम्परा से चले आते हुए अधिकांशतया विरोधों एवं पारस्परिक अर्न्तद्वन्द्धों के बीच अद्भुत समन्वय की स्थापना की है सर्वप्रथम विरोध जिसकी ओर प्रायः सभी आलोचकों ने ध्यान आकर्षित

1. हिन्दी साहित्य उद्भव और विकास, पृ0 131-134 तक
2. हिन्दी साहित्य की भूमिका, पृ0 98 से 180 तक
3. हिन्दी साहित्य का दूसरा इतिहास, डॉ0 बच्चन सिंह, पृ0 139-143 तक
4. देखिए, हिन्दी साहित्य और संवेदना का विकास, रामस्वरूप चतुर्वेदी

किया है, लोकधर्म एवं परम्परागत वैदिक ब्राह्मणधर्म के बीच उत्पन्न अलगाव है जिसे उन्होंने पूरी निष्ठा से दूर किया। भक्ति आंदोलन का संदर्भ ही कुछ ऐसा ही था- परम्परावाद के विरुद्ध मध्यकालीन लेखक चेतना को अस्तित्व में ले आने का आन्दोलन- लेकिन कई ऐसे संत भक्त हुए जिन्होंने परम्परावाद की धार्मिक संकीर्णताओं को अनेक प्रकार से निकालकर या भक्ति से जोड़कर उसे सामान्य मनुष्य के लिए संदर्भवान बना दिया। गोस्वामी जी का प्रयास इस दिशा में सबसे महत्त्वपूर्ण है। तुलसीदास जी इस प्रश्न का उत्तर देते हुए स्वयं कहते हैं कि –

नर सम नहिं कवनउ देही। जीव चराचर जाचत जेही।

सम्पूर्ण चराचर के जीव 'मानव ज़ीवन' प्राप्त करने की याचना करते हैं और यह 'मानुष तन' बड़े भाग्य से मिलता है- फिर 'नर' के नरत्व की, पुरुष के पुरुषार्थ की, मानव के मानवता की, मनुष्य के मनुष्य धर्म की रक्षा क्यों न की जाए।'' इस दृष्टि से जहाँ मनुष्य के अस्तित्व का प्रश्न उठता है, तुलसीदास समस्त वेद, शास्त्र, पुराण, निगम आगम सबको मानव रक्षा के लिए समर्पित कर देते हैं।

इसी प्रकरण में समन्वयवाद का प्रश्न भी आलोचकों ने उठाया और यह प्रश्न भक्ति आंदोलन का ही एक अंग है। भक्ति दलित, समाज में त्यक्त नारियाँ, हिंजड़े, किन्नर, संभोग के लिए ठगी गई अहल्या जैसी नारियाँ, निषाद एवं सबर जाति की पत्नियाँ, आभीर, यवन, किरातं, खस, स्वपच-नंपुसक, पुरुष-नारी, उपेक्षित गणिकाएँ, मांसभक्षी तथा कसाई, चाँडाल सभी तुलसी के द्वारा उस मंच पर बैठाए गए है, जहाँ सुतीक्ष्ण, वाल्मीकि एवं वसिष्ठ बैठते हैं। उनको वही स्थान तुलसी ने अपनी भक्ति पद्धति में दिया है, जहाँ क्षत्रिय, ब्राह्मण, वैश्य आदि हैं। राम एक गृद्ध को स्वर्ग दे देते हैं जबकि उनके पिता दशरथ स्वर्ग के अधिकारी बाद में बने-

ताते उमा मोक्ष नहि पाये। दशरथ भेद भगति मन लाये।

गोस्वामी तुलसीदास रामचरितमानस में जिस लोक समाजवाद की स्थापना करते हैं, वह सीयराममय है-

सिय राममय सब जगजानी। करहु प्रनाम जोरि जुग पानी

और ऐसे श्रेष्ठ समाज सुधारक को लोकनायक न कहा जाए तो और क्या कहें ? रावण को मुक्ति दी, राक्षस स्वर्ग के अधिकारी हुए- साथ में, कुंभकर्ण एवं मेघनाद जो युगीन शासकों की भाँति –

'जे निरखहिं परधन पर दारा'

जिनकी हरमें औरतों से भरी थीं और जिन्होंने गुजरात के मंदिरों को चार बार लूटा- तुलसीदास उन्हें भी कहते हैं- विभीषण की भाँति-अपभ्रष्ट भाई बन्धुओं का परित्याग करके, राम तुझे सब-कुछ देंगे- जो तुम्हें काम्य है-

'जो संपति सिव रावनहिं दीन्ह दिए दस माथ।
सोइ संपदा विभीषनहिं सकुचि दीन्हि रघुनाथ॥'

राम सबके हैं, सबके लिए हैं और सभी की अपेक्षित व्यवस्था करते हैं-

सब मम प्रिय सब मम उपजाये'
सबसे अधिक मनुज मोहिं भाये''

और इन मनुष्यों में 'भक्त' धर्मिष्ठ से, वेदज्ञाता, इन सबसे अधिक प्रिय हैं-

''पुरुष नपुंसक नारि वा जीव चराचर माहि।''

ये सभी भक्ति के संदर्भ में मुझे सर्वाधिक प्रिय हैं।

शतियों-शतियों से भारतीयों के बीच नितान्त उपेक्षित, घृणित, अस्पर्श्य, त्यक्त, कुचली हुई इन जातियों को मानवीय धरातल पर लाने का किसने प्रयास किया था। वैदिक वर्णाश्रम व्यवस्था, गुरुकुल, ब्राह्मण धर्म आदि के बीच इस उपेक्षित जाति को बराबर का आसन दिलाने के लिए भक्ति ने जो कार्य मध्यकाल में किया था, गोस्वामी तुलसीदास जी श्रीरामचरितमानस के माध्यम से उसे पूर्णता ही नहीं देते जो, कुछ भूला भटका था, उसे भी जोड़ देते हैं।

इस स्थापना एवं जोड़ देने के पीछे तुलसी विद्रोह का स्वर नहीं रखते, उनका स्वर सामाजिक समन्वय का है। डॉ. रामस्वरूप चतुर्वेदी ने कहा है, तुलसी ऊपर से सरल किंतु अन्दर से कठोर लगते हैं इस अर्थ में कि-

"कबीर ऊपर से अक्खड़ पर अन्दर से भोले और सरल हैं। तुलसी ऊपर से विनयी पर अंदर से जटिल और व्यवहार कुशल हैं। संस्कृत को छोड़कर फिर संस्कृत की शास्त्रीय परम्परा का निर्वाह किस तरह हो सकता है, तुलसी का काव्य इसका बढ़िया उदाहरण है।"[1]

सामान्य रूप से समन्वय का बिन्दु इन्हीं संदर्भों से बनता है। लोक एवं शास्त्र का समन्वय, वैदिक परम्परा एवं जन भावना का तादात्म्य, स्त्री-पुरुष, राजा–प्रजा, सामन्तवाद-जनवाद, वर्णाश्रम व्यवस्था तथा लोकवाद, धर्म-दर्शन, कर्मकांड से भक्ति का समन्वय, यज्ञवाद कर्मकांड एवं भक्ति का समन्वय, शील, विनय, भक्ति, लोकधर्म एवं दर्शन का समन्वय आदि-आदि आलोचकों ने उनके समन्वयवाद एवं लोकनायकत्व की सीमा का इतना अधिक विस्तार कर दिया है कि लगता है, तुलसी केवल समन्वय के कवि हैं। परम्परा तथा उनके युग विशेष के ऐसे सारे संदर्भों को तुलसी ने मानस के अंतर्गत प्रविष्ट करने का निरन्तर प्रयास किया है जो मनुष्य जाति और मानवता के घातक बन चुके थे। मुस्लिम समुदाय के विरुद्ध वे हथियार उठाने के लिए नहीं प्रेरित करते वरन् सम्पूर्ण लोक

1. हिन्दी साहित्य और संवेदना का विकास, पृ0 47

में आत्मानुभव के द्वारा उन भक्ति तत्वों का विकास करने की चेष्टा करते हैं जो मानव अस्तित्व की अमरता के लिए निरन्तर सहायक रहे हैं। वे हिन्दू ही नहीं सम्पूर्ण मानव जाति को प्रेम, अहिंसा, सत्य, उदारता, विनय, सहनशीलता आदि को अडिग भाव से स्वीकार कर उनके बीच जीवन यापन करने की प्रेरणा देते हैं। उत्तरकांड में उनका **'मानस रोग'** संदर्भ देखें-

सुनहु तात अस मानस रोगा। जिन्ह से दुख पावहिं सब लोगा।
मोह सकल व्याधिन्ह कर मूला। तिनते पुनि उपजहिं बहु सूला।।
काम बात कफ लोभ अपारा। क्रोध पित्त नित छाती जारा।।
ममता दादु कंडु इरषाई। हरष विसाद गरह बहुताई।
पर सुख देखि जरनि सोई छई। दुष्ट दुष्टता मन कुटिलई
अहंकार अति दुखद डमरूआ। दंभ कपट मन मान नहेरूआ

इनसे मुक्ति के मार्गों की चर्चा करते हुए तुलसी अन्य उपायों की चर्चा करते हैं कि इनसे मुक्ति का सीधा उपाय है- वह है, श्रीराम भक्ति –

सब कर मत खलनायक एहा। करिय राम पद पंकज नेहा।
स्रुति पुरान सब ग्रंथ कहाहीं। रधुपति भगति बिना सुख नांही।

हिन्दी के आलोचकों ने तो उनके समन्वयवाद के लिए यहाँ तक कहा है कि उन्होंने अवधी एवं ब्रज काव्यभाषा, शैव तथा वैष्णव, राम और कृष्ण, द्वैत तथा अद्वैत, वैष्णव तथा बौद्धमतों का भी समन्वय किया है। समन्वय चेतना स्वयं भक्ति की प्रकृति तथा उसके उद्भव और विकास के कारणों में सर्वाधिक महत्त्वपूर्ण है और उसकी मूल प्रकृति ही समन्वयात्मक है। इसका मूल कारण यही था, भक्ति का मुख्य दायित्व था, बिखरे हुए भारतीय समाज को एक करना और इसे गोस्वामी जी ने भलीभाँति पूरा करके दिखाया है।

2. भक्ति की लोकग्राह्यता एवं राम के प्रति अतिशय विश्वसनीयता

गोस्वामी तुलसीदास की रामभक्ति न तो परम्परा से मिली, न सिद्धांत रूप में स्वीकार किया, न उनकी साधना का प्रतिफल है, न किसी सम्प्रदाय से जुड़ने के कारण उन्हें यह मिली। तुलसी की रामभक्ति उनकी सांस्कारिक निष्ठा है (भले ही पत्नी द्वारा फटकारने या गृहस्थ जीवन के प्रति उदासीनता एवं मोह त्याग से उत्पन्न हुई हो) किन्तु जीवनभर मृत्यु के अंतिम क्षणों तक श्रीराम के रूप में अतिशय भावविह्वल होकर डूबे रहे- राम के ननवास काल में भरत की जो भक्ति है, वही तुलसी की भी आजीवन भक्ति रही-

बध्यो बधिक पर्यो पुन्य जल उलटि उठाई चोंच।
तुलसी चातक प्रेम पट मरतहु लगी न खोंच।
एक भरोसो एक बल एक आस विस्वास।

एक राम घनश्याम हित चातक तुलसीदास।।

अयोध्याकांड में भरत की भक्ति के प्रकारान्तर से वे अपनी भक्ति के संदर्भ का संकेत करते हुए कहते हैं-

जलद जनम भरि सूरति बिसारेहु। जाचत जल पवि पाहन डारउ।।
चातक रटनि घटे घटि जाई। बढ़े प्रेम सब भाँति भलाई।।
कनकहिं बान चढइ जिमि दाहें। तिमि प्रियतम पद नेह निबाहें।।

X X X

अरथ न धरम न काम रुचि गति न चहौं निर्बान।
जनम जनम रुचि राम पद यह बरदान न आन।।

तुलसी की परानुरक्ति उनके प्रीतिमयी संस्कारों से जुड़कर राममयी हो उठी है और वे भक्ति का यही आदर्श मानक भी स्थापित करते हैं। मानस की सुतीक्ष्ण भक्ति भी ऐसी ही है।

यदि भक्त से इतना न हो सके तो कौसल्या की, दशरथ की, कैकेयी की, लक्ष्मण की, वशिष्ठ की, वाल्मीकि की, हनुमान की, विभीषण की, रावण तथा कुंभकर्ण की अर्थात् मानस के जितने पात्र हैं, उतनी प्रकार की भक्ति है, कोई उनमें से एक राममयता स्वीकार ले- उसे सहज मुक्ति मिल जाएगी किन्तु मानस की भक्ति तो वही है जो भरत की है, सुतीक्ष्ण की है- वही तुलसी की भी है। वैसे तो, भागवत पुराण द्वारा समर्थित -

''भाव कुभमाव अनख आलसहूँ। नाम जपत मंगल दिसि दसहूँ।।''

भी एक प्रकार की भक्ति है और इस प्रकार राम को जो आत्मीयता से देखता है, कुदृष्टि एवं कुभाव से देखता है, ईर्ष्या और क्रोध से उनका नाम लेता है, आलस्य से राम नाम का उच्चारण करता, वह भी रामभक्त है- फिर समाज में बचा कौन ? मृत्यु के समय केवल राम नाम लेने से व्यक्ति मुक्त हो उठता है, संकट के समय नाम का उच्चारण संकटहर्त्ता है। यहाँ तक कि यदि पुत्र का नाम राम है तो उसके नामोच्चारण से भी मुक्ति मिल जाती है और यह गोस्वामी तुलसीदास का ही प्रभाव है कि भारतीय हिन्दू परिवार के बच्चे 'राम नाम' से अंकित हो उठे और मरते समय राम नाम का उच्चारण भी करने लगे। गांधीजी जैसे संतों ने तो मृत्यु पूर्व 'हे राम' कहते ही हैं। विवाह में, विवाह के उत्सवों में राम कथा के पात्रों का नाम लेकर लोकगायन परम्परा आनन्द, उछाह से सम्बद्ध है। पुत्र जन्म भी राम से अछूता नहीं है। राम लला नेहछू, जानकी मंगल एवं पार्वती मंगल का समाज पर निश्चित ही प्रभाव पड़ा है।

मानस में रामभक्ति तथा नाम की व्याप्ति का विशाल फलक निर्मित करके उसके प्रवचन, पारायण एवं लीला द्वारा तुलसीदास जी ने हिन्दू समाज के सामने राममय जिस स्वरूप विम्ब को रखा उसमें समस्त लोकजीवन तन्मय हो उठा। भक्ति की व्याप्ति, लोक

जीवन से प्रत्यक्षतः जोड़ने का प्रयास और उसकी व्यावहारिक व्याप्ति के लिए रामचरितमानस से बड़ा और कोई आधार नहीं है। उनके इस भक्तिमय जीवन में कहीं भी तथा धार्मिक संवाद नहीं है अपने आचरण की सीमा में, लोक व्यवहार की मान्यताओं का पालन करते हुए गृहस्थ का भौतिक जीवन जीने के साथ रामभक्तिमय समाज की मंगलकारी सद्भावना से जुड़े रहना तुलसी की भक्ति का सहजतम स्वरूप है।

तुलसीदास कहते हैं कि-

घर छोड़े घर जात हैं, घर राखे घर जाइ।
तुलसी घर बन बीच में रहौ प्रेमपुर छाइ।

रामभक्ति साहित्य तथा लीला और भक्ति का पक्ष

तुलसी के मानस में भक्ति का जो फलक है, उसमें इनके संसक्तिमूलक तथा वैधी दोनों भक्ति रूप दिखाई पड़ते हैं। रामचरितमानस के अरण्यकाण्ड में वे नारद, सुतीक्ष्ण, शबरी एवं लक्ष्मण गीता आदि प्रसंगों द्वारा भक्ति की व्यापक व्याख्या करते हैं किन्तु इन व्याख्याओं से ऊपर उठकर सम्पूर्ण मानस की कथाभूमि को लीलाभक्ति से जोड़ने के लिए वे निरन्तर तत्पर हैं। लीला के संदर्भ में अवतरित ब्रह्म के दो रूप हैं- (1) अवतरित रूप (2) उसके पीछे प्रच्छन्न निर्गुण, निराकार चिन्मयस्वरूप। ब्रह्म निरन्तर दूसरे रूप में ही है किंतु कभी-कभी अवतार के अनेक हेतुओं से वह शरीर धारण करके इस मानव जगत की कर्मभूमि में लीला के निमित्त अवतरित होता रहता है। उसका यह रूप अभिनेता का है –

यथा अनेक वेस धरि नृत करइ नट कोइ।
सोइ सोइ भाव दिखावइ आपुन होइ न सोइ।

अभिनयकर्ता का वास्तविक स्वरूप भिन्न है किन्तु अभिनय काल का स्वरूप केवल अभिनय कर्म का ही है और वह मूल स्वरूप से सर्वथा अलग है। यह लीला रूप बड़ा ही जटिल है और भागवत पुराण में कृष्ण के रूप की स्थापना है। आचार्य हजारीप्रसाद द्विवेदी तुलसी की इस लीला दृष्टि पर टिप्पणी करते हुए कहते हैं कि उनकी लीला रचना की प्रकृति भागवत से प्रभावित है। इसमें किसी प्रकार का संदेह नहीं, मनु को वरदान देते हुए राम उनसे कहते हैं कि –

"इच्छामय नर वेस सम्हारे। होइहै प्रकट निकेत तुम्हारे।।"

प्रभु की स्वेच्छामयी विलास क्रीड़ा का नाम ही लीला है और इस लीला को तुलसी ईश्वर का 'स्वेच्छामय प्राकट्य' कहते हैं। तुलसी एक स्थल पर मानस में पुनः कहते हैं कि-

राम देखि सुनि चरित तुम्हारे। जड़ मोहहिं बुध होंहि सुखारे।

प्रभु को सीता के लिए विलाप करते हुए देखकर ज्ञानी जन हँसता है, सुखी होता है कि यह अगम्य ब्रह्म रो रहा है किन्तु अज्ञानी दुखी होता है कि कितने कष्ट की बात है, राम

पत्नी के वियोग से दुखी होकर रो रहे हैं– यह विलाप उसके लिए पीड़ामय है।

प्रभु की यह नटवत् लीला बिना किसी उद्देश्य की है। लीला का न कोई प्रयोजन है और न कोई उद्देश्य- 'लीला तु लीलया' लीला केवल लीला के लिए है। प्रभु की इस विलास लीला से जुड़कर भक्तगण उन्हीं के साथ निरन्तर आनन्दित होते रहते हैं। यही लीला भक्ति हैं सम्पूर्ण श्रीरामचरितमानस की रचना प्रभु राम के इसी लीला विलास के लिए की गई है। श्रीरामचरितमानस प्रभु श्रीराम के लीला विलास का काव्य है। जन्मोत्सव, विवाह, वनगमन, वन के विविध प्रसंग एवं राक्षसों के वध प्रभु के लीला विलास से जुड़े विशिष्ट मन्तव्य हैं।

श्रीराम एवं श्रीकृष्ण के अवतरण एवं उनके व्यवहार की विविध घटनाएँ लोकरंजन से जुड़कर भक्तिमयी अवधारणा बन जाती हैं। प्रभु की देह तो स्वयं लीला के संदर्भ में चिद् एवं आनन्द से समन्वित है और सत्य न होने के कारण यह स्वयं अपूर्ण विकारग्रस्त है, इसे अधिकारी भक्तगण ही जानते हैं और इस सत्य की परिकल्पना वे साधक भक्त मन में करके इस लीला में रमते हैं। यह लीला प्रभु के चिन्मय आनन्द की वाहिका है।

तुलसीदास प्रभु की इस लीला विषयक अवधारणा के द्वारा एक सात्त्विक गुणों से सम्पृक्त लोक की रचना करते हैं। प्रभु लीला के साथ कथा के नायक के रूप में भी हैं और वे लोक सदाचरण के प्रतीक हैं और इसी प्रतीक से कवि लोक व्यवहार की संगति की परिकल्पना करता है। यद्यपि रामकथा के सामान्यतः जो अन्य प्रसंग दिखाई पड़ते हैं, उनकी कवि लीला की प्रासंगिकता के संदर्भ में व्याख्या करता है, किसी मिथकीय संरचना से मंथरा की मति को सरस्वती के द्वारा फेर देना, समुद्र का प्रायश्चित, परशुराम के द्वारा क्षमाभाव की याचना, पूर्व जन्मों में रावणादि के शाप का प्रसंग आदि ये सब ऐसे तत्त्व हैं, जो लीला प्रसंग को एक ओर मार्मिक बनाते हैं तो दूसरी ओर पापों की दोषमुक्ति का एक सबल कारण भी तैयार करते हैं। मूल सीता का अग्नि प्रवेश और सीता की छाया का सामने रहना आदि प्रसंग लीलाभाव के वैशिष्ट्य से सम्बद्ध हैं। इसे डॉ. रामस्वरूप चतुर्वेदी जैसे आलोचकों ने "परस्पर विरोधी भूमिकाओं में सामंजस्य स्थापित" करने का इसे कारण कहा है, यह लोक दृष्टि से हो सकता है, किन्तु प्रभु की लीला दृष्टि से इस प्रकार के संदर्भ लीला के मिथक हैं जो दैवी प्रेरणाओं से आए हैं, पात्रों का यहाँ व्यक्तिगत कोई स्वार्थ या दोष नहीं है।

राम की इस मिथकीय लीला का रहस्य कौसल्या, वाल्मीकि और वशिष्ठ मुनि जानते हैं। कौसल्या राम का पूर्व रूप देख चुकी हैं, वाल्मीकि ऋषि कवि एवं त्रिकालज्ञ हैं- आश्रम पधारने पर राम से उनकी वार्ता इसका प्रमाण है, वशिष्ठ का मानस के समापन पर प्रसंग है और अपने पौरोहित्य कर्म की निन्दा करते हुए अंत में उनसे उनकी निर्मल भक्ति की याचना करते हैं। 'रावण' की स्थिति संदेह की है, पार्वती राम को देखकर भी उनकी लीला में भ्रमित हैं, भुशुंडि को स्व-स्वरूप का बोध कराने पर उन्हें 'राम तत्व' का ज्ञान होता है। स्वयं विप्र रूप हुनमान

को अपने प्रथम साक्षात्कार के बाद उन्हें स्व स्वरूप का बोध देते हैं। शिव में किसी प्रकार का मोह और भ्रम नहीं है- वे अपने आराध्य को भलीभाँति जानते हैं।

इन विविध पात्रों के संदर्भ में तुलसी इस ज्ञेय ब्रह्म राम की लीला द्वारा अज्ञेय ब्रह्म की ज्ञेयता तक पहुँचाने का काम करते हैं और इस प्रकार लीला ब्रह्म द्वारा उस अखण्ड ब्रह्म की सत्ता की अनुभूति को न हम विशिष्टाद्वैत, न द्वैताद्वैत और न द्वैत ही कह सकते हैं। यह न 'रामानन्द' का ब्रह्म चिंतन है और न आचार्य वल्लभ का भागवत पुराण में प्रतिपादित और दक्षिण के आलवार भक्तों द्वारा उपास्य परम विष्णु के लीलातत्व का आख्यान है। यदि कहना चाहें तो हम कह सकते हैं कि यह प्रभु श्रीराम की 'लीलाद्वैत' की साधना है और यह भक्तिसाधना सत्रहवीं शती से आज तक भारतीय आध्यात्मिक चेतना के रूप में प्रायः सम्पूर्ण भारत में व्याप्त रही है।

प्रभु को जानने के लिए न शास्त्र की आवश्कता है, न शास्त्रज्ञ की। इसमें किसी जाति या वर्ण का कोई अंतर नहीं पड़ता, किसी धार्मिक स्थान का कोई प्रश्न नहीं है, किसी शुभ मुहूर्त या पर्व का भी प्रश्न नहीं है। उसका अवतरण, उस अवतरण के साथ उसकी लीलाएँ– देश, जाति, काल, वर्ण, शुभ, अशुभ, पर्व-अपर्व आदि सबके ऊपर है। इस लीला ब्रह्म के लिए कोई मंदिर नहीं चाहिए। धर्माचरण, कर्मकांड, यज्ञकार्य की आवश्यकता नहीं है- ब्रह्म के लिए न अरण्य की आवश्यकता है, न आश्रम की, न पर्वत कन्दरा की। मनुष्य जहाँ जैसे है, उठते-बैठते, सोते, जागते, अपना गृहस्थ कर्म एवं पेशा करते हुए उससे जुड़े और उसके कार्यो से जुड़े, यही लीला की निष्पत्ति है, लीला ने भारतीय आध्यात्मिक जीवन को सबके लिए समान, प्रतिक्षण ग्राह्य तथा प्रतिपल उपास्य बना दिया। यहाँ तुलसी तथा कबीरदास एक बिन्दु पर स्थित हैं- तुलसी का सगुण लीलाधारी ब्रह्म ही उसके मूल में छिपा निर्गुण ब्रह्म है।

तुलसी ने श्रीरामचरितमानस में लीला की इस स्वरूप रचना के द्वारा समाज को सुख, शांति, आनन्दपूर्वक जीवन की सात्वना तथा मंगलमय भविष्य का एक सशक्त आधार दिया है। आनन्दमयी श्रीराम इस कृति में आकर अहल्या जैसी नारी का स्पर्श करके आनन्द देते हैं, समाज की परित्यक्ता शबरी जैसी नारी के हाथों जूठे बैर खाकर आघाते नहीं। लीला संकट में डूबे हुए मध्यकालीन समाज के लिए, उसकी पीड़ा की मुक्ति के लिए, वे सबसे बड़े साधन हैं, साध्य भी हैं।

लीला का संदर्भ दुहरा है। मध्यकालीन लीलाश्रित आध्यात्मिक कविता की व्याख्या उसकी प्रकृति एवं स्वभाव के कारण परम्परित भारतीय या पाश्चात्य काव्यशास्त्रीय या सैद्धान्तिक मूल्यों से नहीं हो सकती। लीला काव्य का लोकधर्म कारण है। भारतीय एवं पाश्चात्य भौतिक कविता में लोकधर्म साध्य है। लीला स्वयं में साधन तथा साध्य दोनों है। भौतिक कविता लीला कविता में साधन है, लीला का मन्तव्य है, प्रभु के आध्यात्मिक

व्यक्तित्व की व्यंजना। अतः लीला अपनी प्रकृति के कारण लोक भावों का विश्लेषण साधन के रूप में तथा लीला के मन्तव्य भक्तिरस की व्याख्या मूल मन्तव्य के रूप में करती है। यह लीला की कविता अपनी प्रकृति के कारण लोकसम्भावनाओं से गुजर कर भी उन्हें अपने मन्तव्य या लक्ष्य के रूप में नहीं स्वीकार कर पाती। अर्थात् यह लोक लीला तक ही नहीं है, लीला के बाद भी कुछ है।

रामभक्ति साहित्य का साहित्यिक पक्ष

तुलसी की साहित्य सर्जना और सर्जक प्रतिभा

गोस्वामी तुलसीदास जी ने अपनी सर्जनात्मक प्रतिभा तथा कलात्मक सामर्थ्य द्वारा आचार्य शुक्ल जैसे आलोचक के अनुसार उस समय प्रचलित काव्य की पाँचों शैलियों का सफल प्रयोग किया, अवधी और ब्रज को भाषिक मानक आदर्श के रूप में रखा। प्रो0 रामस्वरूप चतुर्वेदी के अनुसार उन्होंने भक्त तथा रचनाकार की भूमिकाओं का एक साथ निर्वाह किया। डॉ. बच्चन सिंह के अनुसार उनके द्वारा किया गया शील, विनय, भक्ति, धर्म दर्शन का समन्वय एक अद्‌भुत कर्त्तृत्व है। इसी संदर्भ में मानवीय चरित्रों को भी रखा जा सकता है- जिनके शील एवं उदात्त संदर्भो द्वारा लोकमंगल की व्यापक पृष्ठभूमि मानस में निर्मित हुई है। आचार्य हजारीप्रसाद दिवेद्वी द्वारा रखी गई उनकी समन्वयात्मकता की प्रवृत्ति का विवेचन पूर्व में किया जा चुका है।

यह सत्य है कि इतिहास ग्रंथ के विवेचन की एक सीमा होती है तो क्या तुलसी जैसे कालजयी कवि की सर्जनात्मक प्रतिभा का विश्लेषण मात्र इतने पर ही आकर खत्म हो उठती है, यह एक विचारणीय प्रश्न है।

भारतीय संस्कृति में चार कालजयी महाकाव्य हैं- प्रथम वाल्मीकि-रामायण, द्वितीय महाकवि कालिदास कृत रघुवंशम्, तृतीय गोस्वामी तुलसीदास कृत श्रीरामचरितमानस और चतुर्थ जयशंकर प्रसाद कृत कामायनी। वाल्मीकि रामायण की मूल समस्या थी- 'सामाजिक भद्रता की स्थापना की' और उन्होंने आर्य-अनार्य के द्वन्द्वकाल में राम को सामाजिक भद्रता का शाश्वत् प्रतीक बनाकर अपनी कृति रामायण में उतार दिया। ढाई हजार वर्षों से इस वाल्मीकि रामायण की प्रतीकबद्ध शाश्वत मानवीयसामाजिकभद्रता आदर के साथ आज भी स्वीकार्य होकर चलती चली आ रही है, आगे भी, मानव जाति के लिए उसकी आवश्यकता है, बराबर चलती रहेगी।

कालजयी कृति 'रघुवंश' की मूल अवधारणा 'महाकाल तत्व की अजेयता' की है। वह रघुवंश जो स्वयं को शक्तिमत्ता और प्रभुत्व के कारण अजेय समझता रहा और दिलीप,

अज, रघु, दशरथ, राम, लव-कुश जैसे बाहुबली सम्राटों से मंडित जो अपनी प्रभुत्व और शक्ति को शाश्वत् समझते रहे, उनकी वंशपरम्परा को एक दिन अजेय काल ने उसे ऐसे स्थान पर ले आकर खड़ा कर दिया, जहाँ सत्ता सम्हालने के लिए कोई वृद्ध, युवा और बालक उस परिवार में न रहा, परिणामतः अजेय इक्ष्वाकु वंश की राजगद्दी पर एक गर्भवती रानी को बैठा दिया जाता है। इस दृष्टि से, यदि कोई सर्वथा शक्तिमान एवं अदमनीय तत्त्व है तो, वह है, महाकाल, मानव जाति या उसका वंश नहीं। कवि इस महाकाल से अपनी कृति की कालजयता को जोड़कर इस वंश परम्परा के इतिहास को साक्ष्य के रूप में रखकर उसे कालजयी कृति बनाता है।

श्रीरामचरितमानस की चर्चा हम बाद में करेंगे, पहले जयशंकर प्रसाद कृत कामायनी को ले लें। प्रसाद ने कामायनी के अंतर्गत वर्तमान के उस शाश्वत् सत्य को स्थापित किया है जो आज की समसामयिक मानव पीढ़ी के लिए घोर संकट का कारण बनने जा रही है। आज की बढ़ती हुई वैज्ञानिकता में मानव जाति का संतुलन खोता जा रहा है- वह ज्ञान पिपाशु होकर चारों ओर भाग रहा है। उसकी वह भावना शक्ति धीरे-धीरे लुप्त होती जा रही है, जिसके साथ ज्ञान का संतुलन जीवन में अनिवार्य है। प्रेम एवं मानवता इस भावना तत्त्व के केन्द्र में है। बिना भावना जगत को स्वीकार किए मनुष्य प्रेम, स्नेह, उदारता, दया आदि मानवीय मूल्यों को समाज में कैसे कायम रख सकेगा। वह मानव चैतन्य की भावमयी चेतना से लुप्त होकर सामाजिक संतुलन किस प्रकार बनाएगा ? यह आज मनुष्य जाति के समक्ष महत्त्वपूर्ण समस्या है। इड़ा-श्रद्धा के बीच का संतुलन ही मनु (मानव) के अस्तित्व का प्रतिफल है- और इसी से निर्मित समरसता ही मानवीय शांति का कारण। मानव जाति के लिए आज के युग में दिया गया यह संदेश ही 'मानव अस्तित्व' का मूल कारण है और कामायनी की यह कालजयता सम्पूर्ण मानव जाति के लिए अजेय वरदान है।

इन दृष्टियों से हम श्रीरामचरितमानस को देखें, प्रायः हम भक्ति के औदार्य तथा उससे उत्पन्न समन्वयवाद को केन्द्र में रखकर देखने के कारण मानस के उस तत्त्व पर हमारी दृष्टि नहीं जाती जिसे इस कृति को कालजयता से गोस्वामी जी जोड़ते हैं। यह प्रश्न मानस के निष्कर्ष से सम्बद्ध उत्तरकांड के अंतर्गत भुशुंडि-गरुण संवाद के सप्त प्रश्न हैं। मानवीय समाज की शाश्वतता से सम्बद्ध गरुण भुशुण्डि से सात प्रश्न पूछते हैं-

प्रथमहिं कहहु नाथ मति धीरा। सबसे दुर्लभ कवन सरीरा॥
बड़ दुख कवन कवन सुख भारी। सोउ संक्षेपहिं कहहु विचारी॥
संत असन्त मरम तुम्ह जानहु। तिन कर सहज सुभाउ बखानहु॥
कवन पुन्य श्रुति विदित विसाला। कहहु कवन अध परम कराला॥
मानस रोग कहहु समुझाई। तुम्ह सर्वज्ञ कृपा अधिकाई॥

ये सात प्रश्न हैं-

1. सबसे दुर्लभ शरीर (योनि) कौन-सी है ?
2. सबसे बड़ा कष्ट इस संसार में कौन-सा हैं ?
3. सबसे बड़ा सुख क्या है ?
4. संत कौन है ?
5. असन्त कौन है ?
6. सबसे बड़ा पुण्य क्या है ?
7. सम्पूर्ण संसार जिसमें जूझ रहा है, वह मानस रोग क्या है और उससे मुक्ति कैसे सम्भव है ?

तुलसी का उत्तर देखें-

1. नर तन सम नहिं कवनउ देही। जीव चराचर जाचत जेही।

सम्पूर्ण देह धारण किए हुए प्राणियों में मनुष्य का शरीर धारण करने वालो से अन्य कोई श्रेष्ठ नहीं है। मानव शरीर सर्वथा दुर्लभ है और यही शरीर ही उसके कर्म द्वारा उसके लिए स्वर्ग, नरक एवं मुक्ति लोक की सीढ़ी है। मानस के सारे पात्र इसी कथन की सत्यता से जुड़े हैं। यह शरीर ही समस्त मानव जाति के लिए सत्कर्म मंडित उसकी श्रेष्ठता का आधार है। इस प्रकार, मनुष्य और सत्कर्ममय जीवन की स्थापना कवि का प्रथम लक्ष्य है। कवि के अनुसार समग्र सृष्टि में मानव सर्वश्रेष्ठ और सर्वोपरि है।

2+3 नहिं दरिद्र सब दुख जग मांही। संत मिलन सम सुख जग नांही

मानव जाति के लिए दरिद्रता से बड़ा कोई दुःख नहीं है और संतों के मिलन से बढ़कर कोई दूसरा सुख भी नहीं है।

तुलसी जैसे संत मानव जाति को प्रेरणा देते हैं कि सर्वप्रथम, श्रेष्ठ बनने के लिए वह दरिद्रता से मुक्ति प्राप्त करें क्योंकि इससे बढ़कर और दूसरा कोई कष्ट नहीं है। यह दरिद्रता क्या मानव जाति के लिए शाश्वत् संकट नहीं है और जीवन में सदैव सदाचरण के लिए व्यक्ति को चेष्टा करनी चाहिए। संत की खोज एवं प्राप्ति इसके लिए आवश्यक है। भूखा व्यक्ति कौन सा पाप नहीं करता ? भूख से मुक्ति मानव जाति की सबसे बड़ी उपलब्धि है।

4+5 सन्त और असन्त के लक्षण क्या हैं- तुलसी उसे एक दृष्टान्त द्वारा समझाते हैं-

सन्त तो भोजपत्र हैं और असन्त सन (सनई) हैं। भोजपत्र अपने शरीर को छिलवाकर दूसरे के हित अर्थात् लेखन आदि कार्य में आते हैं, उनका भोगा हुआ संकट लोक कल्याण के लिए है किंतु सन नाना प्रकार के संकटों को झेलकर अंत में डोरी के रूप में परिणत होकर

मृत्यु के बाद भी दूसरे के लिए बंधन का कारण बनता है। असन्त मृत्यु के बाद भी संकटों को झेलकर अपनी विपन्नावस्था में मानवजाति के लिए संकटमय बन जाता है। अतः संतों का साथ करें, संत बने। दुष्टों का उदय संसार के अनर्थ हेतु है, अतः उससे सावधान रहना चाहिए।

6. सबसे बड़ा पुण्य क्या है, सबसे बड़ा पाप क्या है- तुलसीदास उत्तर देते हैं-

परम धरम श्रुति विदित अहिंसा। पर निंदा सम अघ न गिरीसा'

अहिंसा से बड़ा लोकरक्षक धर्म और कोई नहीं है और परनिंदा से बढ़कर दूसरा पापकर्म भी कुछ नहीं है। हिंसा एवं निन्दा का त्याग मानव अस्तित्व के लिए आवश्यक है।

इन मानव मूल्यों की स्थापना के बाद तुलसी मूल प्रश्न **'मानस रोग'** (मन के रोग) पर आते हैं और बताते हैं कि सम्पूर्ण विश्व का मानव वर्ग किन रोगों से ग्रस्त है और इन रोगों से इस मानव जाति को मुक्ति कैसे मिलेगी ? पहले इस विषय में थोड़ा-सा संकेत किया जा चुका है। मानव जाति समग्रतः स्वार्थमयी संसक्तियों के पीछे निरन्तर दौड़ती दिखाई पड़ती है। अतीत, वर्तमान एवं भविष्य में उसकी इस संसक्ति की अन्धता ने ही उसे निरन्तर नष्ट किया है, नष्ट कर रही है और नष्ट करती जाएगी। मानव जाति को अंधी बनाने वाली ये संसक्तियाँ कौन-सी हैं, इनसे मुक्ति उनके लिए आवश्यक है- ये सार्वजनीन समग्र सृष्टि में व्याप्त पशुता को प्रेरित करने वाली उसकी वासनात्मक संसक्तियाँ इस प्रकार है–

मोह, काम, लोभ, क्रोध, विषयों की कामनाएँ, ममता, ईर्ष्या, कुटिलता, अंहकार, दंभ, तृष्णा, दैहिक, दैविक एवं भौतिक एषणाएँ, मात्सर्य इत्यादि वासनाओं की संसक्तियाँ, ये ही मानव के मानस रोग हैं और इनसे समग्र मानव जाति को मुक्ति दिलाना तुलसी का लक्ष्य है। मानव जाति के लिए यह एक शाश्वत् संकट है और मानस इन संकटों से मुक्ति के उपायों की तलाश करके उसकी स्पष्ट स्थापना करने वाला कालजयी महाकाव्य है। इनमें से किसी एक व्याधि (रोग) से मानव ही नही, उसकी समग्र जातियाँ नष्ट हो उठती हैं। कल्पना करें, यदि मनुष्य इन सभी रोगों से एक साथ पीड़ित हो जाए तो समग्र मानवता के विनष्ट होने में कोई समय नहीं लगेगा। इस मानस रोग की औषधि क्या है ? कवि उन औषधियों का भी उल्लेख करता है-

रामकृपा नासहिं 'यहि' रोगा। जौ यहिं भाँति बनै संजोगा।

श्रीराम की कृपा से ही ये रोग नष्ट होते हैं, जब उनकी कृपा से इस प्रकार का संयोग बनें। यह संयोग अर्थात् औषधियों का सम्मिश्रण क्या है ?

सदगुरु की सत्संगति, संयम, विषम वासनाओं का त्याग, श्रीराम की भक्ति, श्रद्धा, बुद्धि आदि इसके तत्त्व हैं, जिनका एक होना आवश्यक है।

कवि निष्कर्ष निकलता हुआ कहता है कि-

सिव अज सुक सनकादिक नारद। जे मुनि ब्रह्म विचार विसारद।
सब कर मत खगनायक येहा। करिअ राम पद पंकज नेहा।
विनिश्चतं वदानि ते न अन्यथा वचांसि मे।

हरिं नरा भजन्ति येऽति दुस्तरं तरन्ति ते।

इस भयंकर मानस रोग से मुक्ति जीवन त्याग से नहीं- गृहस्थ जीवन यापन में ही संभव है किन्तु इसकी औषधि है श्रीहरि का निरन्तर भजन। वासनाओं के विनाश के लिए मन की वृत्ति को सत्त्विकता से जोड़कर जीने के अतिरिक्त और कोई मार्ग नहीं है तथा यही मानव जाति के इस भयंकर रोग से मुक्ति का हेतु है।

मानव जीवन को सर्वोच्च मानकर, उसकी भौतिक दरिद्रता को उसके संकट का सबसे बड़ा हेतु स्वीकारते हुए वह उसे त्यागने की बात नहीं कहता वरन् उन सबको भोगते हुए,भी भौतिक संसक्तियों की रमणशीलता से असंसक्त श्रीहरि के प्रति (भारतीय अध्यात्मिक मूल्यों के प्रति) समर्पित होकर सम्पूर्ण मानव जाति निरोग तथा आनन्दमय जीवन जिए, यही कवि का मन्तव्य है। आज का वर्तमान मानवीय संकट, अतीत की समग्र मानवीय क्षुद्रताएँ एवं भावी जीवन की संकटमयी पीड़ा से मुक्ति के साधन हैं- अनासक्तिमय जीवन यापन करते हुए भारतीय आध्यात्मिक मूल्यों की आत्ममयी स्वीकृति। सम्पूर्ण रामकथा इसी भावना की प्रतीकमयी अभिव्यक्ति है।

भारतीय आध्यात्मिक चिंतन का यह कालजयी लक्ष्य तुलसी के श्रीरामचरितमानस की रचना का मन्तव्य है और कवि ने रामकथा के विविध प्रसंगों, चरित्रों तथा उनके मन्तव्यों के द्वारा इसी की सम्पुष्टि की है। इस कामनामयी सृष्टि में वासनाग्रस्त होकर कामनाओं की संसक्ति के त्याग में ही आनन्द है, कामनाओं के भोग और निरन्तर उसकी संसक्ति में डूबते जाना मानव विनाश का सबसे बड़ा कारण है- **''तृष्णा न जीर्णा वयमेव जीर्णा, कालो न यातो वयमेव याता''** तुलसी का मानस आदि से अन्त तक इसी भारतीय आध्यात्मिक कविता के मन्तव्य की स्थापना का महनीय प्रतीक काव्य है।

डॉ. रामस्वरूप चतुर्वेदी का भक्ति कविता या तुलसी की कविता के संदर्भ में यह मत कि यहाँ 'कविता एवं भक्ति' दोनों परस्पर यहाँ एक हो गए हैं। किंतु भक्ति कविता उसी प्रकार की कविता है जैसे लौकिक विषयों से सम्बद्ध कविता। किसी एक प्रतिबद्ध एवं प्रतिभा सम्पन्न कवि के लिए 'राम या भक्ति' या आध्यात्मिकता क्या वस्तु विषय (subject matter) नहीं हो सकती। कविता और भक्ति में यहाँ किसी प्रकार का अलगाव नहीं है- भक्ति तुलसी जैसे कवियों के लिए वस्तु विषय (Content या subject matter) है, फिर दो कैसे? भक्ति और कविता को यहाँ अलग देखने का प्रश्न ही नहीं है। तुलसी जैसे कवि के विषय में नये समीक्षकों की स्थापनाएँ उसी प्रकार भ्रामक हैं, जैसे डॉ. रामस्वरूप चतुर्वेदी की। तुलसी की सम्पूर्ण कविता भक्तिमयी कविता है, यही स्थिति कबीर और सूर के साथ भी है, यही जायसी के साथ भी। भक्ति कविता आध्यात्मिक चेतना की स्वयं में एक प्रतिबद्ध स्वैक (ल्हग्लि) कविता है- यहाँ कविता और भक्ति में कोई अलगाव नहीं है, द्वैत भी नहीं। यहाँ कविता ही भक्ति है और भक्ति ही कविता है।

हिन्दी भक्तिकाल और रीतिवाद

हिन्दी कविता का प्रारम्भ यदि आचार्य रामचन्द्र शुक्ल के अनुसार संवत 1050 से शुरू किया जाए तो यह केवल सामन्तवादी वातावरण में राजस्थान में लिखा जाने वाला डिंगल साहित्य मात्र नहीं है। भक्ति कविता की शुरुआत शुक्ल जी ने संवत् 1375 से मानी है और उसका कार्यकाल संवत् 1700 तक स्वीकार किया है। चारण साहित्य सामन्तवादी रुचियों से सम्पृक्त काव्य है और ठीक उसी के समानान्तर उसके पूर्व से संवत् 700 या 750 से लोकधर्मी काव्य भी साथ-साथ चल रहा था। जैन, नाथ, सिद्ध साहित्य का स्वरूप लोकधर्मी है और इस प्रकार की हिन्दी कविता सामन्तवादी सुरुचि एवं लोकवादी प्रवृत्तियों के द्वन्द्व के बीच प्रतिक्रिया के रूप में विकसित दिखाई पड़ती है। आदिकाल के इस द्वन्दवाद का परिणाम यह हुआ कि प्रायः सम्पूर्ण भक्तिकाल सामन्तवादी वृत्ति से प्रभावित न होकर लोकधर्मी भक्तिचेतना की काव्य दृष्टि से प्रेरित हुआ। लोकधर्मी तथा राजाश्रय से जुड़ी भक्तिकाल की अवशिष्ट प्रवृत्तियों ने सामन्तवाद के कारण हिन्दी साहित्य पर इतना सार्थक दबाव बनाया कि लोकधर्मी कविता संवत 1700 के बाद 1900 तक रीति या शास्त्रधर्मी सामन्तीकविता बन गई। इस प्रकार हिन्दी साहित्य के इतिहास के विकास का प्रवाह संवत् 1900 तक सामन्तवादी शास्त्रीयवृत्ति एवं लोकधर्मी काव्यवृत्ति के बीच परस्पर वाद-संवाद एवं प्रतिवाद के रूप में विकसित होता रहा है।

मार्क्सवादी धारणा है कि वाद के बाद जब संवाद कि स्थिति आती है तो प्रतिवाद को अस्वीकार नहीं किया जा सकता। संवाद बनने के सूत्रों का जन्म वाद में प्रतिक्रियाओं (संवाद) के रूप में व्याप्त रहता है। हिन्दी कविता के भक्तिकाल (संवत 1315 से 1700 के बीच) जिस रीतिशास्त्र की शास्त्रीय धारणाओं का विकास हुआ, वह परम्परा के समर्थन एवं लोकधर्मी भक्तिवाद के प्रतिवाद का प्रतिफल है।

यह एक ऐसा गुण था, जबकि, हिन्दी भक्ति साहित्य तथा संस्कृत काव्यशास्त्र का समापन हो रहा था किन्तु काव्यशास्त्रीय ग्रंथ अधिक लिखे जा रहे थे, ऐसी स्थिति में हिन्दी कविता के साथ उन्हें जोड़कर हिन्दी भाषा में ये ग्रंथ न लिखे जाएँ- यह सम्भव नहीं था। जहाँगीर के राजाश्रय में पण्डितराज जगन्नाथ थे और जहाँगीर के पूर्व ही अकबर के दरबार

में हिन्दी की सामन्तवादी कविता का स्वर चारों ओर सुना जा रहा था। अकबर की ही भांति अन्य राजाओं के दरबार में राजाश्रित कवि सामन्तवादी दृष्टि एवं रीतिनिष्ठा दोनों से जुड़े हुए काव्य लेखन में प्रवृत्त थे, जिनकी तालिका आगे दी जाएगी।

आचार्य रामचन्द्र शुक्ल ने भक्तिकाल में प्राप्त भक्तिधारा के विपरीत प्रणीत काव्य परम्परा को 'भक्तिकाल की फुटकल रचनाएँ ' स्वीकार की हैं और इसका कारण उन्होंने सामन्तवादी प्रवृत्ति की प्रेरणा ही बताई है। इन कवियों के सम्बध में डॉ. बच्चन सिंह 'अन्य कवि और अन्य प्रवृत्तियाँ' कहकर पुकारते हैं और शुक्ल की ही भाँति सामन्तीवृत्ति के प्रोत्साहन को इसका कारण बताते हुए अकबर के दरबार में हिन्दी के प्रवेश को इसका प्रमुख हेतु कहते हैं। डॉ. नगेन्द्र के इतिहास में भक्तिकाल की इसे साहित्येतिहास की अन्य काव्य प्रवृत्तियाँ मानकर डॉ. मनमोहन गौतम ने इन कवियों को दो शीर्षकों में विभक्त किया है- ''अकबरी दरबार का काव्य'' तथा 'भक्ति काल का रीतिकाव्य।' इन सबसे भिन्न यहाँ इस अलगाव के लिए इसे 'हिन्दी भक्तिकाल और रीतिवाद' का शीर्षक दिया जा रहा है।

जैसा कि कहा जा चुका है, इस युग में संस्कृत साहित्य में व्यापक काव्यशास्त्रीय ग्रंथ लिखे गए। तेरहवीं शती से लेकर सत्रहवीं तक अनेक शास्त्रकार यहाँ दिखाई पड़ते हैं यथा- शोभाकार मित्र, वाग्भट, नरेन्द्र प्रभसूरि, जयदेव, विद्याधर, शारदातनय, विश्वनाथ कविराज, गोविन्द ठक्कुर, भानुदत्त, पण्डितराज जग्गनाथ आदि। भारतीय काव्यशास्त्रीय चिन्तन का स्पष्ट प्रभाव सूर, तुलसी और नंददास जैसे कवियों पर भी है। रूप गोस्वामी, जीव गोस्वामी जैसे आचार्य 16वीं. शती के मध्यकाल में थे जिन्होंने भक्ति सिद्धांत के लिए भिन्न रसशास्त्र का निर्माण किया और कुल मिलाकर भारतीय काव्यशास्त्र की परम्परा स्पष्ट रूप से हिन्दी भक्तिकाल में संस्कृत भाषा में थी और स्वयं सूरदास की साहित्य लहरी पर शास्त्रीय कविता के चिंतन का पूर्ण प्रभाव है। यही स्थिति गोस्वामी तुलसीदास कृत रामचरितमानस की है। बालकाड के मानस रूपक में उन्होंने भारतीय काव्यशास्त्र के रस, अलंकार, रीति, गुण, ध्वनि वक्रोक्ति सिद्धान्तों का आदि सभी का नामोल्लेख ही नहीं किया है अपितु बताया है कि उनका उपयोग किस प्रकार मानस में किया गया है। अष्टछाप के कवि नंददास ने तो 'रस मंजरी' शीर्षक रस सिद्धात से सम्बद्ध ग्रंथ की रचना ही की है।

अतः यह कहना कि भक्तिकाल में रीति विषयक ग्रंथ फुटकल परम्परा के हैं, या इन ग्रंथों के लेखन के प्रति कहीं-कहीं किसी कवि में रुझान मिलती है,यह उक्ति ठीक नहीं है। शास्त्रपंडित केशवदास की रसिकप्रिया पढ़ें और इनके कृष्ण विषयक मंगलाचरण का प्रथम श्लोक देखें तो ज्ञात होगा कि ''नवों रसों के नायक श्रीकृष्ण हैं'' और पूरे ग्रंथ में नायक-नायिकाभेद कृष्ण तथा गोपियों से सम्बद्ध है। हिन्दी भक्तिकाल में जन्म लेने वाली इस परम्परा से सम्बद्ध कवि तथा उनकी रचनाएँ इस प्रकार की हैं -

(1) मनोहर कवि-शत प्रश्नोत्तरी (श्रृंगार तथा नीति विषयक द्वन्द्व)

(2) गंग कवि-गंग पच्चीसी, गंगपदावली, गंग रत्नावली
(3) अब्दुर्रहीम खानखाना- "रहीम –मदनाष्टक, बरवै नायिका भेद
(4) कृपाराम-हिततरंगिणी (श्रृंगाररस तथा नायक नायिका भेद)
(5) सूरदास-रसभूषण
(6) बलभद्र मिश्र-नख शिख
(7) आचार्य केशवदास- कविप्रिया, रसिकप्रिया, रामचन्द्रिका, वीरसिंह जू देव चरित, जहाँगीर जस चन्द्रिका आदि
(8) गोपाल मिश्र- श्रृंगारसागर
(9) करनेस कवि- कर्णाभरण, श्रुति भूषण, भाषा भूषण
(10) मुबारक- अलक शतक, तिलशतक
(11) सेनापति- कवित्त रत्नाकर
(12) सुन्दर कवि- सुन्दर श्रृंगार
(13) न्यामत खाँ जान-श्रृंगार तिलक, रस मंजरी

ये समस्त रीतिनिष्ठा तथा सामन्तवादी प्रवृत्ति के कवि 14 वीं शती से लेकर 17वीं शती तक के बीच के हैं। सम्भव है, साक्ष्यों के प्राप्त होने पर हिन्दी भक्तिकाल की रीतिनिष्ठा के इन कवियों की सूची और बढ़ जाए किन्तु वे कवि भक्तिकाल की लोकधर्मी काव्य चेतना के बीच उस वाद (theris) को शास्त्रीनिष्ठा के प्रतिवाद (Anti theris) द्वारा हिन्दी रीतिकाल के उपजने का संवाद (Syntheir) बना रहे थे। इन कवियों का प्रभाव प्रच्छन्नभाव से भक्तिकाल पर भी है और प्रत्यक्ष रूप से हिन्दी रीतिकाल पर भी। इस सम्बन्ध में विस्तार से चर्चा आवश्यक है।

हिन्दी भक्तिकाल के रीतिचेतस् का मूल्यांकन पहली दृष्टि से इसलिए आवश्यक है कि इन रीतिनिष्ठ कवियों को एक सीमा तक भक्त कवियों ने प्रभावित किया है तथा इन रीतिनिष्ठ कवियों ने भी पर्याप्त रूप से भक्तिकालीन कवियों पर अपना प्रभाव डाला है।

केशवदास रामचंद्रिका की रचना करते हुए राम की स्तुति करते हैं और राम-सीता एवं लक्ष्मण साथ ही साथ रामकथा के प्रति उनकी श्रद्धामूलक आस्था समाप्त नहीं होती। जैसा कि कहा जा चुका है, आचार्य केशवदास की 'रसिक प्रिया' सम्पूर्णतः 'कृष्ण रस' का आख्यान है और कृष्ण से सम्बद्ध करके इस श्रृंगार को रूप गोस्वामी के उज्ज्वलनीलमणि तथा श्रीहरिभक्तिरसामृत सिन्धु से सम्बद्ध कर दिया है। यही नहीं, दूसरी ओर भक्तिकाल के श्रेष्ठ कवियों पर उस युग की रीतिकालीन शास्त्रीय निष्ठा का स्पष्ट प्रभाव दिखाई पड़ता है। रामचरितमानस में तुलसी की कितनी उक्तियाँ उनकी पूर्व या समसामयिक शास्त्रीय परम्परा से ग्रहण की गई है- जैसे-

भावभेद रसभेद अपारा। कवित भेद गुन विविध प्रकारा।

नवरस जप तप जोग विरागा। ते सब जलचर चारु तड़ागा।

X X X X

बैठे सोह काम रिपु जैसे। धरे सरीर सान्त रस जैसे।।

देखहिं रूप महा रनधीरा मानहु वीर रस धरे सरीरा।।

X X X X

जो जेहिं जेहिं रस मगन मन तह सौ मुदित मन मानि।।

रस गुण दोष विचारिये रसिक रीति पहिचानि।।

नन्ददास की 'रसमंजरी' स्वयं में एक काव्यशास्त्रीय रचना है, वे कृष्ण विषयक श्रृंगार रस के विषय में टिप्पणी देते हुए कहते हैं कि-

जे जे पंडित प्रेम ग्रंथ मत यामें साने।

ते कछु भेद न जाने हरि को विषई माने।

नन्ददास की दूसरी रचना 'मान मंजरी' है। मान और मानिनी का जो अर्थ काव्यशास्त्रीय ग्रंथों में मिलते है, उन्हीं का वे यहाँ प्रयोग करते हैं। यही नहीं, रूपगोस्वामी की भाँति यहाँ भी हिन्दी साहित्य के अंतर्गत लौकिक श्रृंगार हास्यादि को कृष्णरस का पूरक माना गया है। ये लौकिक साहित्य की भाँति स्वयं में लक्ष्य न होकर भक्ति रस के पोषक संचारी भाव की भाँति हैं। रस की भाँति इन भक्त कवियों ने अलंकारों एवं नायिका भेदों का गम्भीरतापूर्वक विवेचन किया है। ये सौन्दर्य निरूपण के संदर्भ में अनेक बार उपमा एवं अन्य अलंकारों का वर्णन करते हैं। उनके लिए कविता अक्षर, अर्थ, नानाप्रकार के अलंकारो, छन्द तथा रचना तंत्रो से निर्मित की जाती है।

'आखर अरथ अलंकृति नाना। छन्द प्रबन्ध अनेक विधाना।।'

तुलसी सादृश्य विधान के अर्थ में उपमा का प्रयोग इस प्रकार करते हैं-

''राम सीय जस सलिल सुधा सम। उपमा बीचि विलास मनोरम''

ध्वनि, वक्रोक्ति एवं काव्य गुणों की तुलसी ने मानस में चर्चा की है-

धुनि अबरेव (वक्रोक्ति) कवितगुन जाती। मीन मनोहर ते बहु भाँती।।

सूर ने अपनी साहित्य लहरी में कवि वर्णकों का अदभुत प्रयोग किया है। महाकवि बिहारी की भाँति उनके प्रत्येक पद संकट या संश्लिष्ट अलंकार के उदाहरण हैं। वर्णकों का प्रसिद्ध उदाहरण इस प्रकार है-

अद्‌भुत एक अनूपम बाग।

जुगल कमल पर गजवर क्रीडत तापर सिंह करत अनुराग।

वर्णकविधान के अंतर्गत यही समझाया गया है, चरण का सादृश्य क्या है, जाँघों का सादृश्य किससे देना चाहिए, कटि के लिए सिंह की उपमा की जानी चाहिए। नायिका सौन्दर्य का यह उपवन्न वर्णक के विभिन्न सादृश्यों से अलंकृत होकर काव्यशास्त्रीय.

चमत्कार की सर्जना करता है। नंददास ने 'अर्थ मंजरी' में शब्दार्थ के साथ-साथ वर्ण का भी विशेष प्रयोग किया है।

अष्टछापी कवि नन्ददास ने शृंगार मंजरी में नायिका भेद के प्रचलित तीनों रूपों का विश्लेषण किया है। यह परम्पराबद्ध दृष्टि है–

- स्वकीया
  - मुग्धा
  - मध्या
  - प्रौढ़ा
- परकीया
  - मुग्धा
  - मध्या
  - प्रौढ़ा
- सामान्या
  - मुग्धा
  - मध्या
  - प्रौढ़ा

- प्रौढ़ा
  - प्रौढ़ा धीरा
  - प्रौढ़ा अधीरा
  - प्रौढ़ा धीराधीरा

- परकीया
  - सुरति गोपना
  - वाग्विदग्धा परकीया
  - परकीया ललिता

नायिका भेद का उनका तीसरा वर्गीकरण काव्यशास्त्रीय भी परम्परा से ही सम्बद्ध है-

(1) प्रोषितपतिका (2) खंडिता (3) कलहंतरिता (4) उत्कंठिता (5) विप्रलब्धा (6) वासकसज्जा (7) अभिसारिका (8) स्वाधीनपतिका (9) प्रीतम गमनी।

वयक्रम के अनुसार भी उन्होंने नायिका भेद का विभाजन किया है- (1) मुग्धा (2) भव्या (3) प्रौढ़ा।

इसके अतिरिक्त नायक भेद एवं हाव, भाव, रति का भी इसी परम्परा क्रम में विवेचन किया है।

सूर, तुलसी और नन्ददास के इन काव्य शास्त्रीय चिंतनों को दृष्टि के बाद हम यह नहीं कह सकते हैं कि ये भक्त कवि रीतिनिष्ठा से मुक्त स्वच्छंद भक्त कवि मात्र थे। काव्य सर्जन करते समय में उनके मन में यह मानक अवश्य था कि हमारे काव्य सृजन के विविध संदर्भ कवि समाज के बीच उसी प्रकार आदर के पात्र हों, जैसे कविता का परम्परित संदर्भ है। दूसरी बात यह कि ये भक्त कवि भक्ति काव्य के सृजन के साथ कविता की परम्परित निष्ठा को निरन्तर बनाए रखने के प्रति प्रयत्नशील हैं। इनके काव्य प्रसंग प्रातः सन्ध्या, तारक, चन्द्र, यमुना, पुष्प, कदम्ब वृक्ष आदि के वर्णन परम्परित काव्य परिपाटी से हटकर नहीं हैं। यही नहीं, विविध ओज, प्रसाद, माधुर्य के गुण एवं उनके अनुसार प्रसंगों तथा भाषा

एवं छन्दबंधों के प्रयोग परम्परित कविता की धारा से ही इन्हें जोड़ते हैं। 'उपमा कालिदासस्य' एक प्रसिद्ध उक्ति है- तुलसी के मन में यह सृजन की गाँठ बनी हुई है कि विद्वान उन्हें रूपक का कवि कहें- ठीक सूर तो जैसे उत्प्रेक्षालंकार के हिन्दी में सर्वश्रेष्ठ कवि हैं।

इस प्रकार निष्कर्ष रूप से कहा जा सकता है कि शास्त्र निष्ठा एवं संस्कृत काव्य शास्त्र की प्रचलित परम्परा से आचार्य शुक्ल की तरह काटकर इन्हें 'अन्य कवि' जैसे शीर्षक के अंतर्गत डालना ठीक नहीं है। भक्तिकाल के इन शास्त्रनिष्ठ कवियों ने भक्ति की ही भाँति परम्परा से चली आती हुई शास्त्रीय रीति चेतना या रीति चेतस् की परम्परा तथा उसके समृद्ध वातावरण को युगीन कविता से जोड़ा है और ये भक्त भी स्वयं में कवि इस रीति चेतस् से पूरी तरह मुक्त नहीं हैं।

हिन्दी भक्ति साहित्य : सम्पूर्ण निष्कर्ष

हिन्दी साहित्य के समग्र भक्तिकाल का यदि हम एक साथ मूल्यांकन करना चाहें तो उससे सम्बद्ध महत्त्वपूर्ण निष्कर्ष इस प्रकार होंगे। यहाँ विन्दुवार उनका विवेचन अभीष्ट है-

(क) प्रभु के प्रति अनन्य श्रद्धा-

'भक्ति' की उत्पत्ति का भारत में एक ही हेतु रहा है, वह था, बौद्ध और जैन धर्म की पूर्ण व्याप्ति के समानान्तर उनसे भिन्न उन मूलभूत तत्त्वों की खोज एवं स्थापना जिससे वैदिक धर्म व्यवस्था को उन्हीं की भाँति जनमत और लोक चेतना से जोड़ी जा सके जैसे- बौद्ध-जैन धर्म के साथ सामान्य और विशिष्ट जनसमूह की जुड़ी संसक्ति दिखाई पड़ती है। सबसे पहले मध्यदेश में सात्त्वतधर्मी, वासुदेव धर्म, नारायणोपासना आदि रूपों में वैष्णवभक्ति धारा पनपी। वैदिक व्यवस्था में वर्णवाद तथा आश्रमवाद एवं नारी जाति की सामाजिक स्वीकृति आदि के कारण इसके द्वारा स्थापित पांचरात्र मत धर्म को स्वीकृति नहीं मिल रही थी। इसका प्रमाण प्रथम शती ई.पू0 में लिखा गया ब्रह्म सूत्र है, जिसमें बौद्ध और पांचरात्र दोनों धर्मो को नास्तिक कहा गया है। बौद्ध धर्म की ज्ञानमीमांसा से प्रभावित शंकराचार्य (आठवीं शती) यह नहीं स्वीकार करते कि पांचरात्र धर्म के मूल में नास्तिकता है। वे इसे वैदिक धर्म जैसी स्वीकृति देते हैं- कारण स्पष्ट है, पांचरात्र मत को गीता और उसके बाद वैष्णव आचार्यो में यमुनाचार्य तथा बाद में शंकराचार्य के बाद रामानुजाचार्य, मध्वाचार्य, निम्बार्काचार्य एवं विष्णु स्वामी ने व्यावहारिक तथा सैद्धांतिक स्वरूप दिया, जो शंकराचार्य की परम्परा से सम्बद्ध होते हुए भी उनके अद्वैत चिंतन से थोड़ा हटकर था। केरल निवासी शंकराचार्य ने प्रारम्भ में ही संन्यास ले लिया था और नानियार (शैवभक्ति) तथा आलवार (वैष्णव प्रेममूलाभक्ति) से उनका गहरा परिचय था। किंवदन्ति है कि अपनी माता की मृत्यु के समय लौटे शंकराचार्य ने उनकी मुक्ति के लिए वैष्णव स्तोत्रों की रचना की और उन्हें सुनाया। दक्षिण भारत में वैष्णव भक्ति के व्यापक प्रचार के प्रति शंकराचार्य के मन में किसी प्रकार की कोई पीड़ा नहीं थी और अपनी प्रस्थानत्रयी में गीता के भक्तियोग की व्याख्या करते हुए उन्होंने भक्तियोग का समर्थन ही किया, विरोध नहीं।

वैष्णव भक्ति आंदोलन की बंगाल, उड़ीसा, कर्नाटक, तमिल प्रदेश, आन्ध्र प्रदेश, केरल, गुजरात आदि के प्रचार-प्रसार में विरोधी रहे जैन या बौद्ध धर्म या दोनों को इन भक्तों ने या तो भक्ति के अंतर्गत जोड़ लिया या जनजीवन के बीच विरोध करके उसे समाजच्युत कर दिया। बंगाल में सहजिया बौद्ध मत को परकीया प्रेम से जोड़कर 'राधा कृष्ण' प्रेम का प्रतीक बना दिया और चैतन्यमत के लिए यह मत प्रेममूलाभक्ति का आधार बन गया। इसी प्रकार की स्थिति गुजरात में जैनमत के बारे में है। इन सबका उल्लेख प्रारम्भिक रूप में प्रथम अध्याय के अंतर्गत किया जा चुका है। ठीक यही स्थिति उड़ीसा और दक्षिण भारत की रही है। वैदिक धर्म के रूप में स्वीकृत भक्ति को प्रतिष्ठित करके उसे लोकधर्म का सामान्य रूप देना भक्तों का परम लक्ष्य रहा है और सूफ़ी मत की भक्ति जो विदेशी तत्त्वों से प्रभावित है, उसमें अपने संदर्भो के प्रकाश में 'प्रेम पंथ' की बात देखी जा सकती है। कुल मिलाकर, भक्ति की केन्द्रीय अवधारणा प्रेम की रही है ओर इसे ही केन्द्रीय अवधारणा मानकर सम्पूर्ण भारत में जिस भक्ति का विकास हुआ, वही हिन्दी भक्ति साहित्य की केन्द्रीय चेतना है। रामभक्ति, कृष्णभक्ति, संतमत, सूफ़ी मत सभी के सभी भक्ति की इसी केन्द्रीय अवधारणा से सम्पृक्त हैं। नारदभक्ति सूत्र तथा शांडिल्य भक्ति सूत्र दोनों में ब्रह्म के प्रति परानुरक्ति एवं परमप्रेमरूपता का मूल इसी भक्ति से जुड़ा है। सामान्य हेर फेर के साथ हिन्दी भक्ति साहित्य के प्रेम का स्वरूप इस प्रकार है-

भारतीय लोकधर्मी भक्ति का प्रारम्भ दक्षिण भारत में 8वीं शती से हुआ और उत्तर भारत में यह भक्ति पन्द्रहवीं शती में पहुँची। इस भक्ति के मूल में प्रभु के प्रति समर्पणमूलक प्रेम जो ईश्वर संसक्ति की अद्वैतता के कारण सार्थकता प्राप्त करता है, सर्वत्र पूरे देश भर में व्याप्त रहा है। उत्तर भारत में भक्ति साहित्य के अंतर्गत निर्गुण और सगुण दो रूपों में और उनके पुनः दो रूप क्रमशः संतमत और सूफ़ी मत एवं सगुण भक्ति के अंतर्गत श्रीकृष्णभक्ति एवं श्रीरामभक्ति के रूप दिखाई पड़ते हैं। मीरा जैसी भक्त साधिका एवं कवयित्री किसी सम्प्रदाय से जुड़ी नहीं किंतु श्रीकृष्ण के प्रति उनकी समर्पित भक्ति देखकर उन्हें कृष्णभक्त कवयित्री स्वीकार किया गया और श्रेष्ठतम भक्तों की सरणि में रखा गया।

ख. प्रभु के प्रति अनन्य प्रेममयता तथा समर्पणभाव-

भक्ति में प्रेम की स्थिति जैसा कि कहा गया है उसकी केन्द्रीय चेतना के रूप में है किन्तु साधना पद्धति भिन्नता के कारण बाह्य रूप में उनमें अलगाव जैसा दिखाई पड़ता है। सूफ़ी साधना को छोड़कर सभी समुदायों में प्रेम के मूल में भागवत श्रद्धा अनिवार्य है। इसकी मूल चेतना में श्रद्धा का भाव है और उसकी प्रेममयता श्रद्धानिष्ठ है। भक्ति प्रेम के साथ श्रद्धा हटा देने पर यह प्रेम रूप लोक प्रेम जैसा हो उठता है।

संत परम्परा के अंतर्गत कबीर का प्रेम निर्वैयक्तिक तथा लोकनिरपेक्ष केवल प्रेममयी

प्रेम है। प्रेम की अखण्डमयता जो किसी भी दिशा से और किसी भी रूप में वासनात्मक न होकर 'ब्रह्मरागमयी' वासना से अभिन्नतः जुड़ी हो, संतों का निर्वेयक्तिक या निर्वैकल्पिक प्रेम है।

कबीर इस प्रेम के अनेक साक्ष्य देते हैं-

हौं तोहिं पूँछौ हे सखी जीवत क्यों न मराइ।
मूवा पीछे सत करै जीवत क्यों न कराइ।

सती का अग्नि में आत्मदाह पति की मृत्यु की भाँति बाद क्यों- प्रेम ऐसा हो, उसका समर्पण इतना सघन हो कि उसकी स्थिति प्रेममयी जीवन्मृत की-सी हो उठे। भक्त कवियों द्वारा स्थापित प्रेम के इस संदर्भ को आचार्य शुक्ल जैसे आलोचक इन शब्दों में स्वीकृति देते हैं-

"क्रमशः भक्ति का प्रवाह ऐसा विकसित और प्रबल होता गया कि उसकी लपेट में हिन्दू जनता ही नहीं देश में बसने वाले सहृदय मुसलमानों में से भी न जाने कितने आ गए। प्रेम स्वरूप ईश्वर को सामने लाकर भक्त कवियों ने हिन्दुओं और मुसलमानों दोनों को मनुष्य के सम्मान्य रूप में दिखाया और भेद भाव के दृश्यों को हटाकर पीछे कर दिया।"[1]

श्रद्धामयी भक्ति के अंतर्गत रागात्मक चेतना विशेषकर प्रेम के प्रवेश द्वारा इन भक्त कवियों ने हृदय से हृदय को जोड़ने का जो सम्मानित कार्य किया वह अद्‌भुत है- किन्तु उसमें भी आश्चर्यजनक यह है कि सामान्य तथा अशिक्षित और नाना प्रकार के कर्मकांडों तथा तंत्र-मंत्र आदि की रूढ़ियों में फँसी हुई जनता को संकोच एवं आत्महीनता के भाव से मुक्त करके इन भक्त कवियों ने आध्यात्मिक निष्ठा से जोड़ दिया। प्रत्येक वर्ग, जाति, पेशेवर जातियों के लोग, कर्मकार, स्त्री-पुरुष, दलित सभी को एकरसता तथा सामाजिक एकता के साथ सम्बद्ध करने का बहुत बड़ा कार्य भक्तों ने केवल हृदय प्रेम से सम्बद्ध भक्ति से जोड़कर कर दिखाया। उसका यह कार्य इस युग में अद्‌भुत है। उसके द्वारा किए गए इस कार्य से बौद्ध तथा जैनधर्म भी पीछे चले गए। इसी प्रेम के आधार पर स्वीकृत इस भक्ति साहित्य को आज के हिन्दी आलोचक इसे एक जन आंदोलन का नाम देकर इसी क्रम में देखते हैं। यह प्रेम थोड़े बहुत परिवर्तन के साथ सभी भक्त कवियों में एक जैसा है।

कबीर-

कहैं कबीर हरि अकथ कथा है विरला कोई जानै।
प्रेम प्रीति वेधी अंतर गति कहूँ काहु को मानै।।

जायसी-

प्रेम घाव दुख जान न कोई। जेहिं लागै जानै ते सोई।
खिनहिं पीत खिन होइ मुख सेंता। खिनहि चेत खिन होइ अचेता।

1. हिन्दी साहित्य का इतिहास- लोकभारती संस्करण, पृ0 40

कठिन मरन ते प्रेम बेवस्था। ना जिउ जियै न दसम अवस्था।।

तुलसीदास

जाके प्रिय न राम बैदेही
सो नर तजिय कोटि, वैरी सम यद्यपि परम सनेही।
नाते सबै राम के मनियत सुहृद सुसेना जहाँ लौ।
अंजन बहा आँखि जौ फूटे बहुत कहौं कहाँ लौ।

सूरदास

सूनौ स्याम! यह बात और कोउ क्यों समुझाइ कहै।
दुहँ दिसि की रति बिरह विरहिनी कैसे को जो सहै।
जब राधे तबहीं मुख 'माधौ माधौ' रटति रहै।
जब माधव ह्वै जात सकल तनु राधा विरह दहै।
उभय अग्र दव दारु कीट ज्यों सीतलताहिं चहै।
सूरदास अति विकल विरहिनी कैसेहुँ सुख न लहै।

इन चार धाराओं के कवियों की प्रभु की अनन्य संसक्ति प्रत्येक रूपों तथा प्रत्येक माध्यमों से अनन्य है। यह सत्य है कि साधना पद्धतियों में थोड़ा बहुत भेद हो सकता है, किन्तु प्रभु के प्रति समर्पणभरी तन्मयासक्ति का स्वरूप एक जैसा है। यहाँ जगत के लोकभाव के विविध दृष्टान्त केवल समझाने के उदाहरण हैं- तन्मयासक्ति की उन्मादभरी प्रेममयता तथा प्रभु के समर्पण का भाव, वह मूलशिखर या बिन्दु है, जहाँ पर पहुँचकर उसे लोकजनों को लोकदृष्टान्तों द्वारा ही समझा सकते हैं, प्रेमानुभूति की अद्वैतता को जानने का यह उपक्रम भौतिकमन एवं शरीर की अनुभूतियों से ही सम्भव है और ये भक्त कवि सामान्य मानव जगत को उस दिव्य प्रेम तक पहुँचाने के लिए इसी मन एवं शरीर का आश्रय ग्रहण करते हैं।

कृष्ण भक्त कवियों के पास राधा-कृष्ण का ज्ञात समर्पण भाव है, कथा है, लोक की अनुभूति। उस विलक्षणता को ये भक्त किसी लोक माध्यम से, इस राधा कृष्ण की लीला को प्रतीक बनाकर आध्यात्मिकता दिव्यता से जोड़ते हैं।

तुलसी के पास प्रभु के प्रति अनन्य भाव की 'शरणागति' के अतिरिक्त और कुछ भी नहीं है। प्रभु केवल राम है और दास केवल तुलसी हैं और तुलसी कहते हैं–

मोहिं तोहिं बीच नाते अनेक मानिये जो भावे

हमारे आपके-बीच लोकभाव के सारे रिश्ते हैं, जो समझ में आए

उसे स्वीकार करके, मुझे एक बार देखें- आपका देख भर लेना मेरी आत्यन्तिक मुक्ति है-

कृपा कोप सतभायेहु सपनेहु तिरछेहु नाथ तिहारे हेरे।

जो चितवनि सौंही लगै सो चितइये सबेरे।।

आप कृपा से, क्रोध, आत्मीयता भरे प्रेम से, जैसा भी, आपको अच्छा लगे बस मुझे एक बार आँखे भरकर देख लें, मैं मुक्त हो उठूँगा । इस देखने का भाव, अन्यताभरी संसक्ति से परिपूर्ण शरणागति भाव है, इसी में सूफ़ी जैसे कवियों की भी प्रेम व्यंजना निकलती है।

कबीर जैसे संतो की भक्ति पद्धति अद्वैतमूलक है। इसमें प्रत्यक्षदर्शी कोई मर्म नहीं है, यहाँ अनुभूति जन्यमर्मस्पर्शी चेतना है। यहाँ लीला नहीं है, ब्रह्म के अद्वैत तत्व से चित्तत्व की अद्वैतता का सम्मिलन है- ये कवि अपनी वाणी में प्रेम का रस घोलकर उसे अनुभूति का रसायन बनाते हैं और उसी की अद्वैतता के साहचर्य से उसका आनन्दभरा आस्वादन लेते हैं और उनका चित्त उस ध्यान से टूट कर भौतिक जगत में आता है तो उस प्रेमाद्वैत में सम्मिलित होने के लिए पुनः बार-बार कराहते हैं-

ज्यों कामी को काम पियारा ज्यों प्यासे कूँ नीर से रे।
है कोई ऐसा उपकारी हरि सूं कहै सुनाइ रे।
ऐसे हाल कबीर भया हैं बिन देखे जिव जाइ रे।

यहाँ देखने का अर्थ वाह्य रूप से दर्शन नहीं, चित्त के भावाद्वैत का उन्मादभरा प्रभुमय सम्मिलन है।

सूफ़ियों का यह प्रेम विलक्षण है। उनकी साधना निरन्तर उस परमतत्व के साथ भावोन्माद की अद्वैतता से जुड़ी रहती है। प्रेम उनका अंतिम सत्य एवं प्रभु का जीवन्त प्रतीक है। जीवनभर उसी में अर्पित होकर साधनामय तन्मयीभूतता उनकी जीवन चेतना है। सूफ़ी साधकों की प्रेम कथाएँ या 'गाथाएँ हैं और इन आख्यानों में भौतिक जीवन का त्याग तथा आराध्य के लिए सर्वस्व त्यागकर भिक्षुक जैसा बनकर उसकी खोज में निकल पड़ना साधक का एक मात्र लक्ष्य है। सूफ़ी कथाओं द्वारा प्रेम की प्राप्ति के लिए अनन्य त्याग, अनन्य समर्पण, सम्पूर्ण संकटों को झेलकर कष्ट का अनुभव न करना, परम आराध्य की प्राप्ति तथा उसी में विलयन और उनके इस प्रेम में विघ्न डालने वालों से युद्ध और यहाँ तक कि भौतिक प्राण त्याग के बाद भी प्रेममयी निष्ठा के साथ अडिग होने का भाव अनिवार्य है। जायसी तथा अन्य सूफ़ी कवियों की प्रेम से सम्बद्ध कथा परक सैद्धांतिक रूढ़ियाँ उनके प्रेम मन्तव्यों से बराबर जुड़ी रहती हैं।

हिन्दी का मध्यकालीन साहित्य भक्ति साधना के प्रेममयी पार्श्वों के अनेक रूपों से सम्बद्ध होते हुए भी अंत में उसकी चरम परिणति 'परमप्रेममयता' में ही होती है और सम्पूर्ण लोक के लिए यह प्रेममयता अत्यधिक मनभावन, पवित्र, उपास्य तथा सहजग्राह्य है और साहित्य का जहाँ तक प्रश्न है, यह उसकी केन्द्रीयता 'भक्ति और प्रेमभाव' ही सम्बद्ध है। यह लोकभाव से सम्बद्ध लौकिक एवं भौतिक प्रेम का आनंद से नहीं है। ब्रह्म के साथ

सम्बन्ध स्थापित करने का क्रम जो भक्ति साहित्य के पूर्व आध्यात्मिक गुरु से सम्बद्ध रहा है- उसके लिए एक सीमा के बाद गुरु की आवश्यकता नहीं है। लोक जीवन के रिश्ते- पत्नी, प्रेयसी, पुत्र, पुत्री, भाई, बहन, मित्र, स्वामी इस भक्ति के आध्यात्मिक प्रेम के मार्ग दर्शक हैं। इस प्रकार, भक्ति अपने प्रयासों द्वारा समस्त लोकभावों का ईश्वरान्तरण करती है और इसीलिए भक्ति में अन्तर्निहित आध्यात्मिकता लोक से शुरू होकर परातत्त्व में विलीन हो उठती है- क्योंकि समग्र सृष्टि के केन्द्र में वह परातत्त्व ही तो है।

इस प्रकार हिन्दी भक्ति साहित्य की केन्द्रीय चेतना 'प्रेमभाव' की है क्योंकि स्वयं लोकधर्मी भक्ति आंदोलन की मूलनिष्ठा इसी प्रेम तत्त्व पर ही आधारित है।

ग. उच्चतम सामाजिक शुभमूल्यों की स्थापना-

भक्ति एवं प्रेम की अवधारणा अन्ततया भक्ति भावना को सर्वोपरि मानती है। प्रेमतत्त्व से भक्ति का जो रूप विकसित हुआ उसे हम सार्वजनीन अर्थात् सबका और सबके लिए कह सकते हैं। भक्ति सभी के लिए अभीष्ट समानान्तर आराध्य भाव है सबके लिए है। आलोचकों ने इसे मुगलकालीन शासन व्यवस्था की शांति का प्रतिफल बताया है। यह एकदम तथ्यहीन धारणा है। मूलकारण देश में व्याप्त बौद्ध धर्म तथा जैन धर्म की व्यापक लोकप्रियता की प्रतिक्रिया में भक्तों तथा उनके आचार्यों द्वारा खोजा गया यह एक आधार है। नवधाभक्ति जो वैधीभक्ति के नाम से ईसा की प्रथम शती से प्रचलित रही है, तीसरी शती से वह ईश्वरानुरक्ति, संसक्ति, प्रेम मयता या प्रेमरूपता, सर्वात्म समर्पण आदि रूपों में आकर यह रागात्मिकता भक्ति बनी। दास्य, सख्य, वात्सल्य एवं उज्ज्वल रति रूपों में पुत्र, पिता, माता, स्वामी, सेवक, पति, पत्नी, प्रेमिका–प्रियतम आदि उन समग्रभावों से यह भक्ति जुड़ी जो लोक संसक्ति के मूलाधार है किन्तु यह भक्ति ही है और जब भक्ति है तो स्वयं में भक्ति प्रयोजन से सम्पूर्ण रति भावनाएँ प्रभुमयी सिद्धि से सम्बद्ध हैं। लोक वात्सल्य का लक्ष्य है, शिशु प्रेम, किन्तु प्रभु से सम्बद्ध वात्सल्य का अर्थ है- लीलाप्रभु की वात्सल्य भक्ति में आत्मसमर्पण द्वारा चित्तशुद्धि, चित्तशांति एवं लोक की वासनामयता से मुक्ति है। भक्ति वासनामयता मुक्ति का एक हेतु है भक्ति, भक्ति केवल भक्ति के लिए नहीं है- उसका लक्ष्य 'मानव जाति को वासनामुक्त करके शान्ति एवं मुक्ति के मंगलमयवृत्त में प्रतिष्ठित करना।' इसीलिए भक्ति स्वयं में कार्य या हेतु नहीं है। वह ज्ञान, कर्म एवं योग के समानान्तर एक माध्यम है, जिसकी अवधारणा मानवीय मूल्यों की श्रेष्ठतम अभिव्यक्ति- लोकशांति, लोकविश्रान्ति, वासनामुक्ति है। इनके न होने से समाज में व्याप्त असमता, सामाजिक एवं सांस्कृतिक विघटन तथा असन्तुलन की अव्यवस्था आदि मूल्य व्याप्त होते रहते हैं। धर्म की हानि, असुरों एवं राक्षसों के अभ्युत्थान से उत्पन्न अनाचरण, समाज के शांति संस्थापक तत्त्वों में भय व्याप्ति, सामाजिक अनीति का विस्तार आदि-आदि तत्त्व

सामाजिक शुभ मूल्यों के विघटन से ही सम्बद्ध हैं। भक्तों का दायित्व है, समाज के चित्त में हरिभावना का अंकुरण उत्पन्न करके उन्हें भक्ति से संसक्त करना ताकि सामाजिक शुभ एवं सर्जनात्मक मूल्यों के विकास द्वारा समाज शांति प्राप्त कर सके। जो कार्य बौद्ध एवं जैन धर्म सम्पादित करते रहें हैं, अब उसे भक्ति ने करना शुरू किया। आगे चलकर, भक्ति की इस प्रेममयी धारा में ये दोनों धर्म विलीन हो उठे।

जब साहित्य में मूल्यवादी प्रतिबद्धता की बात की जाती है तो उसका तात्पर्य है साहित्यरचना द्वारा लोक हितैषी मूल्यों के प्रति समाज को सक्रिय बनाने की भावात्मक तथा वैचारिक चेष्टा। साहित्य स्वयं में एक भावात्मक उपादान है जो लोक की हितबद्धता से सम्बद्ध मूल्यों का बीजारोपण मानव जाति के हृदय में बड़े धैर्य से करता रहता है। 'साहित्य और भक्ति' और भक्ति की रागात्मक चेतना- इन तीनों तत्त्वों ने मिलकर तथा जिस मूल्यनिष्ठा को रागमय बनाकर मध्यकालीन भारतीय जीवन को शांति और आनंद दोनों से समन्वित किया है, वैसा उदाहरण शायद ही विश्व में कहीं और मिले। डॉ. रघुवंश अपनी प्रसिद्ध कृति 'कबीर एक नई दृष्टि' में ठीक ही कहते हैं कि "केन्द्रीय महत्त्व की बात यह है कि उनके सारे रचना विधान, रूपों, संरचनाओं की अभिव्यक्ति में मूल्यों की व्यापक भूमिकाएँ सामाजिक मूल्यों से लेकर आध्यात्मिक उच्चमूल्यों तक को मानवीय जीवन की सांस्कृतिक प्रक्रिया को संश्लिष्ट रूप में प्रस्तुत करती है।"

इस प्रकार, निष्कर्ष रूप से कहा जा सकता है कि भक्तिकालीन काव्य का मूल लक्ष्य आध्यात्मिक समाज की स्थापना द्वारा लोकमंगल के शुभतम आदर्शो को प्रतिष्ठित करना रहा है। उनकी आध्यात्मिकता का यह अर्थ है कि लोकमंगल ही श्रेष्ठतम लोकादर्श है और भारतीय जीवन का परम्परा से चला आता हुआ आध्यात्मिक अनुष्ठान तथा जीवनादर्श की आकांक्षा ही हमारी मूल उपलब्धि है। हम वैदिक काल से यज्ञ, ज्ञान, कर्मकांड, आदि के माध्यम से इस जीवन मन्तव्य को बराबर चलाते रहे हैं और मध्यकाल में विशेष परिस्थितियों के कारण हमने शास्त्रवाद तथा तर्कवाद के स्थान पर भारतीय जनमानस के लिए सर्वथा सहज तथा सुलभ 'भाववाद' को इस आध्यात्मिक लोकमंगल की प्राप्ति के लिए आधार बनाया और भाववाद के इस युग में हम भारतीयों की मूल्य संवाहिका भक्ति मूलाधार बनकर जन-जन के मन में प्रतिष्ठित हुई है।

इस संदर्भ में एक तथ्य यह भी विचारणीय है कि मानव चेतना की इस भावात्मक संवाहिका रागमयी भक्ति के लिए सबसे महत्त्वपूर्ण आधार 'स्वानुभव' ही रहा है, शास्त्र नहीं। वह तो बाद की प्रकारान्तर प्रक्रिया है। लोकानुभव का अपना भोगा हुआ यथार्थ लोक का सार्वजनिक भोगा गया तथा सद्य : भोग्य जीवनानुभव है, जहाँ कोई जाति-पाँति, वर्ण-व्यवस्था, वेदपुराण आगम निगम बाधक बनकर नहीं आते हैं, पहले बिन्दु पर है- स्वानुभव का आध्यात्मिक यथार्थ और तुलसीदास ही नहीं, सभी सूफ़ी, संतों, श्री कृष्णभक्त तथा भक्त

साधकों द्वारा कहा गया है कि मूलसत्य स्वानुभूत है-

वेद न पुरान गान जानौं न विग्यान ज्ञान
ध्यान धारणा समाधि साधन प्रवीनता।
नाहिन विराग जोग जाग भाग तुलसी के
दया दान दूबरो हौं पाप ही की पीनता।
एक ही भरोसो राम रावरे कहावत हौं,
रावरे दयालु दीन बंधु मेरी दीनता॥

स्वानुभव तथा प्रभु के सान्निध्य से उत्पन्न वासनामुक्ति मंडित मंगलमयी शांति स्वयं में इस युग की एक श्रेष्ठतम सामाजिक प्रतिबद्धता है और इस प्रतिबद्धता की संवाहिका एक मात्र भक्ति है।

इस प्रकार निष्कर्ष निकाला जा सकता है कि प्रभु के प्रति, आस्था, श्रद्धा, एवं समर्पण से प्राप्त आनन्दानुभूति और इस आनन्दानुभूति को लोकसंरक्षण के लिए स्थायी मूल्य बनाकर व्यापक आध्यात्मिक चेतना का प्रचार-प्रसार भक्ति काव्य का दायित्व रहा है और इस भक्ति ने एक बार पुनः "आध्यात्मिक निष्ठा सम्बद्ध सामाजिक जीवन" निर्मित करने का सार्थक प्रयत्न पूरी सफलता के साथ किया, इसमें सन्देह नहीं।

घ. भक्ति कवितादृष्टि अर्थात् व्यापक राष्ट्रीय चेतना-

मध्यदेश की सांस्कृतिक दृष्टि सम्पूर्ण भारत के लिए प्रेरणा स्रोत रही है और यह दृष्टि 12वीं शती के बाद उत्तर भारत में राजनीतिक अस्थिरता के कारण विश्रृंखलित-सी हो उठी थी। मध्यदेश में लिखा हुआ ज्ञान, धर्म, कर्मकांड, ज्योतिष, काव्यशास्त्र आदि से सम्बद्ध चिंतन पूरे भारत में अपनी विश्वसनीयता के लिए प्रसिद्ध रहे हैं। संस्कृत भाषा की लेखन परम्परा के शिथिल होने के साथ-साथ प्राकृत, अपभ्रंश एवं प्राचीन हिन्दी लेखन काल में मध्यदेश सांस्कृतिक चेतना खोती-सी जा रही थी और चौदहवीं शती तक यहाँ सांस्कृतिक रिक्ति जैसी स्थिति दिखाई पड़ती है। इस सांस्कृतिक रिक्ति को मिटाने में दक्षिण एवं पूर्वी भारत के आचार्यों तथा संतों एवं मध्यदेशी चेतना के बीच आने वाले लोक आंदोलन की इस भक्ति चेतना का सबसे बड़ा योगदान रहा है। इस भक्ति ने भारतीय सांस्कृतिक इतिहास की पूर्व परम्परा को पुनर्जीवित किया है, इसमें कोई संदेह नहीं है।

जैसा कि प्रारम्भ में बतलाया गया है कि भक्ति का उदय एक राष्ट्रीय अवधारणा है, वह एक किसी प्रदेश तक सीमित लोकप्रभाव का प्रतिफल नहीं है। परम विद्वान डॉ. एम0 शेषन ने इसका समर्थन करते हुए बताया है कि –

"पाँचवीं, छठवीं शताब्दी से लेकर सातवीं शताब्दी तक के भक्ति काव्य वैष्णव भक्त आलवारों एवं शैव नायनारों ने भक्ति का जो आंदोलन चलाया जिसके कारण वह जन

आंदोलन का रूप धारण कर विकसित हुआ।''[1]

भक्ति का विकास कुछ इस प्रकार से हुआ कि सम्पूर्ण देश भर में उसके प्रचार-प्रसार के लिए न कोई आंदोलन करना पड़ा और न आग्रह। यह लोकमत की नैसर्गित स्वीकृति का प्रतिफल है क्योंकि लोक अपनी सहज अंतः प्रेरणा से अभिभूत भक्ति की ओर उन्मुख हुआ। दक्षिण के विद्वानों का मध्यदेश की ओर आगमन और अपने मठों तथा आश्रमों की स्थापना द्वारा भारतीय वैदिक परम्परा से सम्बद्ध अद्वैत एवं वैष्णवी द्वैत मतों का प्रचार-प्रसार और उसके बाद भक्त कवियों द्वारा मथुरा एवं वृन्दावन में स्थायी रूप से निवास करके भक्ति का व्यापक स्तर पर प्रचार-प्रसार, इस संदर्भ के महत्त्वपूर्ण कारण बनें। इस प्रेममयी भक्ति निष्ठा को व्यक्त करने में जिन दो अवधी तथा ब्रज भाषाओं को लोक द्वारा भक्ति साहित्य में स्वीकार किया गया, वह आधुनिक काल में गद्य के आविर्भाव काल अर्थात् संवत् 1925 तक दिखाई पड़ता है। साहित्य की भाषा के रूप से संवत् 1375 से 1900 तक अबाध रूप में चलने वाली यह ब्रजभाषा और उसके साथ-साथ अवधी आज भी साहित्य में अपने को बचाए हुए है।

संवत् 1375 के पूर्व 'हिन्दी भाषा' का कोई ऐसा एक व्यवस्थित प्रामाणिक सर्जनात्मक रूप नहीं दिखाई पड़ता, जिसे हम मध्यदेश की साहित्यिक भाषा के रूप में पुकार सकें।

भक्ति आंदोलन की सबसे बड़ी विशेषता यह भी है कि इसने साहित्यिक स्तर पर केन्द्रीय भाषा की स्थापना की, शास्त्र रचना निर्माण तथा काव्य की नवीन शैलियों, लाक्षणिक व्यंजनाओं तथा रचना विधानों से उसे एक ओर मंडित किया तो दूसरी ओर लोकानुभूति की यथार्थमयी अभिव्यक्ति को सार्थक स्वरूप भी दिया। इसने नये भारतीय काव्यशास्त्र की नींव डाली और भक्ति रस की स्थापना की।

इस व्यापक भक्ति आंदोलन ने हमारी 'ब्रज भाषा' को राष्ट्रीय स्तर की सांस्कृतिक भाषा बनाने में भी मदद पहुँचाई। पंजाब, गुजरात, राजस्थान, महाराष्ट्र, आसाम, बंगाल, उड़ीसा, केरल, आन्ध्र प्रदेश, कर्नाटक एवं तमिल प्रदेशों में ब्रजभाषा कहीं-कहीं बोली जाती थी, कहीं-कहीं उसमें काव्य रचना होती थी, मंदिरों में कीर्तन के माध्यम से प्रभु की भक्ति से श्रोताओं को आनन्दित करती हुई समझी जाती थी- प्रकारान्तर भाव से मीरा, तुलसी, सूर तथा कबीर जैसे संत इस भाषा के माध्यम से रागात्मक एकता से पूरे देश को जोड़ने वाले भक्त थे और इसीलिए भक्तिकाल को हिन्दी साहित्य का स्वर्ण काल कहा जाता है। आचार्य हजारीप्रसाद द्विवेदी ने ठीक ही लिखा है -

''सच पूछो तो यहीं से हिन्दी भाषा के साहित्य का वास्तविक सूत्रपात हुआ। इसके पहले का चार सौ वर्षों का साहित्य अपभ्रंश की रूढ़ियों से जकड़ा हुआ था, ह्रासोन्मुखी

1. देखें, भारतीय साहित्य की भूमिका, डॉ. रामविलास शर्मा

कविता के कवि समयों और काव्य रूढ़ियों से ग्रस्त था। गतानुगतिक ढंग से पिटे-पिटाये छन्दों में बाँधी-सधी बोलियों के बोलने का अभ्यास था। यहाँ से उसमें (भाषा में) नवीन आदर्शों के निर्माण का उल्लास और नवीन आशाओं और आकांक्षाओं को रूप देने का उत्साह प्रगट हुआ।''[1]

आचार्य द्विवेदी जी के इस निष्कर्ष से न किसी को वैमत्य है और न बहस की जरूरत। मध्यदेश की प्राचीन अखिल भारतीय सांस्कृतिक पुनर्प्रतिष्ठा में इस मध्यकालीन भक्ति आंदोलन की भाषा 'ब्रज' का इस युग में गौरवपूर्ण स्थान बना है, इसमें कोई संदेह नहीं है। ब्रजवुलि का साहित्य बंगला तथा उड़िया में लिखा गया। केरल, गुजरात, महाराष्ट्र, राजस्थान, पंजाब आदि प्रदेशों के इस दिशा में ब्रजभाषा के काव्यसृजन पर्याप्त साक्ष्य हैं। ब्रजभाषा तथा अवधी के गीत मध्यकाल में देशभर के वैष्णव मंदिरों में गाए तथा समझे जाते रहे हैं। जैसा कि प्रारम्भ में उल्लेख किया जा चुका है, भारतीय संगीतशास्त्र, चित्र, स्थापत्य एवं मूर्ति कलाओं, संगीत तथा वाद्य विधाओं को इस भक्ति आंदोलन ने अपने प्रभाव में बाँधकर उसे अपने ढाँचे में ढाला। भक्ति आंदोलन का यह एक राष्ट्रीय सांस्कृतिक प्रभाव है- जिसके फलस्वरूप 12वीं शती से लेकर 18वीं शती तक सम्पूर्ण भारतीय निष्ठा इसी के मध्य सराबोर रही है। वैदिक काल से चली आती हुई भारतीय परम्परा की नव-जीवनदायिनी शक्ति बनकर इस भक्ति ने समग्र भारत को एक बार पुनः अपने गौरवमय अतीत से जोड़ा- यह इसकी सबसे बड़ी उपलब्धि है।

सहायक ग्रंथ सूची

1. नोट्स आव तुलसीदास - सर जार्ज ग्रियर्सन
2. तुलसीदास - डॉ. विल्सन
3. द थियोलाजी आव तुलसीदास - जे0एन0 कारपेंटर
4. द रामायन आव तुलसीदास - जे0एम0 मैकफी
5. तुलसीदास और उनका युग - डॉ. राजपति दीक्षित
6. तुलसीदास - बाबू श्याम सुन्दर दास
7. तुलसी दर्शन - वल्देव प्रसाद मिश्र
8. गोस्वामी तुलसीदास - आचार्य रामचन्द्र शुक्ल
9. तुलसी ग्रंथावली - आचार्य रामचन्द्र शुक्ल
10. मानस दर्शन - श्रीकृष्ण लाल
11. तुलसी - डॉ. माताप्रसाद गुप्त

1. हिन्दी साहित्य : उद्भव और विकास, पृ0 64

12. तुलसीदास - डॉ. माताप्रसाद गुप्त
13. रामकथा - फादर कामिल बुल्के
14. स्टडी आन द सोर्सेज इन कम्पोजीशन आव तुलसीदासाज़ रामायण - कुमारी डॉ. शार्तल बोदबील
15. गोस्वामी तुलसीदास की समन्वय साधना – व्यौहार राजेन्द्र सिंह
16. तुलसी के भक्त्यात्मक गीत - डॉ. वचनदेव कुमार
17. तुलसी दर्शन मीमांसा - डॉ. उदयभानु सिंह
18. तुलसी काव्य मीमांसा - डॉ. उदयभानु सिंह
19. तुलसीदास की भाषा - डॉ. देवकीनन्दन श्रीवास्तव
20. तुलसीदास, हिज माइन्ड ऐन्ड आर्ट - डॉ. नगेन्द्र
21. तुलसी प्रतिभा - डॉ. इन्द्रनाथ मदान
22. मानस की रूसी भूमिका - अनु0 डॉ. केशरीनारायण शुक्ल
23. लोकवादी तुलसीदास - डॉ. विश्वनाथ त्रिपाठी
24. रामचरितमानस पर पौराणिक प्रभाव – डॉ. विजय बहादुर अवस्थी
25. मानस की रामकथा - डॉ. परशुराम चतुर्वेदी
26. तुलसी संदर्भ और दृष्टि - डॉ. केशव प्रसाद सिंह
27. तुलसी - संपा0 डॉ. राममूर्ति त्रिपाठी
28. तुलसी - संपा0 डॉ. उदयभानु सिंह
29. गुसाईं तुलसीदास - पं0 विश्वनाथ प्रसाद मिश्र
30. तुलसीदास - डॉ. चन्द्रबली पाण्डेय
31. तुलसी के रचनाशिल्प का विश्लेषण – डॉ. योगेन्द्र प्रताप सिंह
32. तुलसी के रचनावैविध्य का विश्लेषण - डॉ. योगेन्द्र प्रताप सिंह
33. तुलसी के रचनावैशिष्ट्य का विश्लेषण – डॉ. योगेन्द्र प्रताप सिंह
34. जन जन के कवि तुलसीदास – डॉ. योगेन्द्र प्रताप सिंह
35. तुलसी की जीवनगाथा – डॉ. योगेन्द्र प्रताप सिंह

रीतिकाल और उसकी समस्याएँ

हिन्दी साहित्य : रीतिकाल की समस्याएँ

हिन्दी साहित्य के इतिहास लेखन के संदर्भ में रीतिकाल की विवादास्पदता कम नहीं रही है। रीतिकाल के संदर्भ में मूल प्रश्न यही है कि इसका प्रारम्भ क्या अचार्य शुक्ल या अन्य इतिहासकारों द्वारा स्वीकृत काल से स्वीकार किया जाए? रीतिकाल का उद्भव एवं समापन काल स्वयं में एक गम्भीर समस्या बनी हुई है। इसी के साथ, दूसरी समस्या रीतिकाल के नामकरण की है। कम-से-कम रीतिकाल के लिए आधे दर्जन से अधिक नाम इतिहासकारों तथा आलोचकों ने निर्दिष्ट किए हैं, उनमें से किसे स्वीकृति दी जाए और क्यों? यह एक महत्त्वपूर्ण प्रश्न है। रीतिकाल की तीसरी समस्या विषयवस्तु के विवेचन की है—अर्थात्, रीतिकालीन साहित्य को किन संदर्भों में विभक्त किया जाए, इस पर भी विवाद है। रीतिकाल के संदर्भ में एक महत्त्वपूर्ण विवाद उसकी केन्द्रीय-चेतना का है। इन विवादों के बीच उसकी केन्द्रीय चेतना का द्वन्द्व इतिहासकारों के बीच निरन्तर चलता रहा है। इन समस्याओं के बीच हिन्दी रीतिकाल के इतिहास का विश्लेषण करके उसे एक निश्चित दिशा की ओर ले जाना आवश्यक है ताकि उसकी स्पष्ट समझ सामने आ सके। इन समस्याओं पर क्रमशः विवेचन यहाँ इतिहास दृष्टि के सापेक्ष्य में अभीष्ट है।

रीतिकाल का उद्भव एवं समापन काल : पृष्ठभूमि

साहित्यिक धाराओं के इतिहास का सीमांकन स्वयं में एक जटिल प्रश्न है और ऐसे संदर्भ में हिन्दी साहित्य का रीतिकाल स्वयं में उलझाव लेकर सामने आता है। हिन्दी हमें संस्कृत, प्राकृत तथा अपभ्रंश की वरासत के रूप में मिली है और यह कहना कि इसकी उत्पत्ति आकस्मिक रूप से किसी काल विशेष में हुई है—तो यह शायद ही स्वीकार्य हो। भाषा में लोक की ग्राह्यता तथा प्रचलन किसी नई भाषा के प्रचलन का आधार है—और हिन्दी अपभ्रंश काल से ही लोक के प्रचलन में उभरती हुई दिखाई पड़ने लगती है। टोडा कृत राउल बेलि तथा प्राकृत पैंगलम् आदि कृतियों में इसके प्राचीन रूपात्मक संदर्भ देखे जा सकते हैं—भाषा की व्यावहारिक स्वीकृति के साथ-साथ उसका साहित्यिक प्रचलन लोक में निरन्तर चलता रहता है और इस रूप में रीतिकाल की हिन्दी ब्रज भाषा

कविता तथा उसकी शृंगारिक रूढ़ि को केवल एक (कालखण्ड तक सम्बद्ध कर देना अर्थात् संवत् 1700 से 1900 तक) में बाँध देना परम्परा का अवरोध होगा क्योंकि साहित्यिक संदर्भों की उत्पत्ति न आकस्मिक होती है और न भाषा की ही। इसके उदाहरण के लिए हिन्दी आदिकालीन एवं ब्रजभाषा रीतिकाल की कविता का तुलनात्मक स्वरूप सामने रखकर देखा जा सकता है।

आदिकाल में शृंगार वर्णन की शास्त्रीय तथा कवि कल्पना सम्बद्ध एक परिपाटी मिलती है। नखशिख, अलंकरण, नायिका भेद, वियोग तथा प्रेमोन्माद, ऋतु वर्णन, प्रवासगमन तथा मिलन आदि-आदि सारे-के-सारे शृंगार के शास्त्रीय संदर्भ संस्कृत साहित्य से प्रारम्भ होकर प्राकृत, अपभ्रंश से चलते हुए भाषा साहित्य में आए हैं। रूप-वर्णन, सज्जा, अलंकरण, सौन्दर्य विधान के स्वरूप संस्कृत साहित्य से लेकर हिन्दी के भारतेन्दु युग तक अपनी अजस्र एवं अटूट शृंखला बनाए हुए हैं। मुक्तक साहित्य का पूर्वक्रम हमें चौथी शती से 18वी-20वीं तक एक जैसे क्रम में प्राप्त होता है। यह केवल पुनरावृत्ति नहीं है—साहित्यिक परम्परा का एक गतिशील क्रम है—जो समाज तथा जीवन की रुचियों तथा सहृदयता से जुड़ा है।

भारतीय परम्परा के काव्यशास्त्र की दो धाराएँ मिलती हैं—प्रथम धारा है—चिन्तन की सैद्धान्तिकता से सम्बद्ध तथा द्वितीय धारा है—लेखन की व्यावहारिक परम्परा से सम्बद्ध। व्यावहारिक परम्परा से सम्बद्ध शास्त्रदृष्टि को काव्य लक्षण के नाम से पुकारा गया है और यह परम्परा आचार्य भरत के पूर्व से ही प्राप्त होती है। आचार्य भरत ने नाट्य शास्त्र के अन्तर्गत बताया है कि कविता की रचना के छत्तीस लक्षण हैं और कविता लिखते समय इनका ध्यान रखना चाहिए। परवर्ती काल में भामह, दण्डी तथा वामन प्रचलित काव्यरूपों यथा महाकाव्य, गीतिकाव्य, आख्यायिका, खण्डकाव्य आदि के लिए जिन लक्षणों का उल्लेख करते हैं, उनका पालन अनिवार्य है। नायक भेद की परिपाटी का विकास महाकाव्य के लक्षणों से ही सम्बद्ध है, बाद में, नायिका भेद, कामशास्त्र के प्रभाव से विकसित हुआ। नाट्याभिनय में अन्तरित शृंगार से सम्बद्ध नायिकाभेदों का विकास हुआ और आचार्य भरत अपने नाट्यशास्त्र में नायिकाभेद की प्रशस्त परम्परा स्थापित करते हैं। इस प्रकार, लक्षणशास्त्र, नायक एवं नायिकाभेद के संदर्भ संस्कृत साहित्य की प्रारम्भिक अवस्था की देन हैं और साहित्यि के अन्तर्गत इनका धीरे-धीरे विकास होता रहा है। इसी परम्परा के अन्तर्गत यह भी द्रष्टव्य है कि काव्य रचना के लिए संस्कृत काव्य परम्परा में कवियों की परम्परा, काव्य गुरुओं की शिक्षा, पूर्व कवियों के काव्यों का परीक्षण, कविता के उपादानों तथा लक्षणों का भलीभाँति ज्ञान आवश्यक है। राजशेखर काव्यमीमांसा में बताते हैं कि—

शब्दाभिधेयविज्ञाय कृत्वाताद्विदुपासनाम।
विलोक्यान्य निबन्धाश्च कार्य काव्यक्रियादरः।।

अतोऽभिवांछता कीर्तिस्थेय सीमा भुवः स्थिते।
यन्त्रोविदितवेद्येन विघेयः काव्यलक्षणः।।

"शब्द तथा अर्थ का सम्यक् ज्ञान करके, काव्यज्ञों की उपासना करके तथा अन्य कवियों की रचनाओं को देखकर काव्य रचना के लिए कवि को प्रवृत्त होना चाहिए।"

"भूलोक की स्थिति पर्यन्त यश चाहने वाले कवि को कविता के उपादानों तथा लक्षणों से पूर्णतः अवगत होना चाहिए और इस प्रकार उनकी दृष्टि से काव्य लक्षणों का ज्ञान कविता के लिए अनिवार्य है।"

हिन्दी की कविता पूर्व भारतीय परम्परा की उसे मिली हुई विरासत है और यह रीतिकालीन कविता उसी विरासत की देन है। कवि के लिए वैयक्तिक काव्य प्रतिभा के साथ परम्परा के संस्कारों से सम्बद्ध रहना, एक सीमा तक उसकी विवशता है और यह रीतिकालीन कविता पर्याप्तरूप में इस सीमा से जुड़ी रही है। काव्य समय, कवि समय, काव्य लक्षण, काव्य वर्णन की प्रौढ़ियाँ तथा वर्णक, कथानक प्रौढ़ियाँ, नायक-नायिकाओं के लक्षणभेद, ऋतुवर्णन परम्पराएँ आदि आदि भारतीय काव्य के वर्णक हिन्दी कविता में आदिकाल से लेकर आधुनिक काल में पण्डित महावीर प्रसाद द्विवेदी तक में दिखाई पड़ते हैं। भारतीय कविता के विकास में कलात्मक विलक्षणता की सृष्टि तथा शृंगार भाव (रसराज) के प्रति आकर्षण इन दो तत्त्वों ने प्रारम्भ से ही रीति-निष्ठा को विकसित होने का वातावरण बनाया है। यह सारा-का-सारा वातावरण संस्कृत काव्य का है जो आठवीं शदी से सत्रहवीं शती तक निरन्तर व्याप्त रहा है। प्राकृत, अपभ्रंश और हिन्दी का काव्य भी उसी क्रम से चलता रहा-बीच में, प्रतिबद्ध कविता के रूप में भक्ति-काव्य का प्रवाह आया किन्तु वहाँ भी रीतिदृष्टि का संदर्भ वर्तमान रहा है। संवत् 1300 से 1700 तक जिसे हम भक्तिकाल के नाम से जानते हैं- उसके समानान्तर तथा अन्दर रीतिनिष्ठा की दृष्टि दिखाई पड़ती है।

भक्ति काल तक आकर यह लक्षणपरम्परासिद्ध वर्णनपरिपाटी की कविता जिसे हम 'रीति कविता' कहते हैं, हिन्दी में पूरी तरह से उतर चुकी थी-तुलसी जैसे कवि इससे मुक्ति की बात कहते हुए भी उसमें आबद्ध हैं-वे पार्वती मंगल में कहते हैं कि—

"काव्यरीति नहिं जानउँ कवि न कहावउँ।

वह काव्यरीति कवि वर्णन परिपाटी नहीं जानते, अतः कवि नहीं हैं-अर्थात् कवि वही है जो काव्य रीति (कवि वर्णन परिपाटी)को भलीभाँति जानता और उसका प्रयोग करता हो।

मानस में दो स्थानों पर वे इस रीति रचना विधि का उल्लेख करते हैं—

कहहु सप्रेम प्रगट को करई। केहिं छाया कवि अति अनुसरई।
प्रौढ़ि सुजन जन जानहिं जनकी। कहहुँ प्रतीति प्रीति रुचि मन की।

'छाया तथा प्रौढ़ि' दोनों शब्द काव्य वर्णकों तथा रीति के लिए प्रयुक्त हुए हैं। आचार्य केशवदास कविप्रिया की रचना का प्रारम्भ करते हुए कहते हैं कि

समुझै बाला बालकनि वर्णन पंथ अगाध।
कविप्रिया केसव रची छमियहु सब अपराध।।

'कविता का अगाधवर्णन पंथ की वर्णक परम्परा जिसे रीतिदृष्टि के नाम से पुकारा गया है—कवि केशवदास उस युग में कवियों के लिए उसके ज्ञान तथा उसकी शिक्षा के लिए शास्त्र रचना कर रहे हैं। इस परम्परा में भक्तिकालीन कवि विद्यापति, कृपाराम, अब्दुर्रहीम-खानखाना, गोस्वामी तुलसीदास (वरवै रामायण कृति इसी कोटि की है), सूरदास (साहित्य लहरी), नन्ददास (रसमंजरी), सेनापति, गंगकवि, ब्रह्म कवि आदि की लम्बी तालिका है-और बिना इसके हिन्दी साहित्य के इतिहास के अन्तर्गत स्वीकृत रीतिकाल की कोई पृष्ठभूमि नहीं बनती। रीतिकाल की लक्षणयुक्त काव्य रचना, नायक-नायिकाभेद से सम्बद्ध शृंगार युक्त काव्य चेतना, स्वच्छन्द प्रेम धारा की प्रतिभा तथा कल्पनाशक्ति से सृजित सजीव रचनाओं की उत्पत्तिस्थली स्वयं रीतिकाल नहीं है-हाँ, यह सत्य है कि काव्य सृजन की इन भावनाओं ने इस कालखण्ड में बड़ा जोर पकड़ा था-किन्तु इस कविता की पृष्ठभूमि हमें भक्तिकाल तथा उसके पूर्व संस्कृत-साहित्य से चलती आ रही दिखाई पड़ती है।

साहित्य के इतिहास दृष्टि की सबसे महत्त्वपूर्ण प्रवृत्ति यह है कि किसी भी कालखण्ड के साहित्य की अपनी विशिष्ट सर्जनात्मक परम्परा और उसके इतिहास की व्याख्या करते समय उसकी काट छाँट नहीं करनी चाहिए-जैसा कि आचार्य रामचन्द्र शुक्ल ने इस रीतिकाल के संदर्भ में किया है। उनकी दृष्टि में रीतिकाल के प्रथम कवि चिन्तामणि (संवत् 1700) हैं और उन्हीं से हिन्दी रीतिकाल का प्रारम्भ होता है-यह स्वीकार्य नहीं हो सकता। हिन्दी रीतिकाल के उद्भव काल की पृष्ठभूमि का विवेचन किए हुए बिना उसके विकास बिन्दु से काल का प्रारम्भ स्वीकार करने से उसका सम्यक् मूल्यांकन नहीं होता। इसीलिए आचार्य शुक्ल के इतिहास का रीतिकाल एक संक्षिप्त भूमिका के बाद पूरी तरह से मिश्रबन्धु विनोद की भाँति इतिवृत्तात्मक है। डॉ. रामकुमार वर्मा ने 'रीतिकालान साहित्य का पुनर्मूल्यांकन' शीर्षक अपने ग्रंथ में चिन्तामणि के पूर्व के कवि-आचार्यों की सूची दी है-जो इस प्रकार है—

1.	कृपाराम	हित तरंगिणी	संवत् 1598	रस
2.	सूरदास	साहित्य लहरी	संवत् 607	रस
3.	नन्ददास	रस मंजरी	संवत् 1608	रस
4.	मोहनलाल	श्रृंगार सागर	संवत् 1616	रस
5.	करनेस	कर्णाभरण	संवत् 1637	रस

6.	बलभद्र	नखशिख	संवत् 1640	रस
7.	रहीम	नायिका भेद	संवत् 1640	रस
8.	केशवदास	रसिकप्रिया	संवत् 1650	रस
“	कवि प्रिया	संवत् 1658	अलंकार	
9.	मोहनलाल	बारहमासा	संवत् 1650	रस
10.	हरिराम	छन्द रत्नावली	संवत् 1651	पिंगल
11.	मुबारक	अलक शतक	संवत् 1660	रस
12.	गोप	तिलक शतक	संवत् 1670	अलंकार
	“	रामचन्द्र भूषण	संवत् 1673	अलंकार
13.	बालकृष्ण	रामचन्द्र प्रिया	संवत् 1675	पिंगल
14.	लीलाधर	नखशिख	संवत् 1676	रस
15.	ब्रजपतिभट्ट	रंगभाव माधुरी	संवत् 1680	रस
16.	छेमराज	फतहप्रकास	संवत् 1685	अलंकार
17.	सुन्दर	श्रृंगार सुंदर	संवत् 1688	रस
18.	तोष	सुधानिधि	संवत् 1691	रस
19.	जसवन्त सिंह	भाषाभूषण	संवत् 1695	अलंकार
20.	सेनापति	कवित्त रत्नाकर	संवत् 1700	अलंकार और रस
21.	मंडन	रस विलास	संवत् 1700	रस

आचार्य चिन्तामणि के पूर्व हिन्दी की रीतिकाल प्रणयन की यह परम्परा आचार्य शुक्ल द्वारा निर्धारित रीतिकाल से 100 वर्ष से अधिक प्राचीन दिखाई पड़ती है, अतः चिन्तामणि को इस काव्य खण्ड का न तो प्रथम कवि माना जा सकता है और न रीतिकाल का प्रारम्भ संवत् (संवत् 1700) का। साक्ष्य देकर बताया जा सकता है क्योंकि उनके पूर्व हिन्दी में रीतिकाल के लक्षण ग्रंथों का लेखन प्रारम्भ हो चुका था। कृपाराम की हित तरंगिणी के दोहे

इस प्रकार हैं—

बरनत कवि सिंगार रस छंद बड़े विस्तारि।
मैं बरन्यो दोहान बिच यातें सुधरि बिचारि।।
रच्चो ग्रंथ कविमत धरे धरे कृष्ण को ध्यान।
राखे सरस उदाहरन लच्छन जुत संज्ञान।

डॉ. रामकुमार वर्मा का स्पष्ट अभिमत है कि—

"अतः भक्तिकाल में भी जब रीतिग्रंथों का प्रणयन होने लगा था तब काव्य शास्त्र को प्रस्तुत करने वाले ग्रंथ पर्याप्त मात्रा में होंगे-जिनमें से अधिकांश हमे उपलब्ध नहीं होंगे।"

हिन्दी रीतिकाल की प्रवृत्तियों का उद्भव एवं विकास का मूलकारण राजाश्रय में प्रचलित आचार्य मम्मट, कविराज विश्वनाथ, आचार्य हेमचन्द्र, पण्डित राज—जगन्नाथ आदि आचार्य कवियों के पांडित्य का प्रचार तथा सहृदय समाज में उनकी सर्वथा स्वीकृति से रहा है। सहृदय सुकवि एवं पंडित समाज में प्रचलित परम्परा की इस शास्त्र एवं काव्य लक्षण स्वीकृति ने हिन्दी के कवियों तथा आचार्यों के पांडित्य तथा व्यक्तित्व लोभ ने उससे उन्हें जुड़ने के लिए विवश किया। आचार्य केशवदास, अब्दुर्रहीम खानखाना आदि कवि इसके सक्षम प्रमाण हैं। स्वयं प्रतिबद्ध कवि तुलसीदास कृत बरवै रामायण भी रीति परम्परा से ही सम्बद्ध है। यह आश्चर्य का विषय है कि जिस युग में आचार्य केशवदास रामचन्द्रिका के द्वारा शास्त्रीय महाकाव्य की रचना कर रहे हों, राधा कृष्ण के शृंगार रसत्व के विविध भेदों में नायक-नायिका के दृष्टान्त उज्ज्वलनीलमणि तथा श्रीहरिभक्तिरसायनसिन्धु दे रहे हों, वह भक्ति एवं शास्त्र की अवधारणा से भिन्न कैसे हैं। केशवदास इसी के ही क्रम में **रसिक प्रिया** भी दे रहे हों। स्वंय सूर कृत साहित्य लहरी नंददास कृत रसमंजरी को इसी क्रम में देखा जा सकता है।

आचार्य चिन्तामणि के पश्चात् इस रीति परम्परा में तीन-चार प्रकार के काव्य रूपों के वर्णन होते हैं। प्रथम शृंगार रस निरूपण एवं नायक-नायिका भेद, द्वितीय अलंकार शास्त्र निरूपण तथा उनके वर्णन की लक्षण उदाहरण युक्त परिपाटी तथा तृतीय छन्द वर्णन की। इनके अतिरिक्त शृंगार रस के निरूपण की बारहमासा तथा नखशिख शैली तथा सिद्धान्त का शास्त्र एवं प्रचलन दोनों प्राप्त है। यदि आचार्य चिन्तामणि के पूर्व की इस रीति काव्य परम्परा का अध्ययन करें तो ज्ञात होता है कि इन कृतियों की परिपाटी का ही निर्माण रीति पूर्व काल में नहीं हो रहा था अपितु इसकी प्रशस्त परम्परा भी आदिकाल तथा भक्तिकाल में स्थापित हो चुकी थी।

अतः आचार्य रामचन्द्र शुक्ल के निष्कर्ष से भिन्न इस सम्बन्ध में यह निष्कर्ष निकाला जा सकता है कि रीतिकाल का प्रारम्भ चिन्तामणि से नहीं हुआ था और संवत् 1900 के समापन के बाद भी इस परम्परा के कवियों की लम्बी सूची हमें आधुनिक काल तक मिलती है। इस सूची के अन्तर्गत प्रमुख कवि सरदार कवि, भारतेन्दु हरिश्चन्द्र, रमाशंकर शुक्ल

रसाल, लाला भगवानदीन, जगन्नाथ दास रत्नाकर आदि मिलते हैं किन्तु विषय वस्तु के पिष्टपेषण के कारण इन्हें विस्तार के साथ न जोड़कर समापन के रूप में निर्धारित कालखण्ड तक ही रखा जा सकता है किन्तु संवत् 1700 के पूर्व के रीतिकालीन कवियों ने अपने युग में शास्त्रनिष्ठा, मुक्तक काव्य शैलीविधान में वर्तमान रीतिदृष्टि तथा कवि-शिक्षा एवं वर्णकपरम्परा से जुड़ी शृंगार आदि की परिपाटियों की हिन्दी साहित्य में स्थापना एवं प्रचार में पूर्णनिष्ठा प्रकट की थी।

रीतिकाल के नामकरण की समस्या

'रीति' शब्द स्वंय में एक नितान्त विवादस्पद शब्द है—आचार्य वामन ने सर्वप्रथम भाषिक शैली विभेद के रूप में प्रचलित प्रदेशाभिधान्यवाद को प्रादेशिकता की संकीर्णता से मुक्त करके उसे 'काव्य पद्धति' या 'काव्य रचना रीति' के नाम से पुकारा है। गौड़ीया अर्थात् बंग प्रदेश या पूर्वी राज्यों में संस्कृत में लिखी जाने वाली काव्य रचना शैली, पांचाली अर्थात् पंजाब, पटियाला राज्यों की काव्यशैली तथा वैदर्भी अर्थात् दक्षिणी प्रदेशों यथा महाराष्ट्र आदि प्रदेशों की संस्कृत काव्य रचना शैलियों में जिनकी प्रादेशिक भिन्नता जैसी संकीर्णता दिखाई पड़ रही थी, वह रीति है। इस रीतिशब्द के द्वारा उन्होंने सर्वप्रथम इस प्रदेशाभिधान्यवाद को दूर करके उन्हें काव्य पद्धति के नाम से पुकार कर उन्हें काव्य की रीति का एक अंग मान लिया। रीति का अर्थ हुआ काव्य रचना शैली या पद्धति जो स्वयं में एक सिद्धान्त है और ये शैलियाँ भेद बनकर भिन्न न होकर संस्कृत काव्य रचना की अटूट धरोहर हैं।

आचार्य वामन के पूर्व इस रीति शब्द का प्रयोग नहीं मिलता किन्तु वैदर्भी, पांचाली तथा गौड़ीया काव्य शैलियाँ प्रादेशिकता से जुड़ी थीं। आचार्य भरत, भामह एवं दण्डिन् आदि इनके लिए मार्ग का निदेश करते हैं। परवर्ती काल में आचार्य भोज आदि भी मार्ग शब्द का प्रयोग करते हैं और संस्कृत साहित्य में यह एक सिद्धान्त तथा सम्प्रदाय के रूप में स्वीकार होता रहा है।

यह विशेष रूप से ध्यान रखने की बात है कि संस्कृत साहित्य में काव्य रचना के संदर्भ में तीन परिपुष्टियाँ रहीं हैं, राजशेखर ने काव्य मीमांसा में इन्हें इस प्रकार रखा है—

शास्त्र कवि (2) काव्य लक्षण एवं कवि परम्परा के कवि

उभय कवि (3) शास्त्र तथा काव्य के कवि

काव्य परम्परा

सामान्यतः रीतिकाल में रीतिबद्ध, रीतिसिद्ध एवं रीतिमुक्त या स्वच्छन्द काव्य परम्परा इन्हीं तीन रूपों में है। इन तीन परम्परा के अतिरिक्त एक और भी काव्य परम्परा संस्कृत में आचार्य भरत के समय से चल रही है, वह है, कवि शिक्षा के अन्तर्गत काव्य लक्षण परम्परा।

संस्कृत साहित्य में यह काव्य लक्षण परम्परा प्रारम्भ में तो बड़ी तेजी से चली किन्तु सशक्त तथा समर्थ कवियों का काव्य प्रवाह इतना प्रबल हो गया कि काव्य की यह लक्षण परम्परा गौण हो उठी थी किन्तु औचित्य तथा कवि शिक्षा परम्परा के प्रचार-प्रसार से पुनः काव्य लक्षण परम्परा प्रबल पड़ी। आचार्य क्षेमेन्द्र तथा राजशेखर कृत औचित्यविचारचर्या तथा काव्य मीमांसा के बाद इस परम्परा को बहुत बल मिला तथा ईसा की आठवीं शती के आस-पास से यह काव्य लक्षण परम्परा संस्कृत और उसी क्रम में पुनः हिन्दी में सामने आई—

इस दिशा में सर्वप्रथम ग्रंथ आचार्य 'शौद्धोदनि' का है, उन्होंने अलंकार-शेखर शीर्षक एक ग्रंथ को मूल रूप में आठवीं शती में लिखा था। पी.वी. कणे जैसे विद्वान तो लक्षण शास्त्र की काव्य परम्परा के इस ग्रंथ का रचनाकाल पाँचवीं शती के बाद मानते हैं—"The कारिका s of the शौद्धोदानि appear to have been composed after the fifth Century."

आचार्य भामह तथा दण्डी के अनुसार यह काल कविता रचने की लक्षण परम्परा के प्रचलन का था और वे काव्यालंकार तथा काव्यादर्श की रचना करके उसे काव्य ग्रंथ न कहकर लक्षण ग्रंथ कहते हैं—

यथा सामार्थ्य अस्माभिः क्रियते काव्य लक्षणम् और यही बात आचार्य भामह भी कहते हैं कि मैं काव्य प्रयोग की मान्यताओं को पढ़कर उसका श्रेष्ठ कवियों के लिए निर्माण कर रहा हूँ।

अवलोक्य मतानि च सत्कवीनामवगम्य-
स्वाधिया च काव्य लक्ष्मः

यहाँ "काव्य लक्ष्म" शब्द काव्य लक्षण के लिए प्रयुक्त है।

आचार्य अभिनव गुप्त के समय में यह काव्य लक्षण परम्परा अत्यन्त व्यापक हो उठी थी और इससे सम्बद्ध 10 प्रकार के मत थे। संस्कृत साहित्य में इस विषय में एक लम्बी तालिका प्राप्त होती है जो अपभ्रंश, हिन्दी, भक्ति काल तथा रीतिकाल तक बराबर चलती रही है। इस परम्परा से सम्बद्ध उपलब्ध ग्रंथों की सूची इस प्रकार है—

1. कविशिक्षा—अमरचन्द्र, 14वीं शती
2. कविकाव्यलता—अमरचन्द्र, 14वीं शती
3. कविकाव्यलतासार—अमरचन्द्र, 14वीं शती
4. कविकाव्यलतिका—अज्ञात
5. कविसंजीवनी—श्री निवास, 14वीं शती
6. अलंकारशेखर—केशव भिक्ष, 16वीं शती
7. कविकाव्यलता—आचार्य देवेश्वर, 15वीं शती

संस्कृत साहित्य से चलती हुई यह वर्णक परम्परा अपभ्रंश एवं हिन्दी में इस प्रकार

दिखाई पड़ती है—

1. वर्णरत्नाकर—ज्योतिरीश्वर ठाकुर, 14वीं शती
2. कविप्रिया—आचार्य केशवदास, 16वीं शती
3. काव्यसिद्धान्त—सुरति मिश्र, 18वीं शती
4. नखशिख—अज्ञात
5. सुखसागर—तरंग देव, 18वीं शती

यह एक विशिष्ट काव्य परम्परा आचार्य भरत के पूर्व से प्रारम्भ होकर भारतीय साहित्य में अठारहवीं शती तक चलती रही है और रीति दृष्टि को नियंत्रित तथा व्यस्थित करने वाली यह एक विशेष दृष्टि थी।

हिन्दी में संवत् 1700 से संवत् 1900 तक चलने वाली इस काव्य परम्परा को 'रीति' शब्द से कैसे पहचाना जाए यह एक विवादास्पद प्रश्न है। काव्य रचना की वे सारी-की-सारी परिस्थितियाँ नहीं है, जो भक्ति से इतर काव्य परम्परा के भारतीय अवशेष के रूप में दण्डी, भामह वामन से लेकर पण्डितराज जगन्नाथ तक तथा उसके बाद भी चलती रही हैं, अर्थात् सातवीं शती से लेकर अठारहवीं शती तक रहीं। इस रचना परिवेश की परम्परानुगतता राजाश्रय का आलम्बन प्राप्त कर हिन्दी काव्य में यह उतरी और हमारे आधुनिक इतिहासकारों ने इसे अलंकृत-काल (मिश्रबन्धु विनोद), रीतिकाल (आचार्य रामचन्द्र शुक्ल), शृंगार-काल (आचार्य विश्वनाथ प्रसाद मिश्र), कलाकाल (डा0 रामकुमार वर्मा) आदि नाम दिया—

अलंकृतकाल

जैसा कि बताया गया है, यह नामकरण मिश्रबन्धुओं द्वारा रीतिकाल के लिए दिया गया है। हिन्दी साहित्य के मध्य काल के संदर्भ में भक्तिकाव्य को '**प्रौढ़ मध्यकाल**' उत्तरवर्ती रीतिकाल को **अलंकृत मध्यकाल या अलंकृत काल** के नाम से उन्होंने पुकारा है। इसके अन्तर्गत सात अध्याय हैं और विविध कवियों का वर्गीकरण करके क्रमशः उनका विवेचन किया गया है। अलंकृत काल कहने के पीछे मिश्र—बन्धुओं का यह आधार रहा है कि इस काल खंड की प्रमुख विशेषता कवियों द्वारा काव्यभाषा को सघन बनाकर उन्हें अलंकृत करने की रही है। 'सघनता' शब्द अर्थचमत्कार, कल्पनाविधान की जटिलता तथा प्रकरणों के नयेपन के समन्वय के सम्बद्ध है। यहाँ अलंकरण का अर्थ सामान्य अलंकारिक प्रयोग की व्यापकता नहीं वरन् यह एक ओर यह समग्र अलंकार .... रस, गुण अलंकार, रीति, वक्रोक्ति आदि ....संदर्भो) से सम्बद्ध है तो दूसरी और समग्र भाषिक वैभव की चमत्कारिक सृष्टि एवं काव्य सामग्री है।

मिश्रबन्धुविनोद के इस संदर्भ पर विचार करने से यह स्पष्ट हो जाता है कि परम्परा के समग्र संस्कृत काव्यशास्त्रीय विवेचन एवं चिन्तन जिसे साहित्य शास्त्र कहा गया है, उसका

एक अन्य पर्यायवाची शब्द है—अलंकारशास्त्र और अलंकारकाल का अर्थ है-हिन्दी काव्य का वह युग जिसमें परम्परा के समग्र साहित्य शास्त्र को रूपान्तरित या अभिव्यक्त करने की दृष्टि दिखाई पड़ती है।

मिश्र बन्धुओं के 'अलंकृत काल' कहने की पीछे उनकी शास्त्रदृष्टि सर्वोपरि है किन्तु यदि हिन्दी रीतिकाल की चर्चा करें तो इस शास्त्रदृष्टि की अपरिपक्वता पदेन-पदेन परम्परित चिन्तन दृष्टि को बाधित करती है। रीतिकाल को भारतीय काव्यशास्त्र की पुनर्प्रस्तृति भी नहीं कह सकते हैं क्योंकि समग्रतः शास्त्र विवेचन का उथलापन सामान्य-धर्म बनकर यहाँ आता है। दूसरी बात यह कि, इस युग की स्वच्छन्द शास्त्रमुक्त कविता का भी एक सशक्त वातावरण हैं भक्ति, राधाकृष्णा प्रेम, संतों का रहस्यात्मक आनन्दवाद आदि तो सब कुछ शास्त्र एवं शास्त्र दृष्टि से हटकर है। इसीलिए आचार्य रामचन्द्र शुक्ल ने न इनके मध्यकाल के विभाजन को स्वीकार किया और न 'अलंकृत काल' शब्द के नामकरण को।

रीतिकाल

यह आचार्य रामचन्द्र शुक्ल द्वारा दिया गया इस कालखण्ड के लिए नामकरण है-और आचार्य विश्वनाथ प्रसाद मिश्र तथा डॉ. रामकुमार वर्मा को छोड़कर प्रायः अधिकांश साहित्येतिहास लेखकों द्वारा स्वीकार किया गया है। आचार्य शुक्ल यह नामकरण 'शिक्षित जनता की चित्तवृत्ति' के आधार पर तय करते है और उस युग की शिक्षित जनता का वे अर्थ लगाते हैं-राज्ञाश्रय, राजदरबार के कवि तथा पंडित एवं शास्त्रकार। रीतिकाल का नामकरण देते हुए वे अपने इतिहास ग्रंथ में कहते हैं कि—

"इसमें संदेह नहीं है कि काव्य रीति का सम्यक् प्रतिपादन पहले-पहल आचार्य केशव ने ही किया।" उनके अनुसार काव्य रीति का सम्यक् प्रतिपादन ही रीतिदृष्टि है और उनके रीतिकाल के नामकरण के संदर्भ में यह 'रीतिदृष्टि' शब्द सबसे महत्त्वपूर्ण है। इस रीतिदृष्टि का यहाँ अर्थव्यंजित होता है-काव्य रचना की समग्र शास्त्रीय परिपाटी। डॉ- नगेन्द्र आचार्य शुक्ल की 'रीतिदृष्टि' शब्द को रीति के सापेक्ष्य में स्पष्ट करते हुए कहते हैं कि—

"शुक्ल जी ने कुछ अंशों में वामन के रीति शब्द का अर्थ संकेत भी ग्रहण करते हुए रीति को केवल एक प्रकार न मानकर एक दृष्टिकोण माना। यह उनकी विशेषता थी। उनके विधान में-जिसमें रीति ग्रंथ रचा हो, केवल वही रीति कवि नहीं है, वरन् जिसका काव्य के प्रति दृष्टिकोण रीतिबद्ध हो, वह भी रीति कवि है।"

हिन्दी साहित्य के अन्तर्गत गोस्वामी तुलसीदास ने सर्वप्रथम रीति शब्द का प्रयोग किया है, यह आश्चर्य का विषय है। पार्वती मंगल के प्रारम्भ में वे कहते हैं—

कवित रीति नहिं जानउँ कवि न कहावउँ।
संकरचरित सुसरित मनहिं अन्हवावउँ।।

रीतिकालीन कवियों में तो 'रीति' शब्द के प्रयोग की एक लम्बी शृंखला मिलती है और उनके अनुसार "काव्यरीति, भाषारीति, रसरीति, अलंकार रीति आदि शब्दों के प्रयोग मिलते हैं। आचार्य भिखारीदास ने गोस्वामी तुलसीदास की भाँति 'काव्यरीति' शब्द का ही उल्लेख किया है—

काव्य की रीति सिखी सुकवीन सों,
देखीं सुनी बहु लोक की बातें।

हिन्दी साहित्य के इतिहासकारों में, यह आश्चर्य का विषय है कि अपने मिश्रबन्धु विनोद में मिश्रबन्धुगण' रीति शब्द का काव्य रचना प्रणाली के अर्थ में प्रयोग करते हैं, किन्तु इस काल का नामकरण उन्होंने 'अलंकृत काल' ही रखा है। इस सन्दर्भ में उनका प्रसिद्ध वाक्य है—आचार्य लोग तो कविता करने की रीति सिखाते थे, मानो वह संसार से यह कहते हैं कि अमुक विषय के वर्णनों में अमुक प्रकार के कथन उपयोगी हैं और अमुक प्रकार के अनुपयोगी।" उनका यह कथन काव्य वर्णकों, कवि शिक्षा एवं रूढ़ियों से सम्बद्ध है।

वैसे भारतीय काव्यशास्त्र में रीति शब्द के लिए निम्नलिखित आचार्यों द्वारा निम्नलिखित अर्थ प्रयुक्त किए गए हैं—

1.	आचार्य भरत	प्रवृत्ति
2.	आचार्य दण्डी	मार्ग, वर्त्मनि, पथ, पंथ, बन्ध, पद्धति
3.	वामन	रीति (विशिष्ट पद रचना के संदर्भ में)
4.	आनन्दवर्धन	पदसंघटना
5.	राजशेखर	वचनविन्यास पद्धति
6.	कुन्तक	रीति (कवि स्वभाव एवं काव्य पद्धति के अर्थ में)
7.	आचार्य भोज	रीति-कवि प्रणाली का काव्य परिपाटी
8.	आचार्य शिङ् भूपाल	कविसृजन के अन्तर्गत उनकी पद विन्यास भंगिमा (शैली)

इस प्रकार आचार्य भरत से लेकर 14वीं शती अर्थात् आचार्य शिङ्. भूपाल तक रीति शब्द के अर्थ में परिवर्तन होते रहे हैं-और हिन्दी साहित्य के अन्तर्गत प्रयुक्त रीतिकाल के लिए इनमें से आचार्य राजशेखर, कुन्तक, आचार्य भोज एवं आचार्य शिङ्. भूपाल की ही मान्यताएँ स्वीकृत रही हैं-काव्य रचना शैली (रीति), काव्य पद्धति, कवि प्रणाली, काव्यपरिपाटी एवं कविता कर्म की विशेष प्रकार की शैलियाँ। राजशेखर ने काव्यमीमांसा के अन्तर्गत कविता या कवियों की तीन शैलियाँ स्वीकार की हैं—

शास्त्र कविः काव्य कविः उभयकविश्चेति ....

1. शास्त्र कवि
2. काव्य कवि
3. शास्त्र तथा काव्य कवि (उभय कवि)

हिन्दी रीतिकाल में भी तीन प्रकार के कवि हैं—

1. शास्त्र कवि अर्थात् रीतिबद्ध कवि
2. रीतिमुक्त कवि अर्थात् काव्यकवि
3. रीतिसिद्ध अर्थात् उभयकवि

इस प्रकार स्पष्ट है कि भारतीय काव्य शास्त्र में रीतिकाल के पर्याप्त पूर्व शास्त्र-कवि की एक परिचाटी बन चुकी थी और इस परिवारी के अनुगमन की सम्बद्ध-व्यवस्था हिन्दी साहित्य तक चली और 'रीतिकाल' शब्द न केवल शब्दार्थ अपितु व्यंजनाभाव से इसी परम्पराबद्ध काव्य व्यवस्था के अर्थ में प्रयुक्त शब्द स्वीकार किया जाएगा। डॉ. नगेन्द्र ने इसे दूसरे ढंग से स्पष्ट करने का प्रयत्न किया है—

"जिस ग्रंथ में रचना सम्बन्धी नियमों का विवेचन हो वह रीति ग्रंथ और जिस काव्य की रचना इन नियमों से आबद्ध हो वह रीति काव्य है।"[1] डॉ. नगेन्द्र ने शासनबद्ध काव्य सर्जन को रीति काव्य के नाम से पुकारा है। शासन के नियमों से आबद्ध के अन्तर्गत रसादि सिद्धान्तों से लेकर काव्य लक्षण, वर्णक, कवि समय, काव्य समय एवं प्रत्येक प्रकार की परम्परागत काव्य रूढ़ियाँ समाविष्ट हो जाती हैं।

इस प्रकार रीति शब्द परम्परा के शब्दार्थ से पर्याप्त मुक्त तथा व्यापक अर्थ में शासन भावना से सम्पृक्त काव्य रचना का विधायक तत्त्व है।

जैसा कि प्रारम्भ में कहा गया है, रीतिकाल भारतीय काव्य शासन एवं काव्य रचना की ऐतिहासिक परम्परा का सहज विकास है। यह बिना किसी अवरोध के सर्वथा स्वीकृत, अप्रभुता, प्राचीन हिन्दी तथा भक्तिकालीन हिन्दी तक कविता में ब्रजभाषा जैसी संवेनात्मक काव्य भाषा को निर्मित करके यह काव्यधारा पूरे देशभर में सांस्कृतिक धरोहर के रूप में फैली। हिन्दी के आचार्य रामचन्द्रशुक्ल जैसे आलोचक ने भले ही, अपनी मूल्यवादी समीक्षा के मानकों पर इसे समर्थ न पाकर इसके महत्त्व को न स्वीकार किया हो—किन्तु इसमें किसी को संदेह नहीं है कि यह भारतीय कविता की ऐतिहासिक धरोहर तथा हमारी कलात्मक चेतना की संवाहिका रही है। यह हो सकता है कि हजारों वर्षों से चली आ रही यह कविताधारा अपने युग के संकीर्ण संदर्भों के प्रभाव से मटमैली दिखती हो किन्तु परम्परा की गरिमा से सम्पृक्त बनाए रखने के लिए यह निरन्तर सजग रही है।

---

1. भारतीय काव्य शास्त्र की भूमिका – 136

डॉ. जगदीश गुप्त रीतिकाल के अन्तर्गत अभिव्यक्त कलात्मक कौशल और शृंगारप्रियता की व्याख्या और हिन्दी साहित्य के आलोचकों में डॉ. रामकुमार वर्मा तथा पं. विश्वनाथ प्रसाद मिश्र रीतिकाल नामकरण से असहमत हैं फिर भी, डॉ. वर्मा का मत है कि हिन्दी का रीतिकाल केवल परम्परा की पुनरावृत्ति मात्र नहीं है। इस युग की प्रतिभा की वह विलक्षणता जो इस साहित्य में कला दृष्टि की सर्जनात्मक मौलिकता की व्यापक तथा सार्वभौम पहचान कराती है, वह परम्परा की पुनरावृत्ति एवं रीति की एक शैली मात्र है।

इसी प्रकार आचार्य पं० विश्वनाथ प्रसाद मिश्र भी आपत्ति रखते हैं कि रीति काल नामकरण करने पर अनेक मौलिक एवं प्रतिभाशील कवियों को पहली सूची में नहीं रीतिकाल की दूसरी या गौड सूची में रखना पड़ेगा जो सर्वथा उचित नहीं है और यह रीति शब्द इस प्रकार सम्पूर्ण इस युग की समग्र सृजन—व्यापकता का बोधक नहीं है, इसलिए इसे रखना उचित नहीं होगा।

इनके अतिरिक्त भी, एकाध समीक्षक इस रीति शब्द को एक विशिष्ट मूल्यांकन पद्धति के रूप में मानकर उसका संकीर्ण अर्थ देते हैं।

इन सबका उत्तर देते हुए, डॉ. बच्चन सिंह ने स्पष्ट रूप से निर्दिष्ट किया है कि—

"घनआनन्द, जिन्हें कुछ लोग एकदम रीति मुक्त और विशुद्ध स्वच्छन्दतावादी समझकर यह प्रतिपादित करना चाहते हैं कि शृंगार काल नाम इस प्रकार के स्वच्छन्दतावाद कवियों को अपनी अभिव्यक्ति में भली-भाँति समेट लेता है, लेकिन कठिनाई केवल यह है कि घन आनन्द और उस प्रवृत्ति की दृष्टि से उनसे कुछ मिलते जुलते कवि स्वच्छन्दता दिखाने पर रीतिकाल के प्रभाव से बच नहीं सकते।

अतः घन आनन्द का अवलम्ब लेकर भी रीतिकाल के समक्ष शृंगार काल नाम का औचित्य सिद्ध नहीं होता।"[1]

डॉ. जगदीश गुप्त उसे सामाजिक संदर्भ अवश्य देते हैं किन्तु ये तत्त्व भारतीय कविता के सर्जनात्मक इतिहास के प्राचीन साक्ष्य है। आधुनिक साहित्यिक संदर्भों में आज ये तत्त्व कालकवलित भले ही लगें किन्तु भारतीय काव्य रचना के इतिहास संदर्भ में इनका अपना स्थान है। राजशेखर की कवि सूची में आठ प्रकार के कवि हैं :—रचना कवि, शब्द कवि, अर्थ कवि, अलंकार कवि, उक्ति कवि, रस कवि, मार्ग कवि, शास्त्र कवि, क्या हिन्दी के ये रीतिकालीन कवि अपनी पूर्व कवि प्रचेतागणों की रचना परम्परा से पृथक् हैं, एकदम नहीं।

1. रीतिकालीन कवियों की प्रेम व्यंजना, डॉ. बच्चन सिंह, पृ० 29-30

शृंगार काल

रीतिकाल के संदर्भ में आचार्य रामचन्द्र शुक्ल ने ही अपने इतिहास ग्रंथ में एक टिप्पणी इस प्रकार की है—

"वास्तव में शृंगार और वीर इन्हीं दो रसों की कविता इस काल में हुई। प्रधानता शृंगार की रही। इससे इस काल को रस के विचार से कोई शृंगार काल कहे तो कह सकता है।"[1] पंडित विश्वनाथ प्रसाद मिश्र हिन्दी साहित्य का अतीत, भाग-2 (वाणी प्रकाशन, नई दिल्ली) इस विषय पर व्यापक ढंग से विचार करते हुए अपनी मान्यताएँ देते हैं कि "जिसमें श्रृंगार काल नाम प्रस्तावित किया उसका सौभाग्य है कि इस नामोल्लेख के अनन्तर जितने हिन्दी साहित्य के इतिहास हाट में बिकने आए, उन्होंने किसी-न-किसी रूप में उसकी उसके किए युग के विभाजन की अर्हता स्वीकार ली।" जो भी हो, इस नाम को मान लेना भी किसी-न-किसी रूप में उसकी प्रस्तावना की स्वीकृति है।"[2]

आचार्य मिश्र प्रकारान्तर भाव से यह स्वीकृति देते हैं कि इस नामकरण के पीछे आचार्य शुक्ल का नामकरण विषयक अभिमत मूल में अवश्य है। रीति नामकरण विषयक अनौचित्य तथा शृंगार काल के औचित्य की चिन्तन विषयक अवधारणा के मूल में स्वयं आचार्य शुक्ल ही हैं और उनके द्वारा निर्दिष्ट रीतिकाल के लिए शृंगार काल शब्द की स्थापना के सटीक तर्क शुक्ल के न होकर आचार्य विश्वनाथ प्रसाद-मिश्र के ही हैं। अतः इस नामकरण की अवधारणा शुक्ल जी से न जोड़कर पण्डित विश्वनाथ प्रसाद मिश्र से ही जोड़ी जाती है।

काव्यशास्त्र की भाँति शृंगारनिष्ठा का इतिहास भी भारतीय कविता की सनातन परम्परा है। नायिकाभेद के विविध रूप आचार्य भरत से मिलने लगते हैं। सामन्ती एवं काव्य-शास्त्रीय परम्परा में स्वीकृत नायिकाभेद की परिपाटियों को उसके सम्पूर्ण रंजक चेतना के साथ आचार्य भरत स्वीकार करते हैं। धीर-ललित नायक के क्रिया-कलाप तथा उनकी शृंगारिक चेष्टाएँ जिन नायिकाओं से सम्बद्ध हैं, उनको विशेषविस्तार के साथ आचार्य भरत ने अपने नाटयशास्त्र के प्रयोग में रखा है। नाटय ग्रंथों एवं शृंगारिक काव्यों, महाकाव्यों तथा मुक्तकों में इन नायिकाओं की चेष्टावृत्ति की कार्य शैली, कायिक, वाचिक, मानसिक तथा सात्विक अनुभाव, भावोद्दीपन संदर्भ सब कुछ परम्परा के हैं और रीतिकाल के पूर्व तक इनका पर्याप्त विकास हो चुका था। हिन्दी के रीतिकाल, शृंगारिकता का वातावरण कई कारणों से व्यापक एवं समृद्ध हुआ और इसी शृंगारिकता की प्रमुखता तथा व्याप्ति के कारण इसका नाम **शृंगार काल** रखा जाना चाहिए। आचार्य मिश्र ने इसके समर्थन में चार तर्क दिए हैं—

1. हिन्दी साहित्य का इतिहास—आचार्य रामचन्द्र शुक्ल, पृ० 268
2. हिन्दी साहित्य का अतीत—आचार्य विश्वनाथ प्रसाद मिश्र, पृ0 11

1. रीतिकालीन समग्र ग्रंथों की छानबीन में अन्य शास्त्रीय तत्त्व मिलें या न मिलें शृंगार रस तथा भाव प्रायः सर्वत्र और सभी कृतियों में निश्चित रूप से मिल जाते हैं। अतः शृंगार रस की व्याप्ति के कारण इस काल खण्ड का नाम शृंगार काल कहा जा सकता है।
2. इस युग के रीतिमुक्त एवं मुक्तक परम्परा के ग्रंथों की अभिपुष्टि शृंगार रस से ही होती है। जैसे सतसई, नौसई एवं हजारा शीर्षक ग्रंथ शृंगार की ही कृतियाँ हैं। अतः उनका विश्लेषण शृंगार के आधार पर करणीय हैं। इसलिए रीतिमुक्त ग्रंथ भी शृंगार परम्परा से ही सम्बद्ध हैं।
3. रीतिकालीन कवियों का मुख्य रचानात्मक मन्तव्य रीति ग्रंथों की परिपाटी की रचना नहीं है क्योंकि शृंगारप्रधान सामन्ती व्यवस्था में उन्हें रीति प्रतिष्ठा न दिला पाती। हिन्दी के आचार्यों ने तो केवल समसामयिक प्रचलित काव्य शास्त्रीय ग्रंथों को आधार के रूप में स्वीकार किया है, जैसे काव्य प्रकाश, साहित्य दर्पण, रस गंगाधर, रस मंजरी, कुवलयानन्द आदि। इन कवियों को भारतीय काव्य-शास्त्रीय चिन्तन की परिपाटी का गम्भीर एवं अतलस्पर्शी ज्ञान नहीं था। रीति या परम्परा तो एक बहाना है इन्होंने नायिकाभेद, बारहमासा, षटचतु वर्णन, नखशिख, चेष्टा तथा विलास वर्णन आदि के माध्यम से सामन्ती वातावरण की सन्तुष्टि के लिए शृंगार रस तथा भाव का ही कृतियों में प्रदर्शन किया है।
4. ये कवि देशी नरेशों के दरबारी कवि थे और राजदरबार में शृंगारपरक मुक्तकों द्वारा अपने कवित्व में प्रदर्शन तथा कामुकता को व्यक्त करने का निरन्तर वातावरण निर्मित करते हैं और प्रायः मुसलमान सामन्तों के दरबार में फारसी कवियों के समान्तर प्रेम से सम्युक्त भावनाओं की अभिव्यक्ति दरबारी कवि किया करते थे। राज प्रशस्ति तथा शृंगार इनका मुख्य वर्ण्य रहा है।

आचार्य विश्वनाथ प्रसाद मिश्र ने अपने इन चार तर्कों के आधार पर यह सिद्ध किया है कि आचार्य रामचन्द्र शुक्ल के मन्तव्य को इन तर्कों के साथ जोड़कर यदि देखा जाए तो रीतिकाल को शृंगार काल कहने में कोई अनौचित्य नहीं है।

रीतिकाल एवं शृंगार काल दोनों का तुलनात्मक अनुशीलन रीतिकाल के संदर्भ में किया जा चुका है। अतः यहाँ केवल इतना ही कहना मात्र पर्याप्त है कि हिन्दी साहित्य के अधिकांश इतिहासकार तथा विद्वान आचार्य रामचन्द्र द्वारा स्वीकृत रीतिकाल शीर्षक नामकरण की उपयुक्तता पर ही बल देते हैं।

कला काल

डॉ. रामकुमार वर्मा ने रीतिकाल को 'कलाकाल' के नाम से परिभाषित करने का प्रयत्न किया है और अपने अभिमत की पुष्टि के लिए अपनी प्रसिद्ध कृति "रीतिकालीन साहित्य

का पुनर्मूल्यांकन' लिखी।[1] उन्होंने आचार्य शुक्ल के रीतिकाल या शृंगार काल का खंडन करते हुए उनसे सम्बद्ध विसंगतियों पर विस्तार से प्रकाश डाला है और यह स्थापना दी है कि "इस काल को रीतिकाल अथवा" शृंगार काल कहना असंगत है।" इसी प्रकरण में इस काल खंड के कलाकाल नाम की सार्थकता पर प्रकाश डालते हुए वे कहते हैं कि—

"इस काल को कला काल नाम देना समीचीन ज्ञात होता है। रीतिकाल और शृंगार काव्य के साथ इस काल खंड में इतनी अधिक प्रवृत्तियों और ललित कला की साधनाएँ दृष्टिगत होती हैं कि उनमें कला का प्राँजलरूप ही दृष्टिगत होता है।"[2]

इस तथ्य को अपने तर्कों से और अधिक स्पष्ट करते हुए वे पुनः कहते हैं कि—

"मैं तो कहूँगा कि हिन्दी साहित्य का कलाकाल वस्तुतः चारणकाल और भक्तिकाल की प्रेरणाओं को आत्मसात् कर जीवन के लौकिक पक्ष को कभी राजनीति और कभी प्रेम से मिलाकर अत्यन्त कलात्मक ढंग से उपस्थित करता है। इस दृष्टि से कलाकाल की रचनाओं पर नाक यौं सिकोड़ने वाले आलोचकों को कलाकाल का अध्ययन कला के सिद्धान्तों को सामने रखकर करना चाहिए।"[3]

डॉ. रामकुमार वर्मा का मत है कि हिन्दी का रीतिकाल संगीत, नृत्य, स्थापत्य, वाद्य आदि के कलात्मक मानदण्डों का शीर्ष काल है-और राजापुत्रों की रूचि के अनुरूप लोकाश्रय की रूचि भी इसी कलात्मक उत्कर्ष से उत्पन्न तथा सौन्दर्यातिरेक से सम्बद्ध आस्वादन की ओर दिखाई पड़ती है तो अकेले कविता वैसे उस युगीन चेतना को छोड़कर अपनी कोई स्वतंत्र संदर्भ दृष्टि बनाती। समग्रकलाओं से सम्बद्ध राजवृत्ति तथा लोकवृत्ति के से जुड़ी कविता भी इस काल खंड में रीति सिद्धान्त की निष्ठा के प्रतिवादन का आधार नहीं खोज रही थी-वरन् सुन्दरता की सर्जना से जुड़ी पाठक के रसास्वादन का अंग थी। इस युग के कवि भी कला के सौन्दर्य सर्जक उपादानों द्वारा सुन्दरतम की निर्मिति के आग्रह एवं उसकी निष्ठा से ओतप्रोत अपनी कविता को रसिक सहृदय जनसमाज के आनन्द तथा आस्वादन का विषय बनाने में तत्पर थे। उनकी यह तत्परता रीतिनिष्ठा नहीं थी—रूपान्तरित मानदण्डों का कविता के प्रायोगिक स्तर पर पुर्नप्रयोग था। इन कवियों की कलात्मकनिष्ठा भरी अभिव्यक्ति के लिए परम्परागत काव्यरचना परिपाटी की व्यवस्था उपादान मात्र थी। रीति निष्ठा साधन थी, साध्य थी-कलामयी काव्य निष्ठा की सर्जना, अतः इस काल खंड को रीतिकाल न कहकर कलाकाल ही कहना अपेक्षित होगा।

रीतिकालीन कविता की मुख्य काव्यधारा में कलात्मक सजगता अर्थात् सुन्दरतम की निर्मिति के प्रति सजगता अवश्य दिखाई पड़ती है-लेकिन इस निर्मिति के मूल में परम्परा की

1. प्रकाशित 1984 : साहित्य भवन (प्रा0) लिमिटेड, इलाहाबाद।
2. वही, पृ0 3।
3. वही, पृ0 228।

पुनरावृत्ति हैं। रीतिकाल अपनी कलात्मक सजगता के लिए इतिहास प्रसिद्ध है और इसकी कलात्मक नवता स्थापत्य, नृत्य, संगीत, वाद्य आदि में तो दिखाई पड़ती है किन्तु रीतिकाल में एक भी काव्य ग्रंथ इस कोटि का नहीं लिखा गया जिसकी प्रस्तुति कलात्मक निष्पत्ति की दृष्टि से अद्वितीय हो। संस्कृत काल के लक्षणों के अस्पष्ट अर्थ, पुनरावृत्ति और उदाहरण के रूप में उसी की समानान्तरता में कविता का साक्ष्य रख देना यह परम्परा की पुनरावृत्ति का भी स्वस्थ रूप नहीं है। कला की लोकरंजक एवं शास्त्रसिद्ध नवीन उद्भावनाएँ रीतिकाल में नहीं मिलतीं-केवल यहाँ शास्त्र एवं काव्यप्रौढ़ियों की पुनरावृत्ति मात्र है। यह प्रकारान्तर भाव से भारतीय काव्यशास्त्रीय परम्परा एवं कविवर्णक तथा समयों पर आधारित संस्कृत, प्राकृत, अपभ्रंश एवं प्राचीन हिन्दी की चली आती हजारों-हजारों वर्षों की एक घरोहर है और इसकी मौलिकता तथा अभिव्यक्ति की विलक्षणता निश्चित ही संदेहास्पद है-अतः इसे कला काल जैसा नाम देना सर्वथा उचित नहीं है।

शास्त्रीय मुक्तकपरम्परा

डॉ. गणपति चन्द्र गुप्त के अनुसार रीतिकाल का नामकरण **'शास्त्रीय मुक्तक परम्परा'** के रूप में किया जान चाहिए। उन्हें परम्परा के रीतिकाल एवं शृंगारकाल शब्द उपयुक्त नहीं लगते। 'रीतिकाल' नामकरण को अमान्य घोषित करने के लिए उन्होंने चार तर्क दिए हैं—जो इस प्रकार हैं।

(1) 'काव्य रीति का अर्थ होता है, काव्य लिखने की पद्धति या शैली का विवेचन तथा इस दृष्टि से कहा जा सकता है जिसमें काव्य रचना के सिद्धान्तों का प्रतिपादन किया गया है, पर यह बात इस परम्परा की रचनाओं पर बहुत कम लागू होती है।''[1]

(2) 'दूसरे रीति शब्द का सम्बन्ध शैली सम्बन्धी तत्त्वों से अधिक है, जबकि इन कवियो ने विषयवस्तु (नायिक भेद, नखशिख, हावभाव आदि) आदि के चयन में काव्य शास्त्र का अधिक उपयोग किया है और यदि कुछ कवियों ने ऐसा किया भी है तो वे इसमें सफल नहीं हो पाए हैं।''[2]

(3) ''तीसरे प्राचीन काव्यशास्त्र में रीति सम्प्रदाय एक स्वतंत्र सम्प्रदाय है जिससे इनका कोई प्रत्यक्ष सम्बन्ध नहीं है, जबकि रीति नामकरण ऐसा होने का आभास देता है।''[3]

(4) चौथे, प्रस्तुत काव्य परम्परा के सम्बन्ध में एक भ्रान्ति यह भी प्रचलित है कि

---

1. हिन्दी साहित्य का वैज्ञानिक इतिहास, डॉ. गणपति चन्द्रगुप्त, पृ0 433
2. वही
3. वही

इन्होंने केवल काव्यशास्त्रीय तत्त्वों का समन्वय किया, जबकि वास्तविकता यह है कि इन्होंने काव्यशास्त्र का ही नहीं कामशास्त्र, रीति-शास्त्र, वैद्यक शास्त्र, ज्योतिष शास्त्र-आदि उन सभी शास्त्रों का उपयोग किया है-जिन तक वे पहुँच पाते थे।

ऐसी स्थिति में इन्हें केवल काव्यरीति या रीति का ही अनुयायी मानना उचित नहीं कहा जा सकता।''[1]

इस प्रकार, डॉ. गणपतिचन्द्र गुप्त आचार्य रामचन्द्र शुक्ल द्वारा प्रयुक्त 'रीतिकाल' के नामकरण के विरुद्ध अपने तर्कों को प्रस्तुत करते हुए इस काल खंड के लिए' **शास्त्रीय मुक्तक काव्य-परम्परा** जैसा नामकरण प्रस्तुत करते हैं। अपने निष्कर्षों को रखते हुए वे स्पष्ट रूप से कहते हैं कि—

''अतः हम इसे 'शास्त्रीय मुक्तक काव्य परम्परा' की संज्ञा देना अधिक उचित समझते हैं।''[2]

इस नामकरण के पीछे उनके तर्क इस प्रकार हैं—गुप्त के अनुसार-रीतिकालीन कवियों में शास्त्रीयता के संदर्भ अधिक पाए जाते हैं और उसकी अपेक्षा काव्य रीति या प्रणाली का प्रतिपादन या अनुपालन इन कवियों ने अपनी रचना में कम किया है। 'रीतिकाल' नाम के लिए शास्त्रीय मुक्तक परम्परा का तर्क देते हुए वे कहते हैं कि इन कवियो ने ''विभिन्न क्षेत्रों में शास्त्रीय तत्त्वों का उपयोग अपनी विषय-वस्तु के संयोजन विस्तार, क्रम निर्धारण आदि में अधिक किया है। अतः इस परम्परा के लिए रीति की अपेक्षा शास्त्रीय विशेषण अधिक व्यापक अनुकूल एवं संगत सिद्ध होगा।''[3]

रीतिकालीन कविता में परम्परा महत्त्वपूर्ण है या शास्त्रीयता। यह एक विचारणीय प्रश्न है। यदि रीति (परम्परा) के सन्दर्भ में विवेचन किया जाए तो इसका अर्थ होगा—परम्परागत शास्त्रीय सिद्धान्तों का ज्ञान, काव्य सृजन की रूढ़ियाँ, काव्य प्रौढ़ियों एवं अभिप्रायों का पूर्णतः हृदयंगम तथा कविता की वृत्तियों एवं प्रवृत्तियों का पूर्णतः उपभोग करते हुए कविता में प्रवृत्त होना। इस दृष्टि से रीति का संदर्भ परम्परा से पहले जुड़ता है और शास्त्रादि तो परम्परा से ही सम्बद्ध हैं।

इस प्रकार, अन्य नामों की सार्थकता के अभाव में इस काल खण्ड के लिए परम्परा का प्रचलित नाम 'रीतिकाल' शब्द ही अधिक उचित प्रतीत होता है।

1. हिन्दी साहित्य का वैज्ञानिक इतिहास, डॉ. गणपति चन्द्रगुप्त, पृ0 433
2. वही
3. हिन्दी साहित्य का वैज्ञानिक इतिहास — भाग-2 पृ0 434

रीतिकाल : विषयवस्तु का स्वरूप विभाजन

सामान्य रूप से रीतिकाल की साहित्यिक सामग्री का विभाजन आचार्य रामचन्द्र शुक्ल ने इस रूप में किया है—

1. रीतिबद्ध काव्य
2. रीतिसिद्ध काव्य
3. रीतिमुक्त काव्य

डॉ. नगेन्द्र ने रीतिकालीन समग्र साहित्य को दो भागों में विभक्त किया है—

1. रीतिबद्ध काव्य
2. रीतिमुक्त काव्य

डॉ. गणपतिचन्द्र गुप्त के अनुसार शास्त्रीयता से सम्बद्ध रीतिकालीन कवियों को पाँच भागों में विभक्त किया जा सकता है—

1. काव्यशास्त्रीय तत्त्व
2. कामशास्त्रीय तत्त्व
3. नीतिशास्त्रीय तत्त्व
4. भक्ति वैराग्य एवं दर्शन शास्त्रीय तत्त्व
5. अन्य शास्त्रों से सम्बद्ध तत्त्व जैसे ज्योतिष, वैद्यक, गणित आदि

आचार्य पं० विश्वनाथ प्रसाद मिश्र ने रीतिकाल का विभाजन शृंगार काल की स्पष्टता को केन्द्र में रखकर किया है क्योंकि रीतिकाल कहने से मुक्तक परम्परा के बिहारी, रस निधि जैसे परम्परा के कवि किस काव्य श्रेणी में बाँधे जाए, यह स्पष्ट नहीं हो पाता। उनके अनुसार रीतिकालीन सम्पूर्ण शृंगारिक रचना रीतिबद्ध है, वे कहते हैं कि "रीतिबद्ध कृति उन्हीं की नहीं थी जो लक्षण लिखकर और लक्ष्य बनाकर उसमें उसका विनियोग करते थे, प्रत्युत उनकी कृति भी रीतिबद्ध थी जो जो लक्षणग्रंथ न रचकर रीति का सम्भार लेकर" केवल लक्ष्य प्रस्तुत करते थे—जैसे बिहारी, रसनिधि आदि। उनके अनुसार इसके अतिरिक्त एक मुक्तक या स्वच्छन्द काव्य धारा की और इस काव्य धारा के लिए काव्य लक्षणों को आँखमूद कर

अनुपालन तथा अनुकरण कोई अर्थ नहीं रखता था। आचार्य पं० विश्वनाथ प्रसाद मिश्र ने रीतिकाल कविता के स्वरूप का विभाजन इस रूप में किया है—

शृंगार काल (रीति काल)[1]

रीतिबद्ध काव्यधारा, रीतिमुक्त या स्वच्छन्द काव्यधारा

लक्षणबद्ध काव्य	लक्ष्यमात्र काव्य	रहस्योन्मुख काव्य	शुद्धप्रेम काव्य
(1)	(2)	(3)	(4)

प्रथम के अन्तर्गत लक्षण उदाहरण काव्य आते हैं तो **दूसरे** के अन्तर्गत रीतिकाल के मुक्तक काव्य, **तीसरी परम्परा** के अन्तर्गत रहस्यवादी काव्यधारा है तो **चौथे** के अन्तर्गत धन आनन्द जैसे स्वच्छन्द प्रेममार्गी कवि हैं।

उनके अनुसार सम्पूर्ण रीतिकाल के कवियों का विभाजन स्वरूप की दृष्टि से इन्हीं चार भागों में किया जाना चाहिए।

आचार्य हजारीप्रसाद द्विवेद्वी ने रीतिकाल के सामन्त साहित्य को स्वरूप की दृष्टि से चार भागों में विभक्त किया है। **रीतिकाल, रीतिमुक्त काव्यधारा तथा नीति काव्य, क्षीयमाण दीप्ति की कविता**।[2] उन्होंने महत्त्व केवल दो धाराओं को दिया है। **रीतिकाल तथा रीतिमुक्त काव्य धारा**

डा० बच्चन सिंह ने **हिन्दी साहित्य का दूसरा इतिहास** के अर्न्तगत रीति कविता के स्वरूप का विभाजन दो रूपों में किया है। प्रथम वर्ग की कविता रीति चेतना से जुड़ी हुई है, अतः इस परम्परा का नाम **रीति चेतस्** है और दूसरी परम्परा शुद्ध काव्य रचना से सम्बद्ध है, अतः इसे **कवि चेतस्** के नाम से पुकारा है। यहाँ कवियों की उनके अनुसार दो परम्परा है,—जिनमें से एक शास्त्र निष्ठा से सम्बद्ध हैं तो दूसरी परम्परा कवि निष्ठा से। डा० बच्चन सिंह के इन दोनों परम्पराओं पर अधिक विस्तार पूर्वक प्रकाश नहीं डाला है। फिर भी, उनके दृष्टिकोण की स्पष्ट व्यंजना मिल जाती है।

डॉ. नगेन्द्र द्वारा सम्पादित इतिहास में डॉ. महेन्द्र कुमार द्वारा रीति काल की सामग्री का व्यापक विभाजन मिलता है और यह विभाजन विषयवस्तु के सारे तत्त्वों का स्पर्श करता है। यहाँ रीति कवियों के सात वर्ग हैं। ये सभी आचार्य कवि हैं।

1. सर्वांग निरूपक कवि (रीति कवि)
2. विशिष्टांग निरूपक कवि
3. शृंगार रस : शृंगार एवं नायिक भेद निरूपक कवि

1. हिन्दी साहित्य : उदभव और विकास—आचार्य हजारी प्रसाद द्विवेद्वी, पृ0 156 से 191
2. वही

4. शृंगार रस निरूपक कवि
5. नायिका भेद निरूपक कवि
6. अलंकार निरूपक रीति कवि
7. छन्द निरूपक कवि

यह वर्गीकरण रीति कवियों का है। ठीक इसके बाद डॉ. महेन्द्र कुमार के मत के अनुसार रीतिबद्ध काव्य परम्परा का उल्लेख है। रीति बद्ध परम्परा के अन्तर्गत आचार्य विश्वनाथ प्रसाद मिश्र के रीतिसिद्ध मत के विपरीत बिहारी रसनिधि, बेनी, सेनापति आदि को इस इतिहास में रीतिबद्ध कवि कहा गया है।

इस प्रकार इस संवर्ग में तीसरी परम्परा रीतिमुक्त काव्य की है। डॉ. नगेन्द्र एवं आचार्य विश्वनाथ प्रसाद मिश्र के विभाजन इस प्रकार हैं—

डॉ. महेन्द्र कुमार	आचार्य विश्वनाथ प्रसाद मिश्र
(1) रीति कवि	रीतिबद्ध कवि
(2) रीतिबद्ध कवि	रीतिसिद्ध कवि
(3) रीति मुक्त कवि	रीतिमुक्त कवि

कुल मिलाकर, इस समूचे विभाजन को देखने पर रीतिकाल की केन्द्रीय प्रवृत्ति शास्त्र निष्ठा तथा उससे सम्बद्ध मुक्तक काव्य रचना की ही दिखाई पड़ती है। तीसरी प्रवृत्ति स्वछन्द काव्य धारा या रीतिमुक्त कविता है। डॉ. बच्चन सिंह का रीतिचेतस् एवं कवि चेतस् के विभाजन को स्पष्ट करने के लिए रीति चेतस् को दो भागों में विभक्त करना अनिवार्य हो जाता है। वे कवि जो लक्षण तथा उदाहरण के साथ कृति रचना करते हैं तथा दूसरे वे कवि जो केवल शास्त्रीय मन्तव्यों को केन्द्रीय दृष्टि मानकर काव्य रचना में प्रवृत्त हैं अर्थात् एक प्रकार के कलैसिक कवि। तीसरे कवि वे हैं, जिन्हें रीतिमुक्त या स्वछन्द धारा का कवि कहा जाता है।

यदि रीतिकाल का समय संवत् 1900 तक स्वीकार किया जाए तो शास्त्र-निष्ठा, शृंगार, नायक नायिका भेद, मुक्तक काव्य परम्परा एवं स्वछन्द प्रेम से भिन्न तीन काव्य धाराएँ मिलती हैं। इन्हें रीत्योत्तर काव्यधारा के नाम से भी पुकारा जा सकता है—

(क) भक्ति काव्य धारा—इसके अन्तर्गत कृष्णभक्ति, रामभक्ति साहित्य या एसिक सम्प्रदाय, सन्त मत तथा सूफी मत से सम्बन्धित काव्यधारा चलती है। ये काव्यधाराएँ बीसवीं शती तक चली हैं।

(ख) नीति काव्यधारा—

(ग) वीरभाव से सम्बद्ध काव्यधारा–

कतिपय इतिहास लेखक इन्हें रीतिकाल का प्रकीर्ण मानकर केवल उल्लेख मात्रकर देते हैं, जैसे आचार्य रामचन्द्र शुक्ल किन्तु डॉ. गणपति चन्द्र गुप्त आदि परम्पराओं का विवेचन इस काल खण्ड की परम्परा के अन्तर्गत ही करते हैं। इस युग का भक्ति साहित्य बड़ा ही सशक्त रहा है। कलात्मक काव्य के निम्बार्क तथा राधा-वल्लभ मत रामभक्ति साहित्य का रसिक सम्प्रदाय, सन्त साहित्य की कतिपय नवीन परम्पराएँ जिनमें दरिया साहब, हाथरस के तुलसी साहब जैसे घट-रामायण रत्नसागर जैसी श्रेष्ठ कृतियों के रचनाकार प्राप्त होते हैं। इस युग के सूफी कवि नूर मुहम्मद, शेख निसार आदि का साहित्य में अपना विशिष्ट स्थान है। वीर काव्य परम्परा में छन्द प्रकास कृति के सर्जक लाल कवि इसी युग के रहे हैं। सूदन तथा जोरावर का नाम इसी परम्परा के वीर कवियों में रखा जाता है। नीति परम्परा के कवियों की एक लम्बी तालिका इस युग से जुड़ी दिखाई पड़ती है जिनमें गिरिधर कवि राय, बाँकी दास, दीन दयाल आदि के नाम काव्य जगत में आज भी बड़े आदर से लिए जाते हैं।

रीतिकालीन कृतियों के रचना संदर्भ तथा स्वरूप

(1)

रस विवेचन से सम्बद्ध कवि परम्परा

शास्त्रकवि काव्यपरम्परा एवं शास्त्रपरम्परा के सम्बद्ध ज्ञान से सम्पन्न निरन्तर परम्परागत काव्य ज्ञान को समझाने में प्रवृत्त रहते हैं। भारत में शास्त्र कवि की परम्परा 6वीं शती से प्रारम्भ होती है। वे विविध पक्षों यथा अलंकार एवं उसके भेद प्रभेद, ध्वनि तथा उसके भेद प्रभेद रीति तथा वक्तोक्ति के विविध भेद आदि के समझाने के लिए लक्षण की पुष्टि कविता द्वारा करते रहे हैं। बारहवीं शती से सत्रहवीं शती तक सिद्धान्तों के सर्वांग सम्मिलन के बाद यह परिपाटी अधिक समृद्ध हुई। इसी प्रकार इस शृंगार रस उसके भेद-प्रभेद, भाव, विभावक, अनुभाव तथा संचारी भावों के विविध भेद नायक नायिका के लक्षणों एवं उनकी सम्पुष्टि के लिए दिए गए उदाहरणों तथा अलंकार शास्त्र के लक्षण, भेदोपभेद एवं उनके उदाहरणों से तेरहवीं-चौदहवीं का संस्कृत साहित्य सम्बद्ध था। आचार्य मम्भट कृत काव्य प्रकाश (11वीं सदी), हेमचन्द्र कृत काव्यानुशासन (12वीं सदी), जयदेव कृत चन्द्रालोक (13वीं सदी), विद्याधर कृत एकावली (13वीं सदी), भानुदत्त कृत रस मंजरी (15वीं सदी), अप्पयदीक्षित कृत कुबलयानन्द (16वीं सदी), कविराज विश्वनाथ कृत साहित्य दर्पण (14वीं सदी), पंडित राज जगन्नाथ कृत रस गंगाधर (17वीं सदी), रूपगोस्वामी कृत उज्जवल नीलमणि (18वीं सदी) आदि-आदि लक्षण-उदाहरण की शास्त्रपरम्परा के ग्रंथ हैं जो रीतिकालीन कवियों के आदर्श रहे हैं। ये हिन्दी के कवि शास्त्र (लक्षण) तथा उदाहरण (कविता) को समानान्तर भाव से रखकर पंडित एवं कवि की एक शास्त्र उपाधि पाने की ललक रखते हैं। उस युग अर्थात् 17वीं सदी से 19वीं सदी का सामान्य भारतीय समाज संस्कृत शिक्षा से वंचित था, ऐसे समाज के बीच स्थित पण्डित, राजदरबार एवं राजाश्रय के बीच प्रचलित भाषा (हिन्दी काव्य भाषा ब्रज) के माध्यम से संस्कृत की शास्त्र दृष्टि को समाज में रखकर ये कवि आदर के पात्र बनते थे। इस युग के कवि स्वयं इस प्रकार के अपने मन्तव्यों को अपनी कविता द्वारा निरन्तर स्पष्ट करते हैं—

ठाकुर सो कवि भावत मोंहि जो राजसभा में बड़प्पन पावत।
पंडित और प्रवीनन को जोउ चित्त हरै सो कवित्त कहावै।।

कविता केवल शास्त्र पंडित एवं काव्यार्थ के समझदार रसज्ञ सहृदय इन दोनों से जुड़ी थीं। शास्त्र की कविता कवि को राजदरबार में सम्मान दिलाने के लिए थी।

हिन्दी रीतिकाल के रसशास्त्र से सम्बद्ध कवियों तथा कृतियों की तालिका इस प्रकार है—

	कृति का नाम	कवि का नाम	रचना काल
1.	रसिकप्रिया	आचार्य केशवदास	संवत् 1650
2.	बारहमासा	मोहनदास	संवत् 1650
3.	नख शिख	बलभद्र	संवत् 1640
4.	नायिका भेद	अब्दुर्रहीम खानखाना	संवत् 1640
5.	श्रृंगार सागर	मोहन लाल	संवत् 1616
6.	रस मंजरी	नन्ददास	संवत् 1608
7.	तिलक शतक	मुबारक	संवत् 1660
8.	नख शिख	लीलाधर	संवत् 1676
9.	रंगभाव माधुरी	ब्रजपति भट्ट	संवत् 1680
10.	सुन्दर श्रृंगार	सुन्दर	संवत् 1688
11.	सुधानिधि	तोष	संवत् 1691
12.	रसरत्नावली	मंडन	संवत् 1700
13.	रस विलास	मंडन	संवत् 1700
14.	रस विलास	बलभद्र मिश्र	संवत् 1640
15.	नायिका भेद	शम्भुनाथ सोलंकी	संवत् 1707
16.	रस कल्लोल, रस भूषण	तुलसीदास	संवत् 1771 चतुर्थ
17.	रस सागर	गोपाल दास	संवत् 1720

18.	रस रत्नाकर	सुखदेव मिश्र	संवत् 1730
19.	रसार्णव	सुखदेव मिश्र	संवत् 1730
20.	श्रृंगार लता	सुखदेव मिश्र	संवत् 1730
21.	नायिका भेद	केशव राम	संवत् 1754
22.	दम्पत्ति विलास	बलवीर	संवत् 1759
23.	रस तरंग	लोकनाथ चौबे	संवत् 1760
24.	नायिका भेद	खडग राम	संवत् 1765
25.	श्रृंगार रस समुद्र	बेनी प्रसाद	संवत् 1765
26.	रस सागर	श्रीपति	संवत् 1770
27.	श्रृंगार समुद्र	आजम	संवत् 1786
28.	नायिका भेद	कुन्दन	संवत् 1792
29.	रस रत्नाकर	गुरूदत्त सिंह भूपित	18वीं सदी का अन्त
30.	रस दीप	गुरूदत्त सिंह भूपित	18वीं सदी का अन्त
31.	रस चन्द्रोदय	उदयनाथ कवि	संवत् 1804
32.	रस तरंगिणी	शम्भु लाल	संवत् 1808
33.	रस कल्लोल	शम्भु लाल	संवत् 1808
34.	श्रृंगार सागर	चन्द्रहास	संवत् 1828
35.	रस चन्द्रिका	दौलत राम उजियारे	संवत् अज्ञात्
36.	श्रृंगार चरित	दौलत राम उजियारे	संवत् अज्ञात्
37.	रसविलास	बेनी बंदीजन	संवत् 1894
38.	श्रृंगार शिरोमणि	यशवन्त सिंह	संवत् 1856
39.	बरवै नायिका भेद	यशोदा नन्दन	संवत्1872

40.	रस कल्लोल	करन कवि	संवत् 1890
41.	गोविन्द विलास	कृष्ण कवि	संवत् 1893
42.	रस तरंग	नवीन	संवत् 1899
43.	ब्रजविनोद : नायिका भेद	जगदीश लाल	19वीं सदी का अन्त
44.	रस रत्नाकर	गिरिधर दास	19वीं सदी का अन्त
45.	नाट्य दीपिका	नारायण भट्ट	19वीं सदी का अन्त
46.	रसिक विनोद	राजशेखर	संवत् 1903
47.	रस चंद्रिका	वंशमणि	अज्ञात्
48.	श्रृंगार दर्पण	नन्दराम	अज्ञात्
49.	सुख सागर तरंग	देव कवि	संवत् 1746
50.	जाति विलास	देव कवि	संवत् 1749
51.	बधू विनोद	कालिदास	संवत् 1754
52.	नायिका भेद	केशवराय	संवत् 1765
53.	नायिका भेद	खड्ग राम	संवत् 1769
54.	रस रत्नाकर	सूरति मिश्र	संवत् 1760
55.	रसग्राहक चंद्रिका	सूरति मिश्र	संवत् 1779
56.	कृष्णचंद्रिका	वीर कवि	संवत् 1798
57.	रस प्रबोध	रसलीन	संवत् 1799
58.	रस रत्नाकर	गुरूदत्त सिहं	संवत् 1799
59.	रस दीप	गुरूदत्त सिंह	संवत् 1804
60.	रस चंद्रोदय	उदयनाथ	अज्ञात्
61.	श्रृंगार निर्णय	भिखारी दास	संवत् 1818

62.	नवल रस चन्द्रोदय	शोभा कवि	संवत् 1839
63.	रस	रामसिंह	संवत् 1840
64.	रस दर्पण	सेवादास	संवत् 1840
65.	नायिका भेद	हित कृष्णा	संवत् 1842
66.	शृंगार चरित्र	देवकी नंदन	संवत् 1847
67.	रस विलास	समनेश	संवत् 1850
68.	विष्णु विलास	लाल कवि	संवत् 1856
69.	बखत विलास	मौजीलाल	संवत् 1860
70.	बसन्त मंजरी	माखन लाल	संवत् 1872
71.	बरवै नायिका भेद	यशोदा नन्द	संवत् 1885
72.	रस कल्लोल	करन कवि	संवत् 1985
73.	रस तरंग	नवीन कवि	संवत् 1900
74.	वाग्विलास	सेवक	संवत् 1903
75.	रसिक विनोद	चन्द्रशेखर	संवत् 1929
76.	शृंगार दर्पण	नन्दराम	संवत् 1930
77.	रस रत्नाकर	लेखराज	संवत् 1952
78.	रस कुसुमाकर	महाराज प्रताप नारायण	संवत् 1957
79.	प्रमदा पारिजात	बलदेव (द्विजगंग)	संवत् 1957

रस के प्रकरण में चार बातें विशेष महत्त्वपूर्ण हैं—

1. इन कृतियों में कहीं-कहीं रस का सर्वांगनिरूपण हुआ है।
2. अधिकांशतया रसराज शृंगार की विविध अवस्थाओं तथा भावों के लक्षण उदाहरण हैं। इस लक्षण उदाहरण में राधा कृष्ण के संदर्भ अधिक हैं।
3. नायिका भेद से सम्बन्धित ग्रंथ इस परम्परा के अन्तर्गत हैं।

4. सौन्दर्य निरूपण की 'नख शिख' वर्णन दृष्टि की परम्परा पर अधिक ध्यान दिया गया है और इस विषय पर भी कई ग्रंथ लक्षण उदाहरण से सन्दर्भित है।

(2)

अलंकार से सम्बद्ध काव्य परम्परा

इस शास्त्रीय रीतिनिष्ठा से सम्बद्ध रीतिकाल की दूसरी महत्तवपूर्ण परम्परा अलंकार निरूपण की ही रही है। सामान्य तथा विशेष इसके अन्तर्गत दो प्रवृत्तियाँ दिखाई पड़ती हैं। प्रथम का सम्बन्ध दोहे तथा प्रथम पंक्ति में लक्षण एवं दूसरे पक्ष में उदाहरण देना रहा है। यह प्रवृत्ति आचार्य अप्पय दीक्षित कृत कुवलयानन्द आदि से सम्बद्ध है। दूसरी परम्परा में अलंकार लक्षण का निरूपण करके कवित्त या सवैया द्वारा स्वतंत्र रूप से उदाहरण स्वरूप काव्य छन्दों का प्रयोग मिलता है। सम्प्रति प्राप्त साक्ष्यों में यह परम्परा संवत् 1636 से करनेस कवि के कर्णाभरण कविता से शुरू होती है। सम्पूर्ण रीतिकाल अलंकार शास्त्रविधान की इस परम्परा से आक्रान्त रहा है। इस परम्परा की तालिका इस प्रकार है—

	कृति का नाम	रचनाकार का नाम	रचनाकाल
1.	अलंकार चन्द्रिका	गोप कवि	संवत् 1660
2.	रामचन्द्र भूषण	,,	संवत् 1663
3.	फतेह प्रकाश	हेमराज	संवत् 1685
4.	भाषा भूषण	जसवंत सिंह	संवत् 1685
5.	सार ललितललाम (कुवलयानन्द पर आश्रित)	मतिराम	संवत् 1616
6.	अलंकार पंचसिका	मतिराम	संवत् 1645
7.	शिवराज भूषण	भूषण	संवत् 1630
8.	भूषण विलास	गोपाल राय	संवत् 1736
9.	उपमा अलंकार	बलबीर	संवत् 1741
10.	काव्य सरोज	श्रीपति	संवत् 1777
11.	काव्य मंजरी	पदुमन दास	संवत् 1741

12.	शब्द रसायन	देव	संवत् 1760
13.	भाषा भूषण	श्रीधर ओझा	संवत् 1767
14.	रस भूषण	याकूब खाँ	संवत् 1775
15.	अलंकार चन्द्रोदय	रसिक सुव्यति	संवत् 1785
16.	कंठाभूषण	भूपति	संवत् 1791
17.	अलंकार रत्नाकर	दलपति राय	संवत् 1798
18.	कर्णाभरण	गोविन्द कवि	संवत् 1793
19.	काव्यनिर्णय	भिखारी दास	संवत् 1808
20.	कविकुल कंठाभरण	दूलह	संवत् 1825
21.	अलंकार दीपक	शंभूनाथ मिश्र	संवत् अज्ञात्
22.	तुलसी भूषण	रसरूप	संवत् 1811
23.	भाषाभरण	वैरीसाल	संवत् 1825
24.	अलंकार दर्पण	रतनेश	संवत् 1830
25.	अलंकार दर्पण	हरिनाथ	संवत् 1816
26.	अलंकार दर्पण	राम सिंह	संवत् 1848
27.	रघुनाथालंकार	सेवा दास	संवत् 1840
28.	काव्याभरण	चन्दन	संवत् 1845
29.	टिकैत राजप्रकास	बेनी बंदीजन	संवत् 1849
30.	साहित्य सुधानिधि	जगत सिंह	संवत् 1858
31.	वाणी भूषण	उमेद राय	संवत् 1861
32.	पद्माभरण	पद्माकर	संवत् 1867
33.	दीप प्रकाश	ब्रह्मदत्त	संवत् 1867

34.	कर्णाभरण	रसिक गोविन्द	संवत् 1890
35.	अलंकार कलानिधि	करण भट्ट	संवत् 1884
36.	भारती भूषण	गिरिधर दास	संवत् 1889
37.	चित्र चंद्रिका	बलवान सिंह	संवत् 1900
38.	अलंकार भ्रम भजन	गोपकवि	संवत् 1900
39.	अलंकार मणि मंजरी	ऋषि नाथ	
40.	अलंकार मंजरी	सुरति मिश्र	
41.	अलंकार माला	सुरति मिश्र	संवत् 1766
42.	अलंकार दर्पण	रतन कवि, दतिया, पुस्तकालय	संवत् 1766
43.	अलंकार चन्द्रोदय	रसिक सुमति	संवत् 1855
44.	नरेन्द्र भूषण	मान कवि	संवत् 1855
45.	काव्यार्णव	संग्राम सिंह	संवत् 1866
46.	अलंकारनामा	चतुर्भुज	संवत् 1896
47.	लघु भूषण	लेखराज	संवत् 1900
48.	वनिता भूषण	गुलाब सिंह	संवत् 1949
49.	जसवन्त भूषण	मुरारी दान	संवत् 1950
50.	महेश्वर भूषण	गंगाधर	संवत् 1952
51.	कवि मुख खंडन	गोकुल दास	अज्ञात्
52.	अवधूत भूषण	देवकीनन्दन	1857

अलंकार विश्लेषण की प्रवृत्ति और रीतिकाल के कवि

(1) अलंकार के संदर्भ में रीतिकालीन कवियों की प्रथम प्रवृत्ति यह रही है कि यहाँ अलंकारों के तीन भेद हैं—प्रथम, शब्दालंकार, द्वितीय, अर्थालंकार, तृतीय, उभयालंकार।

अर्थालंकार के अन्तर्गत प्रायः अधिकांश आचार्यों ने चित्रालंकार के भेदों तथा रूपों का परिचय दिया है। कर्मशराज कृत चित्रालंकार इस परम्परा का प्रसिद्ध ग्रंथ है।

(2) अलंकार प्रस्तुति की जैसा कि प्रारम्भ में कहा गया है, इस युग में दो प्रवृत्तियाँ मिलती है, प्रथम दोहे की प्रथम अर्धाली में लक्षण तथा द्वितीय अर्धाली में उदाहरण पद्धति है। अलंकार निरूपण की दूसरी शैली वह है-जहाँ दोहे में लक्षण देकर परम्परित सवेयों के अनेक चमत्कारमूलक उदाहरण मिलते हैं—ऐसे स्थानों पर कवि की कवित्तशक्ति प्रमुख है और लक्षण निरूपण शक्ति गौड़। वैसे भी, रीतिकालीन अलंकार निरूपक आचार्यों में शास्त्रीय विश्लेषण शक्ति का अभाव पाया जाता है। कहीं-कहीं मूल का रूपान्तरण भी ये आचार्य कवि सही-सही नहीं कर पाये हैं। इनमें मौलिक चिन्तन की प्रवृत्ति का अभाव है।

(3) इन अलंकार विषयक लक्षण ग्रंथों में राजाश्रय प्रवृत्ति की बहुलता देखी जाती है। किसी सामन्त के प्रति समर्पित भाव से इन ग्रंथों का निर्माण क्रम तथा उदाहरणों में राजाश्रय के विविध संदर्भों की भरमार देखी जाती है।

(4) इन कवि आचार्यों ने अधिकतर चौदहवीं शती से सत्रहवीं शदी तक के ही संस्कृत के अलंकार शास्त्र से सम्बद्ध ग्रंथों को आधार बनाया है। काव्य- प्रकाश, कुबलयानन्द, चन्द्रालोक आदि ग्रंथ ही इन आचार्यों के लिए आदर्श रहे हैं। यद्यपि इस युग के अलंकार शास्त्रियों ने कतिपय नए अलंकारों का उल्लेख किया है किन्तु वे महत्त्वीन रहे।

(3)

काव्य वर्णक तथा कवि शिक्षा की परम्परा

संस्कृत साहित्य के अन्तर्गत काव्यशिक्षा, निर्देश, कविसमय, काव्यसमय, वर्णक तथा कथा एवं कथानकों के वर्णन की प्राचीन रूढ़ियाँ आचार्य भरत के समय से ही चली आ रहीं है। विशेषकर, काव्य हेतु के अन्तर्गत अभ्यास तथा व्युत्पन्नता की परम्परा का सम्बन्ध इन कवि शिक्षा की परम्पराओं से रहा है और हिन्दी रीतिकाल में इन सबका बड़ा प्रचार-प्रसार रहा है। एक प्रकार से इस कवि परिपाटी का प्रचलन इतना अधिक व्यापक हो चुका था कि अनेक कवियों में इनके प्रति अनिष्ठा का भाव उत्पन्न होना शुरू हो चुका था। रीतिकाल के स्वच्छंदतावादी कवि ठाकुर परम्परावादी कवियों पर अपनी प्रतिक्रियामूलक टिप्पणी करते हुए कहते हैं कि—

सीखि लीनो मीन मृग खंजन कमल नैन,
सीखि लीनो जस गयौ प्रताप को कहानो हो।
सीखि लीनो कल्पवृक्ष कामधेनु चिन्तामणि,
सीखि लीनो मेरू कुबेर गिरि ग्यानो है।

ठाकुर कहत याकी बड़ी है कठिन बात
याको नहिं मूल कहूँ बाँधियत बानो है।
डेल को चलाय पाय मेलत सभा के बीच
लोगन कबित कीबो खेल करि जानो है।

इस काल खंड में कवि शिक्षा काव्य रचना से अनिवार्यतः जुड़ चुका था और शास्त्र के स्थान पर कवि शिक्षा के ग्रंथों की रचना होनी तेज हो गई थी ताकि कवि काव्य-रचना में प्रशिशिक्षित हो सकें। मैथिल भाषा में इसकी शुरूआत (अर्थात्, लोक भाषा काव्य की कवि शिक्षा विषयक ग्रंथ का प्रारम्भ) सर्वप्रथम हुई और चौदहवीं शदी में आचार्य ज्योतिरीश्वर ठाकुर ने मैथिल भाषा में वर्ण-रत्नाकर की रचना की। इसी संदर्भ में संवत् 1658 में आचार्य केशवदास ने **कविप्रिया** शीर्षक कवि शिक्षा के ग्रंथ की रचना की, जिसे भ्रमवश मिश्र बन्धुओं, आचार्य रामचन्द्र शुक्ल आदि ने अलंकार का ग्रंथ बताया है जो नितान्त असंगत है। यह अलंकार का ग्रंथ न होकर शुद्ध कविशिक्षा से सम्बद्ध ग्रंथ है। इसी परम्परा में सुरति मिश्र कृत काव्य सिद्धान्त, अज्ञात कवि कृत नखशिख एवं तरंगदेव कृत सुखसागर भी है। इस दिशा में अभी अधिक खोजबीन नहीं हुई है किन्तु इतना तो सत्य है कि रीतिनिष्ठा से सम्बद्ध इस काल के कवियों को परम्परित काव्य दृष्टि से जोड़े रहने के लिए इस दृष्टिकोण पर अत्यधिक बल दिया गया है। हिन्दी के रीतिकाल का अध्ययन करते समय यह विशेष रूप से ध्यान देने की बात है कि काव्य वर्णन रूढ़ियों की यहाँ निरन्तरता प्रायः सभी कवियों में पुनरावृत्तियों के रूप में देखने को मिलती हैं—वैसे, थोड़ा बहुत अपवाद रीतिमुक्त स्वच्छन्द परम्परा के कवियों में दिखाई पड़ सकती हैं। हिन्दी साहित्य के इतिहास लेखकों तथा प्रेम व्यंजना के विवेचकों ने इनकी इस प्रवृत्ति का विश्लेषण बहुत कम दिया है। साध्श्यविधान तथा वर्णन परम्परा की परिपाटियों के अनुरूप विषय का चयन एवं प्राचीन वर्णकों की पुनरावृत्तियाँ इनकी मुख्य प्रवृत्ति रही है। ये कवि अपनी सम्पूर्ण प्रतिभाशक्ति का उपयोग इसी संदर्भ से जुड़े तथा स्वयं को उसके अभ्यास कर्म से जोड़े हुए दिखाई पड़ते हैं।

(4)

सर्वांग निरूपण की काव्य परम्परा

रीतिकालीन सास्त्रीय साहित्य लेखन का चतुर्थ स्वरूप सर्वांग निरूपण का है। संस्कृत काव्य शास्त्र में 11वीं शती से सत्रहवीं शती तक अधिकांशतया साहित्यशास्त्रीय ग्रंथ सर्वांग निरूपण के रहे हैं। किसी एक सिद्धान्त विवेचन के स्थान पर सभी सिद्धान्तों की व्याख्या लक्षण उदाहरण जैसी लेखन की प्रवृत्ति इस कालखंड में बराबर मिलती है। आचार्य मम्मट, आचार्य विश्वनाथ, वाग्भट्ट, हेमचन्द्र, पण्डितराज जगन्नाथ जैसे आचार्यों ने सत्रहवीं शती तक

इस सर्वांग-निरूपण की शास्त्रीय प्रवृत्ति को प्रोत्साहित किया। हिन्दी का रीतिकाल सत्रहवीं शती से प्रारम्भ हुआ और अपने युग की इस शास्त्रीय प्रवृत्ति को उसने भलीभाँति स्वीकार किया है। इस परम्परा की महत्त्वपूर्ण काव्य कृतियाँ इस प्रकार हैं—

	कृति का नाम	**रचनाकार**	**रचनाकाल**
1.	काव्य कल्पद्रुम	सेनापति	संवत 1700
2.	काव्य प्रकाश	चिन्तामणि	संवत् 1700
3.	कवि कुल कल्पतरु	चिन्तामणि	संवत् 1700
4.	काव्य रसायन	देव	संवत् 1760
5.	काव्य निर्णय	भिखारी दास	संवत् 1803
6.	फतेह भूषण	रतन सिंह	संवत् 1830
7.	कविता रसविनोद	जनराज	संवत् 1833
8.	दलेल प्रकाश	थान कवि	संवत् 1840
9.	वाग्मनोहर	गुरूदीन	संवत् 1860
10.	साहित्य रस	करन कवि	संवत् 1860
11.	व्यंग्यार्थ कौमुदी	प्रताप सिंह	संवत् 1882
12.	काव्य रत्नाकर	रणधीर सिंह	संवत् 1896
13.	साहित्य दर्पण	ग्वाल कवि	संवत् 1900
14.	कवि कल्प द्रुम	राम दास	संवत् 1901
15.	कवि काव्य द्रुम	नारायण दास	संवत् 1901
16.	प्रताप विनोद	बलदेव	संवत् 1926
17.	कमलानन्द कल्प तरु	लछिराम	संवत् 1940
18.	रावणेश्वर कल्प तरू	लछिराम	संवत् 1946

इसके अतिरिक्त, इस युग के अवसान काल में रीति कवियों के काव्य संग्रह की प्रवृत्ति जागृत हुई थी जिसकी अपनी पृथक् परम्परा मिलती है।

(5)

मुक्तककाव्य परम्परा

रीतिकाव्य की सम्यक् व्याख्या करने के बाद उसके अन्तर्गत दो ही दृष्टियाँ साफ-साफ व्यक्त दिखाई पड़ती हैं—प्रथम शास्त्रदृष्टि एवं द्वितीय काव्यदृष्टि। इस शास्त्रदृष्टि को रीति दृष्टि के नाम से पुकारा गया है और इस प्रकार रीतिकालीन साहित्य के विवेचन संदर्भ में डॉ. बच्चन सिंह की अवधारणा सर्वाधिक स्पष्ट रूप से स्वीकार्य प्रतीत होती है कि इस युग की समग्र साहित्यिक चेतना दो भागों में विभक्त की जानी चाहिए—(1) रीतिचेतस् तथा (2) काव्य चेतस्। रीतिबद्धकविता और रीतिमुक्त या स्वच्छन्द प्रेम काव्य जैसा विभाजन बहुत उपयुक्त नहीं है। रीतिकाव्य के अन्तर्गत रीतिबद्धकवि अर्थात् मुक्तक काव्य की धारा संस्कृत साहित्य में हजारों वर्षों से चली आ रही है और इस कविता की मूल प्रवृत्ति कलात्मक सचेष्टता की रही है। यह कलात्मक काव्य दृष्टि मध्य-कालीन क्लैसिक कविता की अपनी निजी विशेषता है—जहाँ कवि के मन में कला के सौन्दर्यसर्जक उपादानों द्वारा सुन्दरतम को निर्मित करने की निष्ठा एवं आग्रह दृष्टिगत होती है। मुक्तक काव्य को परिभाषित करते हुए बताया गया है कि यहाँ एक छन्द द्वारा सहृदयों के हृदय में चमत्कारमयता के सर्जन की चेष्टा कवि में दिखाई पड़ती है और संस्कृत साहित्य में मुक्तक काव्य लेखन की एक लम्बी परम्परा रही है और उस परम्परा से रीतिकाल के हिन्दी मुक्तक कवि प्रभावित रहे हैं। संस्कृत साहित्य के महत्त्वपूर्ण मुक्तक काव्यों का उल्लेख इस प्रकार मिलता है—

(1)	गाथा शप्तशती	10वीं शदी	सातवाहन हाल
(2)	भज्जालग्ग	14वीं शदी	अज्ञात संग्रहकर्ता
(3)	अमरुशतक		अमरुक
(4)	आर्यासप्तशती		महाकवि गोवर्धनिचार्य
(5)	शतकत्रय		भतृहरि
(6)	शूक्ति समुच्चय		स्वपर
(7)	मदनाष्टक		अब्दुर्रहीम खानखाना

अनेक धार्मिक स्तोत्र ग्रंथों की गणना इसी मुक्तक परम्परा के अन्तर्गत की गई है।

ये मुक्तक काव्य प्राकृत, अपभ्रंश एवं भक्ति साहित्य से होते हुए रीतिकाल में आए, अतः इन्हें सीधे-सीधे इसी परम्परा से जोड़ा जान चाहिए। इन्हें रीतिबद्ध काव्य की परम्परा से जोड़कर देखना, सर्वथा उपयुक्त नहीं है। इस काल की मुक्तक परम्परा की कृतियों की पृष्ठभूमि इस प्रकार हैं। परवर्ती संस्कृत साहित्य के मुक्तक के अनेक भेद किए गए हैं। आचार्य हेमचन्द्र के अनुसार मुक्तक के 9 भेद हैं—मुक्तक, सद्धानितक, विपोषक, कलापक, कुलक, कोश, प्रघट्टक, विकीर्णक तथा संघात्। मुक्तक की प्रायः 12वीं शती से 17वीं शती अर्थात् आनन्दवर्धनाचार्य से पण्डितराज जगन्नाथ तक इसकी व्यापक चर्चा होती रही है। कविराज विश्वनाथ ने मुक्तकों को अनिबद्ध काव्य कहा है क्योंकि यहाँ कथाबन्धान का कोई प्रश्न नहीं रहा है। उन्होंने दो छन्दों वाले युग्मक मुक्तक की व्यवस्था की थी। यह आचार्य हेमचन्द्र का सन्तनितक का ही दूसरा रूप है।

1.	मुक्तक	एक छन्दप्रधान
2.	युग्मक या सन्तानितक	दो छन्दप्रधान
3.	विपोषक	तीन छन्दप्रधान
4.	कलापक	चार छन्द वाली रचना
5.	कुलक	पाँच या पाँच से अधिक छन्दप्रधान रचनाएँ
6.	कोश	अनेक अपस्पर असम्बद्ध छन्द जैसे सतसई आदि
7.	प्रघट्टक	एक कवि के छन्द समूह
8.	विकीर्णक	अनेक कवियों में छन्द समूह-संग्रह के रूप में यह कोश का ही एक स्वरूप कहा गया है।
9.	संघात् (पयार्यबन्ध)	एक ही कवि के संकलित अनेक मुक्तक छन्द जो एक ही विषय से सम्बद्ध हों।

मुक्तक काव्य परम्परा के ये रूप अत्यधिक विकसित हुए हैं और यहाँ इसकी व्यप्ति से जुड़े अनेक नये रूप प्रकाश में आए हैं—हजारा शतक, सतसई, पचासा, चालीसा, बत्तीसी, पच्चीसी, बाईसी, बावनी, अष्टक, पंचक, दोहावली, कवितावली, छप्पय, सोरठा, बरवै, षड्ऋतु, बारहमासा, माहात्म्य— स्तोत्र, सब्द, नखशिख, शिखनख आदि कई

परिपाटियाँ हिन्दी भक्ति एवं रीतिकाल में व्याप्त रही हैं। रीतिकाल में इस परम्परा के ग्रथों को **रीतिसिद्ध** काव्य के नाम से पुकारने का क्या औचित्य है? यदि इनकी प्रेरणादृष्टि को रीतिनिष्ठा से जोड़ते हैं तो यह पूर्णतया अनुचित है। संस्कृत, प्राकृत, पालि, अपभ्रंश तथा जैन अपभ्रंश से होती हुई ये परम्पराएँ हिन्दी के भक्तिकाल से सर्वाधिक विकसित हुई और इस परम्परा की उपज का स्रोत हिन्दी का रीतिकाल नहीं है।

कुल मिलाकर, हिन्दी रीतिकाल के साहित्य का विषय क्रम से अनुक्रम में निम्नलिखित रूपों में विभाजन स्वीकृत किया जा सकता हैं—

(1) शास्त्र काव्य परम्परा या कवि परम्परा-इसके अन्तर्गत-रस, अलंकार, सर्वांग निरूपण की काव्य परम्परा

(2) मुक्तक काव्य परम्परा

(3) नीति तथा वीर काव्य परम्परा

(6)

प्रशस्तिमूलक काव्य परम्परा

हिन्दी रीतिकाल के संदर्भ में उसकी प्रवृत्ति का विवेचन प्रायः साहित्येतिहासकारों ने लक्षण एवं रीति दृष्टि के आधार पर की है और इस रीति—दृष्टि को राजाश्रय के आधार के रूप में स्वीकार किया गया। इसी राजाश्रय से-जुड़ी मुख्य परम्परा राजप्रशस्ति है। इस काल खंड में यह अधिक प्रखर दिखाई पड़ती है किन्तु उसकी ओर इन कवियों की दृष्टि उपेक्षापूर्ण ही रही है। रीतिकाल में अलंकार तथा रसादि के लक्षण ग्रंथ भी, सच पूछे, तो इसी राजप्रशस्ति के साथ सम्बद्ध दिखाई पड़ते हैं किन्तु हमारे आलोचकों का ध्यान बदल-बदलकर लिखे जा रहे विविध राजाओं से जुड़े अलंकारादि ग्रंथों की ही ओर जाता रहा है। इस दृष्टि से देखें तो रीतिकाल के प्रशस्ति काव्य दो रूपों में मिलते हैं—प्रथम शास्त्रनिष्ठा के रूप में एवं द्वितीय राजाओं से सम्बद्ध यश तथा शौर्य प्रशस्ति के रूप में। इन ग्रंथों की तालिका इस प्रकार है—

1.	वीरसिंह जू देव चरित	आचार्य केशवदास	सन् 1608
2.	जहाँगीरजस चन्द्रिका	आचार्य केशवदास	सन् 1612
3.	गोरा बादल की कथा	कवि जटमल	सन् 1623
4.	जसवंत उद्योत	कुलपति मिश्र	सन् 1648
5.	शत्रुसाल रासो	डूँगरसी	सन् 1653
6.	जयसिंह चरित्र	रामकवि	सन् 1653

7.	ललित ललाम	मतिराम	सन् 1662
8.	रस रहस्य	कुलपति मिश्र	सन् 1670
9.	शिवराज भूषण	भूषण	सन् 1673
10.	शिवा बावनी	भूषण	सन् 1673
11.	छत्रसाल	भूषण	—
12.	हिम्मत प्रकाश	श्रीपति भट्ट	सन् 1674
13.	रतन रासो	कुंभकर्ण	सन् 1675
14.	राजविलास	मानकवि	सन् 1680
15.	केसरी सिंह समर	हरिनाम	सन् 1697
16.	दिलीप रंजनी	उमराव सिंह	सन् 1703
17.	छत्र प्रकास	लाल कवि	सन् 1710
18.	जंगनामा	श्रीधर	सन् 1713
19.	वाणी विलास	केवल राम	सन् 1726
20.	कमरुद्दीन खाँ विलास	गंजन कवि	सन् 1728
21.	जगत विलास	हरिकेश	सन् 1728
22.	नख शिख	महताब	सन् 1743
23.	सुजान विलास	सोमनाथ	सन् 1753
24.	हिम्मत बहादुर विरुदावली	पद्माकर	सन् 1792
25.	जगत विनोद	पद्माकर	सन् 1792
26.	अलीशाह प्रकाश	पद्माकर	सन् 1821
27.	विरुद प्रकास	दण्डी दास	सन् 1835
28.	हम्मीर रासो	जोधराज	सन् 1828

आदि-आदि ग्रंथों की यह सूची इतनी विस्तृत है कि रीतिकालीन लक्षणग्रंथों से इसकी संख्या कम नहीं आँकी जा सकती। इस परम्परा के अन्तर्गत तीन प्रकार के काव्य लिखे गए हैं—

(क) किसी नरेश या सामन्त के आश्रय में रहते हुए उसके शौर्य एवं प्रशस्ति से सम्बद्ध प्रबन्ध लेखन। इसके अन्तर्गत मुक्तक काव्य रचना के भी संदर्भ मिलते हैं।

(ख) किसी राजा या सामन्त के आश्रित रहकर लक्षण ग्रंथों की रचना करना और आश्रयदाता के नाम से उसे अभिहित करना। जैसे—शिवराज-भूषण, आदि।

(ग) किसी प्राचीन हिन्दू नरेश के शौर्य वर्णन को केन्द्र में प्रबन्ध रचना की प्रस्तुति। जैसे—हम्मीर रासो आदि।

(7)

नीति से सम्बद्ध काव्य परम्परा

भारतीय वाङ्मय में नीति परम्परा का सन्दर्भ हमे वैदिक साहित्य से दिखाई पड़ता है और इससे सम्बन्धित कृतियाँ भारतीय सनातन व्यवस्था से जुड़ी चली आ रही है। भक्तिकाल में इन नीति काव्यों का लेखन अधिक हुआ और प्रायः सभी कवियों ने अपनी कृतियों में इतस्ततः नीति छन्दों को अवश्य प्रस्तुत किया है। भारतीय नीति काव्य की यह परम्परा बौद्ध, जैन, शैव तथा अन्य मतावलम्बियों में भी उसी रूप में दिखाई पड़ती है। हिन्दी साहित्य के रीतिकाल में नीति सम्बन्धी काव्य कृतियों का लेखन बहुलता के साथ प्रस्तुत दिखाई पड़ता है और वह भी कई रूपों में। बिहारी जैसे श्रृंगार रस के कवि ने बिहारी सतसई के दोहों में आदि से अन्त तक नीति प्रसंगों को क्रमबद्ध रूप में रखा है और यह प्रवृत्ति अन्य रीतिकालीन श्रृंगार तथा अलंकार कवियों में भी दिखाई पड़ती है। आचार्य केशवदास की रसिक प्रिया में 'श्रृंगार नीति' एवं कवि प्रिया में 'कवि नीति' का चित्रण मिलता है, जिसका सम्बन्ध कवि शिक्षा परम्परा से है।

1.	छप्पय नीति	नरहरि	17वीं शदी
2.	रहीम दोहावली (सतसई)	रहीम	—
3.	वृन्द सतसई	वृन्द कवि	संवत् 1780
4.	नीति मंजरी	छत्रसाल	अज्ञात
5.	कुंडलिया	गिरीधर कवि	संवत् 1770

6.	नीति सारावली	परमानन्द	अज्ञात
7.	नीति मुक्तावली	परमानन्द	अज्ञात
8.	नीति मंजरी	बाँकी दास	18वीं शदी
9.	उत्तमनीति चंन्द्रिका	विश्वनाथ सिंह	—
10.	सुनीति रत्नाकर	निहाल कवि	—
11.	अन्योक्ति कल्पद्रुम	दीन दयाल गिरि	—
12.	नृपनीति शतक	लक्ष्मणसिंह	

आदि-आदि रीति व्यवस्था या रीतिकाल से सम्बद्ध रीति काव्य हैं। इन काव्यों की व्यवस्था का सम्बन्ध लोक व्यवस्था की व्यवहार नीतियों से रहा है। घाघ तथा भड्डरी के छन्द तो कृषि व्यवस्था से सम्बद्ध लोक जीवन के अनिवार्य अंग के रूप में हैं। दीन-दयाल गिरि की नीति रचनाएँ सम्पूर्ण लोक व्याप्ति का स्पर्श करती हुई उनके व्यापक तथा गम्भीर अनुभव के यथार्थ को इंगित करती है।

(8)

रीतिकाल का भक्ति साहित्य

हिन्दी साहित्य का भक्तिकाल सामान्यतया संवत् 1350 से संवत् 1700 तक स्वीकार किया जाता है किन्तु यह भक्ति साहित्य संवत् 1700 के बाद अर्थात् रीतिकाल में भी अधिक व्याप्त रहा है। श्री कृष्ण भक्ति साहित्य की पाँच शाखाएँ—आचार्य वल्लभ मत, हरिदासी तथा हरिव्यासी सम्प्रदाय, चैतन्य मत, राधा वल्लभ मत आदि सम्पूर्ण फैलाव के साथ सम्पूर्ण हिन्दी प्रदेश में ही नहीं, अपितु गुजरात, महाराष्ट्र, उड़ीसा, बंगाल, आसाम आदि राज्यों में व्याप्त रहे हैं। इसी प्रकार, राम भक्ति साहित्य में राम भक्ति रसिक सम्प्रदाय बीसवीं शती तक व्याप्त दिखाई पड़ता है और गोस्वामी तुलसीदास ने इसके प्रभाव में आकर अपनी मर्यादावादी भक्ति में पर्याप्त फेरबदल कर डाला है। कबीरदास से जुड़े सन्तमत की रीतिकाल में आठ शाखाएँ पूरे देश के प्रमुख सांस्कृतिक केन्द्रों में स्थापित हुए। सूफ़ी साहित्य की भी यही स्थिति हुई। इस मतवाद का फैलाव उड़ीसा, बंगाल एवं देश के दक्षिणी राज्यों में दक्खिनी साहित्य में हुआ। सिन्ध तथा पंजाब तो इसके मूल उद्गम स्थल थे। राजस्थान तथा गुजरात में यह विचारधारा तथा इसका साहित्य इक्कीसवीं शती तक प्राप्त है।

हिन्दी भक्ति साहित्य के संदर्भ में इसको स्पष्ट किया जा चुका है। यहाँ केवल इतना ही कहना है कि 13वीं शती से प्रारम्भ हुई हिन्दी कविता की यह भक्ति धारा बीसवीं शदी

तक चली किन्तु इसके मूल धार्मिक स्वरूप एवं साहित्यिक वृत्ति में पर्याप्त बदलाव दिखाई पड़ता है और यह बदलाव भक्ति चेतना का धार्मिक मतवाद के रूपान्तरण के रूप में अधिक सक्रिय रहा है। पुनरावृत्तियाँ, नई दृष्टियों के अन्वेषण का हल्कापन, संकीर्ण स्वमतवाद का आग्रह जैसी प्रवृत्तियाँ इसमें दिखाई पड़ती हैं और इसका साहित्यिक योगदान विशेष मुखर नहीं है। यद्यपि इस दिशा में कई शोध तथा विशेष अध्ययन कार्य हुए हैं जिन पर डॉ. भगवती प्रसाद सिंह, श्री परशुराम चतुर्वेदी आदि ने विशेष प्रकाश डाला है।

रीतिकाल की विविध काव्यधाराओं का प्रवृत्तिगत विश्लेषण

(1)

रीतिकाल : रस निरूपण की परम्परा

रीतिकाल के पूर्व की काव्यशास्त्रीय पृष्ठभूमि का अध्ययन करें तो यह स्पष्ट अवधारणा दिखाई पड़ेगी कि इस काव्यदृष्टि को काव्य की मूलचेतना के रूप में स्वीकृति मिल चुकी थी। इस दिशा में सर्वाधिक महत्त्वपूर्ण योगदान ध्वनिवादियों का रहा है। उनकी अवधारणा है कि यदि काव्य की आत्मा ध्वनि है तो ध्वनि की आत्मा रस हैं। हिन्दी में रीतिकालीन अवधारणा की स्थापना के पूर्व रस स्वयं स्वतंत्र रूप से काव्य के अन्तर्गत स्थापित हो रहा था और आचार्य मम्मट के बाद आचार्य भोजराज, कविराज विश्वनाथ, पंडित जगन्नाथ आदि के विवेचन रस की श्रेष्ठता के प्रतिपादन के आधार के रूप में सामने आ रहे थे। इस निरूपण के संदर्भ में भारतीय काव्य शास्त्र की विवेचनात्मक मनोवृत्ति के स्वाभाविक अनुक्रम में 'रसराज' क्या है? इस प्रश्न का उठना स्वाभाविक था।

यह प्रश्न केवल रीतिकाल की भूमिका से ही नहीं जुड़ा है, भारत की सामन्तवादी तथा कलावादी चेतना के मूल संदर्भ में 'रसराज' शृंगार की चर्चा हमें भरत के नाट्यशास्त्र तथा भारतीय काव्यमीमांसा से ही दिखाई पड़ने लगती है। अर्थ, धर्म, काम तथा मोक्ष ये चार पुरूषार्थ मानव जीवन के लक्ष्य है और ये परमार्थ तत्त्व के रूप में दिखाई पड़ते हैं। आचार्य भरत 'शृंगार रस' को श्रेष्ठ पवित्र तथा उज्ज्वलवेषात्मक कहा है। रीतिकाल की पृष्ठभूमि में आचार्य भोजकृत शृंगार प्रकाश कृति इस सापेक्ष्य में सर्वाधिक महत्त्वपूर्ण है। भारतीय सामन्तवादी वातावरण के विकास के साथ-साथ इस शृंगार रस को निरन्तर महत्त्व मिलता गया और रीतिकाल की पृष्ठभूमि तथा उसकी समग्र व्याप्ति का केन्द्रीय भाव शृंगार रस ही रहा है। इस युग की रस विषयक कृतियों में रस के सर्वांग विवेचन का क्रम अत्यन्त सान्द्र है तथा रस शास्त्र के विवेचकों की दृष्टि शृंगार रस पर ही केन्द्रित दिखाई पड़ती है।

आचार्य केशवदास रसिकप्रिया की रचना को प्रारम्भ करते समय शृंगार रस की चर्चा करते हुए बताते हैं कि—

रतिमति की अति चातुरी रतिमति पंच विचार।
ताहीं सैं सब कहत हैं कवि कोविद सिंगार।।

आचार्य केशवदास के समान्तर अन्य कवियों ने भी इस शृंगार रस को इसी परम्परा में सर्वाधिक महत्त्व स्थापित करने का कार्य किया है। महाकवि देव ने शब्द रसायन के अन्तर्गत बताया है कि—

बिमल सुद्ध शृंगार रस देव अकास अनन्त।
उड़ि उड़ि संग ज्यों और रस विवस न पावत अन्त।।

कवि पद्माकर कहते हैं कि—

नव रस में सिंगार रस, सिरे कहत सब कोइ।

एक अन्य कवि कहते हैं कि—

बानी को सार बखान्यो सिंगार
सिंगार को सार किसोर-किसोरी।।

यदि काव्य की आत्मा रस है तो रस की आत्मा शृंगार रस और इस शृंगार रस की आत्मा का अन्वेषण करें तो उसके मूल धर्म 'नायक-नायिका' हैं। आचार्य केशवदास से प्रारम्भ होने वाली 'रसिक प्रिया' का सम्पूर्ण मन्तव्य नायक-नायिकाओं के माध्यम से 'शृंगार रस' तक पहुँचना है। नायक-नायिका के विविध संदर्भों, रूप, चेष्टा, विलास, सज्जा आदि-आदि वृत्तियों द्वारा शृंगार का भावात्मक तथा कलात्मक वातावरण का निर्माण इन रीतिकालीन कवियों का मूल लक्ष्य रहा है।

नायक-नायिका भेद का प्रकरण आचार्य भरत से ही शुरू होता है तथापि इस भेद के महत्त्वपूर्ण आधार के रूप में 'वात्स्यायन कृत' कामसूत्र (ई. पूर्व दूसरी शदी) की पृष्ठभूमि दिखाई पड़ती है। वैसे, भरत सम्पूर्ण नारी जाति के स्वाभाविक वातावरण तथा उनकी कामाचार वृत्ति को ध्यान में रखकर नायक-नायिका भेद का यह विभाजन करते हैं। रीतिकालीन इस शृंगारिकता के चार रूप हैं—

(1) भक्तिसंयुक्त शृंगारिकता
(2) शास्त्रसंयुक्त शृंगारिकता
(3) स्वच्छन्दशृंगारिकता
(4) लोकपरक शृंगारिकता

(1) शृंगारिक लीलारस अर्थात् भक्तिसंयुक्त शृंगारिकता—रीतिकाल के अन्तर्गत राधाकृष्ण का प्रवेश कोई नई घटना नहीं है। भारतीय काव्यशास्त्र में ध्वन्यालोक में सर्वप्रथम 'राधा-कृष्ण' के प्रणय का प्रकरण आता है। यह संदर्भ भागवत भक्ति से प्रभावित हो सकता है क्योंकि भक्ति के लिए रति को यहाँ अनिवार्य उपादान के रूप में स्वीकृति दी गई है। लोक में पुत्र, सखा, स्वामी एवं प्रिय या पति से सम्बन्ध रति के चार आधार रहे हैं। वात्सल्य रति,

सख्यरति, दास्यरति एवं कान्तारति लोक जीवन के चार संसक्ति-सन्दर्भ हैं जिनको ईश्वरार्पित कर देना भक्त का परम लक्ष्य है। विद्यापति से ही राधाकृष्ण कथा के साथ विलासमयता तथा भागवत् भक्ति एकमेव होकर चलती रही है। वे कहते हैं कि—

यदि हरिस्मरणे सरसो मनं
यदि विलासकला सुकुतूहलम्।
कमल कोमल कान्त पदावली
श्रुणु तदा जयदेव सरस्वती।।"

ठीक यही बात आचार्य केशवदास रसिकप्रिया में दुहराते हैं—

ताते रूचि सो सोचि पचि कीजै सरस कवित्त।
केसव स्याम सुजान को सुनत होइ बस चित्त।

सुजान श्री कृष्ण के प्रति चित्त की तन्मयीभूत दशा तथा कविता की सरसता दोनों का एक साथ समन्वय इस रसिकप्रिया का लक्ष्य है। इस लीला शृंगार का नायक श्रीकृष्ण के अतिरिक्त और कौन हो सकता है। इसलिए इसके नायक श्रीकृष्ण एवं नायिकाएँ गोपिकाएँ तथा राधा हैं। सम्पूर्ण प्रकरण नायक श्रीकृष्ण एवं नायिका राधा रानी के विलास लीला रस के ही है।

प्रेम एवं प्रणयरति या कान्ता रति जैसे प्रणयासक्ति समर्पण एवं तन्यमीभूतता के भक्ति-संदर्भ कबीर, जायसी, तुलसी आदि सभी कवियों में प्रायः समान है। परवर्ती कृष्ण भक्त कवि रसखान तथा घनानन्द रति, प्रेम तथा लीलाभाव को समेट कर ही प्रभु की साधना ही बताते हैं। कवि कहते हैं कि—

आनंद अनुभव होत नहिं बिना प्रेम जग जान।
कै वह विषयानन्द कै ब्रह्मानंद बखान।।

लोक में भौतिक जीवन के आनन्द की परकाष्ठा पर पहुँचा कर यह प्रेम विषयानन्द हो जाता है किन्तु लीलाभक्ति से जुड़ी शृंगारमूलक ब्रह्म विषयक रति ब्रह्मानन्द है। इसी को भारतीय काव्यशास्त्र के पंडितों ने रस की अनुभूति के परिणाम को ब्रह्मानन्द सहोदर कहा है।

हिन्दी के रीतिकालीन कवियों ने राधा कृष्ण की लीला से जुड़े आनन्द को न केवल विलासकला की सीमा पर पहुँचा दिया अपितु उसे ब्रह्मानन्द से भी जोड़ा है। आचार्य केशवदास के पूर्व आचार्य रूपगोस्वामी ने जिस राधाकृष्ण लीला का सरस स्वरूप शृंगार रस तथा नायक नायिकाभेद से जोड़कर उज्ज्वलरस की सीमा तक पहुँचाया था, आचार्य केशवदास ने भी हिन्दी साहित्य में रसिक प्रिया के माध्यम से भी वही कार्य किया है किन्तु राजाश्रय की लोक-चेतना की सुरूचि की गहनता ब्रह्मानन्द की न रक्षा कर सकी और न ब्रह्मनन्द सहोदर की। प्रेम की लौकिक रीतियों, उत्सव, त्यौहार, बारहमासा वर्णन, नखशिख

(शिख नख), सोलह शृंगार, विविध नायिकाओं की प्रकृति को निरूपित करनेवाली शृंगारमयी लोक चेतना यहाँ द्रष्टव्य है। शृंगार एवं रति से संयुक्त विविध लीला व्यापार आदि ने इस अध्यात्मिक प्रेम रस को भौतिकता की ओर निरन्तर खींचने का प्रयास किया और अन्त में सुकविताई एवं राधाकृष्ण की प्रेमासक्तिमूलाभक्ति के बहावों में दोनों काव्य संदर्भ निरर्थक प्रतीत होने लगे। रसखान का एक लीला का छन्द देखें जिसमें गोपिकाएँ कृष्ण को पकड़कर होली में युवती बना डा्लती हैं—

चन्द्रकला चुनि चूनरी चारु दई पहिराई सुझाई सु होरी।
बेंदी बिसाखा रची पदमाकर अंजन ओजि संभालि कै रोरी।
लागी तबै ललिता पहिरावन स्याम को कंचुकि केसर बोरी।
हेरि हरै मुसकाई रही अंचरामुख दै वृषभानु किसोरी।।

चन्द्रकला, विशाखन एवं ललिता सखियों की इस हरकत से राधा (वृषभानु कुमारी) मुख पर स्थित अंचल का छोर पकड़े, मुस्करा रही हैं।

यह वर्णन भक्ति से सन्दर्भित होते हुए भी रीतिकालीन सुरुचि का स्वरूप बन गया है।

भक्ति संयुक्त यह शृंगारिकता धीरे-धीरे क्षीण पड़ती गई और लोक रुचि एवं राजाश्रय की प्रवृत्ति से प्रेरित भौतिक विलास भावना ने धीरे-धीरे अध्यात्म पर अपना दबाव बनाना शुरू किया। फलतः रीतिकाल का सम्पूर्ण भक्तिभाव से प्रेरित कृष्णरति का शृंगार रस साहित्य में लौकिकता की ओर और मुड़ता चला गया। यद्यपि राधाकृष्ण की लीला भक्तिरस की कविता आधुनिक युग में भी दिखाई पड़ती है किन्तु उनका यह प्रेम वर्तमान सन्दर्भ में प्रेमविषयक एक मोटिफ़ बनकर साहित्य में चर्चित हुआ।

शास्त्रसंयुक्त शृंगारिकता—हिन्दी रीतिकाल में समान्तर भाव से भक्तिरस से सम्बद्ध आध्यत्मिक कलारति (शृंगार भाव) तथा भारतीय काव्यशास्त्र में नायक-नायिकाएँ के शास्त्र वर्णित शृंगार रति से सम्बद्ध आचरण के अनुरूप शृंगार रस का काव्य प्रणयन समानान्तर भाव से चल रहा था। इसके वर्णन का प्रमुख कारण शास्त्रीय परम्परा का अनुकरण एवं मुक्तक कविता की क्लैसिक शृंगार दृष्टि की पुनरावृत्ति थी। आचार्य केशवदास, चिन्तामणि, मतिराम, भूषण, देव, बिहारी, पद्मकार आदि-आदि कवि इस शास्त्रसम्मत शृंगार रस के वर्णन की सारी परिपाटियों को अपनी कविता में न केवल उतारते हैं अपितु उसकी अतिव्याप्ति से सम्पूर्ण रीतिकाल को भावाच्छन्न करा देते हैं। इस शास्त्रानुमोदित शृंगार परम्परा का प्रारम्भ भारतीय कविता में आचार्य भरत से शुरू होता है। आचार्य भरत ने नायिकाओं को निम्नलिखित भागों में विभक्त किया है।

1. लोकव्यवस्थामूलक नायिकाएँ—

(अ) कुलवधू,

(ब) वार बधू,

(स) जो वरवधू होकर राजाश्रय में कुलबधू जैसा आचरण करें।

2. प्रेमभाव या रोमांसपरक नायिकाएँ—ये नायिकाएँ सनातन हैं और इनकी स्थिति आज भी किसी-न-किसी रूप में है—

(अ) वासकसज्जा

(ब) विरहोत्कंठिता

(स) कलहान्तरिता

(द) खंडिता

(य) विप्रलब्धा

(र) प्रोषितपतिका

(ल) स्वाधीनपतिका

(श) अभिसारिका

रीतिकाल के राजाश्रय एवं भक्तिकाल के राधाकृष्ण एवं गोपिका प्रेम के साक्ष्य के साथ वे कामिनी नायिकाएँ साहित्य में निरन्तर रही हैं। संस्कृत का ललित साहित्य इनके वैभवपूर्ण प्रेमलीला-विलास से भरा पड़ा है और आज भी लोक तथा साहित्य में उनका संदर्भ किसी-न-किसी रूप में वर्तमान है। नायिका भेद का यह एक सनातन तथा लोक प्रेम तथा रोमांस की अमर प्रणय कथाओं के भी ये सनातन सूत्रबिन्दु हैं।

3. प्रणय की मनःदशाओं से सम्बद्ध नायिकाएँ—

(अ) विरक्ता

(ब) अनुरक्ता

(स) कामातुरा

4. सामाजिक श्रेष्ठता पर आधारित नायिकाएँ—

(अ) उत्तमा

(ब) मध्यमा

(स) अधमा

5. वय के आधार पर आधारित नायिकाएँ—

(अ) युवावस्था की प्रथम वय—प्रथम यौवना

(ब) युवावस्था की द्वितीय वय—द्वितीय यौवना

(स) युवावस्था की तृतीय वय—तृतीय यौवना

(द) युवावस्था की प्रौढिता—चतुर्थ यौवना

6. सामाजिक व्यवस्था के अनुरूप व्यवस्थित नायिकाएँ—

(अ) दिव्या नायिका देवी, गन्धर्वकन्याएँ, अप्सराएँ

(ब) नृप पत्नी

(स) कुल स्त्री

(द) गणिका या वेश्या

आचार्य भरत ने अपने युग की सामाजिक व्यवस्था के अनुरूप नारी वर्ग का यह विभाजन नायिका भेद के रूप में किया था और सम्पूर्ण संस्कृत साहित्य में थोड़े बहुत परिवर्तन के साथ यह विभाजन आज भी स्वीकृत रहा है।

हिन्दी साहित्य का रीतिकाल इस प्रसंग में बड़ा ही सजग रहा है। परम्परा में कालानुसार होने वाले परिवर्तनों के साथ इस प्रकरण को पूर्वक्रम में स्वीकृति प्रदान करते हुए नायक-नायिका भेदों से सामयिक साहित्य को रंग दिया। इस शास्त्रीय प्रेम का संवर्ग भी आचार्य केशवदास से शुरू होता है और उनकी रसिक प्रिया, कविप्रिया तथा शिखनख आदि रचनाएँ परम्परागत शास्त्रीय शृंगारिकता को फिर से इस युग में ले आती हैं। यद्यपि इस परम्परा का हिन्दी में आचार्य केशवदास के पूर्व प्रारम्भ हो चुका था, फिर भी इस परम्परा को व्यवस्थित रूप से शास्त्रबद्ध करके उन्होंने ने ही प्रस्तुत किया। उनकी कविप्रिया ने शृंगार रस के परम्परित वर्णकों तथा कवि समयों को काव्य तथा कविगणों दोनों के लिए मानक बना दिया और इस प्रकार रीतिकाल की शृंगार मंडित नायक-नायिका भेद की सतत शक्तिशील परम्परा को प्रवाहमान बनाने का श्रेय आचार्य केशवदास को ही दिया जाना चाहिए।

स्वछन्द प्रेम तथा शृंगार

डॉ. नगेन्द्र ने रीतिकाव्य की भूमिका के अन्तर्गत टिप्पणी दी है कि "रीतिकाल का शृंगार उपभोगप्रधान एवं गार्हस्थिक है जो एक ओर इश्क या दरबारी वेश्या विलास से भिन्न है दूसरी ओर उनमें रोमानी प्रेम की साहिसकता अथवा आदर्शवादी बलिदान भावना की प्रायः उनमें नहीं मिलती।"[1]

यह ठीक है कि डॉ. नगेन्द्र ने इस प्रेमवृत्ति को इश्क या दरबारी वेश्या-विलास से भिन्न माना है, किन्तु रोमानी प्रेम की साहसिकता से उसे शून्य बताया है, यह उचित नहीं है। प्रेम की रोमानियत में प्रेम के प्रति पूर्ण समपर्ण एवं प्रिय के प्रति समपर्ण भी जन-जन्मान्तरों की निष्ठा का अर्पण है। दूसरी ओर रोमानियत का स्वर वह है, जहाँ प्रणय के रंगों में अपनी चेतना को पूरी तरह से रंगकर प्रणयी कवि जागृति तथा सुसुप्ति में निरन्तर प्रणयी का ही स्वप्न देखता रहता है। यह सत्य है कि परम्परागत प्रेम एवं शृंगार की शास्त्रीयता सामन्तवादी भोग एवं कलाविलास की इस उन्मुक्त तथा स्वछन्द शृंगारिकता को दबाती है किन्तु वह दबती नहीं। आचार्य विश्वनाथ प्रसाद मिश्र ने घनानन्द के एक छन्द की पंक्ति के माध्यम से इसे स्पष्ट किया है—

1. रीतिकाव्य की भूमिका—पृ० 172

"**रीति सुजान सची पट रानी बची बुधि बावरी है कर दासी।**

"रीतिकाव्य की रानी बुद्धि हैं, भाव उसका किंकर। पर स्वछन्द काव्य की रानी है, वह अनुभूति, उसकी दासी है बुद्धि।" स्वछन्द काव्य भावभावित होता है, बुद्धि बोधित नहीं।"[1] यही रोमानियत का प्रेम है।

इस स्वछन्द प्रेम धारा के अन्तर्गत उन्होंने निम्नलिखित कवियों को रखा है। ये हैं रसखान, शेख आलम, घन आनन्द, ठाकुर, बोधा, द्विजदेव।

रीतिकाल के ये कवि न शास्त्रबद्ध परम्परा के हैं, न भोगवादी शृंगार परम्परा के। भावुकता पूर्ण प्रेम से संसक्त समग्र समर्पण इनकी केन्द्रीय चेतना है और इसी चेतना से इनकी रोमानियत का तार जुड़ा हुआ है। कल्पना विलास के रंग में रंगी इनकी रोमानियत इनकी काव्य पंक्तियों के आस-पास घूमती दिखाई पड़ती है। कवि आलम कल्पना विलास मंडित इस रोमानियत को इस प्रकार स्पष्ट करते हैं—

आलम प्रेम वियोग में उठत अहै परी झार।
मन लागैं जियरा जरै लाज होत बरि छार।।

यह परम्परा एक ओर सूफी काव्य धारा के प्रेमवर्चस्व का स्पर्श करती है तो दूसरी ओर गूढ़ प्रेम के नितान्त समर्पण से जुड़कर रीतिकाल की शृंगारिक-विलासपरम्परा से स्वतः को मुक्त करती है। मिलन की कामना की निष्ठाकारी अनन्यता का एक उदाहरण घन आनन्द इस प्रकार है—

अंतर हौ किधौ बंद रहै हम फारि फिरौं कि अभागानि भीरौं
आगि जरौं अकि पानी परौं अब कैसी करौं हिय का विधि हीरौं।।
जौ घन आनंद ऐसी रूची तौ कहा बस है अहो प्राननि पीरौ।
पाऊँ कहाँ हरि हाय तुम्हे धरनी में धरौं कि अकासहिं चीरौं।।

इन कवियों के संदर्भ में डॉ. बच्चन सिंह की टिप्पणी नितान्त स्पष्ट है। वे कहते हैं कि—

"रीतिबद्ध कवियों की भाँति यह मुख्यतः मांसल और शरीरी न होकर सूक्ष्म और मानसिक था। इनका गूढ़, एकनिष्ठ और एकान्तिक प्रेम नायिका भेद के चौखटे में नहीं पड़ सकता था।"[2]

स्वछन्द कृतियों के बाद भी, रीतिकालीन कविता से सम्बद्ध समग्र साहित्यिक वातावरण की रूढ़ियाँ कहीं-कहीं इन्हें अवश्य प्रभावित करती हैं किन्तु इस काव्यधारा की मूल प्रवृत्ति स्वछन्द ही है। काव्य रूढ़ियाँ एवं काव्य प्रौढ़ियाँ यहाँ आकर इनके स्वछन्द प्रेम में पूरी तरह से भावात्मक लयात्मकता में विलीन हो उठती हैं।

---

1. हिन्दी साहित्य का अतीत, पृ० 276
2. रीतिकालीन कवियों की प्रेम व्यंजना—डॉ. बच्चन सिंह, पृ० 219

निष्कर्ष रूप में रीतिकाव्य की इस शृंगार तथा प्रेम से सम्बद्ध स्वछन्द काव्यधारा को रीतिमुक्त प्रणय काव्य धारा न कहकर इसे प्रेम की स्वछन्दता से ही जोड़ा जाना चाहिए।

लोकपरक शृंगारिकता—रीतिकालीन शृंगारिकता जिसकी मूल चेतना विलास तथा भोगवृत्ति है, यह नायिकाभेद से सम्बद्ध व्यापक लोक दृष्टि को अपने में नहीं समेट पाती। यह सत्य है कि नायिका भेद के मूल में लोक प्रणय की एक धारा अवश्य दिखाई पड़ती है किन्तु भोग तथा सौन्दर्यमयी रूप रचना की रीति दृष्टि इसे अपने से अलग ही रखे हुए है।

रीतिकाल की कर्मकार जातियाँ जिन्हें जिस नाम से पुकारा जाता है, उनके सौन्दर्यमयी वर्णन की शृंगार रसयुक्त परम्परा का श्रीगणेश इस युग में होता है। बिहारी के दोहों में इन निम्नवर्गीय कृषक तथा किसवी जातियों की युवतियों का सौन्दर्यसम्पृक्त वर्णन अवश्य मिलता है किन्तु इस वर्णन परिपाटी का प्रारम्भ अब्दुर्रहीम खानखाना से माना जाता है। डॉ. रामकुमार वर्मा जी का अनुमान है कि अकबर के समय में किसी मीना बाजार में प्रवेश करके कवि रहीम से जब विविध व्यवसायों में सुशोभित अपना-अपना सामान बेचने वाली नारियों को देखा होगा तभी एक ओर नारी को लक्ष्य पर उन्होंने इन दोहों की रचना की होगी तथा मीना बाजार में सजी हुई नारियों को ही उन्होंने नगर शोभा के अन्तर्गत माना होगा।"[1]

डॉ. वर्मा का यह मतवाद किसी सीमा तक सत्य है किन्तु देव, पद्माकर, सूदन (सूदन चरित्र) आदि कवियों ने असम, गुजरात, कश्मीर आदि प्रदेशों की नारियों का जो सौन्दर्य अपनी कविता में उकेरा है, उससे यही लगता है कि इस वर्ग के कवियों का दृष्टिकोण नारी-सौन्दर्य को केन्द्र में रखकर समग्र लोक जीवन तथा प्रदेशों के वैशिष्ट्य को खँगालना रहा होगा। गाँव की कामगार तथा विविध जातियों से सम्बद्ध 56 प्रकार की नारियों का सौन्दर्य वर्णन रहीम तथा अन्य कवियों ने किया है जिनमें जौहरिन, कैथिन, बरइन, बनियाइन, रंगरेजिन, कुम्हारिन, बनजारिन, खतरानी आदि-आदि हैं। अहीरिन के वर्णन से सम्बद्ध देव की बड़ी प्रसिद्ध कविता है—

माखन सो मन दूध सो जोबन है दधि सै अधिकै उर ईठी।
जा छवि आगे छपाकर छाँछ विलोकि सुधा वसुधा सब सीठी।
नैनन नेह चुवै कवि देव बुझावति बैन बियोग अंगीठी।
ऐसी रसीली अहीरी अहो कहो क्यों न लगें मनमोहनै मीठी।।

1. रीतिकालीन साहित्य का पुर्नमूल्यांकन—डॉ. राम कुमार वर्मा, पृ० 211।

(2)

रीतिकाल की अलंकार परम्परा

रीतिकाल की अलंकार व्यवस्था गुणात्मक दृष्टि से समृद्ध है या नहीं यह विवादास्पद प्रश्न है किन्तु मात्रात्मक दृष्टि से यह समृद्ध रही है। इस मात्रात्मक दृष्टिकोण की प्रधानता का कारण यह रहा है कि इन आचार्यों में प्रायः संस्कृत अलंकार-शास्त्र के अध्ययन की न तो गहनवृत्ति थी और न प्रस्तुति की भाषिक सामर्थ्य। ब्रजभाषा या किसी भी भाषा में लक्षण शास्त्र के लिखे जाने के लिए उसकी भाषिक अक्षमता का कारण बताना व्यर्थ है। मूलतः लक्षणशास्त्र की गहन अपरिपक्व दृष्टि के अभाव में अलंकार चिन्तन इस काल खंड में उतर नहीं पाया है। वैसे, यह सत्य है कि श्रृंगार रस शास्त्र तथा नायक नायिकाभेद के ग्रंथों की परिगणना की तुलना में अलंकार शास्त्र के ग्रंथ समानान्तर चलते रहे हैं। प्रवृत्ति की भी दृष्टि से अनेक श्रृंगार रस के विवेचकों तथा कवियों ने बिना अलंकार पर अपनी लेखनी चलाए हीनता का अनुभव जैसा करते हैं। आचार्य केशवदास, मतिराम, सुरति मिश्र, देव, पद्माकर आदि रीतिकालीन कवि श्रृंगार रस तथा नायक नायिका भेद के साथ-साथ अपनी रचनात्मक ऊर्जा की श्रेष्ठता के लिए अलंकार शास्त्र पर लेखन अनिवार्य मानते हैं। रीतिकाल के कवियों की सबसे बड़ी विशेषता यह है कि उनके आचार्यत्व और कवित्व की श्रेष्ठता दोनों के सम्मिलन के परिणाम हैं और इस युग के पाठकों की भी मानसिक रूझान इसी दिशा में रही है।

रीति कवियों के अनुसार अलंकार की स्वीकार्यता इस युग के काव्य की उत्कृष्टता का प्रतिमान है। संस्कृत के आचार्य मम्मट की मान्यता को स्वीकृति देते हुए आचार्य केशवदास कविप्रिया में कहते हैं कि—

जद्यपि जाति सुलक्षिनी सुबरन सरस सुवृत्त।
भूषन बिन न बिराजई कविता बनिता मित्त।

यद्यपि कविता में नैसर्गिक वर्णन (जाति-स्वभाव) हो, वह सुन्दर काव्य लक्षणों से युक्त हो, सुन्दरवर्णवाली हो, रसयुक्त हो, सुन्दरछन्दों से परिपूर्ण हो किन्तु हे मित्र! रायप्रवीण। बिना अलंकार के कविता तथा युवती दोनों शोभित नहीं होती।''

काव्य के 36 लक्षण, 10 गुण, नौ रस, सुकुमार वर्णों की पदावली (काव्य पाक तथा काव्यशैया के तत्त्व) और प्रचलन में लयात्मक संघटना से परिपूर्ण छन्द हों किन्तु बिना अलंकरण के कविता शोभित नहीं होती। वक्रतावादी अलंकारिक भामह ने भी इसी प्रकार की ही बात बहुत पहले कही थी—

न कान्तमपि निर्भूषं विभाति वनितामुखम्।

रमणीक (कान्त) होते हुए भी बिना अलंकरण के कविता तथा वनिता दोनों के मुख सुन्दर नहीं लगते। आचार्य भोज ने तो यहाँ तक कह डाला था कि—

अलंकाररहिता विधवैव सरस्वती

अलंकारविहीन काव्यवाणी की अधिठास्त्री देवी सरस्वती भी विधवा जैसी लगती हैं क्योंकि विधवाओं को अलंकरण वर्जित है।

रीतिकाल के उत्तम भंडारी जैसे कवि इसी मन्तव्य को दुहराते हुए कहते हैं कि—

कविता बनिता रस भरी सुन्दर होई सुसाख।
बिनु भूषन नहिं भूषहीं यहै जगत की साख।।

आचार्य देव भी अलंकार का निरूपण करते हुए कहते हैं कि—

कविता कामिनि सुखद पर सुबरन सरस सुजाति।
अलंकार पहिरे अधिक अदभुत रूप दिखात।।

इस प्रकार, रसवादी तथा अलंकारवादी कवियों के बीच एक सामान्य सा-तनाव है। अलंकार में श्रेष्ठता का तत्त्व दिखाई तो पड़ता है किन्तु यहीं कवि रस प्रकरण में काव्यात्मा के रूप में रस को मान्यता देते हैं।

इस प्रकार यह स्पष्ट है कि रीतिकालीन कविता में अलंकार को कहीं-कहीं रस से श्रेष्ठ, कहीं समानान्तर महत्त्वपूर्ण और अधिकांश स्थलों पर रस के बाद इसे दूसरा स्थान मिला है।

वैसे कविता का सम्बन्ध मानव जाति की भावविधान से जुड़ी रचना प्रक्रिया से है और सादृयविधान, रूपक तथा प्रतीक विधान, कल्पना उत्प्रेक्षा या विम्बविधान आदि की आलंकारिक प्रक्रियाओं के बिना अर्थ प्रतीत की व्यंजना स्वयं में जटिल है। इस जटिलता से मुक्ति पाने के लिए कविता में अलंकार विधान की आवश्यकता पड़ती है। जहाँ रस का सन्दर्भ आस्वादान से है, वहीं अलंकार व्यवस्था का सम्बन्ध सम्प्रेक्षण प्रक्रिया को बोधगम्य बनाने से। दोनों के अपने-अपने कार्य हैं, इसलिए दोनों कविता के लिए अनिवार्य है।[1]

रीतिकालीन कवियों ही नहीं, परम्परा के आलंकारिकों ने भी अलंकारों को काव्य रचना का अनिवार्य धर्म माना है। रीतिकालीन कवियों की अलंकार ग्राहयता का प्रबल समर्थन परम्परा का ही है।

अलंकार निरूपण के क्षेत्र में दो प्रवृत्तियाँ दिखाई पड़ती है। प्रथम प्रवृत्ति है, सम्पूर्ण कवि शिक्षा तथा लक्षणों के साथ अलंकारों को जोड़ देने की तथा दूसरी प्रवृत्ति परंम्परा की पुनरावृत्ति की रही है। प्रथम प्रवृत्ति का धर्म है, काव्य लक्षण वर्णक तथा कवि शिक्षा को अलंकार के रूप में प्रस्तुत करना। आचार्य केशवदास ने यही किया है, और इसके लिए उनकी कृति **कवि प्रिया** नितान्त प्रसिद्ध है। अलंकार को सम्पूर्ण काव्य वर्ण के रूप से जोड़ना उसे एक नया अर्थ देना है किन्तु उसके औचित्य पर वे प्रकाश नहीं डालते। आचार्य केशवदास अलंकार निरूपण करते हुए आचार्य परम्परा का उल्लेख न करके कवि परम्परा

1. अलंकार रचना और काव्यभाषा विधान—योगेन्द्र प्रताप सिंह, पृ. 25

की वर्णन परिपाटी का ही उल्लेख करते हैं। वे कहते हैं कि—

कविन कहे कवितान के अलंकार द्वै रूप।
एक कहै साधारणै एक विसिष्ट सरूप।।

इस प्रकार कवियों की परिपाटी आचार्यों की परिपाटी से भिन्न है। कवि काव्य सर्जन के व्यवहार की बात करते हैं और आचार्य सिद्धान्त की। यह सिद्धान्त आंशिक रूप से उनके विशिष्टालंकार के प्रकरण में है। इस उपमादि विशेषालंकार को भी वे प्रायोगिक अलंकार मानते हैं, ये सामान्यलंकार की भाँति हैं और सामान्यलंकार हैं—वर्ण, वर्ण्य, भूमिश्री तथा राज्यश्री। इसके बाद, विशिष्टलंकार में परम्परा के प्रचलित अलंकारों की सूची आचार्य केशवदास देते हैं। इस सूची में परम्परित आचार्य परम्परा के चित्रालंकार सहित 36 अलंकार हैं। आचार्य केशवदास का चित्रालंकार उनकी मौलिक प्रतिभा से जुड़ी है।

रीतिकाल के कवियों ने अलंकार को केवल सूचनात्मक ढंग से परिभाषित किया है और वह भी प्राचीन परम्परा के अनुक्रम में ही शब्दालंकार तथा अर्थालंकार का विवेचन है। कुछ ने, उपमालंकार का उल्लेख करके उसके तीन भेदों को इंगित किया है, किसी एकाध ने चित्रालंकार जैसा वर्ग बनाने की चेष्टा की है। अलंकार की एकाध दो परिभाषाएँ उदाहरण के रूप में यहाँ रखी जा सकती है। आचार्य चिन्तामणि अलंकार के विषय में कहते हैं कि

अलंकार ज्यों पुरूष को हारादिक मन प्रानि।
प्रासोपम आदिक कवित अलंकार ज्यों जानि।

यह लोकाभूषण रूप अलंकार की व्यंजना है। परवर्ती ध्वनि तथा रस-वादियों की भाँति अलंकारों को रसोपकारकर्ता मानने वाले देव तथा ग्वाल कवि भी इसी प्रकार अलंकार को परिभाषित करते हैं। आचार्य देव अलंकार को परिभाषित करते हुए कहते हैं कि—

कविता कामिनि सुखद पर सुबरन सरस सुजाति।
अलंकार पहिरे अधिक अदभुत रूप दिखात।।

कविता कामिनी का सरस एवं सुखद रूप अलंकार से मंडित होने पर और अधिक आकर्षक बन उठता हैं, आदि-आदि।

ये अलंकार की परिभाषाएँ नहीं हैं, अलंकार के महत्त्व की वे सूचनाएँ हैं, जिन्हें रीतिकालीन कविता की प्रियता के साथ सम्बद्ध किया गया है। इस प्रकार, रीतिकालीन कवियों ने न तो अलंकारों को परिभाषित किया है, न उसके तत्त्वों का विश्लेषण और न उनका वर्गीकरण। यदि ये अलंकार ग्रंथों के लेखन संदर्भ में इन विषयों पर थोड़ी-सी चर्चा भी कर लेते तो भी इनके अलंकार सिद्धान्त निरूपण का कोई मतलब समझा जाता। संस्कृत के आचार्य राजानक रुय्यक, रुद्रट आदि भाषा अलंकारिकों का सिद्धान्त विवेचन परवर्ती संस्कृत साहित्य में केवल सामान्य विभाजन तथा लक्षण उदाहरण तक रहा गया था, और हिन्दी के रीतिकालीन कवियों ने उन अलंकारों का बिना विशेष विवेचन किए हुए परम्परा की

लकीर पीटते चले गए और वह भी केवल सूचनात्मक मात्र। प्रमुख अलंकार निरूपक आचार्य जसवंत सिंह (भाषा भूषण), मतिराम (ललित ललाम, अलंकार पंचासिका), भूषण (शिवराज भूषण), दूलह (कविकुल कंठाभरण), पद्माकर (पद्माभरण), बलवान सिंह (चित्र चंद्रिका), ग्वाल (अलंकार भ्रम भंजन) आदि-आदि ने परम्परा से सम्बद्ध लक्षण तथा उदाहरण की तालिकाएँ ही देने की चेष्टा की है। आचार्य विश्वनाथ प्रसाद मिश्र ने इनकी विवेचनव्यवस्था की ओर संकेत करते हुए बताया है कि—

"(अलंकार) निर्माताओं में दो प्रकार की प्रवृत्तियाँ पाई जाती है, कुछ ने तो केवल दोहों में ही लक्षण उदाहरण दोनों दिए और कुछ ने उदाहरणों की प्रचुरता रखी। कुछ ऐसे भी थे, जिन्होंने पूर्व प्रचलित ग्रंथों के लक्षण रखकर अपने उदाहरणों का ढेर लगा दिया। ऐसे में बहुतों ने सभी उदाहरण आश्रयदाता अथवा इष्ट देव पर ही धराए।"[1]

यदि रीतिकालीन इन कवि-आचार्यों की मौलिकता का विवेचन किया जाए तो यह स्पष्ट है कि इनके इस आचार्यत्व में कोई विशेष मौलिकता नहीं दिखाई पड़ती। ये आचार्य राजदरबार में पंडित कहे जाने के प्रति या बड़प्पन पाने की निष्ठा रखते हैं। इनमें आचार्यत्व के स्थान पर काव्य सृजन कौशल का वैशिष्ट्य दिखाई पड़ता है क्योंकि ये अलंकार लक्षणों की सिद्धि के लिए यहाँ अपनी कविता रचते हैं और राजदरबार में प्रतिष्ठा की प्राप्ति इस कविता का लक्ष्य है। पद्माकर कवि एक स्थल पर अपनी इस आकांक्षा का वर्णन करते हुए कहते हैं कि—

यह तिलगांने के बुंदेलखण्डाना सा कवि सुजस प्रकासी पद्माकर सुदामा हैं।
झोरत कवित्त छनद पय अनेक कवि संस्कृत प्राकृत पढ़े जूगुनु ग्रामा हैं।
हय रथ पालकी गयंद गृह ग्राम चारु आखर लगाम लेत लाखन को सामा हैं।
मेरे जान मेरे तुम कान्ह हैं जगत सिंह तेरे जान तेरे वह विप्र हैं सुदामा हैं।

'राजाश्रय, पांडित्य एवं धनार्जन और छन्द को अलंकार लक्षणों में ढालने की चिन्ता कुछ ऐसी ही रीतिकवियों की आलंकारिक निष्ठा से जुड़ी दिखाई पड़ती है।

रीतिकालीन कवियों की अलंकार के प्रति शास्त्रनिष्ठा एवं अलंकार के सापेक्ष्य में लिखे गए उनके काव्योद्धरण इन दोनों की निष्पक्षभाव से तुलना की जाए तो इन कवियों की काव्य प्रतिभा काव्यरचना कौशल में अधिक प्रखर दिखाई पड़ती है। मूलतः रीतिकाल के ये आचार्य कवि आचार्य न होकर कवि ही थे किन्तु राजाश्रय, यशप्राप्ति एवं आत्मकौशल के प्रदर्शन के कारण ये आचार्य भी बन गए हैं।

कुल मिलाकर, रीतिकालीन कविता में अलंकार निरूपण गौंण है किन्तु उसके साथ निरन्तर चलने वाली उनकी लक्ष्योदाहरण की कविता इन कवियों की कल्पना शक्ति तथा विलक्षण अभिव्यक्ति के कारण निश्चित ही श्रेष्ठ एवं उत्कृष्ट बन गई है।

1. हिन्दी साहित्य का अतीत, दूसरा भाग, पृ० 29

हिन्दी रीतिकाल की मौलिकता तथा देन

हिन्दी में रीतिकालीन कवियों की सामान्यतया काव्यविधान की दृष्टि से दो श्रेणियाँ बनती हैं। प्रथम है, शास्त्र कवि तथा द्वितीय है, शास्त्र मुक्त कवि। शास्त्रकवियों की चेतना का निर्देश दो रूपों में किया जा सकता है—प्रथम, शृंगार कवि तथा द्वितीय, अलंकार तथा अन्य काव्य शास्त्रीय लक्षणों से सम्बद्ध यथा ध्वनि आदि से जुड़े कवि। इस कालखंड की दूसरी परम्परा शास्त्र मुक्त कवियों की रही है। गुणात्मक दृष्टि से यह दूसरी परम्परा प्रथम परम्परा से अधिक सशक्त दिखाई पड़ती है।

रीतिकालीन कविता की मौलिकता के संदर्भ में सर्वाधिक संदेह आचार्य पं० रामचन्द्र शुक्ल को था और इस दिशा में उन्हें उत्तर देने वाले विद्वानों में आचार्य पं० विश्वनाथ प्रसाद मिश्र, डॉ. जगदीश गुप्त, डॉ. किशोरी लाल, डॉ. बच्चन सिंह आदि हैं। इसके बाद भी, हिन्दी साहित्य के रीतिकाल का तथा उसके योगदान के संदर्भ में सन्तुलित विवेचन अभी भी नहीं हो सका है। वैसे, डॉ. नगेन्द्र ने भी रीतिकालीन कवियों की मौलिकता पर बराबर प्रश्न चिन्ह लगाया है।[1]

हिन्दी रीतिकाल का सबसे बड़ा योगदान ब्रजभाषा को कविता की प्रायोगिक काव्यभाषा के रूप में निर्मित करके उसे सोलहवीं शती से लेकर बीसवीं शदी के उत्तरार्ध अर्थात् साढ़े तीन सौ वर्षों तक निरन्तर सम्पूर्ण भारत के लिए एक आदर्शमय काव्यरूप प्रदान कर देना है। मध्यदेश में इस काव्यभाषा की शुरूआत 10वीं शती तक शौरसेनी प्राकृत तथा शौरशेनी अपभ्रंश द्वारा सोलहवीं शती के प्रारम्भ में ब्रजबुलि (बंगाल) तथा मथुरा में अष्टछाप सम्प्रदाय की स्थापना के पूर्व से काव्यभाषा के रूप में चलती रही और दिनोंदिन निखरती गई। ब्रजबुलि की बंगला, मैथिली तथा ब्रजभाषा एवं बुन्देलखंडी के शब्दों के मिश्रण से यह 15वीं-16वीं शती में काव्यभाषा बनी थी और स्वयं रवीन्द्र नाथ टैगोर ने कवि भानुसिंह के नाम से कतिपय पदों की रचना इसी भाषा में की थी। राजस्थान, मध्यप्रदेश, पश्चिमी उत्तर प्रदेश में यह डिंगल के समानान्तर पिंगल के रूप में ऐतिहासिक भाषा स्वीकृति प्राप्त कर चुकी थी किन्तु कृष्णभक्ति आन्दोलन का केन्द्र मथुरा और वृन्दावन बन जाने के कारण इसने भारत की

1. देखें, रीतिकाव्य की भूमिका, पृ0 152 से 163

सर्वाधिक साहित्यिक संरचनासमृद्ध कविता की सबसे मधुर भाषा के रूप में मान्यता प्राप्त की। सत्रहवीं शदी में अकबर के शासनकाल के कवियों ने इसीको साहित्यिक दरबार की भाषा के रूप में स्वीकृति दी थी, उनके दरबार में टोडरमल, ब्रह्मकवि (बीरबल) आदि कई ब्रजभाषा कवि थे। सन् 1492 में गोवर्धन पर्वत पर श्री नाथ जी का प्राकट्य हुआ और बाद में धीरे-धीरे सन् 1499 में श्री नाथजी के मंदिर की नींव पड़ी फिर कुम्मनदास, सूरदास, कृष्णदास, परमानन्द (आचार्य वल्लभ द्वारा दीक्षित), गोविन्द दास, छीत स्वामी, नन्ददास, चतुर्भुजदास (आचार्य वल्लभ के पुत्र स्वामी विट्ठल स्वामी द्वारा दीक्षित) इन आठ कवियों ने कीर्तनों, अष्टकालिक सेवा के पदों तथा काव्य रचना प्रक्रिया के द्वारा कृष्ण चरित्र के संगीतात्मक गायन द्वारा ब्रजभाषा काव्य रचना का जो प्रचार-प्रसार किया उसके फलस्वरूप राधा वल्लभ, चैतन्य मत, हरिदासी, हरिव्यासी आदि कृष्ण भक्त कवियों का केन्द्र व्रज प्रदेश हो उठा और देशभर की विविध भाषाओं के जन समुदाय का वह केन्द्र बन गया। कृष्ण भक्त कवियों की राधा कृष्ण लीला से जुड़ी ब्रजभाषा काव्य में केवल राम भक्ति साहित्य को ही नहीं प्रभावित किया अपितु अकबर के शासन के पूर्व स्थित हिन्दी की रीति निष्ठा से जुड़े कवियों को अपनी ओर आकर्षित किया। हिन्दी के प्रारम्भिक कवि आचार्य केशवदास, गंग आदि ब्रजभाषा काव्य रचना के इस भाषिक लालित्य एवं कलात्मक निर्मिति के प्रभाव में आकर परवर्ती रीति-काव्य परम्परा जिसने ब्रजभाषा काव्य निर्मिति को अर्थ रचना वैभव तथा कलात्मक निष्पत्ति को शीर्ष पर पहुँचा दिया था, वह उसी काव्य परम्परा के अभिन्न अंग हैं।

यदि आचार्य केशवदास की **रसिक प्रिया** तथा **कवि प्रिया** को रीति काव्य रचना का प्रारम्भिक आधार स्वीकार करें तो हिन्दी कविता को अर्थ प्रौढ़ि, काव्य प्रौढ़ि, कला प्रौढ़ि एवं अनुभूति की लोकोत्तर रसप्रवणता तक ले जानी वाली भाषा ब्रजभाषा की काव्य भाषा की तुलना में देश की कोई और भाषा नहीं ठहरती। शास्त्र तथा कविता को एक बिन्दु पर ले आकर अनुभूति के रागात्मक प्रवाह से जोड़कर उसे विम्बात्मक भावमयता प्रदान करना इस काव्यभाषा की सबसे बड़ी उपलब्धि है और सत्रहवीं एवं अट्ठाहरवीं शती की ब्रज काव्य भाषा इसके लिए समूचे भारत में श्रेष्ठतम मॉडल के रूप में आज तक वर्तमान है। ब्रजभाषा की भाषिक बनावट और काव्य सर्जन का उसके लिए रचनात्मक उपयोग उसकी कविता प्रक्रिया है और इस रचनात्मक प्रक्रिया की निर्मिति में इन कवियों ने अपनी सारी शक्ति लगा दी। वर्ण संकलन तथा लयात्मक प्रवाह दोहा, बरवै, सवैया और उसके विविध भेदरूप, कवित्त एवं घनाक्षरी आदि सीमित छन्दों के बीच कुछ ऐसे बन पड़े हैं कि कविता कलात्मक भाव जागृति एवं रागमयता को एक साथ जोड़कर चलती है। कवि घन आनन्द इन सारे तत्त्वों को अपनी कविता का प्राण तत्त्व बताते हैं—

> नेही महा ब्रजभाषा प्रवीन और सुंदरतानि के भेद को जानै।
> जोग वियोग की रीति में कोविद भावना भेद स्वरूप को ठानै।

चाह के रंग में भीग्यो हियो बिछुरे मिले प्रीतम सांति न माने।
भाषा प्रवीन सुछन्द सदा रहै सो घन जी के कवित्त बखाने।

रीतिकाल कवि, पाठक, सहृदय कौन हो सकता है? घन आनन्द इस पर टिप्पणी देते हैं। रीतिकाल की श्रेष्ठ कविता का श्रेष्ठ सहृदय पाठक के निम्नलिखित लक्षण हैं और वही उस कविता की उच्चता से तादात्म्य कर सकता है। ये लक्षण हैं—

1. महारसिक प्रेमासक्ति में विरहित
2. ब्रजभाषा काव्य कौशल में प्रवीण
3. सौन्दर्य के मानकों का विश्लेषण करने वाला
4. प्रणय रस में संयोग-वियोगावस्था की विविध मान्यताओं में डूबा
5. प्रणय की गहराई को समझने की शक्ति एवं प्रणय वियोग के रंग में निरन्तर डूबा हुआ और अभीष्ट प्रिय के सम्मिलन पर भी जो शान्ति का अनुभव न करे।
6. अर्थ सौन्दर्य अर्थात् उसकी लयात्मक गति का ज्ञाता तथा उसके प्रकाश में भाषा रचना के विविध संदर्भों से भलीभाँति परिचित।

और इस प्रकार, **रीतिकालीन कविता रागमयता की बिरह की अजसधारा में गलते रहने की, काव्य रचना के कलाविधान की आन्तरिक संगतियों से अलंकृत तथा ब्रजभाषा काव्य रचना के कलात्मक, रचनात्मक एवं भावात्मक प्रवाह से मंडित कविता है, और निश्चित ही, यदि काव्य की रचना के इन मानकों का विधिपूर्वक विश्लेषण किया जाने लगे तो ब्रजभाषा काव्य की रागात्मक आवेगमयी मधुरता तथा भाषा के तरल प्रवाह से मंडित जैसी वृत्ति स्वयं ललित संस्कृत साहित्य में भी नहीं है, क्योंकि संस्कृत के भाषिक संगठन का संरचनात्मक स्वरूप, सामासिक है, और वह उतना लचीला नहीं है, जितना ब्रजभाषा का है और यह इस संदर्भ में निश्चित रूप से कहा जा सकता है कि रागात्मक तरंगममता एवं भावात्मक प्रवाहमयी मानक काव्यभाषा की रूप रचना की निर्मिति में इन रीतिकालीन कवियों का योगदान सर्वाधिक महत्त्वपूर्ण है।** इस रीतिकालीन कविता को कवि ठाकुर की इस उक्ति से पहचानना चाहें, तो पहचानें, वह कैसी है—

मोतिन कैसी मनोहर माल गुहै तुक अच्छर जोरि बनांवे।
प्रेम को पंथ कथा हरिनाम की बात अनूठी बनाइ सुनावै।।

निश्चित ही, रीतिकालीन कवियों का सबसे बड़ा योगदान काव्यभाषा की निर्मिति का अद्वितीय आधार तैयार करना है और उसी के कारण ब्रजभाषा और कविता एक मानक पर्याय के रूप में समूचे भारत में स्मरणीय रही है, और आगे भी रहेगी।

कलात्मक सजगता—मूल्यवादी काव्य की अवधारणा से भिन्न रीतिकालीन कविता शास्त्रीय कलात्मक सजगता से सम्बद्ध है। यहाँ शास्त्रीय कलात्मक सजगता का अर्थ केवल

उसका अन्धानुकरण और उसी की पुनराभिव्यक्ति न होकर अपनी प्रतिभा तथा अभिव्यंजना सामर्थ्य शक्ति द्वारा कुछ नवीन रच देने का यहाँ अद्‌भुत कौशल है। यह सत्य है कि रीतिकालीन कवियों का एक वर्ग शास्त्रवादी है किन्तु उनकी सजगता शास्त्र लेखन के प्रति नहीं उसके उदाहरण से जुड़े काव्य लेखन के प्रति है। यहीं यह भी सत्य है कि, इस युग के शास्त्र कवि अनेक रूपों में शास्त्र काव्य में ही सम्बद्ध दिखाई पड़ते हैं किन्तु अलंकार तथा शृंगार रस तथा सम्बद्ध नायक नायिका भेदों को पढ़ने से यह ज्ञात होता है कि यह कविता शास्त्र लक्षण से सम्बद्ध होते हुए भी लक्षणों से आक्रान्त न होकर मुक्त है। केवल मुक्तकता ही नहीं, नायिका भेद के प्रकरण में सम्पूर्ण लास्य विलास एवं शृंगार का मादक प्रभाव चित्त को उद्वेलित करता हुआ सामने आता है। आचार्य हजारी प्रसाद द्विवेदी ने ठीक लिखा है कि—

"रीतिकाव्य का कवि सौन्दर्य को तब तक बहुत कीमती नहीं समझता जब तक वह मादक बनकर प्रगट न हुआ हो। सहज वस्तु को मादक बनाकर उपभोग्य समझना रीतिकालीन मनोवृत्ति की सबसे बड़ी विशेषता है।"[1]

रीतिकालीन कवियों की कलात्मक सजगता का प्रमाण यह है कि इन कवियों के काव्य को ध्यानपूर्वक देखने से ऐसा लक्षित होता है, ये कवि कविता के निर्माण में उसके रूप विधान के लिए वर्णित वर्तमान तथा अतीत के अर्थ संदर्भों की अपेक्षा उसकी कलात्मक भंगिमा पर अधिक ध्यान देते हैं। यह कलात्मक भंगिमा अर्थ-विधान की विविध भंगिमाओं से निर्मित तथा प्रभावाभिव्यंजित हैं। अपनी सर्जना की इस कलात्मक अभिव्यक्ति के प्रति ये कवि निरन्तर सजग हैं। शास्त्र सिद्ध कवियों में आचार्य केशव दास, देव, पद्माकर, गिरधारी दास की रचनाएँ कलात्मक सजगता के प्रबलतम साक्ष्य है। देव का एक कवित्त देखें—

देव मैं सीस बसायो सनेह के भाल मृगमंद बिन्दु कै भाख्यो।
कंचुकी मैं चुपर्‌यो करि चोवा लगाय लियो उर सो अभिलाख्यो।
लै मखतूल गुहे गहने रस मूरतिवंत सिंगार कै चाख्यौ।
सांवरे लाल के साँवरे रूप मैं नैननि को कजरा करि राख्यो।

पूरी साज सज्जा के बाद केवल आँख का अलंकरण शेष रह गया था, हे सखी! नायिका कहती है कि श्याम (को) अन्त में श्याम (काजल) मानकर नेत्रों में उन्हीं को ले आकर (काजल जैसा) रचा-पचा और बसा लिया है। कृष्ण तथा काजल के सादृश्य में विम्बविधान द्वारा कवि कितनी विलक्षणता के साथ कृष्ण को काजल के साथ जोड़ देता है। अर्थ की सटीक व्यंजना को शब्दार्थ सादृश्य कैसे प्रस्तुत करता है, यह यहाँ उसकी कलात्मक प्रस्तुति की सजगता है। इस संदर्भ में पद्माकर का एक दूसरा उदाहरण लें—

1. हिन्दी साहित्य उद्‌भव और विकास, पृ० 182

जाहिरै जागति सी जमुना जब बूड़े बहै उमहै वह बेनी।
त्यों पद्माकर हीर के हारन गंग तरंगन को सुख देनी।।
पाइन के रंग सो रंगि जात-सी भाँति की भाँति सरस्वती सैनी।
पैरे जहाँइ जहाँ ब्रज बाल तहाँ तहाँ ताल में होत त्रिबेनी।।

एक छोटी-सी चरण ताल त्रिवेणी बन गयी। यह कवि की शब्द रचनाकला की सजगता का एक साक्ष्य है। ताल को त्रिवेणी बनाने के लिए किसी ब्रजवाला का केवल ताल स्नान है। उसके डूबने-उतराने तैरने पर श्यामल वर्ण की केशराशि यमुना, तैरने पर हीरों के उज्ज्वल हारों की चमक गंगा की श्वेत निर्मल लहरों जैसी आनन्ददायिनी है, जैसे उज्ज्वल लहरों वाली गंगा ही उसके पैरों में लाल वर्ण के लगे आलक्त तैरते समय सरस्वती जैसी अरुणिमा विकीर्ण कर रहे हैं। इस नायिका ने तो अपने तालतरण संयोग से उसे सरस्वती बना दिया है। केश के श्यामवर्ण, मुक्तामालाओं की श्वेत छवि एवं पाँव के आलक्तक की अरुणिमा के प्रभाव से एक विम्ब का बनना जो नायिका एवं ताल (छोटे सरोवर) दोनों को विम्बात्मक रूप में दीप्त कर रहा है। यहाँ कवि रंगों द्वारा वस्तु के विम्बात्मक स्वरूप को ही नहीं रचता, उस संस्तरण करने वाली नायिका के जल लहरों के बीच संस्तरण की उद्दाम रूपमयता को भी व्यंजित करना चाहता है। यह कवि की कलात्मक सजगता का एक महत्त्वपूर्ण साक्ष्य है।

श्रृंगार के उद्दाम भाव की सघन रचनात्मकता के प्रति तत्परता

रीतिकालीन काव्य श्रृंगारभाव की उद्दाम भवाभिव्यक्ति की कला है और इस काल खंड में इस संदर्भ में तीन प्रवृत्तियाँ दिखाई पड़ती हैं—

(क) नायक-नायिका के विविध रूप और भेद

(ख) स्वच्छन्द श्रृंगार का नवोन्मेष

(ग) लोकात्मक श्रृंगार का नवोन्मेष

क. नायक-नायिका के रूप तथा भेद—भारतीय परम्परा में नायकभेद के साथ श्रृंगार का प्रारम्भ करके पुनः उसे नायिका भेद तक लाने की चेष्टा मिलती है और रीतिकाल भी आचार्य केशवदास की **रसिक प्रिया** से इसी परम्परा के साथ शुरू हुआ किन्तु धीरे-धीरे यह टूट कर नायिकाप्रधान हो गया। ऋतु-वर्णन, बारहमासा, नखशिख तथा अष्टयाम चर्चा से सम्बद्ध साहित्य के प्रकरण उद्दाम श्रृंगार से जुड़कर सामने आये और इनमें भोग तथा विलास की वृत्ति क्रमशः सक्रिय होती गई और अष्टयाम चर्या का साहित्य तो पूरी तरह से उच्चकुल वर्ग के विलास का साहित्य है। सायंकाल से प्रातःकाल तक भोग एवं विलास की चर्चा जहाँ उपभोग्य नारी है, उसी को केन्द्र में रखकर लिखा गया। श्रृंगार की यह नायक-नायिका भेद की परम्परा के प्रारम्भिक स्तर पर थोड़ा-संयम आचार्य केशवदास, सेनापति, रहीम, बलभद्र आदि द्वारा रखा गया किन्तु बाद में यह संयम टूट-सा गया।

आगे के कवि श्रृंगार-वीर रसों को परस्पर एक-सा संदर्भ देकर रतियुद्ध में पुरस्कार की

बात करने लगे। उदाहरण के रूप में एक कवित्त देखें—

रति रन विषै जे रहे हैं पति सनमुख
तिन्हैं वकसीस बकसी है मैं बिहसि कै।
करन का कंकन, उरोजन को चन्द्रहार।
कटि माँहि किंकिणी रही है अति लसि कें
सेख कहें आनन को आदर सो दीन्हों पान
नैननि में काजर की रेख रही बसि कै।
ऐरे बैरी बार ये रहे हैं पीठ पीछे याते
बार-बार बाँधति हैं बार-बार कसि कै।

रति युद्ध में सम्मुख रहकर युद्ध करने वाले हाथों को कंकण का उपहार मिला, युद्ध रत उरोजों को चन्द्रहार, कटि को किंकिणी, मुख को आदरपूर्वक पान दिया गया। ये सारे सम्मान रति युद्ध में सम्मुख युद्ध करने वाले वीर योद्धाओं को दिए गए—

लगता है, राजपूतों की युद्धस्थली रीतिकाल में रंगशाला बन गई थी। आचार्य भिखारी दास की यह उक्ति सम्पूर्ण रीतिकालीन शृंगार चेतना के साथ नायक-नायिका भेद की केन्द्रीय अवधारणा का कार्य करती है—

दास जु बादि जनेस मनेस धनेस फनेस रमेस कहाइबो।
या जग में सुखदायक एक मयंक मुखीन को अंक लगाइबो।।

नख-शिख के बावन केन्द्र स्थान नारी सौन्दर्य वर्णन के कामोत्तेजक केन्द्र रहे हैं। वर्णन के केन्द्र कुच, मुख, कपोल एवं नेत्र है और इस युग के कवियों तथा सहृदयों की दृष्टि वहीं उलझती-सी दिखाई पड़ती है। नख-शिख का यह उद्दाम वासनात्मक चित्रण नायिका भेद के सौन्दर्य रस का काममूलक आधार रहा है। आठ प्रकार की नायिकाओं में रूपानुसार या व्यवहारानुसार के आठ प्रकारों में रीतिकालीन कवियों ने अधिक रुचि दिखाई है। रसिक प्रिया में केशवदास ने इनके लिए पृथक् अध्याय दिया है। वे कहते हैं कि—

ये सब जितनी नाइका बरनी मति अनुसार।
केसव सब बर वरनिये ते सब आठ प्रकार।।

ये इस प्रकार हैं—

1.	स्वाधीनपतिका (प्रिय को निरन्तर वश में करने वाली)
2.	उत्कंठिता या विरह उत्कंठिता (प्रिय की प्रतीक्षा में व्याकुल)
3.	वासकसज्जा (पति के स्वागत में सज्जा आदि में तत्पर)
4.	अभिसंधिता या कलहान्तरिता (पहले अपमान करके फिर पश्चाताप करने वाली)

5.	खंडिता (अपने से भिन्न के प्रति पर प्रेम, मिलन रति से दुखी)
6.	प्रोषित प्रेयसी (प्रिय के प्रवास गमन से पीड़ित)
7.	विप्रलब्धा (संकेत स्थल पर प्रिय के न पहुँचने पर दुखी)
8.	अभिसारिका (प्रिय से मिलने के लिए रात्रि काल में स्वयं जाने वाली)

ये संदर्भ विविध स्थितियों तथा दशाओं से सम्बद्ध हैं।

नायिका से सम्बद्ध इन विविध अवस्थाओं का चित्रण करते हुए आचार्य केशवदास रसिक प्रिया में नितान्त संयम रखते हैं किन्तु परवर्ती रीतिकाल में इनके चित्रण में आतुरता एवं विलासवृत्ति की अत्यधिकता मुखर होती दिखाई पड़ती हैं। केशव के बाद के कवि पद्माकर की उत्कंठिता का एक चित्र मात्र इसके लिए पर्याप्त होगा—

नंदगाँव ते आइगो नंदलला लखि लाडिली ताहि रिझाइ रही।
मुख घूँघट घालि सकै नहिं माइके भाइ के पीछे दुराइ रही।
उचके कुच कोरन के पद्माकर कैसी कहू छवि छाइ रही।।
ललचाइ रही सकुचाइ रही सिर नाइ रही मुसकाइ रही।।

(ख) स्वच्छन्द शृंगार वृत्ति—नायक-नायिका भेद से सम्बद्ध शृंगार से भिन्न रीतिकाल के वे कवि जो प्रेम धारा की रूढ़ियों में मुक्त प्रेम की उन्मुक्त अभिव्यंजना से अपने को जोड़े हुए इस रीतिकाल में दिखाई पड़ते हैं उनकी अभिव्यक्ति इनसे सर्वथा पृथक् है। घनआनन्द, रसखान, आलम, बोधा जैसे कवि स्वानुभव की प्रेम कला को अपने अन्तर्मन से जोड़े हुए विरह तथा मिलन की शास्त्रीयता से सर्वथा मुक्त हैं। उनकी कविता में न राजाश्रय है, न शास्त्रभाव और न दूसरों को रिझाने की मनोवृत्ति और ये सारे-के-सारे कवि अपने अन्तर्मन की विरह पीड़ा तथा मिलन की आकांक्षा को समेटे काव्य सृजन को अपनी अभिव्यक्ति की सामग्री मानते हैं। हिन्दी साहित्य में यह परम्परा मीराबाई से शुरू होकर रीतिकाल के बीच से चलती हुई आधुनिक हिन्दी साहित्य में छायावाद तक दिखती है। इन कवियों के सृजन के प्रेरणास्रोत तीनों युग में एक जैसे दिखाई पड़ते हैं। कवि बोधा का एक छन्द द्रष्टव्य है—

अति छीन मृनाल के तारहु तैं तेहिं ऊपर पाँव दै आवनो है।
सुई बेह ते द्वार सकी न तहाँ परतीत तो टाँडो लदावनों है।
कवि बोधा अपनी घनी नेजहुँ ते चढ़ि तापै न चित्त डगावनो है।
ये प्रेम के पंथ करार है जू तरवार की धार पै धावनो है।

"कमल नाल के तंतु से भी क्षीण, सुई के छेद से भी अत्यन्त लघु, बरछी की नोक से भी नुकीला यह प्रेम का मार्ग नदी के टूटे कगार जैसा हैं और प्रेमी को उस पर तलवार

की धार पर से होकर दौड़ना पड़ता है।''

विरह मार्ग की यह अति गहन दुस्तरता अपनी जिस दुर्गमता से प्रेम को सालती है, उसे या तो प्रेमी समझता है या उसका चित्त। वह भी नहीं, जिसके लिए दुस्सह दर्द साधक सहता है। घन आनन्द का एक छन्द इसके साक्ष्य के लिए देखें—

अंतर हौ किधौं अंत रहौ हम फारि घिरौं कि अभागिन भीरौं।
आगि जरौं अकि पानि परौ अब कैसी करौं हिय का विधि धीरौं।
जौ घन आनंद ऐसी रुची तो कहा बस है अहो प्राननि पीरौ।
पाऊँ कहाँ हरि हाय तुम्हें घरनी में धँसौ कि अकासहिं चीरौं।।

'तुम्हे पाने के लिए क्या कर डालूँ' यह तड़प छायावादी काव्य चेतना की वही रहस्यवादी पीड़ा है, जिसका अंकन उसके पूर्व रीतिकाल के ये स्वच्छन्द काव्य धारा के कवि करते रहे हैं।

हिन्दी साहित्य के रीतिकाल की यह काव्यधारा स्वच्छन्द प्रेम से शुरू होकर रहस्यमयी भाव चेतना में निरन्तर पर्यवसित होती दिखाई पड़ती है। प्रेम का मानदण्ड विरही के अन्तर्मन की अगाध पीड़ामयी विरहधारा है और इस परम्परा के कवि के लिए वही विरह या विरह का वही विषय काम्य है। यदि यहाँ राधा-कृष्ण आते हैं तो उन्हें कथा प्रसंग न समझा जाए, वे तो प्रेम के मोटिफ़ हैं। घनआनन्द इस प्रेम के स्वरूप को समझाते हुए कहते हैं कि—

रैन दिना घुटिबो करै प्रान झरैं दुखिया अँखियाँ झरना सी।
प्रीतम की सुधि अंतर मै कसकै सखि ज्यौ पसुरीनमैं गाँसी।।
चौंचद चार चवाइन के चहुँ ओर मचै बिरचै करि हाँसी।
यौं मरियै भरियै कहि क्यों सुपरो जिन कोऊ संनेह की फाँसी।।

प्रेम कवि घन आनन्द की लोक समुदाय के लिए सीख है कि अब कोई भी इस स्नेह के बारे में फाँसी जैसे लगाकर जीवन भर मृत्यु पीड़ा न भोगे।

(ग) लोकात्मक श्रृंगार का नवोन्मेष—रीतिकालीन कवियों में अधिकांश ग्राम्य संस्कृति से सम्बद्ध राजदरबारों तथा रईसों के आश्रय की खोज में तत्पर दिखाई पड़ते हैं। ग्राम्य जीवन में रहकर परम्परित कवि शिक्षा की सीख लेकर ये कवि राजदरबार में जाते ही सामन्ती रुचि के अनुसार अपने को बदलने में तत्पर दिखाई पड़ते हैं। इन सबके बाद भी, रीतिकालीन कवियों की ग्राम्यचेतना उनकी लोकरुचि से जुड़कर काव्य के विभिन्न संदर्भों में विविध रूपों में अभिव्यक्त दिखाई पड़ती है। यह सत्य है कि रीतिकालीन कवियों की सृजनात्मक चेतना नागर है किन्तु उसी के साथ यह भी सच है कि परम्परा से मिली ग्राम्य संस्कृति की विरासत से ये कवि मुक्त नहीं है। ये कवि जहाँ राज्य संस्कृति के विलास की बात करते हैं, वहीं अवसर पाकर ग्राम्य संस्कृति के संदर्भों को उकेरने में पीछे नहीं रहते। बिहारी सतसई के दोहों, भड़ौआ छन्द, सुदामाचरित जैसे काव्य इसके साक्ष्य है। नरोत्तम दास

के सुदामाचरित के छन्द को देखने पर यहाँ पूरी ग्राम्य संस्कृति उभरती हुई दिखलाई पड़ती हैं—

कोदों सवां जुरतो मरि पेट
न चहतो दधि दूध मिठौती।
सीत व्यतीत गयो सिसियातहि
हौं हठती पै तुम्हैं न हठौती।
जौ जानती न हितू हरि सौं
तुम्हे काहे को द्वारिका ढेलि पठौती।
या घर ते कबहूँ न गयो पिय
टूटो तवा अरु फूटी कठौती।।

इसी क्रम में रीतिकाल के श्रृंगारपरक काव्यों में लोक-जीवन से जुड़ी विविध नायिकाओं के भी संदर्भ आवश्यक हैं। अब्दुर्रहीम खानखाना से शुरू होकर लोकजातियों की नारियों से जुड़े नायिकाओं के सौन्दर्य वर्णन का क्रम आगे 16वीं शदी तक चलता रहा। घासिन, डफालिन, धोबिन, कोरिन, ठठेरिन, डोमिनी, मांरिन, गंधिनी, तेलिन, गूजरिन, लुहारिन, आदि आदि लोक जातियों की नारियों का सौन्दर्य वर्णन तथा उन्हें नायिका भेद के समान्तर श्रृंगारिक मंच पर ले आना रीतिकालीन कवियों की वर्णन विधान की परम्परा-सी दिखाई पड़ती है। महाकवि देव की 'अंहीरिन' का इस क्रम में वर्णन देखें—

माखन सो मन दूध सो यौवन है दधि ते अधिकै उर मीठी।
जा छवि आगे छपाकर छाछ बिलोकि सुधा बसुधा सब सीठी।
नैनन नेह चुवै कवि देव बुझावति बैन बियोग अँगीठी।
ऐसी रसीली अहीरी अहो कहो क्यों न लगै मनमोहनै मीठी।।

अनेक स्थलों पर रीतिकालीन कवियों ने ग्राम्य संस्कृति को उपहास का भी विषय बनाया है किन्तु उनका संस्कारी मन इससे मुक्त नहीं हो सका है।

बिहारी कहते हैं कि—

नागरि विविध विलास तजि बसी गँवेलिन माँहि।
मूढनि की गनिबी कितौ झूँढ्यौ दै अठिलाहिं।।

इन रीतिकालीन कवियों ने लोक जीवन में भी श्रृंगार की चेतना के प्रवाह-क्रम में प्रयोग करके उसके परिवेश को व्यापक बनाया है। राधा-कृष्णा के प्रणय का सम्पूर्ण रीतिकालीन संदर्भ ब्रज संस्कृति से जुड़े लोक जीवन का ही है और यह राज विलास तथा भोग संदर्भों से कई अर्थों में मुक्त दिखाई पड़ता है। आचार्य केशवदास की रसिकप्रिया में राधा-कृष्ण प्रणय के ग्राम्य साक्ष्य इसके दृष्टांत के रूप में रखे जा सकते हैं।

हिन्दी रीतिकाल तथा श्रृंगार रस की नवीन परिपार्टियों का उद्‌भव

रीतिकालीन हिन्दी कविता की केन्द्रीय चेतना श्रृंगार रस की है और इस श्रृंगार रस के संदर्भ में इन कवियों ने अनेक संदर्भों को इसके साथ सर्वथा नये रूप में जोड़ने का प्रयास किया है। इस प्रकरण में 'अष्टयाम' की प्रस्तुति सर्वथा सार्वकालिक एवं केलि कौतूहल की विशिष्ट दिनचर्या के रूप में सामने आती है। इस अष्टयाम के साथ-साथ बारहमासा की परम्परा, नखशिखवर्णन, उद्यान, सरोवर यमुना आदि नदियों में रसमयी क्रीड़ाएँ हैं। लोक जीवन की विविध जातियों की स्त्रियों के सौन्दर्य चित्रण तथा नायिकाओं के रूप में उनकी सार्थकता के मानकों की निर्मित्ति सोलह श्रृंगार के नए चमत्कारिक रूप आदि की नवीन परिपाटियों या प्राचीन परिपाटियों को नवीनीकृत करने का यहाँ निरन्तर प्रयास दिखाई पड़ता है। संक्षेप में, श्रृंगार रस से सम्बद्ध तथा इन परिपाटियों के विविध संदर्भों की समीक्षा अभीष्ट है।

रीतिकालीन सामन्ती वातावरण से जुड़े विलासिता पूर्ण संदर्भों की कामोदीप्ति का प्रकरण अष्टयाम रचना का महत्त्वपूर्ण संदर्भ है। सम्पूर्ण दिन-रात के 24 घंटे को भारतीय परम्परा में चौंसठ घड़ियों में विभक्त किया गया है। इन चौबीस घड़ियों को आठ यामों में विभक्त किया जाता है। यह क्रम इस प्रकार हैं—

1.	प्रातः 6 बजे से 9 बजे तक	प्रथम याम
2.	प्रातः 9 बजे से 12 बजे मध्यान्ह	द्वितीय याम
3.	मध्यान्ह 12 बजे से 3 बजे अपरान्ह तक	तृतीय याम
4.	अपरान्ह 3 बजे से 6 बजे सायंकाल	चतुर्थ याम
5.	सायंकाल 6 बजे से 9 बजे रात्रि	पंचम याम
6.	रात्रि 9 बजे से 12 बजे रात्रि	षष्ठ याम

7.	रात्रि 12 बजे से 3 बजे रात्रि	सप्तम याम
8.	रात्रि 3 बजे से 6 बजे प्रातः	अष्टम याम

इस अष्टयाम प्रसंग में प्रातः 6 बजे से श्रृंगार केलि क्रीड़ा का वातावरण एवं सम्बद्ध कार्य प्रारम्भ होकर दूसरे दिन ठीक 6 बजे प्रातः समाप्त होकर चौबीस घंटे के बाद उसकी पुनः आवृति शुरू हो जाती थी। इस चौबीस घंटे के अन्तर्गत दम्पति द्वारा शैया त्याग, हृदय मिलन, आलिंगन, हास-परिहास, गुलाब जल से मुख का धोना, आभूषण-अलंकरण, सामान्य गृह परिवेश की औपचारिक व्यंजनाएँ, सखियों में ह्रास विलास, मालाधारण करके शीश महल में बैठना, कुंजगली में प्रियतम मिलन, दोनों का परस्पर तांबुल-इत्र आदान-प्रदान, वाद्य-राग के वादन-गायन, चित्र-मंदिर में प्रवेश-हास-परिहास, नायिका द्वारा नायक से प्रेम की प्रार्थना, श्रृंगार मंदिर में प्रवेश एवं साज सज्जा, नायिका के शरीर को केसर कस्तूरी से सुगन्धित करना, नेत्रादि अंगों का श्रृंगार एवं अभिसार गृह में प्रवेश, नायक से क्रीड़ा तथा परिहास, सखियों का एक-एक करके बहाने बनाकर हट जाना, चन्द्रमा का प्रकाश और नायक-नायिकाओं की लज्जा की कमी, आलिंगन, नायिका का शरीर गोपन और नायक का आलिंगन, प्रेम क्रीड़ा, प्रेमाभिनय केलि क्रीड़ा, हास, परिहास, प्रेम वार्ता, प्रणय कलह, प्रणय कलह सन्धि, परस्पर प्रेम की पूर्णता, नाना रूपों में प्रीति, जागना, सोना, एक दूसरे को निहारना, आसवधान, प्रेमोन्माद, नायिका की सिसकी और नायक का आलिंगन, वियोग स्वप्न की निंदा कोकिल कूजन, नायिका की प्रातः होने के कारण उदासी, परस्पर विनोद, परिहास, संकोच लज्जा और इन सम्पूर्ण संदर्भों के साथ दूसरे दिन का सूर्योदय होता है और पुनः 6 बजे से अष्टयाम की पुरानी दिनचर्या शुरू हो उठती है।

इसमें भोजन, नाश्ते एवं अन्य औपचारिक दिनचर्याओं का कोई विवरण नहीं है।

इस अष्याम की श्रृंगार चर्या पर कई ग्रंथ स्वतंत्र रूप से लिखे गए। जैसे—अष्टयाम, महाकवि देव, बखत विलास-भोगीलाल आदि।

अष्टयाम की कविता सम्पूर्ण सामन्तवादी व्यवस्था के दैनिक विलास की एक चर्या प्रतीत होती है। रीतिकाल की केन्द्रीय संवेदना संदर्भ प्रकरण में आगे, इस पर विशेष विस्तार से चर्चा की गई है। केवल श्रृंगार ही नहीं है, श्रृंगार के आलम्बन एवं उद्दीपन किशोर एवं किशोरियाँ हैं और ये किशोर-किशोरियाँ रतिविलास एवं श्रृंगार की मादक क्रीड़ा को अपनी दिनचर्या का अंग बनाए हुए जो जीवन व्यतीत करती हैं, वह मुगल युग की सामन्ती विलासिता का सबसे बड़ा साक्ष्य है और इस युग के गार्हस्थिक प्रेम भावना पर एक प्रश्न चिन्ह उठाता है। इसके निष्कर्ष के रूप में केवल कवि गिरवारी दास का ही छन्द पर्याप्त होगा—

बादि छवो रस व्यंजन खाइबो बादि नवो रस मिश्रित गाइबो।
बादि जराइ प्रजंक बिहाइ प्रसून थरे परि पाइ लुटाइबो।।

दास जु बादि जनेस मनेस धनेस फनेस रमेस कहाइबो।
या जग में सुखदायक एक मयंकमुखीन को अंक लगाइबे।।

रीतिकालीन शृंगार के नये संदर्भ में **षट् ऋतु वर्णन एवं बारहमासे** का विशेष महत्त्वपूर्ण स्थान है। इन कवियों ने षट्ऋतु वर्णन के संदर्भ को स्वीकार करते हुए वियोग तथा शृंगार केलि क्रीड़ा के प्रकरण में इसका सर्वाधिक उपयोग किया है। रीतिकाल में बारहमासा से सम्बन्धित कई काव्य लिखे गये जैसे—बारहमासा, मोहनदास, बसन्तमंजरी, माखन लाल, बारहमासा, आचार्य केशवदास आदि। इन बारहमासों के साथ-साथ परम्परित षट्ऋतुवर्णन रीतिकाल में अधिक दिखाई पड़ता है, कारण यह कि, बारहमासा का वर्णनविधान लोकपरक है और षट्ऋतु वर्णन संदर्भ परम्परित संस्कृत साहित्य की देन है। रुढ़ि, कवि समय एवं कविता की शास्त्रीय परिपाटी के अन्तर्गत ऋतु वर्णन का ही प्रयोग अधिक मिलता हैं। स्वयं केशवदास ने बारहमासा शीर्षक एक ग्रंथ इस शृंगार संदर्भ से जोड़कर अलग से लिखा है किन्तु जब वे वर्णक परिपाटी का विवेचन कविप्रिया में करते हैं तो उनका षट्ऋतु वर्णन ही प्रधान हो उठता है। शृंगार के साथ आलम्बन एवं उद्दीपन के ऋतु एवं मास संदर्भ रीतिकालीन कविता में सर्वत्र प्राप्त होते हैं। ऋतुवर्णन संदर्भ शृंगार का प्रसंग वसंत से प्रारम्भ होता है और मास वर्णन कार्तिक से। संयोग तथा वियोग शृंगार की परम्पराएँ संस्कृत काव्य से इन्हीं वर्णकों के साथ प्रारम्भ हुई थी। अधिकांशतया वे संदर्भ रीतिकालीन साहित्य में बराबर पुनरावृत्त होते रहे हैं। यह वर्णन रूढ़ि षड्ऋतु वर्णन परम्परा में अधिक देखी जाती है। इन वर्णन संदर्भों का क्रम केवल शृंगार रस वर्णन से ही जुड़ता है, अन्य से नहीं। सेनापति, आचार्य केशवदास आदि शृंगार वर्णन की ऋतु परम्परा को श्लेष से जोड़कर सम्बद्ध अनुभव की विविधताओं को इसके माध्यम से व्यक्त करते हैं किन्तु उन्हीं के समानान्तर देव बिहारी, मतिराम, पद्माकर आदि कवि शृंगार की संयोग-वियोग से सम्बद्ध अनुभूति को निरन्तर व्यक्त करने के प्रति सचेष्ट है। वे ऋतु वर्णन के संदर्भ में उद्दीपन के प्रकरण रीतिकालीन शृंगार वर्णन को समृद्ध करते हैं। ऋतु के अनुरूप वेष सज्जा, अलंकरण, विहार, मदिरापान, चन्दन लेप तथा रात्रि एवं दिन की रति क्रीड़ाएँ, अभिसरण आदि के अनेक संदर्भ इस विधान के साथ देखे जा सकते हैं। इस संदर्भ में उद्दीपन से जुड़े ऋतु वर्णन विशेष दृष्टव्य हैं।

रीतिकाल के अन्तर्गत शृंगार वर्णन की **नखशिख** से जुड़ी परिपाटी का अपना विशेष स्थान है। इस नखशिख परम्परा से जुड़ी अनेक काव्य कृतियाँ इस काल खंड में उपलब्ध हैं। यथा—नखशिख, बलभद्रकृत, नखशिख, लीलाधर कृत, नखशिख, आचार्य केशवदास कृत कविप्रिया प्रसंग आदि। व्यावहारिक स्तर पर रीतिकाल के प्रायः सभी कवियों ने नारी देह वर्णन के अन्तर्गत इस परम्परा को विशेष रूचि से शृंगार से जोड़कर देखने की चेष्टा की है। हिन्दी साहित्य में इस शृंगार वर्णन परम्परा के दो रूप दृष्टिगत होते हैं। एक का सम्बन्ध

'शिखनख' से है तो दूसरे का सम्बद्ध 'नखशिख' से। देवी तथा आध्यात्मिक संदर्भ में नख से शिख तक एवं लोकनारी सौन्दर्य के सापेक्ष्य में 'शिख से नख' का यह अंग प्रत्यंग वर्णन दिखाई पड़ता है। अंगों तथा उनसे जुड़े अलंकरणों को जोड़कर यह अंग-प्रत्यंग वर्णन 54 प्रकरणों से सम्बन्धित है। पद वर्णन के साथ पद लालिमा, पद तल की कोमलता, महावर एवं जावक के अंकुरण भी उसी के साथ जोड़ दिए जाते हैं। कुचणर्णन के प्रकरण में— कुचतिल, कुचसन्धि, कुचनखच्छद, कपोल के संदर्भ में कपोल तिल तथा कपोल कूप आदि के वर्णन इन 'नखशिख' के अंग के रूप में ही हैं। नारी शरीर से सम्बद्ध उनका कामशास्त्रीय उपयोग एवं कामोत्तेजक रूप चित्रण नखशिख प्रकरण की शृंगारिकता के वर्णन तंत्र से जुड़ा मिलता है और नितम्ब, कटि, नाभि, त्रिबली, जाँघ, कुच आदि के वर्णनों के प्रति इन रीतिकालीन कवियों में अधिक तत्परता दिखाई पड़ती है।

रीतिकालीन कविता का भोगोत्तेजक अंगवर्णन इन नखशिख की काव्य परिपाटी का विशेष संदर्भ है। इनसे लोक एवं सामन्तवादी चेतना की जुड़ी हुई कामोत्तेजक दृष्टि यह सिद्ध करती है कि इन कवियों ने शृंगार रस वर्णन के उज्ज्वलवेषात्मक स्वरूप को काम वासना के साथ जोड़ने में कोई रियायत नहीं दिखाई। रीतिकाल के ही कवि नखशिख के संदर्भ में कामुकताभरी इस प्रकार की उक्तियाँ समाज के समक्ष रख सकते थे—

निरखि निरखि करि कुचन गति चकित होत को नाहिं।
नारी उर से निकसि कै पैठत नर उर मांहि।

रीतिकालीन कविता में नारी सौन्दर्य को निखारने के लिए **'सोलह शृंगार'** का निरूपण इस कामपरक शृंगारिकता के मूल में गहरी उत्तेजना का प्रेरक है। यह वर्णन क्रम संस्कृत साहित्य में भी 'षोडस् शृंगार' के रूप में मिलता है। रीतिकालीन सामन्तीय वातावरण में शृंगारवर्धक इस सोलह शृंगार को निरन्तर प्रोत्साहन मिलता रहा है। आचार्य केशवदास रसिक प्रिया में इस 'सोलहशृंगार' का वर्णन इस प्रकार करते हैं—

प्रथम सकल सुचि मंजन अमल बास,
जावक सुदेस केसपास कौ सुधारिबौ।
अंगराग भूषन विविध मुख बास राग
कज्ज्ल कलित लोललोचन निहारिबौ।
बोलनि हँसनि मृदु चलनि चितौनि चारु,
पल पल प्रति पतिब्रत परि पारिबौ।
केसौदास सविलास करहु कुँवरि राधे
इहिं बिधि सोरह सिंगारनि सिंगारिबौ।।

आचार्य केशवदास नायिका सौन्दर्यवर्धक तथा आकर्षक सोलह शृंगारों का उल्लेख अवश्य करते हैं किन्तु कुछ उसमें से छूट जाते हैं। संस्कृत काव्यशास्त्र परम्परा में इसका

स्पष्ट उल्लेख इस प्रकार है—

आदौ मज्ज्न चारुचीरतिलकं नेत्रांजनं कुण्डलं।
नासामौक्तिकपुष्परागधरनं झंकारणंनूपुरं।।
अंगे चन्दन लेपनं कुचमणिः छुद्रविली घंटिका।
तांबूलंकरकंकणं चतुरता शृंगारकाः षोडशा।।

शृंगार के सापेक्ष्य में संस्कृत तथा हिन्दी साहित्य का क्रम परिवर्तित होता रहा है और क्रमबद्धता भी बदली हुई दिखाई पड़ती है किन्तु यह सोलह शृंगार हिन्दी के रीतिकालीन काव्य के आधार के रूप में दिखाई पड़ता है। संयोग शृंगार के मिलन प्रसंग में इन सोलह शृंगार के विविध या सम्पूर्ण प्रसंगों को रीतिकालीन कवि पूरी तत्परता से वर्णित करते हैं। नायिकाएँ, इन शृंगारों से सम्बद्ध उपकरणों का प्रयोग शृंगारिक आकर्षण के लिए करती हैं और उनके मूल में प्रेम तथा शृंगार संदर्भ को उत्तेजक बनाना कवियों का लक्ष्य रहा है।

रीतिकाल में शृंगारिकता को केवल सामन्तवादी या परम्परावादी परिवेश से ही नहीं जोड़ा गया है अपितु उसका लोकपरक रूप भी स्वीकार करने की चेष्टा की गई है। हिन्दी साहित्य के प्रचार-प्रसार के सन्दर्भ में भारतीय नाट्य परम्परा के नायिका भेदों को उतारने की चेष्टा की गई है और हिन्दी साहित्य के रीतिकाल में यह परम्परा व्यवहार में बराबर दिखाई पड़ती रही। नायिकाभेद प्रकरण में नारी के वाणी विलास, नेत्रभंगिमा विलास, सुगंधि विलास, शारीरिक गति, यति, चेष्टाओं से जुड़े विलास आदि कितने कामभाव के सौन्दर्य मंडित प्रकरण निरन्तर सामने आते हैं। इन विलासों का संदर्भ नायिकाभेद से जुड़ा है। सामन्तवादी विलास का यह संदर्भ रीतिकाल में लोकजीवन से जुड़ा दिखाई पड़ता है और सम्पूर्ण कर्मकार जातियों की नारियों केा इस काम तथा सौन्दर्य से जोड़ने का प्रयास किया गया है। हिन्दी में इस नायिकाभेद की परम्परा की शुरूआत अब्दुर्रहीम खानखाान
ा से मिलती है। वैसे, गो. तुलसीदास ने अपनी कृति रामलला नेहछू में दशरथ के आंगन में नेगचार के लिए आईं नाइन, अहीरिन आदि का इसी रीतिकालीन शृंगारिकता या सापेक्ष्य में वर्णन किया है। आचार्य केशवदास ने रसिक प्रिया में इन कर्मकार जातियों की युवतियों एवं स्त्रियों का उपयोग नायिकाओं की सखी तथा दूती के रूप में किया है। वे कहते हैं कि—

धाइ जनी नाइन नटी प्रगट परोसिन नारि।
मालिन बरइन सिल्पिनी चुरहेरिनी सुनारि।।
रामजनी सन्यासिनी पटु पटु वाकी चाल।
केसव नायक नाइका सखी करहिं सब काल।।

इन सबके विपरीत रहीम कवि ने उस युग की छप्पन कर्मकार जाति की नारियों का चित्रण स्वतंत्र नायिका के रूप में किया है और उनका यह कर्मकारजातियों का नायिका संदर्भ रीतिकाल में पूरी तरह से स्वीकार हुआ। रीतिकाल के सभी कवियों ने कर्मकार जातियों से

जुड़ी नायिकाओं का श्रृंगार-परक चित्ताकर्षक वर्णन करके उन्हें काममूलक वृत्तियों से जोड़ने का प्रयास किया। इन साक्ष्यों द्वारा इस लोकजीवन के कर्मजगत से जुड़ी नायिकाओं का नितान्त स्पष्ट संदर्भ सामने आता है—

डोमिनी

लेत चुराये डोमिनी मोहन रूप सुजान।
गाइ गाइ कछु लेत हैं बाँकी तिरछी तान।।

डफालिनि

रीझी रहै डफालिनी अपने प्रिय के राग।
जा जानै संजोग रस ना जानै बैराग।।

इस प्रकार हिन्दी साहित्य के रीतिकाल की श्रृंगारिकता का सम्पूर्ण परिवेश समान्तवादी कामवृत्ति से मंडित दिखाई पड़ता है। परम्परा के श्रृंगार वर्णन के रूपों को पूरी व्यापकता तथा गहराई के साथ इस युग में वर्णित किया है तथा उन अनेक संदर्भों को इस कालखण्ड के कवियों ने इस प्रसंग में अधिक व्यापक बनाया, जो सामान्य वर्ण्य विषय के रूप में थे। इनके विशेष संदर्भ इस प्रकार हैं—

1. बारहमासा
2. शिखनख या नख शिख
3. लोकजीवन और नायिका भेद
4. अष्टयाम
5. षोडश् श्रृंगार वर्णन

डॉ नामवर सिंह ने इस दिशा में अपने शोध प्रबन्ध 'हिन्दी के विकास में अपभ्रंश का योगदान, के अन्तर्गत मुनि 'पुण्य विजय' द्वारा सम्पादित पुष्कृत भाषा के ग्रंथ 'अंग विज्या' में बारह मासे के होने का उल्लेख किया है। लगता है, यह लोक काव्य परम्परा प्रचलन में आई थी, अपभ्रंश काल में।

बारहमासा

संस्कृत साहित्य में षड्ऋतु वर्णन की परम्परा नितान्त प्राचीन है। कालिदास के मेघदूत से ही इसकी वर्णन परम्परा दिखाई पड़ने लगती है। दण्डी के काव्यादर्श एवं भामह के काव्यालंकार में षड्ऋतु वर्णन के संदर्भ प्राप्त होते हैं। यह ऋतु विभाजन भारतीय ज्योतिष शास्त्र से सम्बद्ध कविता के अन्तर्गत शास्त्र तथा अनुभूति का विषय बन गया। इस ऋतु वर्णन के ठीक समानान्तर बारहमासे की परम्परा का विकास अपभ्रंश साहित्य से शुरू हुआ क्योंकि प्राकृत कविता काल में षड्ऋतु वर्णन की ही परम्परा प्रायः मिलती है। कविता प्रकृति एवं लोकजीवन की तरलतम अनुभूति का एक विशिष्ट रूप यह बारहमासा है और अपभ्रंश

साहित्य में यह ग्यारहवीं शती से प्रारम्भ मिलता है। इसका सबसे प्राचीनतम साक्ष्य अब्दुल रहमान कृत संदेश राक्षस का विरह प्रसंग है। पृथ्वीराज रासो, बीसलदेव रासो तथा अन्य अपभ्रंशकालीन कृतियों में लोकानुभव से सम्पृक्त इस बारहमासा विधान का विलक्षण रूप दिखाई पड़ता है।

डॉ. हरीश ने अपने महत्त्वपूर्ण ग्रंथ—''**आदिकालीन हिन्दी साहित्य शोध**'' में जैन काव्य के अन्तर्गत बारहमासा की एक लम्बी परम्परा का उल्लेख किया है। उन्होंने अगरचन्द नाहटा द्वारा कथित हिन्दी के सबसे प्राचीन बारहमासा का भी उल्लेख 'बारहनाउँ' के संदर्भ में किया है किन्तु उसका समय निर्दिष्टि नहीं किया है। वैसे, जैन साहित्य में बारहमासा काव्य से सम्बद्ध कृतियों की एक लम्बी सूची मिलती है। यथा—नेतिनाथ चतुष्पदिका, नेमिनाथ बारहमासा रासो, धूलिभद्र बारहमासा, नेमिनाथ बारहमासा आदि। इन बारहमासा काव्यों में विरह वर्णन का नैसर्गिक स्वरूप और उद्दीपन के रूप में बारह ऋतु सन्दर्भों को उनसे जोड़कर वर्ण्य विषय को उद्दीप्त बनाने की दृष्टि दिखाई पड़ती है। भक्तिकाल में यह बारहमासा प्रेमाख्यानक परम्परा की कविताओं में विशेष रूप में चित्रित है।

रीतिकाल तक आते-आते 'बारहमासे' को कवि शिक्षा का अंग बना लिया गया और विभिन्न मासों के वर्ण्य विषय निधारित कर दिए गए। आचार्य केशवदास ने कवि प्रिया के अन्तर्गत बारहमासा 'वर्णन को कविशिक्षाक्षेप' के नाम से पुकारा है—जिसका अर्थ है, नायिकाओं द्वारा ऋतुओं के उन्मादकारी स्वरूप का चित्रण करके नायक को भावविह्वल बनाना तथा उन्हें प्रवास गमन से रोकना। आचार्य केशवदास शिक्षाक्षेप का लक्षण इस प्रकार देते हैं—

> सुख ही सुख जहँ राखिये सिख ही सिख सुखदानि।
> शिक्षाक्षेप कहौं बरनि छप्पय बारह बानि।।1

चैत्रमास का वर्णन करती हुई नायिका नायक को प्रवास गमन के पूर्व समझाती है कि ऋतु सौन्दर्य के आनन्द को देखकर विरह न उत्पन्न करें, साथ-साथ रहें। पृथ्वीराज रासों के ऋतुवर्णन का यही रूप है।

सामान्यतया बारहमासे का उपयोग वियोग शृंगार के उद्दीपन सन्दर्भ से जोड़ा गया है और रीतिकालीन कविता के अन्तर्गत इसका विशेष उपयोग हुआ है।

बारहमासा का प्रारम्भ कहाँ से स्वीकार किया जाए, यह एक विवादास्पद प्रश्न है। सामान्य रूप से षड्ऋतु वर्णन का प्रारम्भ बसन्त से होता है, इसलिए आचार्य केशवदास आदि इसका प्रारम्भ चैत्रमास से मानते हैं। सूफ़ी कवियों ने प्रायः इसका वर्णन वर्षाऋतु से किया है। बीसलदेव रास में यह वर्णन कार्तिक के महीने से किया जाता है। साहित्य के अन्तर्गत एक मान्य परिप्टी है कि वर्षाकाल में प्रवासगमन नहीं होता। चूँकि प्रवास गमन वर्षा के बाद शुरू होता है, अतः इसका प्रारम्भ कार्तिक मास से ही करना अभीष्ट है।

षड्ऋतु वर्णन का सम्बन्ध संस्कृत काव्यशास्त्र से रहा है तो ठीक उसी के समानान्तर हिन्दी के कवियों ने अपभ्रंश काल से ही इसे काव्य वर्णन को परिपाटी के रूप में स्वीकृति दी है और बाद में, यह रीतिकाल तक पहुँचते-पहुँचते कवि शिक्षा का अंग बन गया और इसका उद्भव इस प्रकार हिन्दी की अपनी रचनात्मक लोक वर्णन शैली के विधान से सम्बद्ध है।

शिखनख या नखशिख

संस्कृत साहित्य में सोलह श्रृंगार तथा शिखनख के सौन्दर्यवर्धन की परिपाटी मिलती है। जहाँ तक शिखरख का प्रश्न है, नायिका के रूप सौन्दर्य को चित्रित करने के लिए मस्तक या उस पर स्थित केशराशि से इसका वर्णन शुरू होता है। आँख, कान, नाक, मुख, अधर एवं उनके अलंकरण से सम्बद्ध विविध आभूषण यथा कर्णफूल, नथ, कज्जल आदि द्वारा उस सौन्दर्य को निरन्तर द्विगुणित करने की चेष्टा परम्परा में मिलती है।

हिन्दी साहित्य में भक्ति के दबाव के फलस्वरूप संस्कृत साहित्य का शिखनख पूरी तरह से नखशिख में परिवर्तित हो उठा। सूरदास जब राधा के सौन्दर्य का वर्णन करते हैं तो कूटात्मक शब्दों द्वारा ताकि उसके व्यंग्यार्थ ही चित्त में आए और यह वर्णन पद्धति पूर्णतः नख-शिख की है—

अद्भूत एक अनूपम बाग
जुगल कमल पर गजवर क्रीडत तापर सिंह करत अनुराग।

'चरण कमल पर' में वर्णन का आधार मुख न होकर' पद है—जो कवि की श्रद्धा तथा भक्ति से जुड़कर बन्दनीय बन जाता है।

गो. तुलसीदास रंगभूमि में प्रवेश करते समय सीता के जिस सौन्दर्य का चित्रण करते हैं, वह इस प्रकार है—

चली संग लै सखी सयानी। गावत गीत मनोहर बानी।
रंगभूमि जब सिय पगु धारी। देखि रूप मोहे नर नारी।।

रंगशाला में सीता के चरण रखने की चर्चा से उनके सौन्दर्य का चित्रण शुरू हो रहा है। आचार्य केशवदास इसीलिए नखशिख एवं शिखनख दोनों को परिभाषित करते हुए कहते हैं कि—

नखतें सिख लौ बरनिये देवी दीपत देखि।
सिखते नख लौं मानुषी केसवदास विसेखि।।

नारी सौन्दर्य चित्रण का दूसरा मानक अर्थात् नख से शिख तक का सौन्दर्यचित्रण देवियों से सम्बद्ध है और रीतिकालीन कवियों ने इसका पूर्णतः परिपालन किया है। आचार्य केशवदास का नखशिख, सुरति मिश्र कृत नखशिख, वृन्दकवि कृत श्रृंगार विलास आदि ग्रंथ

कवि शिक्षा से सम्बद्ध हैं। नख-शिख का वर्णन क्रम आचार्य सुरति मिश्र के अनुसार इस प्रकार हैं—

जावक वर्णन, पदनख, एँड़ी, आभूषण सहित चरणांगुलि तथा चरणांगुलि भूषण, अनवर नूपुर, पायजेब, जेहरि, गति, त्रिवली, रोमराजि, उरोज, हाथ, करभूषण, पीठ, ग्रीवा, तिल वर्णन, मुख वर्णन, रसना, हँसी, वाणी, नासिका, नेत्र, अंजन, नेत्रभाव, वरुणी, भौंभंगिमाएँ आदि।

इस नखशिख में अलंकरण संदर्भों को जोड़कर दो रूपों में वर्णन मिलता है, एक है, नायिका सापेक्ष्य सौन्दर्य चित्रण के रूप में एवं द्वितीय है, वस्तुवर्णन के संदर्भ के रूप में। दोनों प्रणालियाँ इस प्रकार नखशिख निरूपण के संदर्भ में रीतिकाल की शृंगारप्रियता को स्पष्ट करती हैं। जहाँ तक वस्तुनिरूपण का प्रश्न है, इसकी प्रवृत्ति शास्त्रीय तथा कवि शिक्षा से संदर्भित मिलती है। इसके एक दो उदाहरण द्रष्टव्य हैं—

कटि वर्णन–

सूझ एक पट दोऊ देखैं न प्रगट,
तेरी कटि सुनि सबहीं के मन कटि जात हैं

त्रिवली वर्णन–

एक बली सबहीं को बस करि राखतु है,
त्रिबली करै बस अजरज कौन है।

किन्तु दूसरी ओर नायिका के सौन्दर्यवर्णन के संदर्भ में नख शिख या शिखनख शृंगार निरूपण के आधार बनकर सामने आते हैं।

जहाँ तक, अंग प्रत्यंगों के अलंकरण का प्रश्न है, वहाँ उनकी अपनी परिपाटियाँ ही सीमा हैं। चरण की नखांजुलि के अलंकरण आलक्त, नखांगुलि की मुद्रिका, जावक आदि रूपों में दर्शित किया जाता है और रीतिकालीन कवि-शिक्षा के अन्तर्गत यह निर्दिष्ट है कि किस अंग का वर्णन करते समय किन अलंकरणों का उल्लेख किया जाना चाहिए। दूसरी ओर, संस्कृत या हिन्दी रीतिकाल के शिखनख निरूपण में अलंकरण के वर्णकों का उल्लेख नहीं है। इस सम्बन्ध में आचार्य विश्वनाथ प्रसाद मिश्र का कथन पूर्णतः संगत है कि—

"शिखनख और नखशिख में एक अंतर और भी है। नखशिख के वर्णनों में यह बताया गया है कि अमुक अंगों का वर्णन करते समय किन-किन उपमानों की योजना करनी चाहिए पर शिखनख में यह योजना नहीं है।"

भक्तिकालीन नख शिख वर्णन में स्थल-स्थल पर प्रतीकात्मक विलक्षणता दिखाई पड़ती है और वहाँ पाठक रूप माधुरी के शृंगार की लौकिक अनुभूति का आभास मात्र करता है, किन्तु रीतिकालीन नखशिख वर्णन में यह सांकेतिकता समाप्त हो उठी है। रामचरितमानस में श्रीराम के संदर्भ का सीता वर्णन देखें—

हे खगमृग हे मधुकर श्रेनी। कहुँ देखी सीता मृगनयनी।
खंजन शुक कपोत मृग मीना। मधुपनिकर कोकिला प्रवीना।।

यहाँ सीता का सौन्दर्य वर्णन उनके पति राम के मुख से किया जा रहा है। अतः नखशिख ने होकर शिखनख है और वह रूपकातिशयोक्ति में प्रतीकात्मक रूप में वर्णित है, यहाँ अंगवर्णन का स्पष्ट अभिधामूकक चित्रण नहीं है किन्तु रीतिकाल में राधानिरूपण में यह दृष्टि लोक शृंगार या काम शृंगार के अधिक समीप दिखाई पड़ती है।

रीतिकालीन हिन्दी के 'नखशिख' वर्णन की शृंगारिक परिपारी बड़ी ही समृद्ध रही है और हिन्दी साहित्य के आधुनिक काल तक उसका संदर्भ प्राप्त होता है। भारतेन्दुयुगीन, द्विवेदीयुगीन तथा छायावादी कविता तक इस अंग-प्रत्यंग निरूपण के लाक्षणिक रूप संदर्भ बराबर दिखाई पड़ते हैं। छायावादी कवियों में प्रसाद, महादेवी एवं डॉ. रामकुमार वर्मा की कविताओं में ये संदर्भ बराबर प्रयुक्त दिखाई पड़ते हैं। प्रसाद की कामायनी में अंग प्रत्यंग निरूपण के संदर्भ पर्याप्त रूप में दृष्टिगत हैं। विशेषकर प्रतीक तथा रूपक योजना से जुड़े रूप संदर्भ के वर्णन क्रम रीतिकालीन 'शिखनख' या 'नखशिख' की वर्णक परिपाटियों से टकराते चलते हैं। यह सत्य है, सम्पूर्ण संस्कृत वाङ्मय में अंग-प्रत्यंग वर्णन तथा उनकी साजसज्जा की परिवाटी बहुत पहले से चली आ रही है किन्तु काव्य में वर्णक व्यवस्थाविधान से नखशिख या शिखनख परम्परा को प्रारम्भ करने के लिए विवश किया और इस प्रकार की वर्णनविधान की परिपाटी चल पड़ी। इस सन्दर्भ में हिन्दी का रीतिकाल इससे पूरी तरह से समृद्ध है। डॉ. सज्जन राम श्रेणी ने इस परम्परा से सम्बद्ध कृतियों की लम्बी सूची दी है और खोज करने पर आगे सम्भव है, और भी कृतियाँ मिलें। डॉ. सज्जन राम केणी की इस नखशिख परम्परा की सूची इस प्रकार है—

1.	गंग कवि	सन् १५३८ से १५२५	नख शिख
2.	ध्रुव दास	सन् १६२४ से १६७६	नश शिख
3.	केशवदास	संवत् १६२४ से १६७९	नखशिख
4.	बलभद्र मिश्र	संवत् १६४२	शृंगार रस के अन्तर्गत
5.	मुबारक अली	संवत् १६६०	नखशिख, शिखनख
6.	लीलाधर	संवत् १६७६	सिख नख
7.	पजनेश नखशिख	(?)	अलक शतक एवं तिया -शतक
8.	सुखदेव मिश्र	संवत् १७२० से १७६०	नखशिख
9.	कुलपति मिश्र	संवत् १७२७	नखशिख
10.	कालिदास त्रिवेदी	संवत् १७४९	नखशिख
11.	भानु	संवत् १७३४	नखशिख

12.	सुरति मिश्र	संवत् १७६६ से १७९४	नखशिख
13.	नागरीदास	संवत् १७५६ से १८१४	नखशिख
14.	देव	संवत् १७८३	शिखनख, नखशिख
15.	तोष	संवत् १७९४	नखशिख
17.	प्रेमसखी	संवत् १७९१ से १८८०	नखशिख
18.	प्रतापसाहि	संवत् १८८० से १९००	श्रीराम तथा सीता जी का नख-शिख
19.	चन्द्र शेखर वाजपेयी	संवत् १८८० से १९१९	युगल नखशिख, नख-शिख
20.	ग्वाल कवि		श्री कृष्ण जू को नखशिख

ये ग्रंथ इस नखशिख परम्परा में आते हैं। शिखनख से सम्बन्धित कृतियों की संख्या कम है।

लोकजीवन और नायिका भेद

नायिका भेद संदर्भ कामसूत्र से सम्बद्ध है जो ई०पू० पाँचवीं शताब्दी का है। भारतीय सामन्तवादी व्यवस्था के अन्तर्गत इस शास्त्र की आवश्यकता प्रारम्भ से ही दिखाई पड़ती है और नाट्य तथा विलास से सम्बन्धित प्रकरणों में इसका प्रयोग पहली शती से होने लगा था। आचार्य भरत कृत नाट्यशास्त्र इसका सबसे बड़ा साक्ष्य है। हिन्दी साहित्य के प्रचार-प्रसार तक नायिका भेद के आठ रूप प्रकाश में आ चुके थे। आचार्य केशवदास की रसिक प्रिया हिन्दी नायिका भेद के लिए सबसे बड़ा साक्ष्य है। नायिका भेद के संदर्भ में कथन का विलास, नेत्रभंगिकाओं का विलास, सुगंधि का विलास, शरीर की गति यति, भंगिकाओं का विलास आदि संदर्भों को नायिकाभेद से जोड़कर एक ओर कलात्मक सौन्दर्य वृत्ति को प्रोत्साहित किया गया तो दूसरी ओर काम और भोग की यथार्थ स्थितियों का चित्रण किया गया। फिर भी, नायक नायिका भेद की स्थिति सामन्तवादी ही रही है। नायक-नायिका से सम्बद्ध यह सामन्तवादी दृष्टि हिन्दी साहित्य के भक्तिकाल तथा रीतिकाल तक आते-आते टूटकर लोक जीवन के यथार्थ से जुड़ी और इस प्रकार कामभोग की सामन्ती वृत्ति लोक जीवन के बीच फैलनी लगी थी।

आचार्य केशवदास तथा अब्दुलर्रहीम खानखाना प्रायः दोनों समकालीन रहे हैं किन्तु नायिकभेद के संदर्भ में दोनों की दृष्टि समान नहीं रही है। गोस्वामी तुलसीदास कृत रामलला नहछू में भी लोकात्मक एवं सामन्तवादी श्रृंगार के बीच समन्वय दृष्टि दिखाई पड़ने लगती है।

अहिरिनि हाथ दहेड़ि सगुन लेई आवइ हो।
उनरत जोवन देखि नृपति मन भावइ हो।

फिर, इसी क्रम में गोस्वामी तुलसीदास लोक जीवन के सन्दर्भ को नायिकाभेद की

पृष्ठभूमि से जोड़ते दिखाई पड़ते हैं। लोहारिन, तंबोलिनि, अहिरिन, मोचिन, मालिनि, बारिन, नाइन आदि लोकजातियों के सौंदर्य को सामन्त दशरथ के परिवार के बीच नहछू प्रंसग में चिह्नित करने में किसी भी प्रकार की मर्यादा तथा संकोच का अनुभव नहीं करते किन्तु आचार्य केशवदास परम्परावादी कवि तथा आचार्य के रूप में इन सबका वर्णन नायिका के रूप में न करके नायिका की सखी तथा दूती के रूप में करते हैं—

धाइ जनी नाइन नटी प्रगट परोसिनि नारि।
मालिन बरइन सिल्चिनी चुरहेरिनी सुनारि।।
रामजनी सन्यासिनी पटु पटु वाकी चाल।
केसव नाइक नायिका सखी करहिं सब काल।।

धाय (दाई), सेविका (जनी) नाइन, नटी, पड़ोसिनी, मालिन, बरइन, शिल्पिनी, चुरिहारिनी, सुनारि, रामभक्ति या मन्दिर की दासी (रामजनी), सन्यासिनी ये सब आचार्य केशवदास की दृष्टि में नायिकाओं की सखियाँ हैं और समय-समय पर प्रियतम से मिलन का दौत्यकर्म करती रहती हैं। इस सखी प्रकरण को इस भक्तिकाल में नायिका भेद के अन्तर्गत स्वीकृति दी गई और लोक की समस्त कर्मकार जातियों की स्त्रियों को नायिका के रूप में माना गया। इस दिशा में प्रथम साक्ष्य अब्दुर्रहीमखान-खाना का है। डॉ. रामकुमार वर्मा का अनुमान है कि रहीम अकबर के मीना बाजार में सजी सँवरी विविध दुकानों पर बैठी विविध जातियों की स्त्रियों का वर्णन नायिका सापेक्ष्य संदर्भ में करते हैं।[1] रहीम ने 56 जाति की स्त्रियों का शृंगारिक नायिकापरक वर्णन किया है जिसके अन्तर्गत ब्राह्मणी, खतरानी, कैथिन, बरइन, रंगरेजिन, काछिन, कसाइन, तेलिन आदि हैं। मध्यम तक की इन उपेक्षित जातियों के नारी सौन्दर्य को साहित्य के शृंगार रस का गरिमामय विषय बनाना, एक प्रकार का साहित्यिक प्रयोग माना जा सकता है। इनमें एकाध दो जाति से सम्बद्ध इन नायिकाओं के दृष्टान्त इसके लिए साक्ष्य होंगें—

डोमिनी

लेत चुराइ डोमिनी मोहन रूप सुजान।
गाइ गाई कछु लेत हैं बाँकी तिरछी तान।

डफालिनि

रोझी रहैं डफालिनी अपने प्रिय के राग।
ना जानै संयोगरस न जानै बैराग।।

हिन्दी के रीतिकालीन कवियों में देव, पद्माकार, भूषण आदि ने इस संदर्भ का विस्तार दिया और प्रदेशाश्रित संदर्भों को केन्द्र में रखकर नायिका भेद का विस्तार किया।

अहीरिन का वर्णन करते हुए देव कवि उसके रूप सौन्दर्य को आभिजत्य एवं लोकसीमा

1. रीतिकालीन साहित्य का पुनर्मूल्यांकन—डॉ. रामकुमार वर्मा, पृ0 211

की संरचना के द्वन्द्व के बीच विलक्षणता के साथ समेटने में कोई कोर-कसर नहीं छोड़ते—

माखन सो मन दूध सो जौबन है दधि ते अधिकै डर ईठी।
जा छवि आगे छपाकर छाछ सो बिलोकि सुधा बसुधा सब सीठी।
नैनन नेह चुवै कवि देव बुझावनि बैन वियोग अँगीठी।
ऐसी रसीली अहीरी अहो कहो क्यों न लगै मनमोहनै मीठी।।

इस प्रकार शृंगार संदर्भ को भक्ति तथा रीतिकालीन कवियों ने लोकजीवन से सम्बद्ध करके उसमें संकीर्णता के स्थान पर यथार्थ भरी सहानुभूति का विस्तार उत्पन्न करने की चेष्टा की है। इन संवर्गों में लोकानुभूति, जातिगत जीवन-यापन व्यवस्था तथा परम्परागत साहित्यिक शृंगार को परस्पर सम्मिलित करके निश्चित रूप से एक बदली हुई परिवेशगत दृष्टि को नया संदर्भ देने का प्रयास किया है।

अष्टयाम

हिन्दी के नायक-नायिकाभेद से सम्बद्ध काव्य में सामन्ती जीवन-यापन की प्रणाली का भोग एवं ऐश्वर्यपरकरूप अनेक संदर्भों में व्यक्त हुआ है और उसी का एक प्रकरण अष्टयाम या अष्टकालिक विलास जीवनचर्या भी है। डॉ. रामकुमार वर्मा इस अष्टकालिक चर्यापद्धति पर टिप्पणी देते हुए कहते हैं कि "चौबीस घंटे में आठ याम प्रथवा प्रहर होते हैं और चौंसठ घडियाँ होती हैं इस प्रकार प्रत्येक याम में आठ घडियाँ हुई कलाकाल (रीतिकाल) के कवियों में विभिन्न प्रकार के अष्टयाम को एक प्रिय प्रसंग बनाकर उसके अधिकाधिक शृंगार का वर्णन किया है। इस तरह से यह अष्टयाम नायक-नायिका की समयसारिणी या टाइम टेबिल है।"[1]

इस अष्टकालिक या अष्टयाम सेवा का प्रारम्भिक प्रकरण भक्ति साहित्य के अन्तर्गत कृष्ण सेवा सन्दर्भ में दिखता है। गोवर्धन पर्वत पर बल्लभ सम्प्रदाय के अन्तर्गत यह अष्टकालिक या अष्टयाम की सेवा पूजाभाव से स्वीकार हुई और बाद में कृष्णा भक्ति सम्प्रदायों के कई मतों ने इसे स्वीकार किया।

इस अष्टयाम व्यवस्था को रीतिकाल के अन्तर्गत एक प्रकार से मुक्तक युक्त प्रबन्धात्मक काव्य रूप के रूप में स्वीकृति मिली और परवर्ती भक्त तथा रीतिकालीन कवियों ने इसे इसी प्रबन्धात्मक काव्य के संदर्भ में प्रस्तुत किया है। चाचा हित वृन्दावन दास कृत अष्टयाम भक्ति परम्परा से सम्बद्ध है और इसी के सामान्तर रीतिकालीन कई कवियों द्वारा इस प्रकार के काव्यरूप को प्रस्तुत किया गया है, जैसे देव कृत अष्टयाम, महाराज विश्वनाथ सिंह कृत अष्टयाम, कवि खुमान कृत अष्टयाम, रघुराज सिंह कृत अष्टयाम आदि। आचार्य केशवदास अष्टयाम को परिभाषित करते हुए कहते हैं कि—

1. रीतिकालीन साहित्य का पुनर्मूल्यांकन—पृ0 163

दंपति नीके देव कवि बरनत विविध विलास।
आठ पहर चौंसठ घड़ी पूरन प्रेम प्रकास।

यह अष्टयाम क्रम इस प्रकार है—

प्रथम याम — 6 बजे प्रातः से 9 बजे प्रातः तक
द्वितीय याम — 9 बजे प्रातः से 12 बजे मध्यान्यन तक
तृतीय याम — 12 बजे मध्यान्ह से 3 बजे अपरान्ह तक
चतुर्थ याम — 3 बजे अपरान्ह से 6 बजे सायंकाल तक
पंचम याम — 6 बजे सायंकाल से 9 बजे रात्रि तक
षष्ठ याम — 9 बजे रात्रि से 12 बजे रात्रि तक
सप्तम याम — 12 बजे रात्रि से 3 बजे रात्रि तक
अष्टम याम — 3 बजे रात्रि से 6 बजे प्रातः तक

इन अष्टकालिक यामों में प्रातः दम्पति द्वारा सेज लाग से दूसरे प्रातः काल के समय उनके जगने के साथ उनकी ईर्ष्या, करूणा, क्रोध, शिथिलता आदि वर्णन से समापन किया जाता है। इन आठ यामों को चौंसठ घड़ियों (घटिकाओं) में विभक्त किया गया है और प्रत्येक घड़ी को प्रणय क्रीड़ा का विवरण और वर्णन इनका उद्देश्य माना गया है।[1]

यह अष्टयाम वर्णन रीतिकाल श्रृंगार तथा भोग विलासिता की पराकाष्ठा है और इन कृतियों का उद्देश्य केवल विलास चर्या की समयसारिणी तैयार करना रहा है। किन्तु राम तथा कृष्ण भक्त कवियों ने उनकी सेवा के लिए दिनचर्या का स्वरूप इस अष्टयाम के द्वारा इंगित किया है। कृष्ण भक्ति साहित्य के अष्टछाप कवि की कृष्ण की अष्टकालिक सेवा से ही सम्बद्ध है।

षोडश् श्रृंगार वर्णन

रीतिकालीन कविता का एक विशेष संदर्भ षोडश् श्रृंगार वर्णन है। यह षोडश् श्रृंगार वर्णन संस्कृत साहित्य में प्रायः बारहवीं-तेरहवीं शती से चला आ रहा है। रीतिकाल में इस श्रृंगार वर्णन का सम्पूर्णतः या अंशतः बराबर व्यवहार होता रहा है। अलंकरण तथा सज्जा संयोग श्रृंगार का मूल विषय है और यह उसके उद्दीपन का कार्य ये[2] सोलह श्रृंगार अर्थात् रूप सज्जा, वस्त्र सज्जा, अलंकरण सज्जा एवं सुगन्धि से सुवासित होने की रचना आदि करते हैं। संस्कृत साहित्य में सोलह श्रृंगार की तालिका इस प्रकार है

आदौ मज्जनधीन हारतिलकं नेमांजन कुण्डलं।
नाशामौकिककेश पाश रचना सत्कंचुकं नूपुरौ।।

1. विस्तार के लिए देखिए—रीतिकालीन साहित्य का मूल्यांकन, डॉ. रामकुमार वर्मा— पृ0 163 से 164 तक
2. रीतिकालीन कवियों की प्रेमव्यंजना, डॉ. बच्चन सिंह, पृ0 290-292

ताम्बूलं कर दर्पण चरणयो रागोरणन्मेखला।।

1. मज्जन, 2. चीर, 3. द्वार धारण, 4. तिलक, 5. अंजन, 6. कुंडल, 7. नासामौखिक (नाक में मोती धारण), 8. केशवदास रचना, 9. कंचुक, 10. नूपुर, 11. सुगंध (अंगराग), 12. कंकण, 13. चरणराग (आलक्तक), 14. मेखलारणन (छुद्रघंटिका), 15. ताम्बूल, 16. करदर्पण।

हिन्दी साहित्य में इस सोलह श्रृंगार की परम्परा नायिका सौन्दर्य वर्णन के लिए आधार रही है। मिलन, प्रथम सौन्दर्य चित्रण आदि प्रसंगों में कवि इन षोडश श्रृंगारों का वर्णन प्राथमिकता के साथ करता रहा है। हिन्दी के संपूर्ण भक्ति एवं रीतिकालीन काव्यों में यह परम्परा बराबर चलती रही है। आचार्य केशवदास रसिकाप्रिया के अन्तर्गत इस सोलह श्रृंगार का वर्णन इस प्रकार करते हैं—

प्रथम सकल सुचि मंजन प्रमलवास
जावक सुदेश केस पास कौ सुधारि वैनः।
अंगराग भूषन विविध मुख वास राग
कज्जल कलित लोल लोचन निहारिबौं।
बोलनि हँसनि मृदु चलनि चितोनि चाह
पल-पल प्रति पतिव्रत परिवारि कै।
केसौदास सविलास करहु कुँवरि राधे
देह विधि सोरह सिंगारनि सिंगारि बन।।

आचार्य केशवदास बोलने, हँसने चलने तथा देखने के संवर्ग को आकर्षक बनाने के लिए सोलह श्रृंगारों से अलंकृत होने की चर्चा करते हैं। इन सोलह श्रृंगार के संदर्भ में डॉ. बच्चन सिंह के निष्कर्ष नितान्त प्रामाणिक हैं। उनके निष्कर्ष इस प्रकार हैं—

(1) षोडश् श्रृंगार की धारणा मध्ययुग की उपज है।
(2) इसमें किन सोलह श्रृंगारों को परिगणित किया जाए, यह कभी भी निश्चित नहीं हो सका।
(3) समय-समय पर षोडश् श्रृंगार के अन्तर्गत नए श्रृंगारिक तत्त्वों का भी समावेश होता रहा है।[1]

रीतिकालीन काव्य में षोडश् श्रृंगार के ये प्रसंग उद्दीपन के रूप में चिन्हित किए गए हैं और इनका मुख्य लक्ष्य नायिका के प्रति नायक का कामभाव तथा तीक्ष्ण आकर्षण है।

1. रीतिकालीन कवियों की प्रेम व्यंजना – पृ0 294।

कवि शिक्षा और आचार्य केशवदास

भारतीय काव्यशास्त्र में काव्य सिद्धान्त एवं कवि शिक्षा की समानान्तर परम्पराएँ चलती रही हैं। आचार्य भरत, भामह, दण्डी, वामन आदि संस्कृत के प्रारम्भिक आचार्यों ने कवि शिक्षा परम्परा तथा सिद्धान्तों का बराबर उल्लेख किया है। सामान्यतयः संस्कृत साहित्य में यह स्वीकार किया जाता रहा है कि इसकी परम्परा 10वीं शती से प्रारम्भ हुई है और राजशेखर कृत काव्य मीमांसा इसका प्रारम्भिक स्रोत है। इस प्रकार की अवधारणा पूर्णतः संगत नहीं प्रतीत होती है। राजशेखर ने काव्य-मीमांसा में परम्परित कवि समय तथा कवि शिक्षा के संदर्भों को पूरी तरह से व्यवस्थित करके रखने का कार्य किया है। कवि समय तथा शिक्षा सम्बन्धी सन्दर्भ के परम्परा-सम्मत साक्ष्य इस प्रकार हैं—

(1) आचार्य भामह कवि शिक्षा के संदर्भ में इस प्रकार की टिप्पणी देते हैं "शब्दार्थ का ज्ञान प्राप्त कर, शब्दार्थ सुविज्ञों की सेवा करके तथा अन्य कवियों के काव्य निबन्धनों को देखकर किसी कवि को काव्य रचना में प्रवृत्त होना चाहिए।"[1]

आचार्य वामन का मत है कि—

"कवि के लिए लोक व्यवहार, शब्द शास्त्र, अभिधान, कोश, छन्द शास्त्र, कला, काम शास्त्र, दंडनीति का ज्ञान तथा काव्य शास्त्र के उपदेशक गुरूओं की सेवा काव्य रचना के लिए आवश्यक है।"[2]

आचार्य क्षेमेन्द्र बताते हैं कि—

"कवि बनने के लिए अभिलाषी अधिकारी शिष्य को साहित्य कवि गुरू की सेवा करनी चाहिए, वाक्यार्थ शून्य पदों के सन्निवेश से पद रचना का अभ्यास करना चाहिए तथा नाटक शिल्पियों के कौशल, सुन्दर चित्र, प्राणियों के स्वभाव तथा सुन्दर नदी ताल, समुद्र, पर्वत इत्यादि विभिन्न स्थानों का निरीक्षण करना चाहिए।"

आचार्य वाग्भट्ट अपने वाग्भट्टालंकार शीर्षक ग्रंथ में बताते हैं कि पद में चारूता लाने वाली पदावली द्वारा काव्य रचना के लिए समस्त द्वन्द्वों को वश में करे तथा उद्योगपूर्वक शास्त्रों

1. काव्यालंकार – अध्याय 1, श्लोक 10

2. काव्यालंकार सूत्र 1-3, 1, 11

का अध्यन्न करके, शब्दार्थ द्वारा शब्दों को वश में करके, कवि समयों का ज्ञान करके तथा मन के प्रसन्न होने पर कविता करें।''[1]

राजशेखर काव्य मीमांसा में बताते हैं कि—

''कवि शिक्षा के लिए उपयोगी विविध विषयों, शास्त्र परिचय, पद वाक्य विवेक, पदपाठ, काव्य के स्रोत, अर्थ प्राप्ति, काव्य चर्या, काव्य हरण, कवि समय, देश-विभाग, काल विभाग आदि का गहन ज्ञान कवि के लिए आवश्यक है।''

इस संदर्भ में सम्पूर्ण कवि शिक्षा के इतिहास को ध्यान में रखकर देखें तो ज्ञात होता है कि आचार्य केशवदास तक यह परम्परा अधिक व्यापक हो उठी थी। इस पुस्तक के प्रारम्भ में इसके इतिहास पर प्रकाश डाला जा चुका है। आचार्य केशवदास की कवि शिक्षा सम्बन्धी कृति **कवि प्रिया** है। यह कृति उनके युग के काव्य रचना में प्रवृत्त होने वाले कवियों के लिए काव्य शिक्षा का ग्रंथ है। इस **कविशिक्षा** की भूमिका बताते हुए वे इंगित करते हैं कि—

समुझै बाला बालकनि वर्णन पन्थ अगाध।
कवि प्रिया केसव करी छमिहौं सब अपराध।।

आचार्य केशवदास सर्वप्रथम अपने शिष्यों के लिए आदेश देते हैं कि किस प्रकार के काव्य सृजन करणीय हैं और कौन अकरणीय, इसका ज्ञान उनके लिए अति आवश्यक है और वे वही काव्य सृजन करें जो करणीय हैं। करणीय काव्य सृजन तथा अकरणीय काव्य सृजन का, वे इस प्रकार श्रेणी विभाजन करते हैं—

कवि करणीय संदर्भ—

सगुन पदारथ अर्थजुत सुबरनमय सुन साज।
कंठमाल ज्यों कविप्रिया कंठ करो कविराज।।
चरनधरत चिन्ताकरत नींद न भावत सोर।
सुबरन को खोजत फिरत कवि व्याभिचारी चोर।।

कवि के लिए अकरणीय संदर्भ—

राजत रंच न दोषयुत कविता बनिता मित्र।
बुंदक हालापरत ज्यों गंगाघट अपवित्र।।
विप्र न नेगी कीजिए मूढ़ न कीजै मित्त।
प्रभु न कृतघ्नी सेइये दूषन सहित कवित्त।।

आचार्य केशवदास के कालदोष की श्रेणी इस प्रकार है—

(1) रीति विरुद्ध काव्य : **अंध कविता**

1. कवि संस्करण, सन्धि 1-2

(2) विरोधी शब्दों का काव्य : **बधिर कविता**

(3) छन्द दोष युक्त काव्य : **पंगु कविता**

(4) अलंकार रहित काव्य : **नग्न कविता**

(5) अशुद्ध तथा निरर्थक : **मृतक कविता**

इस प्रकार केशवदास पाँच श्रेणी के काव्यों को क्रमशः अंध, वधिर, पंगु, नग्न तथा मृतक काव्य की संज्ञा देते हैं।

आचार्य केशवदास अपने युग के कवियों के लिए स्वीकृति तथा निषेध द्वारा गुणयुक्त, शब्दार्थ के औचित्य से मंडित, नाना प्रकार से अलंकृत, गुणमयी, वक्रतापूर्ण सुष्ठुशब्दार्थ से सम्पन्न एवं पूर्ण सज्जित कविता को कवि के लिए कंठमाला की भाँति धारण योग्य बताते हैं। गुण रचना, अलंकार सौष्ठव एवं सुष्ठ शब्दार्थ रचना की भंगिमामयी वक्रता उसके लिए काव्याधार है। सुष्ठ वर्ण रचना की खोज यह आचार्य केशवदास की काव्य शिक्षा की मूल आकांक्षा है और इसके माध्यम से वे ब्रजभाषा काव्य में सौन्दर्यशालिनी मधुर गुणयुक्त पदावली के विन्यास के प्रति सजगता व्यक्त करते हैं। लोकभाषा काव्य की **रचनात्मक प्रकृति में मधुरता की तलाश उनकी पहली आकांक्षा है** और उन्होंने अपनी रचनाओं में बराबर उस काव्यभाषा की निर्मिति की ओर सजगता दिखाई है। रीतिकालीन ब्रजभाषा कविता की सजगता इस प्रथम कवि में अधिक मिलती है और जिनकी प्रायोगिक शिक्षा का परिणाम यह हुआ कि आगे चलकर ब्रजभाषा ललित, मधुर, चित्ताकर्षक एवं रस विलासमयी काव्यभाषा बनी। आचार्य केशवदास का कवि शिक्षा के प्रथम सोपान का संदर्य काव्यभाषा निर्मिति का ही है और अभी तक हिन्दी के आलोचकों का ध्यान इस दिशा में नहीं गया है। आचार्य केशवदास कृत **रसिक प्रिया** लक्षण ग्रंथ जो ब्रजभाषा कविता में शृंगार रस की उद्भावना का मूल स्रोत है, ब्रजभाषा की बनावट के मानकों का साक्ष्य है और यही स्थिति **कवि प्रिया** की भी है। कवि शिक्षक के रूप में आचार्य केशवदास का मूल दायित्व ब्रजभाषा काव्य जी भाषिक निर्मिति के स्वरूप को सरलता एवं संवेदनाशीलता की ओर उन्मुख करना है।

आचार्य केशवदास इस पाँच दोषों के अतिरिक्त अन्य दोषों की ओर ध्यान आकर्षित करते हैं। ये हैं, हीन सत्य, यति अंग, व्यर्थ, अपार्थ, क्रमहीन, कर्ण-कटु, पुनरुक्ति, देश विरोध, काल विरोध, लोक विरोध नीति विरोध आदि। ये दोष परम्परागत शास्त्र परिपाटी एवं कवि शिक्षा ग्रंथों में उल्लिखित हैं। इन दोषों के साथ, इसी क्रम में इन दोषों की मुक्ति का संदर्भ रखा गया है। कविता की भाषा का एक स्वतंत्र व्याकरण भी है जो गद्य व्याकरण से भिन्न है। आचार्यगण कवि शिक्षा में अन्तर्गत इन दोष विवेचनों के द्वारा काव्य को लयात्मकता, रसात्मकता, लोक प्रचलन एवं प्रतीति आदि से संदर्भों से जोड़ते हैं ताकि कविता लोक जीवन के बीच सहज स्वीकार्य हो सके। यही नहीं, आचार्य केशवदास यह भी कहते हैं कि संस्कृत काव्य की निर्दोष तथा गौरवपूर्ण परिपाटी के समानान्तर यह ब्रजभाषा में लिखा जाने वाला

लोक काव्य भी अपनी सम्पूर्णताओं के साथ आसीनस्थ हो सके। इस संदर्भ में एकाध उदाहरण द्रष्टान्त है—

मलयानिल मन हरत हठि सुखद नर्मदा कूल।
सुबल सघन घनसारजय तरुवर तरल सुफूल।।

कवि समय के अनुसार मलयानिल मलयगिरी से सम्बद्ध है जो नर्मदा नदी के तट पर न होकर मैसूर में है और इसी प्रकार घनसार कपूर कदली वन में होता है, नर्मदा नदी के तट पर नहीं।

इस प्रकार दोष विरोधी यह कथन लोक प्रचलन और कवि समय के विरूद्ध है। इसलिए आचार्य केशवदास ऐसे दोषों के प्रति सावधान रहने के लिए कविगणों को चेतावनी देते हैं।

काव्य की सरसता के संदर्भ को लेकर उन्होंने रसिक प्रिया के अन्तर्गत कवियों को रस दोषों से मुक्त रहने की चेतावनी दी है और उनके द्वारा वर्णित ये दोष परम्परा से ही सम्बद्ध हैं।

इस प्रकार आचार्य केशवदास अपनी **कवि प्रिया** तथा **रसिक प्रिया** दोनों में ब्रजभाषा कविता की उस परिपाटी को व्यवहार में लाना चाहते हैं, जो प्रत्येक रूपों में दोषमुक्त हो क्योंकि हिन्दी कविता को संस्कृत कविता की गौरवपूर्ण परिपाटी के समानान्तर ले आने का दायित्व वे अपने काव्य अर्थ एवं कवि शिक्षा व्यवस्था से जोड़ते हैं।

आचार्य केशवदास **कवि समय** को नया नाम देकर **काव्य रीति** के नाम से पुकारते हैं।[1] इस प्रकार कवि प्रिया में प्रयुक्त रीति शब्द कवि समय का अर्थापन करता है। वे इसे परिभाषित करते हुए कहते हैं कि—

साँची ज्ञान न बरनहीं झूँठी बरनति बानि।
एकनि बरनै नियम के कविमत त्रिविध बखानि।।

इसका अर्थ लाला भगवान दीन ने इस प्रकार लिखा है—

"कतिपय सच्ची बातों को झूँठी कहकर वर्णन करते हैं। कतिपय झूँठी बातों को सत्यवत् करके वर्णन करते हैं तथा कुछ बातों को नियमबद्ध करके वर्णन करते हैं। इस प्रकार कवियों की वर्णन शैली तीन प्रकार की है।"[2]

आचार्य केशव मिश्र कवि सत्य को परिभाषित करते हुए उसे इस प्रकार कहते हैं—

"असतोऽपि निबन्धेन सतामप्य निबन्धनात्।
नियमस्य पुरस्कारात् सम्प्रदायस्त्रिघा कवे।।

"असत्य की रचना, सत्य की न रचना करना और नियम विरूद्ध वर्णन करना ये कवियों की तीन प्रकार की प्रसिद्धियाँ हैं।"

1. कवि प्रिया – चौथा प्रभाव : छन्द संख्या 4
2. प्रिया प्रकाश – लाला भगवान दीन (कवि प्रिया की टीका), पृ0 28

यहाँ इस संदर्भ में जिसे आचार्य केशवदास कवि रीति कहते हैं, उसे आचार्य केशव मिश्र कवि प्रसिद्धि कहते हैं।

इस संदर्भ को राजेशखर काव्य मीमांसा के अन्तर्गत कवि समय के रूप में स्वीकार करके इस प्रकार परिभाषित करते हैं—

अशास्त्रीय लैकिक परम्परायातं यमुपनिबन्धति कवयः इति कवि समयः

अर्थात्, ''अशास्त्रीय (शास्त्र से वर्हिभूत), अलौकिकि (लोक व्यवहार से बर्हिभूत) केवल परम्परा प्रचलित जिस अर्थ का कविजन उल्लेख करते हैं, वह कवि समय है।''

शास्त्र में अस्वीकृत और लोक व्यवहार में अप्रचलित अर्थ को काव्य में परिपाटी के रूप में प्रयोग करना कवि समय है। यहाँ असत्यता एवं झूँठेपन का यही अर्थ है और रीतिकाल के अन्य कवियों ने भी इस कवि समय को इसी रूप में परिभाषित किया है। आचार्य लच्छीराम कहते हैं कि—

कतहुँ सत्य को झूँठ करि बरनत बारहिं बार।
कतहुँ झूँठ को कहत हैं परम सत्य निरधार।।

आचार्य भिखारीदास भी इन्हीं शब्दों के साथ आचार्य केशवदास के मन्तव्य को स्वीकार करते हुए कहते हैं कि—

साँची बातनि युक्तिकरि झूँठी कहत बनाय।
झूँठी बातन को प्रकट साँच देत ठहराय।।

आचार्य केशवदोस चन्दन में फलफूल होने, शुक्ल पक्ष तथा कृष्ण के अंधकार एवं प्रकाश को बराबर मानना, प्रत्येक समुद्र में रसों का होना, हंसों का केवल मानसरोवर में रहना, रात्रि में अंधकार को मुट्ठी में भरना, रात्रि को चाँदनी को अंजुलि से भरकर पीना, कृष्णाभिसारिका का रात्रि के अंधकार में काले वस्त्र को पहन कर अभिसार के लिए निकलना, शुक्लाभिसारिका को कपूर के आभूषण एवं चाँदनी में स्नान आदि-आदि कवि समयों के उदाहरण हैं।

यह कवि समय की परम्परा शास्त्रबद्ध कविता की परम्परा है और आचार्य केशवदास चाहते हैं कि हिन्दी ब्रजभाषा काव्य परम्परागत शास्त्रबद्धता से पूरी तरह से अलंकृत हो।

आचार्य केशवदास का सबसे बड़ा प्रयास यह रहा है कि सम्पूण कविता-वर्णक व्यवस्था एवं अलंकार रचना से अलंकृत होकर एक श्रेष्ठतम काव्य बनकर संस्कृत कविता के समानान्तर खड़ी हो। देव की बानी की मधुरभाषा युक्त कविता दण्डी एवं वामन की कविता हो सकती है और केशवदास उससे हटकर अपने युग की संस्कृत कविता की परम्परा से प्राप्त गौरव के ठीक समानान्तर हिन्दी ब्रजभाषा की कविता को वही गौरव देना चाहते थे जो उस युग के लिए एक महनीय कार्य था। आचार्य रामचन्द्र शुक्ल जैसे आलोचक आचार्य केशवदास के मन्तव्यों न समझकर उनकी कविता के परम्परागत प्रयोगों को देखकर उनका

अधूरा तथा एकपक्षीय मूल्यांकन करते हैं। आचार्य केशवदास कठिन काव्यात्मा प्रेत नहीं है; वे लोकजन की एक हिन्दी भाषा को श्रेष्ठतम भारतीय काव्य रचना के मानकों से मंडित करके उसको लोकात्मक स्वीकृति दिलाना चाहते थे और अपने इस प्रयास में वे सफल रहे और अपनी कविता की इस परम्परा में उनका ध्यान सूर तथा तुलसी से किसी भी प्रकार से कम नहीं है। वे इस श्रेष्ठ कविता के मानक को स्थिर करते हुए कहते हैं कि—

जदपि सुजाति सुकच्छिनी सुबरन सरस सुवृत्त
भूषन बिन न बिराजहीं कविता बनिता भित्त।।

हिन्दी के आलोचकों ने इसे आचार्य भामह की शास्त्रोक्ति का रूपान्तरण बताया है जो असत्य है—

"न कान्तमपि निर्मूषं विभाति वनिता मुखम् "

आचार्य भामह का भूष शब्द केवल अलंकरण के लिए है जबकि आचार्य केशवदास द्वारा प्रयुक्त भूषण शब्द काव्य वर्ण एवं अलंकारों के लिए है। आचार्य केशवदास भूषण से च्युत कविता की श्रेणी इस प्रकार बताते हैं—

(1) सुन्दर जाति युक्त से मुक्त
(2) सुन्दर लक्षण शक्ति से शून्य
(3) सुन्दर वर्णों से अशोभित कविता
(4) अरसमयी कविता
(5) अच्छे छन्दों से शून्य कविता

यदि इस कविता में सुन्दर अर्थयोजना जो काव्य वर्णकों तथा अलंकारों से निर्मित है, न हो तो वह श्रेष्ठ काव्य नहीं है। मध्यकालीन कविता में काव्य वर्णनों की परम्परा कवि समयों से भिन्न रही है। लोक व्यवहार के बिना प्रकरणों में कौन-सा आचरण स्वीकार्य है, 12वीं शती से संस्कृत कविता में इसका एक मानक बन चुका था। आचार्य केशवदास के पूर्व के ब्रजभाषा कवि सूर आदि उन वर्णकों का पूरी तरह से उपयोग करते हैं आचार्य केशवदास इन वर्णकों को सामान्य काव्य संदर्भ मान लेते हैं। क्योंकि इनमें भारतीय लोक व्यवहार की नियमितताएँ उसी प्रकार अनिवार्य है जैसे शब्दालंकार या अर्थालंकार की। इन्हें आचार्य केशवदास ने चार कोटियों में रखा है—

वर्ण, वर्ण्य, भूमिश्री, राजश्री

इस सृष्टि जगत में वर्ण्य विषय के रूप में जितनी भी वस्तुएँ हैं, गह उनके औचित्य का संदर्भ है जो सामान्यलंकार में निहित है। यदि इन संदर्भों को हम काव्य रचना के प्रकाश में उपेक्षित करते हैं तो रचना दूषित हो उठेगी। यथा—वर्ण, संदर्भ में किसी कवि को नारद के रूप का वर्णन करना है, सुदर्शन चक्र तथा एरावत का वर्णन करना है तो किन वर्णों में किया जाए, आचार्य केशवदास कहते हैं, श्वेत वर्ण से। बसन्त ऋतु, बृहस्पति, कमल के

बीज का वर्णन करना हो तो किस वर्ण में हो। इसके लिए पीत वर्ण की व्यवस्था है। यदि गरूण को श्वेत कहेंगे तथा सुदर्शन चक्र को पीत कहेंगे तो हम परम्पराच्युत काव्य वर्णन परिपाटी से जुड़कर च्युत माने जाएँगें। यही कारण है कि आचार्य केशवदास ने वर्णकों को भी अलंकार रचना की श्रेणी में स्वीकार किया और जैसे अलंकारविहीन कविता हीन कोटि की समझी जाती है, ठीक उसी प्रकार वर्णकविहीन कविता भी निरन्तर कलुषित मानी जाएगी।

वर्णकों से चार संदर्भों से भिन्न इसे शुद्धालंकार संदर्भ को लिया जा सकता है। आचार्य केशवदास ही नहीं, वरन् संस्कृत साहित्य के अधिकांश आचार्य आलंकारिक विदग्घता के बिना कविता को विधवा नारी की भाँति स्वीकार करते हैं। आचार्य केशवदास शब्दालंकार, अर्थालंकार तथा उभयालंकार जैसा अलंकारों का विभाजन नहीं करते। वे विशिष्टालंकार के अन्तर्गत अलंकारों की नामावली देते हैं। इसमें आठ संवर्ग हैं—

1. स्वभाव से उत्प्रेक्षा तक
2. आक्षेप से लेकर बारहमासा तक
3. क्रम से अपह्नुति तक, इसी के अन्तर्गत 9 रसवत् अलंकारों को भी रखा गया।
4. उक्ति से युक्ति तक
5. समाहित से परिवृत्त तक
6. उपमा वर्णन
7. यमक वर्णन
8. चित्तालंकार वर्णन

आचार्य केशवदास के इस अलंकार वर्णन में आचार्य रामचन्द्र शुक्ल आदि ने परम्परागत अलंकारशास्त्र के विश्लेषण का प्रयास किया है जो सर्वथा गलत है। आचार्य केशवदास काव्य वर्णन को अलंकार स्वीकार करते हैं और यह रीतिकालीन कविता के लिए काव्य वर्णन व्यवस्था से सम्बद्ध है, न कि अलंकार शास्त्र से। अलंकार वर्णन का संदर्भ रीतिकाव्य की कलात्मक अभिव्यक्ति का अनिवार्य अंग है। यहाँ शब्दालंकार, अर्थालंकार तथा उपमालंकार जैसा विभाजन नहीं है। उनका द्वितीय अलंकार वर्णन संदर्भ बारहमासा से सम्बद्ध है। उनके अलंकार का संदर्भ कवि-कथन से है, वह शास्त्र कथन नहीं है। जैसे आक्षेप की ओर संकेत करते हुए कहते हैं—

तीनों काल बखानिये भावी भयो जु होइ।
कवि कुल कोऊ कहत हैं यहिं प्रतिषेधहिं दोइ।।

यहाँ 'प्रतिषेध' शास्त्ररूप नहीं, कवि का व्यवहार रूप है। इनका बारहमासा 'शिक्षाक्षेप' अलंकार के अन्तर्गत आता है। वह शिक्षाक्षेप को बारहमास की भूमिका के साथ यों जोड़ते हैं—

सुख ही सुख जहँ राखिये सिख ही सिख सुखदानि।

शिक्षाक्षेप कहयौ बर्रान छप्पय बारह बानि।।

अर्थात्, नायक को तसल्ली देकर, समझा बुझाकर नायिका अपने प्रियतम को कार्यारम्भ (विदेश गणनादि) से रोके, वही शिक्षाक्षेप है। केशव ने इस शिक्षाक्षेप को बारहमासा में बदल दिया है। उदाहरण के लिए चैत महीने का शिक्षाक्षेप बारहमासा संदर्भ देखें—

फूली लतिका ललित तरुणितर फूले तरुवर।
फूली सरिता सुगम सरस फूले सब सरवर ।।
फूली कामिनी काम रूप करि केतन पूजहिं।।
शुक सारी कुल हँसै फूलि कोकिल कल कूँजहिं।।
कहि केसव ऐसी फूल महँ फूलहिं शूल न लाइये।
पिय आपु चलानि की का चली चित्त न चैत चलाइये।।

बारहमासा का ठीक यही संदर्भ पृथ्वीराज रासो में चित्रित है। यदि आचार्य रामचन्द्र शुक्ल इस काव्य परिपाटी से सम्बद्ध आक्षेपालंकार को अलंकारशास्त्र से जोड़कर देखते हैं तो यह उनकी नासमझी ही समझी जाएगी। आचार्य केशवदास का अलंकार वर्णन पूर्णतः कवि वर्णन परम्परा की प्रचलित व्यवस्था या व्यावहारिक परिपारी से है और उनकी कविप्रिया की रचना इसी मन्तव्य की पूर्ति के लिए की गई है। काव्यशास्त्र में विवेचित अलंकार सिद्धान्त के विवेचन से इसका सम्बन्ध नहीं है।

जैसा कि, कहा गया है, आचार्य केशवदास लक्षण निरूपण में शास्त्र या शास्त्रकार शब्द का प्रयोग न करके कवि प्रयोग, कवि बुद्धि, कवि विचार, कवि कथन जैसे पदों का प्रयोग करते हैं। एकाध स्थल इसके लिए दृष्टव्य है—

मन की बात दुराय मुख औरे कहिये बात।
कहत अपहुति सकल कवि ताहिं बुद्धि अवदात।।

कवि जहाँ मन की बात छिपाकर, बहाने से उसी के ही समान कोई और बात कहें, वह काव्य रचना में अपहुति है।

यहाँ 'कवि का कहना' प्रायोगिक काव्य रचना है, शास्त्र चिन्तन नहीं

इस प्रकार, आचार्य केशवदास की शास्त्रनिष्ठा वैचारिक चिन्तनगत शास्त्र निष्ठा न होकर कवि व्यवहार की रचनात्मक शास्त्रीयता है और उसका विवेचन काव्य रचना प्रणाली के व्यावहारिक एवं प्रायोजित वैदुष्य से किया जाना चाहिए। आचार्य रामचन्द्र शुक्ल ने आचार्य केशवदास का विश्लेषण संस्कृत के काव्यशास्त्रीय मानकों के आधार पर किया है, जो सर्वथा असंगत तथा त्रुटिपूर्ण है। इस प्रकार, आचार्य शुक्ल का सिद्धान्त चिन्तन आचार्य केशवदास की सर्जनात्मक प्रतिभा से निर्मित उनकी प्रायोगिक काव्य-सर्जन के स्वरूप का स्पर्श तक नहीं कर पाता।

हिन्दी साहित्य का आधुनिक काल और उसकी समस्याएँ

‘आधुनिकता और हिन्दी प्रदेश का नवजागरण काल’

आधुनिक काल : आधुनिकता : उदभव स्त्रोत एवं प्रेरक तत्त्व–हिन्दी साहित्य के आधुनिक काल की आधुनिकता का सामयिक अर्थ भारतीय परम्परावाद की प्रतिक्रिया के फलस्वरूप नई सामाजिक व्यवस्था के अनुकूल सामाजिक ग्राह्यता तथा स्वीकृतियों की उपज है, जिसके सापेक्ष्य में भारतीयों ने जीवन जीने के लिए सर्वथा नया वातावरण निर्मित किया है। स्पष्ट है, भारत तीन शासकीय व्यवस्थाओं के बाद लोकतंत्र में प्रविष्ट हुआ है। प्रथम स्थिति, भारतीय सामन्तवाद की रही है जिसमें शक्ति-बल को केन्द्रीय आधार माना गया था तथा वर्ग विभाजन में राजा एवं प्रजा का सामान्य रूप सामने दिखाई पड़ता है। इसके बाद, दूसरा प्रकरण विदेशी साम्राज्यवादी व्यवस्था के प्रति विद्रोह शुरू होता है और हिंदू तथा मुसलमान का एक व्यापक बँटवारा पूरे भारत वर्ष में छा जाता है। हिन्दू राजा, हिन्दू प्रजा, हिन्दू रियासतदार आदि जैसा एक वर्ग और दूसरे में मुसलमान बादशाह, वजीर, मुसलमान जनता तथा उनका धार्मिक एवं सत्तामूलक प्रभाव रहा है। भारत में तीसरी समस्या स्वामी एवं गुलाम का भारतीय जनता के बीच बँटवारा रही है। यहाँ सत्ता तक उपनिवेश वादी व्यवस्था के अन्तर्गत प्रत्येक प्रकार से प्रशासनिक नियंत्रण करते हुए धनार्जन इनका (सत्ता का) मुख्य उद्देश्य रहा है। प्रशासनिक नियंत्रण के माध्यम द्वारा धनार्जन मुख्य लक्ष्य था और इस धनार्जन को अंग्रेजों द्वारा उसे ब्रिटेन में भेजा जाना और भारत को निजी राष्ट्रीय एवं व्यावसायिकता के केन्द्र के रूप में स्वीकार किए रहना, उनका मूल मन्तव्य था। अंग्रेजों की उपनिवेशवादी शासन व्यवस्था की समाप्ति के बाद भारत में लोकतांत्रिक समाजवादी सिद्धान्तों की स्थापना हुई और सबसे पहले सम्पत्ति के वैयक्तिक अधिकारवाद को सामाजिक व्यवस्था संदर्भ से हटाया गया। सम्पूर्ण सम्पत्ति देश की जनता की है और व्यवस्था एवं प्रशासन का दायित्व जनता के निर्णयाधीन किया गया और शासन व्यवस्था जनता द्वारा चयनित जनता की सरकार द्वारा जनता के लिए बनी। भारतीय इतिहास क्रम के मुस्लिम काल से ही तीन स्पष्ट आधार भारतीय सामाजिक व्यवस्था का निर्माण अपनी तरह से करते रहे और क्रमशः साम्राज्य-वाद, विदेशी शक्ति एवं सामन्त-वाद और उपनिवेषिक साम्राज्यवाद तथा लोकतांत्रिक समाजवादी व्यवस्था ये तीन क्रम हमें भारत में मध्य काल से आज तक मिलते हैं।

इन तीनों के साथ जुड़ा हुआ आधुनिक काल का संदर्भ सबसे महत्त्वपूर्ण और सर्वथा विचारणीय है और इसके प्रकाश कई प्रश्न आज हमारे सामने उठकर खड़े होते हैं। पहला और महत्त्वपूर्ण प्रश्न है कि आज की आधुनिकता का श्रेय भारत में आने वाली अंग्रेजी उपनिवेशवादी व्यवस्था को दिया जाए या नहीं। कारण यह कि अठ्ठारहवीं शती से विश्व में जो बदलाव आ रहा था देर-सबेर भारत पर भी दिखाई पड़ता। डॉ. रामविलास शर्मा इस संदर्भ को केन्द्र में रखकर बराबर कहते हैं कि यदि भारत में ब्रिटिश सत्ता न भी आती तो भी देर-सबेर यहाँ नव जागरण आता, इसमें कोई सन्देह नहीं है किन्तु अंग्रेजों द्वारा अपनी औपनिवेशिक सत्ता की शक्तिमत्ता के लिए जो प्रयास एवं तेजी बरती गई नवजागरण भी उससे जुड़कर उतनी ही तेजी से भारत में दिखाई पड़ा।

सामान्यतः यह माना जाता है कि हिन्दी साहित्य के आधुनिक काल में आधुनिकता का जो अर्थ निर्दिष्ट किया गया है, वह भारतीय परम्परावाद की प्रतिक्रिया के फलस्वरूप उत्पन्न हुई उन नवीन अवधारणाओं की ग्राह्यता से है जिसने इस भारतीय उपनिवेशवाद के प्रारम्भिक दौर में बंगाल तथा बिहार को एक नया परिवेश बनाना शुरू किया था। यह स्वीकृति विदेशी शक्ति के दबाव के फलस्वरूप उत्पन्न हुई थी किन्तु धीरे-धीरे उसे स्वीकार करने की सामाजिक सहमति भी इन प्रदेशों के भारतीय जन समुदाय में बनती चलती रही। भारतीय आस्थावादी अध्यात्मवाद के स्थान पर उद्योगवादी तथा अर्थवादी व्यवस्था जो भौतिक यथार्थवादी व्यवस्था के रूप में स्वीकार की जाती है, का प्रचलन आदर्शवाद के अपर—स्थापित-सा होकर चलने लगा और धीरे-धीरे सामाजिक ढाँचे में परिवर्तन के लक्षण दिखाई पड़ने लगे। नवीन शिक्षा व्यवस्था, नौकरशाही प्रवृत्ति का उद्‌भव, मशीन युग का श्री गणेश, (कलकत्ता में हाथ की बुनकरी के स्थान पर सूती मिलों की स्थापना), छापेखाने तथा यांत्रिक छपाई का प्रचार-प्रसार, पत्र-पत्रिकाओं का निरन्तर प्रकाशन, बंगला तथा हिन्दी गद्य लेखन का विकास, रेल तार डाक व्यवस्था का व्यापक प्रचलन, विदेशी अंग्रेजों का भारत में रहन-सहन, खान पान, वेशभूषा तथा उनके जीवन-यापन के तौर तरीके आदि ने पूरे समाज में नई हलचल पैदा करना शुरू की। इन हलचलों के बीच भारतीयों में बदलाव आना आवश्यक था। इस संदर्भ को हिन्दी आलोचकों में डॉ. रामस्वरूप चतुर्वेदी ने दो संस्कृतियों के द्वन्द्व का नाम दिया है और बताया है कि भारतीय आधुनिकता इन्हीं दो संस्कृतियों के द्वन्द्व का प्रतिफल है किन्तु ध्यानपूर्वक देखें तो यह द्वन्द्व नहीं, क्रमशः सत्ता एवं संस्कृति के प्रति यहाँ इस परिवर्तन का कारण प्रभावपूर्ण सहमति दिखाई पड़ती है। इस सहमति के अनेक कारण हो सकते हैं, अतः भारतीय आधुनिकता के प्रारम्भिक दौर में द्वन्द्व के स्थान पर सहमति का प्रश्न सामने आता है। दो जातियों के मेल-मिलाप (चाहे वे जिस भी दशा से सम्बद्ध हो) के परस्पर संक्रमण का प्रतिफल हमारी आज की आधुनिकता है। प्रारम्भिक स्तर पर इसका प्रभाव बंगाल पर पड़ा और धीरे-धीरे बढ़ता हुआ बिहार, मैथिल प्रदेश, अवध व आगरा के

क्षेत्रों तक आया। सन् 1857 का भारतीय क्रान्ति युद्ध का प्रभाव भारतीयों पर उद्योगवादी व्यवस्था के प्रति प्रतिक्रिया तथा विद्रोह बनकर उभरा और उसका प्रभाव सामने दिखाई पड़ता है। इस प्रतिक्रिया के बाद, हम भारतीयों में समन्वय तथा क्षोभ, एवं प्रतिरोध तीनों प्रकार की दृष्टियाँ दिखाई पड़ती हैं। जहाँ भारत में एक ओर देशी शक्ति एवं राष्ट्रनिष्ठा की प्रवृत्तियों का पनपना शुरू हुआ था, वहीं दूसरी ओर राजभक्ति ने भी हमें अपने दबाव में लेना शुरू किया, कारण कि क्रान्तियुद्ध के बाद ब्रिटिश साम्राज्यवाद के अन्तर्गत भारत अधीन स्वीकार कर लिया गया और मलका विक्टोरिया भारत की साम्राज्ञी बनी। उनकी घोषणाओं का असर भारत पर विचित्र रूप से पड़ा था, यहाँ राजभक्ति का स्वरूप दिखाई पड़ने लगा। महारानी विक्टोरिया के प्रति लिखे गए गीतों तथा कविताओं में इसकी स्पष्ट दृष्टि दिखाई पड़ती है किन्तु इसको हिन्दी के आलोचकों ने एक दूसरा भी संदर्भ दिया है, वह यह कि "बिहार बन्धु", 8 फरवरी, बुधवार, 1878 जिल्द 6 नम्बर 6 में पृष्ठ संख्या 1 और 2 पर राजभक्ति किसे कहते हैं, विशेष उल्लेखनीय है। यह इस प्रकार है—

"राजभक्त बहुतेरे उसे कहते हैं जो शख्स राज की सिर्फ तारीफ करे और ऐब न कहें देखे तो खास चुप रह जाये। मन उस ऐब को ऐब न कहे। आजकल के सरकारी अफसर इसी को राजभक्ति कहते हैं हम लोग भी राज्यभक्त हैं, पर न ऐसे हैं और न ऐसे होना चाहते हैं।"[1] किन्तु अंग्रेजी सत्ता के विस्तार एवं प्रशासनिक दबावों के कारण यह राजभक्ति विदेशी शक्ति की गुलामी की शक्ल लेती गई और हम भारतीय नैसर्गिक व्यावहारिक सम्बद्धता के कारण अंग्रेज़ों के तौर-तरीकों, प्रचलनों तथा व्यावहारिक व्यवस्था के अंग बनते गए। भारतीय जीवन शैली पर विदेशी रहन-सहन शैली एवं संस्कृति का प्रभाव धीरे-धीरे प्रबल बनता गया। भारतीयों की भारतीय सांस्कृतिक निष्ठा से विचलन को ही नहीं उनमें सांस्कृतिक जागरण बोध की प्रेरणा तथा अपनी टूटती हुई भारतीय आस्था को पुर्नजीवन बोध से सम्बद्ध करने के लिए अनेक धार्मिक संस्थाएँ तथा देश के प्रबुद्ध चिन्तक मनीषी सामने आए और समग्र भारतीयों को अपनी प्राचीन, सम्पन्न तथा सम्बद्ध सांस्कृतिक चेतना से जोड़ने का प्रयास किया। इन संस्थाओं एवं उनके प्रवर्तक मनीषीयों का संक्षिप्त विवरण इस प्रकार है—

1. **ब्रह्म समाज** राजाराम मोहन राय, कलकत्ता स्थापना, 20 अगस्त 1828
2. **प्रार्थना समाज**—डॉ. आत्माराम पांडुरंग, बम्बई, सन् 1867
3. **रामकृष्ण मिशन**–स्वामी रामकृष्ण परमहंस, कलकत्ता, सन् 1836
4. **राधा स्वामी सत्संग**–स्वामी दयाल–अगस्त, सन् 1861
5. **थियोसोफिकल सोसायटी**–श्रीमती एनी बेंसट, मद्रास, सन् 1882
6. **आर्य समाज** – स्वामी दयानन्द – गुजरात, सन् 1875

1. भारतेन्दु काल का अल्प ज्ञात, हिन्दी गद्य साहित्य डॉ. राम निरंजन परिमलेन्दु, पृ० 13

ये संस्थाएँ परम्परा तथा आधुनिकता दोनों के समन्वय पर बल देती हैं और इनकी अवधारणा है कि भारतीय संस्कृति के उदार मानवतावादी संस्कारों के ऊपर योरोपीय शक्तिवाद, सत्तावाद, पूँजीवाद तथा उपनिवेशवादी नीतियाँ लदकर उन्हें विनष्ट न कर दें और इसी के साथ नई आधुनिकता के ऊपर भारत की पहचान बराबर बरकरार रहे।

जैसा कि कहा जा चुका है, सन् 1857 में भारत में रानी विक्टोरिया के शासन तंत्र की स्थापना ने राजभक्ति के साथ-साथ भारतीयों में भारतीय स्वतंत्रता के स्वप्नों की स्थापनाओं की शुरूआत हुई और इसका आधार साहित्य ही रहा है। हिन्दी कवियों में भारतेन्दु हरिश्चन्द्र, पं० बालकृष्णभट्ट, प्रताप नारायण मिश्र आदि ने इसे दो प्रकार की मानसिकता अर्थात् राजभक्ति और विद्रोह को एक साथ प्रकारान्तर भाव से जोड़कर प्रस्तुत करने का प्रयास किया है। बालकृष्ण भट्ट के शब्दों में—

''बहुत लोग देते हैं कि फाँसी अरू मालिका से चहैं खिताब।
सी० एस० आई० के० एस० आई० राजाबहादुर केर खिताब।।

अंग्रेजों की उपनिवेशवादी शक्ति के दबाव के कारण इस प्रकार भारत में दो प्रकार की नई भावनाएँ उत्पन्न हुई जो परस्पर एक दूसरे के विरूद्ध तथा विपरीत थीं। इनमें से एक राजभक्ति है, तो दूसरी है, ठीक उसके विपरीत है—अपनी देशभक्ति। हिन्दी के आलोचकों ने इस राजभक्ति को क्षद्म राजभक्ति का भी नाम दिया है, जो सर्वथा उचित है। इसी संदर्भ में अंग्रेजी शासन की प्रेरणा से एक नई व्यवस्था का जन्म हुआ, वह है, हिन्दू, मुस्लिम की परस्पर नीति।

सन् 1850 से लेकर सन् 1900 तक की अंग्रेज राज्यसत्ता ने हम भारतीयों के बीच जनजीवन की मनःदशा को परिवर्तित करने के लिए जो राजनैतिक योजना तैयार की थी, उसने परम्परावाद से डटकर समाज व्यवस्था तथा सामाजिक वातावरण का नया स्वरूप रचना शुरू कर दिया था और इस रचना ने साथ-साथ अपने को भारतीय परम्परावाद से यथाशक्ति अलग होना भी प्रारम्भ कर दिया था। इसी के साथ नई शिक्षा व्यवस्था, नौकरशाही व्यवस्था, प्रशासनिक संदर्भ, रेल तार डाक के पक्ष, अखबार तथा सूचना माध्यम, यंत्र-संस्कृति की स्थापनाएँ आदि ने इस नये परिवर्तन एवं व्यवस्था के बदलाव में तेजी दी। हम भारतीयों की परम्परावादिता से हटकर नई संस्कृति के प्रति सहमति एवं स्वीकृति ही नव-जागरण काल का कारण है। यहाँ दो संस्कृतियों का न द्वन्द्व दिखाई पड़ता है और न दबाव। नएपन के प्रति सामान्य सामाजिक सहमति एवं स्वीकृति ही आधुनिक युग के नवजागरण का मूल कारण है।

इस नये परिवेश में लिखा गया साहित्य के अन्तर्गत यह हिन्दी खड़ी बोली के गद्य तथा पद्य के काल के नाम से पुकारा जाता है। इस संदर्भ को हिन्दी के इतिहासकार आलोचकों ने कई नाम दिए हैं जैसे—आधुनिक काल, आधुनिक राष्ट्रीय नव जागरण, आधुनिकता का

संक्रमण काल, पुनर्जागरण काल आदि।

सन् 1850 से लेकर सन् 1900 तक की अंग्रेज राज्य सत्ता ने हम भारतीयों के हिन्दी प्रदेश के लोक जीवन की मनः दशा का सारा-का-सारा संदर्भ नये रूपों में परिवर्तित करके एक नया वातावरण रचना शुरू कर दिया था और इस प्रकार इस युग की सामाजिक रचना परम्परावाद से काफी दूर हटती दिखाई पड़ती है। इस समग्र नये परिवेश में लिखा गया हिन्दी खड़ी बोली का गद्य तथा पद्य साहित्य निश्चित रूप से हिन्दी साहित्य की नवीन परम्परा की शुरूआत तथा मार्गरचना का कार्य करता है।

जब हम सन् 1850 के आसपास के साहित्य परिवेश का निरीक्षण करते हैं या आधुनिक काल या नव जागरण काल की मूल प्रवृत्ति पर केन्द्रित करते हैं तो वह स्थिति बनती है, वैज्ञानिक (नव) विकासवादी प्रवृत्तियों के अंकुरण की। इस नये विकासवाद में सबसे बड़ा योगदान प्रेस, समाचार पत्रों एवं गद्य भाषा का है। ये व्यवस्थाएँ मानवीय स्वतंत्रता की भावनाओं के विकास के सोपान के रूप में हैं। रेल, तार, डाक जैसी व्यवस्थाएँ मनुष्य तथा मनुष्य के बीच की दूरी ही नहीं समाप्त करती अपितु उनके बीच स्थित आन्तरिक द्वन्द्वों को तोड़कर उन्हें निरन्तर संवेदनशील बनाने के प्रति सजग दिखाई पड़ती है। अंग्रेजों द्वारा समाज में प्रयुक्त इन संस्थाओं से तीन तात्कालिक लाभ भारतवासियों को मिले—

(1) विभिन्न राज्य खण्डों से मुक्त होकर अखण्ड भारतीय नागरिकता का बोध

(2) अखण्ड भारत देश की अवधारणा की पुष्टि

(3) अखण्ड भारतीय सत्ता की अवधारणा

अंग्रेजों द्वारा सत्ता की स्थापना, विज्ञानवादी सुविधाओं या लोक समाज के व्यवहार में अनिवार्यतः प्रचलन, वैज्ञानिक विकासवादी व्यवस्था के कारण परम्पारित रूढ़िवादी मान्यताओं का क्षरण आदि वाद-विवाद एवं संवाद के रूप में धीरे-धीरे स्थिर होते हुए नव समाज रचना के निर्माण में पूरी तरह से सक्षम बनते चले गए। इस प्रकार जब हम आधुनिक युग में भारतीयों की आधुनिकता के संदर्भों की चर्चा करते हैं तो इसके मूल में भारत में आई अंग्रेजी सत्ता तथा उसके द्वारा स्थापित्त नए समाजिक घटकों तथा न्यायपालिका, प्रशासन, उद्योग-धन्धे, कार्यालीय संस्कृति आदि के साथ उत्पन्न मध्यम वर्ग (मिडिल क्लास) और उसकी संस्कृति की चर्चा अनिवार्य है। अंग्रेजी राज्य में उत्पन्न यह मध्यम वर्ग निश्चित रूप के प्रत्येक दिशा में अपने प्रभावों को फैलाने में समर्थ रहा है।

अंग्रेजी सत्ता की उपनिवेशवादी नीति धनार्जन एवं शोषण की रही है और उसकी प्रतिक्रियाएँ विकास की दिशा से सम्बद्ध होते हुए भी भारतीयों के मानसिक क्षोभ, नृशंसतापूर्ण आचरण तथा क्षद्म प्रलोभन से जुड़ती चली गई हैं। भारतीय जागरूकता विशेष रूप से जागरण का भाव इन संदर्भों में तीव्र आक्रोश तथा प्रतिक्रियामूलक रहा है। इस संदर्भ में भारतीयों को प्रोत्साहित करते हुए भारतेन्दु जी कहते हैं कि—

बढ़न चहत आगे सबै जग की जेती जाति।
बलबुधि धन विज्ञान में तुम्ह कहँ अबहूँ राति।।

यहाँ भारतेन्दु हरिश्चन्द्र भारतीय विकास को वैश्विक व्यवस्था से सम्बद्ध करके भारतीयों को केवल भारत ही नहीं, उससे आगे जाने की बात करते हैं। हम भारतीयों को बीसवीं शती के प्रथम तथा द्वितीय दशक में अंग्रेजों की गुलामी रात्रि की भाँति लगने लगी थी और उससे मुक्ति की आकांक्षाओं का जन्म हो उठा था। अशिक्षा, अँधास्था, पिछड़ापन, रूढ़िग्रस्तता आदि इसी रात्रि के अंग हैं और उनसे मुक्ति के संदर्भ आधुनिकता है। इस प्रकार भारतीयता के अपने परम्परित संस्कार, स्वत्व एवं सामयिक सत्ता के कारण बाह्य तथा अन्तः संघर्ष से उत्पन्न आधुनिकता समाज को अपनी ओर आकर्षित कर रही थी। सामाजिक वैज्ञानिक विकासवाद से संयुक्त यथार्थवाद व्यापक रूप से समाज का अंग बन रहा था और इस प्रकार नव जागरण आधुनिकता के साथ अपने को व्यापक फैलाव के साथ समाज में समसामयिकता के साथ उसे जोड़कर परम्परा के इतिहास को बदलने की चेष्टा में संलग्न था। इतिहास के इस परिवर्तन का अर्थ है, परम्पराओं के पुराने संदर्भों को अलग रखकर, उसे नया स्वरूप प्रदान करना। सन् 1860 से लेकर सन् 1900 तक इस दिशा में जो कार्य उपनिवेशवादी सत्ता द्वारा भारत में किये गए, उनका विवरण अत्यंत व्यापक है।

राष्ट्रीय स्तर पर विश्व विद्यालयों की स्थापना, भारतीय नगरों एवं जनपदों की दूरी कम करना, शहरी औद्योगिकता के व्यापक विस्तार के लिए भूमि अधिग्रहण की नई व्यवस्थाएँ, प्राचीन एवं परम्परा से चली आ रही सामन्तवादी व्यवस्थाओं के समापन, प्राचीन जाति एवं वर्ण व्यवस्था के स्थान पर उच्चवर्ग, मध्यम वर्ग एवं निम्न मजदूर वर्ग की सामाजिक संरचना के साथ कृषक, उद्योगवादी तथा श्रमिक मजदूरों की प्रमाणित श्रेणी तैयार करना आदि इस विदेशी संस्कृति का देन है। इस प्रकार विकासवाद, परम्परा का परिवर्तन तथा समसामयिकता ये तीनों जुड़कर नये भारत को नई शक्ल प्रदान करते हैं, जिसे हम आधुनिक भारत या भारत की आधुनिकता का संदर्भ प्रदान करते हैं। यद्यपि डॉ. बच्चन सिंह जैसे इतिहासकार आधुनिक एवं आधुनिकता में अन्तर करते हैं किन्तु ये अन्तर तात्त्विक नहीं है। आधुनिकता के संदर्भों से ही जुड़कर समाज अपनी क्षेत्रीयता, धर्मनिष्ठता, भाषिक सीमाबद्धता, धार्मिक तथा जातीय उन्मेषों का त्यागकरके अपने जीवन को व्यापक संदभों से जोड़ता है। आज का भारतीय लोकतंत्रवाद इसी आधुनिकता परम्परा से मुक्त नई बदलाववादी व्यवस्था के निर्माण में सक्षम उक्त व्यवस्था का एक विकसित सोपान है क्योंकि एक राष्ट्र के रूप में आज के भारत की अवधारणा का विकास एवं उसकी समझ इसी व्यवस्था की देन है। जैसा कि कहा गया है कि हिन्दी में डॉ. राम विलास शर्मा जैसे आलोचक यह स्वीकार करते हैं कि यदि भारत में ब्रिटिश साम्राज्यवाद या उपनिवेशवाद न आया होता, तो भी देर सबेर यह आधुनिकता भारत में अवश्य आती। उन्होंने इस संदर्भ में सर विलियम्स जोन्स का प्रसंग सामने रखा है। भारतीय

संस्कृति के अतीत में स्थित ज्योतिष, संगीत, नाटय, लोकनाटय, कलादृष्टि का विकास, देश-देशान्तर भ्रमण, बहु शास्त्रज्ञान, भूगोल तथा इतिहास ज्ञान आदि-आदि संदर्भ लोक प्रचलन में थे, जो आगे पीछे विश्व के विज्ञानवादी परिवेश से जुड़कर आधुनिकता के प्रेरक बन जाते। वे इस संदर्भ में निष्कर्ष निकालते हुए कहते हैं कि

"इस तरह विलियम जोन्स की रचनाओं में भारतीय संस्कृति का जो पक्ष उभरकर सामने आता है, उससे आश्वस्त हो समझते हैं, कि उसके आधार पर अंग्रेजी राज्य के बिना भी भारत नवजागरण की ओर बढ़ सकता था और ज्यादा अच्छी तरह से बढ़ सकता था।"[1]

डॉ. राम विलास शर्मा का यह कथन भारतीय इतिहास की परम्परावादी अवधारणा से सम्बद्ध है किन्तु भारत को अंग्रेजी सत्ता की स्थापना, भारतीयों तथा अंग्रेजों के बीच एक ओर शक्तिसत्तावाद का द्वन्द्व तो दूसरी ओर पारस्परिक सौहार्द्र एवं मेल मिलाप तथा उनके द्वारा ज्ञान विज्ञान एवं संचार माध्यमों एवं नई शिक्षा व्यवस्था द्वारा स्थापित तंत्रवाद को हम इस दिशा से पृथक् कैसे कर सकते हैं। यही कारण है कि डा० राम विलास शर्मा की मान्यताओं से भिन्न डॉ. लक्ष्मीसागर वार्ष्णेय का मत है कि अज्ञानता, पाखण्ड, आडम्बरवाद आदि-आदि मान्याताओं के डूबे हुए भारतीयों को नई दृष्टि देकर आधुनिकता के आलोक में लाने का श्रेय ब्रिटिश सत्ता को है। वे कहते हैं कि "जिस समय भारत अंधकार के गर्त में डूबा हुआ था, सौभाग्य से उस समय पश्चिम की एक जीवित जाति से उसका सम्पर्क स्थापित हुआ। फलतः देश में स्फूर्ति और उत्तेजना का होना अवश्यमभवी था।"[2]

यहाँ द्रष्टव्य है कि, एक ओर डॉ. राम विलास शर्मा जिस मान्यता को स्थापित करते हैं, दूसरी ओर डा० लक्ष्मी सागर वार्ष्णेय उससे भिन्न मत रखते हैं। विविध सांस्कृतिक परम्पराओं से सम्बद्ध भारत जैसे एक प्राचीन देश का आकलन इतिहास-बोध क संदर्भ में थोड़ा जटिल दिखाई पड़ता है। किन्तु डॉ. राम विलास शर्मा का पक्ष एक सम्भावना है, सत्य तो डॉ. लक्ष्मीसागर वार्ष्णेय का ही मत है, क्योंकि सन् 1850 से सन् 1900 के बीच भारतीय नवजागरण का संदर्भ निश्चित रूप से ब्रिटिश सत्ता से ही जुड़ा हुआ है।

इस संदर्भ में कांग्रेस की स्थापना का भी एक प्रकरण सामने आता है। सन् 1885 में सर ए० ओ० ह्यूम ने ब्रिटिश सत्ता की सहमति तथा संकेत से प्रेरित होकर अंग्रेजी शासन व्यवस्था के शान्तिपूर्ण एवं उसके क्रियाकलापों के व्यवस्थित ढंग से संचालन के लिए भारत के शिक्षित जनों एवं अंग्रेजी शासन व्यवस्था के सम्बद्ध उदार तथा लोकप्रिय व्यक्तियों को सम्मिलित करके कांग्रेस की स्थापना की। कांग्रेस के द्वारा अंग्रेजी सत्ता के साथ सौमनस्य स्थापित करके भारतीय बुद्धिजीवी वर्ग ने विदेशी प्रभुत्व के बीच मर्यादित होने का वातावरण तैयार करने का यह मंच निर्मित किया किन्तु सन् 1900 के आसपास इस कांग्रेस से जुड़े

---

1. भारतीय साहित्य की भूमिका, डॉ. राम विलास शर्मा, पृ.260
1. आधुनिक हिन्दी साहित्य – डॉ. लक्ष्मी सागर वार्ष्णेय।

भारतीय बुद्धिजीवियों की विचारधारा अंग्रेजी संरक्षात्मक अवधाराओं के विपरीत जाने लगी फिर भी, इतना तो सच है कि स्वयं अंग्रेजों ने ही भारतीय बुद्धिजीवियों के लिए सामाजिक तथा राष्ट्रीय मानवमूल्यों के चिन्तन के लिए एक राष्ट्रीय स्तर पर मंच तैयार किया था और यही मंच भारत में अंग्रेजी शासन व्यवस्था से मुक्ति का एक सशक्त आधार बना।

इस प्रकार, भारतीय जीवन शैली, परम्परा से मुक्ति की अवधारणाओं तथा नई सामाजिक जीवन दृष्टि एवं राष्ट्रीयता जैसे बोध के व्यापक संदर्भों के बीच आधुनिकता जैसे गम्भीर तथा व्यापक आयामों ने हम भारतीयों को पूरी तरह से नए व्यापक परिदृश्यों से सम्बद्ध करके राष्ट्र एवं स्वाधीनता जैसी वैश्विक आधुनिकता की नींव रखी और सम्पूर्ण देश पहली बार उससे जुड़कर एक हो उठा। इस आधुनिकता का प्रभाव सन् 1900 के बाद हम भारतीयों पर इतना व्यापक दिखाइ पड़ता है कि हमारी जीवन शैली, चिन्तन दृष्टि एवं जीवनयापन के भावी संकल्प बदल उठें और पहली बार भारतीय इतिहास में इन संदर्भों को पूरे भारतराष्ट्र के साथ जोड़कर देखने का प्रयास किया गया।

इन सबका प्रभाव हिन्दी साहित्य पर पड़ना अनिवार्य था और हमने पहली बार राज्य भाषा (राष्ट्रीय भाषा हिन्दी) के प्रश्न को सामने उठाकर देश के समग्र राज्यों के लिए हिन्दी लेखन के कार्य के प्रति सजग किया। हिन्दी लेखन का वह सम्पूर्ण परम्परित स्वरूप जो सामन्त, ईश्वर, नायक-नायिकाओं की विविध विधाओं से सम्बद्ध था, मनुष्य एवं उसके यथार्थ से जुड़कर पहली बार सामने आया। इसी आधुनिकता के फलस्वरूप भारतीय समाज के लेखन का नायक 'मनुष्य' और उससे सम्बद्ध समाज बना। सन् 1850 से 1900 तक भारत में इस आधुनिकता की नवजागरण सम्बन्धी भूमिका बनी और उसके बाद तो सम्पूर्ण हिन्दी साहित्य ने अपना स्वरूप वैश्विक परिदृश्य से जोड़कर निर्मित करना शुरू किया। सन् 1850 से सन् 1900 तक प्रारम्भिक आधुनिक नव जागरण का जो स्वरूप निर्मित हुआ वह भावी विकास की भूमिका के रूप में स्वीकार्य है और परवर्ती हिन्दी साहित्य के अद्यतन विकास के लिए भी वही मूलाधार है।

आधुनिककाल और आधुनिकता के विमर्श

(1) हिन्दी गद्य की व्यवस्थित रूप रचना तथा विकास संदर्भ—आचार्य पं० रामचन्द्र शुक्ल ने इस हिन्दी गद्य पक्ष के संदर्भ को आधुनिक काल की केन्द्रीय धुरी के रूप में स्वीकार करते हुए अपने हिन्दी साहित्य के इतिहास में आधुनिकता एवं नवीन गद्य प्रवर्तन को एक साथ समन्वित किया है। आधुनिकता का मुख्य संदर्भ भाषिक अभिव्यक्ति की स्पष्टता, वैचारिक प्रौढ़ता, वैचारिक आदान-प्रदान में तार्किक सहजता, सम्बद्ध पक्षों को सहज, स्पष्ट तथा सामाजिक सोच के सापेक्ष्य में व्यक्त करने की सामर्थ्य एवं सम्प्रेषण सामर्थ्य आदि से जुड़ता है। खड़ी बोली का हिन्दी गद्य एक प्रकार से आधुनिकता के संदर्भ में हिन्दी

भाषा क्षेत्रों की शिक्षा, लोक व्यावहारिकता के विविध रूप यथा न्यायालय, कार्यालय, सामूहिक भाषिक आदान-प्रदान के संदर्भ-स्थलों पर सही तथा स्पष्ट लोक सम्प्रेषण का आधार बना है। वैश्विक परिदृश्य में कविता की भाषा अकेली पड़ती गई और साहित्य की अनेक गद्य विद्याओं का सृजन संदर्भ बढ़ा। उपन्यास, कहानी, नाटक आदि जैसी नई वैश्विक विधाएँ भाव चिन्तन तथा सामाजिक आवश्यकताओं की व्याप्ति के कारण काव्य शैली से दूर हटती गईं और आज वैश्विक स्तर पर गद्य साहित्य सम्पूर्णतः अपना व्यापक प्रभाव व्यक्त करते हुए दिनों-दिन आगे विकास करता जा रहा है। गद्य साहित्य के इस व्यावहारिक साहित्यक एवं सहज भाषिकविधान की लोकोपयोगी व्यवस्था का व्यवस्थित सूत्रपात इस कालखण्ड की आधुनिकता के नवजागरण के परिप्रेक्ष्य में हुआ और यही मूलतः आधुनिकता है। इस गद्यविधा के प्रदेय का निश्चित ही, वर्चस्व निरन्तर वैश्विक परिदृश्य में बना रहेगा। आचार्य रामचन्द्र शुक्ल ने इस संदर्भ में ठीक ही लिखा है कि—

"आधुनिक काल में गद्य का आविर्भाव सबसे प्रधान साहित्यिक घटना है।"[1]

इस प्रकार, निष्कर्ष रूप से कहा जा सकता है कि अंग्रेजी शासन काल के प्रारम्भ में ही व्यवहार की भाषा की निर्मिति के संदर्भ में जिस गद्य के नए स्वरूप की स्थापना पर जोर दिया गया, आगे चलकर उसने सम्पूर्ण सांस्कृतिक, आर्थिक, आध्यात्मिक तथा सामाजिक व्यवस्था में नई चमक पैदा की। जहाँ तक हिन्दी साहित्य के गद्य के विकास के इतिहास का प्रश्न है, इस सम्बन्ध में आगे विस्तारपूर्वक चर्चा की जाएगी।

(2) सामाजिक व्यवस्था से जुड़े नए परिवर्तनों के संदर्भ—हिन्दी के कई विद्वानों ने इस युग की आधुनिकता से सन्दर्भित सामाजिक व्यवस्था के परिवर्तनों का उल्लेख किया है, और ये सामाजिक परिवर्तन के नए निष्कर्ष ही परम्परा की रूढ़िवादिता से पृथक् करके हमें सामयिक सजगता से जोड़ते हैं। डॉ. बच्चन सिंह इस संदर्भ में कहते हैं कि भारतीय सामन्तवादी एवं पश्चिमी पूँजीवादी व्यवस्था के द्वन्द्व के बीच सामन्तवाद के विलयन के बाद उत्पन्न नई आधुनिकता भारतीय समाज रचना के केन्द्र में आई। उन्होंने इस नई आधुनिकता को नवजागरण के रूप में स्वीकृति दी है। डॉ. रामस्वरूप चतुर्वेदी अपनी प्रसिद्ध कृति 'हिन्दी साहित्य और संवेदना का विकास' के अन्तर्गत बताया है कि आधुनिक युग की पहचान मानव अस्तित्व को सर्वोपरि मानकर उसके व्यक्तित्व की अनेकानेक विविधताओं केा सर्वोपरि महत्ता देना है और यह स्थिति हिन्दी साहित्य के आदिकाल, भक्तिकाल एवं रीतिकाल में लेश मात्र भी नहीं दिखाई पड़ती है।

डॉ. रामस्वरूप चतुर्वेदी बताते हैं कि समाज ने .. .. "मनुष्यता की अवधारणा के रूप हिन्दी साहित्य के इतिहास में कई बार बदले हैं और इसी के साथ परम तत्त्व को लेकर उसके उसके रिश्ते भी। इस प्रसंग में हमने परिलक्षित किया था कि यहाँ मनुष्य का ईश्वर की महिमा

1. हिन्दी साहित्य का इतिहास-प्रथम संस्करण का वक्तव्य, पृ० 8

से युक्त रूप में वर्णन हुआ है, जबकि भक्तिकाल में यह चित्रण ईश्वर का मनुष्य के रूप में हुआ है, आगे फिर रीतिकाल में ईश्वर और मनुष्य दोनों का मनुष्य रूप में चित्रण होता है। आधुनिक काल में आकर मनुष्य सारे चिन्तन का केन्द्र बनता है और ईश्वर की धारणा व्यक्तिगत आस्था के रूप में स्वीकृत होती है।''[1] डॉ. रामस्वरूप चतुर्वेदी ने इसी तथ्य को अपनी कृति ''हिन्दी काव्य संवेदना का विकास'', में नितान्त व्यापक परिवेश में स्पष्ट करने की चेष्टा की है।

आदिकाल से प्रारम्भ करके रीतिकाल की भारतीय सामाजिक व्यवस्था परम्परावाद से सम्बद्ध थी और भारत में राज्य करने वाले मुगल बादशाहों ने अनेक कारणों से भारतीय सामाजिक एवं सत्ता संदर्भों में अपने को ढाल रखा था। यह सामन्तवादी व्यवस्था हिन्दी साहित्य में रीतिकाल तक चली। अंग्रेजों ने अपने युग में वर्तमान भारतीय एवं मुसलमान सत्ता धारकों को गुलाम सत्ताधारी के रूप में स्वीकृति दी तथा दोनों पर दबाव रखते हुए अपनी नई भूमि प्रबन्ध एवं कर नीति, उद्योग व्यवस्था, स्वहितों के अनुकूल शिक्षा व्यवस्था तथा रेल, तार, डाक, न्यायालय, समाचार पत्रों के नए संदर्भों को भारतीय सामाजिक ढाँचे के साथ ढालने की भरसक चेष्टा की तथा पूरी तरह सफल रहे। अंग्रेजी सत्ता उपनिवेशवादी शैली में प्रत्यक्षतः अर्थ शोषण से सम्बद्ध रही किन्तु परोक्ष रूप से भारतीय समाज को अपने हितों के अनुकूल अप्रत्यक्ष रूप से परिवर्तन के लिए वातावरण भी तैयार करती रही। भारतीय नव जागरण इन दोनों तत्त्वों की प्रतिक्रिया का प्रतिफल था। इस नवजागरण काल में भारतीय जन समाज का एक वर्ग अंग्रेजी सत्ता के मन्तव्यों से हटकर उन्हीं के साधनों का उपयोग करते हुए सर्वथा नएपन की खोज में तत्पर दिखाई पड़ा और उससे सम्बद्ध नए संदर्भ इस प्रकार हैं—

(1) भारतीयता से जुड़े अपने आध्यात्मिक मन्तव्यों के बीच नये सामाजिक जागरण के संदर्भ की खोज एवं सामन्ती एवं रूढ़ धारणाओं का समापन
(2) पश्चिमी एवं भारतीय जीवन पद्धति में समन्वय
(3) अंग्रेजी सत्ता एवं संस्कृति के विरुद्ध वातावरण के प्रति तत्परता
(4) पश्चिमी समाज से तालमेल द्वारा पश्चिमी शिक्षा के प्रति रुचि
(5) भारतीयता से जुड़े आध्यात्मिक मन्तव्यों में नये जीवनादर्शों की तलाश
(6) नारी जाति के प्रति न्याय तथा पुरुष के एक से अधिक विवाह पर रोक, सतीप्रथा का समापन तथा सम्पत्ति पर पुरुष के साथ-साथ नारी का भी समानाधिकार

साहित्य के संदर्भ में इस कालखंड को केवल गद्यकाल कहकर इसे स्पष्ट नहीं किया जा सकता। 'आधुनिकता के नवीन विमर्शों' पर चर्चा किए बिना हम भारतीय नवजागरण के बाद लिखे गए साहित्य की सही पृष्ठभूमि का निराकरण नहीं कर सकते। मूलतः 17वीं-18वीं

1. हिन्दी साहित्य और संवेदना का विकास, पृ० 93

शती में इटली, फ्रांस, रूस की क्रान्ति का वैश्विक प्रभाव भारत पर भी पड़ा और कहा जाता है कि 19वीं शती में अपने एक अंग्रेज मित्र के साथ राजाराम मोहनराय, फ्रांस की राज्यक्रान्ति देखने और समझने वहाँ तक गए थे' सामाजिक संदर्भों में ही नहीं, साहित्य में भी परम्परा एवं आधुनिकता का द्वन्द्व निरन्तर नव जागरण के सूत्रों की रचना करता हुआ चलता है।

भारत विश्व के परिदृश्य में अपनी सांस्कृतिक मान्यताओं तथा आस्थावादी आध्यात्मिक उपलब्धियों के लिए सदैव से स्मरण किया जाता रहा है। अट्ठारहवीं शती से उद्योगवादी एवं जनवादी क्रान्तियों के प्रारम्भिक काल में पश्चिमी देशों के बदलते हुए सामाजिक, वैचारिक एवं सांस्कृतिक संदर्भों के परिवेश में उसने अतीत तथा वर्तमान को एक साथ जोड़कर यथार्थ को पुनः खँगालने की चेष्टा की। बंगाल में ब्रिटिश उपनिवेशवाद के फलस्वरूप उत्पन्न समस्याओं के प्रकाश में सर्वप्रथम राजाराम मोहनराय तथा उसी संदर्भ में केशवचन्द्र सेन, ईश्वरचन्द्र विद्या सागर, स्वामी रामकृष्ण परमहंस, स्वामी विवेकानन्द आदि ने एक समसामयिकता तथा परम्परा का समन्वित मानदण्ड स्थापित किया। फिर भी, देश के अनेक राज्यों में स्वामी दयानन्द सरस्वती, श्री आत्माराम पांडुरंग, आयरिश महिला एनी बेसेंट, स्वामी शिवदयाल आदि ने राष्ट्रीय स्तर पर अपना योगदान दिया है। नव जागरण के संदर्भ से जुड़ी आधुनिकता के विश्लेषण के लिए भारतीय समाज की रचना पद्धति के बदलाव को इस सापेक्ष्य में भी देख लेना आवश्यक है। अति संक्षेप में, इनकी मान्यताओं के संदर्भ इस प्रकार हैं—

(3) ब्रह्म समाज की स्थापना–20 अगस्त, सन् 1828 को हुई थी और जैसा कि कहा जा चुका है, राजाराम मोहन राय इस संस्था के संस्थापक रहे हैं। बंगाल में ईस्ट इंडिया कम्पनी के प्रभुत्व के फलस्वरूप विश्व की नई सामाजिक गतिविधियों के साथ बंग प्रदेश ही नहीं, सम्पूर्ण प्रचलित वैश्विक परिवेश के लिए आधुनिकता से जुड़े सामाजिक संदर्भों को प्राथमिकता दी गई। बहु विवाह, बाल विवाह, कन्या विक्रय, आदि का विरोध तो किया ही गया, विधवा विवाह एवं अन्तर्जातीय विवाहों को प्रोत्साहित किया गया। जैसा कि बताया गया है, सती प्रथा को समाप्त कराने तथा नारी को पुरुष के समानान्तर सम्पत्ति अधिकार दिलाने का श्रेय राजाराम मोहन राय को ही है। उन्होंने विवाह संदर्भ में ब्राह्मी मैरेज बिल तथा नेटिव मैरेज एक्ट भी पास करवाए और बाल विवाह को समूल नष्ट करने का प्रयास किया। यही नहीं, उन्होंने मुख्य रूप से अंग्रेजी शिक्षा स्वीकार करने के सम्बन्ध में समाज पर पूर्णतः दबाव डाला ताकि उसके माध्यम से बंगला निवासी उस काल खण्ड में वैश्विक परिदृश्य से जुड़ सकें क्योंकि इस विकास के लिए अंग्रेजी-सत्ता के अतिरिक्त अन्य कोई माध्यम नहीं था।

कलकत्ता की ही भाँति, उसी समय बम्बई में **प्रार्थना समाज (स्थापना वर्ष-सन् 1867)** ने भारतीय समाज में प्रचलित जाति प्रथा की समाप्ति के लिए अथक प्रयास किया। इसी संदर्भ में स्वामी दयानन्द सरस्वती द्वारा स्थापित **आर्य समाज (1875)** की भी चर्चा आवश्यक है। इस संस्था का मूल उद्देश्य वैदिक मान्यताओं की स्थापना से रहा है और

समाज में प्रचलित बहुदेव वाद के स्थान पर एकेश्वर वाद पर बल इस संस्था ने दिया। मूर्ति पूजा, धार्मिक आडम्बर, बहुदेववाद आदि विचारधाराओं का इसके द्वारा विरोध किया गया। इस संदर्भ में स्वामी रामकृष्ण परमहंस एवं स्वामी विवेकानन्द के योगदान भारतीय इतिहास में हमेशा स्मरण किए जाते रहेंगे। विदेशी महिला एनी बेसेंट ने भी हिन्दू धर्म की नये सिरे से व्याख्यायित करने के लिए आजीवन प्रयास किया। इनके द्वारा सन् 1882 में थियोसोफ़िकल सोसायिटी, मद्रास में स्थापित की गई और भारतीय समाज को आधुनिक संदर्भों के अनुसार परिवर्तित होने के लिए विशेष बल दिया। सन् 1900 तक तो देश भर में पचासों ऐसी नई संस्थाएँ आईं जिन्होंने हिन्दू रीतिरिवाजों तथा जीवन यापन की व्यावहारिक समस्याओं पर यथार्थवादी तथा नवयुग सापेक्ष्य सार्थकताओं के कार्यान्वयन पर बल दिया।

इन सुधारवादी संस्थाओं का प्रारम्भ में मूल दायित्व सामाजिक सुधारवादी तथा रुढ़िवादी धार्मिक आचरणों के विरुद्ध नई जीवन शैली से सम्बद्ध रहा है। इन सबके बावजूद भी, प्रायः उस युग की एक सर्वमान्यधारणा थी कि नई व्यवस्था से जुड़ने के लिए पूरे समाज के लिए अंग्रेजी का अध्ययन अपेक्षित है। उस समय भारतीयों की यही धारणा बनी थी कि विश्व के सम्पूर्ण ज्ञान विज्ञान की समझ अंग्रेजी भाषा के ज्ञान से ही सम्भव है। भारतेन्दु हरिश्चन्द्र स्वयं कहते हैं कि—

सब विद्या के ग्रंथ अंग्रेजिन मांहि लखाहिं।

मूलतः ऊपर जिन समाज सुधारक संस्थाओं का उल्लेख है, ये अंग्रेजी सत्ता की स्थापना के बाद जागृत हुई थी तथा नई शिक्षा पद्धति के स्वीकरण के बाद स्थापित हुई। ऐसा प्रतीत होता है कि उस युग में भारतीय चिन्तकों के मन में भारत में आने वाली विदेशी संस्कृति की तुलना में वर्तमान युग में भारतीयों के पिछड़ेपन, रुढ़िग्रस्तता, आडम्बर एवं सामान्य जीवन जीने के प्रति प्रतिक्रिया का भाव था। इस युग के इन समाज सेवियों का मूल उद्देश्य नये सिरे से भारतीय जीवन को नया स्वरूप देने का था जो नये वैश्विक परिवेश में सन्तुलित होकर समायोजित हो सके। इस दृष्टिकोण के मूल में भी हम भारतीय समाज के 'नवजागरण' का संदर्भ स्पष्ट रूप से देखते हैं। इन संस्थाओं ने भारतीय पिछड़े समाज में नव जागरण के अंकुरण तथा विकास का सराहनीय कार्य किया है, इसमें कोई संशय एवं सन्देह नहीं है।

आधुनिक हिन्दी खड़ी बोली गद्य का उद्भव तथा विकास

जैसा कि प्रारम्भ में कहा जा चुका है कि हिन्दी खड़ी बोली गद्य के विकास को आचार्य रामचन्द्र शुक्ल अपने "इतिहास ग्रंथ में" वर्तमान संदर्भ में आधुनिकता का मूल स्रोत मानते हैं और उनके इस कथन में पर्याप्त बल है। हिन्दी खड़ी बोली गद्य के विकास का कालखंड उन्होंने संवत् 1900 अर्थात् सन् 1847 से सन् 1923 तक स्वीकार किया है। 'इस प्रकरण

में' उन्होंने भूमिका के रूप में ब्रजभाषा गद्य तथा खड़ी-बोली हिन्दी के उद्भव के प्रारम्भिक रूपों का भी विवेचन किया है। सामान्य रूप से हिन्दी साहित्य के अन्तर्गत यह स्वीकार किया जाता है कि हिन्दी के गद्य का लेखन तथा प्रचलन तो भक्तिकाल से ही है। यदि ध्यानपूर्वक देखें तो लगता है, यह प्रकरण तो वर्तमान खड़ी बोली के संदर्भ में केवल एक ऐतिहासिक कथा मात्र है। मूलतः वर्तमान हिन्दी खड़ी बोली के इतिहास का संदर्भ तथा उसकी परिस्थितियाँ नितान्त ही विषम थीं और इस विषमता को इस ब्रजभाषा से नहीं जोड़ा जा सकता है। निश्चित रूप से, यदि ये नवीन परिस्थितियाँ न होती तो खड़ी बोली गद्य का आज स्वरूप क्या होता, इस विषय में कुछ कह सकना सम्भव नहीं है। डॉ. लक्ष्मी सागर वार्ष्णेय इस प्रश्न के संदर्भ में अपनी टिप्पणी देते हुए कहते हैं कि—

"वे (अंग्रेज) चाहते थे कि भारतीय साम्राज्य जैसी अनमोलवस्तु पाकर कर्मचारी भारतवासियों की भाषाओं और रीति-रिवाज का ज्ञान प्राप्त कर उनके संरक्षक की हैसियत से शासन की बागडोर भलीभाँति सम्हाले।"[1] इंग्लैण्ड से आने वाले नवयुवक कर्मचारी भारतीय भाषाओं तथा रीति रिवाजों से अपरिचित होने के कारण निरन्तर प्रशासनिक दुर्व्यवस्था उत्पन्न कर रहे थे और ऐसी परिस्थिति में लार्ड बेलेजली ने सन् 1787 में यह अनुभव किया कि "भारतीय भाषाओं एवं रीति-रिवाजों का ज्ञान कराने के लिए एक ऐसी शिक्षा प्रणाली आवश्यक है, जिसकी दृढ़ नींव इंगलैण्ड में रखी गई हो और जिस पर भवन भारतवर्ष में खड़ा किया गया हो।"[2]

इस प्रकार ईस्ट इण्डिया कम्पनी की शिक्षा प्रणाली एवं भाषा सम्बन्धी नीति को केन्द्र में रखकर सन् 1800 में जान गिल क्राइस्ट की मदद से फोर्ट विलियम कालेज के इस भवन की स्थापना कलकत्ता में की गई और यहाँ अध्यापन के लिए एक विचारणीय विषय सामने आया कि इस कालेज की मूल माध्यम भाषा कौन-सी हो जो जनसम्पर्क, सम्प्रेषण तथा एक ओर संस्था इस भाषा द्वारा अंग्रेजी राज्य के विकास एवं मन्तव्य को पूर्ण करने में सहायक बने तो दूसरी ओर उस भाषा के सहयोग से भारतीयों के बीच से अंग्रेजी प्रशासन के लिए सरकारी कर्मचारी तैयार किये जा सकें। मूलतः आधुनिक खड़ी बोली भाषा के निर्माण का प्रश्न फोर्ट विलियम कालेज के द्वारा निर्मित उस भाषा की आवश्यकता से सम्बद्ध है, जिसका उपयोग अंग्रेजी शासकीय व्यवस्था के संचालन के लिए भलीभाँति हो सके।

आचार्य रामचन्द्र शुक्ल अपने इतिहास में खड़ी बोली के उद्भव के संदर्भ में इस समस्या को छोड़कर उसे उस इतिहास से जोड़ने का प्रयास करते हैं जो उसका अपेक्षित अंग नहीं अपितु एक औपचारिक तथा अनावश्यक रूप है। यही नहीं, आचार्य शुक्ल की भाँति हिन्दी साहित्य के अन्य इतिहास लेखकों ने इस दिशा में मात्र हल्का-सा संकेत-मात्र कर दिया है।

1. फोर्ट विलियम कालेज, डॉ. लक्ष्मी सागर वार्ष्णोय, पृ० 2
2. फोर्ट विलियम कालेज, डॉ. लक्ष्मी सागर वार्ष्णोय, पृ० 2

डॉ. नगेन्द्र भी इस प्रसंग का सांकेतिक उल्लेख मात्र करते हैं—

"इस कालेज (फोर्ट विलियम कालेंज) की मुख्य देन यह है कि इसके द्वारा भारतीय भाषाओं के गद्य लेखन को प्रोत्साहन मिला।"[1]

भारतीय भाषाओं का गद्य लेखन का प्रोत्साहन मात्र कहकर बात समाप्त कर देना खड़ी बोली गद्य रचना की व्यवस्था एवं विकास के मूल्यांकन का वास्तविक संदर्भ नहीं है। इस गद्य रचना की निर्मिति ने नये भारत के निर्माण में जो योगदान किया है, वह अभूतपूर्व है और यदि स्वयं अंग्रेज यह जानतें कि उनका साम्राज्यवाद हिन्दी गद्य के विकास से भविष्य में छिन सकता है तो उसको कभी भी व्यवस्थित एवं विकसित नहीं करते क्योंकि यही खड़ी बोली का गद्य ही आगे चलकर समाचार पत्रों, वार्ताओं, न्यायालयों, गोष्ठियों, सभाओं, कार्यालयों, शिक्षा, जन-व्यवहार के अनेकानेक संदर्भों आदि की भाषा बनी जो अव्यवस्थित गद्य की पूर्व प्रचलित ब्रज भाषा आदि के सामर्थ्य के सर्वथा बाहर की बात थी। यह खड़ी बोली गद्य केवल एक तक की शैली मात्र नहीं, बरन् भारत की जातीय भाषा के रूप में विकसित होकर सम्पूर्ण भारतीय समाज के बीच समन्वय का माध्यम बनी। इस खड़ी बोली हिन्दी के गद्य के उद्भव का संदर्भ इस प्रकार है—

फोर्ट विलियम कालेज की स्थापना के साथ अंग्रेजों की सबसे बड़ी समस्या **कोश निर्माण** की सामने आई क्योंकि प्रचलन के अनेक संदर्भ समस्याओं से जुड़े अंग्रेजों के सामने बड़ी जटिलताएँ उत्पन्न कर रहे थे। कालेज की स्थापना के साथ सबसे पहली और महत्त्वपूर्ण समस्या कोश निर्माण की थी। इस युग में व्यावहारिक प्रशासनिक एवं व्यावसायिक संदर्भों में दर्जनों कोश अंग्रेजी में तैयार किए गए और यथास्थान उनका आवश्यक उपयोग किया गया। इस उपयोग के लिए फोर्ट विलियम कालेज द्वारा चार भाषाएँ चुनी गईं—फारसी, हिन्दुस्तानी, खड़ी बोली और बंगला। अंग्रेजी हुकूमत का आधार बंगाल था और थोड़े दिन बाद यह हुकूमत बंगाल के आगे पंजाब व मध्यप्रदेश सूबे तक फैली और अन्त में अवध प्रान्त अंग्रेजों की सत्ता से सम्बद्ध हुआ। अतः ऐसी दशा में केवल बंगलाभाषा तक अंग्रेजी सत्ता का सीमित रहना सम्भव नहीं था, फलतः ऐसी भाषा की तलाश उनके द्वारा की जाने लगी जो इन राज्यों के लोकजन तथा प्रशासन एवं बाजार के बीच आपस में वैचारिक एवं प्रशासनिक आदान-प्रदान का विषय बन सकें। इस संदर्भ में उनके द्वारा फारसी का उपयोग किया गया क्योंकि यह मुगलकाल की प्रशासनिक भाषा थी किन्तु कुछ वर्षों के प्रयोग के बाद गह अनुभत किया जाने लगा कि यह आम जनता की भाषा नहीं हो सकती।

इस फारसी को छोड़ देने के बाद अंग्रेजों ने दूसरे चरण में हिंदवी, उर्दू या हिन्दुस्तानी भाषा का इस संदर्भ में आश्रय ग्रहण किया और अंग्रेजों के मन में यह समझ बनी कि मुगलकालीन आगरा, दिल्ली आदि राज्यों में की आम भाषा उर्दू को ही देशभर में फैलाकर

1. हिन्दी साहित्य का इतिहास-डॉ. नगेन्द्र, पृ० 433

जनता की भाषा बनाई जा सकती है। कुछ समय बाद, उनकी समझ में यह बात आई कि सम्पूर्ण भारत में राज्य सत्ता स्थापित कर लेने का आज जो हम स्वप्न देख रहे हैं, उसकी पूर्ति फारसी मिश्रित हिन्दी अर्थात् उर्दू से सम्भव नहीं है। इस समस्या को केन्द्र में रखकर सन् 1804 में अंग्रेजी विद्वान जे0 रोमर ने अनुसंधान करके अपनी थीसिस प्रस्तुत की जिसका निष्कर्ष इस प्रकार है—

"तमाम हिन्दुस्तान की मुखतलि जुबानों की जड़ संस्कृत है कि जिससे वे पैदा हुई हैं, इस सबब मेरे ख्याल में बात ठहरती है कि हर एक सी जुब्बी अहवाल की जिसमें संस्कृत की युवाफकत का बयान हो किया जावे।"

× × × × ×

और इतनी बात का जियाद करता हूँ कि जब लग संस्कृत कसी असल लऊ सूल हाथ न लगे तब तक चाहिये कि हमे हर सूरत में इसी को हिन्दुस्तान की अमल (भाषा) समझें।[1]

इस प्रकार, संस्कृत को प्रस्तुति करने वाली देवनागरी (नागरी) लिपि एवं हिन्दी को श्री जे0 रोमर द्वारा निकाले गए निष्कर्षों के आधार पर प्राथमिकता के साथ तीसरे चरण में ले आने का श्रेय फोर्ट विलियम कालेज को है। इस मान्यता की स्थापना एवं प्रयोग के बाद अंग्रेजी में **द हिन्दी मैनुअल, द हिन्दी स्टोरी टेलर** जैसी शीर्षकों के अन्तर्गत कई ग्रंथ लिखे गए। यही नहीं, फोर्ट विलियम कालेज के संस्थापक जान गिल क्राइस्ट ने हिन्दुस्तानी और हिन्दी दोनों भाषाओं में सबसे पहली बार अन्तर-स्थापित किया। उसके अनुसार—

(क) 'हिन्दुस्तानी' का अर्थ है, उर्दू मिश्रित हिन्दी हिन्दुस्तानी शैली

(ख) हिन्दवी (हिन्दी) शैली का अर्थ है, भारत के जनसाधारण द्वारा बोली जाने वाली और समझी जाने वाली संस्कृत मिश्रित, परम्परा की भाषा और उसका हिन्दी की सार्वभौमिकता के लिए पहला ऐतिहासिक सूत्र वाक्य है—

Hindustan's the Grand popular speech of (the Hindi)

यह सत्य है कि आगे चलकर खड़ी बोली गद्य लेखन के लिए लेखकों को फोर्ट विलियम कालेज में प्रोत्साहित किया गया, उनके नाम शुक्ल जी के इतिहास ग्रंथ में मुंशी सदासुख लाल 'नियाज', इंशा अल्ला खा, लल्लू लाल जी, सदल मिश्र दिया गया है। मूलतः खड़ी बोली की स्वीकृति को आधार बना लेने के बाद ही, उसी भाषा तथा शैली में पठनीय ग्रंथों के भाषिक प्रचार के परिवेश में इन भाषा पंडितों तथा मुंशियों को चयन हुआ था।

अतः खड़ी बोली के उद्भव एवं उसकी मानक भाषिक संरचना को सर्वप्रथम आधार के रूप में रखने का श्रेय भी जे० रोमर तथा जान गिल क्राइस्ट को है। हिन्दी के इतिहास ग्रंथों में यह भ्रम उत्पन्न किया गया है कि भाषा पंडितों एवं भाषा मुंशियों ने खड़ी बोली गद्य की स्टाइलों का प्रवर्तन किया और इस प्रकार के निष्कर्ष असंगत हैं। हिन्दी साहित्य में खड़ी

1. फोर्ट विलियम कालेज-डॉ. लक्ष्मी सागर वार्ष्णेय पृ० 169 तथा 213

बोली के उद्भव का एक अन्य मत यह भी है कि ईसाइयों द्वारा जिस भाषा का ईसाई मत के प्रचार के लिए प्रयोग किया गया था, खड़ी बोली का जन्म उसे संस्कारित करके किया गया। यह भी मत सर्वथा भ्रामक तथा असंगत है।

हिन्दी खड़ी बोली गद्य रचना की नींव फोर्ट विलियम कालेज में ही पड़ी थी। हिन्दू संस्कृति की वाहिका या हिन्दू जाति की सांस्कृतिक वाहिका यह हिन्दी भाषा समाचार पत्रों, प्रेस, स्कूल, कालेजों आदि में लोक की सांस्कृतिक धरोहर के रूप में धीरे-धीरे फैलनी शुरू हुई और लगभग पचास वर्षों अर्थात् सन् 1850 तक कलकत्ता से लेकर बिहार, अवध प्रान्त, दिल्ली, आगरा, पंजाब, महाराष्ट्र, बम्बई, मद्रास आदि राज्यों तथा नगरों में यह अनवरत रूप में फैलती चली गई।

फोर्ट विलियम कालेज के इस निर्णय के बाद कि इस देश की व्यावहारिक भाषा खड़ी बोली गद्य की होगी, इसको व्यावहारिकता में लाने के लिए लार्ड बेलेजली ने हिन्दुस्तानी विभाग का, जान गिल क्राइस्ट को, प्रोफेसर नियुक्त किया और उन्होंने भाषामुंशी (खड़ी बोली गद्य भाषा) के संदर्भ में निम्नलिखित विद्वानों को नियुक्त किया यद्यपि महत्त्व की प्राचीनता की दृष्टि से आचार्य शुक्ल ने मुंशी सदा सुख लाल नियाज का नाम सबसे पहले रखा है किन्तु खड़ी बोली की प्रारम्भिक कृतियों के निर्माण में परिपक्वता की दृष्टि से लल्लू जी लाल कवि का नाम सर्वप्रथम आना चाहिए। इस दिशा में सदल मिश्र का ही महत्त्व हैं। यद्यपि सदासुख लाल नियाज भाषा मुंशी पहले एवं सैयद इंशा अल्ला खाँ उनके बाद रखे जाते हैं।

	नाम	नियुक्ति वर्ष	कार्य	प्रतिष्ठा
1.	लल्लू जी लाल	सन् 1802	प्रेम सागर	जन प्रचलित खड़ी बोली
2.	सदल मिश्र	सन् 1803	नासिकेतोपाख्यान	जन प्रचलित खड़ी बोली
3.	सदा सुख लाल (राम) नियाज	अज्ञात	सुरासुर निर्णय	गद्य अव्यवस्थित
4.	ईंशा अल्ला खाँ	अज्ञात	रानी केतकी की कहानी	व्यवस्थित गद्य

बंगाल की अंग्रेजों द्वारा नई सत्ता केवल अपने साम्राज्य के फैलाव एवं व्यवसाय की समृद्धि के लिए भारतीय जन समुदाय के जिस फोर्ट विलियम कालेज की सन् 1800 में स्थापना की गई, इसमें इन चार विद्वानों का विशेष योगदान बताया जाता है। यह सत्य है कि पर्याप्त प्रयास के बाद भी, चारों विद्वानों की खड़ी बोली भाषा की निर्मिति में एकरूपता जैसी स्थिति नहीं दिखाई पड़ती, इस दिशा में निरन्तरता बनी रहीं। यह फोर्ट विलियम कालेज

चौवन वर्षों तक चला और 24 जनवरी, सन् 1854 में यह कालेज बन्द कर दिया गया। फिर भी, इतना तो सत्य है कि इसी कालेज के अन्तिम दौर में यह तय किया जा चुका था कि हिन्दी खड़ी बोली से एक ऐसी भाषा है, जो अंग्रेजों की सामयिक आवश्यकता के अनुरूप ढाली जा सकती है। खड़ी बोली की लोक जीवन की व्यावहारिकता को फोर्ट विलियम कालेज ने ही स्थापित किया और यह कहना गलत है, इस कालेज की मान्यताएँ इस संदर्भ में अधिक सकारात्मक नहीं रहीं।[1]

हिन्दी के विकास की आगामी दिशा में लल्लू लाल तथा सदल मिश्र के योगदान की हिन्दी जगत में सर्वोपरि चर्चा हुई है। लल्लू लाल की उर्दू, ब्रजभाषा तथा खड़ी बोली में कुल मिलाकर ग्यारह कृतियों के उल्लेख मिलते हैं।[2] किन्तु लल्लू लाल की सबसे विख्यात खड़ी बोली रचना **प्रेमसागर** है। प्रेमसागर की वाक्य रचना उदाहरण के रूप में इस प्रकार है—

"श्री शुक्रदेव मुनि बोले—महाराज! ग्रीष्म की अति अनीति देख, नृप पावस प्रचंड पशु पक्षी जंतुओं की दशा विचार चारों ओर दल बादल से लड़ने को चढ़ आया।"

इसी संदर्भ में इस हिन्दी खड़ी बोली गद्य के निर्माण में सदल मिश्र का नाम भी विशेष रूप से उल्लेखनीय है। वैसे, डॉ. रामचन्द्र तिवारी ने इनकी चार कृतियों का उल्लेख किया है किन्तु आचार्य रामचन्द्र शुक्ल ने इनकी कृति चन्द्रावती को नासिकेतोपाख्यान के रूप में उल्लेख किया है जो डॉ. रामचन्द्र तिवारी की कृति में उल्लिखित नहीं हैं। उन्होंने नासिकेतापाख्यान का एक उद्धरण इस प्रकार किया है—

"इस प्रकार से नासिकेतापाख्यान मुनि यम की पुरी लहित नरक का वर्णन कर फिर जौन-जौन कर्म किये से जो भोग होता है, सो सब ऋषियों को सुनाने लगे...।"

इन उद्धरणों से स्पष्ट है कि हिन्दी खड़ी बोली को इन लेखकों की उनकी सांस्कारिक मातृभाषा कितना दबाये हुए है। बिहारी, ब्रजभाषा, अवधी के दबाव से खड़ी बोली सन् 1860 तक मुक्त नहीं हो सकी थी किन्तु मानक के रूप में फोर्ट विलियम कालेज के अध्यापक द्वारा लल्लूलाल एवं सदासुख लाल की खड़ी बोली उस समय आदर्श रही, जो उर्दूविहीन थी।

प्रेस तथा पत्रकारिता

अंग्रेजी शासन ने अपनी सफल राजनीतिक व्यवस्था तथा सत्ता एवं व्यवसाय के व्यापक संचालन के लिए जिस भाषा नीति की स्थापना की थी, उसके प्रचार प्रसार के लिए प्रेस एवं पत्रिका की स्थापना की मूल आवश्यकता थी। यदि अंग्रेजों की प्रेस व्यवस्था को देखें तो

1. फोर्ट विलियम कालेज, डॉ. लक्ष्मी सागर वार्ष्णेय
2. हिन्दी का गद्य साहित्य, डा० रामचन्द्र तिवारी, पृ० 22

उसके उद्भव का एक कारण धर्म प्रचार (ईसाई धर्म का प्रचार) भी दिखाई पड़ता है किन्तु पत्रकारिता का संदर्भ भाषा नीति की स्थापना तथा भारतीय जन-जन को अंग्रेजियत से परिचित पाठकों की समझ का विकास ही रहा है। फोर्ट विलियम कालेज के द्वारा हिन्दी का स्वीकृत रूप खड़ी बोली हिन्दी भाषा के रूप में स्वीकृत हो चुका था और उस भाषा को माध्यम बनाकर अंग्रेजी ईसाइमत की धर्म व्यवस्था तथा भारतीय समाज के लिए शासन व्यवस्था इन दो बातों की व्यापकता के साथ प्रचार-प्रसार, प्रेस की छपाई, पुस्तकों तथा पत्रकारिता द्वारा सम्भव हो चुका था। जहाँ तक ईसाई मिसनरियों द्वारा प्रेसों की स्थापना का संदर्भ है, उसकी सूची इस प्रकार है—

1.	श्री रामपुर प्रेस—ईसाई पादरी विलियम कैरे	सन् 1800
2.	हरकारू प्रेस	सन् 1802
3.	हिन्दुस्तानी प्रेस—जान गिल क्राइस्ट-कलकत्ता	सन् 1803
4.	संस्कृत प्रेस—लल्लू जी लाल-कलकत्ता	सन् 1810
5.	वैप्टिस्ट प्रेस—श्री रामपुर की मिशभरी द्वारा-कलकत्ता	सन् 1818
6.	एजूकेशन प्रेस कलकत्ता	सन् 1827
7.	बनारस टकसाल प्रेस—काशी	सन् 1832
8.	कानपुर लीथो प्रेस—कानपुर	सन् 1832
9.	नवल किशोर प्रेस—कानपुर	सन् 1858

हिन्दी प्रेसों के व्यापक फैलाव का असर उस समय प्रचलित हिन्दी प्रदेश के बड़े राज्यों पर पड़ा और तब तक नई शिक्षा पद्धति की स्थापना हो जाने के कारण शिक्षा के प्रचार प्रसार में इस प्रेस व्यवस्था ने बड़ी मदद दी।

प्रेस की स्थापना ने खड़ी बोली हिन्दी के सन्तुलित रूप के विकास में पर्याप्त मदद की और इसके दो माध्यम रहे हैं। पुस्तकों एवं पाठ्य पुस्तकों के प्रकाशन तथा पत्रकारिता का विकास। हिन्दी पत्रिकारिता का इतिहास भी निश्चित रूप से इसी सन्दर्भ से जुड़ा हुआ है। इसका इतिहास क्रम इस प्रकार है—

1.	उदन्त मार्तण्ड	कलकत्ता	सन् 1827
2.	बंगदूत	कलकत्ता	सन् 1829

3.	बनारस अखबार	बनारस	सन् 1845
4.	इन्डियन सन	कलकत्ता	सन् 1848
5.	मालवा अखबार	इन्दौर	सन् 1849
6.	ज्ञान प्रदायिनी	कलकत्ता (नवीन चन्द)	सन् 1867
7.	कवि वचन सुधा	बनारस (भारतेन्दु हरिश्चन्द्र)	सन् 1868
8.	हिन्दुस्तान	कालाकांकर (मदन मोहन मालवीय)	सन् 1870

सन् 1870 के बाद हिन्दी पत्रिकाओं का पूरे देश में व्यापक प्रचार प्रसार हो चुका था और अल्मोढ़ा, अजमेर, उदयपुर, फर्रूखाबाद, बिहार, दिल्ली, जबलपुर, इंगलैण्ड (हिंदोत्थान : इंगलैण्ड—राजा रामपाल सिंह), वृन्दावन, आदि अनेक समृद्ध तथा विकसित नगरों तथा राज्यों में इन पत्रिकाओं का प्रकाशन कार्य शुरू हुआ।

निष्कर्ष

यदि संक्षेप में कहा जाए तो इन दो के अतिरिक्त हिन्दी खड़ी बोली गद्य के विकास के अन्य निम्नलिखित कारण हैं, और उनकी सूची इस प्रकार है—

1.	इसाई मिसनसियों द्वारा हिन्दी खड़ी भाषा द्वारा धर्म का प्रचार
2.	हिन्दी नाट्य विधाओं का व्यापक प्रचलन तथा प्रयोग। यह प्रचलन बंगाल, बिहार तथा उत्तर प्रदेश में हुआ।
3.	भारतीय सोमाजिक धार्मिक आन्दोलन—ये आन्दोलन राजाराम मोहन राय, स्वामी विवेकानन्द एवं आर्य समाज के स्वामी दयानन्द सरस्वती आदि से सम्बद्ध रहे हैं।
4.	शासकीय प्रयोग की भाषा के रूप में न्यायपालिका एवं प्रशासन में हिन्दी की स्वीकृति

हिन्दी गद्य का व्यापक विकास इन्हीं संदर्भों के कारण व्यवस्थित रूप से हुआ।

हिन्दी खड़ी बोली काव्य : उद्भव तथा विकास

यद्यपि हिन्दी साहित्य के इतिहासकार एवं आलोचक दोनों स्वीकार करते हैं कि हिन्दी खड़ी बोली कविता को प्रारम्भ करने का श्रेय अमीर खुसरो को

है और बाद में कबीर, रहीम आदि कवियों में भी इस कविता के उदाहरण खोजे गए। इन सबसे हटकर, हम यहाँ आधुनिक हिन्दी खड़ी बोली की उस कविता की हम चर्चा कर रहे हैं जो भारतेन्दु युग के पूर्व या आसपास खड़ी बोली गद्य रचना की साहित्यिक भाषा बन जाने के बाद काव्य भाषा के रूप में आई है।

इस संदर्भ में आचार्य रामचन्द्र शुक्ल का मत सर्वाधिक प्रचलन में रहा है। उनके अनुसार आधुनिक हिन्दी खड़ी बोली का प्रथम काव्य 'एकान्त योगी' है। इसके रचनाकार श्रीधर पाठक हैं। शुक्ल जी के अनुसार यह रचना 'लावनी ख्याल' की शैली में लिखी गई है। यह कृति अंग्रेजी भाषा के कवि गोल्ड स्मिथ की कृति 'हर्मिट' का अनुवाद है। इस कृति का प्रथम बार प्रकाशन राधाचरण गोस्वामी द्वारा सम्पादित पत्रिका भारतेन्दु (प्रकाशन स्थल-वृन्दावन) सन् संवत् 1984 में हुआ फिर आगे, इसी के संयुक्तांक में संवत् 1985 में पूरी कृति चार अंकों में क्रमशः प्रकाशित हुई। वैसे, इसके रचनाकार श्रीधर पाठक हिन्दी खड़ी बोली तथा ब्रजभाषा दोनों में काव्य लेखन के लिए प्रसिद्ध रहे हैं। डॉ. रामस्वरूप चतुर्वेदी, डॉ. श्री नारायण चतुर्वेदी के अनुक्रम में इस कृति के संदर्भ में बताते हैं कि "यह खयाल गायकी (एकान्त योगी) की मस्ती में लिखी गई खड़ी बोली कविता के आन्दोलन की अंग थी।[1] दूसरी ओर डॉ. विष्णुकान्त शास्त्री ने अपने प्रसिद्ध लेख" भारतेन्दु की खड़ी बोली की कविताएँ' शीर्षक निबन्ध में यह स्पष्ट किया है कि हिन्दी के कतिपय लेखकों यथा डॉ. लक्ष्मी-सागर वार्ष्णेय, ब्रजरत्नदास, किशोरी लाल गुप्त आदि ने लिखा है कि श्रीधर पाठक ने सन् 1881 में खड़ी बोली काव्य का लेखन प्रारम्भ किया था। इस तर्क के विरुद्ध तर्क देते हुए डॉ. विष्णु कान्त शास्त्री का वाक्य है कि "निश्चय ही सन् 1872 या उसके पहले से खड़ी बोली कविता में कविता लिखने का सचेत प्रयास करने लगे थे।"[2] उन्होंने भारतेन्दु हरिश्चन्द्र की खड़ी बोली की कविता को चार शैलियों में विभक्त करने का प्रयत्न किया है—

1. खड़ी बोली की गीतिबद्धरचना
2. खड़ी बोली की उर्दू शैली की रचना
3. खड़ी बोली की फारसी छन्दोबद्ध रचना
4. खड़ी बोली की छन्दोबद्ध रचना

ऐसी स्थिति में, संवत् 1984 अर्थात् सन् 1926 में लिखी गई **एकान्त-योगी** की रचना के पूर्व सन् 1872 से ही भारतेन्दु खड़ी बोली में रचना प्रारम्भ कर देते हैं। यही नहीं, भारतेन्दु हरिश्चन्द्र की खड़ी बोली की रचनाओं को उनकी कृतियों मधु-मुकुल, वर्षा विनोद तथा प्रेम पचासा संग्रहों में देखा जा सकता है। उनकी खड़ी बोली गीतों की रचना का संग्रह 'फूलों का गुच्छा' है। शैली में लावनी है, विषय आध्यात्मिक है और स्वर रहस्यवादी। पं०

1. हिन्दी काव्य संवेदना का विकास, पृ० 135
2. देखिए-सम्मेलन पत्रिका : भारतेन्दु अंक, पृष्ठ 87, संख्या 2-4 सन् 2001, पृ० 30

विष्णुकान्त शास्त्री द्वारा दिए गए उद्धरणों में एकाध इस प्रकार हैं—

"बिरहा से सब दिन लय धधकती छाती।
कोइ उनसे जा यह मेरौ बिथा सुनाती।।"
हरिश्चन्द उपाय न चलै यही पछिताई।
उस निरमोही की प्रीति काम नहिं आई।।

भारतेन्दु ने साधुभाषा खड़ी बोली के हिन्दी छन्दोबद्ध कविताओं की सारी ढेर लगा दी और ये सब उनके नये प्रयोग हैं। उर्दू छन्दों के साथ-साथ लोक प्रचलित मात्रिक छन्दों में उनकी खड़ी बोली की कविताओं की एक पृथक् सूची है। विशेष रूप से, भारतेन्दु हरिश्चन्द्र के नाटकों में स्थित उनकी खड़ी बोली के उद्धरण, उनकी संरचना तथा उनके स्वरूप को देखा जाए तो उनमें श्रीधर पाठक तथा अयोध्याप्रसाद खत्री की कविताओं से अधिक उत्कृष्टता इनमें दिखाई पड़ेगी जो उनके बाद की है। इस संदर्भ भारतेन्दु हरिश्चन्द्र का बसन्त वर्णन देखें—

गरमी के आगम दिखलाये रात लगी घटने।
कुहू कुहू कोयल पेड़ों पर बैठ लगी रटने।
ठंडा पानी लगा सुहाने आलस फिर आई।
सरस सुगंधी सिरिस फूल की कोसों तक छाई।
उपवन में कचनार बनों में टेसू हैं फूले।
मदमाते भौंरे फूलों पर फिरते हैं झूले।।[1]

हिन्दी साहित्य के इतिहासकार, यह आश्चर्य का विषय है कि भारतेन्दु कृत खड़ी बोली कविता की न खोज करते हैं, खोजने के बाद उसकी समीक्षा के लिए रूचि भी नहीं उत्पन्न करते और पूर्ववर्ती इतिहासकारों ने जैसा लिख दिया, वही उनके विवेचन के लिए आधार का कार्य करता हैं। आधुनिक हिन्दी साहित्य के वरिष्ठ आलोचक डॉ. रामस्वरूप चतुर्वेदी की भारतेन्दु सम्बन्धी उनकी यह टिप्पणी कितनी उपहासास्पद है। वे इस संदर्भ में भारतेन्दु हरिश्चन्द्र की खड़ी बोली कविता पर टिप्पणी देते हुए लिखते हैं—

"यह (खड़ी बोली की) कविता में भाषिक परिवर्तन का अधिक बुनियादी और कठिन कार्य वे (भारतेन्दु हरिश्चन्द्र) नहीं कर सके।"[2] डॉ. रामस्वरूप चतुर्वेदी जैसी टिप्पणी डॉ. बच्चन सिंह की भी देखी जा सकती है। वे अपनी कृति "आधुनिक हिन्दी साहित्य का इतिहास" में एक स्थल पर लिखते हैं—"उनकी पत्रिकाओं से साफ है कि गद्य के क्षेत्र में पूर्णतः आधुनिक थे तो काव्य के क्षेत्र में परम्परावादी।[3] इस प्रकार, हिन्दी के पूर्व तथा

1. भारतेन्दु अंक 87, हिन्दी साहित्य सम्मेलन पत्रिका विशेषांक : पृ० 30
2. हिन्दी काव्य संवेदना का विकास, पृ० 128
3. आधुनिक हिन्दी साहित्य का इतिहास, पृ० 64

आधुनिक साहित्येतिहासकार भारतेन्दु हरिश्चन्द्र के खड़ी बोली के काव्यसृजन को पूर्णतः सजगता से नहीं ग्रहण करते। फिर भी, यह सभी स्वीकार करते हैं कि हिन्दी खड़ी बोली कविता का श्रीगणेश भारतेन्दु हरिश्चन्द्र ने ही किया था। सन् 1881 का उनका यह उद्धरण देने में कोई भी इतिहासकार नहीं चूक करता कि—

"मैंने कई बेर परिश्रम किया कि खड़ी बोली में कुछ कविता बनाऊँ पर वह मेरे चित्तानुसार न बनी" इस संदर्भ में एक बात और भी विचारणीय है कि इसके बाद 4 वर्षों के उपरान्त वे स्वर्गवासी हो गए थे। क्या इस बीच उन्होंने खड़ी बोली की कविता नहीं लिखी थी?[1] जो इतिहासकार यह कहते हैं कि अपने जीवन के अन्तिम चार वर्षों में उन्होंने खड़ी बोली की कविताएँ नहीं लिखी, यह मत सर्वथा भ्रान्तिपूर्ण है। उन्होंने निरन्तर खड़ी काव्य रचना का क्रम बनाए रखा और उनकी इस काव्य संकलन को केन्द्र में रखकर केवल डॉ. विष्णु कान्त शास्त्री ने ही उनका मूल्यांकन नहीं किया अपितु 'खड़ी बोली का पद्य' शीर्षक काव्य संग्रह में बाबू अयोध्या प्रसाद खत्री ने उनकी कई स्टाइलों की कविता का संचयन सामने रखा यथा—दशरथ विलाप (स्टाइल अंकित नहीं है), मौलवी स्टाइल,[2] हरिश्चन्द्र चन्द्रिका, अगस्त सन् 1885 से[3] सम्बद्ध है। यह सत्य है, कि खड़ी बोली कविता के प्रयोग काल में बाबू हरिश्चन्द्र को अवश्य परेशानी हुई थी और उन्होंने कारण भी बताया था कि "मैने इसका कारण सोचा, कि खड़ी बोली में कविता मीठी क्यों नहीं बनती, मुझको सबसे बड़ा कारण यह जान पड़ा कि इसमें क्रिया इत्यादि में दीर्घ मात्रा होती है, इससे कविता अच्छी नहीं बनती।" इसका उत्तर देते हुए "जयपुर से प्रकाशित मासिक पत्र **समालोचक** के प्रवेशांक अगस्त, 1902 ई० में कहा था कि काव्य का हृदयग्राही और सरस होना कवि की क्षमता पर निर्भर है, भाषा पर नही।"[4] डॉ. राम निरंजन परिसमलेन्दु ने हिन्दी खड़ी बोली का प्रथम कवि लक्ष्मी प्रसाद तथा सन् 1876 में प्रकाशित 'योगी' शीर्षक उनकी कविता को उसकी पहली कविता स्वीकार की है। इलाहाबाद से प्रकाशित हिन्दी प्रदीप में श्रावण शुक्ल 14, विक्रम संवत् 1936 तदनुसार 1 अगस्त, सन् 1879 शिवराम पंड्या की दूसरी कविता छपी थी।[5] इस प्रकार खड़ी बोली काव्य लेखन की भारतेन्दु हरिश्चन्द्र की ही नहीं अन्य कवियों की परम्पराएँ चलती रहीं किन्तु यह एक प्रयोग काल था। व्यवहार की गद्यभाषा को हिन्दी कविता की भाषा बनाकर उसे एकरूपता प्रदान करने का द्वन्द्व कुछ दिनों बाद हिन्दी में चला क्योंकि खड़ी बोली बनाम ब्रजभाषा या काव्य की भाषा तथा व्यवहार की भाषा एक होनी चाहिए, इस आन्दोलन

1. खड़ी बोली का पद्य-पृ० 65
2. खड़ी बोली का पद्य-पृ० 143
3. खड़ी बोली का पद्य-पृ० 160
4. खड़ी बोली का पद्य-पृ० 8-भूमिका
5. वही, देखिए, पृ० 8, भूमिका

के तीन पक्ष थे—

1. **ब्रजभाषा के पक्षधर तथा खड़ी बोली कविता के विरोधी**—इस संवर्ग में एक बड़ा पक्ष था—पं0 प्रताप नारायण मिश्र, श्री राधाचरण गोस्वामी, पं0 शिवनाथ शर्मा, श्री जगन्नाथ दास रत्नाकर, श्री रमाशंकर शुक्ल 'रसाल' आदि। काशी तथा प्रयाग में इसके समर्थन के लिए 'सुकवि समाज' संस्था बनाई गई थी।
2. खड़ी बोली की कविता के पक्षधर बाबू अयोध्या प्रसाद खत्री, श्रीधर पाठक, गोविन्द प्रसाद, भुवनेश्वर प्रसाद मिश्र, लक्ष्मी शंकर मिश्र, जय नारायण मिश्र आदि थे।
3. श्रीधर पाठक, श्री राधा कृष्णा दास ये दोनों ब्रजभाषा तथा खड़ी बोली के समन्वयवाद के समर्थ थे।

यह आन्दोलन, डॉ लक्ष्मी सागर वार्ष्णेय के अनुसार संवत् 1978 में शुरू हुआ था और भारतेन्दु हरिश्चन्द्र की मृत्यु के बाद इसने जोर पकड़ा। इसमें प्रारम्भिक संदर्भ विवादित है। डॉ. रामनिरंजन परिमलेन्दु के अनुसार इसके सूत्रधार श्री अयोध्या प्रसाद खत्री मात्र 11 वर्ष के थे, अतः यह कहना कि इसका प्रारम्भ उनसे हुआ, यह गलत है। यह आन्दोलन सन् 1887 से शुरू हुआ और इसके केन्द्र में था, उनका काव्य संकलन-खड़ी बोली का पद्य-भाग।[1] सरस्वती के सम्पादक हो जाने के बाद सन् 1903 में पं० महावीर प्रसाद द्विवेदी ने इस आन्दोलन को शक्ति प्रदान की। खड़ी बोली पद्य रचना का आन्दोलन स्वयं अयोध्या प्रसाद खत्री ने उठाया था। भारतेन्दु हरिश्चन्द्र तो खड़ी बोली काव्य परम्परा कास श्री गणेश करने वाले कवियों में थे।

श्री अयोध्या प्रसाद खत्री ने खड़ी बोली का पद्य भाग 1। जैसा कि डॉ. रामस्वरूप चतुर्वेदी ने उल्लंख किया है, समीक्षा के लिए सर जार्ज ग्रियर्सन को भेजा था। इस पर सम्मति उन्होंने इस प्रकार दी है—

I have received your Khari Boli Ka Padya and your letter as up for me opinion of it. I regret no criticism of mine can be useful to you, as I am on strongly opinion that all attempt of writing poetry in Khari Boli must be unsuccessful.

डॉ. रामस्वरूप चतुर्वेदी ने इस संदर्भ का उपयोग अपने इतिहास में किया है।

यहाँ तथ्य इसलिए उद्धत है कि सर जार्ज ग्रियर्सन तक ने खड़ी बोली पद्य को प्रारम्भिक स्थिति में स्वीकृति देने में संदेह कर रहे थे किन्तु ठीक ग्रियर्सन के प्रतिकूल एस० डबल्यू० गार्डेन की टिप्पणी इस प्रकार है—

---

1. देखिए, खड़ी बोली का पद्य-भाग 1, तथा 2 पृष्ठ 17 तथा 116

Ayodhya Prasad containly deserves encouragement in the work, he has undertaken in which his heart evidently is.

आचार्य रामचन्द्र शुक्ल तथा अन्य इतिहास ग्रंथों में हिन्दी खड़ी बोली के संदर्भ में श्रीधर पाठक का नाम उसके प्रथम कवि के रूप में प्रायः लिया जाता है किन्तु डॉ. राम निरंजन 'परिमलेन्दु' द्वारा प्रस्तुत साक्ष्यों तथा तर्कों से यह मत पूर्णतः भ्रान्त सिद्ध होता है। बाबू अयोध्या प्रसाद खत्री के प्रयास से संकलित तथा सन् 1889 में फ्रेडरिक पिंकाट द्वारा लंदन से सम्पादित एवं प्रकाशित 'खड़ी बोली का पद्य' भाग 1 तथा भाग 2 कृति में खड़ी बोली के कालक्रमानुसार निम्नलिखित कवि निर्दिष्ट हैं, जो उनकी कृति एकान्तवासी योगी के पूर्व के हैं। यह तालिका इस प्रकार है—

1.	राजा शिव प्रसाद सितारे हिन्द	चौतुक्का	समय ?
2.	राय सोहन लाल	हिन्द में सतयुग की सभा सोने की ढोल और दो बातें	समय ?
3.	बाबू हरिश्चन्द्र	विद्या विनोद	सन् 1876
4.	बाबू महेश नारायण	स्वप्न	सन् 1881
5.	मौलवी एलताफ हुसैन	एक बेटे की मुनाजात से	सन् ?
6.	बाबू लक्ष्मी प्रसाद	योगी कविता	सन् ?
7.	सत्यानन्द अग्निहोत्री	संगीत पुष्पांजलि	समय ?

ये सारी-की-सारी कविताएँ श्रीधर पाठक के पूर्व की हैं।

जैसा कि बताया जा चुका है कि सन् 1900 के पूर्व खड़ी बोली कविता का काव्यान्दोलन हिन्दी साहित्य की परम्परा में बड़ी तेजी से शुरू हुआ किन्तु बीच में ब्रजभाषा बनाम खड़ी बोली कविता का विवाद चल पड़ा किन्तु धीरे-धीरे ब्रजभाषा का संदर्भ दबता गया और और इस दबने के पीछे मूल कारण था, नया युग और नई पीढ़ी का प्रभाव। वैसे, खड़ी बोली कविता के विकास के मुख्य कारण इस प्रकार रहे हैं—

(1) अंग्रेजी व्यवस्था एवं व्यावसायिक तथा शैक्षिक जीवन के व्यवहार में गद्य भाषा प्रचलन में आ चुकी थी। हिन्दी अखबार तथा न्यायालयों के फारसी के स्थान पर उर्दू और उर्दू के साथ खड़ी बोली का व्यवहार बढ़ चुका था। हिन्दी में नाटक, उपन्यास, कहानियों जैसी विधाओं का प्रचलन चल पड़ा था फिर कविता की भाषा गद्य की भाषा से पृथक् कैसे हो सकती थी लेकिन इस खड़ी बोली की कविता की संरचनात्मक व्यवस्था एवं

भावात्मक प्रभावान्विति के लिए हिन्दी कवियों को बड़ा अधिक प्रयास करना पड़ा फिर भी, 'गद्य कविता' में प्रभावात्मक अन्विति तथा संरचनात्मक परिपक्वता पं0 महावीर प्रसाद द्विवेदी युग में ही आ सकी।

(2) ब्रजभाषा के साथ जुड़ी संकीर्ण व्यवस्थाएँ–शृंगार, परम्परित प्रेम तथा वियोग, नखशिख, भक्तिमयता तथा परम्परित काव्य रूढ़ियाँ इस काल के नये भारतीय समाज में टूट रही थी और उनके स्थान पर अनेक व्यावहारिक एवं जीवन्त भाव व्यवस्थाएँ लोक प्रचलन में चल चुकी थी। देश प्रेम, जाति प्रेम, संस्कृति प्रेम, उन्मुक्तता, स्वच्छन्दता, वैयक्तिकता जैसी प्रवृत्तियाँ समाज में उत्पन्न होकर पूरी तरह से फैल रही थी। प्राचीन रूढ़ संदर्भों का परिवेश, जीवन और साहित्य दोनों से नष्ट हो रहा था, ऐसी स्थिति में, ब्रजभाषा के स्थान पर खड़ी बोली की कविता-भाषा को स्थान मिलना आवश्यक था। सन् 1885 में लिखी गई खड़ी बोली के इस संदर्भ की कविता देखें जहाँ, एक ललाइन साहिबा अपने पति को उलाहना देती हुई कहती हैं—

सिखाई नहिं देत्यो पढाइ नहिं देत्यो।
सैंया फिरंगिन बनाइ नहिं देत्यो।
लँहगा दुपट्टा नीक न लागे।
मेमन का गाउन मँगाय नहि देत्यो।
वे गोरिन हम रंग सँवरिया।
रंग में रंग मिलाइ नहिं देत्यो।।[1]

(3) हिन्दी जगत के सामने पश्चिमी परिवेश का रचनात्मक गद्य साहित्य सामने आ चुका था। कहानी, नाटक, उपन्यास की अभिव्यक्तयाँ सामाजिक परिवेश का विस्तार तथा सर्जनात्मक दृष्टि हिन्दी रचनाकारों को खड़ी बोली में काव्य सर्जन के लिए भी विवश कर रही थी।

व्यावहारिक संदर्भों से जुड़ा पश्चिमी साहित्य भारतीयों की आँखों के सामने था, फिर ऐसी स्थिति में खड़ी बोली की कविता क्यों जीवन से दूर जाकर रहती। मुख्यतः खड़ी बोली भाषा के विस्तार के लिए सशक्त लोक प्रचलन तथा व्यवहार की आवश्यकता थी, अतः साहित्य की गद्येतर सर्जनात्मक विधाओं से वह दूर कैसे रहती।

इन सबके होते हुए यह तो सत्य है कि ब्रजभाषा एवं खड़ी बोली की भाषिक संरचनात्मक निर्मितियाँ भिन्न हैं किन्तु इस भिन्नता का अर्थ यह नहीं कि उससे खड़ी बोली काव्य रचना के स्वरूप पर कोई दबाव पड़ रहा था। हिन्दी खड़ी बोली काव्यभाषा अपनी भाषिक प्रकृति के अनुरूप निरन्तर अग्रसर होती हुई वर्तमान सन्दर्भों तक नई सामाजिक रुचि के कारण आगे पहुँची है।

1. हिन्दी खड़ी बोली पद्य-भाग-1-2, पृ० 161

हिन्दी आलोचना : भारतेन्दुयुग

डॉ. रामस्वरूप चतुर्वेदी ने **हिन्दी साहित्य ओर संवेदना** शीर्षक कृति में बड़े ही रोचक ढंग से बताने की चेष्टाकर रहे है कि, हिन्दी की सैद्धान्तिक तथा व्यावहारिक समीक्षा दोनों रूप कैसे भारतेन्दु युग में आए। उनके अनुसार इनके उत्पन्न होने के स्रोत नाटक है। डाँ चतुर्वेदी जी कहते हैं कि—आचार्य शुक्ल जी के अपने इतिहास में ध्यान दिया था कि आधुनिक काल में गद्य की शुरूआत नाटकों से हुयी, इसीक्रम में आगे कहा जा सकता है कि आधुनिक आलोचना का प्रारम्भ नाटक से लेकर हुआ।''[1] डॉ. रामस्वरूप चतुर्वेदी की टिप्पणी का मन्तव्य आलोचना के संदर्भ में भारतेन्दु हरिश्चन्द्र कृत **नाटक** नामक कृति जो सन 1883 में लिखी जा चुकी थी, उसे वे सैद्धान्तिक समीक्षा का मानक स्वीकार करते हैं तथा लाला श्री निवासदास कृत'' संयोगिता स्वयम्बर' पर पं0 बालकृणभट्ट द्वारा लिखित सच्ची समालोचना' सन् 1886 प्रकाशित हिन्दी-प्रदीप को व्यावहारिक समीक्षा अर्थात् रिव्यू' के रूप में स्वीकृति देते हैं। इस प्रकार भारतेन्दुयुग की दोनों नाट्य कृतियों के संदर्भ सन् 1883 में सैद्धान्तिक समीक्षा सन् 1886 में व्यावहारिक समीक्षा के हैं। बालकृणाभट्ट कृत इस व्यावहारिक समीक्षा पर प्रेमधन सर्वस्व प्रेमघन जी ने पन्द्रह पृष्ठों की समीक्षा की है और इस समीक्षा के मानक परम्परा के नाटय तत्त्व ही हैं। दूसरी ओर, पं0 बालकृणभट्ट के **प्रयाग प्रदीप** में प्रकाशित पुस्तक समीक्षा से हिन्दी में व्यावहारिक समीक्षा का जन्म हुआ है। यह नहीं है, भारतेन्दु युग में अनेक पत्रिकाओं में सैद्धान्तिक संदर्भो से जुड़े आलोचनात्मक लेख निरन्तर प्रकाशित होते रहते थे। प्रेमघन सर्वस्व में प्रकाशित दृश्य या नाटक, की कुछ व्याख्या, गदाघर सिंह रचित विजयिता की आलोचना सैद्धान्तिक का व्यावहारिक समीक्षा संदर्भो से जुड़े हैं, उन्हें मात्र पुस्तक समीक्षा कहना उपयुक्त नहीं होगा। हिन्दी की व्यावहारिक समीक्षा को व्यक्त करने में पुस्तक समीक्षा का कुछ योगदान अवश्य हो सकता है किन्तु व्यावहारिक समीक्षा का मुख्य कारण इसे मानना उचित नहीं है। इस संदर्भ में डॉ. विश्वनाथत्रिपाठी का अभिमत उचित प्रतीक होता है कि ''यद्यपि भारतेन्दु युग में विशिष्ट साहित्यांग के रूप में आलोचना का उल्लेखनीय विकास नहीं हुआ, किन्तु आलोचना दृष्टि का भरपूर विकास हुआ। यह दृष्टि हमें मुख्यतः पत्र-पत्रिकाओं के माध्यम से विकसित होती दिखाई पड़ती है''[2] अतः यह कहना कि हिन्दी पत्र पत्रिकाओं के रिव्यू लेखन मात्र से व्यावहारिक समीक्षा का विकास हुआ है, यह भ्रान्त धारणा है। भारतेन्दु युग के अम्बिका दत्त व्यास कृत गद्य काव्य मीमांसा तथा गंगा प्रसाद अग्निहोत्री कृत समालोचना (1896) पुस्तके प्रकाशित हो चुकी थीं। सामान्यरूप से आलोचकों ने भारतेन्दु युग की व्यावहारिक समीक्षा

1. हिन्दी साहित्य और संवेदना का विकास, पृ0 169
1. हिन्दी आलोचना, विश्वनाथ त्रिपाठी पृ0 19

को दो भागों में विभक्त किया है (1) संस्कृत काव्यशास्त्र के नियमों के आधार पर की गई व्यावहारिक समीक्षा (2) भारतीय तथा पाश्चात्य प्रचलित काव्य चिन्तनों के आधार पर की जाने वाली समीक्षाएँ (3) साहित्येतिहास लेखन से सम्बद्ध समीक्षाएँ जैसे शिवसिंह सरोज आदि की कृतियाँ (4) उस युग में प्रकाशित पत्र-पत्रिकाओं में प्रकाशित समीक्षाएँ तथा पुस्तक समीक्षाएँ। भारतेन्दुयुगीन समीक्षा यद्यपि सैद्धान्तिक भी है और व्यावहारिक भी, किन्तु यह व्यावहारिक समीक्षा केवल रिव्यू की देन मात्र नहीं है।

भारतेन्दु युग और हिन्दी काव्यधाराएँ

भारतेन्दु युग की कविता दो धाराओं में बाँटी जाती है—प्रथम है, ब्रजभाषा कविता एवं द्वितीय, खड़ी बोली की प्रारम्भिक कविताएँ। इस युग के कवियों ने मुख्यतः ब्रजभाषा को कविता के लिए भाषिक स्थान दिया था तथा दूसरी और खड़ी बोली प्रयोग के तौर पर कविता के माध्यम के रूप में इतस्ततः दिखाई पड़ रही थी। आचार्य रामचन्द्र शुक्ल इस ब्रजभाषा को पुरानी धारा की कविता के नाम से पुकारते हैं और खड़ी कविता को नई धारा की कविता। खड़ी बोली के गद्य के व्यापक प्रयोग के कारण इसको काव्यात्मक रूप देने की आंकाक्षा इस युग के कवियों में यद्यपि प्रबलता के साथ दिखाई पड़ती है, फिर भी, ब्रजभाषा की कविता के समक्ष इसका वर्चस्व पूरी तरह से इस युग में बन नहीं पा रहा था। संक्षेप में, इन दोनों धाराओं की कविताओं का संदर्भ इस प्रकार है।

(क) पुरानी काव्यधारा अर्थात् ब्रजभाषा कविता–इस कविता के चार प्रमुख संदर्भ इस युग के विशेष रूप से स्मरण किए जाते रहे हैं—

(1) यह कविता की परिपक्व, मधुर एवं लोकग्राह्य शैली बन चुकी थी।

(2) इसने रीतिकालीन शृगांर एवं मुक्तक परम्परा से जुड़कर अपने लिए व्यापक परिवेश का निर्माण कर लिया था।

(3) शास्त्रीय लक्षण-उदाहरण से सम्बद्ध होकर यह सामाजिक और साहित्यिक स्वीकृति भी प्राप्त कर चुकी थी।

(4) पूर्ववर्ती परम्परा से सम्बद्ध अवधी के रामकाव्य तथा ब्रजभाषा के कृष्ण काव्य से अपना लोकात्मक भक्ति तथा आस्था संदर्भ सम्बन्ध जोड़े हुए थी।

इस संदर्भ में लिखी गई रीति परम्परा या भक्ति परम्परा से जुड़ी कृतियाँ इस युग में विशेष रूप से चर्चित रहीं हैं। कविता, सवैया, दोहें एवं शृगांर तथा नायिका भेद से सम्बद्ध कृतियाँ इन कवियों द्वारा बराबर लिखी जाती रही हैं। सरदार कवि कृत शृगांर संग्रह, हफीजुज्जा, खाँ का रतन हजारा, पन्नालाल कृत शृगांर-सुधारक आदि कृतियों की इस युग में विशेष चर्चा रही है, मुक्तक परम्परा में लिखी गई कृति 'सुन्दरी तिलक' (भारतेन्दु हरिश्चन्दु) की भी कृति बराबर इस परम्परा में स्मरण की जाती है।

इस साहित्य से सम्बद्ध इस युग के रचनाकार महाराज रघुराज सिंह को विशेष रूप से स्मरण किया जाता रहा है। उनकी प्रबन्धात्मक कृतियाँ रामस्वयम्बर (महाकाव्य), रुक्मिणी परिणय, आनन्दाम्बुनिधि आदि हैं। भारतेन्दु के भक्त कवियों में महन्त जानकी प्रसाद रसिकेश ने भक्ति सम्बन्धी 26 ग्रंन्थों की रचना की है जिनमें राम रसायन को सर्वाधिक महत्त्व मिला है, इस युग के अन्य कवियों में राम सनेही एवं स्वयं भारतेन्दु हरिश्चन्द्र आदि इस भक्तिधारा से सम्बद्ध कवि हैं। इस काल के कृष्ण तथा राम दोनों भक्ति परम्पराओं से सम्बद्ध कवि रचनाओं पर रीतितच्व के अवशेध बराबर दिखाई पड़ते हैं।

(2) भारतेन्दु की नई काव्यधारा अर्थात् खड़ी बोली काव्यधारा–सन् 1857 की क्रान्ति का एक विशेष प्रकार का प्रभाव भारतीयों पर पड़ा जो उसके पूर्व उतना प्रभावी रूप से नहीं दिखाई पड़ता था। यह प्रमुखतः, दासता या शासन के दबाव से मुक्त होना था। यह मुक्ति का प्रभाव मूलतः नई आधुनिकता से सम्बद्ध नवजागरण का भारतीय जीवन में प्रवेश है। विदेशी जीवन शैली (जो भी भारतेन्दु युग में रही है), सत्ता का दबाव एवं सामाजिक परिवर्तन के किचिंत् बदलते हुए स्वर-सबको अपने स्वतंत्र ढंग से देखने, उनसे अपेक्षित मुक्ति एवं जीवन जीने की नई दृष्टि इस युग में आ चुकी थी। अंग्रेजी शासन को लेकर उत्तर प्रदेश में ही नहीं, महाराष्ट्र, गुजरात, पंजाब जैसे राज्यों में लोकजीवन से जुड़ी मानसिक अशांति व्यक्त होने लगी थी और हिन्दी का खड़ी बोली काव्य इस युग के इस जागरण से पूरी तरह से जुड़ा दिखाई पड़ता है। भारतेन्दु युग का दयानन्द सरस्वती का समाज सुधार का आन्दोलन भी खड़ी बोली कविता पर अपना असर डाल रहा था और ऐसा लगता है कि भारतेन्दु युग के खड़ी बोली के कवि अपने युग के सम्बद्ध नवजागरण की कविता लिखने के प्रति सजग दिखाई पड़ रहे थे।

खड़ी बोली काव्य लेखन को केन्द्र में रखकर यदि भारतेन्दु युग के कवियों पर विचार करें तो उनकी दो प्रकार की काव्यधाराएँ मिलती है। प्रथम वे जो भारतेन्दु मण्डल के कवियों के रूप में स्वीकार किए जाते हैं और जिनके लेखन का सांस्कृतिक स्वर नई चेतना के जुड़ा दिखाई पड़ता है। इन कवियों की एक लम्बी परम्परा इस प्रकार है—

बदरी नारायण चौधरी, प्रेमधन, ठाकुर जगमोहन सिंह, पं प्रताप नारायण मिश्र, अम्बिका दत्त व्यास, पं0 सुधाकर द्विवेदी, राधा चरण गोस्वामी, राधा-कृपाल दास, बाबू तोताराम, बाल मुकुन्द गुप्त, श्रीधर पाठक, नाथूराम वर्मा, अयोध्या प्रसाद खत्री, लक्ष्मी शंकर मिश्र, जय नारायण मिश्र आदि।

इस भारतेन्दु मंडल के कवियों में कविता की मिश्रित (ब्रज तथा खड़ी बोली) मिलती है किन्तु इनका दबाव खड़ी बोली पर अधिक है। इन कवियों ने हिन्दी खड़ी कविता के नये प्रवाह एवं युगानुरूप सार्थकता से प्रति अपनी पूरी प्रतिबद्धता दिखाई है और इनकी खड़ी बोली का काव्यसृजन हिन्दी में उनकी रचनात्मक सामर्थ्य के लिए स्मरण किया जाता है।

इन कवियों में श्रीधर पाठक, बाबू बालमुकुन्द गुप्त, अयोध्या प्रसाद खत्री, जयनारायण मिश्र आदि को हिन्दी खड़ी बोली की कविता के प्रति समर्पित रचनाकारों में स्मरण किया जाता है। यह खड़ी बोली की काव्यधारा भारतेन्दु-युगीन मण्डल से सम्बद्ध है।

द्वितीय खड़ी बोली हिन्दी कविता की काव्यधारा विहार में शुरू होती है। इसके कवि भारतेन्दु युग के पूर्व के हैं ओर कुछ उनके समसामयिक किन्तु इनका न सम्बन्ध भारतेन्दु मण्डल से है और न ये कवि भारतेन्दु के प्रभाव से सम्बद्ध है और न इनकी रचनाएँ उनकी जगजागरण की चेतना से जुड़ी हैं।

इनसे सम्बद्ध सूची इस प्रकार है—

श्री राधाचरण गोस्वामी 'एकान्त योगी' गोल्डस्मिथ की कविता हर्मिट का अनुवाद, लक्ष्मीप्रसाद (योगी), टेकनारायण प्रसाद, मंगल कवि, कवि रामानन्द, अम्बिका दत्त व्यास (खड़ी बोली की कविता), राय सोहन लाल आदि।[1]

अभी तक, हिन्दी खड़ी बोली कविता के इतिहास के संदर्भ में केवल बनारस केा केन्द्र में रखकर भारतेन्दु मंडल के योगदान का विश्लेषण इतिहास ग्रंथों में किया जाता रहा है किन्तु इस मण्डल से पृथक् बिहार प्रदेश में खड़ी बोली काव्य लेखन की उस परम्परा का भी समन्वयन आवश्यक है, जिसने इस कविता को व्यापक परिवेश देने के प्रति निश्चित ही कार्य किया है।

इस प्रकार, इस युग की नई उपलब्धि है, खड़ी बोली की रचना के लिए उपयुक्त वातावरण बनाकर गद्य भाषा तथा काव्यभाषा को समाज की एकरूपता तथा अभिव्यक्ति दोनों के मिलाने का प्रयास हिन्दी कविता की यह इस युग की बहुत बड़ी उपलब्धि है क्योंकि इसी प्रयास से गद्य तथा पद्य दोनों की एक भाषा-हिन्दी खड़ी बोली बनी। इस क्रार्य के लिए भारतेन्दु मंडल एवं बिहार के कवियों का सम्मिलित योगदान है।

इस युग की ब्रजभाषा कविता थी मूलप्रवृत्ति, रीतिकालीन सर्जननिष्ठा तथा परवर्ती भक्तिकाल के भक्तिरस एवं लीलास्वाद से जुड़ी दिखाई पड़ती है किन्तु खड़ी बोली कविता का भारतेन्दुयुगीन संदर्भ नवजागरण की प्रवृत्तियों को आत्मसात् किए हुए है। इस खड़ी बोली कविता के दो मूलस्वर एकदम नए हैं परम्परावाद से मुक्ति का संदर्भ तथा विदेशी सत्तावाद से मुक्त होने की छटपटाहट और कुल मिलाकर मनुष्य के यथार्थ को स्थापित करना ही इस खड़ी बोली कविता का मुख्य मन्तव्य है।

इस प्रकार, भारतेन्दु युग की कविता में एक नया उद्रेक दिखाई पड़ता है, वह है, नये परिवेश से सम्बद्ध होने की आकांक्षा। भारतेन्दु युग की नई जीवन दृष्टि से जुड़ी मान्यताएँ इन काव्य संदर्भो से इन मान्यताओं के साथ जुड़ी दिखाई पड़ती हैं, संक्षेप में ये इस प्रकार

देखिए-भारतेन्दु युग के भूलेबिसरे कवि-डॉ. रामनिरंजन परिमलेन्दु, पृ0 284 से 288 तक

हैं—

(1) समाज सुधार का संदर्भ–स्वयं भारतेन्दु हरिश्चन्द्र के वक्तव्यों एवं कथ्यों को पढें तो स्वयं स्पष्ट होता चलता है कि भारतीय पुरातन जर्जर व्यवस्था को तोड़कर वे समाज को नई शक्ल देने के लिए पूरी तरह से प्रतिबद्ध हैं। सन् 1887 में उनके द्वारा दिया गया बलिया का भाषण भारतीय पुरातन मान्यताओं से मुक्ति का एक घोषणापत्र जैसा है। विदेशी सत्ता के दबाव के सम्पूर्ण भारत को फिर से जागने का मंत्रस्तवन करते हुए वे कहते हैं कि—

उठहु उदित पूरब भयो भारत भानु प्रकास।
उठहु खिलावहु हिय कमल करहु तिमिर दुःख नास।।

समाज सुधार के दायित्व का स्मरण दिलाने वाला भारतेन्दु का वह राष्ट्रीय जागरण मंच अपने दायित्व से सभी को जोड़कर तथा उन्हें नवजागरण के मंत्र से अभिभूत करके सुधारवाद की दिशा के लिए प्रेरित करता है और उनके सहयोगियों में ठाकुर जगमोहन सिंह, पं. प्रताप नारायण मिश्र आदि मण्डल के कवियों के जनजागरण के स्वर द्वारा भारतीय जागरण का निरन्तर आवाहन करते हैं।

आकर सब मिलि के रोवहु भारत भाई। हा हा भारत दुर्दसा न देखी जाई।

सम्पूर्ण भारतीयों को बुलाकर वे अपने साथ सम्मिलित होकर भारतीय जीवन की पीड़ा के प्रति जागरूक करते हैं।

(2) अंग्रेजी सत्ता से प्रत्यक्ष एवं परोक्ष रूप से मुक्ति का संघर्ष–भ्आारतेन्दु पूर्व सन् 1857 की युद्धक्राक्ति हो चुकी थी और भारतेन्दु अंग्रेजी सत्ता की निरंकुशता के कारण प्रत्यक्ष कम किन्तु परोक्ष रूप से सत्ता से मुक्ति के संकल्पों का बार-बार दुहराते हैं—

ह्ाय पंचनद, हा पानीपत,
अजहुँ तुम धरनि विराजत।
हाय चित्तौर निलजा तू भारी,
अजहुँ खरौ भारतहिं निहारी।

एक ओर, वह अंग्रेजी सत्ता द्वारा हो रहे आर्थिक शोषण का विरोध करते हैं तो दूसरी ओर विक्टोरिया महारानी का प्रशक्ति गान। वे जब कहते हैं कि—

'पूरी अभी की कटोरिया सी चिरजीवों सदा विक्टोरिया रानी' दूसरी ओर, उनकी मुकरी देखें—

भीतर भीतर सब रस चूसे, बाहर से तन मन धन मूसे।
जाहिर बातन में अति तेज, क्यों सखि साजन, नहिं अंगरेज।।

उनकी राजभक्ति एवं राजद्रोह दोनों प्रकार के स्वर निरन्तर चलते हैं किन्तु भारतीय नवजागरण के प्रति उनकी संकल्पबद्धता अडिग दिखाई पड़ता है। वे भारतीयों को नवचेतना का संदेश देते हुए बराबर कहते हैं कि

परदेसी की बुद्धि अरू वस्तुनि की करि आस।
परबस ह्वै कब लौं कहौ रहिहौ तुम ह्वै, दास।।

उनके मण्डल के कवि ही उन्हीं के स्वर में स्वर मिलते हुए बराबर कहते हैं कि—

निदंनीय है देश जहाँ के देसी निज अभिमानी हों।
सब प्रकार परतंत्र पराई प्रमुता के अभिमानी हों।

(3) युगधर्म तथा युगवाणी के जोड़ने का प्रयास–कविता या साहित्य द्वारा लोक जागरण का भाव उत्पन्न करके जनजीवन से उससे जोड़ने की आकांक्षा भारतेन्दु युग की खड़ी बोली कविता की मूलप्रवृत्ति के रूप में दिखाई पड़ती है, विशेष रूप से, उस भाषा में जो देश की मुख्य कामकाजी एवं प्रवासनिक भाषा होने जा रही हो। उसके साथ युगधर्म के संदभों को जोड़कर सामने लाने का कार्य भारतेन्दु एवं उनके युग के कवियों को ने शुरू किया था। भारतेन्दु एवं उनके के कवियों की दृष्टि सत्ता से अधिक अलगाव न रखकर हिन्दी एवं हिन्दुस्तान के उत्थान की ओर लगी दिखाई पड़ती है अर्थात् सम्पूर्ण भारत को एक ताने बाने से जोड़ने का कार्य सन् 1857 की क्रान्ति से शुरू हो चुका था, लेकिन हिन्दी के साथ सम्पूर्ण हिन्दुस्तान को जोड़ने का युगीनधर्म (चिन्ता) भारतेन्दुयुगीन चेतना में सर्वाधिक व्यवस्थित दिखाई पड़ती है। भारतेन्दु युग एवं बिहार के कवियों के प्रयास द्वारा खड़ी बोली हिन्दी से जुड़ा यह राष्ट्रीय समन्वय तथा नव-जागरण का बोध समानान्तर भाव से इस काल में उठना निश्चित हो चुका था। भारतेन्दु मण्डल के कवि चौधरी बदरी नारायण उपाध्याय प्रेमचन्द्र का स्वर देखें।

उठें आर्य संतान सकल मिलि अब न विलम्ब लगायो।
ब्रिटिश राज स्वातंत्रय समय व्यर्थ न बिताओ।।

हिन्दी-हिन्दुस्तान तथा भारत, भारतवासी एवं भारतीय शब्दों का सर्वाधिक प्रयोग भारतेन्दुयुगीन कविता में दिखाई पड़ता है। उपर्युक्त की समध्वनि पर उपर्युक्त कविता का स्वर 'प्रेमधन' की काव्यकृति आनन्द अरूणोदय से सम्बद्ध है जो 'बन्देमातरम्' के लयसाम्य पर आधारित है। वे इस कविता की अंतिम पंक्ति में कहते हैं कि—

"की उन्नति निज देश जाति सम्यता सुखों की।
तुम सबने सीखी वह ज्ञान रही जो खान दुखों की।"

इस प्रकार, निष्कर्ष रूप से कहा जा सकता है कि भारतेन्दु युग की ब्रजभाषा तथा बोली काव्यधाराओं का यदि तुलनात्मक विवेचन करें तो खड़ी बोली हिन्दी काव्य चेतना का विशेष महत्त्व इसलिए है कि उसने आगे आने वाले स्वतंत्र भारत के नवजागरण बोध से जुड़कर भारतीयों में स्वतंत्र्य तथा विकास की भावना-प्रेरणा को जागृत करने की शक्ति सम्पन्न भूमिका तैयार की।

द्विवेदीयुगीन हिन्दी खड़ी बोली काव्यधारा
(सन् 1900 से 1925 तक)

भारतेन्दुयुगीन खड़ी बोली का काव्यान्दोलन द्विवेदीयुगीन खड़ी बोली कविता की समृद्धि की पृष्ठभूमि के रूप में है, फिर भी, परम्परा की ब्रजभाषा काव्यधारा इस युग में सजगता के साथ समापन दौर में लक्षित होती है। प्रयाग के रामशंकर शुक्ल 'रसाल' एवं बनारस के भी जगन्नाथ दास 'रत्नाकर' और उनके सहयोगी रसिक समाज मण्डल के कवियों द्वारा ब्रजभाषा काव्य रचना को निरन्तर प्रोत्साहन मिलता रहा है किन्तु समय सापेक्ष्य यह सामयिक खड़ी बोली आन्दोलन इतना तेज चला कि 10 वर्षो के बीच यह पुरानी काव्य परम्परा खो-सी उठी। सरस्वती पत्रिका में सन् 1903 में अचार्य पं0 महावीर प्रसाद द्विवेदी के आगमन से तो ब्रजभाषा कविता का भविष्य निर्मूल-सा होता दिखाई पड़ने लगा और सन् 1910 तक इसकी गति पूर्णतः मन्द पड़ गई।

द्विवेदीयुगीन खड़ी बोली काव्य को दो भागों में विभक्त करके देखा जा सकता है, इस विभाजन का प्रकरण इसलिए अपेक्षित है, क्योंकि इसके स्वरूप को माध्यम बनाकर इसे सरलतापूर्वक स्पष्ट किया जा सकता है।

(1) द्विवेदी युगीन काव्यरचना का प्रारम्भिक चरण–इसके अन्तर्गत भारतेन्दुयुगीन द्विवेदी युग संक्रमण के कविगण यथा श्रीधर पाठक, राय देवीप्रसाद पूर्ण, रामचरित उपाध्याय, गिरिधर शर्मा, अयोध्या सिंह उपाध्याय 'हरिऔध' आदि इस प्रारम्भिक चरण के शुरूआती कविगण हैं, जिनका संदर्भ खड़ी में बोली कविता के लिए नये यथार्थमूलक ग्राह्य शैली का अन्वेषण ही रहा था। इस संदर्भ में उल्लेखनीय है कि सरस्वती पत्रिका, इलाहाबाद-इंडियन प्रेस से सन् 1900 में प्रकाशित हुई तथा 1903 में आचार्य महावीर प्रसाद द्विवेदी इसके सम्पादक बने। आचार्य महावीर प्रसाद द्विवेदी का अवतरण खड़ी बोली काव्य रचना के लिए वरदान स्वरूप रहा है। गद्य का प्रभाव खड़ी बोली की कविता पर सरल रूप से नहीं दिखाई पड़ता और खड़ी बोली के ये प्रबन्ध रचना के संदर्भ में आध्यात्मिकता के लिए कहीं-कहीं भटकते हैं। परम्परावादी रीतिकाल इस युग तक समाप्त हो चुका था और भक्ति काल का देवत्व बोध इतस्ततः खड़ी बोली काव्य से भी खत्म हो रहा था। राम, कृष्णा, महाबीर, राजपूत वीरों की कथाएँ लोकभावों से जुड़ी सामने आने लगी थी और बहादुर राष्ट्र के प्रति समर्पित राजा विजय सिंह जैसे योद्धाओं का संदर्भ प्रबन्ध कविता का विषय बन रहा था।[1]

(2) द्विवेदी युग के प्रारम्भिक दौड़ भी एक और महत्त्वपूर्ण समस्या है, वह है, गद्यगीतों द्वारा काव्य लेखन की। नई कविता के अन्तिम दौर में भी गद्य कविता की प्रवृत्ति का उदय हुआ है किन्तु मत है, भावुकतापूर्ण गद्यगीति विधा एवं उसकी रचनाशैली पूरी तरह से इससे

विशेष के लिए देखिए- आधुनिक हिन्दी साहित्य का विकास- डॉ. श्री कृपाल भक्ति पृ. 25 से 112 तक।

भिन्न है। मत है, भावुकता पूर्ण रचनाशैली और भाषा की प्रतीकात्मकता का भावप्रवाह संवेदनापूर्ण रचनाप्रवाह से गद्य के चिन्तनपरक स्वरूप को भावात्मक उद्वेलन का अंग बना देता है। इस गद्य कविता के लेखन की शुरूआत सन् 1900 से 1910 के बीच हुई। स्वयं पं. महावीर प्रसाद द्विवेदी ने सरस्वती तथा अन्य पत्रिकाओं के लिए गद्य गीत लिखे और इस प्रकरण में उनका 'प्लेग राज्य' अधिक प्रचलित रहा। इस युग को गद्य गीत लेखकों में बाबू रामकृपा दास, वियोगी हरि, भगवतीप्रसाद- वाजपेयी, कुँवर रामसिंह आदि विशेष रूप से स्मरण किए जाते हैं।

(3) सन् 1909 के आसपास खड़ी कविता की भाषा को ब्रजभाषा जैसा लयात्मक तथा रागात्मक स्वरूप देने का प्रयास शुरू किया गया। पं0 महावीर प्रसाद द्विवेदी ने सन् 1909 में "कविता कलाप" नामक एक संकलन प्रकाशित कराया जिसमें उनके साथ कामता प्रसाद गुरु, राय देवी प्रसाद, नाथू राम शर्मा, शंकर, मैथिली शरण गुप्त आदि कवि सम्बद्ध हैं। इस संकलन में पहली बार खड़ी बाली भाषा की कविता सरस, सुग्राह्य शब्दों में मण्डित हिन्दी भाषा प्रेमियों के सामने आई। इस खड़ी बोली भाषा कविता में पहली बार संगीतात्मक लयात्मकता तथा भावोद्वेलन के तीन-चार सन्दर्भ सामने दिखाई पड़े—

(1) भाषिक सरलता तथा सरसता (2) भाषा का विम्बात्मक तथा चित्रात्मक स्वरूप, (3) उसकी लाक्षणिक अभिव्यंजना शक्ति की सामर्थ्य। इसके उदाहरण के रूप में इस संकलन का एक उदाहरण साक्ष्य के रूप में इस प्रकार है—

तू आह था किसी का मुझको पुकारता था।
मैं था तुझे बुलाता संगीत में भजन में।"

इन छन्दों की प्रवाहमयता में ग्राम्य छन्दों का विशेष प्रयोग मिलता है—

यथा—लावनी (राधा छन्द), आभीर छन्द, (विरहा), आल्ह (वीर छन्द), कजली, गीतिका, हरिगीतिका आदि।

इस काल खण्ड में खड़ी बोली को लयात्मकता की जो शक्ति मिली, उसका पूर्ण विकसित तथा अभिव्यक्त स्वरूप हमें छायावाद काल में दिखाई पड़ता है।

(ख) द्विवेदीयुगीन काव्य रचना का द्वितीय चरण—(सन् 1910 से सन् 1925 तक)

(1) इस काल खण्ड का प्रारम्भ प्रायः मैथिलीशरणगुप्त कृत जयद्रथ वध (सन् 1910) से मानना चाहिए। प्रायः खड़ी को भी काव्यरचना के भाषिक फैलाव के कारण काव्य की संवेदनाओं तथा उनके निर्मित स्वरूपों एवं विविधताओं का जन्म इसी द्वितीय चरण से विशेष रूप से प्रारम्भ हुआ। वर्णिक—वंशस्थ, बसंततिलका आदि की परिणितियाँ तो एक ओर और चोखे चौपदे तथा चुभते चौपदों का भाषिक स्वरूप जो ग्राम्य बोली उर्दू, फारसी इन सबसे अपने को जोड़े है, हमारे सामने दूसरी ओर आते हैं। खड़ी बोली के भाषिक स्वरूप निर्माण

की व्याप्ति तथा प्रवाहपूर्णता दोनों में परिवर्तन का विस्तार इस कालखंड में हुआ।

(2) यही नहीं, द्विवेदी काल में ही कविता को प्रकृति से जोड़कर रमणीकता एवं उनके सौन्दर्य को व्यंजित करने वाली भाषिक प्रयोगरचना—परिपाटी की शुरुआत हुई। प्रसाद, पंत आदि कवियों की काव्य रचना का प्रथम सोपान इसी द्विवेदी काल खण्ड का है और द्विवेदी जी ने 'सरस्वती' के माध्यम से 'गीतों' को छापकर इस परम्परा को प्रोत्साहित किया। लाला भगदीन 'दीन' जैसे ब्रजभाषा की ललित कविता शैली इस युग की ललित खड़ी बोली कविता में बदली, उसे इस उदाहरण द्वारा स्पष्ट रूप से देखा जा सकता है—

खिल रही है भूमि तल पर आज कैसी चाँदनी।
खोजती फिरती है किसको आज घर घर चाँदनी।।
घन घटा घूँघट उठा मुसकाई है कुछ ऋतु शरद्
मारी मारी फिरती है इस हेतु दर दर चाँदनीं।

मानवीकरण (Personification) की छायावादी शैली का यह पूर्ण रूप खड़ी बोली काव्य रचना के द्विवेदी काल में अपने संवेदनात्मक कलेवर से अभिभूत करने वाली अभिव्यक्ति के साथ सामने आने लगी थी। इस सन्दर्भ में यह कहा जा सकता है कि छायावादी कविता की रचनात्मक एवं भाषिक पृष्ठभूमि में द्विवेदी युग का विशेष योगदान रहा है।

(3) इस युग की काव्य परम्परा में 'प्रबन्ध काव्यों' की बाढ़-सी उठ खड़ी होती है। जैसाकि, कहा जा चुका है, भारतीय धर्म एवं भक्ति की परम्परा दैवी पुरुष राम, कृष्ण, बुद्ध तथा इतिहास पुरुषों के चरित्रों को मानवीय धरातल पर उतारने का कार्य द्विवेदी युग के कवियों ने करके आधुनिकता की समझ को समाज में रखने का प्रयास किया। मैथिलीशरण गुप्त के साकेत की कथा उपेक्षिता नारी उर्मिला से जुड़ती है और कैकेयी जैसी नारी स्वयं न्याय मांगने के लिए सामने आ जाती है। अयोध्या सिंह उपाध्याय की कृष्ण कथा का भी धरातल मानवीय ही है, आध्यात्मिक नहीं। लाला भगवान दीन—'दीन' कृत 'वीर पंचरत्न' को इस दृष्टि से देखा जा सकता है। इस कालखण्ड के अन्य कवियों—यथा रामनरेश त्रिपाठी, रामचरित उपाध्याय आदि की प्रबन्धात्मक कृतियों का मूल्यांकन मानववादी परिस्थितियों के सापेक्ष्य में ही प्रासंगिक है। द्विवेदीयुगीन प्रबन्ध रचना की यह प्रवृत्ति भी हमारे लिए आधुनिकता से सम्बद्ध मानवीय जीवन की समस्याओं से ही जुड़ी हुई है।

(4) खड़ी बोली काव्य रचना के फलक को व्यापक तथा विस्तृत करने के लिए इस काव्यखण्ड के रचनाकारों ने भाषा तथा छन्दों के विस्तार को अधिक महत्त्व दिया। इस युग में उर्दू, अरबी, फारसी, संस्कृत, हिन्दी, बंगला तथा अंग्रेजी एवं लोक में प्रचलित छन्दों तथा भाषा रूपों को खड़ी बोली में उतारने के प्रति सचेतता बरती गई है। भाषा-प्रयोग के सन्दर्भ में इन कवियों की सजगता यह रही है कि चाहे जिस भाषा के शब्दों का प्रयोग करें किन्तु खड़ी बोली भाषा प्रवृत्ति पर आधात् न पड़े। द्विवदी युग में तो छन्द परम्परा का अद्भुत

प्रयोगात्मक समन्वय मिलता है। हिन्दी के हरिगीतिका, रूपमालिका, आभीर, वीर छन्द, अंग्रेजी के सानेट, बंगला के पमार, उर्दू की बहरें आदि-आदि कितने छन्दों के रूप इस कविता में मिलते हैं। इस युग में खड़ी बोली कविता की भाषिक शक्ति को व्यवस्थित एवं निर्मित करने का सर्वाधिक प्रयत्न किया गया है।

(5) द्विवेदी युग का खड़ी बोली काव्य रचना की गीतिशैली को व्यवस्थित तथा संवेदनात्मक बनाने का प्रयत्न विशेष महत्त्वपूर्ण है। अंग्रेजी, बंगला तथा भारतीय परम्परा की गीतिशैलियों एवं उनके विषयों तथा परम्परित तथा प्रचलित रूपों को खड़ी बोली में उतारने का कार्य इस काल खण्ड का अन्तिम महत्त्वपूर्ण सन्दर्भ है। रवीन्द्रनाथ ठाकुर का गीतिकाव्य गीतांजलि को सन् 1913 में नोबेल पुरस्कार के कारण बंगला तथा हिन्दी प्रदेश में उसकी व्यापक चर्चा हो उठी थी। सन् 1913 में ही प्रसाद कृत **प्रेम पथिक** गीतिकाव्य प्रकाशित हुआ। सन् 1903 में कन्हैया लाल पोद्दार का गोपीगीत सामने आया। उनकी दूसरी गीति-रचना 'कोकिल' 1904 में प्रकाशित हुई। सन् 1909 में मैथिली शरण गुप्त का 'कुकवि कीर्तन' प्रकाश में आया। साकेत महाकाव्य का 'अष्टम सर्ग' 'उर्मिला विरह' गीति परम्परा से ही सम्बद्ध है। द्विवेदीयुगीन कालखण्ड में बाद, प्रसाद ने भी कामायनी का 'इड़ा सर्ग' गीतात्मक शैली में ही प्रस्तुत किया। लावनी, पयार, दादरी, कजरी जैसी गीतिशैलियों में इस युग में पर्याप्त रचनाएँ लिखी गईं।

निष्कर्ष

कुल मिलाकर, द्विवेदीयुगीन हिन्दी खड़ी बोली की कविता उसके पद्यात्मक स्वरूप रचना की निर्मिति तथा सुधार में महत्त्वपूर्ण योगदान दिया है। इस युग की खड़ी बोली कविता की इस व्यापकता का प्रभाव यह दिखाई पड़ा कि धीरे-धीरे ब्रजभाषा कविता हिन्दी साहित्य के मंच से लुप्त होने लगी और छायावाद तक प्रयोग एवं प्रचलन के बाद तो वह हिन्दी से प्रायः बाहर हो उठी।

इस खड़ी बोली के प्रयोग की दूसरी सबसे महत्त्वपूर्ण विशेषता यह है कि ब्रिटिश सत्ता के साथ प्रवेश करने वाली आधुनिकता के साथ अपने को पूरी तरह से जोड़कर खड़ी बोली की कविता राष्ट्रीय मंच पर स्थापित हुई और मैथिलीशरण गुप्त, दिनकर आदि जैसे कवि राष्ट्रीय सन्दर्भों से जुड़कर सामने आए।

द्विवेदी युग की खड़ी बोली भाषा की व्याकरणिक एवं व्यवहारिक निर्मितियों में परिपक्वता एवं सामाजिक प्रचलन से जुड़ी ग्राह्यता ने उसको साहित्यिक राजनीतिक, व्यावसायिक, शैक्षिक एवं राष्ट्रीय स्तर पर प्रचार माध्यम जैसा स्वरूप प्रदान किया किन्तु जहाँ तक कविता का प्रश्न है, हिन्दी की खड़ी बोली की कविता अपने को देश की अन्य भाषाओं के समानान्तर इस युग की उपलब्धियों के कारण राष्ट्रीय मंच पर खड़ी दिखाई पड़ने लगी।

छायावाद युग की हिन्दी कविता
(सन् 1920 से 1940 तक)

सन् 1920 के बाद भारत पर पश्चिमी प्रभावों का स्पष्ट प्रभाव दिखाई पड़ने लगता है। भारतीय जीवन शैली में परिवर्तन सन्दर्भ भारतेन्दु युग की कविता में ही पूरी तरह प्रतिक्रिया के रूप में प्रकट करके नई खड़ी बोली रचना शैली का निर्माण करने लगी थी। सन् 1880 में पं0 बालकृष्ण भट्ट की कविता को देखे—भारतीयों की रुचि एवं जीवन शैली में बदलाव की ललक के रूपों का दृष्टान्त सामने हैं—

अहल योरप पूरा जेंटलमैन कहलाता है हम,
बाबू न कहना फिर कभी मिस्टर कहा जाता है हम।
कोट पतलून पहने टोकरी सिर पर धरे,
साथ में कुत्ते को लेकर सैर को जाता है हम।
खाना पीना हिन्दुओं का मुझे सुख आता नहीं,
बीफ काँटे चम्मच से होटल में जा खाता है हम।
भाँग गांजा चर्स चंडू घर में छिप पीते हैं हम,
अब तो बेखटके हमेशा बाइन ढरकाता है हम।

सन् 1884 से लेकर सन् 1920 का अर्थात् 36 वर्षों के बीच अंग्रेजों एवं भारतीयों के बीच चिन्तन में बदलाव एवं समझौते के अनेक रूप सामने आने लगे थे। नये विश्वविद्यालय एवं शिक्षा केन्द्रों की स्थापना के बाद यह सम्बन्ध और प्रगाढ़ होता गया। आजीविका के विभिन्न तौर तरीकों एवं नये मध्यमवर्ग की बौद्धिक सहिष्णुता के कारण पश्चिमी संस्कृति एवं उसकी शैली का प्रभाव भारतीयों के मन पर दृढ़ होने लगा था। हिन्दी छायावादी कविता के पूर्व योरोप का ज्ञान विज्ञान तथा साहित्य अपनी पूरी छाप हिन्दुस्तान पर डाल चुका था और ऐसा स्थिति में योरोप की रोमांटिक कविताओं के प्रभाव की चर्चा छायावादी हिन्दी कविता की अभिव्यक्तियों में तलाश की जाने लगी थी। हिन्दी साहित्य में आचार्य रामचन्द्र शुक्ल से लेकर परवर्ती इतिहासकारों की यही धारणा है कि हिन्दी की छायावादी कविता अंग्रेजी की रोमांटिक कविता के प्रभाव से उत्पन्न हुई एक नई काव्यधारा है। **आज इसके प्रतिकूल अभिमत खड़ा हुआ है कि योरोपीय रोमांटिक कविता स्वयं भारतीय आध्यात्मिक कविता के प्रभाव उत्पन्न हुई काव्यधारा है।** भले ही, यह काव्यधारा हिन्दी की नई रोमांटिक कविता छायावादी कविता के लिए आधार स्रोत बनी हो किन्तु इसका जन्म भारतीय आध्यात्मिक विचारधारा के फलस्वरूप पश्चिमी देशों—विशेषकर फ्रांस, इटली तथा ब्रिटेन में हुआ था।

मूलतः पश्चिमी रोमांटिक नई काव्यधारा का प्रथम कवि ब्लैंक को माना जाता है किन्तु

उसकी प्रेरणा जार्ज विलिकिन्स कृत **सांग्स टू भगवत्गीता** है। यह पहली पुस्तक है—जो योरोप के सर्जनशील व्यक्तियों के लिए रोमांटिक विचारधारा के लिए प्रेरणास्रोत बनी। इस परम्परा के दूसरे कवि विलियम वड्सवर्थ हुए। डॉ. रामविलास शर्मा योरोपीय रोमांटिक नव जागरण के लिए भारतको प्रेरणास्रोत मानते हुए कहते हैं कि—"18वीं शती में औद्योगिक क्रान्ति के दौरान रोमांटिक नवजागरण हुआ। इसमें यूनान की तो प्राचीन संस्कृति प्रेरणा स्रोत बनी है—अब प्रेरणा का नया स्रोत बुद्धिजीवियों के सामने था, वह था भारत। एकाध ग्रन्थ नहीं वरन् समूचा देश, उसकी संस्कृति उसके लिए आश्चर्यजनक थी।"[1] उन्होंने इस सन्दर्भ को पूरी तरह से स्पष्ट करते हुए पुनः बताया कि—

"यह ध्यान देने योग्य है कि पुनर्जागरण का पहला केन्द्र इटली था। वहाँ से यह धारा योरोप की ओर चली किन्तु अट्ठारहवीं शती के अन्त तक दक्षिण से नहीं, उत्तर से चली। रोमांटिक काव्य रचना सबसे पहले इंगलैण्ड में हुई और उसके बाद क्रमशः फ्रांस होते हुए इटली तक पहुँची। इसका कारण भारतीय संस्कृति से इंगलैण्ड का परिचय हो सकता है।"[2] उन्होंने इसका मूल कारण बताया है—सर विलियम जोन्स को। डॉ. राम विलास शर्मा यह भी बताते हैं कि योरोपीय रोमांटिक कवि वड्र्सवर्थ, शेली तथा कीट्स पर भारतीय चिन्तन का बहुत गहरा प्रभाव है। वे एक स्थल पर वर्ड्सवर्थ को उद्धृत करते हुए कहते हैं कि वर्ड्सवर्थ जब अपनी कविता रिटर्न एबी में कहते हैं कि—

"मैं उस व्यापक शक्ति को देख रहा हूँ जिसका निवास इस विशाल समुद्र में है, आकाश में अस्त होते हुए सूर्य में है, यह विचारधारा वेदान्तकी है—जो भारत सम्पर्क के बाद योरोपीय कवियों को मिली। इसी प्रकार, कीट्स की मृत्यु पर जो 'एडोलिस' कविता लिखी थी, उसमें कहा गया है कि—"यहाँ संसार की छायाएँ तिरोहित होती रहती हैं, लेकिन एक प्रकाश है जो निरन्तर दीप्त होता रहता है।"[3] डॉ. शर्मा के अनुसार यह वेदान्त की विचारधारा इंगलैण्ड तथा अन्य योरोपीय देशों को सर विलियम जोन्स द्वारा प्राप्त हुई थी। योरोप में रोमांटिक कविता का काल इंगलैण्ड में सन् 1750 से लेकर सन् 1825 तक था। उसके बाद यह कविता यथार्थवाद की ओर झुक गई। डॉ. गोपाल कृष्ण श्रीवास्तव योरोपीय रोमांटिक कविता का प्रारम्भ एवं समापन सन् 1789 सन् 1830 तक मानते हैं। वे इसके मूल में सर विलियम जोन्स को न रखकर सर चार्ल्स विलिकिन्स की कृति—**सांग्स टू भगवद्गीता** जो सन् 1785 में प्रकाशित हुई थी, मानते हैं। सर विलियम ब्लेक सन् 1789 में इसी से प्रेरित होकर अपनी दो काव्य कृतियों की रचना की थी—ये हैं—

---

1. भारतीय साहित्य की भूमिका, डॉ. राम विलास शर्मा, पृ. 252
2. वही, पृ. 252
3. भारतीय साहित्य की भूमिका, डॉ. राम विलास शर्मा, पृ. 280, 281

सांग्स आव इनोसेंस

सांग्स ऑव एक्सपीरियंस

फिर बाद में, दोनों कृतियों को मिलाकर—सांग्स ऑव इनोसंस एण्ड एक्सपीरियंस नाम रखा। उसके बाद, इस रोमांटिक परम्परा के कवि वर्डसवर्थ, शैली, कीट्स, कोलरिज आदि इस काव्यधारा में आए।

इस युग की रोमांटिक कविता के जो स्वर आए—वे इस प्रकार हैं—

(1) नवता या नव्यता और रोमांटिसिज़्म शब्द एक दूसरे के पर्याय है।

(2) आध्यात्मिक चिन्तन के सन्दर्भ—जिस पर भारतीय अद्वैतवादी एकात्म-चिन्तन का स्पष्ट प्रभाव है।

(3) सामन्तवादी सत्ता के विरुद्ध स्वतन्त्रता (Liberty) की भावना

(4) प्रकृति के प्रति प्रेम

(5) ईश्वर के प्रति सूफियों जैसा खुलकर प्रेम

(6) रचना में प्रतीक पद्धति का प्रयोग

जहाँ तक, हिन्दी साहित्य की छायावादी मान्यताओं का प्रश्न है, वह योरोपीय विचारधारा के प्रभाव से जुड़ने के कारण सम्बद्ध है, जिस प्रकार भारतीय विचारधारा से जुड़कर अट्ठारहवीं शती में योरोप में रोमांटिक कविताधारा का जन्म तथा विकास हुआ, उसी क्रम में उस योरोपीय रोमांटिक कविताधारा से प्रभावित होकर बींसवीं शती में हिन्दी में छायावादी कविता का जन्म और विकास भारत में हुआ। भारत मे जिस समय पश्चिम से प्रभावित होकर हिन्दी में यह रोमांटिक काव्यधारा उपजी, उसका मूल कारण योरोपीय शिक्षा व्यवस्था तथा प्रणाली का भारत में प्रचार था। हम भारतीयों को सन् 1820 तक नहीं मालूम था कि रोमांटिक कविता योरोपीय साहित्य का नया काव्यान्दोलन है और उसके श्रेष्ठ वैश्विक कवि—विलियम ब्लेक, वर्डसवर्थ, कॉलरीज, कीट्स, शैली आदि हैं। वैसे—अंग्रेजी साहित्य में यह रोमांटिक कविता ऐतिहासिक दृष्टि से वहाँ की सांस्कृतिक जागृति तथा नयी चेतना से सम्बद्ध थी किन्तु भारत में ऐसा ऐतिहासिक परिवर्तन का स्वरूप नहीं—जैसा था। डॉ. शम्भुनाथ सिंह का इस सन्दर्भ में मत सर्वथा उचित प्रतीत होता है कि—

"छायावादी कविता (हिन्दी) उस अर्थ में क्रान्तिकारी कविता नहीं थी—जिस अर्थ में योरोपीय रोमांटिक कविता थी।"[1]

आचार्य रामचन्द्र शुक्ल छायावादी कविता के नामकरण तथा भारत में इसके उद्‌भव तथा विकास के सम्बन्ध में इस प्रकार की टिप्पणी देते हैं।

"इसाई सन्तों के छायाभास (फैंटाभास) तथा योरोपीय काव्य क्षेत्र में परिवर्तित

1. हिन्दी साहित्य, भाग 3-पृ० 172

आध्यात्मिक प्रतीकवाद (सिंबालिज़्म) के अनुकरण पर रची जाने के कारण बंगला में ऐसी कविताएँ छायावादी जाने लगीं थी।। यह **वाद** क्या प्रगट हुआ एक बने बनाये रास्ता का दरवाजा खुल पड़ा और हिन्दी के कवि उधर एक बारगी झुक पड़े। यह अपना अथवा बनाया उनका रास्ता नहीं था।"[1]

इस प्रकार, अंग्रेजी रोमांटिक कविताधारा के प्रेरणास्रोत भारतीय अद्वैतवेदान्त -मूलक सन्दर्भ भले ही रहे हों किन्तु हिन्दी छायावाद का प्रेरणास्रोत अंग्रेजी का रोमांटिसिज़्म ही रहा है और बंगला के महाकवि रवीन्द्र नाथ टैगोर की **गीतांजलि** के प्रभाव एवं उसकी ख्याति ने इस धारा की रचना के मार्ग को प्रशस्त करने के लिए हिन्दी कविता को शक्ति दी है।

हिन्दी छायावादी कवि तथा काव्य

उद्भव, विकास एवं उसकी रचनात्मक समृद्धि को केन्द्र में रखते हुए हिन्दी छायावादी कविताधारा को तीन खण्डों में विभक्त किया जा सकता है—

(क) सन् 1910 से 20 तक—छायावाद का उद्भव काल

(ख) सन् 1920 से 1936 तक—छायावादका उत्थान काल

(ग) सन् 1936 से सन् 40 तक—छायावाद का पतन काल[2]

छायावाद के चार प्रमुख कवि निम्नलिखित हैं, इन्हें छायावाद के कवि चतुष्टय के नाम से भी पुकारा जाता है—

(1) श्री जयशंकर प्रसाद—जन्म सन् 1890 तथा मृत्यु सन् 1937

(2) पं0 सुमित्रानन्दन पंत—जन्म सन् 1900 तथा मृत्यु सन्

(3) पं0 सूर्यकान्त निराला—जन्म सन् 1897 तथा मृत्यु सन् 1961

(4) महीयसी महादेवी वर्मा—जन्म सन् 1907 तथा मृत्यु सन् 1987

इन चार के बाद अन्य दो महत्त्वपूर्ण छायावादी कवि डॉ. रामकुमार वर्मा तथा बालकृष्ण शर्मा उसके बाद रहस्यवादी प्रवृत्तियों से सम्बद्ध रहें। 'छायावाद' का पतन पहले हो चुका था किन्तु उसके बाद भी रहस्यवादी कविता थोड़े दिनों और चली।

छायावादी काव्य परम्परा के कवियों तथा उनकी कृतियों की तालिका इस प्रकार हैं—

जयशंकर प्रसाद—झरना (1918)—इसके प्रथम संस्करण में 18 कविताएँ थीं, किन्तु द्वितीय संस्करण में बढ़ाकर 24 कर दी गईं। सन् 1933 में उसमें 33 रचनाएँ संकलित की गई। इनकी दूसरी कृति **आँसू** है। इस परम्परा की तीसरी कृति **'लहर'** और अन्तिम कृति कामायनी महाकाव्य की दृष्टि से छायावादी परम्परा से ही सम्बद्ध है।

जयशंकर प्रसाद के बाद इस परम्परा के दूसरे कवि **पं0 सूर्यकान्त 'निराला'** हैं।

1. हिन्दी साहित्य का इतिहास-आचार्य रामचन्द्र शुक्ल, पृ0 456-457.
2. छायावाद का पतन-डॉ. देवराज-प्रकाशित-सन् 1948

छायावादी परिधि के बीच इनकी रचनाएँ इस प्रकार है—उनकी प्रथम काव्यकृति अनामिका है—जो सन् 1923 में प्रकाशित हुई। उसके बाद उनकी छायावादी कृतियाँ—परिचय (1929), गीतिका (1936), अणिमा (1943), नये पत्ते (1946), बेला (1946), अर्चना (1950), आराधना (1953), गीतिकुंज 91954)। निराला की प्रगतिशील परम्पराओं से सम्बन्धित कृतियाँ—तुलसीदास (1938),कुकुरमुत्ता (1948) वैसे उनकी प्रसिद्ध कविताएँ राम की शक्ति पूजा तथा सरोज स्मृति को उनकी हिन्दी साहित्य में अपर परम्परा के रूप में स्मरण किया जाता रहा है।

पं0 सुमित्रानन्दन पंत को छायावाद का द्वितीय कवि माना जाता है किन्तु वय में पं0 सूर्यकान्त त्रिपाठी निराला से छोटे हैं, किन्तु उनकी छायावादी रचनाएँ निराला के पूर्व लिखी जा रही थीं। इनकी निम्नलिखित रचनाएँ छायावादी रचना की श्रेणियों में आती हैं—

वीणा (1918), ग्रन्थि (1920), पल्लव (1924)। इस पल्लव कृति ने सर्वप्रथम छायावादी परम्परा के अन्तर्गत उन्हें एक मान्य कवि के रूप में प्रतिष्ठित किया है। इनकी अन्तिम छायावादी काव्य गुंजन है—जो 1932 में प्रकाशित हुआ।

पंतजी ने 1932 के बाद प्रगतिवादी परम्परा से अपने को जोड़ने का प्रयास किया है और इस दिशा में उनकी रचनाएँ इस प्रकार हैं—युगान्त, युगवादी, ग्राम्या, स्वर्णकिरण, उत्तरा, युगान्तर, स्वर्णधूलि, रजतशिखर, शिल्पी तथा अंतिमा। उनका अरविन्द दर्शन से प्रभावित महाकाव्य **लोकायतन** विशेष रूप से चर्चित है।

महादेवी वर्मा की कृतियाँ नीहार, रश्मि, नीरजा, सान्ध्यगीत, दीपशिखा और सप्तपर्णा हैं।

छायावादी चतुष्टय के बाद डॉ. रामकुमार वर्मा, उदयशंकर भट्ट, भगवती वर्मा, सवेश्वर शुक्ल अंचल, आरसी प्रसाद सिंह आदि है। इस छायावादी युग में हरिवंशराय बच्चन भी हुए हैं किन्तु उनकी काव्य प्रवृत्ति पृथक् रही है।

सन् 1920 से 1940 तक से अन्तराल में हिन्दी क्षेत्र में काव्य लेखन के संदर्भ में छायावादी चेतना से भिन्न रचनाएँ दिखाई भी पड़ती हैं। इसका प्रमुख कारण यह है कि पश्चिमी रोमांटिक धारा से भिन्न कई सामयिक प्रभाव-संदर्भ यहाँ उठ खड़े हुए है। इसका पहला प्रमुख कारण अंग्रेजों सत्ता के विरुद्ध भारतीय राष्ट्रीय आन्दोलन का प्रभावशाली रूप था। राष्ट्र प्रेम एवं स्वदेशी आन्दोलन का इस कालखंड में भारतीय मानस पर गहरा प्रभाव पड़ रहा था। फलतः राष्ट्र प्रेम तथा स्वदेशीयता के प्रति आकर्षण हिन्दी कविता के साथ तेजी से उठकर खड़ा दिखाई देता है। राष्ट्रप्रेम से प्रभावित इस युग से कवियों की एक लम्बी तालिका दिखाई पड़ती है।

यथा गोपाल शरणसिंह, अनूप वर्मा, माखन लाल चतुर्वेदी, (एक भारतीय आत्मा), बालकृष्ण शर्मा नवीन, सुभद्रा कुमारी चौहान, गुरुभक्तसिंह, सियाराम- शरण गुप्त, रामधारी

सिंह दिनकर, जगन्नाथ प्रसाद मिलिन्द, केदार नाथ मिश्र-प्रभात आदि। इन कवियों ने राष्ट्रीय आन्दोलन के साथ भारतीय जन जीवन को राष्ट के साथ निरन्तर जोड़ने की चेष्टा की है। यहीं नहीं, राष्ट्रीय जागरण तक भारतीय संस्कृति की पुर्नप्रतिष्ठा की स्थापना के प्रतिबद्ध यह काव्यधारा निश्चित रूप से समसामयिक राष्ट्रीय आन्दोलन से निरन्तर जुड़ी दिखाई पड़ती है।

(ख) इस कालखण्ड में एक तीसरी धारा छायावाद तथा राष्ट्र प्रेम से हटकर प्रणय गीतों एवं भौतिक तथा लौकिक प्रेम को आधार बनाकर काव्य रचना में तत्पर दिखाई पड़ती है। हरिवंशराय बच्चन ने 'हालावाद' के नाम से इस काव्य धारा के गीतात्मक संदर्भो की हिन्दी में प्रतिष्ठा की और इसी गीति परम्परा में सन् 1940 तक अन्य कवि दिखाई पड़ते हैं। ये कवि छायावादी तो नहीं हैं किन्तु उन्हें गीति परम्परा से इन्हें जोड़कर देखा जा सकता है। इनके गीतों का स्वर छायावादी न होकर लौकिक ही है किन्तु इस काव्य खण्ड में इन कवियों में खड़ी बोली गीति रचना की नई परम्परा सुदृढ़ की। इन कवियों में प्रमुख हैं जानकी बल्लभशास्त्री, शम्भु नाथ सिंह आदि।

आनन्दवादी काव्य चेतना आन्दोलन को गीतात्मक स्वरूप में परिवर्तित करके इन कवियों ने खड़ी बोली की समान्य भावात्मक चेतना को सर्वग्राह्य बनाने का जो कार्य किया निश्चित ही वह अविस्मरणीय है।

कुछ मिलाकर, सन् 1920 से 1940 तक हिन्दी कवियों द्वारा खड़ी बोली को भावात्मक चेतना की सामान्य जन की भाषा बनाने के लिए कविता के जिन माध्यमों का प्रयोग किया, निश्चित ही वे बड़े ही प्रभावोत्पादक रहे और छायावाद के बाद खड़ी बोली गद्य एवं कविता की भाषाओं के दो रूप समाज में एक दूसरे से जुड़कर एक से बनते दिखाई पड़ते हैं।

हिन्दी छायावादी काव्य की प्रमुख प्रवृत्तियाँ

(क) प्रेम-प्रतीकवाद–द्विवेदी युग की कविता भाविक संवेदना शक्ति से अधिक सम्बद्ध थी। उस ज्ञेय संवेदात्मक खड़ी बोली भाषा को छायावादी कवियों ने भावपूर्ण संवेदनात्मकता के रूप में पाठक के हृदय से जुड़ने योग्य बनाया। सही नहीं, खड़ी बोली की भाषिक सर्जनात्मकता इस छायावाद युग में आकर अधिक सशक्त हुई और उसमें कल्पनाशक्ति सामर्थ्य, संवेदन सामर्थ्य, प्रतीकात्मक एवं विम्बात्मकशक्ति के साथ ही, भावात्मक सम्प्रेषणधर्मिता की ऊर्जा पर्याप्त रूप से बढ़ी। खड़ी बोली हिन्दी काव्य सामर्थ्य एवं शक्ति के लिए अंग्रेजी का स्वीकृत यह रोमांटिक आन्दोलन यद्यपि समसमयिक नहीं था, फिर भी इन कवियों ने उसे प्राथमिकता के स्तर पर स्वीकार किया। अंग्रेजी की कविता का रोमांटिक काल सन् 1750 से लेकर सन् 1825 का रहा है, किन्तु हिन्दी का यह छायावादी युग सन् 1920 से 1940 के परिवेश का है। दोनों के बीच लगभग 200 वर्षो से अधिक

का अन्तर है लेकिन हिन्दी समाज एवं काव्य रचना क्षेत्र के लिए इन कवियों को यह एक नयी धारा प्रतीत हुई और उन्होंने उससे प्रमुखता के साथ प्रभावग्रहण करके अपनी संवेदनाएँ सम्बद्ध की'।

हिन्दी कविता में शास्त्रीय शृगांरवाद रीतिकविता में है किन्तु यहाँ स्वच्छन्दतावाद भी है जो रोमांटिक कविता में है। मीरा, रसखान, आलम, घनानन्द जैसे कवियों में न शास्त्रीय शृंगारवाद है और न नायिकाभेदवाद। दूसरी ओर, हिन्दी भक्ति साहित्य में आध्यात्मिक प्रेम के अनेक रूप मिलते हैं किन्तु यहाँ रहस्यवादी तथा अध्यात्मिक प्रेम जैसा समन्वित मिस्टिसिज़्म नहीं है। लोकात्मक स्वच्छन्दतावाद की प्रणयानुभूति एवं अध्यात्मिक रहस्यवाद की अतिरंजकता से निर्मित छायावादी प्रणय कविता भारतीय जगत के लिए एक नई उपलब्धि है और इसी से छायावादी कवि स्वच्छन्द प्रेम को केन्द्र में रखकर सामने आए किन्तु इस स्वच्छन्द प्रेमवाद की पहचान होने पर महादेवी वर्मा ने अपने को बौद्ध करुणवाद से जोड़ा, प्रसाद ने शैवागम अद्धैतवाद से, पंत जी प्रकृति से विचलित होकर प्रगतिवादी हो गए ओर निराला ने स्वयं को अद्धैतवेदान्त के रहस्यवाद से स्वयं को जोड़ लिया। हरिवंशराय बच्चन जो आध्यात्मिकता से अपने को नहीं जोड़ पाए वे भौतिक प्रेम तथा रोमांस के साथ हालावादी कवि बन गए।

जैसा कि कहा गया है, यह कविता दो सौ वर्ष पूर्व योरोप के लिए रोमांटिक (सामाजिक नवता) की कविता थी किन्तु भारत में इतने लम्बे अन्तराल के बीच आकर नवता के अनेक सूत्रों को लेकर आई - जो इस प्रकार इंगित किए जा सकते हैं, भारतीय संस्कृति के मध्य काव्य में प्रेमवाद के गहन वैयक्तिक संदर्भ सामाजिक स्वच्छन्द परिवेश में वर्जित रहे हैं और मीराबाई तथा अंदाल जैसी कवियित्रियाँ मध्यकालीन समाज में आईं तो उनके उस प्रभुप्रेम को प्रार्थना का रूप दे दिया गया, सामाजिक प्रेम का संदर्भ नहीं, वहाँ भौतिक जगत नहीं है। हिन्दी की छायावादी कविता में भोरोपीय वैयक्तिक आत्मिक काम भावना से जुड़ी विषयिरूपता (Subjectivity) व्यंजित हाकेर सर्वप्रथम सामने आती है। प्रसाद कृत 'ऑसू' कृति पर आचार्य रामचंन्द्र शुक्ल की टिप्पणी देखें—

"आँसू वास्तव में शृगांरी विप्रलम्भ के जिनमें अतीत व संयोग सुख की स्मृतियाँ रह-रह कर झलक मारती हैं, देखी जा सकती हैं।

यह रोमांटिक प्रेम नया इसलिए है कि इस युग की कविता ने स्त्री पुरूष दोनों को समान स्वतंत्रता देकर जिसे योरोपीय समाज में लाने की चेष्टा की थी, अंग्रेजी शिक्षा और साहित्य के फलस्वरूप दमित भावना के नये उद्रेक के रूप में छायावादी स्वच्छन्दतावाद बनकर हिन्दी में प्रचलित हुआ। पश्चिम की यह सामाजिक नवता (Romaticism) इस प्रकार से महादेवी और जयशंकर प्रसाद की काव्यात्मक अभिव्यक्तियाँ बनकर भारत में आई।

इस छायावादी आन्दोलन का सबसे बड़ा योगदान नारी एवं पुरुष दोनों के लिए

आत्ममुक्ति की पृष्ठभूमि का कार्य करता है जो भारत की लोकतांत्रिक पृष्ठभूमि के लिए सामाजिक भूमिका के रूप में है।

महोदवी वर्मा में प्रेम का संदर्भ जयशंकर प्रसाद से भिन्न रूप में है। प्रसाद में जहाँ लौकिक प्रेम से उनका आध्यात्मिक संदर्भ पूरी तरह से घिरता दिखता है, वहीं महादेवी का प्रेम अपनी मर्यादा में बौद्धिकता के आग्रह के साथ अध्यात्मिकता को निरन्तर व्यंजित करता चलता है।[1]

डॉ. निर्मला जैन उनकी प्रेम संवेदनाओं को बुद्धि के आलोक के रूप में देखती हैं क्योंकि वे स्वयं महादेवी की कृति संधिनी की भूमिका का उल्लेख करती हुए कहती हैं कि महादेवी की कविता—

"काव्य बुद्धि के आलोक में संवेदनों का सम्प्रेषण है।" ऐसी स्थिति में सम्प्रेषण संवेदन बुद्धि की कठिनाई में पक-पक कर मार्मिकता खो देता है। इसी को लक्ष्य को केन्द्र में रखकर टिप्पणी दी है कि "महादेवी ने दुखःवाद को धर्म बना लिया जो उनकी कल्पना से उत्पन्न है।"[2]

डॉ. निर्मला जैन ने महादेवी के प्रेम के संदर्भ में एक सूत्रवाक्य दिया है—

"ससीम महोदवी अनुभूति है और असीम आकांक्षित" इस संदर्भ में इस प्रकार उनका निष्कर्ष है—

"जब तक प्रधानता अनुभूति की रहती है, तब तक उनकी कविता में वेदना का स्वर प्रबल रहता है ज्यों-ज्यों वे मिलन की आंकाक्षित स्थिति की ओर बढ़ती है, उन्हीं के शब्दों में उनका हृदय- सुख-दुःख के सामंजस्य का अनुभव लगता है। अन्तिम परिणति एक यानी ससीम के मर मिटने में सार्थकता खोज लेने में होती हे।"[3]

इस प्रकार, आध्यात्मिकवता के संदर्भ से जुड़ने के बावजूद भी नारी की प्रेम विषयक उन्मुक्तता की ललक मध्यकालीन ललक न होकर रोमांटिक प्रेम व्यंजना की ही है। परवर्ती, छायावादी कवियित्रियों में तो यह आध्यात्मिवता का आवरण सम्पूर्णतः काल्पनिक लगता है, और पाठक भी उसी घरातल पर पहुंचकर मुग्ध हो उठता है।

योरोपीय रोमांटिक स्वच्छन्द प्रेमवाद हिन्दी कविता में अप्रत्यक्षंतः वासना से सम्बद्ध होकर भी उससे मुक्ति के लिए छटपटाहट के साथ निरन्तर उभरता दिखाई पड़ता है। महादेवी वर्मा में यह बौद्धिकता से सम्बद्ध होकर, पंत की कविता में प्रकृति की लयता से जुड़कर और निराला की कविता में आध्यात्मिकता के विविध संदभों का अग बन जाता है। तुलसी जब सीता के सौन्दर्य का चित्रण करते हैं तो उसकी दृष्टि से किस प्रकार आध्यात्मिकता

1. हिन्दी साहित्य का इतिहास, पृ0 475
2. लेखिकाओं की दृष्टि से महादेवी- डॉ. निर्मला जैन, पृ0 51
3. लेखिकाओं की दृष्टि से महादेवी- डॉ. निर्मला जैन, पृ0 51

व्यंजित होती है, देखें—

सिय उपमा किमि कहौं बखानी। गिरा अनयन नयन बिनु बानी।
सुंदरता कहँ सुंदर करई। छविगृह दीप शिखा इव बरई'

शंकराचार्य सौन्दर्य लहरी में माता पावर्ती का श्रृगांर युक्त सौन्दर्य चित्र खींचते हुए किस तरह व्यक्त कर रहे हैं, देखें—

मुखे च ताम्बूल नयनयुगले कज्जल बला,
लामारे काश्मीर विलसति गले भौक्तिक लता,
स्फुटकांची शाटी पृथुकटि तले हाटकमयी,
भजायस्त्वां गौरी नगपति किशोरमिविर तन् ।

निराला अपनी गीतिका में ऐसा ही स्वर देते हैं—

तुम्ही गाती हो अपना गान,
व्यर्थ मैं पाता हूँ सम्मान।।

कुल मिलाकर, छायावादी कवि का लोक स्वच्छन्द प्रेम प्रसाद से प्रारम्भ होकर निराला तथा पन्त तक भारतीय आध्यात्मिकता की आनन्दछाया में डूब जाता है किन्तु इसी परम्परा का प्रेम अतिवादी होकर युगीन लोकपरक हालावादी हो उठता है और भगवती चरण वर्मा, रामेश्वर शुक्ल 'अंचल' आदि कवि उसे लोकजीवन के स्वच्छन्द प्रचलन का अंग बना देते हैं।

(ख) प्रकृति प्रेम–छायावादी कविता का दूसरा मुखर स्वर प्रकृति एवं उससे सम्बद्ध प्रेमसे सम्बद्ध है। प्रकृति की मुखरता के लिए इन कवियों में प्रतीक एवं मानवीकरण (Personfication) की शैली को विशेष रूप से छायावादी कविता में उतारी है। छायावादी प्रकृति भारतीय कविता के आलम्बन तथा उदीपन से दूर कल्पनाओं की विविध भंगभिओं के साथ सचेतन आकृति के रूप में व्यक्त होती है। मानवीय जीवन के विविध संदर्भ दुराव, हर्ष, पीड़ा, वियोग, दुःख, भयंकरता, संत्रास आदि-आदि जीवन की संमग्र भावनाओं की संवाहिका इस प्रकृति ने छायावादी कविता को नई चेतना प्रदान की है। आधुनिक कवि पंत की भूमिका में पं. सुमित्रानन्द पंत बताते हैं कि कविता करने की मूल प्रेरणा मुझे प्रकृति से ही मिली है—

"प्रकृति के साहचर्य ने जहाँ एक ओर-सौन्दर्य, स्वप्न और कल्पनाजीवी बनाया, वहाँ दूसरी ओर जायाजीव भी बना दिया। प्रकृति को मैंने अपने से अलग सजीव सत्ता रखने वाली नारी के रूप में देखा है।"[1]

कौतूहलभरे कल्पनापूर्ण विस्मय की आत्मतादात्म्य वृत्ति छायावाद और प्रकृति के सामंजस्य के बीच का रोमांच भरा तथ्य है। यह तथ्य हिन्दी साहित्य के अन्तर्गत उसकी

1. आधुनिक कवि-सुमित्रानन्दन पंत, पृ0 1-2

काव्यरचना वृत्ति में जिस उल्लास के साथ प्रगट हुआ है, प्रसाद, निराला, महादेवी वर्मा जी भी उसके साथ सम्पूर्ण मादकता एवं वैयक्तिक आत्मयता के साथ जुड़ते दिखाई पड़ते हैं। छायावादी कविता की प्रमुख उपलब्धियों में कल्पनाशीलता के लिए प्रकृति व्यापक तथा विस्तृत भावभूमि निर्मित करने के सक्षम रही है। इस प्रकृति की व्यंजना वृत्ति ने प्रयोगिक स्तर पर इस युग की छायावादी कविता को मानवीकरण (personitication) की अलंकार वृत्ति को पर्याप्त शक्ति दी है।

(3) वेदना भरे जीवन की अभिव्यक्ति को बनायी पलायनशीलता की प्रवृत्ति–छायावादी कविता में एक नये कल्पना लोक का सृजना यथार्थ से पर्याप्त दूरी बनाये हुए है। यह कल्पना शीलता एक ओर प्रकृति की तरफ उन्मुख होती है तो दूसरी ओर वेदनामयता को समेट कर उसे ही मानव जीवन की समग्र उपलब्धियों का सारतत्त्व स्वीकार करके संभालने लगती है। वेदना का निराशा भरा स्वरूप पं. सुमित्रानन्द पंत, महादेवी वर्मा, सूर्यकान्त त्रिपाठी निराला जैसे कवियों में निरन्तर दिखाई पड़ता है। जयशंकर प्रसाद कृत आँसू में वेदना का यह स्वरूप अधिक मुखर होकर आया है। उनकी कृति आँसू छायावाद की क्लैसिक रचना है और इसी क्रम में महादेवी का परिवर्तित करुणावाद छायावादी काव्य का केन्द्रीय संदर्भ बन गया है। पश्चिमी काव्य परम्परा से आगत यह वेदना भारतीय परम्परा से चली आती हुए विरह शृगांर रस की अनुभूति से इसलिए काफी आगे थी क्योंकि विषयिवाद (Subjectivity) अर्थात् कवि की वैयक्तिक वेदना का यह अनिवार्य अंग बन कर आई जबकि रीतिकाल एवं भक्तिकाल की विरह वेदना के संदर्भ वस्तुगत (Objective) रहे हैं। प्रेम, उन्माद एवं आत्मयता भरी यह विरह पीड़ा-भले ही, यथार्थ की भावभूमि पर न हो, किन्तु वह पूरी तरह से कल्पना के भरोसे से उतरती है।

छायावादी कवियों की गहन प्रेममयी वेदना से जुड़कर यथार्थ से पलायन की यह कविता कहीं-कहीं आध्यत्मिकता की व्यंजनाओं को इंगित तो करती है किन्तु इसका आध्यात्मिक रहस्यवादी स्वर अधिक मुखरित नहीं हो सका है। सन् 1920 का कालखंड भारत में अंग्रेजी सत्ता के विरूद्ध संघर्ष का स्वर अधिक मुखर था और इस राष्ट्रीय आन्दोलन के काल में छायावादी कविता की यह वेदना पूर्णतः यथार्थ के पलायन से सम्बद्ध है। छायावादी कवियों की केन्द्रीय चेतना का स्वर जो इस प्रारम्भिक दौर में अर्न्तमुखता से जुड़ा हुआ था, परवर्ती नई कविता काल में उसमें थोड़ा-बहुत बदलाव दिखाई पड़ता है।

(4) छायावाद का अहम्वादी स्वर–योरोपीय विशेषकर फ्रांस की राज्य व्यवस्था एवं साम्राज्यवादी सत्ता की समाप्ति के बाद वैयक्तिक स्वतंत्रता का संदर्भ अधिक प्रबल दिखाई पड़ता है। एक ओर, वैयक्तिक पूँजीवादी मान्यताओं और दूसरी ओर वैयक्तिक स्वतंत्रता का प्रभाव पश्चिमी साहित्य पर स्वच्छन्दतावाद बन कर छाया है। इस स्वच्छन्दतावाद का प्रभाव अंग्रेजी साहित्य द्वारा इस युग की हिन्दी कविता पर अधिक पड़ा और इसके फलस्वरूप,

हिन्दी कविता इस स्वच्छन्दतावाद की सीमा से जुड़कर अंहवादी प्रवृत्ति की संवाहिका बन उठी। मैं की कविता का यह दौर हिन्दी में सन् 1920 से 30 तक की कविता में अधिक दिखाई पड़ता है। इस प्रकार, इस युग की हिन्दी छायावादी कविता व्यक्तिवादी आत्मानुभूतिपरक संवेदना की कविता बन गई है।

छायावादी कविता का यह व्यक्तिवादी आत्माभिमुखता का स्वर हिन्दी कविता की पृष्ठभूमि में परम्परा का विद्रोह जैसा दिखाई पड़ता है। भारतीय कविता में यह वैयक्तिकता एक नये मानक के रूप में है क्योंकि आगे आने वाली लोकतांत्रिक व्यवस्था के लिए यह वैयक्तिकता वैयक्तिक स्वंत्रता के लिए पृष्ठभूमि का कार्य करती है।

छायावादी कविता का योगदान

आधुनिक हिन्दी काव्यधारा भारतीय काव्य परम्परा की हजारों वर्षो से चली आ रही प्रतिबद्धताओं के बदलाव की कविता है। इस बदलाव के स्वरूप इस प्रकार हैं जो अपनी वैयक्तिकता के कारण ही आधुनिकता के प्रतीक के रूप में हैं—

(क) छायावादी कविता का सबसे महत्त्वपूर्ण योगदान है, खड़ीबोली हिन्दी काव्यभाषा की निर्मित को भावात्मक संवदेना, स्वच्छन्द कल्पना तथा सामाजिक जीवन की भावात्मक गत्यात्मकता से जोड़कर पूर्वप्रचलित ब्रजभाषा जैसे स्वरूप को निखारना रहा है। अनुभूतियों की वैयक्तिकता, स्वच्छन्द प्रेमवाद, अन्तर्मुखता तथा गीतात्मक लयप्रवाहों आदि से निर्मित हिन्दी खड़ी बोली काव्यभाषा को पहली बार सर्जनात्मक भाषा के रूप सँवार तथा निखार कर प्रस्तुत करना छायावादी कवियों का धर्म रहा है।

(ख) छायावादी काव्य आन्दोलन का कालखंण्ड सन् 1920 से 1940 तक है। सन् 1920 से पूर्व आचार्य महावीर प्रसाद द्विवेदी का युग तथा 1940 के बाद नई कविता एवं प्रयोगवाद के बीच उत्पन्न हुई यह काव्यधारा अनेक बदलावों के साथ हिन्दी क्षेत्र में प्रगट हुई। योरोपीय जीवन की व्यक्तिवादी शैली के विविध रूप यहाँ अभिव्यक्त हैं और वे व्यक्ति स्वातंत्र्य के मूल कारण हैं,

समसामयिकता आधुनिकता का एक मूलमंत्र है। यह नये भारत की लोकतांत्रिक पृष्ठभूमि, व्यक्ति के स्वातंत्र्यबोध, व्यक्ति के समानाधिकार एवं अभिव्यक्ति की स्वतंत्रता की व्यापक परिवेश रचना के लिए आधार है। वैयक्तिक स्वतंत्रता की मूलभावना, उससे सम्बद्ध समानाधिकार की आकांक्षा एवं निजता के अस्तित्व की आकांक्षा इस छायावादी कविता के मूल में दिखाई पड़ती है। यह छायावाद की व्यक्तिवादी आकांक्षा निश्चित रूप से परम्परावादी रूढ़ियों से मुक्ति दिलाती है।

(ग) डॉ. नगेन्द्र छायावादी कविता को परिभाषित करते हुए कहते हैं कि ''यह स्थूल के प्रति सूक्ष्म का विद्रोह है।'' छायावादी कविता का प्रेमवाद व्यक्तिनिष्ठता से प्रारम्भ होकर

सार्वभौम की ओर गमन करता है। नारी ही नहीं, सम्पूर्ण प्रकृति, वनस्पति, पर्वत शिखर, सरोवर, नदियाँ, आकाश, बादल, समुद्र आदि-आदि सृष्टि के समग्र दृष्टव्य प्रकृत रूप छायावादी कवियों की आत्ममुखी अन्तरंगता के अंग बन जाते हैं। उनका प्रेम व्यक्तिनिष्ठता से धीरे-धीरे मुक्त होता हुआ सार्वभौमिकता की ओर बढ़ता है और अन्त में सम्पूर्ण, सृष्टि की नैसर्गिकिता से आत्मसात् कर लेता है। रहस्यवादी परम्परा में आगे बढ़कर वह वैश्विक करुणा, वैश्विक आनन्द, वैश्विक लोकमंगल को वरण करके मानवजाति के सामने आकर स्वयं को अहम्वाद से मुक्त करता दिखाई देने लगता है। उदाहरण के लिए पंत की एक कविता देखें—

अनिल-सा लोक लोक में
हर्ष में और शोक में
कहाँ नहीं हैं प्रेम साँस-सा सबके उर में।

कुल मिलाकर, यदि हम संक्षेप में कहना चाहें तो कह सकते हैं कि छायावादी कविता भारतीय आधुनिकता के संदर्भ का एक नवोन्मेष काल है और उसे नकार करके परम्परा की निषेधवादी वृत्ति के रूप में स्वीकार करना, सर्वथा गलत है। आचार्य रामचन्द्र शुक्ल और उनके अनुयायियों ने छायावाद पर जो निषेधात्मक आरोप लगाएँ हैं, वे स्वीकार्य नहीं है।

हिन्दी कविता की प्रगतिवादी काव्यधारा
(सन् 1936 से आज तक)

सन् 1936 में भारत में प्रगतिशील साहित्यिक आन्दोलन की शुरूआत के मूल में बुद्धिजीवी सज्जाद ज़हीर, मुल्कराज आनन्द, राजाराव आदि माने जाते हैं जिन्होंने सन् 1935 में लंदन में प्रगतिशील लेखक संघ की स्थापना करके उसका मासविदा प्रेमचन्द को हंस पत्रिका में प्रकाशित करने के लिए भेजा था, और प्रेमचन्द्र उसे प्रकाशित करते हैं। ऐतिहासिक दृष्टि से यह प्रगतिशील लेखक संघ का प्रथम भारतीय मसविदा कहा जा सकता है, जो सन् 1935 में हंस में प्रेमचन्द द्वारा प्रकाशित किया गया था।[1] प्रगतिशील के लेखक संघ के अधिवेशन से इसकी शुरुआत अर्थात् सन् 1936 से स्वीकार की जाती है।

प्रगतिशील संस्था विद्रोह के उन्मेष से जागृत द्वन्द्ववादी मान्यताओं से सम्बद्ध पूँजीवादी व्यवस्था (योरोपीय) के शोषित मजदूर वर्ग के जागरण की मूल अवधारणा से जुड़ी आर्थिक, सामाजिक एवं न्यायिक साम्यवादी मान्यता है। न्याय प्राप्त करने के विद्रोही तेवर से सम्बद्ध इस साम्यवादी अवधारणा के ठीक आसपास समाजवादी मान्यताओं का योरोवीय देशों में प्रचार-प्रसार प्रारम्भ हुआ, जो समाज के विकास द्वारा सामाजिक द्वन्द्व एवं अहम्वादी मान्यताओं के विरुद्ध समानता, न्याय, अभिव्यक्ति की स्वतंत्रता आदि प्रतिबद्धताओं के जुड़ी

1. हिन्दी साहित्य संक्षिप्त इतिहास, डॉ. शिवकुमार मिश्र, पृ. 85, वाणी प्रकाशन, दिल्ली

शान्ति-पूर्वक या विद्रोही स्वरों से समता की स्थापना करते हैं। भारत में समाजवादी अवधारणाएँ स्वतंत्रता संग्राम के बाद लोकतांत्रिक व्यवस्था के रूप में नई सामाजिक-राजनीतिक व्यवस्था बनकर सन् 1947 के बाद आई और सन् 1952 में लागू हुई। इस लोकतांत्रिक व्यवस्था के पूर्व भारत की आजादी के संग्राम में गाँधी जी की शान्तिवादी अहिंसा के साथ-साथ एक विद्रोही दल भी था, जो गरम दल के नाम से चर्चित रहा और यह दल सन् 1910 से ही अंग्रेजों के प्रति विद्रोह एवं क्रान्ति की गरम अवधारणाओं के साथ साहित्य और सामाजिक संघर्ष में उतर चुका था। सन् 1910 तक प्रगतिशील लेखक संघ का कहीं अता-पता नहीं था।

इस संदर्भ में यह तथ्य विचारणीय है कि भारतीय आजादी का गाँधीवाद से भिन्न उग्रवादी दल संघर्ष को ही एकमात्र आधार मानता था और इस परम्परा से जुड़े साहित्यकार विशेष रूप से कवि हिन्दी में छायावाद युग से चले आ रहे हैं। छायावादी निराला जैसे कवियोंका संदर्भ भी इस परम्परा से कहीं-न-कहीं अवश्यमेव जुड़ता है। पं. सोहन लाल द्विवेदी, प्रभात, सुनद्राकुमारी चौहान, देवकी नन्दन, रामधारी सिंह दिनकर, नरेन्द्र शर्मा, बालकृष्णाशर्मा नवीन, गोपालसिंह नेपाली, पं. माखन लाल चतुर्वेदी, सुधीन्द्र आदि कवियों ने राष्ट्रीय आजादी के आन्दोलन में भारतीय किसानों की गरीबी, जमींदार शोषण, अंग्रेजी सत्ता का आंतक आदि के प्रति प्रतिक्रियात्मक विद्रोह का स्वर व्यक्त करते हुए प्रगतिवादी मान्यताओं से हटकर काव्यलेखन प्रस्तुत किया। प्रगतिवादी आलोचकों ने उन्हें भी प्रगतिवादी पृष्ठभूमि या परम्परा से जोड़ने की चेष्टा की है जो साम्यवादी विचारधारा से पर्याप्त दूर है। अतः प्रगतिवादी काव्यधारा का प्रारम्भ सन् 1936 के बाद प्रगतिशील लेखन व्यवस्था या उसकी मान्यताओं से सहमत कवियों को ही केन्द्र में रखकर इंगित करना उपयुक्त है।

सन् 1936 में हिन्दी साहित्य के प्रगतिशील लेखक संघ का आन्दोलन शुरू हुआ और इसका दूसरा अधिवेशन सन् 1938 में कलकत्ता में हुआ। इस अधिवेशन में रवीन्द्र नाथ ठाकुर को समापति बनाया गया था किन्तु उनके न आने पर उनका अध्यक्षीय वक्तव्य पढ़ा गया था। यह काव्यान्दोलन अधिक सक्रिय होकर न चल सका। यद्यपि उसके अधिवेशन इलाहाबाद में सन् 1947 से तथा उसके बाद दिल्ली में दो बार (सन् 1942 और 53) में हुए किन्तु हिन्दी काव्यधारा पर विशेष प्रभाव नहीं पड़ा। सन् 1954 में शिवदानसिंह चौहान में 'काव्यधारा' नामक एक पुस्तक पत्रिका प्रकाशित की जिसमें प्रगतिशील आलोचकों के लेख इस काव्यधारा के प्रोत्साहन से सम्बद्ध रहे है। इस संदर्भ में कई पुस्तके इसके बाद प्रकाश में आई डॉ. शिवकुमार मिश्र का शोध प्रबन्ध-हिन्दी का नया काव्य, हिन्दी काव्य में प्रगतिवाद-डॉ. विजय शंकर मल्ल, प्रगतिवादी काव्य—उमेश चन्द्र, प्रगतिवाद और समानान्तर साहित्य-डॉ. रेखा अवस्थी—प्रगतिवाद पुनर्मूल्यांकन, हिन्दी काव्य में मार्क्सवादी चेतना-जनेश्वर वर्मा, प्रगतिशील साहित्य के मानदंड-रांगेय राघव आदि-आदि। प्रगतिवादी

परम्परा के कवियों को कतिपय आलोचकों ने प्रगतिशील हिन्दी काव्य परम्परा से जोड़ने का भी उपक्रम किया है, जो सर्वथा असंगत है। प्रगतिवाद साम्यवादी या मार्क्सवादी विचारधारा से सम्बद्ध पूँजीवादी व्यवस्था में शोषित मजूदर वर्ग के संघर्ष एवं उत्पीड़न से मुक्ति के द्वारा समता स्थापित करने वाली विचारधारा है किन्तु प्रगतिशीलता नव जागरण से उत्पन्न सामाजिक विषमता एवं शोषण के विरुद्ध कवियों तथा लेखकों का स्वच्छन्द एवं उन्मुक्त लेखन तथा विद्रोह है। प्रयोगवादी तथा छायावादी कवि भी अपने काव्य विकास के द्वितीय एवं तृतीय सोपान में प्रगतिशीलता से जुड़ने की प्रतिबद्धता अपनी कविताओं में निरन्तर व्यक्त करते दिखाई पड़ते हैं। यह सत्य है कि प्रगतिवाद के लिए शुरू-शुरू में प्रगतिशील शब्द का ही प्रयोग किया गया था किन्तु सन् 1940 के बाद प्रगतिशील के स्थान पर प्रगतिवाद शब्द का प्रयोग किया जाने लगा।[1]

प्रगतिवादी काव्यधारा–डॉ. रेखा अवस्थी ने अपनी महत्त्वपूर्ण कृति **प्रगतिवाद और समानान्तर साहित्य** में अप्रकाशित प्रगतिवादी कवियों की लम्बी तालिका दी है और बताया है कि राजनीतिक एवं सांस्कृतिक मंचों पर इन कवियों की रचनाओं का काव्यपाठ समय-समय पर होता रहा है, किन्तु "इनके संग्रहों का अब तक प्रकाशन नहीं हो पाया है।" ऐसी कृतियों में वीरेश्वरसिंह वीरेश (क्षद्मनाम) गोराबादल), चाँद मोहन, शलभ, ज्ञेय, बंशीघर शुक्ल, राहुल सांस्कृत्यायन आदि-आदि 21 कवि हैं।[2] यह प्रगतिवादी कवियों की तालिका बड़ी छोटी है। डॉ. जगदीश गुप्त ने हिन्दी साहित्य खण्ड 3 में[3] केवल 8 कवियों की सूची दी है, जो इस प्रकार है।

1. पंत (1) ग्रग्म्या
2. निराला (2) नये पत्ते, (3) कुकुरमुत्ता
3. अंचाल (4) कहील
4. नरेन्द्र (5) रक्त चंदन, (6) अग्नि शस्य
5. गिरीजा कुमार (7) युग के धान।
6. नागार्जुन (8) युग धारा (9) सतंरगे पंखों वाली
7. रांगेय राघव- (10) पिप्पल पत्थर (11) अजय खंडहर
8. शिवमंगल सिंह (12) प्रलय सृजन (13) विश्वास बढ़ता ही गया।
9. केदारनाथ अग्रवाल (14) युग की गंगा (15) लोक और आलोक

उन्होंने यह भी बताया है कि इन कवियों एवं कृतियों से कुछ और भी इनके संदर्भ है किन्तु उनके 15 काव्यों की है। आगे चलकर, अन्य कवियों में त्रिलोचन शास्त्री एवं उनकी

1. आधुनिक हिंदी साहित्य का इतिहास-डॉ. बच्चन सिंह, पृ0 246
2. प्रगतिवाद और समानान्तर साहित्य, डॉ. रेखा अवस्थी, पृ0 107
3. हिन्दी साहित्य खण्ड तीन डॉ. जगदीश, पृ0 227

प्रसिद्ध कृतियाँ धरती, गुलाब और बुलबुला, दिगन्त आदि प्रकाश में पाईं। इसी परम्परा के कवियों में सुदर्शन चक्र का भी उल्लेख किया जाता है जिनकी कृतियाँ मजदूरों की रणभेरी, लाल सेना की विजय आदि बताई जाती हैं। ऐसा नहीं है कि फिर प्रगतिवादी कविता लेखन की यह परम्परा समाप्त हो उठी है। इस परम्परा से जुड़े राही, हरिनारायण विद्रोही, मलखान सिंह सिसौदिया आदि-आदि इस काव्यधारा को आगे बढ़ाते हुए सम्पूर्ण निष्ठा के साथ इस विचारधारा को जनमानस से जोड़ने के लिए तत्पर हैं।

हिन्दी प्रगतिवादी कविता की विशेषताएँ

(1) शोषण तथा उत्पीड़न के विरुद्ध विद्रोही स्वर–निर्धन, प्रवंचित, शोषित मजदूर एवं कृषकों के उत्पीड़न के विरूद्ध विद्रोही स्वरों से हिन्दी प्रगति वादी कविता की शुरूआत होती है। केदारनाथ अग्रवाल की प्रसिद्ध कविता इसके आवहन का कार्य करती है

शिवमंगल सिंह सुमन कहते हैं
अत्याचारों की छाती पर तुम बढ़े चलो तुम बढे चलो
काटो काटो करबी
मारो मारो मारो हॉसिया
हिंसा और अहिंसा क्या है
जीवन से बढ़ हिंसा क्या है।

शिवमंगलसिंह सुमन की कविता मास्को अभी दूर है देखें कौन लड़ेगा, कौन बढ़ेगा, कौन साहसी सूर है।

दस हफ्ते दस साल बन गये मास्को अब भी दूर है।

शोषित तथा उत्पीड़ित की समतापूर्ण सामाजिक स्थापना के लिए यह कविता निरन्तर विद्रोह एवं हुंकार के स्वर भरती दिखती है।

(2) समतावादी शोषणविहीन समाज की स्थापना–यह प्रगतिवादी कविता निरन्तर शोषण विहीन समाज की संरचना पर दबाव एवं उन निम्न वर्गों की मांगलिक आकांक्षाओं के सम्बद्ध है, जिसको उच्चवर्ग-पूँजीपति तथा राजवर्ग एवं जमीदार निरन्तर चूस रहा था। खेतिहर भारत में कृषक-मजदूर पूँजीवादी व्यवस्था का शोषित श्रमिक है और जमीदार को पश्चिमी पूँजीवादी व्यवस्था के शोषकों के समानान्तर स्वीकार किया गया है। नागार्जुन साहित्य-गद्य तथा पद्य के संदर्भ इसके लिए मानक हैं। शील जी किसान और बैल की शोषण भरी आत्मीयता को एक साथ जोड़कर दोनों को एक साथ स्थापित करते हुए कहते हैं

मुझको रोटी तुमको दाना
है आधार यही जीवन का

चलो पेट भर लें चल करके दुखिया बैल टुटैल
नरेन्द्र शर्मा की व्यवस्थामूलक विद्रोहवादी स्वर देखें।
वहाँ राज है पंचायत का वहाँ नहीं सहकारी
मीलें वहाँ मजूरों की हैं धरती वहाँ किसानों की।
लाल रूस है, ढाल साथियों सब मजदूर किसानों की।

इस व्यवस्था की स्थापना का आधार 'जन' है और पूँजीवादी, सांमतवादी, तथा जमींदारवादी सारी व्यवस्थाएँ एवं धार्मिक उन्माद, शक्ति एवं उन्माद सबकुछ साम्यवादी लोक व्यवस्था के लिए समर्पित है। जनसंस्कृति को सत्ता के केन्द्र में ले आकर सम्पूर्ण व्यवस्थाओं को उनके क्रम में परिवर्तित करने का स्वप्न हिन्दी में प्रगतिवादी कवि देखते हैं।

(3) परम्परावाद के समापन की तत्परता–भारतीय जीवन में परम्परवाद नितान्त प्राचीन है और उस दृष्टि से प्रगतिवादी चेतना द्वारा उसका समापन सर्वथा एक जागरण का स्वर है। आस्थावादी, पुरातन मान्यताएँ जातिवाद परम्परावादी, ज्ञानवाद की अंधास्था, पूजावाद, वर्षव्यवस्थावाद आदि-आदि मान्यताओं के विरूद्ध सामूहिक स्वर तथा समता एवं समानता के साम्यवादी जीवन का शुभारम्भ इस प्रगतिवादी मान्यता के आग्रह, दबाव एवं आन्दोलन के तेवरों से जुड़े हैं। कवि कहता है।

हम अपनी पूरी ताकत से
रूस चीन की तरह धधक कर
जनवादी सच्ची आजादी पूरे भारत में लाएँगे।

निष्कर्ष रूप से, हिन्दी साहित्य की प्रगतिवादी कविता शोषणविहीन सामाजिक व्यवस्था के संस्थापन के लिए अभी तक संघर्ष एवं विद्रोह से जुड़ी दिखाई पड़ती है। पंत जैसे प्रौढ़ छायावादी कवि भी गम्भीर चिन्तनपरक वैचारिक मान्यताओं के अभाव में असन्तोष एवं वर्ग पीड़ा को ही सामने ले आने की भी चेष्टा करते हैं। वैसे, प्रगतिवादी कहानी तथा उपन्यास साहित्य में भी प्रगतिवादी लेखकों की संवेदनात्मक गम्भीरता के स्वर अधिक मुखर हैं एवं मन में पूँजीवादी व्यवस्थाओं के प्रति तीव्र आक्रोश है, उनकी तुलना में ये कविताएँ केवल संवेगात्मक लगती हैं। वैसे, नागार्जुन जैसे कवि तथा कथाकार कविता एवं गद्य साहित्य द्वारा जनवादी संदर्भो से हृदय को मसोसने वाले सर्जक प्रगतिवादी परम्परा में केवल गणना मात्र के लिए है।

प्रयोगवाद तथा नई कविता
(सन् 1942 से 2000 तक)

प्रयोगात्मक तथा नई कविता की पृष्ठभूमि को हिन्दी आलोचकों ने तार-सप्तक से जोड़ा है। तार सप्तक का काल सन् 1943 से शुरू होता है, तार-सप्तक के सम्पादक अज्ञेय

ने इसे चार खण्डों में सन् 1943 से लेकर सन् 1979 तक प्रकाशित कराया है अर्थात् इस प्रकार 36 वर्ष के अन्तराल के हिन्दी काव्यान्दोलन को क्या प्रयोगवाद या नई कविता में नाम से पुकारा जाए? अज्ञेय के प्रारम्भिक तारसप्तक के तीन अंक सन् 1959 तक प्रकाशित हुए थे और दूसरा सप्तक 1951 में। तारसप्तक के पहले अंक में निम्नलिखित कवि हैं।

(1) मुक्तिबोध (2) डॉ. रामविलास शर्मा (3) सच्चिदानन्द हीरानन्द वात्स्यायन 'अज्ञेय' (4) गिरिजा कुमार माथुर (5) भारत भूषण अग्रवाल (6) नेमिचन्द जैन (7) प्रभाकर माचवे। इन सात कवियों में मुक्तिबोध तथा डॉ. रामविलासशर्मा प्रगतिवादी खेमे से सम्बद्ध हैं।

सन् 1947 मे अज्ञेय ने प्रयोगवाद एवं नई कविता की छूटी हुई पृष्ठभूमि को पूर्ण करने के लिए इलाहाबाद से 'प्रतीक' पत्रिका निकालीं। सन् 1952 में यह 'प्रतीक' पत्रिका बन्द हो गई फिर उन्होंने इसी वर्ष (1952) में ही **'नया प्रतीक'** प्रारम्भ किया किन्तु तार सप्तक के पहले अंक में ही वे **'प्रयोगवाद'** पर टिप्पणी लिख चुके थे।यह भी कहा जाता है कि प्रतीक का प्रारम्भ इसी प्रतीक पत्रिका से शुरू हुआ किन्तु तार सप्तक के पहले अंकमें अज्ञेय प्रयोग पर टिप्पणी दे चुके थे "प्रयोग सभी कालके कवियों ने किए हैं। यद्यपि किसी एक काल में, किसी विशेष दिशा के प्रयोग करने की प्रवृत्ति स्वाभाविक होती है किन्तु कवि क्रमशः अनुभव करता है, कि किन क्षेत्रों में प्रयोग हुए हैं, इनसे आगे बढ़ कर अब उन क्षेत्रों का अन्वेषण करना चाहिए जिनमें अभी नहीं हुआ है।"[1] अज्ञेय ने दूसरे तार सप्तक (1951) में इस प्रयोगवाद का स्वयं विरोध किया और कहा कि—

"मैं आग्रहपूर्वक यह कहना चाहता हूँ कि' नई कविता' जिनके लिए मुझे प्रयोगवाद शब्द अपूर्ण, अव्यक्त और पूर्वाग्रह जान पड़ता है, मूल प्रवृत्तियाँ इस देश की हैं।"[2]

अज्ञेय के प्रयोगवाद शब्द की अस्वीकृति का मूल कारण इलाहाबाद में 1948 में परिनल संख्या की स्थापना एवं नई कविता के आन्दोलन का वह मुखर रूप था, जिसने हिन्दी जगत को बीसवीं शती के पाँचवे चरण में अपने ओर पूरे लगाव के साथ चलने के लिए प्रेरित किया था। इसी बीच, सन् 1951 में इलाहाबाद से डॉ. जगदीश गुप्त, प्रो0 राम स्वरूप चतुर्वेदी एवं विजय देवनारायण साही के सम्पादकत्व में **नई कविता** पत्रिका निकली। यही नहीं, इसी के समानान्तर परिमल संस्था की एक गोष्ठी इसी विषय पर परिचर्चा के रूप में प्रारम्भ हुई और कविता के प्रतिमान विषयों पर डॉ. देवराज, डॉ. रामस्वरूप चतुर्वेदी और श्री गिरिजा कुमार के अपने वक्तव्य रखे। इस गोष्ठी में डॉ. शम्भुनाथ सिंह भी थे। गोष्ठी के विवेचित निष्कर्ष महत्त्वपूर्ण रहे कि प्रयोगवाद को नई पृष्ठभूमि के रूप में स्वीकार किया जा सकता है अर्थात् सन् 1939 से 41 तक की स्थिति इस नई कविता के प्रयोगकाल की है और

1. तार सप्तक-1, पृ0 5
2. तार सप्तक दूसरा, पृ0

फिर धीरे-धीरे रचना परिवेश के परिवर्तन के साथ नई कविता की परम्परा शुरू हुई। डॉ. जगदीश गुप्त ने नई कविता के नये संदर्भो से जुड़े प्रश्नों पर अत्यधिक गम्भीरता पूर्वक विचार किया है। उन्होंने नई कविता सिद्धान्त पक्ष' की सम्पादित कृति में आलेखों तथा संकलनों द्वारा इस प्रश्न से सम्बद्ध प्रश्नों एवं समस्याओं को सामने रखते हुए बताया है कि समाज में नई अभिरूचि की उपज नई कविता का मूल संदर्भ है। नई अभिरुचियों से नए जन समाज का लगाव आधुनिकता की पहचान है और नई कविता नई अभिरूचियों से उपजी सर्वथा परम्परा से भिन्न काव्य चेतना है, इसीलिए यह नई कविता है और इस प्रकार नई कविता नई सामसामयिक भोगी जाती हुई आधुनिकता की उपज है। उनका निष्कर्ष है कि पश्चिम में होने वाले सामाजिक, प्रौद्योगिकी, बौद्धिक, वैज्ञानिक आदि परिवर्तनों से प्रभावित भारत का निचला वर्ग स्तर सन् 1940 के बाद अधिक प्रखर हुआ आौर इसका प्रभाव हिन्दी साहित्य के विविध रूपों यथा-उपन्यास, नाटक, कहानी के साथ-साथ कविता पर भी पड़ा है। कहीं-कहीं कहा गया है कि ''नई कविता सम्पूर्ण विश्व में ट्रैजिडी की मृत्युमुखी खोज से जन्मी हैं।'' कई आलोचकों ने नई कविता की भावभूमि का विवेचन भोगीजाती अनुभूति के सामयिक क्षण से जोड़कर इसे बताने की चेष्टा की है। प्रभाकर माचने जैसे कवियों ने पश्चिमी दृष्टि से कविता का फामूर्ला नई कविता से निकाल कर रखा है। नव- गीतकारों ने नवगीत का विकास एवं नई कविता का फैलाव एंटी गीत के रूप में किया है। हिन्दी में प्रचलित एक ओर यह कविता एब्सर्डिटी से जोड़कर देखी गई तो किसी ने इसे नकेन के प्रपद्य कह कर पुकारा। इस प्रकार, सन् 1945 के बाद जैसे-जैसे आधुनिकता के विविध रूपों से जुड़कर नई कविता आगे बढ़ी, उसके रूपों की विविधताएँ फैलती चली गईं। डाँ0 जगदीशगुप्त नई कविता : खण्ड एक सैद्धान्तिक पक्ष के अन्तर्गत 'किसिम-किसिम की कविता' के शीर्षक के अन्तर्गत नई कविता के निम्नलिखित रूपों या भेदों के नामों तथा उनके संदभों का उल्लेख किया है—

जैसे—(1) सनातनी सूर्योदयी कविता, (2) अपरम्परावादी कविता, (3) सीमान्तक कविता, (4) युयुत्सावादी कविता, (5) अस्वीकृति कविता, (6) अकविता, (7) अभिनव कविता, (8) अधुनातन कविता, (9) नूतन कविता, (10) नाटकीय कविता, (11) एन्टी कविता, (12) निर्दिशायामी कविता, (13) एबसर्ड कविता, (14) विद्रोही कविता, (15) नंगीकविता, (16) शुद्ध कविता आदि आदि आदि''

इस प्रकार कुछ रूपों में नई कविता का फैलाव पश्चिमी सभ्यता का यथार्थवाद, उनकी सामाजिक विद्रूपताओं एवं पूँजीवादी शोषण एवं भोगवादी विकृतियों के विविध रूपों के प्रचलन से है। तार सप्तक के ठीक आगे-आगे चलने वाली कविता नकेन के प्रपद्य तीन कवियों नरेश, केशरी कुमार शर्मा, एवं नलिन-विलोचन शर्माकी मान्यताओं की नई अभिव्यक्ति से सम्बद्ध है।

नई कविता की तात्त्विक पृष्ठभूमि

पिछले दो सौ वर्षो से योरोपीय संस्कृति के संदर्भ का स्वरूप बदल चुका है। इस संस्कृति को फाडस्टियन संस्कृति के नाम से पुकारा गया है। इस संस्कृति में वैयक्तिक स्वच्छन्दता को सर्वोपरि स्थान मिला है। इसके अतिरिक्त इस फाडस्टियन संस्कृति के अन्य संदर्भ व्यापक एवं भौतिक आनन्ददायिनी एवं भौतिक जीवन की समृद्धि, अहम्वाद आदि तत्त्व हैं। नई कविता की पृष्ठभूमि के संदर्भ में पश्चिम की जिस संस्कृति और उसकी उपलब्धियों की चर्चा की जाती है, इसका बीज तत्व यही फाडस्तियन संस्कृति है। यह सत्य है कि, परवर्ती काल में टी0 एस0 इलियट आदि ने अपनी साहित्यिक अभिव्यक्तियों में परिवर्तित करने की चेष्टा की किन्तु मूलधर्म तो पश्चिमी साहित्य में व्याप्त था। साम्यवादी संस्कृति के फैलाव तथा भारतीय संस्कृति के दबाव के फलस्वरूप योरोपीय संस्कृति में आगे परिवर्तन के संदर्भ आने शुरू हुए किन्तु भौतिक संग्रहवादी संस्कृति के मूल तत्त्व वैयक्तिक स्वच्छन्दता, अहम्वाद की अतिशयता, भोगवादी प्रवृत्ति की छटपटाहट, बौद्धिकता का दबाव, यथार्थ के कटु सत्य पर दृष्टि ऐसे कितने तत्त्व हैं जो हिन्दी साहित्य में आई नई प्रवृत्तियों के विकास में सहयोगी बनकर इस पश्चिमी भौतिक पहलुओं की चर्चा प्रारम्भ करते हुए इस प्रयोगवाद तथा नई कविता के विश्लेषण के लिए जागरूक होते हैं तो योरोपीय सभ्यता के ये नये पक्ष, हमारे सामने आते हैं। इस पश्चिमी नई धारा से आई हिन्दी कविता के ये आन्दोलन स्पष्टरूप से साथ दिखते हैं और बीट कविता, एब्सर्ड कविता, द्वीपान्तर कविता, नंगी, भूखी पीढ़ी की कविता, अन्यथावादी कविता आदि के संदर्भ सामने उठ खड़े होते हैं।

नई कविता के हिन्दी के आलोचक जब इस कविता से सम्बद्ध आधुनिकता की चर्चा करते हैं, तो मूलस्त्रोत के रूप में वे योरोपीय देशों के नये वैज्ञानिक तथा वैचारिक चिन्ताओं की पृष्ठभूमि की सर्वप्रथम चर्चा करते हैं। पश्चिमी चिन्तन दृष्टि के अन्तर्गत सर्वप्रथम ज्याँ पाल सार्त्र के अस्तित्ववाद की चर्चा आती है। इन्हीं के साथ, इस अस्तित्ववादी चिन्तन को शक्ति प्रदान करने वाले चिन्तक किर्के गार्ड के चिन्तन संदर्भों की अनेक रूपों में चर्चा की जाती है। अस्तित्ववादी चिन्तन पूँजीवादी मान्यताओं तथा योरोपीय भौतिकवादी स्वच्छन्दतावाद एवं अहम्वाद के समर्थन में खड़ा साम्यवादी चिन्तन का प्रवल विरोधी पक्षकार है जो सम्पूर्ण योरोपीय सभ्यता को आधुनिकता का अहम्वादी और विज्ञानवादी स्वरूप देवर आगे बढ़ानेके प्रति निरन्तर तत्पर है। रइस चिन्तन के फलस्वरूप योरोपीय चित्रकारों का दादावाद (Dada Movement), अति यथार्थवाद, नग्न यथार्थवाद, फ्रायड की काम वासना का अतृप्तिवाद, व्यक्तिवादी अहम्वाद, विज्ञानवाद से जुड़कर पश्चिम का यह आधुनिकतावाद भारत ही नहीं सम्पूर्ण विश्व को प्रभावित करना शुरू कर दिया। योरोपीय पूँजीवादी व्यवस्था के इस नए परिवर्तन के कवियों में मलार्के, बोदलेयर, एजरा- पाडण्ड, री0 ई0 ह्यूम, विलियन कार्ल्स

आदि-आदि महत्त्वपूर्ण कवियों ने पश्चिम में इस नई कविता का आन्दोलन परम्परा से मुक्ति तथा अत्याधुनिकता के तादात्म्य से जोड़कर प्रस्तुत किया है। वातावरण में इस कविता की व्याप्ति तथा प्रभाव का व्यापक असर फ्रांस, इटली, ब्रिटेन, जर्मनी आदि योरोपीय देशों पर दिखाई पड़ा और इसी ने हिन्दी के सन् 1940 के बाद के परिवेश से जुड़े रचनाकारों को अपनी ओर आकर्षित किया। नई कविता की भी तात्त्विक पृष्ठभूमि यह योरोप की उन्नीसवीं शती के प्रारम्भिक दौर-का ही साहित्य है। डॉ. रामविलास शर्मा इस नई योरोपीय कविता की पृष्ठभूमि में अस्तित्ववाद की मान्यताओं को मूलाधार बताते हैं किन्तु रचना, रूपविधान, शिल्प तथा वस्तु- विधान में जो नये परिवर्तन पश्चिमी साहित्य को इस आधुनिकता से जोड़ रहे थे, उनका सम्बन्ध यथार्थवाद, अतियर्थाथवाद, बिम्बविधानवाद नई सृजन भूमियों तथा प्रतीकवादी विधानतंत्र की सर्जनात्मक मान्यताओं से रहा है और हिन्दी का सन् 1940 के बाद का हिन्दी काव्य इस पश्चिमी नवकाव्य आन्दोलन से पूरी तरह से प्रभावित होकर प्रकाश में आया। योरोप की 19वीं शती की आधुनिकता कविता के क्षेत्र में भारत में बीसवीं शती के मध्य में लगभग 150 वर्षों बाद आई, यह सोचने का विषय है।

प्रयोगवाद तथा नई कविता : कवि तथा काव्य

यद्यपि हिन्दी काव्य के अन्तर्गत यह धारणा व्याप्त हो चुकी है कि नई कविता का प्रारम्भ सन् 1940 से हो चुका था। इस मत के समर्थक गिरिजा-कुमार माथुर हैं और उनका समर्थन डॉ. जगदीश गुप्त तथा उनके अन्य सहयोगी करते हैं। उनके अनुसार सन् 1940 के पूर्व छायावादी कविता के प्रति विच्छेद बिन्दु बनना प्रारम्भ हो चुके थे। सामान्य रूप यह माना जाता है कि सन् 1940 छायावाद तथा नई कविता का सन्धिकाल है, और डॉ. देवराज जैसे चिन्तक छायावाद का पतन को बीसवीं शती का चौथा दशक ही स्वीकार करते हैं। सन् 1943 में तार सप्तक के सात कवि सर्वप्रथम बार प्रकाश में आए-और नये प्रयोगवादी व्यक्तियों का इतिहासकाल वहीं से शुरू करना उचित होगा वैसे इससे सम्बद्ध कवि तथा उनकी कविताएँ सन् 1940 के पूर्व से ही चल रही थीं।

तार सप्तक : 4 भाग : के कवि–

तार सप्तक : प्रथम (1943)–(1) मुक्तिबोध (2) डॉ. रामविलास शर्मा (3) सच्चिदानन्द हीरानन्द वात्स्यायन अज्ञेय, (4) गिरिजाकुमार माथुर (5) भारत भूषण अग्रवाल (6) नेमिचन्द जैन (7) प्रभाकर माचवे

तार सप्तक : द्वितीय–(1951)–(1) भवानी प्रसाद मिश्र (2) शकुन्त माथुर (3) रामवोर (4) रघुवीर सहाय (5) हरिनारायण व्यास (6) नरेश मेहता (7) डॉ धर्मवीर "भारती।

तार सप्तक : तृतीय (1959)–(1) कुँवर नारायण (2) केदार नाथ सिंहं। (3) सर्वेश्वर दयाल सक्सेना (4) विजय देव नारायण 'साही' (5) मदन वात्स्यायन (6) कीर्ति

चौधरी (7) प्रयाग नारायण त्रिपाठी।

तार सप्तक : चौथा (सन् 1979)–(1) राजेन्द्र किशोर (2) श्रीराम वर्मा (3) सुमन राजे (4) नन्द किशोर आचार्य (5) स्वदेश भारतीय (6) राजकुमार कुंमज (7) अवधेश कुमार

अज्ञेय द्वारा सन् 1943 से सन् 1979 अर्थात् 36 वर्षो के निहित चयनित प्रयोगवादी कवियों की तालिका बाद में उन्हीं के द्वारा कविता की कवि सूची बन गई।

तार सत्पक की परम्परा में स्वीकृत तार सप्तकेतर सन् 1940 से लेकर सन् 2000 तक के महत्वपूर्ण कवियों तथा उनकी महत्वपूर्ण कृतियों की तालिका इस प्रकार है।

1. **सच्चिदानन्द हीरानन्द वात्स्यायन अज्ञेय** का काव्य लेखन सन् 1933 से प्रारम्भ हुआ और इनकी महत्त्वपूर्ण काव्य कृतियाँ इस प्रकार हैं।

(1) भग्नदूत 1935, चिन्ता 1942, सरणार्थी (1946) हरी घास पर क्षण पर (1942) इत्यल्यम् (1946) इन्द्रधनु रौंदे हुए (1957) अरी ओ करुणा प्रभामाय (1959), आंगन के द्वार पार (1961), कितनी नाँवों में कितनी बार (1967) क्योंकि मैं उसे जानता हूँ (1969), पूर्वा, (1965), सुनहरे सैवाल (1965) सागर मुद्रा (1970), पहले मैं सन्नाटा बुनता हूँ (1973), महावृक्ष के चित्र (1977), नदी की बॉक पर छाया (1981), ऐसा कोई घर आपने देखा है (1986)। इस प्रकार उनका काव्य लेखन अर्धशतक से अधिक तक चला है।

(2) गजानन माधव मुक्ति बोध–मूलतः प्रकृतिवादी आस्था के कवि हैं किन्तु इन्हें तार सप्तक का अज्ञेय ने प्रथम कवि बनाया था। इनकी रचनाएँ इस प्रकार हैं (1) चाँद का मुँह टेढ़ा है, (2) भूरी भूरी खाक धूल (3) अँधेरे में (लम्बी कविता)।

(3) शमशेर बहादुर सिंह–प्रकाशित कृतियाँ (1) युद्ध कविताएँ (2) कुछ और कविताएँ (3) चुकायी हूँ, नहीं भी हूँ (4) इतने पास अपने (5) उदिता आदि।

(4) गिरिजा कुमार माथुर–(1) मंजीर (2) नाश और निर्माण (3) घूप के धान (4) शिला पटल चमकीले (5) जो बँध नहीं सका (6) भारती नदी की यात्रा।

(5) धर्मवीर भारती–(1) ठंडा लोहा (2) अन्धा कुआँ (3) सात गीत वर्ष (4) कनुप्रिया।

(6) देवराज–(1) ऊर्वशी ने कहा, (2) इतिहास पुरुष।

(7) नरेश कुमार मेहता–(1) वनपाखी सुनो (2) बोलने दो चीड़ को, (3) संवाद की एक रात, (4) समय देवता।

(8) भारतभूषण अग्रवाल–ओ! अप्रस्तुत मन (2) मुक्ति मार्ग (3) अनुपस्थित लोग (4) कागज के फूल (5) जागते रहो, (6) मुक्ति मार्ग (7) छवि के बटवान

(9) नेमिचन्द जैन

(10) लक्ष्मी कान्त वर्मा

(11) सर्वेश्वर दयाल सक्सेना–(1) बाँस का पुल (2) एक सूनी नाँव

(12) विजय देव नारायण साही–मछलीधर

(13) बालकृष्णा राव–(1) अर्ध शैली

(14) जगदीश गुप्त–(1) नाव में पाँव (2) शब्द दंश (3) हिमविद्ध

(15) श्रीकान्तवर्मा–(1) भटका मेघ (2) माया दर्पण

(16) कुँवर नारायण–(1) चक्रव्यूह (2) परिवेश (3) हम-तुम (4) आत्ममयी

(17) विपिन कुमार अग्रवाल

(18) दुष्यन्त कुमार–(1) सूर्य का स्वागत

(19) रघुबीर सहाय–(1) आत्महत्या के विरुद्ध (2) सीढ़ियों घूप में

(20) भवानी प्रसाद मिश्र–(1) गीत फरोश (2) चकित है दुःख

(21) हर नारायण व्यास–मृग और तृष्णा

(22) प्रभाकर माचवे–(1) स्वप्न भंग, (2) मेपल, अनुक्षण

(23) शम्मुनाथ सिंह–(1) माध्यम मै, (2) खंडित सेतु

(24) शकुन्तकुमार–(1) चाँदनी चूनर

(25) वीरेन्द्र कुमार जैन–(1) अनागता की आँखे (2) रातका का सूर्यपुरुष

(26) कैलाश वाजपेयी–(1) देहान्त से हटकर (2) संक्रान्त

(27) अशोक बाजपेयी–शहर अब भी सम्भावना है

(28) केशवचन्द वर्मा–वीणापाणि के कम्पाउन्ड में

(29) केदारनाथ सिंह–(1) नये वर्ष (2) जमीन पक रही है (3) बिना नाम की नदी (4) यहाँ से देखो (5) अकाल का सारस

(30) धूमिल–(1) संसद से सड़क तक (2) बाल सुनना मुझे

इनके अतिरिक्त, नई कविता से जुड़े कवियों की तालिका बड़ी लम्बी है। इसमें प्रमुखतः मलयज, श्रीराम वर्मा, कीर्ति चौधरी, मदन वात्स्यायन, राजकमल चौधरी, मंगलेश डबराल, गिरिघर राही, शकुन्तला माथुर, श्रीकान्त वर्मा, बालकृष्ण राव आदि-आदि कवि रखे जा सकते हैं।

नई कविता : मूल्यांकन के आधार सूत्र

प्रयोगवाद और उसी से सम्बद्ध नई कविता जिसे अज्ञेय जैसे चिन्तक ने ही क्रमशः एक दूसरे को विकास का क्रमबद्ध सोपान माना है, भारत की विशेषरूप से हिन्दी काव्य क्षेत्र में पश्चिमी जगत की नव आधुनिकता की एक नई पहल की शुरुआत है।

डॉ. जगदीश गुप्त ने इस आधुनिकता को समसामयिकता के प्रकाश में समाज की नई अभिरूचि की ओर संकेत किया है। उनके अनुसार प्राचीन अभाव एवं नवीन

आविर्भाव के बीच जगने वाली जनरुचि आधुनिकता के सूत्रों को सामने लाती है किन्तु भारत के समाज में नवीन आविर्भाव से जनमानस कितना प्रभावित हुआ, यह उतना स्पष्ट नहीं है किन्तु, हुआ अवश्य है। प्रो0 रामस्वरूप चतुर्वेदी ने बताया है कि आधुनिकता नए परिवर्तन का मूल कारण है और यह दो संस्कृतियों के द्वन्द्व का प्रतिफल है। आधुनिकता को पुनः स्पष्ट करते हुए प्रो0 रामस्वरूप चतुर्वेदी कहते हैं कि आधुनिकता तो इतिहास के आगामीचरण को रूपायित करने की और इस संरचना को द्रुततर बनाने की प्रक्रिया है।[1] नये कवि तथा आलोचक मलयज बताते हैं कि "आधुनिकता कोई मूल्य नहीं है। वह वर्तमान जीवन के विशिष्ट संदर्भो से आज का मात्र एक दृष्टिकोण है।"[2] इसी प्रकार,अनेक विद्वानों ने आधुनिकता की तरह-तरह से परिभाषा है। आज जब हम आधुनिकता की बात का करते हैं तो तीन व्यवस्थाएँ सामने आकर दूसरे की आधुनिकता के लिए चुनौतियाँ देना शुरू-कर देती हैं। ये तीन व्यवस्थाएँ इस प्रकार हैं—

(1) व्यावसायिक उपनिवेशवादी व्यवस्था जो पूँजीवादी तंत्र से सम्बद्ध है।

(2) विज्ञानवादी आधुनिकता जिसका सम्बन्ध नए अन्वेषणों और उनसे परिवर्तित मानव समाज की नवीन जीवन शैली तथा मूल्यों से है।

(3) प्रगतिवादी सम्यवाद तथा लोकतांत्रिक व्यवस्था से सम्बद्ध समाजवादी मान्यताएँ जो सामन्तवादी एवं पूँजीवादी परिवर्तनों की प्रतिक्रिया में सामाजिक रचना के नए मूल्यों की स्थापनाओं तथा प्राथमिकताओं के प्रति विश्वास दिलाती हैं।

(4) हिन्दी नई कविता से जुड़ी आधुनिकता का मूलसंदर्भ पश्चिमी औद्योगिक क्रान्ति के बाद आई योरोपीय आधुनिकता एवं उनके बीच पनपे साहित्य से है जो सामान्य रूप से अंग्रेजी साम्राज्यवाद की व्यवस्था से सम्बद्ध है और भारतीय जीवन दृष्टि, नई सामाजिक एवं जीवनयापन व्यवस्था, वैज्ञानिकता के नए प्रयोगों एवं उनसे जुड़े सामाजिक सन्दर्भो तथा संचार माध्यमों के विशेष रूपों से अभ्यस्त समाज को परम्परावाद से पूरी तरह से प्रायः मुक्त करता रहा है। सन् 1940 तक भारत की उच्च शिक्षित हिन्दी की साहित्यिक अभिरूचि का वर्ग कितना था, जिसने इस नये अभिर्भाव की प्राथमिकता को स्थिरता दी, शायद सम्पूर्ण शिक्षित जनता जिसका प्रतिशत 10 से भी कम हो सकता है, उसके आधे पाँच प्रतिशत के आसपास रहा हो। इन हिन्दी साहित्यकारों का तो प्रतिशत इस परिदृश्य में प्रभावकारी परिवेश उत्पन्न करने वालों में नितान्त कम रहा होगा। सर्जक सार्वजनिक नेता नहीं होता किन्तु उसकी कृतियाँ यथा समय अपना प्रभावशाली असर डालकर नेतृत्व का भार सम्हाल लेती हैं जैसे वाल्मीकि रामायण, महाभारत, रामचरीमानस आदि। इस युग में अज्ञेय का ही एक ऐसा प्रमुख प्रभावशाली व्यक्तित्व था किन्तु उनकी कोई महत्त्वपूर्ण अप्रतिम कृति मानक नहीं बन पा रही

1. नई कविता : खण्ड-एक, पृ0 286
2. नई कविता : खण्ड एक, पृ0 284

थी। फलतः नई कविता का हिन्दी आन्दोलन एक सामाजिक आन्दोलन के रूप में जागृत हुआ, द्विवेदी युग एवं छायावादी काव्यान्दोलन से भिन्न। इस विषय पर कई नई आलोचनात्मक दिशा निर्देशक कृतियाँ लिखी गईं। लक्ष्मीकान्त वर्मा कृत-**नई कविता के प्रतिमान**, **नये प्रतिमान पुराने निकष**, डॉ. रघुवंश कृत **साहित्य का नया परिप्रेक्ष्य**, रामस्वरूप, चतुर्वेदी कृत **हिन्दी नवलेखन**, नागेश्वर लाल कृत **वैचारिक चिन्तन**, **हिन्दी साहित्य कोश में प्रयोग युग**, **प्रयोगवाद आदि पर टिप्पणियाँ**, **अज्ञेय के तार सप्तक के चार अंकों में कविताओं के चयन तथा टिप्पणियाँ**, नई कविता' जैसी देशभर में पच्चीसों पत्रिकाओं का प्रकाशन, इलाहाबाद में परिमल संस्था की स्थापना, गौष्ठियाँ तथा राष्ट्रीय वैचारिक गोष्ठियों में लगभग तीस वर्षो तक निरन्तर चर्चा आदि व्यापक आन्दोलन के रूप दिखाई पड़ते हैं। इस प्रकार यह नई कविताधारा अपनी हलचल भरी स्थिरता के बीच हिन्दी की नई काव्यधारा बनकर स्थापित हुई।

(2) नई कविता का नया संदर्भ नई भावभूमि की हिन्दी साहित्य के अन्तर्गत स्थापना है और यह नई भावभूमि भारत की शतियों से चली आ रही अपनी आध्यात्मिक, आस्था तथा विश्वासवादी परम्परा तथा मानवतावादी शुभ मूल्यों से मुक्ति दिलाने के कारण परम्परा की व्यवस्था से बहुत अलग है। परम्परावादी मान्यताओं के स्थान पर यथार्थवादी तथा उसके और भी आगे अतियथार्थवादी, नग्नयथार्थवादी से सम्बद्ध मानव चेतना से सामंजस्य स्थापित करके उसे अर्थ सम्प्रेषण एवं भावसम्प्रेषण दोनों रूपों में प्रस्तुत करना अमीष्ट रहा है। आध्यात्मिक एवं मानवतावादी परम्परा का सम्बन्ध आदर्शवाद से सम्बद्ध है जो यथार्थवाद का प्रतिवाद है। यह विलोम 'स्व' स्वानुभूति के स्वार्थ एवं स्वयं की सार्थकता से सम्बद्ध है। उसके अस्तित्व का आधार 'अहम्' एवं अहम् द्वारा (मेरी निजता द्वारा) भोगा जाता हुआ सामयिक यथार्थ का अस्तित्व है जो पश्चिमी चिंतक किर्क गार्ड एवं ज्याँ पाल सार्त्र आदि के चिन्तनसंदर्भो से जुड़ा पश्चिमी मान्यताओं का आज का स्वीकृत सिद्धान्त, यही, इस नई कविता का आधार है। यथार्थ का यह मोटिफ़ मनुष्य का सामाजिक सत्य न होकर नितान्त वैयक्तिक, नितान्त अहम्वादी, केवल अपने तक सीमित वह मनुष्य है जिसे नई कविता में लघुमानव कहा गया है। यह लघुमानव नई कविता के अन्तर्गत लक्ष्मीकान्त वर्मा का स्थापित सत्य है। जिसको विजयदेवनारायण 'साही', प्रो0 रामस्वरूप चतुर्वेदी आदि ने अपनी बहँसो द्वारा बल देकर स्थापित किया है। नई कविता का यह स्वयंवादी यथार्थ की निजता एवं लघुता की सीमाबद्धता उसकी केन्द्रीय चेतनावृत्ति है जो परम्परा के आदर्शवाद, नैतिक मूल्यवाद, आध्यत्मिक निष्ठावाद इन सम्पूर्ण मान्यताओं का एक साथ निषेध करती हैं। लक्ष्मीकान्त वर्मा ने नई कविता की पाँच प्रवृत्तियों का अपनी कृतियों एवं लेखों में निर्देश किया है, ये इस प्रकार हैं—

(1) यथार्थवादी अहम्वाद

(2) अभिव्यक्ति की स्वच्छन्दता

(3) बौद्धिकता तथा वैज्ञानिक यथार्थ
(4) भोगा जाता हुआ सत्य
(5) अनुभवजीवित शिल्प जो यथार्थ, स्वच्छन्दता, अहम्वाद एवं भोगे जाते हुए सत्य को तदवत् बता सके।
(6) विम्बविधान, भाषा की चित्रमयता, प्रतीकविधान तथा मिथक। डॉ. जगदीश गुप्त नई कविता को प्रवृत्तियों से सम्बद्ध नई भावभूमि को इस प्रकार व्यंजित करते हैं।

(1) सत्य के उपेक्षित असाधारण एवं सूक्ष्म पक्षों को काव्यबद्ध करने की प्रवृत्ति
(2) कलाचेतना में परिष्कार की अपेक्षा प्रामाणिकता की मूल्य वृद्धि
(3) कथन में अनेक नाटकीय विधियों का समावेश
(4) नये मनुष्य अथवा नये व्यक्तित्व का धर्म निरपेक्ष मानवतावादी भावभूमि पर उदय
(5) प्रचीन प्रतीकों तथा मिथकों की नवीन व्यंजना शक्ति
(6) बौद्धिकता और परिवेश के प्रति जागरूकता

डॉ0 जगदीश गुप्त की नई कविता से सम्बद्ध मान्यताओं में यदि दो बातें और जोड़ दी जाएँ तो उनका मन्तव्य अधिक स्पष्ट होगा। (1) नई कविता और अर्थलय
(2) रसानुभूति के स्थान पर सह-अनुभूति

नई कविता के मूल्यांकन के इन आधार बिन्दुओं के प्रकाश में उसकी रचनात्मक प्रवृत्तियों का विश्लेषण अपेक्षित है।

नई कविता की प्रवृत्तियाँ

(1) नितान्त वैयक्तिता तथा अहम्वाद–नई कविता के कवि का सत्य नितान्त वैयक्तिक अर्थात् 'स्व' केन्द्रित अहम्वाद' से सम्बद्ध है। 'मैं' ही भोक्ता है, प्रत्येक क्षण का मेरा भोगा जाता हुआ यथार्थ ही सत्य है और मैं तथा मेरे 'मैं' की निजता अपनी समाजिक तथा परिवेशगत परिस्थितियों में सर्वाधिक सत्य है। छायावादी कवि का 'मैं' अपनी संवेदना से तो जुड़ा है किन्तु यह कवि के मैं का भोगा जाता हुआ यथार्थ से अनेक रूपों अनेक परिस्थितियों, अनेक सापेक्षताओं आदि-आदि से अलग है, किन्तु नई कविता का सत्य कैसा है? यह अनुमानित भी नहीं है, केवल कवि ही बता सकता है। शमशेर की कविता का इस संदर्भ में एक उदाहरण स्पष्ट है।

एक नीला आइना
बेढोस-सी यह चाँदनी
और अन्दर चल रहा हूँ-मैं,
उसी के महातल में मौन

मौन में इतिहास का कम किरन जीवित एक बस।

एकदम एकान्त का 'मैं' यही आज के भौतिक यथार्थवाद का 'स्व' अहन्ता 'मन' है जिसके 'स्वत्व' से जुड़ा इस 'मैं' के अतिरिक्त और कुछ-भी नही है। वह अकेला और एकमात्र केवल अकेला केवल कवि एकमात्र मैं (कवि) है।

(2) बौद्धिकता–परम्परा से चली आ रही रससिद्ध कविता, रसधर्मी, सम्प्रेषण से परिपूर्ण भावात्मक आग्रह की कविता का युग इस नई कविता ने समाप्त कर दिया। नई कविता के पूर्व की कविता भावात्मक संवेदन (Emotive sensibility) की कविता थी। यह कविता मानव चित्त दशा की ज्ञानदशा (Knowing) से हटकर भावजगत की कविता थी। हजारों वर्षो के चली आती हुई संगीतालकता, भाषिक लयात्मकता तथा चित्त को भाव तादात्म्य से विह्वल कर देने वाली हमारी भावात्मक कविता को इस सन् 1940 से 1980 तक की भारत में हिन्दी के परीक्षेत्र में गायब कर देने वाली बौद्धिक अभिव्यक्ति की नई कविता कैसी कविता है? यह कविता बौद्धिक तर्क शक्ति है, सम्पन्न शब्दलय एवं रसानुमूति के स्थान पर अर्थ लय एवं सह-अनुभूति की स्थापना करने वाली, गद्य की सजगता वाली प्रतीक, विम्ब, मिथक तथा विपर्यय वाली कविता कैसे नये रूप की नई कविता बनकर आ गई, यह आश्चर्य का प्रश्न है, किन्तु उसकी स्वीकृति हो चुकी हे। शमशेर की कविता के गद्यलय का एक उदाहरण यहाँ द्रष्टत्य है।

उसने मुझसे पूछा
इन शब्दों का क्या
मतलब है

यह एक बौद्धिक गद्य काव्य है, जहाँ तर्क के माध्यम से एक गद्य वाक्य बनता है।
"उसने मुझसे पूछा की इन शब्दों का क्या मतलब है?"
और कविता प्रश्न पूछ कर शान्त हो उठती है।

तर्कशक्ति गद्यात्मकता की अबतक साक्ष्य थी, और इन कवियों ने उसे अब कविता से जोड़ दिया है।

(3) भोगे जाते हुए क्षण का सत्य–समसामयिक भोगे जाते हुए यथार्थ के क्षण के सत्य क्या हैं, यह ठीक उसी सार्थकता से जुड़ा है, जैसा कवि भोग रहा है ओर कवि क्या भोग रहा है, उसकी अभिव्यक्ति विकृति, अश्लील, सुन्दर, सुनहली कवि का वह क्षण जैसा भी हो, उस यथार्थ को कवि व्यंजित करने के लिए प्रतिबद्ध है—

हमने मर्यादा का अति क्रमण नहीं किया
क्योंकि नहीं थी, अपनी कोई मर्यादा।

भोगे जाते हुए क्षण की मर्यादा मर्यादाहीनता है क्योंकि उस पर यथार्थ का सम्पूर्णतः दबाव है, नैतिकता का नहीं।

मुद्राराक्षस का प्यार देखें, उसका भोगा जाता हुआ सामयिक सत्य कैसा है।

मुहब्बत एक गिरे हुए बच्चे-सी होती है,
चाहत वह, मजबूरी हो सकती है,
जिसे मरीज खाँसकर थूक न सके।

नई कविता का यथार्थवाद व्यवहार के सारे पहलुओं की छूता हुआ सम्पूर्ण जीवन तथा व्यवस्था का अंग है और उसे नैतिकता से ढँककर छिपा देना पलायन है। वह पुरानी पीढ़ी की भाँति शब्दों से ढँककर अब नहीं प्रस्तुत किया जा सकता।

नई कविता के यथार्थवाद के प्रति सबसे ईमानदार कवि लक्ष्मीकान्त वर्मा की इन पंक्तियों से यह सत्य और भी स्पष्ट हो उठेगा।

एक कलाकार का भूखा पर
उबली खिचड़ी
ठिठुरी दालें
यह फटे दूध सा जर्जर मन
नंगे बच्चे
भूखी बीबी
साँस रोगी-सी ग्रस्त त्रस्त उँची कोठरी
कवि कलाकार : अतिशय भावुक
अतिशय उदार : अतिशय गतिमय
यह सभी व्यंग्य : यह राह तंग
यह सोच रहा अपने मन में।

कविता यह भोगा हुआ यथार्थ जीवन से पलायन नहीं कर सकता। नई कविता में कल्पना तथा व्यंग भी नहीं है, कवि का सर्वत्र यथार्थ है क्योंकि उसे भी तो समाज के अन्तर्गत मनुष्य की ही भाँति जीवन यापन करना है। पूर्व के कवि इस भोगे हुए घटित सत्य का पलायन करके कल्पना के नीड़ों में निवास करते थे, किन्तु अब उनको भी यथार्थ जीवन जीने वाले मानव की ही भाँति रहना पड़ेगा। आज का कवि कल्पना का नीड़ बनाकर सुनहले स्वप्नों में खो नहीं सकता वरन् अब उसके लिए सामाजिक यथार्थ को निजता के अनुभव को अपने शब्दों से गढ़ना अनिवार्य है।

(4) अभिव्यक्ति की स्वच्छन्दता–नई कविता की प्रतिबद्धता अब न पलायन की है और न यथार्थ को छिपाने की। वह जीवन जीने के नैतिक एवं गोपनीय प्रसंगों का तोड़कर मिथकों के सहारे अभिव्यक्तियों को विविध प्रतीकों से रँगकर सामने रखने के लिए विवश नहीं है। अभिव्यक्ति की स्वच्छन्दता से सम्बद्ध प्रतीकयोजनाएँ, मिथकीय वर्णन विधान, बिम्बनिधान जैसी नई विधाएँ इस स्वच्छन्दता की अनुभूतियों का सबल रूप देने सामने आ गई है।

लक्ष्मीकान्त वर्मा की कविता का एक उदाहरण देखें—

डायरी के कुछ पृष्ठ, सौन्दर्यबोध
पर चून की दूकान से प्राप्त
तारीख चौदह
आज तीसरा उपवास है
चलो खाली गिलास से गिलास टकरा
एक दूसरे के लिए नहीं,
काव्य कला के लिए जिएँ

यथार्थ का सत्य और उसे छिपाने की भी कमजोरी, जो सच है, स्वच्छन्द भाव से बिना किसी दबाव के सच की तरह कह रहा हूँ, यही आज की नई कविता की मूल निष्पत्ति है। उनकी अभिव्यक्ति की स्वतंत्रता तो उदाहरण देखें—

कहो और, जोर देकर, साफ साफ कहो, जोंक को रक्त पिलाता रहा, अब वह भी नहीं रहा।

आत्महत्या का इरादा—
किसी केमिस्ट ने पोटैशियम साइनाइड उधार नहीं दी
कर्जे की अफीम भी,
पर्मिट बिना नहीं मिली।

(5) वैज्ञानिक भावबोध—नया कवि वैज्ञानिकता के यथार्थबोध एवं तार्किक सत्य में साथ जीवन जीने की कामना करता है क्योंकि वह जिस सत्य के बीच रह रहा है, उसे कल्पना तथा भावुकता की अतिशयता से प्रेरित होकर ठुकरा कैसे सकता है। कारण स्पष्ट है, आज नए समाज की जिस सत्यता को मानव तलाश रहा है, और उसे भोगने के लिए प्रतिबद्ध है, वह मध्यकालीन मिथकीय, काल्पनिक तथा आस्थापूर्ण जीवन से नितान्त भिन्न है। वैज्ञनिक यथार्थ की सत्यताओं के बीच जीवन जीने का सच कवि के लिए, उसकी कविता की विश्वसनीयता के लिए अब नितान्त आवश्यक है—भक्तिकाल, रीतिकाल या छायावादी जीवन की कल्पनामडित स्वीकृतियाँ अब आज की नई व्यक्तिवादिता के लिए त्याज्य हैं क्योंकि आज का युग प्रत्यक्ष बोध का युग है, कल्पना पर आधारित विश्वासों एवं मान्यताओं का नहीं। अज्ञेय परम्परा के कल्पनाविधान पर व्यंग्यमरी टिप्पणी देते हुए स्पष्ट करते हैं।

नहीं कारण कि मेरा हृदय उथला है या कि सूना है
या कि मेरा प्यार मैला है—
बल्कि केवल यही—
ये उपमान मैले हो गये हैं
देवता इन प्रतीकों के कर गए हैं, कूच

कभी वर्तन अधिक घिसने से मुलम्मा छूट जाता है।

मूलतः आज की नई कविता का नया संदर्भ यही है, कि वर्तमान वैज्ञानिक बोध एवं जीवन जीने की नई दृष्टि ने परम्परा के सम्पूर्ण काव्य संदर्भो को प्राचीन तथा प्रचलनविहीन बना दिया है।

(6) कविता की कलात्मक अन्विति अर्थात् शिल्पविधान के रूपों में विविध परिवर्तनों के कारण नई कविता पहचान में आ जाती है। प्रतीक एवं बिम्बविधान, फैटेंसी, अर्थाक्षेप, नये उपमान एवं विधान रूपों की खोज, विडम्बनाएँ, बौद्धिकता के आग्रह से सम्प्रेषण संदर्भो की विविधता आदि-आदि भाषिक अभिव्यक्तियों के व्यंगात्मक कौशल के कारण यह नई कविता अपनी नई परम्परा की पहचान का प्रारम्भ करके उन्हें आगे ले जाने के प्रति प्रतिबद्ध है। परम्परा के सम्प्रेषण एवं रचनाविधान के विविध संदर्भ लुप्त होकर अर्थातन्वितियों के साथ अवतरित होकर कविता को भावात्मक सन्प्रेषण की ओर न ले जाकर बौद्धिक सम्प्रेषण की ओर ले जाते हैं फिर वहाँ, डॉ. जगदीश गुप्त का सिद्धान्त रसानुभूति के स्थान पर सह-अनुभूति का संदर्भ सामने आता है। अज्ञेय की कविता की चाँदनी की बहार देखें—

वंचना है, चाँदनी सित
झूँठ यह आकाश का निरवधि गहन विस्तार
शिशिर की राका निविड़ की शान्ति है, निःसार
निरन्तर कोसती हुई छत, आड़ में निर्वेद
मूत्रसिंचित मृत्तिका के वृत्त में
तीन टॉगो पर खड़ा नतग्रीव
धैर्य घन गदहा।

लक्ष्मीकान्त वर्मा की 'प्रियम्बर' कविता देखें—

जबसे तुमने सँपेरे का पेशा अपनाया
तुम साँप दिखाने गए
मैंने इस बीच जाने अनजाने
कई जारज सँपोले जने

उन सबका नाम तुम्हारे नाम से सम्बद्ध हैं, बोर्ड में मृत्यु और इसके रजिस्टर में उनके नाम के साथ-तुम्हारा नाम दर्ज है।

अर्थाक्षेप की यह कविता आज के समाज के सच को कहने की एक नई रचना प्रणाली कितनी कुशलता से तैयार करती है।

इसी तरह नई कविता में फैंटेसी, बिम्ब,प्रतीक, एबसर्डिटी (विडम्बनाएँ) चारों ओर फैली दिखाई पड़ती हैं।

निष्कर्ष–नई कविता का मूलस्वर योरोपीय पूँजीवादी व्यवस्था के उस चिन्तन से जुड़ा

हुआ है जो रूस के साम्यवादी चिन्तन तथा प्रभाव के विस्तार के कारण घबड़ाहट के वातावरण में फ्रांस, ब्रिटेन, इटली डेनमार्क आदि देशों में ज्याँ पाल सार्त्र तथा किर्के गार्ड आदि अस्तित्त्ववादियों के प्रभाव से पैदा हुआ था। अस्तित्त्ववाद के मैं और मेरे द्वारा भोगा जाता हुआ क्षण का अस्तित्व सर्वोच्च है और पश्चिमी बौद्धिक चिन्तन तथा काव्य पर यह चिन्तन 18वीं शती में हावी रहा। यह अस्तित्वादी चिन्तन हिन्दी साहित्य में नये बौद्धिक यथार्थ तथा विज्ञानवाद के साथ जुड़कर प्रयोगवादी कविता के रूप में उतरा तथा नई कविता के साथ विस्तार पाता गया। हिन्दी साहित्य में नई कविता का यह आन्दोलन सन् 1939 से शुरू होकर सन् 1970 तक पूरी तेजी से चला और धीरे-धीरे भारतीय लोकतांत्रिक संविधानवादी परिवेश में यह खोता-सा जा रहा है और अब तो लगभग समाप्तप्राय है।

हिन्दी नाट्य साहित्य : उद्भव और विकास

खड़ी बोली हिन्दी के नाटकों ने आधुनिक अन्य गद्य विधाओं की तुलना में प्रारम्भिक लेखकों का ध्यान अपनी ओर सबसे पहले आकर्षित किया था।

"गद्य रचना के अन्तर्गत भारतेन्दु हरिश्चन्द्र का ध्यान पहले नाटकों की ही ओर गया" तथा इस वाक्य के मूल में आचार्य रामचन्द्र शुक्ल का यही मन्तव्य रहा है कि हिन्दी गद्य के विकास में हिन्दी नाटकों का सर्वाधिक एवं सर्वप्रथम योगदान रहा है। डॉ. रामस्वरूप चतुर्वेदी अपनी दो पुस्तकें, '**हिन्दी साहित्य और संवेदना के विकास** तथा **हिन्दी गद्य साहित्य का विकास**' के अन्तर्गत इसके समर्थन में जो तर्क दिए हैं, उनका भी मन्तव्य यही है कि लोकजन के बीच प्रत्यक्ष साक्ष्य के रूप में नाट्य गद्यभाषा सम्भवतः अन्य सम्पूर्ण गद्यविधाओं से अधिक प्रभावशालिनी रही है। उपन्यास, कहानी, यात्रावृत्तान्त आदि विधाएँ तो केवल पाठ्य हैं किन्तु नाट्य दृश्य तथा श्रव्य दोनों हैं और दर्शक के प्रत्यक्ष भाषिक तादात्म्य के कारण इसका प्रभाव अधिक महत्त्वपूर्ण हो उठता है। इसीलिए आचार्य शुक्ल ने अपने समग्र आधुनिक गद्य प्रवर्तन से विकासकाल तक इसी विद्या को इतिहास लेखन के अन्तर्गत प्राथमिकता दी है।

हिन्दी खड़ी का प्रथम नाटक

हिन्दी का प्रथम नाटक कौन है? इस विषय पर पर्याप्त विवाद है और सामान्यतया प्राप्त साक्ष्यों के आधार पर हिन्दी साहित्य के इतिहास ग्रंथों में जिसे स्वीकृति मिलती है, अभी तक हम उसी को हिन्दी का प्रथम नाटक मानते रहे हैं। प्रथम नाटक के रूप में परम्परा के अन्तर्गत मान्यताएँ इस प्रकार रही हैं—

(1) प्रारम्भिक विद्वानों का एक वर्ग है, जो **आनन्द रघुनन्दन** विश्वनाथ सिंहकृत को हिन्दी का को प्रथम नाटक स्वीकार करता है किन्तु इस नाटक में लीला तत्त्व की प्रधानता है, नाट्य की नहीं, साथ ही, इसमें कथोपथन ब्रजभाषा गद्य के रूप में है। अतः बाद में, इसे हिन्दी खड़ी बोली के प्रथम नाटक का श्रेणी में नहीं रखा जा सका। इस नाट्य के पूर्व लच्छीराम कृत करुणा-करुणानाटक लिखा गया है और उसके अभिनय के अनेक साक्ष्य भी

मिलते हैं किन्तु वह भी लोक भाषा की लीला प्रस्तुति की ही शैली में ब्रजभाषा का है।

(2) भारतेन्दु हरिश्चन्द्र के अनुसार उसके पिता द्वारा लिखा गया **नहुष-नाटक** (गिरिधर दास) हिन्दी का पहला नाटक है, यह भी विद्वानों को स्वीकार्य नहीं है क्योंकि यह ब्रजभाषा में ही पूरी तरह से रचित है, खड़ी बोली में नहीं।

(3) कुछ विद्वानों द्वारा पारसी रंगमंच के प्रचार-प्रसार के बाद लिखे गये **इन्दर सभा** को हिन्दी का प्रथम नाटक माना गया है किन्तु बहुत प्रयत्न करने पर इसे हिन्दी नाट्य के रूप में स्वीकृति नहीं दी जा सकती है। यह हिन्दी खड़ी बोली गद्य का नाटक नहीं है।

(4) डॉ. रामस्वरूप चतुर्वेदी ने अपनी इतिहास पुस्तक **'हिन्दी साहित्य और संवेदना का विकास'** में बताते हैं कि हिन्दी को प्रथम नाटक **'जानकी मंगल'** माना गया है, जो सन् 1868 में काशी में मंचित हुआ था। इसके लेखक, उनके अनुसार शीतला प्रसाद त्रिपाठी हैं और बाबू हरिश्चन्द्र स्वयं ने इसमें लक्ष्मण का अभिनय किया था।[1] कि तु भारतीय हिन्दी परिषद से प्रकाशित **हिन्दी साहित्य** : खण्ड तीन में श्री लक्ष्मी कान्त ्र्मा ने बताया कि यह तथ्य पूरी तरह से सत्य नहीं है। उन्होंने 'जानकी मंगल' को हिन्दी का पहला नाटक अवश्य बताया है किन्तु उनके अनुसार लेखक श्री ऐश्वर्य नारायण हैं। वे कहते हैं कि "परिणाम स्वरूप जहाँ सन् 1860 में व्यावसायिक थियेटर ओरिजनल थियेट्रिकल कम्पनी : काशी) का जन्म नवाबी रंगमंच के आधार पर हुआ, वहीं 1862 ई० में काशी में बिल्कुल भारतीय नाट्य परम्परा के आधार पर 'जानकी मंगल' नाटक भी ऐश्वर्य नारायण द्वारा लिखा और खेला गया।"[2]

भारतेन्दु हरिश्चन्द्र ने अपने 'मुद्राराक्षस' नाटक की भूमिका में जो उनकी पृथक् सैद्धान्तिक समीक्षा की कृति नाटक (1883) के नाम से प्रकाशित हुई और उसमें अपने समय एवं पूर्व के हिन्दी के प्रथम नाटककार पं० केशवराम भट्ट को रखा है किन्तु उनके नाटक का उल्लेख नहीं मिलता।

इस दृष्टि से यदि हिन्दी का प्रथम नाटक स्वीकार करें तो वह 'जानकीमंगल' ही है किन्तु यह सन्देहपूर्ण है कि वह पं० शीतला प्रसाद त्रिपाठी का है या ऐश्वर्य नारायण का। वैसे यह सत्य है कि प० शीतला प्रसाद मिश्र के नाम से भी इतिहास ग्रंथों में 'जानकी मंगल' नाटक का उल्लेख मिलता है।

हिन्दी खड़ी बोली के नाटकों का विकास

आचार्य रामचन्द्र शुक्ल ने खड़ी बोली हिन्दी साहित्य के गद्य के विकास का कालखण्ड सन् 1868 से सन् 1910 तक माना है। उनका पहला नाटक विद्या सुन्दर (अनूदित नाटक)

1. हिन्दी साहित्य और संवेदना का विकास, पृ० 148
2. हिन्दी साहित्य, खण्ड : 3।, पृष्ठ 466

सन् 1868 ई० में प्रकाशित हुआ किन्तु हिन्दी नाटक लेखन का प्रारम्भ उनके पूर्व हो चुका था। उनके पूर्व पं0 शीतलाप्रसाद मिश्र का नाटक **जानकी मंगल** हिन्दी खड़ी बोली का प्रथम नाटक संवत् 1962 में लिखा गया तथा संवत् 1968 में अभिनीत हुआ था। इनके पूर्व के नहुष तथा आनन्द-रघुनन्दन ब्रजभाषा में लिखे गए नाटक अवश्य हैं किन्तु खड़ी बोली हिन्दी में, फिर भी, नाटकों के उद्भव तथा विकास के इस आधुनिक कालखंड में लेखन के प्रेरणास्रोत मूल रूप से अंग्रेजी थियेटर रहे हैं। अंग्रेजी थियेटर की परम्परा का श्रीगणेश प्ले हाउस (1776 ई०) में उपनिवेशवादी व्यवस्था के अन्तर्गत हुआ और सन् 1777 में यही कलकत्ता से 'कलकत्ता थियेटर' नाम से प्रसिद्ध हुआ। सन् 1814 में कलकत्ता में चौरंगी थियेटर नाम से दूसरा थियेटर स्थापित हुआ। इसके बाद बिहार में सन् 1896 में पं० केशवराम भट्ट ने भारतीय नाट्य संदर्भ में 'पटना नाटक मंडली' की स्थापना की। सन् 1860 में नवाबी रंगमंच से प्रेरित लखनऊ थियेटर की तथा 1862 में बनारस में अल्फ्रेड ओरियंटल थियेटर की स्थापना हुई। इस संदर्भ में पारसी रंगमंच से सम्बद्ध खुर्शीद जी वालीवाल ने पटना में विक्टोरिया थियेटर की स्थापना की। धीरे-धीरे सन् 1890 तक भारत के विविध राज्यों में ये थियेटर खोले गए। बनारस के अल्फ्रेड थियेटर में हिन्दी के आगाहश्र तथा राधेश्याम पाठक के नाटक अभिनीत हुए, इसमें वीर अभिमन्यु का अभिनय हिन्दी का प्रथम नाट्य अभिनय था। इसी अल्फेड ओरियंटल थियेटर, काशी में ही सबसे पहली बार सन् 1868 'जानकी मंगल' का भी अभिनय हुआ था।

भारतीय परम्परा के रास एवं लीला, अंग्रेजी नाटक, भारतीय लोक प्रचलित प्रसिद्ध पौराणिक कथाओं से सम्बद्ध तथा पारसी नाटकों की परम्परा भारतेन्दु हरिश्चन्द्र के सामने आई और उनके लिए इनकी प्रतिद्वन्द्विता में हिन्दी नाटकों को प्रस्तुत करने की मूल समस्या थी और इस चुनौती को स्वीकार करके उन्होंने इसका श्री गणेश किया। भारतेन्दु हरिश्चन्द्र ने इस दिशा में परम्परा और मौलिकता इन दोनों को समन्वित करने का प्रयास किया, इनकी सबसे बड़ी विशेषता यही है, अपने सामयिक संदर्भ में युग तथा भारतीय सांस्कृतिक अस्मिता को जोड़कर नाटकों प्रस्तुत करने की इस दृष्टि को ध्यान में रखकर उन्होंने संस्कृत, प्राकृत, अपभ्रंश एवं अंग्रेजी के नाटकों का अनुवाद किया तथा नये मौलिक नाटक लिखे, जिनकी तालिका इस प्रकार है। भारतेन्दु हरिश्चन्द्र के नाटकों को चार श्रेणियों में रखा जा सकता है—

(1) मौलिक नाटक

(2) अर्धमौलिक नाटक

(3) विदेशी भाषाओं के अनूदित नाटक

(4) संस्कृत, प्राकृत आदि के अनूदित नाटक

इनके अतिरिक्त उनके कुछ अपूर्ण नाटक भी हैं। इनके नाटकों की तालिका इस प्रकार

है—

मौलिक नाटक

1.	प्रहसन	वैदिकीं हिंसा हिंसा न भवति	सन् 1883
2.	नाटक	सत्य हरिश्चन्द्र	सन् 1875
3.	नाटिका	श्री चन्द्रावली	सन् 1876
4.	भाण	विषस्य विषमौषधम्	सन् 1877
5.	नाट्यगीत	भारत जननी	सन् 1877
6.	नाट्य रासक	भारत दुर्दशा	सन् 1880
7.	ऐतिहासिक गीति नाट्य	नील देवी	सन् 1881
8.	प्रहसन	अंधेर नगरी	सन् 1881

अर्धमौलिक

1.	नव मल्लिका		अज्ञात्
2.	रत्नावली		अज्ञात्
3.	मृच्छ कटिक		अज्ञात्

अनूदित नाटक

1.	नाटक	विद्या सुन्दर	चौर पंचाशिका : चौरकवि	सन् 1868
2.	रूपक	पाखण्ड विखंडन	प्रबोधचन्द्रोदय (कृष्णाकवि)	सन् 1872
3.	व्यायोग	धनंजय विजय	धनंजय विजय कांचन कवि	सन् 1873
4.	नाटक	कर्पूर मंजरी	राजशेखर	सन् 1878
5.	नाटक	मुद्राराक्षस	विशाखदत्त	सन् 1880
6.	नाटक	दुलर्भ बन्धु (अधूरा)	मरचेंट आन बेनिस (अंग्रेजी नाटक)	अज्ञात
7.	—	भारत जननी		सन् 1877

भारतेन्दु युग के नाटककारों की एक लम्बी सरणि मिलती है। उनकी लेखक मंडली अधिकांशतया नाट्य लेखन परम्परा से जुड़ी दिखाई पड़ती है। यह इस प्रकार हैं—

1. **पं० प्रताप नारायण मिश्र**—(1) कवि कौतुक रूपक (2) संगीत शाकुन्तला (लावनी के ढंग पर), (3) भारत दुर्दशा (भारतेन्दु युग के अनुकरण पर, (4) हठी हम्मीर, (5) गोसंकट (6) कलि प्रभाव, (7) जुआरी खुआरी (प्रहसन)
2. **पं० बालकृष्ण भट्ट**—(1) कलिराज की सभा, (2) रेल का विकट खेल, (3) बाल विवाह नाटक, (4) चन्द्रसेन नाटक
   अनुवादित नाटक—(1) पद्मावती (बंगला), शर्मिष्ठा (बंगला) आधार मारकेल मधुसूदन दत्त (बंगला)
3. **उपाध्याय बदरी नारायण चौधरी : 'प्रेमघन'**—(1) भारत सौभाग्य (सन् 1888), (2) प्रयाग रामागमन, (3) वीरांगना रहस्य नाटक (सन् 1886)
4. **लाला श्रीनिवास दास**—(1) रणधीर और प्रेम मोहिनी (1877), (2) संयोजिता स्वयम्वर
5. **पं० केशवराम भट्ट**—(1) सज्जाद सुम्बुल () (2) रामराद सौसन
6. **पं० राधाचरण गोस्वामी**—(1) बूढ़े मुह मुँहासे (1887), (2) तन मन धन-गुसाईं जी के अर्पण-1890), (3) श्रीदामा (1904), (4) अमर सिंह राठौर, (1894) (5) सतीचन्द्रवली (1889)-लोकगीत
7. **पं० अम्बिका दत्त व्यास**—(1) ललिता नाटिका, (2) गो संकट
8. **काशीनाथ खत्री**—(1) बालविधवा संताप (1882), नौकरी (1883), सिन्धु देश की राजकुमारिया (1884), लव जी का स्वप्न (1884) (1) गुन्नार की रानी-पहला-एकांकी
9. **कार्तिक प्रसाद खत्री**
10. **पं० देवकी नन्दन तिवारी**—इन्होंने 20 नाटक लिखे (1) पौराणिक नाटक-6 नाटक (2) सामाजिक नाटक -6 नाटक (3) राजनीतिक नाटक-4 (4) गोरक्षण-1 नाटक
11. **शालिग्राम वैश्य**—नौ नाटक = सात प्राप्त हैं।
    पौराणिक एवं ऐतिहासिक—(1) मोरध्वज (1890), (2) अर्जुन मद- मर्दन एवं अभिमन्यु (1896), पुरुविक्रम (1806), (4) प्रेम नाटक-लावण्यवती सुदर्शन (1892), माह (5) माधवानल कामकन्दला (1904)
    स्वाँग नाटक (6) इश्क चश्मा (बिस्मिल परिवार का स्वाँग)-1911, (6) मालती माधव (अनूदित)-(1911),
12. **खंग बहादुर मल्ल**—6 नाटक (1) महारास नाटक (1882), (2) कल्प वृक्ष

(पौ०-1888), (3) रति कुसुमायुध-1885, (4) भारत-आरत (1882), (5) हरितालिका (1887) (6) भारत ललना (1888)। भारतेन्दुयुगीन उनकी मित्र मंडली तथा उनके सम्पर्क से प्रभावित नाटककारों की इस तालिका से भिन्न बिहार के भारतेन्दु के समकालीन नाटकारों की सूची प्रायः अलग ही रखी जा सकती है। आचार्य रामचन्द्र शुक्ल के भारतेन्दुयुगीन नाटककारों की सूची से बाहर बिहार के ये नाट्ककार हिन्दी खड़ी नाट्य परम्परा को उस युग में समृद्ध कर रहे थे।[1] भारतेन्दुकालीन नाट्य परम्परा एवं उसकी प्रवृत्तियों का पूर्णतः मूल्यांकन बिना इस परम्परा को जोड़े अधूरा है क्योंकि यह नाट्य परम्परा उत्तर प्रदेश की तत्कालिक नाट्य व्यवस्था से अधिक कलकत्ता (बंगाल) की व्यवस्था से प्रभावित है और इस प्रकार हिन्दी नाट्य परम्परा के भारतेन्दुकालीन सन्दर्भों की व्यापक व्यवस्था में बिहार के इन नाटकों तथा गद्य साहित्य योगदान जोड़े बिना यह विश्लेषण अधूरा समझा जाएगा। इनकी तालिका इस प्रकार है—

भारतेन्दुयुगीन बिहार के नाटककारों की तालिका

1. **पण्डित केशवराम भट्ट**—इनके दो नाटकों का उल्लेख आचार्य शुक्ल कर चुके हैं—(1) सज्जाद सुम्बुल (1904), (2) शमशाद सौसन (1904)।
2. दामोदर शास्त्री-सप्रे-राधा माधव (1879)
3. पं0 चतुर्भुज शास्त्री-अवधूत (अज्ञात)
4. महाबल सिंह—(1) दानोदय (2) ज्ञानोदय (1883), (3) बाललीला-(1884)
5. भानुनाथ झा—प्रभावती हरण नाटक (1850)
6. हर्ष नाथ—(1) उषाहरण (1847), (2) माधवानन्द (1848), (3) राधाकृष्ण मिलन (1848)
7. साहब प्रसाद सिंह—(1) हेमन्त ऋतु (1884), (2) प्रभात समय (1884)
8. अम्बिका दत्त व्यास (1) अखबारी प्रहसन (1884), (2) देव पुरुष दृश्य (1884), गो संकट (1882), (4) भारत सौभाग्य (1887) **विषय** (महारानी विक्टोरिया का 50 वर्ष अखण्ड राज्य का)
9. विन्ध्येश्वरी प्रसाद त्रिपाठी—राम मिथिलेश कुमारी (1885)
10. देवदत्त मिश्र—बालविवाह विदूषक-(1885)
11. जीवानन्द शर्मा—मंगल (1887)
12. विजयानन्द त्रिपाठी—महा अंधेरनगरी (भारतेन्दु से प्रभावित) 1885

1. देखिए-विस्तार के लिए-**भारतेन्दु काल का अल्पज्ञात हिन्दी गद्य साहित्य**-डॉ. रामनिरंजन परिमलेन्दु-पृ. 118

13. आनन्दी प्रसाद मिश्र—(1) क्रोधी बाबू (1894), (2) नई रोशनी (1894)
14. गोविन्द—वैज्ञानिक शिक्षा-(1894)
15. लक्ष्मी नारायण चतुर्वेदी-नवाब सिराजुद्दौला-(1896)
16. राम गुलाम राम—मदन मालती (1894)
17. पंचम सिंह वर्मा—(1) कलिकाल प्रहसन (1894, (2) वाह बेटा-(1894)
18. राजा राजेश्वरी प्रसाद सिंह—(1) वीर बाला 1893, (2) स्वाधीन बाला (1893)
19. अखौरी शिवनन्दन प्रसाद—(1) मूखाधिराज –उनीस की शदी का उत्तरार्ध, (2) सोना सुगन्ध, (3) बसन्त मालती, (4) देवमाली
20. छायानन्द मिश्र—(1) सुदामा चरित उन्नीस की श़दी का उत्तरार्ध, (2) राधा विनोद
21. जैनेन्द्र किशोर—(1) वेश्या विहार, (2) मनोरमा सुंदरी, (3) कलि कौतुक, (4) ज्ञान प्रभाकर, (5) चन्द्रहास उन्नीस की शदी का उत्तरार्ध,
22. निद्धि लाल शर्मा—विवाहिता विलाप-(1898)
23. राधाकान्त लाल—(1) जैसी करनी वैसी भरनी-(1897), (2) देसी कुत्ता बिलायती बोल-(1898)
24. जगन्नाथ शरण—प्रहलाद चरितामृत-(1900)
25. जिंदल के नाटक—(1) राज सिंह (1900), (2) भारत पराजय-(1906)

भारतेन्दु काल सन् 1850 से 1910 तक स्वीकार किया जाता है और इस काल खंड तक के नाटकों की सूची के लिए हिन्दी साहित्य (आचार्य रामचन्द्र शुक्ल), हिन्दी-साहित्य, तृतीय खण्ड (भारतीय हिन्दी परिषद् से प्रकाशित) एवं भारतेन्दु काल का अल्पज्ञात हिन्दी गद्य साहित्य सम्प्रति तीन आधार ग्रंथ प्राप्त हैं और इनके आधार पर इस भारतेन्दुकालीन नाट्यविधा की निम्नलिखित प्रवृत्तियाँ निर्दिष्ट की जा सकती हैं—

हिन्दी के विद्वानों ने यह स्वीकार किया है कि हिन्दी गद्य के विकास में सर्वाधिक योगदान नाटक का रहा है। आचार्य शुक्ल जी अपने हिन्दी साहित्य के इतिहास में स्वीकार करते हैं कि "गद्य रचना के अन्तर्गत भारतेन्दु का ध्यान पहले नाटकों की ही ओर गया।" उन्होंने दूसरे स्थान पर टिप्पणी दी है कि "विलक्षण बात यह है कि आधुनिक गद्य साहित्य की परम्परा का प्रवर्तन नाटकों से हुआ।"

आचार्य रामचन्द्र शुक्ल के इस वाक्य पर डॉ. राम स्वरूप चतुर्वेदी की टिप्पणी इस प्रकार है। "पर क्या आधुनिक गद्य साहित्य की परम्परा का प्रवर्तन नाटक से होना सचमुच ऐसी विलक्षण बात है (पहली बात तो यह है कि) नाटक के प्रस्तुतीकरण में अनेक व्यक्तियों का सामूहिक, योगदान है, नाटक लेखक, निर्देशक, अभिनेता, सज्जा सहायक, मंच

व्यवस्थापक, प्रकाश चालक और इनके पीछे काम करने वाले अनेक शिल्पी तथा कारीगर'', नाटक देखने वाले को हमारे यहाँ नाम दिया गया सामाजिक। तो नाटक अपनी रचना तथा आस्वाद दोनों सिरों पर सामूहिक तथा सामाजिक है। ऐसी स्थिति में, पुर्नजागरण की मूल चेतना को व्यक्त करने के लिए यदि भारतेन्दु और उनके सहयोगियों ने नाटक के माध्यम को चुना तो युगीन परिस्थिति और काव्य रूप के सम्बन्ध में उनकी सही समझ की सराहना करनी होगी।''[1]

इस दृष्टि से हिन्दी नाटय परम्परा द्वारा तीन निष्कर्ष बड़ी सरलता से निकाले जा सकते हैं—

(1) हिन्दी भाषा के विकास के लिए नाटक की प्रारम्भिक परम्परा अधिक उपयोगी रही है।

(2) यह कि हिन्दी गद्य परम्परा के विकास एवं संवर्धन में इसके योगदान को सर्वाधिक महत्त्वपूर्ण मानना चाहिए।

(3) संस्कृति के संवाहक स्रोत के रूप में भारतीय पाश्चात्य एवं भारतीय जनजीवन के लिए उपयोगी परम्पराओं के निर्माण में नाटक का योगदान अनिवार्य रहा है।

नाट्य सृजन की साहित्यिक प्रेरणाओं की अन्तर्मुखी तथा बर्हिमुखी विकास—परम्पराओं का श्री गणेश भारतेन्दु युग में हुआ है। उदाहरण के लिए जैसे भारतीय परम्परा से भिन्न अंग्रेजी परम्परा के दुखान्त नाटकों का सृजन, अनुवााद तथा भारतीय कथाओं को पश्चिमी शैली में रूपान्तरित करके विकासनशील मन्तव्यों से जुड़ी अवधारणाओं का प्रचार-प्रसार इस युग के नाटकों में देखा जाता है।

इन नाटकों में दूसरी बात भारतीय नाटय शिल्प के वाह्य तत्वों को धीरे-धीरे त्यागने की प्रवृत्ति निरन्तर विकसित होती दिखाई पड़ती है। नान्दी पाठ, नट-नटी, भरतवाक्य जैसे प्रसंग इन नाटकों से समाप्त होते गए। इस युग के नाटकों में एक ओर पारसी नाटकों का प्रभाव दिखाई पड़ता है तो दूसरी ओर अंग्रेजी साहित्य की प्रचलित नाटय परम्पराओं का प्रचलन तथा उसकी अनुकृति का स्वर मुखर मिलता है। अंग्रेजी साहित्य के कामेडी परम्परा के अन्तर्गत हास्य एवं व्यंग्य भरे नये नाटक इस युग में दिखाई पड़ते हैं जैसे, लाला श्री निवास दास कृत रणधीर प्रेम मोहिनी, रोमियो एंड जूलियट से प्रभावित, तोताराम कृत केंटो वृतान्त, श्री निवासदास के दुखान्त नाटक यथा तप्ता संवरण, संयोगिता स्वयम्बर, काशीनाथ खत्री, गुन्नार की रानी (एकांकी नाटक) (1884) अम्बिका दत्त व्यास कृत राजभक्ति, विक्टोरिया की प्रशस्ति से सम्बद्ध नाटक सन् (1819), राधा कान्तलाल देशी कुत्ता विलायती बोली आदि भारतेन्दु युग के ऐसे नाटक हैं जो अनूदित, पश्चिमी नाटयकथावस्तु एवं शिल्पविधान

---

1. हिन्दी साहित्य और संवेदना का विकास, पृ० 84, 144-148

तथा मन्तव्यों से प्रेरित है। भारतेन्दु युग की नाटय परम्परा के चारों नाटकों के भषिक नाटय शिल्प रचना के संदर्भ सिद्ध करते हैं बंगला, संस्कृत, अंग्रेजी तथा फारसी की नाटय-शैलियाँ भारत में विशेषकर हिन्दी प्रदेश में पूरी तरह से फैल पड़ीं थीं।

परम्परित नाट्यविधान के प्रमुखतंत्रों अर्थात् कथावस्तु की प्रस्तुति, काव्य संदर्भों का स्थल-स्थल पर प्रयोग, व्यंग्य विनोद (विदूषक प्रसंग), संवाद, कथोपकथन, उद्देश्य में परम्परावाद को छोड़ने (अर्थात् त्याग) की प्रवृत्ति दिखाई पड़ती है और युगानुरूप अनेक नए संदर्भों का प्रवेश दिखता है—राजनीतिक, सामाजिक, परम्परावादी, प्रासंगिक, देश, काल तथा परिवेश से जुड़े अनेक समस्याएँ इन नाटकों की योजना के साथ सम्बद्ध है। नाट्य प्रस्तुतियों, विषय- वस्तु तथा नाट्य शैली इन तीनों दृष्टियों से ये भारतेन्दुकालीन नाटक अधिकांशतया समन्वय का भाव उत्पन्न करते हैं। राजभक्ति से जुड़े नाटक चाहे अपने अन्तवर्ती सूत्रों में विद्रोही स्वर के हों किन्तु उनकी प्रस्तुति में विक्टोरिया साम्राज्य के प्रति विश्वास उगने का संदर्भ बराबर है। उदाहरण के लिए इस संदर्भ में खंग बहादुर मल्ल का नाटक भारत आरत (1882) देखा जा सकता है, जिसमें निर्दिष्ट किया गया है कि "अंग्रेजी राज्य तो अच्छा है किन्तु कर्मचारी बुरे हैं।" इस प्रकार के नाटक कई हैं, किन्तु इसके विपरीत इस युग के नाटकों में सत्ता के प्रति विरोध या विद्रोह का स्वर अनेक रूपों में मुखर हुआ है। उदाहरण के लिए जैसे—अफसरों की ज्यादती (निकृष्ट नौकरी-नाट्य लेखक-श्री काशीनाथ खत्री), नवीन सभ्यता (नई रोशनी का विष—श्री बालकृष्णा भट्ट), भारत की गुलामी एवं व्यवस्था विखण्डन (महा अंधेर नगरी-विजयानन्द त्रिपाठी, गुरुमुख सिंह (नूतन अंधेर नगरी) ये नाटक यद्यपि भारतेन्दु हरिश्चन्द्र के नाटक अंधेर- नगरी से प्रभावित हैं, फिर भी, इनमें वर्तमान प्रशासन एवं व्यवस्था के प्रति तीव्र आक्रोश है।

इस युग के नाटककारों ने प्राचीन भारतीय संस्कृति से सम्बद्ध रामकृष्ण के कथा-स्रोतों को आधार बनाकर कई नाटक लिखे। यही नहीं, रामायण तथा महाभारत की कथाएँ भी इनके लिए नाट्य रचना संदर्भों के लिए प्रेरक रही है। सामायिक सामाजिक संदर्भों यथा-गोरक्षा, सामाजिक दुर्व्यवस्था, नारी जाति के पतन, अंग्रेजी सत्ता के प्रति अतिशय लोलुपता, बाल विवाह जैसी समस्याओं के प्रति क्षोभ आदि प्रसंग इनके द्वारा सामने लाये गये हैं।

कुल मिलाकर, भारतेन्दुयुगीन नाट्य साहित्य ने अपने युगीन संदर्भों से नाटकों को जोड़कर उसके उपयोगी एवं अप्रासंगिक पक्षों को समाज के सामने रखने का प्रयत्न किया है और नाट्य लेख का संदर्भ उत्तर प्रदेश, बिहार आदि राज्यों एवं राजस्थान, आगरा जैसे राज्यों से जोड़ा है जिसका परिणाम यह निकला कि एक ओर इससे हिन्दी गद्य के प्रचार-प्रसार को मदद मिली तो दूसरी ओर सामयिक लोकजीवन में जागरण एवं स्फूर्ति की भावना का व्यापक प्रचार प्रसार हुआ। इस संदर्भ में यह भी महत्त्वपूर्ण है कि हिन्दी नाटकों के उद्भव संदर्भ के लिए केवल काशी में वर्तमान भारतेन्दु हरिश्चन्द्र मण्डली तक ही हम सीमित न रहें।

भारतेन्दु युग में भारतेन्दु हरिश्चन्द्र के प्रभाव से मुक्त विहार में हिन्दी नाट्य लेखन की परम्परा समृद्ध रही है, उसका आकलन '**भारतेन्दुयुगीन विहार के नाटककारों की तालिका**' के द्वारा स्पष्ट रूप से किया जा सकता है।

भारतेन्दुयुगीन प्रमुख नाटककार

1. बालकृष्ण भट्ट—सामान्यतया बालकृष्ण भट्ट की चर्चा भारतेन्दुयुगीन श्रेष्ठ निबंधकारों में की जाती है किन्तु इस युग के वे एक सशक्त नाटककार भी रहे हैं। भारतेन्दु युगीन प्रतीक नाटकों की मूलप्रवृत्ति आदर्शवादिता तथा राष्ट्रीयता दिखाई पड़ती है और इन दोनों के साथ सामाजिक उत्कर्ष जुड़ा हुआ है। बालकृष्ण भट्ट अपने नाटकों में भारतेन्दुयुगीन नाटकों के सन्दर्भ अपने से जोड़े उस सामने आते हैं। इस युग के वे एक समृद्ध नाटककार के रूप में सामने आते हैं और इनके नाटकों की संख्या 19 बताई गई है, जो इस प्रकार है—

(क) पद्मावती,
(ख) दमयन्ती स्वयम्बर,
(ग) किरातार्जुनीय,
(घ) नल दमयन्ती,
(ड) चन्द्रसेन,
(च) पृथुचरित या बेनी संहार,
(छ) शिशुपाल बध,
(ज) शिक्षादान,
(झ) आचार्य विडम्बन,
(ञ) वृहन्नला,
(ट) सीता वनवास,
(ठ) पतित पंचम,
(ढ) मेघनाद वध,
(ण) कट्टर सूम की एक नकल,
(त) इंग्लैण्डश्वरी और भारत जननी,
(थ) भारतवर्ष और कलि,
(द) दो दूरदेशी,
(ध) एक रोगी और वैद्य,
(न) नई रोशनी का विष

भट्ट जी के पौराणाकि नाटकों की संख्या अधिक है और उनके माध्यम से भारतीय आदर्श सी उदात्तता को वे मानक के रूप में रखना चाहते हैं। यह ब्रिटिश सत्ता के प्रति एक

सामान्य हितबद्धता इंग्लैश्वरी और भारत जननी के माध्यम से करते हैं किन्तु मुख्य लक्ष्य देश की सुरक्षा है। रोशनी के विष नाटक द्वारा के भारत में प्रवेश कर रही उद्योगवादी संस्कृति के संदर्भों का विरोध करते हैं। समसामयिक भारतीय दुर्दशा एवं पाखंडवाद पर प्रहार भी इनके नाटकों का मुख्य लक्ष्य रहा है।

कुल मिलाकर, भारतेन्दुयुगीन नाटय परम्परा से स्वयं को सम्बद्ध करने वाले श्रेष्ठ नाटककारों में भट्ट जी चर्चा सर्वाधिक महत्त्वपूर्ण हैं।

2. उपाध्याय बदरीनारायण चौधरी 'प्रेमधन'—भारतेन्दु युग में उपाध्याय बदरी नारायण चौधरी प्रेमधन नाटयकृति के लेखकों में विशेष स्थान रखते हैं। इस युग के इनकी निम्न नाटय कृतियाँ विशेष रूप से याद की जाती रही है। (क) कुरु वन (ख) वेन चरति तुलसीदास आदि।

इनके नाटकों पर पौराणिकता का अत्यधिक प्रभाव है। ये नाटक पारसी थियेटर शैली पर आधारित हैं।

3. राधाचरण गोस्वामी—व्यंग्य एवं सामाजिक संदर्भों से जुड़े राधा चरण गोस्वामी के नाटकों की चर्चा भारतेन्दु युग में प्रायः की जाती है। इनकी प्रमुख नाट्य कृतियाँ इस प्रकार हैं—**सुदामा नाटक, सती चन्द्रावली, अमर सिंह राठौर तन मन धन श्री गोसाई जी के अर्पण आदि।** इसके अतिरिक्त भी, इन्होंने बंगला के कई नाटकों का हिन्दी में अनुवाद किया है जैसे विरजा, मृण्मयी आदि।

4. प्रताप नारायण मिश्र—भारतेन्दुयुगीन नाटककारों में पं० प्रताप- नारायण मिश्र जी की भी चर्चा की जाती रही है। इनके नाटकों की तालिका इस प्रकार है—**कलि कौतुक, भारत दुर्दशा, कलि प्रभाव, हठी हमीर, गोसंकट जुआरी खुआरी (प्रहसन), संगीत शाकुन्तल (गीति नाटय)** आदि। मिश्र जी ने सामाजिक समस्याओं से सम्बन्धित नाटकों को प्रधानता दी है किन्तु अभिनेयता की कला पर उनके नाटक पूर्णतः खरे नहीं उतरते।

5. देवकी नन्दन तिवारी—भारतेन्दुयुगीन नाटय लेखन कला में भी देवकीनन्दन तिवारी की इतिहासकारों ने चर्चा की है। इनके नाटकों की संख्या 21 है। ये इस प्रकार हैं—

(1) सीताहरण
(2) रुक्मिणी हरण
(3) राम लीला
(4) कंस वध
(5) नन्दोत्सव
(6) लखमी सरस्वती मिलन
(7) बाल विवाह

(8) स्त्री चरित
(9) रक्षा बन्धन
(10) कलिजुगी जनेऊ
(11) कलिजुगी विवाह,
(12) जयनारायण सिंह की,
(13) वेश्या प्रहसन
(14) भारती हरण
(15) बैल टके को
(16) सैकड़ों में दस-दस
(17) तक में तीन-तीन
(18) गो वध
(19) प्रचंड गोरक्षण नाटक
(20) होली खुजेरा
(21) चक्षुदान

इनके नाटकों के विषय संदर्भ पौराणिकता से जुड़े प्रश्न, भारतीय कृषक समस्या, नारियों के समानाधिकार, समाज में व्याप्त धार्मिक छल तथा प्रपंचों अदि से सम्बद्ध रहे हैं।

6. राधाकृष्णदास—भारतेन्दु हरिश्चन्द्र के फुफेरे भाई बाबू राधाकृष्णन दास ने भारतेन्दु युग में उनकी परम्परा की समृद्धि में सहजभाव से निरन्तर योगदान दिया है। भारतेन्दु की नाटय परम्परा के वे सजग सर्जक रहे हैं। यद्यपि वे साहित्य की प्रायः सभी विधाओं से जुड़े सर्जक हैं किन्तु उन्हें विशेष ख्याति नाटककार के रूप में मिली है। इनकी मुख्य नाटक कृतियाँ इस प्रकार हैं—

1. दुःखिनी बाला
2. महारानी पद्मावती
3. धर्मालाव
4. महाराणा प्रताप सिंह
5. सती प्रताप

इनके नाटकों में महाराणा प्रताप सिंह की विशेष चर्चा की जाती है जिसके दो कारण हैं—प्रथम संदर्भों तथा घटनाओं थी ऐतिहासिक प्रामाणिकता एवं द्वितीय भारतीय एवं पाश्चात्य नाटय शिल्पों का समन्वय है। अभिनेयता की दृष्टि से वीर को नाटक का केन्द्रीय रस मानकर उसके माध्यम से राष्ट्रीयता तथा शौर्य दोनों का एक साथ इन्होंने अभिव्यक्त किया है।

भारतेन्दु युग के अन्य नाटककारों की एक लम्बी तालिका है जिसमें श्री विलास दास, काशीनाथ खन्नी, खंग बहादुर मल्ल आदि विशेष चर्चा के विषय रहे हैं। इस तालिका को

देखकर यह निष्कर्ष सहज ही निकलता है कि भारतेन्दु मण्डल के इन सर्जकों पर भारतेन्दु हरिश्चन्द्र का गहरा प्रभाव रहा है।

जयशंकरप्रसादयुगीन हिन्दी नाट्य साहित्य : परम्परा और प्रवृत्तियाँ (सन् 1921 से 1936 तक)

डॉ. दशरथ ओझा ने हिन्दी नाट्य के इस कालखंड को **प्रसाद युग** का नाम दिया है और समय संवत् 1966 से 2010 बताया है। प्रसादयुगीन नाट्य-रचना का प्रारम्भ सामान्य रूप से साहित्येतिहासकारों ने उनके प्रथम नाटक 'विशाख' सन् 1921 से स्वीकार किया है। यह सत्य है कि उसके पूर्व उनके पाँच नाटक लिखे जा चुके थे—

1. सज्जन-सन् 1910-11
2. प्रायश्चित-सन् 1911
3. कल्याणी परिणय-1911
4. करुणालय-1913
5. राज्य श्री-1915

पहली बात तो यह है कि सन् 1920 तक भारतेन्दु युग के नाट्य लेखन की चर्चा की गई है और इस दृष्टि से प्रसाद जी ने भारतेन्दु युग में ही अपना नाट्यलेखन प्रारम्भ कर दिया था किन्तु वास्तविकता यह है कि जयशंकर प्रसाद के नाटकों की नाट्यशैली, ऐतिहासिक प्रामाणिकता, परिपक्व उदात्तकला आदि दृष्टियों से हिन्दी साहित्य के इतिहाकारों ने 'विशाखा' को ही उनका प्रथम नाटक स्वीकार करके प्रसादयुगीन नाट्य साहित्य की चर्चा की है। डॉ. नगेन्द्र के इतिहास ग्रंथ-**हिन्दी साहित्य का इतिहास** में डा० गोपाल राय ने बताया है कि—"उनकी प्रारम्भिक रचनाएँ सज्जन, कल्याणी-परिणय, प्रायश्चित, करुणालय, राज्यश्री (प्र०सं०) नाट्यकला की दृष्टि से अपरिपक्व हैं। इनके अध्ययन से स्पष्ट प्रतीत होता है कि वे अपने लिए माध्यम की खोज कर रहे थे। यह माध्यम उन्हें आलोच्य युग में प्राप्त हुआ।"[1] इस आलोच्य युग की सीमा वही है—विशाखा से ध्रुवस्वामिनी तक। डॉ. रामचन्द्र तिवारी ने प्रसाद का पहला नाटक **राज्य श्री** (सन् 1915) माना है[2] तथा डॉ. दशरथ ओझा के अनुसार उनका प्रथम स्वीकृत नाटक है—**विशाखा**

आचार्य रामचन्द्र शुक्ल ने प्रसाद के इस युग के नाटककारों में भी श्रीहरि—कृष्ण प्रेमी को प्रसाद जैसा ही महत्त्व दिया है। उनका वाक्य है—इस तृतीय उत्थान के बीच हमारे वर्तमान नाटक क्षेत्र में दो नाटककार बहुत ऊँचे स्थान पर दिखाई पड़े—स्व० जयशंकर प्रसाद जी और श्री हरिकृष्णा प्रेमी। दोनों की दृष्टि ऐतिहासिक काल की ओर रही है। प्रसाद

1. हिन्दी साहित्य का इतिहास-डॉ नगेन्द्र, पृ० 565
2. हिन्दी गद्य साहित्य का विकास-पृ० 355

जी ने अपना क्षेत्र प्राचीन हिन्दू काल के भीतर चुना तो प्रेमी जी ने मुस्लिम काल के भीतर'। प्रसाद के नाटकों में स्कन्दगुप्त श्रेष्ठ हैं और प्रेमी के नाटकों में रक्षाबंधन''[1] श्री हरिकृष्ण प्रेमी के नाटक इस प्रकार हैं—स्वर्ण विहान (1930), रक्षाबन्धन (1934), पाताल विजय (1936), शिवा साधना (1937) तथा प्रतिशोध (1901)। उनके निश्चित रूप से नाटकों में पाश्चात्य एवं भारतीय नाट्य विद्याओं के समन्वय की एक दृष्टि दिखाई पड़ती है और उसको देखकर ऐसा प्रतीत होता है कि सामयिक नाट्यविधा को नाटककार ने परम्परा से मुक्त करके नया रूप देना चाहा है।

प्रसाद के नाटकों की विशेषताएँ

प्रसाद के नाटक ऐतिहासिक तथ्यों की रक्षा करते हुए सांस्कृतिक वातावरण उपस्थित करने में पूर्व सफल हुए हैं।

प्रसाद के नाटकों को लेकर उनकी अनभिनेयता की समस्या बराबर उठाई गई है। किसी सीमा तक उनकी अन्तिम नाट्यकृति ध्रुवस्वामिनी को छोड़कर उनके अन्य ऐतिहासिक नाटकों को अभिनेय नहीं स्वीकार किया जाता है। इन नाटकों के अभिनेय न होने के कारण इस प्रकार बताए गए हैं, (1) सामान्य रूप से कथानकों से सम्बद्ध घटना विस्तार तथा तत्समयुक्त भाषिक जटिलताएँ जिनकी दुर्बोधिता आम दर्शक के लिए मन्तव्यों को समझने में विघ्न उत्पन्न करती हैं, (2) चिन्तनयुक्त दार्शनिक भाषाएँ जिनमें लोकव्यवहार की कठिनाईयाँ दिखाई पड़ती हैं, (3) नाटककार के स्वगप्त कथनों की अस्वाभाविकता, लम्बे-लम्बे कथोपकथन। नई निर्मिति होती हुई तत्समग्राही भाषा का सर्वत्र प्रयोग जो लम्बी कथावस्तु के साथ मिलतीं है, आदि-आदि।

प्रसाद के नाटकों के प्रकाश में आ जाने के बाद हिन्दी साहित्य में नाट्यविद्या के सम्बन्ध में दो धाराएँ बन गई। प्रथम-मात्र पाठ्य नाटक एवं द्वितीय पाठ्य एवं अभिनेय दोनों प्रकार की व्यवस्थाओं से सम्बद्ध नाटक। प्रसाद के समकालीन नाटककारों में हरिकृष्ण प्रेमी राष्ट्रीय रागात्मक सम्बन्धों के ऐक्य एवं हिन्दू-मुस्लिम रागात्मक सामंजस्य को आधार बनाकर तत्कालीन महात्मा गांधी की विचारधारा को इतिहास परिप्रेक्ष्य में संगति देने का प्रयास करते हैं और प्रायः नाटकीयता का संदर्भ खंडित नहीं होता। परस्पर कार्य-कारण से जुड़े तीन अंकों वाले उनके ''रक्षाबन्धन'' नाटक को इस दृष्टि से सफल नाटक कहा जा सकता है। इसी अभिनेयता की दिशा में गोविन्द बल्लभ पंत कृत राज मुकुट, वरमाला तथा कई अन्य नाट्यकारों की कृतियों को भी लिया जा सकता है।

प्रसाद के द्वारा नाटकों के किए गए दो वर्ग-अरंगमंचीय एवं रंगमंचीय नाटक 'ध्रुवस्वामिनी' नाट्य व्यवस्था को परवर्ती नाटककारों ने तोड़ने का प्रयास किया और परवर्ती काल में

1. हिन्दी साहित्य का इतिहास-पृ० 391

अरंगमंचीय प्रसाद कृत नाट्यों को रंगमंचीय बनाने का प्रयास किया गया। डॉ. रामस्वरूप चतुर्वेदी की टिप्पणी इस संदर्भ में द्रष्टव्य है—"पिछले दिनों अनामिका (कलकत्ता) तथा विशेषतः रंगमंडल भोपाल की प्रस्तुतियों ने किसी कदर इस भ्रम को (अरंगमंचीयता को तोड़ा) तोड़ा है पर आलेख और मंच की इस दूरी की वजह से प्रसाद का नाट्य गद्य रंगकवियों की जशन पर वैसा नहीं चढ़ पाया, जैसा कि सामान्य परिस्थितियों में उसे चढ़ना चाहिए था।"[1]

इस युग के अन्य नाटककार तथा उनकी नाट्यकृतियाँ इस प्रकार हैं—

विश्वम्भर नाथ शर्मा कौशिक कृत भीष्म नाटक, गोविन्द बल्लभ पंत कृत बरमाला (1925), राज मुकुट (1933) अंगूर की बेटी, बद्रीनाथ भट्ट कृत बेन-चरित्र, दुर्गावती, सुदर्शन कृत दयानन्द नाटक, अंजना, भाग्य चक्र, वेचन शर्मा उग्र कृत महात्मा ईशा, चुम्बन, डिक्ट्रैटर, दुर्गा प्रसाद गुप्त कृत गौतम अहल्या, अभिमन्यु वध, हम्भीर, लक्ष्मी नारायण मिश्र कृत सन्यासी, राक्षस का मंदिर है। जगन्नाथ प्रसाद चतुर्वेदी मधुर मिलन, तुलसीदास, बलदेव प्रसाद मिश्र कृत मीराबाई, मैथिली शरणगुप्त कृत तिलोत्तमा (1916) चन्द्रहास (1916), अनघ (1925), मिश्र बन्धु कृत पूर्वभारत (1922), जगन्नाथ प्रसाद मिलिन्द कृत कृत प्रताप प्रतिज्ञा (1929), उदय शंकर भट्ट कृत विक्रमादित्य (1929), सागरविजय (1933), दाहर या सिंधु पतन (1933), विद्रोहिणी अम्ब (1935), कमला (1935), सेठ गोविन्ददास कृत हर्ष (1935), प्रकाश (1935), कर्त्तव्य (1935), चन्द्र गुप्त विद्यालंकार अशोक (1935), रेवा (1935) आदि।

जयशंकर प्रसादयुगीन प्रमुख नाटककार

1. उदयशंकर भट्ट—जयशंकर प्रसाद की अन्तिम नाटयकृति ध्रुवस्थमिनी सन् 1933 में लिखी गई थी और उनका देहावसान 15 नवम्बर सन् 1937 में हुआ थ। उदय शंकर भट्ट ने अपना पहला नाटक चन्द्रगुप्त मौर्य सन् 1931 में लिखा और उसके बाद उनके कई ऐतिहासिक, पौराणिक एवं सामाजिक नाटक प्रकाश में आये जो इस प्रकार हैं—**अम्बा, सागर विनय, कमला, अन्तहीन अन्त, दाहर अथवा सिंघ पतन, मुक्ति राज** आदि। जैसा कि कहा गया है उनके नाटकों को तीन कोटियों में रखा जा सकता है। (1) ऐतिहासिक (2) पौराणिक तथा (3) सामाजिक। प्रसाद के व्यापक नाटय प्रयोग एवं लेखन के फलस्वरूप पाठ्य एवं अभिनेय दोनों परम्पराएँ अर्थात् सुखान्त तथा दुखान्त दोनों नाटय शैलियाँ प्रचलित होकर युगीन बन चुकी थीं। श्री उदय शंकर भट्ट ने इन दोनों शैलियों का भरपूर उपयोग अपनी नाटय लेखन विधा में किया है।

2. पं० बलदेव प्रसाद मिश्र—प्रसाद युग के दूसरे महत्त्वपूर्ण नाटककार पं० बलदेव

1. हिन्दी गद्य : विन्यास और विकास, पृ0 136।

प्रसाद मिश्र हैं, जिनका प्रथम नाटक **मीरा बाई** (सन् 1918 में) प्रकाशित हुआ। इनका दूसरा नाटक उग्र **महात्मा ईसा** है। इनकी नाटय परम्परा मूलतः धार्मिकता एवं तार्किकता से सम्बद्ध हैं और उनके नाटकों में ऐतिहासिकता के बावजूद भी समसायिकता के सदंर्भ वर्तमान हैं।

3. गोविन्द वल्लभ पंत—ये सन् 1818 में रानीखेत में जन्मे प्रसाद युग के प्रसिद्ध नाटककार हैं। ये गोविन्द वल्लभ पंत प्रसाद युग के ख्याति लब्ध नाटककार थे। कल्पना तथा कथा संदर्भों की तात्विकता इन दोनों का समन्वय करके इन्होंने नाटकों में चमत्कृति तथा चातुर्य का सांमजस्य किया है। यही कारण है कि कौतुकपूर्ण आश्चर्य से इनके नाटक निरन्तर पाठकों एवं दर्शकों के लिये उत्सुकता के कारण बने रहे। इनके द्वारा लिखे गये नाटकों की तालिका इस प्रकार है—**कंजूस की खोपड़ी, वर माला, अन्तःपुर का छिद्र, राजमुकुट, अंगूर की बेटी, सुहाग बिन्दी, ययाति।**

जयशंकर प्रसाद के निरन्तर सन्निकट बने रहे रहने के कारण इनके नाटकों में गीति योजनाओं के संदर्भ बराबर मिलते हैं किन्तु प्रसाद जी से भिन्न इनके सम्पूर्ण नाटक अभिनेय हैं।

प्रसादयुगीन नाट्यविधा का मूल्यांकन

बाबू भारतेन्दु हरिश्चन्द्र युग को यदि हिन्दी नाट्यविधा का उद्भव काल मानें तो प्रसाद युग की नाट्य लेखन व्यवस्था को उसका विकास तथा सन्तुलन काल कहा जा सकता है। प्रसाद युग के नाटककारों ने इस विधा में अपनी लेखन-शक्ति के द्वारा नाट्यविधा को परिपक्वता एवं व्याप्ति प्रदान करेन की चेष्टा की। परम्परागत नाट्यशैली का त्याग एवं पश्चिमी नाट्य शैली तथा भारतीय परम्परा के संदर्भों को समसामयिकता के औचित्यों को ध्यान में रखकर यहाँ संयुक्त करने की चेष्टा गई और यह चेष्टा प्रसाद जी के नाटकों से शुरू होती है। डॉ. दशरथ ओझा की टिप्पणी इस दृष्टि से महत्त्वपूर्ण है कि भारतेन्दु एवं अपने युग के सन्धिकाल में—"प्रसाद जी के भारतीय पद्धति के अनुसार नाट्य लक्ष्य (उद्देश्य की स्थापना) के उद्योग का और पाश्चात्य शैली के अनुसार विरोध की चरमसीमा का उद्योग-समाप्ति का आलम्बन लेकर नाट्यशिल्प की सृष्टि की गई है।[7]

उनका विश्वास है कि इस दिशा में अभी नाट्यकर्मी प्रयत्नशील हैं किन्तु उन्हें कोई सफलता नहीं मिली है।

प्रसादयुगीन नाटकों की सबसे बड़ी विशेषता है, भारत की अतीत, मध्यकालीन एवं समसामयिक व्यवस्थाओं को राष्ट्रीय, व्यापक सामाजिक तथा सामयिक संदर्भों से जोड़कर उसे देश की अस्मिता से समन्वित करना। पुराण कथाओं, ऐतिहासिक इतिवृत्त, देश की समग्र

---

1. हिन्दी नाटक उद्भव और विकास-डॉ. दशरथ ओझा-पृ० 223

तथा राज्य संस्कृति जैसे अनेक संदर्भों को पाठकों से जोड़कर उसमें अपनी अस्मिता के प्रति अनन्य प्रेम उत्पन्न करना, इन नाटककारों का लक्ष्य रहा है। लगता है, प्रसाद युग के नाटककार अपने नाट्य कौशल के द्वारा भारत की सोई हुई सांस्कृतिक अस्मिता को जगाकर राष्ट्रीय जागरण से जोड़ने के प्रति प्रतिबद्ध हैं। इन नाटकों का मूल स्वर भारतीय राष्ट्रीय अस्मिता का ही है। मिलिन्द कृत प्रताप प्रतिज्ञा, चन्द्र गुप्त विद्यालंकार कृत अशोक एवं रेवा उदयशंकर कृत विक्रमादित्य आदि इसी संदर्भ से जुड़े नाटक हैं।

इस युग की नाट्य परम्परा की एक और भी विशेषता है, जिसने परवर्ती काल में हिन्दी नाट्य विधा के सशक्त बनाया, वह है—गीतिनाट्य विधा। यह गीतिनाट्य विधा योरोप में शुरू हुई थी और उसका प्रभाव भारत में बंगाल पर पड़ा और उसके बाद हिन्दी में नीति नाट्य कृतियाँ वृहत् तथा लघु आकार में लिखी गईं। इन नीति नाट्य कृतियों की परम्परा पूर्ण आवेग के साथ प्रवहमान आज तक दिखाई पड़ती है और इसने आधुनिक नाट्य तथा काव्य लेखन विधा में अपना महत्त्वपूर्ण स्थान बना रखा है। गीति नाट्य परम्परा निश्चित रूप से जयशंकर प्रसाद युग की देन है। उनकी नाट्य कृति करुणालय (1913) को इसके लिए सर्वप्रथम स्थान दिया जाता है। यह नाट्यकृति पौराणिक कथा-परम्परा से सम्बद्ध है। इस परम्परा की दूसरी कृति पं0 रूप नारायण पाण्डेय कृत तारा (1927) है। आगे चलकर, उदय शंकर भट्ट ने इस परम्परा को समृद्ध बनाया उनकी चार गीति नाट्य कृतियाँ विशेष रूप से उल्लेखनीय हैं—(1) कालिदास, (2) मत्स्य गंधा, (3) विश्वामित्र और (4) राधा। इसी नाट्य परम्परा में मैथिलीशरण गुप्त कृत अनघ, सियाराम शरण गुप्त कृत उन्मुक्त, हरिकृष्ण प्रेमी कृत स्वर्ण विहान, पं० सूर्यकान्त त्रिपाठी निराला कृत पंचबटी आदि की चर्चा की जाती है। इसी प्रकार प्रसाद युग में ही गीतिनाट्य संग्रह के एकांकी जैसे रूपविधान प्रस्तुत किये गए।

कुल मिलाकर, प्रसाद युग ने हिन्दी नाट्य परम्परा की एक अभिनव शुरूआत की।

प्रसाद युग के नाटकों की सबसे बड़ी विशेषता यह है कि उसने परवर्ती हिन्दी नाट्य परम्परा को विकसित करने के लिए परवर्ती युग के अनेक नाटककारों के सृजन की पृष्ठभूमि का निर्माण युगीननाट्य मान्यताओं के परिवेश में किया है। लक्ष्मी नारायण मिश्र के नाट्य लेखन की शुरूआत इसी युग से होती है। उनके चार नाटक संन्यासी (1927) राक्षस का मंदिर (1931), मुक्ति का रहस्य (1931) तथा सिन्दूर की होली (1934) प्रसाद युग में ही प्रकाशित हो चुके थे। प्रसाद युग ने परवर्ती नाट्य रचनाकारों को भारतीय जीवन में व्याप्त वर्तमानकालीन विविध समस्याओं से अपने नाटकों को जोड़ा और इन परवर्ती नाटककारों ने प्रसाद के इतिहास-पुराण बोध से जुड़े आख्यान एवं उनके मन्तव्यों से भिन्न अपने युग की सामाजिक समस्याओं को नाट्य रचना का विषय बनाया। इन नाटककारों ने इस दिशा की ओर संकेत किया है कि सामाजिक यथार्थ से जुड़े सन्दर्भों को झेलने वाले समाज को उसकी

निर्ममता का एहसास कराए बिना उन्हें उनसे मुक्ति नहीं मिल सकती।

प्रसाद के नाटकों की नाट्यविधा की दृष्टि से सबसे बड़ी कमी है, अभिनेयता का अभाव। प्रसाद ने अपने अन्तिम नाटक ध्रुव स्वामिनी में इस दिशा में थोड़ी-सी सजगता प्रकट की है, किन्तु यह कमी उनकी भाषा, चिन्तन शक्ति, विषय वस्तु की गम्भीरता को लेकर बराबर उपस्थित दिखाई पड़ती है। उनके परवर्ती नाटककारों ने इस कमी को पूरा किया। यही नहीं, प्रसाद युग को मूलतः हिन्दी नाट्य विधा के प्रयोग युग (भारतेन्दु युग के विकास) से ही जोड़ा जा सकता है और इस दृष्टि से यह कालखण्ड पूरी तरह से सफल रहा है।

प्रसादोत्तार हिन्दी नाट्य साहित्य और प्रमुख नाटककार (सन् 1936 से सन् 1950 तक)

सन् 1936 से सन् 1950 तक हिन्दी साहित्य के सृजन क्षेत्र का सर्वोत्कृष्ट काल माना जा सकता है। इसी काल खण्ड में पं० सूर्यकान्त त्रिपाठी निराला जैसे कवि, मुंशी प्रेमचन्द्र जैसे उपन्यासकार, आचार्य रामचन्द्र शुक्ल जैसे आलोचक, आचार्य हजारी प्रसाद द्विवेदी जैसे निबन्धकार आदि सर्जकों ने मिलकर हिन्दी की राष्ट्रीय एवं अन्तर्राष्ट्रीय अस्मिता को निर्मित करने की चेष्टा की। ठीक यही स्थिति, हमें नाटय रचना के क्षेत्र में भी दिखाई पड़ती है। यह काल खण्ड निश्चित रूप से हिन्दी साहित्य के सर्जनात्मक क्षेत्र का नवजागरण रहा है और इस नव जागरण के बाद जागरण तथा विकास का कार्य चौथे दशक से शुरू हुआ।

इसके चौथे दशक के पूर्व के नाटककार अपनी राष्ट्रीय अस्मिता के लिए अतीत के सांस्कृतिक अस्तित्व की तलाश से प्रायः जुड़े हुए हैं और उनके शिल्पविधान में स्थिर नवीनता की दृष्टि दिखाई पड़ती है। ठीक इसके विपरीत सन् 1936 के बाद के नाटक भारत के जन समाज के बीच व्याप्त विविध समस्याओं एवं उनसे सम्बद्ध संकटों की मुक्ति से जुड़ी समस्याओं की विविधताओं का प्रस्तुतीकरण करते हैं। नव रोमांटिक प्रेम संदर्भ, नारी समस्याएँ, दैनदिन की आवास, भोजन एवं संरक्षण की समस्याएँ, जीवनादर्श की व्यावहारिक कल्पनाएँ, व्यापार एवं व्यवसाय, शिक्षा व्यवस्था, सामाजिक एवं पारिवारिक विघटन आदि-आदि जिनके बीच हमारा देश जूझ रहा था, इन नाटककारों ने बड़ी ही गहराई के साथ उन संदर्भों को अपनी नाटय कृतियों का विषय बनाया। यह सत्य है कि विविध समस्यामूलक नाटकों का सूत्रपात भारतेन्दु युग में हो चुका था फिर भी, उसमें जीवन यथार्थ के संकटों की व्याप्ति तथा उनसे संघर्ष करने की गहन इच्छा शक्ति का अभाव था।

प्रसादोत्तर हिन्दी नाटय साहित्य से सम्बद्ध नाटककारों तथा नाटय कृतियों की तालिका इस प्रकार है। इसमें कई नाटककार ऐसे हैं, जिन्होंने नाट्य लेखन की परम्परा प्रसाद युग में स्थापित कर ली थी किन्तु विषय वस्तु की प्रस्तुति में प्रसाद की परम्परा से अलग हो चुके थे। लक्ष्मी नारायण मिश्र एवं वृन्दावन- लाल वर्मा जैसे नाटककारों को इसी परम्परा में स्वीकार

किया जा सकता है। प्रसोदत्तर युग के नाट्य सर्जक एवं उनकी कृतियाँ इस प्रकार हैं—

1. **लक्ष्मीनारायण मिश्र**—वत्सराज (1950), वितस्ता की लहरें (1953), गंगाद्वार (1974), गरुणध्वज (2005), नारद की वीणा (2003), दशावमेध अशोक (1926), प्रतिज्ञा भंग क्यों
2. **वृन्दावन लाल वर्मा**—झाँसी की रानी (1948), पूर्व की ओर (1950), बीरबल (1950), हंसमयूर (2005), विक्रमादित्य
3. **डॉ. रामकुमार वर्मा**—कौमुदी महोत्सव (1954), विजयपर्व (1954)
4. **जगदीश चन्द्र माथुर**—कोणार्क (1951)
5. **वेचनशर्मा उग्र**—डिक्टेटर (1937), चुम्बन (1938)
6. **भुवनेश्वर प्रसाद**—ऊसर (1938), ताँबे के कीड़े (1946)
7. **सूर्य नारायण शुक्ल**—खेतिहर देश (1939)
8. **गणेश प्रसाद द्विवेद्वी**—सोहाग विन्दी (1935)
9. **सेठ गोविन्द दास**—सेवापथ (1940), विकास (1941), प्रकाश (1935), सन्तोष कहाँ (1945), महत्त्व किसे (1941), गरीबी और अमीरी (1947)
10. **उपेन्द्रनाथ अश्क**—लक्ष्मी का स्वागत (1935), स्वर्ग की झलक (1940), छठाँ बेटा (1940), देवताओं की छाया (1940), अलग अलग रास्ते (1941), अंजो दीदी (1955), भँवरा (1961), बड़े खिलाड़ी (1967), लौटता हुआ दिन (1972), अंधी गली (1956)।
11. **पृथ्वी नाथ शर्मा**—दुविधा (1938), अपराधी (1939)
12. **राजेन्द्र शर्मा**—रेत की दीवार
13. **भगवती चरण वर्मा**—तुम्हें रुपया खा गया
14. **राम नरेश त्रिपाठी**—पैसा परमेश्वर
15. **उदय शंकर भट्ट**—शक विजय (2006)
16. **जगन्नाथ प्रसाद मिंलिद**—समर्पण, पगध्वनि (2009), गौतमनन्द (2009)

प्रसादोत्तर नाटकों की विशेताएँ

प्रसादोत्तर नाटय युग लगभग सन् 1936 से 1950 अर्थात् लगभग 15 वर्षों तक रहा है और इस अल्प नाटय रचना के अन्तराल की इस दिशा ने क्रान्तिकारी परिवर्तन उपस्थित कर दिया है। यह कालखण्ड प्रसाद युग के समापन एवं प्रारम्भ प्रायः भुवनेश्वर से होता है और इस कालखण्ड की सबसे बड़ी विशेषता यह है कि शिल्प और वस्तु दोनों दृष्टियों से नाट्य विधा ने परम्परावाद से मुक्ति प्राप्त की। परम्परा से मुक्ति का यहाँ अर्थ है, उनकी आधुनिकता की पृष्ठभूमि की सुदृढ़ता भरी निर्मिति। यद्यपि अपने अतीत के ऐतिहासिक गौरव

को पुनप्रस्तुति जैसी प्रवृत्ति प्रसाद में मिलती है फिर भी, इस युग के नाटककारों ने राष्ट्रीयता को केवल अतीत से ही नहीं जोड़ा अपितु उसे भविष्य के व्यापक फलक की समसामायिक आकांक्षाओं से सम्बद्ध करने की कोशिश की है। सूर्य नारायण शुक्ल ने खेतिहर देश (1939), सेठ गोविन्द दास के सेवा पथ (1940), जगदीश माथुर कृत कोणार्क (1951) आदि नाटक संदर्भों के माध्यम से इसे देखा जा सकता है। इस युग के नाटकों में केवल अतीत भारत की पुर्नप्रस्तति मात्र ही लक्ष्य नहीं है।

इस युग के नाटकों का एक दूसरा पक्ष अधिक महत्वपूर्ण है, यह पक्ष है जीवन तथा लोक जीवन के सामायिक यथार्थ की प्रस्तुति ताकि समाज इसे देखकर जागरूक हो सके या कहीं-कहीं इस युग के नाटकों की केन्द्रीय योजना निश्चित रूप से सामाजिक संदर्भों को जोड़कर प्रस्तुत करने के प्रति सक्रिय दिखाई देती है। कुल मिलाकर, इसे युग के नाटकों की चार प्रवृत्तियाँ हमारे सामने आती हैं—

1. भारत की अमीरी-गरीबी का द्वन्द्व
2. न्याय-अन्याय तथा जालसाजी का विघटन
3. पुराने मूल्यों का विघटन
4. प्रेम से सम्बद्ध स्वच्छन्दतावृत्ति को प्रोत्साहन देना और विशेष रूप से जातिप्रथा पर प्रहार। इस युग में अंग्रेजी तथा अन्य भारतीय भाषाओं से हिन्दी में नाटकों को अनूदित करने की परम्परा भी दिखाई पड़ती है।

कुल मिलाकर, सन् 1936 से 1950 तक के लिख गए हिन्दी के नाटक प्रसाद तथा भारतेन्दु युगीन नाटय परम्परा से मुक्ति लेते हुए दिरवाई देते हैं और इनका मूल लक्ष्य आधुनिकता का विकास एवं समाज में व्याप्त यथार्थवादी तथा नव यथार्थवादी मान्यताओं की आगे बढ़ाना रहा है ताकि वैश्विक परिदृश्य में भारत की आधुनिक युग से जुड़ती नवपीढ़ी की नींव दी जा सके। इस अल्पकाल में भारत की नाटकीय परम्परावादिता को परिवर्तित करते हुए नवयुगबोध से समाज को जोड़कर परवर्ती साहित्य की नई पृष्ठभूमि का निर्माण करना प्रसादोत्तर हिन्दी नाटय परम्परा का उद्देश्य रहा है और निश्चत ही, इसने इस दिशा में आधुनिकता बोध की स्थापना के संदर्भ में मार्गदर्शन का कार्य किया है।

प्रसादोत्तर नाट्य साहित्य धीरे-धीरे शिथिल दिखाई पड़ता है और अपेक्षा कृत अन्य साहित्य रूपों में नाटक रचना की अपेक्षा अधिक उत्साह दिखाई पड़ता है फिर भी, इस युग के प्रसिद्ध नाटककारों की तालिका इस प्रकार है—(1) लक्ष्मानारायण मिश्र, (2) हरिकृष्ण प्रेमी, (3) डॉ. रामकुमार वर्मा, (4) वृदावनलाल वर्मा, (5) उपेन्द्रनाथ अश्क आदि। इस युग में एकांगी नाटकों का जन्म हो चुका था और इस दिशा में कार्य करने वाले प्रसिद्ध एकांगीकार डॉ. रामकुमार वर्मा, भुवनेश्वर अदि हैं।

4. लक्ष्मीनारायण मिश्र—प्रसादोत्तर नाटय लेखन परम्परा के श्रेष्ठ नाटय रचनाकार

श्री लक्ष्मीनारायण मिश्र ने सन् 1926 में अपना पहला नाटक **अशोक** लिखा और फिर सन् 1955 तक निरन्तर इस विधा से जुड़े रहे। उनका अन्तिम नाटक **चक्रव्यूह** सन् 1955 में लिखा गया है। इनके महत्त्वपूर्ण नाटकों की तालिका इस प्रकार है—सन्यासी, राक्षस का मंदिर, मुक्ति का रहस्य, राजयोग, सिंदूर की होली, आधी रात, गरूण ध्वज, नारद की वर्णन, वितस्ता की लहरें आदि।

श्री लक्ष्मी नारायण मिश्र के नाटकों को दो भागों में विभक्त किया जा सकता है। इनके ऐतिहासिक नाटकों में ऐतिहासिक भारतीय संस्कृति के विविध संदर्भ जैसे आर्य-अनार्य द्वन्द्व, वत्सराज उदयन, अग्निमित्र जैसे ऐ तिहासिक संदर्भों से जुड़े हैं। इसके साथ ही, समसायकि समस्याओं से सम्बद्ध विशेष रूप से स्त्र- पुरुष सम्बन्ध तथा अन्यान्य विषयों से जुड़े इनके नाटक विशेष रूप से प्रसिद्ध हैं।

इनका सर्वाधिक प्रसिद्ध नाटक **सिंदूर की होली** है।

हरिकृष्ण प्रेमी—प्रसादोत्तर हिन्दी नाटककारों में भी श्री हरिकृष्ण प्रेमी का विशेष रूप से चर्चा उनके ऐतिहासिक एवं सामाजिक नाटकों के संदर्भ में की जाती है। सन् 1930 में उन्होंने अपने गीतिनाट्य स्वर्ण से नाटय रचना प्रारम्भ की और उनका अन्तिम एकांगी नाटक सन् 1952 में बादलों पार प्रकाशित हुआ। हिन्दू-मुस्लिमऐक्य से जुड़ा उनका प्रसिद्ध नाटक रक्षा बन्धन विशेष रूप से चर्चित रहा है। इनके प्रसिद्ध नाटकों की तालिका इस प्रकार है—शिव साधना, रक्षा बन्धन, प्रतिशोध, आहुति, स्वप्न भंग, विषपान, पाताल-विजय आदि। इसके अतिरिक्त भी इन्होंने कई एकांगी नाटकों की रचना की है। इनका एकांगी संग्रह मंदिर विशेष प्रसिद्ध है।

श्री हरिकृष्ण प्रेमी के नाटक जैसा कि कहा गया है, धार्मिक हैं किन्तु उस धार्मिकता से जुड़ा मानवीय सामंजस्य विशेष रूप से आकर्षित करता है। इस दृष्टि से उनके रक्षा बन्धन तथा प्रतिशोध नाटक महत्त्वपूर्ण माने जाते हैं।

डॉ. रामकुमार वर्मा—हिन्दी एकांगी नाटक कला के जन्मदाता डॉ. रामकुमार वर्मा के केवल दो पूर्णकालिक नाटक स्वीकार किये जाते हैं (1) शिवाजी और (2) कौमुदी महोत्सव। इनकी मुख्यतः चर्चा एकांकी रचना संदर्भ में है। इनके प्रसिद्ध एकांगी संग्रहों में पृथ्वीराज की आँखें, रेशमी टाई, चार ऐतिहासिक एकांकी आदि विशेष महत्त्वपूर्ण हैं।

वृन्दावन लाल वर्मा—आधुनिक हिन्दी साहित्य के प्रसिद्ध ऐतिहासिक उपान्यासकार श्री वृन्दावनलाल वर्मा ने नाटय लेखन विधा में भी महत्त्वपूर्ण योगदान दिया है। इनकी नाटय कृतियाँ इस प्रकार हैं—सन् 1909 में इन्होंने सर्वप्रथम नाटक से ही अपना लेखन कार्य प्रारम्भ किया था और इनका प्रथम नाटक **सेनापति ऊदल** है। इनके प्रमुख नाटक इस प्रकार हैं—धीरे-धीरे, राखी की लाज, जहाँदरशाह, नीलकंठ, केवट, ललित विक्रम, रानी लक्ष्मी बाई, बीरबल, काश्भीर का काँटा, बाँस की फाँस, पूर्व की ओर आदि। वृन्दावन लाल

वर्मा के नाटक नाटयविधान शिल्प की अपेक्षा व्यंग्यविधान से अधिक जुड़े हुये हैं और लगता है कि जयशंकर प्रसाद की नाटय परम्परा के प्रभाव से जुड़े इतिहास संदर्भ की विविध कथाओं को नाटकों से जोड़कर इसके माध्यम से वे इतिहासबोध को ही आगे ले आना चाहते हैं किन्तु इनके नाटकों से प्रसाद जैसी काव्यात्मक भाषा नहीं दिखाई पड़ती। इनके ऐतिहासिक नाटकों में अभिनेयता के स्थान पर औपन्यासिक कथाभाषा के विस्तार का विस्तृत स्वरूप मिलता है।

उपेन्द्र नाथ अश्क—प्रसादोत्तर नाटय परम्परा के अन्तिम दशकों के नाटककारों में उपेन्द्रनाथ अश्क की बार-बार चर्चा रही है। उनका नाटय लेखन सन् 1937 से प्रारम्भ होकर लगभग 1959-60 तक चलता रहा। उनका प्रथम नाटक जय पराजय है जो सन् 1937 में लिखा गया था और अपने लेखन के समापन काल में कई एकांगी संस्थाओं को अभिनेयता से चुस्त-दुरुस्त करके हिन्दी समाज के सामने लाये। उनके नाटकों की तालिका इस प्रकार है—**जय-पराजय, स्वर्ग की झलक, छठा बेटा, कैद और उड़ान, पैतरे, अंजो दीदी, कैद, छठा बेटा** आदि। उनके प्रसिद्ध एकांगी संग्रह **अंधी गली के आठ** एकांगी, साहब को जुकाम आदि हैं। अश्क के नाटक निश्चित रूप से हिन्दी नाट्य विधा की नई संरचनात्मक दृष्टि के सूचक एवं अभिनेयता की दृष्टि से सर्वथा सफल है। इनके अंजो दीदी, कैद, उड़ान तथा छठाँ बेटा तथा अंधी गली जैसे नाटक नाटयशिल्प कला तथा अभिनेयता दोनों दृष्टियों से श्रेष्ठ हैं। उनका अंधी गली नाटक एकांकियों के आठ रूपों से लगता अन्त में जुड़कर एक सम्पूर्ण नाट्य रूप बन गया है। इनके नाटकों में गलियों में पीड़ा भोग रहे जीवन के चित्र विविध-विविध रूपों में दिखते हैं और ये सभी हैं—एक नया प्रयोग।

हिन्दी नाट्य परम्परा का नवयुग
(1950 से 2000 तक)

हिन्दी नाटय परम्परा के इस नवयुग अर्थात् आधुनिकता बोध से सम्बद्ध कालखण्ड की पृष्ठभूमि प्रसादोत्तर नाट्य युग में निर्मित हो चुकी थी और प्रसादोत्तर नाटय लेखन के नवयुग के बीच स्थित संक्रान्तिकाल से सम्बद्ध इसमें कई नाटककार हैं। इन नाटककारों ने नवयुग के निर्माण की परम्परा एवं उसके- परिवेश को सुदृढ़ बनाया। इन नाटककारों की सूची इस प्रकार है—डॉ. राम- कुमार वर्मा, कौमुदी महोत्सव (1954), विजयपर्व (1954), जगदीश चन्द्र- माधुर कृत कोणार्क (1951), विष्णु प्रभाकर कृत डॉक्टर (1958), अमृत लाल नागर, चन्दनवन (1976), भीष्म साहनी, कबिरा खड़ा बाजार में (1977), उपेन्द्र नाथ अश्क, आजादी दो (1954), तथा अंधी गली (1956) आदि इस संक्रान्ति युग के नाटक हैं जो कथावस्तु, आधुनिकता से जुड़ी समस्याओं यथा नियति की अनिश्चितता व्यक्तिवादी

सुख एवं शान्ति की तलाश रोमाटिंक भावनाओं को जीवन के यथार्थ में परिवर्तित करने की तत्परता, कुंठित व्यक्तित्वों के आचरण के ग्रसित रूप, संवेदनशील समापन के स्थान पर वैचित्र्य एवं विवशता से नाटय फल को पूर्णतया प्रभावित बना देते हैं। यह सत्य है कि नाटय की इस नई परम्परा की शुरूआत चौथे दशक से शुरू हो चुकी थी और इस दिशा में भुवेनश्वर सर्वप्रथम नाटककार (एकांकीकार) माने जाते हैं किन्तु इस परम्परा ने पूर्ण विकास पांचवें छठे तथा सातवें दशक में किया।

हिन्दी नाटय परम्परा के इस नवयुग के नाट्य सर्जन पर समसामयिक विदेशी नाटकों का प्रभाव विशेष रूप से परिलक्षित दिखाई पड़ता है और इस दिशा में वर्तमान समग्र नाट्य रचना विदेशी संदर्भों के रूप में स्थापित हो गई है। इस आधुनिकता के नवयुग को हिन्दी नाट्य परम्परा ने इस प्रकार परिवर्तित कर दिया कि उसमें पूर्व तथा पश्चिम का विशेष प्रश्न नहीं उठ खड़ा होता, अपितु प्रतीत होता है कि हिन्दी नाटय कला एवं लेखन उत्तरोत्तर विकसित होता जा रहा है। भारत सरकार ने इस दिशा में विकास के लिए सन् 1953 में संगीत नाट्य अकादमी, दिल्ली तथा राष्ट्रीय नाट्य विद्यालय, दिल्ली की स्थापनाएँ कीं तथा सम्पूर्ण देश के बड़े नगरों में नाटक एकादमी एवं नाट्य संस्थाओं की स्थापनाए हुई। अनेक पश्चिमी नाटकों के अनुवाद, रेडियो रूपक, नृत्य नाट्य, टेलीविजन नाटक, लोक नाट्य आदि कितने संदर्भ वर्तमान नाटकीय व्यवस्थाओं को आगे बढ़ाने में सहायक हुए हैं और आज की परम्परा में इसके विकास के राष्ट्रीय तथा अन्तर्राष्ट्रीय संदर्भों का विशेष सहयोग मिल रहा है। इस प्रकार अधुनातन नाटक की पृष्ठभूमि बड़ी ही सशक्त है और निश्चित ही नाटय विधा दृश्य, श्रव्य, पाठय आदि रूपों में आधुनिक बोध से जुड़ती हुई निरन्तर बढ़ती रही है। इस अधुनातन नाटय परम्परा की गीतिनाटय एवं गद्य नाटय की दोनों विधाएँ पूरी सशक्तता के साथ-साथ चल रही हैं। सन् 1960 के बाद हिन्दी नाट्य लेखन कला तथा रंगमंच कौशल दोनों का विकास हुआ है। यह विकास सम्पूर्ण भारतीय नाट्य विधाओं को आगे करके पाश्चात्य परम्पराओं एवं औद्योगिक व्यवस्था के बदलते स्त्री-पुरुष के सम्बन्धों तथा नई सामाजिक व्यवस्था के विविध आयामों के साथ जुड़ा है। इन नाटककारों तथा नाटकों का संदर्भ इस प्रकार है—मोहन राकेश, लहरों का राजहंस (1936), आषाढ़ का एक दिन (1958), आधे अधूरे (1969), विपिन कुमार अग्रवाल, तीन अपाहिज (1963) आदि।

ज्ञानदेव अग्निहोत्री, शुतुर्मुग (1968), जगदीश चन्द्र माथुर, पहला राजा (1969), लक्ष्मी नारायण लाल, सूर्यमुख (1969) मिस्टर अभिमन्यु (1971), कर्फ्यू (1972), अंधा कुआँ (1955), सुन्दर रस (1959), तीन आँखों वाली मछली (1980) सूखा सरोवर (1960), नाटक बहुरंगी (1961), कलंकी (1969) आदि इसी परम्परा में अन्य नाटक हैं।

सुरेन्द्र वर्मा—द्रौपदी (1970) सन्तोष नारायण नौटियाल—चाय पार्टियाँ (1963),

खंडित यामाएँ (1962), शिव प्रताप सिंह—घाटियाँ (1965), चिरंजीत—तस्वीर उसकी (1964), अभिमन्यु चक्रव्यूह में (1964), रेवती- रमण शर्मा—चिराग की लौ (1970), रंग और खून (1962), अपनी धरती (1963), टूटे सपने (1964), ज्ञानदेव अग्निहोत्री—नेफा की एक शाम आदि नाटकों को इसी संवर्ग में रखा जाता है।

नई नाट्य विधाएँ

मध्यकालीन संदर्भ में जैसे उपरूपकों एवं लीला नाटकों की परम्पारित नाट्य व्यवस्था से हटकर विकास हुआ था, ठीक इसी प्रकार आधुनिक युग में भी नई नाट्य विधाएँ आज समाज के सामने दिखाई पड़ती है। इन नई विधाओं पर अधिकांतया, पश्चिमी नाट्य परम्परा एवं नई संचार व्यवस्था का प्रभाव अधिक है। इन नवीन नाट्य परम्पराओं की सूची इस प्रकार है—

1. एकांकी नाटक
2. दूरदर्शन रूपक
3. रेडियो नाटय
4. नुक्कड़ नाटक
5. नई नौटंकी शैली
6. लघु नाटक

ये नवीन नाट्य विधाएँ आज की सर्वाधिक महत्त्वपूर्ण विधा बन गई है और वह रेडियो एवं दूरदर्शन दोनों माध्यमों से पूरी तरह मंचित और लोकजन के बीच प्रचलित है।

एकांकी नाटक—भारतीय नाट्य परम्परा में उपरूपकों के अन्तर्गत एक अंकीय नाटकों के संदर्भ वर्तमान हैं किन्तु एकांकी नाटक की शिल्प योजना इस परम्परा से भिन्न है। संकलन (त्रय) अर्थात् समग्र अभिनय संदर्भ, अभिनय स्थान आदि की संकलन त्रयी द्वारा नाटक को क्लाइमेक्स पर पहुँचाकर उनके निष्कर्ष से पाठक के चित्त को जोड़ देना इस एकांकी कला की एकमात्र विशेषता है। कई एकांकीकार संकलन त्रय के स्थान पर संकलन द्वय को महत्त्व देते हैं। एकांकी निश्चित रूप से पाश्चात्य नाट्य कला संस्कृति की देन है, जो बीसवीं सती में हिन्दी जगत में उतरी है। हिन्दी में सामान्य रूप से एकांकी नाट्य रचना के प्रथम सर्जक के रूप में डॉ. राम कुमार वर्मा का नाम लिया जाता है और उनका बादल की मृत्यु (1930) हिन्दी का प्रथम एकांकी बताया जाता है। डॉ. वर्मा के नाटक अधिकांशतः विविध समस्याओं से जुड़े हैं और ये समस्यायें वर्तमान युग में इतिहास बोध संदर्भ, नई बौद्धिकता, राष्ट्रीयता से सम्बन्धित विविध संदर्भ, पौराणिक संदर्भों के अधुनातन रूप आदि हैं। उनकी एकांकियों में आदर्श के प्रसंगों का भावात्मक प्रवाह जीवन के लिए प्रेरणा स्रोत का कार्य करने जैसा वातावरण निर्मित करता है। भारत का भाग्य, राजरानी सीता तथा

प्रतिशोध जैसे पौराणिक एकांकी इस संदर्भों में उदाहरण के रूप में रखे जा सकते हैं। डॉ. रामकुमार वर्मा के प्रमुख एकांकियों में औरंगजेब की आखिरी रात, पृथ्वीराज की आँखें, चारुमित्रा, तैमूर की हार, ध्रुवतारिका, कौमुदी-महोत्सव आदि विशेष महत्त्वपूर्ण हैं। डॉ. राम कुमार वर्मा के एकांकी संवेदना के आस-पास संकलन त्रय से बँधें मँड़रातें रहते हैं। हिन्दी में डॉ. वर्मा के एकांकी कौशल तथा शिल्प प्रयोग का अपना विशिष्ट मौलिक रूप है। एकांकी परम्परा के दूसरे नाटककार **भुवनेश्वर** हैं। उनका प्रथम एकांकी सन् 1933 में प्रकाशित हुआ था। भुवनेश्वर के कारवाँ तथा अन्य एकांकी (2004) में उनके 10 एकांकी प्रकाशित हैं। इन संकलित एकांकियों वे अतिरिक्त भी **इतिहास के केंचुल, हम अकेले नहीं हैं, कठपुतिलयाँ** आदि उनके अन्य कई एकांकी प्रचलित हैं और वे सन् 1957 तक खामोशी से एकांकी लेखन से जुड़े रहे हैं। उनके अधिकांश एकांकी समसायिक नारी-पुरुष ने मनोविज्ञान से सम्बद्ध प्रेम विषयक, समाज मनोविज्ञान, वातानुकूल प्रवृत्तियों के यथार्थ एवं नारी पुरुष के सामाजिक सरोकार के बीच अनुधातन समय की समस्याओं से सम्बद्ध हैं। समसामायिक पश्चिमी आधुनिकता तथा स्त्री-पुरुष के वर्तमान भोगे जाते हुए यथार्थ को वे हिन्दी समाज के साथ जोड़कर भारतीय परिदृश्य को जैसे वे नया आयाम देने की कोशिश कर रहे हैं। नाट्य सृजन में भले ही शिल्पों तक की आधुनिकता हो किन्तु उनका द्वारा गढ़ा गया समाज एवं स्त्री-पुरुष संदर्भ केवल औद्योगिक पूँजीवादी परिवेश से सम्बद्ध भारत का व्यापक सामाजिक फलक़ नहीं है।

इन्हीं के सामान्तर एक, दूसरे एकांकीकार **गणेश प्रसाद द्विवेदी** हैं। उनका प्रथम एकांकी सुहागिनी (1935) प्रकाशित हुआ। इनकी एकांकियों में आधुनिकता से सम्बद्ध यौन समस्याएँ प्रारम्भिक स्तर पर मिलती हैं। उन्होंने अपनी एकांकियों के विधान तंत्र एवं मन्तव्य का रुख सामाजिक संदर्भों की प्रेरणादायिनी समस्याओं से जोड़ने का प्रयास किया है। यौन समस्याओं से सम्बद्ध उनके प्रारम्भिक नाटक सुहागगिनी, वह फिर आई थी, सर्वस्व, समर्पण आदि हैं तथा सामाजिक संदर्भों से सम्बद्ध उनके एकांकी कामरेड, गोष्ठी, दगा, परीक्षा आदि हैं। इनका नाट्यशिल्प भुवनेश्वर जैसा सम्पूर्ण पाश्चात्य सामाजिक एकांकी रचनाविधान से सम्बद्ध हैं।

हिन्दी एकांकी नाट्य परम्परा के एक प्रमुख नाटककार **उदय शंकर भट्ट** हैं। इन्होंने हिन्दी में गीति नाटकों के साथ-साथ एकांकियों का भी सृजन किया और इस दिशा में उनका महत्त्वपूर्ण योगदान माना जाता है। डॉ. रामकुमार वर्मा की परम्परा में ये हिन्दी के दूसरे एकांकीकार हैं और इन्होंने सन् 1921 में अपना पहला एकांकी असहयोग और स्वराज्य लिखा। इस एकांकी का मूलस्वर भारतीय स्वराज्य आन्दोलन से सम्बद्ध हैं। इनके एकांकियों की एक लम्बी तालिका है, जिनमें प्रमुख एकांकी इस प्रकार हैं—एक ही कब्र में, कर निर्वाचन, स्त्री का हृदय, बड़े आदमी की मृत्यु, नकली और असली आदि। इन एकांकियों

में समाज की भावात्मक रचना के संदर्भ आदर्श के रूप में चिह्नित होकर समाज के लिए प्रेरणादायक हैं। इनकी एकांकियों के संकलन पर्दे के पीछे तथा धूमशिखा (1955) हैं जिनसे एक विष की पुड़िया, दस हजार, नई बात आदि प्रमुख एकांकी हैं। इन एकांकियों में आज के नेताओं से सम्बद्ध यथार्थपरक विडम्बनाओं के संदर्भ सामने आते दिखाई पड़ते हैं। इनके एकांकी पूर्णतः अभिनेय हैं। इनके पद्य एकांकी क्रमशः चर्चा में रहे हैं, जिनका इस दिशा में महत्त्वपूर्ण योगदान है।

एकांकी परम्परा में सेठ गोविन्द दास का नाट्य सृजन विशेष रूप से उल्लेखनीय है। इनका पहला एकांकी **स्पर्धा** (सन् 1927) में प्रकाशित हुआ और तब से निरन्तर वे इस नाट्यविधा के प्रति आजीवन सक्रिय रहे हैं। निर्माण का आनन्द, मैत्री, धोखेबाज, अधिकार लिप्सा, बूढ़े की जीभ, पतन, गुरू तेग बहादुर की भविष्यवाणी आदि उनके प्रमुख एकांकी हैं। सेठ गोविन्द दास ने अपनी एकांकियों में जीवन के भावात्मक तथा सामाजिक पक्षों का विस्तारपूर्वक वर्णन किया है। इनकी शिल्प दृष्टि नव एकांकारों जैसी न होकर डॉ. रामकुमार वर्मा आदि की परम्परा से सम्बद्ध हैं और जहाँ निषेधात्मक मूल्यों का पूरी तरह से वर्चस्व है। जीवन के श्रेष्ठतम आदर्शों से अनुप्रमाणित उनके एकांकी मानवजीवन की सार्थक संरचनात्मक मान्यताओं से ओत-प्रोत हैं। सेठ जी के एकांकी संग्रह सप्तरश्मि, पंचभूत एवं एकादशी साहित्य में चर्चा के विशेष विषय रहे हैं।

हिन्दी एकांकी विधा के सर्जकों में **उपेन्द्रनाथ अश्क** की भी चर्चा विशेष रूप से उल्लेखनीय है। अश्क जी के नाटकों में देवताओं की छाया में, चरवाहे, पर्दा उठाओ पर्दा गिराओ, साहब को जुकाम है आदि प्रसिद्ध एकांकी संग्रह हैं और इन संदर्भों के माध्यम से उन्होंने एक ओर परम्परा से चली आ रही रुढ़िग्रस्त मान्यताओं का विरोध किया है तो दूसरी ओर आधुनिकता के उन पक्षों का आग्रह जिनके माध्यम से वर्तमान समाज की रूढ़िग्रस्त अवधारणाएँ समाप्त हो सकें। मानव जीवन यापन के स्वविवेकानुसार आत्मप्रेरित संदर्भों पर उनकी एकांकियों में विशेष बल दिया गया है।

अश्क जी के उपरान्त एकांकीकारों में जगदीश चन्द्र माथुर, विष्णु प्रभाकर, डॉ. लक्ष्मी नारायण, डॉ. धर्मवीर भारती, गिरिजा कुमार माथुर आदि के लेखन की बराबर चर्चा रही है। आधुनिक संदर्भों तथा परिवेश के एकांकीकारों में अमृतलाल नागर कृत चन्दन वन (सन् 1976), चक्करदार सीढ़ियाँ और अँधेरा (सन् 1978), उतार चढ़ाव (सन् 1978), सिद्धनाथ कृत कुमार कवि, सृष्टि की साँझ, आदमी है, नहीं है (1979), मुर्दे जिएँगें (सन् 1981), खुला कमरा बन्द धुँवा, विपिन कुमार अग्रवाल कृत, खोए हुए आदमी की खोज (सन् 1981), डॉ. राजानन्द कृत अश्वत्वामा (1980), गिरीराज किशोर कृत बादशाह गुलाम, बेगम (सन् 1919)। आदि-आदि।

हिन्दी एकांकी का विकास निरन्तर होता रहा है और उसकी विधाएँ रेडियो रूपक,

दूरदर्शनरूपक, लघुनाटक आदि रूपों में आज विकसित दिखाई पड़ती है।

हिन्दी नाट्य शिल्प : अभिनव प्रयोग तथा सामयिक नाट्य विधान सन् 1958 से 2000 तक

हिन्दी में उपेन्द्र नाथ अश्क, सेठ गोविन्ददास, राम कुमार वर्मा आदि नाटककारों के नाट्य लेखन के बाद नई कविता द्वारा नव गद्य लेखन तथा आलोचना आदि के नये संदर्भों के साथ नई नाट्य लेखन परम्परा की शुरूआत हुई और इस दिशा में पहला नाम भुवनेश्वर का लिया जाता है। हिन्दी की समकक्षी भाषाओं यथा बंगला, मराठी, कन्नड़ आदि में नई नाट्यविधा से सम्बद्ध प्रयोग हो रहे थे और ऐसी दशा हिन्दी के नाटककारों का पीछे रहना सम्भव नहीं था। इस नयी परम्परा की शुरूआत निश्चित रूप से भुवनेश्वर के कारवाँ, ऊसर आदि नाटकों से अवश्य हुई किन्तु इस परम्परा को शक्ति डॉ. धर्मवीर भारती कृत अंधा युग, मोहन राकेश कृत आषाढ़ का एक दिन, लहरों का राज हंस, आधे अधूरे, भीष्म साहनी कृत, कबिरा खड़ा बजार में, रंग दे बसन्ती चोला, सुरेन्द्र वर्मा नायक, खलनायक, विदूषक, आठवाँ स्वर्ग, छोटे सैयद बड़े सैयद आदि ने दी हैं। सन् 1955 से प्रारम्भ होकर हिन्दी नाट्य लेखन की यह अभिनव परम्परा नव आधुनिकता से जुड़ी समसाययिकता को अपने से सँजोए हुए हैं। हिन्दी की नाट्य विधा की स्वर्णभूमि यद्यपि प्रसादोतर काल में पूरी तरह से निर्मित हो चुकी थी किन्तु इसके विकास का संदर्भ सन् 1960 के बाद बनता है। हिन्दी की नई नाट्यविधा की पृष्ठभूमि के सदंर्भ में अमृत लाल नागर, डॉ. राम कुमार वर्मा, उपेन्द्र नाथ अश्क आदि के लेखन इसके मूल में रहे हैं किन्तु यह नई नाटय परम्परा भुवनेश्वर से ही स्वीकार की जाती है।

हिन्दी नाट्य परम्परा के इस नव युग के नाट्य सर्जन पर समसामयिक विदेशी नाटकों के प्रभाव विशेष रूप से परिलक्षित होता है। भारत साकार ने इस दिशा के विकास के भिन्न सन् 1953 में संगीत नाट्य अकादमी, दिल्ली तथा राष्ट्रीय नाट्य विद्यालय, दिल्ली की स्थानाएँ की और प्रयास यह भी किया गया कि देश के बड़े नगरों में नाटय अकादमियाँ तथा अन्य नाटय संस्थाएँ स्थापित की जाएँ। अनेक पश्चिमी नाटकों के अनुवाद इस कालखण्ड में भारतीय भाषाओं में हुये और नई विधाओं के रेडियो रूपक, नृत्य नाट्य, टेलीविजन आदि कितने नये नाट्य रूपों का प्रचार प्रसार हुआ। समसामयिक नाट्य रचना की सबसे जटिल समस्या है जीवन के जटिल अनुभवों को किस प्रकार नाट्य प्रस्तुति का विषय बनाया जाये ताकि वह सामान्य पाठक के बीच सम्प्रेषित हो सके। नाट्य के दर्शक को पूरी तरह से साझीदार बनाये हुए यदि नाट्य लेखन की कल्पना की जाती है तो सार्थक नहीं हो सकती और आज के जीवन के अनुभव की यह जटिलता कैसे दर्शक की साझीदारी के साथ सम्पूर्ण सामाजिक यथार्थ को व्यक्त कर सके, यह नये नाट्य लेखन की प्राथमिक समस्या है।

इस प्रकार, अधुनातन नाट्य लेखन की पृष्ठभूमि एक जटिल समस्या है तो दूसरी ओर समाज के यथार्थवादी परिवेश से जुड़कर सशक्त भी है। इस प्रकार यह आधुनातन नाट्य विधा दृश्य, श्रव्य, पाठ्य आदि रूपों में आधुनिक बोध से जुड़ती हुई निरन्तर बढ़ती जा रही है।

सन् 1960 के बाद हिन्दी नाट्य परम्परा की इस अधुनातन व्यवस्था ने नाट्य लेखन एवं रंगमंच कौशल दोनों का पूरी तरह से विकास किया है। यह विकास सम्पूर्ण भारतीय नाट्य विधा को आगे करके, पाश्चात्य परम्पराओं तथा औद्योगिक व्यवस्था के बदलते हुये विविध मानों से स्वयं को जोड़कर कैसे आगे जा रहा है, यह एक विचारणीय प्रश्न है। इन नाटककारों के लेखन संदर्भ इस प्रकार हैं—(1) मोहन राकेश—आषाढ़ का एक दिन, आधे अधूरे। (2) भुवनेश्वर—तांबे के कीडे, कारवाँ तथा अन्य एकांगी। (3) विपिन कुमार अग्रवाल—तीन अपाहिज, ऊँची नीची टाँग का जांघिया। (एकांगी) तथा लोटन, धर्मवीर भारती, अंधायुग, ज्ञानदेव, अग्निहोत्री—शुर्तुमुर्ग, लक्ष्मीनारायण लाल—तीन आँखों वाली मछली, कलंकी आदि, सुरेन्द्र वर्मा—द्रौपदी आदि, शिव प्रताप सिंह—घाटियाँ, अभिमन्यु चक्रव्यूह में आदि-आदि।

इस संदर्भ में नये नाटककार धर्मवीर भारती, भुवनेश्वर, विपिन कुमार अग्रवाल, लक्ष्मी नारायण लाल, सुरेन्द्र वर्मा की चर्चा उनके योगदान के सदंर्भ में विशेष रूप से उल्लेखनीय हैं।

धर्मवीर भारती और अंधायुग—धर्मवीर सिंह भारती का यह अंधायुग नाटक सन् 1955 में लिखा गया और इसका अभिनय सन् 1962 में हुआ तब तक परिमल एवं अन्य साहित्यिक संस्थाओं एवं पत्रिकाओं में इसकी व्यापक चर्चा हो चुकी थी। धर्मवीर भारती प्रायः प्रणय एवं रोमांटिक भावानुभूतियों के सर्जक रहे हैं किन्तु उनका अन्धायुग (1955) नाटक उनके व्यक्तित्व से हट कर वर्तमान युग के द्वितीय मध्ययुद्ध की भयंकर विनाश कथा के समानान्तर महाभारत के अन्तिम निष्कर्ष की पृष्ठभूमि की समानान्तर अभिव्ययक्ति है। युद्ध का प्रारम्भ अहम् की संपुष्टि से जुड़ी सत्ता के लिए होता है, किन्तु समापन अवसाद के उस चरम बिन्दु पर होता है, जहाँ पुनः नये मूल्यों की खोज तथा संरचना की आवश्यकताओं का जन्म होता है। परिमल के सम्पादक श्री केशवचन्द्र वर्मा की टिप्पणी इस नाटक के संदर्भ में इस प्रकार है—"नाटककार गिरीश कर्नाड ने ते उसे हिंन्दी साहित्य के इतिहास में सबसे महत्वपूर्ण कृति मानने का दावा किया।"[1]

मोहन राकेश जन्म 1925 – मृत्यु 1972। सामाजिक नाटककारों में मोहन राकेश की नाट्य कृतियों की चर्चा मंचीय एवं अलोचना दोनों क्षेत्रों में बराबर रही हैं। उनके प्रसिद्ध नाटक **आषाढ़ का एक** दिन (1958), **लहरों के राजहंस** (1963), **आधे अधूरे** (1969)। वैश्विक नाट्य मंच पर नाट्य शिल्प तथा मंचन कला एवं विषय संदर्भ

1. परिमल स्मृतियाँ और दस्ता वेज, पृ० 74.

समसामयिकता से प्रेरित हैं। पाश्चात्य नाटककार चेखव (रूसी नाटककार) जैसे नाटककारों के प्रभाव इनकी नाट्यविधा पर अधिक दिखाई पड़ते है। महाकवि कालिदास के व्यक्तित्त्व एवं उनकी प्रेरणा को लेकर लिखा गया इस नाटक का समापन मानवीय यथार्थ से जुड़कर कालिदास का आदर्श विखंडित कर देता है और लहरों के राजहंस में बुद्ध तथा उनके सौतेले भाई नरेश के संदर्भों से जोड़कर जीवन के यथार्थ को स्थापित करने की चेष्टा की जाती है। इस प्रकार आधे अधूरे नाटक भी समसामयिक संदर्भों से पूरी तरह जुड़ा है। व्यक्ति के अपने व्यक्तित्व की पूर्णता की तलाश क्या सम्भव है, नहीं—सम्पूर्णतः असम्भव है, इसीलिए वह जीवन भर आधे अधूरे ही बचा रहता है।

आधुनिकता के संदर्भ में इतिहास एवं समसामयिकता से जुड़ते वास्तविक यथार्थ इनके नाटकों के मुख्य मन्तव्य है।

विपिन कुमार अग्रवाल (जन्म 1931, मृत्यु 1989)—इलाहाबाद विश्वविद्यालय के भौतिक विज्ञान विभाग के प्रोफसर तथा अध्यक्ष (इलाहाबाद की) परिमल संस्था की प्रेरणा से नव नाट्य लेखन की ओर विशेष रूप से उन्मुख हुये और उन्होंने इस दिशा में अपाहिज, लोटन, खोये हुए आदमी की खोज तथा कई गीति नाटय कृतियाँ प्रस्तुत कीं। विपिन कुमार रचनावली भाग 1 तथा भाग 2 : लोक भारती प्रकाशन, इलाहाबाद से प्रकाशित हो चुकी है और इसके प्रथम खण्ड में उनके एकांकी एवं सम्पूर्ण नाटक संकलित हैं। इस ग्रंथावली के प्रथम भाग के अन्त में नाटककार के रूप सामाजिक नाट्य विषय पर एक लम्बी वार्ता उत्तर प्रदेश संगीत नाटक अकादमी में डॉ. मोहन कृष्ण सक्सेना (1908 में) से एक लम्बी वार्ता हुई है जिसमें उन्होंने अपने नाटय सृजन के मूल संदर्भो का स्पष्टीकरण किया है। उनकी दृष्टि में घटित हो रही तथा भोगी जाती हुई समसामयिकता के बीच संदर्भ जिन्हें इस नया महसूस कर सके, नाटयकला एवं लेखन की प्रस्तुति के अंग हैं। उन्हीं के शब्दों में "नया तो वह तब जोड़ता है जबकि वह ऐसी चीज को सामने लाता है जो हमारे दैनिक जीवन से होते हुए भी इंगित करती है कि इसके पीछे कुछ छिपा है जे हमारे जीवन को संचालित कर रहा है। वह विरूप भी हो सकता है, अच्छा भी हो सकता है।"[1] इस प्रकार भोगे जाते हुये यथार्थ की अभिव्यक्ति की प्रस्तुति का एहसास कराने के संदर्भ तथा अन्य प्रसंग सब कुछ एक साथ जुड़कर उनकी नाटय रचना की अद्वैतता से सम्बद्ध दिखाई पड़ते हैं।

लक्ष्मी नारायण लाल—इलाहाबाद की साहित्यिक संस्था परिमल से जुड़े हुये समसामयिक अभिनव नाटककार डॉ. लक्ष्मी नारायण लाल ने नई नाट्य शिल्प विधा से स्वयं को जोड़कर अनेक नाटय कृतियाँ प्रस्तुत की हैं। इनके नाटको की तालिका इस प्रकार हैं—**अंधा कुआँ, मादा कैक्टस, तीन आँखों वाली मछली, सूखा सरोवर, नाटक**

1. विपिन कुमार रचनावली भाग 1, पृ० 612, 613.

बहुरंगी, नाटक तोता मैना, रातरानी, करफ्यू, अब्दुल्ला दीवाना, यक्ष प्रश्न, रक्त कमल आदि। नाटय कला कि प्रदर्शन से स्वयं को जोड़े हुये इलाहाबाद में वे अपने सीमित संसाधनों के होते हुये भी वे अभिनय कला प्रशिक्षण से स्वयं को सम्बद्ध किये हुये एक प्रेरक नाट्य प्रशिक्षक के रूप में कार्यरत रहे हैं।

लक्ष्मी नारायण लाल की नाटय कला आधुनिकता से जुड़ी सामयिक विकृतियों, सामाजिक विद्रूपताओं से मुक्ति के यथार्थ को एक ओर प्रस्तुति करती है तो दूसरी ओर भावात्मक वैचारिक एवं कल्पनापरक हीनताओं द्वारा अभिनय शिल्प को तीक्ष्णता प्रदान करती है। मादा कैक्टस (1959) जैसे उनके नाटक प्रतीक बोध से जुड़े कथा के प्रारम्भ एवं प्रस्थान बिन्दु के सूत्र के अंग बन जाते हैं।

सुरेन्द्र वर्मा—समसामयिक नाटककारों में सुरेन्द्र वर्मा को अपनी अभिनेय नाट्य कृतियों के माध्यम से सम्भवतया सर्वाधिक ख्याति मिली है। सामान्यतः भारतीय परम्परा की प्राचीन कथाओं को आधार बनाकर उसे आधुनिक विधाओं से जोड़कर उन्हें ऐसी विलक्षणता में परिवर्तित कर दिया है कि सम्पूर्ण मिथकीय विश्वास दूर जाता है। कालिदास के दुष्यन्त सम्राट के स्थान पर शकुन्तला के समक्ष एक विदूषक बन जाते हैं। उनके प्रसिद्ध नाटक नायक, खलनायक, विदूषक निश्चित ही परम्पर के आश्वस्त बिम्ब को तोड़कर स्वयं विखंडित हो उठते हैं। उनके नाटकों की एक लम्बी तालिका है। द्रौपदी, सेतुबन्ध, नायक, खलनायक, विदूषक, सूर्य की अन्तिम किरण से सूर्य की पहली किरण तक, आठवाँ सर्ग, छोटे सैयद बड़े सैयद, आदि। आठवाँ सर्ग नाटक कालिदास के कुमार सम्भव के आठवें सर्ग के आधार को केन्द्र में रखकर काम संदर्भों को वात्स्यायन कामसूत्रीय प्रारूप के माध्यम से प्रस्तुत किया गया है।

इन समसामयिक नाटककारों के ही समानान्तर इस युग में मोहन राकेश, रमेश बख्शी, शिव प्रताप सिंह, ज्ञानदेव अग्निहोत्री, मणि मधुकर, स्वेदश दीपक आदि प्रमुख नये नाटककार हैं। इसी तरह कई समसामयिक महिला कथाकारों यथा मृदुला गर्ग तथा मन्नू भंडारी, मृणाल पाण्डेय आदि के समसामयिक सामाजिक संदर्भों से जुड़े नाटक आज विशेष रूप से प्रसिद्ध हैं।

हिन्दी एकांकी नाटक एवं प्रमुख एकांकीकार

संस्कृत नाट्य परम्परा की भारतीय व्यवस्था के अट्ठारह भेदों में नाट्य रासक, श्रीगदित आदि भेद एक अंकीय नाटक है किन्तु शिल्पविधान को केन्द्र में रखकर उन्हें एकांकी नाटक नहीं कहा जा सकता। इस एकांकी का उद्भव यूरोपीय देशों यथा पेरिस, बर्लिन आदि में बीसवीं सदी के प्रारम्भिक चरणों में हुआ और भारत में ब्रिटिश सत्ता की स्थापना हो जाने के बाद इसका आगमन बीसवी सदी के मध्यकालखण्ड में हुआ। यद्यपि प्रसाद एवं पं० महावीर प्रसाद

द्विवेदी युग में कई एक अंकीय नाटक लिखे गए किन्तु वे भारतीय शैली एवं संदर्भों से जुड़े प्राचीन परम्परा के हैं। हिन्दी का प्रथम एकांकी जयशंकरप्रसाद कृत **एक घूँट** (1929) से स्वीकार किया जाना चाहिए क्योंकि नाट्य शिल्पविधान पूर्णतया पश्चिम एकांकी नाट्यविधा से सम्बन्धित है। जयशंकर प्रसाद के बाद इस एकांकी नाट्य विधा के पश्चिमी विद्वानों द्वारा निर्मित शिल्प रचना विधान को केन्द्र में हिन्दी नाट्य रचना करने वाले सर्जक एकांकी सम्राट् डॉ. रामकुमार वर्मा हैं। डॉ. वर्मा ने संकलन त्रय को आधार बनाकर तथा नाटक को उसके शीर्ष बिन्दु पर पहुँचाकर तथा उसके निष्कर्ष को पाठक के चित्त से जोड़कर पाश्चात्य एकांकी शैली विधा को पहली बार पूर्णता प्रदान की। उनका पहला एकांकी **बादल की मृत्यु** (1930) प्रसाद के एक घूँट के बाद हिन्दी का प्रथम एकांकी बताया जाता है। डॉ. रामकुमार वर्मा के बाद हिन्दी के एकांकीकार भुवनेश्वर हैं। उनका प्रथम एकांकी **श्यामा** है जो सन् 1937 में हंस प्रत्रिका में प्रकाशित हुआ था। इसके पश्चात् हिन्दी साहित्य में एकांकी लेखन की एक सशक्त परम्परा चल पड़ी और इस परम्परा में सेठ गोविन्द दास, उपेन्द्रनाथ अश्क, उदयशंकर भट्ट, शम्भू दयाल सक्सेना, सुदर्शन, डॉ. विपिन अग्रवाल, वृन्दावन लाल वर्मा, लक्ष्मी नारायण मिश्र, लक्ष्मी नारायणलाल, जगदीश चन्द्र माथुर, धर्मवीर भारती आदि विशेष रूप से आज स्मरण किये जाते हैं। इन एकांकीकारों में डॉ. रामकुमार वर्मा, भुवनेश्वर, डॉ. सेठ गोविन्द दास, उदय शंकर भट्ट की चर्चा विशेष रूप से अभीष्ट है।

(1) राम कुमार वर्मा—जैसा कि बताया गया है डॉ. वर्मा का प्रथम एकांकी बादल की मृत्यु सन् 1930 में और उनके एक वर्ष पूर्व प्रसाद जी सन् 1929 में एक घूँट एकांकी के लेखन का प्रयोग कर चुके थे किन्तु उन्हें इसलेखन में सफलता नहीं प्राप्त हो सकी थी क्योंकि वाद-विवाद की शैली यहाँ वार्ता से संदर्भ मुखर है और नाट्य संदर्भ का वहाँ निश्चित ही अभाव दिखाई पड़ता है। डॉ. वर्मा ने समान रूप से प्रचलित तकनीक के सम्पूर्ण संदर्भों से अपने एकांकियों में जोड़कर युगीन यथार्थवाद, प्रेम तथा रोमांस, प्रतीक दृष्टियाँ, समाजिकता के समायिक संदर्भ, इतिहास दृष्टि एवं युगबोध आदि तत्त्वों से इन्हें समन्वित किया है। इतिहास को आधार बनाकर लिखी गई उनके एकांकियों में **औरंगजेब की आखिरी रात** उनकी सर्वश्रेष्ठ रचना मानी जाती है। भारतीय मध्यकालीन इतिहास से जुड़े उनके अन्य एकांकी पृथ्वीराज की आँखें, तैमूर की हार आदि विशेष प्रसिद्ध है। भारतीय इतिहास के प्राचीन संदर्भों से जुड़े उनके एकांकी कौमुदी महोत्सव, विक्रमादित्य, चारू-चन्द्रलेख, उदयन, राज्यश्री की निरन्तर चर्चाएँ होती रही है।

डॉ. वर्मा ने न केवल भारतीय इतिहास एवं समायिक यथार्थ को ही अपने एकांकियों से जोड़ा है अपितु समाज के वे विविध संदर्भ जिनकी ओर साहित्यकारों की दृष्टि नहीं जा रही थी, उन्हें अपनी एंकाकी कला से जोड़ा। एकांकी शिल्प रचना की दृष्टि से उनका संकलनत्रय सिद्धान्त इस दिशा में विशेष प्रचलित रहा है। रचना की विषयवस्तु का स्थान,

उसका काल (घटित होने का समय), तथा नाट्य प्रस्तुति की अन्तिम मूल संवेदना (समापन निष्कर्ष) के बीच वे किसी भी प्रकार का व्यवधान नहीं लाते। यही नहीं, डॉ. वर्मा अपनी कल्पना शक्ति एवं अनुभूति भरी गहन भावुकता से अपने नाटकों को निरन्तर जोड़े रहते हैं, यह उनकी सबसे बड़ी विशेषता है। पाठकों के चित्त से वे एक क्षण के लिए भी अलग नहीं होते, यह भी उनके सृजन शक्ति का सबसे बड़ा साक्ष्य है।

(2) भुवनेश्वर (जन्म 1910 मृत्यु 1957)—डॉ. रामकुमार वर्मा के बाद भुवनेश्वर अपने एकांकी नाट्य सृजन के कारण अत्यधिक चर्चा में रहे हैं। उनका पहला एकांकी श्यामा सन् 1933 में हंस पत्रिका में प्रकाशित हुआ फिर वे इस दिशा में हंस तथा अन्य पत्रिकाओं के माध्यम से बढ़ते गए। उनके प्रारम्भिक एकांकी प्रतिभा का विवाह, शैतान, एक साम्यहीन साम्यवादी, मृत्यु, सवा आठ बजे आदि नामों से प्रकाशित हुए। उनके प्रारम्भिक नाटक **सुहाग- बन्दी** कृति में संकलित है। सन् 1971 में भुवनेश्वर के दस एकांकी **कारवा** नामक संकलन में प्रकाशित हुए जिसकी भूमिका एकांकीकार विपिन कुमार अग्रवाल ने लिखी है।

भुवेनश्वर ने पश्चिमी एकांकी नाटक कला को पूरी तरह से माँजकर अपनी एकांकी नाट्य प्रस्तुति के लिए माध्यम बनाया है। वैचारिकता की दृष्टि से उनकी एकांकियों पर बर्नाड शा एवं फ्रायड का विशेष प्रभाव है। सामान्य रूप से उनके नाटकों में अभिव्यक्त प्रेम, रोमांस तथा शोषण का भाव पश्चिमी नाट्य विद्या का ही है। आधुनिकता के संदर्भ में विसंगति, विडंबना, एकांतिक निजता का पीड़ा भरा क्षण इनकी एकांकियों में विशेष रूप से दिखायी पड़ता है। अपनी एकांकी लेखन के अंतिम दिनों में वे प्रतीकवादी संरचना से ही शैली की ओर से आकर्षित हुए और इस दृष्टि से उनके **ताँबे के कीड़े** एकांकी साहित्य में पर्याप्त चर्चा में रही है।

भुवनेश्वर के एकांकी लेखन का अन्तिम दौर ऐतिहासिक लेखन से ही जुड़ा है। उनके प्रसिद्ध ऐतिहासिक एकांकी अकबर, चंगेज खाँ, इतिहास की केचुल आदि प्रसिद्ध है।

उनके एकांकी लेखन की मूलतः तीन विशेषताएँ विशेष महत्त्वपूर्ण हैं—

(1) समकालीन यूरोपीय एकांकी शैली को अपनी लेखन के लिए आधार के रूप में चुनना।

(2) यूरोपीय जीवन की आधुनिकता तथा समसमायिकता को अधिकांशतः अपने रचना सन्दर्भों में उतारने की चेष्टा।

(3) उनके एकांकियों की अभिव्यक्तियाँ सरल, सटीक, स्पष्ट एवं साफ-साफ न उभरकर सूक्ष्म, सांकेतिक, प्रतीकात्मक, सूत्रात्मक आदि रूपों में मिलते हैं।

(3) विपिन कुमार अग्रवाल (जन्म 1931, मृत्यु 1989)—इनके एकांकियों को दो संकलन प्रकाशित हैं। प्रथम है, तीन अपाहिज एवं द्वितीय है—खोये हुए आदमी की

खोज। तीन अपाहिज एकांकी सन् 1962 से 1974 तक लिखे गए उनके उनके बारह एकांकी नाटकों के संकलन है। इसी प्रकार 'खोए हुए आदमी की खोज' दूसरा एकांकी संग्रह सन् 1970 से 80 तक लिखे गए छः एकांकियों से सम्बद्ध है।

डॉ. विपिन कुमार अग्रवाल ने एकांकियों के संदर्भ में कई रूपों में अपना दृष्टिकोण स्पष्ट किया हैं। एकांकियों एवं सम्बद्ध नाट्य शिल्प को विषय में उन्होंने सतीश चित्रवंशी, डॉ. कृष्ण मोहन सक्सेना, बालकृष्ण मालवीय सरनबली श्रीवास्तव आदि से बातचीत ही नहीं की है अपितु अपने उत्तरों द्वारा रचना विधान के विविध पंक्षों का स्पष्टीकरण भी किया है। भुवनेश्वर के एकांकी नाट्य संग्रह कारवाँ की भूमिका लिखकर उन्होंने अपने नाट्य मन्तव्यों को और भी स्पष्ट किया है।

उनकी एकांकियों का पहला संदर्भ आधुनिकता एवं उस पर कटाक्षपूर्ण व्यंग्य हैं। उनके सम्पूर्ण नाट्य संदर्भ उनके नाटकों के रचनाविधान की रचना को खँगालते हैं। इनके नाटकों की कथा नाट्य संदर्भों एवं दृश्य विधानों से जुड़ी विविध दृश्य प्रकरणों में स्वयं चमकती चलती है। उन्हीं के शब्दों में कहें तो कथा के अभाव ही शब्दों की नापतौल में नाटक बन जाते हैं।

''नाटक के बारे में मुझे कुछ नहीं मालूम था। पहला नाटक 'तीन अपाहिज' मैंने ऐसे ही बातचीत में लिखा जो बाद में इतना मशहूर हुआ।'' एक कहानी को आधार बनाकर नाट्य रचना शिल्प के वे समर्थक नहीं थे जबकि हिन्दी में नाट्य-लेखन का आधार नाट्यकथा प्रस्तुति ही हैं उनके नाटकों में समय के बदलाव का 'दिक-काल' की अनन्तता का एहसास तथा उनसे जुड़कर एक होने एवं समाज के एक करने की निष्ठा का दृश्यांकन ही सबसे महत्वपूर्ण विशेषता है।

कुल मिलाकर, भुवनेश्वर की नाट्य कला को और आगे ले जाकर विकसित करने की सचेष्टता डॉ. विपिन कुमार अग्रवाल के लेखन में निरन्तर करते दिखाई पड़ती है।

(4) सेठ गोविन्द दास (जन्म 1896, मृत्यु अज्ञात)—सेठ गोविन्ददास एकांकीकार के रूप में सामाजिक समस्याओं को रचना का आधार बनाते हैं। वैसे, कुल मिलाकर, उनके एकांकियों में सामयिक समस्याओं के रूप में नारी-सम्मान, मनुष्य और मनुष्य के बीच आत्मीय प्रेम, ऐतिहासिक संदर्भों में भारतीय संस्कृति की अस्थिरता, आदर्शवादी मान्यताएँ आदि जैसी प्रवृत्तियाँ दिखाई पड़ती है। उन्होंने समसामयिकता, इतिहास संदर्भ, पौराणिक कथा वृत्तों आदि सर्वाधिक महत्त्वपूर्ण प्रश्नों को इन एकांकियों की कथावस्तु के रूप में चयन किया है। भारतीय आजादी से जुड़े प्रसंगों को लेकर वाजीराव की तस्वीर, अजीबोगरीब मुलाकात जैसे एकांकियों की रचना की है। उनके एकांकियों के लोकप्रिय संकलन इस प्रकार हैं—सप्तरश्मि, एकादशी, चतुष्पद, पंचभूत। उनके कई एकपात्रीय एकांकी नई एकांकी शिल्प की दिशा से सम्बद्ध नये प्रयोग हैं—जैसे शाप और वर, प्रलय

और सृष्टि आदि एकांकी। वे एकांकी रचना में काल तथा संवेदना तन्त्र जैसे संकलन द्वय को ही स्वीकार करते हैं। संकलन त्रय के तीसरे संदर्भ स्थान पर वे विशेष बल नहीं देते।

(5) उदय शंकर भट्ट (जन्म सन् 1918)—आधुनिक एकांकीकारों में श्री उदय शंकर भट्ट का विशेष स्थान है। उन्होंने एकांकियों के माध्यम से सामाजिक यथार्थ पर उतना बल नहीं दिया है, जितना विविध समस्याओं से जुड़ी नैतिक मान्यताओं पर। उन्होंने पौराणिक, ऐतिहासिक एवं विविध समस्याओं से जुड़े एकांकियों के द्वारा निश्चित निष्कर्षों का आदर्शपूर्ण मन्तव्य समाज के सामने रखा है। इनके प्रमुख एकांकी संग्रह इस प्रकार हैं—अमृत और विष (1939) आदिम युग (1947), धूम शिखा (1948), पर्दे के पीछे (1950) समस्या का अन्त (1952), आज का आदमी (1960)। भट्ट जी अपनी एकांकी कला रचना में पूरी तरह से ऐतिहासिक तथा पौराणिक संदर्भों से जुड़े हैं, जैसे मेघदूत, अशोक वन्दिनी, सन्त तुलसीदास आदि।

इस आधुनिक युग के अन्य एकांकीकारों में उपेन्द्रनाथ अश्क, गिरिजा कुमार माथुर, विष्णु प्रभाकर, लक्ष्मी नारायण मिश्र, लक्ष्मी नारायण लाल, डॉ. धर्मवीर भारती, विमला लूधरा आदि-आदि नाम विशेष रूप से स्मरणीय हैं।

हिन्दी निबन्ध का उद्‌भव, विकास तथा समस्याएँ

हिन्दी निबन्ध का उद्‌भव और भारतेन्दुयुग

सामान्यतः भारतेन्दुयुगीन हिन्दी आन्दोलन का स्वरूप इतना व्यापक एवं सजग था कि सहित्य की अनेक विधाएँ इस कालखण्ड की प्रेरणा से सहज ही उत्पन्न हुईं। इस प्रेरणा के स्रोत का संदर्भ युगीन पत्रकारिता से जुड़कर सामने आया है। पत्र-पत्रिकाओं के बढ़ते प्रचलन एंव उसकी परम्पराओं ने निबन्ध साहित्य को प्रकाश में लाने का कार्य किया है। अंग्रेजी अखबारों में प्रचलित 'पर्सनल एसे' का हिन्दी अनुवाद **निबन्ध** किया गया और इसके प्रचलन के साथ-ही-साथ सामान्य सूचनात्मक एवं विवेचनात्मक **लेख (एसे)** भी इन अखबारों एवं पत्रिकाओं में आते रहे और प्रारम्भिक काल में सभी को एक साथ समेट कर **निबंध का** नाम दे दिया गया किन्तु धीरे-धीरे फिर **पर्सनल एसे** अर्थात् **निबंध** एवं **लेख (एसे)** दोनों दो शैलियाँ बनकर भारतेन्दु युग में ही अलग हो गईं।[1]

हिन्दी के कई विद्वानों ने मुंशी सदासुख लाल के प्रसिद्ध लेख-**सुरासुर निर्णय** को हिन्दी का प्रथम निबंध स्वीकार किया है, किन्तु कई विद्वानों ने उसे अस्वीकार इसलिए किया गया है कि इसमें रचनाकार के व्यक्तित्व की निजता का अभाव है।

हिन्दी निबंध लेखन का श्रेय साहित्य के इतिहासकारों ने भारतेन्दु हरिश्चन्द्र को दिया है। डॉ. विजयेन्द्र स्नातक ने इस विषय में ठीक ही लिखा है कि—

"यही कारण है कि इन आलोचकों का मत है कि गद्य के क्षेत्र में भारतेन्दु युग की सबसे बड़ी उपलब्धि नाटक या उपन्यास न होकर निबन्ध की ही है।" डॉ. स्नातक जी का यह कथन प्रायः विवादास्पद हो सकता है फिर भी, इतना तो सत्य ही है कि भारतेन्दु कें पूर्व बंग साहित्य में निबंध लेखन का प्रचलन हो चुका था। प्रो० सदानन्द प्रसाद गुप्त ने भारतेन्दु को केन्द्र में रखकर इंगित किया है कि "भारतेन्दु बाबू ने बंकिम चन्द्र से प्रेरणा प्राप्त कर "स्तोत्र पंचरत्न" की रचना की।[2] यह सत्य है कि पश्चिमी शैली की निबंध शैली के रूप

1. हिन्दी साहित्य, खण्ड 3, पृ० 484, भारतीय हिन्दी परिषद, इलाहाबाद
2. सम्मेलन पत्रिका : भारतेन्दु अंक-भारतेन्दु के निबंध साहित्य में स्वदेशी अवधारणा-पृ. 305

में जन्मे तथाअट्ठारहवीं एवं उन्नीसवीं शती में योरोप की विविध भाषाओं में विकसित और इनकी सम्पूर्ण परिपक्व स्थिति भारतेन्दु युग में नहीं पाई जाती फिर भी, निबंध रचना के कई प्रखर तत्त्व उनके निबंधों में मिलते हैं, ऐसी स्थिति में हिन्दी निबंध रचना का श्रेय उन्हीं को मिलना चाहिए और उनके **'स्तोत्र पंचरत्न'** को **हिन्दी का पहला निबंध** माना जान चाहिए। भारतेन्दु के निबंधों में उनकी वैयक्तिकता तथा निर्वैयक्तिकता दोनों प्रकार के संदर्भ मिलते हैं और उनके इन निबंधों के लिए उनकी पत्रिकाएँ साक्ष्य हैं। उनकी हरिश्चन्द्र मैग्ज़ीन 15 अक्टूबर, सन् 1873 में निकली और आठ महीने बाद इसका नाम 'हरिश्चन्द्र- चंद्रिका' बदला। उनकी दूसरी पत्रिका 'कविवचन सुधा' निकली और सन् 1874 में तीसरी पत्रिका 'बाला बोधिनी' प्रकाश में आई। भारतेन्दु हरिश्चन्द्र की इन पत्रिकाओं में समसामयिक लेखकों के निबंधों की चमक बराबर दिखती है। फिर भी, यह स्वीकार किया जाता है कि निबंध संरचना को परिपूर्णता आचार्य पं० महावीर प्रसाद द्विवेदी युग में मिली। इसके बावजूद भी, यह कहने में कहीं-कोई हिचक नहीं है कि हिन्दी साहित्य की अन्य विधाओं की ही भाँति भारतेन्दु- युग में हिन्दी निबंधों का जन्म हुआ और उसके विकास की विविध सम्भावनाएँ इसी युग में ही दिखाई पड़ती है और यह भी सत्य है कि उसका मूल स्रोत अंग्रेजी साहित्य और फिर उससे अवतरित बंगला साहित्य का वैयक्तिक निबंध लेखन शैली ही है। भारतेन्दु युग के निबंधों के लेखन की सबसे बड़ी विशेषता यह रही है कि इसका परिवेश पूर्णतः भारतीय बनाए रखा गया। पं० बालकृष्णा भट्ट, पं० प्रताप नारायण मिश्र आदि के निबंध इस तथ्य के साक्ष्य है। हिन्दी निबंध संरचना के लिए आधार के रूप में पत्रिकाएँ तथा विषयवस्तु के रूप में इसकाल खण्ड की समसामयिक भारतीय समस्याएँ ही आधारभूत तत्त्व के रूप में मिलती हैं। डॉ. लक्ष्मी सागर वार्ष्णेय ने इस प्रकरण पर भारतेन्दु की निबन्ध शैली का स्रोत अंग्रेजी साहित्य को ही माना है और इन्होंने यह भी बताया है कि वे बंगला साहित्य तथा उसकी और हिन्दी की पत्र पत्रिकाओं में प्रकाशित निबंधों के भी सम्पर्क में रहे हैं और हो सकता है, सम्भव है? बंगला के निबन्धों का ही उन पर प्रभाव पड़ा हो। यदि इस पक्ष पर ध्यानपूर्वक विचार किया जाए, तो इस हिन्दी के नवजागरण के संदर्भ में प्रथम आधार पत्रिकाओं का ही है और फिर उसके विषय के अन्य संदर्भों में आधुनिकता का उदय, भारतीयता एवं उसकी ऐतिहासिक संस्कृति के प्रति मोह, विदेशी राज्य के प्रति विक्षोभ एवं राष्ट्रीय तथा नैतिक जागरण के विशेष प्रकरण आदि उसी से सम्बद्ध हैं। इन सबको ले आने का श्रेय पत्र पत्रिकाओं को ही है। भारतेन्दु के साथ ही, डॉ. हजारी प्रसाद द्विवेदी ने अपने इतिहास में निबंधों के संदर्भ में एक अन्य नाम लिया है, वह है पं० भीमसेन शर्मा का, किन्तु भारतेन्दु हरिश्चन्द्र के अतिरिक्त इस युग में अन्य किसी नाम की हिन्दी निबन्धों के उद्भव के सम्बन्ध में चर्चा उचित नहीं है। उनकी अपनी पत्रिकाएँ, हरिश्चन्द्र चन्द्रिका, कवि वचन-सुधा, बालाबोधिनी (महिला संदर्भ में) ने हिन्दी निबन्धों के उद्भव तथा विकास की दिशा में

विशेष योगदान दिया है।

भारतेन्दु हरिश्चन्द्र से प्रभावित या प्रेरणा प्राप्त उनके लेखक मित्रों, विभिन्न पत्रिकाओं के सम्पादकों तथा लेखकों का निबंध के उद्भव एवं विकास में विशेष योगदान रहा है और उनकी तालिका इस प्रकार है—

बालकृष्ण भट्ट, दामोदर शास्त्री, काशीनाथ खत्री, कृष्णदेवशरण सिंह 'गोध', लाला श्रीनिवास दास, मोहन लाल, विष्णु लाल पंडया, कार्तिक प्रसाद खत्री, केशवराम भट्ट, बदरी नारायण उपाध्याय, चौधरी प्रेमघन, जगमोहन सिंह, प्रताप नारायण मिश्र, अम्बिका दत्त व्यास, भीमसेन शर्मा, रामकृष्ण वर्मा, सुधाकर द्विवेदी, गोस्वामी राधा चरण, लाला सीताराम, राधा कृष्णा दास आदि। आचार्य शुक्ल के इतिहास में तोताराम को भी इस तालिका में रखा गया है।

भारतेन्दु मण्डल के इन लेखकों ने विविध पत्रिकाओं को प्रारम्भ करके सम्पादकीय वक्तव्य, अपनी गद्यात्मक टिप्पणियाँ, विविध प्रकार के अन्य एवं सम्पादकीय लेखों के द्वारा क्रमशः इस विधा को भारतेन्दु युग में प्रोत्साहित किया और धीरे-धीरे यह एक साहित्य की स्थायी एवं सशक्त विधा बनकर भारतेन्दु युग में सामने आई।

भारतेन्दुयुगीन लेखकों को हिन्दी साहित्य के इतिहासकारों ने भारतेन्दु- मण्डल के लेखक के नाम से पुकारा है और इस मण्डल की पूर्व दी जा चुकी सूची के निबंधकार निबन्ध रचना के प्रति इस युग में पूरी तरह से प्रतिबद्ध रहे हैं। भारतेन्दु युग के निबंधकारों में बालकृष्ण भट्ट को आचार्य रामचन्द्र शुक्ल ने प्रथम निबंधकार स्वीकार किया है। यह बताया जाता है कि उन्होंने अंग्रेजी में लिखे गए निबन्धों का गम्भीर रूप से पारायण किया था और उनके आदर्श अंग्रेजी के प्रसिद्ध निबन्धकार **एडीसन** रहे हैं। उनकी पत्रिका प्रयाग प्रदीप के नाम से इस युग में विख्यात रही है और आज उनके निबंध भट्ट निबंधावली के रूप में प्रकाशित हैं।

बालकृष्ण भट्ट के बाद इस युग के दूसरे प्रसिद्ध निबंधकार पं० प्रतापनारायण मिश्र रहे हैं। उन्होंने कानपुर से ब्राह्मण पत्रिका निकाली थी और उनके निबंध इसी पत्रिका में प्रकाशित हैं। प्रताप नारायण मिश्र ग्रंथावली के रूप में उनके निबंधों का संकलन प्रकाशित हो चुका है। उनके निबंध अधिकांशतया आत्मव्यंजनाप्रधान हैं।

भारतेन्दु युग के निबंधकारों में प्रसिद्ध निबंधकार बदरी नारायण चौधरी 'प्रेमघन' भी हैं। इनके निबंधों का संकलन 'प्रेमघन सर्वस्व' के नाम से हिन्दी साहित्य सम्मेलन, प्रयाग से प्रकाशित हो चुका है। ये अपनी पत्रिका 'आनन्द- कादम्बिनी' नाम से सम्पादित करते थे। इनके निबंधों में गम्भीरविश्लेषण अधिक है। बालकृष्ण भट्ट एवं प्रतापनारायण मिश्र की भाँति इन्होंने व्यंग्य को विशेष महत्त्व नहीं दिया है।

भारतेन्दु युग के एक अन्य प्रसिद्ध निबन्धकार श्री निवास दास रहे हैं और उन्होंने समाज सुधार को अपने निबन्धों का विषय बनाया है। इस युग के विशिष्ट निबंधकारों की परम्परा में अम्बिका दत्त व्यास का भी नाम रखा जाता है। इनके द्वारा सम्पादित पत्रिका 'पीयूष प्रवाह'

रही है। संस्कृतनिष्ठ शैली के निबंध लेखकों में इनका नाम अग्रगण्य है। पंडिताऊपन इनकी निबंध शैली की अपनी विशेषता है।

इस युग के अन्य निबंधकारों में जगमोहन सिंह, काशीनाथ खत्री आदि का विशेष रूप से उल्लेख किया जाता है।

भारतेन्दु युग के प्रसिद्ध निबन्धकार

भारतेन्दु युग

भारतेन्दु युग के निबंधकारों में अधिकांशतया उनके मंडल के निबन्ध-लेखकों की चर्चा है, जिसके अन्तर्गत भारतेन्दु हरिश्चन्द्र के अतिरिक्त बालकृष्ण भट्ट, प्रताप नारायण मिश्र, बदरीनाथ चौधरी, 'प्रेमधन', अम्बिकादत्त- व्यास आदि हैं। उनके मण्डल से भिन्न प्रसिद्ध निबंधकारों में गोविन्द नारायण- मिश्र, भीमसेन शर्मा, तोताराम आदि के नाम से उल्लेखनीय हैं। सामान्य रूप से भारतेन्दु युग के ही निबंधकार विशेष रूप से चर्चा के विषय हैं। ये इस प्रकार हैं—

(1) बालकृष्ण—(जन्म : 23 जून 1844, मृत्यु 20 जुलाई 1914) पं० बालकृष्ण भट्ट भारतेन्दु युग के श्रेष्ठ निबंधकारों में से एक हैं। भट्ट जी ने अपने निबंध लेखन की पृष्ठभूमि अंग्रेजी के निबंध साहित्य की आधारभूमि **एसे** (Essay) की बनाई और वे अंग्रेजी के निबंधकारों यथा स्टीवेंसन, हंट एवं एडीशन से विशेष रूप से जुड़े थे। इसके अतिरिक्त भी, इन्हें अंग्रेजी साहित्य का अच्छा ज्ञान था, जिसका उपयोग उन्होंने अपने निबन्ध लेखन में समय-समय पर किया।

पं० बालकृष्ण भट्ट के निबंधों का लेखन क्रम इस प्रकार है। उन्होंने 'हिन्दी प्रदीप-पत्रिका ''प्रयाग से शुरू की और उनके निबंधों के लेखन के मानक इस पत्रिका में छपे उनके निबंधों में देखे जा सकते हैं। भारतेन्दु हरिश्चन्द्र की प्रेरणा से ही उन्होंने इलाहाबाद की हिन्दीवर्धिनीसभा स्थापना की तथा भारतेन्दु हरिश्चन्द्र की प्रेरणा से 1 दिसम्बर, 1977 से यह पत्रिका निकालनी शुरू की और अपने विविध क्रान्तिकारी विचारों के कारण अंग्रेजी सत्ता के विरोध को सहते हुए तैतीस वर्षों तक वे इसे प्रकाशित करते रहे।

जैसा कि प्रारम्भ में बताया जा चुका है, उन्होंने मूलतः निबंधों का लेखन-कार्य रचनात्मक शैली (Creative essay style) में प्रारम्भ की किन्तु बीच-बीच में समाज, साहित्य, देश के राजनीतिक व्यवस्था संदर्भों, राष्ट्रीय चेतना आदि से सम्बद्ध, भारत की पूर्व साहित्यिक परम्पराओं आदि से सम्बन्धित विविध पक्षों से जोड़कर अनेक निबंध लिखे। इनके निबंधों की शृंखला बड़ी ही व्यापक तथा विशाल है, किन्तु एक संकलन 'बालकृष्ण भट्ट के श्रेष्ठ निबंध' के नाम से प्रकाशित हो चुका है।

पं० बालकृष्ण के निबंध लेखन की परिपक्वता का सबसे बड़ा श्रेय उनकी अंग्रेजी साहित्य की परम्परा की प्रतिबद्धता से हैं। उनके निबंधों में व्यंग्य तथा कटाक्ष से जुड़ी हुई उनकी वैयक्तिक रचनात्मक शक्ति अद्‌भुत हैं यद्यपि वे भारतेन्दु हरिश्चन्द्र के साथ के निबंधकार हैं, फिर भी, अपनी तीक्ष्ण निबंध लेखन सामर्थ्य के कारण उस युग के अग्रणी निबंधकारों में स्मरण किये जाते रहे हैं।

(2) पं० प्रताप नारायण मिश्र—(जन्म सन् 1856 तथा मृत्यु सन् 1895) उन्नाव जिले में पैदा हुए पं० प्रताप नारायण मिश्र अपने पिता के साथ आकर कानपुर के स्थायी निवासी बने। उन्होंने भारतेन्दु हरिश्चन्द्र की प्रेरणा से सन् 1883 में कानपुर से 'ब्राह्मण' पत्रिका का प्रकाशन तथा सम्पादन किया। यह 'ब्राह्मण' पत्रिका अपने गौरव, व्याप्ति एवं लेखन शैली की दृष्टि से पं० बालकृष्ण भट्ट द्वारा सम्पादित 'हिन्दी प्रदीप' के समानान्तर तथा उस युग के हरिश्चन्द्र मण्डल की अग्रगण्य पत्रिकाओं में अपना स्थान रखती हैं। प्रताप नारायण मिश्र ग्रंथावली-सम्पादक विजय शंकर मल्ल में इनके निबंधों का व्यवस्थित संदर्भ क्रम देखा जा सकता है।

प्रताप नारायण मिश्र भारतेन्दु युग के उनके सहयोगी तथा उनसे प्रभावित निबंध लेखक रहे हैं किन्तु उनकी शैली के संदर्भ अपने हैं और उनके निबंध निजी वैयक्तिक पहचान कराने वाले लेखन के रूप में व्यंग्य, विनोद, परिहास तथा ग्राम्योक्तियों से भरपूर हैं। यद्यपि मिश्र जी के अधिकांश निबंध सामाजिक सुधार दृष्टि पर लिखे हुए मिलते हैं किन्तु उनकी परिहास पूर्ण व्यंग्य तथा विनोदपूर्ण उक्तियों से उनमें आकर्षण निरन्तर बना रहता है।

जैसा कि बताया गया है, विजयशंकर मल्ल ने प्रताप नारायण मिश्र ग्रंथावली में उनके सम्पूर्ण निबंध लेखन को प्रस्तुत किया है। यह ग्रंथावली काशी नगरी प्रचारिणी से प्रकाशित है। इसी प्रकार, उनके निबंधों का एक संकलन नारायण प्रसाद अरोड़ा द्वारा 'नारायण निबंधावली' के नाम से प्रताप नारायण मिश्र ग्रंथावली के पूर्व प्रकाशित हो चुका था।

(3) उपाध्याय पं० बदरीनारायण चौधरी 'प्रेमघन'—(जन्म सन् 1855 तथा मृत्यु सन् 1922) भारतेन्दु युग के लेखकों में उपाध्याय पं० बदरीनारायण चौधरी 'प्रेमघन' का नाम विशेष सम्मान से लिया जाता है। अपनी प्रसिद्ध पत्रिका 'आनन्द कादम्बिनी' के कारण ये भारतेन्दु युग में विशेष रूप से स्मरण किए जाते हैं। उनकी यह पत्रिका मिर्जापुर से सन् 1881 में निकलनी शुरू हुई थी। इसके अतिरिक्त भी, इनकी एक पृथक् साहित्यिक पत्रिका 'नागरी—नीरद' भी थी जो कुछ दिनों के बाद बन्द हो गई।

प्रेमघन के छपे निबंधों का संग्रह डॉ. सत्य प्रकाश मिश्र के सम्पादकत्व में हिन्दी साहित्य सम्मेलन से 'प्रेमघन सर्वस्व' नाम से छप चुका है। इनके निबन्धों के विषय अपेक्षाकृत भारतेन्दु मण्डल के अन्य सामाजिक निबंधकारों की तुलना में अधिक साहित्यिक होते थे। साहित्यिक संदर्भों, राजनीतिक समस्याओं पर अनेक निबंध इनके द्वारा लिखे गए हैं। इनकी निबंध शैली

में तार्किकता तथा गम्भीरता अधिक है।

(4) लाला श्रीनिवास दास (जन्म सन् 1850 एवं मृत्यु 1887)—सामान्य रूप से प्रचलित परीक्षा गुरु हिन्दी के प्रथम उपन्यासकार के रूप में विख्यात लाला श्रीनिवास दास का योगदान निबंधलेखन में उतना नहीं था, जितना उपन्यास लेखन में था। डॉ. श्री कृष्ण लाल ने इनके सम्पूर्ण कृतित्व का प्रकाशन 'श्री निवास दास ग्रंथावली' के रूप में कराया है। यद्यपि ये भारतेन्दु के सहयोगी लेखक रहे हैं किन्तु इनकी ख्याति उपन्यास एवं नाट्य लेखन के कारण अधिक है।

इन सबके अतिरिक्त भारतेन्दु युग के सहयोगी लेखक डॉ. जगमोहन सिंह, बाबू, तोताराम, पं० केशवराम भट्ट आदि रहे हैं किन्तु निबंध रचना की कला की दृष्टि से इस युग के केवल चार रचनाकारों की सर्वाधिक चर्चा हैं ये हैं—स्वयं भारतेन्दु हरिश्चन्द्र, पं० बालकृष्ण भट्ट, पं० प्रताप नारायण मिश्र तथा उपाध्याय चौधरी बद्रीनारायण 'प्रेमघन'।

भारतेन्दु हरिश्चन्द्र—(जन्म सन् 1850, मृत्यु सन् 1885)—हिन्दी गद्य को लेखन, व्यवहार एवं लोक प्रचलन में ले आने का मूल श्रेय बाबू भारतेन्दु हरिश्चन्द्र को ही दिया जाता है और हिन्दी खड़ी बोली को नई चाल में ढालने कार्य उन्हीं के द्वारा सम्पन्न किया गया था। इनके द्वारा हिन्दी के संवर्धन तथा विकास के लिए तीन पत्रिकाएँ निकाली गईं थी।

(1) हरिश्चन्द्र मैग्ज़ीन जिसका नाम तीन वर्षों बाद बदलकर हरिश्चन्द्र चन्द्रिका रखा।

(2) सन् 1925 में कवि वचनसुधा पत्रिका निकाली गई।

(3) सन् 1931 में नारी उत्कर्ष से सम्बद्ध उनकी पत्रिका बाला बोधिनी निकली।

उन्होंने 'कालचक्र' नामक अपनी पुस्तक में हरिश्चन्द्र चंद्रिका एवं कवि वचन सुधा के प्रयास के बाद सन् 1930 में यह घोषित किया **हिन्दी नई चाल में ढली** और उनके अनुसार हिन्दी के इस नए चाल में ढलने का, श्रेय उस युग में प्रचलित उसकी नाटक, कहानी, निबंध, उपन्यास पत्रिकाएँ आदि सम्पूर्ण विधाएँ अपने ढंग से सहयोगिनी रही हैं।

भारतेन्दु हरिश्चन्द्र के लेख तथा निबंध उनकी पत्रिकाओं में प्रारम्भ से ही प्रकाशित होते रहे हैं। उनके अधिकांश लेख निबंध से भिन्न सुधारवादी व्यवस्थाओं से जुड़े हैं किन्तु स्वच्छन्द एवं उल्लासपरक निबंध भी उनके द्वारा अपनी इन्ही पत्रिकाओं में प्रकाशित हुए। विविध प्रकार के उत्सवों एवं त्योहारों, पर्वों पर उनके द्वारा लिखे गए निबंध प्रारम्भिक निबंधो की श्रेणी में रखे जा सकते हैं। **ईश्वर बड़ा विलक्षण है, भारत वर्ष की उन्नति कैसे हो सकती है, सरयूपार की यात्रा आदि** उनके अनेक निबंध अंग्रेजी के **एसे** Essay की श्रेणी के अन्तर्गत आते हैं। इनके निबंधों में व्याप्त स्वच्छदता तथा आत्मोल्लास की प्रवृत्ति इन्हें पं० बलकृष्ण भट्ट एवं प्रताप नारायण मिश्र की श्रेणी में रखती है। इनके उत्सवों, त्योहारों तथा पर्वों के अतिरिक्त अन्य निबंध तथा लेख—भूकम्प, ऋतु (ग्रीष्मादि), संगीत, मूर्तिपूजा, स्वप्न, यात्रा आदि से सम्बद्ध हैं। इनके निबंधों की भाषा में प्रचलित हिन्दी, उर्दू, फारसी, संस्कृतनिष्ठ

हिन्दी, बाजारू बोलचाल आदि संवर्गों से जुड़ी हुई है। इनके हास्य तथा व्यंग्य प्रधान निबंधों पर अभी तक बहुत कम विचार हुआ है किन्तु इनके '**एक अद्भूत अपूर्व स्वप्न**' '**स्वर्ग में विचार सभा का अधिवेशन**' जैसे निबंध निश्चित ही, निबंध लेखन की रचनाशैली की दृष्टि से महत्त्वपूर्ण हैं।

पं. महाबीर प्रसाद द्विवेदी युग
(सन् 1870 से 1938)

हिन्दी साहित्य का पं. महावीर प्रसाद द्विवेदी युग गद्य लेखन की प्रौढ़ता का युग है। गद्य लेखन की विश्लेषण सामर्थ्य, तर्कशक्ति तथा भावात्मक लालित्य से परिपूर्ण भाषा की खोज इस युग की प्रौढ़ता का प्रतीक है। हिन्दी खड़ी बोली की गद्यात्मक निर्मिति का यह शुभारम्भ काल माना जाता है और इस युग की गद्य विधाओं तथा उसके परिमार्जित स्वरूप के प्रस्तुतीकरण के लिए आचार्य महावीर- प्रसाद द्विवेदी, बाबू श्याम सुन्दर दास, बाबू गुलाब राय, बाबू बाल मुकुन्द गुप्त, डॉ. पीताम्बर दत्त वर्थवाल, पं० गौरीशंकर हीराचन्द्र ओझा, आचार्य रामचन्द्र शुक्ल आदि इस युग की ऐतिहासिक गरिमा के निबन्धकार हैं।

आचार्य महावीर प्रसाद द्विवेदी हिन्दी गद्य के विकास को सुदृढ़ करने वाले ऐतिहासिक व्यक्तित्व के रूप में हिन्दी साहित्य में स्मरण किए जाते हैं। सन् 1903 से सरस्वती पत्रिका के सम्पादक बनकर आचार्य द्विवेदी हिन्दी गद्य के विकास में ऐतिहासिक योगदान देते रहे हैं। हिन्दी गद्य की व्याकरणिक संरचना, वैचारिकता के संदर्भ, उसकी अर्थ व्यंजकता की सुबोधता तथा लाक्षणिकता सभी को नियंत्रित तथा व्यवस्थित करते हुए प्रयोग में ले आने की उनकी चेष्टाएँ सर्वाधिक महत्त्वपूर्ण हैं। उन्होंने भारतेन्दुयुगीन हिन्दी खड़ी बोली को जिस प्रकार किनारे रख करके उसे श्रेष्ठतम व्यावहारिक भाषा का स्वरूप प्रदान किया, उसकी झलक आज तक हमारी भाषा पर दिखाई देती है। उनका निबन्ध संग्रह 'रसज्ञ रंजन' तथा सरस्वती के लेखों के परिमार्जन उनके कार्यों के महत्त्वपूर्ण साक्ष्य हैं।

इस युग के दूसरे महत्त्वपूर्ण गद्य लेखक गोविन्द नारायण मिश्र (1859-1923) हैं। हिन्दी गद्य को संस्कृतनिष्ठता तथा तत्सममयता से समन्वित करके उसमें आनुप्रासिक प्रवाह का निर्माण उनकी अपनी गद्य शैली की विशेषता है। संस्कृतनिष्ठ हिन्दी गद्य शैली एवं निबंध रचना का श्रेय द्विवेदी जी के बाद गोविन्द-नारायण मिश्र को ही दिया जाता है।

इसी परम्परा में, इस युग के गद्य निर्माताओं में मिश्र बन्धुओं का भी स्मरण किया जाता है। ये तीन भाई थे—कृष्ण बिहारी मिश्र, श्याम बिहारी मिश्र एवं शुकदेव बिहारी मिश्र और ये तीनों भाई मिश्रबन्धु के नाम से सम्मिलित हिन्दी गद्य लेखन से जुड़े थे। निबंध के क्षेत्र में सर्वाधिक निबंध पं० कृष्णबिहारी मिश्र के द्वारा ही लिखे गए हैं।

इस काल खण्ड में सहृदयता, स्वच्छन्दता, भाव योजना एवं व्यंग्य से गद्य लेखन को

संयुक्त करके निबंध रचना के क्षेत्र में आगे ले आने वाले बाल मुकुन्दगुप्त थे। इन्हीं के समानान्तर अन्य निबंधकार सरदार पूर्णसिंह और पद्मसिंह शर्मा ने भी इसी परम्परा में रखा जाता है। इस व्यंग्य तथा भावुकता के श्रेणी में आने वाले निबंधकारों को आलोचकों ने दो भागों में विभक्त किया है, जिनमें से प्रथम हैं, भावुकताप्रधान निबंधकार और दूसरे हैं, वैचारिकता को भावुकता से समन्वित करके निबंध लेखन करने वाले निबंधकार। शुद्ध भावुकताप्रधान निबंधकारों में सरदार पूर्ण सिंह का नाम अधिक विख्यात् है और इनके निबंध **'सरदार पूर्ण सिंह के निबंध'** के नाम से प्रकाशित हैं। गम्भीर-से-गम्भीर विषय को भावमयता तथा विनोद से जोड़कर इनके निबंधों की प्रस्तुति इस युग में बराबर याद की जाती है।

इस परम्परा के द्वितीय वर्ग के निबंधकारों में बालमुकुन्द गुप्त का नाम विशेष रूप से स्मरण किया जाता है। इनके निबंध **शिवशम्भु के चिट्ठे, चिट्ठे और खत** नाम से प्रकाशित और विख्यात् हैं। भावात्मक, एवं विनोदपूर्ण शैली में वैचारिक व्यंग्यों की बौछार इनके निबंधों की विशेषताएँ हैं। कटाक्षपूर्ण व्यंग्य से हृदय को बिद्ध करने वाली इनकी अद्वितीय निबंध शैली इन्हें हिन्दी के श्रेष्ठ निबंधकारों की श्रेणी में रखती है।

इस युग के वैचारिक निबंध लेखकों की एक तीसरी श्रेणी भी मिलती है। वैचारिकता को निबंध लेखन की परम्परा से सम्बद्ध करके सैद्धान्तिक साहित्यालोचन के निबंध लेख की श्रेणी में आते हैं फिर भी आचार्य रामचन्द्र शुक्ल जैसे निबंधकारों द्वारा बाद में ये प्रयास किये गए कि इन्हें निबंध की श्रेणी में रखा जाए। हिन्दी गद्य लेखन क्षेत्र में संस्कृत भाषा की जटिलता, ग्राम्यत्व दोषों से पूर्णतः मुक्ति तथा तर्क चिन्तन की सशसक्ता से जुड़े ये निबंध इस द्विवेदी काल की इस तीसरी परम्परा से सम्बद्ध है। यदि भारतेन्दु युग में हिन्दी नई चाल से ढली थी तो द्विवेदी युग में आकर यह हिन्दी अपनी रूपरचना तथा आदर्श पूर्ण विकास के व्याकरणिक, चिन्तनपरक तथा तार्किक संगतियों से समन्वित होकर मानक विधा बनी। इस दिशा में, इस युग का सबसे अधिक महत्त्वपूर्ण योगदान सरस्वती पत्रिका तथा उसके सम्पादक आचार्य पं. महावीर- प्रसाद द्विवेदी का ही माना जाता है, इसमें कोई सन्देह नहीं है।

जैसा कि कहा गया है, आचार्य महावीर प्रसाद युग में निबंध रचना की तीन शैलियाँ दिखाई पड़ती है—(1) शुद्ध भावनाप्रधान शैली (2) भावुकता तथा वैचारिकता से समन्वित शैली और (3) शुद्ध वैचारिकता के गहन चिन्तन की शैली। प्रथम तथा द्वितीय वर्ग की शैलियों ने हिन्दी निबंध रचना शिल्प तथा उसके वास्तविक स्वरूप को निर्मित करने में मदद पहुँचाई और आगे चलकर आचार्य हजारी प्रसाद द्विवेदी, डॉ. विद्या निवास मिश्र, श्री कुबेरनाथ राय जैसे निबंधकार इस परम्परा से जुड़कर हिन्दी निबंध रचना को व्यापकता प्रदान की। तीसरे गद्य शिल्पविधान अर्थात् गहन वैचारिक चिन्तनपरक परम्परा का हिन्दी के विकास में बहुत बड़ा योगदान है। बाबू श्याम सुन्दर दास, बाबू गुलाब राय तथा आचार्य रामचन्द्र शुक्ल जैसे निबंध लेखकों ने काव्यशास्त्रीय एवं समीक्षात्मक चिन्तन की इसके द्वारा नींव रखी। यही

नहीं, इस गद्यलेखन की परम्परा द्वारा हिन्दी में इतिहास, भूगोल तथा सामान्य विषयों के शास्त्रीय ग्रंथों की नई लेखन परम्परा शुरू हुई एवं दूसरी ओर साहित्य के समीक्षा लेखन के सैद्धान्तिक तथा व्यावहारिक पक्षों का भी श्री गणेश हुआ।

हिन्दी भाषा की गद्यविधा को संतुलित मर्यादा तथा अनुशासन के साँचे में ढालकर भाषा को साहित्यिक प्रवृत्तियों एवं लेखन स्तर को उसके यथार्थ स्वरूप तक पहुँचाने की जिम्मेदारी आचार्य महावीर प्रसाद द्विवेदी की है और अपने अथक प्रयास से उन्होंने इस गद्य निर्मिति को उसके शीर्ष स्थान पर पहुँचाया। परवर्ती हिन्दी भाषा के गद्य लेखन पर पड़े इनके गहन प्रभावों को किसी भी रूप में इनकारा नहीं जा सकता।

महावीर प्रसाद द्विवेदी युग के प्रसिद्ध निबन्धकार

(1) पं० महावीर प्रसाद द्विवेदी (जन्म सन् 1864 तथा मृत्यु सन् 21 दिसम्बर सन् 1938)—आजीवन हिन्दी भाषा तथा साहित्य की संरचनात्मक एवं सर्जनात्मक व्यवस्था के प्रोत्साहन से जुड़े समाज को उसके विकास कार्य के लिए मानकों एवं व्यावहारिक लेखन की प्रेरणा देते हुए स्वयं आदर्शपूर्ण लेखन से प्रतिबद्ध रहे हैं। यद्यपि सन् 1903 में इलाहाबाद में उन्होंने 'सरस्वती पत्रिका' के सम्पादन का दायित्व स्वीकार किया और तबसे सन् 1920 तक ये इस पद पर रहकर सम्पादक, लेखक, आलोचक, अनुवादक आदि रूपों में हिन्दी साहित्य की गौरववृद्धि में निरन्तर तत्पर तथा सजग रहे हैं। डॉ. रामस्वरूप चतुर्वेदी की महावीर प्रसाद द्विवेदी प्रति दी गई टिप्पणी निश्चित ही हिन्दी की सुधार की दिशा में महत्त्वपूर्ण संकेत है। वे कहते हैं—

"उन्होंने मैथिलीशरण गुप्त की कविताओं और प्रेमचन्द की कहानियों में सुधार किये किन्तु निराला की कविता उन्होंने वापस कर दी, उसमें कोई संशोधन या सुधार करना नहीं चाहा। महावीर प्रसाद द्विवेदी चाहते हैं कि कविता पद्य की भी भाषा वैसी क्रमबद्ध और व्यवस्थित रहे जैसी गद्य की भाषा।"[1] आचार्य द्विवेदी के गद्य की सम्पूर्ण कृतियाँ 64 हैं जिसमें अनूदित 14 तथा मौलिक 50 हैं। इनकी महत्वपूर्ण निबंध कृतियाँ इस प्रकार हैं—

कौटिल्य कुणार (1907), कालिदास की निरंकुशता (1912), वनिता विलास (1918), रसज्ञ रंजन (1920), सुकवि संकीर्तन (1924), अतीत स्मृति (1924), अद्भुत आलाप (1924), महिला मोह (1925), साहित्यालाप (1926), कोविद कीर्तन (1928), साहित्यसीकर (1930), विचार विमर्श (1931) आदि।

आचार्य द्विवेदी लगभग 18 वर्षों तक सरस्वती पत्रिका के सम्पादक रहे हैं और जिस प्रकार हरिश्चन्द्र चन्द्रिका के माध्यम से सन् 1830 में हिन्दी नई चाल में ढली, ठीक

---

1. हिन्दी साहित्य और संवेदना का विकास, पृ० 118-119.

उसी प्रकार सन् 1900 से लेकर सन् 1920 तक हिन्दी भाषा का उनके द्वारा हिन्दी खड़ी बोली का साहित्यिक प्रतिमानीकरण और इस प्रकार समायोजन तथा सन्तुलन किया गया और इस प्रकार हिन्दी का एक आदर्श रूप बनकर सामने आया।

(2) गोविन्द नारायण मिश्र (जन्म, सन् 1859 तथा मृत्यु, 1923)—श्री गोविन्द नारायण मिश्र का सम्पूर्ण गद्य लेखन आचार्य द्विवेद्वी युग में हुआ और इन्होंने हिन्दी निबंध को संस्कृत की तटस्थ शब्दावली देकर उसके लेखन को द्विवेद्वी जी से भिन्न अभिव्यक्ति दी। संस्कृत निष्ठता के कारण सामान्य हिन्दी पाठक के लिये यद्यपि इनके निबंध संदर्भ में थोड़ी कठिनाई अवश्य पड़ती थी किन्तु इनकी यह शैली धीरे-धीरे हिन्दी गद्य लेखन के लिए एक माध्यम बनी। इस युग में इनकी समासबहुला हिन्दी गद्य लेखन के शाब्दिक पांडित्य की पहचान बन चुकी थी। आपके एक-एक वाक्य बाणभट्ट की कादम्बिनी के वाक्यों की भाँति पृष्ठों तक चलते थे। आपके निबंधों का संग्रह 'गोविन्द ग्रंथावली' के रूप में प्रकाशित हो चुका है।

(3) बालमुकुन्द गुप्त (जन्म, सन् 1863 तथा मृत्यु, 18 सितम्बर, सन् 1907)—आप आजीवन पत्रकारिता से सम्बद्ध रहकर हिन्दी निबंध लेखन में वैकक्तिक निर्भीकता तथा दृढ़ता की जो दीप्ति दी, वह हिन्दी जगत में निरन्तर स्वीकार्य रही है। उन्होंने अपना लेखन मथुरा अखबार से शुरू किया और क्रमवद्ध रूप से, हिन्दुस्थान हिन्दी बंग बासी एवं भारत मित्र नामक पत्रिकाओं में कालान्तर में सम्पादक रहे। निबंध लेखन के रूप में अपने समय की प्रायः सम्पूर्ण महत्वपूर्ण पत्रिकाओं तथा सरस्वती, भारत प्रताप आदि में लेखन कार्य करते रहे हैं।

यद्यपि उन्होनें गद्य लेखन के क्षेत्र में कृतियाँ के लेखन तथा अनुवाद का कार्य किया है फिर भी उनके निबंध शिव शम्भु के चिट्टे –चिट्टे और खत शीर्षक इन दोनों कृतियों के अन्तर्गत संकलित हैं। वैसे, इनके निबंध पृथक् से भी गुप्त निबंधावली के रूप में प्रकाशित हैं।

बालमुकुन्द गुप्त की व्यंग्य प्रधान चुटीली शैली काल्पनिक संदर्भों से न जुटकर अपने युग के राजनीतिक तथा सामाजिक यथार्थ से जुड़ती है। अंग्रेजी राज्य की दुर्व्यवस्था पर उनके व्यंग्य तथा कटाक्ष निरन्तर रूप से उनके भारतीय पाठकों के ह्रदय को झकझोरते दिखाई पड़ते हैं। इनके लेखन में लोक प्रचलन की भाषा में व्यंग्य तथा कटाक्ष पर बड़ा ही चटक रूप दिखाई पड़ता है। निश्चित रूप से, द्विवेद्वी युग के ये एक श्रेष्ठ निबंधकार हैं।

(4) सरदार पूर्ण सिंह (जन्म, सन् 1881 तथा मृत्यु, सन् 1931)—विज्ञान के अध्येता होते हुये भी इनका हिन्दी प्रेम निश्चित रूप से श्लाध्य है और इन्होंने द्विवेद्वी युग में छायावादी चिन्तन की प्रवृतियों को अपने निबन्धों में उतारने की चेष्टा की, फलतः उनके निबन्धों में स्वच्छन्दता तथा नैतिकता की प्रवृत्तियाँ अधिक लक्षित होती हैं। उनके निबन्धों को साहित्य में पूर्णतः निबन्ध की संज्ञा दी जाती है। उनके इन संदर्भों के उदाहरण उनके प्रसिद्ध निबन्धों यथा सच्ची वीरता, मजदूरी और प्रेम आदि में देखी जा सकती है। इनके निबन्धों की भाषिक तथा शैलीगत संरचना के आचार्य शुक्ल विशेष प्रशंसक रहे हैं। इनके सम्पूर्ण निबंध

सरदार पूर्ण सिहं के निबंध नामक कृति के रूप में प्रकाशित हैं।

(5) चन्द्रधर शर्मा गुलेरी (जन्म, सन् 1883 तथा मृत्यु, सन् 1922)— **उसने कहा था** कहानी के अमर कलाकार चन्द्रधर शर्मा गुलेरी द्विवेद्वी युग के एक श्रेष्ठ तथा प्रसिद्ध निबंधकार हैं। उन्होंने सन् 1900 में जयपुर से समालोचक पत्रिका निकाली एवं निबंध लेखन का अधिकांश कार्य इसी के माध्यम से किया। वैसे इनके लेख प्रायः इलाहाबाद की सरस्वती पत्रिका एवं वाराणसी से काशी नगरी, प्रचारिणी पत्रिकाओं में छपते रहे हैं।

सामान्यतः गुलेरी के लेख विधि समस्याओं से सम्बद्ध ऐतिहासिक, चिन्तनप्रधान वैचारिक तथा व्यंजनापरक रहे हैं किन्तु उनके कई निबंध वैयक्तिकता से जुड़े व्यक्तिप्रधान भी हैं। उनके निबंध कछुआ धरम तथा मारेसि मोहि कुठाऊँ आदि हिन्दी के श्रेष्ठ निबंधों की श्रेणियों में रखे जा सकते हैं।

(6) पद्मसिंह शर्मा (जन्म, सन् 1876 तथा मृत्यु, सन् 1932)—द्विवेद्वी युग के प्रसिद्ध निबंधकारों में पद्म सिंह शर्मा की प्रायः चर्चा रही है। वे कई पत्रिकाओं के सम्पादक रहे हैं जिनमें प्रमुख हैं, समालोचक, साहित्य आदि। उनके निबंध प्रायः सरस्वती आदि में निरन्तर छपते रहे हैं। उनके निबंध **पद्मपराग संग्रह** में संकलित हैं।

इनके निबन्ध की शैली में परम्परा के धार्मिक साक्ष्यों से जुड़े व्यंग्य विशेष- रूप से पाठकों के आकर्षण के कारण हैं। यही नहीं, भाषा के स्तर पर वे बराबर उर्दू मुशायरों के प्रयोग से अर्थवत्ता को प्रभावी बनाते दिखाई पड़ते हैं। कुल मिलाकर, उनके निबंधों में उनके व्यक्तित्व की गहरी छाप दिखाई पड़ती है।

आचार्य रामचन्द्र शुक्ल युग और हिन्दी निबंध
(गद्य रचना का शीर्ष सोपान)

आचार्य महावीर प्रसाद द्विवेदी युग का काल निर्धारण सन् 1870 से 1938 तक किया गया है और आचार्य पं० रामचन्द्र शुक्ल का देहावसान काल सन् 1941-42 है। अतः शुक्ल जी के कालखण्ड से द्विवेदी युग से न जोड़कर उनकी गरिमा को हिन्दी गद्य रचना के शीर्ष सोपान पर रखा जाना ही सर्वथा उचित होगा। आचार्य रामचन्द्र शुक्ल के समकालीन निबंधकार बाबू श्यामसुन्दर- दास, पदुम लाल पुन्ना लाल बख्शी, बाबू जयशंकर प्रसाद, सूर्यकान्त त्रिपाठी निराला, महादेवी वर्मा आदि का लेखन परिदृश्य द्विवेदीयुगीन निबंधरचना के शीर्ष सोपान के रूप में कैसे स्मरण किया जाए यह विवादास्पद प्रश्न है। आचार्य शुक्ल की निबंध संरचना के बदलाव तथा उसमें जुड़ने वाली निबंधकार की मनः दशाओं का अपने ढंग से विवेचन किया है। निबंध के माध्यम से वे निबन्धकार की वैयक्तिकता की पहचान को स्वीकार करते हुए भी उसे नितान्त काव्य जैसा आत्मपरक नहीं मानते। वे चिन्तामणि भाग 1 की भूमिका में ही इस तथ्य को पाठकों के ऊपर छोड़ देते हैं, कि वे ही यह निर्धारित

करें कि उनके निबन्ध वस्तुपरक हैं, या आत्मपरक। फिर भी, वे निबंधों को बौद्धिकता तथा भावसत्ता के समन्वय से जोड़ते हुए उसे इस प्रकार से नियोजित करते हैं कि वे बौद्धिकता से जुड़े भावसत्ता को इंगित करते रहें। आचार्य रामचन्द्र शुक्ल की निबंध कला शैली स्वयं में विलक्षण है। अपने हिन्दी साहित्य के इतिहास में वे एक स्थान पर इस सम्बन्ध में टिप्पणी देते हुए कहते हैं कि—

"निबंध लेखक अपने मन की प्रवृत्ति के अनुसार स्वच्छन्द गति से इधर-उधर फूटी हुई सूत्र शाखाओं पर विचरता चलता है और वह विज्ञान वेत्ता से भिन्न कल्पना पूर्ण मानसिक सत्ता के साथ अर्थात् बुद्धि और भावात्मक हृदय दोनों लिए हुए।"[1] उनके इस वक्तव्य के प्रकाश की संगति का मिलान उनके निबंध संग्रह चिन्तामणि भाग 1 की भूमिका के उस अंश से किया जा सकता है, जहाँ वे कहते हैं कि—

"इस पुस्तक में मेरी अन्तर्यात्रा में पड़ने वाले कुछ प्रदेश हैं। इस भाषा में निकलती रही है, मेरी बुद्धि पर हृदय को भी साथ लेकर।" इस प्रकार आचार्य राम चन्द्र शुक्ल की निबन्ध रचना तीन तत्वों से समन्वित है—

1. बौद्धिक वैचारिकता
2. हृदय पक्ष का संयोग
3. किंचित् स्वच्छन्दता

आचार्य रामचन्द्र शुक्ल-चिन्तामणि-भाग 1 के निबंधों द्वारा एक ओर साहित्य के चिंतन विश्लेषण की रस दृष्टि का सैद्धान्तिक एवं व्यावहारिक आधार 'सुख-दुख' को भावानुभूति एवं विचारों से जोड़कर स्पष्ट करने की कोशिश करते हैं तो दूसरी ओर उसके आस्वादन के प्रति कविगणों, आलोचकों तथा सहृदय पाठकों को जोड़कर उन्हें सचेष्ट भी करते चलते हैं। उनके चिन्तामणि के निबंध वैचारिक दृष्टि से सूत्रों तथा उनके तार्किक विश्लेषण पर टिके हैं। निबन्धों की स्वच्छन्दता, विषयवस्तु के सूत्रों की तार्किक क्रमबद्ध व्याख्या के जुड़ी आस्वादनभूमि एवं विविध उनके विविध दृष्टान्त क्रमशः उनकी वैचारिकता को जोड़े हुए चलते हैं। शीलदशा तथा आस्वादन भावभूमि के विराम स्थल पाठकों के लिए निरन्तर विश्राम स्थली जैसी बनती चलती है—क्योंकि लेखन की जटिलता के लिए पाठक को विश्राम भी चाहिए। बुद्धि के साथ हृदय को जोड़ना उनके निबन्धों की उनकी वैयक्तिक रचना शैली है और खेद है कि आचार्य शुक्ल के बाद हिन्दी साहित्य में उनके निबन्ध लेखन की यह शैली आगे फिर नहीं बढ़ पाई। उनके श्रेष्ठ निबन्धों के संकलन-चिन्तमणि भाग 1 में ही है, शेष चिन्तामणि भाग 2 तथा 3 में ऐसी परिपक्व दृष्टि नहीं मिल पाती। आचार्य रामचन्द्र शुक्ल का निबंध के संदर्भ में सबसे बड़ा योगदान है, भारतेन्दु एवं द्विवेदी युग की निबंध रचना को युगानुरूप

1. हिन्दी साहित्य का इतिहास – पृ० 345

संस्कारित करके नया स्वरूप प्रदान करना और इस दृष्टि से उनका योगदान आज भी अपूर्व हैं। हिन्दी निबंध रचना को संस्कारित करने वाले वे प्रथम निबंधकार हैं।

शुक्ल युग के निबंधकारों में बाबू श्यामसुन्दर दास के निबन्धों का क्रम आता है। उनके अधिकतर निबंध काशी नागरी प्रचारिणी की पत्रिकाओं प्रकाशित हुए हैं। उनके निबंध रचनात्मक तथा वैयक्तिकता की ओर उन्मुख न होकर विवेचनात्मक वृत्ति से सम्बद्ध हैं।

इस परम्परा के तीसरे निबंधकार बाबू गुलाबराय है। इनकी सैद्धान्तिक समीक्षा से सम्बन्धित निबंधों की प्रायः चर्चा रही है। उनके निबन्धों के दो संकलन प्रकाशित हैं—

(1) मेरे निबन्ध

(2) कुछ उथले कुछ गहरे

विषयों की व्यापकता उनके निबन्धों के वैशिष्ट्य के साथ निरन्तर देखी जाती है।

इस युग के अन्य निबन्धकारों के रूप में पदुमलाल पुन्नालाल बख्शी को भी बराबर स्मरण किया जाता है। उनके आठ निबंध संग्रह प्रकाशित हुए हैं, जिनमें प्रमुख हैं—कुछ और कुछ, मकरन्द, पंचपात्र, त्रिवेणी आदि।

इस काल के कवि भी निबंधकार विशेष रूप से चर्चित रहे हैं। ये हैं—

(1) बाबू जयशंकर प्रसाद

(2) कवयित्री महादेवी वर्मा

(3) पं0 सूर्यकान्त त्रिपाठी 'निराला'

बाबू जयशंकर प्रसाद का निबंध संग्रह 'काव्यकला तथा अन्य निबंध' चिन्तनप्रधान, स्वानुभूत मान्यताओं तथा तार्किक शैली से सम्बद्ध हैं। यहाँ कवि की भावात्मक सहृदयता नहीं है। ये निबंध सैद्धान्तिक समीक्षा से सम्बद्ध वैचारिक निबन्धों की श्रेणी में रखे जा सकते हैं।

महादेवी वर्मा हिन्दी छायावाद की प्रसिद्ध कवयित्री के साथ-साथ हिन्दी निबन्ध लेखन की परम्परा से भी सम्बद्ध रही है। उनके निबन्धों में वैचारिक चिन्तन तथा भावात्मक सहृदयता का समन्वय है और कहीं-कहीं इनके निबन्ध शैलीगत वैयक्तिकता से पूरी तरह से जुड़े दिखाई पड़ते हैं। इनके द्वारा लिखे गए छः निबन्ध संग्रह इस प्रकार हैं—

(1) शृंखला की कड़ियाँ (1942)

(2) क्षणदा (1957)

(3) साहित्यकार की आस्था तथा अन्य निबंध (1964)

(4) संकल्पिता (1964)

(5) भारतीय संस्कृति के स्वर (1975)

(6) सम्भाषण (भाषणों के संकलन) ये साहित्य के इतिहास लेखकों द्वारा सामान्यतः निबधं की श्रेणी में रखे गये हैं।

इन रचनाकारों के अतिरिक्त छायावाद काल के कतिपय अन्य निबंधकारों के नामोल्लेख आवश्यक हैं। माखनलाल चतुर्वेदी, शान्तिप्रिय- द्विवेदी, नन्ददुलारे वाजपेयी, महापंडित राहुल सांकृत्यायन, चतुरसेन शास्त्री आदि। इन निबंधकारों में एकाध जैसे शान्तिप्रिय द्विवेदी तथा चतुरसेन शास्त्री को छोड़कर प्रायः शेष विचारात्मक निबंधकारों की सरणि में आते हैं। सामान्य रूप-से, छायावाद का प्रारम्भ सन् 1920 से हुआ और सन् 1942 तक इसका समापन और नई कविता का आन्दोलन सन् 1942 के बाद शुरू हो चुका था। सन् 1938 में महावीर प्रसाद द्विवेदी का देहावसान हुआ और सन् 1941 में आचार्य रामचन्द्र शुक्ल का और छायावाद युग के निबंधकारों की परम्परा 1942 तक समाप्त हो उठती है।

आचार्य रामचन्द्र शुक्ल युग और प्रमुख निबंधकार

शुक्लयुगीन प्रमुख निबंधकार—(1) आचार्य रामचन्द्र शुक्ल, (2) गुलाब राय, (3) माखन लाल चतुर्वेदी, (4) पदुम लाल पुन्नालाल बख्शी, (5) महादेवी वर्मा, (6) राहुल सांकृत्यायन आदि।

(1) आचार्य रामचन्द्र शुक्ल (जन्म, सन् 1988 तथा मृत्यु, सन् 1941)—आचार्य रामचन्द्र शुक्ल युग की शुरूआत महावीर प्रसाद द्विवेद्वी युग से ही हो जाती है किन्तु उनकी चिन्तन दृष्टि की सर्वथा मौलिकता तथा गम्भीरता के कारण वे निरन्तर नये युग द्रष्टा के रूप में सर्वथा स्वतंत्र देखे जाते रहे हैं। उन्होंने चिन्तामणि भाग 1 की भूमिका में निबंध की जो परिभाषा दी है, उसके अनुसार उनकी चिन्तन दृष्टि में भाव तादाम्य निरन्तर उनके साथ जुड़ा दिखता है। इस रूप में गम्भीर साहित्यिक चिन्तन को भाव जगत से जोड़कर शुक्ल जी निबंध तथा समीक्षात्मक निबंधो को प्रायः एक श्रेणी में ले आने की चेष्टा करते हैं। उनके निबंधों के संकलन चिन्तामणि भाग 1, चिन्तामणि भाग 2 तथा चिन्तामणि भाग 3 के रूप में साहित्यिक जगत की जीवन्त धरोहर बने हुए हैं। उनकी निबंध शैली तर्कपूर्ण चिन्तन व्यवस्था से जुड़ी होने के कारण सर्वथा नये रूप में है। आचार्य रामचन्द्र शुक्ल के निबंधों की तीन विशेषतायें हैं किन्तु ये तीनों उनके निबन्ध लेखन में एक साथ सर्वत्र संयुक्त हैं। उन्हें परस्पर उनकी लेखशैली की व्यवस्था से भिन्न नहीं किया जा सकता। ये हैं—

1. वैचारिकता
2. हृदयपक्ष के योग से सम्बद्ध
3. किंचित् स्वच्छता से सम्बद्ध

शुक्ल जी के निबंध भावात्मक वैचारिकता से जुड़े मनोविकार या भाव मात्र तक सीमित नहीं हैं। देखने में स्वतंत्र वैचारिक निबंध लगते हैं किन्तु उनमें क्रमबद्धता एवं अन्तिम साहित्यिक निष्कर्ष अर्थात् 'रसदशा' तक पहुँचाने की अपनी तर्कदृष्टि एवं व्यवस्था क्रम है। उनके निबन्ध वैचारिकता तथा तर्क बुद्धि से सम्पृक्त हैं। सम्पूर्ण भाव तथा रस व्यापार के

आनन्दमूलक एवं क्षोभमूलक (सुख-दुःख) संदर्भ एक क्रम से चलकर उन्हें संमुचित निष्कर्ष तक पहुँचाते हैं। उनके तर्क तथा वैचारिक चिन्तन का बन्धन स्थल-स्थल पर हृदय पक्ष के संयोग से टूट जाता है। यहीं उनकी किंचित् स्वच्छन्ता भी सामने उभरती दिखायी पड़ती है। इस संदर्भ में वे स्वयं कहते हैं कि 'इस पुस्तक में मेरी अन्तर्यात्रा में पड़ने वाले कुछ प्रदेश हैं। यात्रा के लिये निकलती रही है, बुद्धि पर हृदय को भी साथ लेकर। इन सबके होते हुए भी आचार्य शुक्ल के निबंध पूर्णतः चिन्तनप्रधान निबंधों की ही श्रेणी में रखे जा सकते हैं।

(2) पदुमलाल पुन्नालाल बख्शी (जन्म, सन् 1894 तथा मृत्यु सन् 1971)— शुक्लयुगीन निबंधकारों में पदुम लाल पुन्नालाल बख्शी का हिन्दी साहित्य में विशेष स्थान है। इनके निम्नलिखित निबन्ध संग्रह साहित्य के अन्तर्गत निरन्तर चर्चित रहे हैं—

1. पंच बांभ
2. पदम बन
3. कुछ
4. और कुछ

सामान्य रूप से बख्शी जी के निबन्ध धर्म एवं संस्रृति से सम्बद्ध है। बख्शी जी ने सन् 1020 से सन् 1927 तक सरस्वती पत्रिका के सम्पादन का भी कार्य किया है।

बख्शी जी के निबंधों में उनकी वैयक्तिता के संदर्भ सर्वत्र हैं। उनके भावात्मक निबंध श्रद्धांजलि के दो फूल, गुड़िया, एक संध्या, मोटर स्टैण्ड पर आदि हैं। अतीत स्मृति, अनन्त तक की यात्रा आदि में उनकी मानसिक स्चच्छता के संदर्भ निरन्तर व्याप्त है। उन्होंने अपने श्रेष्ठ निबन्धों को 'मेरे प्रिय निबंध' के नाम से पृथक् से एक कृति के रूप में रखा है। उनके निबंधों में वस्तुविलास से जुड़कर कथा प्रसंग उन्हें अत्यन्त रोचक बना देते हैं।

कुल मिलाकर, बख्शी जी के विषय में यह कथन पूर्णतः चरितार्थ है कि—"निष्कपट भावों की निष्कपट अभिव्यक्ति ही निबंध की विशेषता है।"[1]

(3) बाबू गुलाब राय (जन्म, सन् 1888 तथा मृत्यु, सन् 1963)— सैद्धान्तिक समीक्षक बाबू गुलाब राय एक श्रेष्ठ निबंधकार भी रहे हैं। व्यंग्य, हास्य एवं भाव वैचित्र्य के संदर्भों के बीच एक जागरूक निबंधकार के रूप में चर्चित बाबू गुलाब राय की निबंधकला निश्चित रूप से लोक प्रिय रही है। निबंध लेखन से जुड़ी उनकी रचनायें इस प्रकार हैं—(1) फिर निराशा, (2) कुछ उथले कुछ गहरे, (3) मेरी असफलताएँ, (4) राष्ट्रीयता, (5) मेरे निबंध आदि। बाबू गुलाब राय की निबंध लेखनकला में इनका सरल एवं विनोद प्रिय व्यक्तित्व निरन्तर झलकता रहता है। हास-परिहास से जुड़े इनके निबंधों में निरन्तर चिन्तनपरक वैदुष्य इनकी रचनात्मक गंभीरता को अंकित करता रहता है। साहित्यिक एकाग्रता से पूरी तरह से जुड़ा इनका

1. हिन्दी साहित्य, खण्ड : 3 साहित्य, लेखक डॉ. विजयेन्द्र स्नातक, पृ० 500.

व्यक्तित्व इनके निबंधों तथा रेखाचित्रों में निरन्तर झलकता हुआ दिखाई पड़ता है।

(4) माखनलाल चतुर्वेदी (जन्म, सन् 1889 तथा मृत्यु, 1968)— सर्वप्रथम पूना फिर कानपुर से निकलने वाली पत्रिका '**प्रभा**' के में सम्पादक रहे हैं। उसके बाद गणेश शंकर विद्यार्थी की पत्रिका 'प्रताप' का भी कुछ दिनों तक सम्पादन किया था। इनके निबंधों का अन्तिम संकलन 'अमीर इरादे गरीब इरादे' के नाम से संकलित हैं—(1) साहित्य देवता, (2) चिन्तक की लाचारी इनके अन्य निबन्ध संग्रह हैं। वैसे, इनसे भिन्न हिन्दी साहित्य सम्मेलन से पाँव-पाँव शीर्षक से इनके सत्ताइस निबंधों के संग्रह भी प्रकाशित हैं।[15]

श्री माखन लाल चतुर्वेदी के निबंधो का संग्रह उनकी काव्य प्रकृति का अंग बनकर उभरा है और निरन्तर उत्सुकता भरी भावकुता कहीं-कहीं गद्य गीत और निबंधकार को एकमेव पर देते हैं—फिर भी, स्वतंत्र रूप से उनके निबंधों की विशेषता है, काव्यात्मकता, भावकुता, स्वच्छन्दता तथा भोगे जाते हुये आत्मपरक अनुभव की रंजकता। उनके कविताकर्मी निबंध निश्चित ही हिन्दी साहित्य की अमूल्य धरोहर है।

(5) पाण्डेय बेचनशर्मा 'उग्र' (जन्म, सन् 1900 तथा मृत्यु, सन् 1967)— सन् 1923 में भूत पत्रिका के सम्पादक रहे फिर उसके बाद सन् 1924 में कलकत्ता में मतवाला पत्रिका के का सम्पादन किया। गोरखपुर की स्वदेशी पत्रिका के भी ये सम्पादक रहे हैं। सन् 1945 से 1948 तक बम्बई में वे '**विक्रम**' तथा '**संग्राम**' पत्रिकाओं का सम्पादक करते रहे। हिन्दी गद्य लेखन के क्षेत्र में उग्र जी अपनी कई विशेषताओं के कारण चर्चित रहे हैं। वे विराम चिह्नों के संदर्भ में अंग्रेजी के प्रचलित विराम चिह्नों का ही प्रयोग करते थे तथा मुहावरे एवं कहावतें उनके गद्य लेखन को निरन्तर अलंकृत करते रहे हैं।

(6) वियोगी हरि (जन्म, सन् 1896 तथा मृत्यु, अज्ञात)—आचार्य शुक्ल युग के निबंधकारों मं वियोगी हरि की चर्चा विशेष संदर्भ में की जाती है, कारण हैं, उनका भावात्मक गद्य लेखन। उन्होंने निबंध को अपनी काव्यात्मक भावात्मकता से जोड़कर उसे गद्य काव्य के समीप पहुँचा दिया है किन्तु उनके निबंध एवं गद्य काव्य लेखन की विधाएँ पृथक्-पृथक् हैं। इनके प्रसिद्ध निबंध-संग्रह साहित्य बिहार, चरखे की गूँज, अनुराग वाटिका आदि हैं।

शुक्लोत्तर निबन्ध : प्रमुख प्रवृत्तियाँ
(सन् 1941 से 1980 तक)

शुक्लोत्तर निबंधकाल सन् 1941 के बाद अर्थात् सन् 1942 से स्वीकार किया जा सकता है और यह काल सन् 1980 के आसपास तक है। इस कालखंड में भारत को आजादी प्राप्त हो चुकी थी और लोकतांत्रिक व्यवस्था का एक व्यापक राष्ट्रीय वातावरण बन चुका था।

1. हिन्दी साहित्य निबंध परम्परा एवं प्रयोग–डॉ. वेदपति राठी, पृ० 79.

विदेशी राजनीतिक वातावरण से मुक्त हम भारतीयों के सोचने-समझने के संदर्भ में बदलाव भी सामने आने लगा था। हम अपने अतीत की संस्कृति की पूरी आत्मीयता से जुड़ें देश की सामाजिक, आर्थिक तथा राजनीतिक व्यवस्थाओं के प्रति नए ढंग से सोचने के लिए नये मानकों की खोज शुरू कर रहे थे, अर्थात् कुल मिलाकर, वैश्विक साहित्य के विविध संदर्भों से जोड़कर भारतीय परिवेश के विविध पक्षों के प्रति नये नजरिये से सोचना प्रारम्भ किया। सम्पूर्णतः हम भारतीयों की चिन्तन-दृष्टि में नये आयामों का विस्तार तथा विविधताओं के अनेक पक्षों का समावेश हुआ। इसी काल खंड में साहित्य में, नई कविता तथा प्रयोगवाद, कहानी के अन्तर्गत नई कहानी तथा नये नाटक रूपों के विन्यास सामने आने लगे। हिन्दी गद्य लेखन की भावुकताभरी परम्पराएँ भी शिथिल होने लगीं। इस अड़तालीस-उनचास वर्षों तक देश के प्रायः सभी प्रमुख विश्वविद्यालयों में हिन्दी भाषा तथा साहित्य को पढ़ने-पढ़ाने का अवसर मिल चुका था और भारतीय कविता के ऊपर पाठ्यक्रमों पर गद्य का दबाव भी बढ़ना शुरू हो रहा था। इसलिए इस चौथे दशक से आठवें दशक के हिन्दी गद्यकारों की तालिका बनाई जाए तो उनकी संख्या सर्वाधिक होगी। इस युग की एक और भी विशेषता ध्यान रखने योग्य है। वह यह कि, इस युग के प्रखर निबंधकार निबन्ध लेखन विधा को राष्ट्रीय स्तर पर पहुँचाने के लिए निरन्तर तत्पर दिखाई पड़ते हैं और आज जहाँ भी हिन्दी साहित्य का उच्चस्तरीय अध्ययन-अध्यापन हो रहा है, इस युग के शीर्ष निबंधकार यथा- पं0 हजारी प्रसाद द्विवेदी, डा0 वासुदेव शरण अग्रवाल, पं0 भगवत शरण उपाध्याय, डॉ. विद्या निवास मिश्र, पं0 नन्द दुलारे वाजपेयी, पं0 परशुराम चतुर्वेदी आदि हिन्दी के राष्ट्रीय परिवेश में व्याप्त इसी युग की देन हैं। इस काल खण्ड के निबंधों में वैचारिकता, अन्वेषणात्मकता ऐतिहासिकताबोध एवं स्वच्छन्दात्मकता एवं विश्लेषण सामर्थ्य अधिक है। इसयुग के निबंधकारों में व्यापक रचना परिवेश के निरन्तर विस्तार की दृष्टि देखी जाती है। कुल मिलाकर, इस युग के निबंधों एवं निबंधकारों का वर्गीकृत विश्लेषणात्मक लेखन संदर्भ इन रूपों में इंगित किया जा सकता है—

(1) ऐतिहासिकता का परिवेश और भारतीय सांस्कृतिक संदर्भ—विविध भारतीय संस्कृति के विषयों को इतिहास के संदर्भ में रखकर निबंध लेखन का कार्य इस युग के निबंधकारों ने किया। इनका यह निबंध लेखन कार्य हम भारतीयों को अपनी संस्कृति एवं इतिहास से जोड़ने का उस युग में एक अभूतपूर्व प्रयास है। इस दिशा में शीर्ष निबंधकार आचार्य पं0 हजारी प्रसाद- द्विवेदी, डॉ. वासुदेव शरण अग्रवाल, पं0 भगवत शरण उपाध्याय, डॉ. विद्यानिवास मिश्र आदि सक्रिय रहे हैं। निबंधकला की वैयक्तिक विलक्षणता, कल्पना शक्ति का समुचित सन्तुलन, अपने सांस्कारिक संस्कृति बोध तथा इतिहास बोध से भारतीयों को जोड़ना इनका प्राथमिक दायित्व रहा है।

(2) सैद्धान्तिक समीक्षात्मक निबंध—इन निबंधकारों का दायित्व भारतीय एवं

पाश्चात्य काव्य चिन्तनों को प्रकाश में ले आकर भारतीय नई शिक्षित पीढ़ी को उन बिन्दुओं से अवगत कराना जो भारतीय काव्य चिन्तन के श्रेष्ठतत्त्व हैं—जैसे भारतीय रस चिन्तन के साधारणीकरण सिद्धान्त पर इस दिशा में निबंध प्रस्तुत करने वाले विद्वान निबंध लेखक हैं—

डॉ. नगेन्द्र, डॉ. नन्द दुलारे वाजपेयी, डॉ. रघुवंश, डॉ. भगीरथ मिश्र, डॉ. विश्वनाथ प्रसाद मिश्र आदि।

(3) पश्चिमी नई व्यावहारिक समीक्षा के विविध मानकों का ज्ञान कराने के लिए इस युग में कई निबंधकार प्रकाश में आए—जैसे-नन्ददुलारे वाजपेयी, डॉ. इन्द्रनाथ मदान, इलाचन्द्र जोशी, शान्तिप्रिय द्विवेदी, विनय मोहन शर्मा आदि। इन निबन्धकारों ने साहित्य की युगीन परिस्थितियों से जुड़े विषयों का अपने निबंधों द्वारा मूल्यांकिन करके नई युवा पीढ़ी को बोध एवं विवेक दिया। विनय मोहन शर्मा की निबंधात्मक कृतियाँ-यथा-साहित्य नया और पुराना, साहित्यवलोकन आदि इस दिशा में विशेष महत्त्वपूर्ण हैं।

(4) भाषा विश्लेषण और संस्कृतिपरक निबंध—भाषा और संस्कृति के नये एवं पुराने संदर्भों का व्यवस्थित ज्ञान कराने वाले निबंधकार तथा निबंध इस युग की विशेष देन हैं। डॉ. धीरेन्द्र वर्मा, डॉ. राजबली पाण्डेय, डॉ. वासुदेव शरण अग्रवाल आदि के निबंध संग्रह इस परम्परा के अन्तर्गत रखे जा सकते हैं। डॉ. धीरेन्द्र वर्मा कृत वाग्धारा एवं वासुदेव शरण अग्रवाल कृत 'वेद विद्या तथा वाग्धारा, इन निबंध संग्रहों को इस सारणि में रखा जा सकता है।

(5) प्रगतिवादी विचारधारा के निबन्ध संदर्भ—साम्यवादी व्यवस्था से जुड़े हिन्दी प्रगतिवादी लेखकों के निबंध इस नई सामाजिक रचना से सम्बद्ध हैं। अपने निबंधों के द्वारा साहित्यिक जागरूकता के प्रति प्रतिबद्ध हिन्दी के निबंधकारों के नाम इस प्रकार हैं—

यशपाल, डॉ. राम विलास शर्मा, अमृत राय आदि। यशपाल के निबंध संग्रह यथा **देखा सोचा समझा** एवं **न्याय का संघर्ष** एवं डॉ. रामविलास शर्मा के प्रगति और परम्परा, प्रगतिशील साहित्य की समस्याएँ, लोकजीवन और साहित्य आदि के इस दिशा में लिखे गए महत्त्वपूर्ण निबंध संग्रह हैं।

(6) गांधीवादी तथा सामयिक लोकतांत्रिक विचारधारा से सम्बद्ध निबंध—समसामयिक लोकतांत्रिक एवं गांधीवादी विचारधारा से जुड़े निबंधकार भी इस युग में दिखाई पड़ते हैं। जैनेन्द्र इसी गांधी वादी विचार परम्परा के निबंधकार हैं। इसी प्रकार, माखनलाल चतुर्वेदी, रामधारी सिंह 'दिनकर' आदि के निबंधों में लोकतांत्रिक राष्ट्रीयता बोध के मूल्य तथा गांधीवादी चिन्तन के संदर्भ मिलते हैं। दिनकर जी के निबंध संग्रह—धर्म, नैतिकता और विज्ञान, मिट्टी की ओर तथा जैनेन्द्र के निबन्ध संग्रह पूर्वोदय, साहित्य का श्रेय और प्रेय आदि इसी श्रेणी में रखे जा सकते हैं।

(7) साहित्यिक चिन्तन की सामयिक परम्पराओं से सम्बद्ध निबंध—इस कालखण्ड में इस प्रकार के निबंधों की भरमार मिलती है। नई कविता, नई कहानी, नये नाटक के संदर्भों को लेकर सहित्यिक चिन्तन के नये आयामों से जुड़े कई निबंधकार सामने आते हैं जिनमें निम्नलिखित अधिक महत्त्वपूर्ण हैं—यथा-सच्चिदानन्द हीरानन्द वात्सायन अज्ञेय, धर्मवीर भारती, डॉ. रघुवंश आदि।

वैसे श्री अज्ञेय के निबंधसंग्रहों में वस्तुविषय के संदर्भों की तालिका बहुत लम्बी है फिर भी, नये साहित्य चिन्तन से सम्बद्ध उनके आत्मने पद, अद्यतन, यथाजोगलिखी आदि संग्रह विचारणीय है। इसी प्रकार, डॉ. रघुवंश के निबंध संग्रह साहित्य का नया परिप्रेक्ष्य, आधुनिकता तथा सृजनशीलता आदि भी इसी संदर्भ से जुड़े हैं।

(8) सामाजिक विद्रूपताओं, राजनीतिक संदर्भों एवं विविध सामाजिक संदर्भों से जुड़े व्यंग्य, परिहास, उत्पीड़न तथा प्रतिक्रिया सम्बन्धी निबंध—यह निबंध परम्परा हिन्दी में भारतेन्दु युग से शुरू होकर आचार्य महावीर प्रसाद द्विवेदी युग तक सक्रिय रही। फिर भी, परम्परा से चलती हुई निबंध लेखन की यह धारा इस युग में अधिक प्रौढ़ दिखाई पड़ती है। इस परम्परा के निबंधकारों ने श्री बालकृष्ण राव, कान्तानाथ पाण्डेय 'चोंच', वेढब बनारसी, बरसाने लाल चतुर्वेदी आदि प्रमुख रूप से स्मरणीय हैं। साहित्यिक, सामाजिक, राजनीतिक आदि जितनी भी सामयिक समस्याएँ एवं विसंगतियाँ हैं, उनपर, हास्य, उपहास, व्यंग्य, वितृष्णापूर्ण व्यंजनाएँ देकर ये निबंधकार व्यवस्था की विद्रूपताओं की ओर ध्यान आकर्षित करते हैं।

कुल मिलाकर, सन् 1942 से 1980 तक का हिन्दी निबंध लेखन एक प्रकार से भारतेन्दु युग, द्विवेदी युग के बाद उसके विकास के शीर्षकाल के नाम से सम्बोधित किया जाएगा। इस लेखनविधा को सर्वथा सम्पन्न करने, सामाजिकता एवं सांस्कृतिक परिदृश्यों के व्यापक संदर्भों से जोड़ने तथा जीवन की व्यापक समस्याओं को साहित्य से सम्बद्ध करने की जो सजगता तथा सचेतनता सामने रखी है, वह आधुनिक हिन्दी गद्य साहित्य के व्यापक विकास का अद्यतन संदर्भ है।

शुक्लोत्तर आधुनिक निबंधकार

1. आचार्य हजारी प्रसाद द्विवेद्वी,
2. भागवत शरण उपाध्याय,
3. नन्ददुलारे बाजपेयी,
4. वसुदेव शरण अग्रवाल,
5. डॉ. रामविलास शर्मा,
6. माखन लाल चतुर्वेदी,

7. धर्मवीर भारती,

8. अज्ञेय

इनके अतिरिक्त इस युग के अन्य निबंधकार हैं—

शिवप्रसाद सिंह, कुवेरनाथ राय, विष्णु कान्त शास्त्री आदि।

आचार्य रामचन्द्र शुक्ल का देहावसान यद्यपि सन् 1941 में हो चुका था, फिर भी, द्विवेद्वी जी और शुक्ल जी निबंधकार के रूप में सन् 1960 के बाद तक एक युगधारा से जुड़े रहे हैं। सामान्यरूप से शुक्लोत्तर निबंधकार की पहचान व्यक्तिगत अन्तर्मुखता एवं भाषा की स्वच्छन्दतापूर्ण की शैली से सम्बद्ध है। यह शैली आचार्य हजारी प्रसाद द्विवेदी तक देखी जाती है और इस परम्परा में प्रमुख निबंधकार आचार्य पं० हजारी प्रसाद द्विवेद्वी, वासुदेव शरण अग्रवाल, राम विलास शर्मा, सच्चिदानंद हीरा नन्द वात्स्यायक अज्ञेय, शिव प्रसाद सिंह भगवत शरण उपाध्याय आदि को लिया जाता है। इने बाद सम सामयिक निबन्धकारों की सर्वथा एक नई परम्परा हिन्दी साहित्य में दिखाई पड़ती है और उसके साथ प्रमुख निबंध लेखक हैं—

धर्मवीर भारती, विष्णुकान्त शास्त्री, विवकी राय, रामदरस मिश्र, कुबेर नाथराय आदि।

(1) आचार्य पं० हजारी प्रसाद द्विवेद्वी (जन्म, सन् 1907 तथा मृत्यु, सन् 1978)—आधुनिक हिन्दी साहित्य के अग्रगण्य निबंधकार के रूप में आचार्य हजारी प्रसाद द्विवेद्वी को निरन्तर स्मरण किया जाता रहेगा। उन्होंने भारतीय इतिहास की सांस्कृतिक धरोहरों के मन्तव्यों को आत्मसात् करके उन्हें भारतीयों के वर्तमान संदर्भ से जोड़ने की हिन्दी में एक नई परम्परा स्थापित की और उसका प्रभाव हिन्दी में बराबर देखा जा रहा है। आचार्य द्विवेदीजी की प्रमुख निबंध कृतियाँ इस प्रकार हैं—अशोक के फूल, विचार प्रवाह, चारुचन्द्रलेख, कुटज, आलोक पर्व आदि। सामान्य रूप से द्विवेद्वी जी के निबंध तीन शैलियों में विभाक्त किये जा सकते हैं, प्रथम ललित निबंध, द्वितीय सांस्कृतिक-वैचारिक निबंध एवं तृतीय पुरातात्त्विक ऐतिहासिक सरंचनात्मक निबंध। इन तीन श्रेणियों के बावजूद भी उनके रचित निबंध हिन्दी साहित्य की ऐतिहासिक धरोहर के रूप में स्वीकार किये जाते हैं। उनके ललित प्रधान निबंधों में गद्यभाषा की काव्यात्मक भावुकता एवं भावना शक्ति उनकी निजी शैली है। पाठकों की विमुग्धता तथा ऐतिहासिक संस्कारों में खो जाने की चिन्ता हिन्दी के परवर्ती निबंधकारों में बहुत कम दिखाई पड़ती है। चिन्तन तथा इतिहास को एक साथ रचनात्मक शक्ति से जोड़ देने की उनकी निबंध कला अद्वितीय है।

(2) वासुदेव शरण अग्रवाल (जन्म, सन् 1904 तथा मृत्यु, सन् अज्ञात)—भारतीय इतिहास के विविध संदर्भों यथा धर्म, संस्कृति, पुराण-कथाएँ आदि के विविध पक्षों को विविध कोणों द्वारा एकान्वित करके उन्हें सर्वथा एक नया परिवेश देना उनके निबंधों की नयी दृष्टि है। पुरातत्त्व तथा संस्कृति के इतिहास संदर्भ को निबंध शैली के माध्यम से प्रस्तुत

करने वाले श्रेष्ठतम निबंधकार वासुदेवशरणअग्रवाल के प्रमुख निबंध संग्रह हैं—पृथ्वी पुत्र, कला और संस्कृति, माताभूमि, वाग्धारा आदि। इनके निबंधों का साहित्य-सदंर्भ इतिहास तथा संस्कृति से जुड़कर निरन्तर दीप्ति प्रदान करता है।

(3) सच्चिदानंद हीरानन्द वात्स्यायन 'अज्ञेय'—हिन्दी साहित्य में प्रयोगवाद के प्रवर्तक अज्ञेय ने कई पत्रिकाओं का सम्पादन किया है। तार सप्तक (1943) से शुरू करके प्रतीक, नया प्रतीक आदि पत्रिकाओं के माध्यम से हिन्दी साहित्य में पश्चिमी नव आधुनिकता को उतारने के लिए उन्होंने आजीवन प्रयास किया और इस कार्य में वे अग्रगण्य रहे हैं। उनके निबंध संग्रह प्रकाशित हैं, जोग लिखी, त्रिशंकु, आत्मने पद, अरे यायावर रहेगा आदि।

उनका लेखन विशेष रूप से काव्यरचना के वैचारिक चिन्तन से सम्बद्ध है। इसके अतिरिक्त भी, साप्ताहिक हिन्दुस्तान आदि में छपे इनके निबंधो का एक संकलन **युग सन्धियों** पर चर्चा का विषय रहा है।

अज्ञेय के निबंधों को कई कोटियों में विभक्त किया जा सकता है। उनका आत्मने पद निबंध प्रायः ललित निबंधो की श्रेणी में रखा जाता है। इनके दूसरे वर्ग के निबंध प्रायः मौज तथा फक्कड़पन से सम्बद्ध हैं। पनीर का टुकड़ा, नरकरे में गर्म मसाला आदि निबंध इसी संवर्ग में आते हैं। इनके निबंधों की तीसरी श्रेणी विचारप्रधान चिन्तन संदर्भों की है तथा चौथी श्रेणी के निबंध साहित्य की विविध समस्याओं से जुड़े हैं। अज्ञेय के निबंध मूलतः साहित्यकार की चिन्ता से जुड़ी विविध समस्याओं के विवेचन तथा उनके संगत संदर्भ अन्वेषित करने से सम्बद्ध हैं।

(4) राम विलास शर्मा—हिन्दी के प्रसिद्ध आधुनिक प्रगतिवादी आलोचक डॉ. राम विलास शर्मा साहित्यिक परम्परा से सम्बद्ध समीक्षावादी निबंधकार के रूप में स्वीकार किये जाते हैं किन्तु उनकी एकाध-दो ललित निबंध की भी कृतियाँ हैं जैसे, विराम चिन्ह, आस्था, पंचरत्न। उनके आलोचनात्मक चिन्तन से सम्बद्ध निबंधों की प्रमुख कृतियाँ हैं, संस्कृति और साहित्य, आशा और सौन्दर्य लोक, जीवन और साहित्य आदि।

(5) डॉ. शिव प्रसाद सिंह—प्रसिद्ध उपन्यासकार डॉ. शिव प्रसाद सिंह ने हिन्दी की निबन्धरचना के क्षेत्र में भी स्मरणीय कार्य किया है। निबंध लेखन के क्षेत्र में वे आचार्य हजारी प्रसाद द्विवेद्वी की गुरू परम्परा से अपने को जोड़े हुये हैं। इनके प्रसिद्ध निबंध संग्रह शिखरों का सेतु, पुष्प के अभाव में, कस्तूरी मृग, चतुर्दिक आदि हैं।

डॉ. शिव प्रसाद सिंह ने लालित्य को अपनी निबंध रचना शैली का मुख्य विषय बनाया है। पाठक के मन को झकझोरने वाले सामाजिक यथार्थ की परम्पराओं के स्खलन तथा नई आधुनिकता के विविध सार्थक संदर्भों की मन को उद्वेलित कर लेने वाली व्यवस्थाएँ आदि उनके निबंधों के महत्त्वपूर्ण पक्ष हैं और इन पक्षों के माध्यम से वे वर्तमान जीवन की हलचलों

द्वारा पाठकों को निरन्तर उत्तेजना से सराबोर किये हुये दिखाई पड़ते हैं। मानव जीवन की सार्थकता की बार-बार पुनरावृत्ति द्वारा वे मानवीय अस्तित्व तथा मूल्यों की चिन्ता में निरन्तर तत्पर दिखाई पड़ते हैं। क्या कहूँ, कुछ कहा न जाये तथा समया माता उनके निबंध संग्रह इस दृष्टि से विशेष महत्त्वपूर्ण हैं।

(6) भगवतशरण उपाध्याय—शुक्लोत्तर निबंधकारों में डॉ. भगवत-शरण उपाध्याय का साहित्य में विशेष स्थान है। इन्होंने वैदिककालीन भारतीय संस्कृति की छिपी हुई धरोहरों से लेकर विविध देशों की इतिहास परम्पराओं एवं अपने विविध यात्रावृतान्तों द्वारा नई संस्कृति के अनेक रूपों तथा रहस्यों का उदघाटन अपने निबंधों द्वारा किया है। इनके प्रमुख निबंध संग्रह इस प्रकार हैं—**साहित्य और कला, ठूँठा आम, सांस्कृतिक निबंध** आदि।

इनके निबंधों में भावनात्मक लालित्य का संदर्भ विशेष रूप से मर्मस्पर्शी बनकर पाठकों के साथ सहजरूप से जुड़ता चलता है।

हिन्दी का नव निबंध लेखन
(सन् 1981 से सन् 2000 तक)

आज वैश्विक चिन्तन भारतीय रचनात्मक प्रक्रिया के साथ जुड़कर निरन्तर हलचल उत्पन्न कर रहा है और हिन्दी भी आज तेजी से वैश्विक परिवेश में अपना विस्तार ले रही है। व्यावहारिक चिन्तन, तरह-तरह के प्रयोग और परीक्षण के साथ अन्तर्राष्ट्रीय स्तर को हिन्दी अपनी व्यावहारिकता से जोड़कर स्वयं को आगे बढ़ा रही है। हिन्दी उपन्यास, कहानी, नाटक, व्यावहारिक गद्य लेखन, निबंध तथा अन्य विविध विधाओं यथा—यात्रा साहित्य, संस्मरण, आत्मकथा आदि को पर्याप्त विस्तार देती जा रही है और इस संदर्भ में यदि आज 1981 से 2000 तक के निबंध लेखन को देखें तो वह प्रगतिशीलता के प्रतिबद्ध दिखाई पड़ेगी। साहित्य के जिस क्षेत्र का जो भी व्यक्ति हो, उसे कुछ और कहना है और इस अतिरिक्त अभिव्यक्ति के लिए निबंध लेखन चाहिए। कहानीकार, उपन्यासकार, नाटककार, कवि-अन्वेषक सभी की आवश्यकता अपने लेखन और उससे भिन्न जुड़े परिदृश्यों के लिए निबंध की विधा जरूरी है। ऐसे निबंधकारों की तालिका इस प्रकार है—

सामयिक परिदृश्य से जुड़े निबन्धकार

(1) **निर्मल वर्मा**—निबंध संग्रह—कला की जोखिम, ढलान से उतरते हुए, अन्त और प्रारम्भ, दूसरे शब्दों में आदि।

(2) **धर्मवीर भारती**—ठेले पर हिमालय, पश्यन्ती, कहनी अनकहनी आदि।

(3) **हरिशंकर पारसाई**—तुलसीदास चंदन घिसे, तब की बात और थी, हँसते हैं, रोते हैं, सुनो भाई साधो आदि।

(4) **अमृतलाल नागर**—साहित्य और संस्कृति

समीक्षक-निबन्धकार

हिन्दी समीक्षकों ने इस कालखण्ड में निबंधों की रचना करके साहित्य की विविधताओं के मूल्यांकन में मदद की है। ये समीक्षक निबंधकार इस प्रकार हैं—

(1) **डॉ. नामवर सिंह**—वाद विवाद संवाद

(2) **डॉ. विष्णुकान्त शास्त्री**—कुछ चन्दन कुछ कपूर की, चिन्तन मुद्रा, अनुचिन्तन आदि।

उपन्यासकार-निबन्धकार

(1) **नरेन्द्र कोहली**—जगाने का अपराध, आधुनिक लड़की की पीड़ा, गणतंत्र का गणित आदि।

(2) **शिव प्रसाद सिंह**—कस्तूरी मृग, किस किस को नमन करूँ, क्या कहूँ, कुछ कहा न जाए आदि निबंध।

इस प्रकार, इस युग के रचनाकारों में कथाकार, समीक्षक, उपन्यासकार आदि विविध साहित्य की विद्याओं से सम्बद्ध रचनाकारों ने निबन्ध को एक अनिवार्य विधा मानकर उससे जुड़े और इस क्षेत्र में उन्हें पर्याप्त सफलता भी मिली।

कुल मिलाकर, सन् 1980 से आज तक हिन्दी निबंध की जो गतिशील धारा दिखाई पड़ती है, उसमें निबंध लेखन की ओर सन् 2000 तक विशेष गतिशीलता रही और उसके बाद भी, यह निबंध रचना प्रक्रिया बढ़ती ही जा रही है। निश्चित रूप से, समसामयिक निबंधकारों में राम दरश मिश्र, विवेकी राय, कुबेर नाथ राय, इन्द्रनाथ मदान, कन्हैया लाल सहल आदि विशेष महत्त्वपूर्ण हैं। हास्य तथा व्यंग्य के निबंधों की व्याप्ति वैसे राजनीतिक एवं समाज शास्त्रीयसमस्या संदर्भों से सम्बद्ध निबंधों के सामने कम होती जा रही है। यही नहीं, आज के निबंधों की जो दूसरी समस्या है, वह यह कि पं0 महावीर प्रसाद- द्विवेदी एवं पं0 हजारी प्रसाद द्विवेदी आदि के युगीन व्यक्तित्व एवं वैयक्तिता से जुड़े 'परसर्नल एसे' से सम्बद्ध निबन्धों की भी संख्या संक्षिप्तता की ओर बढ़ रही है। कुछ ही, निबंधकार जैसे विवेकी राय आदि इस शैली को आज आगे बढ़ा रहे हैं, अन्यथा हिन्दी निबंध लेखन की कृति वस्तुमुखी होती जा रही है निबंध रचना लेख की ओर उन्मुख होती जा रही है और राजनीतिक सामाजिक तथा वैश्विक परिदृश्यों के विविध संदर्भों से जुड़े निबंध हिन्दी निबंध लेखन के आचार्य रामचन्द्र शुक्ल, आचार्य हजारी प्रसाद द्विवेदी, डॉ. विद्यानिवास मिश्र जैसी निबंध परम्परा को धीरे-धीरे पीछे छोड़ते जा रहे हैं।

निष्कर्ष

सामान्य रूप से हिन्दी निबंध लेखन के चार युग स्वीकार किए जाते हैं—

(1) भारतेन्दु युग का निबंध लेखन

(2) आचार्य द्विवेदी युग का निबंध लेखन

(3) सन् 1942 अर्थात् आचार्य शुक्ल के बाद से लेकर सन् 1980 तक का निबंध लेखन

(4) समसामयिक निबंध लेखन

स्पष्ट है कि भारतेन्दु युग के श्रेष्ठ निबंधकार पं0 बालकृष्ण भट्ट थे और उन्होंने अंग्रेजी के निबंधकारों की शैली को हिन्दी में उतारने की पूरी चेष्टा की और बंगाली तथा मराठी निबंधकारों के अनुकरण को हिन्दी में लाने का प्रयास किया। यह सत्य है, हिन्दी की विविध साहित्य विधाएँ जैसे—उपन्यास, नाटक आदि भारतेन्दु युग में आई, ठीक उसी क्रम में निबंध की भी स्थिति है और इस युग में कोशिश यह की गई कि निबंधरचना पूरी तरह से भावात्मक एवं संवेदनशीलता के केन्द्र में रहे। यह निबंध रचना धीरे-धीरे अपने रूप एवं सीमाएँ बदलती रहीं हैं। भारतेन्दु युग से शुरू होकर द्विवेदी युग और उसके बाद हिन्दी कविता के नई कविता युग अर्थात् सन् 2000 या उसके बाद भी चलती चली चल रही है। भारतेन्दु युग से यह निबन्ध रचनावृत्ति केवल साहित्यिक संदर्भों सामाजिक परिवर्तन के परिवेश से भी जुड़ती रही है किन्तु आज की निबंध-सीमा बहुआयामी विस्तार के साथ-साथ व्याप्त राष्ट्रीय तथा अन्तर्राष्ट्रीय हो चुकी है। निबंध लेखन वर्तमान समय में लोकतांत्रिक व्यवस्था की लेख रचना से जुड़कर आधुनिक चिन्तन एवं वैचारिक संदर्भों को व्यक्त करने का एक सशक्त माध्यम बन चुकी है। आज संचार माध्यम के सम्पूर्ण संसाधन, टी0वी0, चैनल, अखबार, पत्रिकाएँ, साहित्यिक लेखन के विविध रूपों के साथ जुड़कर अपनी चमक समाज में फैलाने जा रहे हैं; लगता है, इसके इस बढ़ाव का असर हिन्दी कविता पर पड़ा है। उपन्यास, कहानी आदि गद्यात्मक लेखन के विविध रूप आगे इस निबन्ध रचना विधा के सामने फीके लगने लगते हैं।

निःसन्देह, आगे आने वाली शतियों के लिए, यह निबंध लेखन तथा उसका रचनातंत्र निरन्तर उपयोगी बनता चला जाएगा।

आधुनिक निबंध लेखन का नया परिवेश और निबंधकार

आधुनिक नये निबंधकारों ने भाषा शैली की नवता, विषय के विविध रूपों के साथ ही सूक्ष्म तथा मर्मस्पर्शी संदर्भों की व्याप्ति और अनुभव की जागृति, साथ-ही-साथ जन-जन के भोगे जाते अनुभवों के विविध रूपों की जीवन्तता को निबंधों से जोड़कर पूरी सजगता से व्यक्त करने की चेष्टा की है। धर्मवीर भारती कृत **ठेले पर हिमालय**, मोहन राकेश की **डायरी**,

विष्णुकान्त शास्त्री कृत **'कुछ चन्दन की कुछ कपूर की'**, पं० विद्या निवास मिश्र की **तुम चन्दन हम पानी** आदि-आदि निबंधकारों के निबंध सृजन के सामयिक जीवन्त संस्कार पाठकों को अभिभूत करके अपने संस्कारों में निरन्तर आबद्ध किये रहते हैं। समसामयिकता की विविध संवेदनाओं से सम्बद्ध इन निबंधकारों का संक्षिप्त परिचय इस प्रकार है—

(1) धर्मवीर भारती—प्राधुनिक हिन्दी नई कविता के सर्जक तथा नव-चेतना से जुड़े उपन्यासकार डॉ. धर्मवीर भारती के तीन निबंध संग्रहों की चर्चा की जाती है—(1) पश्यन्ती (2) कहनी अनकहनी तथा (3) ठेले पर हिमालय। इस तीसरे संग्रह में यात्रा वृतान्त से जुड़े निबंध विशेष रूप से चर्चित हैं।

(2) डॉ. विष्णुकान्त शास्त्री—भारतीय सांस्कृतिक अस्मिता से जुड़े विष्णुकान्त शास्त्री का श्रेत्र अलोचना तथा निबंध रचना है और उन्होंने इस निबंध लेखन की शुरूआत 'कुछ चन्दन की कुछ कपूर की'' से की है। निबंध दो भागों में विभक्त है—चन्दन का पक्ष, कबीर, तुलसी तथा वैष्शाव सन्तों से है तथा कपूर से सम्बद्ध निबंध आधुनिक निबंधकारों तथा सजकों की चर्चा से सम्बद्ध हैं। निबंधकार बाल मुकुन्द गुप्त से प्रारम्भ करके वे आज के हिन्दी रंगमंच तथा विविध विधाओं एवं उनसे सम्बद्ध रचनाकारों की स्वच्छन्द वृत्ति से चर्चा करते हैं। उनके शिखरों के सेतु, चिन्तन मुद्रा, स्मरण को पाथेय बनने दो आदि निबंध संग्रह विशेष महत्त्वपूर्ण हैं। भक्ति काल से प्रारम्भ करके आधुनिकता के समसामयिक परिवेश तक तुलनात्मक संदर्भों के प्रकरण में ऐतिहासिक एवं मानवीयता की क्रमिक व्यवस्था तथा व्याप्ति से अपने निबंधों को वे जोड़े हुए हैं।

(3) पं० विद्यानिवास मिश्र—पं० विद्यानिवास मिश्र भारतीय सांस्कृतिक इतिहास की परम्परा से जुड़े निबंधकार हैं और वे अपने निबंधों द्वाराभारतीय इतिहास की सांस्कृतिक व्यवस्थाओं में निरन्तर प्रत्यक्ष एवं गुह्य संदर्भों की तालाश करते रहे हैं। उनके निबंधों की एक लम्बी तालिका है और अचार्य हजारी प्रसाद द्विवेदी से जुड़े हुए आजीवन वे निबन्ध लेखन के प्रति के प्रति-प्रतिबद्ध रहे हैं। उनके प्रमुख निबंधों के संकलन इस प्रकार हैं—

छितवन की छाँह, हल्दी दूब, कदम की डाल, तुम चन्दन हम पानी, आंगन का पक्षी और बनजारा मन, कौन फुलवा बीनन हारी, कटीलें तारों के आरपार, परम्परा बाँधना नहीं है, मैने सिल पहुँचाई, बसन्त आ गया है पर कोई उत्कंठा नहीं, मेरे राम का मुकुट भीग रहा है, अंगद की नियति, लागौ रंग हरी : स्याम रसायन, शेफाली झर रही है-आदि-आदि।

पं० विद्या निवास मिश्र को सामान्यतया आचार्य हजारी प्रसाद द्विवेदी की ललित निबंध परम्परा से जोड़ा गया है किन्तु उनमें पर्याप्त अलगाव वर्तमान है। जहाँ द्विवेदी जी सांस्कृतिक बोध की सीमा इतिहास दृष्टि से बांधकर, शान्त हो उठते हैं, वहीं पं० विद्यानिवास मिश्र सांस्कृतिक लालित बोध को आधुनिकता तक पहुँचाकर, उसे अर्थवान बनाने के प्रति तत्पर दिखाई पड़ते हैं। द्विवेदी जी कृत **'बसन्त आ गया'** और पं० विद्या निवास मिश्र कृत

'**बसन्त आ गया है पर कोई उत्कंठा नहीं** ये दोनों संग्रह इस दृष्टि से आमने सामने हैं। उनका **कदम की डाल** शीर्षक निबंध संग्रह भारतीय समाज की जीवन रचना का जीवन्त साक्ष्य है और इस प्रकार वे अतीत से हटकर अपने वर्तमान सामाजिक यथार्थ से जुड़ने का प्रयास करते हैं। इस दृष्टि से, निबंध आलोचकों का यह मन्तव्य कि वे अपने लेखनगुरु आचार्य द्विवेदी की ही परम्परा से जुड़े हैं, पूर्णतया संगत नहीं है। इस दृष्टि से उनके कई निबंध संग्रह विशेष महत्त्वपूर्ण हैं—जैसे कटीले तारों के आरपार, गाँव का मन आदि।

(4) विवेकी राय—गाँव तथा लोक समाज की भारतीय संस्कृति से पूरी अन्तरंगता के साथ जुड़े विवेकी राय समसामयिक जीवित हिन्दी निबंधकारों में अग्रगण्य है। विवेकी राय लोकजीवन से जुड़े हैं तथा गाजीपुर का सारा-का-सारा लोकजीवन उनसे जुड़ा है और साहित्य तथा जन के बीच की ऐसी आत्मीयता अलम्य है। उनके निबंधों के प्रकाशित संग्रह इस प्रकार हैं—

किसानो का देश, गाँवों की दुनिया, त्रिधारा, फिर बैतावा डाल पर, जुलूस रुका है, गवई गुलाब, नया गाँवनामा, के कहल चुनरी रंगाल, आम रास्ता नहीं है, आस्था और चिन्तन, जगत तपोवन सो कियो, बन तुलसी की गन्ध, जीवन अज्ञात का गणित है, आदि।

अपने इस निबंधों में विवेकी राय गाँव की प्रचलनों, जीवन चर्या के विविध आन्तरिक एवं बाह्य रूपों, त्यौहारों में विशेष रूप से होली आदि से जुड़े मुहावरों आदि-आदि को ले आकर पाठकों को आत्म विभोर कर देते हैं। धोती, पँजीरी, लाल बकुली, फागुन में बाबा देवर लागै, उत्तम खेती आदि-आदि विषयों पर निबंध लेखन द्वारा वे ग्राम्य की रंगीन मिजाजी का पाठक के मन पर ऐसा जाल फैला देते हैं कि उनका पाठक दूसरी ओर मुँह घुमाने का मन नहीं करता।

कुल मिलाकर, समसामयिक निबंधकारों के बीच लोक जीवन के सहज, सरल एवं द्वन्द्व तथा प्रपंचों से शून्य संदर्भों को अपनी रागात्मक आत्मीयता से जोड़कर विवेकी राय अपनी अद्वितीय रचनात्मक रागात्मक प्रतिभा से सराबोर करने वाले अद्वितीय निबंधकार हैं।

(5) कन्हैया लाल मिश्र 'प्रभाकर'—समसामयिक ललित निबंधकारों में श्री कन्हैया लाल मिश्र का नाम अग्रगण्य है। इनके लेखन की प्रमुख प्रवृत्ति है, लेखक एवं पाठक के बीच तटस्थता की स्थापना। कुल मिलाकर, वे ललित निबंधकार हैं क्योंकि अपनी भावुकता तथा सहृदयता को निरन्तर प्रखर बनाये रखते हैं। इसके प्रमुख निबंध संग्रह इस प्रकार हैं—

बाजे पायलिया घुँघरू, माटी हो गई सोना, जिन्दगी मुस्कराई, मंहके आँगन चहके द्वार, कारवाँ आगे बढ़े, नई पीढ़ी नये विचार आदि।

(6) कुबेरनाथ राय—भारतीय संस्कृति के अतीत संदर्भों के विविध रूपों से जुड़े

कुबेर नाथ राय समसामयिक हिन्दी निबंधकारों में अग्रगण्य हैं। निबंधों के माध्यम से साहित्य की अजस्त्र धारा प्रवाहित करने वाले निबंधकार के रूप में सामान्यतया आलोचकों ने इन्हें आचार्य हजारी प्रसाद द्विवेदी की परम्परा से जोड़ा है किन्तु कई अर्थों में ये द्विवेदी जी की परम्परा से भिन्न हैं। भारत के विकास में केवल आर्य जाति को ही नहीं वरन् समस्त आय-अनार्य, किरात, आदि आदि जातियों को उनसे जोड़कर उसे आदिकाल से ही समन्वित संस्कृति का प्रतिफल मानते हैं और उनके निबंध उनकी इसी मान्यताओं को प्रतिष्ठित करने के आधार हैं। उनके निबंधों के संकलन इस प्रकार हैं—प्रिया नील कंठी, रस आखेटक, मंधमादन, कामधेनु, पर्णमुकुट, विषाद योग, मराल, उत्तर कुरु, चिरात नदी में चन्द्रमधु, महाकवि की तर्जनी आदि। ये जीवनभर केवल निबंध विधा के लेखन से जुड़े रहे हैं।

इसी प्रकार, समसामयिक निबंधकारों की एक लम्बी तालिका है—जगदीश चन्द्र माथुर, रामदरश मिश्र, मोहन राकेश, शरद जोशी, निर्मल वर्मा, रमेश चन्द्र शाह, ज्ञान चतुर्वेदी, कृष्ण बिहारी मिश्र आदि।

हिन्दी उपन्यास : उद्‌भव और विकास

हिन्दी उपन्यास का उद्‌भवकाल : हिन्दी का प्रथम उपन्यास

जहाँ तक उपन्यास का सन्दर्भ है, स्वयं भारतेन्दु हरिश्चन्द्र ने उपन्यास का लेखन प्रारम्भ किया था किन्तु वे पूर्ण न कर सके—यह उपन्यास हैं—

एक कहानी, कुछ आप बीती, कुछ जग बीती।

इसी सन्दर्भ में उल्लेखनीय है कि उन्होंने ही लम्बी कथात्मक कृति के लिए सबसे पहले हिन्दी में उपन्यास शब्द का प्रयोग किया था।[1] यह सत्य है कि अंग्रेजी के नॉबेल शब्द के लिए बंगला साहित्य में प्यारी चन्द्र मिश्र उर्फ टेकचन्द ठाकुर ने प्रसिद्ध बंगला उपन्यास—आलेर घटर दुलाल' के लिए उपन्यास शब्द का प्रयोग किया था और भारतेन्दु ने भी उसी की प्रेरणा से 'नावेल' शब्द के लिए 'उपन्यास' शब्द का प्रयोग किया।'' नवम्बर, सन् 1885 में हरिश्चन्द्र चन्द्रिका ने उन्होंने नाटकोपन्यास पाक्षिक पुस्तिका का विज्ञापन निकाला था जिसमें नॉवल के लिए उपन्यास शब्द का स्पष्ट प्रयोग था।''[2]

हिन्दी उपन्यास की दिशा में पण्डित किशोरी लाल गोस्वामी को विशेष रूप से याद किया जाता है। उन्होंने सन् 1885 में 'उपन्यास' शीर्षक एक मासिक पत्रिका निकाली और सन् 1932 तक 65 छोटे-बड़े उपन्यास प्रकाशित कराए।[3] सामान्य रूप से श्रद्धाराम फुल्लौरी रचित ''मायावती'' उपन्यास (1877) को हिन्दी का पहला उपन्यास माना जाता था। हिन्दी उपन्यास के अन्वेषक विद्वान् डॉ. गोपाल राय ने इस दिशा में पर्याप्त कार्य किया है उन्होंने अपने अन्वेषणों के आधार पर हिन्दी का प्रथम उपन्यास देवरानी जेठानी (1878) लेखक गौरीदत्त को स्वीकार किया है। उन्होंने अपनी प्रसिद्ध कृति 'हिन्दी उपन्यास का इतिहास' में हिन्दी के प्रारम्भिक उपन्यासकारों की सूची इस प्रकार दी है[4]—

---

1. हिन्दी उपन्यास साहित्य का इतिहास लेखक—डॉ. गोपाल राय, पृ0 79
2. हिन्दी साहित्य : खण्ड 3—डॉ. रामचन्द्र तिवारी, पृ0 289.
3. हिन्दी साहित्य का इतिहास—आचार्य रामचन्द्र शुक्ल, पृ0 356.
4. हिन्दी उपन्यास साहित्य का इतिहास—पृ0 23.

1. रानी केतकी की कहानी	1803	
2. देवरानी जेठानी (उपन्यास)	1870	गौरीदत्त
3. वामा शिक्षक	1872	ईश्वरी प्रसाद तथा कल्याणराम
4. भाग्यवती	1877	श्रीनिवासदास
5. निःसहाय हिन्दू	1881	राधाकृष्णा दास

डॉ. गोपाल राय ने इन प्रारम्भिक तथाकथित उपन्यासों को उपन्यास विधा लेखन मानदण्डों पर कस कर देवरानी जेठानी को हिन्दी का पहला उपन्यास स्वीकार किया है। आचार्य रामचन्द्र शुक्ल ने श्रीनिवासदास द्वारा लिखित मायावती (सन् 1872) की बड़ी ही प्रशंसा की है किन्तु यह हिन्दी का प्रथम उपन्यास नहीं है। इस सन्दर्भ में डॉ. गोपाल राय का ही अभिमत इस समय स्वीकार किया जाता है कि हिन्दी का पहला उपन्यास 'गौरीदत्त' का, देवरानी-जेठानी (1872) है।

भारतेन्दु युग के इस प्रारम्भिक उपन्यास के सन्दर्भ में इसकाल के प्रारम्भिक निम्नलिखित उपन्यासों को रखा जा सकता है—

(1) देवरानी जेठानी	-	पं0 गौरीदत्त	सन् 1870
(2) वामा शिक्षक	-	ईश्वरी प्रसाद	सन् 1872
(3) भाग्यवती	-	श्रद्धाराम फुल्लौरी	सन् 1877
(4) निस्सहाय हिन्दू	-	राधा कृष्ण दास	सन् 1881
(5) परीक्षा गुरु	-	श्रीनिवास दास	सन् 1886
(6) नूतन ब्रह्मचारी	-	पं0 बालकृष्ण भट्ट	सन् 1888
(7) श्यामा स्वप्न	-	डॉ. जगमोहन सिंह	सन् 1889
(8) सदभाव का अभाव	-	पं0 बालकृष्ण भट्ट	सन् 1889
(9) प्रणयनी परिणय	-	किशोरी लाल गोस्वामी	सन् 1890

डा0 गोपाल राय के द्वारा दी गई इस सूचना के आधार पर भारतेन्दु युग में उपन्यास लेखन का प्रारम्भ हो चुका था। स्वयं भारतेन्दु हरिशचन्द्र भी उपन्यास लेखन का प्रारम्भ इस युग में कर चुके थे किन्तु उनका उपन्यास अधूरा रह गया था।

इसी सन्दर्भ में डॉ. राम निरंजन परिमलेन्दु भारतेन्दु युग के उपन्यासों की एकसूची अपनी प्रसिद्ध कृति "**भारतेन्दु काल का अल्पज्ञात गद्य साहित्य**" में देते हैं। इसमें कई ऐसे उपन्यास हैं, जिनकी सूचना डॉ. गोपाल राय तथा अन्य अन्वेषक विद्वानों की सूची में नहीं है। यह सूचना इस प्रकार है—

(1) एक जोड़ी अँगूठी	-	केशवराम भट्ट	सन् 1878
(2) सुन्दर	-	केशव राम भट्ट	सन् 1880
(3) राधा रमन	-	भुवनेश्वर मिश्र	सन् 1887

(4) द्रौपदी सत्यभामा	-	लक्ष्मी नारायण भट्ट	सन् 1888
(5) आश्चर्य वृत्तान्त	-	अम्बिकादास व्यास	सन् 1884-88
(6) धराऊ घटना	-	भुवनेश्वर मिश्र	सन् 1893
(7) बलवन्त भूमिहार	-	भुवनेश्वर मिश्र	सन् 1896
(8) समुद्र में गिरीन्द्र	-	डॉ. ना0 शर्मा	सन् 1893
(9) सुन्दर सरोजिनी	-	देवी प्रसाद शर्मा	सन् 1893
(10) सुबामा	-	राम गुलाम राम	सन् 1884

इस प्रकार, डॉ. परिमलेन्दु ने अपनी कृति में इस काल खण्ड में 19 उपन्यासों का विवरण प्रस्तुत किया है, जिसकी सूचना इतिहास ग्रन्थों में नहीं मिलती । इन उपन्यासों में अधिकांशतः विहार में लिखे गए हैं। लगता है, कलकत्ता के समीप होने के कारण उपन्यास लेखन कला का प्रभाव बिहार पर वहीं से पड़ा। भारतेन्दु युग के बनारस को प्रेरणा बाद में मिली हो। इस सन्दर्भ में दो बातें और भी विचारणीय हैं—पहली बात तो यह कि बिहार में लिखे गए हिन्दी उपन्यासों की संख्या अधिक है—उनमें अनेक उपन्यास अनूदित हैं और ये अनुवाद अंग्रेजी तथा बँगला के मूल से हिन्दी में आए हैं। दूसरी बात यह भी महत्त्वपूर्ण है कि हिन्दी में लिखे गए उपन्यासों का परिवेश इस काल खण्ड तक सीमित दिखाई पड़ता है किन्तु बिहार में लिखे गए उपन्यासो की सूचना से यह स्पष्ट है कि प्रारम्भिक उपन्यासों का सम्बन्ध केवल समाज-सुधार तक ही सीमित नहीं रहा है? आश्चर्य एवं कौशलप्रधान उपन्यास 'एक जोड़ी अँगूठी' राधारमन एवं द्रौपदी सत्यभामा—जैसे भारतीय इतिहास वृत्तों पर आधारित राजेन्द्र मालती तथा बसन्त मालती जैसे रूमानी उपन्यास इनमें पृथक् रूप से मिलते हैं, जिनके विषय में आगे चर्चा की जाएगी।[1]

आचार्य रामचन्द्र शुक्ल के इतिहास में हिन्दी उपन्यास का संदर्भ **प्रकरण-गद्य साहित्य का प्रसार** (पृ0 353-संस्करण 2011) से प्रारम्भ होता है और वे सबसे पहले उपन्यासकार की चर्चा के संदर्भ में पं0 किशोरी लाल गोस्वामी का नाम सर्वप्रथम लेते हैं। वे कहते है कि संवत् 1955 (सन् 1898) में उन्होंने उपन्यास मासिक पत्र निकाला और द्वितीय उत्थान के भीतर 65 छोटे-छोटे बड़े उपन्यास लिखकर प्रकाशित किये। अतः साहित्य की दृष्टि से, उन्हें हिन्दी का पहला उपन्यासकार कहना चाहिए।"[2] आचार्य शुक्ल ने अपने इतिहास में इन नामों की चर्चा उपन्यास इतिहास क्रममें करते हैं—

1. किशोरी लाल गोस्वामी
2. अयोध्या सिंह उपाध्याय हरिऔध
3. लज्जाराम मेहता

1. हिन्दी साहित्य का इतिहास, संस्करण 2011, पृ0 356.
2. हिन्दी साहित्य का इतिहास, संस्करण 2011, पृ0 356.

4. बाबू व्रजनन्दन सहाय

इसके अतिरिक्त उन्होंने अपने इतिहास के द्वितीय उत्थान के लेखन क्रम में परीक्षा गुरु को हिन्दी का प्रथम उपन्यास स्वीकार किया है किन्तु हिन्दी के उपन्यास चिन्तक डॉ. गोपाल राय ने साक्ष्यों को केन्द्र में रख कर विश्लेषित करने पर शुक्ल की अवधारणा पूरी तरह से खारिज हो जाती है-और ऐतिहासिक कालक्रम में हिन्दी के ये चार उपन्यास प्रारम्भिक क्रम में आते हैं, जिनमें डॉ. गोपाल राम द्वारा साहित्य हिन्दी का प्रथम उपन्यास देवरानी जेठानी को ही स्वीकार किया जा सकता है। प्रारम्भिक उपन्यासों के क्रम इस प्रकार हैं।

सन् 1970 देवरानी जेठानी, पं. गौरी दत्त

सन् 1972 वामा शिक्षक कल्याण राय, ईश्वरी प्रसाद

सन् 1975 कुछ आप बीती, कुछ जगबीती, (अधूरा भारतेन्दु हरिशचन्द्र)

सन् 1989 भाग्यवती, श्रद्धाराम फुल्लौरी

भारतेन्दुयुगीन उपन्यासों का प्रवृत्तिगत विश्लेषण

प्रायः आधुनिक काल के विश्लेषण में आचार्य रामचन्द्र शुक्ल का इतिहास ग्रंथ अधूरा पड़ जाता है क्योंकि आचार्य शुक्ल को सन् 1800 से लेकर 1950 तक के कालखण्ड की पर्याप्त सामग्रियाँ उपलब्ध नहीं हो सकी थीं।

भारतेन्दुयुगीन उपन्यास लेखन की निम्नलिखित प्रवृत्तियाँ विशेषरूप से विश्लेषण योग्य हैं—

(1) उपन्यास लेखन के रचनात्मक संदर्भों की तलाश

(2) भारत की आदर्शवादी कसौटियों को आधार बनाकर उन्हें कल्पना तथा आदर्शवादी मानकों पर कसने की चेष्टा। कसौटियों पर कसने की चेष्टा के संदर्भ में यथार्थ की स्पष्टता प्रायः मुखर है।

(3) भारत में उत्पन्न हो रही नवपूँजीवादी या उद्योगवादी तथा उपनिवेशवादी यथार्थ के संदर्भ में उपन्यासों के लेखन की तैयारी

(4) प्रेम तथा रोमांस को नवीनता तथा परम्परा के बीच स्थापित करने की चेष्टा

(5) इतिहास एवं पौराणिक आख्यानों को आधार बनाकर उपन्यास लेखन की चेष्टा तिलिस्मी उपन्यासों को भी इस युग में पर्याप्त सचेष्टता के साथ लिखा गया।

(6) नवजागरण के बोध की शुरुआत

(1) **उपन्यास लेखन के रचनात्मक आदर्शों की तलाश**–इस युग में उपन्यास लेखन का व्यापक फैलाव बंगला, मराठी, उर्दू, हिन्दी, गुजराती आदि भाषाओं के जन्म हो चुका था। इस उपन्यास विधा के लिए बंगला में **उपन्यास**, गुजराती में **कादम्बरी**, हिन्दी में **उपन्यास**, उर्दू में **नाविल**, गुजराती में **नवल**-कथा जैसे नाम प्रचलित हो चुके थे।

भारतेन्दु ने सन् 1975 में बंगला को आधार बनाकर इसका नाम 'उपन्यास' रखा। बंगला में अंग्रेजी से अनूदित प्रारम्भ में अनेक उपन्यास आए और हिन्दी में भी बंगला के उपन्यासों के अनुवाद किए गए। प्रारम्भ में इस साहित्य विद्या के शिल्प विधान एवं रचनात्मक कथ्यों एवं निष्कर्षों को सार्थकता देने के प्रति निरन्तर सचेष्टता युगीन उपन्यासकारों में दिखाई पड़ती है। कई उपन्यासों ने वाणभट्ट कृत कादम्बरी को गव्यकाव्य शैली का प्रयोग इस औपन्यासिक नव सृजन के लिए किया गया। राम गुलाम राम कृत सुबामा, आर.जी. आर. द्वारा रचित कामकला आदि। गद्य कविता के प्रयोग जैसे उपन्यास हिन्दी उपन्यास शैली में आये हैं।

(2) भारत की आदर्शवादी कसौटी को यथार्थ से जोड़कर प्रस्तुत करने की दृष्टि इस युग के उपन्यासों में विशेष रूप से दिखाई पड़ती है। यह इस युग के उपन्यासों की एक विशेष प्रवृत्ति स्वीकार की जा सकती है। भुवनेश्वर मिश्र रचित बलवन्त भूमिहार, राजेन्द्र किशोर कृत कमलिनी, देवी प्रसाद शर्मा उपध्याय रचित सुन्दर सरोजिनी, आश्चर्य वृत्तान्त, किशोरी लाल गोस्वामी कृत प्रणयिनी परिणय जैसे उपन्यास प्राचीन भारतीय नारी आदर्शो से सम्बद्ध लिखें गए हैं किन्तु उनका समापन यथार्थवाद से सम्बद्ध है।

(3) विदेशी नवपूँजीवादी, उपनिवेशवादी तथा उद्योगवादी व्यवस्था से जुड़े भारतीय संदर्भ एवं उपन्यास लेखक उपन्यास लेखन का मूल संदर्भ विदेशी परम्परा से विशेषकर ब्रिटिश साम्राज्यवादी व्यवस्था की उपज है। सन् 1957 में भारत में महारानी विक्टोरिया की राज्य स्थापना के बाद भारत में अंग्रेजी व्यापार, शिक्षा विकास, यातायात एवं संचारमाध्यम आदि प्रकरणों में जो तेजी आई उसके परिणमस्वरूप एक स्पष्ट मध्यम वर्ग का जन्म हुआ और इसने पश्चिमी संस्कृति के प्रति मोह तथा भौतिक संस्थानों की खोज को सुख का महत्त्वपूर्ण माध्यम स्वीकार किया। नये पूँजीवादी सामाजिक संदर्भ की चेतना इसी कालखंड से विशेष रूप से शुरू हुई। हिन्दी के उपन्यास लेखकों पर इसका प्रभाव पड़ना अनिवार्य था और इस परम्परा में लिखे गए उपन्यास इस प्रकार हैं—भुवनेश्वर मिश्र कृत घराऊ घटना, पंचमसिंह वर्मा रचित गुलसब्बो प्यारी, जगननाथ शरण रचित नीलमणि, राजेन्द्र मालती आदि उपन्यास इस युग की ब्रिटिश व्यवस्था से सम्बद्ध मध्यकालिक प्रवृत्ति में से जुड़े हैं। निवास दास कृत 'परीक्षागुरु' उपन्यास इस दृष्टि से प्रतिक्रियावादी कृति है।

(4) पौराणिक आख्यानों को आधार बनाकर लिखे गए कई उपन्यास भारतेन्दु उपन्यास लेखन प्रवृत्ति से सम्बद्ध दिखाई पड़ते हैं। लक्ष्मीनारायण भट्ट कृत द्रौपदी—सत्यमामा, पीपाजी की कथा रचनाकार-सीताराम चारण आदि इस परम्परा के विशेष उपन्यास हैं।

(5) प्रेम तथा रोमांस को आधार बनाकर परम्परा तथा नवीनता दोनों संदर्भो से जोड़ने की चेष्टा। इस काल में विशेषरूप से दिखाई पड़ती है।

भारतीय परम्परा के आदर्शोन्मुख प्रेमवाद तथा पश्चिमी सम्यता की रोमानियत भरी प्रेम-कथा के सन्दर्भों को जोड़कर उपन्यास लिखने की परम्परा भारतेन्दु युग के दिखाई पड़ने

लगती है। भारतीय नारी के परम्परावादी प्रेमसंदर्भ को प्राथमिकता देने की दृष्टि यहाँ मिलती है किन्तु मूलस्थिति नई रोमानियत भी सामने आकर खड़ी हो जाती है। इस संवर्ग के उपन्यासों में केशव रामभट्ट लिखित एक जोड़ी अँगूठी, घराऊ घटना, राम गुलाम राम कृत सुवामा, पं. राजेन्द्र प्रसाद चतुर्वेदी कृत बसन्त मालती आदि महत्त्वपूर्ण है।

(6) उपन्यासों में नवजागरण बोध की शुरूआत–यह सत्य है कि भारतेन्दुयुगीन उपन्यासों में परम्परा एवं पुरातन सामाजिक व्यवस्था को ही अधिकांशतया आधार बनाया गया है—फिर भी, भारतीय नव जागरण के सूत्र स्थल-स्थल पर यहाँ दिखाई पड़ने लगते हैं। ठाकुर जागमोहन सिंह द्वारा प्रणीत उपन्यास श्यामा स्वप्न क्षत्रिय (नायक) एवं ब्राहम्ण पुत्री श्याया के बीच उत्पन्न प्रेम एवं विवाह का संदर्भ है। इसी प्रकार सौ अजान-एक सुजान, पं. बालकृणा भट्ट का उपन्यास नव युवकसमाज को नये कर्त्तव्यों की शिक्षा देता है। राष्ट्र प्रेम से सम्बन्धित उपन्यास भी इसी नव जागरण की परम्परा में लिखे गए-हर स्वरूप कृत 'भारतमाता' उपन्यास यद्यपि सन् 1915 में लिखा गया था किन्तु भारतीय नवजागरण की वृत्ति सन् 1857 से ही प्रारम्भ हो चुकी थी। इस युग के उपन्यासों में इतिहास बोध के संदर्भों के साथ अपनी भारतीय अस्मिता-बोध का प्रश्न भारतेन्दु काल से ही उठना शुरू हो चुका था।

कुल मिलाकर, यदि सन् 1850 से 1900 ई0 तक के भारतेन्दुयुगीन उपन्यासों की दिशा के किये गये प्रयासों को देखें तो ज्ञात होगा कि उपन्यास लेखन की शैली आधुनिक पश्चिमी अंग्रेजी रचना शैली के रूप में एक दाय बनकर आई किन्तु इस युग के उपन्यासों के कथ्य, मन्तव्य, शिल्प विधान आदि पर भारतीय परम्परावाद का प्रभाव दिखाई पड़ता है। समाचार पत्रों की प्रचलित खड़ी बोली इन उपन्यासों की भाषा को अपने से समेटे रही किन्तु भारतीय संस्कारों की आदर्शोन्मुखता एवं नैतिक दृष्टि इनमें प्रमुखता के साथ दिखाई पड़ती है। इस युग का मूल संदर्भ विदेशी सत्ता तथा पूँजीवादी व्यवस्था का भारतीय समाज पर प्रभाव सबसे महत्त्वपूर्ण पक्ष था और यह अपने प्रारम्भिक दौर पर था और इसीलिए सामाजिक नवजागरण का संवाद स्पष्ट रूप से हिन्दी क्षेत्र के दिखाई पड़ता है। विदेशी सत्ता का फैलाव, उनकी व्यापार वादी-नीतियों की जटिलताएँ, भूमि की जमींदारी व्यवस्था, उर्दू, अंग्रेजी शिक्षा नीति, सामाजिक बदलाव के नए संदर्भ आदि का भी श्री गणेश सन् 1857 के बाद अधिक तेजी से शुरू हुआ। इसलिए राजनीति रोमांनियत से जुड़े प्रेम संदर्भ, जमींदारी व्यवस्था के प्रति विद्रोह, उद्योगवाद के प्रति आकर्षण जैसे संदर्भों की मूलभूमि इस युग के उपन्यासों में तैयार हुई जिन्हें इसके बाद के हिन्दी उपन्यास के विकास प्रथम सोपान सन् 1909 से सन् 1917 तक अर्थात् प्रेमचन्द्र युग के पूर्व के उपन्यासों में देखा जा सकता है। भारतेन्दुयुग में हिन्दी उपन्यास का उद्भव तथा विकास बड़ी त्वरित गति से हुआ और इस युग में लगभग 150 से अधिक उपन्यास लिखे गये जिनमें केवल लाला श्री निवासदास ने अकेले 65

उपन्यासों की रचना की थी। यह सत्य है कि उपन्यासविधा भारतीय नवजागरण काल के पश्चिमी साहित्य से प्रभावित एक साहित्य विधा के रूप में आई किन्तु इस कालखंड के बीच इसमें नवजागरण की हल्की-छाया अवश्य ही दिखाई पड़ती है।

भारतेन्दुयुगीन प्रमुख उपन्यासकार

(1) राधाकृष्ण दास (जन्म 1865 मृत्यु 1907)—रामचन्द्र शुक्ल ने अपने हिन्दी साहित्य इतिहास शीर्षक ग्रंथ में राधाकृष्ण दास के उपन्यास की मुक्त कंठ से प्रशंसा की है। ये भारतेन्दु हरिश्चन्द्र के फुफेरे भाई थे और आजीवन साहित्य साधना में लगे रहे। आप का लेखन साहित्य की विविध विधाओं से सम्बद्ध रहा है। उन्होंने उपन्यास की दिशा में एक ही उपन्यास लिखा है, वह है, "निःसहाय हिन्दू" और इसका विषय गोरक्षा आन्दोलन से जुड़ा हुआ है। इस गोरक्षा संदर्भ को वे हिन्दू-मुस्लिम एकता से जोड़कर चलाते हैं। यह उपन्यास सन् 1981 में लिखा बताया गया है, जिसका प्रकाशन बाद में हुआ।

(2) लाला श्रीनिवास दास (जन्म, सन् 1850 मृत्यु, सन् 1887)—आचार्य रामचन्द्र शुक्ल ने इनके उपन्यास परीक्षा गुरू (सन् 1882) को हिन्दी का प्रथम उपन्यास माना है और इनकी औपचारिक प्रतिभा की भारतेन्दुयुगीन लेखकों के बीच बड़ी ही प्रशंसा की है। इस उपन्यास में श्रीनिवास दास ने भारतीय समाज की नई वैज्ञानिक खोज तथा उसके अध्ययन की दिशा में आगे बढ़ने के लिए प्रेरित किया है। इनके लेखन का मन्तव्य मनोरंजन न होकर मूलतः समाज निर्माण की दिशाओं से सम्बद्ध है।

(3) पं. बालकृष्ण भट्ट (जन्म, सन् 1984 मृत्यु, सन् 1914)—भारतेन्दुयुगीन साहित्य की विविध विधाओं के सर्जक तथा हिन्दी प्रदीप पत्रिका के माध्यम से एक सक्षम लेखक के रूप में अपने को अभिव्यक्त करते हुये उन्होंने उपन्यास लेखन की दिशा में महत्त्वपूर्ण कार्य किये हैं। उनका **नूतन ब्रह्मचारी सन् 1886** उपन्यास विशेष रूप से चर्चा का विषय है, जिसमें उपन्यासकार का लक्ष्य नई युगपीढ़ी को आदर्शमंडित देखना है। इसके बाद इनका दूसरा उपन्यास **सौ अजान : एक सुजान (1890)** में प्रकाशित हुआ। इनके कई उपन्यास इनकी हिन्दी प्रदीप पत्रिका में छपना शुरू हुये थे। किन्तु अधूरे रह गये जैसे गुप्त बैरी, रसातल यात्रा, सदभाव का अभाव आदि। भारतीय समाज में आदर्शमयता, सचरित्रता, परम्परागत श्रेष्ठ नैतिक मूल्यों आदि की स्थापना इनके उपन्यास लेखन के मुख्य विषय रहे हैं।

(4) देवकीनन्दन खत्री (जन्म, सन् 1861 तथा मृत्यु, सन् 1913)—हिन्दी में ऐयारी उपन्यास लेखन के जनक बाबू देवकीनन्दन खत्री ने अपना पहला उपन्यास चन्द्रकान्ता नाम से लिखा और यह उपन्यास चार भागों में प्रस्तुत है। उपन्यास लेखन के चमत्कारपूर्ण कौशल तथा खोजबीन एवं गोपनीय, रहस्योदघाटन के संदर्भों के कारण ये

उपन्यास व्यापक रूप से पाठकों के आकर्षण के विषय रहे हैं। चन्द्रकान्ता के बाद, उनका प्रसिद्ध उपन्यास चन्द्रकान्ता सन्तति चौबीस भागों में प्रकाशित हुआ और इस युग के हिन्दी जगत का उपन्यास संदर्भ बाबू देवकी नादन खत्री के नाम से जाना जाने लगा। इसके बाद (सन् 1907 से 1913 तक) आठ भागों में उनका प्रसिद्ध उपन्यास भूतनाथ आया। भूतनाथ उपन्यास के लेखन के अन्त में मृत्यु हो जाने के कारण उनके पुत्र दुर्गा प्रसाद खत्री ने इसके शेष भागों को पूर्ण करके कुल इक्कीस भागों में रखा। इनके अन्य उपन्यास नरेन्द्र मोहिनी, कुसुम कुमारी, गुप्त गोदना, अनूठी बेगम आदि हैं।

देवकी नन्दन खत्री के उपन्यास तिलस्मी प्रणाली से सम्बद्ध बड़े ही रोमांचकारी, तीव्र उत्सुकता भरे एवं रहस्यों के आवरणों से ढके निरन्तर चलते रहते हैं। उनके उपन्यासों के नायक इन आवरणों के खोलकर पाठकों को मुग्धचित्र करके कौतूहल एवं आश्चर्य से भर देते हैं। कुल मिलाकर, देवकी नन्दन खत्री का सबसे बड़ा योगदान उपन्यास विधा के माध्यम से हिन्दी के पाठकों की एक बड़ी संख्या तैयार करना रहा है।

(5) किशोरीलाल गोस्वामी (जन्म सन् 1865 तथा मृत्यु अज्ञात)—ये देवकी नन्दन खत्री के समसामयिक उपन्यासकार थे किन्तु उन्होंने उनसे भिन्न मार्ग का चयन करके ऐतिहासिक, प्रणय कथाओं अर्थात् रोमांस से अपने उपन्यासों को जोड़ा। आगे चलकर, इनके उपन्यासों के रोमांटिक तथा सामाजिक सदंर्भ पूरी तरह से ऐतिहासिकता में घुलमिलकर अन्तया ऐतिहासिक हो उठे हैं। इनके उपन्यासों की संख्या 65 बताई गयी है, जिनमें प्रमुख उपन्यास हैं—त्रिवेणी, कुसुम कुमारी, प्रणयिनी परिणय, प्रेममयी, राज कुमारी, हीरा बाई, यमज सहोदर, तरुण तपस्विनी, रजिया बेगम, मल्लिका देवी, लीलावती आदि-आदि। सन् 1901 में इन्होंने उपन्यास मासिक पत्रिका भी निकालनी शुरू की थी, किन्तु वह अधिक नहीं चल सकी। उनकी प्रणय कथाओं में वर्तमान प्रेम का स्वच्छन्द संदर्भ निरन्तर मिलता है और वे प्रेम को अपने लेखन का महामंत्र मानते हैं। आचार्य रामचन्द्र शुक्ल ने अपने हिन्दी साहित्य का इतिहास ग्रंथ में इनके उपन्यासों की अत्यधिक प्रशंसा की है।

हिन्दी उपन्यासों का विकास युग : प्रेमचन्दपूर्व युग
(सन् 1901 से 1917 तक)

प्रेमचन्द्रकालीन उपन्यास लेखन का प्रारम्भ सन् 1918 से स्वीकार किया जाता है, अतः उनके पूर्वकाल की हिन्दी की औपन्यासिक पृष्ठभूमि को इसके विकास का प्रथम सोपान माना जा सकता है। यह काल खंड भारत के आधुनिकीकरण के संदर्भो की एक सजग पृष्ठभूमि तथा सामाजिक हलचल के जागरण एवं विकास का नया संदर्भ समाज के सामने रख चुका था। अतः उपन्यास जगत में प्रेमचन्द्रयुगीन हिन्दी उपन्यासों की पृष्ठभूमि निर्मित करने में इस कालखण्ड का अपना विशेष महत्त्व रहा है।

प्रेमचन्द का प्रथम हिन्दी उपन्यास 'सेवासदन' सन् 1918 में प्रकाशित हुआ था। अतः सेवासदन से ही प्रेमचन्द युग का प्रारम्भ स्वीकार किया जाता है, यद्यपि सेवासदन में भारतेन्दुयुगीन उपन्यासों की ही प्रवृत्तियाँ मुखर हुई हैं। लगता है, सन् 1901 से 1917 तक के उपन्यास लेखन सामाजिक आदर्शों की तलाश समाप्त करके बोध के नये मानकों की तलाश के लिए सक्रिय हो उठे थे। एक प्रकार से, इस युग के उपन्यासों में युगीन सामाजिक प्रवृत्तियों की स्थिरता आने लगी थी। यह स्थिरता दो रूपों में बहुत स्पष्ट दिखाई पड़ती है—नारी की सामाजिक दुर्व्यवस्था, विघवाजीवन की विविध समस्याएँ, वेश्याजीवन की विसंगतियाँ एवं हिन्दू समाज में नारी सुधार के विविध पक्ष। यही नहीं, भारतीय इतिहासफलक पर प्रसिद्वियों से जुड़ी नारियाँ पन्नाबाई, रजियाबेगम, नूरजहाँ गुलनार, मल्का-चाँद बीबी, बंग सरोजिनी मल्लिका देवी जैसे अनेक उपन्यास इस युग में लिखे गए।

इस युग में उपन्यास लेखन के संदर्भ में, दूसरा पक्ष यह भी महत्त्वपूर्ण है कि भारतीय समाज में अनेक जीवन्त प्रकरण, इतिहास के कथा फलक से जुड़े अथवा स्वंतत्र इस युग में प्रस्तुत किए जाने लगे थे। इस विषय के यह भी स्मरणीय है कि भारतीय समाज में होने वाले नवजागरण के कारण नयी साामाजिक व्यवस्था के स्कूलों का अंकुरण प्रारम्भ हो चुका था। भारतीय जीवन में अंग्रेजी व्यवस्था के कारण नई सामाजिक चेतना दृष्टि-भावात्मक एवं निषेधात्मक दोनों पक्षों से जुड़कर सामने आने लगी थी। इस युग में अंग्रेज़ी व्यवस्था के विरुद्ध निषेधात्मक व्यंजनाओं से जुड़े कई ऐतिहासिक उपन्यास लिखे गए-जैसे-जयरामदास का कश्मीर पतन, बन्दी व बलदेव प्रसाद मिश्र का पानीपत, मिभ्रबन्धु कृत वीरमणि, हर स्वरूप कृत भारतमाता जैसे उपन्यास अंग्रेजी शासन व्यवस्था के प्रति विद्रोह की भावनाओं से प्रेरित हैं। भारतेन्दु युग के बाद किशोरी लाल गोस्वामी के समयायिक परिवर्तन एवं व्यवस्था से जुड़े उपन्यास दिखाई पड़ते हैं। जैसे-चपला व नव्य समाज (1903), कृष्णलाल वर्मा कृत चम्पा (1916), मन्नन द्विवेदी कृत रामलाल (1917) आदि।

इन उपन्यासों को देखने पर यह दृष्टि स्पष्ट होने लगती है कि अंग्रेजी सत्ता की स्थापना एवं स्थिरता के बाद भारतीय जीवन में नवजागरण एवं आधुनिकता दोनों की समझ आने लगी थी और यह समझ अंग्रेजी सत्ता तथा सामाजिक प्रचलन के विद्रोह स्वरूप भारतीय परम्परा को समाज में पुनः लौटाने की एक प्रवृत्ति पनपना शुरू हो चुकी थी या फिर वर्तमान अंग्रेजी सत्ता तथा उसकी व्यवस्था के प्रति स्वीकार की भावना बनाना शुरू कर चुकी थी।

इस युग में लिखे गए उपन्यासों की तीसरी एक नई परम्परा तिसस्मी तथा जासूसी उपन्यासों के लेखन की बनती है। इस तिलिस्मी तथा जासूसी उपन्यास लेखन ने भारतीय जन समुदाय में उपन्यास पाठन की बहुत बड़ी सुरूचि उत्पन्न की। इस दिशा में, सर्वाधिक महत्त्वपूर्ण स्थान बाबू देवकी नन्दन खत्री को दिया जाता है। चन्द्रकान्ता सन्तति 4 भाग, चन्द्रकान्ता-24 भाग-तथा भूतनाथ का 6 भाग इनकी इस विधा की अविस्मरणीय ऐतिहासिक कृतियाँ है। इनकी मृत्यृ के

बाद इनके पुत्र श्री दुर्गा प्रसाद खत्री ने भूतनाथ उपन्यास के 6 भावों को 21 भागों तक पहुँचाया। इस तिलस्वी उपन्यास परम्परा के साथ-साथ इस युग में जासूसी उपन्यासों की अपनी परम्परा दिखाई पड़ती है। इस समस्या के युगीन लेखक गोपालराम महमरी हैं। अन्य जासूसी कथा लेखकों में रामलाल वर्मा, किशोरी लाल गोस्वामी आदि प्रसिद्ध हैं। आधुनिक युग में हिन्दी जासूसी उपन्यास लेखन को शीर्ष पर पहुँचाने का श्रेय श्री इब्ने सफ़ी को है।

कुल मिलाकर, भारतेन्दु युग के बाद तथा मुंशी प्रेमचन्द युग के पूर्व इस उपन्यास लेखन के संक्रमण काल में बंगला तथा मराठी भाषाओं के उपन्यास लेखन के ठीक समानान्तर हिन्दी का भी उपन्यास लेखन विशेष रूपों में सामने आया है और वह एक व्यापक कथा फलक की रचना करके युगीन नवजागरण के समर्थन तथा विरोध दोनों संदर्भों को एक साथ लेकर आगे बढ़ने के लिए प्रतिबद्ध हुआ। यह उपन्यास साहित्यिक विधा द्वारा केवल जनरंजन का ही आधार नहीं बना वरन् इसने नई चेतनादृष्टि से अपनी ऐतिहासिक एवं सांस्कृतिक परम्परा की व्याख्या करते हुए अपने सामसामयिक सामाजिक संदर्भों के विविध पक्षों की व्याख्या भी की। कतिपय आलोचक, प्रेमचन्दयुगीन सामाजिक मान्यताओं को सन्दर्भित नवयुग के आकस्मिक जागरण के रूप में स्वीकृति प्रदान करते हैं किन्तु वे इस युग की ऐतिहासिक पृष्ठभूमि की मान्यताओं को भूल जाते हैं—जिन्होंने प्रेमचन्द युग की पृष्ठभूमि निर्भित करने में भारतीय नवजागरण के संदर्भों को आगे ले आकर उपन्यास रचना को शक्ति प्रदान की।

प्रेमचन्द युग और हिन्दी उपन्यास
(सन् 1918 से 1936 तक)

प्रेमचन्द के सेवासदन पर बड़ी सटीक टिप्पणी देते हुए डॉ. रामविलास- शर्मा ने कहा है "सेवा सदन से पहले हिन्दी उपन्यास साहित्य में क्या था। कई आलोचकों ने लिखा है कि देवकी नन्दन खत्री आदि के सिवा कुछ भी नहीं था। हिन्दी साहित्य का इतिहास देखने पर यह धारणा निर्मूल सिद्ध होती है।

सेवा सदन के पहले हिन्दी के कथा साहित्य की एक परम्परा कायम हो रही थी। जिस पर ध्यान देने से सेवासदन उसी का बढ़ा हुआ कदम मालूम होता है।"[1]

निश्चित रूप से, भारतेन्दु के बाद हिन्दी उपन्यास लेखन की विशिष्ट रचना भूमि तैयार हो रही थी और यह रचना भूमि सन् 1901 से 1917 अर्थात् 18 वर्षो तक मात्र रही। इस कालखंड को भारतेन्दु युग से नहीं जोड़ सकते क्योंकि उपन्यास लेखन की सन्तुलित रचनाभूमि निर्मित करके इस अठ्ठारह वर्षों में उपन्यासकारों ने कतिपय निर्धारित मानक तैयार कर लिए थे और उनके सृजन का पथ स्पष्ट हो चुका था, इसीलिए प्रेमचन्द के युग की

1. प्रेमचन्द्र और उनका युग, पृ० 29

पृष्ठभूमि भारतेन्दु युग को न देकर इस कालखण्ड को ही देना पड़ेगा।

प्रेमचन्द्र का यह प्रथम उपन्यास सन् 1918 में प्रकाशित हुआ था और जैसा कि कहा जा चुका है, सेवा सदन के पूर्व हिन्दी के उपन्यास लेखन का नव युग सन् 1901तक प्रारम्भ हो चुका था। इस सम्बन्ध में संक्षेप में विचार पर लेना इसलिए आवश्यक है क्योंकि इससे कम-से-कम हिन्दी उपन्यास लेखन दृष्टि की स्पष्ट झलक मिल सकेगी।

भारतेन्दु युग तक उपन्यासों में सामाजिक संदर्भो की तलाश निरन्तर हो रही थी किन्तु उसके बाद यह तलाश स्थिरता में परिवर्तित हो चुकी थी। यह स्थिरता दो रूपों में स्पष्टतः दिखाई पड़ती है। प्रथम है—नारी समस्याओं से जुड़े सामाजिक आदर्शो एवं व्यवहार रूपों की एक निश्चित पहचान बना देना इस युग की अपनी विशेषताएँ हैं। नारी समाज के विविध रूप जिनमें परम्परागत नैतिकता, उनके प्रति सामाजिक दुर्व्यवस्था, विघवा तथा वेश्या समस्याओं से जुड़े विविध प्रश्न आदि इस नारी संदर्भ के प्रश्न इस कालखण्ड में बराबर दिखाई पड़ते हैं और प्रेमचन्द्र ने अपने हिन्दी के प्रथम उपन्यास सेवा सदन का प्रारम्भ इसी से शुरू किया। नारी संदर्भ आज युग की वैश्विक समस्या है। स्त्री विमर्श के रूप में इनसे जुड़े अनेकों प्रश्न हमारे सामने हैं। इस युग में दूसरे रूप में इनसे जुड़े अनेकों प्रश्न हमारे समाने हैं। इसी युग में **दूसरी समस्या** ऐतिहासिक संदर्भो की है। प्रकारान्तर से देश प्रेम एवं भारतीय इतिहास की गरिमा से सम्बद्ध प्रेम एवं आत्मीयता का संदर्भ पृष्ठभूमि के रूप में इस युग के उपन्यासों में मिलता है, जिसका विकास प्रेचन्द युग में थोड़ा बहुत तो हुआ, किन्तु उसके आगे, अधिक हुआ।

इस प्रकार, प्रेमचन्द के युग के लिए सन् 1901 से 1917 तक स्पष्ट रूप से सामाजिक पृष्ठभूमि निर्मित हो रही थी।

प्रेमचन्द का प्रथम हिन्दी उपन्यास सेवासदन जैसा कि कहा जा चुका है, सन् 1918 में प्रकाशित हुआ और कई आलोचकों ने इस कालखण्ड का निर्धारण उक्त सन् से ही किया है। प्रेमचन्द का अन्तिम अघूरा उपन्यास मंगल- सूत्र सन् 1936 में लिखा गया। अतः सामान्य अवधारणा बन चुकी है कि उपन्यास सम्राट् प्रेमचन्द का युग सन् 1918 से 1936 तक रखा जाए।

किसी भी रचनाकार या सर्जक का प्रभाव उसकी अस्मिता या उसके अन्तिम कृति या मृत्यु तक ही सीमित नहीं रखा जा सकता। लेखन का संदर्भ एवं उसकी प्रवहमान परम्परा काल निर्धारण का कारण बनती है फिर भी, प्रेमचन्द के युग का समापन सन् 1936 तक मानकर भी चलें तो उनकी परम्परा 1950 तक डगमग नहीं होती। भारतीय हिन्दी परिषद से प्रकाशित इतिहास हिन्दी साहित्य, खण्ड 3 में श्री अजित कुमार टिप्पणी देते हुए इस संदर्भ में कहते हैं कि'' वास्तव में प्रेमचन्द्र की उचित अवधि (1918 सें 1936 ई0) समझी जानी

1. हिन्दी साहित्य खण्ड पृ0 273

चाहिए।)''[1] प्रेमचन्द्र का गोदान भी सन् 1936 में ही प्रकाशित हुआ था किन्तु उनका अन्तिम अपूर्ण उपन्यास इसके लिए अधिक महत्त्वपूर्ण है, फिर भी, बिना किसी आपत्ति और समस्या के यह तो मान ही सकते हैं कि प्रेमचन्द का हिन्दी उपन्यास लेखन हिन्दी सन् 1918 से 1936 तक है। सन् 1918 तक भारतीय आजादी का स्वर अत्यधिक बल पकड़ चुका था और सन् 1920 तक यह भारतीय स्वाधीनता का पक्ष स्पष्ट होने लगा था और दूसरी ओर पश्चिमी उद्योगवादी पूँजीवादी व्यवस्था का पूरा दबाव भी भारत पर पड़ना शुरू हो चुका था। प्रेमचन्द के रचनाकाल में हिन्दी छायावादी काव्य का रचना संदर्भ पूरी तरह से प्रकाश में आ चुका था तथा जयशंकर प्रसाद की कामायनी भी इस प्रेमचन्द युग में चर्चा में आ चुकी थी। गाँधीवादी जीवन एवं संघर्ष शैली दोनों से भारतीय जनमानस प्रभावित हो चुका था तथा अंग्रेजी सत्ता द्वारा भूमि अधिकार-कानून एवं जमींदारी व्यवस्था में शोषक संदर्भ भारतीय कृषि व्यवस्था पर लागू थे। रूस का साम्यवादी प्रतिशील आन्दोलन अभी भारत में नहीं आ सका था किन्तु उसकी चर्चा सम्पूर्ण भारत के बुद्धिजीवी समाज में चल रही थी। प्रेमचन्द का उपन्यास लेखन इसी युग की देन है और इस प्रकार, प्रेमचन्द का सबसे महत्त्वपूर्ण योगदान भारतीय समाज संदर्भ में यह है कि उस युग में जागरण के परिवेश में उभरते हुए भारत के नए सांस्कृतिक संदर्भ में संक्रमणशील आजादी के स्वप्नदर्शी जीवन तथा यथार्थबोध को उन्होंने राष्ट्र के सामने रखा। डॉ. रामविलास शर्मा की उनके विषय में की गई टिप्पणी आज कितनी सार्थक है कि—

''वह पहले लेखक थे जिन्होंने दिखाया कि हिन्दुस्तान के स्वाधीनता आन्दोलन की रीढ़ यहाँ का किसान आन्दोलन है। वह पहले लेखक थे, जिन्होंने जनसाधरण की शूरता, घीरता, त्याग और बलिदान के सदगुणों का चित्रण करके हिन्दी साहित्य को वास्तविक 'हीरो' दिए।''[1]

प्रेमचन्द के इस दाय का परिणाम निश्चित रूप से तत्कालीन भारतीय समाज की लोकचेतना के विकास से जोड़कर देखा जा सकता है।

प्रेमचन्दयुग के उपन्यासकारों को दो श्रेणियों में विभक्त किया जा सकता है। प्रथम वे, जो पूर्व से ही विविध सामाजिक संदर्भो से जुड़े उपन्यास लेखन करते चले आ रहे थे और प्रत्यक्ष रूप से इनकी परम्परा के प्रतिवाद (Anti-theses) रहे है। इन उपन्यासकारों का लेखन अपना स्वतंत्र अस्तित्व रखता है और हिन्दी उपन्यास की प्रक्रिया के विकास में इनका अपनी तरह से कम महत्त्व नहीं रहा है। ये उपन्यास लेखक हैं- बेचन लाल शर्मा- उग्र, चण्डी प्रसाद, हृदयेश, गिरीजा दत्त शुक्ल गिरीश, शिवपूजन सहाय, ऋषभ चरण जैन, जयशंकर प्रसाद, सूर्यकान्त त्रिपाठी 'निराला', विश्वम्मर नाथ कौशिक' आदि और इन सबको इसी श्रेणी

---

1. प्रेमचन्द और उनका युग-चौथे संस्करण की भूमिका में अंकित

में रखा जा सकता है। यद्यपि ये प्रेमचन्दयुगीन परम्परा की मान्यताओं में स्थित नई जीवन शैली एवं आलोचनाओं को व्यंजित करने वाले उपन्यासकार हैं—किन्तु इनकी परम्परा प्रेमचन्द से भिन्न है। सामान्य रूप से नारी जागरण की सामाजिक भारतीय आवश्यकताएँ इन उपन्यासों की अपनी निजी पहचान है।

यही नहीं, प्रेमचन्द्र के युग में ऐतिहासिक उपन्यास लेखकों की एक लम्बी परम्परा दिखाई पड़ती है, जिसके अन्तर्गत निम्नलिखित उपन्यासकार रखे जा सकते हैं—गोविन्द बल्लभ पंत (सूर्यास्त 1925), मातासरन मालवीय (नरेन्द्र भूषण-1925), वृन्दावन लाल वर्मा (गढ़ कुंडार 1930) विराटा की पद्‌भिनी (1936) रामचन्द्र मिश्र (प्रेम पथिक-1928), कृष्ण नन्द गुप्त (केन 1930), चतुर सेन शास्त्री (रववास की वजह-1932), रामप्यारे त्रिपाठी (दिल्ली की शाहजादी-1933), सूर्यकान्त त्रिपाठी 'निराला' ब्रजनन्दन सहाय (विस्मृत सम्राट-1936) आदि।

मुंशी प्रेमचन्द इस युग के केन्द्रीय उपन्यासकार रहे हैं। प्रेमचन्द्र के उपन्यासों की सबसे बड़ी पहचान है, अपने युग की यथार्थवादी परीस्थितियों की गहरी पहचान और उसके साथ सामाजिक, आर्थिक, सांस्कृतिक संकटों से झूलते हुए समाज के सामने उनके वास्तविक यथार्थ को प्रस्तुत करना। उसे अपने वास्तविक काल तथा अपने सामान्य एवं समकालीनता के बोध से जुड़ें हुए भारतीय जनसमुदाय को उनके वास्तविक यथार्थ से परिचित कराना उनका मुख्य लक्ष्य रहा है। इनके उपन्यासों की तालिका इस प्रकार है—

1. सेवासदन	—	सन् 1918
2. प्रेमाश्रम	—	सन् 1922
3. निर्मला	—	सन् 1923
4. रंगभूमि	—	सन् 1923
5. कायाकल्प	—	सन् 1926
6. प्रतिज्ञा	—	सन् 1929
7. कर्मभूमि	—	सन् 1932
8. गोदान	—	सन् 1936
9. मंगलसूत्र (अधूरा)	—	प्रारम्भ, 1936

प्रेमचन्द्र के उपन्यासों में अभिव्यक्त समस्याएँ कई रूपों में हिन्दी उपन्यास परम्परा से जुड़ी हुई हैं, उसके पूर्व के अनेक उपन्यास नारी समस्या एवं सुधार से जुड़े हैं। नारी को समाज में यथोचित न्याय दिलाने के लिए वे अपने प्रथम हिन्दी उपन्यास सेवासदन को सामने लाते हैं और उपेक्षिता नारी द्वारा नारी कल्याण के लिए आश्रम के रूप में नारी कल्याण का संस्थान स्थापित कराते हैं। इसी प्रकार, उनका दूसरा उपन्यास प्रेमाश्रम है। जमींदार के आचरण एवं उनके सहयोगियों के विरूद्ध नारी संघर्ष प्रेमचन्द का स्थापना का विषय है। एक

जमींदार प्रेमाश्रम की स्थापना करता है, अन्ततया संघर्ष की विजय हृदय- परिवर्तन से होती है और नारी वर्ग इस प्रेमाश्रम से जुड़कर एक नई व्यवस्था की स्थापना करता है। यह संघर्ष का निष्कर्ष विनाश न होकर हृदय परिवर्तन से जुड़ता है, जिसकी प्रेरणाभूमि गाँधीवाद है।

प्रेमचन्द के परवर्ती उपन्यासों यथा-रंगभूमि, कायाकल्प, कर्मभूमि तथा गोदान की पृष्ठभूमि परतंत्र भारत में चल रहे आजादी के गाँधीवादी संघर्ष से अपेक्षित रूप से जुड़े हुए हैं। ये सभी नई समाज व्यवस्था की भावी कल्पनाओं से जुड़े स्वतंत्र भारत के चिह्न प्रस्तुत करते हैं किन्तु प्रच्छन्न रूप से भारतीय श्रमिक, मजदूर, किसान तथा पेशेवर (कृषि) कामगार इन सभी को संगठित करने की प्रेरणा उनके उपन्यासों में निरन्तर मिलती है। ब्रिटिश सत्ता के चापलूस, उनके द्वारा स्थापित व्यवस्थाएँ—यथा न्यायपालिका प्रशासन, वाणिज्य प्रशासन, सिविल प्रवासन एवं उनके जमीदार प्रतिनिधि सभी के साथ टकराहट की स्थिति निरतन्र दिखाई पड़ती है। प्रेमचन्द का सामाजिक यथार्थ का रूप काल्पनिक नहीं जीवन का भोगा जाता हुआ सत्य है और वह भविष्य की जीवननिष्ठा के साथ जीने वाले संकल्पों से संयुक्त है। हिन्दी के आलोचको ने उसे या तो आदर्शोन्मुख यथार्थवाद कहा है या यथार्थोन्मुख आदर्श। सन् 1936 में उनके द्वारा लिखा गंया ख्यातिशेष उपन्यास गोदान उनकी सर्जनात्मक विधा का अप्रतिम उदाहरण है। उन्होंने गोदान में भारतीय समाज के लिए जो स्वप्न देखा था, उसका सम्बन्ध अन्याय, पारम्परावादी रूढ़ियों में जकड़े, विदेशी सत्ता से शेषित, जमींदार एवं मध्यवर्गीय व्यवसायी, विलासी तथा घन लोलुप समुदाय से निराश्रित कामगर तथा कृषक वर्ग की मुक्ति का था और इस समस्या का समाधान अभी तक भारतीय समाज में नहीं हो सका है। भारत को अंग्रेजों से तो मुक्ति मिल गई किन्तु आजादी के बाद भी प्रेमचन्द का स्वप्न अभी तक अधूरा-का-अधूरा पड़ा हुआ है।

प्रेमचन्द युग के उपन्यासों की परम्परा पूरी तरह से प्रेमचन्द से नहीं जुड़ती किन्तु यह सत्य है कि उपन्यास की शिल्परचना दृष्टि इस युग में अधिक निखरी। इसे हिन्दी उपन्यास लेखन का श्रेष्ठ तथा प्रशस्त युग कहा जा सकता है। इस खण्ड के उपन्यास लेखन कौशल में कथा के यथार्थ की अनुभूति से पूरी तरह से मिलाकर अपने प्रमावोंसे पाठकों को आत्मानुभूत करने की कला के प्रति अंतरंगता दिखाई पड़ती है। वृन्दावन लाल वर्मा के ऐतिहासिक उपन्यास इसी युग की देन है। विराटा की पद्मिनी, लक्ष्मीबाई तथा गढकुंडार जैसे श्रेष्ठ उपन्यास इसी कालखण्ड में लिखे गये जो इतिहास की कथा को राष्ट्रीयता की चेतना से जोड़ने के लिए आगे आते हैं। जयशंकर प्रसाद कृत कंकाल तथा तितली भी इसी युग के श्रेष्ठ उपन्यास हैं। प्रेमचन्द युग में ही उनसे हटकर उपन्यास लेखक जैनेन्द्र कुमार के उपन्यासों की हिन्दी जगत में विशेष चर्चा रही है। इनके द्वारा लिखे गए परख, तपोभूमि तथा त्याग पत्र हिन्दी उपन्यास जगत की धरोहर हैं। भगवती चरण वर्मा के दोनों उपन्यास पतन (1927) तथा चित्रलेखा (1934) की चर्चा आज भी उपन्यास क्षेत्र में है। चित्रलेखा

(1934) की चर्चा आज भी उपन्यास क्षेत्र में है। 'चित्रलेखा' की लोकप्रियता इतनी अधिक रही है कि वह अंग्रेजी के अतिरिक्त अन्य भाषाओं में भी अनूदित हुई। इसमें कोई सन्देह नहीं कि वे भारतेन्दु युग से प्रारम्भ होने वाले हिन्दी उपन्यास- कला ने इस काल में सन् 1918 से 1936 के बीच निश्चय ही इस विधा को अपने शीर्ष पर पहुँचा दिया।

प्रेमचन्द एवं प्रेमचन्दयुगीन प्रमुख उपन्यासकार

प्रेमचन्दयुगीन उपन्यास रचना को हिन्दी का कथा विन्यास काल कहा जा सकता है। यह एक ऐसा युग है, जिसे भारतीय जीवन तथा समाज के उत्कर्ष का नव जागृतिबोध कह सकते हैं। इसी युग में प्रेमचन्द कृत गोदान, प्रसाद कृत कामायनी जैसी श्रेष्ठतम हिन्दी रचनाएँ लिखी गई। हिन्दी का प्रगतिवादी साहित्य एवं राष्ट्रीय आजादी का आन्दोलन पूरे वेग के साथ इसी कालखंड में महात्मा गांधी के नेतृत्व में प्रकाश में आया। इस कालखण्ड के प्रमुख उपन्यासकार इस प्रकार हैं—चतुरसेनशास्त्री, जी० पी० श्रीवास्तव, गोविन्द बल्लभ पंत, विश्वम्भरनाथ जिज्जा, पाण्डेय बेचन शर्मा उग्र, वृन्दावनलाल वर्मा, मूलचन्द्र जोशी, जैनेन्द्र कुमार, सूर्य कान्त त्रिपाठी 'निराला' महापंडित राहुल सांकृत्यायन आदि। इनमें से कतिपय महत्त्वपूर्ण उपन्यासकारों के योगदान का मूल्यांकन अपेक्षित है—

(1) चतुरसेन शास्त्री (जन्म, सन् 1891 मृत्यु, सन् 1960)—प्रेमचन्दकालीन उपन्यासकारों में चतुरसेन शास्त्री के उपन्यास लेखन की विशेष चर्चा है। वैसे, इतिहास ग्रंथों में इनके 32 उपन्यास बताये गए हैं किन्तु सभी सुलभ नहीं है। इनके प्रमुख चर्चित उपन्यास इस प्रकार हैं—हृदय की प्यास, अमर-अभिलाषा, वैशाली की नगरबधू, (दो भाग), अपराजिता, सोना और खून (दो भाग) वयं रक्षामः आदि। चतुरसेन शास्त्री अपने उपन्यास लेखन के कारण आज हिन्दी साहित्य में पूर्णतः प्रतिष्ठित हैं।

सामान्य रूप से इनके उपन्यासों की पृष्ठभूमि सांस्कृतिक तथा ऐतिहासिक है और इस दृष्टि से उनकी उपन्यास कृति **वैशाली की नगरवधू** आज भी पूणर्तः चर्चित हैं। इसी प्रकार राम रावण कथा को लेकर वयं रक्षामः का रचनात्मक संदर्भ आज की दृष्टि से पूरी तरह से सार्थक हैं। इनकी यथार्थवादी दृष्टि से जुड़कर इतिहास बोध कालातीत होते हुये भी अनेक संदर्भों की सजगता के कारण नये संदर्भों से जुड़ते प्रतीत होते चलते है। इनके उपन्यास कलात्मक रचनादृष्टि से निरनतर जुड़े विशेष रूप से पाठकों के चित्त में बस से जाते हैं। इनका ऐतिहासिक उपन्यास सोमनाथ निश्चित ही इस दृष्टि से इनकी श्रेष्ठतम कृति है।

(2) गोविन्द वल्लभ पंत (जन्म, सन् 1898 मृत्यु, अज्ञात)—प्रेमचन्द्रयुगीन उपन्यासकारों में पं० गोविन्द बल्लभ पंत की भी विशेष चर्चा है। इनके प्रमुख उपन्यास इस प्रकार हैं—प्रतिमा (1934), तारिका (1934), मदारी (1935), तारों के सपने (1907), अनुरागिनी (1942), एक सूत्र (1944), नूरजहाँ (1945), जलसमाधि (1953),

चक्रकान्त (1948), यामिनी (1952) आदि।

आपके उपन्यास ऐतिहासिक, समसामयिक, सामाजिक समस्याओं एवं परिष्कारों से सम्बद्ध हैं।

(3) जे० पी० श्रीवास्तव (गंगा प्रसाद श्रीवास्तव) जन्म, सन् 1890 तथा मृत्यु अज्ञात—प्रेमचन्द्र युग में हास्यरस एवं व्यंग्य विनोद से जुड़े उपन्यासकार जे0पी0 श्रीवास्तव की बराबर चर्चा रही है। आपकी औपचारिक कृतियाँ इस प्रकार हैं—भड़ाम सिंह शर्मा (1919), प्राणनाथ (1923), गुदगुदी (1927), लतखोरी लाल (1931), दिल की आग उर्फ दिल जले की आग (1932), स्वामी चौपहानन्द (1936), विलायती उल्लू (1932)।

जे०पी० श्रीवास्तव के इन हास्य एवं व्यग्यप्रधान उपन्यासों में व्यंग्य- विनोद एवं हास्य प्रकरणों में भाषिक प्रमुखता अधिक है। हास्य रस एवं व्यंग्य- विनोद की गहनता का निश्चित रूप से इन उपन्यासों में कमी है फिर भी, लतखोरी लाल एवं विलायती उल्लू आदि उपन्यास विशेष चर्चा में रहे है।

(4) वृन्दावन लाल वर्मा (जन्म, सन् 1889 मृत्यु, सन् 1969)—बुदेलंखंड प्रदेश में जन्मे श्री वृन्दावन लाल वर्मा ने इस प्रदेश के मध्यकालीन इतिहास से अनन्य रूप से जुड़े हैं। इस प्रदेश के सामन्तों एवं राष्ट्रीय मुक्ति के आन्दोलनों से जुड़े महापुरुषों के शौर्य, पराक्रम, वस्तविकता तथा त्याग की ऐतिहासिक निष्ठा को अपने उपन्यासों द्वारा अभिव्यक्त करने का निरन्तर स्मरणीय प्रयास उनका स्वाभाविक गन्तव्य रहा है। इन ऐतिहासिक उपन्यासों में वर्तमान गौरवगाथा निश्चित ही भारतीयों के लिए गौरवपूर्ण है। इस दिशा में उनके उपन्यास विराटा की पद्मिनी (1936), गढ़ कुंडार (1930), झाँसी की रानी लक्ष्मी बाई (1946), मुसाहिब जू (1946), कचनार (1947), मृगनयनी (1950), भुवन विक्रम (1957), माधव जी सिन्धिया (1957) आदि विशेष रूप से चर्चा में हैं। इनके अतिरिक्त वृन्दावन लाल वर्मा द्वारा कई सामाजिक उपन्यास भी लिखे गये हैं ये हैं, कुंडली चक्र, अमर बेलि, (1953), अचल मेरा कोई (1948), सोना, प्रत्यागत संगम आदि। इनमें अमरबेलि आदि उपन्यासों की पृष्ठभूमि ऐतिहासिक संदर्भों से ही जुड़ी हैं।

इनके उपन्यास ऐतिहासिक संदर्भों के परीवेश में जहाँ एक ओर राजपूतों के शौर्य एवं पराक्रम की विजयगाथा का वर्णन प्रस्तुत करते हैं वहीं, प्रेम की अनन्य समर्पण से परिपूर्ण कथाओं को साथ-साथ लिए चलने में लेशमात्र भी संकोच नहीं करते। उनके सर्वश्रेष्ठ ऐतिहासिक उपन्यास मृगनयनी की मूल कथा के साथ लाखी और अटल की प्रणयगाथा सम्पूर्ण उपन्यास को गहरी अभिव्यंजना प्रदान करने का माध्यम बनती है। इसके अतिरिक्त भी, इनके कई सामाजिक उपन्यास समसामयिक लोकतांत्रिक व्यवस्थाओं की विद्रूपताओं पर भी गहरी व्यंजना करते हैं। कुण्डली चक्र इस दृष्टि से एक महत्त्वपूर्ण उपन्यास हैं।

कुल मिलाकर, वृन्दावन लाल वर्मा ने प्रेमचन्द्रयुगीन एवं प्रेमचन्दोत्तर उपन्यास दोनों परम्पराओं को अपने औपन्यासिक व्यक्तित्व द्वारा गहरी शक्ति प्रदान की है।

(5) जैनेन्द्र कुमार (जन्म सन् 1925 तथा मृत्यु सन् 1988)—हिन्दी उपन्यासकारों में जैनेन्द्र के उपन्यास मनोवैज्ञानिक यथार्थवाद से जुड़े तथा सामान्य कथारूढ़ियों से मुक्त एक विशिष्ट सामाजिक परिवेश देते हैं। यदि उनके उपन्यास लेखन कहीं-कहीं अतियथार्थवाद की श्रेणी में आ जाते हैं किन्तु सामाजिक सदंर्भों में उनमें हीनता का बोध नहीं है। उनकी औपचारिक कृतियाँ इस प्रकार हैं—परख (1929), सुनीता (1935), त्याग पत्र (1937), कल्याणी (1939), सुखदा (1935), विवर्त (1935)।

जैनेन्द्र कुमार के उपन्यासों की परम्परा प्रेमचन्द्र से सर्वथा भिन्न तथा समाज के यथार्थवादी वातावरण से जुड़े होने के कारण वे प्रेमचन्दयुग की आदर्शवादी रूढ़ियों को तोडते चलते हैं। फ्रायड की अतृप्त काम वासना सिद्धान्त का प्रभाव उन पर अधिक दिखाई पड़ता है। इसके कारण वे यथार्थवादी प्रेम तथा रोमांसभरी संवेदना को कल्पनामुक्त करके पूरी तरह से उसे वस्तविकता के यथार्थ पर ले आकर खड़ा करते हैं और इस प्रकार, उनके उपन्यास हिन्दी की एक स्वतंत्र मुक्त परम्परा के संवाहक बन गये हैं।

प्रेमचन्द्र युगीन उपन्यासकारें में अपनी मनोविश्लेषणात्मक विश्लेषण शैली के कारण निजी पहचान बनाने वाले उपन्यासकार इलाचन्द्र जोशी की महत्त्वपूर्ण औचारिक कृतियाँ इस प्रकार हैं—

घृणामयी (1929), सन्यासी (1940), पर्दे की रानी (1942), प्रेत और छाया (1944), निर्वास्ति (1946) मुक्तिपथ (1948), सुबह के भूले (1951), जिप्सी (1952), जहाज का पंक्षी (1954)। इन उपन्यासों में उनके श्रेष्ठतम उपन्यास **जहाज का पंक्षी** तथा **सन्यासी** हैं। अतृप्त वासनाओं की कुंठा एवं फ्रायड की अतृप्त वासनाओं की पूर्ति के लिए उत्तेजना एवं सेचतनता की दौड़ से जुड़े उनके पात्र सन्यासी उपन्यास के निरन्तर संघर्ष रत है। अन्तर्मन की प्रेरणा से जुड़े हुये उनके पात्रों का क्षेत्र सामाजिकता के स्थान पर वैयक्तिता से अधिक प्रभावित है।

छायावादी कवियों में श्री जयशंकर प्रसाद तथा सूर्यकान्त त्रिपाठी निराला के भी उपन्यास इस कालखंड में विशेष लोकप्रिय रहे हैं। उनमें प्रसाद के उपन्यास इस प्रकार हैं—कंकाल, तितली, इरावती (अपूर्ण) तथा निराला के भी कई उपन्यास इस कालखंड में प्रकाश में आये, जैसे, अप्सरा, अलका, प्रभावती, निरूपमा आदि।

हिन्दी उपन्यास लेखन के विविध सैद्धान्तिक संदर्भ तथा सम्बद्ध उपन्यासकार

सन् 1950 से 2000 तक हिन्दी उपन्यास लेखन के संदर्भ में विकास का जो संदर्भ बना उसके कारणों पर विस्तार से प्रकाश डाला जा चुका है। अब संक्षेप में विविध सैद्धान्तिक

संदर्भों से जुड़े प्रमुख उपन्यासकारों का संक्षिप्त परिचय इसी क्रम में अपेक्षित है—

प्रगतिवादी उपन्यासकार

(1) यशपाल (जन्म, सन् 1903 तथा मृत्यु, सन् 1976)—यशपाल का उपन्यास लेखन यद्यपि सन् 1941 से शुरू हुआ और मार्क्सवादी चिन्तन की समग्रता को केन्द्र में रखकर उनका प्रथम उपन्यास दादा कामरेड इसका साक्ष्य है। उनके अन्य उपन्यास इस प्रकार हैं—देशद्रोही (1943), पार्टी कामरेड (1947), दिव्या (1945), मनुष्य के रूप (1949), अमिता (1956), झूठा सच (1958), देश का भविष्य (1960), बारह घंटे (1963), तेरी मेरी उसकी बात (1974), अप्सरा का श्राप (1965) आदि। यशपाल के कतिपय उपन्यास यद्यपि पौराणिक तथा यथार्थवादी संदर्भों से जुड़े हैं किन्तु उनके प्रमुख उपन्यास **मेरी तेरी बात** और **झूठा सच** (दो खण्ड) दादा कामरेड आदि हैं जिनमें वे क्रान्तिकारी सामाजिक परिवर्तन व्यवस्था तथा साम्यवादी मान्यताओं की प्रतिष्ठा की बात करते हैं। **झूठा सच** प्रथम भाग में वे देश के विभाजन के समय के भयंकर रक्तपात का चित्रण करते हुये नृशंसता भरे वातावरण का दृश्य प्रस्तुत करते हैं तो दूसरे भाग में परम्परागत रूढ़ियों से मुक्त एक ऐसे समाज की स्थापना पर बल देते हैं, जो समाजवादी मान्यताओं से पूर्णतः संयुक्त हो। इस समाजवादी मान्यता का आधार उनकी दृष्टि में प्रगतिशीलता का मानदण्ड है। इस प्रकार, यशपाल अपनी विचारधारा तथा अपने उपन्यासों द्वारा कल्पनाशीलता, रूढ़िग्रस्त साम्प्रदायिकता, परम्परावादिता आदि की पूर्णत समाप्ति तथा नवीन प्रगतिशील व्यवस्था की पूर्णस्थापना पर बल देते हुए सर्वथा एक नये सामाजिक तंत्र का समर्थन करते हैं।

(2) रांगेय राघव (जन्म, सन् 1923 तथा मृत्यु, सन् 1962)—मार्क्सवादी मान्यताओं के प्रति पूर्णतः प्रतिबद्ध रांगेय राघव अपने उपन्यासों में उनकी प्रयोगिक निष्पत्ति के प्रति भी पूर्णतः प्रतिबद्ध है। इस दृष्टि से उनके प्रमुख उपन्यास हैं—विषाद मठ (1943), घरौंदा (1941), मुर्दे का टीला (1948), अंधरे में जुगनू (1953), सीधा सादा रास्ता (1951), कब तक पुकारूँ (1957), धरती मेरा, घर (1960), आखिरी आवाज (1962) आदि। उनके कुल उपन्यासों की संख्या 35 हैं किन्तु मार्क्सवादी मान्यताओं से सम्बद्ध शीर्ष उपन्यास **मुर्दों का टीला, कब तक पुकारूँ, धरती मेरा घर** आदि हैं। प्रगतिवादी चिन्तनधारा तथा परम्परागत मान्यताओं में नये बदलव के विविध पहलुओं से जुड़े उनके उपन्यास सिद्धान्तों के आग्रह से भरपूर कहीं-कहीं कथानक सजगता की दृष्टि से ढीले दिखाई पड़ते हैं।

(3) भैरव प्रसाद गुप्त (जन्म, सन् 1918, मृत्यु अज्ञात)—आजीवन मार्क्सवादी विचारधारा से जुड़े कहानी तथा उपन्यास लेखन के संदर्भ में निरन्तर संघर्षरत भैरव प्रसाद गुप्त मार्क्सवादी चिन्तन तथा व्यवहार पक्ष क्षेत्रों पक्षों की सार्वजनिक आग्रहशीलता के प्रति

प्रतिबद्ध दिखाई पड़ते हैं। आपके प्रमुख उपन्यास इस प्रकार हैं—गंगा मैया (1952), जंजीरे और नया आदमी (1956), सत्ती मैया का चौरा (1959), धरती (1965), बाँदी (1971), काशी बाबू (1987), भाग्य देवता (1990) आदि। इसके अतिरिक्त भी आपके कई उपन्यास मार्क्सवादी मान्यताओं से जुड़े सामाजिक यथार्थ के विविध अनुभवों से पूरी ईमानदारी के साथ सम्बद्ध हैं। इनके दो उपन्यास **गंगा मैया** तथा **सत्ती मैया का चौरा** आज भी विशेष रूप से उनकी मार्क्सवादी अवधारणाओं के प्रतीत रूप में स्मरण किये जाते हैं।

(4) नागार्जुन—जैसा कि प्रारम्भ में बताया जा चुका है, जन कवि नागार्जुन मार्क्सवादी मान्यताओं से प्रारम्भिक स्तर पर जुड़े अवश्य थे किन्तु कुछ समय बाद उन्होंने अपने को इससे मुक्त कर लिया। भूमि से जुड़े कृषक जीवन का लगातार संघर्ष और जमींदार वर्ग से उसकी सम्पूर्णतः मुक्ति का द्वन्द्व इनके उपन्यासों में बराबर देखा जाता है। भूमि के अधिकार के लिए संघर्ष और दलित कृषक की आकाक्षाएँ लोकतंत्र में सम्भव नहीं है और इस नवचेतना से जुड़े वे कृषकों के युवावर्ग को निरन्तर प्रोत्साहन देते हुये संघर्ष को आगे बढ़ाने के प्रति प्रयत्नशील दिखाई पड़ते हैं। इस दिशा में लिखे गये उनके उपन्यास **रति नाथ की चाची, बलचनमा**, बटेसर नाथ, नई पौध आदि विशेष महत्त्वपूर्ण हैं।

पश्चिमी नव सामाजिक चिन्तनवादी उपन्यासकार

(5) अमृतलाल नागर (जन्म, सन् 1916 तथा मृत्यु सन् अज्ञात)—मानवीय संवदेनाओं के महान सर्जक उपन्यासकार अमृतलाल नागर इस युग के श्रेष्ठ सर्जकों में है। उनका उपन्यास **बूँद और समुद्र** सन् 1956 में प्रकाशित हुआ और उसके बाद, वे निरन्तर औपन्यासिक जगत से जुड़े रहे। उनके प्रसिद्ध औपन्यासिक कृतियाँ इस प्रकार हैं—सेठ बांकेमल (1944), शतरंज की मुहरें (1959), सुहाग के नूपुर (1960), अमृत और विष (1966), सात घूँघट वाला मुखड़ा (1968), एकदा नैमिषारण्ये (1971), मानस का हंस (1972), खंजन नयन (1981), नाचो बहुत गोपाल (1978) आदि।

नागर जी ने अपने उपन्यासों के माध्यम से मध्यकालीन भारतीय संस्कृति के गहन संदर्भों को प्राप्त साक्ष्यों एवं उनसे जुड़ी कल्पनाओं से समन्वित एवं अपनी कथावस्तु द्वारा जीवंत करके उन्हें इतना रोचक एवं भावनापूर्ण बना दिया है कि इतिहास स्वयं पाठक की स्वानुभूति एवं संवेदना का प्रत्यक्ष रूपाकार बनकर साक्षात्कृत हो उठता है। वे उपन्यास जगत के जीवन्त सर्जक के रूप में निरन्तर अपनी कृतियों में दिखाई पड़ते हैं। **मानस का हंस,** गोस्वामी तुलसीदास से एवं खंजन नयन सूरदास से सम्बद्ध उनके सर्वथा अभिनव लेखन के प्रयोग हैं। उनके ऐतिहासिक उपन्यासों में इतिहास, परम्परा, कल्पना तथा संवेदनापूर्ण-यथार्थ का गहन समन्वय मिलता है। उनके पौराणिक उपन्यास निश्चित ही, सत्य, मिथक एवं समन्वित सर्वथा आधुनिक प्रयोग हैं।

(6) सच्चिदानन्द हीरानन्द वात्स्यायन 'अज्ञेय' (जन्म, सन् 1911 मृत्यु, अज्ञात)—आधुनिक उपन्यास लेखन की दिशा में हिन्दी में प्रयोगवादी काव्य मान्यताओं के प्रवर्तक अज्ञेय का इस अर्थ में विशेष महत्त्व है कि इन्होंने जीवन के उन यथार्थों को जो निरन्तर घटित हो रहे हैं और समाज उन समस्याओं के आगे मूक बनकर झुका हुआ दिखाई पड़ता है, निःसंकोच उजागर करते हैं। नदी के द्वीप इसी कोटि का उपन्यास है। वैसे उनके तीन उपन्यास साहित्य जगत में विशेष प्रसिद्ध हैं। (1) शेखर एक जीवनी (1941), (2) नदी के द्वीप (1951), (3) अपने-अपने अजनबी (1960) और इन तीनों में सर्वाधिक चर्चा शेखर एक जीवऩी की ही है। इस उपन्यास की शैली मूलतः आत्म कथात्मक है किन्तु कथा का स्वरूप संवेदनात्मक एवं आत्मविश्लेषणात्मक है। यह उपन्यास दो भागों में है, शेखर एक जीवनी, (भाग 1, सन् 1940) तथा शेखर, एक जीवनी (भाग 2) ये दोनों प्रयोगवादी उपन्यास है और कथा संदर्भ में व्याप्त सम्पूर्ण जीवन पारिवारिक एवं सामाजिक व्यवस्थाओं एवं सम्बन्धों से जुड़े विद्रोह का अव्यवस्थित रूप है। समसामयिक यूरोपीय चिन्तन जैसे अस्तित्ववाद, अतियथार्थवाद आदि से उनके उपन्यास पूरी तरह से प्रभावित हैं।

(7) फणेश्वरनाथ 'रेणु' (जन्म, सन् 1921 मृत्यु अज्ञात)—आधुनिक काल के आंचलिक उपान्यासकारों में अग्रगण्य फणीश्वरनाथ रेणु के दो उपन्यास विशेष रूप से चर्चा में रहे हैं। प्रथम है, मैला आंचल (सन् 1954) एवं द्वितीय हैं परती परिकथा (सन् 1964)। इसके अतिरिक्त भी विविध लोकतांत्रिक समस्याओं से सम्बद्ध उनके तीन अन्य उपन्यास हैं—जुलूस, कितने चौराहे तथा पलटू बाबू।

हिन्दी में आंचलिक उपन्यास लेखन के सर्वप्रथम रचनाकार ने बिहार के मेदीगंज ग्राम्यअंचल का सजीवात्मक स्वरूप रखने की चेष्टा की है। यह अंचल स्वयं लेकातांत्रिक ग्राम्य व्यवस्था के विकास का प्रतीक तथा विविध पात्रों एवं कथाओं की जन्मभूमि है।

नई लोकतांत्रिक व्यवस्था की उत्पन्न विभूतियों के साथ ग्रामीण व्यवस्था के पीड़ित स्वरूप का यथार्थबोध ही मैला आंचल का मूल मन्तव्य है। नई राजनीतिक व्यवस्था लोक के आचंलिक संदर्भों के लिए यहाँ पूर्णतः अभिशाप है और लोकतांत्रिक संदर्भों का जितना विकृत तथा उपहासात्मक स्वरूप यहाँ व्यक्त किया गया है, वह निश्चित ही सामयिक यथार्थ की जीवन्त गाथा है।

(8) भगवती चरण वर्मा (जन्म, सन् 1903 एवं मृत्यु, सन् 1981)—सर्वथा नये सामाजिक संदर्भों से जुड़े उपन्यासकार भगवती चरण वर्मा अपने प्रथम उपन्यास चित्रलेखा (सन् 1934) के कारण विशेष प्रसिद्ध हुये हैं। पाप-पुण्य की सापेक्षिक संगतियों के उलझे प्रश्नों को उठाकर उससे जुड़े वास्तविक यथार्थपूर्ण तर्क को समाज में लाने का प्रशन यहाँ विशेष रूप से रोचक है। इनके अन्य उपन्यास हैं, टेढे मेढे रास्ते (1946),

सामर्थ्य एवं सीमा (1962), सबहिं नचावत राम गुसाई (1970),प्रश्न और मरीचिका (1973) आदि।

नारी विमर्श और हिन्दी उपन्यास लेखिकाएँ

योरोपीय देशों में नव जागरणबोध का प्रतिफल हिन्दी कथा साहित्य में नारी विमर्श के रूप में दिखाई पड़ता है और संयुक्त राज्य अमेरिका, सोवियत संघ, ब्रिटेन, जर्मनी आदि देशों में इसका प्रारम्भ 19वीं शदी से हुआ तथा अर्न्राष्ट्रीय स्तर पर संयुक्त राष्ट्र संघ द्वारा इसे स्वीकृति दी गई और इसके फलस्वरूप अन्तर्राष्ट्रीय महिला संघ के रूप में एक संगठन बीसवीं शती में स्थापित हुआ। भारत में स्वाधीनता प्राप्ति के बाद संवैधानिक व्यवस्था के अन्तर्गत नारी को पुरुष जैसी समानता का अधिकार प्राप्त हुआ।[1]

हिन्दी में नारी जागरण सम्बन्धी सन्दर्भ राष्ट्रीय आजादी के आन्दोलन में स्पष्ट रूप से दिखाई पड़ता है और सियारामशरण गुप्त से लेकर आजादी के पूर्व और आजादी से बाद तक कितने उपन्यासकारों द्वारा इस सम्बन्ध में उपन्यास लिखे गये। नारी के प्रति पुरुष जैसी सामान्तर संवेदना से सम्बद्ध नागार्जुन, अमृतलाल नागर, शैलेश मटियानी, पंकज विष्ट, अमृत राय, राजेन्द्र यादव, गोविन्द मिश्र आदि कितने पुरुष उपन्यासकार साहित्य के क्षेत्र में उतरते हैं किन्तु उनका यह लेखन स्त्री विमर्श के प्रति नवजागरण के बदलाव से प्रभावित सामाजिक विमर्श के संदर्भ से मुख्य रूप से जुड़ा है।

इस तथ्य को हम अब दूसरी तरह से देखना चाहते हैं, वह आधार नई समीक्षा व्यवस्था में स्वीकृत उत्तर आधुनिकतावाद की है। साहित्य लेखन की अनुभूति को अब नारी विमर्श के कारण एक भिन्न ढंग से देखने एवं विश्लेषित करने की पुर्नपाठ व्यवस्था आ चुकी है। पुरुष के द्वारा नारी अनुभूति से जुड़े लेखन में सर्जक का सम्बन्ध अनुभूति के भोक्ता का न होकर सामान्य अनुभवकर्ता का है किन्तु नारी लेखकों द्वारा जो रूढ़िवादी विमर्श का लेखन है, वह उनके अनुभूत स्वयं की निजी अनुभूतियों के सामान्तर सांसारिक संवेदनाओं की नारी प्रकृति के साथ है। पुरुषवादी अनुभूति तथा नारीवादी अनुभूतियों के अलगाव नैसार्गिक हैं और स्त्री लेखिका समाज को जो अनुभव दे रही है, उसका काव्यशास्त्र भिन्न होगा और इससे अलोचना की दिशा में निश्चित ही परिवर्तन आयेगा। उत्तर आधुनिकता का पाठ संरचना सिद्धान्त इस तथ्य की पुष्टि के लिये एक महत्त्वपूर्ण साक्ष्य है।

इसलिए आधुनिक हिन्दी कथा साहित्य में नारी वर्ग की संवेदना और सहानुभूति से जुड़ा जो नारी लेखन है, नारी विमर्श से सम्बद्ध महिला लेखिकाओं से सम्बद्ध नारी विमर्श के इस लेखन की पृष्ठभूमि के रूप में देखा जा सकता है।

1. हिन्दी साहित्य का आधा इतिहास–डॉ. सुमन राजे, पुनश्च : स्त्री विमर्श, पृ० 303.

आधुनिक हिन्दी साहित्य में नारी विमर्श से सम्बद्ध महिला लेखन की शुरूआत **उषा देवी मित्रा** (जन्म सन् 1897) से मानी जाती है। आपकी कहानी तथा उपन्यासों की कुल संख्या 15 हैं, जिनमें इनके प्रसिद्ध उपन्यास **वचन का मोल** (1936), **पिया** (1937), **नष्टनीड़** (1955) और **सोहनी** आदि हैं। आपके उपन्यासों में नारी सुलभ संवेदनात्मक करुणा तथा निश्छलता चित्त को वशीभूत करने वाली भावमयता के रूप में पाठक को निरन्तर अपने से जोड़े रहती है। उन्होंने नारी विकास के लिए नारी मंगल समिति नागपुर की स्थापना की थी।

रजनी पनिकर—स्त्री विमर्श से सम्बद्ध रजनी पनिकर का नाम हिन्दी उपन्यास परम्परा में विशेष रूप से उल्लेखनीय है। आपके सात उपन्यास प्रकाशित हैं। ये इस प्रकार हैं—पानी की दीवार, मोम के मोती, प्यासे बादल, काली लड़की, जाड़े की धूप, एक लड़की दो रूप, महानगर की मीता।[1]

कृष्णा सोबती (जन्म सन् 1925)—आधुनिक नारी विमर्श से सम्बद्ध उपन्यास लेखिकाओं में कृष्णा सोबती का उल्लेख आवश्यक है। इनके प्रसिद्ध उपन्यास घर से बिछड़ी, जिन्दगी नामा, दिलोदानिश, बादलों के घेरे, तिन पहाड़, सूरजमुखी अंधेरे के, ये लड़की, जैनी मेहर बान सिंह, आदि हैं। इनकी उपन्यास रचना का अधिकांश क्षेत्र पंजाब की संस्कृति है और वहाँ से जुड़े विविध जीवन संदर्भों को कथा में उतारना उनका लक्ष्य रहा है। उनका **जिन्दगीनामा** उपन्यास सर्वाधिक महत्त्वपूर्ण एवं बराबर चर्चा में रहा है। इस उपन्यास की सम्पूर्ण कथा में प्रेम रोमांस तथा जातीय संस्कृति दोनों का स्पष्ट समन्वित रूप दिखाई पड़ता है।

उषा प्रियवंदा (जन्म सन् 1931)—आधुनिकतावादी विचारधारा से सम्बद्ध अस्तित्ववाद से जोड़कर उपन्यासों को समसामयिक व्यक्तिवादी चेतना के प्रवाह में ले चलना उषा प्रियवंदा के लेखन की सबसे बड़ी विशेषता है। इनके प्रमुख उपन्यास इस प्रकार हैं—पचपन खम्भे, लाल दीवारें (1961), रुकोगी नहीं राधिका (1967), भये कबीर उदास (2007) आदि। रुकोगी नहीं राधिका निश्चित रूप से समसामयिक नारी बोध की जागृति से सम्बद्ध एक श्रेष्ठ उपन्यास है।

मृदुला गर्ग (जन्म सन् 1938)—मृदुला गर्ग के उपन्यास न केवल शैली की जटिलता भरी नवीनता बोध की छाया में प्रस्तुत है अपितु उसमें सामयिक उद्योगवादी समाज की सभी शोषण सम्बन्धी समस्याओं के यथार्थ रूप भरे पड़े हैं। **कठ गुलाब** (1967) उनका इस संदर्भ में बड़ा ही जीवन्त उपन्यास है। उनके अन्य प्रमुख उपन्यास हैं—चितकोबरा (1976) मैं (1984), नदी और सीपियाँ (1970) आदि।

मन्नू भंडारी (जन्म सन् 1931)—सामयिक उपन्यास लेखिकाओं में मन्नू भंडारी

1. आधुनिक हिन्दी गद्य साहित्य का विकास और विश्लेषण–महिला उपन्यासकार लेखक विजय मोहन सिंह, पृ० 35, हिन्दी साहित्य का आधा इतिहास–डॉ. सुमनराजे पृ० 287.

की चर्चा **आपकी बंटी** के कारण विशेषरूप से शुरू हुई और उसके बाद आपके अन्य उपन्यास एक इंच मुस्कान, आत्मीयता और महाभोज प्रकाश में आये। आपका बंटी में एक नारी की उस मौन आत्मीयता से परिपूर्ण संवेदनाशीलता का वर्णन है जहाँ वह कुछ कहती नहीं परन्तु आत्मिक तथा सामाजिक मनोचेतनाओं की संसक्तियों को निरन्तर अपनी सन्तति से जोड़े रहती है। पति परित्यक्ता एक समसामयिक नारी केवल पुत्र के रिश्ते से अपने जीवन की सम्पूर्णता प्राप्त कर ले, सहलेखन राजेन्द्र यादव के साथ इस नये सामयिक आयाम को यहाँ पूरी आत्मीयता के साथ एक नये क्षितिज से देखा जा सकता है। इनका दूसरा उपन्यास महाभोज सामयिक भारतीय लोकतंत्र के संदर्भ में प्रशासन से जुड़े नेता तथा दबाई जा रही सामान्य जनता के यथार्थ का चित्रण है।

कुल मिलाकर, मन्नू भंडारी ने अपने लेखन द्वारा वर्तमान भारतीय नारी से सम्बद्ध सर्वथा नये आयामों तथा लोकतांत्रिक व्यवस्था का बड़ा ही सजग एवं सटीक यथार्थ रूप रखा है।

मंजुल भगत (जन्म सन् 1936 मृत्यु सन् 1998)—इनका उपन्यास अनारो (सन् 1977) विशेष रूप से साहित्य में निम्न वर्गीय पेशों से जुड़ी नाकामियों से सम्बद्ध है। इनके अन्य उपन्यास **टूटा हुआ इन्द्रधनुष, लेडीज क्लब,** खातुन बेगाने घर में आदि हैं। इन सबमें केवल अनारों की ही बराबर चर्चा रही है। उनके उपन्यासों में निम्नवर्गीय नारी जीवन के संघर्षपूर्ण संदर्भों के जीने का यथार्थ विशेष रूप से द्रष्टव्य है।

प्रभा खेतान—समसामयिक महिला उपन्यासकारों कें प्रभा खेतान का नाम शीर्ष पर है। इनका पहला उपन्यास **आओ पेपे घर चलें** (1970) यह उपन्यास अमेरिकी नारी जैका से सम्बद्ध है। इनके अन्य उपन्यास छिन्न मस्ता (1993), अपने अपने चेहरे (1994), पीली आँधी (1996) ताला बंदी आदि हैं। इनके ये उपन्यास निश्चित रूप से वर्तमान नारी जगत की स्वतंत्रता पर बल देते हैं। वे पूरी तरह से सभी परम्परागत, सामाजिक या अन्य संदर्भों में होने वाले शोषण का पूरी तत्परता से विरोध करके नारी जाति को स्वतंत्र अस्तित्व दिये जाने के प्रति प्रतिबद्ध हैं।

हिन्दी साहित्य के आधुनिक संदर्भ से सम्बद्ध इस नारी विमर्श की लहर बड़ी ही तेज है और इस दिशा में निरन्तर विकास हो रहा है। आज अलका सारावती के उपन्यास शेष कादाम्बरी, कोई बात नहीं, ब्रेक के बाद, नासिरा शर्मा के उपन्यास ठीकरे की मँगनी, मैत्रैयी पुष्पा के उपन्यास इदन्नमम, चाक, मूलनट, अल्मा कबूतरी आदि आदि नारी अस्तित्व की स्वतंत्रता के संघर्ष से सम्बद्ध हैं।

हिन्दी उपन्यास : अधुनातन संदर्भ

हिन्दी उपन्यास लेखन के प्रेमचन्द्र काल में शिल्य, कथ्य, प्रस्तुति एवं अनुभूति इन सबकी व्यापक समग्रता ने इस कला को आगे विकसित होने के लिए समृद्ध वातावरण निर्मित

किया है। काल, जीवन, भोगा जाता हुआ यथार्थ और विशेष रूप से आधुनिकता बोध की चेतना इस काल तक समाज में पूरी तरह से प्रवेश पा चुकी थी। आजादी के बाद स्वंतत्र भारत का समाज केवल कहने भर के लिए स्वतत्रता एहसास कर रहा था—उसके जीवन का भोगा जाता हुआ सत्य भी साथ-साथ पहले से भी अधिक कड़ुवा दिखाई पड़ने लगा था। लोक जीवन में पृथक् समस्याएँ आज तक ज्यों-की-त्यों हैं। सन् 1936 के बाद भारतीय आजादी का आलोचनात्मक संवाद बढ़ता गया और सन् 1942 तक उसका गहरा प्रभाव प्रायः पूरे भारत के ग्राम्य तथा शहरी दोनों क्षेत्रों पर पड़ चुका था। उसके बाद आजादी का दौर आया-भारत की आजादी तथा पाकिस्तान का अलगाव, 26 जनवारी 1950 भारतीय संविधानवादी गणतंत्र व्यवस्था की स्थापना, सन् 1935-36 में भारत में प्रगतिवादी साम्यवाद का साहित्यिक क्षेत्र में अवतरण, भारत का रूस तथा अमेरिका से सम्बन्ध, लोकतांत्रिक व्यवस्था के परिणाम स्वरूप होने वाले परिवर्तनों का विकास, जनता, नेता, प्रशासनिक अधिकारी, मंत्री, दलाल, भारतीय विधायिका, कार्यपालिका आदि के विकास कार्यो का फैलाव, अखबारों एवं पत्रिकाओं के विविध रूपों से जनता का जुड़ाव, ग्राम्य व्यवस्था सुधार, ब्लाकों की स्थापना, ब्लाकों के विकास कार्य एवं अधिकारियों की भूमिकाएँ आदि व्यवस्था का समापन तथा नई तहसीलें एवं रेर्वन्यू व्यवस्था आदि कितने तंत्र भारतीय समाज के सामने आए किन्तु जीवन जीने तथा कार्य शैलियों एवं व्यवस्था रूपों में ईमानदारी, स्थिरता, नियमन एवं कुशल प्रबधन पूरे भारत को लूटते रहे। धर्नाजन की व्यावसायिक प्रवृत्ति, आत्मप्रमुखता का प्रदर्शन, सामन्तवादी तत्त्वों जैसी शक्ति एवं बाहुबल का प्रभावशाली रूप, नेताओं के अन्तर्गत सर्वोच्च शक्तिमान एवं लोकप्रिय व्यक्तित्व का दिखाना, सामन्तवादी उत्तराधिकार जैसी लोकतांत्रिक सत्ता व्यवस्था आदि कितने सन्दर्भ इस देश में प्रगट हो गये जो ब्रिटिश राज्य जैसा अप्रत्यक्ष प्रदर्शन हमारे बीच करते हैं। व्यक्ति, समाज, जाति, कुनबे के साफ-साफ रूप, प्रदेशतथा सम्मिलित राज्यों की इकाइयों की समस्याएँ भी आयी और राष्ट्रीय संदर्भ के साथ वैश्विक संदर्भ के प्रतिफल भी सामने प्रतिदिन आते रहे।

प्रेमचन्द्र युग के उपन्यासकार का यथार्थ एवं अनुशासन का समन्वय इस कालखंड में आते-आते इस युग की व्यापकता एवं गहनता दोनों दिशाओं की ओर बढ़नी शुरू हुई और उसने समाज में अनेक दिशाएँ स्थापित कर लीं और इसके परिणामस्वरूप साहित्यिक लेखन में इनके अनेक नये संदर्भ सामने आए, जो इस प्रकार हैं—

(1) **प्रगतिवाद** का श्रीगणेश तथा हिन्दी में प्रगतिवादी उपन्यासों के प्रणयन की शुरुआत इस काल खंड में यशपाल से होती है और उन्होंने विविध दिशाओं से जुड़े सम्बद्ध यथार्थ को साहित्य में उतारने का प्रयास किया। दादा कामरेड, पार्टी कामरेड, मनुष्य के रूप, देशद्रोही आदि उनके उपन्यासों द्वारा साम्यवादी (प्रगतिवादी) दिशा का एक सशक्त मार्ग सामने निर्मित हुआ। इस परम्परा के दूसरे उपन्यासकार रांगेयराघव हैं। मार्क्सवादी मान्यताओं

का खुला रूप तथा उसके वैचारिक एवं व्यावहारिक सन्दर्भो का स्पष्ट अंकन उनके उपन्यासों का मुख्य विषम है। उनके मुख्य उपन्यास-घरौंदा (1941), विषादमठ (1943), मुर्दो का टीला (1948) अँधेरे के जगूनूँ (1958) आदि हैं। ग्रामीण परिवेश में दलित चेतना का उनका सर्वाधिक लोकप्रिय उपन्यास **कबतक पुकारूँ** विशेषरूप से चर्चा में रहा है। जीवनीपरक उपन्यासों में उनका **देवकी का बेटा** शीर्षक उपन्यास भी अत्यधिक प्रिय रहा है।

इस प्रगतिवादी परम्परा के तीसरे और लोकजीवन को प्रगतिवादी चेतना के प्रेरक यथार्थवाद को जनजीवन की भूमि पर उतारने वाले उपन्यासकार भैरव प्रसाद गुप्त हैं। उनका उपन्यास लेखन भरते शोले सन् 1946 से प्रारम्भ हुआ और उसके बाद उनके लगभग एक दर्जन प्रगतिवादी उपन्यास प्रकाश में आए हिन्दी साहित्य में उनके दो उपन्यास विशेष चर्चा के विषय रहे हैं। गंगा मैया (1952) तथा सत्ती मैया का चौरा (1959) भूमि के लिए शोषित कृषक वर्ग का संघर्ष और उनकी उस संघर्षरत उपलब्धियों को रोचक चर्चा इन उपन्यासों के विषय हैं। इसी परम्परा में, नागार्जुन का स्मरण विशेष रूप से आवश्यक है। भूमि पर कृषक अस्तित्व तथा संघर्ष की गाथा की परम्परा को शीर्ष पर पहुँचाने का श्रेय इनके प्रगतिवादी उपन्यासों को है। भूमिसंघर्ष में कृषक जीवन से इनका जोड़कर देखना प्रेमचन्द की परम्परा से जोड़ने का प्रयास है किन्तु वह बन नही पाता। भूमि के अस्तित्व के लिए संघर्ष और अधिकार की दलित कृषक आकांक्षाएँ उन्हें स्पष्ट रूप से प्रगतिवादी सर्जकों की परम्परा में रखती हैं। इनके प्रसिद्ध उपन्यास रतिनाथ की चाची (1948), **बलचनमा** (1952), **नई पौध** 1953) बटेसर नाथ (1954) वरूण के बेटे (1957), आदि इनकी क्रान्तिकारी अवधारणाओं के साक्ष्य हैं। इसी परम्परा के अन्य सशक्त उपन्यासों में मन्मथ नाथ गुप्त है। पूँजीवादी व्यवस्था की विविध भोगदवादी संस्कृति के चित्रों के प्रकाश में उनकी दुर्व्यवस्थाओं से सम्बद्ध शोषण, अन्याय, उत्पीड़न आदि के द्वारा निम्नवर्ग के अस्तित्व की चिन्ता इनके उपन्यासों का मुख्य विषय है। प्रगतिवादी उपन्यास लेखन की परम्परा आज तक निरन्तर चली आ रही है और इस साहित्यधारा के अन्य कई महत्त्वपूर्ण विशेष चर्चा में हैं।

2. पश्चिमी मार्क्सवादी चिन्तन के समान्तर भारतीय आजादी के आन्दोलन ने गाँधीवादी चिन्तन के प्रति भारतीयों को आकर्षित होने के लिए विवश किया था। विशेषकर, नैतिक मानवतावाद से जुड़े आधुनिक उपन्यास गाँधी विचारधारा से जुड़ते रहते हैं। इस दिशा के उपन्यास लेखकों में भगवती प्रसाद बाजपेयी, भागवती चरण वर्मा, सियारामशरण गुप्त आदि लेखक प्रारम्भिक दौर में देखे जा सकते हैं। सियारामशरण गुप्त कृत **गोद, अंतिम आकांछा** ये दोनों उपन्यास गॉधी वादी मान्यताओं से सम्बद्ध है।

3. जैसा कि, पहले चर्चा की जा चुकी है, प्रेमचन्द के बाद भारतीय जीवन शैली एवं शैक्षिक परिदृश्य में योरोपीय चिन्तन संदर्भो का प्रवेश तेजी से हुआ और इसने हिन्दी उपन्यास लेखन पर अपने ढंग से प्रभाव डाला। पश्चिमी सम्यता से सम्बद्ध-फ्रायडवाद, युंग का

चिन्तन, स्वच्छतावाद एवं नवरोमांसवाद जैसी प्रवृत्तियाँ भारत में आकर हिन्दी उपन्यास लेखन को प्रभावित किया। फ्रांस के नारी विमर्श से जुड़े आन्दोलन का आगमन इस युग में थोड़ी देर से किन्तु महिला उत्पीड़न के विरूद्ध उनके अधिकार तथा सामाजिक अस्तित्व की आकांक्षाओं से जुड़ी अनेक समस्याओं का लेखन बड़ी तेजी से शुरू हुआ।

फ्रायड एवं युंग की चिन्ता दृष्टि की दिशा में उपन्यास लेखन या श्रेय इलाचन्द्र जोशी को दिया जाता है। उनके प्रकाशित प्रारम्भिक दो उपन्यास लज्जा तथा सन्यासी की चर्चा इसी क्रम में शुरू होती है। बाद के, उनके उपन्यास **पर्दे की रानी, प्रेत की छाया** आदि फ्रायड के मनोविश्लेषणवादी मान्यताओं के प्रकाश में विशेष रूप से चर्चा में आए। इनके पूववर्ती उपन्यासकार जैनेन्द्र जी को भी कई आलोचक इसी परम्परा का उपन्यासकार मानते हैं। अहंवाद तथा पलायनवाद का सामाजिक संदर्भ उन्हें इसी दिशा की ओर ले जाता है।

मनोविश्लेषणवादी परम्परा के उपन्यासों में अज्ञेय कृत **शेखरः एक जीवनी** (1944), तथा डॉ0 देवराज की प्रमुख कृतियाँ **पथ की खोज** (दो भाग) बाहर, भीतर, आज की डायरी आदि इसी परम्परा से सम्बद्ध है। आज समाज के तीन तत्त्व सामने हैं मैं (myself) ये (they) तथा तुम (you) और सम्पूर्ण अस्तित्व संघर्ष में यह मैं सर्वोपरि हो गया है। इन उपन्यासों की विचारधारा को अनेक आलोचक सात्र के अस्तित्ववादी संदर्भ से भी जोड़ते हैं किन्तु उसमें भी मैं और गैं का भोगा हुआ, यथार्थ ही सर्वोपरि है। इस दृष्टि से परवर्ती अज्ञेय एवं डॉ. देव़राज की औपन्यासिक कृतियाँ आधुनिक अस्तित्त्ववाद से भी जोड़कर देखी जा सकती हैं।

4. भारतीय इतिहास से सबद्ध जीवन दृष्टि–यद्यपि ऐतिहासिक उपन्यासों का लेखन प्रेमचन्द से पूर्व भारतेन्दु युग से ही प्रारम्भ हो चुका था किन्तु इतिहास बोध का विकास एवं उपन्यासकार के मानववादी चिन्तन का समन्वय इन दोनों रूपों का साक्षात्कार नहीं हो रहा था। धीरे-धीरे इनके समन्वय के सन्तुलित संदर्भ के साथ विकास का क्रम प्रेमचन्द में अधिक हुआ। इस क्रम में महापंडित राहुल सांस्कृत्यान, पं0 हजारी प्रसाद द्विवेदी, वृन्दावन लाल वर्मा, चतुर सेन शास्त्री, रांगेय राघव, यशपाल, अमृत लाल नागर, नरेन्द्र कोहली आदि के ऐतिहासिक एवं पौराणिक संदर्भों से जुड़े उपन्यासों की हिन्दी जगत में व्यापक चर्चा हुई। महापंडित राहुल सांकृत्यायन के ऐतिहासिक उपन्यास **सिंह सेनापति** (1947), जय यौघेम (1944), मधुर स्वप्न (1950) आदि विशेष प्रसिद्ध हैं। इनके उपन्यासों में ऐतिहासिकता के प्रामाणिक कथा-बोध की समन्वित दृष्टि एवं साम्यवादी चिन्तनधारा के छायात्मक संदर्भ एक साथ जुड़े हैं। आचार्य हजारीप्रसाद द्विवेदी की स्वच्छ जीवनधारा की केन्द्रीयता से जुड़े उपन्यास हैं—वाणभट्ट जी आत्मकथा (1941) उनका पहला उपन्यास है। कथा शैलीरस में डूबी हुई है। चारुचन्द्र-लेख (1963) पुनर्नवा (1973) एवं अनामदास का पोथा (सन् 1978) उनके इतिहास बोध एवं तथा कथारस के जीवन्त साक्ष्य हैं। वृन्दावन लाल वर्मा ने

ऐतिहासिक उपन्यासों की एक जीवन्तधारा स्थापित करके उन्होंने मुसलमान तथा अंग्रेजी सत्ता से जुड़े भारत के ऐतिहासिक संदर्भो की जीवन्य चर्चा के साक्ष्य समाज के सामने रखे सन् 1949 एवं सन् 1950 तक प्रेम तथा रोमांच के यथार्थ जुड़ा हुआ उनका श्रेष्ठतत्व उपन्यास मृगनयनी। यह इसी युग में लिखा गया। झाँसी की रानी (सन् 1946) नए ऐतिहासिक साक्ष्यों तथा सत्यों के साथ अंग्रेज राज्यों के उत्पीड़न तथा भारतीय जीवन संदर्भों के प्रकरण हैं। बुंदेल खंड की संस्कृति एवं विदेशी सत्ता के प्रति आद्वोलन के पक्ष दोनों एक साथ इनके उपन्यासों में दिखाई पड़ते हैं। अमृतलालनागर के दो उपन्यास मानस के हंस (1972) तथा खंजननयन (1981) महाकवि तुलसी एवं सूरदास की जीवनगाथा एवं लोकानुभूति तथा इतिहास के सांस्कृतिक सन्दर्भों से समन्वित हैं। इसी प्रकार, पुराकालीन इतिहास बोध के जीवन्त जीवनदृष्टि से जोड़कर नया कथा कलेवर प्रस्तुत करने के प्रति प्रतिबद्ध आचार्य चतुरसेन शास्त्री तथा नरेन्द्र कोहली की चर्चा विशेष रूप से साहित्य में की जा रही है। आचार्य चतुरसेन कृत वैशाली की नगर वधू, सोमनाथ भारतीय पुरा इतिहास एवं सामाजिक जीवन में संदर्भ से ऐसे घुल मिल गए हैं कि वर्तमान संकटों के मुक्ति संदर्भ को सम्हाले हुए बार-बार हमारे लिए प्रेरणास्त्रोत बन जाते हैं। इतिहासबोध एवं सामाजिक समन्वय की नई दृष्टि इन उपन्यासों से काफी घुली मिली चलती है। नरेन्द्र कोहली की महाभारत कथाओं के नए प्रयोग भी इसी प्रकार आज पूरी तरह से समाज में स्वीकार्य हैं।

5. नई आँचलिक विधाएँ–प्रेमचन्दोत्तर उपन्यास रचना के क्षेत्र में ग्राम्य यथार्थ का भोगा जाता हुआ सत्य तथा उस जीवन की यथावत् प्रस्तुति एवं समस्याओं को एक साथ जोड़कर आंचलिक उपन्यास लिखने का सर्वप्रथम श्रेय हिन्दी के कथाकार फणीश्वर नाथ 'रेणु' को दिया जाता है। रेणुजी का **मैला-आंचल सन् 1954** में प्रकाशित हुआ और इसी परम्परा का एक उपन्यास बलचनमा सन् 1952 में नागार्जुन द्वारा लिखा गया। रेणु के अन्य उपन्यासों में **'परती परिकथा' दीर्घतपा** आदि बाद में लिखे गये किन्तु बाबा नागार्जुन ने वर्तमान लोकतन्त्र की विसंगतियों को चुनौती देते हुए आंचलिक उपन्यासों की एक सशस्त धारा स्थापित की है। **वरुण के बेटे** (1957), दुख मोचन (1957) आदि उनके उपन्यासों की चर्चा आंचलिक लेखन परम्परा में निरन्तर की जाती है। इसी दिशा में रामदरश कृत **पानी के प्राचीर**, **बिना दरवाजे का मकान** (1984), **आकाश की छत** (1979) तथा राही मासूम रजा कृत **आधा गाँव** (1969) आदि की चर्चा इस परम्परा में विशेष रूप से की गई है।

(6) नारी स्वातंत्र्य–यह आश्चर्य का विषय है कि हिन्दी के प्रथम उपन्यास से निरन्तर आज तक प्रायः कथाओं में नारी की स्थिति निरन्तर वर्तमान रही है किन्तु परम्परा और नारी जीवन तथा आज मिले संवैधानिक अधिकार जहाँ नारी तथा पुरुष का सामानाधिकार एवं न्याय तथा अभिव्यक्ति का मूलाधार मिल चुका है, इस बदलाव के

कारण नारी विषयक सन्दर्भों में आज बहुत बड़ा बदलाव आया है। नारी समस्याओं से सम्बन्धित प्रारम्भिक उपन्यास पुरुष लेखकों द्वारा लिखे गए हैं—जिनमें नारी के प्रति होने वाले शोषण तथा अत्याचारों का खुलकर वर्णन हुआ है। इन उपन्यासों के पढ़ने के बाद ऐसा लगता है, जैसे भारतीय लोकतांत्रिक व्यवस्था में शिक्षा तथा अधिकारों के विकास का प्रभाव नारी जीवन तथा व्यवस्था पर न के बराबर पड़ा हो। इस संदर्भ में एक महत्त्वपूर्ण तथ्य यह भी है कि पुरुष उपन्यासकारों के लेखन की परम्परा तथा प्रतिक्रियाओं एवं विकसित भारतीय समाज के नए जागरण और स्त्री विमर्श से जुड़कर इस युग के उपन्यास लेखन का दायित्व महिला लेखिकाओं ने सम्हाला और नारी जीवन के यथार्थ को सटीक तथा व्यापक अनुभवों द्वारा रखने की चेष्टा की। इस युग में **शशि प्रभा शास्त्री** कृत अमलतास, (1968), नावें (1974), **शिवानी** कृत चौदह फीट (1965), कृष्णकली (1968), **कृष्णसोवती** कृत अँधेरे में (1972), **उषा प्रियंवदा** का अतिख्याति प्राप्त उपन्यास **पचपन खम्भे लाल दीवारें** (1961) तथा रुकोगी नहीं राधा (1961) **कान्ता भारती** कृत रेत की मछली (1975), ममता कालिया कृत बेघर (1971), नरक दर नरक (1975), मेहरुन्निसा परवेज कृत उसका घर (1972) आदि प्रकाश में आ चुके थे। मूलतः अजादी के बाद भारतीय संवैधानिक अधिकार को केन्द्र में रखकर नारी शोषण तथा उत्पीड़न से सम्बद्ध उपन्यास पुरुष कथाकारों द्वारा प्रस्तुत किये गए किन्तु इसी के थोड़ा हटकर कालान्तराल में अन्य उपन्यासकारों द्वारा अपने नारी विमर्श सम्बन्धी उपन्यासों की बाढ़ लगा दी और प्रेमचन्द के बाद सन् 1975 तक नारी विमर्श से जुड़ा-लेखन हिन्दी में पूरी तरह से आ चुका है।

7. संविधान की राजनीति एवं उससे जुड़े उपन्यासों का लेखन भी प्रायः प्रेमचन्दोत्तर युग में प्रारम्भ हो चुका था। लोकतंत्रात्मक व्यवस्था की अस्थिरता तथा पूँजीवादी शक्तिवादी एवं आत्म प्रभुत्व से जुड़े नेताओं के सन्दर्भों से सम्बद्ध उनके उपन्यास इस युग में आ चुके थे। भगवती चरण वर्मा के टेढ़े मेढ़े रास्ते (1955), नागार्जुन कृत वरुण के बेटे (1957) हीरक जयन्ती (1961), रांगेय राघव आखिरी गाँव आदि उनके उपन्यास इस परम्परा से सम्बद्ध है, अंग्रेजी शासन से मुक्ति की भारतीयों की सुनहली आकांक्षाओं पर दुर्व्यवस्था एवं भ्रष्टाचार के प्रभाव की प्रतिक्रियाओं के कारण परवर्ती काल में इस परम्परा के उपन्यासों की बाढ़-सी आ गई।

हिन्दी उपन्यासों का सामयिक सोपान
(सन् 1976 से 2010 तक)

हिन्दी उपन्यास लेखन का विषय एवं शिल्प भारतेन्दु युग अर्थात् सन् 1850 से 1900 तक देखें तो ज्ञात होता है कि जैसे दोनो की बुनियाद अभी-अभी शुरू हुई है—शिल्प की

अप्रयोजनशीलता तथा कथा और उसकी प्रस्तुति एवं मन्तव्य की नितान्त शिथिलिता यहाँ बराबर दिखाई पड़ती है फिर भी, ये उपन्यास लेखन सन् 1901 से 1917 तक स्वरूप एवं रचनानिर्माण की क्षमताओं को विकसित करते हुए आगे आए। यद्यपि देखने में प्रेमचन्द युग के उपन्यासों का भी दायरा छोटा-ही दिखाई पड़ता है लेकिन इसके बावजूद भी सामाजिक यथार्थ, आत्मानुभूति एवं शिल्पसंरचना इन तीनों सन्दर्भों को मिलाकर इस युग के उपन्यासकार सम्राट प्रेमचन्द ने इस विधा की एक ऐसी नींव डाल दी—जो आज वैश्विक विस्तार ले चुकी है और इस वैश्विक उपन्यास परिदृश्य के बीच उसका व्यापक स्थान बन चुका है। सन् 1936 अर्थात् प्रेमचन्द के बाद सन् 1975 तक भारतीय समाज में वैश्विक परिवर्तन की दृष्टि उभरी और एक ओर लोकतांत्रिक व्यवस्था की हलचलें तो दूसरी ओर वैश्विक सामाजिक सूत्रों के व्यापक सम्पर्क एवं साहचर्य आज हमें कितने आगे ले जा रहे हैं। इससे हम निरन्तर अवगत हैं। भारतीय लोकतांत्रिक व्यवस्था के शुरू होते ही गाँधीवादी सिद्धान्तों के कारण एवं दूसरी ओर संग्रह एवं छिपी हुई सामन्तवादी शक्तियों एवं आचरणों के सामने गरीब, निर्धन, दलित एवं ग्रामवासी जीवन के संकट उभरने लगे। यही नहीं, लोकतन्त्र की जीवन्त व्यवस्थाएँ—जैसे न्याय-पालिकाओं की सजगता तथा सशक्तता तथा चुनावों के सन्दर्भों में सजगता तथा लोकतांत्रिक प्रणाली के गठन की समानुपातिक व्यवस्थाएँ आज सामने आईं हैं। सन् 1975 से सन् 2010 तक भारत में अनेक आकस्मिक घटनाएँ घटीं जिन्होंने लोकतांत्रिक व्यवस्था को बढ़ावा दिया। शिक्षा, ग्राम जीवन में बेसहारा के लिए राशन कार्ड, ग्राम पंचायतों एवं साधनों को विशेषाधिकार और कितने लोकतांत्रिक संदर्भ आए। सन् 1995 से 2010 तक का सामयिक भारतीय जीवन एक ओर अपना वैश्विक सन्तुलन बनाने में लगा है तो दूसरी ओर वह भ्रष्टाचार के चोर दरवाजों के बीच स्वयं प्रवेश कर रहा है या प्रवेश कराने के लिए विवश है। भारतीय कृषक परिवार यूरिया, डाई के लिए दुकानों के चक्कर लगा रहे हैं और हरित क्रान्ति का इन्दिरागाँधी युग का संदेश समझकर आगे बढ़ने के लिए वह बेसहारा जैसा अनुभव कर रहे हैं। पढ़े लिखे नागरिक सन्दर्भों की स्थिति संस्कारों को नया रूप देकर नई जीवन शैली को विकसित करने के लिए प्रतिबद्ध है। यही नहीं, ब्रिटेन तथा अमेरिका में योरोपीय देश व्यवसाय के ऐसे शिकंजों से हमें कसने के लिए अग्रसर हैं कि विवशता में हम व्यावसायिक संदर्भों में योरोपजीवी बनकर उनका मुँह और अपनी जीवन शैली के निर्वाह के लिए उन्हें बराबर देखते हैं। रूसी साम्यवादी व्यवस्था के स्खलन के बाद योरोपीय व्यक्तिवादी एवं भोगवाद प्रवृत्तियों को अधिक प्रोत्साहन मिला है और वैश्विक उद्योगवाद क्षद्म रूप धारण करके देश पर छाने लगा है। आधुनिकता, पूँजीवादी आधुनिकता तथा उद्योगवादी उत्तर आधुनिकता का औपनिवेशिक छद्म अब भारत में कोशिश कर रहा है कि हमारे औपनिवेशवाद का कौन-सा हथियार आकर्षित करने का साधन बने। यह छद्म भारत पर ही नहीं, वैश्विक परिदृश्य में आज सर्वत्र दिखाई पड़ने लगा

है। हिन्दी साहित्य का छायावादी दीपक गाँवो से ही खो गया है, उसका स्थान बिजली के बल्ब ने ले लिया है। चूल्हों चौके टूट गए और उपली कंडें, लकड़ी की जगह गैस सेलेन्डर एवं हीटर ने स्थान जमा लिया। आधुनिक बिनाश के ये सोपान चारों तरफ छाये हैं। बिना छप्पर के मकान से मुड़े साहित्यिक संदर्भ लुप्त हो रहे हैं महँगाई की मार जितनी ही दौड़ती है, किसान का देश शहर से कमाई करके शाम को भागकर अपने गाँव हाजिर हो जाता है। विज्ञानवादी नई मान्यताएँ व्यवहारवादी जीवन से जुड़कर इन चार-पाँच दशकों से भारत को जितना परिवर्तित किया है, उसका प्रभाव भारतीय लेखन पर बहुत अधिक पड़ा है। हिन्दी में नई कविता तथा प्रयोगवादी लेखन के मूल में यही जीवन दृष्टियाँ रही हैं।

इस नएँ परिवेश का सबसे अधिक प्रभाव हिन्दी उपन्यासों पर पड़ा है। अब किसी एक विचारधारा के उदबोधक प्रेमचन्द जैसे उपन्यासकार नहीं मिलेंगे। गहन चिन्तन, जीवन के बदलावों की समसामयिकता से जुड़ा यथार्थ एवं उसकी कटुता में भींगता उपन्यासकार और अनुभूतियों में जूझते हुए सामाजिक जीवन के संदर्भो के सच को उपन्यास सर्जक जिन आयामों से गढ़ रहा है, उससे सर्वथा नई चमक मिल रही है। वृहत्तर अनुभव के जीवन्त वृहन्तर आयाम एवं उनके गढ़ने की सर्वथा नई शैलियाँ हिन्दी उपन्यास भाषा को आज वैश्विक संदर्भो के बीच स्थापित कर रही हैं। जितना आज के जीवन की अनुभूति एवं उसके प्रसार का प्रश्न व्यापक होता जा रहा है, ठीक उसी अनुक्रम में हिन्दी उपन्यासों की जीवन्तता तथा कलात्मक सृजन का विकास भी सम्बद्ध है और निश्चित रूप से नये समाज के नएपन को हमारे आज के उपन्यास लेखक विविध संदर्भो से भरपूर बना रहे हैं। आज कोई सामाजिक संदर्भ व्यवस्था एवं उनसे जुड़े समसामायिक प्रकरण नहीं हैं, जिनसे हमारे उपन्यासकार न स्पर्शित हों। बीसवीं शती का अन्त एवं इक्कीसवीं शती का प्रारम्भ काल हिन्दी उपन्यास लेखन का उच्चशिखर काल है। सूत्र रूप से इस कालखण्ड के बीच लिखे गए उपन्यासों की सूची इसके प्रमाण के लिए रख रहें हैं, सम्भव है—कुछ छूटे भी हों किन्तु चेष्टा यही की गई है कि आज के उपन्यासों के सामाजिक संदर्भ सामने आएँ। ये इस प्रकार हैं—

1. प्रगतिवादी चिन्तन के पक्ष से जुड़े शोषितजन यथा कुली, किसान, कामगर, किसवी, आदिवासी आदि के जीवन के परिदृश्य
2. सामन्तवादी तथा ब्राह्मणवादी पुरातन भारतीय समाज व्यवस्था के प्रति आक्रोश
3. एक ओर जातिवादी व्यवस्था के प्रति विद्रोह तो दूसरी तरफ राजनीति में उसके उपयोग के लिए की जा रही, जातिवादी कसरतें
4. पौराणिक एवं ऐतिहासिक पुराख्यानों का समसामयिकता में परिवर्तित करने की दृष्टि
5. आधुनिकता बोध के प्रकाश में इतिहास की पुर्नव्याख्याएँ
6. वर्तमान राजनैतिक भ्रष्टाचार के विविध संदर्भ तथा प्रशासन एवं अन्य व्यवस्थाओं पर व्याप्त उसके संदर्भो का उद्घाटन

7. लोकतांत्रिक व्यवस्था की निष्क्रियताओं पर चिन्ता
8. वैश्विक बोध के अधुनातन संदर्भ और अभारतीय जीवन शैली का भारतीयों के बीच प्रदर्शन
9. इतिहास की सामयिकता के प्रेरणादायक संदर्भ
10. विदेशों में जीवन यापन करने वाले भारतीय नगारिकों के अस्तित्व का यथार्थ
12. नारी विमर्श, दलित विमर्श एवं वैश्विक विमर्शो के विविध पक्ष
13. शोषण तथा उत्पीड़न के प्रति विद्रोह
14. पूँजीवादी आधुनिकताबोध एवं प्रगतिशील आधुनिकताबोध से सम्बद्ध विविध द्वन्द्वों की चर्चाएँ
15. वर्तमान भारतीय लोकतंत्र का यथार्थ और उससे सम्बद्ध तन्त्रों के भ्रष्टाचार
16. ग्रामीण एवं नगरजीवन के प्रति नये दृष्टिकोण
17. जाति धर्म, क्षेत्र एवं व्यवस्था के समन्वय तथा विवाद के संदर्भ
18. दो नारियों के बीच एक पुरुष और दो पुरुषों के बीच स्थित एक नारी के संदर्भों के सामाजिक जीवन रूप
19. निम्नवर्गीय भारतीय जीवन में व्याप्त कुठाओं का संघर्ष तथा यथार्थ
20. पूँजीवादी व्यवस्था की मानवीय संवेदनशून्यता तथा वर्तमान भारतीय समाज
21. गाँधीवादी मान्यताएँ तथा जीवन यापन की छटपटाहटें
22. विदेशी जीवन शैली एवं उनके भोगे जाते हुए यथार्थ के विविध पक्ष
23. उच्च आधुनिकता के विविध संदर्भ तथा उपन्यास लेखन
24. मुखौटों में छिपे समाज एवं उनके यथार्थ का रहस्योघाटन
25. संचार माध्यम का यथार्थ से सम्बद्ध सत्य एवं दुर्व्यवस्थाओं का उदघाटन तथा शोषण के चित्रण
26. नाटय, चलचित्र आदि से सम्बद्ध विविध हलचलें तथा उनकी व्याख्याएँ
27. आदिवासी जीवन से जुड़े यथार्थपरक उपन्यास
28. वर्तमान दुर्व्यवस्था के लोकतांत्रिक संदर्भ
29. भौतिक जीवन की प्रतिबद्धताएँ और उनके सापेरूप में यथार्थपूर्ण संकट
30. रोमांस की नई हलचलें तथा विवाह के वैकल्पिक संदर्भ
31. उपभोक्ता संस्कृति के अमानवीय पक्ष
32. वर्तमान व्यावसायिकता से जुड़ी यांत्रिकता के प्रति विद्रोह
33. नई जीवन शैली और सांस्कृतिक विखराव

आदि....... आदि........ आदि।

सामयिक हिन्दी उपन्यासों की केन्द्रीय संवेदना के इस व्योरे को अन्तिम नहीं कहा

जा सकता किन्तु इसके माध्यम के यह अनुमान लगाया जा सकता है कि भारतेन्दुयुग अर्थात् 1850 से सन् 1900 तक हिन्दी का जो उपन्यास केवल नारी, नैतिकता या अन्य नैतिक मूल्यों तक सीमित था-उसकी परम्परा को आज के लगभग 160 वर्षो के हिन्दी उपन्यास लेखन ने सर्वोच्च शिखर तक पहुँचा दिया है, यह हिन्दी साहित्य के लिए गौरव का विषय है।

हिन्दी कहानी : उद्भव और विकास

हिन्दी कहानी का उद्भव तथा पहली कहानी

आज हिन्दी में कहानी की जो विधा प्रचलित है, वह अंग्रेजी साहित्य की शार्ट स्टोरी से पूरी तरह से जुड़ी हुई है। प्रारम्भ में, आचार्य रामचन्द्र शुक्ल ने इसे अपने इतिहास में छोटी कहानी (Short story) या कहानी के नाम से पुकारा है। भारतेन्दु युग में इसे लघु कथा (Short story) कहा गया है। बंगाल साहित्य में कथा की इस विधा को 'गल्प' का नाम दिया गया था। इस विधा के लिए मुंशी प्रेमचन्द (मुंशी नबाबराय) बराबर कहानी शब्द का प्रयोग करते रहे और इसके नाम प्रचलन में उनका विशेष योगदान है। यद्यपि इसके नाम के रूप में हिन्दी साहित्य में काफी समय तक आख्यायिका शब्द का प्रयोग होता रहा है, स्वयं शुक्ल जी ने अपने इतिहास में इसे कहीं-कहीं आख्यायिका भी कहा है किन्तु अब पूरी तरह से **कहानी** शब्द प्रचलन में है।

इसके उद्भव से सम्बद्ध हिन्दी के विद्वान् अंग्रेजी साहित्य से हटकर इसके संदर्भ को स्पष्ट करने की चेष्टा करते हैं, जैसे डॉ. श्री कृष्ण लाल 'हिन्दी कहानी में 'शिल्पविधि का विकास' में बताते हैं कि इसका जन्म लोक-कहानियों या लघुकथाओं से हुआ है। इससे भिन्न आचार्य रामचन्द्र शुक्ल बताते हैं कि—

''अंग्रेजी की मासिक पत्रिकाओं में जैसी छोटी-छोटी आख्यायिकाएँ या कहानी निकला करती थीं, वैसी कहानियों की रचना गल्प के रूप में बंगलाभाषा में चल रही थीं। द्वतीय उत्थान में सारी प्रवृत्तियों का आभास लेकर प्रगट होने वाली सरस्वती पत्रिका में इस प्रकार की छोटी कहानियों के दर्शन होने लगे।[1] (यह द्वितीय उत्थान संवत् (1957 से 1977 अर्थात् 1900 से 1920 तक है))।

इस संदर्भ मं क्या आचार्य पं0 रामचन्द्र शुक्ल का ही अभिमत उचित जान पड़ता है कि हिन्दी कहानी का जन्म सरस्वती पत्रिका के सम्पादन काल सन् 1900 से ही स्वीकार

1. हिन्दी साहित्य का इतिहास, आचार्य रामचन्द्र शुक्ल, पृ0 250

किया जाना चाहिए।

आचार्य शुक्ल के इतिहास में स्थापित कहानी के उद्‌भव का काल पूर्णतः अप्रमाणिक तथा अस्वीकार्य है, कारण कि सरस्वती पत्रिका में पूर्व विहार में सन् 1878 में बिहारबन्धुपत्रिका निकल चुकी थी और उसके सम्पादक पं. केशवराम भट्ट रहे हैं। आचार्य शुक्ल के मत से भिन्न हटकर डॉ. रामनिरंजन परिमलेन्दु ने अपनी कृति **भारतेन्दु युग का अल्पज्ञात हिन्दी साहित्य** में हिन्दी साहित्य की प्रारम्भिक कहानियों की जो सूची दी है, वह इस प्रकार है

1. चनचनाही औरत — पं० केशवराम भट्ट, सन् 1883
2. शीलवती — साहब प्रसाद सिंह, सन् 1883
3. मान कुँवर का दुःख — अज्ञात, सन् 1883
4. कौड़ी बाबू की फीस — अज्ञात, सन् 1884

दूसरी ओर आचार्य रामचन्द्र शुक्ल ने अपने इतिहास में ऐतिहासिक दृष्टि से अपनी प्रारम्भिक कहानियों की सूची इस प्रकार दी है।

1. इन्दुमती किशोरी लाल 1900
2. गुलबहार- किशोरी लाल 1902
3. प्लेग की चुड़ैल 1902
4. ग्यारह वर्ष का समय 1903

इसके अतिरिक्त चार कहानियाँ और हैं, जिनकी सूची आगे दी जा रही है।

इस प्रकार, हिन्दी की प्रथम कहानी **इन्दुमती** न होकर **चनचनाही औरत** है जो सन् 1883 में लिखी गई और इस समय न सरस्वती पत्रिका प्रकाशित हुई थी और न हिन्दी के द्वितीय उत्थान का प्रश्न था। इस काल में हिन्दी के विविध गद्य रूपों का जन्म मानना इतिहास की भूल है क्योंकि बंगला और मराठी साहित्य पर अंग्रेजी का प्रभाव सबसे पहले पड़ा था। तीसरे स्थान पर हिन्दी साहित्य है। बंगाल और बिहार अंग्रेजों के समय में एक थे। फिर बाद में, उनका पृथक्करण हुआ और उस समय बंगली साहित्य के प्रभाव से उत्पन्न गद्य की नई शैलियाँ सर्वप्रथम बिहार में उपजीं फिर उत्तर प्रदेश के काशी, प्रयाग आदि नगरों में आईं। शुक्ल जी की यह मान्यता उचित नहीं प्रतीत होती कि भारतेन्दु युग का बनारस ही हिन्दी के साहित्य के नए स्वरूप के विकास का मूल कारण है।[9]

हिन्दी के कई आलोचकों ने हिन्दी की प्रथम कहानी आचार्य शुक्ल रचित **ग्यारह वर्ष का समय** को ही माना है, किन्तु यह ठीक नहीं है।

इस प्रकार, सन् 1878 से 1903 तक हिन्दी की इन प्रारम्भिक 12 कहानियों की सूचना ही इसके इतिहास के मूलस्रोत है

1. भारतेन्दु काल का असज्ञात हिन्दी साहित्य—डॉ. रामनिरंजन भारतेन्दु, पृ0 164

1. चंचनही औरत—पं. केशवराम भट्ट—रचनाकाल, सन् 1878
2. शीलवती, साहब प्रसाद सिहं, सन् 1883
3. मान कुँवर का दुःख, अज्ञात, सन् 1885
4. कौड़ी बाबू की फीस, अज्ञात, सन् 1884
5. इन्दुमती, किशोरी लाल गोस्वामी, सन् 1900
6. टोकरी भर मिट्टी, माधव राव सप्रे, सन् 1901
7. गुलबहार, किशोरी लाल गोस्वामी, सन् 1902
8. प्लेग की चुड़ैल, मास्टर मनराम लाल, सन् 1903
9. बिजली, पार्वती नन्दन, सन् 1903
10. ग्यारह वर्ष का समय-आचार्य पं. रामचन्द्र शुक्ल, 1903
11. पंडित और पंडितानी, पं0 गिरीशदत्त बाजपेयी, 1903
12. दुलाई वाली, बंगमहिला (राजेन्द्र बाला घोष), 1907

हिन्दी के आलोचकों ने हिन्दी कहानी के उद्भव के संदर्भ में सन् 1900 में वाराणसी पुनः स्थायी रूप से इलाहाबाद से प्रकाशित सरस्वती पत्रिका को इसका मुख्य आधार स्त्रोत बनाया है, किन्तु यह भी गलत है। बिहार से प्रकाशित बिहारबन्धु सम्पादक बाबू केशवराम भट्ट सन् 1878 से कहानी की रचना प्रारम्भ हुई थी। अतः इन दो पत्रिकाओं का हिन्दी कहानी के विकास में समवेत् योगदान है। इसी प्रकार, वाराणसी से प्रकाशित तीसरी पत्रिका जयशंकर प्रसाद कृत इन्दु है जो सन् 1909 से प्रारम्भ हुई थी। यही नहीं, काशी से इसके थोड़े समय बाद कथा साहित्य से सम्बद्ध एक नई पत्रिका सन 1918 में प्रकाशित हुई, **हिन्दी गल्प-माला** इसके बाद तो पत्रिकाओं की बाढ़-सी आ गई और इस पत्रिकाओं ने कहानी को विशेष स्थान देकर उनको प्रकाशित किया। ये पत्रिकाएँ इस प्रकार हैं, विलासपुर से माधवराव सप्रे के सम्पादन में तथा अन्य बनारस से **मित्र, प्रभा, प्रताप** आदि इन पत्रिकाओं ने हिन्दी कहानियों के लेखन को अत्यधिक प्रोत्साहित किया और इस प्रकार हिन्दी में आधुनिक कहानी विधा के लिए मूल प्रेरणा स्त्रोत ये मासिक पत्रिकाएँ ही रही हैं।

हिन्दी कहानी साहित्य के इस प्रारम्भिक काल की कहानियों की मूल विशेषता वस्तुपरकता से जुड़ी दिखाई पड़ती है। यहाँ वस्तुपरकता से तात्पर्य यह है कि कहानी के कथ्य, मन्तव्य, संवेदना तथा उसके शीर्षबिन्दु (climax) पर अधिक बल न देकर केवल कहानी की प्रस्तुति विवरण शैली से दिखाई पड़ती है, इसलिए हिन्दी आलोचकों ने इसे हिन्दी कहानी का उद्भव काल कहा है। फिर भी, इन कहानियों को देखने से यह तथ्य भलीभाँति स्पष्ट हो जाता है कि कहानियों में कथा की एक छोटी-सी पृष्ठभूमि मे कुछ नया कह देने की प्रवृत्ति का इस युग में जन्म हो रहा था। उदाहरण के लिए माधव राव सप्रे की कहानी **एक टोकरी भर मिट्टी** को देखा जा सकता है, जो गरीब वृद्धा का पूरा घर गिरवा देने के

बाद उस भूमि से एक टोकरी भर मिट्टी उठाने में एक जमींदार अपने को असमर्थ पाकर, पूरा घर उसे पुनः समर्पित करता है, आदि।

हिन्दी कहानी के रचनाशिल्प के विकास का काल

हिन्दी कहानी के रचना शिल्प के विकास को सामान्य रूप से तीन खण्डों में बाँट कर देखा जा सकता है। ये इस प्रकार हैं—

1. सन् 1900 से लेकर सन् 1910 तक
2. सन् 1911 से सन् 1920 तक
3. सन् 1921 से सन् 1930 तक

ये काल खण्ड कहानी काल के विकास की पूर्ण प्रस्तुतियों से स्पष्ट रूप से न जुड़कर उसकी रचना शैली की निर्मिति से जुड़ते हैं, जो धीरे-धीरे सशक्तता के साथ उसके स्वरूप तथा गठन को निरन्तर प्रौढ़ बनाती हैं। इस प्रकार से यह हिन्दी कहानी के निर्माण का एक प्रयोगकाल कहा जा सकता है। सामान्य रूप से, इस युग में किसी भी लेखक का कहानी संग्रह नहीं मिलता अपितु सामाजिक पत्रिकाओं में समय-समय पर प्रकाशन मिलता है। कहानी के प्रकाशन से सम्बद्ध पत्रिकाएँ जैसा कि कहा जा चुका है, इस प्रकार हैं—

बिहार बन्धु, सरस्वती, इन्दु, सेवक (1910) नव जीवन (1910) आदि। सन् 1910 तक इन पात्रिकाओं में जो लगभग 25 के आसपास प्रकाशित हुई हैं, उसे इसी सूची में दी जा चुकी है। इनके अतिरिक्त भी कुछ हैं, पंडित और पंडितानी, हीराबाई, गुलबहार आदि।

यह काल खंड हिन्दी कहानी के प्रारम्भ एवं प्रयोग का कालखण्ड है। एक लघु कालान्तराल में केन्द्रीय संवेदना को केन्द्र में रखकर पाठक के चित्त को झकझोर देना इनकी विशेषता नहीं थी वरन् प्रकारान्तर भाव से भारतीय परम्परा में शतियों से प्रचलित कहानी प्रणाली जैसी परम्परा से प्रेरित एवं नव कहानी रचनाविधान की नई शिल्प विधि-दोनों को एक साथ समन्वित करके शिक्षा, नीति, आदर्श जैसी मान्यताओं को स्थापित करना इनका लक्ष्य दिखाई देता है, इसीलिए इन कहानियों के हिन्दी कहानियों को प्रयोग काल की कहानी जैसी संज्ञा दी जा सकती है। इसके बावजूद भी, अंग्रेजी की शार्ट स्टोरी की प्रवृत्ति भी इन कहानियों के साथ जन्म ले रही थी। आचार्य रामचन्द्र शुक्ल कृत **ग्यारह वर्ष का समय** तथा किशोरी लाल गोस्वामी कृत इन्दुमती जैसा कहानियों में शिल्प एवं कहानी के समापन काल की संवेदना के चमत्कार जैसे तंत्र बदलाव के प्रेरणादायक सूत्र रहे हैं। शायद इसीलिए, हिन्दी आलोचकों में एक वर्ग, **इन्दुमती** को हिन्दी को पहली कहानी बताता है तो दूसरा **वर्ग ग्यारह वर्ष का समय** को।

सन् 1911-1920 तक हिन्दी की अनेक पत्रिकाओं का प्रकाशन हो चुका था और कहानी लेखकों की बाढ़-सी आने लगी थी। इस युग की पत्रिकाएँ कहानी के विकास में अपना

विशेष महत्त्व रखती हैं। ये पत्रिकाएँ इस प्रकार हैं

(1) मर्यादा (1911), गृहलक्ष्मी (1912), औदुम्बर (1912), नवनीत (1913) प्रभा (1913), प्रियंवदा (1913) आदि।

इन पत्रिकाओं के साथ-साथ इस दशक में कई कहानीकारों के कहानी संग्रह भी प्रकाश में आए-और इन संग्रहों के पाठकों की निरन्तर वृद्धि ने कहानी साहित्य की पृष्ठभूमि के विकास में मदद पहुँचाई है। ये संग्रह इस प्रकार हैं—

1. छाया (1912)
2. प्रेम बत्तीसी भाग 1 तथा भाग-2 (1920)
3. सप्त सरोज (1917)
4. नवनिधि, (1917)
5. प्रेम पूर्णिमा, (1918)
6. उर्दू प्रेम पचीसी का हिन्दी अनुवाद, सन् 1920

प्रेमचन्द ने उसी कालखंड में अपना नाम नबाबराय से बदाल कर प्रेमचन्द रखा और इस नाम (प्रेमचन्द) द्वारा लिखी गई, उनकी पहली कहानी **सौत** है जो सन् 1915 में प्रकाशित हुई थी। इसी काल खण्ड में कहानीकार पं. चन्द्रधर-शर्मा की कहानी **उसने कहा था,** भी लिखी गई। यह कहानी भी सन् 1915 में प्रकाशित हुए थी। उनकी अन्य कहानियाँ इसे पूर्व की हैं। **सुखमयजीवन** (1911), बुद्धू का काँटा (1914) में प्रकाशित हुईं थीं।

सन् 1911 से 1920 तक के हिन्दी के प्रमुख कहानीकार इस प्रकार हैं—बाबू जयशंकर प्रसाद, चन्द्रधर शर्मा गुलेरी, जी. पी. श्रीवास्तव, मुंशी प्रेमचन्द, राजा राधिकारमणप्रसाद सिंह, शिवपूजन सहाय, विश्वम्मरनाथ कौशिक-जिज्जा, छबीले लाल गोस्वामी आदि।

इस युग के कहानिकारों की संख्या अधिक नहीं है, फिर भी, इनके द्वारा लिखी गई कहानियाँ अंग्रेज़ी की शार्ट स्टोरी की समान्तरता में आने लगी थीं। इन कहानियों में देखने पर यह स्पष्ट होने लगता है कि भारतीय लेखकों के मन में नवजागरण से सम्बद्ध आधुनिकता का प्रवेश होने लगा है। इनमें नितान्त स्पष्ट रूप से आधुनिकता के प्रसंग देखे जा सकते हैं।

हिन्दी कहानी साहित्य के इतिहास में बीसवीं शती का यह दूसरा दशक महत्त्वपूर्ण माना जा सकता है। सन् 1911 में जयशंकर प्रसाद जी की ग्राम/ पहली कहानी और इसी वर्ष चन्द्रधर शर्मा की पहली कहानी **सुखी जीवन** भी छपी थी। सन् 1915 में चन्द्रघर शर्मा की **उसने कहा था** कहानी प्रकाश में आई और इसी वर्ष प्रेमचन्द का प्रेमचन्द नामकरण हुआ और इस नाम से उनकी पहली हिन्दी कहानी **सौत** प्रकाशित हुई। सन् 1913 में राधिकारमण प्रसाद सिंह ने अपनी पहली कहानी **कानों में कंगना** लिखी और 1916 में चतुर सेन शास्त्री की कहानी **रजकण** आई। हिन्दी की कई कहानियों के लिए यह युग मूल प्रेरणा स्रोत रहा है। प्रेम, रोमांस, दायित्वबोध आदि के प्रकरण इस युग की कहानी के मूल

स्रोत रहे हैं, और इसके पूर्व शिक्षाप्रद, नीतिप्रधान कहानियाँ का युग समाप्त हो रहा था। यही नहीं, इसी काल खंड में जयशंकर प्रसाद एवं मुंशी प्रेमचन्द के हिन्दी-कहानी लेखन की नींव पड़ी। पश्चिमी कथा साहित्य में प्रचलित रोमांटिक प्रेम एवं सामाजिक कहानियों से जुड़े प्रश्न इस काल की कहानियों में प्रवेश पा चुके थे।

इस युग में जयशंकर प्रसाद अपनी कहानियों में प्रेम और उसमें मध्यकालीन समाज की भावुकता को जोड़कर उसे पश्चिमी तथा भारतीय विकल्पों के समन्वय से बाँधते हैं और उसकी परिणति अन्त में, नाटकीय परिस्थितियों से जुड़कर भावुकता के शीर्ष पर पहुँच जाती है। राधिका रमण प्रसाद सिंह तथा चतुरसेन- शास्त्री भी अपनी कहानियों में प्रेम को आधार बनाकर उसे आधुनिकता का रूप देते हैं किन्तु इनके प्रेम संदर्भ में आधुनिकता का रूप विशेष रूप से दिखाई पड़ता है। इसी के साथ, इस युग में अपनी कहानी की हिन्दी में शुरूआत करने वाले प्रेमचन्द ऐसे कहानीकार हैं जो भारतीय जीवन की यथार्थादी तथा समाज सुधारवादी भावनाओं को आचार बनाकर अपनी कहानी लेखन का मन्तव्य आगे बढ़ाते हैं। सामान्यतः इस युग की कहानी में यदि कुछ नयापन कहा जाए तो उसके तत्त्व हैं, प्रेमोन्मेष तथा भावुकता, समसामयिक जीवन की यथार्थ भरी पीड़ा एवं उनसे सम्बद्ध समस्याएँ। इस युग के प्रमुख कहानीकारों में-चंडिका प्रसाद हृदयेश, शिवपूजन सहाय, पदुमलाल पुन्नालाल बख्शी, भगवती प्रसाद बाजपेयी आदि है। यहीं नहीं, यह काल खण्ड इसलिए भी महत्त्वपूर्ण माना जा सकता है कि परवर्ती काल के कई श्रेष्ठ हिन्दी कहानीकारों का यह प्रयोग काल रहा है।

प्रेमचन्द्रपूर्व युग के प्रमुख कहानीकार

जैसा कि आचार्य रामचन्द्र शुक्ल ने यह स्वीकार किया है कि हिन्दी साहित्य के द्वितीय उत्थान (सन् 1900 से 1920) तक उस समय की सर्वाधिक महत्त्वपूर्ण पत्रिका 'सरस्वती' में छोटी कहानियों के दर्शन होने लगे और इस प्रकार हिन्दी कहानी का प्रारम्भ काल सन् 1900 से 1920 तक से ही स्वीकार किया जाना चाहिए। इसी सरस्वती पत्रिका में सन् 1900 के बाद किशोरी लाल गोस्वामी की 'इन्दुमती', आचार्य रामचन्द्र शुक्ल की कहानी 'ग्यारह वर्ष का समय', छपी। इस ग्यारह वर्ष के समय को डॉ. लक्ष्मीनारायण लाल हिन्दी की प्रथम कहानी मानते हैं। सन् 1909 में प्रसाद की पत्रिका 'इन्दु' का छपना शुरू हुआ और स्वयं जयशंकर प्रसाद की कई कहानियाँ छपी किन्तु इन्दु के संदर्भ में उस युग के चर्चित कथाकार पं0 विश्वम्भर नाथ जिज्जा का उल्लेख आवश्यक है, जिनकी प्रथम कहानी "विदीर्ण हृदय" प्रकाश में आई। इस प्रारम्भिक युग में प्रसाद की प्रथम कहानी इन्दु में सन् 1911 में **ग्राम** नाम से छपी थी। इसी वर्ष चन्द्रधर शर्मा की प्रथम कहानी इसी सन् 1911 में ही भारत मित्र पत्रिका में '**सुखमय जीवन**' नाम से छपी। सन् 1913 के बाद तो इस युग की विविध

पत्रिकाओं में हिन्दी की कहानियाँ तेजी से छपने लगीं और निम्नलिखित कहानीकार प्रकाश में आ गए—

जयशंकर प्रसाद, चन्द्रधर शर्मा गुलेरी, राधिका रमण सिंह, चेतन शर्मा आदि। इन कहानियों का काल खण्ड अर्थात् 1911 से 1920 तक प्रेमचन्द्र की कथा लेखक प्रारम्भ हो चुका था, और उनकी प्रेम पचीसी, शंखनाद आदि कहानियाँ 1916 में लिखी गई किन्तु उनकी कहानी के सृजन का विकास काल सन् 1920 से 1930 तक स्वीकार किया जाता है और इस काल खण्ड तक इन प्रारम्भिक कहानीकारों का ही लेखन चलता रहा, किन्तु प्रेमचन्द के कथा साहित्य में जो विकास की ऊर्जा दिखाई पड़ती है, वह अन्य पूर्ववर्ती कहानीकारों में नहीं है। संक्षेप में, इन कहानी सर्जक सामर्थ्य का संक्षिप्त विवेचन क्रम इस प्रकार है—

सन् 1918 में कौसल्या देवी ने हिन्दी गद्यमाला काप्रकाशन वाराणसी से प्रारम्भ किया। इससे इस कहानी विधा के विकास में विशेष योगदान मिला। प्रेमचन्द पूर्व के हिन्दी कहानीकार इस प्रकार हैं—

(1) जयशंकर प्रसाद (जन्म, सन् 1889 मृत्यु, सन् 1937)—श्री जयशंकर प्रसाद ने कहानी का लेखन सन् 1910 में प्रकाशित अपनी पत्रिका इन्दु से सन् 1917 में की। इनकी प्रथम कहानी **'ग्राम'** जो इसी इन्दु पत्रिका में प्रकाशित हुई और इनका कहानी लेखन का इतना सशक्त था कि सन् 1912 में इनका प्रथम कहानी संग्रह **छाया** प्रकाशित हुआ। जयशंकर प्रसाद अपनी कहानी के संदर्भ का मूल विषय भारतीय इतिहास को बनाते हैं जिससे भारतीय समाज अधिकांशतः परिचित था। स्वाधीनता के आन्दोलन के साथ लगता है, अपनी इन ऐतिहासिक कहानियों के माध्यम से प्रसाद भारतीयों को अपने इतिहास बोध के गौरवपूर्ण संदर्भों से परिचित कराना चाहते हैं। लगभग एक ही काल खण्ड के दो कहानीकार जयशंकर प्रसाद और प्रेमचन्द दो भिन्न-भिन्न दिशाओं को आधार बनाकर कहानी लेखन करते हैं जिनमें प्रथम का सम्बन्ध भारतीय इतिहास एवं संस्कृति बोध से है तो दूसरे का सम्बन्ध समसमायिक भोगे जाते हुए यथार्थ से।

जयशंकर प्रसाद के निम्नलिखित पाँच कहानी संग्रह इस रूप में इसी काल खण्ड में प्रकाशित हुए—(1) छाया (1925), (2) प्रतिध्वनि (1926), (3) आँधी (1929), (4) आकाश दीप (1937), (5) इन्द्रजाल (1938)

प्रसाद तत्कालीन भारतीय पाठक समाज को भारतीय संस्कृति को चरमशीर्ष में ले जाकर उसे विमर्श के लिए छोड़ देते हैं कि तुम अपने गौरवमय अतीत से अपने को जोड़कर इस भौतिकवादी संस्कृति से अलग हटकर मानवता, आदर्शप्रियता, मानवीय प्रेम, करुणा, दया, त्याग की संस्कृति से सम्बद्ध अपने भावी विकास के मार्ग का वरण करो। भारतीय संस्कृति का ऐतिहासिक गौरवमय अतीत ही इनकी कहानियों का मुख्य विषय है जो हिन्दी कथा साहित्य में धीरे-धीरे आज तक किसी-न-किसी रूप में दिखाई पड़ता है। वे भारतीय अतीत

के गौरवपूर्ण समाज में गर्व पूर्वक खड़े दिखाई पड़ते हैं।

(2) चन्द्रधर शर्मा गुलेरी (जन्म, सन् 1883, मृत्यु, सन् 1920)—प्रेमचन्द के प्रारम्भिक युग में हिन्दी कहानीकारों में अग्रगण्य चन्द्रधर शर्मा गुलेरी ही माने जाते हैं। उनकी लिखी हुई तीन कहानियाँ हैं। आपकी पहली कहानी सन् 1911 में लिखी गई और शीर्षक **सुखमय जीवन** है। यह भारतमित्र पत्रिका में इसी वर्ष 1911 में ही छपी थी। इनकी दूसरी तथा हिन्दी साहित्य में सर्वथा सर्वश्रेष्ठ स्वीकृत कहानी **उसने कहा था** सरस्वती पत्रिका में सन् 1914 में अर्थात् सुखमय जीवन कहानी के 4 वर्ष बाद छपी थी। इनकी तीसरी कहानी बुद्धू का काँटा सन् 1900 में छपी थी। चन्द्रधर शर्मा की कहानी का मूल संदर्भ **उसने कहा था** से है। यह कहानी प्रेम के लिये आत्मत्याग की संवेदना से जुड़कर पूर्णता प्राप्त करती है। वैसे यह कहानी विविध परिवेशों से जुड़े प्रायः पाँच कला क्षेत्रों में घूमती चलती है, और अंत में, सबका समाहार अपने समापन बिन्दु में करके एक संवेदना के साथ सम्पूर्ण कला फैलाव को जोड़कर कहानी को सार्थक बना देती है। कथानायक अतीत और वर्तमान अर्थात् सम्पूर्ण संवेदना की सार्थकता से सम्बद्ध कहानी को सम्पूर्णता प्रदान करता है।

(3) राधिका रमण प्रसाद सिंह (जन्म, सन् 1980, मृत्यु, सन् 1971)—पूर्व प्रेमचन्द युग में कथाकारों ने राधिका रमण प्रसाद सिंह की विशेष चर्चा उनके दो कहानी संग्रहों द्वारा की जाती है, वे हैं—कुसुमांजलीय (सन् 1992) तथा गाँधी टोपी (1938)। हिन्दी कहानी में अपनी भावुकतापूर्ण शैली के कारण ये इस युग में विशेष रूप से याद किये जाते हैं। इनकी कहानी का मूलाधार घटनाओं की क्रियात्मकता है और कला के साक्ष्य में सरल आदर्श मंडित साक्ष्य निरन्तर सामने आते हैं। इनकी कहानियों में प्रेममयी संवेदना से सम्बद्ध **कानों का कंगना** विशेष चर्चित रही है।

प्रेमचन्द युग
(सन् 1920–30 तक)

आधुनिक युग के कहानी साहित्य के उद्‌भव एवं विकास के इस तीसरे कालखण्ड का संदर्भ इसलिए सर्वाधिक महत्त्वपूर्ण रहा है कि इस युग मे कथाकारों ने पश्चिमी योरोपीय साहित्य में प्रचलित शार्ट स्टोरी के शिल्प, संवेदना तथा कथ्य इन तीनों को दृष्टियों को हिन्दी कहानी में उतारने तथा उसको पूर्णता प्रदान करने में सफलता प्राप्त की। इस युग ने हिन्दी कहानी जगत को प्रेमचन्द एवं जयंशकर प्रसाद जैसे कथाकार दिये और प्रचार तथा प्रचलन दोनों दृष्टियोंसे हिन्दी कहानी को परिपूर्णता प्रदान की। तीसरा सोपान जैसा कि कहा जा चुका है, यह सन् 1921 से 1930 तक स्वीकार किया जाना चाहिए। इस तीसरे सोपान में हिन्दी कहानी के प्रारम्भिक सोपान एवं द्वितीय सोपान के बाद उसे प्रत्येक दृष्टि से शीर्ष पर प्रतिष्ठित कर चुके बेचन शर्मा उग्र, विश्वस्मर नाथ कैशिक, रामकृष्ण दास आदि जैसे कहानीकारों

ने कहानी की रचना को नई दिशा प्रदान करने की। कथा में प्रेमसंदर्भ को परिवर्तित करके प्रायः समाज की भोगी जाती हुई यथार्थ की समस्याओं से जोड़कर देखने का इस युग का प्रयास विशेष महत्त्वपूर्ण है। इस युग में कई ऐतिहासिक कहानियाँ भी लिखी गई किन्तु उनमें समसायिकता की स्पष्ट झलक देखने को मिलती है।

कुल मिलाकर, हिन्दी कहानी के लेखन का स्पष्ट तथा व्यवस्थित रूप साहित्य में इस तीसरे विकास के कालखंण्ड सन् 1921 से 1930 में आया। हिन्दी साहित्य में इस युग को मुंशी प्रेमचन्द युग का नाम दिया जाता है और यह सर्वथा उचित है।

इस युग में कथाकारों के दो वर्ग स्पष्ट रूप से दिखाई पड़ते हैं—प्रथम वर्ग-प्रेमप्रधान भावात्मक संवेदनाओं को आधार बनाकर कहानी लेखन की दिशा में उन्मुख है तथा इसके कथाकार जयंशकर प्रसाद, चण्डिका प्रसाद हृदयेश आदि हैं किन्तु कहानी के इस द्वितीय वर्ग के समाज की यथार्थपरक सामाजिक संवेदनाओं से जुड़े कहानीकार हैं—प्रेमचन्द, वेचनशर्मा उग्र सुदर्शन आदि। यह द्वितीय वर्ग धीरे-धीरे हिन्दी कथा साहित्य में फैलता चला गया और अन्त में, इस कालखण्ड को हिन्दी का प्रेमचन्द युग के नाम से ही पुकारा जाने लगा।

इस कालखण्ड के कथासाहित्य की मुख्य प्रवृत्तियाँ इस प्रकार हैं—

प्रेमचन्द युग और उसकी प्रवृत्तियाँ

प्रेमचन्द्र युग की कहानियों के वस्तुविषय, उसकी यथार्थमयी अन्विति तथा शिल्परचनाविधान की उत्कृष्टता हिन्दी भाषा तथा साहित्य कौ गरिमा की अनुकूलता के आधार बने हैं और हिन्दी जगत में पहली बार इस विधा का सन्तुलित तथा व्यवस्थित रूप पाठकों के सामने आया। इन कहानियों के वैशिष्ट्य इस प्रकार है—

(1) सन् 1929 से 1930 तक व्याप्त युगबोध की प्रवृत्तियों को प्रेमचन्द ने पूरी तरह से झेलने का साहस पैदा किया है और उनकी सजग दृष्टि निरन्तर भारतीय आजादी के तनावपूर्ण परिवेश, जनान्दोलन, जागरण का व्यापक फैलाव तथा सम्पूर्ण जाति व्यवस्था से जुड़े जन समुदाय यथा ब्राह्मण, क्षत्रिय, वैश्य, शूद्र, हिन्दू, मुस्लिम, कामगर मजदूर, बच्चे, बूढ़े, युवक-पुरुष वर्ग तथा नारी वर्ग साथ ही, उनकी विविध समस्याएँ विवाह, बहु विवाह, बाल-विवाह, अन्तर्जातीय विवाह आदि-आदि सम्पूर्ण समाज एवं उसकी व्यवस्थाओं तथा दुर्व्यवस्थाओं पर निरन्तार (आजीवन) जगी रही। उनके मुक्तिसंघर्ष के नायक महात्मा गाँधी हैं। गाँधीवादी मान्यताओं से सम्बद्ध अहिंसा, सन्याग्रह, सत्य, निर्भयता, आदि उनकी केन्द्रीय विचारधारा है। इस संदर्भ में उनकी प्रसिद्ध कहानियाँ हैं, जुलूस, पत्नी के प्रति, उपहार आदि-आदि।

(2) अंग्रेजों की व्यापारवादी व्यवस्था में सामन्तवादी व्यवस्था के फैलाव, जमींदारों के

आतंक तथा इनके द्वारा किए जाने वाले उत्पीड़न तथा शोषण एवं अत्याचारों के यथार्थपूर्ण चित्रण प्रेमचन्द्र के कथा साहित्य में बार-बार आते हैं। अंग्रेजी सत्ता तथा उनसे जुड़े सामान्यवादी वर्ग का ऐसा गठबंधन इस युग में दिखाई पड़ता है, जिसमें पूर्वभारत तथा औपनिवेशिक भारत दोनों का रूप एकदम समिन्वत हो उठा है। एक ओर ब्राह्मण, क्षत्रिय, वैश्य, शूद्र, लोहार, कुम्हार आदि भारतीय कामगरों से जुड़ी व्यवस्था तो दूसरी ओर व्यवसायी, पूँजीवादी, वणिक समाज और उनके ऊपर जमीदार वर्ग एवं प्रशासन तथा अंग्रेज़ शासकों का दबाव भरा आतंक था। सम्पूर्ण कृषि व्यवस्था जमींदार एवं कृषकों के बीच आकर बैठ गई थी, श्रमिक एवं मजदूर वग धीरे-धीरे पूंजीवादी व्यावसायिक उद्योगों से जुड़ रहे थे।

यहाँ प्रशासनिक अधिकारी अंग्रेजों की शासन व्यवस्था के प्रतिनिधि एवं सबसे सम्मान्य वर्ग के थे। धर्म का पतनोन्मुखी रूप, साभाजिक परम्परागत दबी हुई पारिवारिक स्थिति, ग्रामीण, कस्बाई तथा शहरी जीवन, गहन यथार्थ तथा संकटग्रस्त व्यवस्था के रूप, विवाह के अन्तर्गत बाल विवाह, वृद्ध विवाह, बहु-विवाह जैसे रूप, धार्मिक उत्सव के परम्परागत रूप, तिथि, त्यौहार की पूर्व परम्पराएँ, यही नहीं, नये समाज यथा-सामंत, जमीदार, कृषक, मजदूर, कामगाजी, बाबू, चपरासी, साहब आदि के जीवन जीने की नई शैलियाँ तथा संदर्भ समाज में फैल चुके थे। प्रशासनिक तथा पुलिस वर्ग, राष्ट्रीय संघर्ष के आन्दोलन से जुड़े नेता आदि वर्णों तथा समाज रचना के व्यापक थे व्यापक यथार्थ के साथ प्रेमचन्द जैसे कहानीकार भोगे जाए हुए यथार्थ की कथा लिख रहे थे।

प्रेमचन्द इस युग के यथार्थ के प्रबल समर्थक एवं समाज के बीच प्रतिक्षण जागरूक तथा प्रेरणास्त्रोत लेखक का दायित्व निबाह रहे थे। इस समाज में प्रचलित कही गई और कोई भी दुर्व्यवस्था उनके सामने आने पर कहानी में उनकी भावात्मक प्रतिक्रिया पाठक के मन पर अंकित करने के लिए सजग दिखाई देती है। उनका विरोध अभावात्मक मूल्यों (Negative values) की भर्त्सना मात्र नहीं है, वरन् वे यथार्थ के गर्हित से गर्हित विम्ब/ जैसे कफन कहानी) को सामने लाने के प्रति संकल्पशील हैं। उनकी सम्पूर्ण कहानियाँ अंग्रेजकालीन भारतीय व्यवस्था के शोषण, उत्पीड़न के साथ भारतीय समाज की जातीय संरचना पर तीव्र प्रहार हैं।

प्रेमचन्द युग के कहानी लेखन की विशेषताएँ

1. प्रेमचन्द के युग का कहानी लेखन जैसा कि कहा गया है, दो भागों में विभक्त है। **प्रथम वर्ग**-जिसके नायक स्वयं प्रेमचन्द हैं, कहानी तथा समाज के यथार्थ को एक साथ जोड़कर आगे बढ़ाते हैं, किन्तु **दूसरा वर्ग** प्रेम तथा रोमांच को वर्तमान एवं इतिहास से जोड़कर सामने लाने के लिए प्रतिबद्ध है। इन्हीं के युग के बनारस के कवि तथा कथाकार जयशंकर प्रसाद उसके उदाहरण हैं। प्रेमचन्द के अपने सामाजिक यथार्थ के भोगे जाते हुए सच

को कहानी से जोड़कर बढ़ाने वाले इस दूसरे संवर्ग के कथाकारों की सूची इस प्रकार हैं—वेचन शर्मा उग्र, विश्वम्भर नाथ शर्मा, कौशिक, सुदर्शन आदि किसी-न-किसी रूप में प्रेमचन्द परम्परा से ही जुड़े हैं। इस कहानी परम्परा ने हिन्दी कथा लेखन में भारतीय समाज की अपनी समकालीन सामाजिक व्यवस्था के यथार्थ को लाने की चेष्टा की है। पीड़ित एवं सताये हुए जीवन के यथार्थ को समाज के सामने रखना इस कथा लेखन का लक्ष्य रहा है। नये जीवन संदर्भ के पीड़ित जन समुदाय के यथार्थपरक मानकों की तलाश इनका मुख्य लक्ष्य है।

2. इस युग के कहानी लेखकों का एक अन्य वर्ग भी सामाजिक मान्यताओं के साथ समर्पित मिलता है। जैसाकि इंगित किया गया है, इसका प्रतिनिधित्व जयशंकर प्रसाद करते हैं। इसकाल खण्ड तक प्रसाद कृत तीन कथा संग्रह प्रकाशित हो चुके थे—प्रतिध्वनि, आकाशदीप तथा आँधी। इनकी कहानियाँ सामाजिक संदर्भों के यथार्थवादी कैनवस पर आधारित होकर इतिहास बोध, प्रेम, रोमांस, समर्पण आदि से जुड़ी हैं। प्रसाद की शिल्परचना के यथार्थवादी स्वरों में निरन्तर बदलाव दिखाई पड़ता है। प्रसाद उस नये समाज के यथार्थ को इन कहानियों में नहीं ले आ सके जिनमें जीवित समाज का भावात्मक तथा रचनात्मक प्रवाह हैं। इसी काल के कथाकार चंडी प्रसाद हृदयेश, राजा राधिका-रमण प्रसाद सिंह आदि की कहानियों के धरातल भावात्मक तथा लयात्मक प्रवाह के स्रोतों से जुड़े हैं। इस परम्परा के अन्य कथाकारों में गोविन्द वल्लभपन्त, चतुरसेन शास्त्री आदि हैं जो उसी युग को भोग रहे हैं। प्रसाद की भाषा एवं उनकी कथा के संवेदनासूत्रों को चमत्कृत करने वाले सृजन तत्त्व मूल सूत्र न होकर प्रेम के संवेदनापूर्ण समर्पण शैली ही इस परम्परा की सबसे बड़ी देन है। इसी समर्पणपूर्ण प्रेमशैली के इसी युग के रचनाकार चन्द्रधर शर्मा, गुलेरी की **उसने कहा था** कहानी को श्रेष्ठता के शीर्ष प्रतिमान पर रखा गया।

3. वस्तुतः सन् 1920 से लेकर 1930 तक का हिन्दी कहानी का सृजन-काल कथाकारों के लिए सजगता एवं सर्जनात्मक संघर्ष का युग था और इस संघर्ष में सर्वाधिक सफलता मुंशी प्रेमचन्द को ही मिली। नए वातावरण के सृजन में प्रेमचन्द की सीमाएँ स्पष्ट की जा चुकी है किन्तु इस कालखंण्ड में योरोपीय विचारधारा की जो आँच भारत पर पड़ रही थी, उनमें नये कथा सर्जक धीरे-धीरे परिवर्तित हो रहे थे। घटनाओं, परिस्थितियों, चरित्र रचना के मनोवैज्ञानिक आधारों के क्रम में फ्रायड की काम वासना एवं अवचेतन मन के दिवास्वप्न, रूसी साम्यवादी व्यवस्था के तेवर, पश्चिमी, कथासाहित्य के संदर्भो, कृतियों एवं रचनाकारों की चर्चाएँ भारत में घुमड़न शुरू कर चुकी थी। इन संदर्भो के कारण प्रेमचन्द्र युग के इसी सन् 20 से 30 के कालखण्ड से जुड़े इस प्रसंग के कहानीकार जैनेन्द्र जी का संदर्भ विशेष महत्त्वपूर्ण है। इस दृष्टि से उनकी कहानियाँ स्पर्धा (विदेशी कथा), खेल-(बाल मनोविज्ञान संदर्भ), दिल्ली (अवैध-शिशु संदर्भ) आदि देखी जा सकती हैं।

कुल मिलाकर, सन् 1920 से 30 तक का हिन्दी साहित्य का कहानी काल उक्त तीन

दृष्टियों का साक्ष्य रहा है।

1. जीवन के निम्नवर्ग से जुड़े यथार्थवादी स्वर जो भारतीय समाज की सही तस्वीर पेश करते हैं, के अग्रगण्य कथाकार प्रेमचन्द है। इसे गौरव पूर्ण कालखण्ड बनाने का श्रेय इन्हीं को है।
2. प्राचीन परम्परा एवं इतिहास को ले आकर उससे सम्बद्ध कथानकों को सामाजिक संदर्भ में रखने की चेष्टा भी कथासाहित्य में जयशंकर प्रसाद, राधिका रमण प्रसाद सिंह, चंडिका प्रसाद हृदयेश द्वारा रखी गई किन्तु समाज में अधिक इसे स्वीकृति नहीं मिली।
3. इसी युग में योरोपीय एवं रूस आदि के नये आन्दोलनों सें पश्चिमी कथासाहित्य के नये सूत्रों का प्रवेश भारत के सर्जनात्मक जगत में हुआ और उसके प्रभावस्वरूप कथासाहित्य में भारोपीय मनोविज्ञानवाद, व्यवसायिक संघर्ष आदि के संदर्भ प्रविष्ट हुए। कहानीकार जैनेन्द्र के कथा साहित्य की शुरुआत इसी युग की देन है।

प्रेमचन्द युग के प्रमुख कहानीकार

प्रेमचन्द की कहानी आदर्शोन्मुख यथार्थवादिता से प्रारम्भ होकर यथार्थ की ओर बढ़ती चली गई और उनकी अन्तिम कहानी कफन इस का सबसे बड़ा साक्ष्य है। सन् 1920 से 30 तक हिन्दी कहानी साहित्य के लेखन का प्रेमचन्द द्वारा निर्मित प्रभाव इतना आकर्षक रहा है कि आदर्शोन्मुख यथार्थवाद और यथार्थवाद के द्वन्द्वों से प्रेरित कई कथाकार इस परम्परा में सामने आये। डा० लक्ष्मी नारायण लाल ने अपनी महत्त्वपूर्ण कृति **हिन्दी कहानियों की शिल्पविधि का विकास** शीर्षक प्रकाशित शोध प्रबंध में प्रेमचन्द से प्रभावित उनके सामयिक या ठीक बाद के कहानीकारों के लिये शीर्षक किया है, **प्रेमचन्द संस्थान के कहानीकार** जिसके अन्तर्गत निम्नलिखित रचनाकारों के नाम हैं—विश्वम्भर नाथ शर्मा जिज्जा, जी० पी० श्रीवास्तव, राजा राधिका रमण प्रसाद सिंह, भगवती प्रसाद, वासुदेव तथा अन्य कहानीकारों में देवी दयाल मस्त, श्री राम शर्मा, चन्द्रगुप्त विद्यालंकर आदि हैं। जयशंकर प्रसाद की परम्परा से भिन्न, ये कथाकार प्रेम चन्द्र को आदर्श मानकर एवं कथा संदर्भों के उसी परिवेश से जोड़कर लिखने की परम्परा इन कहानी लेखकों द्वारा स्वीकार की गई जिनमें से कतिपय प्रमुख रचनाकारों के सदंर्भ इस प्रकार हैं—

(1) जी० पी० श्रीवास्तव (गंगा प्रसाद श्रीवास्तव) (जन्म, सन् 1890 मृत्यु, अज्ञात)—हिन्दी कहानी की हास्यरस की परम्परा के संवाहक के रूप में इन्होंने जयशंकर प्रसाद की इन्दु पत्रिका में पिकनिक नाम से पहली कहानी लिखी। इनका केवल एक ही कहानी संग्रह है, **लम्बी दाढ़ी** (सन् 1913)। वैसे इनकी कतिपय प्रसिद्ध हास्यरस की कहानियाँ निरन्तर चर्चा में रही है। मैं न बोलूँगी, झूठ मूठ, इनकी ये दो कहानियाँ विशेष

रूप से स्मरण की जाती हैं। वैसे, इनकी अधिकांशतः कहानियाँ असहज एवं अनैसर्गिक कथा संदर्भों के कारण सामान्यतः लोकप्रिय नहीं हो सकी हैं।

(2) विश्वम्भरनाथ शर्मा 'जिज्जा' (जन्म सन् 1905 मृत्यु अज्ञात)—प्रेमचन्द एवं जयशंकर प्रसाद के काल खण्ड में विश्वम्भर नाथ शर्मा मौलिक कहानी लेखन की दिशा में अग्रसर हुये थे। अतः इनको आलोचकों नेदोनों कहानीकारों की परम्परा से भी सम्बद्ध किया है। इनकी पहली कहानी **रक्षा-बन्धन** सन् 1913 में लिखी गई। इनकी साहित्य जगत में प्रसिद्ध कहानियाँ इस प्रकार हैं—प्रतिमा, ताई, इक्के वाला, अशिक्षित का ह्रदय, विदीर्ण ह्रदय, परदेशी आदि। इनकी कहानियों में रचनाशिल्प के गठन का प्रयास तो अवश्य मिलता है किन्तु अन्ततया अनुभवों के भावात्मक तादाम्य के अत्यधिक फैलाव के कारण पाठकों का ह्रदय पूरी तरह से इनकी कहानियों से जुड़ नहीं पाता।

(3) भगवती प्रसाद बाजपेयी (जन्म सन् 1899 तथा मृत्यु सन् अज्ञात)—प्रेमचन्द्र की कहानी परम्परा के अत्यन्त सशक्त कहानीकार भगवतीप्रसाद बाजपेयी के निम्नलिखित कहानी संग्रह प्रकाशित हुये हैं—(1) मधुपर्क, (2) हिलोर, (3) उतार चढ़ाव, (4) खाली बोतल, (5) मेरे सपने, (6) उपहार, (7) उतार चढ़ाव, (8) आदान प्रदान, (9) अंगारे, (10) स्नेह, (11) बाती और तेल। कहानी संग्रह **खाली बोतल की** भूमिका लिखते हुये आचार्य नन्ददुलारे बाजपेयी इनको अपने युग के श्रेष्ठ कहाननीकार के रूप में स्वीकृति प्रदान करते हैं। प्रेमचन्द्र की भाँति इन्होंने जीवन के कटु यथार्थ की भूमिका पर अपनी अनेक कहानियाँ की आधारभूमि तैयार की है। इनकी पहली कहानी **यमुना** सन् 1922 में प्रकाशित हुयी और तब से ये आजीवन कथा लेखन के प्रति प्रतिबद्ध रहे हैं। इनकी कहानियों के स्वर रोमांटिक यथार्थवाद से जुड़े पूरी तरह यथार्थ को छाया की ओर अग्रसर दिखाई पड़ते हैं और मुख्यतः इन्होंने मध्यवर्गीय समाज तथा उसके जीवन संदर्भों को अपनी कहानियों में उतारने के प्रति सचेष्टता दिखाई हैं।

निश्चित रूप से, यदि प्रेमचन्द की परम्परा के उनके समसामयिक तथा बाद का कोई कहानी लेखक हैं तो वह भगवती प्रसाद बाजपेयी ही हैं।

(4) सुदर्शन (जन्म सन् 1896, मृत्यु सन् अज्ञात)—प्रेमचन्द के समानान्तर कहानीकार सुदर्शन का लेखन हिन्दी जगत में पर्याप्त ख्याति प्राप्त हैं। उनके इस ख्याति का कारण है, कहानी में सुन्दर, रोचक, आकर्षक, मार्मिक प्रसंगों को आधार बनाकर रचना की प्रस्तुति और इस प्रस्तुति के कारण वे हिन्दी जगत में शीघ्र ही लोकप्रिय हो गए। उन्होंने कहानी लेखन बीस वर्ष की अवस्था से शुरू की और आजीवन इससे जुड़े रहे। उनके कुल संकलित तथा लिखित 14 कहानी संग्रह प्रकाशित हैं, जिनमें प्रमुख इस प्रकार हैं—

राम कुटिया (1917), पुष्पलता (1919), परिवर्तन (1923), फूलवती (1927), सुदर्शन सुमन (1934), कल्प मंजरी (1934)स, अँगूठी का मुकदमा (1939), खटपट

लाल (1940) आदि।

इनकी कहानियों की सबसे बड़ी विशेषता है, कथा प्रसंग को उठाकर उसका मार्मिकता में पर्यवसान करना ताकि वह रोचकता को समेटे हुए अपने समापन तक पाठक की उत्सुकता को लेकर चलती रहे। इसके होते हुए भी वे अपनी कहानियों में चमत्कार का समायोजन न करके कथा संदर्भ को स्थिरता देकर उसकी संवेदना की महानता से पाठकों को जोड़ना चाहते हैं। उनकी प्रसिद्ध कहानियाँ 'हार की जीत', मास्टर, हेरफेर, सन्यासी आदि विशेष रूप से चर्चा में रही है।

वस्तुविकास की दृष्टि से इनकी कहानियों का एक महत्त्वपूर्ण पक्ष अनावश्यक-विस्तार की प्रायः आलोचना होती रही है, फिर भी, शिल्प रचना एवं उद्देश्य तथा कथावस्तु के संयोजन की पटुता का समावेश उनकी कहानियों में निरन्तर देखा जाता है।

प्रेमचन्द युग में, प्रेमचन्द के बाद यदि कोई कहानीकार अत्यधिक चर्चित हुआ है, तो वह सुदर्शन ही हैं।

प्रेमचन्द्र के बाद नई कहानी का लेखन तथा नई कहानीकार (सन् 1930 से लेकर 1950 तक)

सन् 1930 से 1950 तक के कालखण्ड में हिन्दी कहानी लेखन में बदलाव तथा व्याप्ति दोनों संदर्भ विशेष रूप से तेजी के साथ प्रकट हुये। इस कथा खण्ड को डॉ. श्री कृष्णलाल ने संदर्भितकाल का नाम कहानी का संक्रान्तिकाल दिया है। वे बताते हैं कि संक्रान्तिकाल की इन नवीन प्रवृत्तियों ने जीवन दर्शन और व्यक्तित्व विश्लेषण में सर्वथा नूतन अध्याय उपस्थित किया है तथा इनसे कहानी कला में अपूर्व विस्तार तथा परिवर्तन हुये और विविध प्रयोगों के लिए मार्ग प्रशस्त हुआ।[1] इस विकास युग की प्रमुख प्रवृत्तियों में वे दो संदर्भों का विशेष उल्लेख करते हैं प्रथम है, मनोविज्ञान और दूसरा है, गाँधीवादी।[2] हिन्दी कहानी का विकास शीर्षक अपनी पुस्तक में प्रेमचन्दोत्तर हिन्दी कहानी के विकास की अवधारणाओं पर वे व्यापक रूप से चर्चा करते हैं और उनके अनुसार कहानी के विकास के मुख्य कारण हैं, भारत में प्रगतिशीलता का प्रवेश और प्रचार। प्रेमचन्द से भिन्न पाश्चात्य प्रभाव से उत्पन्न नये स्त्री पुरुष सम्बन्धों के प्रचलन, पश्चिमी रोमानियत का भारतीय सामाजिक व्यवस्था पर फैलाव, भारतीय परम्परा के नैतिक मानकों का व्यापक स्खलन, नई लोकतांत्रिक स्वाधीनता एवं आंचलिकता के प्रति लगाव आदि। इन नवीन परिवर्तनों से जुड़ी सामाजिकता के संदर्भों से अपने को जोड़े हुये प्रमुख कहानीकार इस कालखण्ड में इस प्रकार हैं—जैनेन्द्र कुमार, हीरानन्द सच्चिदानन्द वात्स्यायन 'अज्ञेय', यशपाल, उपेन्द्रनाथ अश्क, विष्णु

1. हिन्दी कहानियों की शिल्पविधि का विकास, पृ. 161
2. वही

प्रभाकर, अमृतलाल नागर, अमृतराय, रांगेय राघव, भैरव प्रसाद गुप्त आदि।

जैनेन्द्र कुमार (जन्म सन् 1905, मृत्यु सन् 1988)—जैनेन्द्र की समग्र कहानियाँ सात भागों से प्रकाशित हो चुकी हैं और इनके इन संग्रहों से उनकी विचारधाराओं का सहज अनुमान लगाया जा सकता है। इनकी विचारधाराएँ इस प्रकार हैं—

1. राष्ट्रीय और क्रान्तिवादी विचारधारा
2. बाल मनोविज्ञान के संदर्भ
3. दर्शन के विविध सामयिक संदर्भ, जैसे गाँधीवाद आदि
4. प्रेम और विवाह के नये संदर्भ
5. प्रेम के विविध रूप
6. सामाजिक तथा अन्य संदर्भों से जुड़ी कहानियाँ[1]

इनका प्रथम कहानीसंग्रह फाँसी (1929) के नाम से प्रकाशित हुआ। इसके बाद वे निरन्तर आजीवन लेखन से जुड़े रहे हैं। उसके प्रमुख कहानी संग्रह इस प्रकार हैं—

फाँसी (1929), वातायन (1930), मलिम देश की राजकन्या (1933), एक रात (1934), दो चिड़िया (1935), पाजेब (1942), जयसन्धि (1949) आदि।[2]

जैनेन्द्र कुमार हिन्दी कहानी परम्परा से जुड़े सर्वथा भिन्न रचना परम्परा के कहानीकार हैं। वे न प्रेमचन्द्र परम्परा की रखे जा सकते हैं और न जयशंकर प्रसाद की। डॉ. विजय माहन सिंह उन्हें यथार्थ नहीं वास्तविकता के मूल से जुड़े कहानीकार मानते हैं और इस प्रकार वह उन्हें प्रेमचन्द्र से भिन्न परम्परा का कहानीकार स्वीकार करते हैं। जयशंकर प्रसाद के इतिहासबोध में इतिहास का सांस्कृतिक आदर्श अभिव्यक्त होता है और किन्तु जैनेन्द्र में ऐसाा कुछ भी नहीं दिखाई पड़ता है। जैनेन्द्र की कहानियों की सबसे बड़ी विशेषता है, हिन्दी कहानी में नये, कथ्य और इस प्रवृत्ति के कारण के सर्वथा नई भाषा की रचना तथा प्रयोग।

(2) हीरानन्द सच्चिदानन्द वात्स्यायन 'अज्ञेय'—सामान्य रूप से अज्ञेय का कहानी लेखन का प्रारम्भ 1929 से स्वीकार किया जाता है और अपने जेल जीवन से उन्होंने कहानियों का लेखन प्रारम्भ किया था। अज्ञेय की सम्पूर्ण कहानियाँ भाग 1 तथा भाग 2, प्रकाशक, राजपाल एण्ड सन्स के अन्तर्गत प्रकाशित हैं। उनकी 9 कहानी संग्रहों के संदर्भ है। ये हैं—(1) विपथगा (1932), परम्परा (1944), कोठरी की बात (1945), शरणार्थी (1948), जयदोल (1954), अमरबल्लरी और अन्य कहानियाँ (1954), ये तेरे प्रतिरूप (1961) आदि।

अज्ञेय की कहानियों की सबसे बड़ी विशेषता है, आत्मकेन्दीमयता। उनके **मैं** का

1. हिन्दी साहित्य खण्ड 2 : टिप्पणी–जैनेन्द्र कुमार–टिप्पणीकार डॉ प्रतापनारायण टण्डन 3 : आधुनिक हिन्दी गद्य साहित्य का विकास और विश्लेषण, डॉ प्रतापनारायण टण्डन पृ० 418.
2. देखिए वही

बेमिसाल रूप उनकी रचनाओं में निरन्तर बना रहता है और उनकी कहानियाँ इससे मुक्त नहीं हो पाती हैं। प्रतीक तथा आत्मकेन्द्रित सादृश्यविधानों के कारण उनकी कहानियाँ पाठकों को कहीं-कहीं बोझिल बनती दिखाई पड़ती है। अज्ञेय की कहानियों के तीन संदर्भ विशेष महत्वपूर्ण हैं। प्रथम है (1) क्रान्तिकारिता के संदर्भ (2) प्रेम और संवेदनाशीलता से भरी आत्मकेन्द्रीयता की गहनता (3) समसामयिक प्रगतिशीलता के संदर्भ।

अज्ञेय की प्रारम्भिक कहानियाँ क्रान्तिकारिता के सदर्भों से जुड़ी हैं और विशेष रूप से आजादी के पूर्व क्रान्तिकारी दल से सम्बद्ध होने के कारण उनके जेल जीवन ने उन्हें उसी दिशा में कहानी लेखन के लिए प्रेरित किया, उनकी दूसरे वर्ग की कहानी रचनावृत्ति से जुड़ी आत्मकेन्द्रित संवेदना की है जैसे, लेटर-बाक्स, कवि प्रिया, अछूते फूल आदि। किन्तु यहाँ आत्म केन्द्रीयता के तत्त्व उनकी कहानी के संदर्भों को जकड़ने के लिए तत्पर दिखाई पड़ते हैं। उनकी आत्म केन्द्रित बौद्धिकता का जाल उनके कथा साहित्य पर निरन्तर व्याप्त मिलता है। अज्ञेय की कहानियों की प्रगतिशीलता का संदर्भ बौद्धिकता से टकराता चलता है। इस दृष्टि से 'खितान बाबू' शीर्षक कहानी देखी जा सकती है। हाथ पाँव फट जाने पर अपाहिज खितान बाबू' समाज से जीवन निर्वाह के लिए भीख नहीं मानते, वह तो क्रान्तिकारी योद्धा बनकर अनवरत मुक्ति आन्दोलन में भिड़े हुए हैं। अज्ञेय की इस प्रकार की क्रान्तिकारिता पूर्ण प्रगतिशीलता उनके चिन्तन के नए संदर्भों से जुड़ती है। वे भारतीय दरिद्रता के बीच प्रचलित हीनता से जुड़े आचरणों को नये रूपों में परिवर्तित करने के प्रति प्रतिबद्ध दिखाई पड़ते हैं, जिनके उदाहरण—**हजामत का साबुन, देवीसिंह** जैसी कहानियों में देखे जा सकते हैं।

(3) यशपाल (जन्म सन् 1903, मृत्यु अज्ञात)—यशपाल का प्रारम्भिक जीवन क्रान्तिकारी परिवेश में बीता और कई वर्षों तक उन्हें कारावास में व्यतीत करना पड़ा। सन् 1941 में उन्होंने 'विप्लव पत्रिका' निकाली और उसके बाद हिन्दी कथा लेखन में निरन्तर आजीवन सक्रिय रहे। वैसे तो, उनके सोलह कहानी संग्रह प्रकाशित हैं किन्तु उनमें से प्रमुख इस प्रकार हैं—ज्ञानदान (1944), अभिशप्त (1944), तर्क का तूफान (1943), भस्मावृत चिंगारी (1946), वो दुनिया (1948), फूलों का कुर्त्ता (1949), धर्मयुद्ध (1950), उत्तराधिकारी (1951), भूख के तीन दिन (1968) आदि आदि।

जैसा कि पहले निर्दिष्ट किया जा चुका है, यशपाल प्रगतिवादी परम्परा के लेखक हैं और इस दृष्टि से उनकी कहानियों पर प्रगतिवादी मान्यता का भरपूर प्रभाव है। भारतीय समाज के मध्यवर्ग इनकी कहानियों से विशेष रूप से सम्बद्ध है और वे इस मध्यवर्ती समाज के यथार्थपरक द्वन्द्वों का निरन्तर संघर्षपूर्ण चित्रण करते हैं। अपने लेखन के अन्तिम दौर में यशपाल की कहानियाँ पौराणिकता की ओर मुड़ती दिखाई पड़ती हैं जिनमें **करवा का व्रत, सच बोलने की भूल** आदि कहानियाँ आती हैं किन्तु उनकी रचना की मूल चेतना प्रगतिवादी

ही रही है और उनके कहानी लेखन में निरन्तर समाज परिवर्तन की यह प्रगतिवादी चेतना व्याप्त दिखाई पड़ती है।

उपेन्द्र नाथ अश्क (जन्म सन् 1910)—उपेन्द्र नाथ अश्क ने प्रेम चन्द्र की ही भाँति उर्दू में कहानी लेखन से अपनी कथा यात्रा प्रारम्भ की। सन् 1936 से पहले उनके उर्दू में दो कहानी संग्रह प्रकाश में आ चुके थे। ये हैं—'नवरत्न' और 'औरत की फितरत। उनकी प्रारम्भिक कहानियाँ 'मानवीय उदात्त मूल्यों' यथा दया, प्रेम, सौहार्द्र, आत्मीयता, आदि पर आधारित हैं। कहानी लेखन के उनके संदर्भ स्वयं उनके द्वारा लिखी पुस्तक' 'मेरे कहानी लेखन के संदर्भ', देखे जा सकते हैं। उनके कहानी संग्रह 'पिंजरा', छींटे आदि हैं। वैसे नीलाभ प्रकाशन, इलाहाबाद से 'उपेन्द्र नाथ अश्क' की सत्तर श्रेष्ठ कहानियाँ प्रकाशित हैं। इनकी परवर्ती कहानियाँ सामाजिक चेतना के विविध संदर्भो से जुड़ी हैं और इस प्रकार, अपनी कहानियों को ये सामाजिक परिवेश से पूरी तरह से जोड़ते दिखाई पड़ते हैं।

भैरव प्रसाद गुप्त (जन्म सन् 1918 तथा मृत्यु सन्)—भैरव प्रसाद गुप्त प्रगतिवादी विचारधारा के प्रतिबद्ध कथा लेखक रहे हैं। उन्हें हिन्दी साहित्य में नई कहानी के प्रवर्तन का श्रेय दिया जाता है और इलाहाबाद में उन्होंने 'कहानी' तथा 'नई कहानी' पत्रिकाओं के सम्पादन का कार्य करके उसके प्रचार प्रसार में विशेष योगदान दिया हैं। उनके कहानी संग्रह—**आँखों का सवाल, महफिल, सपने का अन्त तथा बलिदान की कहानियाँ, इन्सान, सितार के तार हैं। इनकी कहानियों की मूल संवेदन शोषित, पीड़ित दलित-समाज से सम्बद्ध हैं** और इनके कथा में, इन्होंने आजादी के संघर्ष से सम्बद्ध कहानियों की भी रचना की। ऐसी आजादी-रोज-रोज हो इस दिशा में एक महत्त्वपूर्ण संदेश देती है किन्तु मार्क्सवादी चेतना का संघर्ष इनकी कहानियों का मुख्य विषय रहा है और ये इसी के लिए प्रसिद्ध भी हैं।

नयी कहानी के लेखन की पृष्ठभूमि
(सन् 1930 से 1950 तक)

नये भारत की नई पृष्ठभूमि के संदर्भ में सन् 1930 से सन् 1950 तक के समय का विशेष महत्त्वपूर्ण स्थान है। इसी कालखण्ड में 1936 में प्रगतिशील आन्दोलन की स्थापना हुई थी और उसके 1936 के प्रथम अधिवेशन में मुंशी प्रेमचन्द का अध्यक्षीय भाषण हुआ। सन् 1942 में ही 'भारत छोड़ो' आन्दोलन का श्री गणेश हुआ और इसी प्रकरण में राष्ट्रीय कांग्रेस का सन् 1942 का बम्बई अधिवेशन का आजादी का प्रस्ताव आया, सन् 1946 में द्वितीय विश्व महायुद्ध की घोषणा, पन्द्रह अगस्त, सन् 1947 में भारत की आजादी तथा अंग्रेजी सत्ता से भारतीयों की मुक्ति, सन् 1950 में भारतीय लोकतांत्रिक व्यवस्था के लिए संविधान रचना आदि-आदि कितनी ऐतिहासिक घटनाएँ घटीं। भारतीय व्यवस्था के अनेक

वर्तमान संदर्भ इस 1930 से 1950 के कालान्तराल से जुड़े हैं।

नई लोकतांत्रिक व्यवस्था का गठन एवं पश्चिमी पूँजीवादी व्यवस्था से सम्बद्ध नये चिन्तन के नये संदर्भ, स्वतंत्रता आन्दोलनकाल में साहित्यकारों के जेल जीवन, नेता तथा प्रशासन के सामाजिक प्रभुत्व, गाँधीवादी जीवनदृष्टि आदि अनके नये संदर्भ कहानी जगत को निरन्तर प्रभावित करते रहे हैं। सन् 1930 से लेकर सन् 1950 तक भारतीय आन्दोलन के विविध संदर्भों ने सर्वाधिक प्रभाव कहानी साहित्य पर डाला है और सबसे कम प्रभाव कविता पर इस युग में दिखाई पड़ता है। फिर भी, सन् 1942 के बाद नई कविता का आन्दोलन पश्चिमी योरोपीय साहित्य एवं चिन्तन से जुड़कर लगभग सन् 1960 तक अधिक प्रभावी रहा और इस कालखण्ड में इसने अज्ञेय आदि नये कहानीकारों पर अपना असर डाला किन्तु इस संदर्भ में यदि सन् 1930 से लेकर सन् 1950 तक के कहानी साहित्य का मूल्यांकन किया जाए तो उसे नई भारतीय आधुनिकता की संवाहिका कहा जा सकता है। यह कालखण्ड हिन्दी कहानी लेखन का शीर्षकाल है।

यह सत्य है कि सन् 1930 के बाद का हिन्दी कहानी साहित्य जिस व्यापक परिवेश में लिखा गया है, उसका मूल्यांकन अभी तक पूरी तरह से नहीं हो पाया है। इस नई कहानी परम्परा में प्रेमचन्द की वरासत बरकार है, जिसमें भगवतीचरण वर्मा, अमृतलाल नागर आदि विशेष महत्त्वपूर्ण हैं। प्रेमचन्दयुगीन यथार्थ एवं आदर्शपरक यथार्थ, भावोन्मुखी प्रेम, रोमांस से मुक्ति की ओर ये कथाकार अधिक नहीं बढ़ पाए हैं फिर भी, परम्परा की छाप इन पर स्पष्ट रूप से दिखाई पड़ती है।

जैसाकि प्रारम्भ में कहा गया है कि इस युग में सामयिक आधुनिकता की छाप लेकर कई कहानीकार प्रकाश में आए हैं और उनका हिन्दी साहित्य में विधिवत् मूल्यांकन युगीनसंदर्भ को लेकर होना अपेक्षित है, इसमें निम्नलिखित कहानीकार विशेषरूप से महत्त्वपूर्ण है—

(1) उपेन्द्रनाथ 'अश्क'—अंकुर, नासूर, पिंजड़ा आदि कहानियाँ

(2) शिवप्रसाद सिंह—कर्मनासा की हार

(3) कमलेश्वर—मांस का दरिया

(4) राजेन्द्र यादव—एक दुनिया-समानान्तर

(5) यशपाल—अग्निशप्त, भस्माश्त, चिनगारी, वो दुनिया आदि

(6) अज्ञेय—विपन्यशा (1937), परम्परा, कोठी की बात

(7) भैरव प्रसाद गुप्त—इन्सान और मक्खियाँ, ऐसी आजादी रोज रोज हो, चाय का प्याला

(8) चन्द्रकिरण सोनरेक्सा—आदमखोर (संग्रह)

(9) पहाड़ी—छाया, सफर, नया रास्ता

इस परम्परा के कहानीकारों की एक लम्बी सूची है।

इस आधुनिकता की पृष्ठभूमि से जुड़ी कहानियों की कुछ नई विशेषताएँ है। केवल ग्राम्य व्यवस्था या बाहरी संकीर्णता के यथार्थवाद को तोड़कर उसे समाज के नये भारतीय जीवन के परिवेश से जोड़ा है और यहाँ उनके कारणों के व्यापक संदर्भो में तलाश है। एक ओर भैरव प्रसाद गुप्त में व्यापक भारतीय जीवन का ग्राम्य एवं बाहरी परिवेश जो शोषण एवं उत्पीड़न में फँसा कसमसा रहा है, उसकी मुक्ति का संघर्ष इस कथा साहित्य में दिखता है तो दूसरी ओर यशपाल का कहानी साहित्य सामाजिक यथार्थ तथा संघर्ष को गहराइयों तक पाठक के मन को पहुँचाकर उन्हें नए समाज का नया नक्शा तैयार करने के लिए विवश कर रहा है। इस युग के प्रमुख कथाकार अमृत राय एवं रांगेय राघव दोनों के कहानी-लेखन के संदर्भ आधुनिकता बोध से सम्पृक्त हैं। अमृतराय जहाँ आधुनिक विसंगतियों के पर्दे को नष्ट करते हुए उसके पीछे छिपी सामाजिक विसंगतियों को समाज के सामने लाते हैं वहीं रांगेय राघव यहाँ ऐसे स्पष्ट यथार्थपूर्ण जीवन जीने की सार्थकता को समाज से जोड़कर उसे उसका अनिवार्य अंग बनाने के लिए तत्पर हैं, जो आज की सार्थकता से सम्बद्ध है।

इसी संदर्भ में चन्द्रकिरण सोनरेक्सा का भी उल्लेख आवश्यक है। उन्होंने आधुनिक भारत के मध्यवर्गीय समाज से सम्बद्ध नारी जाति का जो यथार्थपरक एवं सामयिक मनोविज्ञान अपनी कहनियों में रखा है, उसका सम्बन्ध पुरुषों की प्रधानता एक नारीजाति की विवशता से सम्बद्ध है। यही विवशता, आगे आने वाले कहानी लेखन के परिवेश में नारी बोध एवं उनके उत्पीड़न का आधार बनकर कथा लेखिकाओं के लिए नारी जागरण की प्रेरणा स्रोत बना। इस युग के अन्य कहानी लेखकों यथा-अज्ञेय, कमलेश्वर, फशीश्वर नाथ रेणु आदि की समसामयिक आधुनिकता के आधारभूत संदर्भो से जुड़े हुए कहानी के उत्स हमारे वर्तमान संकटों के जीवन एवं उनसे सम्बद्ध संघर्षो के यथार्थपरक साक्ष्य हैं।

कुल मिलाकर, सन् 1930 से सन् 1950 तक का हिन्दी कहानी साहित्य का सामाजिक परिवेश जिस व्यापक फलक एवं उनकी वैश्विक समस्याओं को लेकर सामने आया है, वह भारतीय जीवन के बदलाव का सूचक तथा आधुनिकता की अवधारणा की समझ से समाज को बोधगम्य बनानेवाला संदर्भ रहा है।

इसी कालान्तराल के बीच नई कहानी की पृष्ठभूमि पूरी तरह से तैयार हुई और हिन्दी साहित्य में कहानी लेखन की नई परम्परा की शुरूआत भी दिखाई पड़ती है। इस प्रकार-इस सन् 1930 से सन् 1950 तक के कालखण्ड को नई कहानी की पृष्ठभूमि के रूप में स्वीकृति दी जाती है।

हिन्दी कहानी का नया परिदृश्य
(सन् 1951 से 70 तक)

हिन्दी कविता में प्रयोगवाद के आगमन के बाद जिस प्रकार नई कविता का आन्दोलन शुरू हुआ था, ठीक उसी के समानान्तर, इलाहाबाद में होने वाले साहित्यकार सम्मेलन में ही दिसम्बर, 1957 में नई कहानी का आन्दोलन शुरू हुआ था क्योंकि इसके पूर्व इसकी पृष्ठभूमि तैयार हो चुकी थी। सन् 1965 में प्रकाशित देवीशंकर अवस्थी की आलोचनात्मक कृति **नई कहानी संदर्भ और प्रकृति** प्रकाश में आई और इसी के समानन्तर डॉ. नामवर सिंह की पुस्तक **कहानी नई कहानी** भी प्रकाशित हो चुकी थी। डॉ. रामस्वरूप चतुर्वेदी ''हिन्दी साहित्य और संवदेना का विकास'' शीर्षक अपनी कृति में इस विषय पर इस प्रकार चर्चा करते हैं।

''कहानी के क्षेत्र में नई कहानी आन्दोलन नई कविता के सादृश्य पर सन् 1956 के आसपास आयोजित होता है। मुख्यरूप से तीन कहानीकार-मोहन- राकेश, राजेन्द्र यादव तथा कमलेश्वर और एक आलोचक नामवर सिंह और कहानी पत्रिकाओं के सम्पादक भैरव प्रसाद गुप्त के रचनात्मक तथा वैचारिक सहयोग से कहानी क्षेत्र में यह नई जागृति आती है। कुछ अन्य कहानीकार भी, इसके साथ, प्रारम्भ से हो जुड़े रहे मार्कण्डेय, शिवप्रसाद सिंह और निर्मल- वर्मा।''[1]

इलाहाबाद में सन् 1952 में सरस्वती प्रेस से **कहानी पत्रिका** निकली और उसके सम्पादक थे—श्रीपतराय एवं भैरव प्रसाद गुप्त। इसके बाद सन् 1960 में नई कहानियाँ पत्रिका इलाहाबाद से ही निकली और इसके सम्पादक थे, भैरवप्रसाद गुप्त। सन् 1956 के आसपास कहानी के आयोजन के समानान्तर इस **नई कहानी** के भैरवप्रसाद गुप्त का यह महत्त्वपूर्ण प्रयास रहा है कि नई कविता के सामान्तर नई कहानी की प्रतिष्ठा हो और इस विषय पर अपनी इस पत्रिका को पूरी तरह से मान्यताओं के साथ प्रतिष्ठित करने की दिशा में भैरव प्रसाद गुप्त का नाम अग्रगण्य है।[2] इसी संदर्भ में नामवर सिंह की**कहानी नई कहानी का संदर्भ** तथा देवीशंकर अवस्वी की कृति समकालीन कहानी-युगबोध का संदर्भ जुड़ता है। वैसे, भैरवप्रसाद गुप्त की पत्रिका **नई कहानियाँ** ने इस परम्परा से सम्बद्ध अनेक कथाकारों एवं विचारधारा से सम्बद्ध लेखकों की कहानियाँ तथा उनके आलेखों द्वारा इसे सशक्तता प्रदान करने में अपनी महत्त्वपूर्ण भूमिका निभाई है। आगे चलकर, इस नई कहानी विधा के संदर्भ में मधुरेश तथा **नई कहानी : नये सवाल** के लेखक श्री सत्यकाम ने नई कहानी दशा, दिशा, परम्परा एवं सम्भावनाओं पर गम्भीरतापूर्वक विचार किया है।

---

1. हिन्दी साहित्य और संवेदना का विकास-पृ0 284
2. भैरव प्रसाद गुप्त-सम्पादकीय अन्तर्हष्टि, पृ0 64 से 84 तक

कहानी परम्परा से हटकर, उससे भिन्न अनेक अलगाववादी प्रवृत्तियों को केन्द्र में रखकर इस नई कहानी परम्परा को प्रतिष्ठित किया गया है।

नई कहानी के अर्थ एवं स्वरूप के प्रकरण इस प्रकार हैं : डॉ. नामवर सिंह ने नई कहानीकारों में पहला नाम निर्मल वर्मा का रखा है[1] और उनके अनुसार हिन्दी की पहली नई कहानी **परिंदें** है। मूलतः यहाँ नई कहानी की प्रवृत्ति कला में प्रचलित यथार्थ-जीवन में भोगा जाता हुआ यथार्थ से भिन्न यथार्थ है और यही नई कहानी का आधार है। इस भोगे जाते हुए यथार्थ का संदर्भ सद्य भुक्तभोगी क्षण से है, और यही यथार्थ का जीवन्त प्रमाण है। इस परिंदें संग्रह की सात कहानियों में वे उसकी सातों कहानियों को इन नये मानकों पर तौलने की चेष्ठा करते हैं। इस भोगे जाते हुए यथार्थ का नायक **मैं है और इस मैं** का अर्थ अपने निजी भोगे जाते हुए यथार्थ का सत्य : भोगा जाता क्षण, नई कहानी का नयापन है। इसी प्रकार, इन कहानियों के अन्तर्गत वर्तमान समाज एवं उससे जुड़ें हरएक व्यक्ति की आज की निजी हताशा, निराशा, पीड़ा, कुंठा, पराजय, मजबूरी, साामजिक विघटन तथा परिवर्तन के रूपों, विखंडित नैतिकता के विविध संदर्भों मनुष्य के मैं या अपने वैयक्तिक भोगे जाते हुए यथार्थ को आज किन रूपों में सामने रख रहे हैं, इस नई कहानी के ये नये संदर्भ-आज के खोजे गए तथा स्थापित मूल्यों के समानान्तर दिखते हैं।[2] डॉ. नामवर सिंह के समानान्तर ही नई कहानी के संदर्भ में एक नितान्त जागरूक नये आलोचक डॉ. सत्यकाम ने अपनी पुस्तक ''नई कहानी : नये सवाल'' में रखा है। उन्होंने इस कृति के द्वारा स्पष्ट किया है कि सन् 1960 की कहानियों का मूल निष्कर्ष इस संदर्भ में इस प्रकार है—

''नई कहानी ने हमारे सामने नये सवाल खड़े किये और नये ढंग से सवालों के जवाब दिये। उनकी अभिव्यक्ति की शैली भी बदली। प्रतीक और बिम्ब के वाहक बने। कथाकार ने मैं को केन्द्र में रखा और सबकुछ मै से कहलवाया। पाठक और कथाकार की आत्ममयता और कहानी की विश्वसनयीता बढ़ी क्योंकि नये कहानीकारों ने कसम खाई थी कि जो कहूँगा सच कहूँगा, सच के सिवा कुछ नहीं कहूँगा।''[3]

डॉ. नामवर सिंह और सत्यकाम के साथ इस विषय के तीसरे विचारक 'मघुरेश' जी हैं। उन्होंने अपनी पुस्तक 'हिन्दी कहानी का विकास और लेखक' मधुरेश' जी हैं उन्होंने अपनी पुस्तक 'हिन्दी कहानी का विकास' अन्तर्गत नई कहानी' शीर्षक के अन्तर्गत इस विषय पर आत्यन्तिक गम्भीरता से विचार किया है। मधुरेश जी की मान्यता है कि आजादी के बाद तथा पश्चिमी एवं रूसी प्रभावों से उत्पन्न आधुनिकता ने हिन्दी समाज पर जो प्रभाव डाला है, उससे धीरे-धीरे यह समाज परम्परागत रूढ़ियों, नैतिकता तथा धार्मिकता, सामाजिक संयमों के बने बनाये मानकों आदि को तोड़ना शुरू कर दिया है। नई आधुनिकता का प्रवेश

1. कहानी नई कहानी, नामवरसिंह, पृ0 52
2. नये प्रतिमान : पुराने निकर्ष : लक्ष्मीकान्त वर्मा
3. सत्यकाम : नई कहानी नये सवाल, पृ0 34

इस बदलाव के कारण नई कहानी में आया और साहित्य के विविध रूपों यथा कविता, उपन्यास, कहानी आदि पर इसका प्रभाव परिवर्तन के साथ-साथ धीरे-धीरे प्रविष्ट होकर छठी तथा सातवीं शती तक कर रहा। इसने विदेशी प्रभाव से विकसित भारतीय स्वभाव को योरोपीय समाज जैसा दिखाना शुरू किया।

डॉ. नामवर सिंह एवं सत्यकाम आज नई कहानी के संदर्भ में कहानी के बाद बदली हुई इन मान्यताओं को पश्चिमी पूँजीवादी व्यवस्था के निषेधात्मक (Negative) मूल्यों से जोड़ते हैं जो अपने आप में आज का सच-सा दिखता है। ऐसी ही, आधुनिकता की व्याख्या डॉ. साधना शाह-अपनी आलोचनात्मक पुस्तक '**हिन्दी कहानी संरचना तथा संवदेना**' में करती है। उनके अनुसार नई कहानी की आधुनिकता के लक्षण इस प्रकार हैं—

1. सामाजिक बोध और यथार्थ तथा इनके केन्द्र में 'मैं'
2. सद्यःनवता अर्थात् परम्परा से मुक्ति
3. वैज्ञानिक दृष्टि
4. स्त्री की स्वीकृति
5. जिज्ञासा और सतर्कता ....आदि।

डॉ. लक्ष्मीकान्त वर्मा अपनी दो कृतियाँ नई कविता के प्रतिमान तथा नये प्रतिमान **पुराने निकष** में बहुत पहले इन संदर्भो पर चर्चा कर चुके हैं। लक्ष्मीकान्त वर्मा द्वारा निर्दिष्ट आधुनिकता का एक महत्त्वपूर्ण संदर्भ यहाँ छूट गया है, वह है—

"सामयिकता के क्षण का भोगा जाता हुआ यथार्थ का सत्य इस प्रकार नई कविता की हो भाँति नई कहानी में भी आजादी के बाद भारतीय समाज में अवतरित आधुनिकता बोध से सम्बद्ध और उसके वर्तमान क्षण का भोगा जाता हुआ यथार्थ-इस कहानी की मूल चेतना है। उस सर्जक के भोगने में सबसे प्रभावशाली संदर्भ मै या मैं का भोग है।"

श्री मधुरेश ने नई कहानी के संदर्भ में जिन आधुनिक कथाकारों के सृजन का उल्लेख किया है—वे ये हैं—

मोहन राकेश, राजेन्द्र यादव, कमलेश्वर, निर्मल वर्मा, फणीश्वर नाथ 'रेणु', शिव प्रसाद सिंह, हरिशंकर परासाई शानी तथा महिला कथाकारों में- कृष्णा सोवती, उषा प्रियंवदा, मन्नू भंडारी आदि।[1]

हिन्दी कहानी सन् 1971–2000 तक

नई कहानी आन्दोलन के बाद तो हिन्दी कहानी साहित्य में व्यापक हलचल उठ खड़ी हुई। नई-नई मान्यताओं एवं नये-नये सामाजिक परिदृश्यों में बदले भारतीय यथार्थ के

1. नई कहानी का विकास – मधुरेश, पृ० 58

परिदृश्य तथा कथाकारों की आगे बढ़ निकलने की महत्वाकांक्षाओं ने अनेक मार्गों की तलाश करके नई स्थापनाओं की बाढ़-सी लगा दी और इस संदर्भ में आज साहित्य में चर्चित नई कथाधाराएँ इस रूप में स्थापित हो चुकी हैं—

(1) सचेतन कहानी

(2) अ-कहानी

(3) समानान्तर कहानी

(4) जनवादी कहानी

(5) स्त्री विमर्श की कहानी

(6) प्रजातांत्रिक व्यवस्था की कहानी

हिन्दी कहानी और नये कहानीकार
(1951 से 1970 तक)

नई कहानी से जुड़ी आधुनिकता के यथार्थ को अपनी कथात्मक अभिव्यक्ति का विषय बनाने वाले प्रमुख लेखक इस प्रकार हैं—मोहन राकेश, राजेन्द्र यादव, कमलेश्वर, शिव प्रसाद सिंह, हरिशंकर पारसाई। इन कहानीकारों का संक्षिप्त विवरण संदर्भ इस प्रकार है—

नई कहानी का आन्दोलन सन् 1943 में नई कविता के आन्दोलन के दबाव में शुरू होना जैसा लगता है और भारतीय लोकतांत्रिकता से उतना सम्बद्ध नहीं है, जितना पश्चिमी योरोपीयता से जुड़े पूँजीवादी-यथार्थवादी-अस्तित्ववादी अहंवादी तथा समसामयिकता के परिवेश में बँधे-बँधाये सम्बद्धों एवं उसके द्वारा दी गई आधुनिकता से है। इन संदर्भों से जुड़े प्रमुख कहानीकारों का संक्षिप्त विवरण इस प्रकार है—

(1) मोहन राकेश (जन्म सन् 1925-1972)—मोहन राकेश की कहानियों में आधुनिकता का सर्वाधिक महत्वपूर्ण संदर्भ पुरुष नारी जीवन की दूरी तथा उनमें वर्तमान अहंवादी वृत्तियों के कारण वर्तमान जीवन के एकाकीपन का भोग है। इनकी कहानियों के संग्रह इस प्रकार हैं—इंसान के खँडहर, नये बादल, जानवर और जानवर, एक और जिन्दगी आदि।

राजेन्द्र यादव—राजेन्द्र यादव ने सन् 1947 से कहानी लेखन प्रारम्भ किया था और उनी पहली कहानी इसी वर्ष अर्थात् 1947 में प्रकाशित हुई थी। राजेन्द्र यादव के कई कहानी संग्रह प्रकाशित हो चुके हैं। इनके प्रमुख कहानी संग्रह इस प्रकार हैं—

लहरें और परछाइयाँ, देवताओं की मूर्तियाँ, अभिमन्यु की आत्मकथा, छोटे-छोटे ताजमहल, वहाँ तक पहुँचने की दौड़ आदि। राजेन्द्र यादव की कहानियों का मूल संदर्भ स्वतंत्रता प्राप्ति के बाद मध्यवर्गीय जीवन चेतना में होने वाले प्रारम्भिक परिवर्तनों तथा बदलावों से जुड़ा है। यह बदलाव धीरे-धीरे घटित होता हुआ कहानी से जुड़े विविध संदर्भों को अस्थिरता से जोड़ते हुए अन्त में परिवर्तित जीवन शैली से जुड़कर नया बनाता है।

अमरकान्त—इनकी कहानियों का संदर्भ लोक जीवन की आंचलिकता से सम्बद्ध है और वे अपनी कहानियों द्वारा भारतीय ग्राम्य जीवन की नितान्त भोगी हुई आत्मीयता से अपने को जोड़े हुए उन्हीं समस्याओं को ये कहानियों की प्रस्तुति पर बल देते हैं। मध्यवर्गीय नई कहानी के सामयिक लेखन के परिवेश में ये ग्रामीण जीवन और उससे सम्बद्ध आंचलिकता को कथा का परिवेश बनाते हैं। उनकी प्रमुख कहानियों में हत्यारे, जिन्दगी और जोंक, छिपकली आदि विशेष महत्त्वपूर्ण मानी जाती हैं।

कमलेश्वर—कमलेश्वर की कहानियों का मूल विषय नगर तथा कस्बे में यथार्थ से जोड़कर उन्हें मध्यवर्गीय घटित हो रहे जीवन के संदर्भों के विविध चित्रों को सामने लाना हैं। श्री मधुरेश उनकी कहानियों को नई कविता से जुड़े अस्तित्ववाद से सम्बद्ध करके देखते हैं। वे कहते हैं कि उनकी कहानी में "अजनबीपन और अ-लगाव का यह बोध उसी अस्तित्ववादी दर्शन और साहित्य की अनुगूँज है, जिसकी धुंध नई कविता में छाई हुई थी।"[1]

कमलेश्वर के कहानी संग्रह सन् 1959 **राजा निरवंसिया** से शुरू हुआ और वैसे 1946-50 की अवधि में कमलेश्वर 15 कहानियाँ लिख चुके थे।[2] सन् 1947 में उनका 'फरार' कहानी संग्रह प्रकाशित हो चुका था। उनके अन्य कहानी संग्रह, कस्बे का आदमी (1958), खोई हुई दिशाएँ (1963), मांस का दरिया (1966), बयान (1973) है।

इनकी अन्तिम दौर की कहानियों में नारी शोषण, उत्पीड़न से मुक्ति के संदर्भ प्रकारान्तर भाव से काम वासना के प्रचलित मानकों से मुक्ति दिलाने की उनमें दृष्टि मिलती है।

निर्मल वर्मा—वामपंथी लेखन की विचारधारा से जुड़े निर्मल वर्मा अन्त में उसे छोड़कर मध्यवर्गीय जीवन के परिदृश्यों से जुड़ी नई कहानी के लेखक बन जाते हैं और उनके कई संकलन प्रकाश में आए। इनका प्रथम कहानी संकलन **परिन्दे** सन् 1960 में प्रकाशित हुआ था। इसके बाद, इनके अन्य संकलन **जलती झाड़ी** (1965), **पिछली गर्मियों में** (1968), **बीच बहस में** (1975 **), कौवे और काला पानी** (1983), **सूखा और अन्य कहानियाँ** (1995) प्रकाशित हुए। योरोपीय आधुनिकता और उसके अस्तित्ववादी जीवन चिन्तन से जुड़ी उनकी कहानियाँ भारतीय यथार्थ से पर्याप्त दूर हैं। उनकी कुछ ही कहानियाँ हैं जो भारतीयता के परम्परावादी संदर्भों के व्यंग्य से सम्बद्ध की जा सकती है। उनकी कहानी संग्रह **जलती झाड़ी, कौवे और काला पानी** तथा **बीच बहस में** तथा अन्य कहानियाँ योरोपीय व्यवस्था की व्यक्तिवादी आधुनिकता तथा अहंवादी मन्तव्यों से पूर्णतः जुड़ी हैं। नई कविता के समानान्तर ही 'नई कहानी' को एक जैसी मान्यता से जोड़ना इनके कहानी लेखन का बड़ा स्पष्ट परिवेश समाने उभर कर आता है।

मार्कण्डेय (जन्म सन् 1930 मृत्यु सन् 2010)—ग्राम्य जीवन की विषमताओं

---

1. हिन्दी कहानी का विकास–सुमित प्रकाशन–मधुरेश, पृष्ठ 83.
2. हिन्दी कहानी का इतिहास–1900-1950–डॉ. गोपाल राय, पृष्ठ 440.

से जुड़े प्रगतिवादी कथाकार मार्कण्डेय की कहानियाँ इस कालखंड से लेकर सन् 2000 तक बराबर चर्चित रही हैं। इस दिशा में इनकी कई कहानियों के संग्रह विशेष रूप से लोकप्रिय रहे हैं—

पानफूल (1954), पत्थर और परछाइयाँ (1956), महुए का पेड़ (1957), हंसा जाइ अकेला (1957), भूदान (1958), माही (1962) आदि। उनका अन्तिम कहानी संग्रह **हलयोग** विशेष प्रसिद्ध रहा है। इनकी कहानियाँ सामान्यतया यथार्थ से शुरू होती हैं किन्तु आदर्श के घरौंदों के टकराती हुई अन्त में जीवन की निराशा के साथ किन्तु यथार्थ में ही डूब कर समाप्त हो उठती है। मार्कण्डेय के कथा शिल्प की सबसे बड़ी विशेषता यही है कि ग्रामीण परिवेश एवं व्यवस्था को सम्पूर्णतः कथा के आधार के रूप में चयनित कर के वे उसे नये परिवर्तन की पृष्ठभूमि से जोड़कर आकर्षण का विषय बना देते हैं।

इस सन् 1951 से लेकर 1970 तक के कहानीकारों की एक लम्बी तालिका है, जिसमें शिव प्रसाद सिंह, फणीश्वर नाथ रेणु, हरिशंकर पारसाई, ज्ञानी, उषाप्रियंवदा आदि को विशेष स्थान प्राप्त है।

हिन्दी कहानी का समसामायिक दौर
(सन् 1971 से 2010 तक)

नई कविता के प्रारम्भिक दौर में नई कहानी का जो वातावरण निर्मित हुआ, उसकी चर्चा सन् 1951 से 1970 के कहानी सृजन परिवेश में चर्चा की जा चुकी है। सन् 1970 की पृष्ठभूमि के साथ योरोपीय लेखन संदर्भों की व्यापक चर्चा ने हिन्दी कथा साहित्य को जिस रूप में प्रभावित किया उसका गम्भीर प्रभाव इस युग की कहानियों पर पड़ा है। इन कहानियों के रचना संदर्भों में यथार्थवाद एवं नितान्त अहंवादी वैयक्तिकता के जटिल-से-जटिल रूप साहित्य में आकर भारतीय परिवेश को योरोपीय परिवेश जैसा रूप निर्मित करना शुरू करते हैं। कहानियों में सामाजिक विद्रूपताओं के गर्हित-से-गर्हित रूप सामने ले आकर कहानी लेखकों ने पाठकों को मानवीय संवेदना के अस्थिरीकरण तथा भेदसपन के बीच खड़ा करके उन्हें कुंठाओं से जूझने का वातावरण निर्मित किया। इस कालखंड में कहानियों के विविध रूप और विविध सामाजिक दिशाएँ सामने आई हैं और ये रूप एवं दिशाएँ इस प्रकार हैं—

(1) अ-कहानी
(2) सचेतन कहानी
(3) समान्तर कहानी
(4) जनवादी कहानी[1]

1. देखिए उन हिन्दी कहानी का विकास–मधुरेश कृत हिन्दी कहानी संरचना और संवेदना (छठें, सातवें तथा आठवें दशक के संदर्भ में, डॉ. साधना शाह तथा कहानी नये सवाल–सत्यकाम।

डॉ. साधना शाह ने इस युग की कहानी के मन्तव्य तथा रचना विधान का संदर्भ पूरी तरह से आधुनिक योरोपीय पूँजीवादी व्यवस्था के समाज तंत्रों से जोड़कर यह सिद्ध करने की चेष्टा की है कि योरोपीय आधुनिकता भारतीय परिवेश में आकर नये सामाजिक संदर्भों के निर्माण में सक्रिय है, जिसके सिद्धान्त सूत्र इस प्रकार हैं—

(1) परम्परा का विरोध तथा नवीनता और समकालीनता

(2) वैज्ञानिक दृष्टिकोण और उससे जुड़ा संकान्ति का संकट

(3) क्षण की सार्थकता, विकल्प की स्वतंत्रता तथा व्यक्ति स्वाधीनता

(4) आराजकता[1]

(1) अ-कहानी—हिन्दी में अ-कविता आन्दोलन के साथ-ही-साथ कहानी के क्षेत्र में अ-कहानी का आन्दोलन उसी संदर्भ से शुरू हुआ। 'अ-कहानी' का तात्पर्य अब तक चले आ रहे कहानी के मूल्य, मान-शिल्प विधाओं से मुक्त होकर सर्वथा उनसे भिन्न एवं नये पैटर्न की तालश है, जो सामयिक-बोध के यथार्थ को सामने रख सके। इस कहानीविधा के आधुनिक लेखक हैं—गंगा प्रसाद विमल, रवीन्द्र कालिया, दूधनाथ सिंह, जगदीश चतुर्वेदी आदि। पुराने का टूटना एवं उसी से जुड़कर नये संदर्भ का नया निर्माण इस कथा संदर्भ का विशेष प्रतिफल है।

(2) सचेतन कहानी—सचेतन कहानी की अवधारणा को सामने लाने का श्रेय कहानीकार महीप सिंह को हैं, इन्होंने सन् 1964 में आधार पत्रिका के विशेषांक सचेतन कहानी (का विशेषांक) के माध्यम से इसे सिद्ध करने का प्रयास किया है। उनके अनुसार आज का सामाजिक जीवन दो भागों में विभक्त है—प्रथम भविष्य के दिवा स्वप्नों से भरी कल्पना और ममता तथा द्वितीय वर्तमान की भोगी जाती हुई यथार्थवादी कुंठा। हमारी कहानियों जीवन के इन दो पार्श्वों की निष्क्रियता से मुक्ति की कहानी हैं। आधुनिक कहानी की इस कथा धारा से जुड़े कहानीकार महीप सिंह, मनहर चौहान, कुलभूषण है।[2]

(3) समान्तर कहानी—श्री मधुरेश ने इस समानान्तर कहानी का प्रारम्भ कमलेश्वर द्वारा सम्पादित 'सारिका' पत्रिका से स्वीकार किया हैं। समानान्तर कहानी श्री मधुरेश के शब्दों में "प्रतिबद्धता से मुक्ति का आह्वान करके कहानी नये मनुष्य और समाजवादी समाज की स्थापना के संदर्भ में आम आदमी की अपनी चिन्ता को अपने केन्द्र में रखकर चलने का दावा प्रस्तुत करती है।[3] डा० साधना शाह समानान्तर कहानी पर डॉ. नरेन्द्र मोहन की टिप्पणी देती हुई इस आन्दोलन के समापन की घोषणा करती हैं—

"यह अच्छी बात है, इस दौर में ऐसे अनेक युवा कहानीकार आए हैं, जिन्होंने

1. हिन्दी कहानी : संरचना और संवदेना पृ० 26.

2. हिन्दी कहानी का विकास–मुधरेश, पृ० 412.

3. वही–वही–पृ० 136.

यथास्थितिवादी प्रपंच (समान्तर कहानी)'' और छद्म क्रान्तिकारिता (सक्रिय कहानी) को छिन्न-भिन्न कर दिया।''[1]

समानान्तर कहानी से जुड़े कहानीकारों के नाम इस प्रकार हैं—से० रा० यात्री, जितेन्द्र भाटिया, इब्राहिम शरीफ, दामोदर सदन, स्वदेश दीपक, आलम खान, निरुपमा सेवती, सुधा अरोड़ा आदि।[2]

(4) जनवादी कहानी—जनवादी कहानी का आन्दोलन भारतीय आजादी के बाद लोकतंत्रात्मक व्यवस्था की स्थापना के बाद प्रगतिवादी विचारधारा के लेखकों द्वारा की गई। यद्यपि जनवादी लेखक संघ की स्थापना सन् 1982 में हुई फिर भी, लोक जीवन के व्यापक यथार्थ से अपने को जोड़े हुए आधुनिक हिन्दी साहित्य के कवि, लेखक तथा कहानीकार प्रगतिवादी जन चेतना के प्रकाश में अपनी बातें कहने के लिए प्रतिबद्ध दिखाई पड़ते हैं। हिन्दी कहानी पर भी इस आन्दोलन का प्रभाव आठवें नवें दशकों से दिखाई पड़ने लगता है। मधुरेश ने इस धारा के कहानीकारों का उल्लेख इस प्रकार किया है—भीष्म साहनी, अमरकांत, मार्कण्डेय, शेखर जोशी, ज्ञानरंजन, काशी नाथ सिंह, सतीश जमाली, इसराइल, मधुकर सिंह, रमेश उपाध्याय, विजयकांत।

हिन्दी जनवादी कहानी का यह आन्दोलन आज भी सक्रिय है।

लघु-कथा तथा प्रमुख कथाकार

भारतीय कथा परम्परा में लघु-कथाओं की एक सुदीर्घ परम्परा दिखाई देती है। यद्यपि यह कथा-परम्परा तत्कालीन कथा परम्परा से अलग संरचनात्मक स्वरूप रखती है फिर भी, विधा की दृष्टि से अलग नहीं है। इसमें पंचतन्त्र, हितोपदेश एवं जातक कथाएँ अत्यन्त महत्त्वपूर्ण हैं। ये लघुकथाएँ अपनी रचनाधर्मिता के कारण विश्वभर में प्रसिद्ध हुईं और प्राचीनकाल से ही अनेक भाषाओं में अनुदित होती रहीं। यह परम्परा यद्यपि संस्कृत की कथा परम्परा से जुड़ी है, लेकिन भारतीय जातीयता का प्रतिबिम्ब होने के कारण हिन्दी कथा परम्परा से ही यथावत् ग्रहीत नहीं हुई हैं। ऐसा नहीं है कि इस विधा का यह लघु संस्करण कहानी विधा में ही दिखाई देता है; बल्कि काव्य, नाटक, उपन्यास आदि विधाओं में भी यह प्रवृत्ति दिखाई पड़ती है। एक लम्बी यात्रा तय करके आधुनिक काल में लगभग सभी विधाओं के इन लघु-संस्करणों ने अपना स्वतन्त्र स्वरूप ग्रहण कर लिया है। कहानी में यह स्थिति कुछ विलम्ब से आई और लगभग आठवें दशक के बाद लघु-कथा विधा के रूप में यह स्वतन्त्र पहचान स्थापित कर सकी।

हिन्दी कथा-साहित्य को वास्तविक पहचान मुंशी प्रेमचन्द के आगमन के साथ मिली।

---

1. इस उद्धरण के लिए देखिए– हिन्दी कहानी : संरचना और संवेदना–डॉ. साधना शाह, पृ० 88.
2. देखिए–हिन्दी कहानी का विकास–मधुरेश, पृ० 134 से 149.

प्रेमचन्द के पूर्व छिटपुट कहानीकारों की कुछेक प्रभावशाली कहानियाँ ही कथाजगत में दिखाई देती हैं। मुंशी प्रेमचन्द ने एक के बाद एक अनेक प्रसिद्ध कहानियों की रचना कर हिन्दी कहानी को एक सशक्त विधा के रूप में स्थापित किया है। इस क्रम में उनकी कुछेक कहानियाँ हैं जो बनावट की दृष्टि से लघुकथा के रूप में परिगणित हो सकती हैं और लघु-कथा के उद्‌भव को प्रेमचन्द के साथ जोड़कर देखा जा सकता है। इस दृष्टि से उनकी नशा, जादू, ठाकुर का कुआँ कहानियाँ रेखांकित की जा सकती हैं। इसके अतिरिक्त समकालीन कवि-कथाकार-नाटककार जयशंकर प्रसाद ने भी बनावट की दृष्टि से गुदड़ी के लाल, प्रतिभा-दुखिया, अघोरी का मोह, बेटी, प्रलय आदि लघु कहानियाँ लिखीं जबकि सूर्यकान्त त्रिपाठी 'निराला' ने देवर का इन्द्रजाल, जानकी तथा सीख भरी कहानियाँ शीर्षक से बयालीस लघु कथाएँ लिखीं। उसके बाद भी कन्हैयालाल मिश्र, विष्णु प्रभाकर, हरिशंकर परसाई, जगदीश चन्द्र मिश्र आदि ने छोटी कहानियाँ लिखकर इस परम्परा को आगे बढ़ाया। यद्यपिइन कहानीकारों की ये कहानियाँ आकार की दृष्टि से लघु-कथा के अन्तर्गत स्थान पा सकती हैं, लेकिन शैल्पिक रचना विधान की दृष्टि से 'लघु-कथा' संज्ञा से अभिहित कहानियों के रचना-विधान में जमीन-आसमान का अन्तर है। आधुनिक 'लघु-कथा' की मूलभूत विशेषता 'हिट एण्ड इन्ड' है अर्थात् पाठक की संवेदना पर बिना किसी भूमिका के **सीधे प्रहार तथा प्रहार के साथ कथा का समापन है।** उसका रचना विधान 'साभिप्राय विचलन' से शासित होता है। इसलिए बनावट तथा प्रतीति से अपेक्षाकृत सहज प्रतीत होते हुए भी अपने आन्तरिक रचना विधान में ये अत्यन्त जटिल हैं। उसकी ये विशेषताएँ ही उसे प्राचीन पारम्परिक लघु कथा परम्परा से पृथक् करती हैं।

हिन्दी लघु-कथा परम्परा वस्तुतः अस्सी के दशक के बाद पारम्परिक कहानी विधा से अलग पहचान बनाने लगी। इसमें युवा कहानीकारों का ही मुख्य रूप से योगदान रहा। इसके केन्द्र में उनकी विलक्षण कथा पद्धति रही और यह विलक्षण कथा पद्धति अब अधिक परिपुष्ट, आलोचना सम्मत, आत्मविश्वस्त पद्धति के रूप में स्थापित हुई है जिसे साहित्य जगत में लघु-कथा के नाम से जाना गया। ये कहानियाँ उपभोक्तावादी संस्कृति, साम्प्रदायिकता, दलित-उत्पीड़न, राजनीतिक पतन, प्राचीन मूल्य-क्षरण, नये मूल्यों की स्थापनाएँ जैसे ज्वलन्त यथार्थ को आधार के रूप में चयन करती हैं। इन कथाओं में परम्परागत ग्रामीण परिवेश और सम्बन्धों की विगलित रूढ़िगत स्थितियों से बढ़ते हुए संवेदनाओं के कई पड़ाव दिखाई देते हैं, साथ ही, कथ्य की सादगी और शिल्प की ताजगी लघु कथाओं की प्रमुख विशेषता है।

लघुकथाकार अपने कर्तव्यों को पूरी तरह से पहचानते हैं। उनकी यह सजगता इतनी गम्भीर है कि वे सामान्य लोगों एवं उनकी संवेदनाओं को आकस्मिक नहीं तोड़ने देते। उनकी लघुकथाएँ अभावों, वर्जनाओं, सामाजिक प्रताड़नाओं और जीवन की निरर्थकता के अहसास तले तिल-तिल कर समाप्त हो रहे सामान्य लोगों की एकं तरह से जीवन-गाथा हैं। व्यक्ति

ऐसी स्थितियों में भौतिक जीवन में भले ही आत्मघात् न भी करे फिर भी जीवन उनके लिए निरर्थक स्वप्न मात्र बनकर रह जाता है। यही वह क्षण एवं बिन्दु है, जब लघुकथाकार लघुकथाओं के माध्यम से अपने कर्तव्य निर्धारित करता हुआ ऐसे लोगों की अमानवीय व्यवस्था के संदर्भों पर यह कार्य नहीं छोड़ता।

लघुकथाकारों में मालती जोशी, मन्नू भंडारी, कमल गुप्त, सतीश दुबे, नरेन्द्र कोहली, जगदीश कश्यप आदि प्रमुख हैं। उन्होंने अपनी अधिकांश कहानियाँ अपने नजदीकी परिवेश से सीधे उठाई हैं। उस अहसास को हम हमेशा महसूस करते हैं पर उसे इकट्ठा नहीं कर पाते। इनके लघु-कथाओं की खासियत है, उसकी सरल सहज अभिव्यक्ति। ये कहानियाँ कथावस्तु की दृष्टि से अत्यन्त रोचक हैं। इनकी लघुकथाओं में मूल्य, नैतिकता, देह, धर्म, अर्थ तथा अध्यात्म की तथाकथित काया हट जाती है। इसमें लम्पटता, कामक्रीड़ा, आत्मस्वीकार, रहस्योद्‌घाट, देह-समर्पण के चित्र भी हैं। यहाँ इंसानी कमजोरियों, इच्छाओं आदि का वर्णन है। ये कहानियाँ नारी मन को भी खोलने का प्रयास हैं। ये नारी मन के विभिन्न परतों को ही नहीं खोलतीं बल्कि जहाँ खोलती हैं, वहीं उसे ढँकती हुई भी दिखती हैं। इसमें कविता की ताजगी तथा भाषा की चुस्ती देखते ही बनती है।

समकालीन युवा रचनाकारों ने इस विधा को एक नयी गति, जीवंतता एवं पहचान दी है। समकालीन लघुकथा साहित्य में जिन युवा साहित्यकारों ने रचनात्मक दमखम के साथ हाल के वर्षों में हस्तक्षेप किया है, उनमें कीर्तिकुमार सिंह सर्वाधिक उल्लेखनीय हैं। लघुकथा को हिन्दी की एक सम्पन्न और प्रमुख विधा के रूप में स्थापित करने का श्रेय बहुत कुछ उन्हें जाता है। गुण और परिणाम, दोनों दृष्टियों से उन्होंने लघुकथा को बहुत समृद्ध किया है। उनके लघु-कथा संग्रहों में **अधूरी दास्तान, एक टुकड़ा रोशनी, छोटी सी बात** अत्यन्त प्रसिद्ध हैं। इसमें उन्होंने जिस दुनिया को सामने रखा है, उसमें स्त्री की तड़प ही नहीं बल्कि प्रेम की गहन संवेदनाएँ एवं अनुभूति के संदर्भ हैं। उनकी लघुकथाओं की विशेषता है कि सूक्ष्म कथ्य को भी सहज भाषा के धरातल पर वे बिना किसी कृत्रिम आवरण के सम्प्रेषित करते हैं। उन्होंने कथा के परम्परागत शिल्प एवं शैली को भी तोड़ा है तथा अपनी स्वतन्त्र पहचान बनाने में सफल रहे हैं। ग्राम जीवन के चुटीले प्रसंग और उसकी विद्रूप पद्धति को उकेरने में, बेहद सम्पन्न एवं संवेदनशील हैं। वे लिखते हुए कम, बातचीत करते हुए ज्यादा प्रतीत होते हैं। उन्होंने अपनी अधिकांश कहानियाँ अपने नजदीकी परिवेश से उठाई हैं जिसमें उनकी संवेदना भी अनुस्यूत है। उनकी कहानियाँ अर्थवान् होने के साथ-साथ अत्यन्त सहज हैं जो भाव एवं विचार को एक साथ एक ही धरातल पर साधती चलती हैं। उनकी कहानियों में ये संयोग उन्हें समकालीन अन्य लघुकथाकारों से काफी अलग कर एक ऊँचाई देती हैं। सूक्ष्म बुनावट वाली इन कहानियों में वैचारिक प्रौढ़ता है जो उनके दार्शनिक अध्यापक व्यक्तित्व से जन्मी है और यह मानवीय पहलुओं से जुड़कर चलती हुई साफ दिखाई देती

है। उनकी कहानियों में भाषा का प्रवाह भी है और प्रखरता भी। कथ्य की तरह भाषा का प्रवाह परिवेश की सान्द्रता को सघन करता हुआ, भाषा में नया रंग, नया आस्वाद भरता है, जो देह संस्कृति की विद्रूप दुनिया की तस्वीर पूरी जीवंतता के साथ खोलने में सक्षम है।

आधुनिक समाज और महानगरीय परिवेश में यन्त्रवत होती मानवीयता को अच्छी तरह से उभारने में समकालीन लघुकथाकार नंदल हितैषी अत्यन्त सिद्धहस्त हैं। यह उनके लघुकथा संग्रहों यन्त्रवत् तथा डायरी के पन्ने में देखा जा सकता है। इन कहानियों के मूल में जो समस्याएँ वर्णित हैं, वह 'बोल्ड' होने के साथ-साथ स्वाभाविक हैं। स्वार्थ की प्रवृत्ति के साथ निकटतम रिश्ता भी कैसे व्यवसाय का स्रोत बन जाता है, इसे उनकी लघुकथाओं में भली-भाँति देखा जा सकता है। आज के हालातों में दलों, संगठनों, सत्ताधारियों तथा मतग्राहियों के प्रपंच में फँसने की जगह लेखकों-कलाकारों पर भरोसा करना शायद ज्यादा फायदेमंद हो सकता है, इसका ये भरोसा दिलाते हैं क्योंकि अपनी स्वाभाविक प्रवृत्ति के नाते वे समूह का हिस्सा नहीं बनते बल्कि अन्तर्वृत्ति से प्रेरित स्वाधीनता एवं लोकहितमूलक चिंतन या सृजन करते हैं। अत्याचार जितना बढ़ता है, उसके विरोध में उतनी ही ऊँची आवाज उठाने का वे हौसला बँधाते हैं। नारी देह से लेकर उपभोक्तावादी समाज और पत्थरदिल राजनीतिक मंसूबों की क्रूरताओं, अधिकारी वर्ग के कुचक्रों में पिसते जनसामान्य वर्ग को निकालने के लिए उनकी कहानियाँ निरन्तर प्रयत्नशील हैं। उनकी कलात्मक समग्रता तथा शिल्प का खरापन उन्हें आज के प्रसिद्ध लघुकथाकारों में प्रमुख स्थान दिलाता है।

बलराम अग्रवाल का लघुकथा संग्रह **'सरसों के फूल'** यथार्थवादी दृष्टि से अत्यन्त महत्त्वपूर्ण कृति है। इसमें उनकी चिंता भौतिक ही नहीं मूल्यगत भी है। इसलिए वे आधुनिक जीवन के विखण्डन को नैतिक स्तर पर देखने का प्रयत्न करते हैं। सामाजिक तथा नैतिक मूल्यों का विघटन, बदलते सन्दर्भों में स्वयं को अजनबी पाना, समय से पिछड़ जाना और एक किस्म के जिद्दीपन में अपने आप में जहाँ का तहाँ खड़े रहना उनके लघु-कथाओं का मुख्य विषय है।

सुरेश साहनी के संग्रह **डरे हुए लोग** तथा **ठण्डी रजाई** की चर्चा भी इस क्रम में प्रासंगिक है। इन कहानियों के तल्ख यथार्थ में पाठक डूबता-उतराता रहता है। राजनीति का तटस्थ विश्लेषण है, साथ ही व्यक्ति के लिए बेहतर सम्भावनाओं की तलाश भी दिखाई पड़ती है।

पवन शर्मा के **जंगलगी कीलें** तथा **अपने-अपने दायरे** में बाजार के दबाव से समाज में जो क्रांतिकारी परिवर्तन हुए हैं, उनका चित्रण है। नया समाज कैसे परम्परा और इतिहास को शक की नजर से देख रहा है, यह इनकी लघु-कथाओं में बखूबी दिखाई देती है।

मधुदीप के लघुकथा संग्रह **'तेरी बात मेरी बात'** में वर्तमान बनते-बिगड़ते सम्बन्धों का गहरी संवेदनशीलता के साथ चित्रण है। कथा की गहन पठनीयता, कथा के ताने-बाने को

फैलाने और समेटने का अद्भुत कौशल तथा कथारस की निर्मिति और भाषा की ताजगी पाठकों को बरबस आकृष्ट करती है।

'पेट सबके हैं' भगीरथ के चुनिंदा लघुकथाओं का संकलन है। इसमें हिंसा, भय, घृणा, प्रेम, विरक्ति आदि के अनेक चित्र हैं। भावभूमि की ताजगी, प्रेम और राजनीति के ताने-बाने में से बुने भावबिम्ब फूल, शूल, धूल, कीचड़, चंदन से लिपटी दिखाई देती है।

अशोक लव का कथा संग्रह **'सलाम दिल्ली'** में खिसकती जमीन का अहसास शिद्दत के साथ महसूस किया जा सकता है। आज जनसामान्य की पीड़ा, संघर्ष एवं आज के तथाकथित सभ्य समाज से उसके अस्तित्व की टकराहट के अनेक चित्र अंकित हुए हैं।

अमर गोस्वामी ने **'अपनी-अपनी दुनिया'** कथासंग्रह में बीस लघुकथाएँ संग्रहीत की हैं। उनकी लघुकथाओं में सामाजिक सम्बन्धों के तनाव का पूरे व्यंग्य के साथ वर्णन हुआ है।

इसके अतिरिक्त जगदीश कश्यप, प्रबोध गोविल, विक्रम सोनी, कमल- चोपड़ा, सतीशराज पुष्करणा, धीरेन्द्र शर्मा, चित्रेश उर्मिल, कौशिक, सुधा गोयल, अपूर्व जोशी, कुमारेन्द्रसिंह सेंगर, अवतार कृष्णदान आदि चर्चित लघु कथाकार हैं। किसी भी अच्छे कथाकार के लिए कलात्मक समग्रता उसके शिल्प के खरेपन की कसौटी होती है। यही इन कथाकारों का मुख्य हथियार है, जिसके सहारे ये लघु कथाकार नारीदेह से लेकर उपभोक्तावादी समाज और पत्थरदिल राजनीतिक मंसूबों की क्रूरताओं की बड़े कौशल के साथ पड़ताल करते हुए अपनी लघुकथाओं में दिखाई देते हैं।

हिन्दी आलोचना : उद्भव तथा विकास

सैद्धान्तिक तथा व्यावहारिक समीक्षा का उद्भव संदर्भ

हिन्दी आलोचना का जन्म सैद्धान्तिक समीक्षा से शुरू हुआ था, या व्यावहारिक समीक्षा से यह एक विवादास्पद प्रश्न है किन्तु इसकी ये दोनों शैलियाँ भारतेन्दु युग की ही देन हैं। व्यावहारिक समीक्षा के एक भेद पुस्तक समीक्षा रिव्यू, को हिन्दी साहित्य में सामान्यतः आलोचना का प्रारम्भिक स्वरूप माना जाता है। हिन्दी विभाग, इलाहाबाद विश्वविद्यालय में यू.जी.सी. की सहायता से इस विषय पर एक शोधकार्य भी हुआ है और निष्कर्ष यही है कि हिन्दी आलोचना का जन्म पुस्तक समीक्षा से ही हुआ है। हिन्दी साहित्य के प्रायःसभी इतिहासकार डॉ. रामचन्द्र शुक्ल से लेकर डॉ. गणपति चन्द्र गुप्त तक इसी मत को स्वीकार करते हैं। यह तो सच है कि हिन्दी समीक्षा में काव्यशास्त्रीय चिन्तन के विकास के बाद भी आलोचक एवं आलोचना (समीक्षक एवं समीक्षा) की चर्चा रही है। काव्य के ज्ञाता पाठक के लिए यद्यपि भावक या सहृदय शब्द का प्रयोग मिलता है, किन्तु यह काव्यार्थ का ज्ञाता, मर्म को पकड़ने वाला तथा काव्य का पाठ करने वाला ही माना जाता है। हिन्दी समीक्षा के वर्तमान प्रचलित संस्कार भारतीय न होकर निश्चित ही, अंग्रेजी साहित्य के हैं, इसमें कोई दो मत नहीं हैं।

जैसा कि कहा गया है, हिन्दी समीक्षा का जन्म सैद्धान्तिक समीक्षा से हुआ या व्यावहारिक समीक्षा से (पुस्तक समीक्षा से) यह एक विवाद का प्रश्न है।

व्यावहारिक समीक्षकों का वर्ग मानता है कि अप्रैल, सन् 1888 में पं0 बालकृष्ण भट्ट ने लाला भगवानदीन कृत **संयोजिता स्वयंम्बर** की आलोचना सच्ची आलोचना शीर्षक से लिखी थी और यह एक प्रकार से पुस्तक समीक्षा थी, और यही प्रथम समीक्षा है। इसी के बाद, बदरी नारायण चौधरी प्रेमधन ने आनन्द कादम्बिनी पत्रिका में इसी की लम्बी आलोचना की थी। आचार्य रामचन्द्र शुक्ल इसीको हिन्दी की प्रथम आलोचना एवं प्रेमधन को हिन्दी का प्रथम आलोचक अपने इतिहास ग्रंथ में स्वीकार करते हैं।

सैद्धान्तिक समीक्षा को हिन्दी की प्रारम्भिक समीक्षा स्वीकार करने वाले आलोचक इसका विरोध करते हुए कहते हैं कि यह हिन्दी की प्रथम समीक्षा नहीं है। नवीन साहित्यिक मूल्यों

के प्रति सचेतनतावादी दृष्टि सर्वप्रथम 'भारतेन्दु हरिश्चन्द्र' ने सत्यहरिश्चन्द्र में की भूमिका के रूप में भारतीय तथा पाश्चात्य नाटक सिद्धान्तों के अनुक्रम में एक लम्बा लेख **सैद्धान्तिक नाट्य समीक्षा** में रूप में लिखा था। इस लेख का लेखन काल सन् 1883 ई0 है अर्थात्, बालकृष्ण भट्ट के तीन वर्ष पूर्व। इस लेख के सम्बन्ध में डॉ. उदय दुबे ने सम्मेलन पत्रिका के भारतेन्दु हरिश्चन्द्र विशेषांक में अपनी टिप्पणी इस प्रकार की है—"इस अवधि (सन् 1883) में भारतेन्दु हरिश्चन्द्र को हिन्दी में नाट्यशास्त्र ग्रंथ की कमी का अनुभव हुआ, फलतः उन्होंने अस्वस्थ होते हुए भी इस विषय पर लेखनी चलाई और सन् 1883 ई0 में नाट्यशास्त्र पर नाटक नामक ग्रंथ श्री मन्महाराज राधा प्रसाद सिंह, बहादुर डोमराव देशपति की सहायता से 'मल्लिका चन्द्र' कम्पनी ने मेडिकल हाल छापारवाना बनारस से प्रकाशित किया।[1] आगे चलकर, श्री रामदीन सिंह ने इसको पुनः सन् 1888 में स्वयं द्वारा सम्पादित करके श्री हरिश्चन्द्र कला, प्रथम भाग नाटकावली में नाटक शीर्षक से प्रकाशित किया था। इस प्रकार, भारतेन्दु हरिश्चन्द्र सन् 1883 में भारतीय तथा पश्चिमी नाट्यसिद्धान्तों को समन्वित करके हिन्दी में सैद्धान्तिक नाट्य समीक्षा का समारम्भ कर चुके थे। इन्होंने पहली बार नाटकों के उद्देश्यों की संख्या धर्म, अर्थ, काम, मोक्ष के साथ देश वत्सलता तथा समाज संस्कार छः बताई। प्रेमधन सर्वस्व में यह संकेत मिलता है कि उन्होंने यह प्रस्ताव सन् 1886 में रखा था कि—

"सर्वप्रथम कई भाषाओं के नाट्य नियमों को मिलाकर एक वृहत् नाट्यशास्त्र की रचना की जाए और यह इस मन्तव्य से लिखा था कि आनन्द कादम्बिनी में लिखा गया रूपक व नाटक लेख पर्याप्त रूप से लोगों के बीच प्रसिद्ध हुआ था। भारतेन्दु के सहयोगियों के कई नाटककार नितान्त प्रसिद्ध हैं—जैसे पं. बालकृष्ण भट्ट, पं0 प्रताप नाराण मिश्र, बदरी नारायण चौधरी 'प्रेमधन', लाला भी निवास दास आदि।"

भट्ट जी का सैद्धान्तिक समीक्षा से सम्बद्ध लेख सन् 1903 के आसपास छपा था, शीर्षक था-**कवि और चितेरे की डाँडामेड़ी** अयोध्या सिंह उपाध्याय ने **रस रहस्य** नामक सैद्धान्तिक समीक्षा की पुस्तक लिखी थी जिसमें नायिकाभेद का नया मानक स्थापित किया था। उनके अनुसार, परिवार प्रेमिका नायिका, जाति प्रेमिकानायिका, देशप्रेमिका, जन्मभूमिप्रेमिका आदि नायिकाएँ नये संदर्भों में रखी जाएँ।

सैद्धान्तिक समालोचना की दृष्टि से **सन् 1886** में गंगाप्रसाद अग्निहोत्री की समालोचना शीर्षक पुस्तक निश्चित ही विचारणशील है। यह पश्चिमी आलोचना सिद्धान्तों को प्राथमिकता देकर लिखी गई थी। उनके पश्चात्, अम्बिका दत्त व्यास का स्मरण करना आवश्यक है। उनकी सैद्धान्तिक समीक्षा की कृति गद्यकाव्य मीमांसा भी इस शिक्षा में एक ऐतिहासिक कृति है। तीसरे स्थान पर महाकवि रत्नाकर का भी नामोल्लेख आवश्यक है। उन्होंने अंग्रेजी के कवि पोप की

---

1. सम्मेलन पत्रिका, भारतेन्दु हरिश्चन्द्र विवोधांक, पृ0 398

प्रसिद्ध कृति Essay on eritieism का ब्रजभाषा में अनुवाद-**समालोचनादर्श** नाम से प्रस्तुत किया था। अतः हिन्दी समीक्षा का जन्म सैद्धान्तिक समीक्षा से ही स्वीकार करना समीचीन है। किन्तु, इसी क्रम के साथ-साथ विभिन्न लेखकों की कृतियों की पुस्तक समीक्षा का लेखन भारतेन्दु हरिश्चन्द्र द्वारा सम्पादित अंग्रेजी हरिश्चन्द्र मैग्ज़ीन से ही चल रही थीं और यह परम्परा बंगाल से प्रकाशित बंगभाषा पत्रिकाओं से हिन्दी में आई थी और ये पुस्तक समीक्षाएँ भारतेन्दुयुगीन पत्रिकाओं यथा-हरिश्चन्द्र चन्द्रिका, कवि वचनसुधा, हिन्दी प्रदीप, आनन्दकादम्बिनी आदि-आदि में निरन्तर चलती रही हैं। हिन्दी की व्यावहारिक समीक्षा के विकास में इस रिव्यू (पर्यालोचन) का हो सकता हो थोड़ा-बहुत हाथ हो किन्तु इसने हिन्दी समीक्षा के भारतेन्दु संदर्भ के उदभव तथा विकास में विशेष योगदान नहीं किया है। हिन्दी की समीक्षा के विकास का मूल स्रोत सैद्धान्तिक समीक्षा का ही है और इसका उदभव काल सन् 1883 है।

पं0 महावीर प्रसाद : हिन्दी सैद्धान्तिक समीक्षा का विकास

भारतीय तथा पाश्चात्य सैद्धान्तिक समीक्षा की शुरुआत यद्यपि भारतेन्दु हरिश्चन्द्र ने अपने नाट्य सिद्धान्त से सम्बद्ध लेखन से किया था किन्तु उसका सन्तुलित तथा व्यवस्थित स्वरूप आचार्य महावीर प्रसाद द्विवदी के युग में हुआ। द्विवेदी जी भारतीय शास्त्रपरम्परा से मुक्त होकर समसामयिकता को ध्यान में रखते हुए सरस्वती पत्रिका में सैद्धान्तिक समीक्षा से सम्बद्ध लेखों को प्रस्तुत किया जो उनकी कृतियाँ बनकर बाद में प्रकाशित हुईं। इस संदर्भ में विचारविमर्श (1925), रसज्ञ रंजन (1925), समालोचना समुच्चय सन् (1930) साहित्य सीकर (1948) आलोचनांजलि (1928) आदि। इनकी ये कृतियाँ महत्त्वपूर्ण हैं। समसमायिकता तथा प्रयोगिकता उनकी कृतियों की विशेषताएँ हैं और इसीलिए हिन्दी रचनाकारों तथा समीक्षकों के बीच वे विशेष चर्चा के विषय बने रहे। सन् 1922 तथा सन् 1924 में काशी हिन्दू विश्वविद्यालय तथा इलाहाबाद विश्वविद्यालय में हिन्दी विभागों की स्थापना के पाठ्य क्रम अंग्रेजी साहित्य में पैटर्न पर नए ढंग से बने और इस पाठ्यक्रम में आलोचना एक विषय के रूप में स्वीकार किया गया। सन् 1922 में हिन्दी पाठ्यक्रम को देखते हुए बाबू श्याम सुन्दर दास ने अपनी साहित्यालोचन नामक कृति लिखी जो अंग्रेजी समालोचक हडसन की कृति-'इन्ट्रोडक्शन टू द स्टडी ऑव लिटरेचर' पर आधारित है। इसके बाद, उनका दूसरा ग्रंथ **रूपक- रहस्य** प्रकाश में आया।

सन् 1924 में हिन्दी विभाग, इलाहाबाद विश्वविद्यालय की स्थापना के वर्षों बाद डॉ. धीरेन्द्र वर्मा को विभाग का अध्यक्ष बनाया गया तथा उनके आग्रह पर सन् 1952 में अंग्रेजी विभाग के प्राध्यापक श्री लीलाधर गुप्त के **''पाश्चात्य साहित्यालोचन के सिद्धान्त''** शीर्षक पुस्तक लिखी और फिर इसी संदर्भ में श्री-एस0पी0 गुप्त की **आलोचना इतिहास तथा सिद्धान्त** पुस्तक भी प्रकाश में आई। आगे चलकर, दिल्ली विश्वविद्यालय के डॉ. नगेन्द्र

का नाम इस दिशा में विशेष महत्त्वपूर्ण रहा।

विश्वविद्यालयों में हिन्दी विषय के अन्तर्गत शोध की स्वीकृति ने भी इस दिशा के लेखन संदर्भों को प्रोत्साहित किया और धीरे-धीरे सैद्धान्तिक तथा व्यावहारिक आलोचना के शोधकार्यों की शुरूआत हिन्दी में हो चली।

द्विवेदीयुगीन सैद्धान्तिक समीक्षकों में बाबू गुलाब राय भी नाम उल्लेखनीय हैं। उनकी दो कृतियाँ **सिद्धान्त तथा अध्ययन** एवं **काव्य के रूप** इस दिशामें विशेष महत्त्वपूर्ण है। उन्होंने भारतीय तथा पाश्चात्य दोनों काव्यचिन्तनों को केन्द्र में रखकर अपनी कृतियों की रचना की थी। इनकी इन दो कृतियों के अतिरिक्त **हिन्दी काव्य विमर्श, नवरस, सिद्धान्त और अध्ययन** भी इस दिशा में महत्त्वपूर्ण हैं।

आचार्य महावीर प्रसाद द्विवेदी, बाबू श्यामसुन्दर दास तथा बाबू गुलाबराय ये तीनों सैद्धन्तिक समीक्षा के समन्वयवादी चिन्तक हैं और उन्होंने समकालिकता को देखते हुए भारतीय तथा पाश्चात्य चिन्तन संदर्भो को अपनी निजी समझ तथा सामयिक आवश्यकता के अनुसार समन्वित करने की चेष्टा की और इस प्रकार हिन्दी के समीक्षात्मक चिन्तन को एक नई दिशा दी।

इसी संदर्भ में, संक्षेप में यह भी प्रश्न विचारणीय है कि सैद्धान्तिक समीक्षा का समन्वित संदर्भ आते ही भारतीय काव्यशास्त्र के प्रारम्भ का पारम्परिक चिन्तन भी प्रकाश में आना शुरू हो गया। डॉ. भगीरथ मिश्र ने आने शोधग्रंथ **भारतीय काव्यशास्त्र का इतिहास** के अन्तर्गत आधुनिक काल में हिन्दी के प्रचार-प्रसार के शुरूआती समीक्षात्मक दौर को संवत् 1901 से ही स्वीकार किया है। रामदास कृत कवि- कल्पद्रुम 1901 अर्थात् 1853, चन्द्रशेखर बाजपेयी कृत रसिक विवोद सं. 1903 अर्थात् 1856 से शुरू करके इसकी परम्परा सन् 1950 तक स्वीकार की और वैसे तो आजतक यह परम्परा रुकी नहीं है। इस भारतीय काव्यशास्त्रपरक चिन्तन संदर्भ को देखते हुए हिन्दी का सैद्धान्तिक काव्य चिन्तन दो भागों में विभक्त हुआ, प्रथम भारतीय **काव्यशास्त्र** एवं द्वितीय पाश्चात्य **साहित्यालोचन**।

आगे चलकर, शोध प्रक्रिया की शुरूआत होने पर इन दोनों दिशाओं में अनेक चिन्तनपरक कार्य हुए। इस दिशा में पहला कार्य डॉ. रमाशंकर शुक्ल 'रसाल' द्वारा सन् 1937 में **'हिन्दी काव्यशास्त्र का विकास'** शीर्षक शोध प्रबंध हिन्दी विभाग, इलाहाबाद विश्वविद्यालय के अन्तर्गत किया था फिर सन्2000 तक भारतीय शास्त्र चिन्तन एवं उनसे पाश्चात्य शास्त्र. चिन्तन को जोड़कर शोधकार्य चलता रहा। इस दिशा में किए गए कार्यों में केवल पाठ्यक्रम को ही संबर्धित नहीं किया अपितु हिन्दी काव्य चिन्तन को भी नई दिशा भी दी।

आगे चलकर, इस साहित्यशास्त्र के अन्वेषण में एक नई दिशा आई वह यह कि साहित्य का अपना सैद्धान्तिक चिन्तन निर्मित एवं अन्वेषित किया जाए। यह खेद का विषय है कि हिन्दी साहित्य के आदिकाल सन् 800 से लेकर सन् 2000 अर्थात् बाहर सौ वर्षो के हिन्दी के साहित्य चिन्तन को कब तक पश्चिमी चिन्तन अथवा कालातीत भारतीय

काव्यशास्त्रीय चिन्तन द्वारा किया जाएगा। यद्यपि सन् 1937 में डॉ. रमाशंकर शुक्ल 'रसाल' ने भारतीय काव्यशास्त्र का विकास शीर्षक शोधप्रबन्ध में इसकी पहल की थी किन्तु वह प्राचीन भारतीय काव्य शास्त्र की पुनरावृत्ति ही है। इसकी शुरुआत, डॉ. नगेद्र तथा डॉ. धीरेन्द्र वर्मा ने क्रमशः दिल्ली विश्वविद्यालय एवं इलाहाबाद विश्वविद्यालय से की। डॉ. नगेन्द्र की प्रेरणा से डॉ. सुरेशचन्द्र गुप्त के दो शोध प्रबन्ध **आधुनिक हिन्दी कवियों के काव्य सिद्धान्त** (1959) तथा **मध्ययुगीन कवियों के काव्य का सिद्धान्त** 1972 एवं डॉ. धीरेन्द्र वर्मा की प्रेरणा से डॉ. योगेन्द्र प्रताप सिंह (प्रस्तुत पुस्तक लेखक) द्वारा "**हिन्दी वैष्णव भक्ति काव्य में निहित काव्यादर्श एवं काव्यशास्त्रीय सिद्धान्त**" शोधप्रबन्ध प्रस्तुत किए गए। शोध प्रबन्ध के अतिरिक्त हिन्दी काव्य चिन्तन की शुरूआत के संदर्भ में लखनऊ विश्वविद्यालय से भी एक पुस्तक डॉ. सूर्य प्रसाद दीक्षित द्वारा अपने सहयोगियों द्वारा लिखवा कर प्रकाशित कराई गई, जिसका नाम—'**हिन्दी काव्यशास्त्र**' है।

प्रस्तुत पुस्तक लेखक ने भी इसी दिशा में इस दृष्टि से कि हिन्दी का अपना साहित्यिक एवं सैद्धान्तिक चिन्तन होना चाहिए, दो पुस्तकें लिखी हैं—

1. हिन्दी काव्यशास्त्र के मूलाधार—(आदिकाल से रीतिकाल)
2. आधुनिक हिन्दी काव्यचिन्तन के (मूलाधार भारतेन्दुयुग से प्रयोगवाद तक)

हिन्दी साहित्य के अपने निजी सैद्धान्तिक चिन्तन की दिशा द्वारा निश्चित ही हिन्दी के स्वायत्त लेखन के विकास में मदद मिलेगी। हम भारतीय साहित्य का विवेचन पश्चिमी पूँजीवादी देशों के साहित्य चिंतन, प्रगतिवादी (साम्यवादी) साहित्य चिन्तन, सामन्तवादी देशों के साहित्य चिन्तन से क्यों करें? भारतीय चिन्तन व्यवस्था आज लोकतांत्रिक निरपेक्षवादिता से सम्बद्ध है और हिन्दी में इस दिशा में लेखन भी शुरू हो चुका है, फिर अपनी सैद्धान्तिक लेखन की स्वायतता की तलाश के लिए स्वावलम्बी होना हमारे साहित्य चिन्तकों का प्राथमिक दायित्व है। साहित्य के लोकतंत्र की ओर बढ़ना आज हिन्दी आलोचना का अपने अस्तित्व की रक्षा का प्रश्न है। वैसे, सैद्धान्तिक एवं व्यावहारिक समीक्षा के विकास के इस प्रारम्भिक कालखण्ड में हिन्दी की तीन पत्रिकाओं का विशेष योगदान रहा है, ये हैं, काशी नागरी प्रचारिणी पत्रिका, सन् 1897, सरस्वती एवं सम्मेलन पत्रिका, 1907। वैसे, सन् 1902 में चन्द्रधर शर्मा गुलेरी ने भी जयपुर, राजस्थान से **समालोचक** नामक पत्रिका निकाली थी जैसा कि पहले कहा जा चुका है, काशी में बाबू श्याम सुन्दर दास ने हिन्दी आलोचना के संदर्भ में साहित्यलोचन जैसी कृति की रचना की, ठीक उन्हीं के समान्तर बाबू गुलाब राय भी हिन्दी समीक्षा के ऐसे स्वरूप की स्थापना चाहते थे, जो भारतीय तथा पाश्चात्य समीक्षा सिद्धान्त के समन्वित रूप में हिन्दी अध्येतओं का मार्गदर्शन कर सके। उन्होंने हिन्दी समीक्षा के क्षेत्र में पश्चिमी आलोचना में प्रचलित कई प्रणालियों को स्पष्ट रूप से व्याख्यायित करके सामने रखा यथा—आत्मप्रधान आलोचना, सैद्धान्तिक आलोचना, निर्णयात्मक

आलोचना, व्याख्यात्मक आलोचना, मूल्य सम्बन्धी की आलोचना आदि और उनके प्रयोगों पर बल दिया। इस दृष्टि से, उनकी दो कृतियाँ, **सिद्धान्त तथा अध्ययन और काव्यरूप** इस दृष्टि से नितान्त प्रसिद्ध हें। इसके अतिरिक्त उनकी अन्य कृति **नवरस एवं हिन्दी काव्य विमर्श भी चर्चा** में रही हैं। वे अंग्रेजी के प्रसिद्ध आलोचक वाल्टर पेटर, आस्कर वाइल्ड, ए0 सी0 ब्रैडले एवं उनके विरोधी मूल्यावादी आलोचक आई0ए0 रिचड्स की कृति प्रिंसिपल आव रिटेरेरी क्रिजिसिज़्य के सिद्धान्तों की अपनी कृतियों में चर्चा की हैं यही नहीं, हिन्दी साहित्य की व्याख्या एवं उसके मूल्यों तथा सामाजिक संदर्भों की चर्चा करते समय मार्क्सवादी चिन्तन की चर्चा करने के प्रति भी वे सजग हैं।[1]

इस प्रकार, इस कालखण्ड में जहाँ आचार्य महावीर प्रसाद द्विवेदी ने व्यावहारिक तथा सैद्धान्तिक समीक्षा के सरोकारों को आगे बढ़ाने एवं उन्हें सशक्त करने में परिश्रम किया है, वहीं गुलाबराय भारतीय शास्त्र चिन्तन तथा पश्चिमी सैद्धान्तिक आलोचना सिद्धान्तों के बीच समन्वयवादी दृष्टि की स्थापित की ओर आगे आने वाली हिन्दी समीक्षा के लिए विकसित समीक्षात्मक पृष्ठभूमि निर्मित की। भारतीय परम्परावादी शास्त्रायीचिन्तनकों नव्य मान्यताओं के परिवेश में विवेचित करने तथा उन्हें आधुनिकता से जोड़ने जैसा कार्य द्विवेदीयुगीन आलोचना के काल में शुरू हो चुका था। आज तक इस दिशा में अनेक प्रकार के कार्य हुए हैं।

आचार्य रामचन्द्र शुक्ल युग तथा हिन्दी की सैद्धान्तिक समीक्षा (सन् 1904 से 1941 तक)

वैसे, सामान्यतः द्विवेदी युग की व्याप्ति आचार्य रामचन्द्र शुक्ल तक रही है किन्तु हिन्दी की समीक्षा की मूल्यवत्ता एवं उसकी बौद्धिक व्याप्ति को देखते हुए शुक्ल जी को इस क्षेत्र में द्विवेदी युग से पृथक् करना संगत प्रतीत होता है। द्विवेदी जी हिन्दी भाषा एवं साहित्य को उत्कृष्टता की ओर बढ़ाने में अग्रसर दिखाई पड़ते हैं तो शुक्ल जी आलोचना के क्षेत्र में उसकी मूल्यवत्ता को शीर्ष बिन्दु पर स्थापित करते हैं। अतः द्विवेदीयुगीन आलोचनात्मक प्रवृत्तियों के दायरे में आचार्य शुक्ल जी को नहीं रखा जा सकता है, वे उससे पर्याप्त आगे और मुक्त हैं, विशेषकर आलोचना के क्षेत्र में हैं।

यह सत्य है कि आचार्य शुक्ल के समय में हिन्दी में प्रगतिवाद स्थापित हो चुका था और प्रगतिवादी क्षेत्र में प्रगतिवादी समीक्षक के रूप में बाबू शिवदान- सिंह चौहान, श्री प्रकाशचन्द्र गुप्त जैसे विद्वान आ चुके थे और साहित्य के क्षेत्र में इस सिद्धान्त की पर्याप्त चर्चाएँ भी चलती रही थीं, किन्तु प्रो0 रामस्वरूप चतुर्वेदी जैसे विद्वानों ने इसकी खुली चर्चा की है कि शुक्ल ने अपनी कृतियों में माक्सर्वाद या मार्क्स की कोई चर्चा नहीं की है। यदि ध्यानपूर्वक शुक्ल जी की आलोचनात्मक कृतियों को देखा जाए तो वे साम्यवादी (मार्क्सवादी)

1. देखिए-साहित्य और अध्ययन-बाबू गुलाबराय, पृ. 265, 281

संदर्भों की छः बार चर्चा करते हैं, अतः यह कहना गलत है कि आचार्य शुक्ल ने मार्क्सवादी सिद्धान्त की चर्चा नहीं की है। आचार्य रामचन्द्र शुक्ल योरोपीय पूँजीवादी देशों में प्रचलित ए0सी0 ब्रैडले के कलावाद, क्रोचे के अभिव्यंजनावाद, न्यूमन के कल्पनावाद तथा आनन्दवाद, आई0 ए0 रिचर्ड्स के मूल्यवाद तथा सम्प्रेषण सिद्धान्त की चर्चा पूरी तरह से कर चुके हैं। उन्होनें रस सिद्धान्त का विश्लेषण करते हुए यह स्वीकार किया है कि भारतीयकाव्यशास्त्र में शब्दशक्ति चिन्तन का पक्ष नितान्त व्यापक तथा गम्भीर है—वे इसकी व्याक्ष्या करना चाहते हुए भी नहीं कर सके।[1]

कुल मिलाकर, आचार्य रामचद्र शुक्ल का सैद्धान्तिक चिन्तन पाश्चात्य ही था किन्तु भारतीय जीवन तथा अनुभूति की व्यावहारिक तथा सैद्धान्तिक एवं परम्परावादी व्याख्या के संदर्भ में वे पश्चिमी तथा भारतीय समीक्षा सिद्धान्तों केसमन्वय पर बल देते हैं। उनके पूर्ववर्ती आलोचक आचार्य महावीर प्रसाद द्विवेदी, बाबू श्याम सुन्दर दास एवं बाबू गुलाब राय के भी यही अभिमत थे। शुक्ल जी की रसवादी सैद्धान्तिक समीक्षा आई. ए0 रिचर्ड्स के सम्प्रेषण सिद्धान्त एवं भाव तथा रस की व्याख्या के मनोवैज्ञानिक आधारों के दबाव में कहीं भी नहीं झुकती। मूल्यवादी व्याख्या को, वे व्यापक भारतीय सिद्धान्त तथा लोकहित की मान्यताओं से जोड़ने की चेष्टा करते हैं।

आचार्य रामचन्द्र शुक्ल की सैद्धान्तिक समीक्षा का लेखनक्रम इस प्रकार है। उन्होंने इस क्षेत्र में, निबंध लेखन के माध्यम से अपना कार्यारम्भ किया था—

शुक्ल ने बीस वर्ष की आयु अर्थात् सन् 1904 में सरस्वती पत्रिका में सैद्धान्तिक समीक्षा के परिप्रेक्ष्य में **साहित्य** शीर्षक लेख भेजा था, वह उसी वर्ष छपा। उसके बाद तो, उनके सैद्धान्तिक समीक्षाविषयक लेख क्रमशः छपते रहे—

1. सन् 1905 कल्पना का आनन्द
2. सन् 1907 अपनी भाषा
3. सन् 1910 (क) कविता क्या है?
   (ख) उपन्यास
4. सन् 1912 तथा 18 तक
   (क) भाव तथा मनोविकार
   (ख) मनोविकारों का विकास
5. 1930 में विचार बीथी

1939 में विचारबीथी नाम बदलकर चिन्तामणि कृति प्रकाश में आई।

6. 1945 (दिंवगत हो जाने के वाद चिन्तामणि भाग 2 के सम्पा0 पं0 विश्वनाथ प्रसाद मिश्र हुए)
7. चिन्तामणि भाग 3-सम्पादक डॉ. नामवर सिंह

1. देखिए-प्रस्तुत लेखक की कृति—काव्यभाषा : भारतीय पक्ष

8. 1949 रस मीमांसा सम्पादक-आचार्य विश्वनाथ प्रसाद मिश्र

9. अलंकार तथा बिम्बविधान पर उनकी अधूरी पुस्तक लिखी गई जो अभी तक अप्रकाशित हैं

आचार्य शुक्ल ने इस प्रकार, बीस वर्ष की आयु से सैद्धान्तिक समीक्षा का लेखन प्रारम्भ किया था और इस विषय पर जीवन पर्यन्त लिखते रहे।

हिन्दी की सैद्धान्तिक समीक्षा और आचार्य रामचन्द्र शुक्ल की मान्यताएँ

आचार्य रामचन्द्र शुक्ल ने अपने कालखण्ड में सैद्धान्तिक समीक्षा को उच्च शिखर तक पहुँचाने की जो चेष्टा की है, वह हिन्दी साहित्य में स्मरणीय है। उनकी मूल्यवादी एवं सम्प्रेषणवादी मान्यताएँ अभी तक हिन्दी साहित्य में अस्पर्श्य हैं। बहुत खींचकर, आचार्य रामचन्द्र शुक्ल जी परम्परा के हिन्दी आलचकों में डॉ. केशरी नारायण शुक्ल, पं0 विश्वनाथ प्रसाद मिश्र जैसे आलोचकों को रखा जा सकता है किन्तु इनके चिन्तन की परिव्याप्ति सीमित है।

आचार्य रामचन्द्र शुक्ल की सैद्धान्तिक आलोचना प्रक्रिया को कई आलोचकों द्वारा अपने मानकों पर विवेचित करने का प्रयास किया गया है। इस संदर्भ में तीन मत विशेष महत्त्वपूर्ण हैं, प्रथम है, आचार्य नन्ददुलारे वाजपेयी का, द्वितीय, डॉ.. निर्मला जैन का और तृतीय हैं, डॉ. कृष्णदत्त पालीवाल। इन आचार्यो के अमिमत क्रम पर इस प्रकार हैं—

(क) आचार्य नन्ददुलारे वाजपेयी–आचार्य रामचन्द्र शुक्ल के आलोचनात्मक मन्तव्य को इस प्रकार रखते हैं—

1. जगत यदि व्यक्त की अभिव्यक्ति है तो कविता उस अभिव्यक्ति की अभिव्यक्ति है।

2. जीवन की व्यवहार दशाओं में कला का पूर्ण स्मरण होता है।

3. प्रवृत्ति और निवृत्ति के बीच एक और भी वृत्ति है, वह है, रागात्मक वृत्ति।

इन तीनों निष्कर्षो द्वारा श्री नन्ददुलारे वाजपेयी यह सिद्ध करना चाहते हैं कि आचार्य रामचन्द्र शुक्ल उस अनन्त सत्य के अनिवार्य अंग के रूप में काव्य को लोकसत्ता का स्फुरण मानते हैं।[1]

(ख) इस संदर्भ में डॉ. निर्मला जैन आचार्य रामचन्द्र शुक्ल के सैद्धान्तिक निष्कर्षों पर अपनी टिप्पणी देती हुई कहती हैं कि—

1. इसके आधार पर विभावन व्यापार की सर्वतोत्कृष्टता जिसके अन्तर्गत वस्तुविधान, चरित्र तथा दृश्ययोजना प्रमुख है।

2. सिद्धान्तों के रूढ़ रूप के स्थान पर उसके मूल मन्तव्यों तक पहुँचने की चेष्टा

3. रस को लोकोत्तरता के स्थान पर उसे लोकभूमि पर उतारने का प्रयत्न

(ग) डॉ. कृष्णदत्त पालीवाल की आचार्य शुक्ल की सैद्धान्तिक समीक्षा के संदर्भ में

1. हिन्दी आलोचना : बीसवीं शती, पृ0 33 से 38 तक

निम्नलिखित ये तीन अवधारणाएँ हैं—

1. पाश्चात्यवादों तथा भारतीय प्रवृत्तियों पर पूरा विचार

2. उन वादों तथा प्रवृत्तियों के सम्पूर्ण परिप्रेक्ष्य को समझने की दृष्टि से उत्पन्न करने वाली परिस्थितियों का पूरा परिचय

3. उनके भीतर जो उपयोगी सत्य प्राप्त हुए उनकी मदद से समीक्षा का मार्ग प्रगस्त किया।[1]

(घ) किन्तु गम्भीरतापूर्वक विचार करने पर इन तीनों विद्वानों के मतों से हटकर आचार्य रामचन्द्र शुक्ल की सैद्धान्तिक समीक्षा के निम्नलिखित तीन स्पष्ट पक्ष हैं—

(1) मूल्यवादी दृष्टि, जिसकी स्थापना उन्होंने लोकमंगल के रूप में की और यह संदर्भ पश्चिमी समीक्षा सिद्धान्त का है किन्तु उसे भारतीय कविता के परिवेश में रूपायित करने की कोशिश की हैं

(2) रसवादी काव्य दृष्टि, जिसका मूलाधार भारतीय है किन्तु विवेचन का आधार पश्चिमी मनोविज्ञान संदर्भ से जुड़ा मनोविकार सम्बन्धी सिद्धान्त तथा आई०ए० रिचर्ड्स का सम्प्रेषण सिद्धान्त है।

(3) लोक जीवन के नाना व्यवहार रूपों में प्राप्त लोकघर्मी व्यवस्था एवं जीवन चेतना जिसके बिना काव्य का अस्तित्व ही नहीं है, साहित्यिक समीक्षा में उनके द्वारा ऐसे जीवन्त तत्वों की तलाश तथा उनकी व्याख्या।

'गोस्वामी तुलसीदास' जैसी उनकी व्यावहारिक समीक्षा के आधारभूत तत्त्व यही हैं। इनमें द्वितीय तथा तृतीय चिन्तन दृष्टि उनके इतिहास लेखन की दृष्टि के साथ देखी जा सकती है। डॉ. राम स्वरूप चतुर्वेदी अपने हिन्दी साहित्य और संवेदना का विकास शीर्षक इतिहास ग्रंथ में सर जार्ज ग्रियर्सन द्वारा प्रयुक्त एवं शुक्ल जी द्वारा उद्‌धृत **विरूद्धों का सामंजस्य** की चर्चा उनके इतिहास लेखन से सम्बन्ध में करते हैं किन्तु यह सर्वथा निरर्थक है।

कुल मिलाकर, आचार्य रामचन्द्र शुक्ल की आलोचक दृष्टि में आधुनिकता के सम्पूर्ण संदर्भ वर्तमान हैं। वे इतिहास दृष्टि, आलोचना के मूल संदर्भो एवं उनकी परिस्थितियों को भारतीय साहित्य के अपने सन्दर्भो से जोड़कर उन्हें भारतीय स्वरूप देते हैं, भले ही, वे वैश्विक स्तर पर कहीं से भी जुड़े हों। उनकी सम्पूर्ण चिन्तन दृष्टि हिन्दी की अपनी आलोच्य दृष्टि की खोज है और अपने साहित्य विवेचन के संदर्भ में सबको भारतीय साहित्य व्यवस्था से जोड़कर वे लोक के व्यवहार जगत का उसे अभिन्न अंग मानते हैं।

1. हिन्दी समालोचना के सैद्धान्तिक आधार, पृ. 206, 206

हिन्दी की सैद्धान्तिक समीक्षा : आचार्य शुक्ल के बाद
(सन् 1942 से लेकर 2010 तक)

आचार्य रामचन्द्र शुक्ल के समानान्तर या प्रायः उनके बाद कुल तीन प्रकार की समीक्षाएँ चलती रही या चलीं। इसका कारण स्पष्ट है। बीसवीं शती की आलोचना दृष्टि यह स्पष्ट रूप से हिन्दी में लिखे गए या लिखे जा रहे साहित्य की स्पष्ट पहचान कराने में सजग हैं। इसके अतिरिक्त, इसके सक्रिय रहने का एक कारण और भी हैं। पूँजीवादी देशों में निरन्तर आर्थिक बदलाव के कारण परिवर्तित होती सामाजिक या सामूहिक मनोदशाएँ जो नए साहित्यिक बदलाव के फलस्वरूप निरन्तरता की भी अपेक्षाएँ रखती हैं। इस दिशा में साहित्यिक बदलाव का असर सैद्धान्तिक तथा व्यावहारिक समीक्षाओं पर भी पड़ता रहता है। इसलिए आचार्य शुक्ल के बाद नई समीक्षा के कई सिद्धान्त प्रकाश में आए और उनसे सम्बद्ध चिन्तनदृष्टियों को हिन्दी आलोचकों ने सन् 1980 तक उतारने की चेष्टा की। इस प्रकार, जैसा कि ऊपर निर्दिष्ट है, हिन्दी की सैद्धान्तिक समीक्षा के अन्तर्गत कुल तीन दृष्टियाँ इस विवेचन काल तक दिखती हैं, और ये इस प्रकार हैं।

(1) भारतीय शास्त्रवादी सैद्धान्तिक चिन्तन की परम्परा को प्रकाश में रखकर उसकी सक्षमता की व्याख्या एवं पश्चिमी काव्य सिद्धान्तों से तुलना

(2) पश्चिम के प्रसिद्ध आलोचकों के सिद्धान्तों को प्रकाश में लाना तथा पश्चिमी समीक्षा के इतिहास को केन्द्र में रखकर उनकी सार्वजनिक व्याख्या करते हुए महत्त्वपूर्ण समीक्षकों के मतों को सामने रखना

(3) नवीन काव्य चिन्तन एवं सिद्धान्तों को प्रकाश में लाने की चेष्टा

आधुनिकता के सापेक्ष्य में वर्तमान नवीन जीवन शैली के संदर्भों से भारतीय काव्यशास्त्र में थोड़ा बहुत अलगाव उत्पन्न हुआ है किन्तु साहित्य के दो शाश्वत् पक्ष इससे जुड़े हैं। प्रथम यह कि यह काव्यशास्त्रीय चिन्तन पूर्णतः शब्द तथा अर्थ रचना के कलात्मक संदर्भों से अपने को अलग नहीं करता और दूसरा यह कि शब्दार्थ का रचनात्मक कलात्मक अनुभूतियों का महत्त्व कविता के समान ही उसके लिए उपयोगी है। कला का आस्वादन अर्थात् 'रस' और उससे सम्बद्ध पाठक के लिए भोग या उसका आस्वादन ये दो उसकी अनिवार्यताएँ हैं और ऐसी स्थिति में कविता के ये दो शाश्वत् पक्ष भारतीय काव्यशास्त्र के आधार हैं। इन दोनों पक्ष को लेकर अनेक प्रश्न इस काल खण्ड में आलोचकों द्वारा उठाए गए हैं और उन्हें आधुनिकता के सापेक्ष्य में जोड़ने का प्रयास किया गया है। अध्ययन-अध्यापन में काव्यशास्त्र को एक विषय के रूप में रखे जाने के कारण यह प्रश्न और भी महत्त्वपूर्ण बनकर सामने आया। रस का मनोवैज्ञानिक अध्ययन आई० ए० रिचर्डस के सम्प्रेषण सिद्धान्त और साधारणीकरण सिद्धान्त—पश्चिमी काव्य भाषा सिद्धान्त के प्रकाश में शब्दव्यक्ति की व्याख्या की स्थापनाएँ इस काल खण्ड में आई और इस दिशा में कार्य करने वाले विद्वानों में डॉ.

नगेन्द्र, डॉ. भोलाशंकर व्यास, रमेशकुन्तल मेघ, डॉ. सीतांशु, डॉ. के. सी. पाण्डेय, कुमार रामस्वामी आदि अनेक महत्त्वपूर्ण विद्वान इनसे जुड़े दिखाई पड़ते हैं।

पश्चिमी आलोचकों के सिद्धान्तों को हिन्दी में स्थापित करने का कार्य इस युग के अधिक प्रामाणिकता के साथ हुआ है। नई कविता के आन्दोलन काल में ज्याँ पाल के अस्तित्ववाद, नारी विमर्श, आधुनिकतावाद आदि कितने सिद्धान्तों को हिन्दी में ले आया गया। प्रथम एवं द्वितीय महायुद्धों के बाद योरोपीय तथा एशियायी चिन्तन की मनोदशाओं में पर्याप्त परिवर्तन दिखाई पड़ता है। भंयकर युद्ध विनाश की विभीषिकाओं से उत्पन्न भय, आतंक, उन्माद, अराजकता आदि कितने निषेधात्मक मूल्य समाज में सक्रिय दिखाई पड़ने लगे। इस संदर्भ में विज्ञानवादी और आधुनिकतावादी दो दृष्टियाँ विशेषरूप से सामने उभर कर आई हैं। साहित्य के रचना संदर्भो में नये अन्वेषण के भी विशिष्ट संदर्भ इस काल खण्ड में शुरू हुए। संरचनात्मक निर्मिति के यथार्थ को सामने ले आने का प्रयास इस युग में शुरू किया गया।

इस योरोपीय सैद्धान्तिक चिन्तन के अनेक संदर्भ भारतीय विशेष रूप से हिन्दी साहित्य में आये। रूपवादी साहित्य चिन्तन का प्रभाव योरोप पर अधिक पड़ा और यह बाद में भारत में बाद में आया। संरचनावाद के नाम से प्रसिद्ध सिद्धान्त हिन्दी में अधिक प्रचलन में रहा और इस विषय पर अनेक शोधकार्य भी हुए हैं।

पाठकीय समीक्षा चिन्तन इस युग के अभी भी आजतक प्रचलन में हैं। स्त्री विमर्श फ्रास के फेमेनिज़्म के रूप में शुरू होकर हिन्दी में नारी विमर्श पर्याय रूप से प्रचलन में चल पड़ा है और इन्हीं आलोचना के नये प्रचलन संदर्भों को लेकर डॉ. कृष्णदत्त पालीवाल ने कई कृतियाँ लिखीं—जैसे सृजन की नई भूमि तथा नया सृजन नया बोध आदि। प्रो0 राजनाथ की अनूदित कृति ''**पाचात्य काव्यशास्त्र की नई प्रवृत्तियाँ** भी इसी अधुनातनता के क्रम में हिन्दी में अंग्रेजी भाषा से अनूदित होकर आई। इसी प्रकार, प्रो. रामस्वरूप चतुर्वेदी की काव्यभाषा विषयक कृतियाँ भी इसी संदर्भ में लिखी गई। इस परम्परा से सम्बद्ध आलोचक डॉ. पाण्डेय शिवभूषण सीतांशु, डॉ. सियाराम तिवारी आदि द्वारा कई कृतियाँ लिखी गईं। डॉ. रामस्वरूप चतुर्वेदी द्वारा लिखित, **सर्जन और भाषिक संरचना** तथा **भाषा और संवेदना** आदि कृतियाँ इस दिशा में महत्त्वपूर्ण हैं।

इस युग के हिन्दी में समाजशास्त्रीय समीक्षा सिद्धान्त से सम्बद्ध सैद्धान्तिक आलोचना की भी कृतियाँ प्रकाश में आईं हैं। डॉ. मैनेजर पाण्डेय द्वारा लिखी गईं **साहित्य के समाजशास्त्र में भूमिका** जैसी कृति इस काल खण्ड की विशेष उपलब्धि हैं।

इस संदर्भ में कतिपय कवि समीक्षा के संदर्भो का स्मरण करना आवश्यक है। हिन्दी साहित्य सम्मेलन से **आधुनिक कवि** का एक विशेष क्रमबद्ध आलेखन का प्रकरण शुरू हुआ और इसी क्रम में महादेवी वर्मा, सुमित्रानन्द पंत आदि कवियों ने अपने कविता लेखन के सैद्धान्तिक पक्षों की व्यापक रूपरेखा हिन्दी जगत के सामने रखीं। कवि के अपने भोगे

हुए रचनात्मक सत्य का यह एक सर्वथा नया आयाम है।

इसी के साथ ही, अज्ञेय द्वारा सम्पादित सप्तक के कवियों ने आत्मकथ्य तथा आत्मनेपद आदि रूपों में अपने सृजन से सम्बद्ध सिद्धान्तों को सामने रखकर उनके प्रकाश में अपनी कविताएँ रखीं और नई कविता के विविध सैद्धान्तिक पक्षों को सामने ले आने का प्रयास किया गया और ये हिन्दी काव्य चिन्तन की दिशा के महत्त्वपूर्ण साक्ष्य हैं।

नई कविता की सैद्धान्तिकता की विवेचना के लिए कई सैद्धान्तिक समीक्षा से सम्बद्ध कृतियाँ भी इसी युग में लिखी गई। डॉ. लक्ष्मीकान्त वर्मा कृत-नई **कविता के प्रतिमान, नये प्रतिमान पुराने निकष**, डॉ. रूघुवंश कृत **साहित्य का नया परिप्रेक्ष्य चन्द्रकान्त** वाँदी वेडेकर द्वारा **कविता की तलाश, कविता का स्वभाव**, मलयज द्वारा **कविता से साक्षात्कार** परमानन्द श्रीवास्तव द्वारा, **कविकर्म और काव्यभाषा, नई कविता का परिप्रेक्ष्य** आदि। आधुनिक हिन्दी काव्य के विविध संदर्भो को उद्‌घाटित करने के लिए इसी दिशा में डॉ. नामवर सिंह की कृति-कविता के नये प्रतिमान की भी विशेष चर्चा रही है। इन कृतियों ने नई कविता की सैद्धान्तिक आलोचना रूप को हिन्दी में आधुनिकता की हलचल को अधिक सक्रिय बनाया है। योरोपीय पूँजीवादी, काव्यवादी, अस्तित्ववादी व्यवस्था के उदभावक आचार्य किर्केगार्ड तथा ज्याँ पाल सात्र इसी व्यवस्था से सम्बद्ध हैं।

आज उपनिवेशवादी चिन्तन के फलस्वरूप हिन्दी कविता पर उत्तर- उपनिवेशवाद के प्रभाव की चर्चा करते हुए डॉ. प्रणय कृष्ण ने उत्तर- उपनिवेशवाद और हिन्दी कविता की चर्चा पूरी गहराई से की है। इसी प्रकार, उत्त्र आधुनिकता वाद के संदर्भ में डॉ. सुधीर पचौरी तथा गोपी चन्द्र नांरग के समसायिक लेखन की हिन्दी सैद्धान्तिक समीक्षा जगत में विशेष चर्चा है।

इसी संदर्भ में, सैद्धान्तिक समीक्षा के इस युग में सौन्दर्यशास्त्रीय विवेचना ने हिन्दी आलोचना को पर्याप्त व्याप्ति दी है। इस दिशा में कार्य करने वाले विशिष्ट चिन्तक डॉ. निर्मला जैन, डॉ. रमेश कुन्तल मेघ, श्री हेमन्त घोष, डॉ. गोविन्द चन्द पाण्डेय, श्री कैलाश नाथ शास्त्री, डॉ. शिवराम बालक, डॉ. चन्द्रकला माटा आदि के नाम विशेष रूप से उल्लेखनीय है। इस परिप्रेक्ष्य में सर्वाधिक कार्य मराठी साहित्य में हुआ है।

इस युग में, अर्थात् सन् 1936 में हिन्दी साहित्य में **प्रगतिशील लेखक संघ** की स्थापना एवं प्रचार-प्रसार से सम्बद्ध साहित्य लेखन तथा समालोचना (व्यावहारिक एंव सैद्धान्तिक) का प्रकरण प्रारम्भ हुआ। प्रगतिवादी सैद्धान्तिक समीक्षा से सम्बद्ध इस युग की प्रमुख कृतियाँ तथा कृतिकार इस प्रकार हैं—आलोचना के प्रगतिशील आयाम-श्री शिवकुमार मिश्र, प्रगतिवाद-श्री शिवदान सिंह चौहान, नई समीक्षा-हिन्दी आलोचना-विश्वनाथ त्रिपाठी, साहित्य की जनवादी परम्परा—प्रकाशचन्द्र गुप्त, प्रगतिशील साहित्य के मानदण्ड—रांगेय राघव, वाद विवाद संवाद—डॉ. नामवरसिंह आदि।

सन् 1942 से नई कविता का आधुनिकतावादी परश्चात्य संदर्भ आया और इसी के

आसपास से मनोविश्लेषणात्मक समीक्षा का भी हिन्दी जगत में प्रारम्भ हुआ। इस प्रकरण में डॉ. देवराज उपाध्याय की आलोच्य कृति की चर्चा सर्वप्रथम की जाती है। सन् 1964-65 में—**साहित्य का मनोवैज्ञानिक अध्ययन** इस संदर्भ में लिखी गई उनका हिन्दी की प्रथम आलोचनात्मक कृति है।[1]

हिन्दी की व्यावहारिक समीक्षा का उद्भव

सामान्य रूप से आचार्य शुक्ल से लेकर प्रो0 रामस्वरूप चतुर्वेदी तक के इतिहास ग्रंथों में यह बताया जाता है कि हिन्दी की व्यावहारिक समीक्षा का जन्म पत्रिकाओं में प्रकाशित 'रिव्यू' से शुरू हुआ। यह सिद्धान्त पूर्णतः भ्रमात्मक है। अंग्रेजी, बंगला तथा मराठी में निकलने वाली हिन्दी के पूर्व की पत्रिकाओं में 'रिव्यू' बराबर निकलते चले आ रहे हैं। सर्वप्रथम प्रकाशित भारतेन्दु की अंग्रेजी पत्रिका हरिश्चन्द्र मैग्ज़ीन में ही अनेक पुस्तकों पर रिव्यू प्रकाशित होते रहे और उसी समय से हिन्दी पत्रकारों एवं सम्पादकों को 'रिव्यू' की पहचान स्पष्ट हो चुकी थी। सामान्य रूप से, इतिहास ग्रंथों में संयोगियता स्वयम्बर, की 'रिव्यू' प्रकाशित प्रयाग प्रदीप एवं कादम्बिनी की 1886 की रिव्यू से ही हिन्दी की व्यावहारिक समीक्षा का प्रारम्भ माना जाता है।

यह संदर्भ हम विस्मृत कर जाते हैं कि कलकत्ता में सर विलियम्स जोम्स ने सन् 1837 में **'रायल एशियाटिक सोसायिटी'** की स्थापना की और सन् 1886 के पूर्व भारतीय कवियों तथा विविध साहित्य विधाओं पर शोधपरक आलोचनात्मक लेख प्रकाशित होने लगे थे। सन् 1901 में सर जार्ज ग्रियर्सन का प्रसिद्ध लेख **तुलसीदास कवि और सुधारक** छपा था। यह लेख अंग्रेजी साहित्य में पूरी तरह से व्यावहारिक समीक्षात्मक पद्धति से जुड़ा है। यह किसी रिव्यू का विस्तार नहीं है। 1813 में 1829 में सर जार्ज ग्रियर्सन के इस प्रकार के तीन लेख प्रकाशित हुए। बंगाल में अंग्रेजी भाषा साहित्य के प्रचार-प्रसार की प्रेरणा से सन् 1900 में प्रयाग से सरस्वती पत्रिका प्रकाशित हुई थी और इसमें प्रकाशित व्यावहारिक समीक्षा के लेख प्रकाशित हुए-आधार, 'रिव्यू' के विकास या रचनारूप से सर्वथा भिन्न हैं। पश्चिमी विद्वानों के समान्तर भी श्री शिव- नन्दन सहाय कृत श्री गोस्वामी तुलसी : जीवन वृत्त और कला ''सन् 1915 में लिखी गई और इसे हिन्दी साहित्य की प्रथम व्यावहारिक समीक्षा की कृति मानी जानी चाहिए।

अतः रिव्यू को व्यावहारिक समीक्षा का आधार स्वीकार करना पूर्णतया अनुचित है। इसे अंग्रेजी साहित्य के प्रभाव में लिखे गए व्यावहारिक समीक्षात्मक कृतियों एवं लेखों से ही जोड़कर देखा जाना चाहिए और हमारे हिन्दी साहित्य के प्रारम्भिक व्यावहारिक समीक्षकों यथा-श्री

1. सैद्धान्तिक समीक्षा के विस्तार के लिए देखें—हिन्दी आलोचना, इतिहास और सिद्धान्त—डॉ. योगेन्द्र प्रतापसिंह, वाणी प्रकाशन, नई दिल्ली

शिवनन्दन सहाय, मिश्र बन्धुगण, सर जार्ज ग्रियर्सन, पण्डित महावीर प्रसाद द्विवेदी आदि की व्यावहारिक समीक्षा की परम्परा को हिन्दी पत्रिकाओं के रिव्यू से जोड़ना सर्वथा अनुचित है। अब भारतेन्दु युग में व्यावहारिक समीक्षा कैसे लिखी गईं यह तथ्य स्पष्ट नहीं है, इनकी संख्या सैकड़ों मिलेगी किन्तु वह 'रिव्यू' व्यावहारिक समीक्षा कैसे बनी-यह तथ्य स्पष्ट नहीं है।

पं0 महावीर प्रसाद द्विवेदी युग और व्यावहारिक समीक्षा

हिन्दी में सन् 1900 में 'सरस्वती' (पहले वाराणसी पुनः प्रयाग) से पत्रिका प्रकाशित हुई। इसके बाद जयपुर राजस्थान से समालोचक पत्रिका (1902) प्रकाशित हुई। सन् 1909 में वाराणसी से इंन्दु पत्रिका का प्रकाशन प्रारम्भ हुआ और उसी क्रम में 1921 में लखनऊ से माधुरी का। आचार्य महावीर-प्रसाद द्विवेदी युग सन् 1920 तक स्वीकार किया जाता है। इन पत्र पत्रिकाओं में सरस्वती तथा समालोचक पत्रिकाओं का हिन्दी व्यावहारिक समीक्षा के उद्‌भव विकास में बहुत बड़ा योगदान रहा है। जैसा कि बताया जा चुका है, हिन्दी के प्रथम व्यावहारिक समीक्षक श्री शिवननदन सहाय जी हैं। इस दिशा में उनके बाद मिश्र बन्धुओं का नाम आता है। इस सन्दर्भ में मिश्र बन्धुओं के दो कृतियों की चर्चा मिलती है। प्रथम है, हिन्दी नवरत्न तथा द्वितीय है, "आजकल के हिन्दी कवि और कविता" कुल मिलाकर, हिन्दी साहित्य के द्विवेदी युग के व्यावहारिक समीक्षकों की सूची इस प्रकार है—

1. आचार्य महावीर प्रसाद द्विवेदी
2. लाला सीताराम
3. मिश्र बन्धु (पं0 गणेशविहारी मिश्र, श्याम बिहारी मिश्र, शुरूदेव बिहारी मिश्र)
4. पं0 पद्मसिंह शर्मा
5. पदुम लाल पुन्नलाल बख्शी
6. लाला भगवान दीन
7. अयोध्या सिंह उपघ्याय, हरिऔध

आचार्य महावीर प्रसाद द्विवेदी युग की समीक्षा की निम्नलिखित विशेषताएँ हैं—(1) परम्परा और आधुनिकता के प्रति समन्वय दृष्टि जहाँ तुलसी, सूर, बिहारी की श्रेष्ठता का वर्णन है, वहीं मैथिली शरण गुप्त तथा आधुनिक कवियों को स्वीकृति भी दी गई है।

(2) कृति की व्याख्या मात्र कलात्मक मूल्यों के आधार पर ही आधारित नहीं है अपितु इसमें आधुनिक सामाजिकता पर बल देना भी स्वीकार किया गया है। भारतीय कलावादिता को भी प्रधानता अवश्य मिली है फिर भी, साहित्य में सामाजिक, राष्ट्रीय एवं अन्य संदर्भ भी स्वीकृत है।

(3) गुण-दोष विचेन एक प्रकार से इनकी आलोचना का केन्द्रीय तत्त्व रहा है। इस गुण दोष विवेचन के साथ, तार्किकता अपने पक्षों को रखने के लिए प्रारम्भिक साक्ष्यों आदि का प्रयोग, इस युग के आलोचकों ने किया है।

(4) रीतिकालीन काव्य कौशल का बहिस्कार करते हुए खड़ी बोली की कविता लेखन को प्रोत्साहित करने का संदर्भ भी यहाँ प्राप्त है।

इस प्रकार, द्विवेदी युग की व्यावहारिक समीक्षा आचार्य शुक्ल युग की व्यावहारिक समीक्षा की विकास भूमि तथा भावी समीक्षा के लिए पृष्ठभूमि भी है।

आचार्य शुक्ल युग एवं व्यावहारिक समीक्षा
(सन् 1918 से 1940 तक)

शुक्ल ने उस काल खण्ड को हिन्दी समीक्षा का तृतीय उत्थान काल कहा है और बताया है कि "कवियों की विशेषताओं का अन्वेषण और उनकी अन्तःप्रकृति का विश्लेषण करने वाली उच्च कोटि की समालोचना का प्रारम्भ तृतीय उत्थान काल में जाकर हुआ।" इस प्रकार, हिन्दी व्यावहारिक समीक्षा के क्षेत्र में नई क्रान्ति ले आने का श्रेय आचार्य रामचन्द्र शुक्ल को ही जाता है। इस काल के व्यावहारिक समीक्षकों की सूची इस प्रकार है—

व्यावहारिक समीक्षक	–	**महत्त्वपूर्ण प्रसिद्ध कृतियाँ**
1. श्री कृष्णाशंकर शुक्ल	–	केशव जी की काव्य कला
2. डॉ. सत्येन्द्र	–	गुप्त जी की काव्य कला
3. डॉ. जर्नादनप्रसाद द्विज	–	प्रेमचन्द की उपन्यास कला
4. अखौरी गंगा प्रसाद सिंह	–	पद्मातर की काव्य साधना
5. श्री राम नाथ सुमन	–	प्रसाद जी की काव्य साधना
6. डॉ. भुवनेश्वर मिश्र माधव	–	मीरा की प्रेम साधना
7. डॉ. नगेन्द्र	–	सुमित्रानन्दन पंत
8. "	–	साकेत एक अध्ययन
9. आचार्य रामचन्द्र शुक्ल जी	–	जायसी ग्रन्थावली की भूमिका
10. आचार्य नन्द दुलारे बाजपेयी	–	प्रसाद, निराला, पन्त
11. विश्वनाथ प्रसाद मिश्र	–	भूषण ग्रंथावली की भूमिका
12. डॉ. रामकुमार वर्मा	–	कबीर का रहस्यवाद
13. परशुराम चतुर्वेदी	–	उत्तरी भारत की सन्त परम्परा (1915)

आचार्य रामचन्द्र शुक्ल के प्रारम्भिक काल में व्यावहारिक एवं कला संदर्भ और कवि की साधना द्वारा उनकी रचना विधि, रचना विशिष्ट की प्रवृत्तियों का विश्लेषण इस युग की व्यावहारिक समीक्षा की विशेषता रही है। बाद में, डॉ. नगेन्द्र ने सर्वप्रथम इस व्यावहारिक समीक्षा को इन प्रवृत्तियों से मुक्त करके कृति में निहित अन्तर्वर्ती मूल्यों को आाधर बनाकर अपनी दोनों कृतियों **सुभित्मनन्दन पंत** और **साकेत एक अध्ययन** प्रस्तुत किया। कृतित्व की संरचना के साथ उसके अन्तवर्ती प्रश्नों की छानबीन तथा विशेलषण डॉ. नगेन्द्र की समीक्षा के मूल प्रेरणा स्रोत रहे हैं और इस प्रकार हिन्दी में आधुनिक व्यावहारिक समीक्षा का श्रेय डॉ. नगेन्द्र को ही दिया

जाना चाहिए। आचार्य शुक्ल की परम्परा को आगे बढ़ाते हुए उनकी व्यावहारिक समीक्षा की तीसरी कृति **कामायनी** के अध्ययन की समस्याएँ सन् 1972 में प्रकाशित हुई।

आचार्य महावीर प्रसाद द्विवेदी हिन्दी समीक्षा के क्षेत्र में पुस्तक समीक्षा को उतारकर उससे उसे जोड़ा नहीं अपितु उनकी खरी, कड़ी तथा बेबाक, टिप्पणी के कारण कृतियों के दोष तथा गुणों का संदर्भ केवल व्यावहारिक समीक्षा तक ही सीमित रहा।

जैसा कि कहा गया है आचार्य रामचन्द्र शुक्ल ने व्यावहारिक समीक्षा के इस युग को समीक्षा का तृतीय युग कहा है और इसकी विशेषताओं को इंगित करते हुए उन्होंने बताया है कि—

इस तृतीय उत्थान में आलोचना का आदर्श भी बदला और इस आदर्श ने कवि की कृतित्व मीमांसा तथा मूल्यांकन का एक नया मार्ग प्रशस्त किया। यहाँ कृतियों की विवेचना का आधार कवियों की संवेदनात्मक प्रकृति की पहचान एवं उनके अभिव्यक्ति के स्वरूप तथा वैशिष्ट्य का विवेचन इस व्यावहारिक समीक्षा का मानक निर्धारित किया और यह निर्धारण आधुनिक नई व्यावहारिक समीक्षा की आधारभूमि बनी। इसके कारण, सन् 1920 से सन् 1940 अर्थात् 20-21 वर्षों के अन्तराल में हिन्दी समीक्षा का जो विकास हुआ-उसकी निम्नलिखित विशेषताएँ सामने आती हैं—

(1) कवि को कृतित्व की अंतरगता से जोड़कर आलोचक द्वारा उसकी रचनात्मक अन्तदृष्टि की खोज तथा विश्लेषण

(2) कृति से सम्बद्ध सामाजिक मूल्यों की अन्वेषण वृत्ति और उसकी गम्भीर परीक्षा

(3) रचना के अन्तवर्ती मूल्यों के अन्वेषण द्वारा उसकी मौलिकता की स्थापना तथा पहचान।

(4) रचना के अन्तवर्ती संदर्भों एवं कृतिकार के रचनात्मक व्यक्तित्य को उनसे जोड़कर उसकी निजता की पहचान कराने का प्रयास।

कुल मिलाकर, आचार्य शुक्ल ने हिन्दी की व्यावहारिक समीक्षा को सर्वथा व्यवस्थित रूप देकर उसके भावी विकास का सन्तुलित मार्ग प्रशस्त किया। हिन्दी साहित्य की व्यवहारिक समीक्षा के लिए यह उनकी सबसे बड़ी देन है।

हिन्दी के व्यावहारिक समीक्षक
(सन् 1942 से 2000 तक)

विश्वविद्यालयों में हिन्दी विषय का पठन-पाठन सन् 1922 से प्रारम्भ हुआ और सन् में डॉ. पीताम्बर दत्त वर्थवाल ने हिन्दी में पहला शोधकार्य बनारस हिन्दी विश्वविद्यालय तथा उसके बाद दूसरा शोध प्रबन्ध इलाहाबाद विश्वविद्यालयों से डॉ. बाबू राम सक्सेना द्वारा प्रस्तुत किया गया। इसके बाद तो हिन्दी में व्यावहारिक समीक्षा से जुड़े शोधपरक अध्ययन की शुरूआत देश के अनेक विश्वविद्यालयों के हिन्दी विभागों में शुरू हुए और हिन्दी परम्परा के आदिकालीन कवियों से लेकर आज तक के कवियों के व्यवहारिक समीक्षात्मक की

अम्वेषण की बाढ़ आ गई। शोध से सम्बद्ध रचना की व्यावहारिकता से जुड़े अनेक पक्षों का साक्ष्यगत-तथ्यगत मूल्यांकन क्या व्यावहारिक समीक्षा स्वीकार की जा सकती है, स्पष्ट उत्तर है, नहीं, सर्जक की विशिष्ट वृत्ति के अन्वेषण की अन्तर्साक्ष्यों तथा वर्हिसाक्ष्यों के द्वारा मूल्यांकन एवं निष्कर्षों की प्रस्तुति अन्वेषण है, समीक्षा समग्र रचनाकार्य के वैशिष्ट्य की आलोचक द्वारा खोजने एवं उसके कर्म को नया रचनात्मक परिप्रेक्ष्य निर्मित करना है। आज समीक्षा को कवि सर्जन की भाँति ही आलोचक के सर्जनात्मक अभाव के कारण शोधकर्ता एवं सहयोगी निर्देशक, व्यवहारिक समीक्षा एवं सम्बन्धित काव्य विवेचन एवं काव्यशोध में घालमेल पर बल दे रहे हैं और इस दृष्टि से इन दोनों का अलगाव आवश्यक है।

(1) सन् 1942 से हिन्दी की व्यावहारिक के रूप का प्रारम्भ आचार्य नन्द दुलारे बाजपेयी से स्वीकार किया जाता है। ये आचार्य रामचन्द्र शुक्ल के शिष्य तथा अपने समन्वयवादी सिद्धान्तों के कारण अपनी मान्यताओं को विकसित तथा संवर्धित रूप देकर आगे बढ़ाने में पूर्णतः सक्षम रहे हैं। उनकी व्यावहारिक समीक्षा से सम्बन्धित कृतियाँ इस प्रकार हैं, हिन्दी साहित्य : बीसवीं शती, प्रेमचन्द्र साहित्यिक विवेचन, जयशंकर प्रसाद, कवि निराला आदि।[1]

(2) आचार्य हजारी प्रसाद-द्विवेदी—हिन्दी के अप्रतिम ललित निबन्ध लेखक आचार्य हजारी प्रसाद द्विवेदी ने 'कबीर' की व्यावहारिक समीक्षा की और यह समीक्षा उनकी गवेष्णात्मक दृष्टि एवं निबंध शैली की सरस योजना से जुड़कर हिन्दी साहित्य की अमर कृति बन गई है। इसके पूर्व सन् 1930 में उन्होंने 'सूरदास' पर एक व्यावहारिक समीक्षा की कृति प्रस्तुत की थी। इस दोनों कृतियों के माध्यम से उनकी व्यवहारिक समीक्षा का सदंर्भ हिन्दी साहित्य में स्मरणीय बन गया है।

(3) श्री नलिन विलोचना शर्मा—हिन्दी के प्रसिद्ध समालोचक भी नालिन विलोचम शर्मा ने सैद्धान्तिक समीक्षा के संदर्भ में अनेक कृतियाँ लिखी हैं किन्तु व्यावहारिक समीक्षा के संदर्भ में श्री रामघरोहर सिंह दिनकर की कृतियों पर उनके आलेख महत्त्वपूर्ण हैं। इस कृति का नाम **दिनकर और उनकी काव्य कृतियाँ** है।

(4) डॉ. राम विलास शर्मा–आधुनिक हिन्दी साहित्य के अप्रतिम आलोचक डॉ. राम विलास शर्मा ने साहित्य के संदर्भो की नई पहचान कराने वाले समीक्षकों में हैं। उनकी निराला की साहित्य साधना : तीन खण्डों में लिखी गई व्यावहारिक समीक्षा की ऐतिहासिक कृति है। इसके अतिरिक्त भी, इस क्षेत्र में उनकी अन्य कृतियाँ इस प्रकार हैं निराला, प्रेमचन्द्र, भारतेन्दु हरिश्चन्द्र, केदार व्यक्तित्व और कृतित्व, आचार्य रामचन्द्र शुक्ल और हिन्दी आलोचना, महावीर प्रसाद द्विवेदी और हिन्दी नव जागरण आदि।

(5) डॉ. नामवर सिंह–प्रगतिवादी समीक्षा के शीर्ष आलोचक डॉ. नामवर सिंहकी अधिकांश कृतियाँ सैद्धानितक समीक्षा से सम्बद्ध है किन्तु "दूसरी परम्परा की खोज" शीर्षक कृति सन् 1985 में प्रकाशित हुई और यह व्यावहारिक समीक्षा की कृति हिन्दी की श्रेष्ठतम कृतियों में है।

1. देखिए—शोधविशेषांक सूची प्रकाशित भारतीय, हिन्दी परिषद, कार्यालय-हिन्दीविभाग इलाहाबाद विश्वविद्यालय

(6) डॉ. रामस्वरूप चतुर्वेदी–आधुनिक कविता चिन्तन एवं साहित्य के इतिहास के परिप्रेक्ष्य में लिखी गई इनकी कृतियाँ हिन्दी जगत में विशेष रूप से चर्चित है। व्यावहारिक समीक्षा के क्षेत्र में **अज्ञेय और आधुनिक रचना की समस्या**, कामायनी का पुर्नमूल्यांकन, प्रसाद निराला अज्ञेय, आचार्य शुक्ल आलोचना का अर्थ और अर्थ की आलोचना आदि।

(7) विजय देव नारायण साही—आधुनिक व्यावहारिक समीक्षा के क्षेत्र में नई संवेदना शक्ति को अन्वेषित करके रचनाओं में उनके अन्वेषण और उनकी व्याख्या का नया रूप प्रस्तुत कर मालिक प्रयास श्री साही द्वारा किया गया। इनकी व्यावहारिक समीक्षा से सम्बन्धित महत्त्वपूर्ण कृति है, **जायसी**। डॉ. निर्मला जैन की इस जायसी थी व्यावहारिक समीक्षा पर टिप्पणी इस प्रकार है "उन्होंने अपने कवि ह्रदय को संवेदना के सहारे उनके काव्यत्व की थाह ली और आग्रह किया कि जायसी की परख सूफ़ी के रूप में नहीं, कवि के रूप में की जानी चाहिए।"

(8) गजाननमाधव मुक्तिबोध—प्रगतिवादी परम्परा से सम्बद्ध श्री गजानन माधव मुक्ति बोध ने अपने लेखन की शुरूआत व्यावहारिक समीक्षा से की थी। **कामायनी एक पुनर्विचार** इस दिशा में उनकी प्रथम कृति है। शमशेर बहादुर सिंह और पं0 सुमित्रा नन्दन पंत पर उन्होंने निबंध के रूप में समीक्षाएँ लिखी हैं।

(9) डॉ. बच्चन सिंह–आधुनिक हिन्दी के व्यावहारिक समीक्षकों में डॉ. बच्चन सिंह का नाम विशेष उल्लेखनीय है। उनकी इस दिशा की सर्वप्रथम कृति **क्रान्तिकारी कवि निराला है** फिर, उसके बाद, इनकी कई व्यावहारिक समीक्षा की कृतियाँ प्रकाश में आईं- **बिहारी का नया मूल्यांकन, रामचन्द्र शुक्ल का इतिहास पढ़ते हुए, गजानन माधव मुक्तिबोध की कृति अँधेरे से जुड़े हुए** लेखों का सम्पादन आदि।

सामयिक व्यावहारिक समीक्षा की मूल प्रवृत्तियाँ

सामान्यतः यह स्वीकार करने में कोई आपत्ति नहीं है कि हिन्दी व्यावहरिक समीक्षा का यह काल हिन्दी आलोचना का ऐतिहासिक शीर्षकाल है। आचार्य नन्ददुलारे वाजपेयी, आचार्य हजारी प्रसाद द्विवेदी, डॉ. नामवर सिंह, डॉ. रामविलास शर्मा, प्रो0. रामस्वरूप चतुर्वेदी आदि व्यावहारिक समीक्षकों ने सर्वथा व्यावहारिक समीक्षा को नया स्वरूप तथा नया अर्थ देकर उन्हें हिन्दी क्षेत्र में नये ढंग से उतारा है। इस नये रूप को विवेचित करने के लिए निम्नलिखित व्यवस्था-सूत्र महत्त्वपूर्ण हैं और उनका उल्लेख भी अवश्यक है। ये निम्नवत् हैं—

(1) इन नई व्यावहारिक व्याख्याओं से राष्ट्रीय एवं अन्तर्राष्ट्रीय क्षेत्रों में हिन्दी के अध्ययन-अध्यापन तथा विवेचन में सर्वथा नई गति दिखाई पड़ती है। इनसे स्नातकोत्तर हिन्दी पाठ्य एवं शोधकर्ता की दिशाएँ व्यवस्थित हो रही है। इसके फलस्वरूप आज व्यावहारिक समीक्षा के संवेगात्मक, सर्जनात्मक, विश्लेषणपरक, शोधसमन्वित आदि कई रूप सामने आ चुके हैं।

(2) आधुनिक हिन्दी कवियों द्वारा आलोचना एवं अपनी आत्मिक प्रज्ञाशक्ति से स्वयं के काव्य का विवेचन इस व्यावहारिक समीक्षा तथा सैद्धान्तिक दोनों दृष्टियों से महत्त्वपूर्ण है। हिन्दी साहित्य सम्मेलन द्वारा प्रकाशित आधुनिक कवि-संदर्भ एवं तार सप्तक में कवियों द्वारा अपने निजी लेखन पर टिप्पणियाँ देना इस दृष्टि से महत्त्वपूर्ण है।

(3) राष्ट्रीय तथा अन्तर्राष्ट्रीय स्तर पर प्रकाशित हिन्दी पत्रिकाओं के साहित्यिक संदर्भो की समालोचना को समसायिकता से जोड़ने का कार्य विशेष महत्त्वपूर्ण है। इस दिशा में हमारे ये नये समीक्षक निरन्तर सजग दिखाई पड़ते हैं क्योंकि आज हिन्दी भाषा और साहित्य का अन्तर्राष्ट्रीय रूप ले लेना स्वयं में एक महत्त्वपूर्ण प्रश्न है और अन्तर्राष्ट्रीय समालोचनात्मक साहित्य के लिए चुनौती भी।

(4) आधुनिक युग की पश्चिमी नई सैद्धान्तिक मान्यताओं को साहित्य में उतारना तथा प्रयोग भी आज आलोचना के लिए महत्वपूर्ण प्रश्न है। प्रगतिवादी, प्रगतिशील, वैश्विक रूपवादी, उच्च आधुनिकतावादी, काव्यभाषावादी, उपनिवेशवादी आदि अनेक प्रवृत्तियों ने हिन्दी साहित्य की सैद्धान्तिक एवं व्यावहारिक समीक्षा दोनों को प्रभावित कर रखा है।

(5) पश्चिमी पूँजीवादी प्रगतिवादी, तथा भारतीय परम्परावादी मान्यताओं से हटकर आज भारतीय लोकतांत्रिक व्यवस्था से सम्बद्ध समाजवादी मान्यताएँ चाहें निषेधात्मक रूप में ही क्यों न हों साहित्य में उभरकर सामने आ रही हैं और हमारी यह **समाज शास्त्रीय समीक्षा** निश्चित रूप से एक नये वातारवरण के निर्माण में तत्पर है। शीघ्र ही, लोकतांत्रिक व्यवस्था के मानकों को आधार बनाकर व्यावहारिक समीक्षा के सन्दर्भों में ये आलोचक अपना अस्तित्व स्थापित करेंगे क्योंकि नए विमर्शों, यथा सामाजिक विमर्श, दलित विमर्श, स्त्री विमर्श, उपनिवेशवादी विमर्श आदि की चिन्ता पूरे विश्व की चिन्ता है।

(6) आज व्यावहारिक समीक्षा केवल काव्य एवं कविता की व्याख्या तक ही सीमित नहीं है। सामान्यतः आचार्य शुक्ल युग तक हिन्दी कविता या कवि तक यह प्रायः सीमित रही है। आज समीक्षा कहानीकार, निबन्धकार, उपन्यासकार आदि कितने साहित्यरूपों से सुसम्बद्ध होकर निरन्तर व्यापक होती जा रही है।

आज की यह व्यावहारिक समीक्षा केवल इलाहाबाद या वाराणसी या देश के नौ हिन्दी राज्यों तक सीमित नहीं हैं। हिन्दी के व्यवहारिक समीक्षकों की एक राष्ट्रीय स्तर पर तालिका रखी जा सकती है। हिन्दी के ये समीक्षक आज देश में विविध राज्यों से जुड़े हैं। जैसे,—

डॉ. जयप्रकाश (हरियाणा), डॉ. महेन्द्रसिंह वेदी (पंजाब), डॉ. टी.आर.भट्ट (कर्नाटक), डॉ. एम. शोषन् (मद्रास), डॉ. एन.जी. देवकी (केरल), जार्ज कुट्टी (केरल), अजय कुमार पट्टनायक (उड़ीसा), पद्मा पाटील (महाराष्ट्र) भूपेन्द्र राय चौधरी (आसाम) आदि-आदि।

इक्कीसवीं शती में लगता है, यह व्यावहारिक समीक्षा आलोचना की सैद्धान्तिक विधा के ऊपर हावी होती हुई, सर्जनात्मक साहित्य की गतिविधियों के समानान्तर तथा साथ-साथ चलना शुरू कर देगी।

आधुनिक हिन्दी गद्य लेखन की विविध विधाएँ

(हिन्दी गद्य के विविध रूप : भारतेन्दु युग से लेकर आज तक)

निबंध, कहानी, उपन्यास, कविता आदि के अतिरिक्त हिन्दी गद्य की अन्य विधाओं के साहित्यिक लेखन के रचनात्मक एवं व्यावहारिक संदर्भो से विविध रचनारूपों की प्रस्तुति का इतिहास अत्यन्त स्पष्ट है और हिन्दी साहित्य के प्राचीन इतिहास ग्रंथों में कहीं-कहीं इनकी सूचनात्मक चर्चाएँ अवश्य मिलती हैं किन्तु उन पर व्यापक चर्चा बीसवीं शती के प्रारम्भिक दशक के बाद शुरू हुई।

प्रारम्भिक स्तर पर पत्रिकाओं की सूचनाएँ, आत्मकथा एवं जीवनी से सम्बद्ध कृतियों की सूचनाएँ साहित्य के इतिहास ग्रन्थों में इतस्ततः मिलती हैं, फिर इनके संदर्भ बढ़ते गये, विशेषरूप से आत्मकथाएँ एवं जीवनियों के लेखन में वृद्धि हुयी। इसके बाद, पशिचमी साहित्य की देखादेखी यात्रा वृत्तों की शुरुआत हुई। आज तो, इन विधाओं के विविध रूप सामने आ गए हैं—

आत्मकथाएँ, जीवन या जीवनवृत्त, संस्मरण, रेखाचित्र, डायरी, पत्र लेखन, साक्षात्कार लेखन (इंटर ब्यू) आदि विशेष गद्य लेखन संदर्भ आज हिन्दी साहित्य में पर्याप्त रूप से प्रचलित हो चुके हैं। इन सबका संक्षिप्त परिचय इस प्रकार है—

1. आत्मकथा–हिन्दी में आत्मकथा लेखन की परम्परा भारतेन्दु हरिश्चन्द से ही शुरू हो चुकी थी। भारतेन्दु हरिश्चन्द्र ने स्वयं **आप बीती कुछ जग बीती** नाम से अपनी आत्मकथा को संस्कमरणात्मक संदर्भो से जोड़कर लिखने का प्रयास किया था, किन्तु वह अधूरी ही रह गई थी। हिन्दी के श्रेष्ठ समाजसेवी एवं राजनीतिज्ञों ने दस्तावेज के रूप में अपनी आत्मकथाएँ लिखने की चेष्टा की और यह क्रम आगे पर्याप्त समय तक चला। पं. महामना मदन मोहन मालवीय, महात्मा गाँधी, पूर्व राष्ट्रपति डॉ. राजेन्द्र प्रसाद, घनश्याम दास विडला आदि के आत्मकथात्मक गद्यरूप हिन्दी में विशेष महत्त्वपूर्ण माने जाते हैं। सन् 1923 में हिन्दी की प्रसिद्ध 'हंस' पत्रिका का आत्मकथांक' प्रकाशित हुआ—जिसके द्वाराआत्मकथालेखन

की परम्परा तथा प्रचलित विविध शैलियों एवं सम्बद्ध गद्य रूपों को प्रकाश में ले आने की चेष्टा की गई। हिन्दी साहित्य के अन्तर्गत प्रचलित कतिपय आत्मकथाओं के प्रकाशित एवं प्रसिद्ध लेखन क्रम इस प्रकार हैं—

मेरी आत्मकहानी–बाबू श्याम सुन्दर दास, **मेरी आत्मकथा** बाबू गुलाब राय, **मेरी जीवन यात्रा**-महापंडित राहुल सांस्कृत्यायन आदि

साठ वर्ष : एक रेखांकन पं० सुमित्रानन्दन पंत, **मेरा जीवन प्रवाह**—
वियागी हरि, **मै, क्रान्तिकारी कैसे बना**—डॉ. राम विलास शर्मा

यौवन के द्वार पर–हरिवंशराय बच्चन, **मुर्दहिया**—डॉ. धर्मवीर

एक अन्तहीन तलाश–डॉ. विष्णुप्रभाकर आदि इस आत्मकथा के लेखन की परम्परा आज तक चल रही है।

2. जीवनी–जीवन से यथार्थ संदर्भो एवं विविध अवधारणाक्रमों को कथात्मक रोचकतासे जोड़कर जीवनी लिखने की परम्परा भारतेन्दु युग से ही शुरू हो चुकी थी। सन् 1893 में हिन्दी खड़ी बोली में पहली जीवनी पं० कार्तिक प्रसाद खत्री द्वारा लिखी गई- **मीराबाई का चरित्र है**। शुरू-शुरू में जीवनवृत्त को लिखने की परम्परा पद्य में शुद्ध हुई थी किन्तु बाद में यह गद्य में, स्थापित हुई। प्रारम्भिक जीवनी लेखन की शैली का संदर्भ वस्तुपरकता से था किन्तु बाद में यह धीरे-धीरे भावात्मक आत्मीयता से जुड़ती गई। इस संदर्भ में महापंडित राहुलसांकृत्यायन द्वारा कार्ल मार्क्स तथा लेनिन पर लिखी गई जीवनी विशेष महत्त्वपूर्ण हैं। इस परम्परा में जीवनी लेखन से सम्बन्धित कतिपय कृतियाँ इस प्रकार हैं—

रामवृक्ष बेनीपुरी कृत-कार्लमार्क्स की जीवनी, बाबू श्यामसुन्दर दास—हिन्दी कोविन्द रत्नमाला, बनारसीदास चतुर्वेदी कृत सत्यनारायण कविरत्न अमृतराय—कृत कलम का सिपाही आदि विशेष महत्त्वपूर्ण है।

3. संस्मरण–यद्यपि संस्करण जीवन में अपने द्वारा भोगे हुए सत्य का आल्मनुमूतिपरक इतिवृत्त है, फिर भी, यह जीवनी तथा आत्मकथा लेखन संदर्भों से पर्याप्त से भिन्न है। संस्मरण का सम्बन्ध जीवन में घटित उन कतिपय विशिष्ट घटनाओं से है, जो इस लेखन के लिए आधार प्रस्तुत करती हैं। इस संस्मरण लेखन की प्रकृति मूलतः सर्जनात्मक एवं संवेदनाशीलता से सम्बद्ध है। हिन्दी साहित्य में इस शैली में लिखे गए कई संस्मरणों की बराबर चर्चा रही है। ये है, जैसे घनश्याम दास बिड़ला कृत बाबू जी, पं० रामनरेश त्रिपाठी कृत-तीस दिन मालवीय जी के साथ। सन् 1940 के बाद संस्मरण लेखन का हिन्दी में पर्याप्त प्रचलन बढ़ा है। इस दिशा में, हिन्दी के साहित्यिक जगत में महत्त्वपूर्ण लेखन कार्य इस प्रकार हैं—

साहित्यिक जीवन के अनुभव संस्मरण–किशोरी दास बाजपेयी, मंटो मेरा दुश्मन-उपेन्द्र नाथ अश्क, सिंहावलोकन यशपाल, ये और वे—जैनेन्द्र कुमार, जंजीरे और दीवारें-रामवृक्ष बेनीपुरी, प्रेमचन्द्र घर में शिवरानी आदि।

4. रेखाचित्र–रेखाचित्र आधुनिक हिन्दी गद्य साहित्य की एक प्रमुख विधा बन चुकी है। संस्मरण तथा रेखाचित्र की विधाएँ यद्यपि एक-सी लगती है किन्तु एक नहीं है। डॉ. रामस्वरूप चतुर्वेदी इस संदर्भ में वर्तमान अन्तर को स्पष्ट करते हुए कहते हैं कि—

"(रेखाचित्र एवं संस्मरण) इन दोनों में अन्तर करना ही हो तो कई बातें देखी जा सकती हैं। रेखाचित्र में व्यक्ति को समग्रता तथा बहुत कुछ स्थिर रूप से देखने की चेष्टा होती है। आकृति को भेदकर अन्तःप्रकृति का अंकन इसका मुख्य उद्देश्य है।"

रेखाचित्र मुख्यतः लेख से भिन्न वैयक्तिक सर्जनात्मक रचनाव्यवस्था के निकट एक शिल्पविधा है।

हिन्दी में रेखाचित्र लेखन भी एक सम्बद्ध परम्परा मिलती है। इस संदर्भ में महादेवी वर्मा की चर्चा सबसे पहले की जाती है। उनके दो रेखाचित्र **अतीत के चल-चित्र** और **स्मृति की रेखाएँ** विशेष महत्त्वपूर्ण हैं। **पथ के साथी** इनकी तीसरी रेखाचित्र विषयककृति है।

इस दिशा में कार्य करने वाले अन्य लेखकों की महत्त्वपूर्ण कृतियाँ इस प्रकार हैं। नई पीढ़ी नये विचार-पं0 बनारसी दास चतुर्वेदी, जिन्दगी मुस्कराई, कन्हैया लाल मिश्र प्रभाकर, गेहूँ और गुलाब, माटी की मूरतें, रामवृक्ष बेनीपुर, ठेले पर हिमालय, डॉ. धर्मवीर भारती, गीली माटी अमृतराय, दस तस्वीरें जगदीश चन्द्र माथुर आदि-आदि।

5. डायरी–डायरी लेखन को परम्परा भी आधुनिक ही है। दैनन्दिक घटित होनेवाली घटनाओं के संदर्भों के आधार बनाकर प्रतिदिन उनका वृत्त प्रस्तुत करना सामान्यतः डायरी लेखन कार्य है। इस लेखन का प्रारम्भिक सन्दर्भ विदेशी रहा है और यदि इसे भारतीयता के प्रकाश से देखें तो कह सकते हैं कि यह आधुनिक भारतीय लेखन परम्परा से सम्बद्ध है। इस डायरी लेखन की परम्परा हिन्दी जगत से सन् 1950 के आसपास शुरू हुई और आज तो यह एक सर्वाजनिक प्रचलित परम्परा के रूप अतिरिक्त लेखन क्रम के रूप में पूरी तरह फैल गई है। यह आज व्यक्ति प्रकरणों से प्रारम्भ होकर राष्ट्रीय सामाजिक नगरीय, विदेशी आदि जीवनानुभवों से जुड़ चुकी है। डायरियों के प्रसिद्ध आधुनिक प्रकरण इस प्रकार हैं—

प्रारम्भिक परिवेश में सन् 1946 में श्री रामशर्मा की सेवाग्राम डायरी, घनश्याम दास विरला की 1960 की **डायरी के पन्ने**, सन् 1954 के डॉ. धीरेन्द्र वर्मा की **अपनी कालेज डायरी** इन तीन की चर्चा मिलती है।

नई कविता तथा प्रयोगवाद में अज्ञेय की डायरी **एक बूँद सहसा उछली**, डॉ. धर्मवीर भारती की **ठेले पर हिमाचल** शमशेर की कुछ गद्य रचनाएँ, विवेकीराय की **आते जाते दिन, मलयज की डायरी** आदि चर्चा में रही। ये डायरियाँ आधुनिकता के बोध से जुड़ी नितान्त वैयक्तिक प्रकरणों से सम्बद्ध हैं। इन डायरियों का मुख्य कार्य है, डायरी लेखकों की निजता को प्रकाशित करना।

इधर डायरी की शैली लेखन में पर्याप्त नई दृष्टि दिखाई पड़ने लगे है। रामदरश मिश्र, विवेकीराय तथा मलयज की डायरियों में अधुनिकता के अनेक संदर्भ दिखाई पड़ते हैं

वृत्त लेखन से हटकर, डायरी शैली को आधुनिक लेखन से जोड़ना आज की लिखी जा रही साहित्यिक डायरियों का मुख्य लक्ष्य है।

6. पत्र लेखन–हिन्दी में पत्र लेखन की शैली चिट्ठे और खत से शुरू होते हैं। हिन्दी साहित्य में इसका सर्वाधिक प्रयोग बाबू बालमुकुन्द गुप्त ने किया था। उन्होने शिवशम्भु के चिट्ठे और खत' का प्रयोग पत्रिका सम्पादक की आलोचना शैली में सम्पादकीय वक्तव्य के रूप में किया है। इसी शैली में विश्वम्भर नाथ कोशिक ने भी चिट्ठा लेखन का क्रम शुरू किया था। इस लेखन की साहित्यिक परम्परा का संदर्भ इस प्रकार है—

आनन्द भदन्त कौसल्यायन कृत भिक्षु के पत्र, मुक्तिबोध ग्रंथावली-खण्ड छ, निराला रचनावली, खण्ड 8, नेमिचन्द्र जैन द्वारा मुक्तिबोधः, सम्पादित नामार्जुन के पत्र जैसी कृतियाँ आज के रचनाओं के जुड़े श्रेष्ठतम पत्र-लेखन है। ये पत्र इन लेखकों से जुड़कर उनके जीवन के नितान्त वैयक्तिक प्रकरणों का संदर्भ देते और उनके जीवन के अज्ञात पक्षों को उजागर करते हैं।

हिन्दी साहित्य में पत्र लेखन की परम्परा निश्चित रूप से समृद्ध रही है। उसकी सार्थकता का प्रश्न आज साहित्य के लिए विशेष रूप से रूचिकर बना हुआ है।

7. साक्षात्कार–वर्तमान लेखनशैली में साक्षात्कार का महत्त्व इसलिए है क्योंकि इस विधा में सर्जक का प्रामाणिक अनुभव एवं पत्रकारिता के जीवन्त रूप दोनों मिलकर एक साथ पाठक के सामने उपस्थित होते हैं। यही नहीं, बहुश्रुत लेखकों के संदर्भ में उनका बहुश्रुत व्यक्तित्व अपनी पूरी प्रामाणिकता के साथ इसके द्वारा उजागर होकर समाज के सामने आता है क्योंकि यह साक्षात्कार स्वयं सर्जक का ही अपना स्वयं का ही सर्वथा प्रामाणिक वक्तव्य है। इसे समसामयिक मीडिया का भी आज एक बहुत बड़ा अंग माना जा रहा है और मीडिया के सभी माध्यम-यथा टेलीविजन, रेडियो, समाचार पत्र, पत्रिकाएँ आदि अपने साक्षात्कार माध्यम द्वारा इसे सार्थक बना रहे हैं। हिन्दी साहित्य के कतिपय साक्षात्कारों के उदाहरण इस प्रकार हैं—

जैसे—बातों-बातों में, अज्ञेय, भारतीय साहित्यकारों से साक्षात्कार-रणवीर-रांग्रा, डॉ. राम विलास शर्मा से बातचीत, डॉ. विश्वनाथ प्रसाद तिवारी, धर्मवीरभारती से साक्षात्कार-पुष्पा भारती आदि-आदि।

इस समय, साक्षात्कार लेखन की प्रवृत्ति बढ़ रही है, लगता है, यह लेखन विधा साहित्य में शीघ्र ही अपना शीर्ष स्थान बना लेगी।

गद्य काव्य लेखन

छायावादी कविता के लेखन काल में गद्यकाव्य लेखन की प्रणाली शुरू हुई थी। यद्यपि नई कविता में भी गद्यकविता लेखन की एक नई काव्यरचना प्रणाली शमशेर आदि से शुरू

हुई किन्तु लेकिन दोनों आपस में भिन्न प्रणालियाँ हैं। प्रथम पूर्ण संवेदनात्मक शैली में शुद्ध गद्य लेखन से सम्बद्ध है जो पढ़ने में तो गद्य है किन्तु आस्वाद संवेदनात्मक छायावादी काव्य जैसा है और आज की गद्य कविता की पूरी तरह से लयात्मक गद्य की अन्विति से जुड़ी वैयक्तिकता-जो कविता ही है, गद्य की मात्र काव्य शैली है—जो पद्य की सीमा में आती है।

राय कृष्णदास ने सन् 1917 में साधना नामक कृति लिखी और सम्मवतया यह प्रथम गद्य कृति है। इसके बाद भी, इन्होंने गद्य काव्य शैली ने अन्य चार कृतियाँ प्रस्तुत की। रघुवीर सिंह ने शेषस्मृतियाँ, शीर्षक अपनी गद्यकाव्यकृति सन् 1930 में लिखी। इसके बाद तो गद्यकाव्य लेखन की एकधारा चल पड़ी और आजतक अपवाद के रूप में यदाकदा गद्यकाव्य की शैली में लिखीं कृतियाँ दिखाई पड़ जाती है। इस संदर्भ में महत्त्वपूर्ण कृतियाँ इस प्रकार हें मेरी खाल की हाय-चतुर सेन, दुपहरिया के फूल, स्पन्दन आदि- दिनेशनन्दिनी, तरंगिणी, अन्तर्नाद, भावना, प्रार्थना, वियोगी हरि, अन्तरात्मा, रंगनाथ दिवाकर, चिन्नपट-शान्ति प्रसाद वर्मा, आदि-आदि

यह विधा धीरे-धीरे छायावाद के साथ समाप्त हो चुकी है। वैसे, आधुनिक संदर्भ में कहीं-कहीं एकाध कृति इस शैली में लिखी उतरती दिखाई पड़ जाती है।

निष्कर्ष

ये समस्त शैलियाँ एक प्रकार से आधुनिकता की देन हैं। हिन्दी गद्य साहित्य के उद्भव के साथ-साथ इन प्रवृत्तियों को निरन्तर प्रोत्साहित करने का माध्यम प्रायः मीडिया को माना जाता है। वैसे, भारत में जीवनी आदि लिखने की परम्परा हमें पहले से ही दिखाई पड़ती है किन्तु हिन्दी में गद्य शैली के प्रचलन ने, प्रचार-प्रसार की लोकमयता के लिए इन रचना शैलियों को साहित्य के अन्तर्गत उतार कर उसे प्रामाणिकता प्रदान कराने की दिशा में महत्त्वपूर्ण कार्य किया है। रेखाचित्र, डायरी लेखन, यात्रावृत्तान्त, पत्र लेखन, साक्षात्कार आदि इन नई गद्य साहित्यिक विधाओं ने कृतियाँ तथा कृतिकार के प्रामाणिक संदर्भ साक्ष्यों के दस्तावेजों का जनचेतना से जोड़ने की दिशा में अच्छा कार्य किया है। नितान्त निजता, व्यक्तित्व की सच्चाई, अनुभव की प्रामाणिकता, बीते यथार्थ को सुनने तथा सुनाने की जिज्ञासा आदि कितनी महत्त्वपूर्ण विशेषताएँ इन लेखकों से जुड़ी हैं और अधिकांशतया ये लेखन प्रणालियाँ हिन्दी साहित्य के इस नये युग की सार्थकता के संदर्भ में साक्ष्य का कार्य करती है।

❑❑